新的历史条件下马克思政治经济学研究

——21 世纪重读《资本论》

李 翀 著

中国经济出版社
CHINA ECONOMIC PUBLISHING HOUSE
北京

图书在版编目（CIP）数据

新的历史条件下马克思政治经济学研究：21世纪重读《资本论》/ 李翀著. --北京：中国经济出版社，2023.10（2025.4重印）
ISBN 978-7-5136-7459-1

Ⅰ.①新… Ⅱ.①李… Ⅲ.①《资本论》-马克思著作研究 Ⅳ.①A811.23

中国国家版本馆CIP数据核字（2023）第175247号

责任编辑　耿　园
责任印制　李　伟

出版发行　中国经济出版社
印 刷 者　北京艾普海德印刷有限公司
经 销 者　各地新华书店
开　　本　787mm×1092mm　1/16
印　　张　45
字　　数　906千字
版　　次　2023年10月第1版
印　　次　2025年4月第2次
定　　价　128.00元
广告经营许可证　京西工商广字第8179号

中国经济出版社 **网址** www.economyph.com **社址** 北京市东城区安定门外大街58号 **邮编** 100011
本版图书如存在印装质量问题，请与本社销售中心联系调换（联系电话：010-57512564）

序

马克思政治经济学与马克思主义政治经济学是两个不同的概念。马克思政治经济学是马克思本人建立的政治经济学理论体系；马克思主义政治经济学则是马克思以后的经济学者，根据马克思政治经济学的基本原理和基本方法，研究资本主义经济和社会主义经济而建立的政治经济学理论体系。

马克思于1867年出版《资本论》第一卷，至今已经过去了一个半世纪。资本主义经济发生了很大的变化，笔者希望在21世纪新的历史条件下重新审视马克思《资本论》的全部理论，验证这些理论，确认这些理论，并在必要的情况下发展这些理论，这就是本书书名的来源。当然，这些发展是否正确，要由历史事实去检验以及由马克思主义经济学界去评判。

笔者认为，一个半世纪以来，资本主义经济发生了如下变化：

第一，马克思所处的时代是第一次科学技术革命的时代，现在第四次科学技术革命正在酝酿。第二，马克思所处的时代是自由竞争资本主义时代，现在已经进入成熟的垄断资本主义时代。第三，马克思所处的时代是金本位制时代，现在已经进入电子货币发展阶段。第四，马克思所处的时代是工业化初期的时代，现在主要资本主义国家的产业结构已经发生巨大变化。第五，马克思所处的时代是产业资本居于主导地位的时代，现在资本主义经济越来越趋向虚拟化。第六，马克思所处的时代是政府对经济采取自由放任政策的时代，现在政府对经济的干预已经成为普遍现象。第七，马克思所处的时代是对外经济活动尚未充分展开的时代，现在经济已经趋向全球化。

显然，在资本主义经济发生如此之大的变化的情况下，只有在继承马克思政治经济学基本原理和基本方法的基础上，用活生生的历史事实和历史资料去充实和发展马克思政治经济学，才能使马克思政治经济学在新的历史条件下发扬光大。而这正是这部专著研究和写作的目的。

关于如何看待马克思政治经济学，一直存在如何处理继承和发展之间的关系的问题。如果只强调继承马克思政治经济学，而不与时俱进，将会把马克思政治经济学变成脱离实际的教条，最终断送马克思政治经济学。但是，如果对马克思政治经济学的发展不在继承的基础上进行，改变甚至歪曲马克思的基本理论，那么也就不是马克思政治经济学了。

笔者这部专著是在 21 世纪新的历史条件下对马克思政治经济学进行研究，以继承为主，但这种继承是充分尊重历史事实的继承，是建立在逻辑论证和实证检验基础上的继承，在必要的时候才提出自己的补充和发展意见。不论是继承还是发展，笔者都遵循着同一个原则：实践是检验真理的唯一标准。

本专著在 21 世纪新的历史条件下对马克思《资本论》中涉及的全部重要理论进行了探讨，包括分工理论、劳动价值理论、货币理论、剩余价值理论、资本积累理论、资本循环理论、社会资本再生产理论、竞争和生产价格理论、垄断和垄断价格理论、商业资本理论、劳动和工资理论、借贷资本和利息理论、土地和地租理论、经济周期理论、资本主义经济的历史命运。

笔者对马克思政治经济学的各个经济理论按照下述逻辑次序展开研究：

第一，简要概括马克思经济理论的基本范畴和基本内容，一方面为准确理解马克思经济理论的原意提供依据，另一方面为后续的比较和论证提供基础。

第二，在必要的情况下，对同一个研究领域的马克思经济理论和主要的非马克思主义经济理论进行比较研究，并基于论证逻辑或者历史事实发表评论意见。

第三，对围绕马克思经济理论发生的重要争论进行评论，对各种批评马克思经济理论的观点提出以逻辑或者事实为根据的正面回应。

第四，在可能的情况下，以主要资本主义国家的历史统计资料为根据，对马克思经济理论进行验证，并对检验结果进行分析。

第五，在必要的情况下，参考经济学界有价值的研究成果，以历史事实为根据，对马克思经济理论提出补充和发展意见。

第六，关注在新的历史条件下资本主义经济的新现象或新问题，力求以马克思经济理论为根据对其进行阐述和解释。

需要说明的是，由于 150 多年来关于马克思政治经济学的研究文献浩如烟海，笔者只能对其中经典的研究文献进行分析和评论。有的研究文献虽然为近年发表，但没有实质性进展，笔者不再提及。有的研究文献十分重要，但由于笔者收集资料的能力有限，因而也遗憾地没有提及。

还需要说明的是，本专著的最后一章“资本主义经济的历史命运”是作为本专著的结束语而撰写的。本专著主要研究马克思政治经济学的各种理论，并非专题研究资本主义经济的历史命运。显然，要专门研究这个问题，单设一章进行论述是不够的，需要单独成书。

笔者认为，马克思政治经济学在逻辑上存在三大难题：价值转化为生产价格、商业纯粹流通费用的补偿、农业有机构成高于工业条件下绝对地租的形成。笔者对这三个难题从正面提出了解决方法。

任何伟大的经济学家都难免会出现逻辑上的差错，都必然会受到历史条件的制约。但是，笔者在完成这部专著的著述以后，颇为感慨的是马克思不愧是伟大的哲学家，马克思政治经济学基本没有出现逻辑上的差错。如果说马克思政治经济学还存在某些需要补充的地方，也都是马克思所处的历史时代的制约造成的。

经济学界对马克思政治经济学存在很大的争议。即使在马克思主义经济学界，对马克思政治经济学的看法也存在很大差异。笔者表达的是个人的看法，欢迎经济学者们展开批评和讨论。

笔者平生有两个愿望：一是按照马克思的“六册写作计划”，把马克思的政治经济学引申到国际经济领域；二是根据新的历史条件，对马克思政治经济学进行阐述。第一个愿望已经实现，笔者于2009年在商务印书馆出版了《马克思主义国际经济学的构建》；本书的出版就是要完成第二个愿望。这样，一本书研究国内经济，一本书研究国际经济，便可以形成完整的马克思主义政治经济学体系。

本研究成果得到2016年国家社会科学基金重点项目（16AJL002）的资助，在此表示感谢！

李　翀

2023年1月于京师园

目 录

第一章　新的历史条件下马克思分工理论研究

第一节　马克思的分工理论

一、企业分工

（一）企业分工的定义和分析方法

分工是古典经济学的一个重要的研究领域。恩格斯曾经在《反杜林论》中指出："到目前为止一切生产的基本形式是分工，一方面是社会内部的分工，另一个方面是每个生产机构内部的分工。"① 因此，笔者分析的马克思的分工理论，主要是企业分工和社会分工的理论。

政治经济学作为一门独立的科学，是从研究工场手工业的分工开始的。所谓企业分工是一种劳动的社会形式，是指在同一个企业内不同的工人专门从事相互联系的不同工序的劳动以生产同一种产品。马克思对企业分工给予了高度的关注，在 1846 年的《德意志意识形态》、1847 年的《哲学的贫困》、1857 年的《政治经济学批判导言》、1863 年的《经济学手稿（1861—1863）》、1867 年的《资本论》第一卷中，都用较大的篇幅研究了企业分工。

在马克思看来，如果从抽象意义分析企业分工，也就是从生产使用价值的劳动过

① 恩格斯．反杜林论［M］//马克思，恩格斯．马克思恩格斯全集：第 20 卷．北京：人民出版社，1972：314.

程来分析企业分工，那么它体现的是人与自然的关系，因而属于生产力的范畴。显然，不论处于什么社会形态，都存在协作意义上的企业分工。马克思曾经明确指出："由协作和分工产生的生产力，不费资本分文。这是社会劳动的自然力。"① 但是，如果从具体意义分析企业分工，那么它总是在一定的所有制条件下人与人形成的协作关系，它体现的是人与人的关系，因而属于生产关系的范畴。在商品生产和交换的阶段，从具体意义分析的企业分工就是从价值增殖过程来分析企业分工。马克思曾指出，在企业分工的问题上，早期古典经济学者，如配第（W. Petty）与斯密（A. Smith），相比之下更透彻地看到了工场手工业分工的资本主义性质，将研究企业分工的重点放在数量和交换价值上，而以前的古典经济学者都将企业分工的研究重点放在质量和使用价值上。② 马克思的话表明，企业分工可以从两个角度去研究，一个角度是生产使用价值的劳动过程，另一个角度是生产交换价值的价值增殖过程。尽管马克思更重视生产交换价值意义上的企业分工，但并没忽视生产使用价值意义上的企业分工。正因为如此，马克思在他的著述中多次提到，企业分工不仅是劳动的生产力，更重要的是，企业分工是资本的生产力。③ 劳动的生产力就是从生产使用价值的角度来分析的企业分工，资本的生产力就是从生产交换价值的角度来分析的企业分工。

（二）企业分工的决定因素

马克思分析了企业分工的前提。按照马克思的看法，从生产使用价值的劳动过程来看，企业分工的前提是工人、劳动工具和劳动对象的数量聚集达到一定程度。马克思指出"进行分工的前提是：（1）工人的集结。……（2）劳动工具的集中。……（3）原材料的增加"④。但是，从生产交换价值的价值增殖过程来看，企业分工的前提是资本家对生产资料的占有。他指出："工场手工业是以两种方式产生的。一种方式是：不同种的独立手工业的工人在同一个资本家的指挥下联合在一个工场里，产品必须经过这些工人之手才能最后制成。……但是，工场手工业也以相反的方式产生。许多从事同一个或同一类工作（例如造纸、铸字或制针）的手工业者，同时在同一个工

① 马克思．资本论：第1卷［M］//马克思，恩格斯．马克思恩格斯全集：第23卷．北京：人民出版社，1972：424.

② 马克思．资本论：第1卷［M］//马克思，恩格斯．马克思恩格斯全集：第23卷．北京：人民出版社，1972：404.

③ 马克思．经济学手稿（1861—1863）［M］//马克思，恩格斯．马克思恩格斯全集：第47卷．北京：人民出版社，1979：319.

④ 马克思．经济学手稿（1861—1863）［M］//马克思，恩格斯．马克思恩格斯全集：第47卷．北京：人民出版社，1979：336-337.

场里为同一个资本所雇用。"① 企业分工作为劳动的社会形式，随着生产力的发展而不断深化。马克思指出："以分工为基础的协作，在工场手工业上取得了自己的典型形态。"如果说手工制造业是企业分工的典型形态，到了机器大工业，企业分工又有了进一步的发展。马克思指出："随着发明的增多和对新发明的机器的需求的增加，一方面机器制造业日益分为多种多样的独立部门，另一方面制造机器的工场手工业内的分工也日益发展。"②

（三）企业分工的劳动生产力

马克思从生产使用价值的劳动过程的角度分析了企业分工的作用，指出企业分工可以从下述六个方面促进劳动生产率的提高。

第一，提高劳动者的熟练程度。马克思指出："终生从事同一种简单操作的工人，把自己的整个身体变成这种操作的自动的片面的器官，因而他花费在这一操作上的时间，比循序地进行整个系列的操作的手工业者要少。但是，构成工场手工业活机构的结合总体工人，完全是由这些片面的局部工人组成的。因此，与独立的手工业比较，在较短时间内能生产出较多的东西，或者说，劳动生产力提高了。"③

第二，节约不同操作的转换时间。马克思指出："一个在制品的生产中依次完成各个局部过程的手工业者，必须时而变更位置，时而调换工具。由一种操作转到另一种操作会打断他的劳动进程，造成他的工作日中某种空隙。一旦手工业者整天不断地从事同一种操作，这些空隙就会缩小，或者说会随着他的操作变化的减少而趋于消失。在这里，劳动生产率的提高，或者是由于增加了一定时间内劳动力的支出，也就是提高了劳动强度，或者是由于减少了劳动力的非生产耗费。"④

第三，创造专门化的劳动工具。马克思指出："劳动生产率不仅取决于劳动者的技艺，而且也取决于他的工具的完善程度。……劳动工具的分化和劳动工具的专门化，是工场手工业的特征，前者使同类的工具获得了适合于每种特殊用途的特殊的固定形

---

① 马克思．资本论：第1卷［M］//马克思，恩格斯．马克思恩格斯全集：第23卷．北京：人民出版社，1972：373-374.

② 马克思．资本论：第1卷［M］//马克思，恩格斯．马克思恩格斯全集：第23卷．北京：人民出版社，1972：373，419.

③ 马克思．资本论：第1卷［M］//马克思，恩格斯．马克思恩格斯全集：第23卷．北京：人民出版社，1972：376.

④ 马克思．资本论：第1卷［M］//马克思，恩格斯．马克思恩格斯全集：第23卷．北京：人民出版社，1972：378.

式，后者使每种这样的特殊的工具只有在专门的局部工人的手中才能充分发挥作用。”①

第四，节省不同生产阶段的运输时间。马克思指出：“由于这种工场手工业把原来分散的手工业结合在一起，因此就缩短了制品的各个特殊生产阶段之间的空间距离。制品从一个阶段转移到另一阶段所需要的时间减少了，同样，用在这种转移上的劳动也减少了。这样，同手工业相比，劳动生产力提高了。”②

第五，可以在短时间内生产大量商品。马克思指出：“各种操作不再由同一个手工业者按照时间的先后顺序完成，而是分离开来，孤立起来，在空间上并列在一起，每一种操作分配给一个手工业者，全部操作由协作工人同时进行。这种偶然的分工一再重复，显示出它特有的优越性，并渐渐地固定为系统的分工。”③

第六，提高劳动者的劳动强度。马克思指出：“很明显，各种劳动因而各个工人之间的这种直接的互相依赖，迫使每个工人在自己的职能上只使用必要的时间，因此在这里形成了和独立手工业中，甚至和简单协作中完全不同的连续性、划一性、规则性、秩序性，特别是劳动强度。”④

（四）企业分工的资本生产力

马克思从生产交换价值的价值增殖过程的角度来分析企业分工，指出企业分工的资本主义性质。劳动分工在家庭手工业就出现了，而家庭手工业是资本主义生产的初级形态。到了手工制造业发展阶段，分工成为手工制造业发展的基础，而手工制造业已经是资本主义的工业形态了。由于马克思分析的是手工制造业的分工，因此马克思在《资本论》第一卷第十二章第五节就以“工场手工业的资本主义性质”为题，明确指出了手工制造业的分工是相对剩余价值生产的一种手段。

马克思指出：“数量较多的工人受同一资本指挥，既是一般协作的自然起点，也是工场手工业的自然起点。”“工场手工业分工作为社会生产过程的特殊的资本主义形式，——它在当时的基础上只能在资本主义的形式中发展起来，——只是生产相对剩余价值即靠牺牲工人来加强资本（人们把它叫做社会财富，‘国民财富’等等）自行

① 马克思．资本论：第1卷［M］//马克思，恩格斯．马克思恩格斯全集：第23卷．北京：人民出版社，1972：378-379.

② 马克思．资本论：第1卷［M］//马克思，恩格斯．马克思恩格斯全集：第23卷．北京：人民出版社，1972：381.

③ 马克思．资本论：第1卷［M］//马克思，恩格斯．马克思恩格斯全集：第23卷．北京：人民出版社，1972：374-375.

④ 马克思．资本论：第1卷［M］//马克思，恩格斯．马克思恩格斯全集：第23卷．北京：人民出版社，1972：383.

增殖的一种特殊方法。”①

马克思还指出：“分工是一种特殊的、有专业划分的、进一步发展的协作形式，是提高劳动生产力，在较短的劳动时间内完成同样的工作，从而缩短再生产劳动能力所必需的劳动时间和延长剩余劳动时间的有力手段。”②

因此，马克思得出了分工是资本生产力的论断。他指出：“由分工即劳动的这种社会存在形式引起的生产力的提高不再是工人的生产力，而是资本的生产力。”③

(五) 企业分工产生的矛盾

由于手工制造业的分工是在资本家占有生产资料条件下的分工，它使工人失去独立生产一种产品的能力而只能从事局部的操作，从而使工人更加依附于资本家。马克思指出：“工场手工业分工不仅只是为资本家而不是为工人发展社会劳动生产力，而且靠使各个工人畸形化来发展社会劳动生产力。它生产了资本统治劳动的新条件。因此，一方面，它表现为社会经济形成过程中的历史进步和必要的发展因素，另一方面，它又是文明的、精巧的剥削手段。”④ 马克思还指出：“工人受到这种天命的支配是由于他的劳动能力变成了完全片面的职能，这种片面的职能离开总机构就什么也不是，因此，它完全要依赖于这个总机构。工人本身变成了这个机构的一个简单的零件。”⑤

另外，由于手工制造业的分工是在资本家管理下的劳动分工，它势必加剧资本家和工人之间的矛盾。马克思指出：“独立的农民或手工业者所发挥（虽然是小规模地）的知识、判断力和意志，……现在只是对整个工场说来才是必要的。生产上的智力在一个方面扩大了它的规模，正是因为它在许多方面消失了。局部工人所失去的东西，都集中在和他们对立的资本上面了。工场手工业分工的产物，就是物质生产过程的智力作为别人的财产和统治工人的力量同工人相对立。”⑥ 马克思十分关心工人阶级在企业分工下工作的单调和枯燥状态，他指出：“某种智力上和身体上的畸形化，甚至同整

---

① 马克思．资本论：第1卷［M］//马克思，恩格斯．马克思恩格斯全集：第23卷．北京：人民出版社，1972：398，403.

② 马克思．经济学手稿（1861—1863）［M］//马克思，恩格斯．马克思恩格斯全集：第47卷．北京：人民出版社，1979：301.

③ 马克思．经济学手稿（1861—1863）［M］//马克思，恩格斯．马克思恩格斯全集：第47卷．北京：人民出版社，1979：319.

④ 马克思．资本论：第1卷［M］//马克思，恩格斯．马克思恩格斯全集：第23卷．北京：人民出版社，1972：403.

⑤ 马克思．经济学手稿（1861—1863）［M］//马克思，恩格斯．马克思恩格斯全集：第47卷．北京：人民出版社，1979：319-320.

⑥ 马克思．资本论：第1卷［M］//马克思，恩格斯．马克思恩格斯全集：第23卷．北京：人民出版社，1972：400.

个社会的分工也是分不开的。但是，因为工场手工业时期大大加深了劳动部门的这种社会分裂，另一方面，因为它以自己特有的分工才从生命的根源上侵袭着个人，所以工场手工业时期也首先给工业病理学提供了材料和刺激力。”①

二、社会分工

（一）社会分工的形成机制

马克思明确地区分了社会分工和企业分工。马克思指出：“单就劳动本身来说，可以把社会生产分为农业、工业等大类，叫做一般的分工；把这些生产大类分为种和亚种，叫做特殊的分工；把工场内部的分工，叫做个别的分工。”② 由此可见，马克思将分工划分为一般的分工、特殊的分工和个别的分工，其中一般的分工和特殊的分工就是社会分工。马克思虽然没有重点研究社会分工，但是还是指出了社会分工的特征和形成机制。

马克思认为，商品交换是社会分工形成的前提。他指出：“不同的公社在各自的自然环境中，找到不同的生产资料和不同的生活资料。因此，它们的生产方式、生活方式和产品，也就各不相同。这种自然的差别，在公社互相接触时引起了产品的互相交换，从而使这些产品逐渐变成商品。交换没有造成生产领域之间的差别，而是使不同的生产领域发生关系，并把它们变成社会总生产的多少互相依赖的部门。在这里，社会分工是由原来不同而又互不依赖的生产领域之间的交换产生的。”③

马克思认为，社会分工的发展产生了私有制和国家。他指出：“分工包含着所有这些矛盾，而且又是以家庭中自然产生的分工和社会分裂为单独的、互相对立的家庭这一点为基础的。与这种分工同时出现的还有分配，而且是劳动及其产品的不平等的分配（无论在数量上或质量上）；因而也产生了所有制，它的萌芽和原始形态在家庭中已经出现，在那里妻子和孩子是丈夫的奴隶。……其次，随着分工的发展也产生了个人利益或单个家庭的利益与所有互相交往的人们的共同利益之间的矛盾；同时，这种共同的利益不是仅仅作为一种‘普遍的东西’存在于观念之中，而且首先是作为彼此分工的个人之间的相互依存关系存在于现实之中。……正是由于私人利益和公共利益之

① 马克思．资本论：第1卷［M］//马克思，恩格斯．马克思恩格斯全集：第23卷．北京：人民出版社，1972：402.

② 马克思．资本论：第1卷［M］//马克思，恩格斯．马克思恩格斯全集：第23卷．北京：人民出版社，1972：389.

③ 马克思．资本论：第1卷［M］//马克思，恩格斯．马克思恩格斯全集：第23卷．北京：人民出版社，1972：390.

间的这种矛盾，公共利益才以国家的姿态而采取一种和实际利益（不论是单个的还是共同的）脱离的独立形式，也就是说采取一种虚幻的共同体的形式。”①

因此，随着社会分工的发展，形成了各种所有制形式。马克思指出：“分工发展的各个不同阶段，同时也就是所有制的各种不同形式。这就是说，分工的每一个阶段还根据个人与劳动的材料、工具和产品的关系决定他们相互之间的关系。第一种所有制形式是部落所有制。……第二种所有制形式是古代公社所有制和国家所有制。……第三种形式是封建的或等级的所有制。”②

马克思的研究重点是企业分工，对社会分工没有给予很大的关注。恩格斯在1884年出版的《家庭、私有制和国家的起源》中则明确地指出了三次社会大分工：“游牧部落从其余的野蛮人中分离出来——这是第一次社会大分工。……于是发生了第二次社会大分工：手工业和农业分离了。……此外它又加上了第三次的、它所特有的、有决定意义的重要分工：它创造了一个不从事生产而只从事产品交换的阶级——商人。”③

恩格斯证实了马克思所说的社会分工导致私有制产生的论断。他指出：“第一次社会大分工，在使劳动生产率提高，从而使财富增加并且使生产场所扩大的同时，在既定的总的历史条件下，必然地带来了奴隶制。从第一次社会大分工中，也就产生了第一次社会大分裂，即分裂为两个阶级：主人和奴隶、剥削者和被剥削者。至于畜群怎样并且在什么时候从部落或氏族的共同占有变为各个家庭家长的财产，我们至今还不得而知。不过，基本上，这一过渡一定是在这个阶段上发生的。随着畜群和其他新的财富的出现，在家庭中便发生了革命。谋取生活资料总是男子的事情，谋取生活资料的工具是由男子制造的，并且是他们的财产。”④

（二）社会分工和企业分工的联系与区别

马克思分析了社会分工和企业分工的联系与区别，并且指出社会分工和企业分工的区别不仅是程度上的而且是本质上的。

社会分工和企业分工的联系表现在下述两个方面：

第一，一定数量劳动者的聚集是社会分工和企业分工的物质前提。马克思指出：

---

① 马克思．德意志意识形态［M］//马克思，恩格斯．马克思恩格斯全集：第3卷．北京：人民出版社，1960：36-38.

② 马克思．德意志意识形态［M］//马克思，恩格斯．马克思恩格斯全集：第3卷．北京：人民出版社，1960：25-27.

③ 恩格斯．家庭、私有制和国家的起源［M］//马克思，恩格斯．马克思恩格斯全集：第21卷．北京：人民出版社，1962：183-189.

④ 恩格斯．家庭、私有制和国家的起源［M］//马克思，恩格斯．马克思恩格斯全集：第21卷．北京：人民出版社，1962：184-185.

“一定量同时使用的工人，是工场手工业内部分工的物质前提，同样，人口数量和人口密度是社会内部分工的物质前提。”

第二，社会分工和企业分工具有相互推动的关系。马克思指出：“工场手工业的分工要求社会内部的分工已经达到一定的发展程度。相反地，工场手工业分工又会发生反作用，发展并增加社会分工。”①

社会分工和企业分工的本质区别表现在下述四个方面：

第一，在社会分工中，个别劳动者生产商品。但是在企业分工中，许多个别劳动者共同生产商品。马克思指出：“使牧人、皮匠和鞋匠的独立劳动发生联系的是什么呢？那就是他们各自的产品都是作为商品而存在。反过来，工场手工业分工的特点是什么呢？那就是局部工人不生产商品。变成商品的只是局部工人的共同产品。”

第二，在社会分工中，劳动者是通过商品交换发生联系的。在企业分工中，劳动者是在资本家的雇佣下发生联系的。马克思指出：“社会内部的分工以不同劳动部门的产品的买卖为媒介；工场手工业内部各局部劳动之间的联系，以不同的劳动力出卖给同一个资本家，而这个资本家把它们作为一个结合劳动力来使用为媒介。”

第三，在社会分工中，生产资料掌握在不同的商品生产者手里。在企业分工中，生产资料掌握在同一个资本家手里。马克思指出：“工场手工业分工以生产资料积聚在一个资本家手中为前提；社会分工则以生产资料分散在许多互不依赖的商品生产者中间为前提。”

第四，社会分工是由市场调节的，企业分工是在专制下决定的。马克思指出：“在工场手工业中，保持比例数或比例的铁的规律使一定数量的工人从事一定的职能；而在商品生产者及其生产资料在社会不同劳动部门中的分配上，偶然性和任意性发挥着自己的杂乱无章的作用。”②

三、马克思分工理论的历史地位

在 17 世纪古典经济学开始形成的时候，第一次科学技术革命尚未发生，科学技术对经济的影响并不明显，因此古典经济学家关注的是工场手工业的分工对经济发展的影响。显然，在科学技术的作用并未显现的条件下，社会分工和企业内部分工成为最

① 马克思．资本论：第 1 卷［M］//马克思，恩格斯．马克思恩格斯全集：第 23 卷．北京：人民出版社，1972：391.

② 马克思．资本论：第 1 卷［M］//马克思，恩格斯．马克思恩格斯全集：第 23 卷．北京：人民出版社，1972：393-394.

明显的促进经济发展的因素。

斯密曾经对企业内部分工作了充分的论述，并将它看作国民财富增长的基本原因。他在1776年出版的《国民财富的性质和原因的研究》（即《国富论》）第一篇中，用三章的篇幅论述了劳动分工。斯密以扣针制造业为例，说明在18种操作分别由18个人承担的条件下，劳动生产率大幅度提高。斯密认为，劳动分工的优越性在于：提高劳动者的熟练程度，减少因工作转换而发生的时间的损失，推动可以简化和节省劳动的机械的发明。

但是，斯密认为企业内部分工的原因是人类交换的倾向，是人类互通有无、物物交换、互相交易的倾向。[①] 显然，斯密混淆了社会分工和企业内部分工。企业内部分工是不同的人聚集在同一个企业内来制作同样的产品，但社会分工是人们聚集在不同的企业制作不同的产品。企业内部分工不是由产品的交换引起的，社会分工才是由产品的交换促成的。

马克思批评斯密混淆了社会分工和企业内部分工，从而忽略了分工的资本主义性质。他指出："第一类分工是社会劳动分成不同的劳动部门；第二类分工是在生产某个商品时发生的分工，因而不是社会内部的分工，而是同一个工厂内部的社会分工。作为特殊生产方式的工场手工业就是后一种意义上的分工。亚当·斯密没有区别两种意义上的分工。因此，后一类分工在他看来不是资本主义生产所特有的东西。"[②]

但是，马克思也肯定了斯密分工理论的贡献。他指出："斯密考察分工的主要功绩在于，他把分工放在首位，强调分工的意义，同时直接把分工看作劳动（即资本）的生产力。"[③] 按照笔者的理解，马克思之所以使用括号，是因为斯密只意识到分工产生的劳动的生产力，但是分工还同时产生资本的生产力。

马克思的分工理论超越了斯密的分工理论，形成了完整的分工理论：

第一，除了认同斯密提出的劳动分工的优越性以外，马克思还指出劳动分工还具有另外三个优越性：一是以前在时间上依次进行的各个生产阶段，现在可以在空间上齐头并进了，这样能够在短时间生产出大量的产品；二是不同生产阶段的空间距离缩短了，节约了原材料运输的时间；三是工序的衔接使一组工人劳动的结果成为另一组工人劳动的始点，从而加强了劳动的强度。

第二，马克思的分工理论克服了斯密分工理论的不足。他明确区分了社会分工和

---

① 斯密．国民财富的性质和原因的研究［M］．郭大力，王亚南，译．北京：商务印书馆，1972：12.

② 马克思．经济学手稿（1861—1863）［M］//马克思，恩格斯．马克思恩格斯全集：第47卷．北京：人民出版社，1979：305.

③ 马克思．经济学手稿（1861—1863）［M］//马克思，恩格斯．马克思恩格斯全集：第47卷．北京：人民出版社，1979：312.

企业内部分工。正如前文指出的，马克思详细说明了社会分工和企业分工的联系和区别。另外，马克思的分工理论还强调了工场手工业内部分工的资本主义性质。马克思明确指出，工场手工业内部的分工是相对剩余价值生产的发展阶段，劳动分工的发展使工人更加依附于资本家，并加剧了资本家和工人的矛盾。

这样，马克思不但从生产使用价值的角度分析了企业分工，而且从生产交换价值的角度分析了企业分工，全面揭示了企业分工的性质、特点和历史作用。

第二节　马克思分工理论的争论以及笔者的回应

一、中国学界的争论

（一）争论的发生

关于马克思分工理论的争论主要发生在中国的哲学界和经济学界，哲学界主要从历史唯物主义的角度争论，经济学界主要从经济发展的角度争论。

关于马克思分工理论的争论是从哲学界开始的。韩庆祥在1986年第12期的《哲学动态》杂志上发表了题为《分工研究述评》的综述文章，介绍在下述三个问题上的争论情况：分工的本质、分工的消灭、马克思分工理论在唯物史观中的地位和作用。①

王虎学在2012年第4期《唯实》杂志上发表了题为《马克思分工思想研究回溯》的综述文章，介绍了下述五个方面的争论情况：分工本质、分工地位、关于分工的表述、关于分工的类型、分工的消灭。②

王磊在2016年第12期《海南师范大学学报》杂志上发表了题为《马克思分工理论研究综述》的综述文章，介绍了下述四个方面的争论情况：分工的起源、分工的本质、分工的类型、分工的消灭。③

关于这些问题的争论，笔者选择其中较为重要的问题展开分析。另外，关于这些问题的争论有许多研究文献，笔者选择有代表性的研究文献进行分析。

---

① 韩庆祥．分工研究述评［J］．哲学动态，1986（12）．

② 王虎学．马克思分工思想研究回溯［J］．唯实，2012（4）．

③ 王磊．马克思分工理论研究综述［J］．海南师范大学学报，2016（12）．

（二）分工的本质

按照韩庆祥的述评，哲学界对分工的本质存在四种观点：第一，分工是生产要素的组合方式，属于生产力的范畴。第二，分工体现人们之间的社会关系，属于生产关系的范畴。第三，分工是一个把生产力和生产关系连接起来的处于中介地位的范畴。第四，分工是一种社会形式，既具有生产力的性质，也具有生产关系的性质。[①] 但是，遗憾的是，韩庆祥列举的参考文献不完整，无法全面了解哲学学者对这四种观点的论证过程。

秦庆武持第四种观点。他指出分工首先是生产的自然表现形态，同时也是生产的社会形态。分工是生产力运动本身的表现，是在动态上考察的生产力的运动形式。但是，分工又是生产关系形成的直接因素，体现了生产关系的发展。[②]

董田春持第一种观点。他指出分工是社会生产力不可或缺的要素，论据如下：第一，分工协作能够提高生产力甚至创造生产力。第二，分工协作是现实社会生产力不可或缺的组合因素。第三，一定的分工协作关系决定了一定社会形态的所有制。第四，分工协作是各个社会形态所共有的，与特定的社会形态没有直接的关系。[③]

韩庆祥本人对上述四种观点提出了自己的看法：第一种观点混淆了生产力要素组合方式与生产力因素本身。分工能提高生产力，但它不是生产力本身。第二种观点有些偏颇，分工是劳动的并存状态，包含生产力专业化的意思。第三种观点值得商榷的地方是偏重分工与生产力的联系，没有意识到分工在动态上是生产力的运动形式，在静态上是生产力要素的组合方式。第四种观点说明了劳动是分工的本质内容，分工是劳动的存在形式，但是没有揭示分工的种差。韩庆祥本人的看法是：分工是生产力要素的组合形式，具有生产力的性质；同时又是形成经济关系的社会过程，具有生产关系的性质。[④]

（三）分工的起源

大多数中国学者认为最早的分工是自然分工，即根据性别、年龄、体质等生理差异进行的分工，第一次社会分工是在自然分工的基础上发展起来的。

刘佑成指出，在人类相对定居以后，便出现了自然分工。自然分工的产生有两个

---

① 韩庆祥．分工研究述评［J］．哲学动态，1986（12）．韩庆祥在论文中提出了五种观点，笔者把相近的第四种和第五种观点进行了合并。

② 秦庆武．生产力运动形式的静态考察与动态考察［J］．求是学刊，1981（2）．

③ 董田春．分工协作是社会生产力的要素［J］．求是学刊，1982（5）．

④ 韩庆祥．分工研究述评［J］．哲学动态，1986（12）．

起点：一是原始共同体内部，基于纯生理差别而产生的性别、年龄、体质方面的分工；二是原始共同体的外部，由于地域自然条件和劳动方式的差别而形成的共同体之间的地域分工。[①] 杨芳认为自然分工是社会分工的一个起源，原始交换是社会分工的另一个起源。自然分工和原始交换共同促进了自然分工向社会分工发展。[②]

虽然对自然分工的表述有所不同，但是学者们对于自然分工是第一次社会分工的起源这个问题没有什么争论。但是，学者们对于第一次社会分工是什么样的分工这个问题存在不同的看法。

按照杨阳的归纳，关于第一次社会分工主要有下述四种不同的观点：第一，第一次社会分工是游牧部落从野蛮人群分离出来，但野蛮人群不是农业部落。第二，第一次社会分工是畜牧业从农业分离出来，农业的产生要早于畜牧业。第三，第一次社会分工是在农牧业兼有的基础上出现专营农业和专营畜牧业的部落。第四，第一次社会分工是农业和畜牧业的分工，但分工以后形成以农业为主或者以畜牧业为主的兼营农牧业的部落。[③] 实际上，第二、第三种观点构成一个组合，即第一次社会分工是专营农业和专营畜牧业的部落之间的分工；第二、第四种观点构成另一个组合，即第一次社会分工是兼营农业和畜牧业的部落内部的分工。

恩格斯持第一种观点。恩格斯在1884年出版的《家庭、私有制和国家的起源》中明确指出："游牧部落从其余的野蛮人中分离出来——这是第一次社会大分工。"[④]

杨向奎对恩格斯的观点提出疑问。他指出，恩格斯认为游牧部落从野蛮人中的分离，是以欧洲的雅利安人部落的历史资料为根据提出来的。另外，恩格斯说畜牧部落产生的时候农业还不存在，描述的也是雅利安人部落的情况。但是，雅利安人部落不一定是人类进化的一般情形。恩格斯在《家庭、私有制和国家的起源》中，还提到处在野蛮人时代的东大陆和西大陆已经开始种植谷物。杨向奎认为，如果仅仅是畜牧业的产生，不应该被称为社会分工。[⑤]

杨阳指出，在黄河中游和下游以及长江下游的考古发现，新石器时代的原始部落大都以农业为主、以畜牧业为辅。在黄河上游地区和北方草原地区的考古发现，新石器时代的原始部落既有农牧业兼有的类型，也有以畜牧业为主的类型。由此可见，世

---

① 刘佑成．马克思主义分工理论［J］．哲学研究，1981（5）．

② 杨芳．马克思的社会分工理论及其当代意义［D］．武汉：武汉大学，2010：60-62.

③ 杨阳．关于第一次社会大分工问题的再认识［J］．安徽师范大学学报，1985（3）．

④ 恩格斯．家庭、私有制和国家的起源［M］//马克思，恩格斯．马克思恩格斯全集：第21卷．北京：人民出版社，1962：183-189.

⑤ 杨向奎．"家庭、私有制和国家的起源"学习笔记［J］．文史哲，1956（12）．

界文明的起源是多样的，第一次社会分工是农业和畜牧业的分离。①

实际上，中国学界对恩格斯观点的不同看法早就存在，但出于对恩格斯的尊重，没有采用质疑的方式。中国学界的主流看法是，根据世界历史和中国历史，第一次社会分工是畜牧业从农业分离出来。在中国流行的社会发展史教科书和政治经济学教科书中，都是这样表述的。

（四）分工的消灭

按照韩庆祥的述评，哲学界对分工的本质存在三种观点：第一种观点认为旧式分工就是职业分工，职业分工将消灭；第二种观点认为劳动分工不会消灭，消灭的是职业分工；第三种观点认为职业分工不同于旧式分工，消灭的是旧式分工而不是职业分工。②

秦庆武持第一种观点。他认为被消灭的分工是旧式分工，所谓旧式分工具有下述特点：第一，限制劳动者的活动范围，固定劳动者的劳动形态，对劳动者形成奴役和禁锢。第二，成为劳动者谋生的手段，造成劳动的分化和利益的分裂。第三，限制劳动者的全面发展，造成劳动者的畸形发展。由于职业分工把劳动者固定在某个职业上，旧式分工指的就是职业分工。秦庆武说了这样一句话："旧式分工即劳动的职业分工……"因此，职业分工将消灭。③

郝振省持第三种观点。他直接对秦庆武的观点提出批评。他认为，秦庆武对旧式分工的解释是对的，但是把职业分工等同于旧式分工则缺乏根据。第一，从内涵的角度看，旧式分工是自发分工，是派生私有制又与私有制相互作用的分工。职业分工是劳动者的一般分工，可以与私有制相结合，也可以与私有制无关。第二，从产生的原因看，旧式分工与一定的生产力水平相联系，而职业分工除了与生产力水平相联系以外，还涉及个别劳动者的能力是有限的，社会劳动领域是无限的，个别劳动者只能涉足某个社会劳动领域的问题。因此，随着科学技术的发展，尽管人们的认识和能力有了很大的提高和发展，但是人们不可能无所不知无所不能，人们还是会从事某些类别的职业，职业分工是不会消失的。④

林剑则发表了同时与秦庆武和郝振省商榷的论文。他认为秦庆武关于消灭职业分工的理论根据是可取的，但是对消灭职业分工前提条件的理解是片面的。具体表现在

① 杨阳．关于第一次社会大分工问题的再认识［J］．安徽师范大学学报，1985（3）．

② 韩庆祥．分工研究述评［J］．哲学动态，1986（12）．

③ 秦庆武．论新技术革命与旧式分工［J］．哲学研究，1985（6）．

④ 郝振省．新技术革命深化了职业分工——与秦庆武同志商榷［J］．哲学研究，1985（10）．

秦庆武撇开生产关系的变革和阶级关系，仅强调社会生产力发展对消灭职业分工的决定性作用。社会生产力发展是消灭职业分工的必要条件但不是充分条件。另外，他反对郝振省关于职业分工不会消灭的看法，认为人们在可以自由选择的情况下，不会终身从事某种固定的职业。①

陈俊宏不同意职业分工消灭的看法。他首先确定职业分工的概念，认为职业分工是指社会劳动主体之间的分工，如脑力劳动者与体力劳动者的分工、脑力劳动者之间的分工、体力劳动者之间的分工；或者是指社会劳动地域上的分工，如城市和农村的分工。他认为关于职业分工将消灭的看法存在下述问题：第一，既然承认社会劳动有部门之分，就必须承认劳动主体有相对固定的职业之别。第二，片面地认为职业分工只存在于生产劳动领域，实际上职业分工也存在于非生产劳动领域。那么当人们从生产劳动领域转到非生产劳动领域的时候，在非生产劳动领域如何消灭职业分工？②

二、笔者对中国学界争论的回应

（一）对分工本质争论的回应

笔者认为，关于分工属性，马克思不但解决了这个问题，而且马克思的解释是正确的。分工包括企业分工和社会分工。但是，不论是企业分工还是社会分工，从商品生产的角度分析，任何生产过程都是生产使用价值的劳动过程和生产交换价值的价值增殖过程的统一。

从生产使用价值的劳动过程来看，劳动者通过分工协作的方式使用劳动资料作用于劳动对象，分工体现的是人与自然的关系，因而属于生产力的范畴。显然，不论处于什么社会形态，都存在协作意义上的分工。马克思曾经明确指出："由协作和分工产生的生产力，不费资本分文。这是社会劳动的自然力。"③

但是，从生产交换价值的价值增殖过程来看，分工又总是在一定的所有制条件下形成的人与人之间的协作关系，体现的是生产过程中人与人的关系，属于生产关系的范畴。马克思在著述中提到资本主义条件下的分工时多次指出，分工不仅是劳动的生产力，更重要的是资本的生产力。④

---

① 林剑．也论旧式分工及旧式分工的消灭——兼与秦庆武、郝振省同志商榷［J］．哲学研究，1986（8）．

② 陈俊宏．关于新技术革命和职业分工研究中的几个方法论问题［J］．哲学研究，1986（8）．

③ 马克思．资本论：第1卷［M］//马克思，恩格斯．马克思恩格斯全集：第23卷．北京：人民出版社，1972：424.

④ 马克思．经济学手稿（1861—1863）［M］//马克思，恩格斯．马克思恩格斯全集：第47卷．北京：人民出版社，1979：319.

因此，从商品生产的两重性派生出分工的两重性，从抽象了社会形态的单纯劳动过程分析，分工属于生产力的范畴；从具体的社会形态下生产交换价值的价值增殖过程分析，分工属于生产关系的范畴。因此，分工具有生产力和生产关系的双重属性。这意味着从经济学的角度来看，前述关于分工性质的争论中第四种观点是正确的。马克思在《资本论》中始终贯穿着简单商品生产过程的两重性以及资本主义商品生产过程的两重性分析，认为分工只属于生产力范畴或者只属于生产关系范畴的观点，都忽略了商品生产的两重性。

如果说商品生产的两重性派生出分工的两重性，那么在非商品生产的条件下，分工的属性是什么？例如，在存在自然分工的原始部落里，人们不是为交换而生产，人们生产的是产品而不是商品。笔者认为，在这种情况下，自然分工仍然具有生产力和生产关系两重性质：一方面，部落成员通过性别、年龄、体质差异的自然分工去更有效率地获取食物，从而具有生产力的属性；另一方面，部落成员又在自然分工中形成了相互之间的协作关系，从而具有生产关系的属性。但是，自然分工是原始的分工，还不是真正的分工。

（二）对分工起源争论的回应

首先，讨论第一次社会大分工前的自然分工问题。笔者赞成最早的分工是自然分工的看法。但是，笔者认为自然分工是指原始部落内部根据性别、年龄、体质等生理差异进行的分工，而不是刘佑成提及的原始共同体的外部由于地域自然条件和劳动方式的差别而形成的共同体之间的地域分工。在客观上，原始部落内部存在什么样自然能力的人适合于什么样的劳动的问题；在主观上，原始部落内部也存在部落成员相互协调或者部落首领作出安排的问题。例如，当部落成员去猎杀野兽的时候，在生理上女性的自然能力弱于男性，所以久而久之经过部落成员相互协调或者部落首领的安排，由男性去捕杀野兽而由女性去采集植物，就形成了自然的分工。但是，在自然分工时期，部落之间很少交换，居住在河边或海边的部落靠捕鱼维持生存，居住在陆地的部落靠采集植物或捕猎维持生存，人类只是根据自然环境作出获取食物途径的选择，与分工无关。这种选择既不存在部落之间的协调，也不存在部落首领的安排，本来就不存在“合”，现在谈何产生“分”？因此，自然分工只存在于部落内部，不存在于部落之间。

其次，讨论第一次社会分工起源问题。笔者赞成大多数历史学者和经济学者的看法，第一次社会分工起源于自然分工。但是，笔者不同意杨芳提出的自然分工和原始交换是社会分工的两个起源的看法。交换是自然分工演变为社会分工的一个条件或者一种机制，而不是社会分工的起源。有了交换，有的部落可以专门从事农业，有的部落可以专门从事畜牧业，于是产生了第一次社会分工。但是，条件或机制与起源不是一个概念，不应混为一谈。作为分工形态的社会分工起源于作为分工形态的自然分工，而不是交换。笔者将在后面的分析中进一步证明，第一次社会大分工是部落内部的分工，交换机制并没有发挥作用。

最后，讨论第一次社会分工内容问题。恩格斯在《家庭、私有制和国家的起源》中指出第一次社会分工是游牧部落从其余的野蛮人中分离出来，杨向奎认为如果仅仅是畜牧业的产生不应该称为社会分工，杨阳也认为第一次社会分工应该是农业和畜牧业的分离。笔者认为，这里涉及社会分工的定义问题。杨向奎说的是对的，一个生产部门单独产生不应该称为社会分工。杨阳说的也有道理，第一次社会分工公认是农业和畜牧业的分离。但是，在人类进化的过程中，农业和畜牧业各自出现是否可以称为社会分工？这个问题涉及大量历史事实的考证，需要留待本节第三部分再详细讨论。

（三）对分工消灭争论的回应

笔者认为，马克思、恩格斯关于分工消亡的分析是明确的，也是正确的。马克思、恩格斯认为，到了社会生产力高度发达、私有制不再存在的时候，作为谋生手段的分工、把人们禁锢在某个岗位上的分工、影响人们全面发展的分工将会消亡，也就是哲学界提及的旧式分工将会消亡。关于这一点，哲学界和经济学界的看法应该是一致的。

但是，哲学界又引申出职业分工是不是旧式分工以及会不会消亡的争论，笔者认为这样的争论意义不大。共产主义的实现可能需要数百年，我们可以研究那个时候的基本经济和政治特征，但没有必要去猜测那个时候的职业分工。显然，我们不知道那个时候的社会生产力发展会达到什么水平，而在不同的社会生产力发展水平下，职业分工会有很大的差异。

如果一定要深究职业分工问题，笔者试图澄清三个问题以作为对哲学界争论的回应。

第一，职业分工的定义以及职业分工的发展趋势是什么？职业是指根据工作技能、工作内容和工作特点而划分的工作岗位。按照2022年版《中华人民共和国职业分类大典》，职业共有8个大类、79个中类、449个小类、1636个细类。职业分工因社会分工和企业分工而产生，并随着社会分工和企业分工的变化而变化。自从有职业分工以来，有的职业消亡，有的职业产生，但职业分工到目前为止在不断地细化。

第二，职业分工与人们被禁锢在职业分工里是否等同？笔者认为这是完全不同的两个概念。在社会生产力水平不高以及在私有制条件下，不但存在职业分工，而且人们被禁锢在职业分工里。随着社会生产力的发展，即使在私有制条件下，一个人也有可能从事多个职业。再随着社会生产力的发展，在私有制消亡的条件下，虽然仍然有可能存在职业分工，但是人们已经不会被禁锢在职业分工中了。林剑混淆了这个区别，他对郝振省的批评没有道理。郝振省只是说职业分工在旧式分工消亡的情况下仍然会存在，并没有说人们在可以自由选择的情况下仍然会终身从事某种固定的职业。这是完全不同的两个问题。可以预测，在很长的历史时期里，职业分工是一种客观存在，但是人们可能被禁锢在职业分工里，也可能不会被禁锢在职业分工里。因此，职业分工不等同于旧式分工。

第三，职业分工在共产主义条件下是否会消亡？笔者认为猜测遥远的未来的职业分工没有多大意义。如果从分工规律来分析，职业分工的前景取决于社会生产力的发展水平。在社会生产力极端发达的情况下，假定所有生产活动和非生产活动都由机器人承担，而且机器人也是由机器人制造，那么职业分工将消失。如果社会生产力的发展还没有达到这样的水平，那么职业分工的种类将会减少，但职业分工仍然会存在。例如，仍然会有科学家、医生、工程师、艺术家等的分工，而其中的科学家又有数学家、物理学家、化学家等的分工。很显然，不论人如何自由发展，不论人的能力发展到多么高的程度，不可能所有人都能够同时担任所有学科的科学家、所有科室的医生、所有领域的工程师、所有领域的艺术家的工作。随着时间的推移，人们从事的职业会不断变化，但是在某个特定的时间和空间里总有不同的人在从事不同的职业。但是，这个时候职业已经不是人们谋生的手段，人们不再被禁锢在某个固定的职业里，也就是旧式分工消亡了。

三、关于第一次社会大分工的考证

（一）农业与畜牧业各自形成独立生产部门是社会大分工吗？

在马克思的社会分工理论中，人们对第二和第三次社会大分工没有什么争议，但是对第一次社会大分工则存在争议，主要的争议是第一次社会大分工是否如恩格斯所说是游牧部落从其余的野蛮人中分离出来。另外，笔者在研究社会大分工的时候，又发现两个新问题：第一，第一次社会大分工是不同部落之间农业和畜牧业的分离吗？第二，社会大分工只发生了三次吗？笔者将分别对这两个问题展开研究。

恩格斯在《家庭、私有制和国家的起源》中明确指出第一次社会分工是游牧部落从其余的野蛮人中分离出来。恩格斯的结论主要来自摩尔根（L. H. Morgan）《古代社会》提供的历史资料，而摩尔根认为雅利安人的农业是晚于畜牧业的。摩尔根这种看法的唯一根据是，印欧人词汇中牲畜的名称是共同的，但是农作物的名称是不同的。实际上，语言是相互影响和不断变异的，从文化的角度不能推论雅利安人是否存在农业，至多只能作为辅助证明。但是，人们同样也不能认定雅利安人在畜牧业产生以前存在农业。

考古成果表明，畜牧业未必是从农业分离出来的。蒋颖贤指出，亚洲广大地区的野蛮人总结了长期的狩猎经验，发明了驯养和繁殖畜群的方法，早在公元前 4000 年就畜养了多种牲畜。这些以畜牧业为主的野蛮人组成了游牧部落，这就是恩格斯所说的第一次社会分工。①

杨群章根据对世界古代史的考察指出，在新石器时代，在适合农耕的大河流域，农业成为主要的生产部门，畜牧业成为副业。而在一些水草丰美的草原地区，畜牧业成为主要的生产部门。农业和畜牧业的分离并成为两个独立的生产部门，是人类历史上第一次社会大分工。② 杨群章的考证说明，在不同的自然环境下，农业和畜牧业可以是分别产生的。但是，杨群章使用了“分离”两个字，似乎农业和畜牧业的产生相互之间存在关系。然而，正如笔者在前面指出的，如果农业和畜牧业原来没有“合”，后来又如何“分”？

刘超文则通过对中国古代史的考察指出，在新石器时代，华北地区有辽阔的平原，肥沃的土地哺育了发达的旱地农业，形成了以旱地农业为特色的经济区。从东北到西南的环中原半月形地带，干冷多山，植被以草为主，不适合农耕而适合放牧，因而形成了以狩猎、采集和畜牧为特色的经济区。③ 刘超文的考证清楚地表明，中国古代华北的农业和东北的畜牧业不是通过相互之间的交换而发生的社会分工，而是人类在进化过程中利用自然条件各自形成的两个不同的生产部门。

这样就带来一个问题，在人类的进化中，农业和畜牧业作为两个相互之间没有联系的生产部门出现，是否可以认为是社会大分工？如果可以，恩格斯的结论没有问题。在雅利安人生活的地区，游牧部落从其余的野蛮人中分离出来。在别的地区，农业部落也从其余的野蛮人中分离出来。于是产生了畜牧业和农业，出现了第一次社会大分工。

然而，笔者认为，这种对社会分工的定义是不对的。所谓社会分工应该是指原来人们共同生产各种产品，后来逐渐发展为由固定的一部分人生产某类产品、由固定的另一部分人生产另一类产品，从而形成不同生产部门。如果按照这个定义分析，农业

① 蒋颖贤．世界古代史［M］．厦门：鹭江出版社，1987：33.
② 杨群章．世界古代史：上古部分［M］．重庆：西南师范大学出版社，1990：17.
③ 刘超文．简明中国古代史［M］．青岛：青岛海洋大学出版社，1993：8-9.

和畜牧业各自根据自然条件而形成不属于社会大分工，前者不是从后者分离出来的，后者也不是从前者分离出来的，农业部落和畜牧业部落不存在一个“分工”的过程。

因此，这个问题的求解取决于对社会分工的定义。笔者认为从生产部门的分离来定义分工是比较确切的，因而笔者不赞成恩格斯的看法。笔者认为，游牧部落从野蛮人分离出来不是社会大分工，畜牧业从农业分离出来，或者农业从畜牧业分离出来，才是社会大分工。

（二）第一次社会大分工是部落之间农业和畜牧业的分工吗?

在确认第一次社会分工是农业和畜牧业的分工以后，还存在一个问题：第一次社会大分工是部落之间的分工还是部落内部的分工？也就是杨阳提到的，是出现专营农业和专营畜牧业的部落之间的分工，还是兼营农业和兼营畜牧业的部落内部的分工。中国一些教科书中的表述是前者，例如，北京大学编写组编写的《简明世界史》写道：“随着农业的发展，农、牧业逐渐分工，最后出现一些专营农业的部落和专营畜牧业的部落，这就是第一次社会大分工。”①

笔者认为，人类进化过程是复杂的，会出现各种各样的情形。但是，根据历史资料，第一次社会大分工主要不是发生在部落之间，而是发生在部落内部。原始的农业是从采集发展而来的，原始的畜牧业是从狩猎发展而来的，原始农业发展的中心地区是西亚、东亚，以及现在的墨西哥和秘鲁地区，这是世界史学界的共识。②

农业部落往往兼有畜牧的谋生方式，而畜牧部落也兼有农耕的谋生方式。例如，在西亚，公元前7000年已经培育出大麦和小麦，到公元前5000年已经有了灌溉，与此同时还饲养狗、羊、猪、牛等。③ 中国古代的情况也是如此。对黄河流域仰韶文化的考古发现，在公元前5000—前3000年，人们已经种植粟类农产品，当时家畜饲养业还比较落后，人们还兼营渔猎和采集。④ 另外，前面引用的杨群章的著作也证明，在草原地区，畜牧部落也存在种植。但在当时，原始农业和原始畜牧业尚未成为独立的生产部门，家畜的饲养和农耕是密切地结合在一起的。⑤

因此，不论在以农耕为主的部落还是在以畜牧为主的部落里，随着农耕和畜牧经验的积累，从事农耕和从事畜牧的人逐渐固定下来，不论在部落内部形成的是以农业为主、以畜牧业为辅的分工，还是以畜牧业为主、以农业为辅的分工，都是第一次社

---

① 北京大学历史系简明世界史编写组．简明世界史：古代部分［M］．北京：人民出版社，1974：19.

② 文雄达．世界古代史［M］．开封：河南大学出版社，1989：15.

③ 凌谟介．新编世界古代史［M］．兰州：甘肃人民出版社，1991：16.

④ 朱绍候．中国古代史新版［M］．福州：福建人民出版社，2000：15.

⑤ 杨群章．世界古代史：上古部分［M］．重庆：西南师范大学出版社，1990：16.

会大分工——农业和畜牧业的分离。因此，笔者不同意杨阳在前面归纳的第一、第三类社会分工的观点，而同意第四类社会分工的观点。对于第二类社会分工的观点，尽管很多考古发现证明，很多部落都是农业先于畜牧业出现，但是人类进化的过程是复杂的，不能排除如摩尔根提出来的雅利安人农业晚于畜牧业出现的情形。

郭沫若主编的《中国史稿》证明，在原始社会的母系氏族公社时期，中国许多地区已经出现以农业为主、以畜牧业为辅的分工。这种类型的分工持续到父系氏族公社时期，只有个别地区是以畜牧业为主、以农业为辅的分工。到了奴隶社会的夏代，“在一些部落内部，在各氏族部落之间，农业、畜牧业、手工业的社会分工越来越显著了”。①

第一次社会大分工之所以主要不是在部落之间发生而是在部落内部发生，是因为部落之间的社会分工必须以比较发达的交换作为条件，而这个条件在新石器时代是不具备的。考古发现，往往是某一大片地区是农业部落，另一大片地区是畜牧业部落，而不是在某个地区内农业部落和畜牧业部落相互交错。例如，前面引用的杨群章和刘超文的著作都指出，以农业为主的部落和以畜牧业为主的部落的形成主要取决于自然条件，它们在地理位置上相隔甚远。这样就可以从逻辑上推断：社会生产力如此低下，交通工具如此原始，路程如此遥远，怎么可能出现经常性的和大规模的交换，以至形成专营农业和专营畜牧业的部落？

因此，农业和畜牧业的分工主要发生在部落之内，而不是部落之间。随着社会生产力的发展以及交换变得普遍和频繁，才出现了农业和畜牧业在部落之间的分工。

第三节　马克思以后的分工理论的比较研究

一、对新古典经济学企业分工理论的评论

（一）马歇尔的分工理论

在马克思以后，新古典学派经济学者马歇尔（A. Marshall）十分关注分工。他在1890年出版的代表作《经济学原理》中，从第九章到第十二章分析了分工。

关于企业内部的分工，马歇尔提出了下述有别于古典经济学的看法。

① 郭沫若．中国史稿：第一册［M］．北京：人民出版社，1976：32-129，146.

第一，在低级的操作性的工作中，劳动分工可以提高工人的熟练程度，从而可以提高效率。但是，在高级的技能型工作中，过细的劳动分工反而会影响到工作的效果，因而劳动分工未必提高效率。例如，具有较广经验的医师与只治一种疾病的医师相比一般来说要更加高明。①

第二，企业生产规模的扩大可以获得内部经济和外部经济。内部经济是企业进行更加合理的分工所产生的节约。外部经济是同样的企业聚集在同一个地区可以相互得到的好处。例如，一个企业新的经营思想、新的制造方法、组织上的改良，都会为别的企业所仿效。另外，随着这些企业的聚集，原材料供应企业也会随之而来，招募掌握本行业技能的工人也更加方便。因此，企业得到这些好处而没有付出相应的代价。②

第三，企业内部的分工不仅包括操作工人的分工，还包括管理人员的分工。工场手工业的雇主的职能已经由不同类型的人来担任。以股份公司为例，股东提供资本并承担最终风险，但不参加管理活动；董事支配企业的管理权但不从事日常管理工作；经理及其助手则承担全部管理工作。③

（二）对马歇尔的分工理论的评论

对于马歇尔的分工理论，笔者的评论意见如下：

第一，劳动分工可以增进熟练程度和技能水平是普遍的真理，不论是操作性的工作还是技能性的工作都是如此。尽管医院不完全等同于企业，但既然马歇尔提到医师的分工，实践仍然可以证明，专门从事某一个科室工作的医师，在这个科室的治疗上比不是专门从事这个科室工作的医师更高明。当然，医师的治疗对象是人，而人的病源是错综复杂的，医师必须对人的各个器官及其机能的相互联系有一个全面的认识。在具备这个前提的情况下，专门从事某个科室工作的医师的医术将更加精湛。

如果将不同历史时期医院的科室做一个比较，就可以发现，医院科室的分工是越来越细了，而不是越来越粗了。就现在的医院来说，内科除了普通内科以外，还有老年内科、心血管内科、呼吸内科、肾内科、血液内科、消化内科、神经内科等。外科除了普通外科以外，还有皮肤科、骨科、泌尿外科、胸外科、心脏外科、神经外科、整容外科等。除了内科、外科以外，还有妇科、儿科、眼科、口腔科、耳鼻喉科、康复科、运动医学科等。

第二，马歇尔区分了内部经济和外部经济，指出内部经济是企业分工带来的，外

① 马歇尔．经济学原理：上卷［M］．朱志泰，译．北京：商务印书馆，1964：267-268.
② 马歇尔．经济学原理：上卷［M］．朱志泰，译．北京：商务印书馆，1964：280，284.
③ 马歇尔．经济学原理：上卷［M］．朱志泰，译．北京：商务印书馆，1964：313-314.

部经济是企业在地理上的聚集带来的。马歇尔提出的企业分工带来内部经济没有新意，只是使用了内部经济这个新的概念。但是，马歇尔提出的企业集聚带来外部经济有新意，但这已经不是企业分工的问题。经济发展的历史证明，企业聚集确实能够带来外部经济，推动整个行业的发展，美国硅谷的发展就是一个经典的案例。美国硅谷（Silicon Valley）是加利福尼亚州圣塔克拉拉谷的别称，最早是研究和生产以硅为基础的半导体芯片的机构和企业聚集的地方，现在已经演变为一个电子和计算机工业的"王国"。

第三，马克思关注的企业分工是企业内部工人的分工。马克思指出，在工场手工业中，体现在管理方面的"智力"已经作为工人异己的力量处于工人的对立面。随着企业的发展，体现在管理方面的"智力"也在不断进行着分工，形成不同层级的专门从事不同管理职能的管理人员。从这个角度来看，马歇尔的分析是正确的。但是，尽管管理人员和工人都被资本家雇佣并为资本家创造剩余价值，但是管理人员和工人属于不同的阶层，他们的工作和生活状况存在很大的差异。

第四，马歇尔分析的企业内部分工是生产使用价值意义上的分工，他并没有分析马克思关注的生产交换价值和剩余价值意义上的分工，也就是说他没有分析特定的资本主义生产方式下的分工。

在马歇尔以后，企业内部分工似乎没有引起主流经济学者们的注意。如第二次世界大战后的新剑桥学派和新古典综合学派、当今主要经济学流派新凯恩斯主义经济学和新古典主义经济学，都没有关注企业内部分工的问题。

二、对新兴古典经济学企业分工理论的评论

（一）扬格和杨小凯的分工理论

1928 年，美国经济学者扬格（A. A. Young）发表了题为《递增报酬与经济进步》的论文。他在这篇论文中主要从两个方面来描述劳动分工：第一，个人的专业化水平。这种专业化水平随个人生产活动范围的缩小而提高。第二，生产的迂回程度。这是指将初始投入转化为最终产品的生产链条中的中间产品种类。

扬格认为，斯密只注意劳动分工的第一种表现形式即专业化的发展，而没有注意到最重要的分工形式即生产迂回程度。扬格认为生产的迂回程度是报酬递增的源泉。扬格正是在这个基础上发展了斯密关于市场容量决定分工水平的看法。他认为，在市场容量决定分工水平的同时，市场容量本身又是由分工水平所决定的。这就是说，斯密主要从市场需求方面来探讨分工问题，而扬格不但从市场需求方面来研究分工问题，

而且从市场供给方面来研究分工问题。换言之，扬格认为分工水平由市场需求所决定，市场需求由社会生产率所决定，但生产率又依赖于分工水平。①

沿着扬格的研究方向对分工进行了大量研究的代表人物是出生于中国的澳大利亚经济学者杨小凯。杨小凯从20世纪80年代开始不断地发表学术论文研究分工问题，并分别于1993年和2000年出版了《专业化与经济组织》和《经济学：新兴古典和新古典框架》，试图建立区别于新古典经济学（neoclassical economics）的新兴古典经济学（new classical economics）。马克思在斯密之后提出分工理论，纠正了斯密的一些错误看法而将斯密的分工理论发展到一个新的高度，但是杨小凯则声称他继承了斯密的分工思想而回避了马克思的分工思想。

杨小凯指出，新古典经济学主要研究资源配置问题，而新兴古典经济学则主要研究经济组织问题；新古典学派认为企业是现成的，新兴古典经济学则认为企业是由分工产生的；新古典经济学关注在一定技术条件下生产函数的关系，而新兴古典经济学则关注如何通过分工和企业组织来进行生产；新古典经济学要说明在实现一定效用的条件下各种产品是如何配置的，以及在生产一定产量的条件下各种资源是如何配置的，新兴古典经济学则要说明分工水平、经济组织的依存以及企业的结构是怎样确定的。

但是，杨小凯也指出，新兴古典经济学的效用函数、生产函数、需求和供给、价格均衡、帕累托最优状态等经济范畴与新古典经济学是相似的，因此新兴古典经济学不是对新古典经济学的革命，而是对新古典经济学的改组，让专业化经济和交易费用这些古典经济学的灵魂在新古典经济学的躯体中复活。②

杨小凯试图把古典经济学的灵魂赋予新古典经济学的内容不属于笔者讨论的范围，笔者关注的是与马克思分工理论相联系的杨小凯关于分工的思想。

杨小凯对规模经济、范围经济、专业化经济、分工经济、内生比较优势和外生比较优势等经济范畴进行了区分，这是杨小凯研究分工问题的基础。在杨小凯看来，规模经济和范围经济分别是由生产规模扩大或生产范围扩大产生的收益或者是节约，与专业化水平没有直接的关系。即使专业化水平没有提高，规模或范围扩大都可能出现收益或者是节约。

杨小凯对专业化经济作了如下说明：假定存在可以产生专业化经济的生产体系，每个人生产两种产品，它们的生产函数是：

$$\begin{aligned} x^p &\equiv x + x^s = l_x^a \\ y^p &\equiv y + y^s = l_y^a \end{aligned} \tag{1-1}$$

① YOUNG A A. Increasing Returns and Economic Progress [J]. Economic Journal, 1928 (38): 527-542.

② 杨小凯，黄有光．专业化与经济组织［M］．张玉纲，译．北京：经济科学出版社，1999：3-4，22.

在式（1-1）中，x^p 和 y^p 是两种产品的产量；x 和 y 是自给的产品的数量，x^s 和 y^s 是在市场上出售的产品的数量；l_i 是一个人用于生产产品 i 的时间比例，也就是这个人在生产产品 i 上的专业化水平；a 表示专业化经济程度的参数。

在这个生产体系中，每个人都受到工作时间的约束：

$$l_x + l_y = 1 \qquad (1-2)$$

由于 a 大于零，一种产品的产量对这个人生产的专业化水平的二阶导数大于零，一种产品的边际劳动生产率 dx^p/dl_x 或 dy^p/dl_y 随着这个人生产专业化水平的提高而提高。这就是杨小凯定义的专业化经济。①

分工与专业化不一样。分工是指将不同的人的劳动分配给不同的工作。由于杨小凯将某个人在某种产品生产上的专业化水平定义为这个人投入这种产品的劳动时间的比例，专业化和分工没有直接的联系。即使在自给自足的经济里，一个人也会在不同的产品的生产上投入不同的劳动时间比例，也就是存在不同的专业化水平。在杨小凯看来，如果在一个以横轴和纵轴分别表示两种产品的坐标系里，分工与自给自足相比可以导致生产可能性曲线向右上方移动，那么就产生了分工经济。

但是，杨小凯也指出分工经济与专业化经济是相互联系的。在图 1-1 中，横轴表示产品 x 的产量，纵轴表示产品 y 的产量，在自给自足的条件下，一个人的生产可能性曲线为 D，两个人的生产可能性曲线是一个人的生产可能性曲线的相加，即 E。在专业化经济的条件下，边际转换率递增，即一个人将更多的劳动时间用于生产某种产品将更大幅度增加这种产品的产量，一个人和两个人的转换曲线分别为 F 和 G。

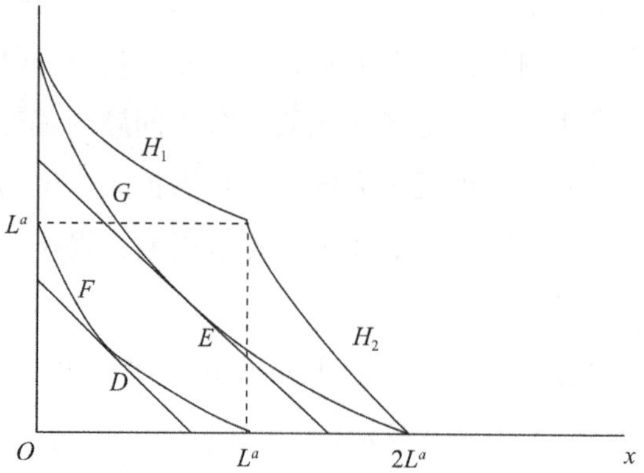

图 1-1　专业化经济与分工经济

① 杨小凯．经济学［M］．张定胜，译．北京：社会科学文献出版社，2003：35-36.

如果一个人专门生产 y 而另一个人同时生产两种产品，将曲线 F 上移 L^a 便得到总量转换曲线 H_1。如果一个人专门生产 x 而另一个人同时生产两种产品，将曲线 F 右移 L^a 便得到总量转换曲线 H_2。由 H_1 和 H_2 组成的总量转换曲线位于自给自足的转换曲线 G 的上方，表示产生了分工经济。①

另外，杨小凯还将比较优势划分为内生比较优势和外生比较优势。内生比较优势是由于人们专业化水平不同造成的生产率差异所形成的比较优势，外生比较优势是由于人们自然禀赋的差异所形成的比较优势。杨小凯还证明，即使一个人不具备外生比较优势，但通过提高专业化水平可以产生绝对优势。他假定某个人 A 比另一个人 B 聪明，如果两个人生产同样的两种产品，在专业化水平相同的条件下，A 生产两种产品的生产率都高于 B。但是，如果 B 在其中一种产品的生产上专业化水平比较高，也就是将更多的劳动时间投在这种产品的生产上，那么 B 生产该产品的生产率高于 A，即对 A 具有绝对优势。②

在对这些经济范畴进行论证的基础上，杨小凯指出，分工是由交易效率和专业化经济程度决定的。他假定有两个人 A 和 B 生产两种产品 x 和 y，在自给自足的条件下，他们要同时生产产品 x 和 y 供自己消费。在分工的条件下，A 专门生产产品 x，除了部分产品供自己消费以外，将剩余的产品卖给 B；B 则专门生产产品 y，除了部分产品供自己消费以外，将剩余的产品卖给 A。这样就出现了 x 和 y 两个产品市场。这样，杨小凯得到下述结论：当交易效率和专业化经济程度足够高时，完全均衡是分工；当交易效率或专业化经济程度相当低时，完全均衡是自给自足。杨小凯还证明，交易效率的足够改进将导致劳动生产率的提高、专业化水平的提高、分工水平的提高和专业部门的增加。③

至于分工为什么可以提高劳动生产率，杨小凯指出，如果一个人将时间集中在生产某种产品上，他就可以钻研这种产品的生产细节，并且通过熟能生巧获得更多的生产经验，因而能够掌握更多的生产知识，并导致劳动生产率的提高。④

（二）对新兴古典经济学企业分工理论的评论

对于杨小凯的分工理论，笔者试图发表下述商榷性的看法：

第一，人类社会的分工分为企业分工和社会分工。斯密没有区分企业分工和社会

① 杨小凯，黄有光．专业化与经济组织［M］．张玉纲，译．北京：经济科学出版社，1999：26-30.
② 杨小凯，黄有光．专业化与经济组织［M］．张玉纲，译．北京：经济科学出版社，1999：30-34.
③ 杨小凯，黄有光．专业化与经济组织［M］．张玉纲，译．北京：经济科学出版社，1999：45-48.
④ 杨小凯，黄有光．专业化与经济组织［M］．张玉纲，译．北京：经济科学出版社，1999：31-33.

分工，他实际上分析的是企业分工。杨小凯声称要发扬斯密的分工思想，依旧没有区分企业分工和社会分工，但他实际上分析的却是社会分工。从分工的角度来看，这两种分工存在一定的联系，但是又是相互区别的。企业分工是指劳动者在生产同一种产品的不同生产工序上的分工，它的调节机制是企业的所有者或者管理者。社会分工是劳动者在不同产品生产上的分工，它的调节机制是产品交换。杨小凯借用了李嘉图（D. Ricardo）比较优势的范畴，但却将这个范畴解释为外生的比较优势，并用于解释个人聪明程度不同造成的劳动生产率的差异。笔者认为，应该明确区分企业分工和社会分工，才能更加全面地揭示分工的本质。

第二，人类社会的分工是一个历史发展过程，但是杨小凯对分工的分析却没有历史感。例如，杨小凯用数学推导证明内生的比较优势是分工产生的重要原因，而所谓内生的比较优势是指劳动者没有自然禀赋的差异而只有专业化水平的差异。但是，人类社会最初的分工正是人的自然禀赋的差异造成的。据历史资料记载，在新石器时代，由于男人身强力壮，他们主要从事狩猎的活动并进而驯化动物。女人不如男人力气大，她们主要从事采集植物的活动并进而种植植物。后来在交换发生以后，有的家庭、部落或氏族主要从事畜牧业，有的家庭、部落或氏族主要从事农业，农业才逐渐从畜牧业分离出来。

又如，杨小凯用数学推导的方法证明效用函数系数 $k=2^{2-2a}$ 是自给自足和分工的分界线。但是，处于地球不同区域的家庭、部落或氏族的发展情况千差万别。在社会分工发生以前，在家庭、部落或氏族内部已经有一定程度的分工。在交换发生以后，人类社会在漫长的历史发展过程中的分工情况也各有不同。不论是在现象上还是在本质上，在社会分工过程中不存在某个决定性的因素，也不存在所谓的 $k=2^{2-2a}$ 的分工分界线，这种过度抽象不能反映社会分工过程。

第三，对人类社会分工的分析是一个逻辑过程，即根据分工的历史事实运用经济范畴去揭示分工内在联系的过程。杨小凯为了数学求解的需要努力将专业化和分工区别开来，并将交换和专业化经济看作分工产生的前提。但是，从历史事实来看，杨小凯定义的专业化并不是分工的主要原因。杨小凯利用两个人分别生产两种产品的模型说明，一个人在某种产品生产上花费的时间比例决定了他的专业化水平。应该指出，为了说明问题方便起见，使用一个简单的模型去揭示事物的本质是正确和常用的研究方法，但是问题是杨小凯的简单模型不能反映社会分工产生前的专业化过程。

在社会分工发生以前，社会组织形态是家庭、部落或氏族。以家庭为例，在历史上不存在这样的情况：家庭成员一起去生产他们自给自足的产品，由于各家庭在某种产品生产上花费的时间不同，因此出现了不同家庭之间的专业化经济。历史事实是，家庭成员不论是生产同一种产品还是生产不同的产品已经存在一定的分工，这样在不同的家庭之间生产同一种产品逐渐表现出不同的劳动生产率。劳动生产率出现差异的原因是很多的，如家庭内部分工的合理程度、家庭成员的自然能力、熟能生巧的经验等，而不只是花费在某种产品生产上的时间比例不同。在商品交换发生以后，各个家庭倾向于专门生产自己劳动生产率较高的产品，于是发生了社会分工。

第四，杨小凯分析的社会分工与马歇尔相似，是生产使用价值意义上的分工，并没有分析马克思关注的生产交换价值和剩余价值意义上的分工，也就是说，他没有分析特定的资本主义生产方式下的分工。

从上面的分析可以看到，古典经济学和马克思的分析是对的，推动社会分工的主要原因是交换，也就是杨小凯指出的交易效率。尽管笔者在上述四个方面并不认同杨小凯关于分工的分析，但是笔者认为杨小凯对经济学是有贡献的。不论是社会分工还是企业分工，都是人类社会的一种基本的经济活动，推动着劳动生产率的提高和经济的发展。杨小凯试图用分工思想重塑新古典经济学是有意义的。

第四节　新的历史条件下马克思分工理论的探索

一、研究分工面临的新的历史条件

要在新的历史条件下完善马克思的分工理论，首先要理解历史条件发生了什么变化。与马克思写作《资本论》的19世纪60年代相比，历史条件至少发生了下述变化：

第一，马克思所处的时代是第一次科学技术革命的时代，以蒸汽机的使用为特征。从19世纪70年代开始，发生了以电力和内燃机为特征的第二次科学技术革命。从20世纪40年代开始，又发生了以计算机为特征的第三次科学技术革命。科学技术革命对企业分工和社会分工产生了很大的影响。

第二，马克思所处的时代是工业化蓬勃展开的时代，英国刚刚完成工业革命，工业是经济的核心产业。但是到了现在，工业已经高度发展，服务业已经在经济中占据主要地位，资本主义经济的产业结构发生了巨大变化。产业结构的变化对企业分工和社会分工产生了很大的影响。

第三，马克思所处的时代是工场手工业时代，企业制度以业主制企业为主，资本家独资举办和经营企业。但是到了现在，股份制已经是企业的主要形式，2019年，美国股份制企业增加值占全部私人企业增加值的73%，实行其他制度的企业的增加值只占全部私人企业增加值的27%。企业制度的变化对企业的分工产生了很大的影响。

另外，所谓马克思分工理论的补充性研究，就是在新的历史条件下考察马克思的分工理论，既要用新的历史事实去验证马克思分工理论的正确性，也要根据马克思分工理论去研究新的分工现象，还要利用新的历史事实来发展马克思的分工理论。

二、新的历史条件下企业分工的新变化

关于企业内部的分工，马克思已经作了充分的论述，笔者主要补充企业分工的新现象和新特点。第二次世界大战结束以及进入21世纪以后，企业分工出现了下述新的变化：

第一，企业分工随着科学技术的发展而不断深化，到了21世纪的今天，企业的分工已经变得很细致了。按照企业史学家钱德勒（A. D. Chandler）的分析，出现管理层级制是现代企业的基本特征。① 现代企业不仅出现了管理人员、技术人员、操作工人之间的分工，而且在管理人员中出现了生产管理、营销管理、人事管理、财务管理、行政管理、后勤管理等方面的分工，在技术人员中出现了技术研究、技术开发、产品设计、技术管理、技术支持等方面的分工，在操作工人中同样也产生了更加细致的分工，但在不同的行业里分工的类型有所不同。

另外，随着自动化生产线的应用，在企业的内部分工中，现场操作的工人所占的比例越来越小。与此同时，随着高科技企业的发展，在企业的内部分工中，技术人员所占的比例越来越大。在软件业这样的科技行业，企业现场操作人员绝大部分是技术人员。

第二，马克思所处的时代主要是业主制的时代，业主是企业的所有者和管理者。但是，随着企业的发展，公司制成为企业的主流制度。在公司制条件下，企业所有者与管理者分离，作为企业所有者的股东通过公司董事会行使所有者的权利，企业的日常管理活动由董事会聘任的总经理来管理。这样，协调企业分工的已不是资本家而是企业家。随着企业规模的扩大和管理层级的增加，对企业分工实际发挥协调作用的管理人员出现层级下降的趋势。总经理决定了各个管理部门、技术部门、生产部门的分工，而各个管理部门、技术部门、生产部门的管理者决定了本部门内各个工作岗位的分工。

---

① 钱德勒．看得见的手：美国企业的管理革命［M］．重武，译．北京：商务印书馆，1977：328.

第三，马克思所处的时代是机器大工业时代，机器的使用和企业的分工使个人越来越趋向于从事某道工序的简单操作。一方面流水线的操作使工人的劳动强度增加，另一方面个人每天都在重复极为单调和乏味的操作，个人的人性和身体受到不利影响。但是，第二次世界大战结束以后，在工人阶级坚持不懈的斗争中，工人的劳动状况得到一定程度的改善。尽管单调和乏味的操作没有乐趣，但是工人的劳动强度有所下降，劳动时间有所缩短。

表 1-1 列出马克思企业分工的理论框架以及笔者遵循马克思企业分工基本理论并考察新的历史条件提出的企业分工理论框架，重点标识的文字表示笔者根据新的历史资料提出的企业分工的新变化。从表 1-1 可以看到，笔者对马克思的企业分工理论没有实质性的补充，马克思提出的企业分工理论是正确的。

表 1-1　新的历史条件下马克思企业分工理论研究纲要

比较对象	马克思企业分工理论研究纲要	新的历史条件下马克思企业分工理论研究纲要
企业分工的定义	企业内部的劳动分工	企业内部的劳动分工
企业分工的分析方法	从生产使用价值和生产交换价值角度考察	从生产使用价值和生产交换价值角度考察
企业分工的前提	劳动与生产资料的积聚和生产资料为资本家所有	劳动与生产资料的积聚和生产资料为资本家所有
企业分工的决定因素	社会生产力	社会生产力
企业分工的形式	工人的分工	**工人、管理人员和技术人员的分工以及他们内部的分工**
企业分工的协调机制	资本家的指挥	资本家和**企业家**的指挥
企业分工的利益	产生劳动的生产力和资本的生产力	产生劳动的生产力和资本的生产力
企业分工的结果	劳资双方的矛盾固化，个人变得畸形	劳资双方的矛盾固化，**工人劳动强度有所下降**

三、马克思社会分工理论的拓展研究

（一）三次社会大分工的形成

社会分工是指社会生产力的发展引起的单一的生产群体分化为互相独立而又互相依赖的生产部门。社会分工既包括不同生产部门之间的分工，如生产部门中工业、农业、商业的分工等，也包括部门内部的分工，如工业中冶金业、机器制造业、纺织业等的分工等。马克思本人对社会分工并没有给予很大的关注，但是历史学者们通过大量的历史事实考证，已经揭示了社会分工的历史过程。

在开始于一万多年前的新石器时代，男人从长期狩猎活动中发现，某些动物可以驯化，他们为了获得稳定的食物来源便开始进行动物的驯化。首先驯化的是狗，其次是羊、猪、牛等。妇女则从植物采集过程中发现了植物的生长规律，也逐步从采集植物发展为种植农作物。随着农业和牧业的发展，大约在公元前4000年，出现了农业和牧业的分工，既包括部落内也包括部落之间的农业和牧业的分工，这是第一次社会大分工。

在农业和牧业发展的同时，手工业也有了一定的发展。早在新石器时代，人类已发明了制陶和纺织，并逐渐用陶轮来制陶，用织机来纺织。到了开始于6000年前的金石并用时代，人类从用天然铜来制作工具到用冶铜来制作工具。随后，冶金、建筑、运输、工具制造不断发展。这样，手工业逐渐从农业、牧业中分离出来，形成了专门的行业，这是第二次社会大分工。

在社会大分工以后，由于出现了农业、牧业、手工业，人们已经不是为自己进行生产，而是为交换进行生产，商品交换成为必要。这样，交换变为经常性的和固定化的，交换的规模和范围也不断扩大。到了奴隶社会初期，又出现了专门从事商品交换的商人，使商业从农业、牧业、手工业中分离出来，形成了第三次社会大分工。这种类型的社会分工就是马克思所说的一般的分工。

在第三次社会大分工出现以后，形成了社会生产部门的基本格局，但这并不意味着社会分工已经结束，这些基本社会生产部门内部的社会分工从来没有停止过。以手工业为例，到公元前700年，罗马的家庭手工业中已经出现了金工、木工、陶工、革工等专业分工，其他文明古国也有类似的情况。这些专业分工已不是一个手工业内的工种的分工，而是不同的手工业的分工。到了14世纪，家庭手工业内部的社会分工已发展到相当高的程度，如巴黎的手工业约有350种，法兰克福的手工业约有107种。到了当代，工业内部的社会分工已经发展到很高的水平。目前工业通常包括采掘业、制造业、公用事业三大类型，其中的制造业就有29种行业。这种类型的社会分工就是马克思所说的特殊分工。

即使社会分工不是马克思研究的重点，但是马克思正确地指出了决定社会分工的基本因素是社会生产力的发展，而调节社会分工的机制是市场。在马克思以后，经济学者们对社会分工也没有给予很大的关注。新制度主义经济学者杨小凯名义上是研究分工，实际上是研究社会分工，关于他的分工理论在前面已经进行了分析。

（二）第四次社会大分工

在新的历史条件下，笔者认为社会分工有三个问题需要进一步探讨：第一，社会大分工是否在商业从农业、牧业、手工业中分离出来时就停止了？推动社会分工的机制除了市场以外是否还有政府？第二，在现代经济中，有的社会分工会转化为企业分工，有的企业分工又会转化为社会分工，这种转化和替代的机制是什么？第三，现代经济中出现了一种既不是社会分工又不是企业分工的新型分工——企业网络分工，这种分工的形成机制又是什么？笔者试图按照马克思分工理论的基本原理和基本方法，以客观事实为根据来讨论这三个问题。

历史学界和经济学界公认存在三次社会大分工。但笔者认为，实际上，社会大分工仍然在继续着。例如，由于原材料的供给、产品的加工、产品的消费不在同一个地方，为实现原材料和产品地理位置转换的交通运输业开始发展起来。又如，人类在满足了吃、穿、住的基本需要以后，产生了对文化和娱乐的需求，一部分人专门提供这种类型的服务，从而形成了文化娱乐业。随着经济的发展，类似于交通运输业和文化娱乐业这样的为生产和消费提供服务的行业不断出现。这些为生产和消费提供服务的服务业从农业、牧业、手工业、商业中分离出来，形成了新的一次社会分工。

笔者提出人类社会发生第四次社会大分工的理论和事实根据如下：

第一个根据是服务业是区别于农业、畜牧业、手工业、商业的社会经济部门。从社会经济部门的特征来看，农业主要从事植物的种植，畜牧业主要从事动物的饲养，手工业主要从事的是产品的加工，商业主要从事的是商品的交换，而服务业主要提供服务。

首先，虽然服务业与农业、畜牧业、手工业一样都提供产品，但是农业、畜牧业和手工业提供的是有形的产品，这些产品可以是生产性的，也可以是消费性的；而服务业提供的是无形的产品，这些产品同样可以是生产性的，也可以是消费性的。既然根据产品的基本特征分别将提供农产品、畜产品、加工品的部门划分为农业、畜牧业、手工业，也应该将提供无形服务的服务业看作同一层次的社会经济部门。

其次，虽然服务业与商业都在提供某种服务，商业在现代经济中也属于服务业，但是商业提供的服务是发生在商品生产出来以后的交换过程，而服务业提供的服务本身就处在生产过程，提供的生产性服务投入另一个生产过程，提供的消费性服务则进入消费过程，服务业与商业存在本质的区别。因此，不应该把商业从其他产业的分离看作代表服务业从其他产业的分离。

目前，关于是不是全部服务的提供都属于生产行为在经济学界还存在分歧，但相当大一部分服务的提供属于生产行为应该没有异议。这就是说，服务业提供服务是在生产某种无形的产品，而商业则是从事已经生产出来的产品的交易，这两个经济部门明显是不同的。另外，社会分工并非生产劳动的分工。商业劳动并不是生产劳动，但商业从别的社会生产部门的分离也形成了第三次社会大分工。

因此，不能把服务业看作农业、畜牧业、手工业、商业的一个附属部门，它是一个与农业、畜牧业、手工业、商业平行的社会经济部门。

第二个根据是服务业在现代经济中已经成为超过任何一个经济部门的主要经济部门。2021 年，美国私人服务业增加值占私人产业总增加值的 71%，中国第三产业增加值占国内生产总值的比例为 53. 3%，如此等等。

由此可见，服务业已经是当代经济中的重要经济部门。从各国经济发展的时间序列分析以及发达国家和发展中国家的横截面分析来看，经济发展水平越高，服务业产值在国内生产总值中的比重就越大；科学技术水平越高，服务业在各个生产部门中的地位就越重要。但是在社会大分工中却没有出现服务业的分工，这显然有悖于经济现实。

从中国古代史来看，到新石器时代晚期，三次社会大分工已经发生，手工业已经发展到一定程度，出现各种形态复杂的陶器、玉器、铜器，良渚考古还发现了丝绸、漆器。服务业的雏形则出现在公元前 2000 年的夏代，标志性事件是音乐和舞蹈的产生。① 但是，夏代的音乐和舞蹈只是祭神或供贵族享乐。直到春秋战国时期，音乐和舞蹈才开始演变为民间的一个行业，② 服务业的分工才发生。在春秋战国时期，作为教育行业初级形态的私学已经出现，③ 作为医疗行业初级形态的民间医生也开始产生。④ 到汉代，钱庄开始出现。中国历史表明，在三次社会大分工以后，发生了第四次社会大分工，服务业逐渐从别的经济部门分离出来而成为独立的经济部门。

另外，在社会和经济的发展过程中，几乎每一次重要的技术创新，都会导致新的社会分工。例如，人类发明了电以后，出现了电气设备制造业、发电业、电器产品制造业；电子计算机技术产生以后，出现了计算机制造业、软件业、计算机服务业；如此等等。可以预料，只要存在商品生产和商品交换，只要科学技术在不断发展，社会分工就不会停止。

---

① 袁行霈，严文明，张传玺，等. 中华文明史：第一卷［M］. 北京：北京大学出版社，2006：116.

② 袁行霈，严文明，张传玺，等. 中华文明史：第一卷［M］. 北京：北京大学出版社，2006：439-447.

③ 袁行霈，严文明，张传玺，等. 中华文明史：第一卷［M］. 北京：北京大学出版社，2006：357-361.

④ 郭沫若. 战国史稿［M］. 北京：人民出版社，1976：365.

（三）第四次社会大分工的形成机制

分工具有两重性，既有生产力属性的一面，也有生产关系属性的一面。分工中的社会分工是不同生产部门的分工，生产关系的属性会更强烈一些。社会生产力愈发展，生产部门就愈多，社会分工就愈细。当然，社会分工的发展又通过提高劳动者的熟练程度、改进生产的技术和提高劳动生产率反过来促进了社会生产力的发展。但是，导致社会分工的机制是什么呢？这就是说，在社会生产力发展使社会分工成为可能的情况下，是什么机制使社会分工成为现实的？

马克思曾经指出，社会分工形成的机制是商品交换，也就是市场。“交换没有造成生产领域之间的差别，而是使不同的生产领域发生关系，并把它们变成社会总生产的多少互相依赖的部门。在这里，社会分工是由原来不同而又互不依赖的生产领域之间的交换产生的。”① 但是，根据前面对第一、第二次社会大分工的考证，当时商品交换还是一种偶然的情况。在第一、第二次社会大分工最初发生的时候，主要还是部落内部的分工。后来随着商品交换的发展，才出现了专营农业、畜牧业和手工业的部落。因此，市场机制逐渐发挥作用的是第三次社会大分工以及三大经济部门内部的社会分工。

因此，笔者认为，第一次社会大分工发生的机制是劳动效率，即人类付出劳动以后希望得到更多和更稳定的食物来源。如前所述，第一次社会大分工源于自然分工。在人类猎获动物和采集植物来充饥的情况下，人类的生活是很不稳定的。在没有猎获到动物和采集到植物时，人类只好忍饥挨饿。因此，当人类发现动物可以驯化和粮食可以种植以后，他们为了改变饥饱不匀的生活开始驯化动物和种植粮食。后来，人类在生产活动中逐渐发现，部分人专门驯化动物、部分人专门种植粮食可以生产出更多的产品。这样，在部落内部就发生了专门驯化动物或种植粮食的分工，于是发生了第一次社会大分工。不仅第一次社会大分工，第二次社会大分工也是在相似的机制下发生的。

在第一、第二次社会大分工出现以后，商品的交换变得经常和固定，商品市场也不断发展。这样，市场机制逐渐开始发挥作用。所谓市场机制是指在市场中存在的竞争机制和价格机制。当生产者将他们的商品拿到市场上出售时，他们的商品便形成了竞争的关系。谁的商品质量高或价格低，谁的商品在竞争中就处于有利的地位。因此，

---

① 马克思．资本论：第 1 卷［M］//马克思，恩格斯．马克思恩格斯全集：第 23 卷．北京：人民出版社，1972：390.

在竞争机制的调节下，生产者不得不努力以更低的成本生产同样质量的商品，或者以同样的成本生产更高质量的商品。另外，在市场上，当某种商品供不应求时，商品的市场价格就会上升，这种商品的生产者就会获得更多的利润，这种商品的生产者就会增加。相反，当某种商品供过于求时，商品的市场价格就会下降，这种商品的生产者的利润就会下降，这种商品的生产者就会减少。

在竞争机制和价格机制的作用下，生产者必须用更有效率的方法去生产市场需要的商品。社会分工能够提高劳动者的熟练程度、改进生产的技术和提高劳动生产率，从而成为达到这个目的的有效途径。正因为这样，一次次社会大分工相继出现，每一个生产部门内的社会分工也在不断地细化。随着市场的成熟和发展，市场机制对社会分工的调节作用越来越大。

虽然市场的调节是有效率的，但是市场也会发生失灵。从社会分工的角度分析，市场失灵表现在下述两个方面：一是商品市场不能调节公共产品的生产。例如，义务教育、传染病控制、公共道路等，市场是不会提供的。二是商品市场对产业结构的调节比较缓慢。例如，一项新的技术产生以后，如果这项技术不能带来利润，它是不会商品化的。因此，一项技术从创新到形成一定的生产规模要经历一个过程。在这种情况下，从20世纪50年代开始，主要资本主义国家的政府普遍加强了对经济的干预，出现了各种形式的市场经济体制，如美国式的有调节的市场经济体制、德国式的社会市场经济体制、日本式的政府导向的市场经济体制等。

在新的历史条件下，社会分工的调节机制除了市场以外，还有政府。政府的作用表现在下述两个方面：一是由政府来提供公共产品。这样，有些公共产品的生产部门如义务教育、疾病控制的社会分工是由政府来调节的。二是由政府来催化新的产业的发展。对于某些有助于促进本国经济增长的新的技术和新的产品，政府往往通过财政和金融的手段来加快这些技术的采用和这些产品的生产，从而推动社会分工。

在各种形式的市场经济体制中，政府对社会分工调节作用最大的是政府导向的市场经济体制。以日本为例，日本政府具有明确的产业政策。产业政策包括产业结构政策和产业组织政策，其中产业结构政策使产业结构向有利于本国的方向发展。日本政府每个时期都会确定该时期的主导产业，然后通过各种措施扶持这些主导产业的发展。例如，在20世纪50年代以后，日本政府先后将钢铁、造船、石油化工、汽车、合成纤维、电子计算机、家用电器、电子设备作为主导产业。在20世纪90年代以后，又将微电子、新材料、生物工程等产业作为主导产业。在确定了主导产业以后，日本政府就通过税收减免、优惠贷款、贸易保护等方式来促进这些主导产业的发展。在这种情况下，政府对社会分工的发展发挥了重要的调节作用。

表 1-2 列出了马克思社会分工的理论框架以及笔者遵循马克思社会分工基本理论和对新的历史条件的考察提出的社会分工理论框架，重点标识出了笔者根据新的历史资料对马克思社会分工理论所作的补充。

表 1-2　新的历史条件下马克思社会分工理论研究纲要

比较对象	马克思社会分工理论研究纲要	新的历史条件下马克思社会分工理论研究纲要
社会分工的定义	不同生产部门的分工	不同生产部门的分工
社会分工的调节机制	市场	**市场和政府**
社会分工的决定因素	社会生产力	社会生产力
社会分工的过程	三次分工	**四次分工**
社会分工的作用	促进社会生产力的提高和导致阶级的产生	促进社会生产力的提高和导致阶级的产生

四、社会分工与企业分工替代性研究

(一) 社会分工与企业分工的替代关系

前面的分析已经证明，企业内部分工不同于社会分工。但是，企业内部分工与社会分工又存在着密切的关系。马克思的分析表明，社会分工是企业内部分工的前提。显然，如果手工制造业不从农业和畜牧业中分离出来，就不可能发生手工制造业内部的分工。但是，手工制造业内部的分工将使生产工具日益专门化，从而带动生产这些专门工具的部门的发展，即带动了手工制造业之间的分工。马克思的研究从一般规律上揭示了企业内部分工与社会分工的关系。

但是，如果撇开第一个层次的社会分工即农业、工业、商业和服务业的分工，来讨论第二个层次的社会分工，如农业、工业、商业、服务业内部的分工，特别是这种工业和那种工业的社会分工，那么社会分工与企业内部分工之间还存在某种替代关系。这就是说，商品生产既可以采用社会分工的形式，也可以采用企业内部分工的形式。或者说，在某种情况下社会分工会转化为企业内部分工，在某种情况下企业内部分工又会转化为社会分工。如果社会分工与企业内部的分工存在替代关系，那么又是什么机制在调节这种替代关系呢？

马克思没有专门研究社会分工和企业分工的替代问题，但是马克思意识到了这个问题。马克思在分析社会分工和企业分工的相互联系时曾经指出："工场手工业的分工要求社会内部的分工已经达到一定的发展程度。相反地，工场手工业分工又会发生反作用，发展并增加社会分工。”① 在这里，工场手工业的分工发生反作用，就是指工场手工业的分工可能会分离为社会分工，从而促进社会分工的发展。

（二）关于社会分工和企业分工替代性的讨论

在社会分工与企业分工相互替代这个问题上，有两项研究成果值得注意：一是施蒂格勒的产业生命周期假说，二是科斯的交易费用理论。

施蒂格勒（G. J. Stigler）指出，产业存在生命周期。在一个产业的新生时期，由于市场狭小，生产过程各个环节的规模比较小，不可能将各个生产环节独立为各个产业，因而该产业的产品由一个全能型的企业生产，分工主要表现为企业内部的分工。企业不仅生产最终产品，还生产从原材料到最终产品的各种中间产品。但是，随着市场规模的扩大，该产业生产过程各个环节的规模已很大，这些环节逐渐分化出去由各个独立的企业来承担，企业内部的分工转化为社会分工。到了这个产业的衰落时期，随着市场规模的缩小，已经分别由独立的企业来承担的各个生产环节又重新返回一个企业的内部，社会分工又转化为企业内部的分工。②

施蒂格勒的产业生命周期假说可以解释这样的现象：在钢铁企业建立的初期，由于钢铁的市场规模比较小，钢铁企业不仅冶炼钢铁，还采掘铁矿石，冶炼和采掘是企业的内部分工。但是，在钢铁市场规模扩大以后，钢铁生产规模也随之扩大，生产的协调变得越来越困难，出现了规模收益递减。铁矿石的采掘与钢铁的冶炼终于分离，企业内部的分工转变为冶炼业和采掘业的社会分工。

施蒂格勒产业生命周期假说在逻辑上是正确的，如果一个企业出现规模收益递减，企业内部分工很可能转变为社会分工。但是，这个假说确实还只是假说，还很难证实企业分工转变为社会分工是可逆的，也就是当企业内部的分工为社会分工所取代后，社会分工能否重新为企业内部的分工所取代，从而能够完成一个产业周期。至少到21世纪的今天，还没有出现铁矿石的采掘与钢铁的冶炼又重新转变为企业内部分工的普遍案例。

另一个理论是科斯的交易费用理论。科斯认为，企业是社会资源的配置方式。按照科斯的解释，在企业外部，由价格机制调节着社会资源的配置。但是，在企业内部，

① 马克思．资本论：第1卷［M］//马克思，恩格斯．马克思恩格斯全集：第23卷．北京：人民出版社，1972：391.

② 施蒂格勒．市场容量限制劳动分工［M］//产业组织与政府管制．潘振明，译．上海：上海三联书店，1996：22.

企业家的指挥取代了价格机制，社会资源的配置是由企业家决定的。但是，利用价格机制是有成本的，这种成本称为交易费用。交易费用包括寻找信息的成本、合同谈判的成本、合同履行的成本等。企业产生的基本原因，是当利用价格机制的交易成本高于企业家协调生产所花费的成本时，人们为了节约成本，倾向于用企业内部的协调机制来取代企业外部的价格机制，从而产生了企业这种组织形式。①

科斯的交易费用理论可以从成本的角度解释社会分工与企业分工的相互替代。假定某种最终产品的生产过程需要经过一系列中间产品的生产阶段，如果从市场获得中间产品的交易成本高于企业内部协调生产所产生的成本，那么企业将选择在企业内部生产中间产品，即企业采取内部分工的方式；相反，如果从市场获得中间产品的交易成本低于企业内部协调生产所产生的成本，那么中间产品和最终产品将由不同的企业完成，即生产采取社会分工的方式。

（三）笔者对社会分工和企业分工替代性的分析

笔者认为，马克思的分工理论不仅可以解释企业的产生，还可以解释社会分工与企业分工的相互替代。马克思在分析社会分工和企业分工的时候不断提到生产力这个概念，而生产力指的就是生产效率。从实物形态来看，生产力或生产效率是指一定的投入可以实现更多的产出，或者一定的产出只需要更少的投入。从货币形态来看，生产力或生产效率是指花费一定的成本可以得到更高的收益，或者得到一定的收益只花费更低的成本。

正如马克思所指出的，企业分工是在社会分工发展到一定程度才出现的。人们从社会分工中已经充分体会到分工可以导致生产效率的提高，因而在企业内部也采用了分工的方法进行生产。但是，当企业内部的分工越来越细而企业又发展到一定的规模时，根据企业生产产品的性质，将出现两种情形：一种情形是企业的中间产品较多，难以有效地协作生产，造成生产效率下降；另一种情形是中间产品不多，可以有效地协作生产，仍然能够保持较高的生产效率。在前一种情况下，企业就会专门从事最终产品的生产，将中间产品的生产分离出去，这样企业内部的分工将转化为社会分工。在后一种情况下，企业内部的分工不会转化为社会分工。这就是说，社会分工与企业分工的替代仍然取决于这两种分工的生产效率。

因此，生产效率的变化是导致社会分工和企业分工相互替代的机制。利用这种机制不仅可以解释企业内部的分工如何转化为社会分工，同样可以解释社会分工如何转

---

① COASE R H. The Nature of the Firm [J]. Economica, 1937 (11): 386-405.

变为企业内部的分工。随着科学技术的发展，本来一种产品的不同生产环节是由不同的企业完成的，即通过社会分工的形式完成的，但是如果将这些不同的生产环节变为一个企业内部的分工能够导致生产效率的提高，社会分工同样可以转变为企业内部分工。

马克思生产效率的分析方法可以涵盖施蒂格勒的产业生命周期分析方法和科斯的交易费用分析方法。施蒂格勒的产业生命周期分析方法只是马克思分析方法的特例，也就是在规模报酬递减情况下的特例。另外，科斯的交易费用分析方法也是马克思分析方法的另外一种表述方式，即从成本的角度来分析生产效率。马克思生产效率的分析方法仅仅是研究抽象的分工，即不依赖特定社会形态下的分工。但是，马克思历来关注具体的分工，即特定社会经济形态下的分工。如果分析这种特定社会经济形态下的分工，那么社会经济形态的变化对社会分工和企业分工的相互替代有着重要的影响。在这里特别需要指出的是，私人垄断资本主义的发展对企业分工替代社会分工的影响。

私人垄断是指少数几个企业通过控制市场的供给或需求来获得超额利润的状况。在竞争的压力下，企业为了在竞争中处于有利地位，不断地把部分剩余价值用于扩大再生产，或者不断地兼并或收购别的厂商以扩大规模，即通过资本积累和资本集中的方法进行扩张。当资本和生产集中发展到一定的程度时，在一个生产部门内往往只有少数几家企业，它们可以有效地排斥别的企业的竞争，从而形成了私人垄断。

私人垄断资本主义是从19世纪末20世纪初开始形成的。在私人垄断资本主义的发展过程中，曾经出现过三次兼并浪潮。第一次兼并浪潮发生在19世纪末20世纪初，主要形式是横向兼并，即对相同生产部门的企业进行兼并。第二次兼并浪潮发生在20世纪20年代，主要形式是纵向兼并，即对上游和下游不同生产部门的企业进行兼并。第三次兼并浪潮发生在20世纪50—60年代，主要形式是混合兼并，即对彼此之间不存在业务关系的不同生产部门的企业进行兼并。很显然，在纵向兼并和混合兼并的过程中，社会分工不断地转化为企业分工。

在社会经济形态变化导致的企业分工替代社会分工的情况下，生产效率调节机制的作用减弱。企业在不断地将社会分工转化为企业内部分工的过程中，考虑的主要不是生产效率，也不是交易费用，而是试图通过对市场的垄断来获取垄断利润。由此可见，影响社会分工和企业分工相互替代的因素主要有两个：生产效率的变化和社会经济形态的变化。它们在不同的时期里在不同的程度上导致社会分工和企业分工的相互替代。

马克思本人没有分析社会分工和企业分工的相互替代问题，上述分析是笔者根据马克思分工理论的基本思想和基本方法来分析这个问题所得到的结论。归纳上述分析，可以得到表 1-3 表示的在新的历史条件下社会分工和企业分工相互替代的理论。

表 1-3　新的历史条件下关于社会分工和企业分工相互替代的理论框架

比较对象	新的历史条件下社会分工和企业分工相互替代的理论框架
社会分工和企业分工相互替代的定义	社会分工转变为企业分工或者企业分工转变为社会分工
社会分工和企业分工相互替代的机制	生产效率的变化和社会经济形态的变化
社会分工和企业分工相互替代的作用	提高生产效率或增加垄断资本利润

五、新的分工形态——企业网络分工的研究

社会分工和企业分工是分工的两种基本的形态。但是，在 20 世纪 70 年代以后，出现了一种新的分工的形态——企业网络分工。企业网络分工是指若干家企业以契约的方式而不是以所有制的方式，形成了一个相互依赖的企业网络来生产某种最终产品。处于这个网络中的企业形成垂直的生产关系，一个企业的产出品是另一个企业的投入品。

企业网络分工是介于社会分工和企业分工之间的一种分工。企业网络分工与企业分工不同。前者是由多个独立的企业完成同一个生产过程，后者是由一个独立的企业完成同一个生产过程。从这个角度来看，企业网络分工与社会分工是相似的。但是，企业网络分工也与社会分工不同。前者是指一个企业专门为另一个企业生产，企业之间存在密切的契约关系；后者是指一个企业为一般的生产者或消费者生产，企业之间不存在密切的契约关系。从这个角度来看，企业网络分工又与企业分工是相似的。企业网络在 20 世纪 70 年代最早出现在日本和意大利，日本的企业网络是以大企业为核心形成的企业组织形式，意大利的企业网络是由中小企业形成的组织形式。

如果说社会分工的调节机制是市场，企业内部分工的调节机制是企业，那么企业网络分工调节机制是什么呢？美国经济学者里查德逊（G. B. Richardson）在 1972 年 9 月《经济杂志》上发表了一篇题为《产业组织》的论文，提出了劳动分工具有三种协调方式，即市场、企业、网络。[①] 根据里查德逊的分析，网络协调方式适合于具有十分密切的关系和相互依赖的两个或两个以上的企业的活动。如果企业的活动是同时为多家企业提供服务的通用性活动，那么企业之间不需要进行事前的计划和协调，因而可以通过市场来调节。如果企业的活动是为特定的企业提供服务的特定性活动，那么企

---

① RICHARDSON G B. The Organization of Industry [J]. The Economic Journal, 1972, 82 (327): 883-896.

业之间就需要进行事前的计划和协调，这就是网络协调方式。所谓网络协调机制是指各个企业通过长期和稳定的契约关系来规定各自的权利和责任，协调各自的生产活动。网络协调机制的交易成本主要是达成契约和履行契约的成本。处于核心地位的大企业与一系列中小企业进行谈判，根据生产的要求签订一系列的契约，然后监督着契约的履行。一旦各个企业形成同生死共存亡的关系，网络协调机制的交易成本就会下降。

企业网络分工实际上是从企业内部分工转变而来的以契约的形式固定下来的社会分工。既然马克思的分工理论可以解释社会分工对企业内部分工的替代，自然也可以解释企业网络分工。企业网络分工是为了克服企业内部分工协作出现困难而形成的。某些最终产品极为复杂，包括许多零部件。如果由一家企业来生产全部零部件，将会出现极为复杂的分工。假如在企业内部没有出现协作上的困难，没有出现生产效率下降的现象，企业仍然会以内部分工的方式生产这些产品。假如在企业内部产生协作上的困难，并出现生产效率下降的现象，则有可能以社会分工的方式生产这些产品。但是，这些最终产品的零部件并不是通用的，而是某种特定最终产品所需要的。如果这些零部件仅仅以社会分工的方式来生产，由市场机制来调节，同样会影响这种最终产品的生产效率。正是在这种情况下，为了克服协作上的困难，提高生产效率，便产生了企业网络分工。企业网络分工意味着企业内部的分工转变为社会分工，但处于社会分工中的企业通过契约的关系形成稳定的联盟。

例如，汽车的生产包括上万种零部件，而且每个零部件要通过许多道工序才能完成。如果全部零部件都由一家企业来生产，将有可能由于协作上的困难出现生产效率下降的情况。如果全部零部件由互不相干的企业来生产，即便有可能，也会由于彼此没有建立起稳定的中间产品供给机制而使汽车的生产效率下降。正是这个缘故，汽车行业最早出现诸如“丰田生产体制”的企业网络分工。但是，由于各个企业的管理方式和管理技术不同，社会分工、企业内部分工、企业网络分工这三种分工形式的生产效率不一定是一样的，同样一种产品的生产所采用的分工方式就会不同。例如，日本汽车行业采用企业网络分工的方式来生产汽车，而美国汽车行业则采用企业内部分工的方式来生产汽车，这说明企业网络分工和企业内部分工的生产效率在这两个国家并不是一样的。

科斯的交易费用分析方法实际上从成本的角度来说明生产效率，因而也可以解释企业网络分工形成的原因。如果某种最终产品的生产需要许多零部件才能完成，那么社会分工、企业内部分工和企业网络分工都是有可能发生的，关键问题在于协调这三种分工的成本。社会分工需要市场来协调，企业内部分工需要企业来协调，企业网络分工需要契约来协调。这三种协调机制都要花费交易成本，哪一种协调机制的交易成本低，就会发生哪一种分工。从目前世界各国的情况来看，采用社会分工的方式生产包括许多零部件的最终产品的协调成本过高，因而通常采用企业内部的分工和企业网络的分工来生产这些产品。由此可见，里查德逊的分析方法与科斯的分析方法是相似的。

马克思本人没有分析企业网络分工问题。上述是笔者根据马克思分工理论的基本思想和基本方法来分析这个问题所得到的结论。归纳上述分析，可以得到表1-4表示的新的历史条件下企业网络分工的理论框架。

表1-4　新的历史条件下企业网络分工的理论框架

比较对象	新的历史条件下企业网络分工的理论框架
企业网络分工的定义	以契约形式形成的社会分工
企业网络分工的机制	生产效率的变化
企业网络分工的作用	促进生产效率的提高

对马克思分工理论的研究表明，马克思分工理论是正确的。它适用于私有制条件下的资本主义经济，还适用于多种所有制条件下的社会主义经济。在私有制消亡以后，劳动者在资本所有者的雇佣下为生存而被束缚在某个工序上的分工将不存在。但是，只要有生产，人们在某一时点上总在从事着某个行业、某个机构、某种工作，这种意义上的分工将永远存在。随着经济的发展和科学技术的进步，社会分工、企业分工、企业网络分工将不断发展和深化。

本章小结

本章概括了马克思企业分工和社会分工的理论，肯定了马克思分工理论的历史地位。对马克思以后具有代表性的分工理论如马歇尔、杨小凯等经济学者的分工理论发表了评论，证明了马克思的分工理论在当代仍然具有重要意义。

本章在坚持马克思分工理论的前提下对马克思分工理论的某些内容进行了补充性研究，如社会分工的调节机制不仅有市场，还有政府；不仅发生了三次社会大分工，还出现了第四次社会大分工，即服务业从农业、手工业、商业中分离出来。

本章根据马克思的分工理论对马克思没有涉及的一些问题进行了研究，如社会分工和企业分工是可以相互替代的，替代机制是生产效率的变化和社会经济形态的变化；网络分工是以契约形式形成的社会分工，但它既不同于社会分工也不同于企业分工，它的调节机制是生产效率的变化。

第二章　新的历史条件下马克思劳动价值理论研究

第一节　马克思的劳动价值理论

一、商品价值的实体

马克思认为，商品是使用价值和交换价值的统一体。商品的使用价值是商品能够满足人们某种需要的属性。马克思指出："物的有用性使物成为使用价值。"① 商品的交换价值是一种使用价值与另一种使用价值的交换比例。马克思指出："交换价值首先表现为一种使用价值同另一种使用价值相交换的量的关系或比例，这个比例随着时间和地点的不同而不断改变。"②

马克思在区分了商品的使用价值和交换价值以后，指出使用价值是商品的自然属性，交换价值是商品的社会属性。商品的使用价值和交换价值存在下述关系：一种物品要成为商品，要具有交换价值，就必须具有使用价值，没有使用价值的物品是没有交换价值的。但是，一种物品具有使用价值，未必成为商品，未必具有交换价值。在人类社会里，使用价值是一个永恒的范畴，交换价值是一个历史的范畴。马克思指出："一个物可以有用，而且是人类劳动产品，但不是商品。谁用自己的产品来满足自己的

---

① 马克思．资本论：第 1 卷［M］//马克思，恩格斯．马克思恩格斯全集：第 23 卷．北京：人民出版社，1972：48.

② 马克思．资本论：第 1 卷［M］//马克思，恩格斯．马克思恩格斯全集：第 23 卷．北京：人民出版社，1972：49.

需要，他生产的就只是使用价值，而不是商品。……没有一个物可以是价值而不是使用物品。如果物没有用，那末其中包含的劳动也就没有用，不能算作劳动，因此不形成价值。”①

马克思认为，如果撇开商品的自然属性，那么商品都是一定数量的人类劳动的凝结。马克思指出：“如果把商品体的使用价值撇开，商品体就只剩下一个属性，即劳动产品这个属性。……这些劳动的各种具体形式也消失了。各种劳动不再有什么差别，全都化为相同的人类劳动，抽象人类劳动。现在我们来考察劳动产品剩下来的东西。”②

马克思接着确认，这种无差别的人类劳动的凝结，就是商品的价值。马克思指出：“这些物现在只是表示，在它们的生产上耗费了人类劳动力，积累了人类劳动。这些物，作为它们共有的这个社会实体的结晶，就是价值——商品价值。”③

在马克思看来，既然商品具有使用价值和交换价值的两重性，生产商品的劳动也具有具体劳动和抽象劳动的两重性。具体形式的劳动或者具体劳动生产使用价值，撇开具体形式的一般的人类劳动或抽象劳动生产价值。马克思指出：“一切劳动，从一方面看，是人类劳动力在生理学意义上的耗费；作为相同的或抽象的人类劳动，它形成商品价值。一切劳动，从另一方面看，是人类劳动力在特殊的有一定目的的形式上的耗费；作为具体的有用劳动，它生产使用价值。”④

因此，马克思证明了商品价值的实体是抽象劳动的凝结。

二、商品的价值量

马克思认为，商品的价值量是由社会必要劳动时间决定的。按照马克思的解释：“社会必要劳动时间是在现有的社会正常的生产条件下，在社会平均的劳动熟练程度和劳动强度下制造某种使用价值所需要的劳动时间。”⑤

如果说商品的价值量取决于社会必要劳动时间，那么社会必要劳动时间取决于劳动生产率。马克思指出：“生产商品所需要的劳动时间随着劳动生产力的每一变动而变

① 马克思．资本论：第1卷［M］//马克思，恩格斯．马克思恩格斯全集：第23卷．北京：人民出版社，1972：54.

② 马克思．资本论：第1卷［M］//马克思，恩格斯．马克思恩格斯全集：第23卷．北京：人民出版社，1972：50-51.

③ 马克思．资本论：第1卷［M］//马克思，恩格斯．马克思恩格斯全集：第23卷．北京：人民出版社，1972：51.

④ 马克思．资本论：第1卷［M］//马克思，恩格斯．马克思恩格斯全集：第23卷．北京：人民出版社，1972：60.

⑤ 马克思．资本论：第1卷［M］//马克思，恩格斯．马克思恩格斯全集：第23卷．北京：人民出版社，1972：52.

动。劳动生产力是由多种情况决定的，其中包括：工人的平均熟练程度，科学的发展水平和它在工艺上应用的程度，生产过程的社会结合，生产资料的规模和效能，以及自然条件。”①

另外，商品的价值量与生产商品所耗费的劳动数量成正比，与劳动生产率成反比。马克思指出：“劳动生产力越高，生产一种物品所需要的劳动时间就越少，凝结在该物品中的劳动量就越小，该物品的价值就越小。相反地，劳动生产力越低，生产一种物品的必要劳动时间就越多，该物品的价值就越大。可见，商品的价值量与体现在商品中的劳动的量成正比，与这一劳动的生产力成反比。”②

但是，生产商品耗费的劳动的复杂程度是不同的，那么以什么类型的劳动作为计量基础呢？马克思指出：“人类劳动在这里也是这样。它是每个没有任何专长的普通人的机体平均具有的简单劳动力的耗费。简单平均劳动虽然在不同的国家和不同的文化时代具有不同的性质，但在一定的社会里是一定的。比较复杂的劳动只是自乘的或不如说多倍的简单劳动，因此，少量的复杂劳动等于多量的简单劳动。”③

正由于商品的价值量是由社会必要劳动时间决定的，如果商品生产者生产某种商品耗费的劳动时间少于社会必要劳动时间，他在竞争中将处于有利地位；如果商品生产者生产某种商品耗费的劳动时间多于社会必要劳动时间，他在竞争中将处于不利地位。马克思举例说明了这个问题：“例如，在英国采用蒸汽织布机以后，把一定量的纱织成布所需要的劳动可能比过去少一半。实际上，英国的手工织布工人把纱织成布仍旧要用以前那样多的劳动时间，但这时他一小时的个人劳动的产品只代表半小时的社会劳动，因此价值也降到了它以前的一半。可见，只是社会必要劳动量，或生产使用价值的社会必要劳动时间，决定该使用价值的价值量。”④

这样，马克思说明了商品的价值量是由社会必要劳动时间决定的。

三、商品价值的本质

马克思认为，商品的价值是商品的社会属性，体现了一定的社会关系。马克思指

---

① 马克思．资本论：第1卷［M］//马克思，恩格斯．马克思恩格斯全集：第23卷．北京：人民出版社，1972：53.

② 马克思．资本论：第1卷［M］//马克思，恩格斯．马克思恩格斯全集：第23卷．北京：人民出版社，1972：53-54.

③ 马克思．资本论：第1卷［M］//马克思，恩格斯．马克思恩格斯全集：第23卷．北京：人民出版社，1972：57-58.

④ 马克思．资本论：第1卷［M］//马克思，恩格斯．马克思恩格斯全集：第23卷．北京：人民出版社，1972：52.

出："生产者的私人劳动真正取得了二重的社会性质。一方面，生产者的私人劳动必须作为一定的有用劳动来满足一定的社会需要，从而证明它们是总劳动的一部分，是自然形成的社会分工体系的一部分。另一方面，只有在每一种特殊的有用的私人劳动可以同任何另一种有用的私人劳动相交换从而相等时，生产者的私人劳动才能满足生产者本人的多种需要。完全不同的劳动所以能够相等，只是因为它们的实际差别已被抽去，它们已被化成它们作为人类劳动力的耗费、作为抽象的人类劳动所具有的共同性质。"①

商品的价值量是由社会必要劳动时间决定的，商品是按照价值量进行交换的，这已经成为商品生产者的异己的规律在发挥着作用，马克思将它称为价值规律。价值规律对社会生产发挥着调节作用。

第一，价值规律调节着社会资源在不同生产部门的配置。价值规律的这种作用是通过商品市场价格对商品价值的背离而实现的。商品价值的货币表现形成商品的价格，商品价格受到市场供给与需求影响形成商品的市场价格。当某种商品供不应求时，市场价格高于以货币表示的价值，商品生产者收益增加，商品生产者扩大生产，更多的社会资源被配置到这个生产部门。反之，情况将相反。马克思指出："商品的价值规律决定社会在它所支配的全部劳动时间中能够用多少时间去生产每一种特殊商品。但是不同生产领域的这种保持平衡的经常趋势，只不过是对这种平衡经常遭到破坏的一种反作用。……这种自然必然性可以在市场价格的晴雨表的变动中觉察出来，并克服着商品生产者的无规则的任意行动。"② 在这里，马克思很明确地使用了市场价格的概念。

但是，价值规律对社会资源配置的调节作用是盲目的，马克思指出："价值规律不过作为内在规律，对单个当事人作为盲目的自然规律起作用，并且是在生产的各种偶然变动中，维持着生产的社会平衡。"③

第二，价值规律推动着社会生产力的发展。由于商品的价值量是由社会必要劳动时间决定的，商品是按照价值量进行交换的，个别价值低于社会价值的商品生产者在竞争中将处于有利地位，他们将获得更高的收益。在追求收益动机的支配下，他们会不断地采用新的技术，改进生产方法以提高劳动生产率，从而推动劳动生产力的发展。马克思指出："在私人劳动产品的偶然的不断变动的交换关系中，生产这些产品的社会

---

① 马克思．资本论：第1卷［M］//马克思，恩格斯．马克思恩格斯全集：第23卷．北京：人民出版社，1972：90.

② 马克思．资本论：第1卷［M］//马克思，恩格斯．马克思恩格斯全集：第23卷．北京：人民出版社，1972：394.

③ 马克思．资本论：第3卷［M］//马克思，恩格斯．马克思恩格斯全集：第25卷．北京：人民出版社，1974：995.

必要劳动时间作为起调节作用的自然规律强制地为自己开辟道路，就象房屋倒在人的头上时重力定律强制地为自己开辟道路一样。因此，价值量由劳动时间决定是一个隐藏在商品相对价值的表面运动后面的秘密。这个秘密的发现，消除了劳动产品的价值量纯粹是偶然决定的这种假象，但是决没有消除这种决定所采取的物的形式。”①

因此，马克思指出了价值的本质是一种社会生产关系。

四、马克思劳动价值理论的贡献

劳动价值理论是英国和法国古典经济学者们提出来的。英国经济学者配第早在1662年出版的《赋税论》中就提出了自然价格的概念。他指出：“假如一个人在能够生产一蒲式耳谷物的时间内，将一盎司白银从秘鲁的银矿中运来伦敦，那末，后者便是前者的自然价格。”② 配第说的商品的自然价格就是商品的价值，它是生产商品所耗费的劳动时间。

英国经济学者斯密是劳动价值理论的建立者。斯密在1776年出版的《国民财富的性质和原因的研究》中区分了商品的使用价值和交换价值，指出劳动是国民财富的源泉。但是，由于斯密没有区分价值和交换价值，没有意识到交换价值是价值的表现形式，他一方面将商品的交换价值看作是由耗费的劳动决定的，另一方面又将商品的价值看作是由购买到的劳动决定的，而购买到的劳动是由工资、利润和地租构成的。因此，虽然斯密提出了劳动价值理论，但是他没有建立起逻辑一致的劳动价值理论。③

英国经济学者李嘉图是劳动价值理论的坚定贯彻者。李嘉图在1817年出版的《政治经济学及赋税原理》中，接受了斯密关于使用价值和交换价值的区分，肯定了斯密关于商品的交换价值是由耗费的劳动决定的论断，否定了斯密关于商品的价值是由购买到的劳动决定的看法，并且还指出商品的交换价值不是由生产该商品实际耗费的劳动数量决定的，而是由生产该商品的必要劳动数量决定的。但是，李嘉图认为生产商品的必要劳动数量取决于最劣条件下生产该商品的劳动数量。④

另外，由于李嘉图的劳动价值理论没有区分劳动和劳动力，也没有区分简单商品生产和资本主义商品生产，从而陷入了两个矛盾：第一个矛盾是价值规律与资本和劳

---

① 马克思．资本论：第1卷［M］//马克思，恩格斯．马克思恩格斯全集：第23卷．北京：人民出版社，1972：92.

② 配第．赋税论［M］．陈冬野，等，译．北京：商务印书馆，1963：52.

③ 斯密．国民财富的性质和原因的研究：上卷［M］．郭大力，王亚南，译．北京：商务印书馆，1979：25-26，44.

④ 李嘉图．政治经济学及赋税原理［M］．王学文，译．北京：商务印书馆，1962：7-19.

动交换的矛盾。如果遵循等价交换的价值规律，可变资本购买的活劳动应等于耗费的劳动，那么利润无从产生；如果可变资本购买的活劳动不等于耗费的劳动，那么等价交换的价值规律将遭到破坏。第二个矛盾是价值规律与等量资本趋向于获得等量利润规律的矛盾。如果遵循等价交换的价值规律，由于资本有机构成不同，那么等量资本不应该获得等量利润；如果等量资本获得等量利润，那么等价交换的价值规律将遭到破坏。

马克思是劳动价值理论的最终完成者。第一，马克思劳动价值理论接受了斯密关于劳动是国民财富的源泉的思想，不仅区分了使用价值和交换价值，还区分了交换价值和价值，区分了具体劳动和抽象劳动，从而解决了价值实体的问题。第二，马克思的劳动价值理论接受了李嘉图关于商品的价值量取决于必要劳动量的思想，但马克思否定了李嘉图最劣生产条件下的劳动数量决定商品价值量的看法，指出社会平均生产条件下的劳动数量决定商品价值量。另外，马克思否定了李嘉图关于复杂劳动简化为简单劳动是由习惯决定的看法，指出这是由生产者背后的社会过程决定的。第三，马克思的劳动价值理论摒弃了斯密和李嘉图在一种永恒的社会形态下研究商品交换价值的分析方法，将商品价值看作特定社会形态的经济范畴，通过区分劳动和劳动力以及价值和生产价格，解决了李嘉图面对的两个矛盾。

马克思曾经这样说过："商品中包含的劳动的这种二重性，是首先由我批判地证明了的。这一点是理解政治经济学的枢纽。"①

第二节　马克思劳动价值理论的争论以及笔者的回应

一、两种社会必要劳动时间的争论

（一）问题的提出

马克思的劳动价值理论是剩余价值理论的基础。因此，马克思的劳动价值理论自产生起，一直是马克思主义和非马克思主义经济学者争论的焦点。150 多年来，在国际经济学界掀起过多次关于马克思劳动价值理论争论的热潮。但是，由于涉及马克思劳动价值理论的研究文献太多，笔者在本章只能选择某些重要的问题展开讨论。

① 马克思．资本论：第 1 卷［M］//马克思，恩格斯．马克思恩格斯全集：第 23 卷．北京：人民出版社，1972：55.

有的经济学者认为，马克思有两种社会必要劳动时间的概念。马克思在《资本论》第一卷指出："社会必要劳动时间是在现有的社会正常的生产条件下，在社会平均的劳动熟练程度和劳动强度下制造某种使用价值所需要的劳动时间。"① 但是，马克思在《资本论》第三卷指出："在一定的价格下，一种商品只能在市场上占有一定的地盘；在价格发生变化时，这个地盘只有在价格的提高同商品量的减少相一致，价格的降低同商品量的增加相一致的情况下，才能保持不变。另一方面，如果需求非常强烈，以致当价格由最坏条件下生产的商品的价值来调节时也不降低，那末，这种在最坏条件下生产的商品就决定市场价值。这种情况，只有在需求超过通常的需求，或者供给低于通常的供给时才可能发生。最后，如果所生产的商品的量大于这种商品按中等的市场价值可以找到销路的量，那末，那种在最好条件下生产的商品就调节市场价值。"②

这些学者为了证明马克思有两种社会必要劳动时间的看法，还引证了马克思在《资本论》第三卷中的一段话："只有在这种比例的破坏使商品的价值，从而使其中包含的剩余价值不能实现的时候，才会影响到必要劳动和剩余劳动之比。例如，棉织品按比例来说生产过多了，虽然在这个棉织品总产品中只体现了一定条件下为生产这个总产品所必要的劳动时间。但是，总的来说，这个特殊部门消耗的社会劳动已经过多；就是说，产品的一部分已经没有用处。因此，只有当全部产品是按必要的比例进行生产时，它们才能卖出去。社会劳动时间可分别用在各个特殊生产领域的份额的这个数量界限，不过是整个价值规律进一步发展的表现，虽然必要劳动时间在这里包含着另一种意义。为了满足社会需要，只有这样多的劳动时间才是必要的。在这里界限是通过使用价值表现出来的。社会在一定生产条件下，只能把它的总劳动时间中这样多的劳动时间用在这样一种产品上。"③

正因为如此，有的经济学者认为马克思存在两种不同的对社会必要劳动时间的看法：一种是没有考虑供求关系的社会必要劳动时间，这体现在马克思《资本论》第一卷上；另一种是考虑了供求关系的社会必要劳动时间，这体现在马克思《资本论》第三卷上。马克思这两种不同的社会必要劳动时间之间似乎存在矛盾，正是这个问题在中国经济学界引起了长达60年的争论。

---

① 马克思．资本论：第1卷［M］//马克思，恩格斯．马克思恩格斯全集：第23卷．北京：人民出版社，1972：52.

② 马克思．资本论：第3卷［M］//马克思，恩格斯．马克思恩格斯全集：第25卷．北京：人民出版社，1974：199-200.

③ 马克思．资本论：第3卷［M］//马克思，恩格斯．马克思恩格斯全集：第25卷．北京：人民出版社，1974：717.

（二）争论的过程

1. 20 世纪 60 年代的争论

根据中国经济学者孟捷的考察，20 世纪 20 年代，在苏联和德国曾经发生过关于两种社会必要劳动时间问题的争论，苏联经济学者鲁宾（I. I. Rubin）的《马克思价值理论论文集》记录了这场争论。① 但是，这个问题在世界马克思主义经济学界似乎没有引起人们太大的关注。经济学者在讨论马克思关于商品价值量的决定的时候，一般都采用马克思在《资本论》第一卷中的第一种社会必要劳动时间的表述。

日本经济学者伊藤诚（Makoto Itoh）曾经总结道："如果供给和需求的比率决定市场价值的水平，那么价值由生产这种商品的内含的抽象劳动量所决定这一点就会受到损害，而且这样做类似于边际主义以供给和需求决定价格的理论。为了避免这一立场，多数马克思主义者在传统上偏爱马克思对市场价值的第一种定义，把市场价值理解为由生产一种给定商品在技术所需要的平均劳动时间所决定的。"②

但是，在中国经济学界，围绕两种社会必要劳动时间的问题，却产生了长期的和广泛的争论。这场争论源于 20 世纪 50 年代，在 20 世纪 60 年代和 20 世纪 80 年代出现过争论的高潮。进入 21 世纪以后，部分经济学者又重新提出了这个问题，并且把第二种社会必要劳动时间作为"理论创新"的方向。

中国经济学界的这场争论是在 20 世纪 50 年代由魏埙和谷书堂引起的。他们在《南开大学学报》1955 年第 1 期发表了题为《价值规律在资本主义各个阶段中的作用及其表现形式》的论文，认为供给和需求会对社会价值的形成产生影响。后来，该论文以专著的形式在 1956 年由上海人民出版社出版。

吴树青在 1956 年第 10 期《读书月报》上发表了该专著的书评，肯定了这种看法。南冰和索真在 1957 年第 1 期《经济研究》上发表了题为《社会主义制度下生产资料的价值和价值规律的作用问题》的论文，提出了与吴树青相似的看法。

王章耀和萨公强则在 1958 年第 2 期《学术月刊》上发表了《关于社会必要劳动问题——与魏埙、谷书堂、吴树青诸同志的讨论》，质疑他们的看法。宋承先也在 1958 年第 4 期《学术月刊》上发表了《关于社会必要劳动时间问题——也与魏埙、谷书堂两同志商榷》，支持王章耀和萨公强的看法。20 世纪 50 年代的争论到此告一段落。

1961 年，魏埙和谷书堂在《价值规律在资本主义各个阶段中的作用及其表现形

---

① 孟捷．劳动价值论与资本主义经济中的非均衡和不确定性［J］．政治经济学报，2017（9）．

② ITOH M. Value and Crisis［M］. London：Pluto Press，1980：84. 转引自：孟捷．价值和积累理论［M］．北京：社会科学文献出版社，2018：14.

式》（第三版）中再次重申了他们的看法，指出："供求状况在一定条件下（劳动生产率不变）可以调节社会价值，使之或是与社会平均条件下的个别价值相一致，或是和优等或劣等条件下的个别价值相一致。"① 他们的看法再一次在中国经济学界引起热烈的争论。

卫兴华对两种社会必要劳动时间的问题提出了自己的看法。他指出，价值量取决于平均生产条件下的社会必要劳动时间，有两个前提条件：一是自由竞争，二是供求大体均衡。如果供求关系出现了异常不平衡，价值量将由最劣或最优生产条件下的劳动时间决定。但是，卫兴华在他的论文中讲了一段语焉不详的话："供求关系的平衡只是一种偶然……例如，如果当需求超过供给引起价格的上涨时，劣等条件或更劣条件的产品亦为社会所需要，从而进入社会生产的范围，参加价值的平均化过程。"② 这似乎又意味着供求关系影响了价值量的决定。

宋承先正是根据卫兴华的这段话，批评他把供求因素看作决定价值的因素，从而混淆了市场价格与价值这两个不同的范畴。另外，宋承先还否定了卫兴华提出的，在供求异常不平衡的条件下价值量的决定会发生变化的看法，他认为供求异常不平衡影响的是市场价格而不是市场价值。宋承先是这样解释这个过程的：在需求量异常小于供给量的情况下，优、中、劣三种生产条件提供的供给量大于需求量，市场价格长期低廉，中、劣生产条件提供的供给量逐渐退出市场。因此，在供求不平衡的条件下，价值量由优等条件下的个别价值决定。宋承先坚持认为，马克思只有一种社会必要劳动时间理论。③ 对于宋承先的批评，卫兴华提出了反驳，认为宋承先对他的看法存在误解。④

洛耕漠反对所谓第二种社会必要劳动时间的看法。他指出，关于商品价值量，存在两个问题：一是价值量决定问题，二是价值量实现问题。前者取决于社会必要劳动时间，后者受供给与需求影响。他还指出，如果认为价值量由第二种社会必要劳动时间决定，就错误地把供求因素引入价值决定的分析，把价值决定与价值实现混为一谈。⑤

肖步才同意洛耕漠的看法，从经济思想史的角度论证了这个问题。他指出，所谓第二种社会必要劳动时间的含义萌芽于法国经济学者布阿吉尔贝尔（P Pierre Le

① 魏埙，谷书堂．价值规律在资本主义各个阶段中的作用及其表现形式［M］．第3版．上海：上海人民出版社，1961：6.

② 卫兴华．商品价值量的决定问题［J］．经济研究，1962（12）．

③ 宋承先．价值决定与供求的关系问题——与卫兴华、韦奇等同志商榷［J］．学术月刊，1963（8）．

④ 卫兴华．价值决定与供求关系问题——答宋承先等同志［J］．学术月刊，1964（7）．

⑤ 洛耕漠．价值和两种涵义的社会必要劳动关系［J］．江汉学报，1964（3）．

Pesant，sieur de Boisguillebert），由法国经济学者西斯蒙第（Jean Charles Leonard Simonde de Sismondi）奠定基础，最后由法国经济学者正式提出，对此马克思已经提出了批评。如果认为价值量取决于第二种社会必要劳动时间，就取消了马克思劳动价值理论和资产阶级供求论的界限。①

许多经济学者都参与了这场争论，关于这个主题发表的论文多达数十篇。如果对这个时期的争论作一个归纳，那么情况如下：一部分经济学者认为马克思有两个社会必要劳动时间的范畴，供求是影响价值决定的因素。另一部分学者认为马克思只有一个社会必要劳动时间的范畴，马克思在《资本论》第三卷的有关表述或者是说明异常情况下的价值决定，或者是说明价值实现问题，或者是说明市场价格变化问题。

2. 20 世纪 80 年代的争论

1982 年，谷书堂和杨玉川在《经济研究》第 1 期发表了题为《对价值决定和价值规律的再探讨》的论文。他们指出，在供求平衡的条件下，商品的价值量由相当大数量该商品生产条件下的社会价值决定，因而有可能按照中等条件、优等条件和劣等条件耗费的劳动时间决定。在供求一般地不平衡的条件下，劣等生产条件或优等生产条件的个别价值将会参与社会价值的平均化。在供求极大不平衡的条件下，商品价值由优等或劣等生产条件下的个别价值决定。他们还借用马克思的话指出，实际需要的商品量和市场的需求量是不同的，前者是指社会劳动在各个生产部门的分配量，与价值量决定有关。当投入某种商品生产的社会劳动量过大，该商品产量将超过社会需要，超过社会需要的那部分社会劳动被浪费掉了，该商品在市场上代表的社会劳动量小于它实际包含的社会劳动量。因此，认可第二种社会必要劳动时间并不意味着认可供求决定价值。② 谷书堂和杨玉川的论文又一次引起中国经济学界的争论。

王永治和王振之支持谷书堂等的看法，认为第二种含义的社会必要劳动时间是第一种含义的社会必要劳动时间的发展，有了前者，后者就变得没有意义了。第一种含义的社会必要劳动时间只考虑价值形成而没有考虑价值实现，只考虑中等生产条件而没有考虑实际存在劣等、中等和优等生产条件，它只是第二种含义的社会必要劳动时间的个别情形。③

凤良志不同意谷书堂等和王永治等的看法。他指出，第一种含义的社会必要劳动时间与社会分工无关，与劳动生产力有关，它只受供求变化间接影响。但是，第二种

① 肖步才．略论第二种社会必要劳动时间的起源及其在马克思价值理论体系的地位［J］．学术研究，1964（6）．

② 谷书堂，杨玉川．对价值决定和价值规律的再探讨［J］．经济研究，1982（1）．

③ 王永治，王振之．价格与供求［J］．经济研究，1983（6）．

含义的社会必要劳动时间以社会分工导致各个生产部门提供的产品满足社会需求为前提，不是劳动时间的凝结，而是社会需要的使用价值在一定生产力水平下所耗费的劳动时间，将随着社会需求的变化而变化。因此，第二种含义的社会必要劳动时间不符合马克思的原意。①

许精德也不同意谷书堂等和王永治等的看法，根据如下：第一，马克思明确提出政治经济学必须假定供求一致以撇开供求变化引起的假象。第二，第二种含义的社会必要劳动时间最终取决于第一种含义的社会必要劳动时间。当第一种含义的社会必要劳动时间随着劳动生产力的提高而减少时，第二种含义的社会必要劳动时间也将减少。第三，第一种含义的社会必要劳动时间是价值决定，第二种含义的社会必要劳动时间是价值实现。②

马晓华则提出了自己的看法。他认为价值量的决定有一个本源、三个层次：一个本源是抽象的社会劳动。三个层次的第一个层次是供求一致的分析，也就是第一种含义的社会必要劳动时间；第二个层次是供求不一致的分析，也就是第二种含义的社会必要劳动时间；第三个层次是再生产过程的分析。前两个层次的分析都是静态的过去情形的分析，而第三个层次的分析是动态的未来情形的分析。③

胡寄窗指出，是否存在两种社会必要劳动时间的问题是一个严肃的问题。《资本论》第三卷是恩格斯修订的，恩格斯在修订《资本论》第三卷时曾为《哲学的贫困》第二版写序言，在序言中仍然明确指出价值量是由社会必要劳动时间决定的。马克思只有一种社会必要劳动时间，即使在《资本论》第三卷所表述的情形中，价值量仍然取决于绝大多数生产者的社会必要劳动时间。如果认为存在两种社会必要劳动时间，劳动价值理论将陷入二元论的困境。④

20世纪80年代的这场争论一直延续到20世纪90年代，但是在实质性问题上已经没有很大的进展，争论双方主要是为各自的论点寻找新的论据。

3. 进入21世纪以后的争论

进入21世纪以后，关于两种社会必要劳动时间的争论重新出现。陈振羽是两种社会必要劳动时间问题争论的积极参与者。按照他自引的论文目录，他在20世纪80—90年代共发表了13篇研究该主题的论文。2000年，陈振羽在《江汉论坛》第3期上发表了《第二种意义社会必要劳动价值论辨析》，指出第二种意义的社会必要劳动时间把价

① 凤良志．论第一种含义的社会必要劳动时间决定价值［J］．经济研究，1983（6）．
② 许精德．价值只能由第一种含义的社会必要劳动时间决定［J］．中国社会科学，1984（3）．
③ 马晓华．社会必要劳动时间新论［J］．中国社会科学，1986（5）．
④ 胡寄窗．必要劳动时间不存在两种含义［J］．经济研究，1990（4）．

值实现的条件误认为价值决定条件，把供求关系误认为价值决定条件，把参与决定实现的价值误认为参与决定价值。他还指出，第一种意义的社会必要劳动时间完全撇开供求关系，并没有把供求均衡作为前提条件。①

张素芳则不同意陈振羽的看法。她认为价值量是由两种社会必要劳动时间的价值决定的。一方面，生产者的个别劳动时间只有与平均生产条件下的社会必要劳动时间相同，他的劳动才能全部转化为价值，这就是第一种社会必要劳动时间。另一方面，他的个别劳动时间能否转化为价值，还取决于他生产的商品是否为社会所需要。即使他的个别劳动时间是平均生产条件下的社会必要劳动时间，但如果他生产的商品卖不出去，他耗费的劳动也不能转化为价值。她还认为，价值决定和价值实现是不可截然分割的。商品转化为货币，实现价值，是"惊险的跳跃"，这不仅由第一种意义的社会必要劳动时间所决定，还受第二种意义的社会必要劳动时间的制约。②

徐跃华和朱殊洋指出，马克思在《资本论》第一卷和第三卷中分别运用了短期分析和长期稳定分析的方法。在马克思的短期分析框架下，社会必要劳动时间是不变量，因而可以作为度量个别价值的标准，需求不影响社会必要劳动时间从而不决定价值。在马克思的长期分析框架下，虽然社会必要劳动时间是可变的，但是它最终收敛于第一种意义的社会必要劳动时间，最终结果仍然是需求不决定价值。③

孟捷认为，马克思第一种社会必要劳动的看法存在局限性，第二种社会必要劳动的看法是合理的选择。第一种社会必要劳动时间认为市场价格只能围绕市场价值作出调整，而实际上市场价值也会随着市场价格的变化而调整。他指出，在均衡的前提下，市场价值等于中等技术条件下的个别价值。在非均衡的条件下，单位产品的市场价值等于生产率较高或较低企业的个别价值。在非均衡进一步发展的情况下，单位产品的市场价值偏离一切个别价值，市场价值对市场价格的调节作用不复存在。他指出："由新李嘉图主义者挑起的这场论战，暴露出市场价值第一种理论的局限性，同时也使第二种市场价值理论成为唯一合理的发展方向，但令人遗憾的是，并不是所有的马克思主义者都明确地意识到这一点。"④

笔者认为，进入21世纪以后的这场争论在实质性问题上依然没有什么进展，但对问题的分析深度有所提升。

---

① 陈振羽．第二种意义社会必要劳动价值论辨析［J］．江汉论坛，2000（3）．
② 张素芳．论社会必要劳动时间的两种含义与价值决定［J］．江汉论坛，2001（4）．
③ 徐跃华，朱殊洋．需求决定价值吗？［J］．海派经济学，2017（2）．
④ 孟捷．价值和积累理论［M］．北京：社会科学文献出版社，2018：15，46，52.

（三）笔者对这场争论的回应

1. 马克思价值量决定理论逻辑一致

（1）社会必要劳动时间的形成机制

笔者认为，马克思只有一种社会必要劳动时间决定理论，没有两种相互矛盾的社会必要劳动时间决定理论。马克思在《资本论》第一卷和第三卷中表达的社会必要劳动时间的决定是同一种理论在两种不同情形下的表述：前一种情形是正常情况下社会必要劳动时间的决定，后一种情形是特殊情况下社会必要劳动时间的决定。

先来考察马克思在《资本论》第一卷中关于社会必要劳动时间决定的分析。按照马克思的看法，社会必要劳动时间是在现有的社会正常的生产条件下，在社会平均的劳动熟练程度和劳动强度下生产某种使用价值所需要的劳动时间。但是，劳动者的劳动熟练程度和劳动强度并不都处于平均水平，那么社会必要劳动时间是如何形成的？

马克思在分析必要劳动时间决定商品价值量的时候指出："既然商品的价值由生产商品所耗费的劳动量来决定，那末一个人越懒，越不熟练，他的商品就越有价值，因为他制造商品需要花费的时间越多。但是，形成价值实体的劳动是相同的人类劳动，是同一的人类劳动力的耗费。体现在商品世界全部价值中的社会的全部劳动力，在这里是当作一个同一的人类劳动力，虽然它是由无数单个劳动力构成的。"①

马克思在《资本论》第三卷还指出："竞争首先在一个部门内实现的，是使商品的各种不同的个别价值形成一个相同的市场价值和市场价格。""如果满足通常的需求的，是按平均价值，也就是按两端之间的大量商品的中等价值来供给的商品，那末，个别价值低于市场价值的商品，就会实现一个额外剩余价值或超额利润，而个别价值高于市场价值的商品，却不能实现它们所包含的剩余价值的一部分。"②

这就是说，社会必要劳动时间是在正常的社会需求条件下在生产者相互竞争的过程中决定的，耗费劳动多的生产者将在竞争中处于不利地位，耗费劳动少的生产者将处于有利地位。因此，马克思清楚地解释了社会必要劳动时间的形成机制问题。

（2）社会必要劳动时间分析的前提条件

有的经济学者（如陈振羽等）认为，马克思关于社会必要劳动时间决定的分析抽象了社会需求因素，即在分析中完全没有考虑社会需求的因素。笔者不完全赞同这种

---

① 马克思．资本论：第1卷［M］//马克思，恩格斯．马克思恩格斯全集：第23卷．北京：人民出版社，1972：52.

② 马克思．资本论：第3卷［M］//马克思，恩格斯．马克思恩格斯全集：第25卷．北京：人民出版社，1974：201，199.

看法。试问一下，没有社会需求，生产者之间如何进行竞争？社会必要劳动时间又如何形成？难道是生产者们聚集起来计算各自的成本，然后得出一个加权平均数？在这里，笔者之所以说“不完全赞同”，是因为马克思确实在一定程度上抽象了社会需求因素，只分析了正常的社会需求这种一般情形以及过大和过小社会需求这两种极端情形，而把具体的需求和供给的相互作用留待讨论市场价格的时候去分析。从前面“问题的提出”中引用的马克思《资本论》第三卷两段话中的第一段话提到的“需求超过通常的需求”，以及从前两个自然段引用的马克思《资本论》第三卷中提到的“如果满足通常的需求的”，可以看出，马克思是以“通常的需求”作为分析的前提条件的。

有的经济学者（如许精德等）认为，马克思是在需求量等于供给量的条件下讨论社会必要劳动时间的决定的。他们的根据是，马克思说过“在政治经济学上必须假定供求是一致的”①。笔者否定这种看法。试想一下，如果需求量等于供给量，意味着生产者按照不同生产条件生产的某种商品的数量正好等于社会需要的这种商品的数量，也就是生产者按照不同生产条件生产的全部商品都可以卖出去，那么可能是个别价值低的生产者先出售商品，个别价值高的生产者后出售商品，全部商品都可以按照生产者的个别价值出售，这样根本不可能形成社会必要劳动时间。实际上，马克思说这句话的意思，是笔者在前面讨论是否完全抽象掉供求关系时所指出的：如果要研究市场价格的实质或者基础，必须对供求关系进行一定程度的抽象，也就是马克思紧跟着这句话所说的，“要撇开由供求变动引起的假象来进行考察”。

还有的经济学者（如孟捷等）认为，马克思关于第一种社会必要劳动时间的分析采用的是均衡的分析方法，关于第二种社会必要劳动时间的分析采用的是非均衡的分析方法，而非均衡是常态。笔者认为，马克思在政治经济学的研究中确实采用了均衡分析方法，社会资本再生产理论就是例证。显然，只有理解了事物的均衡状态，才能更好地认识事物的非均衡状态。但是，正如笔者在前面的讨论中指出的，马克思关于第一种社会必要劳动时间的分析并不存在所谓供求均衡的前提条件，如果供求均衡，社会必要劳动时间形成机制将不复存在。马克思反复讲“通常的需求”这句话，很明确地是指把正常的社会需求作为前提条件，而不是把需求量等于供给量的均衡状态作为前提条件。如果一定要纠缠所谓均衡和非均衡的概念，那么只要不是明显的失衡，都属于马克思所说的“通常的需求”的条件。

因此，社会必要劳动时间是在正常的社会需求条件下由生产者的相互竞争决定的。

---

① 马克思．资本论：第3卷［M］//马克思，恩格斯．马克思恩格斯全集：第25卷．北京：人民出版社，1974：212.

按照马克思的分析，当不同生产者把耗费不同劳动数量的产品拿到市场出售的时候，只要存在正常社会需求的条件，生产者之间就会形成一种竞争的关系，耗费劳动数量越少的生产者就会处在越有利的地位。显然，马克思在商品价值量决定的分析中，把正常的社会需求作为社会必要劳动时间形成的前提条件。

（3）异常条件下的价值量决定

再来考察马克思在《资本论》第三卷中关于社会必要劳动时间的分析。笔者认为，马克思在《资本论》第三卷中的分析与《资本论》第一卷的分析在逻辑上是一致的，只是社会需求的条件发生了变化，不再是正常的社会需求，而是极端的社会需求。在社会需求很强或者很弱的条件下，生产者的竞争关系发生了变化。在社会需求很强的条件下，生产者的竞争强度减弱了；在社会需求很弱的条件下，生产者的竞争强度加强了。这样，最劣或者最优生产条件下生产商品所耗费的劳动时间就成为社会必要劳动时间，从而决定了商品的价值量。这不是相互矛盾的两种社会必要劳动时间理论，这是逻辑一致的一种社会必要劳动时间理论在两类不同的社会需求条件下表现出来的差异。

有的经济学者指出，马克思不是自己也说“必要劳动时间在这里包含着另一种意义”吗？笔者认为这又是对马克思的误解。马克思这样说并不表明马克思有不同的社会必要劳动时间理论。马克思是伟大的哲学家，思维逻辑十分严谨，怎么可能明知自己有相互矛盾的两种理论而又把它们同时写进《资本论》呢？从这句话的上下文来看，马克思是在分析劳动投在不同的生产部门时说的；从这句话所在的篇章来看，马克思是在准备分析地租的时候说的。因此，需要在特定语境和分析结构中理解“另一种意义”。

按照笔者的理解，“另一种意义”有两种含义：第一，从再生产的角度看，只有产品是按必要的比例进行生产并卖出去的，劳动时间才是必要的。这意味着在马克思看来，只有在商品价值实现以后，体现在之中的劳动时间才能说是必要的。显然，马克思是从价值实现这个角度说的，并没有在正常需求条件下商品价值量随着供求变化而调整的意思。第二，随着对农产品需求的持续性增长，农产品生产价格取决于最劣土地的生产价格，较优土地与最劣土地的生产价格之差形成了级差地租。这就是说，马克思是从社会需求持续增长导致正常社会需求的条件发生变化这个角度来说的，他也没有在正常需求条件下商品价值量随着供求变化而调整的意思。

2. 笔者对争论内容的具体回应

（1）笔者对两种社会必要劳动时间论者的回应

对于两种社会必要劳动时间论者，笔者对他们的共同观点或个别观点作出如下回应：

第一，这部分经济学者都认为马克思存在两种社会必要劳动时间。笔者在前面已经解释了这个问题：这属于正常条件和异常条件下的价值决定。即便如此，这部分经济学者仍然可能说，不论是正常还是异常条件，不是明摆着存在两种社会必要劳动时间吗？对此，笔者认为，应该指出的是，经济理论一般都是在正常条件下研究经济问题的，但是任何正常条件都会存在例外情况。例如，不论是马克思主义经济学者还是西方经济学者，都认可在现象形态上存在一个规律：假定其他条件不变，某种商品的需求量随着该商品市场价格的上升而减少。但是，即使偏好、收入等条件不变，在粮食歉收的情况下，粮食的需求量也将随着粮食价格的上升而增加。按照这部分经济学者的逻辑，我们是否可以说，存在两种需求规律，一种规律是价格上升导致需求量的减少，另一种规律是价格上升导致需求量的增加？实际上，任何经济理论的结论都可能有例外情况，不能用例外情况来否定经济理论本身。况且，马克思的所谓第二种价值决定理论还不是例外情况，只是前提条件发生了异常的变化。

第二，这部分经济学者大多用马克思所说的实际需要的商品量和市场的需求量的差别来划清他们的看法与供求价值论的界限，但在实际上这两个概念没有什么差异。马克思明确地解释了这种差异："我说的是下面二者之间的差额：一方面是实际需要的商品量；另一方面是商品的货币价格发生变化时所需要的商品量，或者说，买者的货币条件或生活条件发生变化时所需要的商品量。"① 显然，实际需要的商品量是市场需要的商品量最主要的组成部分，实际需要的商品量的变化一定带来市场需求的变化，但市场需求的变化不完全是由实际需要的商品量的变化带来的。说价值量受实际需要的商品量调节，与说价值量受市场需求的调节没有本质的区别。

第三，王永治和王振之认为，第一种意义的社会必要劳动时间只是第二种意义社会必要劳动时间的个别情形。笔者的看法正好与之相反，第一种意义的社会必要劳动时间反映了一般情况下价值量的决定，而所谓的第二种意义的社会必要劳动时间只反映了特殊情况下价值量的决定。关于这个问题，笔者在前面已经作了详细的分析，在这里就不再赘述了。

第四，张素芳认为价值决定和价值实现不可截然分割是对的，但是价值决定和价值实现也不完全等同。当然，张素芳本人并没有这么看，但由于这是争论的核心问题，笔者借这个论点展开分析一下。商品的价值是生产者在生产过程中耗费的劳动凝结成的，但是商品的价值量是因交换过程中的竞争形成的。在社会需求为正常的条件下，

---

① 马克思．资本论：第 3 卷［M］//马克思，恩格斯．马克思恩格斯全集：第 25 卷．北京：人民出版社，1974：211.

可能出现小部分商品没有能够销售出去，它们的价值量得不到实现的问题。这些没有销售出去的商品与销售出去的商品是同时被投放到市场的同类商品，它们的价值量是同时被决定了的，只是现在没有得到实现，体现在其中的劳动量就被浪费掉了。马克思正是在这个意义上提出“另一种意义”的必要劳动，即得不到实现的劳动就不是必要的。但不能否认这部分商品的价值量已经决定，价值决定与价值实现是两个不同的问题。不可能出现这种情况：由于这部分商品没有销售出去，必须扣除这部分商品的劳动时间并对销售出去的商品的社会必要劳动时间重新进行计算，买卖双方再重新进行结算。

第五，孟捷认为第一种社会必要劳动时间存在局限性，因而应该采用第二种社会必要劳动时间。他在采用所谓第二种社会必要劳动时间的时候，又把马克思提出的异常的社会需求条件一般化，认为市场价值随着供求的变化而调整，不仅市场价格由市场价值调节，市场价值还随市场价格进行调整。如果这样理解，就可以直接采用市场价格分析，没有必要研究受市场价格影响的市场价值。我们知道，马克思之所以提出劳动价值理论，就是要分析隐藏在价格和市场价格背后的实质和基础，力求用价值解释价格和市场价格。另外，孟捷认为，对于斯蒂德曼（I. Steedman）在他所著的《从斯拉法看马克思》中提出的对马克思价值转化为生产价格的分析的批评，只有采用第二种社会必要劳动时间才能回应。这有点武断了。实际上，经济学界不少学者已经对斯蒂德曼的批评作了回应。当然，这些回应是否正确可以讨论，但用供求决定价值来求解这个问题无异于削足适履。

（2）笔者对单一社会必要劳动时间论者的回应

笔者认可单一社会必要劳动时间论者的基本观点，但对部分学者的论证也存在不同看法。关于马克思价值量决定理论没有全部抽象社会需求的因素，以及没有假定供求一致的问题，笔者已经进行了分析，这里主要论及他们对所谓第二种社会必要劳动时间的看法。许多参与争论的经济学者都指出，马克思在《资本论》第三卷提出的社会必要劳动时间不是价值决定问题，而是价值实现问题。

笔者认为，《资本论》第三卷中被用以证明存在第二种社会必要劳动时间的话有两段：一段话是关于另一种意义的必要劳动时间的话，这主要是分析价值实现的问题；另一段话是关于需求异常大于或小于供给的话，这明显是分析价值决定的问题。因此，应该本着实事求是的态度，或者在马克思劳动价值理论的论证体系中加以解释，或者提出不能代表马克思的思想而需要舍弃，但不能否认马克思分析的就是价值决定问题。

（3）笔者的结论

价值量决定问题是一个严肃的理论问题，是马克思劳动价值理论的核心问题。任何经济学者都要尊重逻辑，尊重事实。如果马克思某个经济理论存在逻辑上的缺陷，就应该从逻辑上弥补这个缺陷。如果马克思某个经济理论不符合新的历史条件下的现实情况，就应该根据历史事实去发展这个理论。但是，只要研究马克思的政治经济学，就必须尊重马克思的原意，就必须保持马克思政治经济学体系逻辑的一致性。笔者认为，所谓第二种社会必要劳动时间只是第一种社会必要劳动时间的特殊情形，不是一种独立的价值决定理论。如果对所谓第二种社会必要劳动时间加以演绎和发挥，将会破坏马克思政治经济学体系逻辑上的一致性。

二、复合产品生产条件下价值量的决定

（一）问题的提出

所谓复合产品（joint product），是指在一个生产过程中同时生产出两种或两种以上的产品。复合产品在现实的经济中是普遍存在的，如畜牧业中羊毛和羊肉的生产、工业中煤气和焦炭的生产等。

1960年，英籍意大利经济学者斯拉法（P. Sraffa）出版了专著《用商品生产商品》，该专著的副标题是“经济理论批判绪论”。斯拉法否定了新古典经济学的边际分析方法，以劳动价值为基础讨论生产和价格，因此被人们认为是古典经济学的复兴。斯拉法在这部著作中试图解决复合产品价值量的决定问题。斯拉法求解的思路如下：

第一，求出产品的价格。在一个生产过程同时生产两种产品A和B的条件下，一个方程组求不出两个解。这就需要引入第二个并列的生产过程，它按照不同的生产方法因而按照不同的比例生产这两种产品A和B。也可以引入另外两个不同的生产过程，这两个生产过程利用复合产品A和B作为生产资料来生产第三种产品C。只要生产过程的数目等于产品的数目，就可以求出商品的价格。

第二，求出产品价格以后，可以用两种方法还原为劳动量：第一种方法是在增加一个并列的生产过程的情况下，保持一种复合产品如A产量不变而增加另一种复合产品如B的产量，所增加了的劳动量就可以视为所增加的产品B所耗费的劳动量。第二种方法是在增加两个生产过程并且将复合产品A和B作为生产资料生产产品C的情况下，可以改变这两个生产过程使用复合产品A和B作为生产资料的比例来生产产品C，从而间接估算出复合产品A或B的劳动量。①

---

① SRAFFA P. Production of Commodities by Means of Commodities [M]. Cambridge: Cambridge University Press, 1960: 56-58.

但是，斯拉法的解决方法无法避免一个结果：商品凝结的劳动量有可能是一个负数。斯拉法本人是这样解释的："这个结论本身并不使人十分惊奇。它所包含的全部意义是，尽管在现实中所有价格都是正数，工资的改变也许会造成一种情形，这种情形的逻辑要求有些价格变成负数。由于这种情形是不能接受的，势必放弃产生这些结果的那些生产方法，把地位让给那些在新的情形下和正数价格一致的其他生产方法。"①

斯拉法不专门研究马克思劳动价值理论，而研究李嘉图的劳动价值理论。后来在意大利出生的英国经济学者斯蒂德曼利用斯拉法的分析方法来研究马克思劳动价值理论，并于1977年出版了《从斯拉法看马克思》。他在这部著作中证明，在复合产品生产的条件下，价值和剩余价值不一定是正数。斯蒂德曼写道："我们的结论是，在复合产品生产条件下，当我们采用马克思关于价值可以相加的定义时，正数的剩余价值既不是利润为正数的必要条件，也不是充分条件。"②

（二）质疑的意见

在这种情况下，不少经济学者指出，马克思的劳动价值理论是以生产单一产品作为前提条件的。在一个生产过程生产一种产品的条件下，产品的价值量可以由生产过程中直接和间接耗费的社会必要劳动时间决定。但是，在一个生产过程同时生产两种以上产品的情况下，每一种产品直接和间接耗费的社会必要劳动时间就无法决定。

英国经济学者霍奇森（G. Hodgson）在1982年出版的《资本主义、价值与剥削》中指出，如果在一个生产过程中生产两种产品，也许可以计算出凝结在两种产品中的总劳动量，但不可能知道凝结在每一种产品中的劳动量，马克思的劳动价值理论出现问题。他写道："我们面临困难的选择：或者接受凝结的劳动量是负数的可能性，或者抛弃凝结的劳动量可以相加的原理。我们可能选择完全放弃凝结劳动量的概念。我们没有别的选择。"③

加拿大经济学者霍华德（M. C. Howard）在1985年出版的《马克思的政治经济学》中指出，如果撇开饲养羊的生产方法，羊的劳动价值可以毫不费劲地计算出来，但羊毛和羊肉各自价值的计算却没那么容易。问题在于如何在两种或多种复合产品之间分配总劳动量，马克思的劳动价值理论又一次出现问题。④

在日本出生的英国经济学者森岛通夫（Michio Morishima）在1978年出版了《价

① SRAFFA P. Production of Commodities by Means of Commodities [M]. Cambridge: Cambridge University Press, 1960: 59.

② STEEDMAN I. Marx after Sraffa [M]. London: Routledge, 1977: 154-155.

③ HODGSON G. Capitalism, Value and Exploitation: A Radical Theory [M]. Oxford: Robertson, 1982: 103.

④ HOWARD M C, KING J E. The Political Economy of Marx [M]. London and New York: NYU Press, 1985: 156.

值、剥削与增长》。他在这部著作中指出，斯蒂德曼论证的价值或剩余价值负数只是一种没有意义的“数学练习”。森岛通夫证明了价值和剩余价值不可能是负数。但是，森岛通夫对马克思劳动价值理论进行了两个方面的修正：一是将商品的价值量看作由生产它所耗费的最小劳动量决定的，二是商品的价值不能由不变资本价值、可变资本价值和剩余价值相加而成。①

（三）笔者的解法

在分析复合产品价值决定以前，笔者认为应该注意下述两个问题：

第一，马克思劳动价值理论的核心思想是什么？在现象形态上，人们是看不到商品价值的，人们看到的只能是商品的市场价格。因此，很多经济学者满足于现象形态的描述和计量。在他们看来，只要说明商品的市场价格如何随着该商品需求和供给的变化而变化就可以了。但马克思与这些经济学者的分析方法不同，马克思试图从商品的市场价格中寻找它的基础和本质。因此，马克思从市场价格中发现价格，从价格中发现交换价值，从交换价值中发现价值。马克思抽象出经济事物的本质以后，将经济事物的本质联系起来去寻找经济规律，以便能够更深刻地理解和阐述经济现象的变化。

马克思的研究方法与自然科学的研究方法是相似的。在现实的自然界里，人们看到的只是各种物体的形状、颜色、质地等。当然，人们也可以满足于对物体的描述，但如果这样，人类对自然界的认识将无法进步。科学家们从物体中发现组成它的分子，从分子中发现组成它的原子，从原子中发现组成它的中子、质子和电子。正是这样，人类才能够发现自然界的运动规律，才能够利用这种规律使自然界造福于人类。

第二，对于一个抽象的经济范畴应该如何计量？商品的价值量是由生产它的社会必要劳动时间决定的，复杂的劳动化简为数倍的简单劳动，这一切都是在社会的背后自发形成的。因此，商品的价值量是一个抽象范畴，人们可以利用各种数学分析方法去认识和在数值上接近它，从而去认识这个抽象的经济范畴。显然，生产商品的价值和剩余价值不可能是负数。斯蒂德曼利用数学分析方法得出价值和剩余价值有可能出现负数的结论，只能说明这种数学分析方法不能解释现实经济问题，而不能说明价值范畴不正确或不存在。森岛通夫利用数学分析方法证明商品的价值和剩余价值不可能是负数，却要修改在逻辑上正确的劳动价值理论，这样就本末倒置、削足适履了。

利用数学分析方法去认识抽象的经济范畴是经济学常用的研究方法。例如，随着金融市场的发展，不断地派生出新的金融衍生工具，金融期权就是这样一种金融衍生

① MORISHIMA M, CATEPHORES G. Value, Exploitation and Growth [M]. London: McGraw-Hill, 1978: 33-34.

工具。当然，人们在现实的金融市场上看到的只是金融期权的市场价格，但是经济学者们仍然不断地利用各种数学分析方法去认识和接近金融期权的虚拟价值。显然，不能因为在数学分析中得到金融期权的虚拟价值有可能是负数就否定了虚拟价值这个抽象范畴的存在，更不能为了避免金融期权虚拟价值有可能是负数的结论而将金融期权这个范畴变得面目全非。

斯蒂德曼从斯拉法看马克思，笔者则试图从马克思看斯拉法。从马克思劳动价值理论的观点来分析，斯拉法求解复合产品劳动价值的方法存在三个问题：

第一，斯拉法还原的商品的劳动量是个别生产过程的劳动量，而不是社会必要劳动量。显然，在商品生产的条件下，商品的价值量不是由生产它实际耗费的劳动量决定的，而是由生产它耗费的社会必要劳动量决定的，否则用生产效率最低的生产方法生产出来的商品的价值量最大。斯拉法不仅从马克思后退了，甚至从李嘉图后退了。

第二，斯拉法分析的商品生产是抽象掉社会形态的商品生产，人们无从了解这是资本主义萌发时期的简单商品生产，还是资本主义成熟时期的商品生产。斯拉法出版《用商品生产商品》的时候已经是20世纪60年代了，不应该再分析这种虚无缥缈的商品生产。如果斯拉法要复兴古典经济学，他应该从简单商品生产分析到资本主义商品生产，来证明古典经济学的劳动价值理论适用于现代经济。

第三，斯拉法用增加其中一种复合产品所要增加的劳动量来测算这种复合产品的劳动量不够严格。在生产资料数量不变的条件下，增加劳动数量会导致生产资料与劳动的比例发生变化，因此增加的劳动数量并不等于凝结在增加的商品中的劳动数量。正如前面的分析指出的，利用数学分析方法去分析一个抽象范畴是为了认识和接近它，误差肯定是存在的，也是应该允许的。

实际上，复合产品的生产没有改变商品价值是人类抽象劳动的凝结，以及商品价值量由社会必要劳动时间决定这些客观事实，问题只是如何分解这两种商品的价值。笔者认为，可以用各种方法进行分解。

方法之一是使用斯拉法求解复合产品价值的思路，但生产过程必须是平均生产条件下的生产过程，而且是在价值为非负的条件下求解。

方法之二是以单一产品价值作为参照。以羊肉和羊毛生产为例，并非所有羊都产羊毛，单一产品肉羊的价值量便成为分割羊肉和羊毛价值的依据。再以焦炭和煤气的生产为例，生产煤气并非一定同时生产焦炭，使用煤气发生炉生产煤气就不会形成焦炭，单一产品煤气的价值量便成为分割煤气和焦炭价值的依据。

方法之三是用正常市场条件下复合产品的市场价格比例来进行价值分解。价值是市场价格的本质，市场价格是价值的现象形态，可以用市场价格比例来发现或接近复合产品的价值比例。

由此可见，复合产品价值量的决定影响不了马克思劳动价值理论的正确性。

三、在非线性折旧条件下价值量的决定

（一）问题的提出

马克思认为，从价值增殖的角度分析，总资本分为不变资本和可变资本。投入生产资料的资本称为不变资本，它在生产过程中将价值转移到商品价值中去。投入劳动力的资本称为可变资本，它不但再生产出劳动力的价值，而且生产出剩余价值。另外，从资本周转的角度分析，不变资本分为固定资本和流动资本。固定资本表现为厂房设备等，它的价值随着损耗转移到商品价值中去。流动资本表现为原料和材料，它的价值是一次性转移到商品价值中去。

马克思还认为，固定资本的损耗分为有形损耗和无形损耗。有形损耗是使用和自然力的作用造成的损耗。无形损耗是由于科学技术的进步使原有的固定资本得以更加便宜地生产出来，或者说更有效率的固定资本的出现使原有固定资本价值贬值的损耗。固定资本转移的价值取决于固定资本价值、折旧年限和折旧方法。马克思举例写道："假定一台机器价值1000镑，并且在1000天里损耗掉。在这种情况下，机器的价值每天有1/1000从机器本身转移到日产品上。"①

（二）质疑的意见

部分经济学者指出，在马克思的分析中，固定资本的折旧是线性的，固定资本转移到商品中的价值是已知的，商品的价值量有一个确定的数值。但是，如果固定资本的折旧不是线性的，固定资本转移到商品中的价值是未知的，商品的价值量将无法确定。

英国经济学者斯蒂德曼指出，马克思在讨论固定资本折旧的时候是假定固定资本以线性的方式转移价值，因为每年所转移的价值是相同的。但在实际上，固定资本的折旧是非线性的，如果按照马克思固定资本线性折旧的假定来分析商品的价值将出现错误的结论。接着，斯蒂德曼举了一个数字例子说明，在一个生产过程中，如果机器设备的效率递增，也就是年折旧额减少，那么根据马克思固定资本线性折旧的假定来

---

① 马克思．资本论：第1卷［M］//马克思，恩格斯．马克思恩格斯全集：第23卷．北京：人民出版社，1972：230.

分析将得到没有意义的结论。①

英国经济学者森岛通夫也指出，在固定资本折旧问题上，马克思使用的方法与新古典学派使用的方法是相似的，固定资本的寿命可以看作一个既定的事实。但是，一旦舍弃这个不合理的假定，即固定资本的寿命是可变的，这种计算方法就将不适用。接着，森岛通夫列举了新古典学派计算固定资本折旧方法的弊病：第一，新古典学派假定折旧表列是既定的，它无法辨别经济因素和自然因素引起的资本品的损耗。第二，新古典学派的计算方法不能解决资本存量的年限合成问题。例如，假定某资本品可以延续3年，该资本品在第二、第三年开始时候的存量相当于原资本品的2/3和1/3。这样，如果有两个厂商，一个厂商使用3单位只有1年寿命的资本品进行生产，另一个厂商使用1单位还有3年寿命的资本品进行生产，那么按照新古典学派的理解，这两个厂商资本品的数量是相同的。但实际上，前一个厂商资本品的生产能力远高于后一个厂商资本品的生产能力。第三，新古典学派的计算方法不能反映固定资本事前可流动和事后不可流动的特性，这里所谓的流动是指固定资本的搬迁。②

加拿大经济学者霍华德表达了同样的看法，他指出："马克思把资本主义生产最现代化的阶段称为机械化阶段，而耐久性是机械的普遍特点，它比原材料和工资品存量要延续更长的时间，马克思主义政治经济学无法处理固定资本的问题。盛名之下，其实难副。一台新机器（或建筑）的劳动价值的计算方法与任何其他商品并无不同，然而使用过的机器却是另一回事。"③

既然固定资本的折旧是非线性的，那么如何估算固定资本的折旧额呢？部分经济学者推崇美国数学家诺伊曼（J. V. Neumann）于1930年提出的、把使用过的固定资本看作复合产品的计算方法。

森岛通夫曾经介绍了诺伊曼的这种计算方法：诺伊曼以1周的时间为单位，将各种资本品的寿命统一化为若干个单位。另外，他将1周作为一个基本过程，将一个生产过程分解为若干个基本过程。每一个基本过程，都是使用各种生产要素，把上一个基本过程生产的中间产品转变为下一个基本过程的中间产品。这样，就可以将资本品的折旧过程和产品的生产过程结合起来：在生产产品的每一个基本过程开始的时候，资本品作为生产手段出现在投入一方；在结束的时候，使用过的资本品作为副产品出现在产出一方。当产品经过一系列基本过程成为最终制成品的时候，资本品反复作为

---

① STEEDMAN I. Marx after Sraffa [M]. London: Routledge, 1977: 137-144.

② MORISHIMA M, CATEPHORES G. Value, Exploitation and Growth [M]. London: McGraw-Hill, 1978: 23-25.

③ HOWARD M C, KING J E. The Political Economy of Marx [M]. London and New York: NYU Press, 1985: 159-160.

投入和产出直至报废。这样，不管资本品以什么方式折旧，它在某一个基本过程的折旧额，等于这个基本过程结束时作为副产品的价值与这个基本过程开始时作为投入品的价值之差。①

斯蒂德曼指出，如果利用诺伊曼的计算方法，可以很容易解决马克思不能解决的固定资本非线性折旧的问题。接着，他用一个例子证明按照马克思固定资本线性折旧的假定将得出错误结论，但采用诺伊曼的计算方法，由于机器效率递增，折旧费成为负数，从而得出了正确的结果。斯蒂德曼写道："这个例子足以证明马克思关于线性折旧的假定一般来说是不正确的。在机器效率递增的情况下，价值折旧可能是负数。"②

森岛通夫还指出，诺伊曼的计算方法不仅可以解决不同新旧资本品的价值差别，还可以解决不同地点资本品的不同之处。例如，在生产产品的一系列基本过程中加进运输过程，让新资本品的运输成本低于已安装的资本品的运输成本，不同地点的资本品的差别就表现出来了。这样，事前完全可流动和事后完全不可流动成为其中两种极端情形。前者表示资本品的运输成本为零，后者表示资本品的运输成本为无限。③

接着，森岛通夫写道："让我们假定马克思不是出生在1818年而是1920年，他最初接触经济学不是在1843年而是1945年，当马克思遇到这个难题时他会作出什么反应呢？……我们相信可以这样说，如果他选择从经济学内在关系进行研究的话，现代经济学某些东西可能会感染他。他可能被利昂惕夫的投入—产出体系和诺伊曼的稳定增长模型所吸引。……同样可以设想，马克思会很有兴趣地按照诺伊曼描述的生产过程和资本存量年限结构的方法，去重新阐述劳动价值理论，并以此为基础重新建立他的剥削理论。"④

（三）笔者的回应

在回应这些经济学者的看法和探讨非线性折旧条件下商品价值量的决定以前，笔者认为需要明确下面两个问题：第一，马克思认为固定资本折旧一定是线性的吗？第二，固定资本以非线性的方式折旧损害了马克思劳动价值理论吗？

马克思在《资本论》第三卷指出："首先是不断实行的改良，这会相对地减低现有机器、工厂设备等等的使用价值，从而减低它们的价值。这个过程，特别是在采用新机器的初期，具有强烈的作用，那时机器尚未达到一定的成熟程度，因而在它还没有

---

① MORISHIMA M, CATEPHORES G. Value, Exploitation and Growth [M]. London: McGraw-Hill, 1978: 25-26.
② STEEDMAN I. Marx after Sraffa [M]. London: Routledge, 1977: 114.
③ MORISHIMA M, CATEPHORES G. Value, Exploitation and Growth [M]. London: McGraw-Hill, 1978: 26.
④ MORISHIMA M, CATEPHORES G. Value, Exploitation and Growth [M]. London: McGraw-Hill, 1978: 28-29.

来得及把它的价值再生产出来以前，就不断变得陈旧了。……当机器、建筑设备、一般固定资本达到一定成熟程度，至少它们的基本结构可以在较长时期内保持不变时，由于这些固定资本再生产方法上的改进，类似的贬值现象也会出现。”① 马克思的话表明，处在不同成熟时期的固定资本，由于受到生产方法改进的影响，其无形损耗是不同的。因此，马克思的“固定资本线性折旧”只是为简单起见所作的假定。

即使固定资本线性折旧只是马克思为简单起见所作的假定，这个假定也是符合现实经济情况的。长期以来，企业在计算折旧的时候，就是按照线性折旧的计算方法来提取折旧费的。政府在制定税法的时候，也是按照线性折旧的方法来计算折旧的。例如，在 1954 年以前，美国税法规定按照线性折旧法（straight-line depreciation）即按照使用寿命均摊提取折旧费。1954 年，美国举行税法改革，规定了两种折旧方法——一是历年数字综合折旧法（sum-of-the-years-digits depreciation），二是双重下降差额折旧法（double-decline balance depreciation），允许在使用固定资本的初期提取更高的折旧费。

当然，在实际的生产过程中，固定资本的折旧是非线性的，经济学家们通过固定资本折旧现象去估算固定资本的实际折旧额在理论上是有意义的。但是，这并不能否定马克思劳动价值理论。显然，不论人们认为固定资本的折旧是线性的还是非线性的，固定资本的价值都是按照它的损耗转移到商品中去的。这是客观存在的事实，也是劳动价值理论的核心思想所在。人们采用各种数学分析方法只是试图去认识或从数值上逼近实际的固定资本损耗。

诺伊曼关于固定资本非线性折旧的计算方法是可行的，但这种计算方法的思想不是诺伊曼首创的。1818 年，英国经济学者托伦斯（R. Torrens）在题为《对李嘉图先生交换价值学说的批评》的论文中就提出了这种思想。② 李嘉图和马尔萨斯（T. R. Malthus）赞同这种分析方法，③④ 马克思也赞同这种分析方法。

马克思指出：“我们已经知道，由劳动资料构成的那部分被使用的不变资本只是把自己价值的一部分转给产品，而其余的部分仍然保留在原来的存在形式中。既然这后一部分在价值形成中不起任何作用，在这里就可以把它抽去。即使把它计算进去，也

① 马克思．资本论：第 3 卷［M］//马克思，恩格斯．马克思恩格斯全集：第 25 卷．北京：人民出版社，1974：130-131.

② TORRENS R. Strictures on Ricardo's Doctrine Respecting Exchangeable Value［J］. Edinburgh Magazine，1818（10）：336.

③ RICARDO D. On the Principle of Political Economy and Taxation［M］. London：John Murray，1821：33.

④ MALTHUS T R. Principles of Political Economy Considered with a View to Their Practical Application［M］. London：HardPress，1836：269.

不会引起任何改变。假定 c=410 镑，由原料 312 镑、辅助材料 44 镑和在过程中磨损的机器 54 镑组成，而实际使用的机器的价值是 1054 镑。我们只把机器因执行职能而失掉的并因而转给产品的 54 镑价值，算作为生产产品价值而预付的价值。如果我们把仍然保留在原来形式（如蒸汽机等等）中的 1000 镑计算进去，就必须在预付价值和产品价值这两边都加上 1000 镑。这样，一边就是 1500 镑，另一边就是 1590 镑。差额或剩余价值仍然是 90 镑。因此，凡从上下文联系中得不出相反意思的地方，我们谈到为生产价值而预付的不变资本时，总只是指在生产中消耗的生产资料的价值。根据这样的假定，我们再回头来谈 C=c+v 这个公式。”在这里，马克思还引用了马尔萨斯的话：“如果我们把所使用的固定资本的价值算作预付资本的一部分，我们就必须在年终时把这种资本的残余价值算作年收入的一部分。”①

（四）笔者的解法

为简单起见，下面举例说明把固定资本看作复合产品估算固定资本年折旧额的分析方法。在简单商品生产条件下，假定煤炭工人使用挖煤机开采煤炭，挖煤机的寿命是两年，价值是 C；第一年煤炭工人耗费 L_1 单位劳动时间操作一台新挖煤机开采了 X 吨煤矿；第二年煤炭工人耗费 L_2 单位劳动时间操作一台使用了一年的挖煤机开采了 Y 吨煤炭；设煤炭价值是 V，使用了一年的挖煤机的价值是 C_1，那么可列方程组：

$$C+L_1=XV+C_1 \tag{2-1}$$

$$C_1+L_2=YV \tag{2-2}$$

在这个方程组里，第一、第二年投入的劳动时间 L_1、L_2 是已知的，第一、第二年生产出来的煤炭产量 X、Y 是已知的，煤炭的价值 V 是未知的，使用了一年的挖煤机的价值 C_1 是未知的，两个方程求解两个未知数。得到 C_1 以后，$C-C_1$ 就是挖煤机第一年的折旧额，C_1 就是挖煤机第二年的折旧额。

上面的分析可以扩展到固定资本寿命为 t 年的情形。如果固定资本的寿命是 t 年，将有 t 个方程和 t 个未知数，t 个未知数包括 $t-1$ 个使用了 $1\sim t-1$ 年的固定资本价值和 1 个产品价值。上面的分析还可以扩展到资本主义商品生产的情形。为简单起见，假定不变资本全部为固定资本，如果将上面两个方程组中的劳动投入量 L 分解为可变资本和剩余价值，简单商品生产的情形就转变为资本主义商品生产的情形。

在分析了非线性折旧条件下固定资本折旧额如何估算以后，笔者现在可以回应斯

---

① 马克思．资本论：第 1 卷［M］//马克思，恩格斯．马克思恩格斯全集：第 23 卷．北京：人民出版社，1972：239.

蒂德曼的看法了。斯蒂德曼认为，在固定资本效率递增的条件下，旧固定资本比新固定资本具有更高的价值，固定资本折旧额成为负数，马克思劳动价值理论无法解释这个问题。在这里，斯蒂德曼把固定资本的效率和价值混为一谈了。固定资本的价值在投入生产过程时就决定了，它的价值将随着有形损耗和无形损耗而转移到产品的价值中去。固定资本效率递增意味着它的运转和磨合逐渐到达最佳的时期，即使不考虑无形损耗，它的有形损耗充其量接近于零，但不可能是负数。

当然，固定资本的增值并非不可能，但只有在极端的情况下才有可能。假定在短期内固定资本不能生产出来，资本家对现有固定资本形成垄断，劣等生产条件就会成为社会正常生产条件，固定资本就将发生增殖。马克思指出："至于不变资本的另一部分，即机器和一般固定资本，那末，这方面发生的增值，特别是和建筑物、土地等等有关的增值，离开地租学说是无法阐明的，因而不是这里应当讨论的问题。"①

另外，笔者现在也可以回应森岛通夫的看法了。森岛通夫认为固定资本线性折旧假定有 3 个弊病：第一个弊病是所谓既定的折旧表列不可取的问题。这个问题笔者在前面已经澄清和解决了，马克思并不认为固定资本的折旧一定是线性的，而且在非线性折旧条件下固定资本的折旧额是可以估算的。第二个弊病是固定资本年限合成的问题。在这里，森岛通夫同样将固定资本的效率和价值混为一谈了。3 台还有 1 年期限的设备和 1 台还有 3 年期限的设备的真实价值是不同的，即使它们的真实价值相同，它们的效率也未必是相同的，况且 3 台旧设备和 1 台新设备的效率还与配备多少工人有关。第三个弊病是固定资本事前可流动性和事后不可流动性的问题。这个问题与固定资本是否线性折旧没有关系。另外，固定资本事后不可流动对于不同的固定资本来说是不同的，而且不一定是运输成本的问题。例如，炼钢的高炉是不可拆卸的，这不是运输成本的问题，而是高炉的性质和特点决定的。

应该指出，固定资本如何折旧的分析是有意义的。但是，在现实的经济实践中，固定资本从来都不是按照它的实际损耗折旧的，固定资本几乎不会使用到它完全损耗完毕的时候。在竞争的压力下，商品生产者不得不努力提高劳动生产率，因而需要不断地更新机器设备。一台机器设备从损耗的角度来看可以使用很多年，但往往在它的寿命结束前就已经被更新了。

从上面的分析可以看到，固定资本非线性折旧并不能否定马克思劳动价值理论，非线性折旧条件下的固定资本折旧额是可以估算的。

---

① 马克思．资本论：第 3 卷［M］//马克思，恩格斯．马克思恩格斯全集：第 25 卷．北京：人民出版社，1974：130.

四、复杂劳动化简倍数的决定

(一) 问题的提出

在现实的经济里，各个生产部门劳动者受教育与培训的程度是不一样的，劳动的难易和复杂程度也是不一样的。如果说商品的价值是劳动决定的，那么以什么性质的劳动作为标准和单位呢？马克思指出："商品价值体现的是人类劳动本身，是一般人类劳动的耗费。……它是每个没有任何专长的普通人的机体平均具有的简单劳动力的耗费。简单平均劳动虽然在不同的国家和不同的文化时代具有不同的性质，但在一定的社会里是一定的。比较复杂的劳动只是自乘的或不如说多倍的简单劳动，因此，少量的复杂劳动等于多量的简单劳动。……各种劳动化为当作它们的计量单位的简单劳动的不同比例，是在生产者背后由社会过程决定的，因而在他们看来，似乎是由习惯确定的。"①

在马克思以后，部分马克思主义经济学者试图从两个方向去求解复杂劳动化简为简单劳动的倍数：一个方向是从劳动者工资差异的角度分析，将工资的差异视为劳动质量的差异，从而可以求出复杂劳动化简为简单劳动的倍数。另一个方向是从劳动者接受培训费用的角度分析，复杂劳动可以看作简单劳动接受一定的培训以后形成的，通过计算接受培训的费用就可以求出复杂劳动化简为简单劳动的倍数。奥地利经济学者希法亭（R. Hilferding）是后一种方法的倡导者，英国经济学者罗松（B. Rowthorn）对这种方法曾给予高度评价。②

(二) 质疑的意见

但是，部分经济学者对这样的方法提出批评，他们认为复杂劳动化简为简单劳动是马克思劳动价值理论的内在缺陷，这是马克思劳动价值理论无法解决的问题。

英国经济学者布洛格（M. Blaug）指出，复杂劳动的化简存在三个困难：第一，如果将复杂劳动看作数倍的简单劳动，这个倍数应该是纯粹技术上的转换系数，而不能简单归结为不同类型劳动的收入差别。价值或价格在逻辑上先于工资，反过来用工资解释价值或价格是不合理的。第二，如果劳动的差别仅仅是指技能上的差别，那么复

① 马克思．资本论：第1卷［M］//马克思，恩格斯．马克思恩格斯全集：第23卷．北京：人民出版社，1972：57-58.

② ROWTHORN B. Capitalism，Conflict and Inflation：Essays in Political Economy［M］. London：Lawrence and Wishart，1980.

杂劳动的化简没有问题。但是，劳动的差别不仅仅是技能的差别，还有自然能力和家庭影响的差别。第三，不论是在同一个产业还是在不同的产业里，各种工作不仅存在金钱的差别，还存在非金钱的差别。劳动者不可能对某项工作的看法都相同，这将对工资的高低产生影响。在这里，布洛格所说的金钱的差别主要是指劳动报酬的差别，非金钱的差别主要是指社会地位、工作环境和风险大小的差别。

接着，布洛格发表了他的评论：关于第一个困难，马克思暗示熟练劳动应该等于不熟练劳动加上培训不熟练劳动所花费的劳动，再加上不熟练劳动由于接受培训不能工作而失去的产量中所包含的劳动，这个化简过程是在社会背后进行的。但是，在实物形态上而不是在货币形态上将熟练劳动化简为不熟练劳动的社会过程是什么？为什么资本家和劳动者会关心按照劳动时间计算的价值？关于第二个困难，马克思主义者将自然能力的差别当作劳动价值理论的例外情况来处理，认为这种差别在大多数产业中并不显著，而且会随着机械化的发展而逐渐消失。但是，人力资本研究表明，自然能力差别对工资差别的影响绝不是无关紧要的。关于第三个困难，马克思主义者承认劳动者对工作的金钱和非金钱的差异有不同的偏好，但是他们假定劳动的供给有无限的弹性，用产业后备军来回避这个问题。这无异于为避免碰上意大利墨西拿海峡的岩礁而落入对面的大漩涡。①

森岛通夫认为，复杂劳动化简的分析与马克思剩余价值理论是相互矛盾的。森岛通夫假设有 h 种商品和 $n+1$ 类劳动，其中第 $n+1$ 种劳动是标准的不熟练劳动，每生产一种商品或再生产一种劳动都要耗费一定数量的商品和劳动，然后利用矩阵分析方法求解熟练劳动化简为不熟练劳动的倍数。这意味着熟练劳动可以按照培养他们所耗费的劳动量来进行化简。但是，森岛通夫马上得出这样的结论：除非复杂劳动转换为简单劳动的比率与工资的比率成正比，否则就与马克思的剩余价值理论相矛盾。森岛通夫写道："一旦考虑异类劳动，除非不同种类的劳动可以按照他们工资率的比例来化简为同类的抽象人类劳动，否则就会发现价值理论与马克思关于全社会剥削率相等的规律相矛盾。……没有什么简易的方法可以摆脱这个困境。我们的解决方法是马克思主义者不可能接受的，即建立没有劳动价值论的马克思经济学。"②

英国经济学者斯蒂德曼指出，复杂劳动化简为简单劳动的分析是多余的。他利用矩阵分析证明，在实物投入、实物工资、实物产量为一定的条件下，利用不同类型的劳动可以直接求解利润率。斯蒂德曼写道："不管什么理由，异类劳动的存在既没有给

① BLAUG M. Another Look at The Labour Reduction Problem in Marx [J]. Classical and Marxian Political Economy, 1982: 188-202.

② MORISHIMA M. Marx's Economics [M]. Canbridge: Cambridge University Press, 1973: 191-193.

利润率的决定，也没有给剩余劳动的分析带来实质性问题。在每一个例子中，'化简'的过程是完全多余的。"①

（三）笔者的回应

布洛格、斯蒂德曼和森岛通夫的看法不但具有代表性，而且相互之间存在一定的联系。森岛通夫试图证明，复杂劳动不可能按照将简单劳动培训成复杂劳动所耗费的劳动量来化简，否则马克思的劳动价值理论就与剩余价值理论相矛盾。因此，唯一的出路似乎是按照不同类型劳动的工资差别来进行化简。但是，布洛格证明，工资差别不仅取决于劳动熟练程度的差别，还取决于自然能力等因素的差别，所以不能用工资差别来计算复杂劳动化简为简单劳动的倍数。这样，复杂劳动化简为简单劳动似乎无法进行。斯蒂德曼则证明，不需要进行劳动化简也能够计算工资、利润和价格，劳动化简是多余的。

笔者对布洛格的质疑回应如下：劳动化简是马克思劳动价值理论的一个组成部分。马克思提出劳动价值理论以后，才研究劳动力这种特殊商品的价值，再研究劳动者的工资问题。正如马克思在论证劳动化简过程的时候在附注中指出的："读者应当注意，这里指的不是工人得到的一个工作日的工资或价值，而是指工人的一个工作日物化成的商品价值。在我们叙述的这个阶段，工资这个范畴根本还不存在。"② 因此，劳动化简在逻辑上先于工资差别分析，劳动化简并不是要说明工资差别问题，而是要说明商品价值量决定的问题。

当然，劳动化简的分析与工资差别的分析也存在联系。尽管劳动化简的分析不是研究工资差别的问题，但工资差别成为劳动化简的一种现象形态。工资是劳动力价值或价格的转化形式，现实经济的工资还受到市场影响。除了劳动质量不同造成的工资差异以外，还存在受市场因素影响的工资差异，如人们不愿意从事某些社会地位低和劳动强度大的职业造成该职业工资较高的情况，或者某些职业由于存在一定程度的垄断造成的工资较高的情况。但是这些情况只在某些职业上存在，从整个劳动力市场来看，劳动质量的差异无疑是造成工资差异的最主要的因素。

另外，劳动者的自然能力确实存在差异，但是劳动者天生的自然能力的差异并不是很大，天才只是个案。如果选择一个很大的劳动者群体进行研究，劳动者自然能力的差异就更小了。例如，如果选择一群接受过中学教育的劳动者来分析他们的工资水

---

① STEEDMAN I. Marx after Sraffa［M］. London：Routledge，1977：92-93.

② 马克思．资本论：第1卷［M］//马克思，恩格斯．马克思恩格斯全集：第23卷．北京：人民出版社，1972：58.

平，不排除其中某些劳动者由于具有特异功能而获得高工资，但是这样的劳动者又有多少呢？一些经济学者总是用这样的小概率事件来做文章，难道他们不知道，任何公认的经济学原理都可以找到例外情况吗？很显然，经济学研究的是一般的和正常的情况。

确实，劳动化简在逻辑上先于工资的形成。劳动化简是在市场背后进行的，是一个抽象的涉及本质的范畴。工资的差异是在市场上形成的，是一个现实的涉及现象形态的范畴。不同劳动者的劳动质量相差多少是看不见的，不同劳动者的工资相差多少是看得见的。尽管工资差别不是单纯由劳动质量差别造成的，但是既然劳动质量的差别是工资差别的重要原因，为什么不可以从工资差别估算劳动质量的差别呢？这样做并不意味着工资差别范畴在逻辑上先于劳动化简范畴，也不意味着要用工资差别范畴来解释劳动化简范畴，只是意味着如何寻找一种估算方法，能够从现象形态入手，从数值上接近本质上的劳动质量的差别。

另外，森岛通夫认为，没有理由认为劳动化简倍数与工资差别成比例，所以剩余价值率不可能保持一致，还可能出现负数，劳动价值理论与剩余价值理论发生矛盾。这样，就产生了一个问题：剩余价值率保持一致是剩余价值理论的前提吗？确实，马克思在讨论剩余价值的时候，经常假定各个生产部门剩余价值率相等，但这只是为了讨论问题方便起见，而不是剩余价值理论得以成立的前提。剩余价值率不同只是表示资本家对工人剥削程度不同，而剩余价值的绝对值依然是存在的。至于剩余价值率可能出现负数的推论，在逻辑上更是荒唐。如果劳动化简倍数与工资差别不成比例，难道资本家反而被工人剥削？劳动者在生产过程中不仅生产出可变资本的价值，还生产出剩余价值，这是资本主义经济存在的前提。另外，正如前面所指出的，劳动质量差别是工资差别的重要原因，但不是工资差别的全部原因，劳动化简倍数与工资差别成比例这个前提没有意义。

还有，斯蒂德曼提出，不必进行劳动化简就可以计算出利润率，劳动化简分析是多余的。这里又产生这样一个问题：劳动化简仅仅是要说明利润率为正数吗？当然，如果仅仅是要证明剩余劳动的存在，只要像斯蒂德曼那样，将实物工资生产所需耗费的劳动与在生产过程中投入的这类劳动相比较就可以了，不必进行劳动的化简。如果仅仅要证明利润率为正数，也只要像斯蒂德曼那样，将商品的生产成本与销售价格相比较就可以了，也不必进行劳动的化简。显然，没有剩余劳动和利润，怎么会有资本主义生产？但是，马克思提出劳动化简问题是要研究商品价值量的决定。生产不同商品的劳动的质量是不同的，不同质量的劳动数量是不可能简单相加的。如果不把不同质量的劳动还原为不同数量的同一种质量的劳动，如何分析商品价值量的决定？马克思政治经济学的研究目的不是描述诸如利润等现象形态，而是要寻找出诸如利润等现象形态的本质，以更深刻地说明诸如利润等现象形态。

应该指出，复杂劳动化简为简单劳动的过程是客观存在的。一个从事复杂劳动的劳动者生产的商品之所以可以与一个从事简单劳动的劳动者生产的商品相交换，正是因为市场存在一种统一劳动质量的度量单位。如果前者与后者耗费的劳动时间相同，但1单位前者生产的商品可以交换若干单位后者生产的商品，这本身也说明市场认可前者的劳动是后者的若干倍，即复杂劳动化简为简单劳动的倍数。正如马克思指出的，这一切都是由社会过程决定的，都是由生产者异己的力量在支配着。尽管人们事先无法算出1单位复杂劳动能够交换多少单位简单劳动，但在市场上1单位复杂劳动能真真切切地交换到若干单位的简单劳动。

（四）笔者的求解

如果人们一定要估算复杂劳动化简为简单劳动的倍数，笔者认为可以分两种情形去估算复杂劳动化简的倍数：

第一种情形是简单商品生产。在简单商品生产条件下，可以从交换价值发现复杂劳动化简倍数。假定某生产者A从事复杂劳动，他耗费价值为 C_a 的生产资料，从事 L_a 单位时间的劳动，生产出价值为 V_a 的商品；某生产者B从事简单劳动，他耗费价值为 C_b 的生产资料，从事 L_b 单位时间的劳动，生产出总价值为 V_b 的商品。在这里，C_a、C_b、L_a、L_b、V_a、V_b 都是在生产过程以及在市场上表现出来的，都是已知的。设生产者B的劳动为标准的简单劳动，通过两个生产者生产的交换价值可以估算出生产者A复杂劳动化简的倍数。

对于生产者A来说，由于 C_a 是转移到商品价值中去的，V_a-C_a 是劳动者A投入 L_a 单位劳动时间创造的，$(V_a-C_a)/L_a$ 是劳动者A每单位劳动时间创造的价值。同样，V_b-C_b 是劳动者B投入 L_b 单位劳动时间创造的，$(V_b-C_b)/L_b$ 是劳动者B每单位劳动时间创造的价值。由于劳动者A从事复杂劳动，$(V_a-C_a)/L_a>(V_b-C_b)/L_b$。设劳动者A单位劳动时间相当于劳动者B单位劳动时间的倍数是 x，利用式（2-3）便可以得到复杂劳动化简为简单劳动的倍数：

$$x=\frac{V_a-C_a/L_a}{(V_b-C_b)/L_b} \tag{2-3}$$

从逻辑上看，复杂劳动的化简先于交换价值的形成。但是，上面的分析不是用交换价值去说明复杂劳动的化简，而是从交换价值这个现象形态入手，来发现在逻辑上先于它并且隐藏在它后面的复杂劳动的化简。

第二种情形是现代资本主义商品生产。在现代资本主义经济里，已经建立起比较完整的国民经济核算体系，利用不同职业的工资统计数据，可以发现复杂劳动化简的倍数。

以美国为例，美国劳工部统计局提供了不同职业群体的收入状况，笔者选取了2017年生产类职业全职工人周工资中位数的情况，来分析复杂劳动化简为简单劳动的问题。所谓中位数是指有50%的人的工资超过这个水平，有50%的人的工资低于这个水平。

从表2-1可以清楚地看到，不同类型生产工人周工资中位数的差别主要体现了劳动复杂程度的差别。如果把洗衣工人的劳动看作简单劳动并取作1.00，那么根据各类工人周工资中位数可以得到劳动化简的倍数。当然，复杂劳动的化简在逻辑上先于工资，这个劳动化简是在劳动者背后的市场过程中进行的。上面的分析主要是从工资这个现象形态入手，来发现在逻辑上先于它并且隐藏在市场背后的复杂劳动的化简过程。

表2-1　2017年美国生产工人周工资中位数

工人类别	周工资中位数/美元	劳动化简倍数
洗衣工人	450	1.00
缝纫工人	519	1.15
采伐工人	521	1.16
肉类加工工人	587	1.30
电气与电子装配工人	624	1.39
金属和塑料加工工人	654	1.45
切割和冲压工人	665	1.48
印刷工人	758	1.68
破碎与研磨工人	771	1.71
焊接工人	812	1.80
机械师	831	1.85
计算机系统操作员	868	1.93
化工设备操作员	877	1.95
废水处理操作员	907	2.02
模具制造工人	1007	2.24

资料来源：Bureau of Labor Statistics，Weekly Earnings，December 2017，https：//www.bls.gov.

由此可见，复杂劳动化简在逻辑上是正确的，可以利用现象形态的数据去认识或者从数值上去接近复杂劳动化简的倍数。

第三节　新的历史条件下马克思劳动价值理论的探索

一、研究价值创造面临的新的历史条件

与马克思研究劳动价值理论的时代相比，历史条件至少发生了下述变化：

第一，马克思所处的时代是工业化的初期，部分主要资本主义国家的工业已经在经济中确立了主要地位，部分主要资本主义国家正在从农牧业向工业发展。但是到了现在，主要资本主义国家已经进入后工业化时代，[①] 工业高度发达，服务业在经济中占据主要地位。根据美国商务部经济分析局的统计数据，2021 年美国私人服务业增加值在国内生产总值中所占的比例为 70.9%。这意味着作为非物质产品的服务已经是社会商品的主要形态。因此，有必要在这种新的历史条件下研究价值创造过程。

第二，马克思所处的时代是第一次科学技术革命发展的时代，社会分工还不是很细致，生产社会化程度还不高，一个工场往往能够独立地制造某种产品，现场操作的工人在工业劳动者中占据很大的比例。但是到了现在，社会分工已经十分细致，生产的社会化程度已经很高，一种产品往往是由许多企业以及一个企业中许多履行不同职能的劳动者共同完成的，即使是生产物质产品的产业，现场操作的工人在该产业劳动者中所占据的比例也已很小。因此，有必要在这种新的历史条件下研究价值创造过程。

二、对创造价值的劳动的再认识

（一）马克思对创造价值的劳动的看法

1. 马克思对生产劳动的看法

生产物质产品的劳动创造价值，这在马克思主义经济学界没有疑问。但是，提供服务的劳动是否创造价值，则在马克思主义经济学界引起了很大的争论。在这个方面，我国经济学界比较有代表性的研究文献如下：中国经济学者何小锋在 1981 年第 4 期

---

① 后工业社会是美国社会学者贝尔（D. Bell）在 1973 年出版的《后工业社会的来临》中提出来的。后工业社会的特征是农业和工业劳动力在总劳动力中占据的比例较小，从事服务业的劳动力已经成为总劳动力的主要成分。笔者在这里无意讨论后工业社会的概念，只是借用这个概念说明产业结构的变化。

《经济研究》发表了题为《劳务价值论初探》的论文，指出提供劳务（即服务——笔者注）的劳动也创造价值。中国经济学者蒋学模在1996年第4期《经济学动态》发表了题为《现代市场条件下如何坚持和发展劳动价值学说》的论文，认为第三产业的劳动也创造价值。中国经济学者宋则行在1997年出版了专著《马克思经济理论再认识》，提出非生产性劳动也创造价值。① 中国经济学者丁堡骏在2005年出版的专著《马克思劳动价值理论与当代现实》中指出，只有物质生产部门的劳动才是创造价值的生产劳动。②

笔者认为，对待马克思政治经济学，存在继承和发展两个问题。如果只强调继承马克思政治经济学，没有随着时代的发展而与时俱进，将会把马克思政治经济学变成一种教条，最终断送马克思政治经济学。但是，如果发展不是在继承的基础上进行的，那么这只能是别的什么政治经济学，而不是马克思政治经济学。因此，要探讨创造价值的劳动这个问题，首先要明确马克思关于生产劳动和非生产劳动的原意。

在马克思以前，斯密已经对生产劳动和非生产劳动作了区分。他将农业、手工业、制造业、商业等劳动划分为生产劳动，将君主、官吏、军人、仆人、牧师、医师、文人、演员、教师、歌手、舞蹈家等劳动划分为非生产性劳动。③

马克思在《剩余价值理论》第一册第四章中曾经详细地评论了斯密的生产劳动和非生产劳动的划分问题。马克思指出："我们看到，亚当·斯密对一切问题的见解都具有二重性，他在区分生产劳动和非生产劳动时给生产劳动所下的定义也是如此。我们发现，在他的著作中，他称为生产劳动的东西总有两种定义混淆在一起。我们先来考察第一种正确的定义。（1）资本主义制度下的生产劳动是创造剩余价值的劳动。从资本主义生产的意义上说，生产劳动是这样一种雇佣劳动，它同资本的可变部分（花在工资上的那部分资本）相交换，不仅把这部分资本（也就是自己劳动能力的价值）再生产出来，而且，除此之外，还为资本家生产剩余价值。"马克思还指出："（4）斯密对问题的第二种解释：生产劳动是物化在商品中的劳动。……一个劳动者，只要他用自己的劳动把他的工资所包含的那样多的价值量加到某种材料上，提供一个等价来代替已消费的价值，他的劳动就是生产劳动。这里就越出了和社会形式有关的那个定义的范围，越出了用劳动者对资本主义生产的关系来给生产劳动者和非生产劳动者下定

① 宋则行．马克思经济理论再认识［M］．北京：经济科学出版社，1997：9-10.

② 丁堡骏．马克思劳动价值理论与当代现实［M］．北京：经济科学出版社，2005：197-212.

③ 斯密．国民财富的性质和原因的研究：上卷［M］．郭大力，王亚南，译．北京：商务印书馆，1979：303-320.

义的范围。"①

这就是说，在马克思看来，从生产使用价值的角度看，物化在商品中的劳动就是生产劳动。从价值增殖的角度看，不仅再生产出劳动力的价值，同时还生产出剩余价值的劳动，才是生产劳动。这是马克思关于生产劳动和非生产劳动划分的准确看法。如果说上面的分析是基于马克思研究剩余价值理论的手稿的话，那么马克思亲自修订出版的《资本论》第一卷可以证实他的看法。马克思指出："如果整个过程从其结果的角度，从产品的角度加以考察，那末劳动资料和劳动对象表现为生产资料，劳动本身则表现为生产劳动。"马克思接着在附注中指出："这个从简单劳动过程的观点得出的生产劳动的定义，对于资本主义生产过程是绝对不够的。"②

2. 生产劳动不等同于创造价值的劳动

但是，经过仔细地研读马克思《资本论》第一卷和《剩余价值理论》第一册，笔者发现人们忽略了一个细节：马克思所说的生产劳动与创造价值的劳动并不是完全等同的概念。人们正是认定，生产劳动就是创造价值的劳动，才产生了什么样的劳动是生产劳动的争论，才出现了马克思存在所谓狭义和广义生产劳动的争论。

生产劳动与创造价值的劳动不完全等同的论据之一是：马克思在《资本论》第一卷第一篇第一章分析商品的使用价值、交换价值和价值时，指出不论是在简单商品生产条件下还是在资本主义商品生产条件下，无差异人类劳动的凝结都形成商品的价值。如果马克思认定生产劳动就是创造价值的劳动，为什么他在分析劳动创造价值的时候完全没有提及生产劳动和非生产劳动的区分？

生产劳动与创造价值的劳动不完全等同的论据之二是：马克思在《剩余价值理论》第一册中指出，如果一个缝补工到资本家家里给资本家缝补裤子，他的劳动是非生产劳动。如果一个演员给资本家带来收益，他的劳动就是生产性劳动。③ 但是，马克思在《资本论》第一卷中是将缝补工的劳动看作创造价值的劳动，将演员的劳动看作不创造价值的劳动。类似的例子在《剩余价值理论》第一册中不胜枚举。

实际上，问题的实质是，马克思认为，在资本主义经济形态下，所谓生产或不生产是对资本而言的。马克思在《剩余价值理论》第一册附录第十二部分明确以"资本的生产性。生产劳动和非生产劳动"为标题，说明他是从资本的生产性的角度来划分

---

① 马克思．剩余价值理论［M］//马克思，恩格斯．马克思恩格斯全集：第 26 卷第 1 册．北京：人民出版社，1972：142，152-153.

② 马克思．资本论：第 1 卷［M］//马克思，恩格斯．马克思恩格斯全集：第 23 卷．北京：人民出版社，1972：205.

③ 马克思．剩余价值理论［M］//马克思，恩格斯．马克思恩格斯全集：第 26 卷第 1 册．北京：人民出版社，1972：148.

生产劳动和非生产劳动的。这就是说，马克思认为，生产物品的劳动创造价值，但如果他没有给资本家带来剩余价值，他的劳动就不是生产性劳动。提供服务的劳动不创造价值，但如果他给资本家带来剩余价值，他的劳动就是生产性劳动。

上述分析表明，不存在狭义和广义的生产劳动，只存在资本主义经济形态下的生产劳动和任何经济形态下的生产劳动，而马克思对任何经济形态下的生产劳动的概念是持批评态度的。如果一定要划分狭义和广义的生产劳动，那么正好与人们的说法相反，资本主义经济形态下的生产劳动是狭义的生产劳动，任何经济形态下的生产劳动是广义的生产劳动。因此，如果一定要将生产劳动与创造价值的劳动等同起来，那么就应该采用马克思第二个生产劳动的概念，即从生产使用价值的角度理解的生产劳动的概念。显然，马克思关于价值创造的分析不仅适合于资本主义商品生产的情形，也适合于资本主义经济制度确立前的简单商品生产的情形。

3. *马克思对创造价值的劳动的看法*

但是，到现在为止还没有解决这样的问题：非物质产品生产部门的劳动是否创造价值？应该指出，马克思在《资本论》第一卷分析劳动创造价值的时候，一再使用的词汇是“凝结”“物质化”“凝固”。① 这表明，马克思认为只有生产物质产品的劳动才是生产劳动，才创造价值。

另外，马克思在《剩余价值理论》中确认了四个物质生产部门的劳动是生产劳动。马克思指出：“（K）运输业是一个物质生产领域。（书中标题——作者注）运输业中的生产劳动。除了采掘工业、农业和加工工业以外，还存在着第四个物质生产领域，这个领域在自己的发展中，也经历了几个不同的生产阶段：手工业生产阶段、工场手工业生产阶段、机器生产阶段。这就是运输业，不论它是客运还是货运。在这里，生产劳动对资本家的关系，也就是说，雇佣工人对资本家的关系，同其他物质生产领域是完全一样的。……如果我们就商品来考察这个过程，那末这里在劳动过程中，劳动对象，商品，确实发生了某种变化。它的位置改变了，从而它的使用价值也起了变化，因为这个使用价值的位置改变了。商品的交换价值增加了，增加的数量等于使商品的使用价值发生这种变化所需要的劳动量。”②

因此，如果客观和准确地理解，在马克思看来，在商品生产条件下，只有物质生产部门的劳动才创造价值。

---

① 马克思．资本论：第 1 卷［M］//马克思，恩格斯．马克思恩格斯全集：第 23 卷．北京：人民出版社，1972：51-53.

② 马克思．剩余价值理论［M］//马克思，恩格斯．马克思恩格斯全集：第 26 卷第 1 册．北京：人民出版社，1972：142，444-445.

(二) 新的历史条件下对创造价值的劳动的认识

1. 马克思所处的时代背景

马克思对创造价值的劳动的看法是由马克思所处的时代决定的。在马克思写作《资本论》的时候，生产性服务即用于生产过程的服务，以及消费性服务即用于人们消费的服务并不发达。据美国经济学者库兹涅茨（S. S. Kuznets）的推算，如果将服务业定义为包括商业、银行、保险、不动产、住房、公共管理、国防、其他服务等的行业，那么英国在1855年前后服务业在国内生产净值中所占的比例为44.2%，美国在1839年服务业在国民收入中所占的比例为31.6%，意大利在1865年前后服务业在国内生产总值中所占的比例为25.4%，英国和德国则缺乏数据。[①] 在库兹涅茨统计的服务业中，马克思认为商业、银行业、政府管理、国防等行业是不创造价值的，这样生产性服务业和消费性服务业的产值所占的比例就很小了。

另外，在马克思写作《资本论》的时候，生产性服务业和消费性服务业不但比重很小，而且没有充分采用资本主义生产方式。马克思曾经指出："在非物质生产中，甚至当这种生产纯粹为交换而进行，因而纯粹生产商品的时候，也可能有两种情况：(1) 生产的结果是商品，是使用价值，它们具有离开生产者和消费者而独立的形式，因而能在生产和消费之间的一段时间内存在，并能在这段时间内作为可以出卖的商品而流通，如书、画以及一切脱离艺术家的艺术活动而单独存在的艺术作品。在这里，资本主义生产只是在很有限的规模上被应用，……(2) 产品同生产行为不能分离，如一切表演艺术家、演说家、演员、教员、医生、牧师等等的情况。在这里，资本主义生产方式也只是在很小的范围内能够应用，并且就事物的本性来说，只能在某些领域中应用。"这样，马克思下了这样的结论："资本主义生产在这个领域中的所有这些表现，同整个生产比起来是微不足道的，因此可以完全置之不理。"[②]

在这里，书、画、艺术品，从马克思任何一个对创造价值的劳动的定义来看，都属于创造价值的劳动，但是由于资本主义生产方式的发展不充分以及占整个生产的比例微不足道，马克思认为可以忽略这种创造价值的劳动。

正因为如此，在马克思所处的时代，商品基本上等同于物品。因此，马克思在《资本论》第一篇第一章论述价值创造的时候，只要不是强调为交换而生产，常常将商

① KUZNETS S S. Economic Growth of Nations: Total Output and Production Structure [M]. Cambridge: Belknap Press of Harvard University Press, 1971: 144-147.

② 马克思．剩余价值理论 [M] //马克思，恩格斯．马克思恩格斯全集：第26卷第1册．北京：人民出版社，1972：442-443.

品与物品这两个概念混合使用。

2. 经济发展发生的新变化

但是，在 21 世纪的今天，商品既包括有形的物品，也包括无形的服务。从人类经济社会发展趋势来看，服务的产值已经越来越大幅度地超越物品的产值而居于主要地位。许多生产性服务与资本品相比在性质上没有不同，只是在形态上不同。许多消费性服务与消费品相比在性质上也没有不同，只是在形态上不同。如果将马克思在特定历史时期提出的只有物质生产部门的劳动才创造价值的看法绝对化，将会把马克思政治经济学变成严重脱离经济现实的教条。

以最大的发达国家美国为例。美国将服务业称为私人服务生产产业（private service-producing industry），即排除政府管理服务以后的服务业。该产业目录如下：第一，公用事业（电力、煤气、供水、供热、城市交通）；第二，批发商业；第三，零售商业；第四，运输仓储（航空运输、铁路运输、水路运输、卡车运输、地面客运、管道运输、其他运输支持服务、仓储）；第五，信息（出版、软件、动画、录音、广播、通信、信息和数据加工服务）；第六，金融、保险、不动产、租赁（联邦储备银行、信贷中介、证券、商品合约、投资、保险、基金、信托、不动产租赁、无形资产出租）；第七，专业和商业服务（法律服务、计算机系统的设计和相关服务、其他专业的科学的和技术的服务、企业管理、行政支持服务、垃圾管理、教育服务、保健服务、医疗服务、社会援助、艺术、娱乐、住宿、餐饮）。

在上述服务业中，公用事业和运输仓储在马克思政治经济学中属于物质产品生产部门。排除这两个部门，美国私人服务业增加值在国内生产总值的比例到 2021 年已达到 66.3%。

美国的统计数据表明，随着经济的发展，服务业增加值在国内生产总值中所占的比例越来越大。因此，如果忽略马克思政治经济学形成的时代背景，把马克思在物质产品生产占据主要地位的时代所做的分析绝对化，硬说整个经济社会越来越大的商品价值是占据比例越来越小的物质生产部门创造的，不但严重脱离经济现实，而且严重违背经济事实，结果将会断送马克思政治经济学。在经济思想史上，李嘉图学派虽然忠诚于李嘉图劳动创造价值的思想，但是由于严重脱离现实经济而导致了解体。经济学是一门社会科学，它的正确与否只有唯一的检验标准——实践。

3. 提供服务的劳动创造价值

应该指出，随着科学技术的发展，生产过程已经不是劳动者操作简单的生产工具或简单的机械进行生产的过程。在生产自动化的 21 世纪，一台机器设备不但包括硬件而且包括软件，硬件和软件已经成为生产资料不可或缺的组成部分。生产硬件的是物质生产部门，提供软件的是服务部门，这两个部门的劳动在创造生产资料的性质上没有区别，只在最终成果的物质形态上存在差别。显然不能说只有制造机器设备硬件的劳动才创造价值，提供机器设备软件的劳动不创造价值。另外，随着科学技术的发展，生产性服务不仅体现在机器设备的软件上，还体现在整个生产过程的技术服务上，这些提供生产性服务的劳动都在创造价值。例如，互联网、大数据、人工智能三大技术是有可能导致新的一次重大产业革命的技术，但是提供这三大技术的产业都是服务业。如果认为这些服务业的劳动不创造价值，将是何等严重地脱离实际。

还应该指出，随着经济的发展和人民群众生活水平的提高，人们不仅要满足吃、穿、住、行等物质产品的消费需求，还要满足文化、娱乐等精神产品的消费需求。生产消费品的部门是物质生产部门，提供精神产品的部门是服务部门，这两个部门在创造消费资料的性质上没有区别，只在最终成果的物质形态上存在差别。显然不能说只有制造消费品的劳动才创造价值，提供精神产品的劳动不创造价值。另外，不少消费品必须配套消费服务才是一个完整的消费品，才具有使用价值。例如，一台计算机不仅包括计算机硬件，还包括操作系统等计算机软件，显然不能只把制造物质形态的计算机硬件的劳动看作创造价值的劳动，把提供非物质形态的软件服务的劳动不看作创造价值的劳动。

因此，在新的历史条件下，必须对创造价值的劳动重新认识。但是，对创造价值的劳动的重新认识必须基于马克思的基本思想。在马克思所处的时代里，商业和银行业已经比较发达，但是马克思认为商业活动是交换领域的活动，银行活动也是非生产领域的活动，所以在商业和银行业的劳动不创造价值。如果把马克思的思想延伸到当代，显然并非所有服务业的劳动都创造价值，还必须对各种服务的性质和特点加以甄别。

按照马克思的看法，现代服务业中的运输和仓储业是除了采掘工业、农业和加工工业以外的第四个物质生产部门，该服务业的劳动创造价值没有疑义。至于其他服务业的劳动是否创造价值，笔者认为可以按照下面的标准进行判断：社会产品主要包括生产资料和消费资料，也就是包括投资品和消费品，生产投资品和消费品的劳动创造价值在马克思政治经济学中没有疑义，因此可以按照某个服务业的劳动是否提供了类似于投资品的生产性服务，或者某个服务业的劳动是否提供了类似于消费品的消费性服务，来判断这个服务业的劳动是否是创造价值的劳动。

生产性服务业和消费性服务业提供的服务只是在物质形态上与投资品和消费品不同，但在性质上与投资品和消费品相同。生产性服务和消费性服务与投资品和消费品一样具有使用价值和价值，它们的使用价值是满足人们生产和消费的属性，它们的价值是无差异人类劳动的凝结。提供生产性服务和消费性服务的劳动与制造投资品和消费品的劳动一样分为具体劳动和抽象劳动，具体劳动创造使用价值，抽象劳动创造价值。劳动者在生产投资品和消费品的时候将劳动物化在有形的物质产品内，劳动者在提供生产性服务和消费性服务的时候将劳动凝结在无形的服务中。生产性服务和消费性服务是由提供它们的社会必要劳动时间决定的，复杂劳动将相当于数倍的简单劳动。

如果按照生产性服务业和消费性服务业这两个标准来划分创造价值的服务业，笔者认为，在美国私人服务业的分类中，创造价值的服务业应该是排除了下述服务业后的其他服务业：批发商业、零售商业、不动产租赁等租赁业、专业和商业服务中的法律服务和社会援助。笔者的根据如下：商业活动是主要从事商品交换的活动，它不创造价值。租赁业的活动类似于商业活动，它主要从事不动产等物品的租赁，它也不创造价值。律师和社会工作者等活动是社会活动，不属于经济活动，它们也不创造价值。银行保险等金融业的活动则比较特殊，它们与生产性服务业相似的地方是为生产过程提供服务，与生产性服务业不同的地方是为生产过程提供资金融通的服务。这就是说，银行保险等金融业的活动是为生产过程的准备或保障提供服务的，而不是为生产过程提供服务的。因此，如果严格一些，可以把银行保险等金融业的活动不看作创造价值的活动；如果宽松一点，可以把银行保险等金融业的活动看作创造价值的活动。

三、向市场价格现象形态的延伸

（一）马克思对市场价格的分析

1. 市场价格不是马克思关注的重点问题

马克思提出劳动价值理论以后，并没有详细分析商品价值的现象形态——商品的市场价格。笔者认为，可能存在两个原因：

第一，马克思所处的历史时代赋予马克思的任务，是探索资本主义经济运行的规律。因此，马克思采用抽象的分析方法，从经济现象中抽象出经济现象的本质，然后通过经济现象本质的联系寻找经济规律。正是这个缘故，马克思并没有把注意力放在商品市场价格这种现象形态上，而是从商品的市场价格抽象出商品的价格，再从商品的价格抽象出商品的价值，从而提出劳动价值理论，然后根据劳动价值理论提出剩余价值理论，以阐述资本主义经济的运动规律。

第二，按照马克思的抽象分析方法，从经济现象抽象出本质关系以后，他还会回归到经济现象，以更深刻地说明经济现象。这就是说，回归现象分析是马克思准备在

《资本论》第三卷所做的研究工作。但是，令人遗憾的是，马克思还没来得及修订《资本论》第二卷和第三卷就逝世了。否则，马克思很有可能在《资本论》第三卷中对商品的市场价格进行详细的分析。

但是，由于马克思没有详细地分析商品的市场价格，人们对马克思商品价值和市场价格的关系产生很多误解，引起了很多争论。由于商品的市场价格是活生生地在现实经济中表现出来的现象形态，而商品价值是在市场价格背后人们看不见摸不着的东西，笔者认为有必要按照马克思《资本论》中相关论述体现的思想，来还原马克思认为的商品价值和市场价格的关系。

2. 马克思关于价值与价格关系的分析

马克思劳动价值理论指出的商品的交换根据商品的价值量进行，是从商品交换的内在规律而言的。由于商品的交换实际上是劳动产品的交换，相互交换的实际上是各自的劳动，商品将根据它们的价值进行交换。在交换中，个别劳动转化为社会必要劳动，复杂劳动化简为简单劳动，都是在交换的过程中实现的。但是，在现象形态上，商品的交换不是通过计算各自耗费的必要劳动量来进行的。在货币成为商品交换的媒介以后，商品的价值将通过货币表现为价格，商品的交换是根据商品的价格进行的，商品的价格是商品价值的货币表现。这就是说，商品的价值是用劳动时间来度量的，而商品的价格是用货币来度量的。

马克思生活在金本位制时代，在金本位制条件下，黄金是货币，但是黄金本身也是商品，也具有价值。商品的价格取决于两个因素：一是商品的价值量，二是货币的价值量。就前一个因素来说，商品的价格与商品的价值成正比。就后一个因素来说，商品的价格与黄金的价值成反比。例如，假定生产 1 单位某种商品耗费的社会必要劳动时间是 1 小时，如果生产 1 盎司黄金耗费的社会必要劳动时间是 20 小时，那么这种商品的价格是 1/20 盎司黄金；如果生产 1 盎司黄金耗费的社会必要劳动时间是 30 小时，那么这种商品的价格是 1/30 盎司黄金；如此等等。

马克思指出："商品价格，只有在货币价值不变、商品价值提高时，或在商品价值不变、货币价值降低时，才会普遍提高。反之，商品价格，只有在货币价值不变、商品价值降低时，或在商品价值不变、货币价值提高时，才会普遍降低。"①

3. 马克思关于价格与市场价格的分析

但是，当商品在市场上进行交换时，商品的价格将会受到商品需求和供给的影响

① 马克思．资本论：第 1 卷［M］//马克思，恩格斯．马克思恩格斯全集：第 23 卷．北京：人民出版社，1972：117.

而发生变化，成交的价格不一定是商品的价格。商品价格受到商品需求和供给的影响而形成的价格就是市场价格，它是商品最终成交的价格。由此可见，商品的价格和商品的市场价格是两个不同的范畴，商品的价格是商品价值的货币表现，商品的市场价格是商品价格受到商品需求和供给的影响而形成的价格。

非马克思主义经济学者总说，马克思否认商品的市场价格受商品的需求和供给影响，部分马克思主义经济学者认为，要维护劳动价值理论就要避免提及商品的市场价格受商品的需求和供给影响。实际上，马克思的话明确无误地表达了商品的需求和供给对市场价格的影响。马克思指出："如果产品量超过这种需要，商品就必然会低于它们的市场价值出售；反之，如果产品量不够大，就是说，如果卖者之间的竞争压力没有大到足以迫使他们把这个商品量带到市场上来，商品就必然会高于它们的市场价值出售。"

马克思接着写道："如果市场价值发生了变化，总商品量得以出售的条件也就会发生变化。如果市场价值降低了，社会需要（在这里总是指有支付能力的需要）平均说来就会扩大，并且在一定限度内能够吸收较大量的商品。如果市场价值提高了，商品的社会需要就会缩减，就只能吸收较小的商品量。"马克思这段话实际上是分析了商品的需求函数。

由此可见，马克思没有否认商品的市场价格受到供给和需求的影响。马克思关心的是：商品市场价格的基础是什么？它的本质是什么？商品供给和需求的变化导致商品市场价格的变化，但商品市场价格总会存在一种客观的水平，一种变化的基础。对于作为劳动产品的商品来说，市场价格变化基础或客观水平就是耗费的劳动量的货币表现。

马克思再接着写道："因此，如果供求调节着市场价格，或者确切地说，调节着市场价格同市场价值的偏离，那末另一方面，市场价值调节着供求关系，或者说，调节着一个中心，供求的变动使市场价格围绕着这个中心发生波动。"①

马克思在讲这段话之前已经分析了商品价值向生产价格的转化。如果我们暂且不考虑各个生产部门利润率平均化的因素，这里的市场价值就是以货币表示的商品价值即价格。显然，讨论商品的市场价格偏离价值是没有意义的。商品的价值是以劳动时间度量的，商品的市场价格是以货币度量的，说商品的市场价格偏离价值就好像说平方米偏离立方米一样没有意义。因此，马克思说的是商品的市场价格与价格的偏离。

---

① 马克思．资本论：第3卷［M］//马克思，恩格斯．马克思恩格斯全集：第25卷．北京：人民出版社，1974：202.

（二）价值、价格与市场价格的关系

1. 价值是价格的基础

在确认马克思说的市场价格对价值偏离应该是指市场价格对价格的偏离以后，需要讨论的就是如何理解价值的“中心”作用。习惯起见，这里的讨论仍然采用市场价格偏离价值的说法。有的经济学者认为，商品市场价格以价值为中心变化就是指价值是市场价格的平均数。马克思曾经说过：“价格偏离价值量的可能性，已经包含在价格形式本身中。但这并不是这种形式的缺点，相反地，却使这种形式成为这样一种生产方式的适当形式，在这种生产方式下，规则只能作为没有规则性的盲目起作用的平均数规律来为自己开辟道路。”①

笔者认为，商品价值的“中心”作用不应理解为数学意义上的平均数，而应理解为经济规律意义上的平均数。仅从逻辑上分析就可以判断，从一段时期来看，商品市场价格高于价值的部分正好被低于价值的部分所抵消的情况是不可能存在的。因此，马克思所说的价值的“中心”作用是指价值作为市场价格的基础影响着市场价格，当商品价值增加或减少的时候，市场价格或迟或早也会上升或下降，社会必要劳动时间始终是制约市场价格的最基本的因素。而马克思所说的经济规律上的平均数是指商品市场价格有时候会高于价值，有时候会低于价值。

应该指出，在这里分析的商品的市场价格对价值的偏离是在正常的社会需求条件下。正如在本章第二节讨论所谓两种必要劳动时间的时候指出的，在社会需求异常的条件下，即市场出现持续性短缺或过剩的条件下，商品价值将由最优或最劣生产条件下耗费的劳动时间决定。这就是说，作为商品市场价格基础的价值会发生变化。

除了商品的市场价格在需求和供给的影响下对商品价格出现偏离以外，商品的市场价格还会受到货币的因素的影响。在商品价值为一定的条件下，如果货币过多，一个单位货币代表的价值下降了，那么商品的价格将上升；如果货币过少，一个单位货币代表的价值上升了，那么商品的价格将下降。这就可以解释在严重的货币扩张或货币收缩时期，由于商品的市场价格的基础发生了变化，不论需求或供给如何出现抵消性的影响，一般来说商品的市场价格都会发生上升或下降。这意味着，商品价值的货币表现即价格仍然是商品市场价格变化的基础。

2. 价格是市场价格的基础

在现象形态上，价值规律的作用表现为价格机制的作用。价格机制是指商品的市

---

① 马克思．资本论：第1卷［M］//马克思，恩格斯．马克思恩格斯全集：第23卷．北京：人民出版社，1972：120.

场价格受到商品需求和供给的影响而发生变化，商品的交换是按照商品的市场价格来进行的。在市场经济条件下，价格机制的主要作用表现在社会资源的配置上：当某种商品供不应求时，它的市场价格将会上升，生产这种商品变得有利可图，生产者在利润动机的支配下将增加这种商品的生产，更多的社会资源将被配置到这种商品的生产中来。相反，当某种商品供过于求时，它的市场价格将会下降，生产这种商品变得无利可图，生产者在利润动机的支配下将减少这种商品的生产，更少的社会资源将被配置到这种商品的生产中来。

由此可见，商品价值的货币表现形成价格，商品价格受到市场供给和需求的影响而发生波动。

3. 价值、价格和市场价格的关系

从上面的分析可以看到，商品价值、价格和市场价格是三个不同层次的概念。劳动的凝结形成商品的价值，价值的货币表现形成商品的价格，价格受市场供给和需求的影响形成市场价格。商品的价值是用劳动时间表示的，商品的价格和市场价格是用货币来表示的。价值是本质层次的分析，市场价格是现象层次的分析，价格是中间层次的分析，三者的关系如图 2-1 所示。

马克思肯定商品的市场价格受商品需求和供给影响，但没有对商品市场价格这个现象层次的范畴给予很大的关注。在现象层次上，经济学界许多研究成果具有借鉴意义。

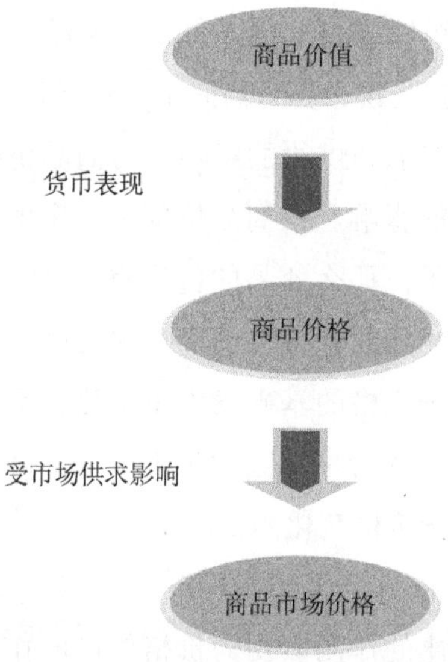

图 2-1　商品价值、价格和市场价格的关系

如果将新的历史条件下对马克思劳动价值理论的探讨与马克思原来的劳动价值理论进行比较，结果可以用表 2-2 表示。从表中可以看到，笔者对马克思的劳动价值理论的探讨在基本思想和基本结构上没有变化，笔者证明了马克思劳动价值理论的正确性，仅是增加了提供生产性服务和消费性服务的劳动也创造价值的思想，并按照马克思的原意对商品价值、价格和市场价格的关系作了更加明确的表述，如表 2-2 的重点标识所示。

表 2-2　新的历史条件下马克思的劳动价值理论研究纲要

比较对象	马克思劳动价值理论研究纲要	新的历史条件下马克思劳动价值理论研究纲要
价值实体	人类抽象劳动的凝结	人类抽象劳动的凝结
价值数量	社会必要劳动时间	社会必要劳动时间
创造价值的生产部门	物质生产部门	物质生产部门、**提供生产性和消费性服务的部门**
价值本质	体现一定的社会经济关系	体现一定的社会经济关系
价值规律	商品按照价值量交换	商品按照价值量交换
价值、价格和市场价格的关系		**价值的货币表现形成价格，价格受供求影响形成市场价格**

第四节　马克思劳动价值理论与 21 世纪经济

一、马克思劳动价值理论适用的时代

有的经济学者认为，马克思的劳动价值理论适用于简单商品生产的时代，不适合当今的时代。例如，中国经济学者晏智杰指出，马克思劳动价值理论有三个暗含的前提条件：一是假定物物交换，二是假定除了劳动以外的生产要素都是无偿的，三是假定劳动是简单劳动。因此，马克思的劳动价值理论属于对简单商品生产，甚至比它更早的物物交换的交换比例的说明。①②

笔者认为，在回应晏智杰指出的劳动价值理论的三个前提条件以前，有必要回顾

① 晏智杰．价格决定于劳动价值论——对一种传统观念的质疑［J］．学术月刊，1995（8）．

② 马克思劳动价值论适用范围的再探讨［N］．经济日报，1999-03-01．

马克思的分析方法。马克思的分析方法是历史和逻辑相统一的方法。恩格斯曾经这样表达马克思的分析方法：“历史从哪里开始，思维的进程也应当从哪里开始。”① 但是，政治经济学的研究不是去描述历史的发展过程，而是按照历史发展过程的内在联系来重新安排经济范畴的逻辑次序。

（一）劳动价值理论仅适用于物物交换吗？

首先来考察晏智杰指出马克思劳动价值理论的第一个前提条件——物物交换。确实，马克思在分析商品价值的时候还没有提出货币的范畴，因此容易被认为马克思讨论的是没有货币交换的物物交换的情形。但是，人类的交换活动是从物物交换开始的。正因为人类发生了交换活动，物品成为商品，也就出现了价值范畴。正因为一种商品的价值要通过与另外一种商品相交换才能表现出来，当某种商品逐渐成为各种商品的等价形态时，就出现了货币。货币本身就是商品，也具有价值，不分析商品和价值，如何分析货币？再往前追溯，不分析物物交换，又如何分析商品和价值？显然，这是一个严密的逻辑分析过程。

马克思从物物交换出发来研究商品和价值，并不意味着物物交换是马克思劳动价值理论的前提条件，这是两个完全不同的问题。一种理论的前提条件是指如果没有这个前提条件这个理论不能成立，理论分析的始点是指一种理论的分析是从这里开始的，不应该混淆这两个完全不同的问题。如果不是物物交换，马克思的劳动价值理论就不存在了？在货币交换条件下，商品价值的实体仍然是无差别的人类劳动，商品的价值量仍然是社会必要的劳动时间，商品价值的本质仍然是体现经济社会的关系。商品价值的货币表现形成价格，价格在市场供给与需求的影响下形成市场价格，马克思劳动价值理论怎么就只适用于物物交换的情形而不适用于货币交换的情形？显然，这个逻辑分析过程与历史过程是一致的，但这个历史过程是通过内在联系来重新安排的历史进程。

（二）劳动价值理论仅适用于生产要素无偿吗？

其次来考察晏智杰指出马克思劳动价值理论的第二个前提条件——除了劳动以外的生产要素都是无偿的。在他看来，在简单的商品生产阶段，商品生产者用简单的生产工具生产出简单的商品，似乎没有对资本、土地等社会资源支付报酬。这个看法是

① 马克思．政治经济学批判［M］//马克思，恩格斯．马克思恩格斯全集：第13卷．北京：人民出版社，1962：532.

不能成立的。人类社会的商品生产经历了多个发展阶段，到马克思写作《资本论》的时候，已经经历了资本主义孕育时期的简单的商品生产、资本主义初期即利润率没有平均化的商品生产、资本主义成熟时期即利润率平均化后的商品生产。这样，不分析简单的商品生产如何分析资本主义初期的商品生产？不分析资本主义初期的商品生产又如何分析资本主义成熟时期的商品生产？因此，这同样是一个严密的逻辑分析过程，而且这个逻辑分析过程与历史过程是一致的，但这个历史过程是通过内在联系来重新安排的历史进程。

所谓第二个前提条件存在的问题，与前面第一个前提条件存在的问题是一样的。马克思从简单的商品生产开始研究劳动价值理论，并不意味着简单的商品生产就是马克思劳动价值理论的前提条件，这同样是两个完全不同的问题。如果不是简单的商品生产，马克思的劳动价值理论就不存在了吗？马克思正是用劳动价值理论来说明，在资本主义商品生产条件下，商品的价值由不变资本、可变资本和剩余价值构成，不变资本的价值是转移到商品中去的，劳动者不但再生产出可变资本的价值，还生产出剩余价值。在产业资本家和货币资本家相分离以及土地所有者拥有土地所有权的情况下，剩余价值被划分为产业利润、利息和地租。马克思劳动价值理论如何存在除了劳动以外的生产要素都是无偿的这样的前提条件呢？

另外，在资本主义商品生产条件下，商品价值的实体仍然是无差别的人类劳动，商品的价值量仍然是利润率平均化以后的社会必要的劳动时间，商品价值的本质仍然是体现工人阶级、资本家阶级、土地所有者社会关系的关系。马克思的劳动价值理论又如何不适用于资本主义商品生产呢？

（三）劳动价值理论仅适用于简单劳动吗？

最后来考察晏智杰指出的马克思劳动价值理论的第三个前提条件——创造价值的劳动是简单劳动。显然，马克思的劳动价值理论并没有这个前提条件。马克思明确无误地指出，不同复杂程度的劳动产品可以相互交换，本身就说明不同复杂程度的劳动具有一个基准劳动的标准，这就是简单劳动。不同程度的复杂劳动相当于不同倍数的这种简单劳动。

晏智杰还提到，由于马克思劳动价值理论的前提条件是简单劳动，科学技术研究和经营管理活动没有包括在马克思劳动价值理论的劳动因素中。[①] 这个看法也是不能成立的。虽然马克思生活在科学技术水平并不高的时代，但是马克思已经清楚地意识到

① 晏智杰．重温马克思的劳动价值论［J］．经济学动态，2001（3）．

科学技术研究和经营管理活动是创造价值的劳动。马克思指出："资本主义生产方式的特点，恰恰在于它把各种不同的劳动，因而也把脑力劳动和体力劳动，或者说，把以脑力劳动为主或者以体力劳动为主的各种劳动分离开来，分配给不同的人。……所有这些人不仅直接从事物质财富的生产，并且用自己的劳动直接同作为资本的货币交换，因而不仅把自己的工资再生产出来，并且还直接为资本家创造剩余价值。他们的劳动是由有酬劳动加无酬的剩余劳动组成的。"①

由此可见，关于马克思劳动价值理论仅适用于简单商品生产阶段的看法是错误的。只要人类生产产品，产品就是劳动的产物。只要产品用于交换，劳动就会形成价值。马克思的劳动价值理论适用于任何商品生产的阶段。当然，在不同的商品生产阶段，商品价值的决定方式是不同的。后面的分析将会证明，在简单商品生产阶段以及利润率尚未平均化的资本主义商品生产阶段，商品的价值量是由社会必要劳动时间决定的，商品是按照商品的价值量进行交换的。在利润率平均化的竞争资本主义商品生产阶段，商品的交换是按照生产价格进行的，而生产价格是价值的转化形式。在垄断资本主义商品生产阶段，商品的交换是按照垄断价格进行的，而垄断价格是生产价格的转化形式。这就是说，在不同的商品生产阶段，商品的交换都是按照不同形式的价值进行的。

二、商品价值下降与市场价格上升之谜

（一）商品价值下降与市场价格上升之谜的提出

按照马克思的劳动价值理论，商品的价值量与凝结在商品中的劳动量成正比变化，与劳动生产率成反比变化。在生产商品耗费的劳动量不变的条件下，单位商品的价值量随着劳动生产率的提高而下降。第二次世界大战结束以来，在各个主要资本主义国家，劳动生产率毫无疑问地趋向提高，而商品的市场价格却毫无疑问地趋向上升。如果说单位商品的价值量一定与劳动生产率成反比，那么很明显的推论是：从整体来看，商品的价值量与商品的市场价格之间永远都是向相反方向变化的，背离的程度将越来越大。如果真是如此，价值如何解释市场价格？如果商品的价值解释不了市场价格，那么马克思劳动价值理论又有什么意义？

以美国为例，进入21世纪以来美国的劳动生产率和物价上涨率的情况如表2-3所示。在表中，劳动生产率用平均每人每小时产值表示，物价用消费者价格指数表示。

① 马克思．剩余价值理论［M］//马克思，恩格斯．马克思恩格斯全集：第26卷第1册．北京：人民出版社，1972：444.

从表中可以看到，美国2001年以来劳动生产率的年增长率都是正数，而物价年上涨率除了发生经济衰退的2009年以外也是正数。

表2-3　21世纪美国劳动生产率年增长率和物价年上涨率的变化　（%）

年份	劳动生产率年增长率	物价年上涨率	年份	劳动生产率年增长率	物价年上涨率
2001	3	2.8	2002	4.3	1.6
2003	3.5	2.3	2004	3	2.7
2005	1.9	3.4	2006	0.9	3.2
2007	1.7	2.8	2008	0.8	3.8
2009	3.4	-0.4	2010	3.2	1.6
2011	0	3.2	2012	0.9	2.1
2013	0.9	1.6	2014	0.8	1.6
2015	0.5	0.1	2016	0.1	1.3
2017	1.1	2.1	2018	1.3	2.4
2019	2.3	2.3	2020	2.7	1.4
2021	2.1	7			

资料来源：Bureau of Labor Statistics，Productivity & Technology，Inflation & Prices，http：//data.bls.gov.

显然，要求解价值下降和生产价格上升之谜，就要确认单位商品的价值量是否随着劳动生产率的提高而下降。因此，笔者首先对马克思的这个命题展开充分的讨论，并且回应经济学者在这个问题上的看法。

（二）商品价值量与劳动生产率之间关系的争论

1. 21世纪以前的争论

马克思的劳动价值理论指出，商品的价值量与体现在商品中的劳动的量成正比变化，与这一劳动的生产率成反比变化。对于马克思提出的这个命题，在国外没有发现发生争论，但在中国则产生了激烈的争论。中国经济学者对商品的价值量与体现在商品中的劳动的量成正比没有异议，但对商品的价值量与劳动生产率成反比则有各种看法。

早在20世纪60年代，孙连城撰文提出，影响劳动生产率的因素既包括主观因素如劳动熟练程度，也包括客观因素如科学技术、生产资料、自然条件等。主观因素带来的劳动生产率提高将会创造更多的价值，客观因素带来的劳动生产率提高会影响到单位商品的价值量，但不影响商品的价值总量。①

中国经济学者吴宣恭对孙连城提出批评。他指出，孙连城忽略了个别价值和社会价值的区别。企业如果按照降低的个别价值出售商品，总价值量不变；但如果按照社会价值出售商品，由于商品数量增加了，总价值量就增加了。他还指出，孙连城把影响劳动生产率的因素区分为劳动的主观因素和客观因素没有意义。②

到 20 世纪 80 年代，叶航撰文指出，科学技术的应用会带来劳动生产率的提高，这意味着劳动生产率的提高以精神生产和总体人类劳动支出为前提，它不会导致价值量下降。③

李慧中则对叶航提出批评：第一，直接生产过程之外的精神劳动产品的价值是转移到产品价值中去的，与直接生产过程的价值创造无关。第二，直接生产过程之内的精神劳动的价值包括在生产产品的劳动之中，并不会阻止价值量的下降。因此，单位商品价值量与劳动生产率成反比例变化没有例外。④

2. 进入 21 世纪以后的争论

进入 21 世纪以后，关于商品价值量与劳动生产率关系的讨论热烈起来。由于这个方面发表的论文较多，笔者选择几种有代表性的观点进行分析。

马艳和程恩富撰文指出：第一，马克思劳动价值理论一方面认为劳动生产率取决于工人熟练程度、科学技术水平等因素，另一方面又认为商品价值量与劳动生产率成反比变化，因而在逻辑上存在问题。第二，如果劳动生产率的提高是由劳动的客观条件引起的，商品价值量与劳动生产率成反方向变化。如果劳动生产率的提高是由劳动的主观条件引起的，商品价值量与劳动生产率成正方向变化。如果劳动生产率的提高是由劳动的主客观条件引起的，商品价值量与劳动生产率的关系不确定。⑤

孟捷撰文从马克思劳动价值理论的假定条件开始推导，提出了五个命题，其中第二到第四个命题是：……第二，假设一个部门内的个别企业提高了劳动生产率，其劳动的复杂性也相伴增加，则该企业在单位自然时间内将创造出更多的价值。第三，伴随个别企业劳动生产率的进步，单位时间创造更多价值的成正比规律不但与成反比规律共存，而且是以后者为前提的。第四，假定某个部门的劳动生产率普遍得到提高，同时假定与形成价值的社会必要劳动相比，该部门的劳动成为复杂程度更高的劳动，则该部门

① 孙连城 . 略论劳动生产率与商品价值量的关系 [J]. 中国经济问题，1963（11）.
② 吴宣恭 . 个别企业劳动生产率与商品价值量的关系 [J]. 中国经济问题，1964（9）.
③ 叶航 . 试论价值上的测量和精神生产对价值量的影响 [J]. 中国社会科学（未定稿），1980（33）.
④ 李慧中 . 也谈价值测量——与叶航体制商榷 [J]. 中国社会科学（未定稿），1981（23）.
⑤ 马艳，程恩富 . 马克思"商品价值量与劳动生产率变化规律"新探 [J]. 财经研究，2002（10）.

在单位自然时间内将创造出更多的价值。①

林岗撰文指出：第一，“成正比论”者混同了个别生产者和整个生产部门的劳动生产率。由于商品按照社会价值销售，下面的命题才是确切的：个别生产者单位产品实际耗费的劳动时间与整个部门平均耗费的劳动时间之间的差额即超额收益，同这个生产者的个别劳动生产率成正比。这与商品价值量与劳动生产率成反比并不矛盾。第二，部门劳动生产率的变化只会引起单位商品价值量的变化，但不可能改变单位劳动时间本身，因而也就不可能改变单位时间生产的全部产品的价值总额。②

张衔则撰文提出，要澄清下述概念：是新技术的采用导致劳动复杂程度提高，而不是劳动生产率的提高导致劳动复杂程度的提高。另外，张衔把劳动客观条件的改善称为技术Ⅰ，把劳动主观条件的改善称为技术Ⅱ。他指出，生产者采用技术Ⅰ以提高劳动生产率，目的是使个人耗费低于社会必要耗费，从而获得超额收益。当劳动生产率普遍提高以后，社会必要劳动时间将减少。另外，生产者采用技术Ⅱ会提高劳动的复杂程度，但是生产者不可能采用劳动复杂程度增加幅度大于商品增加幅度，从而个别商品价值上升的技术；只会采用劳动复杂程度增加幅度小于商品增加幅度，从而个别商品价值下降的技术。因此，单位商品的价值量与劳动生产率成反比。③

（三）笔者对这场争论的看法

1. 回到马克思劳动价值理论的原意

（1）马克思的命题的提出

从马克思提出这个命题的上下文来看，笔者认为需要明确下述三个问题：第一，马克思所说的商品的价值量是指一个单位某种商品的价值量，而不是生产这种商品的总价值量。第二，马克思所说的劳动生产力也就是劳动生产率，是指单位劳动时间生产的某种商品的数量。第三，马克思所说的商品的价值量，是指生产它所耗费的社会必要劳动时间，而不是指个别劳动时间；也就是指社会价值，而不是指个别价值。在马克思提出这个命题以前，马克思已经指出单位商品的价值量取决于生产它所耗费的社会必要劳动时间。接着马克思是要说明，耗费的社会必要劳动时间越多，单位商品的价值量就越大；劳动生产率越高，单位商品的价值量就越小。

另外，从表面上看，马克思下面三段话之间似乎存在逻辑上的矛盾。第一段话：

---

① 孟捷．劳动生产率与单位时间创造的价值量成正比的理论：一个简史［J］．经济学动态，2011（6）．

② 林岗．关于社会必要劳动时间以及劳动生产率与价值量关系的探讨［J］．教学与研究，2005（7）．

③ 张衔．劳动生产率与商品价值量的思考［J］．教学与研究，2011（7）．

“商品的价值量与体现在商品中的劳动的量成正比，与这一劳动的生产力成反比。”① 第二段话：“劳动生产力是由多种情况决定的，其中包括：工人的平均熟练程度，科学的发展水平和它在工艺上应用的程度，生产过程的社会结合，生产资料的规模和效能，以及自然条件。”② 第三段话：“不管生产力发生了什么变化，同一劳动在同样的时间内提供的价值量总是相同的。但它在同样的时间内提供的使用价值量会是不同的：生产力提高时就多些，生产力降低时就少些。”③

既然工人的平均熟练程度提高等因素会导致劳动生产率的提高，那么根据复杂劳动是数倍的简单劳动的原理，商品的价值量怎么会与以前相同呢？如果商品的价值量增加，单位商品的价值量怎么就一定与劳动生产率成反比呢？

（2）笔者对马克思的命题的理解

笔者认为应该注意两个问题：第一，马克思是在《资本论》第一章开宗明义提到了这些范畴，目的主要是阐明这些范畴的定义。第二，马克思明确地使用了“同一劳动”这个词，也就是马克思是在劳动复杂程度并没有变化的条件下分析这个问题的。

因此，按照笔者的理解，马克思的分析属于短期和静态的分析，属于定义式的分析。确实，科学技术会影响到劳动生产率的变化，从而对商品的价值量造成影响，但是马克思是试图说明：在劳动生产率不变的条件下，单位商品的价值量与凝结的劳动量成正比；在凝结的劳动量为一定的条件下，单位商品的价值量与劳动生产率成反比。实际上，从静态来看，求商就是反比。不管被除数如何，除数越大，商就越小。

因此，马克思劳动价值理论的这个命题并不存在逻辑上的缺陷，马艳和程恩富认为马克思劳动价值理论存在逻辑上的缺憾是不对的。但是，由于单位商品的价值量=单位劳动时间生产的商品价值量÷单位劳动时间生产的商品数量，从动态来看，许多因素特别是科学技术带来的劳动生产率变化的过程会同时影响上述等式的分母和分子，那么单位商品的价值是否一定下降？因此，中国经济学者们的争论是有意义的。

2. 笔者对这场争论的评论

（1）对主观和客观因素划分的质疑

笔者认为，中国经济学者们自觉不自觉地沿用孙连成的说法，把影响劳动生产率的因素划分为主观因素和客观因素，这是极不准确的。所谓主观是指人的思想意识，

---

① 马克思．资本论：第1卷［M］//马克思，恩格斯．马克思恩格斯全集：第23卷．北京：人民出版社，1972：53-54.

② 马克思．资本论：第1卷［M］//马克思，恩格斯．马克思恩格斯全集：第23卷．北京：人民出版社，1972：53.

③ 马克思．资本论：第1卷［M］//马克思，恩格斯．马克思恩格斯全集：第23卷．北京：人民出版社，1972：60.

而孙连城所说的主观因素是指人的因素，人的因素怎么能够与人的思想意识相提并论呢？例如，人的劳动技能属于人的因素，但它是主观的吗？它是人的一种思想意识吗？显然，人的劳动技能是客观的，是脱离人们主观意识而存在的一种客观的劳动能力。另外，人的因素和物的因素可以截然分离吗？例如，机器制造业采用新技术研制出高性能的机器设备，其他产业的劳动者操纵这台先进的机器设备不需要学习和接受培训吗？他的劳动的复杂程度没有变化吗？因此，笔者认为，在讨论科学技术进步的影响时，不应该区分所谓“主观”的技术进步和“客观”的技术进步。吴宣恭对孙连成的批评是对的，别的经济学者沿用这种说法是不准确的。

(2) 笔者对“成正比论”的评析

笔者认为，影响劳动生产率的因素是多种多样的，并不都会影响到劳动的复杂程度，从而并不都会影响到价值的创造。需要提请注意的是，劳动的熟练程度与劳动的复杂程度不是完全等同的。马克思把没有专长的普通人的劳动称为简单劳动，但显然简单劳动也有熟练程度的差别。在现实的经济里，劳动分工的改善、自然条件的优劣等，都会影响到劳动生产率，但不会影响到劳动的复杂程度。由于劳动者的劳动强度和劳动时间均没有发生变化，劳动者创造的价值没有变化，单位商品的价值量当然随着劳动生产率的提高而下降。因此，不能一概而论地讨论影响劳动生产率的因素对商品价值量的影响。

但是，从长期来看，影响劳动生产率的主要或基本因素是科学技术水平。科学技术进步体现在劳动者、劳动资料和劳动对象上，主要表现为劳动复杂程度和劳动技能的提高、机器设备加工精度和效率的提高、原料和材料的合成和改进等。体现在劳动者身上的科学技术进步将导致劳动者单位时间创造的价值增加，体现在生产资料上的科学技术进步也将导致单位生产资料转移到商品中去的价值增加。但是，在单位时间创造的价值和转移到产品的价值增加的情况下，劳动生产率的提高也会导致单位时间生产出更多的商品，单位商品的价值量未必增加。

根据上述分析，笔者对“成正比论”者发表下述评论：

第一，孙连城、叶航、孟捷、马艳、程恩富等经济学者关于“科学技术进步将导致劳动复杂程度提高从而创造更多的价值”的看法是对的。但是，他们只是证明单位时间生产的商品价值量会随着科学技术进步带来的劳动生产率的提高而增加，并没有证明单位商品价值量会随着劳动生产率的提高而增加。例如，孟捷证明，随着劳动生产率的提高，单位劳动时间创造的总价值量增加。但是，由于单位时间创造的使用价值也增加，单位商品的价值量不一定增加。然而，正如笔者在前面的分析中指出的，马克思讨论的是单位商品的价值量如何与劳动生产率成反比变化，而不是讨论单位时间创造的价值量如何与劳动生产率成正比变化。由此也可以看到，李慧中对叶航的批评是不对的，更复杂的劳动确实包含在劳动过程的劳动中，但它毕竟是更复杂的劳动，当然会创造更多的价值。

第二，孙连成关于“客观因素带来的劳动生产率提高会影响到单位商品的价值量但不影响商品的价值总量”的看法是不对的，吴宣恭的批评是有道理的。个别生产者采用新的生产资料将导致他生产商品的个别价值发生变化，这种变化可能对该商品的社会价值产生影响，也可能不会对该商品的社会价值产生影响。但是，不论是什么情况，由于商品按照社会价值出售并且商品数量增加了，商品的总价值量将发生变化。

第三，马艳和程恩富提出三个结论，前两个结论是：如果劳动生产率的提高是生产资料因素带来的，那么单位商品的价值量与劳动生产率成反比；如果劳动生产率的提高是劳动因素带来的，那么商品的价值量与劳动生产率成正比。第一个结论很明确是指单位商品价值量，第二个结论的价值量指什么则有点含糊其词。如果第二个结论也是指单位商品的价值量，那么还缺少一个证明：为什么劳动因素带来的商品价值量的增加幅度，一定大于单位劳动时间生产的商品数量的增加幅度？另外，单位商品的价值量包括可变资本创造的价值和不变资本转移的价值，生产资料也是别的生产者生产的商品，制造体现了新技术的生产资料肯定投入了更复杂的劳动，单位生产资料的价值量可能增加。马艳和程恩富的第一个结论有一个暗含的假定：生产者不会采用不能节约劳动的生产资料。但是，体现新技术的生产资料可能是节约劳动，也可能是提高质量，对于后者来说，单位商品的价值量与劳动生产率未必成反比。

（3）笔者对“成反比论”的评析

笔者对“成反比论”者提出下述看法：

第一，林岗认为“成正比论”者混同了个别生产者和整个生产部门劳动生产率的区别。确实，有的“成正比论”者混同了个别生产者和整个生产部门劳动生产率的区别，但是即使经过纠正以后，即使明确所研究的是整个生产部门，仍然存在这样的问题：科学技术进步导致整个生产部门劳动生产率提高以后，一方面可能导致该部门一定时间创造的价值量增加，另一方面可能导致该部门在同样时间里生产的商品数量增加，从动态来看，单位商品的价值量未必与劳动生产率成反比。因此，这依然是一个值得研究的问题。

第二，林岗提出的劳动生产率的变化只会带来单位时间生产商品数量的变化是对的，张衔提出的不是劳动生产率的提高导致劳动复杂性增加也是对的。部分“成正比论”者的表述存在不准确的地方。但是，他们的真实意思是，科学技术进步在导致劳动生产率提高的同时，也导致了单位时间商品价值量的增加。确实，劳动生产率的定义就是单位时间的产量，显然不是劳动生产率本身导致商品价值量的增加，而是带来劳动生产率提高的科学技术进步导致商品价值量的增加。

第三，张衔提出的“成反比”的机制分析令人印象深刻。笔者认为，张衔分析的情形在现实经济中是经常存在的，但这不是唯一的情形。问题的关键在于，生产者并不关注单位商品个别价值与社会价值的差额即单位商品的超额收益，而关注他的总超额收益。即使生产者采用新技术会导致他的单位商品的超额收益减少，但只要他生产的商品的总超额收益增加，他仍然会采用新技术。用现象形态的语言来说，在可以弥补成本的前提下，生产者并不关心他的单位商品的利润，而关心他的总利润。尽管他的单位商品的利润趋向减少，但只要他的总利润趋向增加，他依然会采用新的技术。

举一个简单的数字例子：假定某个生产者生产某种商品的个别价值是 9 美元，他的产量是 100 单位商品，该商品的社会价值是 10 美元。现在该生产者采用新技术导致他的个别价值提高到 9.5 美元，但他的产量也提高到 220 单位商品。由于生产者众多，假定该商品的社会价值基本不变，该生产者单位商品的超额收益从 1 美元减少到 0.5 美元，但他的总超额收益从 100 美元增加到 110 美元，他仍然会采用新技术。

另外，任何同类商品都是存在差异的。在科学技术不断进步的条件下，某种商品一成不变基本上是不存在的，它的质量或性能等品质一定会发生变化。生产者引进新技术不但是为了增加商品的产量，而且是为了改进商品的品质。因此，即使某个生产者采用新技术导致他的个别价值高于该商品原来的社会价值，但是如果他生产的商品的质量或性能提高了，他按照高于社会价值的个别价值出售商品仍然能够获得高额收益，他就会采用新技术。随着新技术在该生产部门的普及，单位商品的价值量可能趋向增加。在这个过程中，虽然商品的种类没有变化，但商品的品质变化了。如果说只能研究不能有任何变化的商品，那么只能说这种研究脱离实际了。

在上述两种情形下，随着新技术在同类商品生产中的普及，也就是随着新技术被整个生产部门采用，整个生产部门单位商品的价值量可能随着劳动生产率的提高而增加。

（4）笔者的结论

综合上面的分析，笔者得到的结论是：导致劳动生产率提高的因素是多种多样的，并不是所有导致劳动生产率提高的因素都会导致单位时间的价值量增加。但是，科学技术进步无疑是劳动生产率提高的主要因素，会导致单位时间内生产的价值量增加。在某个生产部门的众多生产者中，往往是某个或某几个生产者率先采用新技术。生产者采用新技术的动机不是要获取单位商品更大的超额收益，而是要获取全部商品更大的收益。另外，生产者采用新技术的动机不仅是节约劳动，还有改进商品的质量。因此，他的单位商品的价值量可能减少，也可能增加。随着新技术在该生产部门的普及，生产该商品的社会必要劳动时间将发生变化，可能增加，也可能减少。

因此，笔者的看法是：随着科学技术的进步和劳动生产率的提高，生产商品的劳动的复杂程度在提高，单位劳动时间创造的价值在增加，但是，由于单位劳动时间生产的使用价值也在增加，单位商品价值量的变化取决于单位劳动时间创造的价值加上转移的价值之和与单位劳动时间生产的商品数量之比，可能增加，也可能减少。

由于价值分析是抽象的本质层次的分析，无法对价值进行直接度量和验证，只能根据逻辑进行判断，因此，还需要利用它的现象形态——市场价格进行观察。

（四）在现象形态上的观察

1. 价值和市场价格的关系

首先需要考察价值和市场价格的关系。如前所述，价值和市场价格相差两个层次：第一个层次是价值的货币表现形成价格，在这个层次出现货币因素；第二个层次是价格受到供给与需求的影响形成市场价格，在这个层次出现市场因素。从长期来看，商品需求和供给对市场价格的影响趋向于接近抵消，因而关键问题就在于货币因素。

第二次世界大战结束以来，主要资本主义国家长期增加货币供给，用温和通货膨胀的方法来刺激经济增长。究其原因，由于生产产品的工资成本和折旧费保持稳定，在价格水平下降的情况下，利润将会减少，从而影响投资和经济的增长。

以美国为例，进入21世纪以来美国货币供给增长情况如表2-4所示。在表中，货币供给是狭义的货币供给M1，包括通货、非银行金融机构的旅行支票、商业银行的需求存款、可转让的存单、自动转移服务等其他支票类存款。从表2-4可以看到，美国货币供给除了有三年没怎么增长以外，其余年份都以一个较高的比率增长。

在货币供给不断增加的条件下，商品价值的货币表现即价格就提高了。这样就带来一个问题：是否有可能排除货币因素，考察一下从整体来看，随着社会生产力的发展，单位商品的价值是减少了还是增加了？

表2-4　2001年以来美国货币供给的增长情况

（%）

年份	M1增长率	年份	M1增长率
2001	8.30	2002	8.30
2003	6.26	2004	5.24
2005	0.41	2006	-0.49
2007	0.00	2008	16.18

续表

年份	M1 增长率	年份	M1 增长率
2009	5.90	2010	7.96
2011	17.80	2012	13.23
2013	7.97	2014	9.94
2015	5.28	2016	8.02
2017	8.56	2018	5.66
2019	6.38	2020	344.00
2021	14.71		

资料来源：Board of Governors of Federal Reserve System，Money Stock Measures，http：//www.federalreserve.gov.

2. 对单位商品价值量变化的估算

估算单位商品价值量的变化是极为困难的。笔者以美国为例，按照下述步骤进行了尝试：第一，根据美国劳工部提供的就业数据得到美国参与劳动的劳动者人数，然后扣除美国的节假日和休息日计算出一年的工作日数，再根据每天工作 8 个小时计算出美国劳动者一年的劳动时数。第二，将 1993 年制造业劳动者的劳动作为标准的简单劳动，把各个年度私人产业劳动者平均每小时的实际工资与制造业工人平均每小时的实际工资相比，得到各个年度复杂劳动化简的倍数，然后计算出按照标准劳动计算的美国劳动者一年的工作时数。第三，把按照标准劳动计算的美国劳动者一年的工作时数与实际国内生产总值相比，计算出每单位实际国内生产总值凝结的标准活劳动的小时数。

在上述估算方法中，争议最大的可能是复杂劳动倍数的估算。确实，实际工资并不能完全反映劳动复杂程度的差别。但是，在美国这样的市场化的国家里，实际工资可以在很大程度上反映劳动质量的差别，从而反映劳动复杂程度的差别。另外，美国制造业的劳动肯定不是简单劳动，但因为本节主要是分析单位商品价值量的变化方向而不是具体的价值量，所以可以把某一种劳动确定标准劳动。这种方法肯定不是最优方法，但是在没有更好方法情况下，它就是次优方法了。

从计算结果来看，美国劳动的复杂程度在 2001—2018 年的 18 年时间里增长了约 30%。笔者认为这是可信的，根据表 2-3 的数据，美国劳动生产率在同样的时期里累计提高了约 36%。另外，2001 年，在美国劳动者中，高中以下文化程度的占 10.10%，本科以上的占 31.00%；到 2017 年，高中以下的减少到 7.43%，本科以上的增加到39.50%。①

由于在整个估算中采用的是实际变量，就在一定程度上排除了货币因素的影响。名义国内生产总值是产量与价格的乘积，实际国内生产总值相当于产量。因此，图2-2说明，1993—2018年美国每生产1美元产量，需要投入多少标准劳动时数。

在图2-2中，曲线所以在2009—2010年出现跳跃，是因为美国在2009年因金融危机爆发而陷入经济衰退，消费者价格指数从2008年上升3.8%突然变为2009年下降0.4%，从而使2009年的实际工资以及复杂劳动化简倍数出现较大幅度上升。总体来看，美国1美元实际国内生产总值耗费的标准劳动时数相当稳定，在1993—2008年趋向缓慢下降，在2009—2010年出现较大幅度上升之后，趋向缓慢上升。

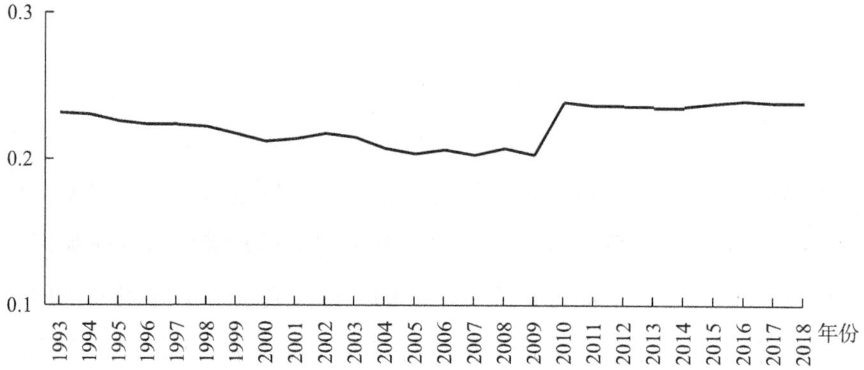

资料来源：Bureau of Labor Statistics，Current Employment Statistics-CES，https：//www. bls. gov.

图2-2　1993—2018年美国1美元实际国内生产总值耗费的标准劳动时数

但是，单位商品的价值量不仅包括劳动创造的价值，还包括生产资料转移的价值。笔者同样以美国为例，估算转移到商品价值中不变资本价值的比例。不变资本包括固定资本和流动资本，固定资本转移的价值可以用折旧费表示，流动资本转移的价值可以用中间产品投入价值表示。1993—2018年美国每单位国内生产总值耗费的不变资本的价值如图2-3所示。虽然耗费的不变资本价值和国内生产总值都用现行价格计算，但由于计算的是两者的比例，因此可以在相当程度上排除货币因素的影响。

在图2-3中，曲线在2009年出现较大幅度下降是由于2009年美国经济衰退期间中间产品投入量发生了较大幅度的下降。从图2-3可以看到，美国1美元国内生产总值所耗费的不变资本的价值是波动的：除了在2000—2002年以及2008—2009年发生明显的下降以外，其余时间都是趋向缓慢上升的。总体来看，在所考察的26年中，1美元国内生产总值所耗费的不变资本的价值基本保持稳定。

① Bureau of Labor Statistics，BLS Report 2018，https：//www. bls. gov.

结合图 2-2 和图 2-3 可以发现，美国是科学技术最先进的国家，劳动生产率持续提高。但是，在具有完整统计资料的 1993—2017 年，劳动生产率提高带来的单位商品价值量下降被科学技术进步导致的创造价值的增加所抵消，单位商品的价值量保持稳定并略有上升。

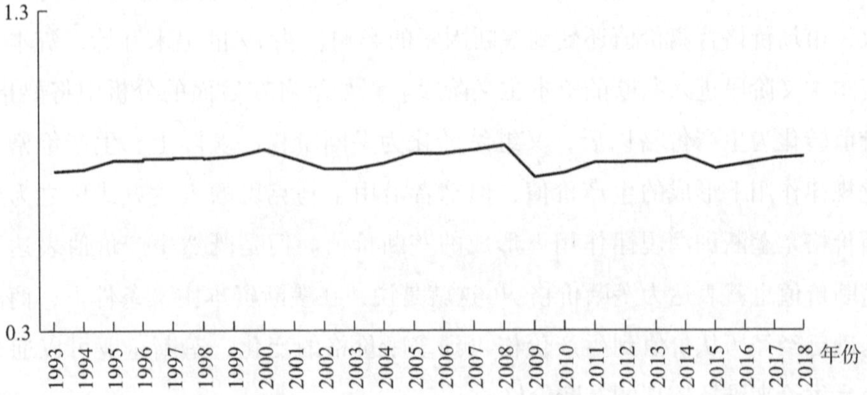

资料来源：Bureau of Economic Analysis，GDP by Industry，https：//www. bea. gov.

图 2-3　1993—2018 年美国 1 美元国内生产总值耗费的不变资本价值

（五）笔者对价值下降与市场价格上升之谜的解释

在对中国经济学界的争论进行深入分析以及对单位商品价值的变化趋势进行估算以后，就可以求解价值下降与市场价格上升之谜了。

首先，科学技术进步一方面导致劳动的复杂性提高，另一方面导致劳动生产率提高。两者相互抵消的结果，从整体上看，单位商品价值并不一定趋向下降，也就是价值与市场价格不是一定向相反方向变化的，在许多时期是同方向变化的。但是，对历史统计数据的分析表明，从整体上看单位商品价值的变化还是相对稳定的，市场价格背离价值在很大程度上受到货币因素的影响。由于货币供给持续增加，价值的货币表现即价格趋向上升。

但是，具体到各种商品，情况有所不同。单位商品价值量下降导致市场价格下降的情况在多个产业中可以看到。例如，在移动电话产业，1987 年中国第一代移动电话价格是 20000 元，入网费是 6000 元；2019 年中国第四代中高档移动电话的价格约 4000 元，一年网络费是 500 元。第四代移动电话的性能以及生产它的劳动的复杂程度是第一代移动电话不可比拟的，但是由于劳动生产率的提高，在单部手机价值量增加的同时，手机产量更大幅度地增加，更高性能的单部手机的价值量反而下降了，更高性能的手机的市场价格也随之下降了。

单位商品价值量上升导致市场价格上升的情况也在多个产业中可以看到。例如，美国波音公司（The Boeing Company）生产的波音737-700型飞机在2008年的均价是6400万美元，在2015年的均价是8060万美元。2015年的737-700型飞机与2008年相比飞得更快、更高、更安静、更节油，这意味着生产同样机型的波音飞机的劳动复杂程度提高了，即使波音公司的劳动生产率提高了，单架飞机的价值量也增加了。

其次，市场价格背离价值还受到垄断因素的影响。从19世纪末开始，资本主义从竞争的资本主义阶段进入垄断的资本主义阶段。正如笔者在后面的分析中将要指出的，商品的价值转化为生产价格以后，又继续转化为垄断价格。实际上，生产价格是利润率平均化规律作用下形成的生产价值，但笔者沿用了马克思的表达方式称之为生产价格。垄断价格是垄断利润规律作用下形成的垄断价值。但是既然生产价值表达为生产价格，垄断价值也就表达为垄断价格。[①] 这就是说，在垄断资本主义条件下，商品市场价格的基础已经经历从价值到生产价格再到垄断价格的变化。垄断企业可以通过控制长期的商品供给来维持较高的垄断价格。

由于现实的资本主义经济是垄断与竞争并存的经济，各个生产部门垄断和竞争的程度是不一样的。在垄断势力比较大的生产部门，垄断企业为了获取利润甚至可以将市场价格提高到垄断价格之上，从而推高了整个经济社会的价格水平。

最后，市场价格背离价值还受到供给与需求的影响。一般来说，需求和供给因素对市场价格偏离价值的影响是短期的。但是，如果某种商品持续出现需求量大于供给量的情况，该商品市场价格偏离价值的幅度就大一点；如果某种商品持续出现需求量小于供给量的情况，该商品市场价格偏离价值的幅度就小一点，甚至会出现市场价格低于价值的情况。

由此可见，价值仍然是市场价格的基础，马克思劳动价值理论与现实经济中市场价格的变化并不矛盾。

三、在科学技术高度发达条件下价值的创造

（一）问题的提出

开始于20世纪50年代，以原子能技术、计算机技术和空间技术为主要标志的第三次科学技术革命，对经济产生了巨大的影响。从马克思劳动价值理论的角度来看，科学技术的进步带来了两个问题：第一个问题是在生产高度自动化的条件下劳动如何创

① 关于生产价格转化为垄断价格的问题，笔者将在本书第九章讨论。

造价值，第二个问题是科学技术本身是否创造价值。

首先研究在生产高度自动化的条件下劳动如何创造价值的问题。科学技术的进步，特别是计算机技术的发展，使生产的自动化成为可能。英国经济学者霍奇森在1982年出版的著作《资本主义、剥削与价值》中指出："随着现代自动化的发展，在更大的程度上不需要劳动的生产过程至少在技术上说是可行的，管理工作也能够被计算机控制系统代替。科学小说的幻想并不是远不可及的，一个完全自动化的社会根本不需要直接劳动。"① 美国未来学者内斯比特（J. Naisbitt）也指出："我们必须创造一种知识价值理论来代替劳动价值理论。在信息的经济社会里，价值的增长不是通过劳动，而是通过知识来实现的。劳动价值论诞生于工业经济的初期，它必将被知识价值论所取代。"②

进入21世纪以后，随着人工智能技术的发展，自动化的生产企业不断涌现。例如，美国特斯拉汽车公司（Tesla）的生产车间号称是世界上智能化程度最高的汽车生产车间。该车间担负部件冲压、车身制造、烤漆和组装4个生产环节，有150个机器人，在车间内基本看不到工人。又如，中国的洋山港是世界上自动化程度最高的码头，实现了码头集装箱装卸、水平运输、堆场装卸环节的全过程智能化操作，整个码头和堆场内看不到在现场工作的工人。诸如此类的自动化生产企业还很多，在这样的企业里劳动创造价值出现什么新的变化呢？

（二）笔者的解释

1. 在生产高度自动化的条件下劳动如何创造价值？

关于在生产高度自动化的条件下劳动如何创造价值，笔者认为应该注意下面两个问题：第一个问题是在马克思的劳动价值理论中，创造价值的劳动并不仅仅是简单劳动或者是操作工人的劳动。

马克思指出："在特殊的资本主义生产方式中，许多工人共同生产同一个商品；随着这种生产方式的发展，这些或那些工人的劳动同生产对象之间直接存在的关系，自然是各种各样的。例如，前面提到过的那些工厂小工，同原料的加工毫无直接关系；监督直接进行原料加工的工人的那些监工，就更远一步；工程师又有另一种关系，他主要只是从事脑力劳动，如此等等。但是，所有这些具有不同价值的劳动能力（虽然使用的劳动量大致是在同一水平上）的劳动者的总体进行生产的结果——从单纯的劳动过程的结果来看——表现为商品或一个物质产品。所有这些劳动者合在一起，作为

---

① HODGSON G. Capitalism, Value and Exploitation: A Radical Theory [M]. Oxford: Robertson, 1982: 76.

② 内斯比特．大趋势［M］．梅艳，姚综，译．北京：中国社会科学出版社，1984：15-16.

一个生产集体，是生产这种产品的活机器，就象从整个生产过程来看，他们用自己的劳动同资本交换，把资本家的货币作为资本再生产出来，就是说，作为自行增殖的价值，自行增大的价值再生产出来。”①

马克思还指出：“有的人多用手工作，有的人多用脑工作，有的人当经理、工程师、工艺师等等，有的人当监工，有的人当直接的体力劳动者或者做十分简单的粗工，于是劳动能力的越来越多的职能被列在生产劳动的直接概念下，这种劳动能力的承担者也被列在生产工人的概念下，即直接被资本剥削的和从属于资本价值增殖过程与生产过程本身的工人的概念下。如果考察组成工场的总体工人，那么他们结合起来的活动在物质上就直接实现在同时是商品总量的总产品中，而单个工人作为这个总体工人的单纯成员的职能距直接体力劳动是远还是近，那都完全没有关系。”②

马克思在工场手工业时期，就能够如此精确地指出，在资本主义生产方式下，是整体工人创造价值和使用价值。确实，在生产自动化的条件下，现场操作工人在减少。但是，创造价值的劳动不仅仅是现场操作工人的劳动，还包括技术人员的劳动和管理人员的劳动。即使在生产现场不再需要任何操作工人的劳动以及不需要任何管理人员的劳动，但监控现场生产、维护机器设备以及提供技术服务的技术人员的劳动是必不可少的。

第二个问题是在马克思的劳动价值理论中，商品的价值量不仅包括“活劳动”创造的价值，还包括“死劳动”转移的价值。按照马克思的看法，商品的价值由不变资本的价值（即原材料和机器设备损耗所转移的价值）、可变资本的价值（即现象形态为工资的劳动力的价值）以及剩余价值构成。在生产自动化的条件下，由于大量使用自动化的机器设备，“活劳动”创造的价值相对减少，“死劳动”转移的价值相对增加，“活劳动”和“死劳动”的比例发生了变化。

另外，在生产自动化的条件下，不论是操作工人的劳动、技术人员的劳动还是管理人员的劳动，都是更加复杂的劳动，将创造出数倍的价值。

2. *科学技术本身是否创造价值?*

再来研究科学技术本身是否创造价值的问题。根据马克思的劳动价值理论，商品的价值在本质上是由无差别的人类劳动创造的，在数量上是由社会必要劳动时间决定的，商品的交换是依据商品的价值进行的。但是，随着科学技术的进步，科学技术在

---

① 马克思．剩余价值理论［M］//马克思，恩格斯．马克思恩格斯全集：第26卷第1册．北京：人民出版社，1972：443-444.

② 马克思．资本论：第1卷［M］//马克思，恩格斯．马克思恩格斯全集：第49卷．北京：人民出版社，1982：100-101.

生产过程中发挥着越来越大的作用。“科学技术是第一生产力”已经成为科学技术重要意义的通俗而明确的表达。既然科学技术具有如此重要的作用，在同一个产业里，一个技术先进但工人较少的企业能比一个技术落后但工人较多的企业创造出更多的价值和使用价值，那么科学技术不是也在创造着价值吗?

应该指出，生产过程中形成的价值包括原有价值的转移和新价值的创造两个部分，而生产过程中创造的价值仅指新产生的价值。从价值形成的角度来看，各种生产要素都参与了价值的形成。从价值创造的角度来看，只有劳动才生产新的价值。按照马克思的等式，商品的价值量（W）=耗费的不变资本的价值（c）+可变资本的价值（v）+剩余价值（m）。在这个公式里，c+v+m 是形成的价值，v+m 是创造的价值。这就是说，原材料的价值、机器设备的价值、土地设施的价值是根据它们的耗费程度转移到产品中去的。形成的价值超过转移的价值的部分是劳动新创造出来的。

关于科学技术是否创造价值的问题，可以从两个方面来探讨：一是研究科学技术的劳动是否创造价值，二是科学技术本身被投入生产过程是否创造价值。

从第一个方面来看，科学技术本身也是一种产品，需要投入科学技术人员的劳动以及实验室、实验设备、实验材料研制出来。因此，科学技术也具有价值，它的价值由耗费的不变资本的价值和科学技术人员的劳动新创造的价值构成。显然，科学技术的研究和开发人员的劳动创造价值。

从第二个方面来看，科学技术主要有三种形态，不同的形态在价值形成过程中所起的作用是不同的。第一种形态体现在劳动者之中。劳动者花费一定的教育和培训成本掌握了先进的科学技术以后，不但可以提高劳动生产率，还可以从事复杂的工作。体现了先进科学技术的劳动是一种复杂劳动，不仅会创造价值，还会创造更多的价值。第二种形态体现在原材料或机器设备中。由于科学技术本身具有价值，体现先进科学技术的原材料或机器设备将具有更高的价值。这样，在生产过程中将有更多的价值转移到产品中去。第三种形态是科学技术以独立的形式存在，如技术专利等。以专利形式存在的科学技术与体现在机器设备中的科学技术一样，它的价值是转移到产品中去的。由此可见，科学技术被投入生产过程以后，若以劳动形态存在，那么体现科学技术的劳动创造价值；若以材料、设备、专利形态存在，它的价值就被转移到产品中去。

对马克思劳动价值理论的研究表明，马克思劳动价值理论的思想是正确的。虽然创造商品价值的劳动的内涵在发生变化，但是只有劳动才是商品价值的源泉。马克思劳动价值理论不仅适用于资本主义初期的市场经济，也适用于资本主义成熟时期的市场经济，还适用于社会主义条件下的市场经济，是适用于整个商品生产和商品交换时代的理论。

本章小结

本章概括了马克思劳动价值理论的研究纲要，肯定了马克思劳动价值理论对经济学的贡献。本章针对一系列疑难问题回应了经济学者们的看法，并提出了解决方法。这些问题包括：在中国经济学界争论了 60 年之久的两种社会必要劳动时间问题，西方经济学界提出的复合产品生产条件下单一商品价值量的决定问题、固定资本非线性折旧条件下商品价值量的决定问题、复杂劳动化简为简单劳动的估算问题等。

本章在坚持马克思劳动价值理论的基础上，将创造价值的劳动从生产物质产品的劳动扩展到提供生产性服务和消费性服务的劳动。美国服务业增加值在国内生产总值中的比例达到 70%，互联网技术、大数据技术和人工智能技术有可能导致新的产业革命的发生，否认这些服务业的劳动创造价值的劳动不符合历史事实。

本章根据马克思劳动价值理论不仅研究了各种争论和疑难问题，还分析了各种现实经济的问题，如马克思的劳动价值理论是否只适用于简单商品生产时期的问题、商品价值下降与市场价格上升之谜、在科学技术高度发达条件下的劳动创造价值的问题。

第三章　新的历史条件下马克思货币理论研究

第一节　马克思的货币理论

一、货币的起源

马克思认为，货币是商品使用价值和价值内在矛盾发展的结果。商品使用价值是商品的自然属性，以一定的物体形态表现出来。商品价值是商品的社会属性，要通过商品的交换才能表现出来，交换价值就是价值的表现形态。

价值形态是随着商品交换的发展而发展起来的。在社会分工还没有出现的时候，商品的交换带有偶然的性质，一种商品简单地表现在与之交换的另一种商品上，如1只绵羊=2把斧子，绵羊的价值通过斧子的数量表现出来。这就是马克思分析的第一种价值形态——简单的价值形态。在简单的价值形态中，绵羊处于相对价值形态上，斧子处在等价形态上。

处在相对价值形态上的商品通过商品交换，把自己的价值相对地表现出来了。处在等价形态上的商品的使用价值就成为与之交换的商品的价值形态。由于商品的使用价值是具体劳动创造的，价值是抽象劳动创造的，具体劳动就成为抽象劳动的现象形态。又由于商品生产者的劳动是私人劳动，通过交换以后具有了社会属性，私人劳动就成为社会劳动的形态。这样，本来在商品内部的使用价值和价值的对立就表现为两种商品的对立了。

随着社会生产力的发展，出现了第一次社会大分工，商品交换成为一种经常的现象。这样，一种商品经常性地与其他商品交换，如 1 只绵羊 = 2 把斧子或 1 只绵羊 = 1 克黄金等。这就是马克思分析的扩大的价值形态。在扩大的价值形态上，商品的价值才被表现为无差别的人类劳动的凝结，但是还没有出现人们公认的等价形态。

再随着商品交换的进一步发展，从很多的商品中逐渐分离出一种商品，人们习惯于把其他商品与这种商品相交换，如 2 把斧子 = 1 只绵羊或 1 克黄金 = 1 只绵羊等。这种用来表现其他商品价值的商品如绵羊就成为一般等价物。这就是马克思所说的一般价值形态。在一般价值形态上，作为等价物的商品的使用价值成为商品价值的一般形态，生产这种商品的具体劳动成为抽象劳动的一般形态，生产这种商品的私人劳动就成为社会劳动。但是，在一般价值形态上，一般等价物还没有固定在某种商品上。

在第二次社会大分工出现以后，商品生产和商品交换逐渐成为日常的经济活动，一般等价物最后被固定在一种商品上。这种商品就是黄金，如 2 把斧子 = 1 克黄金、1 只绵羊 = 1 克黄金等。这就是马克思所说的货币的价值形态。

马克思曾经指出："金银天然不是货币，但货币天然是金银。"① 黄金和白银之所以成为货币，是因为黄金和白银的自然属性适合充当货币。②

二、货币的性质和职能

在马克思看来，货币无非是固定地充当一般等价物的商品。货币之所以能够充当一般等价物，是因为货币也是商品，也具有价值。但是，货币又与其他商品不同，是固定地充当一般等价物的商品。这就是货币的性质。

马克思认为，货币具有五项职能：第一项职能是价值尺度，即货币被作为一种价值标准，来度量各种商品的价值。第二项职能是流通手段，即货币被作为一种媒介，来实现商品的交换。第三种职能是贮藏手段，即货币被作为一种一般的等价物，被人们保存起来。第四种职能是支付手段，即货币被作为一种延期支付的手段，来清偿人们之间的债权和债务关系。第五种职能是世界货币，即货币被作为一种手段，来从事国际贸易。③

在货币执行流通手段的条件下，马克思指出了货币流通规律："就一定时间的流通

---

① 马克思．政治经济学批判［M］//马克思，恩格斯．马克思恩格斯全集：第 13 卷．北京：人民出版社，1962：145.

② 马克思．资本论：第 1 卷［M］//马克思，恩格斯．马克思恩格斯全集：第 23 卷．北京：人民出版社，1972：61-86.

③ 马克思．资本论：第 1 卷［M］//马克思，恩格斯．马克思恩格斯全集：第 23 卷．北京：人民出版社，1972：112-166.

过程来说是：商品价格总额/同名货币的流通次数=执行流通手段职能的货币量。这个规律是普遍适用的。”①

但是，在货币同时执行支付手段的条件下，马克思指出，货币流通规律变为：“假定流通手段和支付手段的流通速度是已知的，这个总额就等于待实现的商品价格总额加上到期的支付总额，减去彼此抵销的支付，最后减去同一货币交替地时而充当流通手段、时而充当支付手段的流通次数。”② 在这里，“最后减去”应该是笔误，正确表达应该是“最后除以”。这就是说，一定时期流通中所需要货币的数量=（待出售商品的价格总额-延期支付的商品价格总额+到期支付的商品价格总额-相互抵消的支付总额）÷每个单位货币的流通次数。其中待出售商品的价格总额-延期支付的商品价格总额就是马克思所说的待实现的商品价格总额。

三、货币的种类和制度

马克思生活在贵金属本位制时代，黄金和白银是货币。但是，马克思也目睹了贵金属本位制衰落的过程。马克思在《资本论》中分析了下述形式的货币：

第一，金币和银币，即按照一定成色和一定重量制成的黄金或白银的铸币。但是，金币和银币逐渐变得有名无实了。马克思指出：“金币在流通中受到磨损，有的磨损得多，有的磨损得少。金的名称和金的实体，名义含量和实际含量，开始了它们的分离过程。同名的金币，具有了不同的价值，因为重量不同了。作为流通手段的金同作为价格标准的金偏离了，因此，金在实现商品的价格时不再是该商品的真正等价物。”③ 特别值得注意的是，如马克思所说的：“几百年来君主不断伪造货币，使铸币原来的重量实际上只剩下一个名称。”④

第二，记号铸币，即只是标志着一定贵金属含量的金属铸币。马克思指出：“既然货币流通本身使铸币的实际含量同名义含量分离，使铸币的金属存在同它的职能存在分离，所以在货币流通中就隐藏着一种可能性：可以用其他材料做的记号或用象征来代替金属货币执行铸币的职能。”“银记号或铜记号的金属含量是由法律任意规定的。

---

① 马克思．资本论：第1卷［M］//马克思，恩格斯．马克思恩格斯全集：第23卷．北京：人民出版社，1972：139.

② 马克思．资本论：第1卷［M］//马克思，恩格斯．马克思恩格斯全集：第23卷．北京：人民出版社，1972：159.

③ 马克思．资本论：第1卷［M］//马克思，恩格斯．马克思恩格斯全集：第23卷．北京：人民出版社，1972：145.

④ 马克思．资本论：第1卷［M］//马克思，恩格斯．马克思恩格斯全集：第23卷．北京：人民出版社，1972：118.

它们在流通中比金币磨损得还要快。因此，它们的铸币职能实际上与它们的重量完全无关，就是说，与任何价值完全无关。金的铸币存在同它的价值实体完全分离了。”①

第三，国家纸币，即政府发行的信用货币。马克思指出：“货币符号本身需要得到客观的社会公认，而纸做的象征是靠强制流通得到这种公认的。国家的这种强制行动，只有在一国范围内或国内的流通领域内才有效。”② 另外，虽然马克思没有提及，但在英国和美国都存在银行券形式的商业银行发行的纸币，它们作为黄金的符号代替黄金流通。

马克思清楚地看到同时以黄金和白银作为货币的复本位制的不稳定性。马克思指出：“只要金和银的价值比例不变，例如总是 1∶15，那末这两种价格就可以安然并存。但是，这种价值比例的任何变动，都会扰乱商品的金价格和银价格之间的比例，这就在事实上证明，价值尺度的二重化是同价值尺度的职能相矛盾的。”③

四、货币对经济的影响

马克思主要从商品流通的角度研究货币，但是也指出了货币对经济的下述影响：

第一，货币价值或者所代表的价值对商品价格的影响。由于商品价格是商品价值的货币表现，因此商品价格一方面受商品价值影响，另一方面受货币价值或者货币代表的价值的影响。马克思指出：“商品价格，只有在货币价值不变、商品价值提高时，或在商品价值不变、货币价值降低时，才会普遍提高。反之，商品价格，只有在货币价值不变、商品价值降低时，或在商品价值不变、货币价值提高时，才会普遍降低。”④

第二，货币作为支付手段存在发生货币危机的可能性。马克思指出：“货币作为支付手段的职能包含着一个直接的矛盾。在各种支付互相抵销时，货币就只是在观念上执行计算货币或价值尺度的职能。而在必须进行实际支付时，货币又不是充当流通手段，不是充当物质变换的仅仅转瞬即逝的媒介形式，而是充当社会劳动的单个化身，充当交换价值的独立存在，充当绝对商品。这种矛盾在生产危机和商业危机中称为货币危机的那一时刻暴露得特别明显。这种货币危机只有在一个接一个的支付的锁链和

---

① 马克思．资本论：第1卷［M］//马克思，恩格斯．马克思恩格斯全集：第23卷．北京：人民出版社，1972：145，146.

② 马克思．资本论：第1卷［M］//马克思，恩格斯．马克思恩格斯全集：第23卷．北京：人民出版社，1972：149.

③ 马克思．资本论：第1卷［M］//马克思，恩格斯．马克思恩格斯全集：第23卷．北京：人民出版社，1972：114.

④ 马克思．资本论：第1卷［M］//马克思，恩格斯．马克思恩格斯全集：第23卷．北京：人民出版社，1972：117.

抵销支付的人为制度获得充分发展的地方，才会发生。”① 这就是说，当以前积累起来的债权和债务要清算的时候，人们有可能发现没有足够的货币，支付链条将发生中断。

第三，货币作为流通手段存在发生经济危机的可能性。马克思指出：“有一种最愚蠢不过的教条：商品流通必然造成买和卖的平衡，因为每一次卖同时就是买，反过来也是一样。……没有人买，也就没有人能卖。但谁也不会因为自己已经卖，就得马上买。流通所以能够打破产品交换的时间、空间和个人的限制，正是因为它把这里存在的换出自己的劳动产品和换进别人的劳动产品这二者之间的直接的同一性，分裂成卖和买这二者之间的对立。……因此，这些形式包含着危机的可能性，但仅仅是可能性。”② 这就是说，当一部分人卖出商品得到货币以后不买进商品，另一部分人的商品就可能卖不出去。

第四，纸币的发行存在发生通货膨胀的可能性。马克思指出：“只要这些纸票确实是代替同名的金额来流通，它们的运动就只反映货币流通本身的规律。纸币流通的特殊规律只能从纸币是金的代表这种关系中产生。这一规律简单说来就是：纸币的发行限于它象征地代表的金（或银）的实际流通的数量。……如果纸币超过了自己的限度，即超过了能够流通的同名的金币量，那末，即使不谈有信用扫地的危险，它在商品世界毕竟只是代表由商品世界的内在规律所决定的那个金量，即它所能代表的那个金量。”③

从上面的分析可以看到，马克思运用历史和逻辑的方法，揭示了货币的起源、本质、职能以及对经济的影响，提出了比较完整的金本位制条件下的货币理论。马克思的货币理论在国际经济学界中属于争论较少的经济理论。

第二节　马克思以后的货币理论的比较研究

一、传统的货币数量理论

（一）费雪方程式

在马克思以后，经济学者不断展开对货币的研究，形成了三种具有代表性的经典

① 马克思．资本论：第1卷［M］//马克思，恩格斯．马克思恩格斯全集：第23卷．北京：人民出版社，1972：158.

② 马克思．资本论：第1卷［M］//马克思，恩格斯．马克思恩格斯全集：第23卷．北京：人民出版社，1972：132-133.

③ 马克思．资本论：第1卷［M］//马克思，恩格斯．马克思恩格斯全集：第23卷．北京：人民出版社，1972：147.

货币理论：传统货币数量理论、凯恩斯（J. M. Keynes）的现代货币理论和弗里德曼（M. Friedman）的现代货币数量理论。所谓经典货币理论是指被经济学界认可并且不断在经济学教科书中被阐述的货币理论。

美国经济学者费雪（I. Fisher）在1911年出版了代表作《货币的购买力》，提出了经济学界所称的“费雪方程式”。

费雪认为，如果用 W 表示交易量，用 P 表示平均价格水平，那么 PW 就是交易金额，也就是从需求角度分析的要完成商品的交易所需要的货币数量。另外，如果用 M 表示货币存量，V 表示单位货币的流通速度，即单位货币的流通次数，那么 MV 就是实际流通的货币数量，也就是从供给角度分析的实际发生作用的货币数量。由于买就是卖，货币的供给量等于需求量，即 $MV=PW$。

他指出：“物价在这种假定情形之下，必将（1）直接随流通货币的数量（M）而变动，（2）直接随流通率（V）而变动，（3）与交易量（W）作反向的变动。三种关系中，以第一种为最有注重的价值，它构成‘货币的数量原理’。”①

费雪不认为货币流通速度和交易量是不变的，但认为商品价格与商品交易量或货币流通速度的关系相对不重要，因而可以假定是稳定的。这样，费雪方程式 $MV=PW$ 可以写成 $P=(V/W)M$，这意味着价格水平与流通中的货币数量成比例变化。由于费雪认为货币需求量取决于商品的交易量，费雪方程式在经济学界也被称为“交易方程式”。

（二）剑桥方程式

在费雪之后，按照美国经济学者弗里德曼的解释，在货币研究领域产生了商品交易量和一般价格水平无法计量的问题。弗里德曼曾指出：“国民账户和社会账户近来的发展已开始侧重于国民收入交易而不是总交易，而且已经很明确地、令人满意地解决了区分价格变化和数量变化所产生的概念上及统计上的问题。”② 这样，在货币研究领域出现了“货币收入学说”，即认为货币需求量取决于国民收入。以前的货币学说被称为“货币交易学说”，即认为货币需求量取决于商品交易量。

货币收入学说成为费雪方程式和剑桥方程式之间的桥梁。英国经济学者庇古（A. C. Pigou）于1917年发表了《货币的价值》的论文，提出了经济学界所谓的“剑桥方程式”：$M=kPY$。在这个方程中，M 是现金余额，P 表示平均价格，Y 是国民收入，k 是名义国民收入（PY）与现金余额（M）的系数。③ 由于庇古分析的货币是现

① 费雪．货币购买力：第1册［M］．金本基，译．北京：商务印书馆，1931：29-33.

② 弗里德曼．弗里德曼的货币理论结构［M］．高榕，译．北京：中国财政经济出版社，1989：21.

③ PIGOU A C. The Value of Money［J］. Quarterly Journal of Economics，1917，32（1）：38-65.

金，剑桥方程式在经济学界也被称为“现金方程式”。

弗里德曼曾经这样评价费雪的交易方程式和庇古的现金方程式：“货币数量理论的交易方程式和国民收入方程式关于货币作用的定义是不同的。在交易方程式中，货币最要紧的是用来交换。而在国民收入方程式中，货币的关键在于它被人们所持有。这一区别从数量方程中的剑桥现金平衡方程式来看就更为清楚了。”①

如果把剑桥方程式 $M=kPY$ 中的价格水平 P 调整到等号的左边，那么剑桥方程式可以表达为 $P=[1/(kY)]M$。由于庇古认为货币流通速度和国民收入是稳定的，他继承了费雪的基本思想：价格水平与持有的货币数量成比例变化。

（三）凯恩斯的现代货币理论

英国经济学者凯恩斯在 1936 年出版了《就业、利息和货币通论》，提出了经济学界所谓的现代货币理论。

凯恩斯认为，设 M_1 为满足交易动机和预防动机所持有的现金数量，M_2 为满足投机动机所持有的现金的数量，Y 是国民收入，r 为利息率，那么流动偏好函数即货币需求函数是：

$$M = M_1 + M_2 = L_1(Y) + L_2(r) \tag{3-1}$$

凯恩斯把现金看作一种资产，并且看作是与债券可以相互替代的资产。按照凯恩斯的货币需求函数，货币需求量与国民收入同向变化，与利率反向变化。

凯恩斯还认为，货币供给是货币当局的货币政策决定的。这样，根据凯恩斯的利率理论，在货币需求不变的条件下，如果货币供给增加，货币供过于求，利率将下降。再根据凯恩斯的投资边际效率函数，利率下降将导致投资增加，从而导致国民收入增加。如果国民收入达到充分就业的水平，将导致价格水平的上升。反之，利率上升导致投资的减少，从而导致国民收入的减少或者价格水平的下降。因此，货币不是中性的，货币供给能够对实际国民收入产生影响。②

凯恩斯的货币理论与剑桥方程式相似的地方，是把影响货币需求的商品交易量看作国民收入。但是，由于庇古处于短缺经济的年代，国民收入难以迅速增长，庇古把国民收入看作一个稳定的变量，注重货币供给的变化对价格水平的影响。但是，凯恩斯经历了 20 世纪 30 年代的“大萧条”，更注重货币供给的变化对实际国民收入的影响。

---

① 弗里德曼．弗里德曼的货币理论结构［M］．高榕，译．北京：中国财政经济出版社，1989：24.

② 凯恩斯．就业、利息和货币通论［M］．宋韵声，译．北京：华夏出版社，2012：151-197.

（四）弗里德曼的现代货币数量论

弗里德曼在 1956 年和 1970 年分别发表了题为《货币数量论——重新表述》和《货币分析的理论结构》的论文，提出了现代货币数量论。

弗里德曼认为，如果设 M 为名义货币需求量，P 为价格水平，$\frac{M}{P}$为实际货币需求量，y 为实际收入，w 为非人力财富占总财富的比例，即来自财产的收入占总收入的比例，r_m 为预期的货币名义报酬率，r_b 为预期的包括利息和价格变化在内的债券的名义报酬率，r_e 为预期的包括股息和价格变化在内的股票的名义报酬率，$\frac{1}{P}\frac{\mathrm{d}p}{\mathrm{d}t}$表示商品价格的预期变化率，$u$ 为非收入方面的因素，那么货币需求函数为：

$$\frac{M}{P}=f\left(y,\ w,\ r_m,\ r_b,\ r_e,\ \frac{1}{P}\frac{\mathrm{d}p}{\mathrm{d}t};\ u\right) \tag{3-2}$$

弗里德曼也把货币看作一种资产，是一种可以与各种实物资产以及金融资产相互替代的资产，所以他从财富配置的角度分析货币需求。按照弗里德曼的货币需求函数，实际货币需求量受到实际国民收入和一系列金融资产名义报酬率的影响。弗里德曼还证明，货币需求函数是一个稳定的函数。

由于人们持有各种实物资产和金融资产的比例从长期来看是稳定的，在货币需求稳定的条件下，如果货币供给量变化了，人们发现他们持有的货币与各种资产的比例发生了变化，将会调整货币资产与其他资产的结构。如果货币供给量增加，人们会用持有的多余的货币购买各种实物资产和金融资产，从而导致总支出的增加和价格水平的上升，从而导致名义国民收入的增加。① 按照弗里德曼的看法，货币不是中性的，它在短期可以对实际国民收入产生影响。

虽然弗里德曼认为货币供给的增加在短期可以对实际国民收入产生影响，但是他指出国民收入的增加将导致货币需求量的增加，从而导致利率的上升。价格水平的上升使人们产生通货膨胀预期，也助长了名义利率的上升。因此，货币供给的增加在长期只会导致名义利率和价格水平等名义变量的上升，对实际国民收入不会产生什么影响。

（五）货币领域研究的发展

在凯恩斯和弗里德曼提出他们的货币理论以后，货币理论领域的研究一直十分活

① 弗里德曼．弗里德曼的货币理论结构［M］．高榕，译．北京：中国财政经济出版社，1989：28-33，55-56.

跃，但主要是对经典货币理论的质疑、论证或补充，没有重要的实质性进展。由于这个领域的研究文献太多，考虑到篇幅的原因，笔者下面简要列出几个有代表性的研究成果。

美国经济学者托宾（J. Tobin）在 1958 年在《经济研究评论》第 2 期发表了题为《作为对待风险的流动性偏好行为》的论文，把现金作为一种货币资产，从选择收益和风险最优资产组合的角度论证了货币需求量与利率的反方向变化，从而对凯恩斯的货币需求函数作出了理论性更强的解释。①

托宾在 1961 年在《美国经济评论》上发表了题为《货币、资本和其他价值储藏》的论文，提出了"Q 理论"。托宾的 Q 值是指公司的市场价值与资产重置成本之比。托宾证明，当货币供给导致利率下降时，股票价格将上升，Q 值将上升。如果 Q 值上升超过 1，企业经营者倾向于投资新的资本品，投资支出将增加。他对凯恩斯的利率到投资支出的货币传导机制作了补充。②

莫迪格利亚尼（F. Modigliani）在 1961 年发表了题为《货币政策与消费》的论文，根据他的生命周期消费理论提出了财富效应的影响。莫迪格利亚尼证明，当货币供给增加导致利率下降时，股票价格将会上升，人们的金融财富将会增加，从而导致消费支出的增加，这就是所谓的"财富效应"。③

美国经济学者卢卡斯（R. E. Lucas）在 1981 年出版了名为《经济周期理论研究》的著作，在书中提出货币供给的增加不但在长期不能影响实际经济变量，而且在短期也不能影响实际经济变量。卢卡斯认为，公众是理性的，当货币当局实施货币政策时，公众能够预期到货币政策的影响，并通过调整私人资产结构来抵消货币政策的影响，货币政策只对名义变量造成影响，不会对实际变量造成影响。④

二、笔者对经典货币理论的比较和评论

（一）对传统货币数量理论的评论

马克思生活在金本位制时代，黄金的贮藏职能使流通中的货币与货币需求相适应。因此，在货币均衡的条件下，把马克思货币流通公式中的货币流通速度移到等式的左

① TOBIN J. Liquidity Preference as Behavior towards Risk [J]. The Review of Economic Studies, 1958, 25 (2): 65-86.

② TOBIN J. Money, Capital and other Stores of Value [J]. American Economic Review, 1961, 51 (5): 26-51.

③ MODIGLIANI F. Monetary Policy and Consumption [M] // Federal Reserve Bank of Boston. Consumer Spending and Money Policy: the Linkages, 1971: 9-84.

④ LUCAS R E. Studies of Business Cycle Theory [M]. Cambridge: MIT Press, 1981.

边，马克思的货币流通公式与费雪方程式 $MV=PW$ 是相同的。另外，如果从货币需求的角度分析，费雪方程式可以写成 $M=PW/V$，这就是马克思的货币流通公式。马克思的论著比费雪的论著早 44 年，费雪方程式实际上是在货币均衡条件下对马克思货币流通公式的复述。

马克思和费雪的货币理论都关注货币流通速度的因素，都指出货币需求量取决于商品的交易量。在马克思所处的时代，金融市场还不发达，马克思分析的交易量是商品交易量，没有考虑金融资产交易量。费雪的货币理论比马克思晚数十年，他关注的同样是商品交易量。他写道："交易量，即以货币购得的货物数量。"① 他也没有考虑金融资产交易对货币需求量的影响。

马克思货币理论不同于费雪货币理论的地方，是马克思考虑到了赊购对货币需求量的影响，也就是考虑到了货币作为支付手段对货币需求量的影响。费雪货币理论不同于马克思货币理论的地方，是费雪增加了货币供给的因素。马克思的货币流通公式是货币需求函数，费雪方程式是货币供给和需求的均衡等式。

马克思认为，如果流通中的货币是黄金，那么商品价格受商品和黄金相对价值变化的影响；如果纸币代表黄金流通，那么流通纸币的增加将导致价格水平上涨。费雪指出，货币供给对价格水平的影响，主要是代表黄金流通的纸币对商品价格的影响。

到了庇古的货币理论，货币理论开始发生变异。庇古的剑桥方程式与马克思和费雪的货币理论有了较大差异。

第一，马克思和费雪的货币理论中的货币流通数量（M）是存量，但是货币流通数量与货币流通速度的乘积（MV）是流量，马克思和费雪的货币理论属于流量分析。马克思和费雪的货币理论强调货币的交易功能，说明要完成商品的交易需要多少货币。但是，庇古货币理论中的现金余额（M）是存量，庇古的货币理论属于存量分析。庇古的货币理论强调货币的资产功能，说明人们希望按照多大比例（k）把名义国民收入（PY）以现金余额（M）的形式保留下来。

第二，马克思和费雪认为决定货币需求量的主要自变量是商品交易量，庇古则用国民收入取代商品交易量。但是，商品交易量与国民收入存在很大的差异，国民收入是指最终产品的价值，而商品交易量是包括中间产品、二手产品、最终产品在内的交易量。即使就最终产品而言，最终产品的价值和最终产品的交易量也存在很大差别。最终产品经过多次交易，即通过经销商或者批发零售等环节，才能到达最终使用者手上。笔者后面将要分析的经典货币理论的第一个"教条"，正是由此产生。

① 费雪．货币购买力：第 1 册［M］．金本基，译．北京：商务印书馆，1931：17.

第三，由于马克思和费雪的货币理论是流量分析，他们都提出了货币流通速度的范畴。但是庇古的货币理论是存量分析，他用系数 k 来取代货币流通速度。尽管 k 实际上是货币流通速度的倒数，但是货币流通速度的范畴消失了。本章后面将要分析的经典货币理论的第二个"教条"，正是由此产生。

（二）对凯恩斯货币理论的评论

笔者认为，凯恩斯的货币理论与他以前的货币理论存在下述差异：

第一，在凯恩斯以前，休谟、马克思、费雪、庇古都生活在金本位制时代，他们分析的货币要么是黄金，要么是代表黄金流通的纸币。但是，凯恩斯经历了金本位制解体的过程，他分析的货币是信用货币制度下的货币。凯恩斯分析的现金，实际上是包括了硬币、纸币、银行活期存款在内的货币。

第二，休谟、马克思、费雪都强调货币的交易功能，认为决定货币需求量的主要自变量是商品交易量。庇古强调货币的资产功能，认为决定持有货币数量的主要自变量是名义国民收入。凯恩斯同样强调货币的资产功能，但比庇古进一步的地方是，人们可选择的资产除了货币还有债券，所以货币需求量还取决于利率。当利率发生变化时，人们会在现金和债券之间进行选择，从而影响人们持有现金的数量。

第三，凯恩斯目睹了20世纪30年代资本主义经济的"大萧条"。一方面金本位制正在解体甚至已经解体，政府可以调整货币供给量；另一方面社会需求不足，通过增加货币供给来刺激社会需求能够导致国民收入的增加，因此凯恩斯提出了货币非中性的思想。这是他对货币理论的贡献。

经济学者们都批评凯恩斯以前的经济学者关于货币中性的看法，但是，如果返回到他们所处的时代，人们就可以理解其中的原因。实际上，货币供给量对实际产量产生影响需要有两个前提条件：一是货币供给量可以人为地进行调整；二是社会生产力有了很大的发展，社会供给可以对社会需求的变化迅速作出反应。

休谟和马克思生活在比较严格的金本位制时代，当时的货币是黄金，纸币是黄金的符号，货币供给量还不能人为地进行调整。费雪和庇古生活在金本位制逐渐虚化的时代，纸币脱离黄金已经成为常态，所以他们注意到了货币对价格水平的影响。然而，当时社会生产力的水平还不高，经济社会还处于供给短缺的状态，即使货币供给的变化导致社会需求发生变化，实际产量也难以对此作出反应。因此，休谟、马克思、费雪、庇古认为货币不会对实际产量产生影响就不足为奇了。

另外，当时商品的价格取决于商品与黄金的相对价值，而纸币是代表黄金流通的，价格水平与纸币供给量成比例变化也可以理解。马克思说得很清楚："如果一定的纸票量按其名称代表2盎斯金，而实际是代替1盎斯金，那末事实上1镑比如说就是1/8盎斯金的货币名称，而不是原来1/4盎斯金的货币名称了。其结果无异于金在它作为价格尺度的职能上发生了变化，同一价值，原来用1镑的价格来表现，现在要用2镑的价格来表现了。”①

但是，凯恩斯的货币理论存在一个问题。他认为利率是由货币供给和货币需求决定的，而实际上利率是使用借贷资金的代价，而货币与借贷资金不是一个范畴，没有进入借贷市场的货币不会对利率产生影响。尽管在当代的货币和金融体系里，货币供给的变化往往导致借贷资金供给的变化，从而导致利率的变化，但是利率不是由货币的供给和需求决定的。这个问题留待研究马克思利率理论的时候讨论。

（三）对弗里德曼货币理论的解析

弗里德曼的货币理论与以前的货币理论相比，存在下述联系和区别：

第一，弗里德曼与庇古和凯恩斯相似，注重货币的资产功能。庇古分析人们如何按照一定比例的国民收入持有货币资产。凯恩斯进一步分析，人们如何在利率的影响下，通过债券和货币两种资产之间的选择决定持有多少货币资产。弗里德曼再进一步分析，人们如何在利率和各种金融资产报酬率的影响下，通过各种实物资产、金融资产、货币资产之间的选择决定持有多少货币资产。因此，弗里德曼从长期财富配置的角度分析货币需求。

第二，凯恩斯分析的是名义货币需求量如何受到名义国民收入和名义利率的影响。由于利率是易变的，货币需求函数在性质上是易变的。弗里德曼分析的是实际货币需求量如何受实际国民收入和一系列名义报酬率的影响。他利用历史统计数据证明，作为因变量的货币需求量与作为自变量的各种因素之间存在稳定的相关关系，货币需求函数是稳定的。

第三，在货币传导机制方面，凯恩斯的货币理论强调利率机制的作用：当货币供给与货币需求不等时，利率将发生变化，然后通过投资支出的变化首先对实际国民收入产生影响，在接近充分就业状态时再对价格水平产生影响。弗里德曼利用历史统计数据证明，货币需求量对利率的反应并不敏感。因此，弗里德曼的货币理论强调总支出机制的作用：由于货币需求是稳定的，当货币供给增加时，人们在调整资产结构时将增加总支出，从而对实际国民收入和价格水平产生影响。

---

① 马克思．资本论：第1卷［M］//马克思，恩格斯．马克思恩格斯全集：第23卷．北京：人民出版社，1972：147-148.

第四，凯恩斯和弗里德曼的货币理论都认为货币在短期是非中性的。但是，弗里德曼还认为，在长期，货币供给的增加只会对名义利率、价格水平等名义经济变量产生影响，不会对实际国民收入、失业率等实际经济变量产生影响。

但是，读了弗里德曼关于货币理论的著述后，笔者始终觉得弗里德曼对货币传导机制缺乏具体的和清晰的解释。在信用货币制度下，货币当局往往以增加商业银行准备金的方式增加货币供给，那么公众持有的货币是如何增加的？公众持有货币的增加又如何对经济产生影响？

公众主要包括生产者、消费者、金融机构。在易于取得银行贷款和利率下降的情况下，生产者愿意增加贷款以购买资本品，消费者愿意增加贷款以购买耐用消费品，金融机构愿意增加贷款以调整他们的金融资产结构。因此，公众在明确的动机的驱使下从银行取得贷款，货币才会到达公众手上，公众取得货币以后，货币的去向是确定的。这似乎不像弗里德曼说的，人们发现货币资产比例增加，进而调整各种资产比例，导致总支出增加。

应该指出，各种货币理论可能分析角度不同，分析方法不同，从而得出了有所不同的结论。但是，各种货币理论可以在不同程度上增进人们对当代经济的货币问题的认识。

第三节　新的历史条件下马克思货币理论的探索

一、研究货币问题面临的新的历史条件

与马克思研究货币的时代相比，历史条件至少发生了下述变化：

第一，马克思所处的时代是金本位制时代，货币就是黄金，纸币是黄金的符号。虽然纸币的发行常常出现脱离黄金的现象，但是金本位制这种货币制度没有变化。但是到了现在，金本位制早已解体，信用货币制度早已确立。货币的流通手段已经从纸币或支票转变为数字货币。因此，有必要在信用货币制度下去认识货币的性质、职能、形态、作用。

第二，马克思所处的时代是工业化的初期，社会生产力水平还不是很高，社会生产难以对社会需求的短期变化迅速作出调整。即使货币数量发生变化并导致了社会需求的变化，社会生产也难以作出反应。但是到了现在，社会生产力水平已经很高，社

会供给和社会需求的矛盾从供给一方转向需求一方。只要货币数量的变化导致了社会需求的变化，社会生产就会作出反应。

由于货币制度和社会生产力发生了很大的变化，需要吸收经济学界有价值的关于货币研究的思想，在马克思货币流通公式的基础上建立新的货币理论。

二、信用货币制度的形成和发展

（一）金本位制的解体

1. 金本位制的建立

历史从哪里开始，思维的进程也应该从哪里开始。要研究新的历史条件下的货币问题，必须从金本位制的解体开始。

人类社会很早就用黄金进行商品的交易，但是以制度的形式将黄金的货币职能确定下来，仅仅是100多年前的事情。世界上第一个实行金本位制的国家是英国。1816年，英国通过了《金本位制度法案》，以法律的形式确立了金本位制度。1821年，英国正式启动金本位制度，英镑成为英国的标准货币单位，每英镑含7.32238克纯金。英国最早的金本位制度是金币本位制度。这个制度的特点是以法律形式规定政府发行的纸币的含金量，人们可以将持有的纸币按照含金量兑换为金币；人们可以自由地将黄金铸造成金币，或者将金币熔化为黄金；黄金可以自由地输出或输入本国。这意味着金本位制的历史长达110年。

随后，各主要资本主义国家纷纷建立金本位制。德国于1871年实行金本位制，丹麦、瑞典、挪威于1873年实行金本位制。虽然美国和法国分别于1900年和1928年才正式实行金本位制，但是这两个国家实际上从1873年就开始实行金本位制了。日本于1897年才实行金本位制。在不发达国家中，埃及于1885年实行金本位制，墨西哥于1904年实行金本位制，印度于1927年实行金本位制。

由于各个主要资本主义国家内部都使用黄金进行商品交易，在国家与国家之间自然也就使用黄金进行商品交易，黄金从国内货币发展为国际货币。由于各个主要资本主义国家的纸币都有确定的含金量并且可以兑换为黄金，尽管在国际经济活动中也采用某些主要资本主义国家的纸币如英镑进行商品交易，但人们最终要求得到的仍然是黄金。

1922年，主要的资本主义国家在意大利热那亚（Genoa）举行世界货币会议，决定根据“节约黄金”的原则实行金块本位制。英国也从金币本位制调整为金块本位制。

在金块本位制下，货币仍然规定有含金量，但是黄金已经集中在政府手中作为发行货币的保证，不再铸造为金币，金币已经不再在市场上流通，货币兑换黄金受到一定程度的限制。例如，英格兰银行规定，公众拥有价值相当于400盎司黄金的1700英镑才能兑换黄金。由此可见，黄金的货币地位已经弱化。

2. 金本位制的废除

1929年，主要资本主义国家发生了“大萧条”。1931年，德国和英国相继取消了金本位制。1933年，美国也取消了金本位制。接着，各主要资本主义国家纷纷废除了金本位制，黄金终于退出了各国国内货币流通领域。黄金失去国内货币的地位不是政府的意志决定的，是人类社会经济发展的必然结果。

首先，黄金是稀缺资源，蕴藏量和开采量均有限，作为货币的黄金数量的增长远远不能适应人类社会经济增长的需要。如果坚持使用黄金作为货币，只会产生越来越强烈的货币紧缩效应，从而束缚经济发展。以美国为例，1933年，维持经济活动正常运行所需要的货币供给是200亿美元，但是美国作为货币的黄金的数量只有40亿美元。[①] 因此，经济的发展必然要突破黄金作为货币造成的束缚，金本位制的解体是不可避免的。

其次，20世纪30年代资本主义世界“大萧条”的爆发，反映了资本主义经济制度与市场经济体制的弊病。资本主义经济的发展已经在客观上产生了政府干预经济的必要。显然，如果还坚持实行金本位制，政府将无法用货币手段来干预经济。因此，经济制度的发展必然要突破黄金作为货币造成的束缚，金本位制的解体也是不可避免的。

实际上，金本位制很早就开始了名存实亡的衰落过程。主要资本主义国家的政府为了筹措政府支出，不断地增发纸币，纸币的金额已经越来越超出了它所代表的黄金的金额，金本位制已经名不副实了，废除金本位制只是履行法律手续而已。

（二）信用货币的产生

1. 信用货币的发展

世界上第一张纸币于公元1008年左右出现在中国，被称为“交子”。据说，马可·波罗（Marco Polo）13世纪到中国游历，把中国纸币带回欧洲，欧洲人觉得不可思议。欧洲第一张真正的纸币是英格兰银行于1694年发行的英镑。后来，为了转账方便，人们发明了支票。支票是以商业银行活期存款为保证发出的一种无条件支付委托，签发

① 霍维慈．美国的货币政策与金融制度［M］．谭秉文，等，译．北京：中国财政经济出版社，1980：28.

人向受票人支付支票相当于向受票人支出他在银行的活期存款，也就是相当于支出他拥有的纸币或者黄金。

支票是在 19 世纪中期变得盛行的。据历史资料记载，英国的支票是在《1844 年银行法》颁布以后发展起来的。当时，英国为了防止各家银行滥发纸币，禁止除英格兰银行以外的银行发行纸币，这样就给商品交易带来了流通手段上的困难。为了解决这个困难，英国的商人们发行了一种票据，债务人向债权人支付了这种票据以后，债权人可以到银行兑取存款，支票就这样产生了。①

1865 年，法国制定了《法国支票法》。1871 年，德国制定了《德国票据法》。1908 年，德国又单独就支票制定了《德国支票法》。1882 年，英国公布了《英国票据法》。美国、加拿大、澳大利亚等一批国家纷纷仿效英国，制定了各自的票据法。这意味着各国对支票的签发、流通和清算作出了法律上的规定。由于人们可以随时用支票购买商品，支票的使用使商业银行的支票存款账户的存款成为货币。

金本位制解体以后，本来作为黄金符号的纸币成为信用货币。纸币已经不是以黄金作为保证，而是以政府的信用作为保证了，信用货币由此产生。在纸币成为信用货币以后，相应地，可以签发银行支票使用的活期存款也成为货币。1973 年，美国商业银行率先推出了可转让的存单（NOW），人们可以背书转让属于定期存款的存单。随着各国相继推出可转让的存单，可转让存单也被称为货币。1978 年，美国商业银行又率先推出自动转账服务（ATS），人们可以签发支票使用活期存款，如果活期存款余额不足，银行可以自行把定期存款转变为活期存款。随着多个国家提供这样的服务，自动转账的定期存款也成为货币。这样，货币的范围越来越广了。

2. 货币供给的定义

在信用货币制度下，各国中央银行对货币供给量即本国有多少货币的定义都作出了规定。各国对货币供给量的定义一般分为狭义和广义，狭义和广义的区别取决于下述标准：第一，金融资产的流动性。流动性强的金融资产属于狭义的货币供给量，流动性弱的金融资产属于广义的货币供给量。第二，金融资产的金额。数额或面值较小的金融资产属于狭义的货币供给量，数额或面值较大的金融资产属于广义的货币供给量。第三，存款期限。存款期限较短的存款属于狭义货币供给量，存款期限较长的存款属于广义货币供给量。但是，各国对货币供给量的定义会随着金融工具的变化进行调整。

以美国为例。美国定义的货币供给量包括 M1 和 M2。按照美国联邦储备委员会的

① 格列柯．货币的终结［M］．周琴，译．北京：金城出版社，2010：111-113.

定义，M1包括下述组成部分：在美国财政部、联邦储备银行、存款机构之外的通货即硬币和纸币；非银行金融机构签发的旅行支票；商业银行的需求存款即支票账户存款，但要扣除存款机构、美国政府、外国官方机构和外国银行持有的需求存款；其他可用支票使用的存款，如可转让存单、存款机构自动转账服务账户的存款、信贷会社分享汇票账户的存款、节约机构的需求存款。①

在美国，存款机构（depository institutions）是指办理存款业务的金融机构，包括商业银行和非银行金融机构，其中非银行金融机构一般被称为节约机构（thrift institutions），包括储蓄银行、信贷会社等。信贷会社的分享汇票账户（share draft accounts）类似于支票账户，允许存款者用支票使用该账户的存款。

M2包括下述组成部分：M1；包括货币市场存款账户在内的储蓄存款；10万美元以下的定期存款，但要扣除存款机构中个人退休账户（IRA）的存款和自由职业者退休存款（Keogh balances）；零售货币市场共同基金的余额，但要扣除在该类共同基金中个人退休账户的存款和自由职业者退休存款。

在美国，通常将商业银行的定期存款称为定期存款，将非银行金融机构的定期存款称为储蓄存款。货币市场存款账户（money market deposit accounts）是美国商业银行为了与货币市场基金竞争而开设的一种储蓄存款账户，可按照货币市场短期债务资产的平均收益率来确定存款利率，存款人在一定时间里还可以用支票进行一定次数的转账。虽然这类存款属于商业银行定期存款，但与商业银行其他定期存款的性质不同，因而被归入储蓄存款类型。另外，货币市场是短期的金融市场，在该市场上交易的金融资产的期限在一年以下。共同基金的主要业务是通过出售份额从投资者筹集资金，然后在金融市场上进行投资。零售货币市场共同基金是指从投资者筹集的资金主要用于投资货币市场的基金。

（三）电子货币和数字货币的出现

电子货币（electronic currencies）是指人们用一定金额的现金或存款从发行者处兑换相同金额的电子数据，然后通过某种电子途径将该数据直接传送给交易对象以用于清偿债务的工具。按照国际清算银行（Bank for International Settlements，BIS）的定义，电子货币是在诸如微电子卡的装置中或者个人电脑硬盘中以电子的形式储存价值的货

---

① Board of Governors of the Federal Reserve System，Money Stock Measures，June 2020，http：//www. federalreserve. gov.

币。[①] 因此，电子货币是没有实物形态的以电子数字形式存在的货币。

从电子货币的传送途径来划分，电子货币主要包括两种类型：一种是通过电子线路传送的电子货币，另一种是通过互联网传送的电子货币。

前一种类型的电子货币的载体是可以储存和识别信息的塑料卡片。20世纪70年代初期，美国的银行研制了磁卡（magnetic trip cards），卡片的背面嵌有一片磁条，用于储存或识别信息。20世纪70年代中期出现了微电子卡（chip cards）。这是一种嵌有微电子电路的卡片，包括两个系列：一个系列是没有微处理器的微电子卡，称为记忆卡（memory cards）。它被输入了不可更改的信息并装有可以执行预先设置的指令的电子线路。另一个系列是装有微处理器的微电子卡，称为智能卡（smart cards）。它像一台微型计算机，能对卡中记忆的信息进行控制和管理。微电子卡与磁卡的区别是，前者可以储存更多的信息，执行更复杂的指令，具有更高的保密性。20世纪80年代初期诞生了光卡（optical cards），又称激光卡（laser cards），表面嵌有与磁卡中磁条大小相似的全息图像，可以储存大容量的信息，需要使用专门的光学装置来读取和写入信息。

严格地说，以磁卡、微电子卡和光卡为载体记忆货币数据的电子货币包括下述类型：第一，借记卡（debit cards）。它是指在商业银行开设活期存款账户以后，可以使用存款来购买物品和服务的卡片。借记卡与支票都是使用商业银行的活期存款的工具，它们的区别只是形态不同。第二，预付卡（prepaid cards）。它是指支付一定数量的现金或存款以后，在卡内记忆相应的货币信息，然后可以用于购买物品和服务的卡片。

后一种类型的电子货币是网络货币（Internet money）。20世纪90年代中期，作为电子货币最高形态的网络货币终于出现。网络货币是指存在于互联网中的货币。如果说磁卡、微电子卡、光卡以塑料卡为载体，那么网络货币则以互联网为载体。但是，它们的共同特点是都以电子数字的形式存在。以网络货币形式存在电子货币包括下述类型：

第一，电子支票（electronic check）。它是指通过互联网支付商业银行活期存款的电子货币。电子支票产生和使用过程如下：首先，顾客在提供电子支票的公司开设活期存款账户并存入存款。当顾客在互联网上购买商品的时候，他通过互联网向该公司发出支出账户存款的指令。其次，提供电子支票的公司向顾客传送一份数字文件即数字支票，顾客在支票上输入收款人名称和货币数目以后，加具数字签名传送给商家。商家确认支票内容无误后加具数字签名传送给提供电子支票的公司。最后，提供电子

① Bank for International Settlements, CPMI's A Glossary of Terms Used in Payments and Settlement Systems, http://www.bis.org.

支票的公司以支票为凭据减少顾客的存款，增加商家的存款。

第二，电子现金（electronic cash）。它是指在互联网上购入货币数据然后用于支付的电子货币。电子现金的使用过程如下：首先，顾客通过互联网向发行机构购买电子现金。其次，顾客可以把电子现金存放在数字钱包里，也可以存放在托管账户里。数字钱包是数字现金发行公司设立的软件系统，顾客可以通过密码使用数字钱包中的数字现金。托管账户是由顾客和商家之外的第三方管理的账户，顾客和商家的交易可以经过第三方确认后，在托管账户上减少顾客的数字现金，增加商家的数字现金。最后，顾客在互联网上购买商品时向商家传送电子现金。

除了上述电子货币以外，有的国家的中央银行已经发行数字货币（digital currencies）。关于电子货币和数字货币，没有一个经济学界共同认可的概念。虽然国际清算银行曾经提出数字货币的概念，但是笔者认为它不是货币的概念，关于这点笔者在后面分析“比特币”的时候再作评论。按照笔者的理解，电子货币和数字货币在概念上是等同的，电子货币是以数字形式表示价值的货币，数字货币是以电子形式表示价值的货币。关于电子货币和数字货币的区别，经济学界会逐渐形成一个约定俗成的看法。笔者认为，从趋势看存在下述可能：第一，用数字货币的概念取代电子货币的概念，不再有电子货币的概念。第二，把不是中央银行发行的电子货币称为电子货币，把中央银行发行的电子货币称为数字货币。

从目前的发展阶段来看，电子货币或数字货币只是传统货币的转化形式，支付它们实际上就是支付传统货币。正像支票本身不是货币而商业银行的活期存款才是货币一样，借记卡和电子支票本身不是货币而商业银行的活期存款才是货币。但是，电子货币的出现将对货币供给量产生影响。以预付卡和电子现金为例。当顾客购买了1000元的预付卡或者电子现金以后，他获得了1000元的电子货币。但是，他要经过一段时间才能花完，而发行机构是按照该顾客实际支出多少电子货币而把相应的货币转到商家账户的。这样，发行机构只要保留一定比例的货币就可以应付预付卡或者电子现金的支出。假定这个比例是50%，那么可以将出售1000元预付卡或者电子现金而保留的500元存入银行，这样1000元电子货币派生出1500元货币。既然现实经济中电子现金和部分预付卡已经成为货币，还起着派生货币的作用，各国中央银行应该对电子货币的发行、流通、兑换进行监管。

三、对货币性质和职能的再认识

马克思揭示了货币的起源，商品的价值形态从简单的价值形态、扩大的价值形态、一般的价值形态发展到货币的价值形态，黄金取得了一般等价物的地位。因此，货币的本质是：货币是固定地充当一般等价物的商品。货币之所以能够充当一般等价物，是因为货币也是商品，也具有价值。但是，货币又与其他商品不同，是固定地充当一般等价物的商品。

但是，随着金本位制的解体，货币形态已经从黄金货币演变为信用货币，货币的性质也发生了变化。货币已不是商品，也没有价值，只是依靠国家法律强制流通的以政府的信用作为保证的货币。这样就产生了这样一个问题：如果货币本身没有价值，它如何去度量商品的价值?

正如前面分析马克思劳动价值理论的时候指出的，商品价值的货币表现形成商品的价格。商品的价格取决于两个因素：一是商品的价值量，二是货币的价值量。就前一个因素来说，商品的价格与商品的价值成正比。就后一个因素来说，在不同的货币本位条件下有不同的特点。在金本位制条件下，黄金本身也是商品，也具有价值，商品的价格与黄金的价值成反比。例如，假定生产1单位某种商品耗费的社会必要劳动时间是1小时，如果生产1盎司黄金耗费的社会必要劳动时间是20小时，那么这种商品的价格是1/20盎司黄金；如果生产1盎司黄金耗费的社会必要劳动时间是30小时，那么这种商品的价格是1/30盎司黄金；如此等等。

但是，在信用货币制度下，虽然货币没有价值，但它仍然在一定的时期代表着一定的价值，而它所代表的价值是在社会背后决定的。这样，商品的价格仍然与货币代表的价值成反比。仍假定生产1单位某种商品耗费的社会必要劳动时间是1小时，如果1单位货币代表的社会必要劳动时间是1小时，那么这种商品的价格是1单位货币；如果1单位货币代表的社会必要劳动时间是1/2小时，那么这种商品的价格是2单位货币；如此等等。

马克思目睹了纸币出现以后金本位制弱化的过程，明确指出了在金本位制弱化的过程中纸币代表的价值的变化："国家把印有1镑、5镑等等货币名称的纸票从外部投入流通过程。只要这些纸票确实是代替同名的金额来流通，它们的运动就只反映货币流通本身的规律。……如果纸币超过了自己的限度，即超过了能够流通的同名的金币量，那末，即使不谈有信用扫地的危险，它在商品世界毕竟只是代表由商品世界的内在规律所决定的那个金量，即它所能代表的那个金量。例如，如果一定的纸票量按其名称代表2盎斯金，而实际是代替1盎斯金，那末事实上1镑比如说就是1/8盎斯金的货币名称，而不是原来1/4盎斯金的货币名称了。其结果无异于金在它作为价格尺度的职能上发生了变化，同一价值，原来用1镑的价格来表现，现在要用2镑的价格来表现了。”①

由于货币的性质改变了，货币的职能也改变了。在金本位制条件下，货币的第一项职能是价值尺度。但是，在信用货币制度下，货币没有价值，所以货币没有价值尺度的职能，只能发挥度量单位的作用。在美国，人们说这个商品值多少美元。在中国，人们说那个商品值多少元。另外，正如前面的分析所指出的，虽然美元或元的单位没有变，但是每个单位代表的价值却会发生变化。在金本位制条件下，货币的第二、第三、第四项职能分别是流通手段、支付手段、贮藏手段。在信用货币制度下，货币是法律强制流通的货币，代表着一般的购买力，所以仍然执行流通手段、支付手段和贮藏手段的职能。在金本位制条件下，货币的第五项职能是世界货币。但是，在信用货币制度下，货币只是在一个国家的国内强制流通的货币。由于一个国家不可能强制别的国家采用它的货币，因此货币在性质上不是世界货币。但是，在1971年布雷顿森林体系解体以后，世界各国只能储备某些发达国家的货币并用于国际经济活动，部分发达国家的货币执行世界货币的职能。

四、对货币供给的再认识

（一）中央银行调整基础货币的手段

应该指出，笔者在这个部分对货币供给的分析不是笔者的见解，它已经是经济学界的共识。它不是一种理论假说，而是对实践的描述。

马克思生活在金本位制时代。在金本位制条件下，货币的供给量是由黄金的拥有量决定的。尽管金本位制一直在弱化，政府发行纸币的金额不断地超过黄金的价值，但政府还不能够自如地调整货币供给量。因此，虽然马克思指出纸币过度发行会导致价格水平上涨，但马克思基本上还是在货币供给量为一定的条件下讨论货币问题的。但是，在信用货币制度下，货币供给量是中央银行决定的。

在21世纪的今天，中央银行通过影响基础货币即商业银行的现金和准备金来影响货币供给量，其中又主要通过影响商业银行的准备金来影响货币供给量。以美国为例，美国联邦储备系统调整货币供给量的手段主要有：

第一，公开市场操作（open market operations）。它是指中央银行通过在公开的证券市场上买进和卖出证券来调整货币供给量。公开市场操作分为长期和短期两种类型，

---

① 马克思．资本论：第1卷［M］//马克思，恩格斯．马克思恩格斯全集：第23卷．北京：人民出版社，1972：146-147.

长期的公开市场操作主要是适应美国对流通中的货币不断增长的需要，短期的公开市场操作主要是对商业银行准备金进行调整。

长期公开市场操作是中央银行买进或卖出证券。短期公开市场操作方法包括回购（repos）和逆回购（reverse repos）。回购是中央银行卖出证券并在约定时间买进证券的操作方法，意味着开始时是收回流动性操作，结束时是投放流动性操作。逆回购是中央银行买进证券并在约定时间卖出证券的操作方法，意味着开始时是投放流动性操作，结束时是收回流动性操作。公开市场业务是美国中央银行调整货币供给最主要的政策手段。

第二，调整贴现率。贴现率是中央银行向商业银行和存款机构发放贷款时收取的利率。中央银行的贷款有三种类型：第一种类型是初级贷款（primary credit），是对金融状况健全的存款机构发放的贷款。第二种类型的贷款是二级贷款（secondary credit），是对没有资格获得初级贷款的存款机构发放的贷款。第三种类型的贷款是季节性贷款（seasonal credit），是为了帮助小存款机构应对存款和贷款的季节性波动而发放的贷款。中央银行可以通过调整贴现率来影响存款机构的借款，从而影响投放流动性的数量。

第三，调整法定准备金比率。法定准备金比率是中央银行规定的存款机构接受存款必须保留的准备金的比率。中央银行通过降低和提高存款机构的法定准备金比率可以影响存款机构的准备金，从而影响存款机构发放贷款的能力。

第四，调整准备金的利率。中央银行对存款机构的准备金支付利率是为了避免对存款机构隐性征税，对存款机构的超额准备金支付利率是为了增加中央银行的货币政策手段。中央银行调整准备金利率，将影响联邦基金利率，从而影响存款机构的准备金。所谓联邦基金利率，是存款机构相互借贷准备金的利率。例如，当中央银行降低超额准备金利率的时候，存款机构不愿意将超额准备金存放在中央银行，而愿意贷放给别的存款机构，从而导致联邦基金利率下降和别的存款机构补充准备金的代价减少。

第五，隔夜逆回购协议工具（overnight reverse repurchase agreement facility）。它是指中央银行向合格的金融机构卖出证券并约定在第二天买回证券的操作。在这个过程中，中央银行设定最高的利率，然后采用拍卖的方式进行。中央银行调整隔夜逆回购协议利率，将影响联邦基金利率，从而影响存款机构的准备金。例如，当中央银行提高隔夜逆回购协议利率的时候，金融机构愿意向中央银行贷款而不在联邦基金市场贷款，从而导致联邦基金利率上升和别的存款机构补充准备金的代价增加。

第六，定期存款工具（term deposit facility）。它是指中央银行向存款机构提供短期存款以影响存款机构的储备金的数量。定期存款工具在操作上采用招标的方式，中央银行报出利率，然后由存款机构投标。

（二）基础货币对货币供给量的影响

各主要资本主义国家的货币政策手段可能有所不同，但是前三项货币政策手段是通常采用的货币政策。一旦中央银行采用这些货币政策手段去影响基础货币，货币供给量就会发生变化。基础货币的变化对货币供给量的影响过程如下：

设公众持有的现金为 C，准备金为 S，基础货币为 H，根据定义：

$$H = C + S \tag{3-3}$$

如果设法定准备金比率是 R，超额准备金比率是 E，现金流出银行体系的比率即现金对存款的比率是 T，根据定义：

$$T = \frac{C}{D};\ R + E = \frac{S}{D} \tag{3-4}$$

根据式（3-3）和式（3-4）可以得到：

$$\begin{aligned} H &= TD + (R + E)D \\ &= [(R + E) + T]D \end{aligned} \tag{3-5}$$

由于狭义货币供给量 M 等于公众持有的通货 C 和存款货币 D 之和，则有：

$$\begin{aligned} M &= C+D \\ &= (T+1)\ D \\ &= \frac{T+1}{(R+E)\ +T}\ [\ (R+E)\ +T]\ D \end{aligned} \tag{3-6}$$

根据式（3-6）可以得到：

$$M = \frac{1+T}{(R+E)\ +T} H \tag{3-7}$$

式（3-7）表明，由于 R、E、T 都是较小的百分数，所以基础货币的增加可以导致货币供给数倍的增加，这就是基础货币的乘数作用。另外，法定准备金比率 R 越低，商业银行保留的超额准备金 E 越少，人们将存款转换为现金的比率 T 越低，一定的基础货币增加导致的货币供给增加的倍数就越大。

基础货币导致货币供给数倍增加的机理如下：假定中央银行通过公开市场业务、调整贴现率、调整法定准备金比率的货币政策手段增加了商业银行的准备金，商业银行在利润动机的支配下会将过多的准备金贷放出去，这样贷款将增加。个人或企业取得贷款以后，将贷款以活期支票账户存款的方式存进商业银行以便使用。商业银行接受存款以后，按照法定准备金比例的要求保留准备金，将剩余的存款贷出去……这个过程一直继续下去，最后导致货币供给量数倍地增加。

在式（3-7）中，商业银行受利润动机支配在正常的经济情况下很少保留超额准备金，人们使用现金的习惯也在逐渐改变，这样，对货币供给量影响最大的变量就分别是法定准备金比率和商业银行的准备金，而这两个变量都在中央银行的控制之下。因此，一般认为货币供给量是一个外生变量，是由中央银行决定的。①

应该指出，电子货币产生以后，特别是电子货币的使用日益普遍以后，货币供给的内生性将会加强。正如本节的分析表明的，在预付卡和电子现金广泛使用以后，将会进一步派生出新的货币。另外，如果发行预付卡和电子现金的机构是私人机构，它们在利润动机的支配下有可能出现备付金不足的情况，从而出现支付上的问题。

在一个经济社会中，如果货币供给量等于货币需求量，经济将能够正常顺利地运行；如果货币供给量与货币需求量发生较为严重的失衡，将发生货币紧缩或货币膨胀。

五、对货币影响经济的机制的再认识

（一）货币失衡对经济的影响

前面对货币供给的分析只是对现实的描述。笔者在这个部分将以马克思的货币理论为基础，以经济事实为根据，参考凯恩斯和弗里德曼提出来的货币理论，对经济现实进行分析。在不考虑货币流通速度变化的条件下，货币供给和货币需求失衡将对经济产生影响，表现在下述方面：

第一，货币作为流通手段存在发生经济危机的可能性。马克思指出，货币作为流通手段出现，使商品交换过程分离为两个过程：一个过程是商品—货币，另一个过程是货币—商品。如果一个人卖出商品而不买进商品，另一个人的商品就卖不出去，这样就存在发生经济危机的可能性。马克思所说的经济危机，就是商品卖不出去对商品生产产生的破坏性影响。

当然，从货币流通的角度来看，只是存在发生经济危机的可能性。经济危机真正发生还需要两个条件：一是社会生产能力存在迅速扩大的可能，二是社会有支付能力的需求相对收缩。资本主义世界的第一次经济危机于1825年在英国爆发，经济危机的发生从可能变为现实。尤其是1929年，整个资本主义世界爆发了空前严重的“大萧条”，人们都希望将商品卖出去，但是没有人希望将商品买进来。谷物被烧掉，牛奶被倒进河流，整个社会生产大幅度减少，失业人数迅速增加。现在人们回忆起这场“大萧条”，仍感到不寒而栗。

① 货币供给内生性和外生性问题在经济学界存在争议，这里不展开讨论。

第二，货币的发行存在发生通货膨胀的可能性。马克思在金本位制时代就已经指出，在纸币代替黄金流通的情况下，如果纸币过量发行，造成纸币代表的黄金的价值减少，以纸币表示的商品的价格将上升，从而发生通货膨胀。

在历史上，不乏货币过量发行造成恶性通货膨胀的案例，其中最为典型的是德国和津巴布韦的恶性通货膨胀。第一次世界大战结束以后，德国面临着战后重建的问题。由于税收不足，政府采取大规模发行货币的方式来支撑政府支出。1913 年，德国的货币总值是 60 亿马克。但是到 1923 年，德国 1 块面包的价值是 4280 亿马克，1 千克黄油的价值是 60000 亿马克。1918—1924 年，德国的价格水平上升了 10000 亿倍。[①] 2001—2008 年，津巴布韦经历了恶性的通货膨胀。由于津巴布韦政府滥发货币，货币不断贬值。到 2009 年，已经出现了 1 万亿元面值的纸币。与此同时，津巴布韦的商品价格不断上涨，2001 年价格水平以 2 位数的倍数上升，2002 年是 3 位数，2006 年是 4 位数，2008 年达到 5 位数。

这些恶性通货膨胀案例证明，在信用货币制度下，货币代表着一定的价值，而它代表的价值的变化是在社会背后决定的。如果过量发行货币，就会造成严重的通货膨胀。

（二）货币供给对经济影响的机制

货币供给的变化如何对经济产生影响是货币理论的核心问题。马克思、费雪、庇古关注的是货币供给对价格水平的影响。凯恩斯指出货币是非中性的，它将对实际国民收入造成影响，这种影响的传导机制主要是利率。弗里德曼也指出货币是非中性的，它将同时对实际国民收入和价格水平造成影响，这种影响的传导机制主要是支出。

正如笔者在本章第二节指出的，他们的货币理论体现了他们所处时代的特点。马克思、费雪、庇古处于社会生产力还不是很发达的供给短缺时代，在总供给和总需求的矛盾中，总供给是矛盾的主要方面，货币供给的增加导致的总需求的增加对总供给没有产生明显的影响，所以导致了价格水平的上升。凯恩斯处于 20 世纪 30 年代资本主义经济“大萧条”时期，在总供给和总需求的矛盾中，总需求是矛盾的主要方面，只要货币供给增加带来总需求增加，总供给就可以增加，而且对价格水平没有明显的影响。弗里德曼却处在相对正常的经济时期，总供给和总需求的矛盾并不尖锐，货币供给的增加对实际国民收入和价格水平同时产生影响。

笔者以马克思货币理论为基础，参考凯恩斯和弗里德曼的货币理论，在不考虑货币流通速度变化的前提下，提出如图3-1 所示的货币供给增加对经济的影响的机理。

---

① 格列柯．货币的终结［M］．周琴，译．北京：金城出版社，2010：78.

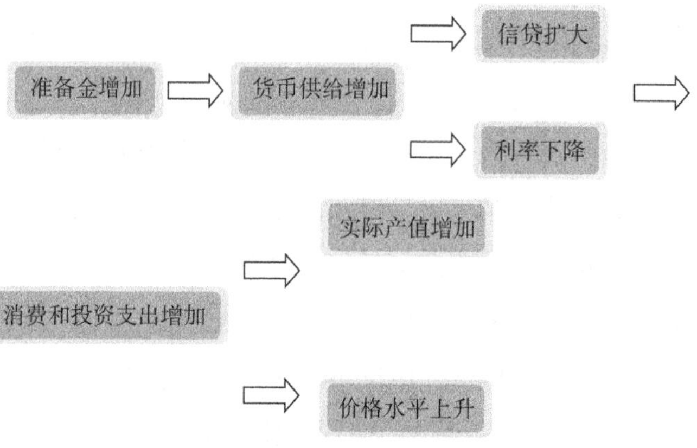

图 3-1　货币供给增加对经济的影响

首先来考虑商业银行准备金增加导致货币供给增加这第一个环节。假定中央银行采用公开市场操作、调整贴现率或调整法定准备金比率的货币政策手段增加了商业银行准备金账户的资产。在正常情况下，商业银行出于利润动机的考虑不愿意保留超额准备金，因而会增加贷款，货币供给量将增加。但是，如果发生了严重的经济衰退，银行的坏账率上升，部分银行宁愿保留超额准备金也不愿意增加贷款，中央银行货币政策的作用将被削弱。

其次来考虑货币供给增加对信贷和利率产生影响这第二个环节。在正常情况下，货币供给的增加将产生两个效应：数量效应和价格效应。所谓数量效应，是指货币供给增加的过程就是银行信贷扩张的过程，即使利率不变，银行信贷仍然会扩大。所谓价格效应，是指银行信贷的增加会导致利率的下降，银行信贷的价格也下降了。但是，银行信贷的价格效应取决于利率体系。如果利率体系的市场化程度比较高，利率对银行信贷的反应会比较敏感。如果利率体系的市场化程度比较低，利率对银行信贷的反应不那么敏感。如果利率体系没有市场化，利率对银行信贷则没有反应。但是，如果发生严重的经济衰退，商业银行不愿意发放贷款，货币供给增加的数量效应和价格效应将被削弱。

再次来考察信贷扩大和利率下降对消费支出和投资支出产生影响这第三个环节。在正常的情况下，信贷扩大和利率下降使消费者和生产者能够更容易和以更低成本获得信贷，消费支出和投资支出将会增加。但是，如果发生严重的经济衰退，投资机会缺失，生产者不愿意申请贷款；失业增加，消费者会缩减消费信贷，信贷扩大和利率效应对投资支出和消费支出的影响将被削弱。另外，在利率下降对消费支出和投资支出产生影响这第三个环节中，利率的下降有可能导致债券和股票价格的上升，从而导致人们金融财富的增加。在财富效应的影响下，人们趋向于增加消费支出和投资支出。但是，财富效应在不同的国家里可能有很大的差异，这不是传导机制的主要途径。

最后来考察消费和投资支出的增加对实际产值和价格水平的影响。在正常情况下，消费支出和投资支出的增加会同时导致实际产值和价格水平的上升，这就是弗里德曼表述的情形。但是，如果经济中总需求不足，消费支出和投资支出的增加会主要导致实际产值的增加，这就是凯恩斯表述的情形。如果经济中存在总供给不足，消费支出和投资支出的增加将主要导致价格水平的上升，这就是费雪和庇古表述的情形。

从上面的分析中可以得到这样的结论：在经济存在一定程度的衰退的情况下，货币供给增加能够发挥克服经济衰退的作用。但是，在经济发生严重衰退的情况下，货币供给的增加将难以有效地克服经济衰退。

在货币供给增加的过程中，由于人们的经济活动发生了变化，消费支出和投资支出增加，货币需求将趋向于增加。另外，由于货币具有贮藏手段这个“蓄水池”的职能，其本身还能够在一定程度上进行自我调节。但是，如果货币供给在一段相对长的时间里不断增加，货币供给的数量效应和价格效应将会消失，货币作为贮藏手段这个“蓄水池”的职能将被破坏，货币供给量将超过货币需求量，价格水平将趋向上升，利率也将从下降转向上升。因此，货币供给增加对经济的影响是短期的。凯恩斯强调短期货币供给增加的有效性是可取的，弗里德曼强调长期货币供给增加的无效性没有现实意义，任何国家的政府都不会指望依靠不断增加货币供给来推动产值的增长。

上面分析的是货币供给增加的影响。如果货币供给减少，那么将发生相反的变化。

如果将马克思的货币理论与笔者根据马克思货币理论和其他经典货币理论有价值的思想提出的货币理论进行比较，可以得到表 3-1 的结果。表中重点标识出了笔者对马克思货币理论的补充。

表 3-1　新的历史条件下马克思货币理论研究纲要

比较对象	马克思货币理论研究纲要	新的历史条件下马克思货币理论研究纲要
货币的种类	铸币、以黄金为基础发行的纸币，均为物质形态的货币	纸币、**存款货币，出现电子形态的货币**
货币的性质	货币本身也是商品，也具有价值	货币是**信用货币**，没有价值
货币的职能	价值尺度，货币以自身价值作为尺度去度量商品的价值；流通手段；支付手段；贮藏手段；世界货币	计算单位，货币代表一定的价值，所代表的价值会发生变化；流通手段；支付手段；贮藏手段；世界货币，**部分发达国家货币具有这种职能**
货币需求的定义	社会对流通中的货币的需求	社会对流通中的货币的需求

续表

比较对象	马克思货币理论研究纲要	新的历史条件下马克思货币理论研究纲要
货币需求决定因素	待出售的物品价格总额、货币流通速度、赊购商品的价格总额	待出售的物品价格总额、待出售的服务价格总额、**新发行的金融资产交易额、处于交易状态的已发行的金融资产交易额**
货币供给决定因素	货币制度和黄金的数量	**中央银行的货币政策**
货币对经济的影响	货币的产生使经济危机的发生成为可能，黄金贮藏手段的职能调节着流通的黄金的数量，如果纸币发行的数量超过了作为发行基础的黄金数量，价格水平将会上升	**货币供给通过银行信贷的变化和利率的变化对消费需求或投资需求造成影响，从而对实际产值和价格水平造成影响**

第四节　现行货币理论的缺陷与货币理论的重构

一、现行货币理论“两个教条”的形成

（一）第一个教条：货币需求量取决于国民收入

如前所述，马克思在 1876 年提出的货币流通公式以及费雪在 1911 年提出的费雪方程式，都认为货币需求量取决于商品交易量。数年之后，庇古沿用了货币收入说的思想，于 1917 年提出了剑桥方程式，决定货币需求量的因素变成国民收入。在庇古以后，不论是 20 世纪 30 年代在经济学界掀起“革命”的凯恩斯的货币理论，还是美国货币学派的代表人物弗里德曼的货币理论，还是其他经济学者的货币理论，都认为货币需求量取决于国民收入。随着国民经济核算体系的演进，经济学者们又先后用国民生产总值、国民生产净值、国内生产总值取代国民收入。

关于这个问题，弗里德曼还是清醒的。他指出：“然而，它们也有它们的缺陷，这就是完全忽略了中间产品的交易与最终产品交易的比率，完全忽视了现有资产的交易。”他接着指出：“这些差别是构成了国民收入方程式的优点，还是构成了它的缺点？很明显，这取决于决定人们愿意持有的货币量的因素是什么。上文中所考虑的这类变化，即中间产品交易和资产交易对国民收入比例的改变，是否会以同一方向、同一比例改变人们所希望持有的货币量？”①

① 弗里德曼．弗里德曼的货币理论结构［M］．高榕，译．北京：中国财政经济出版社，1989：24-25.

但是，弗里德曼在分析货币问题时没有记住自己的警示，经济学者们也忘记了弗里德曼的警示，理所当然地认为货币需求量取决于国内生产总值。久而久之，人们因此就形成教条：货币需求量取决于国民收入或国内生产总值。

实际上，商品交易量与国内生产总值存在巨大的差异。国内生产总值是最终产品的价值，但是在生产最终产品的过程中，需要投入大量中间产品。中间产品需要经过多次交易才能生产出最终产品，最终产品也需要经过多次交易才能最终到达消费者或生产者手中。另外，不动产和耐用消费品生产出来以后会在市场上不断转让出售，从而成为“二手产品”。显然，所有这一切交易都需要货币来完成。

另外，在马克思和费雪的时代，金融业并不发达，因而马克思和费雪认为货币需求量取决于商品交易量。但是在当今时代，主要资本主义国家的金融资产价值已经是国内生产总值的数倍，而且金融资产处于不断交易之中，金融资产的交易量远远大于金融资产的价值。例如，2016 年，美国纳斯达克（Nasdaq）股票市场的价值是 77791 亿美元，但股票交易量是 180923 亿美元。[①] 显然，金融资产的交易同样需要货币来完成。

因此，决定货币需求量的不是国内生产总值，而是包括各种商品以及各种金融资产的交易量，笔者称之为社会交易量。

凯恩斯认为货币需求还取决于投机需求，但是债券投机会产生债券交易，从而产生货币需求。弗里德曼认为实际货币需求量是实际国民收入以及各种金融资产名义收益率的函数，但是人们在各种金融资产名义收益率变化的情况下重新安排各种金融资产，也会导致金融资产的交易，也同样会产生货币需求。强调交易的货币需求并非排除从别的角度分析的货币需求，经济学者们还可以继续列举货币需求函数中的自变量，但显然决定货币需求量的最基本和最主要的因素是各种商品和各种金融资产的交易量。

（二）第二个教条：货币流通速度是稳定的

马克思生活在金本位制时代，他分析的货币是黄金。他认为，在严格的金本位制条件下，货币流通速度是可变的，但是流通中的货币数量也会随着货币流通速度的变化而变化，从而保持流通中的货币价值的稳定。马克思指出：“在每天流通过程开始时进入流通的货币量，当然由同时地和空间上并行地流通着的商品的价格总额来决定。

---

① BIS, Statistics on payment, clearing and settlement systems in the CPMI countries-Figures for 2016, https://www.bis.org.

但在过程之内，可以说每一货币都对另一货币承担责任。如果一个货币加快流通速度，另一个货币就会放慢流通速度，甚至完全退出流通领域，因为流通领域只能吸收这样一个金量，这个金量乘以它的单个元素的平均流通次数，等于待实现的价格总额。因此，货币的流通次数增加，流通的货币量就会减少，货币的流通次数减少，货币量就会增加。”①

费雪生活在金本位制弱化的时代，他分析的货币是黄金和信用货币。费雪在论著《货币购买力》中详细分析了影响货币流通速度的因素。他认为，货币流通速度受到三种因素的影响：第一，个人习惯，包括个人的节俭和储蓄的意愿、以记账方式进行交易的习惯和使用支票来进行交易的习惯。个人节俭或储蓄会减少流通中的货币，导致货币流通速度下降。但是，使用记账或支票进行交易会导致货币流通速度提高。第二，支付制度，包括收支的次数、收支的规律性和收支期限的匹配程度。收支的次数越多，收支越有规律性，收支在时间上的匹配程度越高，货币流通速度越快。第三，普通原因，包括人口密度和交通状况。人口密度越大，交通越便捷，货币流通速度越高。②

但是，费雪强调：“总之，数量原理的要点在流通率和交易量若不变，无论将货币改为双数，或裁减重量，或增铸 1 倍，或用其他方法增加货币的元数，物价比照同一比率增涨。”③ 这意味着，费雪认为可以假定货币流通速度不变，至少可以假定货币流通速度是稳定的。

费雪没有认为货币流通速度是不变的，他只是把它看作一个理论上的假定。但是，在费雪方程式中，费雪仍然比较准确地把 W 定义为商品交易量。显然，只要发生商品交易，就会产生货币需求，就会形成货币流通速度。

庇古淡化了货币流通速度的因素，在他的剑桥方程式中甚至没有提出货币流通速度的变量，而是用人们愿意以现金持有的名义收入的比例（k）取代货币流通速度的倒数。庇古认为 k 是稳定的，也就意味着他认为货币流通速度是稳定的。

凯恩斯生活在金本位制解体的时代，他分析的货币是信用货币。凯恩斯并没有关注货币流通速度，把货币流通速度称为货币收入流通速度。他指出：“所谓的货币收入流通速度，到底该定义为 Y 与 M（由国民收入和利率决定的货币供给量——笔者注）之比还是该定义为 Y 与 M_1（由国民收入决定的货币供给量——笔者注）之比，一般的讨论都没有得出清楚的结论。然而我建议使用后一种定义。这样，如果用 V 表示货币

① 马克思．资本论：第 1 卷［M］//马克思，恩格斯．马克思恩格斯全集：第 23 卷．北京：人民出版社，1972：140.

② 费雪．货币购买力：第 2 册［M］．金本基，译．北京：商务印书馆，1931：30-42.

③ 费雪．货币购买力：第 1 册［M］．金本基，译．北京：商务印书馆，1931：36.

收入流通速度，则有 L_1（Y）$=Y/V=M_1$。”①

凯恩斯认为货币需求量还取决于利率，由于利率是不稳定的，这本身意味着货币需求函数是不稳定的，货币流通速度是不稳定的。正因为如此，弗里德曼在他的论文集《货币理论结构》中多次提到，在凯恩斯看来货币流通速度是易变的。但是凯恩斯却把货币流通速度定义为由国民收入决定的货币流通速度，这样他又回到了庇古的看法，货币流通速度变得相对稳定了。凯恩斯指出：“货币收入流通速度纯粹是公众愿意把其收入的多大的一个比例以现金的形式加以保存，所以，货币流通速度的增加可被视为流动性偏好降低的象征。”② 但是，凯恩斯警告，不要被货币流通速度引入歧途而忽略了利息率对货币需求的影响。

凯恩斯还指出：“当然我们没有理由认为 V 是一个常数。它的数值取决于银行及工业组织的性质、社会习惯、收入在各个阶层之间的分配以及持有闲置货币的成本。但是假如我们所讨论的是一个短时期，我们不妨假设以上各个因素都没有多大变化，这样也可以把看作一个常数。”③ 从凯恩斯的这段话可以看出，即使他认为货币流通速度可变，也是指随着社会习惯等独立自变量的变化而变化，而没有意识到货币流通速度还会随着社会交易量和货币供给量的变化而迅速变化。

弗里德曼在对货币需求的分析中没有专门讨论货币流通速度。既然他认为货币需求函数是稳定的，也就意味着他认为货币流通速度也是一个稳定的函数。但是，弗里德曼在《货币数量论的重新表述》中还是把他的看法与传统货币数量论作了区分。他写道：“本书中所进行的研究是以形式更为复杂的货币关系之稳定性及规范性作为前提的，而不是以简单的数值为常数的货币流通速度为前提。”④

弗里德曼曾借用剑桥方程式 $M=kPY$ 指出：“对于较短的时期来说，我们已经提出的变化将通过方程（6）右侧的全部三个变量 k、P 和 Y 反映出来。但我们认为，k（实际上是货币流通速度的倒数——笔者注）的变化不能像凯恩斯所分析的那样，全部吸收 M 的变化。相反，却时常加大 M 的变化。M 与 k 的变化通常以同一方向（而不是相反）影响到国民收入的变动。”⑤

但是，弗里德曼在 1971 年出版的《美国货币史》中使用“国民生产净值÷（通货+存款）”的指标对 1869—1960 年的货币流通速度进行了计量分析，得出下述结论：

---

① 凯恩斯．就业、利息和货币通论［M］. 宋韵声，译．北京：华夏出版社，2012：156.

② 凯恩斯．就业、利息和货币通论［M］. 宋韵声，译．北京：华夏出版社，2012：151.

③ 凯恩斯．就业、利息和货币通论［M］. 宋韵声，译．北京：华夏出版社，2012：156.

④ 弗里德曼．弗里德曼文萃［M］. 高榕，等，译．北京：北京经济学院出版社，1991：384.

⑤ 弗里德曼．弗里德曼的货币理论结构［M］. 高榕，译．北京：中国财政经济出版社，1989：54.

“货币流通速度是一个相对稳定的量，在真实收入增长时会下降，而且它有相当固定的周期形式，即经济紧缩时期下降，经济扩张时期上升或以较低的速度下降。”①

由此可见，弗里德曼的总体看法是：货币流通速度是若干自变量的稳定的函数，货币流通速度本身是可变的但相对稳定。

由于这些经典的货币理论在经济学界处于主导地位，久而久之，在经济学界就形成了一种“教条”：货币流通速度是稳定的。

实际上，在弗里德曼以后，即使用“产值/货币供给量”这个指标度量货币流通速度以后，一些经济学者已发现货币流通速度不稳定的问题。美国经济学者米什金（F. S. Mishkin）根据“国民生产总值/货币供给量”和“国内生产总值/货币供给量”两种度量方法，计算了美国1915—1995年的货币流通速度，指出1950年以前货币流通速度的波动是相当大的，1950年以后货币流通速度的波动比较缓和。他认为货币流通速度是利率的函数：当利率上升时，人们在既定的收入水平上持有较少的实际货币余额，货币流通速度上升。②

美国经济学者萨缪尔森（P. A. Samuelson）在1976年出版的《经济学》中指出，货币流通速度是可变的，是利率的函数，但它是逐渐变化的。③ 但是，萨缪尔森在2012年出版的《经济学》中，利用国内生产总值÷狭义货币供给量（M1）计算了1960年到2010年的货币流通速度，得出下述结论：“在1979年以前，货币流转速度是稳定增长的，并且是可以预测的。但从1980年开始，活跃的货币政策、更高变化的利率和金融创新导致了货币流转速度的季度不稳定性。”④ 但是，这两位学者只是提出问题，没有把货币流通速度作为货币理论的一个组成部分或者一种调节机制进行分析。

长期以来，庇古以后的经典货币理论形成的“两个教条”在经济学界产生了误导性影响。例如，经济学者们习惯用货币供给÷国内生产总值（M/GDP）反映货币当局是否过度发行货币。再如，经济学者们认定当货币供给增长率超过实际产值增长率时，通货膨胀就会发生。但是，经济学者由此得到的结论与经济现实相差太远，有的经济学者只好称之为“货币之谜”。其实，这都是庇古以后货币理论的“两个教条”造成的误导。关于这“两个教条”造成的误导，笔者在本章第五节将专题进行分析。

---

① 弗里德曼，施瓦茨．美国货币史（1867—1960）［M］．巴曙松，等，译．北京：北京大学出版社，2009：21.
② 米什金．货币金融学［M］．李扬，等，译．北京：经济科学出版社，1998：475-480.
③ 萨缪尔森．经济学［M］．高鸿业，译．北京：商务印书馆，1979：405.
④ 萨缪尔森．经济学：下册［M］．萧琛，译．北京：商务印书馆，2012：848.

二、货币流通速度易变性的验证

（一）货币流通速度易变性的逻辑分析

如前所述，决定货币需求量的是社会交易量而不是国内生产总值，社会交易量=最终产品交易量+中间产品交易量+二手产品交易额+金融资产交易量。与国内生产总值有名义和实际之分一样，社会交易量也有名义和实际之分。在国内生产总值增长率比较高的时候，各种商品和资产的交易也会比较活跃，两者存在一定的相关关系。但是，由于社会交易量包括规模越来越大的金融资产交易量，而金融资产交易量有迅速膨胀或者迅速收缩的特点，两者不可能成比例变化，基于社会交易量的货币流通速度是不稳定的。

根据美国联邦储备委员会提供的历史统计数据，1947—2021 年，美国金融资产价值与国内生产总值之比一直趋向上升，从 1947 年的 4.86 倍增加到 2021 年的 14.64 倍。[①] 这意味着在社会交易量中，金融资产交易量所占的比例越来越大。另外，金融资产交易量的波动性较大，其中股票交易量的波动性尤其大。根据国际清算银行的统计数据，2003—2016 年，美国名义国内生产总值增长率最高是 6.7%，最低是-2.0%；纳斯达克股票市场的证券交易量增长率最高达到 76%，最低只有-30%。[②] 因此，从逻辑上可以判断，基于社会交易量计算的货币流通速度与基于国内生产总值计算的货币流通速度肯定存在较大的差异。

（二）货币流通速度易变性的统计检验

1. 统计数据的选择

在经济思想史上，由于社会交易量无法计量而用国民收入或者国内生产总值来取代无可非议。但是，社会交易量包括范围如此之广，影响因素如此之多，数额如此之大，从而产生了下面的问题：用国民收入或国内生产总值来代替社会交易量计算货币流通速度将会产生多大的误差？这种误差对货币理论的分析将会产生多大的影响？因此，如果能够估算出社会交易量，还原货币流通速度的本来面目，就能够以真实的货币流通速度重新审视历史上经典的货币理论。

---

① Board of Governors of the Federal Reserve System, Financial Account of United States, 1945-2022, https://www.federalreserve.gov.

② BIS, Statistics on payment, clearing and settlement systems in the CPMI countries, https://www.bis.org.

国际清算银行从 20 世纪 80 年代开始提供若干国家的银行之间以及非银行主体的非现金交易的统计数据，使人们通过支付系统数据估算社会交易量成为可能，也就使估算真实的货币流通速度成为可能。这是有史以来最接近于真实的商品和金融资产交易量的统计数据。

但是，这些统计数据存在下述问题：第一，利用各种支付工具进行支付存在相互交错的问题，需要小心地排除重复计算。第二，由于统计口径的变化，统计数据往往不连贯，还需要使用统计口径一致的数据来进行分析。因此，对相关国家货币流通速度的估算肯定存在误差，但是相对于使用国内生产总值估算来说要精确得多。下面选取了统计数据比较连贯和完整的美国和英国，来计算它们的货币流通速度。

美国非现金支付数额最大的是纽约清算所银行间支付系统（the Clearing House Interbank Payments System，CHIPS）和美国联邦储备系统大额资金转账系统（Federal Reserve Wire Transfer System，Fedwire），但这两个结算系统既包括国内美元的结算，也包括国际美元的结算。由于无法从中分离出国内银行之间的支付数据，只好放弃这两个结算系统的支付数据。在下面关于社会交易量的计算中，采用了下述数据：在美国自动清算中心（Automatic Clearing House，ACH）中的商业银行之间以及中央银行与商业银行之间的转账、公众支票支付额、公众借记卡支付额。因此，所采用的数据并不等同于实际社会交易量，但已经在一定程度上接近实际社会交易量。

2. 美国基于社会交易量的货币流通速度

利用国际清算银行提供的统计数据，可以从非现金社会交易量的角度，对美国的货币流通速度进行检验。图 3-2 表示用传统的计算方法即用名义国内生产总值与狭义货币供给量（M1）之比来计算的 2000—2015 年美国货币流通速度。图 3-3 表示用非现金社会交易额与扣除现金的狭义货币供给量之比来计算的 2001—2014 年美国货币流通速度。图 3-2 和图 3-3 的横轴表示时间，纵轴表示货币流通速度即单位货币每年流通的次数。

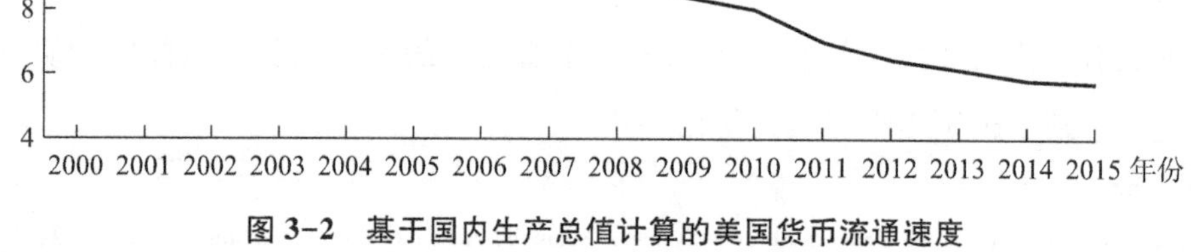

图 3-2　基于国内生产总值计算的美国货币流通速度

资料来源：Bureau of Economic Analysis，National，U. S. Economic Account，http：//www. bea. gov.

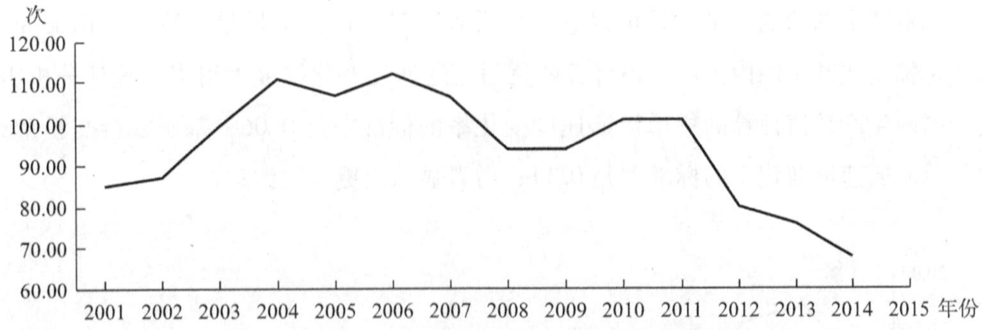

图 3-3　基于社会交易量计算的美国货币流通速度

资料来源：Bank for International Settlements，Statistics on Payment，2000-2016，http：//www. bis. org.

比较图 3-2 和图 3-3 的图像，可以发现下述情况：

第一，基于国内生产总值与基于社会交易量计算的货币流通速度并非各个时期都是同方向变化，例如，2002—2004 年、2006—2007 年、2009—2010 年，两者的变化方向是相反的。但是，两种货币流通速度呈现一定的相关性。统计分析表明，两者的相关系数是 0. 81。

第二，基于国内生产总值与基于社会交易量计算的货币流通速度的变化不成比例，后者对前者之比最大是 2012 年，倍数是 16 倍；最小是 2001 年，倍数是 10 倍。

第三，在直观上，基于国内生产总值计算的货币流通速度比较稳定，这就是近百年来货币流通速度一直被认为保持相对稳定的一个重要原因。但是，基于社会交易量计算的货币流通速度明显表现出更大的波动性。

为了更加清楚地反映出基于社会交易量计算的货币流通速度的易变性，把图 3-2 和图 3-3 的货币流通速度以变化率来表示，即每年货币流通速度相对于上一年的变化率，便可以得到图 3-4 和图 3-5 所示的 2001—2015 年美国货币流通速度变化率。

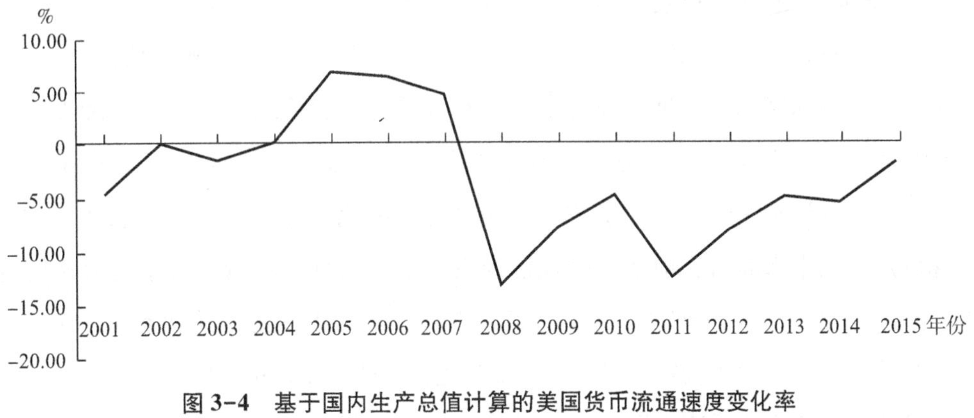

图 3-4　基于国内生产总值计算的美国货币流通速度变化率

观察两个图像的纵坐标就可以直观地看到，基于社会交易量计算的货币流通速度的变化幅度比基于国内生产总值计算的货币流通速度变化幅度大得多。统计分析表明，基于国内生产总值计算的货币流通速度变化率的标准差是 0. 06，基于社会交易量计算的货币流通速度变化率的标准差是 0. 11，后者显示出更大的波动性。

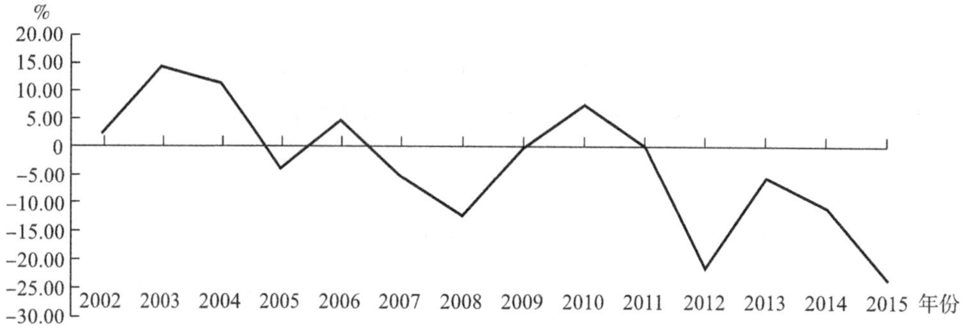

图 3-5　基于社会交易量计算的美国货币流通速度变化率

3. 英国基于社会交易量的货币流通速度

用同样的方法计算英国 2001—2015 年基于社会交易量和基于国内生产总值计算的货币流通速度，可以得到如下结论：第一，英国基于社会交易量与基于国内生产总值计算的货币流通速度只存在弱相关关系，相关系数是 0. 46。第二，英国基于社会交易量计算的货币流通速度对基于国内生产总值计算的货币流通速度之比，最大年份是 2001 年，为 126 倍，最小年份是 2015 年，为 53 倍，两者变化不成比例。第三，英国基于社会交易量计算的货币流通速度变化率的标准差是 0. 08，而基于国内生产总值计算的货币流通速度变化率的标准差是 0. 03，前者具有更大的波动性。由此可见，英国两种定义的货币流通速度的关系与美国是相似的。

4. 对货币流通速度检验结果的分析

经济学界近百年来定义的货币流通速度（国民收入或 GDP 与 M 之比），与现实经济中的货币流通速度相距甚远，庇古以后的经济学者在货币理论中用“国民收入”或者“国内生产总值”去取代马克思和费雪货币理论中的“商品交易量”，产生的误差太大，并且在理论和实践中已经造成了许多误导。因此，应该恢复马克思和费雪货币流通速度定义的本来面目。但是，时代已经变化了，马克思和费雪货币流通速度定义中的“商品交易量”应该被“社会交易量”取代。从货币最主要的功能——交易功能来看，货币流通速度的正确定义是：货币流通速度=社会交易量÷货币供给量。

应该指出，货币流通速度不仅受到社会交易量和货币供给量的影响，还受到各种独立因素的影响，这就是费雪所说的个人习惯、支付制度、人口密度等，或者是凯恩斯所说的银行及工业组织的性质、社会习惯、收入在各个阶层之间的分配以及持有闲置货币的成本等。由于这些独立因素的存在，两个国家即使社会交易量和货币供给量相同，它们的货币流通速度也不同。这些独立因素对货币流通速度的影响，可以通过不同的国家在同一个时期具有不同的货币流通速度，以及同一个国家在不同时期具有不同的货币流通速度观察到。一个显而易见的例证是，如果一个国家的公众习惯于网络支付，另一个国家的公众习惯于现金支付，在其他条件相同的情况下，前一个国家需要的货币较少，也就是货币流通速度较快。

实际上，货币流通速度经历了从稳定到易变的历史过程。在金本位制条件下，货币流通速度是相对稳定的。首先，作为货币的黄金存量的增长是稳定的。其次，当时社会生产力水平不高，经济周期性变化不明显，社会交易量处于相对稳定的状态。最后，黄金的贮藏手段职能调节着作为流通手段的黄金的流通速度。因此，基于社会交易量的货币流通速度是相对稳定的。但是，到了庇古所处的时代，金本位制已经弱化，纸币的发行超过它代表的黄金数量已经成为常态，货币流通速度开始变得不稳定了。

到了信用货币时代，货币当局不断调整货币供给量来调节经济，虚拟经济的发展也导致大量金融资产产生，货币流通速度在本质上变得易变。在货币供给量不变的条件下，由于社会交易量包括金融资产交易量，在经济正常的情况下，即使商品交易量是相对稳定的，金融资产交易量也未必是稳定的；在经济波动的情况下，商品交易量变得不稳定，金融资产交易量就更不稳定了。

另外，二战后，各国政府趋向于在经济衰退时期增加货币供给量，在通货膨胀时期收缩货币供给量。然而，经济衰退时期正好是社会交易量收缩时期，通货膨胀时期正好是社会交易量扩张时期，政府的宏观货币政策加剧了货币流通速度的波动性。这种情况与检验结果是相符的：货币流通速度不仅是易变的，而且在经济波动时期变化幅度更大。

有的经济学者认为，在信用货币的制度下，货币流通速度存在下降的趋势。实际上，在信用货币制度下，作为流通手段的货币经历了纸币、存款货币、电子货币的发展阶段，如果其他因素不变，货币流通速度确实可能出现下降的趋势。但是，货币流通速度还与社会交易量和货币供给有关。在经济趋向虚拟化的情况下，金融资产的交易将变得更加活跃，货币当局也会不断用货币供给去调节经济，货币流通速度的变化趋势将存在各种可能性。

三、货币理论的重构研究

（一）货币流通速度的机制作用

在货币流通速度易变的条件下，可以发现货币流通速度是货币均衡的一种调节机制。货币流通速度=社会交易量÷货币供给量，它必然受到社会交易量和货币供给量的影响。在货币供给量不变的条件下，货币流通速度与社会交易量呈现同方向变化；在社会交易量不变的情况下，货币流通速度与货币供给量呈现反方向变化。货币流通速度可以在短期内会对社会交易额和货币供给量作出反应并恢复货币的均衡。

例如，在经济较冷的时候，社会交易量减少，货币需求量将减少。如果货币供给存量没有变化，货币流通速度将下降。货币流通速度的下降导致货币供给流量的减少，从而使货币需求量和货币供给流量恢复均衡。相反，在经济较热的时候，社会交易量增加，货币需求量增加。如果货币供给存量没有变化，货币流通速度将提高。货币流通速度的提高导致货币供给流量的增加，从而使货币需求量和货币供给流量恢复均衡。在这里，货币供给流量是货币供给存量与货币流通速度的乘积。

另外，如果中央银行增加货币供给存量，在货币需求量不变的条件下将导致货币供给流量大于货币需求量，货币流通速度将下降，从而导致货币供给流量的减少，最终使货币供给流量与货币需求量恢复均衡。相反，如果中央银行减少货币供给存量，在货币需求量不变的条件下将导致货币供给流量小于货币需求量，货币流通速度将加快，从而导致货币供给流量的增加，最终使货币供给流量与货币需求量恢复均衡。

从事后来看，在任何一段时期里，买入商品和金融资产的金额一定等于卖出商品和金融资产的金额，货币供给流量与货币需求量总是相等的。但从事前来看，当货币供给存量发生变化导致货币供给流量与货币需求量失衡的时候，正像经典货币理论论证的那样，利率、消费支出、投资支出、价格水平都有可能发生变化，它们都是调节机制并会使货币供给流量与货币需求量恢复均衡。与此同时，货币流通速度也是一种调节机制，也在货币供给流量与货币需求量恢复均衡中发挥着作用。

（二）对货币供求的重新表述

在证明了货币流通速度的易变性以后，应该重新审视经典和现行货币理论，有必要重视货币流通速度因素的机制作用，并从这个角度重构货币理论。重构的货币理论可以回归古典的货币理论的形式但必须赋予其新的内涵。下面试图从马克思-费雪方程

式 $MV=PW$ 开始，关注货币流通速度的调节作用，借鉴凯恩斯和弗里德曼的货币理论的分析，重构货币理论。

从货币供给的角度分析，可以从马克思-费雪方程式等号左边的 MV 开始。M 是货币供给存量，V 是货币流通速度，MV 是在经济中实际发生作用的货币供给流量。在信用货币制度下，货币供给存量 M 主要是由货币当局决定的。在这里，货币流通速度扮演着两种角色：一方面，货币流通速度是由支付制度和社会习惯等独立因素决定的，但是并不具有无限的弹性。这就是说，如果货币供给存量不变，不能期望货币流通速度无限提高来适应社会交易量增加的要求。另一方面，货币流通速度是易变的，是货币均衡的一种调节机制。它会不断地发生变化以使实际发挥作用的货币供给流量 MV 与货币需求量 PW 保持均衡。在货币需求量不变的条件下，货币供给存量的增加和减少将导致货币流通速度的下降和上升，使货币供给流量与保持稳定的货币需求量处于均衡状态。

从货币需求的角度分析，可以从马克思-费雪方程式等号右边的 PW 开始。马克思-费雪方程式中的交易量 W 仅仅是商品的交易量，现在应指社会交易量。在这个分析环节中，可以借鉴各种货币需求函数的分析。例如，可以引入凯恩斯从交易、预防和投机三个动机下进行的货币需求分析，也可以引入弗里德曼从最终财富持有者配置财富的角度提出的货币需求分析。但不论从什么角度分析货币需求，交易需求是最基本的货币需求，而货币的交易需求主要取决于社会交易量。

（三）货币对经济影响的重新表述

最后来考察马克思-费雪整个方程式 $MV=PW$，其中 W 现在是指社会交易量。由于货币供给存量 M 是不是内生变量这个问题不是这里讨论的重点，可以把它看作由货币当局决定的。另外，在这个分析过程中，同样可以兼顾凯恩斯、弗里德曼以及后来经济学者提出的货币传导机制的作用。

从货币当局以增加商业银行准备金的方式投放货币开始。货币供给的增加产生数量效应（银行信贷增加）和价格效应（利率下降），居民和企业作出反应，增加消费支出和投资支出。在这个环节中，凯恩斯、弗里德曼以及后来经济学者提出的货币传导机制发挥着作用。接着，总支出的增加导致实际国内生产总值的增加和价格水平的上升。在发生不同程度的经济衰退的情况下，价格水平上升的幅度不一样，在严重衰退的情况下价格水平上升幅度很小，在衰退不严重的情况下价格水平上升幅度大一些。

按照凯恩斯的货币理论，国民收入的增加导致货币需求量的增加，货币供给量和需求量形成新的均衡。按照弗里德曼的货币理论，实际国民收入的增加和通货膨胀预期导致实际货币需求量的增加，实际货币供给量和实际货币需求量形成新的均衡。但按照笔者重构的货币理论，逻辑进程并非如此。

在消费支出和投资支出增加的时候，社会交易量将增加，从而导致货币需求量的增加。如果货币供给量和货币需求量尚未形成新的均衡，货币流通速度将发生变化，最终促成货币均衡的形成。这就是说，货币需求量并非在国民收入增加和价格水平上升以后才增加，而是在从总支出增加到国民收入增加和价格水平上升的整个交易量增加过程中都在增加。

在货币供给对经济产生影响以及货币形成新的均衡过程中，货币流通速度在不同的情形下将发挥不同的作用：

第一，在银行信贷增加和利率下降的时候，如果居民和企业作出积极的反应，消费支出和投资支出将发生较大幅度的增加，新增的货币需求量有可能大于新增的货币供给量，在这种情况下货币流通速度将会提高，以实现新的货币均衡。

第二，在银行信贷增加和利率下降的时候，如果居民和企业没有作出积极的反应，消费支出和投资支出将出现较小幅度的增加，新增的货币需求量有可能小于新增的货币供给量，在这种情况下货币流通速度将会下降，以实现新的货币均衡。

第三，如果居民和企业出于对经济前景的担忧作出消极的反应，则银行信贷难以增加，利率难以下降，在这种情况下货币流通速度将大幅度放慢，以实现新的货币均衡。这就是所谓“流动性陷阱”的情形。

凯恩斯对“流动性陷阱”的解释是，利率很低意味着债券价格很高，人们将卖出债券持有现金，货币需求无限增加，即出现货币对债券的替代，货币政策失去作用。但是，对日本 20 世纪 90 年代和 21 世纪 10 年代两次陷入“流动性陷阱”的分析表明，前一次陷入“流动性陷阱”时没有出现货币对债券的替代，后一次陷入“流动性陷阱”时发生了小量的货币和别的金融资产对债券的替代。① 实际上，在陷入“流动性陷阱”的情况下，货币的均衡是通过货币流通速度大幅度放慢实现的。

在货币供给对经济产生影响的过程中，货币流通速度起到“清道夫”的作用，在经济主体对货币供给增加作出各种反应以后，最终是由货币流通速度实现货币的均衡。

笔者在图 3-1 中曾经借鉴各种货币理论提出了在不考虑货币流通速度因素的条件下货币供给增加对经济的影响过程。如果考虑社会交易量和货币流通速度的因素，货币供给增加对经济的影响过程如图 3-6 所示。

---

① 李翀．流动性陷阱之谜的解析［J］．学术研究，2019（6）．

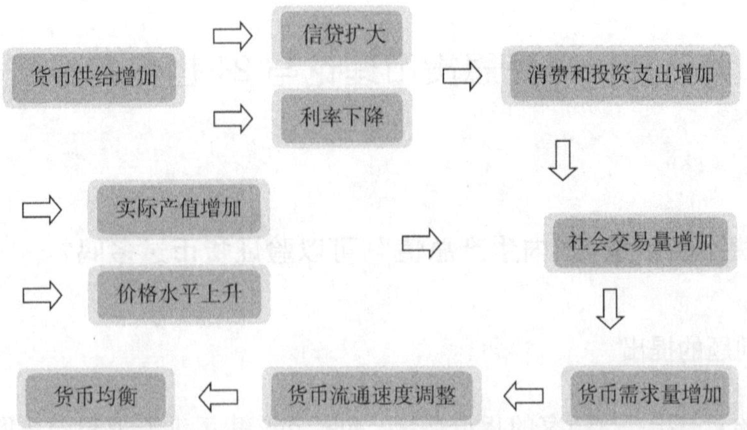

图 3-6 考虑货币流通速度条件下货币供给增加对经济影响的过程

(四)货币理论重构的政策的含义

基于对经典货币理论的重构，可以正确评估货币政策对经济的调节作用。尽管凯恩斯强调财政政策的作用，但他也认为，货币政策是有效的，只是货币政策在克服经济衰退方面不如在克服通货膨胀方面有效。弗里德曼认为，货币政策在短期内可能是有效的，但是由于货币政策存在时延以及货币当局可能会过度反应等因素，货币政策有可能反而造成经济不稳定，因此应该保持货币供给增长率的稳定。

然而，正如前面的分析指出的，货币流通速度是易变的。在经济衰退时期，当货币当局增加货币供给存量时，如果利率和支出的机制作用减弱，货币流通速度有可能下降，并在一定程度上抵消货币供给存量增加对货币供给流量的影响。因此，判断货币政策是否有效，应该把注意力放在银行、居民和企业对货币供给存量变化的反应上，也就是利率和支出的机制作用。

如果商业银行、居民和企业没有什么反应，货币供给存量的大量增加有可能被货币流通速度的进一步下降所抵消，这就是陷入“流动性陷阱”的表现。在这种情况下，继续大规模增加货币供给已经没有什么意义。

从上面的分析可以看到，重构的货币理论尽管保留了马克思-费雪方程式的形式，但是经过重新表述，已经具有完全不同的内涵。这才是比较接近地表达和反映现实经济货币作用的货币理论。

第五节　马克思货币理论与21世纪的经济

一、“货币供给量÷国内生产总值”可以验证货币过多吗？

（一）问题的提出

货币供给量是指一个国家的货币存量，包括狭义货币供给量和广义货币供给量的指标，但是各国M1和M2的内容不尽相同。国内生产总值是指一个国家一定时期在境内生产的用货币来表示的物品和服务的总值。货币是为社会生产服务的，M/GDP似乎可以反映一个国家的货币是多了或是少了。因此，在中国经济学界，许多经济学者发表学术论文，以我国的M/GDP相对于主要发达国家如美国来说过高，说明中国货币当局过度发行了货币。

例如，在2000年，美国的M1/GDP是10.83%，中国是53.27%；美国的M2/GDP是48.27%，中国是132.79%。到2020年，美国的M1/GDP是23.04%，中国是56.25%；美国的M2/GDP是81.21%，中国是206.54%。[①] 2020年发生了新型冠状病毒疫情，美国联邦储备系统于2020年5月大规模投放货币，结果发生通货膨胀，美国联邦储备系统又于2022年3月收缩货币。为了避开这一段非常时期，这里选择2020年4月的货币数据进行分析。由此可见，我国的M/GDP远高于美国。

如果中国货币当局长期过度发行货币，我国的价格水平应该上升。但是，2000—2021年，我国消费者价格指数的年平均增长率只有2.17%。事实表明，中国并没有发生长期的通货膨胀。这就是说，中国货币当局并没有长期过度投放货币。但是，为什么中国的M/GDP如此之高？

笔者认为，中国经济学者以M/GDP证明中国货币当局过度发行货币，说明他们受到了经典货币理论的两个“教条”的影响：第一个“教条”是决定货币需求量的是国内生产总值，第二个“教条”是货币流通速度是稳定的。笔者在前面对这两个“教条”已经进行了详细的分析，在这里不再赘述。

① 中国人民银行，货币统计概览，http：//www.pbc.gov.cn；Board of Governors of the Federal Reserve System, Money Stock Measure, http：//www.federalreserve.gov.

（二）中国相对社会交易额较大

我国 M/GDP 过高的原因之一，在于与美国相比，中国相对于 GDP 来说的社会交易量较大。前面的分析表明，由于货币需求量取决于社会交易量除以货币流通速度，如果能够证明我国社会交易量相对于国内生产总值来说较大，那么货币需求量相对来说就较大，在货币均衡的条件下货币供给量也就较大，M/GDP 偏高并不反常。

遗憾的是，国际清算银行提供的中国和美国的无现金支付数据不能直接比较，只能从逻辑上进行分析。中国相对于国内生产总值而言的社会交易额之所以比美国高，主要有下述两个原因：

第一，商品交易中间环节较多和流通成本较高一直是中国经济存在的问题，生产出来的商品往往要通过多个批发层次才进入零售领域。例如，钢铁厂生产出来的钢铁要经过大经销商、中小经销商才能到达用户手上。我国燃料、原材料、设备、农产品的交易都在不同程度上存在这种情况，这就造成了我国社会交易量远大于国内生产总值。

第二，中国金融资产规模扩张更快以及交易更为频繁。美国金融市场的发展比较成熟，从而相对稳定。但是，中国的金融市场是在 20 世纪 90 年代才开始发展起来的，正处于扩张的时期。根据国际清算银行提供的统计数据，以证券市场为例，2010 年和 2016 年，美国纽约证券交易所和纳斯达克的证券市场价值总和分别是 172835 亿美元和 273522 亿美元，增长幅度为 58.26%；中国上海证券交易所和深圳证券交易所的证券市场价值总和分别是 265422 亿元人民币和 511531 亿元人民币，增长幅度为 92.72%。

另外，2016 年美国纽约证券交易所和纳斯达克的证券市场交易额是 354675 亿美元，是市场价值的 1.3 倍；中国上海证券交易所和深圳证券交易所的证券市场交易额是 3773150 亿元人民币，是市场价值的 7.4 倍。[①] 任何交易都需要货币，中国相对 GDP 来说社会交易额较大，货币需求量以及相应的货币供给量就较大。

（三）中国相对货币流通速度较慢

如果一个国家货币流通速度低，要完成一定的交易所需要的货币就多，在货币均衡的条件下货币供给存量就多，M/GDP 高就并非反常。因此，问题是为什么中国货币流通速度低于美国。中国和美国的货币制度同属信用货币制度，除了中国很少使用个

---

① Bank for International Settlements. Statistics on Payment, Clearing and Settlement Systems in the CPMI Country, 2017. http://www.bis.org.

人支票以外，中国的支付工具与美国没有什么差异。中国和美国货币流通速度的差异是两国的经济状况和社会习惯不同造成的：

第一，长期以来，中国人有使用现金习惯。虽然现在越来越多的中国人习惯网络支付，但仍有一部分人保持这种习惯。在货币的各个组成部分中，现金的流通速度是最慢的。在中国人这种习惯的影响下，中国的货币流通速度必然较低。另外，部分中国人还有储存现金的习惯。这部分现金的货币流通速度为零，从而降低了总体的货币流通速度。

2001年12月底，中国的现金数量是1.60万亿元。20多年来，在中国无现金支付越来越普及的情况下，中国的现金数量到2022年12月底增加到10.47万亿元。2022年12月底，中国现金在货币供给量（M1）中所占的比例是15.59%，而美国只有11.67%。[①]

第二，中国人的消费率较低和储蓄率较高。居民得到收入以后，会把部分收入存放在活期存款账户以便随时用于消费支出，然后把剩余收入存放在定期存款账户或购买金融资产以用于储蓄。由于消费品生产周期较短，用于消费支出的货币会不断处于流通之中，货币流通速度较快；用于储蓄的货币需要通过一系列的环节转化为投资，而投资品的生产周期较长，货币流通速度较慢。因此，假定其他条件不变，一个国家消费率越低，也就是储蓄率越高，货币流通速度就越慢。

2000—2021年，中国居民年平均最终消费率是38.73%，美国居民年平均最终消费率是67.56%。[②] 正因为中国人消费率低和储蓄率高，2022年12月底，中国广义货币供给量对狭义货币供给量的倍数是3.97倍，美国是1.08倍。[③]广义货币供给量包括定期存款和储蓄存款等流动性较低的金融资产。由于我国相对货币流通速度较低，完成一定数量的社会交易额所需要的货币就更多，M/GDP必然较高。

（四）中国和美国货币供给量定义的差异

在分析了中国M/GDP偏高的主要原因以后，笔者还要指出，中国货币供给量的概念与美国存在差异也是一个原因。

中国对M1的定义包括通货和活期存款。美国对M1的定义包括：第一，财政部、联邦储备银行、存款机构现金池之外的通货；第二，非银行金融机构发行的旅行支票；

①③ 中国人民银行，货币统计概览，http：//www.pbc.gov.cn；Board of Goverdors of the Federal Reserve System，Money Stock Measures，https：//www.federalreserve.gov/.

② 国家统计局，年度数据，http：//data.stats.gov.cn；US Bureau of Economic Analysis，Gross Domestic Product，https：//www.bea.gov.

第三，商业银行的需求存款，但不包括存款机构、美国政府、外国官方机构、外国银行的需求存款；第四，其他支票类存款，包括在存款机构的可转让的存单和自动转移服务的金额、信贷会社的分享汇票账户、节约机构的需求存款，其中股份汇票账户是指允许成员根据在信贷会社的股份签发汇票。由此可见，中国M1定义中的通货范围比美国要宽，中国活期存款包括美国的扣除项，但不包括可转让存单和自动转移服务的数额。

如果要准确地对中国和美国相对国内生产总值的狭义货币供给量进行比较，应该采用一致的货币供给量的定义。2015年末，根据美国联邦储备委员会提供的数据，美国的M1是31404亿美元，与国内生产总值之比是17.33%。但是，美国银行以外的通货和支票性存款有38297亿美元，[①] 按照这个仍然窄于中国M1口径的指标计算，它与国内生产总值之比是21.13%，提高了3.80个百分点。

中国的M2与美国相比同样存在较大的差异。中国的M2包括M1、定期存款、储蓄存款和其他存款。美国的M2包括：第一，M1；第二，包括货币市场存款账户在内的储蓄存款；第三，10万美元以下的定期存款，但减去私人退休账户金额以及存款机构的基奥余额；第四，零售货币市场共同基金的份额，但扣除货币市场共同基金私人退休账户金额以及存款机构的基奥余额。其中基奥余额是指根据基奥计划为个体工商户设立的一种免税退休金。中国的M2包括各种非活期存款，意味着中国M2的概念要比美国广泛得多。

如果要准确地对中国和美国相对于国内生产总值而言的广义货币供给量进行比较，也应该采用一致的货币供给量的定义。2015年末，根据美国联邦储备委员会提供的数据，美国的M2是124013亿美元，与国内生产总值之比是68.44%。但是，美国银行以外的通货和支票性存款有38297亿美元，定期存款和储蓄存款是108549亿美元。[②] 即使按照这个仍然窄于我国M2口径的指标计算，与国内生产总值之比是81.04%，提高了12.60个百分点。因此，我国的货币供给量定义较宽，也在一定程度造成了我国M/GDP偏高。

上述分析表明，不能简单地用M/GDP来判断一个国家是不是过度发行货币，还应该结合生产者价格指数和消费者价格指数进行判断。中国出现过短期过量发行货币的情况，但没有出现长期过量发行货币的情况。进入21世纪以后，中国的房地产价格不断上升，不少人将其归因为中国货币当局过量发行货币。笔者认为，并非过量发行货

---

①② Board of Governors of the Federal Reserve System, Financial Account of United States, 2015: 114. http://www.federalreserve.gov.

币造成房地产价格上升，而是房地产价格上升有的时候促使货币当局投放货币。实际上，地价和房价轮番上升，造成了对房地产价格上升的强烈预期，社会资金大规模涌向房地产市场，进一步推动房地产价格持续地、大幅度地上升。但是其他产业也需要资金，有的时候货币当局不得不追加投放货币。这个问题不是本书主题，就不再详细分析了。

二、“货币供给增长率-实际产值增长率=通货膨胀率”成立吗?

（一）问题的提出

经济学界经常引证一个原理：当货币供给增长率超过产值的增长率时，通货膨胀就会发生。这个原理是基于20世纪初的货币数量论提出来的。美国经济学者巴德（R. Bade）在颇有影响的经济学教科书《宏观经济学原理》中曾经这样表述：如果用 M 表示货币供给，用 V 表示货币流通速度，用 Y 表示实际产值，用 P 表示价格水平，那么传统货币数量论的交易方程式可表达为：$MV=PY$。如果用增长率来表示各个变量，从长期来看，交易方程式可表达为：货币供给增长率+货币流通速度增长率=通货膨胀率+实际产值增长率。这意味着在货币流通速度不变的条件下，货币供给增长率-实际产值增长率=通货膨胀率。①

美国经济学者弗里德曼很早就表达了相似的看法，他在1956年发表了题为《货币数量论：一种重新表述》的论文，提出要恢复货币数量论的学术声誉。② 弗里德曼在1957年又发表了一篇题为《价格与经济稳定和增长的关系》的论文，分析了货币供给、产量和价格水平之间的关系。他指出：“据我所知，并不存在单位产量的货币存量发生较大变动而价格水平却没有发生方向相同的较大变动的情况。”他由此得出相应的政策含义：货币存量的增长要适应产量的增长和人口的增长。为了保持长期价格稳定，货币存量必须每年增长3%~5%。③

但是，这个原理符合现实的经济情况吗？下面分别考察美国、中国和日本三大经济体进入21世纪以来货币供给增长率、产值增长率和通货膨胀率的关系。货币供给增长率采用狭义货币供给量的指标，产值增长率采用国内生产总值的指标，通货膨胀率采用公认的消费者价格指数的指标。如果把货币供给增长率与产值增长率之差称为预

① 巴德．宏观经济学原理［M］．张弘，等，译．北京：中国人民大学出版社，2004：296-298.
② 弗里德曼．弗里德曼文萃［M］．胡雪峰，等，译．北京：首都经济贸易出版社，2001：303.
③ 弗里德曼．弗里德曼文萃［M］．胡雪峰，等，译．北京：首都经济贸易出版社，2001：331，346.

期通货膨胀率，把现实经济的 CPI 称为现实通货膨胀率，那么美国、中国、日本 2000—2021 年两种通货膨胀率的情况如表 3-2 所示。

表 3-2　“货币供给增长率-实际产值增长率=通货膨胀率”原理的适用性

国家	预期的年通货膨胀率/%	现实的年通货膨胀率/%	预期与现实的偏差/百分点
美国	20. 69	2. 64	18. 05
中国	4. 37	2. 18	2. 19
日本	5. 53	0. 14	5. 39

表 3-2 中，预期与现实的偏差是指根据公式“货币供给增长率-实际产值增长率=通货膨胀率”得到的预期年平均通货膨胀率，减去现实的年平均通货膨胀率得到的差值。从表 3-2 可以看到，“货币供给增长率-实际产值增长率=通货膨胀率”的原理在美国、中国、日本这样的主要国家中完全失去意义。

实际上，美国经济学者麦金农（R. McKinnon）早在 1993 年就指出，中国货币增长率长期高于通货膨胀率与实际国内生产总值增长率之和，货币供给存量长期大于经济总规模，但是这没有导致中国同等幅度的物价上涨。他把这个现象称为“中国货币之谜”（the money puzzle of China）。①

另外，根据美国的历史统计数据，排除美国货币供给量因新型冠状病毒疫情暴发而发生天量增加的 2020 年，1960—2019 年，联邦储备系统从来没有按照“简单货币规则”去做，它总在经济偏热时收缩货币供给，在经济偏冷时增加货币供给。在这个长达 40 年的时期里，美国实际国内生产总值的年平均增长率是 3. 04%，② 狭义货币供给量的年平均增长率是 5. 83%，③ 后者几乎是前者的 2 倍。

国内生产总值体现着一个国家的宏观经济状况，这样就产生了一个问题：货币供给增长率超过实际产值增长率而又没有导致相应的通货膨胀率，多出来的货币到哪里去了？

（二）货币进入各种商品市场和金融市场

在分析“货币到哪里去了”以前，有必要指出“货币增长率-实际产值增长率=通货膨胀率”的原理存在严重的逻辑缺陷。

---

① 麦金农．经济市场化的次序——向市场经济过渡时期的金融控制［M］．周庭煜，译．上海：上海人民出版社，1993：271-276.

② BEA，Gross Domestic Product，https：//apps. bea. gov.

③ Board of Governors of the Federal Reserve System，Money Stock Measures，https：//www. federalreserve. gov/.

如前所述，不论是原来货币理论中的国民收入或国民生产总值，还是现在货币理论中的国内生产总值，都是最终产品的价值。但是，在现实的经济里，不仅最终商品的交换需要货币，二手商品的交换也需要货币，金融资产的交换同样需要货币。马克思和费雪生活在金融市场不发达的时代，虽然他们主要关注的是商品的交易量，但他们意识到了全部的交易都要用货币完成。

当今时代，决定货币需求量的是包括商品交易量和金融资产交易量在内的社会交易量，而社会交易量远远大于国内生产总值。因此，在货币流通速度不变的条件下，货币供给增长率大于国内生产总值增长率并不意味着货币供给过多，只有在货币供给增长率大于社会交易量增长率时才可能意味着货币供给过多。况且，货币流通速度还会发生变化，只有货币供给超过社会交易量除以货币流通速度，才意味着货币供给过多。笔者在前面已经对这个问题进行过详细分析，在这里就不再赘述了。

这样就可以回答“货币到哪里去了”的问题了：在货币供给增长率高于实际产值增长率的条件下，货币除了进入消费品市场，还会进入投资品市场、二手商品市场和金融市场。在投资品市场具有较强投机性的商品主要有部分原材料和新建房产，在二手商品市场具有较强投机性的商品主要是二手房产，在金融市场具有较强投机性的资产是股票。正因为这样，如果货币供给过大，有可能导致以房产价格上升为特征的物质资产泡沫，以及以股票价格上升为特征的金融资产泡沫。

由此可见，当货币供给增长率超过实际产值增长率的时候，未必发生以消费者价格上升为特征的通货膨胀。在不考虑货币流通速度的条件下，如果货币供给增长率超过各种商品的交易量以及金融资产交易量对货币需求的增长率，才可能发生通货膨胀。这个时候不仅需要观察消费者价格指数，还需要观察房地产价格指数和股票价格指数。

但是，仅考虑货币进入各种商品和资产市场还不足以解释“货币到哪里去了”的问题。日本中央银行投放了大量的货币，但是日本的房地产价格、股票价格、消费品价格均没怎么上涨，货币到哪里去了？

（三）货币流通速度放慢

经济学界基于货币数量论的“交易方程式”提出货币供给增长率-实际产值增长率=通货膨胀率的等式有一个前提，即货币流通速度是稳定的，所以可以略去货币流通速度的因素。但是，在现实的经济中，货币流通速度是稳定的吗？根据货币供给增长率+货币流通速度增长率=通货膨胀率+实际产值增长率的等式，在货币供给增长率为正数时，如果货币流通速度增长率为负数，即使货币供给增长率超过实际产值增长率，但被负数的货币流通速度增长率所抵消，如何会发生通货膨胀？

笔者在前面已经详细分析了货币流通速度的问题。这里还需要补充的是，在中央银行大规模投放货币的情况下，货币流通速度的变化在很大程度上取决于人们对未来通货膨胀的预期。如果人们认为中央银行是负责任的，有能力控制住通货膨胀，他们会按照实际经济情况安排他们的支出，货币流通速度就会发生较大幅度的下降，从而在一定程度上抵消货币供给增加的影响。但是，如果人们认为中央银行未必是负责任的，不一定控制得住通货膨胀，他们就会大规模地增加支出来避免货币贬值的影响，从而会发生严重的通货膨胀。

日本是前一种情形的典型例子。日本2000—2019年共20年间，货币供给年平均增长率与实际国内生产总值年平均增长率之差高达4.89个百分点，但年平均通货膨胀率只有0.29%。尤其是2002年，日本中央银行实行超级宽松的货币政策，狭义货币供给量增长率高达27.51%，远远超过国内生产总值0.10%的增长率，但是消费者价格指数的增长率却是-0.90%。其中一个重要原因是，日本中央银行宣布以2%的通货膨胀率为目标来决定货币供给的增加，日本民众很清楚日本中央银行希望实现温和的通货膨胀，不会制造严重的通货膨胀，他们不会因此而改变自己的支出，货币流通速度大幅度下降，抵消了货币供给大幅度增加的影响，结果是物价水平并没有上升。

津巴布韦是后一种情形的极端例子。津巴布韦从2000年开始实行激进的土地改革，剥夺了白人的土地，但由于缺少管理能力和生产技术，农业生产萎缩，再加上西方发达国家的经济制裁，经济陷入了困境。在这种情况下，津巴布韦中央银行大规模发行货币来应付政府的支出。津巴布韦民众意识到货币将会贬值，于是尽量地花掉手中的货币换取实物，商品价格急剧上升。津巴布韦中央银行只好继续大规模发行货币，到2009年1月，发行纸币的最大面值是100万亿津巴布韦元。津巴布韦民众已经完全不信任货币。正是这种恶性循环，使2008年津巴布韦的年通货膨胀率达到惊人的程度。

（四）货币沉淀在存款账户里

货币流通速度放慢意味着人们使用货币支出的频率下降，那么货币到哪里去了？实际上，货币沉淀在存款里了。但是，要证明中央银行投放的货币沉淀在存款里并不容易。

人们支出使用的货币主要是现金和存款。从现金的角度来看，如果一个国家在某个时期的货币流通速度下降而现金大量增加，说明部分中央银行投放的货币以没有进入流通领域的现金的形式被人们持有。但是，由于现金是没有利息收益的，大量持有现金也是不安全的，因此人们将会把不准备用于支出的现金以存款的方式存放在银行，即现金将会转换为存款。

在现代经济里，人们更多的是通过电子支付、银行卡或支票等形式支出存款，但是存款数据本身不能反映这些存款是被频繁使用还是沉淀下来了。在货币沉淀在存款里的情况下，人们不频繁使用存款进行支付，社会的存款总量保持稳定；在存款被频繁用于支出的情况下，A使用存款对B支付，A的存款减少但B的存款增加，社会的存款总量仍然保持稳定。

但是，从商业银行的准备金里，还是可以发现银行投放的货币沉淀在存款里的证据。日本是货币供给增长率较大幅度超过实际产值增长率而通货膨胀率又极低的国家，下面以日本为例来论证中央银行投放的货币是如何以存款的形式沉淀下来的。

各国中央银行都要求商业银行接受存款以后必须保留一定数量的资金并把它存放在中央银行。该资金称为准备金，准备金对存款的比率称为准备金比率。中央银行规定的准备金比率的下限称为法定准备金或者要求的准备金。如果商业银行实际保留的准备金超过这个下限，超过的部分称为超额准备金。有的国家中央银行不对法定准备金支付利率，有的国家中央银行对法定准备金支付很低的利息，但是各国中央银行对超额准备金都支付利息。

图3-7反映了2000—2021年日本中央银行要求的准备金和商业银行实际准备金的变化。图3-7说明，日本商业银行存放在中央银行的准备金与中央银行要求存放的准备金的差距越来越大。

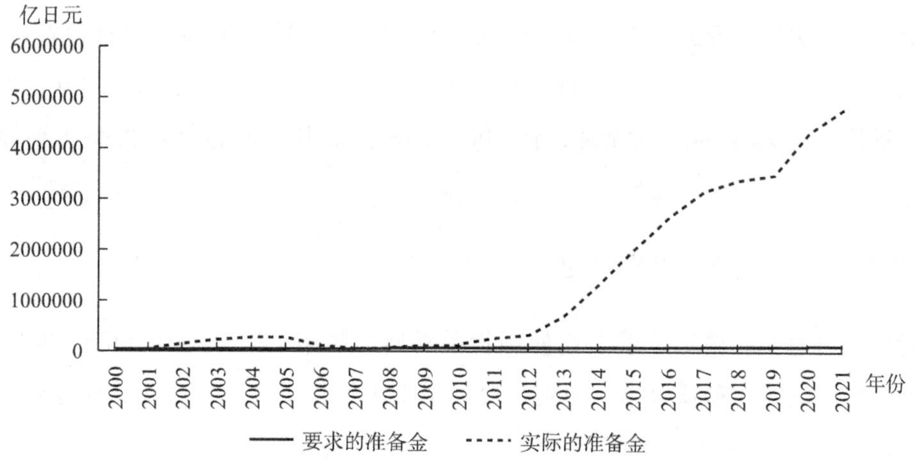

图3-7　2000—2021年日本商业银行要求的准备金和实际的准备金的变化情况

资料来源：Bank of Japan，Statistics，http：//www. boj. or. jp.

2013年以后，日本中央银行为了刺激经济，较大幅度地投放货币，但是由于日本经济不景气，没有什么投资机会，对贷款的需求增长缓慢，商业银行只好把资金存放在中央银行，以获取超额准备金的利息。这样，从中央银行投放出来的货币，又以超额准备金的形式回到中央银行，货币沉淀在商业银行在中央银行开设的存款账户中。由此，人们就能理解为什么在2016年1月，日本中央银行对商业银行存放的超过一定幅度的超额准备金实行负利率的政策了。

由此可见，当人们利用存款账户支出的频率下降的时候，也就是货币流通速度下降的时候，部分货币就沉淀在存款账户里了。这说明由于货币具有储藏职能，在货币供给量增加的时候，如果增加的货币没有被支出充分吸收，货币流通速度会下降；在货币供给量减少的时候，情况则相反。

（五）对货币供给和通货膨胀关系的重新表述

从上面的分析可以看到，货币供给量、货币流通速度和通货膨胀三者之间不存在“货币供给增长率-实际产值增长率=通货膨胀率”这样简单的关系。货币供给到通货膨胀的传递过程十分复杂：

第一，在社会资源没有被充分利用而且社会生产能力可以迅速扩张的条件下，货币供给的增加可以通过利率的下降与消费和投资支出的增加导致实际产值的增加。货币数量论提出的“货币中性”即货币不会影响实际产值的看法可能适合于20世纪初期的情况，但是不适合当今的经济现实，凯恩斯和弗里德曼的货币理论提出的“货币非中性”的看法是正确的。

第二，在现实的经济中，货币不仅用于正在生产的商品的交换，也用于已经生产出来的二手商品的交换，还用于金融资产的交换。这就是说，货币需求量不是取决于实际国内生产总值，而是取决于正在生产和已经生产出来的商品的交易以及金融资产的交易。尽管实际国内生产总值与各种商品和金融资产的交易量总体存在正相关关系，但是两者的变化是不成比例的，而且变化方向有时会发生偏离。

第三，货币流通速度在短期是易变的，在长期也不是稳定的。在货币供给增加的情况下，货币会流向商品市场和金融市场以执行它的交换媒介的职能。如果货币供给量超过了正常的货币需求量，过量的货币供给能否导致商品价格和金融资产价格的上升，取决于人们对未来商品和金融资产价格的预期。如果人们没有形成商品和金融资产价格上升的预期，货币的储藏职能将发挥作用，货币流通速度会出现下降，从而在一定程度上抵消货币供给增加的影响。

第四，如果把商品价格的持续上升称为通货膨胀，把金融资产价格的大幅度上升称为金融资产泡沫，那么货币供给的增加能否导致通货膨胀和金融资产泡沫，关键在于人们是否会因形成商品和金融资产价格上升的预期而增加支出。如果货币供给的增加并非过分，在人们不认为未来商品和金融资产价格会上升的情况下，如前述日本的例子，就不会发生通货膨胀和金融资产泡沫；如果货币供给的增加并非很过分，在人们认为未来商品价格或金融资产价格会上升的情况下，将会发生通货膨胀或金融资产泡沫；如果货币供给的增加很过分，如前述津巴布韦的例子，人们必然产生严重通货膨胀的预期从而抢购商品，那么就会发生恶性通货膨胀。

从货币政策的角度看，如何判断货币当局是否过度发行货币？商品价格指数包括消费者价格指数和生产者价格指数。各国经济学界和货币当局通常用CPI来反映通货膨胀率。一方面，PPI的上升或迟或早会传导到CPI；另一方面，CPI的社会影响面是最广的。但是，如果从货币政策的角度来判断货币当局是否过度发行货币，仅观察CPI就不够了。本章重构的货币理论表明，具有交易功能的货币不仅会流进最终产品交换领域，还会流进二手产品和金融资产交换领域，应该采用有代表性的商品和金融资产价格的变化来反映通货膨胀率。

中国人民银行前行长周小川意识到了这个问题，于2020年在《中国人民银行政策研究》发表了题为《拓展通货膨胀的概念与度量》的文章，提出应该把房产价格纳入消费者价格指数，以使消费者价格指数能够更好地反映通货膨胀真实情况。①

在现实的经济里，如果货币当局投放的货币过多，除了会导致消费品价格上涨以外，货币还会进入投机性最强房产市场和股票市场。因此，周小川对房产价格的关注是对的。但是，既然各国经济学界把房产看作投资品，把房产价格纳入PPI，那么也没有必要改变国际上价格指数的统计规则，而应该单独建立房产价格指数。

按照笔者重构的货币理论，马克思-费雪方程中的P已经不仅包括商品价格，还包括金融资产价格。因此，判断货币当局是否过度发行货币，应该同时观察消费者价格指数、房产价格指数和股票价格指数。如果这三个指数中的一个或两个发生了持续上升，应该考虑是否过度发行了货币。另外，还要观察商业银行超额准备金的情况，它可以显示投放的货币有没有形成有效的货币供给。

然而，应该指出，货币供给的增加有可能导致消费品价格上涨，但是消费品价格上涨未必是货币供给增加带来的。20世纪70年代石油危机造成石油价格大幅度上涨从而导致美国物价水平大幅度上升就是典型的例子。另外，货币供给的过度增加有可能导致房地产市场泡沫或者股票市场泡沫，但是房地产市场泡沫或者股票市场泡沫未必是货币供给的过度增加带来的。如果房地产市场或者股票市场投机或投资风潮兴起，

① 周小川．拓展通货膨胀的概念与度量［J］．中国人民银行政策研究，2020（3）．

即使货币供给没有过度增加，同样也会造成泡沫。

中国近20年房地产价格的上升就是一个典型的例子。人们说中国房地产价格上升是货币过量发行带来的，如果事情如此简单，中央银行适当收缩货币就可以抑制房地产价格过快上升。实际上，在中国房地产价格上升趋势形成以后，社会资金都涌向房地产市场，正是这种投机和投资的狂热导致中国房地产价格持续地、大幅度地上升。如果一定要说中国货币供给与房地产价格的关系，那么前者不是后者的原因，而是后者有的时候会成为前者的原因。当房地产业像黑洞那样吸纳社会资金的时候，货币当局有的时候不得不投放货币以缓解社会资金的短缺。

实际上，货币当局应该根据宏观经济情况确定一个基本的货币供给量增长率，然后根据宏观经济情况的变化以及前面提及的三种价格指数的变化调整货币供给量增长率。

三、比特币会成为货币吗?

(一) 电子货币、数字货币与虚拟货币

笔者在本章第三节曾经讨论过电子货币和数字货币的关系，并认为数字货币与电子货币从货币的角度看是等同的。但是国际清算银行在2015年发布了一份题为《数字货币》的研究报告，把符合原来电子货币定义的货币形态称为传统的电子货币，把后来衍生出来的新的电子货币形态称为数字货币。

国际清算银行在《数字货币》报告中指出，在法律上，电子货币余额等同于中央银行或商业银行的货币余额，电子货币是根据中央银行或商业银行货币的价值用于交换的。但是，20世纪90年代中期以来，电子货币的形态出现了新的发展，因而有必要把电子货币的概念延伸到数字货币。这就是说，原来的电子货币的概念是狭义的概念，现在数字货币的概念是广义的电子货币的概念。

按照国际清算银行的解释，数字货币具有下面的特性：第一，资产性质。数字货币的价值就像黄金一样是供求决定的，取决于它能够交换的主权货币或者物品和服务的数量。第二，交易途径。数字货币不像传统电子货币那样通过一个可信任的中介进行交易，它不通过任何中介进行交易。第三，交易信息。数字货币的交易信息可以储存下来，不论是最低限度的信息还是房产详细的交易信息。第四，交易制度。传统电子货币的使用需要多个机构如发行者、网络管理者、软硬件供应商提供服务，但是数字

货币只需要有中介机构提供“钱包”服务，也就是使人们可以使用数字货币传送价值。①

笔者认为，根据国际清算银行描述的数字货币的特征，它分析的数字货币不是真正意义的货币，而是一种虚拟货币。这种数字货币与电子货币的相似特征是电子数字形式，最大差别是与主权货币没有直接的联系。比特币（Bitcoin）就是国际清算银行描述的数字货币之一。关于电子货币和数字货币的关系，笔者已经在本章第三节进行了分析，现在讨论电子货币或数字货币与虚拟货币（virtual currencies）的关系。

2012年10月，欧洲中央银行发布了一篇题为《虚拟货币系列》的研究报告，对虚拟货币给出了明确的定义：虚拟货币是一种未加管制的数字货币，通常由某个开发者来发行和管理，并被特定的虚拟社会的成员所接受。虚拟货币通常需要使用真实货币来购买，或者通过参与某些网络活动取得。② 笔者认为，欧洲中央银行的定义是准确的，魔兽世界金币（WOW Gold）、脸书信贷（Facebook Credits）、任天堂点（Nintendo points）、腾讯Q币等，都是虚拟货币。

虚拟货币与电子货币或者数字货币的相似之处，是它们都是电子形式的；不同之处，是虚拟货币是由私人机构发行并在一定的范围内使用的，而电子货币或数字货币直接与主权货币相联系，除了预付卡以外都是在全社会使用。虚拟货币本身不是货币，但如果它的使用范围很广，就有可能演变为货币。下面，笔者专门分析在世界范围内影响最大的比特币。

（二）比特币的产生

比特币是21世纪风靡世界的虚拟货币。比特币的概念是由化名为中本聪（Satoshi Nakamoto）的人在2008年提出的。随后，他把密码学、对等网络技术和开源软件相结合，开发出免费的、能自我完善的比特币应用体系。2009年1月3日，中本聪在位于芬兰赫尔辛基的一个小型服务器上以“挖矿”的方式挖出了第一批50个比特币，比特币宣告问世。2010年5月21日，一位程序员用比特币购买了价值25美元的比萨饼，从而产生了比特币的第一个交换价值。接着，部分商家宣布接受比特币进行商品的交易，参与和使用比特币的个人和机构在世界范围内迅速增加。

比特币的发行是在比特币网络中通过“挖矿”的方式进行的。比特币实际上是一系列复杂算法所生成的特解。所谓特解是指方程组能得到的无限个解中的一组，而每

① Bank for International Settlements, Digital Currencies, Committee on Payments and Market Infrastructures, November 2015, http://www.bis.org.

② European Central Bank. Virtual Currency Schemes [EB/OL], October 2012: 13 [2023-03-27]. http://www.ecb.europa.eu.

一个特解都能解开方程并且是唯一的。“挖矿”的过程就是通过复杂的计算不断去寻找这个方程组的特解的过程。这个方程组被设计成只有2100万个特解，所以比特币的数量上限是2100万个。根据比特币发行的设计原理，比特币发行数量会以递减的速度增长，直至2140年达到总数2100万个为止。

比特币在互联网中进行交易和使用。它在形式上是一种“电子货币”，用户可以通过个人电脑或移动通信设备，利用网络上的电子钱包软件来买进或卖出比特币，也可以用比特币向愿意接受比特币的商家购买物品和服务。

2010年，第一个比特币交易平台Mt. Gox在日本建立，随后在欧洲和中国分别建立了比特币交易平台Bitstamp和BTCChina，形成了世界三大比特币交易平台。2013年10月，世界第一台比特币自动柜员机（automatic teller machine，ATM）在加拿大温哥华问世。该柜员机由加拿大罗博硬币公司（Robocoin）推出，允许用户把比特币兑换成加元并提取，也允许用户通过存入加元购买比特币。随后，在日本、韩国、中国香港、中国台湾也出现了比特币ATM。

（三）比特币的特征

比特币具有下述特点：第一，“去中心化”。比特币是存在于互联网中的虚拟货币，整个网络由用户构成，不存在现实经济中发行和管理货币的中央银行。由于比特币没有发行中心，它难以被取消或关闭。即使比特币被政府宣布为非法，比特币的交易也难以消失。第二，在世界范围内流通。人们可以在任何地方使用任何一台接入互联网的电脑挖掘、购买、出售比特币，或者用比特币购买物品和服务。比特币的跨境流动既不会留下记录，也不会受到监管。第三，具有可靠性和私密性。比特币的持有者需要使用私钥来管理比特币，用户可以将比特币保存在任何存储介质里，除了自己之外无人可以获取他的比特币。

比特币的产生和发展引起了各国政府和中央银行的关注。各国政府的态度主要可以划分为下述类型：第一，承认比特币的合法地位；第二，否认比特币的货币地位但不禁止比特币的交易；第三，否认比特币的货币地位并禁止比特币的交易。各国货币当局对比特币的态度在不断变化，目前还没有准确的统计数据表明这三种类型的国家各有多少。根据比特币交易平台“币舞”（Coin Dance）2023年1月的统计数据，在世界上257个国家和地区中，在部分国家情况不明的情况下，没有对比特币的交易实行限制的有132个经济体，占51%。①

---

① Coin Dance, Global Bitcoin Political Support & Public Opinion, https://coin.dance.

需要说明的是，没有对比特币交易实行限制并不意味着认可比特币是货币。以美国为例，美国监管当局不认为比特币是货币，但认可比特币是一种虚拟资产，允许美国期货市场推出比特币期货或期权的交易。但是，有许多人认为比特币具有货币的性质，认定它将会成为货币。显然，比特币已经成为一种世界现象。下面，笔者以马克思的货币理论为基础，认真探讨一下比特币的性质和发展前景。

（四）比特币不具有货币的性质

要判断比特币是不是货币，或者是否会成为货币，就要对货币的性质和发展历史有一个清楚和深入的认识。人们说，比特币与黄金一样，不但具有使用价值和价值，而且具有稀缺的性质，因而是货币或者会成为货币。在他们看来，比特币之所以具有使用价值，是因为用比特币可以交换商品；比特币之所以具有价值，是因为“挖矿”也要耗费劳动。实际上，比特币的设计者在开发比特币的时候，就有意使人们形成这种错觉。

笔者认为，在将比特币与黄金作比较以前，有必要弄清使用价值、价值和交换价值的关系。商品的使用价值是指它能满足人们某种需要的属性，商品的价值是指商品生产过程中无差别劳动的凝结。使用价值是价值的承担者，一种物品没有使用价值，就不可能有价值。这就是说，不是任何经过劳动得到的东西都具有价值。如果这种东西没有使用价值，耗费的劳动就成为无效劳动，而无效劳动并不创造价值。另外，即使一种物品具有使用价值，但如果它不是无差别劳动的凝结，它也没有价值。商品的交换价值则是指它与别的商品交换的比例，在本质上是价值的表现形式。但是，随着资本主义商业化的发展，任何东西都可以买卖或交换，没有使用价值和价值的东西都可以具有交换价值。这就是说，具有交换价值的东西并不一定具有使用价值和价值。

从商品的使用价值、价值和交换价值的角度来看，比特币与黄金的本质区别十分明显。

首先，黄金之所以成为货币，是因为它本身是商品，具有使用价值。黄金很早就被人们用于制作首饰以及作为镶牙的材料，后来还被用作工业的材料。黄金即使没有成为货币，也具有使用价值和价值，这就是马克思所说的金银天然不是货币的意思。但是，比特币本身不是商品，它没有使用价值。比特币可以交换商品并不意味它具有使用价值和价值，只意味着它具有交换价值。人们之所以愿意买进比特币，是因为有商家愿意接受比特币；而商家之所以愿意接受比特币，是因为他们认为比特币可能会升值。如果没有商家愿意接受比特币，比特币就没有任何交换价值。应该指出，使用价值不依赖于人们的主观愿望而存在，它是一个客观的范畴。例如，水具有解渴的使用价值，即使某个人目前不口渴，不需要喝水，也不会使水失去解渴的使用价值。黄金具有客观存在的使用价值，比特币则没有任何客观存在的使用价值。

其次，黄金是要耗费劳动才能生产出来的具有使用价值的商品，因而具有价值。在本质上，黄金的交换价值是由它的价值与别的商品的价值在交换中形成的对等关系决定的。即使是在黄金已经不是货币的今天，由于黄金具有使用价值和价值，它照样具有交换价值。但是，尽管“挖矿”获得比特币也耗费劳动，但是比特币没有使用价值，因而所耗费的劳动并不会形成价值。比特币的交换价值是由人们对它的交换价值的预期决定的。如果人们认为比特币会升值，就将纷纷买进比特币，比特币就会升值；如果人们认为比特币会贬值，就将纷纷卖出比特币，比特币将会贬值。如果人们预期比特币的使用会被拒绝，比特币将分文不值。

最后，尽管十分充裕的东西不可能成为货币，但是稀缺性并不是货币必须具有的性质或特点。黄金正因为过于稀缺而退出了国内和国际货币流通领域，也正因为过于稀缺导致人们即使很怀念金本位制也不可能重建金本位制。从货币的角度来看，只有数量上的增长与实际经济活动的增长相适应的东西才适宜成为货币。

人们可能争辩说，如果说比特币能够交换商品不是因为它的使用价值而是因为它的交换价值，“挖矿”劳动不能形成比特币的价值，那么纸币能够交换商品也不意味着它具有使用价值，印制纸币的劳动也不能形成价值，那么为什么纸币会成为货币呢？是的，从使用价值、价值、交换价值的角度分析，比特币与纸币确实具有相似之处。因此，人们不应该将比特币与黄金作比较，而应该将比特币与纸币作比较。

纸币没有客观存在的使用价值，因而印制纸币的劳动并不能形成价值。它之所以能够用于交换商品而成为货币，是因为它是法币，也就是它是一种通过法律的强制力来流通的货币。这就是说，纸币是以政府的信用作为保证，它没有任何商品或资产作为保证。正因为这样，如果一个国家的政府失去信用，或者中央银行滥发纸币，纸币有可能一文不值。新中国成立前夕国民党政府滥发纸币，津巴布韦的纸币以亿为面值，都是很好的例证。显然，如果某个国家的政府将比特币作为法币，以政府的信用为比特币作保证，比特币将成为国内货币。如果世界各个主要国家的政府都将比特币作为法币，以政府的信用为比特币作保证，比特币将成为国际货币。但是笔者将会证明，这都是不可能的。

比特币在本质上是一种虚拟的网络投机资产，设计者有意按照货币的特征对比特币进行设计，如创造方法难以破解、数量只能缓慢增加、在互联网上可以流通等。只要有人愿意买卖比特币，它就会产生交换价值。只要商家预期比特币交换价值将上升，他们就会接受比特币，比特币就会继续存在。显然，好事者还可以设计出这样的“币”

或者那样的“币”，只要有人买卖，它们同样都会产生交换价值。但是，诸如比特币这样的“币”既没有商品货币意义上的使用价值和价值，也没有非商品货币意义上的政府信用的保证。一旦公众认为不可信，比特币将失去存在的意义。

（五）比特币不可能成为国内货币

笔者认为，比特币不可能成为国内货币。

首先，在金本位制解体以后，各个国家的货币已经没有贵金属作为保证，而是以政府的信用作为保证。这样，各国中央银行发行货币或调整货币供给量就成为一个国家的货币主权，各国政府凭借这种货币主权可以得到可观的“铸币税”收益。由于各国经济的发展，对货币的需求量在不断增加，各国中央银行在不断地投放货币。在投放纸币的情况下，假如印制一张100元纸币的成本是0.5元，中央银行以0.5元的代价获得了100元收益，“铸币税”收益是95.5元。在投放需求存款的情况下，由于投放货币表现为商业银行存款账户上数字的变化，中央银行付出的成本将更低，“铸币税”收益将更高。中央银行的“铸币税”收益要上缴国库，它是政府货币主权的收益。这样，笔者可以提出一个简单的问题：有哪一个国家的政府愿意采用比特币而放弃它的货币主权，放弃它的“铸币税”收益？

其次，在信用货币条件下，各国中央银行肩负着一个重要职责，就是通过货币供给量的调整来保持经济的稳定。例如，在经济衰退的情况下，中央银行会采取货币手段增加货币供给，通过影响信贷数量和信贷利率来刺激消费需求和投资需求。在通货膨胀的情况下，中央银行又会采取货币手段收缩货币供给，通过影响信贷数量和信贷利率来抑制消费需求和投资需求。如果比特币成为某个国家的国内货币，意味着该国货币当局自动放弃了保持经济稳定的货币手段。这样，笔者可以再提出一个简单的问题：有哪一个国家的政府愿意采用比特币而放弃货币政策这个调节经济的手段？

再次，在信用货币条件下，纸币的防伪，以及涉及存款、取款和结算的计算机系统的安全，成为各国政府最为关注的问题。尽管比特币的创造者使用密码学和网络技术创造出比特币，人们也在宣传着比特币的安全性，但是由于世界上没有破解不了的密码，比特币作为一种网络货币是不安全的。一旦比特币的密码被破解，比特币的储存和交易都会受到破坏。如果一个国家采用比特币作为货币，将会将整个国家的货币、金融、经济置于一个自己不可控制的状态。这样，笔者又可以提出一个简单的问题：有哪一个国家的政府愿意采用比特币而祈求上帝保佑比特币的密码不会被破译呢？

最后，黄金之所以能够充当货币是因为它价值稳定，信用货币之所以成为货币是因为货币当局可以通过调整货币供给量的方法来维持币值的稳定，但是比特币是一种投机资产，它的交换价值随着投机风潮的涨落而大幅度变化。这样，笔者还可以提出一个简单的问题：有哪一个国家的政府希望它采用的货币的币值大起大落且无法控制？

因此，一个国家的政府可以允许比特币在一定范围内使用，观察比特币对本国货币和金融的影响。但是，一旦该国政府发现比特币会对本国货币和金融造成不利影响，它将会毫不犹豫地禁止比特币在本国范围内流通。很显然，比特币的命运取决于它对各国货币流通的影响以及各国政府对它的态度。

比特币自从产生以来，已经不断出现了各种交易混乱的现象。例如，2014 年 2 月，首个比特币交易平台 Mt. Gox 遭到网络攻击，用户交易账号中的约 75 万比特币以及交易平台自己持有的约 10 万比特币不翼而飞，损失约 4.67 亿美元。又如，2013 年 11 月仅一个月，比特币木马变种已经达 1 万个。比特币投资者面临着比特币“挖矿木马”、投资账户被盗和比特币交易市场消失三种威胁。可以想象，仅仅由商家经营而没有任何监管部门监管的虚拟投机资产的交易，怎么可能不出现混乱的情况呢？

由于比特币的交易具有匿名性和不受地域限制等特点，比特币不但助长了投机活动的泛滥，而且很容易被不法分子用于洗钱、毒品和枪支等违法交易。2013 年 12 月 3 日，中国人民银行等政府部门发布《关于防范比特币风险的通知》，规定比特币不得在市场上流通。2014 年 3 月，中国人民银行下发《关于进一步加强比特币风险防范工作的通知》，强调银行和第三方支付机构不得为比特币交易提供服务。2017 年 9 月，中国人民银行等政府部门发布了《关于防范代币发行融资风险的公告》，禁止首次代币发行（initial coin offerings，ICO）的融资行为，即投资者以既定的数字货币如比特币购买代币为某些项目进行众筹融资的行为。

（六）比特币不可能成为国际货币

有人认为，在现行的国际货币制度下，主权货币美元成为主要的国际货币，从而造成了各国的国际经济活动受制于美元的不利现状。与此同时，比特币具有“去中心化”的特点，主要由网络用户组成，没有中央银行。另外，比特币通过“挖矿”的方法产生，货币数量不被某个国家的中央银行操纵。因此，比特币有可能成为合适的国际货币。笔者认为，这种看法仍然是错误的。

纵观人类社会的货币史，只有在商品货币本位制的条件下，货币才具有“去中心化”的特点。但是，不论在国内还是在国际，恢复商品货币本位制是不可能的，人类社会的选择只有信用货币本位制。但是，信用货币本位制的前提正好是“趋中心化”，即必须有一个权威机构来管理信用货币的流通。这个权威机构在各国国内是中央银行，在世界范围内是国际货币基金组织或者未来的世界中央银行。因此，比特币的“去中心化”并不是它的优点，反而是致命的缺陷。从货币的角度分析，“去中心化”的东西要成为货币必须具有价值和使用价值，如黄金和白银；没有价值和使用价值的东西要成为货币必须“趋中心化”，如信用货币。二者必占其一。

人们可能争辩说，特别提款权不是也是一种没有使用价值和价值的账面资产吗？它不是也被国际货币基金组织用于各国中央银行之间的结算吗？确实，从某个角度来看，比特币与特别提款权有几分相像：特别提款权是一种存在于中央银行结算体系中的没有使用价值和价值的账面资产，比特币是一种存在于互联网中的没有使用价值和价值的虚拟资产。但是，特别提款权与比特币存在本质的区别：首先，特别提款权在国际货币基金组织成员表示同意的条件下，由国际货币基金组织来履行发行和结算的职能，它是一种契约货币。而比特币是否被接受完全取决于人们的个人意愿。如果人们接受，它在一定范围内被用于交换商品；如果人们不接受，它不能被用于交换商品。其次，特别提款权是用美元、欧元、英镑和日元定值的，具有稳定的交换价值。比特币是由互联网中投机性的供给和需求定值的，交换价值会发生剧烈动荡。应该指出，特别提款权还远不是国际货币，比特币就更不具有国际货币的性质和特点了。

笔者认为，比特币不可能成为国际货币。

第一，比特币要成为国际货币，必须从“去中心化”转变为“趋中心化”。这就是说，各主要国家的中央银行均接受比特币，并通过国际货币基金组织或者未来的世界中央银行办理比特币的发行和结算业务。但是，比特币的性质就是“去中心化”，与国际货币的这个基本要求是相斥的。另外，各主要国家的中央银行怎么可能接受这样一种不可控制又没有任何价值的东西，作为国际商品和资产交换的手段呢？在布雷顿森林体系下，人们接受美元是因为美元与黄金建立了平价关系。在牙买加体系下，人们接受美元以及别的国际储备货币是因为这些货币对相关国家的商品和资产具有一般的购买力。那么，人们接受比特币又是因为什么呢？一个主权国家的信用货币所具有的购买力是不会消失的，而比特币具有的交换价值是可能消失的。

第二，比特币要成为国际货币，它的交换价值必须保持稳定。不论是商品货币还是信用货币，成为货币的前提是价值稳定。黄金之所以能够成为货币，是因为它的价值能够保持稳定。各国中央银行要使本国信用货币被接受，也要保持信用货币币值的稳定。对于国际货币来说也是如此。在布雷顿森林体系下，黄金以及与黄金建立平价关系的美元成为国际货币。到了 20 世纪 70 年代初期，美元对黄金的平价关系遭到破坏，导致了金汇兑本位的解体。在牙买加体系下，人们正是因为美元汇率不稳定而试图创造诸如特别提款权这样的价值稳定的国际储备资产。

但是，比特币在本质上是没有价值和使用价值的虚拟投机资产，它的交换价值是交换者赋予的，因而主要受投机性供给与需求的影响，可能发生大幅度波动。按照比特币交易平台“币舞”的统计数据，以 2023 年 1 月 20 日为基准，比特币一天内价格上涨 6.5%，一周内价格上涨 7.10%，一个月内价格上涨 32.81%，一年内价格下降 42.57%。[①] 交换价值如此不稳定的东西如何成为国际货币呢?

第三，比特币要成为国际货币，它的数量的增加必须能够适应国际经济发展的需要。比特币的设计者赋予比特币一个迷惑人的特征——稀缺性，这主要是试图使人们联想到黄金。但是正如前面指出的，稀缺性正好不是国际货币必须具备的条件。如果稀缺性是国际货币的条件，黄金完全可以继续充当国际货币。1971 年国际金汇兑本位制之所以解体，黄金之所以退出国际货币流通领域，一个很重要的原因是黄金数量的增长不能适应国际经济活动增长的需要。比特币通过“挖矿”产生，到 2140 年总数达到 2100 万个后将停止增长，又如何能够适应国际经济活动增长的需要呢?

因此，比特币不可能成为国内货币，也不可能成为国际货币。比特币的发展前景取决于各国中央银行的态度和商家接受比特币的程度。如果随着比特币的发展，它对各国金融秩序和金融监管造成的不利影响越来越大，各国中央银行决定禁止买卖和使用比特币，比特币将会消失。但是，如果各国中央银行不取缔比特币，由于比特币保持着稀缺性的特点，只要商家接受比特币，比特币的交换价值就会趋向上升，而只要比特币的交换价值趋向上升，商家就会接受比特币。在这两个因素的相互作用下，比特币有可能在一定范围内长期存在。

本章小结

本章在回顾马克思货币理论的基础上，分析和比较了马克思以后的货币理论；根据金本位制解体和信用货币制度建立的客观事实，按照马克思货币理论的研究范式，重新探讨了信用货币制度下货币的性质和职能，补充了在信用货币制度下的货币供给分析，拓展了马克思的货币需求分析。

本章坚持马克思提出的货币流通手段的职能和支付手段的职能使货币危机和经济危机的发生成为可能的思想，坚持马克思提出的货币供给的过量增加可能造成通货膨胀的思想，并以此为基础批判性地吸收了货币研究领域有价值的研究成果，对信用货币制度下的货币需求，以及货币供给对经济的影响进行了分析。

另外，本章指出现行货币理论存在两个“教条”，认为货币需求量并非取决于国内

① Coin Dance, Statistics, https://coin.dance.

生产总值而是取决于社会交易量，并通过对美国和英国基于社会交易量的货币流通速度的分析，证明了货币流通速度是易变的。基于货币流通速度易变的实际情况，本章提出货币流通速度是货币均衡的调节机制，并以此为基础从马克思-费雪方程式出发重构货币理论。

本章根据马克思货币理论以及经过补充的马克思货币理论，研究或解析了 21 世纪一些新的货币现象，如中国货币之谜和比特币是否会成为货币等问题。

第四章　新的历史条件下马克思剩余价值理论研究

第一节　马克思的剩余价值理论

一、资本的本质

马克思指出，货币本身不是资本，但资本最初表现为货币。商品的流通公式是：商品—货币—商品。资本流通的公式是：货币—商品—货币。商品流通是为了获得使用价值，资本流通是为了获得更多的交换价值。马克思将这部分多出来的价值称为剩余价值。因此，货币只有能够带来剩余价值的时候，才成为资本。资本是能够带来剩余价值的货币，即能够带来剩余价值的价值，这就是资本的本质。资本家则是资本的化身，是资本的人格化。

在马克思看来，货币要转化为资本，必须在市场上买到一种特殊的商品，它的使用价值具有创造价值的能力，这种特殊的商品就是劳动力。所谓劳动力就是劳动者的能力。马克思指出："我们把劳动力或劳动能力，理解为人的身体即活的人体中存在的、每当人生产某种使用价值时就运用的体力和智力的总和。"①

在资本主义经济制度下，劳动力也是商品，也具有价值和使用价值。劳动力的价值是由生产这种商品的社会必要劳动时间决定的。它包括生产维持劳动者生活所必需

---

① 马克思．资本论：第1卷［M］//马克思，恩格斯．马克思恩格斯全集：第23卷．北京：人民出版社，1972：190.

的消费品的社会必要劳动时间、生产劳动者抚养子女所必需的消费品的社会必要劳动时间，以及劳动者接受教育和培训服务所体现的社会必要劳动时间。劳动力的使用价值是商品价值的源泉，劳动者通过劳动不仅创造了自身的价值，还给资本创造了剩余价值，这就是资本主义剥削的秘密。因此，马克思认为，剩余价值是雇佣劳动者所创造的、被资本家占有的、超过劳动力价值的那部分价值。

由于资本是能够带来剩余价值的价值，因此正如马克思所说："资本不是物，而是一定的、社会的、属于一定历史社会形态的生产关系，它体现在一个物上，并赋予这个物以特有的社会性质。"①

这样，资本主义的生产过程具有两重性：一方面它是创造使用价值的劳动过程，另一方面它又是价值形成和价值创造的过程。追求剩余价值是资本主义的基本经济规律。马克思指出："生产剩余价值或赚钱，是这个生产方式的绝对规律。"②

二、不变资本和可变资本

马克思认为，资本在生产过程中采取两种形态：一种是生产资料，另一种是劳动力。这两种形态的资本的剩余价值在生产中的作用是不同的。

生产资料包括厂房、机器、设备、原料、材料、燃料等。其中原料、材料、燃料在生产过程中被一次性地消耗，它们的价值一次性地转移到商品价值中去。厂房、机器、设备在生产过程中被多次使用，它们的价值逐渐转移到商品价值中去。生产资料的价值转移到商品价值中，不会发生价值增殖。马克思把投在生产资料上的资本称为不变资本。劳动力与生产资料不同，他们在生产过程中不仅创造出自身的价值，还创造了剩余价值。马克思把投在劳动力上的资本称为可变资本。

由于剩余价值是可变资本创造的，马克思把剩余价值与可变资本之比称为剩余价值率。设剩余价值为 m，可变资本价值为 v，剩余价值率 m' 为：

$$m' = \frac{m}{v} \tag{4-1}$$

如果把雇佣劳动者再生产劳动力的价值所花费的劳动时间称为必要劳动时间，将生产剩余价值的劳动时间称为剩余劳动时间，那么剩余价值率 m' 还可以有另一种表达

① 马克思．资本论：第 3 卷［M］//马克思，恩格斯．马克思恩格斯全集：第 25 卷．北京：人民出版社，1974：920.

② 马克思．资本论：第 1 卷［M］//马克思，恩格斯．马克思恩格斯全集：第 23 卷．北京：人民出版社，1972：679.

方式：m'=剩余劳动时间÷必要劳动时间。

剩余价值率表示剥削程度。①

三、绝对和相对剩余价值的生产

马克思指出，资本家提高剩余价值率主要有两种方法：一种是绝对剩余价值的生产，另一种是相对剩余价值的生产。

在必要劳动时间为一定的条件下，雇佣劳动者的劳动时间越长，剩余劳动时间就越长，剩余价值率就越高。马克思将这种因劳动时间的绝对延长而生产出的剩余价值称为绝对剩余价值。另外，即使雇佣劳动者的劳动时间不变，但是如果劳动强度提高，在同样的劳动时间里要消耗更多的脑力和体力，就相当于延长了劳动时间。马克思将这种通过提高劳动强度生产出的剩余价值也称为绝对剩余价值。

剩余价值率不仅取决于剩余劳动的时间和劳动的强度，还取决于在雇佣劳动者的劳动时间为一定的条件下必要劳动时间和剩余劳动时间的比例。必要劳动时间越短，也就是剩余劳动时间越长，剩余价值率就越高。相对缩短必要劳动时间和相对延长剩余劳动时间的方法就是提高劳动生产率。在劳动生产率提高的情况下，雇佣劳动者在单位时间生产出更多的商品。由于他耗费的劳动时间不变，商品的总价值不变，但单位商品的价值由于商品数量的增加而减少了。但是，商品的交换不是按照个别商品的价值进行的，而是按照由社会必要劳动时间决定的价值进行的，这样这个资本家将获得超额剩余价值。超额剩余价值的产生相当于相对缩短了必要劳动时间和相对延长了剩余劳动时间。马克思将这种通过提高劳动生产率生产出的剩余价值称为相对剩余价值。

马克思指出，绝对剩余价值的生产是资本主义剥削的基础，只有雇佣劳动者的劳动时间延长到必要劳动时间以上，资本家才有可能获得剩余价值。另外，绝对剩余价值的生产又是相对剩余价值生产的出发点，相对剩余价值的生产要以雇佣劳动者的劳动时间延长到必要劳动时间以上为前提。

马克思把相对剩余价值的生产划分为简单协作、工场手工业和机器大工业 3 个发展阶段。在机器大工业发展阶段，机器的使用需要具备一个前提，就是机器的价值必须小于它代替的劳动力的价值，也就是生产 1 单位商品使用机器的代价小于使用劳动

① 马克思．资本论：第 1 卷［M］//马克思，恩格斯．马克思恩格斯全集：第 23 卷．北京：人民出版社，1972：225-257.

力的代价。实际上，在机器大工业发展阶段，机器的使用提高了劳动生产率，不但使雇佣劳动者在单位时间生产出更多的商品，而且使转移到单位商品中的不变资本和可变资本的价值减少。①

马克思在绝对和相对剩余价值生产分析的基础上，在4个假定条件下提出了劳动力价格和剩余价值在数量上的关系。

第一，在工作日长度和劳动强度不变、劳动生产率可变的条件下，“劳动力的价值和剩余价值是由三个规律决定的：第一，不论劳动生产率如何变化，从而不论产品量和单个商品的价格如何变化，一定长度的工作日总表现为相同的价值产品。……第二，劳动生产力的变化，它的提高或降低，按照相反的方向影响劳动力的价值，按照相同的方向影响剩余价值。……第三，剩余价值的增加或减少始终是劳动力价值相应的减少或增加的结果，而绝不是这种减少或增加的原因”。

第二，在工作日长度和劳动生产率不变、劳动强度可变的条件下，“劳动强度的提高是以在同一时间内劳动消耗的增加为前提的。因此，一个强度较大的工作日比一个时数相同但强度较小的工作日体现为更多的产品”。这意味着劳动强度的提高对劳动力的价值没有影响，但生产的剩余价值将增加。

第三，在劳动生产率和劳动强度不变、工作日长度可变的条件下，“工作日的缩短不会使劳动力价值，从而不会使必要劳动时间发生变化。但是它会缩小剩余劳动和剩余价值”。同样地，工作日的延长也不会使劳动力价值和必要劳动时间发生变化，但是会扩大剩余劳动和剩余价值。

第四，在劳动的持续时间、劳动生产率和劳动强度同时变化的条件下，“很明显，在这里可能有许多种组合。可能两个因素变化，一个因素不变，或者三个因素同时发生变化。它们可能在同一程度上或在不同程度上变化，可能向同一方向或向相反的方向变化，以致它们的变化可以部分地或全部地互相抵销”。②

四、马克思剩余价值理论的贡献

马克思通过区分劳动和劳动力、劳动力的价值和使用价值，明确而清晰地揭示了经济学者或者感到困惑不解或者不愿意探讨的问题——剩余价值的起源，建立起了剩

① 马克思．资本论：第1卷［M］//马克思，恩格斯．马克思恩格斯全集：第23卷．北京：人民出版社，1972：336-431.

② 马克思．资本论：第1卷［M］//马克思，恩格斯．马克思恩格斯全集：第23卷．北京：人民出版社，1972：568-576.

余价值学说。正如列宁说的："剩余价值学说是马克思经济理论的基石。"①

马克思以剩余价值理论为基础，分析了资本主义生产和交换的过程，揭示了资本主义经济产生、发展的规律，揭示了资本主义经济内在的矛盾和冲突。马克思剩余价值理论的寓意是深刻的：资本主义制度不过是用新的剥削形式代替了旧的剥削形式。在奴隶制度下，奴隶主不仅占有生产资料，还占有奴隶，奴隶主可以赤裸裸地占有奴隶的劳动成果。在封建主义制度下，地主占有土地，利用农民对土地的依附关系粗暴地占有了农民大多数的劳动成果。在资本主义制度下，资本家占有生产资料，通过雇佣劳动者文明地占有了剩余价值。人类社会只有发展到劳动者的劳动成果归劳动者所有的社会形态，才是合理的和和谐的社会形态。正是在这个意义上，恩格斯指出："这个问题的解决是马克思著作的划时代的功绩。它使社会主义者早先象资产阶级经济学者一样在深沉的黑暗中摸索的经济领域，得到了明亮的阳光的照耀。科学的社会工义就是从此开始，以此为中心发展起来的。"②

但是，马克思剩余价值理论由于触及了资本主义经济的核心矛盾，也成为经济学界分歧最严重的研究领域。正如马克思所指出的："这些资产阶级经济学家实际上具有正确的本能，懂得过于深入地研究剩余价值的起源这个爆炸性问题是非常危险的。"③显然，如果剩余价值是劳动者创造并且被资本家占有的，那么资本主义经济制度存在的合理性就会受到严重的挑战。

第二节　马克思剩余价值理论的争论以及笔者的回应

一、对三位一体公式及其继承者看法的评论

（一）三位一体公式及其继承者的看法

马克思剩余价值理论触及资本主义经济的核心和敏感问题，属于分歧最大的研究领域，理应引起最激烈的争论。但是令人奇怪的是，马克思的剩余价值理论本身并没

① 列宁．马克思主义的三个来源和三个组成部分［M］//列宁全集：第19卷．北京：人民出版社，1959：6.

② 恩格斯．反杜林论［M］//马克思，恩格斯．马克思恩格斯全集：第20卷．北京：人民出版社，1971：679.

③ 马克思．资本论：第1卷［M］//马克思，恩格斯．马克思恩格斯全集：第23卷．北京：人民出版社，1972：564.

有导致反对者的激烈批评，倒是马克思的劳动价值理论引起了反对者的激烈批评。也许在他们看来，如果认可马克思劳动价值理论，那么马克思剩余价值理论在逻辑上也就不可能有什么问题了。

马克思剩余价值理论的反对者们主要承袭了萨伊（J. B. Say）三位一体的公式，论证了资本主义经济条件下的收入分配是公平合理的，不存在资本家对雇佣劳动的剥削问题。

法国经济学者萨伊生活的年代比马克思早很多，在学术上与马克思不存在交集。他在1803年出版的《政治经济学概论》中指出，资本主义生产方式是劳动、资本和自然力协同生产的方式，劳动、资本和土地这三个生产要素在生产过程中协同创造了价值并相应地得到了报酬，对借用劳动力所付的代价是工资，对借用资本所付的代价是利息，对借用土地所付的代价是地租。①

1890年，英国经济学者马歇尔出版了《经济学原理》，提出了均衡价格理论，并用萨伊三位一体公式和均衡价格理论去分析工资、利息和地租的决定。他认为，工资是劳动这种生产要素需求价格和供给价格相等时的价格，劳动的需求价格是由资本不变的条件下最后增加的劳动的边际生产率决定的，劳动的供给价格是由养活、训练和维持有效的劳动的成本决定的。利息是资本需求价格和供给价格相等时的价格，资本的需求价格是由劳动不变的条件下最后增加的资本的边际生产率决定的，资本的供给来自资本家的节欲。土地没有生产费用，从而没有供给价格。地租是由需求价格即在劳动和资本不变的条件下最后增加的土地的边际生产率决定的。利润则是资本家管理和组织企业的报酬。②

1899年，美国经济学者克拉克（J. B. Clark）出版了著作《财富的分配》。他也继承了萨伊三位一体的思想，并运用19世纪70年代流行的边际分析方法得出了与马歇尔相似的结论：在资本数量不变的条件下，如果连续增加工人，每增加1单位工人生产出来的产品数量递减。最后增加的那个单位的工人生产出来的产品数量称为边际生产力，工人的工资是由工人的边际生产力决定的。同样，在工人人数不变的条件下，如果连续增加资本，每增加1单位资本生产出来的产品数量是递减的。最后增加的那个单位的资本生产出来的产品数量也称为边际生产力，资本的利息是由资本的边际生产力决定的。③

---

① 萨伊．政治经济学概论［M］．陈福生，译．北京：商务印书馆，1982：77.

② 马歇尔．经济学原理：下册［M］．陈良璧，译．北京：商务印书馆，1965：216-293.

③ CLARK J B. The Distribution of Wealth: A Theory of Wage, Interest and Profits [M]. New York: The Macmillan Co., 1908.

20世纪以来，主要资本主义国家的主流经济学基本上承袭了马歇尔的思想，用均衡价格的分析方法来分析工资、利息和地租的决定。①

（二）笔者对三位一体公式及其继承者看法的回应

实际上，剩余价值问题已经不是一个简单的学术问题，而是一个涉及阶级关系的问题。既然与马克思剩余价值理论对立的西方主流收入分配理论的源泉是萨伊三位一体的公式，那么本节的分析就从萨伊三位一体的公式开始。笔者认为，萨伊三位一体公式存在下述重要缺陷：

第一，萨伊三位一体公式排除了利润的范畴。资本包括两种形态：一种是货币资本，另一种是生产资本。货币资本获得利息，生产资本获得利润，利润是体现剩余价值的最主要的范畴。马克思在批评萨伊三位一体公式时指出："利息表现为资本所固有的、独特的产物，与此相反，企业主收入则表现为不以资本为转移的工资，所以，上述三位一体的公式可以更确切地归结为：资本—利息，土地—地租，劳动—工资；在这个公式中，利润，这个作为资本主义生产方式特征的剩余价值形式，就幸运地被排除了。"②

马歇尔意识到了萨伊三位一体公式的缺陷，在他的分析中加进了利润的范畴，并把利润看作企业家经营管理和组织企业的报酬。按照马歇尔的看法，企业的经营管理由三个因素组成：第一个因素是资本的供给，第二个因素是使用资本的经营能力的供给，第三个因素是利用一定的组织形式把前两个因素结合起来。对其中第一个因素的报酬就是利息，对其中第二和第三个因素的报酬就是利润。

但是，马歇尔的分析存在这样一个问题，企业家与资本家，也就是马歇尔所说经理和雇主是有区别的。如果是雇主雇佣了经理来管理企业，而利润又是经理创造的，那这是否意味着经理创造的利润被雇主占有？马歇尔是这样解释的：雇主原来是企业家，如果他具有很强的经营能力和组织能力，他的管理工作就会出现一个不断被替代的过程，首先他监督工人的工作被雇佣的监工所取代，接着他管理的工作被雇佣的经理所取代。当这个小雇主发展为大雇主以后，他作为小雇主的工作又会被他作为大雇主的小部分工作以及经理和监工的大部分工作所替代。在整个过程中，雇主表现出优越的经营和组织能力，而这种能力的形成需要天赋才能和耗费巨大的特殊训练，即使

---

① 萨缪尔森．经济学：上册［M］．第19版．肖琛，译．北京：商务印书馆，2012：407-502.

② 马克思．资本论：第3卷［M］//马克思，恩格斯．马克思恩格斯全集：第25卷．北京：人民出版社，1974：919-920.

他承担的管理工作在减少，但是利润仍然是对他的经营和组织能力的报酬。[①]

然而，马歇尔的分析还是存在这样一个问题：从静态来看，不少资本所有者完全或者基本不从事经营和管理活动，他们为什么还获得利润呢？如果说利润仍然是企业家创造的，那么利润为什么被资本所有者占有？

100多年过去了，西方主流经济学在利润来源问题的分析上依然含混不清。以萨缪尔森《经济学》的分析为例，萨缪尔森区分了会计利润和经济利润的概念，会计利润是指企业的总收益减去总成本后的差额，经济利润是指企业的总收益减去各种机会成本的差额。其中，机会成本包括资本金的隐含收益。按照会计利润的概念，总收益大于总成本才会产生正数的利润；但是按照经济利润的概念，总收益等于总成本就会产生正数的利润。

接着，萨缪尔森把利润划分为所有的资本隐含收益、承担风险的回报和创新利润。[②] 如果说作为隐含收益的利润以及作为承担风险报酬的利润是对资本所有者的报酬，作为创新报酬的利润是对创新者和企业家的报酬，那么作为创新报酬的利润由谁获得了呢？如果是资本所有者获得，那么为什么被资本所有者获得？另外，如果说资本所有者投入资本要冒风险，难道劳动者投入劳动就不冒风险吗？劳动者可能遭遇工伤事故，可能受到身心损害，可能被雇主解雇，那么为什么劳动者不能获得利润呢？

第二，萨伊三位一体公式没有说明资本和土地是如何创造价值的。马克思指出："土地—地租，资本—利息，劳动—工资或劳动价格，是三个显然不可能综合在一起的部分。首先，我们看到的是没有价值的使用价值土地和交换价值地租：于是，一种当作物来理解的社会关系，竟被安置在一种和自然的比例关系上；也就是说，让两个不能通约的量互相保持一定比例。然后是资本—利息。如果资本被理解为一定的、独立地表现在货币上的价值额，那末，说一个价值是比它的所值更大的价值，显然是无稽之谈。……最后，劳动—工资，劳动的价格，象我们在第一卷中所证明过的那样，这种说法显然是和价值的概念相矛盾的，也是和价格的概念相矛盾的，因为一般说来，价格只是价值的一定表现；而'劳动的价格'是和'黄色的对数'一样不合理的。"[③]

是的，在资本主义生产条件下，土地得到了地租的报酬，资本得到了利润的报酬，但是土地不是因为创造了价值而得到了地租的报酬，而是凭借土地所有权得到了地租的报酬；资本也不是因为创造了价值而得到了利润的报酬，而是凭借资本所有权得到

---

① 马歇尔．经济学原理：下册［M］．陈良璧，译．北京：商务印书馆，1965：260-270.

② 萨缪尔森．经济学：上册［M］．第19版．肖琛，译．北京：商务印书馆，2012：498-499.

③ 马克思．资本论：第3卷［M］//马克思，恩格斯．马克思恩格斯全集：第25卷．北京：人民出版社，1974：923-924.

了利润的报酬。试想一下，土地所有权产生以前土地的使用价值与资本主义条件下土地的使用价值相比，并没有什么不同，如果土地本身可以创造价值，那么为什么在土地所有权产生以前土地的使用没有产生地租，在资本主义条件下土地的使用才产生了资本主义形态的地租呢？同样，在资本主义经济制度形成以前，劳动者利用生产工具生产产品，与在资本主义经济制度形成以后，劳动者利用生产工具生产产品相比，在本质上没有不同，如果生产工具本身也能创造价值，那么为什么在资本主义经济制度形成以前生产工具的使用没有产生利润，而在资本主义经济制度形成以后生产工具的使用才产生了利润呢？

但是，还应该指出，土地和生产资料资本主义所有权的产生是剩余价值生产的必要条件而不是充分条件。资本家要生产剩余价值，必须在市场上寻找到劳动力这样的商品，这种商品的使用价值是能够生产出超过劳动力价值的价值。实际上，在现实的资本主义经济里，不论是小企业的雇主，还是大企业的资本家，都在实践中再明确不过地体会到，雇佣劳动是他们利润的源泉，他们的利润与雇佣劳动者的劳动时间呈正比例变化，与雇佣劳动者的报酬呈反比例变化。这就是说，雇主和资本家尽管没有读过马克思的《资本论》，也能在实践中十分明显地感觉到，他们获得的利润的多少取决于剩余劳动时间的长短和劳动力价值的高低。

因此，萨伊三位一体公式表达的土地创造了等于地租的价值并得到了地租、资本创造了等于利润的价值并得到了利润，既不符合人类生产的历史事实，也违背了分析人类生产过程的逻辑。马克思揭示的剩余价值的起源是正确的。

笔者认为，政治经济学存在阶级性，但是政治经济学首先是一门科学，是一门从逻辑上反映经济现实的科学。如果遇到资产阶级忌讳的问题就把白的说成黑的，把黑的说成白的，那么政治经济学本身就没有存在的意义了。马克思的政治经济学也有鲜明的阶级性，但是马克思的剩余价值理论符合并反映了资本主义生产的逻辑和历史过程。

二、对不需要劳动价值理论的剥削理论的评论

（一）霍奇森的没有劳动价值理论的剥削理论

英国经济学者霍奇森在 1980 年秋季的《科学与社会》上发表了《没有劳动价值理论的剥削理论》一文，指出在经济学中有两种剥削理论——一种是马克思以劳动价值理论为基础的剥削理论，另一种是新古典学派以边际生产力分配理论为基础的剥削理

论。但是，这两种剥削理论都是难以成立的。马克思试图发现隐藏在交换价值这个现象形态后面的共同实体，但实际上没有必要去寻找这样的共同实体。不能假定劳动创造了所有价值，然后以存在剩余价值为理由，证明工人阶级受到了剥削。另外，新古典学派认为，生产要素所有者得到的报酬少于该生产要素的边际产量就是受到了剥削。如果按照这个逻辑，在资本主义制度下，工人和资本家都会遭受剥削。但是，即使劳动者获得的报酬多于劳动的边际产量，他们仍然遭受资本家的剥削。①

因此，霍奇森要提出既不同于马克思也不同于新古典学派的资本主义剥削理论。据说，他的剥削理论得到马克思的启示，属于马克思的经济学传统，但不依赖于劳动价值理论。按照霍奇森的看法，剥削是拥有生产资料的阶级对剩余产品的占有，所谓剩余产品就是扣除劳动者已经得到的属于他们的那部分以及对消耗的生产资料的补偿后剩下的那部分产品。在资本主义制度下，资本家仅仅由于拥有生产资料就得到利润，而劳动者为了得到工资必须劳动，必须服从资本主义劳动工程的纪律和强制。由于在资本主义制度下剩余产品采取货币的形式，资本主义剥削就是通过生产资料的私人所有占有表现为货币的剩余产品。②

（二）笔者对霍奇森剥削理论的回应

霍奇森所谓的没有劳动价值理论的剥削理论认为，根据生产资料所有权就可以解释剥削的源泉。实际上，马克思从来没有忽略生产资料的资本主义占有是资本主义剥削的前提条件的事实，但是没有停留在仅仅从生产资料所有权出发来说明剥削的存在。对于霍奇森的看法，笔者发表下述评论意见：

第一，生产资料所有权掌握在小部分人手里只是资本主义剥削的必要条件而不是充分条件。资本家要获得剩余价值也就是要进行剥削，还必须存在大量依靠出卖劳动力才能生存的雇佣劳动者，而且雇佣劳动者创造的价值必须超过他们再生产自身劳动力的价值。如果没有大量雇佣劳动者，或者如果雇佣劳动者只能再生产自身的劳动力的价值，生产资料所有权不可能带来剩余价值，也就是无法实现剥削的目的。因此，脱离劳动价值理论，仅仅根据生产资料所有权，不能解释剩余价值如何产生，也就不能解释剥削的源泉。

第二，资本主义剥削与封建主义剥削不同。在封建主义制度下，地主凭借对土地

① HODGSON G. A Theory of Exploitation without the Labor Theory of Value [J]. Science and Society, 1980, 44 (3): 257-262.

② HODGSON G. A Theory of Exploitation without the Labor Theory of Value [J]. Science and Society, 1980, 44 (3): 265-273.

的所有权对农民进行剥削，这种剥削带有强制的性质。但是，在资本主义制度下，劳动者的人身是自由的，资本家与劳动者的交换是等价的，并没有强制的性质。这样，生产资料所有权如何导致剥削？显然，只有马克思根据劳动价值理论说明，资本家在市场上购买的是劳动力的价值，而劳动力的使用价值是能够创造超过劳动力价值的价值，才深刻地揭示了剩余价值就是剥削的源泉。

第三，没有劳动价值理论的剥削理论使剥削的源泉变得含混不清。正如萨伊三位一体公式所表示的：资本家拥有资本所有权，劳动者拥有劳动所有权，地主拥有土地所有权。资本提供生产性服务得到了利息，劳动提供生产性服务得到了工资，土地提供生产性服务得到了地租，不存在谁剥削谁的问题。只有马克思根据劳动价值理论指出，资本的价值是转移到产品中去的，劳动创造的价值超过了劳动力的价值，但是剩余价值被资本家占有了，才清楚地解释了剥削的来源。

（三）罗默的没有劳动价值理论的剥削理论

美国经济和政治学者罗默（J. E. Roemer）在 1988 年出版了《在自由中丧失——马克思主义经济哲学导论》，也提出了没有劳动价值理论的剥削理论。罗默认为，剥削的词汇在英文里有两种非技术性的含义：一是指利用某物，二是指不公平地利用某人。但是，罗默认为有必要将剥削的非技术性定义和技术性定义区分开来。所谓剥削的技术性定义是：在既定的经济中，如果某些成员必须从事超过社会必要劳动时间的劳动才能挣得他们所需要的消费品集，而其他人以少于社会必要劳动时间的劳动就能挣得他们的消费品集，那么剥削就存在。①

罗默在这本著作的第七章以“无劳动市场的剥削”为题，证明剥削与马克思劳动价值理论没有关系。罗默首先分析了与资本市场相关的玉米经济孤岛，在这个经济中没有劳动市场，所以没有出现雇佣劳动。他以富人将种子按照 66.66%的周利率贷给农民为例，说明剥削由此产生。罗默接着分析了既无劳动市场也无资本市场的玉米和亚麻经济孤岛，在这个经济中既没有资本也没有雇佣劳动。罗默说明，如果一部分人的劳动时间少于社会必要劳动时间而另一部分人的劳动时间多于社会必要劳动时间，前一部分人对后一部分人就存在剥削。② 罗默据此认为，剥削与劳动价值理论无关。

罗默还指出，马克思认为存在一种在生产过程中能够生产出比自身价值更大价值

---

① 罗默．在自由中丧失——马克思主义经济哲学导论［M］．段忠桥，译．北京：经济科学出版社，2003：4-5，23.

② 罗默．在自由中丧失——马克思主义经济哲学导论［M］．段忠桥，译．北京：经济科学出版社，2003：101-104，111-114.

的商品或者要素，劳动力就是这样一种商品或者要素，劳动是利润的唯一来源。罗默认为，马克思的看法是错误的。他认为，劳动具有可剥削性，其他投入的商品如玉米也具有可剥削性。劳动力的剥削率是从1单位劳动榨取的剩余劳动与再生产这个单位劳动所需要的劳动的比率，玉米的剥削率是从1单位玉米中能够榨取的剩余玉米与再生产这个单位玉米所需要的玉米数量的比率。罗默的结论是：用于生产过程的每一种生产出来的商品都必定能够提供这种剩余，任何的社会剩余即利润都会出现。①

（四）笔者对罗默剥削理论的回应

罗默是一位研究马克思哲学和经济学的学者，但遗憾的是对马克思政治经济学的理解却十分肤浅。当然，包括罗默在内的经济学者都可以对剥削作出自己的定义，但问题是这样定义的剥削不是马克思所说的资本主义剥削。

例如，罗默指出，高利贷是一种剥削。这没有错，高利贷确实是一种剥削。但是，这种剥削在资本主义经济产生以前就存在了，这不是资本主义剥削形态。马克思曾经指出："高利贷资本有资本的剥削方式，但没有资本的生产方式。"② 另外，这样的剥削不是发生在生产领域而是发生在货币流通领域，这不是基本和典型的资本主义剥削形态。在资本主义经济形成以后，借贷资本获得的利息也是一种剥削，属于资本主义的剥削形态，但是这种剥削只有通过资本主义生产领域的剥削才能从根本上得到解释。其实，罗默还可以分析低价买进高价卖出、强行买进和强行卖出等诸如此类的孤岛，把这样那样的行为解释为剥削。但是，它们或者不是资本主义经济的剥削形态，或者不是基本和典型的资本主义剥削形态。

又如，罗默指出，如果一部分人的劳动时间少于社会必要劳动时间而另一部分人的劳动时间多于社会必要劳动时间，前一部分人对后一部分人就存在剥削。实际上这不是剥削。在罗默式的既没有资本市场又没有劳动市场的孤岛里，各个商品生产者的效率是不一样的，他们的商品价值不是由耗费的个别劳动时间决定的，而是由社会必要劳动时间决定的。如果某个生产者生产商品的个别劳动时间多于社会必要劳动时间，他多耗费的那部分劳动属于无效劳动，这里只存在罗默定义的剥削问题，不存在马克思定义的剥削问题。但是，罗默的剥削概念是错误的。把简单商品生产条件下商品价值形成的过程视为剥削，那么剥削将无处不在，这会掩盖真正的资本主义剥削。

---

① 罗默．在自由中丧失——马克思主义经济哲学导论［M］．段忠桥，译．北京：经济科学出版社，2003：60-61.

② 马克思．资本论：第3卷［M］//马克思，恩格斯．马克思恩格斯全集：第25卷．北京：人民出版社，1974：676.

至于罗默说，既然劳动具有可剥削性，那么玉米也具有可剥削性，这实际上又回到了萨伊的劳动—工资、资本—利息、土地—地租三位一体的论调了。关于这一点前面已经进行了分析，这里就不再赘述了。

三、对巴兰和斯威齐的经济剩余理论的评论

（一）巴兰和斯威齐的经济剩余理论

美国经济学者巴兰（P. A. Baran）和斯威齐（P. M. Sweezy）与马歇尔、克拉克、萨缪尔森不同，他们是马克思主义经济学者。他们在资本主义经济的发展过程中，发现马克思剩余价值的范畴难以解释现实经济现象，从而提出要调整马克思剩余价值的范畴。所谓“经济剩余”就是在这样的情况下提出来的。

巴兰和斯威齐在1968年出版的《垄断资本》中是这样表述为什么使用经济剩余这个概念的：“在一个高度发达的垄断资本主义社会，剩余采取多种形式和伪装。正是这个原因，我们采用剩余这个概念，而不采用传统的马克思主义的剩余价值，因为后者在大多数熟习马克思主义经济理论的人们的心目中，或许等于利润+利息+地租的总和。诚然，马克思在《资本论》和《剩余价值学说史》的一些分散各处的段落中，表明了剩余价值也包含其他的项目，例如国家和教会的收入，商品转变为货币时的支出，非生产性工人的工资。但是，一般说来，他把这些看作次要因素，并将其排除在他的基本理论图式之外。我们的论点是，在垄断资本主义制度下，这种程序不再恰当了；我们希望，术语的更换，有助于实现理论见解的必要转变。”①

关于经济剩余的定义，巴兰和斯威齐指出：“经济剩余的最简短的定义，就是一个社会所生产的产品与生产它的成本之间的差额。剩余的大小是生产能力和财富的指标，是一个社会享有多大自由来完成它给自己树立任何目标的指标。剩余的组成部分表明一个社会是怎样利用那种自由的：它在扩大它的生产能量上投资了多少，它以各种形式消费了多少，它浪费了多少，是怎样浪费的。”②

接着，巴兰和斯威齐在《垄断资本》中分析了美国经济剩余的吸收，即美国的经济剩余究竟支出到哪里去了。按照巴兰和斯威齐研究结果，美国经济剩余的去向是：资本家的消费支出、资本家的投资支出、销售支出、政府的民用支出、政府的军事支

---

① 巴兰，斯威齐．垄断资本［M］．南开大学政治经济学系，译．北京：商务印书馆，1977：15.

② 巴兰，斯威齐．垄断资本［M］．南开大学政治经济学系，译．北京：商务印书馆，1977：14-15.

出等。[①] 从巴兰和斯威齐的分析过程可以看到，他们提出经济剩余的目的，一方面是试图用经济剩余增长规律取代平均利润率下降规律，来说明在垄断资本主义条件下经济仍然有可能不断发展；另一方面是试图通过揭示经济剩余吸收过程的浪费现象，来说明垄断资本主义制度的不合理性。

（二）笔者对巴兰和斯威齐的经济剩余理论的回应

笔者认为，如果能够在逻辑和事实上证明马克思的剩余价值理论只适合于竞争资本主义发展阶段，而只有巴兰和斯威齐的经济剩余理论才适合于垄断资本主义发展阶段，那么用经济剩余理论取代剩余价值理论无可非议。但遗憾的是，笔者看不到这样的证明。笔者在研读完巴兰和斯威齐的《垄断资本》以后，仍然不理解他们经济剩余的范畴究竟比马克思剩余价值的范畴优越在哪里。

首先，巴兰和斯威齐的经济剩余是指社会总产值和社会总成本的差额。显然，不论在竞争的资本主义经济、垄断的资本主义经济，还是在社会主义经济中，都存在经济剩余。没有经济剩余的经济社会是走向消亡的经济社会，这样的经济社会在人类社会中是不存在的。在经济剩余的范畴里，人们已经看不到剩余价值的起源，看不到劳动力商品的作用，看不到剩余价值这个资本主义经济矛盾冲突的根源，也看不到剩余价值所体现的特定的社会经济形态。因此，从经济范畴来看，这是马克思剩余价值范畴的后退，而不是马克思剩余价值范畴的发展。

其次，巴兰和斯威齐对马克思剩余价值的分配的理解是错误的，与经济事实也是不符合的。巴兰和斯威齐指出："国家和教会总是被承认为剩余的共同消费者；古典作家和马克思都认为，除了国家官吏和僧侣以外，还有非生产工人那一类。"[②] 另外，巴兰和斯威齐还将政府的民用支出和军事支出看作经济剩余的支出内容。

确实，马克思说过："有一大批所谓'高级'劳动者，如国家官吏、军人、艺术家、医生、牧师、法官、律师等等，他们的劳动有一部分不仅不是生产的，而且实质上是破坏性的，但他们善于依靠出卖自己的'非物质'商品或把这些商品强加于人，而占有很大部分的'物质'财富。"[③] 在这里，马克思只是说明这部分人的劳动是非生产性劳动，并没有说明这些人的支出来源是剩余价值。

在现实的经济里，马克思提到的这部分非生产劳动者的支出以及政府的各项支出，

---

① 巴兰，斯威齐．垄断资本［M］．南开大学政治经济学系，译．北京：商务印书馆，1977：80-205.

② 巴兰，斯威齐．垄断资本［M］．南开大学政治经济学系，译．北京：商务印书馆，1977：110.

③ 马克思．剩余价值理论：第 1 册［M］//马克思，恩格斯．马克思恩格斯全集：第 26 卷．北京：人民出版社，1972：142，167-168.

并不都是来自马克思所说的剩余价值，也不都是来自巴兰和斯威齐所说的经济剩余。例如，政府的社会支出和军事支出来源于税收，显然不只资本家要缴税，所有的社会成员都要缴税。这就是说，这部分支出相当一部分来源于巴兰和斯威齐所说的社会总成本或者马克思所说的可变资本的价值和剩余价值。又如，医生、艺术家、牧师的收入部分属于他们自己创造的价值，部分来自接受这些服务的社会成员的支出。这也就是说，部分来源于巴兰和斯威齐所说的社会总成本或者马克思所说的可变资本的价值和剩余价值。

由此可见，巴兰和斯威齐提出的经济剩余的范畴没有理论和实际意义。从巴兰和斯威齐的研究中，人们可以体会到继承和发展马克思政治经济学确实是一项难度很大的工作。马克思政治经济学不是一成不变的教条，时代在发展，马克思政治经济学也要发展。但是，要发展马克思政治经济学必须以继承马克思政治经济学为前提，否则就不是发展马克思政治经济学了。巴兰和斯威齐提出的经济剩余范畴可以看作他们自己的见解，但笔者认为巴兰和斯威齐不但没有发展马克思政治经济学，反而从马克思政治经济学倒退了。

第三节　二战后剩余价值率和剩余价值结构分析

一、二战后美国剩余价值率的变化

马克思提出了剩余价值率的范畴，但是马克思本人没有提出剩余价值率必然趋向提高的规律。笔者试图根据主要资本主义国家的历史统计资料，来揭示剩余价值率的变化情况，并对这些变化情况作出解释。

美国是主要资本主义国家中历史数据最完整的国家，下面以美国为例分析二战后剩余价值率的变化。但由于美国国民经济核算的口径与马克思的经济范畴不一致，即使拥有较为完整的国民经济统计数据，要准确地测算剩余价值率也是困难的。

美国经济分析局的数据库提供了下述数据：第一，私人企业对雇员的报酬（compensation of employees），包括当年工资和薪金、为雇员支付的养老金和保险基金、向政府支付的社会保险等。第二，净营业盈余（net operating surplus），是指各种生产要素的报酬扣除折旧、对雇员的报酬、政府对生产和进口征收的税，再加上政府对企业的津贴。从内容上，它包括利润收入，利息收入，出租不动产、机器设备等固定资产的租金收入。

在上述指标中，私人企业对雇员的报酬接近于马克思可变资本的范畴，净营业盈余接近于马克思剩余价值的范畴，将剩余价值与可变资本相比便得到剩余价值率。笔者根据美国经济分析局提供的数据，得到如图 4-1 所示的 1947—2021 年美国私人产业剩余价值率的变化情况。在这里，所谓私人产业是指排除了公共产业的为私人所有的产业。

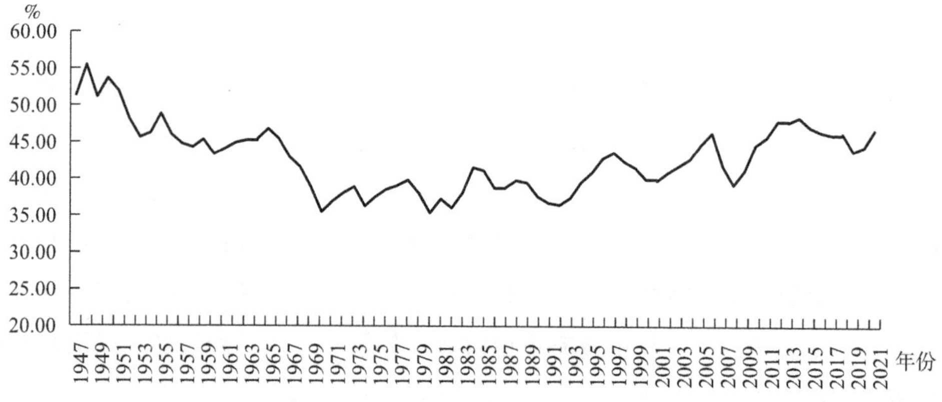

图 4-1　1947—2021 年美国私人产业剩余价值率的变化情况

资料来源：Bureau of Economic Analysis，Gross Domestic Income by Type of Income，http：//www. bea. gov.

从图 4-1 可以看到，美国私人企业剩余价值率的变化是不稳定的，波动幅度较大。从总体趋势来看，美国私人企业剩余价值率从 1947 年到 1970 年趋向下降，从 1970 年到 2021 年趋向上升。

二、美国剩余价值率变化的分析

（一）阶级博弈因素分析

剩余价值率的本质是剥削率，它的变化趋势主要取决于资本家阶级和工人阶级的博弈。在资本主义经济里，资本家阶级掌握生产资料，在博弈过程中处于优势地位，这是一种常态。但是，如果某个时期资本家阶级的优势地位受到某种程度的抑制，剩余价值率就会降低；如果某个时期资本家阶级的优势地位得到加强，剩余价值率就会提高。各种政治、经济、社会因素都会对资本家阶级和工人阶级的力量对比造成影响，从而对剩余价值率造成影响。下面分 1947—1970 年和 1970—2017 年两个时期，具体考察什么因素导致了剩余价值率的趋势性变化。

1. 1947—1970 年的阶级博弈

从 1947 年到 1970 年，美国私人企业剩余价值从 678 亿美元增加到 2220 亿美元，增长幅度是 2.27 倍。美国私人企业对雇员的报酬从 1324 亿美元增加到 6251 亿美元，增加幅度是 3.72 倍。可变资本增加幅度大于剩余价值增加幅度，剩余价值率趋向下降。

在资本主义经济里，资本是为了获取剩余价值而存在的，资本家会千方百计地压低工人工资以提高剩余价值率。但是，工人阶级也会奋起抗争要求提高工资。具体的工资水平是由资本家阶级和工人阶级之间的博弈决定的。因此，不能排除在一定的历史时期出现这样的情况：可变资本增长幅度大于剩余价值增长幅度，剩余价值率趋向下降。

笔者认为，美国 1947—1970 年剩余价值率的下降是一系列因素造成的。

第一，20 世纪 30 年代美国经济“大萧条”暴露了资本主义尖锐的经济矛盾和阶级矛盾，美国政府不得不采取措施来缓和阶级矛盾，以维持社会的稳定。作为“罗斯福新政”重要内容之一的 1933 年《全国工业复兴法》和 1935 年《国家劳工关系法》就在这种情况下产生了。这两部法律使劳工获得了组织工会和进行集体谈判的权利，初步确立了政府、劳方、资方三方劳资关系的协调机制。

1933 年《全国工业复兴法》第七条第一款规定：“1. 雇员拥有组织起来的权利和选择代表进行集体谈判的权利，……2. 雇主不应要求雇员和寻找工作的人以不参加、不组织或不帮助他人加入劳工组织作为就业条件。3. 雇主应遵守总统批准的最高工时数、最低工资额和其他就业条件。”1935 年的《国家劳工关系法》有关劳工的规定较《全国工业复兴法》更加明确和更加具体。

在 1935 年《国家劳工关系法》公布后不久，第二次世界大战爆发。1943 年，美国国会不顾罗斯福（F. D. Roosevelt）总统的否决，通过了《史密斯-康纳利法》，对私人企业的工人罢工予以限制，对政府企业的工人罢工予以禁止。第二次世界大战结束以后，为了维护资本家阶级的利益，美国国会陆续通过了限制劳工权利的立法，以削弱《国家劳工关系法》的作用。例如，美国国会在 1947 年通过《塔夫脱-哈特莱法》，对《国家劳工关系法》进行了一定的修正。但是，这些法律对工会的限制性影响直到 20 世纪 80 年代才开始显现。

美国政府在特定的历史条件下为了缓和阶级矛盾采取的促进就业和制定最低工资标准的措施，对 1950—1970 年工人就业和收入状况的改善发挥了一定的作用。

第二，第二次世界大战结束以后，美国的工会组织有了很大的发展，美国工会以罢工作为手段，在工资水平、劳动时间和劳动条件方面与资本家展开斗争。从 1950 年到 1970 年，尽管工会会员在劳动力中的比例有所下降，但是由于劳动者就业人数增加，工会会员人数仍然趋向增加，美国工会会员从 1400 万人增加到 2000 万人。应该指出，工会对工人工作和生活状况的影响远远不只表现在维护会员的利益方面，不属于工会的工人也会按照工会制定的协议工资、劳动时间和劳动条件去讨论劳资合同。在美国的工会史上，这个时期是工会影响力较大的时期，工会在维护工人利益和提高工人工资方面发挥了作用。[①]

第三，从1950年到1970年，美国经济处于相对繁荣的时期。在这个时期，经济发生周期性变化，生产过剩的经济危机也不断出现，但经济下降幅度不大。例如，美国在1954年、1958年、1970年发生了经济衰退，以不变价格计算的国内生产总值增长率分别是-0.6%、-0.8%、-0.2%。另外，从1959年到1969年，美国经济出现了连续10年的正增长。[②] 这种宏观经济状况为工人工资的增长提供了较好的经济环境。在经济相对繁荣的时期，劳动力相对短缺，为工人阶级与资本家阶级的博弈提供了相对有利的条件。另外，在经济相对繁荣的时期，尽管工人工资在国民收入中的比例有所上升，但资本家阶级的剩余价值总额还可以不断增加，工人阶级要求增加工资的阻力相对小一些。

正是这一系列因素导致了美国工人工资的增加，使剩余价值率在1950—1970年趋向下降。

2. 1970—2021年的阶级博弈

1970—2021年，美国剩余价值从2220亿美元增加到58798亿美元，增长幅度是25.49倍。美国私人企业对雇员的报酬从6251亿美元增加到103382亿美元，增加幅度是15.54倍。剩余价值增加幅度远大于可变资本增加幅度，剩余价值率趋向上升。

美国1970—2021年剩余价值率的上升是一系列因素造成的。

第一，20世纪80年代以后是美国工会运动持续衰落的时期。在这个时期，美国工会会员在劳动力中所占的比例持续下降，工会会员人数也不断减少。图4-2反映了1952—2018年美国工会会员在劳动力中所占比例的变化情况。

① 萨缪尔森．经济学：上册［M］．高鸿业，译．北京：商务印书馆，1979：183-204.

② Bureau of Economic Analysis, Gross Domestic Pruduct, http: //www. bea. gov.

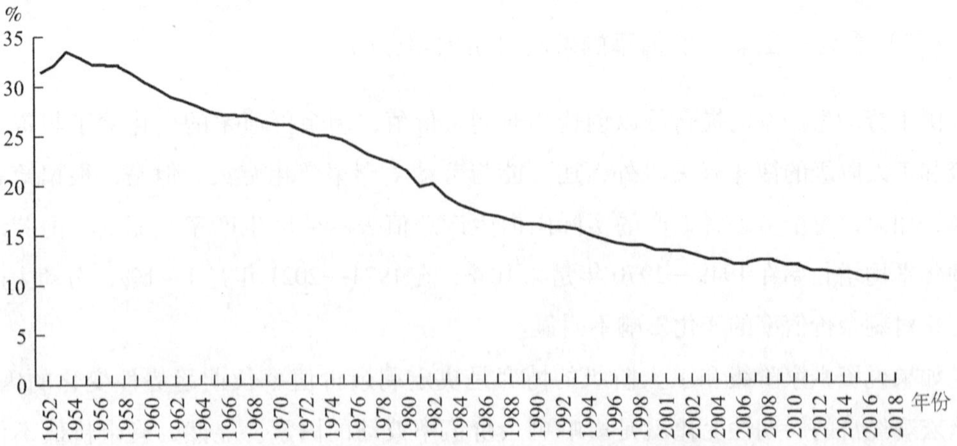

图 4-2　1952—2018 年美国工会会员比例的变化

资料来源：麦克南．当代劳动经济学［M］．刘文，等，译．北京：人民邮电出版社，2006：371；Bureau of Labor Statistics，BLS Reports 2019，https：//www. bls. gov.

美国工会的衰落是下述原因造成的：首先，20 世纪 70 年代，美国发生了停滞膨胀，失业率上升。进入 80 年代以后，尽管美国走出了停滞膨胀，但是失业问题仍然比较严重。在这种情况下，工人阶级处于弱势，工会的议价能力减弱。其次，长期以来，美国工会的领导层存在官僚化的情况，甚至出现腐败现象，工人对工会的信任度有所下降。最后，资本家一直采用恐吓和威胁的方法阻挠工人加入工会，不少工人由于担心加入工会会被解雇而不愿意加入工会。

工会是工人为争取自己利益而组成的组织，工会的地位和作用的变化反映了工人阶级和资本家阶级彼此力量的消长。在资本主义国家，工人阶级的地位从根本上来说处于弱势。工会即使在兴盛时期，也只是在必要劳动时间和剩余劳动时间的划分中争取更多的利益而已。在工会力量趋向衰落的情况下，美国工人在工资问题上的集体议价能力下降，工人收入在国民收入中的比例下降。

第二，20 世纪 70 年代以后美国经济发展进入一个较为缓慢的时期。美国经济二战后的繁荣到 20 世纪 70 年代就告一段落了，20 世纪 70 年代发生了停滞膨胀。在停滞膨胀消失以后，美国经济始终处于中低速增长状态。在 1950—1970 年的 21 年间，美国以不变价格计算的国内生产总值仅出现过 2 年的负增长，年平均增长率为 4. 19%。在 1970—2015 年的 46 年间，美国以不变价格计算的国内生产总值出现过 7 年的负增长，年平均增长率只有 2. 78%。[①] 在经济增长缓慢、工人失业相对比较严重的情况下，工人在与资本家的博弈中处于劣势，剩余价值率趋向上升。

① Bureau of Economic Analysis，Gross Domestic Product，http：//www. bea. gov.

（二）影响美国剩余价值率的宏观经济因素分析

由于劳动生产率的提高可以创造相对剩余价值，剩余价值率的变化除了与资本家阶级和工人阶级的博弈有关以外，还可能与劳动生产率变化有关。但是，根据笔者的测算，如果以每个劳动者生产的实际国内生产总值表示劳动生产率，那么美国劳动生产率年平均增长率在 1949—1970 年是 2.10%，在 1971—2021 年是 1.41%，劳动生产率的变化对剩余价值率的变化影响不明显。

如果说资本家阶级和工人阶级的博弈是决定剩余价值率长期趋势性变化的因素，那么宏观经济的周期性变化就是影响剩余价值率波动的因素。显然，剩余价值不仅存在分配的问题，还存在实现的问题。

尽管在经济周期的危机阶段和繁荣阶段工人的工资会发生变化，但是工人的工资是劳资合同规定的，因此在一段时间里是稳定的。另外，如果资本家降低工人的工资，会受到工人强烈的抵制。因此，在经济危机阶段，社会需求低迷，剩余价值的实现受到不利影响，剩余价值率将下降；在经济繁荣阶段，社会需求旺盛，工人的劳动强度增加，剩余价值率将提高。

一个典型的例子是：2008 年 9 月，美国金融危机激化。2009 年，美国经济陷入衰退。在此期间，虽然资本家会努力压低工人的工资，但工人工资短时间难以下降，而经济的恶化导致剩余价值难以实现，因此剩余价值率在 2008—2009 年向下划出了很深的“V”字。

根据上述分析可以得到这样的结论：在资本主义经济里，影响剩余价值率的因素是错综复杂的，不能简单地从逻辑上判断剩余价值率必然趋向上升或必然趋向下降。如果排除影响剩余价值率的偶然和短期因素，剩余价值率的主要变化趋势是由工人阶级和资本家阶级的博弈决定的，而经济发展趋势、工会组织、政府的社会政策等因素都会对博弈的结果造成不同程度的影响。另外，剩余价值率的波动还受到经济周期变化的影响。在经济周期的不同阶段，剩余价值的实现受到不同的影响，从而导致了剩余价值率的波动。

三、二战后美国剩余价值结构的变化

由于产业资本家要借用货币资本家的货币资本和租用土地所有者的土地进行生产，在他们把劳动力商品投入生产过程生产出剩余价值以后，需要支付使用货币资本的报酬——利息以及使用土地的报酬——租金，剩余的部分构成产业资本家自己的利润。

因此，剩余价值被分解为利润、利息和租金三个组成部分。

笔者仍然以美国为例来考察 1947 年以来美国剩余价值结构的变化情况。按照美国经济分析局的统计数据，利润是指公司制企业以及非公司制企业得到的利润收入，体现了产业资本家的利益；利息是指提供资金得到的利息收入，体现了货币资本家的利益；租金是指地产、房产和固定资产等的租金收入，体现了主要包括土地在内的不动产所有者的利益。图 4-3 表示 1947—2021 年美国的利润、利息和租金在国民收入中所占比例的变化情况，所谓国民收入是指各种生产要素的所有者在生产过程中得到的收入。

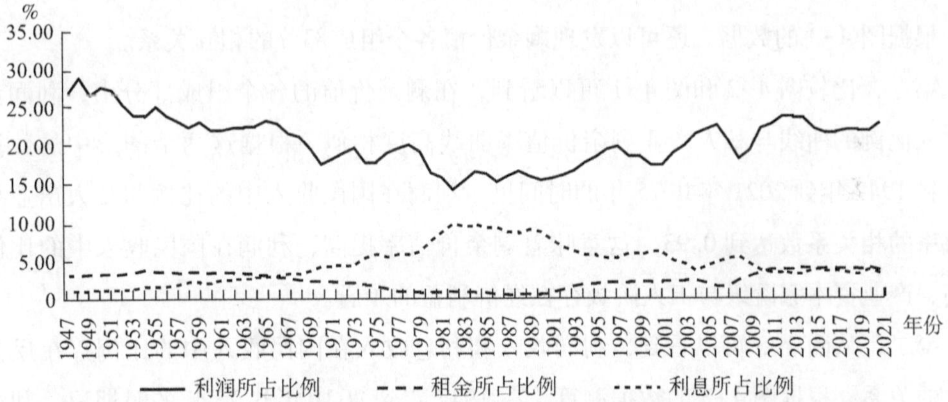

图 4-3　1947—2021 年美国利润、利息和租金在国民收入中所占比例的变化情况

资料来源：Bureau of Economic Analysis，National Income by Type of Income，https：//www. bea. gov.

从图 4-3 可以看到，利润收入在国民收入中的比例走出了一个“V”形，租金收入在国民收入中的比例也走出了一个平缓的“V”形，利息收入在国民收入中的比例则走出了一个坡形。利润收入在国民收入中的占比远高于租金收入和利息收入，利息收入在国民收入中的比例在 1966 年到 2010 年高于租金收入，其余年份与租金收入差不多。

四、美国剩余价值结构变化的分析

租金收入在国民收入中的比例之所以一直较低，是因为美国土地辽阔，还有许多未开垦的土地，土地供给的充裕压抑了租金收入的增加，使租金收入在国民收入中仅占据一个较小的比例。然而，土地是大自然赋予人类的，土地所有者仍凭借对土地的所有权分享剩余价值。

利息收入在国民收入中的比例总体不高，之所以在 20 世纪 80 年代达到峰值，是因为这一时期对货币资本的需求大量增加，利率大幅度上升。在 20 世纪 80 年代初、中期，美国的优惠利率大都在 10%以上，最高曾超过 20%，因此，利息收入在国民收入中的比例在 1982 年达到 9. 69%。所谓优惠利率是商业银行向信誉良好的大企业发放贷款时报出的利率。货币资本所有者凭借拥有的货币资本，分享剩余价值。

利润收入在国民收入的中比例在二战后初期的 1948 年一度达到 28. 89%，在 1982 年曾到达谷底 14. 15%，与同期利息收入占国民收入的比例 9. 69%居然相差不多，但进入 21 世纪以后回到 20%以上。利润收入在国民收入中所占的比例对经济周期变化的反应比较敏感。例如，2008 年美国爆发金融危机，2009 年美国经济陷入衰退，利润收入在国民收入中所占的比例出现较大幅度的下降。

根据图 4-3 的数据，还可以发现剩余价值各个组成部分的相互关系。

第一，比较图 4-3 和图 4-1 可以看到，在剩余价值的各个组成部分中，利润占国民收入比例的曲线与私人产业剩余价值率曲线高度相似。根据这两个图形中的数据测算，在 1947 年到 2021 年共 75 年的时间里，利润在国民收入中的比例与私人产业剩余价值率的相关系数达到 0. 93。这意味着剩余价值率提高，利润在国民收入中的比例就提高，产业资本家阶级与工人阶级存在经济利益的矛盾。

第二，从图 4-3 可以看到，利润收入和利息收入在国民收入中的比例存在反方向变化的关系。根据图 4-3 的数据测算，在 1947 年到 2021 年共 75 年的时期里，利润收入和利息收入在国民收入中的比例的相关系数是-0. 92。这意味着，由于货币资本家通过向产业资本家提供货币资本分享产业资本家的利润，利息收入在国民收入中的比例提高，利润收入在国民收入中的比例就下降，产业资本家和货币资本家在分割剩余价值的过程中存在经济利益的矛盾。

第三，根据图 4-3 的数据计算，在 1947 年到 2021 年共 75 年的时间里，利息收入的年平均增长率是 8. 34%，利润收入的年平均增长率是 6. 23%，租金收入的年平均增长率是 4. 14%。在这里，年平均增长率是各年增长率的算术平均数。由此可见，二战后，在剩余价值各个组成部分中，利息收入增长最快，利润收入增长次之，租金收入增长最慢。

第四节　新的历史条件下阶级界限的思辨

一、分析阶级关系面临的新的历史条件

从阶级关系的角度来看，历史条件发生了很大的变化。马克思所处的时代是工场手工业向机器大工业过渡的时代，阶级关系是相对明确的。资本家出资举办企业，雇佣工人进行生产，从中获取利润。但是到了现在，随着企业制度的变迁、企业分工的发展以及企业治理方式的改变，阶级关系变得错综复杂：部分资本家凭着股份分红，但他们甚至掌控不了企业；部分高级管理人员没有企业所有权，却掌控着企业，并获取高额的薪金；部分工人也持有企业的股份，成为企业的股东。因此，在研究马克思剩余价值理论的时候，有必要在新的历史条件下分辨阶级关系，以明确谁是剩余价值的创造者，谁是剩余价值的获得者。

二、作为企业家的资本家

（一）问题的提出

笔者认为，马克思的剩余价值理论是正确的，在逻辑上没有缺陷，在时代上也不过时。笔者在这里要讨论的是当今现实经济中与马克思剩余价值理论相关的问题，并试图针对这些问题发表探讨性的看法。

马克思剩余价值理论涉及一个问题：谁是资本家？按照马克思剩余价值理论，资本家是资本的所有者，即生产资料所有者，他们雇用劳动并生产剩余价值。马克思指出："现在我们知道了，货币所有者付给劳动力这种特殊商品的所有者的价值是怎样决定的。货币所有者在交换中得到的使用价值，在劳动力的实际使用即消费过程中才表现出来。这个过程所必需的一切物品，如原料等等，是由货币所有者在商品市场上买来并且按十足的价格支付的。劳动力的消费过程，同时就是商品和剩余价值的生产过程。……一离开这个简单流通领域或商品交换领域就会看到，我们的剧中人的面貌已经起了某些变化。原来的货币所有者成了资本家，昂首前行；劳动力所有者成了他的

工人，尾随于后。”①

企业是生产的组织形式，而企业几乎与资本主义生产方式同时产生。企业的最初形态是工场手工业，而资本主义生产方式是从工场手工业中形成的，意味着资本家是从工场手工业时期开始产生的。在工场手工业之前的家庭手工业时期，即使有的业主已经雇用帮工进行生产，但是他们雇用的工人还不多，正处于向资本家转化的过程，还不是严格意义的资本家。马克思说过：“资本主义生产实际上是在同一个资本同时雇用较多的工人，因而劳动过程扩大了自己的规模并提供了较大量的产品的时候才开始的。较多的工人在同一时间、同一空间（或者说同一劳动场所），为了生产同种商品，在同一资本家的指挥下工作，这在历史上和逻辑上都是资本主义生产的起点。就生产方式本身来说，例如初期的工场手工业，除了同一资本同时雇用的工人较多而外，和行会手工业几乎没有什么区别。”②

由此可见，资本家作为一个阶级，产生于工场手工业时期，发展于机器大工业和现代化产业时期。在很长的一段时间里，资本家同时也是企业家。根据美国企业史学者普萨特瑞（C. J. Pusateri）的考证，“企业家”（entrepreneur）一词出现在18世纪，由爱尔兰银行家坎蒂伦（R. Cantillon）提出。按照坎蒂伦的定义，企业家是以一定的价格买入生产资料，并生产出产品出售的人。由于产品未来的价格是未知的，企业家需要承担风险。③ 从企业家最初的定义来看，资本家与企业家是没有分离的。后来，经济学者们使用企业家这个词，一般是指企业的经营管理者。如萨伊和熊彼特（J. Schumpeter）所说的企业家，主要是指企业的经营管理者。

在资本家的演变过程中，出现了两种类型的资本家：一种类型的资本家掌握着企业的所有权，但他们自己不参加企业的经营管理活动。例如，美国的钢铁大王卡内基（A. Carnegie）在1866年建立了自己的第一家钢铁厂。到了1900年，卡内基的钢铁企业已经成为美国最大的钢铁企业，产量达到美国钢铁总产量的1/3。卡内基是企业最大的股东，但他不担任董事长和总经理之类的职务，而是聘用专业人员管理企业。另一种类型的资本家不但掌握着企业的所有权，而且参加企业的经营管理活动。例如，美国石油大王洛克菲勒（J. D. Rockefeller）于1865年建立了洛克菲勒-安德鲁斯公司，于1870年建立了标准石油公司（Standard Oil Company），该公司后来发展为美孚石油公司。到1878年，美孚石油公司的炼油能力达到全美国炼油能力的95%。洛克菲勒亲自

---

① 马克思．资本论：第1卷［M］//马克思，恩格斯．马克思恩格斯全集：第23卷．北京：人民出版社，1972：199-200.

② 马克思．资本论：第1卷［M］//马克思，恩格斯．马克思恩格斯全集：第23卷．北京：人民出版社，1972：358.

③ PUSATERI C J. A History of American Business [M]. Wheeling, Ill.: Harlan Davidson, Inc. 1984: 5-6.

担任标准石油公司的总裁，他本身也是企业家。

目前，在主要的资本主义国家，企业制度主要有下述三种类型。第一，业主制。它是指作为企业所有者的业主拥有完整的所有者权利和绝对的经营权利。企业通常由业主直接经营，业主享有企业的全部经营收入，独立地承担企业风险，同时对企业债务承担完全的偿付责任。第二，合伙制。它是指由两人或两人以上按照协议投资，共同经营、共负盈亏。合伙制企业财产由全体合伙人共有，企业由合伙人共同经营，合伙人对企业债务承担连带无限清偿责任。第三，公司制。公司制企业是具有法人资格并依法设立的经济组织。它具有两个主要特点：首先，公司就是法人。公司是一个法人团体，具有法人地位，具有与自然人相同的民事行为能力。其次，公司实现了股东最终财产所有权与法人财产经营权的分离。采用业主制和合伙制的企业主要是中小企业，企业所有者参与企业管理。公司制企业既有中小企业也有大企业，有的企业所有者直接参与企业管理，有的企业所有者不参与企业管理。这意味着相当大的一部分资本家是参与企业管理的，他们一方面是资本家，另一方面是企业家。

这样就产生了一个问题：如果说资本家也是企业家，那么他是否也创造价值和剩余价值？

（二）笔者的看法

关于作为企业家的资本家是否创造价值的问题是一个长期以来争论不休的问题。有的学者指出，应该用阶级的观点看待这个问题：资本家阶级是与工人阶级对立的剥削阶级，资本家的经济活动都是剥削活动，不存在创造价值的问题。笔者认为，马克思政治经济学是社会科学，而社会科学是以事实为根据的，不是以人的主观意愿为根据的，不能按照意识形态随意演绎。笔者从来不否认政治经济学的阶级性，而马克思政治经济学之所以成为工人阶级的“圣经”，正是因为它揭露了资本主义经济的本质；西尼尔（N. W. Senior）“最后一小时论”之所以被经济学界耻笑，就是因为它是违背事实的彻头彻尾的阶级辩护词。按照笔者的看法，马克思政治经济学是科学，绝不是简单的阶级辩护。

笔者认为，作为企业家的资本家具有两重性：作为企业家，他们管理着企业，他们的劳动在创造着价值；作为资本家，他们凭借生产资料的所有权获得了雇佣劳动者创造的剩余价值。价值是物化在商品中的无差别的人类劳动，既然不是资本家的经营管理人员的劳动创造价值，那么资本家从事同样的经营管理活动为什么就不创造价值了呢？难道劳动是否创造价值是根据从事劳动的人的身份来判断的吗？

人们可能争辩说，如果认为资本家从事经营管理的劳动创造价值，那么利润是来源于经营管理活动还是来源于剩余价值就变得模糊了。笔者认为，资本家作为企业家创造价值的结论，并不影响马克思剩余价值理论的正确性。资本家从事经营管理活动所创造的价值相当于他雇佣一个管理人员从事同样的经营管理活动所创造的价值，他从事经营管理活动应该得到的报酬相当于他雇佣一个管理人员从事同样的经营管理活动所要给予的报酬。但是，资本家从整个企业的雇佣工人那里得到的报酬远远大于他从事经营管理活动应该得到的报酬，这就是雇佣劳动者创造的剩余价值。

人们可能还争辩说，如果认为资本家从事经营管理的劳动创造价值，那么他也应该创造剩余价值，那岂不是资本家自己占有自己创造的剩余价值？笔者认为，剩余价值是一个历史的和逻辑的范畴。在历史上，它是资本主义生产方式下存在的范畴。在逻辑上，它是雇佣劳动者创造的被资本家占有的价值。正因为雇佣劳动者创造的价值有一部分被资本家占有，雇佣劳动者的劳动才被划分为必要劳动和剩余劳动，剩余劳动创造的价值才形成剩余价值。如果劳动者为自己而生产，他的劳动就没有必要劳动和剩余劳动的区别，也就无所谓有剩余价值。资本家经营管理自己所有的企业，如何会创造剩余价值？因此，资本家不存在创造剩余价值的问题。

因此，笔者的分析得到这样的结论：作为企业家的资本家具有企业家和资本家的两重性。

三、不是资本家的企业家

（一）问题的提出

从19世纪开始，经济学界所说的企业家一般是指企业经营管理者。需要注意的是，随着企业的发展和企业制度的演进，企业家作为一个阶层，它的阶级界限变得模糊起来。

据美国企业史学者钱德勒的分析，从19世纪中期开始，随着国内和国际市场的扩大，企业的规模必须随之扩大；而企业的规模要扩大，必须建立分层管理体系。这样，专业管理人员的人数不断增加。钱德勒指出："自19世纪中期以来，一切先进的市场经济体系都开始从传统、个人资本主义转向经理资本主义。"① 钱德勒所说的经理资本主义是指企业中高层管理职位都由专业管理人员担任。

20世纪50年代以后，管理人员的专业化程度不断提高。企业不仅需要生产方面的

① CHANDLER A D. The Visible Hand: The Managerial Revolution in American Business [M]. Cambridge: Harvard University Press, 1977: 492.

管理人员，还需要营销、财务、会计等方面的管理人员。企业管理的专业化推动了职业化，高等学校也出现了工商管理专业，专门培养职业的企业管理人才。当然，企业管理人员并不等同于企业家，笔者所说的企业家指的是高层管理人员。一方面，企业管理人员的增加形成了由高层管理人员组成的企业家阶层；另一方面，股份公司制度的发展又强化了企业家在企业中的地位。

股份公司制度实际上很早就产生了。1554 年，在英国成立的以入股形式进行海外贸易的特许公司“莫斯科公司”，成为世界上第一家股份公司，它的成立标志着真正的股份公司制度的产生。很长时间以来，在欧洲建立股份公司的主要是贸易公司。到了 19 世纪后半期，工业部门的股份公司开始发展起来。由于股份公司可以通过发行股票的方式，把分散的资本迅速集中起来，从而显示出很大的优越性。股份公司迅速在主要资本主义国家的企业中占据主导地位。

股份公司制度的基本特征是生产资料所有权与使用权的分离，在保持生产资料所有权不变的前提下，把分散的生产资料使用权转化为集中的生产资料使用权。作为企业所有者的股东选举产生公司董事会，由董事会聘任首席执行官（chief executive officer，CEO）或者总裁（president）来进行管理。因此，股东掌握着企业所有权，总经理掌握着生产资料的使用权即企业经营权。首席执行官或者总裁可以是股东，也可以是职业企业家。

世界上的股份公司制度主要分为以普通法系为基础的英美模式和以大陆法系为基础的德日模式。以英美模式的公司制度为例，公司的董事会拥有最重要的决策权。董事会由董事会主席（chairman of the board）、主要执行董事、1 名独立董事、其他执行董事、其他非执行董事组成。首席执行官作为主要执行董事进入董事会，成为地位仅次于董事会主席的董事会成员。董事会主席的职责是确保董事会正常运行，使之在公司重大事项的决策中发挥作用。首席执行官负责执行董事会的决策，管理公司的日常业务。在一些设有执行管理委员会的公司，首席执行官还担任该委员会的主席。这意味着首席执行官不仅拥有部分公司的最高决策权，还掌管着公司的经营权。

在股份公司制度下，需要界定三种人的身份。第一种人是董事会主席。他是股东利益的最高代表，通常由公司的大股东担任。后来在英国和美国逐渐出现由非股东担任，甚至由首席执行官兼任的情况。第二种人是首席执行官。他是董事会的执行董事，是公司最高的经营管理者。首席执行官可以由股东担任，也可以由非股东担任，在非家族公司多数由非股东担任。第三种人是总裁。他不是董事会成员，负责公司具体经营管理工作。首席执行官可以兼任总裁，也可以不兼任总裁。在首席执行官不兼任总裁的情况下，总裁可以是一人，也可以是多人。另外，总裁可以由股东担任，也可以由非股东担任，在非家族公司多数由非股东担任。笔者分析的非资本家的企业家是指非股东的董事会主席、首席执行官或公司总裁。

这样，如何看待企业家这个特殊的阶层呢？

（二）笔者的看法

笔者认为，企业家的利益与所有者的利益既有一致之处也有不一致之处。所有者的利益是利润最大化，企业家必须保证企业赚取利润，否则会被所有者解聘，这是企业家与所有者利益相一致的地方。但是，企业家同时会注重企业的规模、企业的地位、平衡企业相关人员的关系、维持企业长期稳定的发展等，而不仅仅限于获取短期的最大利润，他的利益又有可能与所有者的利益不完全一致。从性质上看，企业家是企业的雇佣劳动者，与公司所有者之间是雇员和雇主的关系。但是，企业家又是一种特殊的雇员，凌驾于其他雇佣劳动者之上，拥有公司部分决策权利和全部经营权利，可以处分或者开除其他雇佣劳动者。因此，企业家成为一个特殊的阶层。

但是，值得注意的是，从20世纪20年代开始，在英美特别是美国出现了股权分散化的趋势，大股东的股份在公司股份中所占的比例越来越小。在第二次世界大战结束以后，公司股权分散化的趋势继续。随着公司股份的分散化，股东对公司的支配权在弱化。股东对公司的支配权主要体现在股东大会的投票权上。在公司股权分散化的情况下，股东一般只有三种选择：一是既不参加股东大会也不委托投票，二是不参加股东大会但委托投票，三是参加股东大会并参加投票。在这种情况下，企业家往往会通过邮寄信件的方式取得股东的委托投票权，这样就可以在股东大会上处于支配地位，大多数股东唯一能做的事情就是盖章。如此一来，企业家阶层不仅是公司的经营者，还成为公司的实际控制者。

另外，企业家阶层本身也在分化。一方面，公司所有者为了使企业家的利益更多地与自身的利益相一致，将公司的部分股份分配给企业家；另一方面，企业家也有可能逐渐买进公司的股份。这样，部分企业家获得了在公司具有比较重要的投票权的股份，也就演变为资本家。还有部分企业家没有持有公司的股份或者只持有对公司投票权没有任何影响的股份，他们仍然是职业企业家。关于作为企业家的资本家在本节的第二部分已经作了分析，下面关注的是还没有成为资本家的企业家。

从上面的分析可以看到，即使没有成为资本家的企业家也具有两重性：一方面，他们是雇佣劳动者，受资本家雇佣；另一方面，他们由于掌握着企业的经营管理权，可以在一定程度上与资本家分庭抗礼，甚至对公司实施实际上的控制，从而可以在不同程度上分享部分资本家的剩余价值。

关于企业家分享了部分资本家的剩余价值的问题，可以从企业家的薪酬上得到证实。根据英国的公司制度，首席执行官的薪酬由董事会薪酬委员会来决定。该委员会负责薪酬政策的制定，也负责与董事个人就薪酬问题进行磋商。公司股东可以要求了解执行董事薪酬信息，但是不能决定执行董事的薪酬。这就在制度上为首席执行官获得高额薪酬提供了便利。首席执行官不但可以得到丰厚的薪酬，而且在公司经营业绩不好而被解雇的情况下还可以获得高额的合同解除费（severance payments）。

英国意识到公司治理存在问题。1992 年，英国议会通过了《卡德伯利报告》（*Cadbury Report*），对董事会的组成、非执行董事的独立性、执行董事的薪酬和公司财务控制作出了规定：非执行董事应独立于管理层，非执行董事不应自动连任；披露执行董事的薪酬信息；由三名以上非执行董事组成审计委员会来监督公司财务状况。

1995 年，英国议会又通过了《格林伯利报告》（*Greenbury Report*），针对董事薪酬作出了更为细致的建议：设立独立的薪酬委员会，由独立的非执行董事组成，负责制定执行董事的薪酬；将高级管理人员的薪酬与公司业绩挂钩，确保执行董事不能直接决定他们自己的薪酬水平；将公司有关董事的薪酬政策、薪酬种类、详细项目、股票和期权激励的相关信息予以披露，作为公司年报的一个部分，并以报告书的形式提交股东大会承认，使薪酬激励信息更加公开、透明，以便于监管。

1999 年，英国议会再通过《特恩布尔报告》（*Turnbull Report*），为公司及董事会提供了具体的、可行的内部控制指引。该报告的主要内容是：董事会对公司的内部控制负责，它应该制定正确的内部控制政策，使内部控制系统有效发挥作用，并确认内部控制在风险管理方面是有效的。在决定内部控制政策时，董事会应对公司面临风险的性质和程度、公司可承受风险的程度和类型、风险发生的可能性、公司减少事故的能力、实施特殊风险控制的成本，以及从相关风险管理中获取的利益进行深入思考。

相比之下，美国的公司治理模式比较注重股权激励和外部约束。由于美国公司的股权过于分散，股东对高级管理人员的监控能力大大降低，形成“弱股东，强管理”现象。又由于美国文化中带有追求个人成功的“美国梦”的色彩，使公司业绩上升的企业家通常会受到资本市场新闻媒体的追捧，结果是企业家追求本公司股票升值给他带来的好处，导致了企业经营的短期行为，出现了管理者的收益增长远快于所有者的收益增长的情况。

美国经济政策研究所（Economic Policy Institute）在 2015 年 6 月 21 日发布了一份关于美国首席执行官薪酬的研究报告，对 1965—2014 年首席执行官年收入与工人年收入进行了比较。该研究所在 2018 年 8 月 16 日又发布了另一份关于美国首席执行官薪酬的研究报告，补充了 2015—2017 年的相关资料，各年数据如表 4-1 所示。美国经济政策研究所成立于 1986 年，是非营利和无党派的智库。

表 4-1　美国首席执行官与工人的年收入的比较

年份	首席执行官年收入/美元	工人年收入/美元	年收入之比
1965	832000	40200	20.70
1973	1087000	47200	23.03
1978	1487000	48000	30.98
1989	2769000	45400	60.99
1995	5862000	46000	127.43
2000	20384000	48700	418.56
2007	18786000	51100	367.63
2009	10575000	53200	198.78
2010	12662000	53700	235.79
2011	12863000	53000	242.70
2012	14998000	52600	285.13
2013	15711000	52800	297.56
2014	16316000	53200	306.69
2015	16564000	53900	307.31
2016	16030000	54500	294.13
2017	18855000	54600	345.33

资料来源：MICHEL L, DAVIS A. Top CEOs Make 300 Times More Than Typical Worker [EB/OL]. [2015-06-21]. http://www.epi.org; MISHEL L, SCHIEDER J. CEO Compensation Surged in 2017 [EB/OL]. [2018-08-16]. http://www.epi.org.

在表 4-1 中，首席执行官是指美国最大的 350 家公司的首席执行官，他们的年收入是实际得到的年收入，包括薪金、奖金、股权授予、激励性报酬。工人年收入是指私人生产部门非管理人员的工人年收入，也包括工资、奖金和福利等收入。首席执行官年收入和工人年收入均为平均收入，均扣除了物价上升的因素。年收入之比是指首席执行官年收入和工人年收入之比。

从表 4-1 可以看到，从 1965 年到 2017 年共 53 年间，美国首席执行官年收入增长了 2166.23%，工人年收入增长了 35.82%，年收入之比在 1965 年是 20.70 倍，到 2000 年达到峰值 418.56 倍，在 2017 年是 345.33 倍。

人们可能争辩说，首席执行官为公司创造了价值。笔者不否认首席执行官在公司经营管理中发挥的重要作用，但是公司的价值是首席执行官、全体管理人员、全体技术人员、全体操作工人共同创造的。股票价格指数能够反映上市公司的业绩增长情况，从 1965 年到 2017 年共 53 年间，标准普尔 500 种股票价格指数上升了 313. 40%，道琼斯股票价格指数上升了 286. 91%，但是首席执行官的年收入增长了 2166. 23%！首席执行官年收入的增长幅度远远超过上市公司业绩的增长幅度。

另外，根据美国在线工作与职业社区玻璃门公司（GlassDoor）的统计资料，2014 年美国薪酬最高的 10 个首席执行官的薪酬情况如表 4-2 所示。

表 4-2　2014 年美国薪酬最高的 10 位首席执行官薪酬情况

序号	姓名	所在公司	所在行业	年薪/美元
1	扎斯拉夫（D. Zaslav）	探索通信公司（Discovery Communications）	广播电视业	156077912
2	纳达尔（S. Nadella）	微软公司（Microsoft）	软件业	84308755
3	埃里森（L. Ellison）	甲骨文公司（Oracle）	软件业	67261251
4	穆维斯（L. Moonves）	哥伦比亚广播公司（Columbia Broadcasting System）	广播电视业	57175645
5	艾格（R. A. Iger）	沃尔特·迪斯尼公司（Walt Disney Co.）	游乐业	46497018
6	维亚康姆（P. P. Dauman）	维亚康姆集团（Viacom）	传媒业	44334858
7	施莱弗尔（L. S. Schleifer）	雷金勒隆制药公司（Regeneron Pharma）	制药业	41965424
8	斯坦菲尔德（J. R. Strangfeld）	保德信金融公司（Prudential）	金融业	37483092
9	马库斯（R. D. Marcus）	时代华纳有线公司（Time Warner Cable）	广播电视业	34615597
10	罗伯茨（B. L. Roberts）	康卡斯电信公司（Comcas）	电信业	32961056

资料来源：CHAMBERLAIN A. CEO to Worker Pay Ratios：Average CEO Earns 204 Times Median Worker Pay［EB/OL］. https：//www. glassdoor. com.

应该指出，这些首席执行官得到的薪酬不仅包括现金，还包括股票期权等。另外，这些首席执行官不都是职业企业家，如埃里森也是公司创始人等，但是他们得到的不是股息，而是薪酬。美国企业家畸高的薪酬引起了美国社会的关注和劳动群众的愤怒。发生在 2011 年 9 月的“占领华尔街”运动的动因之一，就是表示对金融寡头和大金融机构高级管理人员的强烈不满。这些金融机构为了获取暴利而不顾风险，一旦发生问题又要政府用纳税人的钱或者中央银行发行货币去挽救它们。

当然，不是所有的企业家都获得了高额的薪酬，有一部分企业家只获得了普通管理人员的薪酬。但是，也有一部分企业家获得了惊人的薪酬，这部分企业家凭借企业经营权分享了资本家的剩余价值，成为名义上不是资本家而实际上是资本家的特殊阶层。

四、作为股东的劳动者

（一）问题的提出

20 世纪 70 年代，在英国曾经展开一场热烈的争论：职工是否应该参与企业的决策？企业所有者认识到，让职工参与企业决策，使职工拥有和他们相似的信念和目标，对提高企业的竞争力是有作用的。这场争论不仅对欧洲造成影响，对美国也造成影响。

到了 20 世纪 80 年代，英国出现了财务参与（financial participation）的做法。财务参与分为两种类型：一种是利润分享（profit-sharing），即使职工分享企业所有者的一部分利润；另一种是股份拥有（share ownership），即让职工持有企业的股份。

财务参与的做法早在 19 世纪中期就出现了，但是当时的目的是与工会斗争。19 世纪中期，英国布里格斯公司（Henry Briggs）推出了利润分享方案，让一部分工人分享企业的利润，但前提是不准加入工会组织。另外，股份拥有的做法于 19 世纪 80 年代后期纷纷在英国出现，当时的目的是试图改善劳动力频繁流动的情况。① 笔者在这里主要关注职工拥有企业股份的问题。

从 20 世纪 70 年代开始，英国政府推行员工持股计划并给予税收支持。被政府认可的员工持股方案主要有下述类型：

第一，已批准的延迟股份信托方案（Approved Deferred Share Trust Schemes，ADST）。该方案得到英国议会 1978 年财政法案的认可。按照这个方案，首先确定委托管理人，公司每年将部分利润划给委托管理人，委托管理人用这部分利润买进该公司的股票并分配给工龄在 5 年或 5 年以上的全职公司员工。员工退休或者离开公司时，可以将持有的股份出售。政府对公司划拨的利润有条件地给予税收减免，对持股 5 年以上的员工出售股份得到的收入免征个人所得税，对持股不到 5 年但因伤残或裁员离开公司，或到达领取退休金年龄的员工出售股份得到的收入免征个人所得税，对持股员工 2 年内得到的红利给予一定的税收优惠。

第二，存入你的收入的股票期权方案（Save as You Earn Share Option Schemes）。该方案得到议会 1980 年财政法案的认可。按照这个方案，公司向员工提供股票期权，期限为 5~7 年。另外，公司在员工每月工资中扣除一个规定的比例，交给一个认可的储

① 巴顿．人民的资本主义？［M］．朱赛霓，译．重庆：重庆出版社，2001：4-5.

蓄机构，以用于未来购买股票。在5年储蓄期满过后，公司还给员工补充相当于员工14个月储蓄款的资金，员工在到期时可以按照约定的股票价格买进规定的股票数量。政府对参与该方案的公司没有税收减免，对参加方案的雇员的收入免征个人所得税，但对到期后买进股票再卖出去的员工的收入要征收资本收益税。

第三，酌情行使的股票期权方案（Discretionary Share Option Schemes）。该方案得到议会1984年财政法案的认可。按照这个方案，公司董事会可以随意地邀请员工参加这个方案，但董事会通常邀请中高层管理人员参加这个方案。公司可以向参与的员工提供股票期权，但约定的股票价格不能明显低于授予期权之日股票的市场价格，参与员工行使权利的期限是3~10年。政府对实施这个方案的公司没有特别的税收减免，对员工按照约定价格买进的股票不征税，对员工卖出股票得到的收入征收资本收益税，但同时给予一定的税收优惠。①

美国也从20世纪70年代开始推行员工持股计划。1974年，美国国会通过《职工退休收入保障法》（*The Employee Retirement Income Security Act*），其中员工持股计划（Employee Stock Option Plan，ESOP）作为一种特别互助计划被批准设立。所谓员工持股计划是指通过让员工持有本公司股票和期权而使其获得激励的一种长期绩效奖励计划。1984美国国会通过《1984年税收改革法》（*The Tax Reform Act of* 1984），对员工持股计划的4类参与者分别给予税收优惠，这4类参与者分别是参加该计划的员工、实行该计划的公司、发放贷款的银行和出售股权的股东。根据美国员工持股计划协会（The ESOP Association）的统计资料，到2009年，美国已经有88.2%的公司宣称实行了各种形式的员工持股计划。

美国的员工持股计划分为非杠杆型和杠杆型两种类型，分别如图4-4和4-5所示。美国政府对员工持股计划的各个参与方给予税收优惠：对于参加员工持股计划的员工，获得的股本和红利在提取前免交个人所得税，出售股份后将收入转入退休账户的免征个人所得税。对于出售股份给员工的股东，如果员工持股超过公司股份的30%，股东出售股份的收入可以享受税收优惠，但股东必须将收入用于再投资国内公司的债券。对于为该计划提供贷款的银行来说，员工持股达到公司股份30%的，银行利息收入减半征税。对于实行员工持股计划的公司来说，它可以从应纳税的公司收入中扣除发给员工的股份价值、向信托基金提供的资金以及为信托基金股份支付的红利。②

① 巴顿．人民的资本主义？［M］．朱赛霓，译．重庆：重庆出版社，2001：293-300.

② The ESOP Association, Learn about ESOPs, http：//www. esopassciation. org.

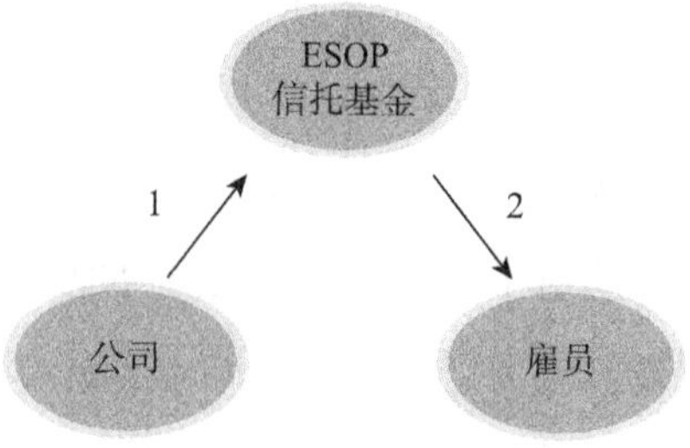

1. 公司每年向员工持股计划信托基金提供股票或现金，由信托基金购买该公司的股份。2. 在雇员退休或离开公司的时候，信托基金向他支付他拥有的股票或现金。

图 4-4　非杠杆型的员工持股计划

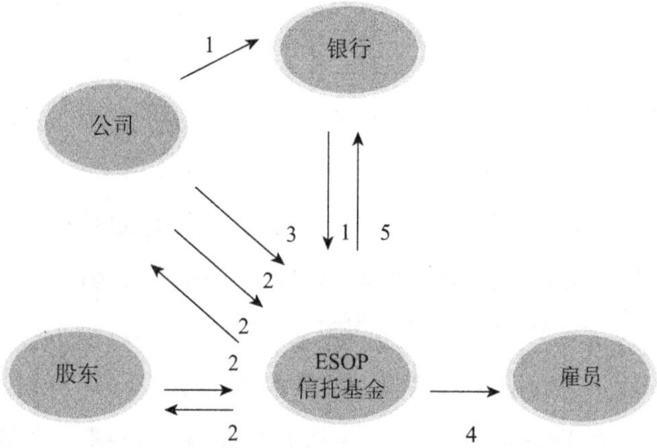

1. 员工持股计划信托基金以公司为担保，向银行借入资金；2. 信托基金以借入的银行资金向公司或者股东购买股票；3. 公司每年将政府给予的税收减免支付给信托基金；4. 在雇员退休或离开公司的时候，信托基金向他支付股票或者现金；5. 信托基金偿还银行贷款。

图 4-5　杠杆型的员工持股计划

在主要资本主义国家普遍实行员工持股计划的情况下，经济学界出现了“人民资本主义”的说法，即在资本主义社会人人都成为股东，人人都成为资本家了。

（二）笔者的看法

笔者认为，劳动者持有股份和资本家持有股份根本不能相提并论。认真研究一下英美两国的员工持股计划就可以发现，员工持有的股份实质上不是作为资本的股份，而是以股份形式存在的工资或薪金。主要根据如下：

第一，员工持股计划是公司为了提高公司效率而推出的一种激励机制，是政府为了缓和社会矛盾而推出的一种福利制度。这种计划有可能使劳动者的必要劳动和剩余劳动时间的比例发生一定变化，但不能改变劳动者创造剩余价值的本质。

第二，在员工持股计划的实施过程中，大多数劳动者得到的股份是有限制的，数额是很少的。以英国“已批准的延迟股份信托方案”为例，员工可以得到的股份的上限是每年1250英镑或者员工工资的10%。①

第三，员工持有的股份在公司股份中所占的比例微不足道，员工基本上是不会去参加股东大会甚至不会委托投票的“股东”。可以设想：一个公司的大股东会通过员工持股计划而让出自己公司主要所有者的地位吗？

不错，股票是公司所有权的凭证，但也是家庭储蓄中配置的一种金融资产，同样的一种证券具有两种不同的性质。即使没有员工持股计划，普通劳动者也会去购买股票。但很显然，劳动者购买股票不是为了获得公司的所有权，而是希望他的储蓄能够保值增值。如果说劳动者持有股票就成了产业资本家，那么劳动者持有债券就变成借贷资本家了？这样岂不是全社会的人都是产业资本家或借贷资本家？判断一个人是不是产业资本家或者借贷资本家，既要从性质上来判断，也要从数量上来判断。持有微不足道的股票或债券的人并不是产业资本家或借贷资本家。

因此，笔者得到的结论是：作为“股东”的劳动者不是资本家，他们仍然是雇佣劳动者，他们仍然在创造着剩余价值。

本章小结

本章概括了马克思剩余价值理论，肯定了马克思剩余价值理论在马克思政治经济学中的核心地位；根据马克思的剩余价值理论和历史事实，对反对或修正马克思剩余价值理论的看法进行了分析和评论。

本章根据美国的历史统计数据，检验和解释了美国1947—2021年剩余价值率和剩余价值结构的变化趋势；讨论了在新的历史条件下作为企业家的资本家、不是资本家的企业家、作为股东的劳动者这些与马克思剩余价值理论有关的现实问题。

① 巴顿．人民的资本主义？［M］．朱赛霓，译．重庆：重庆出版社，2001：294.

第五章　新的历史条件下马克思资本积累理论研究

第一节　马克思的资本积累理论

一、资本积累的本质

马克思认为，社会再生产可以划分为简单再生产和扩大再生产。简单再生产是指新生产出来的产品，仅能补偿损耗的生产资料和用于满足人们需要的消费资料。扩大再生产是指生产出来的产品，除了补偿损耗的生产资料和用于满足人们需要的消费资料，还存在剩余产品。

简单再生产意味着雇佣劳动者创造的剩余价值被资本家全部消费掉。即使在简单再生产的情况下，也可以看到，不管资本家的资本原来是怎么来的，经过一段时间以后实际上都被消费掉了，现有的资本都会变成剩余价值积累起来的资本。雇佣劳动者的消费则是为了把劳动力再生产出来，因而从属于资本家追逐剩余价值的需要。

扩大再生产意味着资本家把一部分雇佣劳动者创造的剩余价值转化为资本，以购买更多的生产资料和劳动力。这种把剩余价值转化为资本的做法，或者剩余价值资本化的做法，被马克思称为资本积累。马克思指出："把剩余价值当作资本使用，或者说，把剩余价值再转化为资本，叫做资本积累。"①

---

① 马克思．资本论：第 1 卷［M］//马克思，恩格斯．马克思恩格斯全集：第 23 卷．北京：人民出版社，1972：635.

剩余价值是资本积累的来源，资本积累是资本主义扩大再生产的来源。不断地利用占有的剩余价值来扩大资本规模，以继续占有更多的剩余价值，这就是资本积累的本质。马克思指出：“不管怎样，工人阶级总是用他们这一年的剩余劳动创造了下一年雇用追加劳动的资本。这就是所谓‘资本生资本’。”①

马克思认为，资本积累的规模取决于下述因素：第一，对工人的剥削程度。如果其他条件不变，对工人的剥削程度越高，工人创造的剩余价值就越多，资本积累就越快。第二，劳动生产率。如果其他条件不变，劳动生产率提高导致商品价值下降，从而导致劳动力价值下降。劳动力价值下降一方面带来剩余劳动时间增加，另一方面使同样的不变资本和可变资本可以购买更多的生产资料和劳动力，最终生产出更多的剩余价值。第三，所用资本和所费资本的差额。在生产过程中，固定资本全部被使用而只是部分被损耗，两者之间存在一个差额。即使固定资本部分被损耗，但它的作用并不会出现同比例变化。因此，所用资本和所费资本的差额随着资本规模的扩大将会导致商品价值的下降，从而带来更多的相对剩余价值。

因此，任何社会的再生产一方面是物质资料的再生产，另一方面是生产关系的再生产。马克思指出：“简单再生产不断地再生产出资本关系本身：一方面是资本家，另一方面是雇佣工人；同样，规模扩大的再生产或积累再生产出规模扩大的资本关系：一极是更多的或更大的资本家，另一极是更多的雇佣工人。”②

二、资本的积聚和集中

马克思认为，在资本主义生产过程中，资本的构成有两种形式：一种形式是从资本的自然形态来理解，资本总是由一定数量的生产资料和劳动力构成，也就是生产资料和劳动力存在一定的比例；另一种形式是从资本的价值形态来理解，投在生产资料上的资本是不变资本，投在劳动力上的资本是可变资本，不变资本与可变资本之间也存在一定的比例。马克思把由生产技术水平决定的生产资料对劳动力的比例称为资本的技术构成，将不变资本与可变资本的比例称为资本的价值构成，把由资本的技术构成决定的并反映技术构成变化的资本价值构成称为资本的有机构成。资本的有机构成在不同的企业是不同的，在不同的行业也是不同的。但是，在竞争的压力下，企业不

---

① 马克思．资本论：第1卷［M］//马克思，恩格斯．马克思恩格斯全集：第23卷．北京：人民出版社，1972：639.

② 马克思．资本论：第1卷［M］//马克思，恩格斯．马克思恩格斯全集：第23卷．北京：人民出版社，1972：673-674.

断采用新的技术和新的机器设备来进行生产，资本的有机构成趋向于提高，这是资本主义经济发展的一种趋势。

马克思提出，在资本主义经济里，个别资本的扩张是通过两种形式实现的：一种形式是资本积聚，即个别资本通过剩余价值的资本化来扩大资本的规模；另一种形式是资本集中，即通过两个或几个个别资本的相互收购和兼并而扩大资本的规模。在资本集中过程中，有两个杠杆在发挥着作用：一个杠杆是竞争，个别资本为了在竞争中处于优势，不断地推进资本集中；另一个杠杆是信用，个别资本利用银行贷款实现对其他资本的收购或兼并。

资本积聚与资本集中是有区别的：资本积聚会导致社会资本的增加，资本集中没有导致社会资本的增加。但是，资本积聚和资本集中又是相互联系的：随着资本积聚的推进，资本的规模扩大，有可能加快资本的集中。

马克思提出资本有机构成的范畴，是要考察资本规模的扩大和资本有机构成的提高会对工人阶级的命运产生什么影响。马克思在《资本论》第一卷第二十三章“资本主义积累的一般规律”开头就指出：“我们在这一章要研究资本的增长对工人阶级的命运产生的影响。在这种研究中，最重要的因素就是资本的构成和它在积累过程进行中所起的变化。”①

三、资本积累的一般规律

马克思根据资本积累的分析，提出了资本积累的一般规律：“社会的财富即执行职能的资本越大，它的增长的规模和能力越大，从而无产阶级的绝对数量和他们的劳动生产力越大，产业后备军也就越大。可供支配的劳动力同资本的膨胀力一样，是由同一些原因发展起来的。因此，产业后备军的相对量和财富的力量一同增长。但是同现役劳动军相比，这种后备军越大，常备的过剩人口也就越多，他们的贫困同他们所受的劳动折磨成反比。最后，工人阶级中贫苦阶层和产业后备军越大，官方认为需要救济的贫民也就越多。这就是资本主义积累的绝对的、一般的规律。”②

从马克思提出的资本积累一般规律可以看到，资本积累将产生三个后果：

第一，资本积累意味着资本的扩大再生产，将导致资本主义生产关系的扩大再生

① 马克思．资本论：第 1 卷［M］//马克思，恩格斯．马克思恩格斯全集：第 23 卷．北京：人民出版社，1972：672.

② 马克思．资本论：第 1 卷［M］//马克思，恩格斯．马克思恩格斯全集：第 23 卷．北京：人民出版社，1972：707.

产。马克思指出："同样，规模扩大的再生产或积累再生产出规模扩大的资本关系：一极是更多的或更大的资本家，另一极是更多的雇佣工人。……生产剩余价值或赚钱，是这个生产方式的绝对规律。"① 这意味着在资本积累的条件下，生产日益社会化，但生产资料则掌握在少数人手里。

第二，资本积累在资本有机构成提高的条件下造成了相对的人口过剩。随着资本积累和资本有机构成的提高，资本对劳动力的需求不仅会相对减少，在某些部门还会绝对减少。马克思指出："对劳动的需求，不是由总资本的大小决定的，而是由总资本可变组成部分的大小决定的，所以它随着总资本的增长而递减，而不象以前假定的那样，随着总资本的增长而按比例增加。对劳动的需求，同总资本量相比相对地减少，并且随着总资本量的增长以递增的速度减少。"②

在资本对劳动力的需求相对减少的情况下，产生了相对的人口过剩，即劳动力的供给超过了资本对它的需求，部分劳动力相对于资本生产剩余价值的需要来说变得过剩了。马克思指出："事实是，资本主义积累不断地并且同它的能力和规模成比例地生产出相对的，即超过资本增殖的平均需要的，因而是过剩的或追加的工人人口。"③

第三，资本积累造成了工人阶级的贫困化。马克思指出："由此可见，不管工人的报酬高低如何，工人的状况必然随着资本的积累而日趋恶化。最后，使相对过剩人口或产业后备军同积累的规模和能力始终保持平衡的规律把工人钉在资本上，比赫斐斯塔司的楔子把普罗米修斯钉在岩石上钉得还要牢。这一规律制约着同资本积累相适应的贫困积累。因此，在一极是财富的积累，同时在另一极，即在把自己的产品作为资本来生产的阶级方面，是贫困、劳动折磨、受奴役、无知、粗野和道德堕落的积累。"④

在资本积累一般规律分析的基础上，马克思提出资本主义劳动人口规律："工人人口本身在生产出资本积累的同时，也以日益扩大的规模生产出使他们自身成为相对过剩人口的手段。这就是资本主义生产方式所特有的人口规律。……过剩的工人人口是积累或资本主义基础上的财富发展的必然产物，但是这种过剩人口反过来又成为资本主义积累的杠杆，甚至成为资本主义生产方式存在的一个条件。过剩的工人人口形成

① 马克思．资本论：第1卷［M］//马克思，恩格斯．马克思恩格斯全集：第23卷．北京：人民出版社，1972：673-674，679.

② 马克思．资本论：第1卷［M］//马克思，恩格斯．马克思恩格斯全集：第23卷．北京：人民出版社，1972：690.

③ 马克思．资本论：第1卷［M］//马克思，恩格斯．马克思恩格斯全集：第23卷．北京：人民出版社，1972：691.

④ 马克思．资本论：第1卷［M］//马克思，恩格斯．马克思恩格斯全集：第23卷．北京：人民出版社，1972：708.

一支可供支配的产业后备军，它绝对地隶属于资本，就好象它是由资本出钱养大的一样。”①

接着，马克思指出，资本主义经济存在三种形式的相对过剩人口：第一种形式是流动的过剩人口，即处于半失业状态的人口。第二种形式是潜伏的过剩人口，即农业部门的过剩人口。第三种形式是停滞的过剩人口，即处于极不规则就业状态的人口。

四、资本积累的历史趋势

资本主义生产方式的建立必须具备两个条件：第一个条件是存在大批劳动者，他们的人身是自由的，但是没有生产资料和生活资料。第二个条件是少数人积累起货币财富，他们能够购买生产资料和劳动力来进行生产。马克思把小生产者受到强制剥夺而与生产资料相分离，社会财富迅速集中在少数人中并转变为资本的过程称为资本的原始积累。马克思指出：“所谓原始积累只不过是生产者和生产资料分离的历史过程。这个过程所以表现为‘原始的’，因为它形成资本及与之相适应的生产方式的前史。”②

马克思使用翔实的历史资料证明了这个血腥的资本原始积累过程，然后作了如下的总结：“个人的分散的生产资料转化为社会的积聚的生产资料，从而多数人的小财产转化为少数人的大财产，广大人民群众被剥夺土地、生活资料、劳动工具，——人民群众遭受的这种可怕的残酷的剥夺，形成资本的前史。这种剥夺包含一系列的暴力方法，其中我们只考察了那些具有划时代意义的资本原始积累的方法。对直接生产者的剥夺，是用最残酷无情的野蛮手段，在最下流、最龌龊、最卑鄙和最可恶的贪欲的驱使下完成的。”“对他们的这种剥夺的历史是用血和火的文字载入人类编年史的。”③

马克思认为，资本主义生产方式确立以后，剥夺过程没有结束。以前是资本家对小生产者的剥夺，现在是资本家相互之间的剥夺。随着资本的积累和集中，一方面生产日益社会化，另一方面生产资料越来越集中在少数人手里，资本主义生产方式的矛盾将会激化。

马克思预言：“一个资本家打倒许多资本家。随着这种集中或少数资本家对多数资本家的剥夺，规模不断扩大的劳动过程的协作形式日益发展，科学日益被自觉地应用

① 马克思．资本论：第1卷［M］//马克思，恩格斯．马克思恩格斯全集：第23卷．北京：人民出版社，1972：692-693.

② 马克思．资本论：第1卷［M］//马克思，恩格斯．马克思恩格斯全集：第23卷．北京：人民出版社，1972：783.

③ 马克思．资本论：第1卷［M］//马克思，恩格斯．马克思恩格斯全集：第23卷．北京：人民出版社，1972：830，783.

于技术方面，土地日益被有计划地利用，劳动资料日益转化为只能共同使用的劳动资料，一切生产资料因作为结合的社会劳动的生产资料使用而日益节省，各国人民日益被卷入世界市场网，从而资本主义制度日益具有国际的性质。随着那些掠夺和垄断这一转化过程的全部利益的资本巨头不断减少，贫困、压迫、奴役、退化和剥削的程度不断加深，而日益壮大的、由资本主义生产过程本身的机构所训练、联合和组织起来的工人阶级的反抗也不断增长。资本的垄断成了与这种垄断一起并在这种垄断之下繁盛起来的生产方式的桎梏。生产资料的集中和劳动的社会化，达到了同它们的资本主义外壳不能相容的地步。这个外壳就要炸毁了。资本主义私有制的丧钟就要响了。剥夺者就要被剥夺了。"①

马克思以他的剩余价值理论为基础提出了资本积累理论，分析了资本主义经济制度产生时期的资本原始积累以及资本主义经济制度确立以后的资本积累，指出了资本积累的过程一方面是社会产品扩大再生产的过程，另一方面是资本主义生产关系不断扩大再生产的过程。这样，资本主义经济制度生产社会化和生产资料资本主义占有的矛盾将越来越严重，并最终导致资本主义制度的解体。

因此，资本积累理论是马克思的三大核心理论之一。第一个核心理论是劳动价值理论，是理解马克思政治经济学的枢纽。第二个核心理论是马克思以劳动价值理论为基础提出的剩余价值理论，是马克思政治经济学的基石。第三个核心理论是马克思以剩余价值理论为基础提出的资本积累理论，展示了资本主义经济从产生、发展到消亡的过程。

第二节　马克思资本积累理论的争论以及笔者的回应

关于马克思资本积累理论的争论主要集中在工人阶级贫困化问题上，而工人阶级贫困化问题又主要表现在两个方面：工人阶级是否发生了绝对贫困化？工人阶级是否发生了相对贫困化？

一、工人阶级的绝对贫困化

（一）关于绝对贫困化的争论

马克思在《资本论》中并没有提出"工人阶级绝对贫困化"的概念。据中国经济

① 马克思．资本论：第1卷［M］//马克思，恩格斯．马克思恩格斯全集：第23卷．北京：人民出版社，1972：831-832.

学者蒋学模的考证，考茨基首先把工人阶级的贫困化分为绝对贫困化和相对贫困化。马克思在《资本论》中有关于工人阶级绝对贫困的论述，但没有提出绝对贫困化的概念，更没有提出绝对贫困化的规律。①

有的经济学者从马克思指出的“工人的状况必然随着资本的积累而日趋恶化”而得出工人阶级越来越贫困的结论，进而得出工人阶级绝对贫困化的结论。一场关于工人阶级是否会发生绝对贫困化的争论由此产生，但这场争论主要发生在马克思主义经济学者之间，而且争论并不激烈。

部分经济学者认为资本主义国家存在工人阶级绝对贫困化的情况。德国经济学者斯特拉切（J. Strachey）曾提出，“资本积累将导致工人的实际工资以及生活水平不断下降，无产阶级贫困化是绝对的”。他写道：“伴随着全部生产的增长，雇佣劳动者的生活条件不仅没有任何改善。相反，资本主义社会一如既往地违反其自身的常规而将工人阶级的生活水平压低到其劳动力的实际价值即最低生存标准以下。”②

德国经济学者斯达文哈根（G. Stavenhagen）在1957年出版的《经济学说史》中也指出：资本积累会导致可变资本的相对减少和工人的失业，而失业工人又会给在业工人的工资造成压力并造成劳动力价值的下降。这样，工人的实际工资趋向下降，工人越来越贫困和赤贫化。③

中国经济学者仇启华认为，工人阶级绝对贫困化是指整个工人阶级物质生活水平的绝对下降或物质生活状况的绝对恶化，而整个工人阶级的物质生活水平取决于产业现役军和产业后备军这两部分人的生活水平的平均数。④

但是，另外一些经济学者批评了关于工人阶级绝对贫困化的说法。比利时经济学者曼德尔（E. Mandel）指出，马克思没有提出无产阶级绝对贫困化理论，这是德国社会民主党的修正主义者强加给马克思的。这样纠缠于“绝对”和“相对”，会使讨论在词义学的迷魂阵里迷失方向。⑤

德国经济学者屈内（K. Kuhne）则认为，马克思原话的意思是工人阶级赤贫化，将赤贫化翻译为“越来越贫困”是错误的。越来越恶化或越来越贫困与赤贫化的意思是不同的。马克思认为，实际工资随着资本主义的发展而增加是当然的事情，他根本

---

① 蒋学模．关于无产阶级贫困理论的几点看法［J］．复旦大学学报，1982（4）．

② 转引自：ROSDOLSKY R. The Making of Marx's "Capital"［M］. London：Pluto Press，1979：304.

③ 转引自：胡代光．评当代西方学者对马克思资本论的研究［M］．北京：中国经济出版社，1990：218.

④ 仇启华．现代垄断资本主义经济［M］．北京：中央党校出版社，1982：293-295.

⑤ 曼德尔．论马克思主义经济学［M］．廉佩直，译．北京：商务印书馆，1979：145，147.

不会设想工人阶级实际工资增加而贫困却在增长的情形。①

（二）笔者的看法

笔者认为，相对贫困与绝对贫困化是不同的概念，前者是指相对于工人阶级创造的财富或者相对于某个时期，工人阶级生活状况恶化，后者是指工人阶级生活状况长期趋向恶化。马克思主义经济学界对于前者没有争议，而后者却引起了争议。关于工人阶级绝对贫困化的观点，笔者的看法如下：

第一，马克思的资本积累理论并没有认定工人阶级绝对贫困化。马克思的话是这样说的："由此可见，不管工人的报酬高低如何，工人的状况必然随着资本的积累而日趋恶化。……因此，在一极是财富的积累，同时在另一极，即在把自己的产品作为资本来生产的阶级方面，是贫困、劳动折磨、受奴役、无知、粗野和道德堕落的积累。"②马克思在前一句话提到工人状况日趋恶化时，提到了"不管工人的报酬高低如何"，说明马克思并不认为工人实际工资趋向下降，所谓工人状况日趋恶化是相对于资本积累导致的资本主义生产发展而言的。马克思后一句话提到的工人阶级的贫困和劳动折磨只是表示一种状态，而不是一种绝对趋势。

第二，关于工人阶级绝对贫困化的观点在逻辑上是不能成立的。在特定时期或者特定情况下，工人阶级绝对贫困化的现象是存在的。例如，在资本主义国家发生经济危机的时期，工人阶级存在绝对贫困的情况。其中最为典型的案例是日本。从 1981 年到 1990 年，日本非农业雇员实际平均工资的年平均增长率是 0.99%。但日本泡沫经济在 1989 年破裂，日本经济随后陷入衰退，进入了长达 30 年的经济低迷时期。从 1991 到 2021 年，日本非农业雇员实际平均工资年平均增长率为-0.24%，日本雇员的收入平均来说处于恶化的状态。③

这里需要说明的是，平均工资的"平均"是指各类雇员工资的平均数，年平均增长率的"平均"是指各年增长率的算术平均数。日本雇员实际工资平均年增长率为负数，并不意味着日本雇员实际工资每一年都比上一年减少，而是意味着有的年份增加有的年份减少，平均来说减少了。即便如此，日本仍然是一个高收入的国家。由此可见，工人阶级绝对贫困化可能在特定条件下和特定时期在某种程度上存在，但不可能

① KUHNE K. Economics and Marxism: Volume 1 [M]. English Translation. London: The Macmillan Press Ltd, 1979: 22.

② 马克思．资本论：第 1 卷［M］//马克思，恩格斯．马克思恩格斯全集：第 23 卷．北京：人民出版社，1972：708.

③ Statistics Bureau of Japan, Historical Statistics of Japan, https: //www. e-stat. go. jp/en.

是一个规律。如果工人阶级长期地越来越贫困，那么工人阶级已经不存在了。

第三，工人阶级绝对贫困化的观点在实践上也是不能成立的。决定工人阶级生活状况的最主要因素是收入。在大多数资本主义国家，劳动者的实际收入从长期来看是趋向增加的。以美国为例，在第二次世界大战结束以后，如果排除物价上升因素，美国劳动者的实际工资是趋向振荡上升的。根据美国劳工部的统计资料，如果用 1983 年的价格计算，1980—2021 年美国劳动者的实际周收入中位数的变化情况如图 5-1 所示。图中的劳动者指美国 16 岁以上全职被雇佣人员；中位数表示有 50%的人高于这个收入、50%的人低于这个收入，所以它可以表示美国一般工人的收入状况。

从图 5-1 的曲线可以看到，美国工人的实际周收入 42 年来是趋向上升的。1980 年以后是美国私人产业剩余价值率上升的时期，尽管美国工人实际周收入增长缓慢，但仍然趋向上升，美国工人阶级并未趋向绝对贫困化。马克思无情地对资本主义经济制度进行批评，但是马克思政治经济学是科学，马克思对资本主义经济制度的批判都是以事实为根据的。并不是谁批判资本主义经济制度最严厉，谁就最马克思主义，脱离事实对资本主义的批判只会把马克思政治经济学庸俗化。

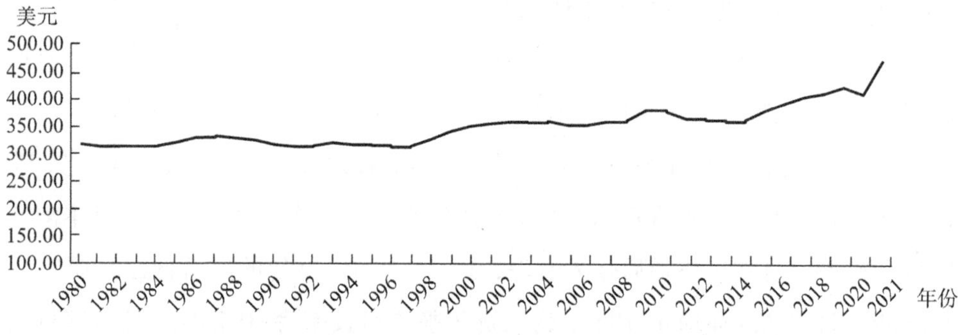

图 5-1　1980—2021 年美国雇员实际周收入中位数的变化情况

资料来源：Bureau of Labor Statistics, Pay And Benefits, http://www. bls. gov.

二、工人阶级的相对贫困化

（一）关于相对贫困化的争论

大多数经济学者认为马克思没有提出工人阶级绝对贫困化的思想，但认为马克思提出了工人阶级贫困化的思想，而工人阶级的贫困化是相对贫困化。但是，关于工人阶级的相对贫困化又有不同的看法：

第一，部分经济学者认为，工人阶级的贫困化不是指整个工人阶级的贫困化，而是指工人阶级一部分人的贫困化，也就是指处于相对过剩人口状态的产业后备军的贫困化。

法国经济学者利切萨伊姆（G. Lichtheim）在1966年出版了《现代法国的马克思主义》，指出："马克思关于资本主义将在社会对立的两极分别进行财富和贫困的积累的论述，与我们观察到的实际工资伴随着劳动生产率的增长趋向上升并不矛盾。贫困化仅仅是指'产业后备军'，而不是指整个工人阶级。确定无疑的事实是，哪里市场经济保持'自由'，哪里就会不变地产生一个极大的处于社会最底层的赤贫阶层。"①

曼德尔在1962年出版的《论马克思主义经济学》中也指出，马克思所说的贫困化不是整个雇佣劳动者阶级的贫困化，而是被资本主义制度排挤出生产过程的部分无产阶级的贫困化，如失业者、老人、残疾人、丧失劳动力的人、病人等。②

第二，部分经济学者认为，工人阶级的贫困化不是指工人阶级物质生活意义上的贫困化，而是指工人阶级人性的异化。

英国经济学者韦斯特（E. G. West）认为，马克思不是从物质产品的角度，而是从人的角度来考虑工人阶级贫困化的，即工人阶级失去了个人的生活享受、人的自我实现、人性的价值。③

屈内则认为，马克思所说的工人阶级的贫困化实际上表达了两个论点：第一个论点是指工人不是作为机器的主宰，而是变成了机器的附属物，就像马克思早期著作《神圣的家族》《经济学哲学手稿》《黑格尔法哲学批判》中描述的人的异化那样。这种内心的贫乏不仅存在于在流水线上一件一件地加工着零配件的工人身上，还存在于被紧紧束缚在办公室里使人丧失灵性的例行工作上的办公人员中间。第二个论点是赤贫化不是指整个工人阶级，而是指在生产过程中变成残废的人以及"产业后备军"。④

第三，部分经济学者认为，工人阶级的贫困化从短期来看存在于资本主义国家的危机时期，从长期来看存在于世界上的不发达国家。

德国经济学者罗斯道尔斯基（R. Rosdolsky）在1979年出版的《马克思资本论创作史》中指出："实际上贫困的倾向明显地出现在下面两种情况中：首先（暂时地）是在所有危机的时期；其次（长期地）是所谓的世界不发达地区，它们不仅包括南美和中美洲、亚洲和非洲，而且还包括中欧和西欧的落后资本主义国家（希腊、意大利部

---

① LICHTHEIM G. Marxism in Modern France [M]. New York: Columbia University Press, 1966: 146.

② 曼德尔. 论马克思主义经济学 [M]. 廉佩直，译. 北京：商务印书馆，1979: 147.

③ WEST E G. The Political Economy of Alienation: Karl Marx and Adam Smith [J]. Oxford Economic Papers, 1969, 21 (1): 13.

④ KUHNE K. Economics and Marxism: Volume 1 [M]. English Translation. London: The Macmillan Press Ltd, 1979: 228.

分地区、西班牙和葡萄牙）。”①

（二）笔者的看法

笔者对上述三种看法均不赞同。如果经济学者们表达自己对工人阶级贫困化的看法，那么笔者觉得无可非议。但是，如果经济学者们表达的是马克思对工人阶级贫困化的看法，那么笔者认为他们在理解上均出现了偏差。

关于第一种看法，即工人阶级贫困化是指“产业后备军”的贫困化的看法，显然不符合马克思的原意。马克思所说的是：“同时在另一极，即在把自己的产品作为资本来生产的阶级方面，是贫困、劳动折磨、受奴役、无知、粗野和道德堕落的积累。”②这意味着是整个工人阶级的贫困的积累，而不只是“产业后备军”贫困的积累。

关于第二种看法，即工人的贫困化是指工人阶级人性的异化的看法，显然也不符合马克思的原意。是的，马克思也提到“无知、粗野和道德堕落的积累”，也就是工人阶级在精神上受到的摧残，但是马克思的资本积累理论是经济理论，马克思所说的贫困是经济的范畴而不是文化或道德的范畴，应该从经济学的意义上来理解。

关于第三种看法，即工人阶级贫困化是世界不发达地区工人阶级的贫困化的看法，更是离题太远。马克思的政治经济学是以典型的资本主义国家英国作为考察对象的，马克思所说的工人阶级贫困的积累是指主要资本主义国家工人阶级贫困的积累。

但是，笔者同意这些经济学者们的下述看法：马克思所说的工人阶级贫困的积累是相对的贫困。由于尽可能地获取剩余价值是资本主义经济铁的规律，工人阶级相对贫困是指相对于整个社会生产发展水平来说，或者相对于资本家阶级获得的剩余价值来说，工人阶级将处于贫困状态。当然，马克思可能没有预感到，正是他创立的政治经济学对资本主义经济展开了科学和深刻的批判，使工人阶级认识到了他们受剥削的地位和状态，在20世纪以后，特别是20世纪50年代以后，工人阶级与资本家阶级进行了持久不懈的斗争，整个工人阶级的工作和生活状况得到改善。但即使如此，马克思所说的工人阶级贫困化的现象会在某一个历史时期有所缓和，在另一个历史时期则会恶化，工人阶级在整个资本主义历史时期将处于相对贫困的状态。

仍以美国为例，图5-2对1980—2021年美国私人企业净营业盈余以及美国非管理岗位和非农业生产工人平均周收入的增长率进行了比较，两者均以现行价格计算。私人企业净营业盈余接近于私人企业的剩余价值；非管理岗位和非农业生产工人是指没

① ROSDOLSKY R. The Making of Marx's “Capital” [M]. London: Pluto Press, 1979: 307.

② 马克思．资本论：第1卷［M］//马克思，恩格斯．马克思恩格斯全集：第23卷．北京：人民出版社，1972：708.

有担任管理工作的不是在农业部门就业的生产工人，这部分工人约占美国私人企业非农业部门就业人数的4/5，他们的收入能够体现美国普通工人的收入。

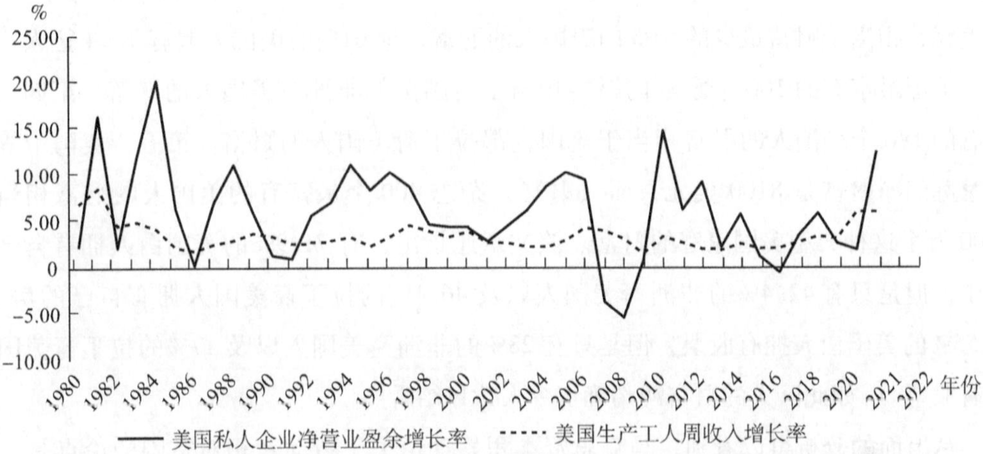

图 5-2　1980—2021 年美国私人企业净营业盈余增长率和生产工人周收入增长率的比较

资料来源：Breau of Economic Analysis，Gross Domestic Income by Type of Income，http//www. bea. gov；Council of Economic Advisers. 2022 Economic Report of the President［R/OL］. The White House，April 2022：394［2023-03-24］. https：//www. whitehouse. gov/wp-content/uploads/2022/04/ERP-2022. pdf.

从图 5-2 可以看到，由于私人企业降低工人工资会受到工人强烈的抵制，生产工人的收入呈黏性，生产工人平均周收入增长率的变化较为稳定。在绝大多数时间里，私人企业净营业盈余增长率远远高于生产工人平均周收入增长率。在 1980—2021 共 42 年的时间里，私人企业净营业盈余的年平均增长率是 5. 88%，生产工人平均周收入的年平均增长率是 3. 32%。在这里，年平均增长率是指各年增长率的算术平均数。这就是说，相对于资本家获得的剩余价值来说，生产工人的收入增长缓慢。

需要注意的是，生产工人平均周收入的增长是名义收入的增长，而不是实际收入的增长。根据美国《总统经济报告》的统计数据，在 1980—2021 年这个时期，消费者价格指数的年平均增长率是 3. 12%，① 这意味美国生产工人平均周收入的实际增长率大约是 0. 2%（=3. 32%-3. 12%），生产工人的实际生活状况没有什么改善。当然，美国在 20 世纪 80 年代以后处于剩余价值率提高的时期，美国生产工人的生活状况并非在二战后都是如此。但是，生产工人的实际生活状况长达 42 年没有什么改变，成为工人阶级相对贫困化的典型表现。

2015 年 12 月 1 日，美国政策研究所（Institute for Policy Studies）发布了题为《财

① Council of Economic Advisers. 2022 Economic Report of the President［R/OL］. The White House，April 2022：402［2023-03-24］. https：//www. whitehouse. gov/wp-content/uploads/2022/04/ERP-2022. pdf.

富杂志 400 人和其余的我们》的文章。该文章公布了下述发现：第一，最富有的 20 个美国人的净财富是 7320 亿美元，相当于财富最少的 50%的美国人的财富，这 50%的美国人包括 1.52 亿人、5700 万个家庭。第二，最富有的 400 个美国人的净财富是 23400 亿美元，相当于财富最少的 61%的美国人的财富，这 61%的美国人共有 1.94 亿人。第三，美国最富有的 100 个家庭的财富相当于美国全部非洲裔美国人的财富。第四，最富有的 186 个美国人的财富相当于美国全部拉丁裔美国人的财富。第五，美国中等收入家庭的净财富是 8100 美元，而《财富》杂志 400 个最富有的美国人的财富相当于 3600 万个这种典型美国家庭的财富。该文章还指出，有 71.9%的美国白人拥有自己的房子，但是只有 42.4%的非洲裔美国人以及 46.1%的拉丁裔美国人拥有自己的房子。有 55%的美国白人拥有股票，但是只有 28%的非洲裔美国人以及 17%的拉丁裔美国人拥有股票。① 如此巨大的财富鸿沟确实令人瞠目结舌。

从上面的分析可以看到，马克思资本积累理论关于劳动者相对贫困的论点是正确的，它仍然适合于 21 世纪的经济。

三、资本主义经济的人口规律

（一）伊藤诚的看法

日本经济学者伊藤诚在 1981 年第 1 期《科学与社会》杂志上发表了题为《论马克思的积累理论：对威克斯的答复》的论文，指出马克思在《资本论》中，根据三个彼此独立又不易统一的逻辑层次，论述了资本主义的人口规律：

第一个逻辑层次是在资本有机构成不变的条件下，资本积累与对劳动力的需求按照同样的比例增长，劳动力的需求会超过劳动力的供给，并造成工资的上升。他引用了马克思在《资本论》第一卷第二十三章第一节的标题“资本构成不变，对劳动力的需求随积累的增长而增长”，② 来证明在资本主义经济中人口并不总是相对过剩的。

第二个逻辑层次是在资本有机构成提高的条件下，对不变资本需求的增长快于对劳动力需求的增长，从而会产生相对过剩的人口。他引用了马克思的话：“事实是，资本主义积累不断地并且同它的能力和规模成比例地生产出相对的，即超过资本增殖的

---

① COLLINS C，HOXIE J. Billionaire Bonanza：The Forbes 400 and the Rest of Us [EB/OL].（2015-12-01）[2023-03-24]. https：//ips-dc.org/billionaire-bonanza/.

② 马克思．资本论：第 1 卷 [M] //马克思，恩格斯．马克思恩格斯全集：第 23 卷．北京：人民出版社，1972：672.

平均需要的，因而是过剩的或追加的工人人口。”①

第三个逻辑层次是资本主义经济大约每十年经历一次工业周期，在工业周期变化过程中，相对过剩的人口不断被吸收又不断形成。他也引用了马克思的话：“现代工业特有的生活过程，由中等活跃、生产高度繁忙、危机和停滞这几个时期构成的，穿插着较小波动的十年一次的周期形式，就是建立在产业后备军或过剩人口的不断形成，或多或少地被吸收，然后再形成这样的基础之上的。”②

伊藤诚指出，人们关注马克思第二个逻辑层次的人口规律，忽略了第一和第三个逻辑层次的人口规律。他写道：“由于假定相对过剩‘无可争辩地’得到利用，因而就断定《资本论》第一卷的资本积累理论排除了与劳动人口的限度有关的资本过度积累的任何逻辑上的必然途径，那将是笨拙的和过于简单的。”“发生这些怪事也许不是缺乏对马克思理论的忠实，而宁可说是忠实于马克思理论中某些特定类型的逻辑，加之又倾向于相信马克思《资本论》中的理论既是完整的，又是正确的。”③

（二）笔者的回应

对于伊藤诚提出的第一个逻辑层次的人口规律，笔者要提出一个问题：何谓规律？所谓规律是本质之间的联系，是一种长期的趋势。在现实经济中，什么情况都可能发生，但是并不是什么经济现象都是经济规律。马克思在分析资本积累时，从理论上根据不同的假定得到不同的结论，再分析哪个假定接近于历史事实，因而什么变化属于经济规律。伊藤诚提出的所谓第一个逻辑层次的人口规律，就是马克思在资本有机构成不变的条件下得出的结论。但是，在资本主义经济中，资本有机构成不是不变的。如果把马克思在各种理论假定下得到的结论看作马克思总结的经济规律的话，那么马克思有无数个自我矛盾的经济规律。

对于伊藤诚提出的第三个逻辑层次的人口规律，笔者认为，其揭示的现象是客观存在的，这就是后来英国经济学者凯恩斯提出的周期性失业。在经济的繁荣阶段，社会需求旺盛，企业扩大生产，增雇工人，工人失业率有所下降；但是到了经济衰退阶段，生产过剩，企业减少生产，解雇工人，工人的失业率将会上升。笔者根据美国劳工部提供的1948年到2021年的失业率统计数据，计算了它与同期实际国内生产总值增

---

① 马克思．资本论：第1卷［M］//马克思，恩格斯．马克思恩格斯全集：第23卷．北京：人民出版社，1972：691.

② 马克思．资本论：第1卷［M］//马克思，恩格斯．马克思恩格斯全集：第23卷．北京：人民出版社，1972：694.

③ ITOH M. On Marx's Theory of Accumulation：A Reply to Weeks［J］. Science and Society，1981，1040（1）：74，75-76.

长率的相关系数，得到的结果是-0.50。这意味着失业率与实际国内生产总值增长率存在一定的负相关关系：实际国内生产总值增长率高则失业率低，实际国内生产总值增长率低则失业率高。

对于伊藤诚提出的第二个逻辑层次的人口规律，笔者认为这才是具有内在本质联系的长期的变化趋势。马克思资本积累理论说明，随着资本有机构成的提高，投在可变资本上的资本趋向于相对减少，从而产生相对的过剩人口，使工人出现失业。笔者在本章第三节将对资本有机构成的长期变化情况进行检验，检验结果表明：资本有机构成趋向于提高的规律在资本主义工业化阶段是存在的，在完成工业化以后的劳动密集型和资本密集型产业中也是存在的，因而整个经济或者许多产业中不断产生相对过剩人口。但是，对于完成工业化的资本主义国家来说，资本有机构成的变化从整个产业来看已经转向波动的状态，基于资本有机构成提高的人口相对过剩规律在整个产业中的作用将相对减弱。但是，失业仍然是资本主义经济的常态。

根据美国劳工部提供的历史统计资料，1948 年到 2021 年美国 16 岁以上劳动力失业率的变化情况如图 5-3 所示。需要注意的是，美国的失业率不包括放弃就业的比率，所谓放弃就业是指在过去一段时间没有去寻找工作的失业，时间从过去一个月到过去一年不等。

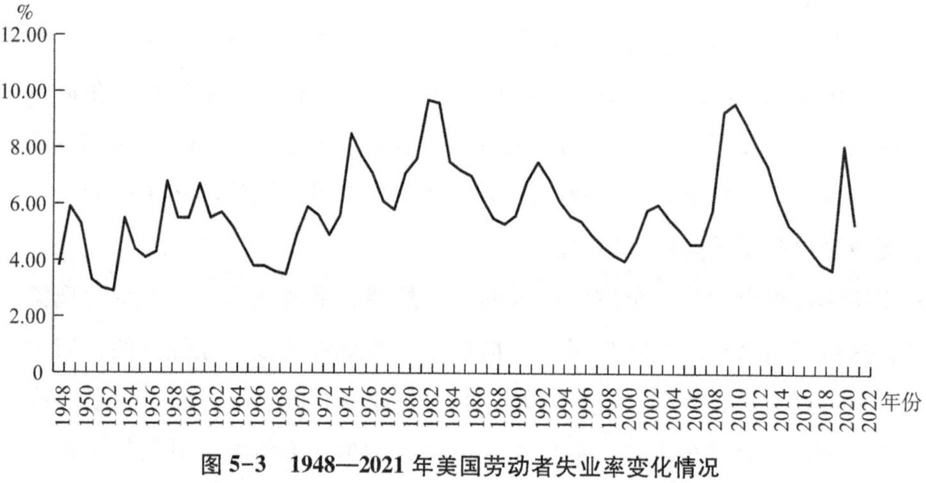

图 5-3　1948—2021 年美国劳动者失业率变化情况

资料来源：Bureau of Labor Statistics, Employment Status of Civillian Noninstitutional Population, http: //www. bls. gov.

从图 5-3 可以看到，失业是美国劳动者的常态。在 1948 年到 2021 年共 73 年的时间里，失业率最低的是 1953 年的 2.90%，最高是 1982 年的 9.70%。

除了考察美国劳动者总体失业情况以外，还需要进一步考察美国不同类别劳动者的失业情况。

应该指出，第二次世界大战结束以后，工人阶级坚持不懈地与资本家阶级作斗争，以改善自身的工作和生活状况。主要资本主义国家的政府为了缓和阶级和社会矛盾，也实行了促进就业的政策并建立起社会福利制度，工人阶级的工作和生活状况得到一定程度的改善。但是，只要生产资料掌握在少数人手里，只要剩余价值规律发生作用，在资本积累的过程中工人阶级的状况就不可能得到根本的改善。

在当代资本主义经济里，工人阶级已经不仅是操作工人，还包括技术人员和管理人员。这意味着在工人阶级内部也出现了不同的阶层，如白领工人和蓝领工人。另外，正如笔者在本书第四章第四节指出的，小部分高层管理人员本身演变成了“准资本家”。因此，要研究工人阶级的就业状况，还要看工人阶级内部各个阶层的就业状况。

仍以美国为例，选择一段有代表性的时期来考察工人阶级在正常和反常经济情况下的就业状况。美国在2007年发生次贷危机，2008年金融危机爆发，2009年经济衰退，2010年经济开始缓慢复苏，2020年暴发新型冠状病毒疫情。因此，笔者选择2007—2018年，来考察美国管理人员、专业人员、销售和行政人员、各类工人的失业率。

根据美国劳动统计局提供的统计数据，2007—2018年，美国年平均失业率最低的是管理人员和专业人员，分别为3.00%和3.22%；其次是销售与行政人员以及服务类工人，分别为6.19%和7.50%；次高的是生产工人和运输工人，分别为8.08%和8.36%；最高的是建筑工人和农林渔业工人，分别为11.43%和12.08%。[①] 由此可见，不同类型的人员失业率的差别很大，农林渔业工人的年平均失业率是管理人员的4倍。在这里，年平均失业率是各年失业率的算术平均数。这意味着大部分工人的就业处于不稳定状态。对于工人阶级来说，就业是生存的唯一途径，而大部分工人的就业如此不稳定，也是工人阶级相对贫困化的表现。

（三）新的资本主义人口规律

在新的历史条件下，也就是在完成工业化的资本主义国家里，资本有机构成提高导致的人口相对过剩，对于劳动密集型产业和资本密集型产业来说仍然存在，但是对于整个产业来说则不是那么明显。但是，随着科学技术的进步和各个产业对劳动者的要求的分化，产生了一个新的资本主义人口规律——结构性失业，即产业结构的变化导致的失业。随着科学技术的发展，产业结构将发生变化，有的产业会兴起，有的产业会相对衰落。但是，不同的产业对工人技能的要求是不同的，从相对衰落的产业里被排挤出来的工人不能到兴起的产业去就业，就造成了失业。

① Bureau of Labor Statistics, Labor Force Statistics, http: //www. bls. gov.

例如，煤炭工人能够操作挖煤机采煤，但未必可以到电子产业使用精密仪器去加工电子元器件。特别是一些新兴产业，已经不是对操作工人的需求，而是对技术人员的需求。例如，软件业需要的已经不是普通的操作工人，而是能够编写程序的技术人员。因此，将会出现两种现象：第一，随着劳动或物质资本密集型产业资本有机构成提高而被排挤的工人，无法到技术或人力资本①密集型产业就业，出现了一方面工作岗位空缺、一方面失业的现象。第二，随着产业结构的调整，相对衰落的产业排挤出来的工人难以到新兴产业去就业，也出现了一方面工作岗位空缺、一方面失业的现象。这就是结构性失业。

对于处于工业化时期的资本主义国家来说，在很长的一个时期里，主要任务是建立各种工业。在这个时期，农业部门的劳动力大规模流向工业部门，产业结构调整表现为农业和工业之间的调整。从历史事实来看，工业化过程中逐渐建立起来的是劳动密集型和资本密集型产业，从农业部门流向工业部门的劳动力基本上能够适应工业部门的需要，结构性失业并不严重。

但是，对于基本上完成工业化的国家来说，随着科学技术的进步，产业结构会发生剧烈的调整和升级，传统的劳动密集型产业和资本密集型产业逐渐衰落，技术密集型产业、人力资本密集型产业以及现代服务业兴起，所以结构性失业就成了一种新型的失业，一种新的资本主义人口规律。

第三节　新的历史条件下对资本有机构成变化规律的再认识

一、研究资本有机构成面临的新的历史条件

从资本有机构成的角度来看，主要资本主义国家的历史条件至少发生了下述变化：

第一，马克思处于工业化的初期，研究的是物质生产部门，当时主要资本主义国家的工业化取得很大的进展，而工业又是资本有机构成比较高的产业。但是到了现在，在主要资本主义国家中，服务业成为经济中的主要产业，而服务业是资本有机构成比较低的产业。因此，有必要研究一下在新的历史条件下物质生产部门资本有机构成的

① 从马克思政治经济学的角度看，人力资本是一个不正确的概念，这里使用这个概念主要是为了便于理解。对于这个概念在后面关于劳动和工资的分析中再专门讨论。

变化规律以及整个产业资本有机构成的变化规律。

第二，马克思处于第一次科学技术革命时期，每一次科学技术进步都带来大规模机器设备的更新和使用，物质资本密集型产业不断发展。但是到了现在，第三次科学技术革命已经发生了70~80年，人力资本密集型产业不断发展，而人力资本密集型产业需要投入大量的科学技术人员，而不是大量的物质资本。因此，有必要在新的历史条件下分析科学技术的进步对资本有机构成的影响。

第三，马克思处于资本主义经济逐渐确立的时期，资本家为了获取更高的剩余价值，对工人进行残酷的剥削，工人的工资被压到最低水平。但是，第二次世界大战结束以后，在工人阶级的抗争下，工人阶级的工作和生活状况有了一定程度的改善。由于资本有机构成是不变资本与可变资本之比，有必要在新的历史条件下分析可变资本的变化对资本有机构成的影响。

二、对资本有机构成变化规律的争论

（一）资本有机构成变化规律的提出

马克思在资本积累理论中提出了资本有机构成趋向提高的规律。马克思的论证逻辑是这样的：社会劳动生产率提高的过程就是不变资本数量相对可变资本数量增加的过程，也就是资本的技术构成提高导致资本的价值构成提高的过程。因此，资本有机构成趋向提高是一个经济规律。

马克思指出："社会劳动生产率的水平就表现为一个工人在一定时间内，以同样的劳动力强度使之转化为产品的生产资料的相对量。工人用来进行劳动的生产资料的量，随着工人的劳动生产率的增长而增长。在这里，这些生产资料起着双重作用。一些生产资料的增长是劳动生产率增长的结果，另一些生产资料的增长是劳动生产率增长的条件。……资本技术构成的这一变化，即生产资料的量比推动它的劳动力的量相对增长，又反映在资本的价值构成上，即资本价值的不变组成部分靠减少它的可变组成部分而增加。"①

但是，马克思也清楚地意识到，不变资本效率的提高和价值的增加是不对等的。例如，不变资本效率提高了1倍，不变资本价值并没有增加1倍，资本的价值构成并不能完全反映资本的技术构成。但是，由于资本的技术构成无法计量，资本有机构成

---

① 马克思．资本论：第1卷［M］//马克思，恩格斯．马克思恩格斯全集：第23卷．北京：人民出版社，1972：682-683.

只能用资本价值构成表示，所以资本有机构成的增加会被低估或延缓。

马克思指出："随着劳动生产率的增长，不仅劳动所消费的生产资料的量增大了，而且生产资料的价值比生产资料的量也相对地减小了。这样一来，生产资料的价值绝对地增长了，但不是同它的量按比例增长。因此，不变资本和可变资本之间的差额的增大，同不变资本转化成的生产资料的量和可变资本转化成的劳动力的量之间的差额的增大相比，要慢得多。随着后一个差额的增长，前一个差额也增长，但是增长的程度较小。"①

资本有机构成趋向提高在马克思所处的时代是得到历史事实的证实的。马克思明确指出："资本的不变部分比可变部分日益相对增长的这一规律，在每一步上都由商品价格的比较分析所证实（象前面已经说明的），不管我们比较的是同一国家的不同经济时代，还是同一时代的不同国家。"②

另外，资本有机构成趋向提高在马克思主义经济学界得到广泛的认可。中国经济学者徐禾在《政治经济学概论》中指出："资本有机构成的提高，乃是资本主义发展的一种必然的趋势。"③ 中国经济学者吴树青在《政治经济学（资本主义部分）》中指出："在资本主义制度下，资本积累和资本集中互相促进，共同使资本积累不断增大，资本构成迅速提高。"④

资本有机构成趋向提高是在马克思所处的历史时期被历史事实证实的经济规律，但是在 150 多年后的新的历史条件下，资本有机构成趋向提高的规律还在发生作用吗？

（二）资本有机构成变化规律争论的过程

20 世纪 80 年代以来，中国经济学界针对资本有机构成趋向提高的规律发生了争论。争论主要表现在两个方面：一个方面是针对资本有机构成趋向提高的逻辑问题展开争论，另一个方面是针对资本有机构成趋向提高的实证检验问题展开讨论。

1980 年，仇启华在《中国社会科学》第 2 期发表了题为《资本主义积累的一般规律在当代》的论文，用固定资本与工资基金之比表示资本有机构成，计算了美国制造业 1949 年到 1975 年资本有机构成的变化，发现资本有机构成在约一半的年份是稳定或下降的。他认为，这种情况的原因是生产规模的扩大导致了不变资本的节约，二战后

---

① 马克思．资本论：第 1 卷［M］//马克思，恩格斯．马克思恩格斯全集：第 23 卷．北京：人民出版社，1972：683-684.

② 马克思．资本论：第 1 卷［M］//马克思，恩格斯．马克思恩格斯全集：第 23 卷．北京：人民出版社，1972：683.

③ 徐禾．政治经济学概论［M］．北京：人民出版社，1973：175.

④ 吴树青．政治经济学（资本主义部分）［M］．北京：中国经济出版社，1993：98.

工人的工资增长导致了可变资本增加。①

吕庄和冯世新对仇启华的看法提出了异议。他们认为用固定资本与工资基金之比表示资本有机构成不科学，它仅反映了资本的价值构成，而资本有机构成是反映技术构成的价值构成，如果资本的价值构成不是由技术构成变化引起的而是由其他因素变化引起的，不能成为资本有机构成。他们用以不变价格表示的固定资本价值与劳动者人数之比来表示资本有机构成，得出美国等主要资本主义国家的资本有机构成提高了。②

仇启华对吕庄和冯世新的质疑作出了回应。他指出，不存在反映技术构成变化的资本有机构成和不反映技术构成变化的资本有机构成，由资本技术构成决定并反映资本技术构成变化的资本价值构成就是资本有机构成。例如，在采用计算机的情况下，资本有机构成不是反映每个人操作多少台计算机，而是计算机价值与可变资本价值之比。③

高峰认为，仇启华关于只有一种资本价值构成的看法是不对的，资本价值构成的变化可能来源于资本技术构成的变化，也可能来源于某些外部因素的影响。如果资本价值构成的变化是由资本技术构成的变化引起的，那么资本价值构成的变化不会改变资本技术变化的方向，但会削弱资本有机构成提高的程度。④

蔡晓辉则指出，随着科学技术的进步，资本的技术构成会出现两种相反方向的变化，因此资本有机构成的变化取决于两个相反方向的净影响，不能认为科学技术进步一定导致资本有机构成的提高。⑤

马艳指出，马克思的资本有机构成理论较多关注科学技术进步对劳动的客观条件的影响，较少关注科学技术进步对劳动主观条件的影响。实际上，如果科学技术对劳动的客观条件影响较大，将导致资本有机构成的提高；但如果科学技术对劳动的主观条件影响较大，将导致资本有机构成的下降。因此，从长期来看，资本有机构成将会出现提高、不变和下降三种状态。⑥

另外，葛亮指出，关于资本有机构成有多个指标，其中预付不变资本÷预付可变资本是准确的。他采用这个指标计算了 1880—1979 年美国制造业资本有机构成的变化情

---

① 仇启华．资本主义积累的一般规律在当代［J］．中国社会科学，1980（2）

② 吕庄，冯世新．资本有机构成提高的规律在战后发生曲折了吗［J］．中国社会科学，1980（5）．

③ 仇启华．关于资本有机构成的若干问题［J］．中国社会科学，1980（6）．

④ 高峰．马克思的资本有机构成理论与现实［J］．中国社会科学，1983（2）．

⑤ 蔡晓辉．对资本有机构成理论的思考［J］．探讨与争鸣，2008（3）．

⑥ 马艳．马克思主义资本有机构成理论创新与实证研究［J］．学术月刊，2009（5）．

况，证明美国制造业资本有机构成是趋向提高的。[①]

段进朋和李刚利用美国的历史统计数据，对美国制造业和全行业的资本技术构成和价值构成进行了实证检验，得出美国资本有机构成从20世纪50年代到70年代的变化趋势是缓慢提高，基本稳定，有时下降。[②]

（三）笔者对资本有机构成变化规律争论的评论

关于仇启华与吕庄和冯世新、高峰之间的争论，笔者认为，吕庄和冯世新、高峰的看法是对的，只要不变资本或者可变资本的价值发生变化，资本的价值构成就会发生变化，而这样的变化未必是技术变化造成的。例如，某个时期工人阶级在与资本家阶级的博弈中处于优势，可变资本就会增加，资本价值构成就会变化，而这种变化不是资本的技术构成变化造成的，并不意味着资本有机构成发生了变化。

但是，吕庄和冯世新用固定资本价值与劳动者人数之比来反映资本有机构成变化存在严重的缺陷，它忽略了技术进步导致的劳动熟练程度的提高以及劳动力价值的变化对资本有机构成的影响。在资本有机构成的研究中，资本技术构成的变化不可计量，人们无法在实物形态上统计不变资本。另外，即使区分了非技术因素导致的资本价值构成的变化，也难以把它从技术因素导致资本价值变化中分离出来。因此，还需要使用资本价值构成的指标来研究资本有机构成的变化，但必须清楚地意识到有可能存在一定的误差。

马艳正确地指出科学技术进步对劳动者技能产生了越来越大的影响，但笔者认为她的分析存在两个问题：第一，把科学技术进步导致的固定资产和流动资产的变化称为客观因素、把科学技术进步导致的劳动者技能的提高称为主观因素不可取，劳动者的技能也是客观存在而非主观意识。第二，关于马克思在假定劳动者“主观条件”不变的条件下研究资本有机构成的说法不准确。马克思明确指出劳动力价值包括接受教育的费用，如果技术进步导致劳动者受教育和训练的程度提高了，劳动力价值将增加，资本有机构成将发生变化。当然，如果说马克思没有意识到现在科学技术的进步会对劳动者技能产生如此大的影响，则是客观的。

关于葛亮的实证分析，笔者认为存在三个问题：第一，他用存货表示预付的流动资本是不对的。存货是企业为了维持正常生产和销售所保留的燃料、原料、材料和制成品，与生产中耗费的燃料、原料和材料是完全不同的概念。第二，他没有说明预付

① 葛亮．当代资本主义资本有机构成的实际计算及其提高趋势的分析［J］．世界经济，1985（10）．

② 段进朋，李刚．对美国资本有机构成变化趋势的实证分析［J］．西安电子科技大学学报，2005（6）．

的固定资本包括什么内容、具体是怎么计算的。第三，他只分析了美国制造业的资本有机构成，没有分析整个社会的资本有机构成，而这两种资本有机构成的变化趋势是不同的。

关于段进朋和李刚的实证分析，笔者认为存在下述问题：第一，他们用不变资本价值与劳动者人数之比表示资本的技术构成不可取。笔者在前面已经提及，这里不再赘述。第二，他们没有注意到美国商务部经济分析局提供的中间产品投入的数据，这就是原材料的投入。第三，他们在计算不变资本时只采用固定资本存量的数据，但由于马克思分析的是预付资本，还应该加上折旧费的数据。

三、对资本有机构成变化趋势的实证检验和逻辑分析

（一）对资本有机构成变化趋势的实证检验

马克思把资本划分为不变资本和可变资本，不变资本包括投在固定资产上的固定资本以及投在能源和原材料上的流动资本，可变资本是投在劳动力上的资本，反映了技术构成的不变资本与可变资本的价值构成被称为资本的有机构成。关于资本价值构成，存在一个问题：固定资本的价值是逐渐转移到产品中去的，可变资本的价值是一次性转移到产品中去的，那么不变资本的价值是指在生产过程中发挥作用的固定资本的价值还是转移到产品中去的固定资本的价值？

按照马克思的原意，资本有机构成中固定资本的价值不只是转移到产品中的价值，而是某个时期使用的固定资本的价值。因此，在测算固定资本价值的时候，使用某年固定资本折旧费与年终固定资本存量之和来表示该年固定资本的价值比较准确。

美国是世界最大资本主义国家，统计资料也比较完整，可以主要以美国为例来分析资本有机构成的变化。考虑到仅用一个国家的历史统计资料验证资本有机构成的变化规律有所欠缺，笔者搜寻了其他资本主义国家的历史统计资料。但遗憾的是，笔者从其他资本主义国家寻找不到完整的和长期的历史统计资料。因此，笔者将以美国案例为主，以日本、英国案例为辅，来分析资本有机构成的变化情况。

美国商务部经济分析局提供了私人产业的非住宅固定资产净存量、折旧额、中间产品、对雇员的报酬等数据。企业的固定资本包括基础设施、机器设备和知识产权产品，中间产品的投入包括能源、原料和材料的投入。私人产业固定资产净存量与固定资产折旧额之和接近于马克思不变资本中固定资本的范畴，私人产业中间产品投入价值接近于马克思不变资本中流动资本的范畴，私人产业对雇员的报酬相当于马克思可

变资本的范畴。这样，用不变资本除以可变资本，可以得到资本有机构成。

笔者选择了制造业和私人产业两个角度来分析资本有机构成的变化。制造业是伴随着资本主义经济成长而发展起来的，尽管制造业的结构也在不断地发生变化，但它是最有代表性的传统产业。马克思生活在机器大工业发展的时期，机器大工业的发展对马克思产生了很大的影响，而制造业是最能代表机器大工业的产业。私人产业意味着不包括公共产业的其他产业，能够真实地反映产业结构在新的历史时期发生的变化。

笔者的计算过程如下：根据固定资产和固定资产折旧数据得到投入的固定资本的价值，根据中间产品投入数据得到投入的流动资本的价值，从固定资本价值和流动资本价值得出以现行价格计算的不变资本的价值，从雇员报酬数据得出以现行价格计算的可变资本价值，最后用不变资本价值除以可变资本价值得到资本有机构成。美国制造业和私人产业 1947 年到 2021 年资本有机构成变化情况如图 5-4 和图 5-5 所示。

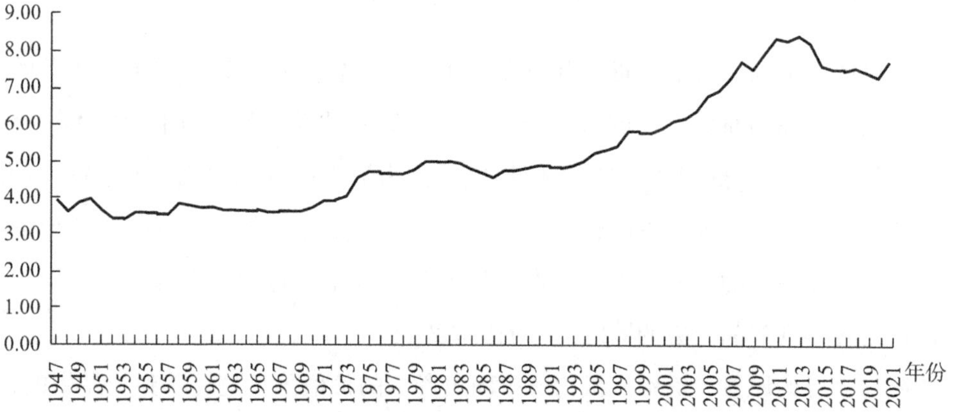

图 5-4　1947—2021 年美国制造业资本有机构成的变化情况

资料来源：Bureau of Economic Analysis, Industrial, https://www.bea.gov.

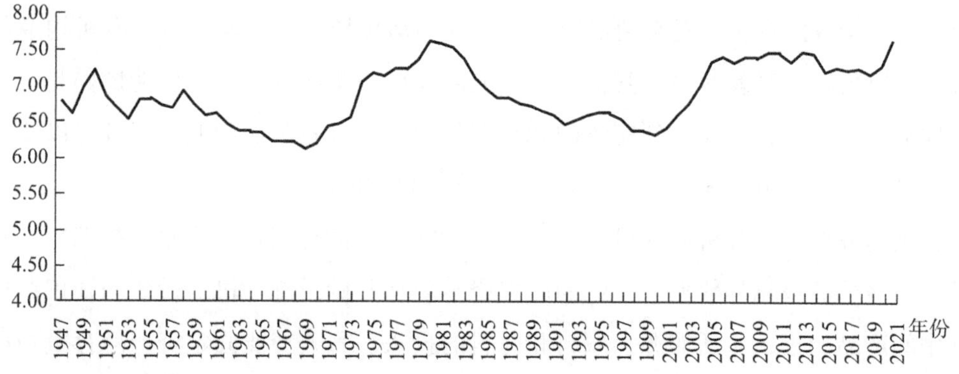

图 5-5　1947—2021 年美国私人产业平均资本有机构成的变化情况

资料来源：Bureau of Economic Analysis, Industrial, https://www.bea.gov.

从图5-4和图5-5可以观察到美国产业资本有机构成变化的下述特点:

第一，美国制造业的资本有机构成正如马克思所预测那样，在二战后长达70多年的时间里趋向提高。资本有机构成趋向提高的规律适合于美国制造业。

第二，美国整个私人产业资本有机构成并不像制造业那样趋向提高，而是呈现接近水平波动的状态。从20世纪50年代初到60年代末趋向下降，从60年代末到80年代初趋向上升，从80年代初到21世纪初再次趋向下降，21世纪初以来再次趋向上升。

第三，在二战后初期美国私人产业的资本有机构成高于制造业，可能是美国制造业在第二次世界大战结束初期多是劳动密集型产业的原因，而多个产业的资本有机构成较高，造成整个私人产业的资本有机构成高于制造业。例如，在1947年，美国农林牧渔业、矿业、交通仓储业的资本有机构成分别为11、7、6，远远高于制造业的4。

(二) 对美国资本有机构成变化的总体分析

从总体上分析，影响资本有机构成提高的有两个重要因素：科学技术进步和产业结构变化。正如马克思指出的，在科学技术进步导致平均每个劳动者配备的不变资本增加的时候，资本有机构成是趋向提高的。但是，科学技术的进步也会从相反方向起着降低资本有机构成的作用：第一，固定资产价值相对下降。随着科学技术的进步，机器设备效率提高的幅度往往大于价值增加的幅度，在一定程度上减缓了不变资本的增长。第二，流动资产耗费相对减少。随着科学技术的进步和新材料的发现，能源、原料、材料等流动资产的耗费会不断降低，也在一定程度减缓了不变资本的增长。马克思已经意识到了科学技术进步会带来资本有机构成向相反方向变化，分析了上述第一种影响。

尤其需要注意的是，二战后资本主义国家经济发展情况与马克思所处时代相比，发生的一个重大变化，就是产业结构的升级。

在工业化开始以后很长的一个历史时期里，随着科学技术的进步，采用机器设备的劳动密集型产业和大规模采用机器设备的物质资本密集型产业迅速发展。在这样的历史时期里，从逻辑上判断，科学技术进步推动资本有机构成提高的作用，大于它造成的不变资本价值相对减少而导致资本有机构成降低的作用，资本有机构成趋向提高。但是，二战后，主要资本主义国家逐渐进入了产业结构升级的发展阶段，劳动密集型产业和物质资本密集型产业相对衰落，技术密集型产业相对兴起；生产物质产品的产业相对衰落，提供非物质产品的服务业相对兴起。这对资本有机构成的变化趋势产生了下述影响：

第一，技术密集型产业如软件产业、生物技术产业，相对于传统产业来说不需要投入大量物质资本，但需要投入大量科学技术人员，因此，这些产业属于人力资本密集型产业。它们的崛起会导致对物质资本的需求相对减少，对可变资本的需求相对增加，从而会起着降低资本有机构成的作用。

第二，服务业如咨询业、娱乐业，相对于物质产品生产产业不需要投入大量的物质资本，但需要投入许多专业人员。因此，这些产业的发展同样会导致对物质资本的需求相对减少，对可变资本的需求相对增加，同样会起着降低资本有机构成的作用。

因此，从美国制造业来说，制造业本身的扩张以及劳动密集型产业向物质资本密集型产业和人力资本密集型产业的发展，使得导致资本有机构成提高的因素和导致资本有机构成降低的因素相互作用，最终导致制造业资本有机构成提高。但是，从整个私人产业来看，美国二战后服务业迅速发展，再加上制造业中人力资本密集型产业发展，使得导致资本有机构成降低的因素的作用发挥要大于制造业。正因为这样，在导致资本有机构成降低的因素作用更大时，私人产业资本有机构成趋向提高；相反，私人产业资本有机构成则趋向下降。美国整个私人产业资本有机构成没有表现出明显的变化趋势。

（三）对美国私人产业资本有机构成变化的具体原因的分析

前面分析了科学技术进步和产业结构变化这两个基本因素对资本有机构成的影响，但是除这两个因素以外，还会有别的因素发挥作用。下面通过分析1950—1970年和1981—1992年美国私人产业资本有机构成的下降，具体考察还有什么因素导致了美国私人产业资本有机构成的变化。

1. 1950—1970年美国私人产业资本有机构成下降的具体原因

首先考察可变资本。笔者在本书第四章第三节曾对美国1947—2021年私人产业剩余价值率变化情况进行了分析，现把图4-1中1950—1970年剩余价值率的变化情况复制出来，可得到图5-6。从图5-6可以看到，在1950年到1970年，美国私人产业的剩余价值率持续下降。剩余价值率是剩余价值对可变资本的比率，剩余价值率下降说明资本家阶级对工人阶级的剥削程度有所下降，劳动者的收入有所提高，可变资本相对剩余价值来说趋向增加。正是可变资本在这段时期增长快于不变资本，导致了美国私人产业资本有机构成下降。

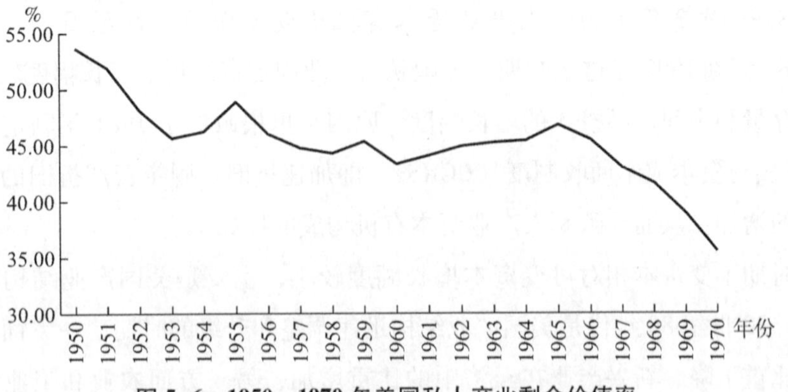

图 5-6　1950—1970 年美国私人产业剩余价值率

资料来源：Bureau of Economic Analysis，Gross Domestic Income by Type of Income，http：//www. bea. gov.

至于可变资本增长较快的原因，笔者在本书第四章第三节已经作出了解释：第一，二战后一段时期是美国工会组织最兴盛的时期，工人阶级与资本家阶级博弈力量对比发生了有利于工人阶级的变化，工人阶级的收入情况得到一定的改善。第二，二战后美国经济迎来一个相对繁荣的时期，劳动力变得相对短缺，为工人阶级与资本家阶级的博弈提供了一定的有利的经济条件。

其次考察不变资本。资本有机构成是不变资本与可变资本之比，可变资本相对不变资本来说增长较快，从另一个角度来看就是不变资本相对可变资本来说增长较慢。从 1950 年到 1970 年，中间产品投入的增长幅度较小。由于缺乏各种具体的中间产品投入的详细资料，难以准确判断中间产品投入增长较慢的原因。但是，有一个因素的影响是清楚的，那就是石油。不变资本是按照现行价格计算的，从 1950 年到 1970 年，中东石油价格则从每桶 2. 5 美元下降到每桶 1. 8 美元。美国大规模进口中东石油用于生产，在一定程度上压低了中间产品投入的价格，从而在一定程度上压抑了不变资本的增长。

1973 年，中东第一次石油危机爆发，石油价格到 1973 年底上升到每桶 11. 6 美元，随后继续趋向上升。到 1978 年中东第二次石油危机，石油价格上升到 1980 年的每桶 39. 5 美元。石油价格的大幅度上升也在一定程度上提高了美国中间产品投入的价格，促进了美国 1970 年到 1981 年不变资本的增长，从而在一定程度上助长了这个时期美国私人产业资本有机构成的提高。

由此可见，1950 年到 1970 年美国私人产业资本有机构成下降的主要原因是劳动者收入改善导致的可变资本相对增加，次要原因是石油价格下降在一定程度上导致的中间产品投入相对减少。

2. 1981—1992 年美国私人产业资本有机构成下降的具体原因

在 1981 年到 1992 年这个时期，美国私人产业固定资产折旧增长幅度较大，大于固定资产净存量和中间产品投入的增长幅度，原因是里根政府于 1981 年制定了《经济复兴税法》，实行资本成本回收制度（CCRS），即加速折旧。固定资产折旧的增加会导致不变资本的增加，从而导致私人产业资本有机构成的提高。

这个时期不变资本相对可变资本增长幅度较小，主要是美国产业结构的调整和升级造成的。20 世纪 80 年代是美国产业结构迅速调整和升级的时期，一方面传统产业在经济中的比重下降、新兴产业在经济中的比重增加，另一方面农业和工业在经济中的比重下降、服务业在经济中的比重增加。表 5-1 说明了 1981—1992 年美国部分产业增加值占国内生产总值的比例的变化。

从表 5-1 可以看到，就在短短 12 年时间里，制造业增加值占国内生产总值的比例出现了较大幅度的下降，金融业、专业服务、教育医疗增加值占国内生产总值的比例出现了较大幅度的上升。

表 5-1　1981—1992 年美国部分产业增加值占国内生产总值的比例　（%）

年份	制造业	信息产业	金融业	专业服务	教育医疗	艺术娱乐
1981	20.3	4.3	15.7	6.2	4.8	2.9
1992	16.6	4.6	18.2	8.8	6.9	3.4

资料来源：Bureau of Economic Analysis, GDP by Industry, https://www.bea.gov.

西方经济学界把劳动者接受教育和培训带来的预期收益进行资本化的价值称为人力资本。笔者认为这个概念是错误的。按照这个概念，资本家是物质资本的所有者，高素质劳动者是人力资本的所有者，混淆了阶级界限。但是，在下面的分析中为了方便起见，笔者借用了这个概念，但把它定义为资本家投放在科学技术人员和高素质劳动者上的可变资本，以此来观察产业结构的变化。

根据产业生产耗费的社会资源的比例，可以把各个产业划分为劳动密集型产业、物质资本密集型产业、人力资本密集型产业、技术密集型产业。科学技术的进步可以体现为物质资本性能的提高，也可以体现为劳动者技能的提高。随着科学技术革命，出现了一批新兴产业。有的新兴产业不需要投入大量的物质资本，但需要投入大量的人力资本，如软件业、生物技术产业，这就是人力资本密集型产业。也有的新兴产业，既需要投入高端的物质资本，也需要投入高素质的劳动者，如计算机与电子制造业，这就是技术密集型产业。

美国产业结构升级产生的人力资本密集型产业和技术密集型产业具有两个特征：

一是它们的资本有机构成一般低于传统产业；二是它们的资本有机构成未必是提高的，部分产业是降低的。因此，当这些产业在经济中的比重增加的时候，整个产业的资本有机构成有可能出现下降。

遗憾的是，虽然美国经济分析局提供了完整的传统产业的历史统计数据，但是缺乏完整的新兴产业的历史统计数据。首先，新兴产业的划分在不断变化，新兴产业没有足够长时间的数据。其次，在固定资本和流动资本的指标中，新兴产业的划分又不一致。因此，笔者无法选择各种有代表性的美国新兴产业来分析它们的资本有机构成的变化，以解释美国私人产业平均资本有机构成的变化。

基于这种情况，笔者选择了两个在一段时期拥有连贯数据的二级新兴产业来分析资本有机构成的变化，分别是计算机与电子制造业（computer and electronic products）和计算机软件与相关服务产业（computer systems design and related services）。前者属于新兴制造业，后者属于新兴生产性服务业。由于1998年前后产业分类发生变化，2018年以后的数据又出现了不可信的跳跃，笔者只能利用这两个产业从1998年到2018年共21年的数据来分析资本有机构成的变化。

笔者采用与估算美国私人产业资本有机构成完全相同的方法，估算了计算机与电子制造业、计算机软件与相关服务产业的资本有机构成，得到如下结果：1998年到2018年，计算机与电子制造业的平均资本有机构成是5.26，计算机软件与相关服务产业的平均资本有机构成是1.22。[①] 前者的资本有机构成与制造业相近，后者的资本有机构成与制造业相差甚远。

资本主义国家的资本有机构成是各种产业资本有机构成的集成。1981—1992年，当资本有机构成较低以及资本有机构成趋向稳定或下降的新兴产业在经济中的比重增加的时候，就导致了这个时期美国整个私人产业资本有机构成的下降。

四、对资本有机构成变化规律的再认识

根据对美国资本有机构成变化的检验和分析，笔者提出下述看法：

第一，马克思写作《资本论》的时期是18世纪中期，当时的通用技术仍然是蒸汽机技术和化工技术，电气技术尚处于实验阶段。因此，以机器设备为特征的物质资本积累是迅速提高劳动生产率的主要途径，企业将不断采用新的技术和新的机器设备来进行生产，资本有机构成趋向提高是一个符合逻辑和历史事实的经济规律，马克思在

① Bureau of Economic Analysis, Industrial, https://www.bea.gov.

当时的历史条件下对资本有机构成变化规律的分析是正确的。

第二，马克思把生产物质产品以及相关的交通、运输、仓储活动看作创造价值的活动，也就是说，马克思主要研究的是物质产品的生产。生产物质产品的产业往往是劳动密集型或资本密集型产业。在追求利润和竞争的压力下，这些产业存在一个不断采用更多和更高质量的物质资本的过程，它们的产业资本有机构成即使在完成工业化的资本主义国家里也是趋向提高的。图5-4展示的美国制造业的资本有机构成从1947年到2013年一直趋向上升证实了这一点。

根据上述两点看法，笔者得出第一个结论：资本有机构成趋向提高对于处在大规模工业化时期的国家，以及完成大规模工业化国家的劳动和资本密集型产业来说，是普遍存在的经济规律。在这里，所谓完成大规模工业化是指已经建立起较为完整的工业体系、高技术产业在经济中占有重要比例、服务业增加值在国内生产总值的比例一般超过60%的经济发展阶段。

根据对美国等国家资本有机构成的检验和分析，笔者还提出下述看法：

第一，科学技术进步是影响资本有机构成的一个长期因素。它导致了设备效率的提高和原材料的节约，如果在某个时期表现得比较强烈，再与别的因素结合在一起，如获得了廉价的能源，将从不变资本方面推动资本有机构成的下降。美国资本有机构成在1950—1970年趋向下降证实了这一点。

第二，产业结构的调整和升级是影响资本有机构成的一个长期因素。随着一批资本有机构成较低的新兴制造业和服务业迅速崛起并在经济中占据更大比重，有可能在某个历史时期导致资本有机构成的下降。1981—1992年美国资本有机构成趋向下降证实了这一点。

第三，剩余价值率的变化是影响资本有机构成的一个长期因素。如果在工人阶级的抗争下，工资水平在一个时期趋向提高，剩余价值率下降，资本有机构成将趋向下降。美国资本有机构成在1950—1970年趋向下降证实了这一点。相反，如果剩余价值率上升，资本有机构成将提高。

根据上述三点看法，笔者提出第二个结论：资本有机构成从长期来看取决于科学技术进步、产业结构变化和剩余价值率变化，从短期来看还取决于能源和原材料价格的波动。对于完成了大规模工业化的资本主义国家来说，整个产业的资本有机构成的变化趋势呈现波动状态，不排除在相当长的一个时期，整体产业的资本有机构成趋向下降的可能性。

应该指出，上述分析是对历史和现状的分析。对于完成了大规模工业化的国家来说，随着人工智能技术的进步，如果进入大规模使用机器人制造物品和提供服务的历史时期，整个产业的资本有机构成可能会明显地趋向提高。但是这个历史时期是否到来，不但取决于技术进步，还取决于这一技术能否给资本家带来更多的利润。

第四节 新的历史条件下资本积累来源的探索

一、研究资本积累来源面临的新的历史条件

从资本积累来源的角度看，历史条件至少发生了下述变化：

第一，马克思所处的历史时代是工业化初期，产业资本在经济中处于主导地位，金融资本还处于从属的地位，金融市场的发展程度还不高，资本积累的来源主要还是剩余价值的资本化。但是到了现在，金融资本已经在经济中处于主宰地位，金融市场发展程度很高，资本积累的来源多样化了。因此，有必要在新的历史条件下研究资本积累的来源。

第二，马克思所处的历史时代是资本主义经济走向成熟的时代，资本家阶级作为一个新生的剥削阶级，尽可能地榨取工人阶级的剩余价值，工人阶级的处境较为恶劣，大多数人没有能力储蓄。但是到了现在，一方面由于社会生产力的发展，另一方面由于工人阶级的抗争，工人阶级的工作和生活状况得到了一定程度的改善，他们中的部分人有了储蓄，从而也拓展了资本积累的来源。因此，有必要在新的历史条件下分析资本积累的来源。

二、资本积累来源的文献回顾

（一）马克思关于资本积累的论述

按照马克思的资本积累理论，剩余价值是资本积累的来源。马克思指出："把剩余价值再转化为资本，叫做资本积累。"① 另外，资本的积聚是指资本积累导致的资本规模的扩大。马克思指出："每一个资本，都是生产资料的或大或小的积聚，并且相应地指挥着一支或大或小的劳动军。每一个积累都成为新的积累的手段。这种积累随着执

① 马克思．资本论：第1卷［M］//马克思，恩格斯．马克思恩格斯全集：第23卷．北京：人民出版社，1972：635.

行资本职能的财富数量的增多而扩大这种财富在单个资本家手中的积聚，从而扩大大规模生产和特殊的资本主义的生产方法的基础。……这种直接以积累为基础的或不如说和积累等同的积聚，有两个特征……”① 因此，资本积聚与资本积累的含义是相似的：资本积累是一个过程，资本积聚是一个结果。

（二）政治经济学教科书的表述

在我国各种版本的政治经济学教科书中，一直采用马克思的这种表述。徐禾在他所著的经典教科书《政治经济学概论》中讲得很绝对：“剩余价值是资本积累的唯一源泉，而资本积累是资本主义扩大再生产的唯一源泉。”② 请注意，徐禾使用了“唯一”这一定语。

吴树青在他主编的《政治经济学（资本主义部分）》中指出：“由剩余价值到资本的转化就是资本积累的过程，也就是资本主义扩大再生产过程。”③ 刘诗白在他主编的《政治经济学》中指出：“剩余价值是资本积累的源泉，资本积累又是扩大再生产的源泉。”④ 马克思主义理论研究和建设工程重点教材《马克思主义政治经济学概论》指出：“把剩余价值转化为资本，或者说，剩余价值的资本化，就叫做资本积累。扩大再生产是从物质形态上看的，资本积累是从价值形态上看的，它们是同一个事物的两个方面。”⑤ 吴树青、刘诗白等人都没有采用“唯一”的表述。

（三）资本积累研究文献的表述

在笔者搜寻到的文献资料中，我国经济学界多是研究马克思资本积累理论的资本有机构成问题、相对人口过剩问题、一般利润率下降问题、工人阶级贫困化问题，很少对马克思资本积累理论的资本积累来源问题进行分析。

朱姣在《当代经济》发表了《马克思货币积累和实际积累的原理及其指导意义》，指出由剩余价值转化而来的资本额不一定都可以变成追加的生产资本。由于货币必须贮藏到一定的数量才能转化为资本，资本积累要经过两个环节：一个环节是剩余价值转化为贮藏货币，另一个环节是贮藏货币转化为生产资本。⑥ 在朱姣看来，资本积累的

---

① 马克思．资本论：第1卷［M］//马克思，恩格斯．马克思恩格斯全集：第23卷．北京：人民出版社，1972：685-686.

② 徐禾．政治经济学概论［M］．北京：人民出版社，1973：166.

③ 吴树青．政治经济学（资本主义部分）［M］．北京：中国经济出版社，1993：91.

④ 刘诗白，等．政治经济学［M］．第4版．成都：西南财经大学出版社，201：70.

⑤ 《马克思主义政治经济学概论》编写组．马克思主义政治经济学概论［M］．北京：人民出版社，2011：177.

⑥ 朱姣．马克思货币积累和实际积累的原理及其指导意义［J］．当代经济，2017（10）.

源泉仍然是剩余价值，但是剩余价值要通过贮藏货币的环节转化为生产资本。实际上，剩余价值通过两个途径形成资本积累：一是企业的公积金，二是资本家阶级的储蓄。

付彩霞在《西安电子科技大学学报》上发表了《我国现实资本积累状况对传统资本积累理论的挑战》，从我国现实的资本积累来源发现马克思对资本积累源泉的分析存在局限性。她指出，在不考虑外部资金的条件下，资本积累来源是剩余价值和劳动者收入的储蓄。她认为，马克思之所以没有提及劳动者收入的储蓄，是因为马克思认为劳动者的收入没有节余，但这不能解释我国现实的经济情况。[①] 笔者认为，付彩霞提出的问题是对的，这是一个值得研究的问题。但是，应该从两个方面分析这个问题：马克思当时的历史条件是怎样的，现在的历史条件是怎样的。

（四）对研究文献的评论

关于马克思资本积累来源的分析，存在一个核心问题：马克思是否认为剩余价值是资本积累的唯一来源？从马克思对资本积累源泉的表述来看，马克思并非认为剩余价值是资本积累的唯一来源，论据如下：马克思不仅没有说剩余价值是资本积累的唯一来源，甚至没有说“资本积累是剩余价值的资本化”，而是说“剩余价值再转化为资本叫做资本积累”。这是有区别的。“资本积累是剩余价值的资本化”带有剩余价值是资本积累的唯一或主要来源的意思，“剩余价值再转化为资本叫做资本积累”则带有剩余价值是资本积累来源之一的意思。马克思在指出剩余价值再转化为资本叫做资本积累时还引用了马尔萨斯的话：“收入转化为资本。”[②] 这就是说，马克思不排斥别的收入也可以转化为资本，但在马克思所处的时代，资本积累基本上或者主要来源于剩余价值，所以马克思在资本积累理论的开篇写道：“我们以前考察了剩余价值怎样从资本产生，现在我们考察资本怎样从剩余价值产生。”[③]

三、对资本积累来源的分析

（一）资本积累来源的逻辑分析

笔者认为，如果不考虑外部经济[④]，在资本主义主要存在两大阶级的情况下，从阶级关系的角度分析，资本积累有两个来源：第一，资本家阶级没有消费的那部分剩余

---

① 付彩霞．我国现实资本积累状况对传统资本积累理论的挑战［J］．西安电子科技大学学报，2000（6）．

②③ 马克思．资本论：第1卷［M］//马克思，恩格斯．马克思恩格斯全集：第23卷．北京：人民出版社，1972：635.

④ 如果考虑外部经济，资本积累的来源还包括外商直接投资和从境外筹集的债务。

价值；第二，工人阶级没有消费的那部分劳动力价值。这就是说，资本家阶级不仅通过把自己没有消费的那部分剩余价值资本化，还通过把工人阶级没有消费的那部分劳动力价值资本化，以扩大再生产。

但是，资本家阶级的剩余价值以及工人阶级没有消费的那部分劳动力价值通过什么途径转化为资本呢？从现实经济情况来看，在不考虑外部经济的条件下，主要有下述途径：

第一，企业储蓄。按照企业的实践，企业根据固定资本的损耗把折旧费计算到成本中去，待产品卖出以后提取折旧费并储蓄起来。另外，企业每年提取部分利润放入公积金，也形成企业的储蓄。前一种储蓄用于设备更新，后一种储蓄用于扩大再生产。这是不通过金融市场的资本积累的途径。

第二，债务融资。债务融资是指以形成债权和债务的方式融通资金，包括申请银行贷款、企业发行债务工具等。当资本家阶级把自己没有消费的那部分剩余价值以及工人阶级把没有消费的那部分劳动力价值存放到商业银行时，就形成了商业银行的债务。当商业银行对需要扩大再生产的产业资本家发放贷款的时候，就形成了产业资本家的债务。另外，需要扩大再生产的产业资本家也可以直接向另外的产业资本家或工人发行商业票据、中期票据、公司债券等债务工具来融通资金。

第三，股权融资。股权融资是指以形成所有权关系的方式融通资金，如发行股票等。需要扩大再生产的产业资本家可以直接向另外的产业资本家或工人发行股票来融通资金。债务融资和股权融资不同的地方是，债务融资必须还本付息，而股权融资不需要还本付息，但必须让渡一部分所有权，并对此分派红利。

第四，货币供给。中央银行投放货币将导致银行信贷的扩张，也为产业资本家的扩大再生产提供了资金支持，货币供给因此成为资本积累的来源。以最常见的中央银行通过购买政府债券投放货币为例，虽然这个过程是把居民或机构对政府的债权转变为中央银行对政府的债权，但是由于货币创造乘数的存在，银行信贷仍然发生扩张。由于货币供给随着经济发展不断扩大是常态，货币供给便成为资本积累的来源之一。

（二）资本积累来源的实证检验

为了更加清楚地解释资本积累的来源，下面以美国为例，考察资本积累的各种来源在总资本积累中所占的比例。美国商务部经济分析局提供了非金融企业净储蓄的历史统计数据，这是企业每年从利润扣除下来的用于扩大再生产的不包括折旧费的储蓄。美国联邦储备委员会提供了非金融企业债务融资的历史统计数据，主要包括发行债务工具、从银行取得贷款、应付账款三个部分，均表示新增的债务。其中应付账款表示非金融企业的欠款，也就是它们的债务。债务融资由于是新增的债务，有可能出现负数，即某一年增加的债权大于增加的债务。另外，美国联邦储备委员会还提供了非金融企业股权融资的历史统计数据，它表示非金融企业每年新发行的股票金额。

笔者根据上述历史统计数据，计算了2001—2021年美国企业净储蓄和外部融资（债务融资、股权融资、货币供给）这两个资本积累的源泉所占的比例，得到了图5-7。其中，外部融资是指非金融企业债务和股份的净增加额。因此，如果非金融企业融入的资金少于融出的资金，外部融资将出现负数。另外，所占比例是指企业储蓄和外部融资在资本积累中所占的比例。

需要说明的是，在图5-7中，在2009年出现一种极端情况，美国由于爆发金融危机，银行信贷大规模收缩，企业新增加的银行贷款出现一个巨大的负数，达到-4106亿美元，致使债务融资所占的比例出现很大的负数。相应地，企业净储蓄所占的比例出现一个很大的正数。如果按照原数据录入，图形将无法显示，所以这一年的企业净储蓄和外部融资的占比按10%录入。

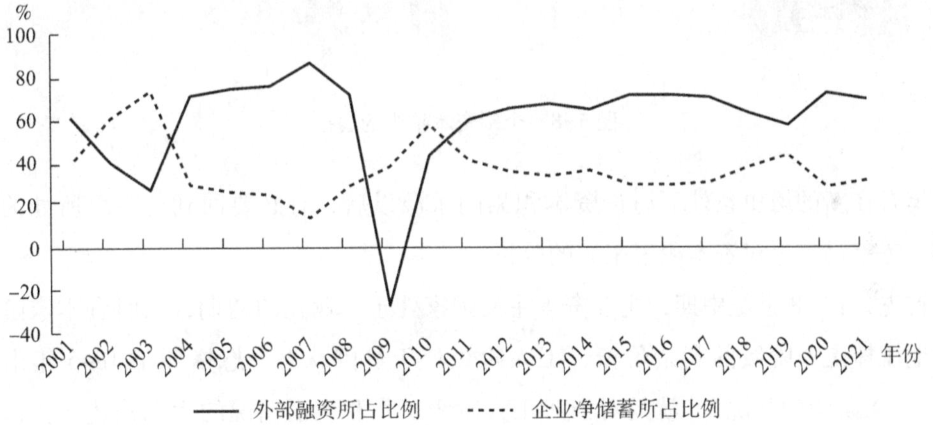

图5-7　2001—2021年美国资本积累的源泉

资料来源：Board of Governors of the Federal Reserve System，Financial Account of United States，2001-2022；Bureau of Economic Analysis，GDP & Personal Income，https：//www. bea. gov.

从图5-7可以看到：第一，企业净储蓄和外部融资在资本积累中所占的比例随着经济的变化发生较大的波动。第二，外部融资在资本积累中发挥重要作用。在2001年到2021年共21年的时间里，企业净储蓄在资本积累中所占的平均比例是35.48%，外部融资在资本积累中所占的平均比例是64.52%。

（三）资本积累来源的重新表述

如果在新的历史条件下对马克思资本积累来源进行重新表述，那么可以用图5-8

来表示。图 5-8 说明了个别资本扩张的途径。个别资本可以通过发行股票和借入债务的方式进行资本化来扩张资本，也可以通过企业净储蓄的资本化来扩张资本，这就是资本积累。资本家通过资本积累实现资本积聚，通过资本积聚与资本集中实现了个别资本扩张。从社会资本来看，如果不考虑资本集中有可能导致规模收益递增的因素，资本扩张的来源就是资本积累。资本集中没有导致社会资本的增加，只是导致了个别资本的扩大。

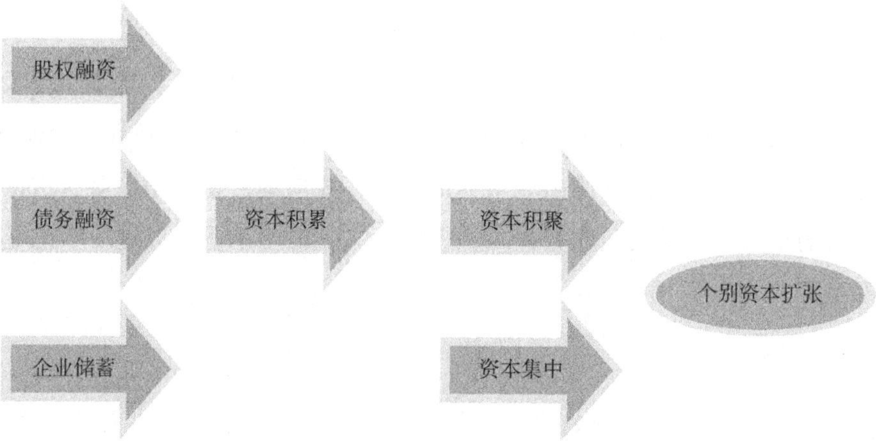

图 5-8　个别资本扩张的途径

笔者在新的历史条件下讨论资本积累的来源以后，有必要回到马克思所处的历史时期，考察马克思对资本积累来源的分析。

首先，在 18 世纪中期，主要资本主义国家处于工业化的初期，当时资本家阶级尽可能地压榨工人阶级的剩余价值，工人阶级处于贫困状态。恩格斯于 1845 年出版的《英国工人阶级的状况》，就是对当时工人阶级工作和生活情况的生动描述。在这样的情况下，工人阶级的储蓄能力是很弱的，资本积累的来源主要是资本家阶级没有消费掉的那部分的剩余价值。

其次，在 18 世纪中期，银行信贷还不发达。马克思指出："一种崭新的力量——信用事业，随同资本主义的生产而形成起来。起初，它作为积累的小小的助手不声不响地挤了进来，通过一根根无形的线把那些分散在社会表面上的大大小小的货币资金吸引到单个的或联合的资本家手中。"① 这意味着马克思已经清楚地意识到债务融资是资本积累的来源，但是银行信用只是"积累的小小的助手"，在资本积累中并没有发挥

① 马克思．资本论：第 1 卷［M］//马克思，恩格斯．马克思恩格斯全集：第 23 卷．北京：人民出版社，1972：687.

重要作用。

最后，在 18 世纪中期，股权融资也不发达。马克思指出："集中补充了积累的作用，使工业资本家能够扩大自己的经营规模。不论经营规模的扩大是积累的结果，还是集中的结果；不论集中是通过强制的道路进行吞并，——在这种场合，某些资本成为对其他资本的占压倒优势的引力中心，打破其他资本的个体内聚力，然后把各个零散的碎片吸引到自己方面来，——还是通过建立股份公司这一比较平滑的办法把许多已经形成或正在形成的资本溶合起来，经济作用总是一样的。"① 尽管马克思把股权融资看作资本集中的手段，但是马克思也意识到股权融资途径的存在。

马克思还说了一句比较全面的话。他指出："我们不妨把货币资本的积累，理解为银行家（职业贷款人）手中的，即私人货币资本家和国家、团体以及从事再生产的借款人之间的中介人手中的财富的积累；因为整个信用制度的惊人的扩大，总之，全部信用，都被他们当作自己的私有资本来利用。这些人总是以货币的形式或对货币的直接索取权的形式占有资本和收入。这类人的财产的积累，可以按极不同于现实积累的方向进行，不过在任何场合下都证明，他们握有现实积累的很大一部分。"② 由此可见，马克思已经意识到了剩余价值以外的其他资本积累来源，他只是强调剩余价值是资本积累的主要来源。

在 150 多年后的今天，按照图 5-7 显示的计算结果，企业净储蓄所占的平均比例是 35.48%，而企业净储蓄全部来自剩余价值。另外，在外部融资中，也有相当一部分来自剩余价值。因此，剩余价值依然是资本积累的重要来源。笔者在新的历史条件下对资本积累源泉的分析，只是将马克思在《资本论》中提及的资本积累来源的分析更加明确化而已。

资本融通来源的形成意味着资本的扩张不受剩余价值规模的限制，资本在追求剩余价值的动机下可以在短时间迅速实现扩张。正因为资本存在多种扩张方式，资本主义经济创造了以前的社会形态从来没有创造出的社会生产力，形成了高度社会化的大生产。但是，资本的大规模扩张不断地扩大再生产出资本主义的生产关系，从而激化了资本主义经济的基本矛盾。笔者对资本融通来源的补充没有改变马克思资本积累理论的结论，只是说明资本积累不仅来源于剩余价值，还来源于社会储蓄和货币供给，因而资本可以以比马克思想象的还要快的速度扩张。

---

① 马克思．资本论：第 1 卷［M］//马克思，恩格斯．马克思恩格斯全集：第 23 卷．北京：人民出版社，1972：688.

② 马克思．资本论：第 3 卷［M］//马克思，恩格斯．马克思恩格斯全集：第 25 卷．北京：人民出版社，1974：541-542.

四、新的历史条件下资本积累新的基本规律

（一）债务和股权融通导致虚拟资本膨胀

马克思从资本积累理论得出一个重要的结论：资本积累在不断扩大社会产品生产的同时，还扩大再生产出资本主义生产方式，从而激化了生产社会化与生产资料私人占有之间的资本主义的基本矛盾。由此可以得到一个重要的推论：剩余价值规律是资本主义生产方式的绝对规律，资本家阶级为了追逐剩余价值不断地进行资本积累，而工人阶级由于受到剥削，有支付能力的需求在相对减小，资本主义生产过剩的经济危机必然发生。这是资本积累的一个基本规律。

马克思资本积累理论的这个推论已经被资本主义经济的现实所证实。20 世纪 30 年代在主要资本主义国家发生的“大萧条”，更是有力地宣告了马克思资本积累理论这个推论的正确性。第二次世界大战结束以后，政府采用宏观财政政策和宏观货币政策对经济进行积极干预，虽然“大萧条”没有再次发生，但是资本主义生产过剩的经济危机还是一次又一次地发生了。

笔者在对资本积累的来源进行重新表述后，以马克思的资本积累理论为基础，还要提出另一个基本规律——资本主义金融危机必然发生。所谓金融危机，是指金融市场发生剧烈动荡，并且对经济产生破坏性影响。

马克思把资本主义生产过程划分为三个阶段：第一个阶段是准备过程，即货币资本转化为生产资本的过程；第二个阶段是生产过程，即生产资本转化为商品资本的过程；第三个阶段是销售过程，即商品资本转化为货币资本的过程。资本积累发生在生产过程的第一个阶段以前，是资本家筹集货币资本的过程。

正如笔者在前面的分析中指出的，资本不仅可以以企业储蓄的方式积累，还可以通过债务融资和股权融资的方式积累。在追逐剩余价值动机的支配下，资本家阶级会不断地通过这两种融资方式扩张资本，金融资产就会被不断地创造出来。

马克思在《资本论》第三卷中曾把金融资产称为虚拟资本。马克思指出：“人们把虚拟资本的形成叫作资本化。人们把每一个有规则的会反复取得的收入按平均利息率来计算，把它算作是按这个利息率贷出的资本会提供的收入，这样就把这个收入资本化了。”马克思还指出：“即使在债券——有价证券——不像国债那样代表纯粹幻想的

资本的地方，这种证券的资本价值也纯粹是幻想的。”① 马克思还借用里瑟姆的话说：“空头汇票，是指人们在一张流通的汇票到期以前又开出另一张代替它的汇票，这样，通过单纯流通手段的制造，就制造出虚拟资本。在货币过剩和便宜的时候，我知道，这个办法被人使用到惊人的程度。”②

马克思的话说明了金融资产的“价值”是未来的收入带来的，所以它是虚拟的，金融资产就被称为虚拟资本。另外，汇票的例子可以说明，这种虚拟资本会不断地自我派生出来。资本积累的历史证明了马克思的这个论断。

资本家阶级对剩余价值的追逐是无止境的，而资本积累是获取剩余价值的途径。由于资本积累是通过债务和股权融资实现的，资本积累不断扩大的过程就是债务和股权融资规模不断扩大的过程，各种债务工具与权益工具将不断产生。随着这些有价证券的发展，出于风险转移和赚取利润的需要，还会不断派生出以这些有价证券为标的的金融衍生工具。

20 世纪 70 年代以来，从传统有价证券就派生出了互换（swap）、期货（future）、期权（option）等金融衍生工具。相对于债务类金融工具来说，出现了利率互换、利率期货、利率期权；相对于股权类金融工具来说，出现了股票指数期货、股票期权、股票指数期权；相对于外汇类金融工具来说，出现了外汇互换、外汇期货、外汇期权等。

有价证券本身是一种虚拟资本，从这些有价证券派生的金融衍生工具则是一种更加虚拟的资本。如果说各种债务类和股权类有价证券体现着一定数量的信用货币的借贷和权益关系，那么由债务类和股权类有价证券派生出来的金融衍生工具则不但不受商品生产和交换制约，而且不受债务类和股权类有价证券数量制约。另外，如果说债务类或股权类有价证券的虚拟价值是由它们未来的预期收益派生出来的，那么债务类或股权类有价证券派生出来的金融衍生工具的虚拟价值，又是从它们的标的的虚拟价值再次派生出来的。如果说有价证券已经与商品的生产和交换相分离，那么金融衍生工具更是远离商品的生产和交换了。

（二）虚拟资本膨胀导致经济虚拟化

随着虚拟资本类型的增加和规模的扩大，经济越来越虚拟化了。虚拟经济是相对于实体经济而言的。实体经济是指以制造物品和提供服务为特征的经济，虚拟经济则

① 马克思．资本论：第 3 卷［M］//马克思，恩格斯．马克思恩格斯全集：第 25 卷．北京：人民出版社，1974：528-529.

② 马克思．资本论：第 3 卷［M］//马克思，恩格斯．马克思恩格斯全集：第 25 卷．北京：人民出版社，1974：451.

是以金融资产的发行和交易为特征的经济。实体经济的资本是物质资本，不论是制造物品还是提供服务，都需要建筑、设备、工具等。物质资本之所以成为资本是因为它能够给资本家带来剩余价值。虚拟经济的资产则是虚拟资本，即各种有价证券或者再派生的金融衍生工具。虚拟资产之所以成为资本，是因为它们也能够带来收益；而虚拟资产之所以是虚拟的，首先是因为它的“价值”是由它的预期收益派生出来的，即它的价值是虚拟的；其次还因为它的运动不仅与物质资本的运动相脱离，还与它们所代表的资金的运动相脱离。按照笔者的看法，在一个经济体中，社会财富由物质财富和金融财富即虚拟财富组成。如果在一个经济体中，金融财富即虚拟财富在总财富中占据了很大的比例，那么这个经济体就虚拟化了。

美国是经济虚拟化程度较高的国家，下面以美国为例来考察经济虚拟化的发展情况。美国联邦储备委员会提供了非金融部门和金融部门持有的金融资产以及物质资产的历史统计数据。其中非金融部门包括居民、非营利机构、非金融企业和政府。金融资产即金融财富包括存款、债券、股票等金融资产的价值，物质资产即物质财富包括不动产、耐用消费品、设备、存货、知识产权、基础设施等的价值。金融资产和物质资产的数据均为存量，因而可以进行比较。

笔者利用上述数据计算了1951—2021年各个年份金融资产即金融财富的价值和物质资产即物质财富的价值，以及各个年份金融资产价值与物质资产价值的比例，得到了图5-9和图5-10。

从图5-9可以看到，在1951年以后，美国金融资产的价值已经大于物质资产的价值，而且金融资产价值的增长速度一直高于物质资产价值的增长速度。据笔者计算，按照现行价格计算的美国物质资产价值在1951—2021年71年间的年平均增长率是6.76%，按照现行价格计算的美国金融资产价值同期的年平均增长率是7.83%。2008年美国金融危机激化，2009年美国国内生产总值是负增长，而美国的物质资产的折旧照常进行，物质资产存量的价值下降。与此同时，金融资产价值也趋向下降。

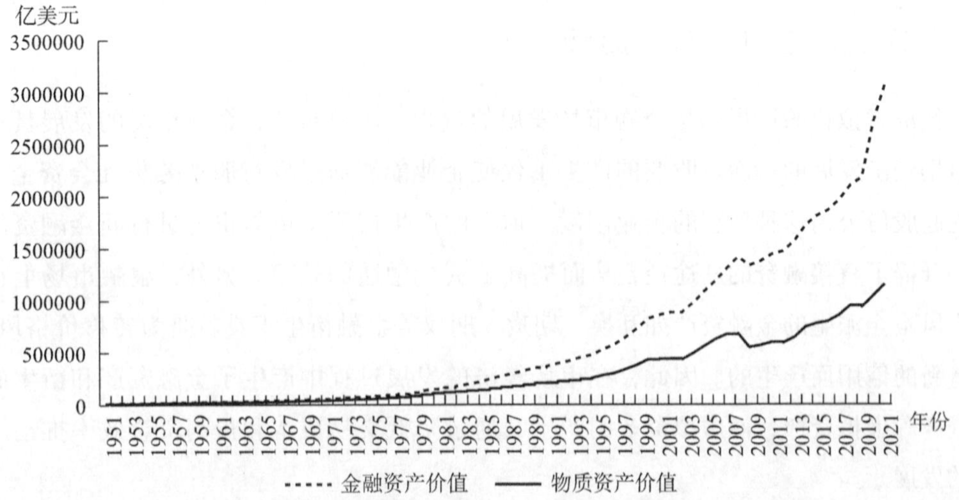

图 5-9　1951-2021 年美国物质资产和金融资产价值的变化情况

资料来源：Board of Governors of the Federal Reserve System, Financial Accounts of the United States, 1945-2022, http://www.federalreserve.gov.

从图 5-10 中可以看到，金融资产价值对物质资产价值的比例从 1951 年的 1.31 上升到 2021 年的 2.49。可以预计，美国金融资产膨胀的趋势将会继续下去。

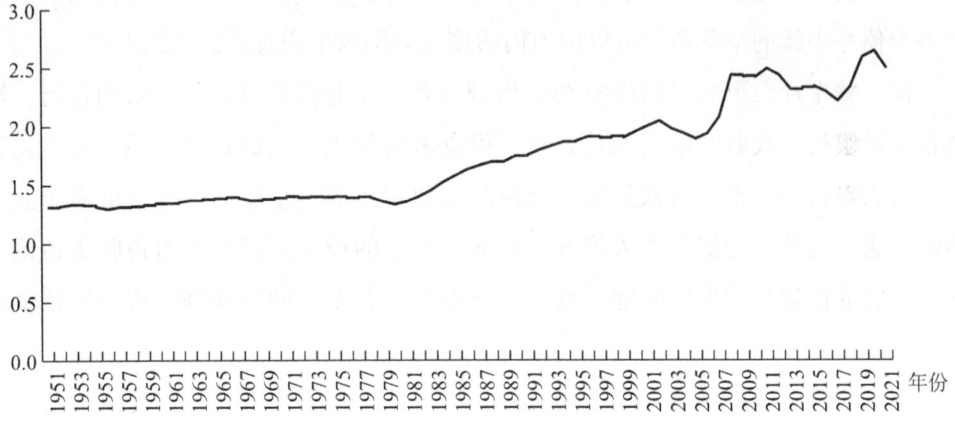

图 5-10　1951—2021 年美国金融资产价值对物质资产价值比例的变化情况

资料来源：Board of Governors of the Federal Reserve System, Financial Accounts of the United States, 1945-2022, http://www.federalreserve.gov.

从图 5-9 和图 5-10 可以看到，美国经济发展的过程就是经济虚拟化的过程。金融资产是一种虚拟资本，本身是为了适应物质资产的生产而产生和发展的，但是它的总价值越来越大幅度地超越物质资产的总价值。作一个形象的说明，假定 2020 年美国人按照不完全计算的金融资产的现值变卖金融资产，则可以 2.6 次买下美国全部的物质资产。

（三）经济虚拟化导致金融危机发生

经济虚拟化的过程就是金融市场发展的过程。不可否认，金融市场的发展具有推动市场经济发展的一面。股票的产生不仅使企业能够通过发行股票筹集社会资金，还建立起股份公司这种新型的企业制度。债券的产生摆脱了依靠银行进行间接融资的途径，开辟了直接融资的新途径，从而提高了资金融通的效率。另外，金融市场上存在价格风险。派生的金融资产如互换、期货、期权等金融衍生工具就是为转移价格风险、创造新的信用而产生的。因此，在市场经济的发展过程中产生了金融资产和衍生的金融资产等虚拟资产，而虚拟资产的产生又通过降低交易成本和提高资金效率推动了经济的发展。

但是，金融市场也存在内在的脆弱性和不稳定性。

首先，经济的虚拟化形成了复杂而又脆弱的债务关系。金融市场最初是因为产业资本股权融资和债务融资发展起来的。随着金融市场的发展，居民为了提前消费和购买住房加入金融市场，以消费贷款和住房抵押贷款的形式借入资金。政府为了解决干预经济出现的财政赤字的问题加入金融市场，以发行国债的形式筹集资金。投资者为了获取金融资产的差价收益也加入金融市场，以各种方式取得资金进行金融资产的投资。各个债务主体的债务负担可以用他们的债务对国内生产总值的比例来表示。

这样，整个社会形成了错综复杂的借贷关系。企业的债权人是公众和银行，居民的债权人是银行，政府的债权人是公众，投资者的债权人是银行和其他金融机构，银行的债权人是公众。银行贷款是依靠抵押品价值支持的，企业的债务是依靠企业利润支持的，居民的债务是依靠个人收入支持的，政府的债务是依靠政府税收支持的。一旦某个重要的借贷环节出现问题，整个金融市场就会发生剧烈动荡，从而导致金融危机的爆发。

其次，经济的虚拟化加剧了金融市场的投机性。金融资产的虚拟价值是由它未来预期的收益派生的，而金融衍生工具的虚拟价值是由它的标的的虚拟价值再次派生出来的。如果某些事件导致人们对金融资产未来收益的预期发生变化，就很容易导致人们利用互相联系的金融资产以及金融衍生工具进行投机，从而导致金融市场的剧烈动荡。

例如，如果人们预期股票价格上涨，就会同时在股票现货市场上买进股票，在股票期货市场上买进股票指数期货，在股票和股票指数期权市场上买进股票买权和股票指数买权、卖出股票卖权和股票指数卖权进行投机，从而导致股票市场泡沫的产生。如果人们预期股票价格不大可能继续上涨，就会进行相反的操作，从而导致股票市场泡沫破裂。由于在股票市场泡沫形成的时候有很多投机者都是贷款进行投机的，股票市场泡沫破裂会造成债务链条的断裂，从而有可能导致金融危机的爆发。

最后，经济的虚拟化加剧了金融市场的波动性。在经济虚拟化的条件下，杠杆操作成为金融市场的常态。金融衍生工具的交易都是保证金交易，只需要支付很小比例的保证金就可以买进100%价值的衍生金融工具。另外，人们还可以用各种融资方式借入资金来投资金融资产。这样，投资者投入一定的资金就可以进行数倍甚至数十倍价值的金融资产的投资，从而形成了很高的杠杆倍数。从金融资产投资的角度来看，杠杆倍数是指投资者持有的金融资产价值对他们投入资金的比例。在高杠杆倍数操作的情况下，如果成功，投资者可以获得高额收益，如果失败，投资者则会遭受高额损失。金融市场很容易出现大起大落的情况。投资者一旦投机失败，就会走向破产，从而酿成金融危机。

金融资本的贪婪和金融市场内在不稳定性的结合，使金融危机的发生成为必然。金融危机包括银行危机、债务危机和货币危机。银行危机是指银行收不回贷款因而偿还不了存款导致破产的危机，债务危机是企业或政府不能偿还债务的危机，货币危机是指本币汇率发生大幅度贬值的危机。银行危机和债务危机实际上是信用危机。

20世纪90年代以来，特别是21世纪以来，随着经济的虚拟化以及商业和银行信用的膨胀，在世界范围内信用危机频繁发生，其中最为典型的是发生在1992年日本的银行危机和发生在2007年美国的银行危机。

在20世纪80年代后半期，由于日元汇率被迫大幅度升值，日本出口企业日元收益减少，日本经济受到不利影响。日本中央银行通过增加货币供给防止经济衰退，但是货币供给的大量增加助推了股票市场和房地产市场的投机活动，形成了严重的泡沫经济。日本股票市场泡沫1986年开始迅速膨胀，1990年破裂。日本房地产市场泡沫从1987年开始膨胀，1992年破裂。日本泡沫经济的破裂导致银行出现严重的坏账，终于导致银行危机的爆发。

在20世纪末21世纪初，美国的房地产市场出现泡沫。从1997年到2005年，美国房产价格经过通货膨胀率调整以后共上涨了55%。仅2005年，美国部分城市的房产价格上升幅度就达到10%。在这种情况下，美国银行业为了赚取利润，大规模发放次级住房抵押贷款，即向信用等级低的人发放高利率贷款或者以很低的首付发放高利率贷款。2006年，美国房地产市场泡沫破裂，房产价格下降。由于利率上升，一批借款者无法偿还贷款，银行收回作为抵押的房产又卖不出价钱，结果出现严重的坏账，终于爆发了银行危机。2009—2011年，美国大约有165家银行破产。

由此可见，在商业和银行信用膨胀，经济走向虚拟化的条件下，金融危机的爆发已经成为不可避免的现象。金融危机的爆发揭示了资本主义经济的内在矛盾：要扩大社会再生产就要进行资本积累，资本积累将导致商业和银行信用的膨胀，商业和银行信用膨胀的内在不稳定性又导致了对社会扩大再生产的破坏。

如果把笔者在本节提出的看法与马克思资本积累理论作一个比较，可以得到表5-2，其中重点标识出笔者对马克思积累理论的补充。笔者坚持了马克思资本积累理论，但是在若干方面进行了拓展。

表5-2　新的历史条件下马克思资本积累理论研究纲要

比较对象	马克思资本积累理论研究纲要	新的历史条件下马克思资本积累理论研究纲要
资本积累的本质	资本积累是剩余价值的资本化，不断地通过资本积累来扩大资本规模，以继续占有更多的剩余价值，这就是资本积累的本质	资本积累不仅是剩余价值的资本化，而且还是工人阶级没有消费的那部分收入的资本化。资本积累是通过**企业净储蓄、债务融资和股权融资**实现的。不断地通过资本积累来扩大资本规模，以继续占有更多的剩余价值，这就是资本积累的本质
资本有机构成	由资本的技术构成决定并反映技术构成变化的资本价值构成称为资本的有机构成，资本有机构成趋向于提高	由资本的技术构成决定并反映技术构成变化的资本价值构成称为资本的有机构成，对于处于工业化时期的国家来说，资本有机构成趋向于提高；**对于完成工业化的国家来说，资本有机构成的变化是波动的**
资本的积聚和集中	资本积聚是通过资本的积累来扩大个别资本，资本集中是通过兼并和收购来扩大个别资本	资本积聚是通过资本的积累和**资本融通**来扩大个别资本，资本集中是通过兼并和收购来扩大个别资本
资本积累的一般规律	加剧了资本主义经济基本矛盾，产生了相对的过剩人口，造成工人阶级贫困化。资本主义经济基本矛盾的加剧意味着经济危机发生的必然性	加剧了资本主义经济基本矛盾，**导致经济的虚拟化**，产生了相对的过剩人口，造成工人阶级贫困化。资本主义经济基本矛盾的加剧意味着经济危机发生的必然性。**经济的虚拟化意味着金融危机发生的必然性**
资本积累的历史趋势	剥夺者被剥夺	剥夺者被剥夺

本章小结

本章概括了马克思的资本积累理论，肯定了马克思资本积累理论的正确性；就工人阶级绝对贫困化和相对贫困的问题表达了自己的看法，否定了工人阶级绝对贫困化的看法，肯定了工人阶级相对贫困化的存在。

本章利用美国的历史统计数据揭示了美国制造业和整体产业资本有机构成的变化情况，指出对于处在工业化时期的国家以及完成了工业化的国家中的劳动密集型和资本密集型产业来说，资本有机构成是趋向上升的，但对于完成工业化的国家整体产业来说，资本有机构成是波动的。

本章在坚持马克思资本积累理论的同时，指出资本积累的源泉除了剩余价值资本化以外，还有工人阶级储蓄资本化以及货币供给增加，资本主义扩大再生产的规模并不受剩余价值规模的限制。

本章指出资本积累将会加剧资本主义经济基本矛盾，产生相对的过剩人口，导致工人阶级贫困化，引发生产过剩的经济危机；资本积累还会导致经济虚拟化，激化资本主义金融市场的矛盾，导致金融危机。

第六章　新的历史条件下马克思资本循环理论研究

第一节　马克思的资本循环理论

一、产业资本的循环

马克思指出，资本只有不断地从流通过程进入生产过程，又不断地从生产过程进入流通过程，如此循环往复才能实现价值增殖。资本的这种运动被称为资本的循环。资本的循环依次经过三个阶段，相继采取三种职能。

第一个阶段是资本家用货币购买生产资料和劳动力。在这个阶段，资本家用货币购买的劳动力是一种特殊的商品，它的使用价值是创造价值。因此，货币在这个阶段不仅执行货币的职能，还执行资本的职能，这部分货币成为货币资本。另外，货币资本转化为生产资料和劳动力以后，将在生产过程中发挥资本的作用，这部分资本成为生产资本。因此，资本循环的第一个阶段是货币资本转化为生产资本的阶段。

马克思指出："G—A 是货币资本转化为生产资本的一个具有特征性质的因素，因为它是以货币形式预付的价值得以实际转化为资本，转化为生产剩余价值的价值的重要条件。"①

第二个阶段是资本家利用生产资本生产出商品。在这个阶段，原材料被消耗，机

---

① 马克思．资本论：第 2 卷［M］//马克思，恩格斯．马克思恩格斯全集：第 24 卷．北京：人民出版社，1972：36.

器设备被磨损，它们的价值被转移到商品中去。劳动力则再生产出自己的价值以后，为资本家生产出剩余价值。由于在生产过程中生产出来的商品包含剩余价值，这部分资本成为商品资本。因此，资本循环的第二个阶段是生产资本转化为商品资本的阶段。

马克思指出："劳动力的剩余劳动，是资本的无偿劳动，因而它为资本家形成剩余价值，一个无须他花费任何等价物的价值。因此，产品不只是商品，而且是孕育着剩余价值的商品。它的价值=P+M，等于生产这种商品所耗费的生产资本的价值P，加上这个生产资本产生的剩余价值M。"①

第三个阶段是资本家把生产出来的商品拿到市场上卖出去。这个阶段是剩余价值的实现阶段，在商品资本被卖出去以后，资本家收回了原来的垫付资本，还获得了剩余价值。虽然资本又回到货币形态，但这部分货币是包含剩余价值的货币，并且是资本家再用于购买生产资料和劳动力的货币，因而是货币资本。因此，资本循环的第三个阶段是商品资本转化为货币资本的阶段。

马克思指出："这里要指出两点。第一，资本价值最后再转化为它原来的货币形式，是商品资本的职能。第二，这种职能包含着剩余价值由原来的商品形式到货币形式的第一形式转化。因此，在这里，货币形式起了双重作用。一方面，它是原来以货币预付的价值的复归形式，就是说，回到过程开始时的价值形式。另一方面，它又是原来以商品形式进入流通的价值的第一转化形式。"②

马克思把这种相继经过三个阶段、采取三种职能的资本称为产业资本。

在产业资本循环的过程中，不仅进行着货币资本的循环，还同时进行着生产资本和商品资本的循环。因此，产业资本有三个资本循环形态：货币资本的循环、生产资本的循环、商品资本的循环。产业资本的三种职能以及产业资本循环的三种形态在时间上是继起的，在空间上是并存的。

马克思指出："任何一个单个产业资本都是同时处在所有这三种循环中。这三种循环，三种资本形态的这些再生产形式，是连续地并列进行的。"③

二、产业资本的流通

按照马克思的划分，产业资本停留在生产阶段的时间即资本循环的第二个阶段的

① 马克思．资本论：第2卷［M］//马克思，恩格斯．马克思恩格斯全集：第24卷．北京：人民出版社，1972：45.

② 马克思．资本论：第2卷［M］//马克思，恩格斯．马克思恩格斯全集：第24卷．北京：人民出版社，1972：52.

③ 马克思．资本论：第2卷［M］//马克思，恩格斯．马克思恩格斯全集：第24卷．北京：人民出版社，1972：117.

时间被称为生产时间，停留在流通阶段的时间即资本循环的第一、第三个阶段的时间被称为流通时间。

资本生产时间包括三种：一是劳动时间，即劳动者劳动的时间；二是生产资料停止运行的时间，如夜间停止使用的时间；三是生产资料已经被购进但还没有投入生产的时间，如原材料在仓库储存的时间。生产时间要长于劳动时间，两者之间的差距越小，同样的资本带来的剩余价值就越多。

资本流通时间包括购买生产资料和劳动力的时间以及销售商品的时间。马克思认为，资本的销售阶段是资本形态变化的关键阶段因而也是最困难的阶段。马克思指出："W—G 即卖，是资本形态变化的最困难部分，因此，在通常的情况下，也占流通时间较大的部分。"① 正如资本在生产领域有一系列的耗费一样，在流通领域也有一系列的耗费。用于流通领域的费用被马克思称为流通费用。

马克思认为，商品的流通过程实际上包括两个过程：一个是商品价值形态变化的过程，如商品的销售过程；另一个是商品使用价值的运动过程，如运输仓储过程。前一个过程的流通费用是一种纯粹耗费，称为纯粹流通费用；后一种流通费用是完成使用价值生产所耗费的费用，属于生产性的流通费用。

按照马克思的分析，纯粹流通费用包括下述费用：第一，商品买卖的费用，如商业销售人员的工资等。第二，簿记的费用，如簿记人员的工资和材料耗费。第三，货币的费用。从整个社会来看，需要货币来完成商品的流通，金币的铸造费用、纸币的印制费用、铸币磨损的损耗，都是纯粹流通费用。

另外，生产性的流通费用包括下述费用：第一，保管费用，即商品储藏的费用，包括储藏工人的工资、仓库的折旧、商品的损耗等。商品的储藏是完成使用价值生产所必需的，所以保管费用属于生产性的流通费用。但是，商品滞销产生的费用属于纯粹流通费用。第二，运输费用，如运输工人的工资、运输设备的折旧等。运输是完成使用价值地点转移所必需的，所以运输费用是生产性的流通费用。

三、产业资本的周转

马克思认为，周而复始的资本循环就是资本周转。资本的周转时间由资本的生产时间和流通时间组成。马克思指出："资本的循环，不是当作孤立的行为，而是当作周

① 马克思．资本论：第2卷［M］//马克思，恩格斯．马克思恩格斯全集：第24卷．北京：人民出版社，1972：143.

期性的过程时，叫做资本的周转。这种周转的持续时间，由资本的生产时间和资本的流通时间之和决定。这个时间之和形成资本的周转时间。”① 因此，某个时期的资本周转速度等于这个时期的时间除以资本周转一次所需要的时间之商。

马克思指出，资本周转速度受生产资本构成以及生产和流通过程的影响。生产资本按照价值转移方式的不同划分为固定资本和流动资本。固定资本是指投在劳动资料如厂房、机器、工具上的资本。这部分资本在物质形态上全部发挥作用，但是它的价值按照损耗程度转移到产品中去。流动资本是指投在劳动对象如原料、燃料、材料上的资本，这部分资本投入生产过程以后失去原来的物质形态，它的价值是一次性转移到产品中去的。投在劳动力上的资本即可变资本属于流动资本。

按照马克思的理解，固定资本的损耗包括有形损耗和无形损耗，有形损耗是固定资本的使用发生的损耗，无形损耗是指由于技术进步和劳动生产率的提高，同样的固定资本可以耗费更少的必要劳动时间所产生的损耗。尽管马克思在《资本论》第二卷中没有分析无形损耗，但他在《资本论》第一卷中指出：“但是，机器除了有形损耗以外，还有所谓无形损耗。只要同样结构的机器能够更便宜地再生产出来，或者出现更好的机器同原有的机器相竞争，原有机器的交换价值就会受到损失。在这两种情况下，即使原有的机器还十分年轻和富有生命力，它的价值也不再由实际物化在其中的劳动时间来决定，而由它本身的再生产或更好的机器的再生产的必要劳动时间来决定了。因此，它或多或少地贬值了。”②

马克思指出，由于产业资本包括的固定资本和流动资本的周转时间是不同的，产业资本的周转是指预付资本的周转。预付资本的周转速度即预付资本在一定时期里周转的次数，等于预付资本总额除去该时期固定资本和流动资本周转的价值总额。固定资本在生产资本中所占比例越大，固定资本和流动资本周转速度越慢，预付资本周转速度就越慢。

马克思认为，影响预付资本周转速度的因素除了生产资本的构成以外，还有生产时间和流通时间。生产时间包括劳动时间、劳动中断、劳动对象受自然力作用的时间。例如，制造业中停止工作的夜间，农业、林业中秧苗和树苗受自然力影响生长的时间等，都形成了劳动时间和生产时间差异。劳动时间对预付资本的周转速度具有影响。劳动时间越长，或者生产时间与劳动时间的差异越长，预付资本的周转速度就越慢。

---

① 马克思．资本论：第 2 卷［M］//马克思，恩格斯．马克思恩格斯全集：第 24 卷．北京：人民出版社，1972：174.

② 马克思．资本论：第 1 卷［M］//马克思，恩格斯．马克思恩格斯全集：第 23 卷．北京：人民出版社，1972：443-444.

流通时间包括购买生产资料和劳动力的时间以及销售商品的时间，其长度取决于地点的距离和交通的便利程度等。流通时间对预付资本的周转速度也具有影响。流通时间越长，预付资本的周转速度就越慢。

马克思指出，资本的周转时间对剩余价值的生产具有重要影响。由于剩余价值是可变资本创造的，如果假定固定资本和非可变资本的流动资本不变，那么资本周转速度越快，可变资本周转速度就越快，剩余价值量就越大。因此，马克思提出了年剩余价值率的范畴。马克思指出："年剩余价值率等于一年内生产的剩余价值除以预付的可变资本。"① 剩余价值率和年剩余价值率是不同的范畴，剩余价值率表示剥削程度，年剩余价值率表示可变资本的增殖程度。在剩余价值率可变的条件下，剩余价值率越高，年剩余价值率就越高。在剩余价值率为一定的条件下，可变资本周转速度越快，年剩余价值率越高。

马克思推导出剩余价值率和年剩余价值率的关系："我们称年剩余价值率为 M′，实际剩余价值率为 m′，预付可变资本为 v，周转次数为 n，则 M′=m′vn/v=m′n；从而 M′=m′n，在 n=1 时，M′只是=m′，即 M′=m′×1=m′。"②

四、马克思资本循环理论的贡献

马克思的资本循环理论是马克思《资本论》的重要组成部分。如果说马克思的资本积累理论主要分析资本如何通过扩大规模来获取剩余价值，那么马克思的资本循环理论则主要分析资本如何加快周转来获取剩余价值。

马克思的资本循环理论具有下述贡献：

第一，确认了资本流通阶段活动的本质。马克思的资本循环理论指出，资本依次通过了购买生产资料和劳动力的流通阶段、利用生产资料和劳动力进行生产的生产阶段、把生产出来的商品销售出去的流通阶段。第一个流通阶段是为生产做准备的阶段，第三个流通阶段是把生产出来的商品销售出去的阶段，这两个阶段都不会创造价值和剩余价值。因此，流通阶段的劳动是非生产性劳动，流通阶段耗费的费用是纯粹流通费用。剩余价值产生于生产阶段。

第二，解决了利润来自资本周转速度的困惑。在现实的经济中，资本周转速度越

① 马克思．资本论：第 2 卷［M］//马克思，恩格斯．马克思恩格斯全集：第 24 卷．北京：人民出版社，1972：331.

② 马克思．资本论：第 2 卷［M］//马克思，恩格斯．马克思恩格斯全集：第 24 卷．北京：人民出版社，1972：339.

快，利润额就越大，似乎利润来自资本的周转速度。马克思指出：“这个现象当然会产生这样的印象：似乎剩余价值率不仅取决于可变资本所推动的劳动力的量和剥削程度，而且还取决于某些从流通过程中产生的不可理解的影响；这个现象实际上也是被人这样解释的，并且自从19世纪20年代初期以来，——尽管不是在它的这个纯粹的形式上，而是在它的更复杂更隐蔽的形式（年利润率形式）上，——还使李嘉图学派陷入完全的混乱。”① 马克思的资本循环理论清晰地点出了这个问题的本质：在一般的情况下，资本周转越快，可变资本周转就越快，劳动力的使用就越多，创造的剩余价值量就越大。

第三，具有重要的实际应用价值。马克思的资本循环理论是对资本实践的概括和总结，分析了资本周转速度受到固定资本和流动资本构成、劳动时间、生产时间和劳动时间的差异、流通时间的影响，而剩余价值量又受到资本周转速度的影响，所以如何加快资本周转就成为获取利润的关键因素之一。在现实的资本主义经济中，资本家一直在为缩短生产时间和劳动时间的差异、缩短流通时间，也就是为加快资本周转速度而努力。

第四，揭示了资本主义经济的内在矛盾。资本主义经济的发展趋势是固定资本对流动资本的比例在提高，意味着资本主义的发展趋势是资本的周转速度减缓，但是资本家要获取更多的剩余价值，就要提高资本的周转速度，从而形成了一个矛盾。另外，加快资本周转速度以获取更多剩余价值的本质，是加快可变资本的周转速度和提高剩余价值率，这也会加深资本家阶级与工人阶级之间的矛盾。

第二节　马克思资本循环理论的应用

一、加入固定资本因素后资本周转的影响

马克思阐述了资本周转速度对剩余价值量和剩余价值率的影响：设年剩余价值率为 M'，实际剩余价值率为 m'，预付可变资本为 v，周转次数为 n，那么 $M'=m'n$。假定预付可变资本为500万美元，剩余价值率为100%，预付可变资本周转1次带来的剩余

---

① 马克思．资本论：第2卷［M］//马克思，恩格斯．马克思恩格斯全集：第24卷．北京：人民出版社，1972：331.

价值量是500万美元，一年周转2次带来的剩余价值量是1000万美元，年剩余价值率为200%。

马克思的分析是正确的。它不但揭示了资本周转速度影响剩余价值和年剩余价值率的本质，而且说明了资本周转速度对于资本家的现实意义。马克思在所举的例子中为了揭示问题的本质而假定固定资本不变。如果加入固定资本的因素，资本周转对资本家来说，意义更大。

假定在同样的产业里有两个资本家A和B，他们的资本有机构成和生产条件完全相同：投入的固定资本为1000万美元、投在原材料上的流动资本为400万美元，可变资本为500万美元，剩余价值率是100%，固定资本10年折旧完毕，资本每年周转1次生产15万单位产品。这样耗费的固定资本价值为100万美元、转移到产品中去的原材料价值为400万美元，可变资本价值为500万美元，剩余价值为500万美元，单位产品价值为100美元［=（100万+400万+500万+500万）÷15万］。

现在资本家A转变生产方法，采用一天两班倒的生产方法。对于许多机器设备来说，延长1倍的运转时间不会导致1倍的损耗，这样资本家A加快资本周转速度将导致固定资本费用的节约。这意味着如果不考虑固定资本费用的节约，一切都像马克思所说的那样，资本家A与资本家B相比，剩余价值量增加了1倍，年剩余价值率提高了1倍。

如果考虑到固定资本费用的节约，并假定一天多上一班并不会使机器设备的折旧率发生变化，那么资本家A节约了100万美元的固定资本折旧费用，他的单位产品价值变为96.67美元［=（100万+800万+1000万+1000万）÷30万］，在与资本家B的竞争中处于有利地位。

二、对需要投入高额固定资本的产业的启示

马克思的资本循环理论指出，资本周转速度取决于固定资本和流动资本的构成、劳动时间的长短、生产时间和劳动时间的差异、流通时间的长短等因素。因此，从资本周转速度的角度，资本循环理论可以使人们更加深入地认识不同产业的特点，也可以给予人们很多经营管理方面的启示。

从固定资本和流动资本构成的因素来看，某些产业如机场、港口、铁路等，固定资本对流动资本的比例很高，资本周转很慢，在预付同样资本的情况下得到的利润比较少。马克思指出："因此，预付资本价值必须完成一个包含多次周转的周期，……而这个周期是由所使用的固定资本的寿命决定的，从而是由它的再生产时间或周转时间

决定的。"① 因此，很多私人资本没有能力投资或者不愿意投资这些基础设施，往往由政府参与投资或者由政府提供支持来建造这些基础设施。

应该指出，机场、港口、铁路等大型基础设施并不是严格的公共产品，因为它们不具有非排斥性的特点。所谓非排斥性是指一个人不支付费用，也可以使用这些基础设施。但它们具有一定的非竞争性的特点。所谓非竞争性是指在更多的人使用这些基础设施的时候，边际成本接近于零。这些基础设施的建造之所以要政府参与投资或者提供支持，正是因为它们属于资本周转速度十分缓慢但社会又十分需要的产品。

首先来考察机场。机场是航空交通的枢纽和基础设施，但是机场的建设需要垫付巨额资本，未来能否弥补耗费的资本并取得收益具有很大的不确定性。因此，各国政府都以不同的方式支持机场的建设。

日本政府把机场定义为不以营利为目的的公共产品，以中央政府财政投入为主、地方政府财政投入为辅的方式进行建设，根据对机场的分类分别由中央政府和地方政府管理。

从20世纪90年代开始，日本政府开始引进私人资本参与机场建设，以减轻政府的财政负担。例如，在1994年建成的关西国际机场一期工程，政府投资占66.70%，地方公共团体投资占16.65%，民间投资占16.65%，采用股份公司形成经营。

美国政府也把机场定义为不以营利为目的的公共产品，机场建设采取以机场债券融资为主、政府财政融资为辅的方法。机场债券由地方政府或机场管理者发行，免征个人所得税，由个人、金融机构购买，用机场收入偿还。政府财政融资包括下述部分：由国会立法授权，向旅客征收设施费；从对航空产业征收的税收中拿出一部分建立"机场改进计划基金"；地方政府提供的资金。在美国，对于可以盈利的枢纽机场由管理机构自负盈亏，对于亏损的非枢纽机场则由政府给予补贴。政府设立机构管理机场，也往往采用与私人机构签订管理合约或长期租赁等方式由私人机构管理机场。

其次来考察港口。如果说机场是航空交通的枢纽，那么港口就是水上运输的枢纽。港口同样是资本周转时间比较长的产业。目前，世界上港口建设的融资和管理方式主要有两种：一种是地主型（landlord）融资和管理方式，另一种是政府直接投资和管理港口的方式。

地主型融资和管理方式是欧美国家常用的方式。这种方式的特点是：政府确定港口区域，由港务局进行规划和建设。港务局是具有独立法人资格的港口管理机构，不

---

① 马克思．资本论：第2卷［M］//马克思，恩格斯．马克思恩格斯全集：第24卷．北京：人民出版社，1972：206.

以营利为目的。政府不提供港口建设的资金，由港务局自行融通资金，用港口收入来偿还。港务局可以自己建造码头、库房等港口基础设施，然后以“地主”的身份出租给私人企业，也可以以“地主”的身份向私人企业出租岸线和土地，由私人企业自己建造码头和库房。政府对港务局的收入免征各种税费，由港务局用于港口的建设。

政府直接投资和管理港口的方式是亚洲国家常用的方式。以日本为例，港口由中央政府和地方政府出资建设和管理。特别重要的港口，中央政府承担较大比例的建设资金，重要的港口由中央政府和地方政府平均承担建设资金。港口的管理由中央政府或地方政府设立的机构负责。

最后来考察铁路。铁路是铁道运输的基础设施，同样具有资本周转时间较长的特点。从世界范围来看，政府在不同程度上为铁路的建设提供支持。

在主要资本主义国家中，美国是铁路市场化程度比较高的国家，美国铁路公司是私人企业，自负盈亏。政府一般不会对干线铁路公司提供补贴，只对城市地下铁路公司提供补贴。但是，在铁路公司建造铁路时，美国政府会为部分铁路公司的贷款提供担保。日本则是政府参与铁路建设程度较高的国家。在建造铁路时，一般由中央政府、地方政府和私人企业共同出资。铁路建成以后，建造方交给私人企业经营，获取转让费用，以回收建造铁路投资的资金。

德国在20世纪90年代以前，由政府投资建造铁路并由政府经营铁路公司。20世纪90年代德国对铁路运输实行私有化，铁路由私人企业经营。但是，政府对私人企业建造铁路仍然提供补贴。法国的铁路建设采用政府出资和私人资本参与的方法融通资金。政府与私人资本采用合伙契约和特许经营协议的方式合作。所谓合伙契约是政府和私人资本共同出资入伙，然后按照一定的条件分享收益。所谓特许经营协议是政府把铁路经营权授予私人企业，私人企业向政府交纳一定的费用。

上述分析表明，资本主义生产的本质是获得尽可能多的利润，对于这些需要投入巨额固定资本、资本周转时间很长、盈利风险比较大的基础设施，私人是不愿意投入资本的，因而需要在不同程度上借助政府的力量，动用纳税人的钱来建造。

三、对产业区位选择的启示

从资本的流通时间和流通费用的因素来看，某些产业需要投入大量的原材料，如果产业建在距离原材料产地较远的地方，流通时间将较长，流通费用将较高，预付资本将较多，资本周转速度将较慢。马克思指出：“关于商品的购买，我们说过（第6章），购买时间、原料主要供应地距离的远近，怎样使人们必须为较长的期间买进原料，并且使它们保持生产储备的形式，保持潜在的或可能的生产资本的形式以供使用；因此，在生产规模不变的情况下，必须一次预付的资本量就会增加，资本必须预付的时间也会延长。”①

因此，对于这些产业来说，关联产业必须聚集，才能节约流通费用和缩短流通时间。例如，炼钢需要大量的焦炭和铁矿石，如果钢铁厂建在远离煤矿和铁矿的地方，不但会增加流通费用，而且会延长流通时间，对资本的利润产生不利影响。因此，即使钢铁厂不能建在同时靠近煤矿和铁矿的地点，也必须建在靠近煤矿或铁矿的地点，从而形成产业聚集。

关于这种类型产业的聚集的理论被称为产业区位理论，而产业区位理论最早是德国经济学屠能（J. H. von Thünen）提出来的。屠能于1826年出版了著作《孤立国》，提出了农业布局的问题。由于农产品的运输存在成本较高和易于腐烂的问题，屠能建议将易于运输的和不易腐烂的农产品的生产地点放置在距离都市远一点的地方，而不易运输的和易于腐烂的农产品的生产地点放置在距离都市近一点的地方。② 由此可见，屠能主要从运输成本的角度提出了农业部门的布局问题。

英国经济学者马歇尔在1890年出版了《经济学原理》，指出同样的企业聚集在同一个地区可以产生外部经济的好处。例如，一个企业新的经营思想、新的制造方法、组织上的改良，都会被别的企业仿效。另外，随着这些企业的聚集，原材料供应企业也会随之而来，招募掌握本行业技能的工人也更加方便。因此，企业得到这些好处而没有付出相应的代价。③ 由此可见，马歇尔是从外部经济效应的角度分析产业聚集问题。

德国经济学者韦伯（A. Weber）在1909年出版了德文版著作《工业区位论》，明确分析了产业聚集问题。他认为，多个因素导致产业聚集，其中有两个重要因素：一是产业聚集导致批量的原材料供给、商品销售和信用供给，从而节约了运输成本和信贷成本；二是产业聚集导致自来水、煤气等基础设施的建设，自来水和煤气的集中供应降低了成本，减少了企业的经常性支出。这意味着韦伯主要是从节约成本的角度分析产业集聚。④

马克思《资本论》的写作时间晚于屠能但早于马歇尔和韦伯。虽然马克思没有提出产业聚集问题，但是产业集聚是马克思资本周转理论的一个自然推论。屠能主要从

---

① 马克思．资本论：第2卷［M］//马克思，恩格斯．马克思恩格斯全集：第24卷．北京：人民出版社，1972：282.

② 伊特韦尔．新帕尔格雷夫经济学大辞典：第4卷［M］．北京：经济科学出版社，1996：689.

③ 马歇尔．经济学原理：上卷［M］．朱志泰，译．北京：商务印书馆，1964：280，284.

④ WEBER A. Theory of the Location of Industries［M］. Chicago：University of Chicago Press，1929.

运输成本的角度分析农业部门的布局，属于相同农业部门的聚集。马歇尔主要从外部经济效应的角度分析产业聚集，但也是相同产业部门的聚集。韦伯主要从成本节约的角度分析产业集聚问题，但仍然是相同产业的聚集。马克思的资本周转理论则能够从流通费用和流通时间的角度分析关联产业的集聚问题。在现代经济里，相同产业的聚集和关联产业的集聚都在不断地进行和发展。

从上面的分析可以看到，马克思的资本周转理论具有很强的应用性，能够揭示现代经济的产业特征和资本主义企业经营管理的特点。

第三节　对产业资本周转时间较长的产业的考察

一、农业是资本周转时间较长的产业

（一）农业生产的特点

从生产时间和劳动时间的差异这一因素来看，某些产业如农业、林业、酒业等，生产时间和劳动时间的差异特别大。在农业，播种以后要等着秧苗生长；在林业，栽下树苗以后要等待着树木成材；在酒业，酿造以后要等待着发酵。因此，这些产业资本周转速度都很慢，从而会对利润产生影响。

马克思指出："例如，榨出来的葡萄汁，先要有一个发酵时期，然后再存放一个时期，酒味才醇。在许多产业部门，产品要经过一个干燥过程，例如陶器业，或者，把产品置于一定条件下，使它的化学性质发生变化，例如漂白业。冬季作物大概要九个月才成熟。在播种和收获之间，劳动过程几乎完全中断。在造林方面，播种和必要的预备劳动结束以后，也许要过 100 年，种子才变为成品；在这全部时间内，相对地说，是用不着花多少劳动的。"① 因此，农业属于资本周转时间较长的产业。

农业生产与制造业生产具有不同的特征：第一，制造业是把原材料加工成产品，在劳动过程结束以后，原材料失去了原来的状态而形成产品的物质载体。农业则是在土地上种植农作物，在劳动过程结束以后，土地仍然作为一种自然力对农作物的生长发挥着作用。第二，制造业能够连续不断地加工产品，产业资本的周转时间比较短。

---

① 马克思．资本论：第 2 卷［M］//马克思，恩格斯．马克思恩格斯全集：第 24 卷．北京：人民出版社，1972：266.

而农业种植的农作物一年往往只能有两造，产业资本的周转时间比较长。第三，制造业加工产品在厂房里进行，受气候等外界自然因素影响比较小。农业是在土地上种植农作物，受气候等外界自然因素影响比较大。

由于存在后两个特点，农业不但利润率不高而且不稳定，如果完全由市场调节，产业资本进入农业的积极性不高。但是，农业又是一个基础产业，一个国家或一个民族最基本的生活需求都需要通过农业的发展来满足。因此，农业在西方经济学中往往被看作市场调节部分失灵的产业，仅依靠市场“看不见的手”的调节是不够的，还需要政府“看得见的手”的调节。因此，在资本主义经济进入工业化时代以后，各主要资本主义国家的政府都对农业给予扶持。

美国的农业是主要资本主义国家中最发达的，考察美国农业具有启示意义。美国是一个土地资本十分丰富的国家，可耕作土地面积很大而且肥沃，具有得天独厚的优越条件。美国的农业现代化是从农业机械化开始的。1910 年到 1940 年是美国农业机械化的初始阶段，1940 年以后美国农业机械化进入迅速发展阶段。随着美国农业大规模地使用农业机械，农业资本周转时间长的特点就显现出来了，图 6-1 展示了 1950—2021 年美国农业和制造业每生产 1 美元增加值所需垫付资本的情况。

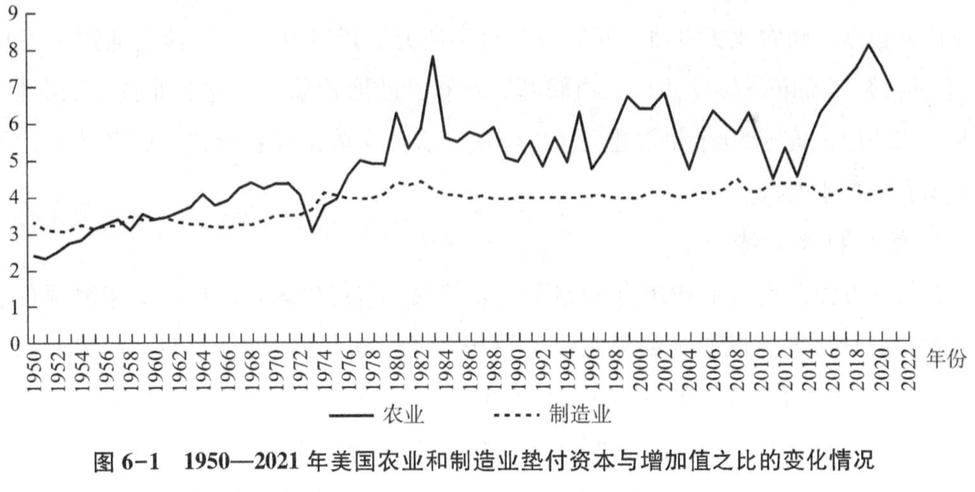

图 6-1　1950—2021 年美国农业和制造业垫付资本与增加值之比的变化情况

资料来源：Bureau of Economic Analysis，Industrial，https：//www. bea. gov.

美国经济分析局提供了美国各个产业的固定资产净存量、固定资产折旧额、中间产品投入、对雇员的报酬等数据。固定资本净存量包括基础设施、机器设备和知识产权产品，中间产品投入包括能源、原料和材料的投入。年终私人企业固定资产净存量与本年度固定资产折旧额之和相当于马克思所说的本年度垫付的不变资本中的固定资本，私人企业中间产品投入价值相当于马克思所说的本年度垫付的不变资本中的流动资本，私人企业对雇员的报酬相当于马克思所说的可变资本。不变资本和可变资本之和构成资本家垫付的资本。

笔者分别用农业和制造业的垫付资本除以它们的增加值，得到每生产 1 美元增加值所需要的垫付资本的美元数。在这里，增加值是指农业和制造业增加的价值，也就是农业和制造业实际创造的价值。

从图 6-1 可以看到，20 世纪 60 年代以后，农业的垫付资本与增加值之比在绝大部分时间里都高于制造业。根据图中的数据计算，在 1950—2021 年共 72 年，农业垫付资本与增加值之比的平均值是 4. 95，制造业垫付资本与增加值之比的平均值是 3. 79。农业生产产品需要垫付更多资本的重要原因是农业资本周转时间远长于制造业。

（二）美国政府对农业的支持

正由于农业资本周转时间长、易受自然因素影响但又是主要的基础产业，美国政府一直在技术、信贷、税收、保险和农产品价格等方面对农业给予支持。

1. 科学技术支持

1862 年，美国国会通过了《莫里尔法》（*Morrill Act*），联邦政府向各州赠送土地，用于创建农学院。1877 年，美国国会通过了《哈奇法》（*Hatch Act*），由联邦政府和州政府拨款建立各州农业实验站，开展农业科学研究。1914 年，美国国会通过了《史密斯-利弗法》（*Smith-Lever Act*），由联邦、州和县政府拨款，建立农业技术服务体系。按照这些法律，美国 50 个州都建立了农学院、农业实验站和农业技术服务体系，促进了美国农业技术的进步。

2. 信贷税收支持

在信贷方面，美国在 1916 年颁布了《联邦农业信贷法案》以后，又相继颁布了十余部农业信贷法案。根据《联邦农业信贷法案》组建起的农业信贷系统（farm credit system），是由政府支持、属于借款人所有的信贷机构，向农场主发放贷款。另外，如果商业银行向农场主发放贷款，政府还经常为农场主提供担保。

在税收方面，美国农民要像其他纳税者那样交纳所得税，但是政府在所得税方面为农民提供了较多的减免优惠。例如，资本利得即出售资本资产的收入属于所得，需要与其他收入一起交纳所得税，但是农民的资本利得单列，征收低于所得税的资本利得税。另外，美国政府对农产品免征销售税（sales tax）。

在农业保险方面，1938 年美国国会通过了《联邦农业保险法》，同年组建了隶属美国农业部的联邦农作物保险公司（Federal Crop Insurance Company），由政府拨款并直接经营，为美国农场主种植农作物提供保险。

3. 农产品价格支持

美国政府对农产品价格的支持始于1933年的“罗斯福新政”。凡是愿意参加价格支持体系的农场主，只要与政府签订休耕合约，都可以得到政府的价格支持。美国政府对农产品价格的支持主要通过下述措施实施：

第一，无追索权贷款。美国政府委托联邦政府农产品信贷公司按照一个比率向农民提供以农产品为抵押的贷款。在贷款到期前，如果农产品价格高于这个比率，农场主可以赎回抵押的农产品拿到市场上出售，并偿还本金和利息；如果农产品价格低于这个比率，农场主可以用抵押的农产品抵债而不必归还贷款。

第二，贷款差额补贴。美国政府事先确定了农产品的目标价格，如果农产品价格低于这个目标价格，政府按照这个差额给予农场主补贴。具体的补贴方法如下：如果农产品价格高于贷款时确定的比率，补贴额等于目标价格与农产品价格之差；如果农产品价格低于贷款时确定的比率，补贴额等于目标价格与贷款时确定的比率之差。这实际上是保证农场主能够按照一定的价格出售农产品。

值得注意的是，进入21世纪以来，美国对农业的支持政策发生了下述变化：

第一，20世纪30年代以来，美国政府一直通过补贴的方法促进美国农产品的出口。1996年美国国会通过了《农业法案》，对农产品的出口实行市场导向的改革，减少了对农产品出口的补贴。但是，美国国会在2002年通过的《农业法案》中，又大幅度增加了对美国农产品出口的补贴；在2008年通过的《农业法案》中，还扩大了对出口农产品补贴的范围。

第二，20世纪30年代以来，美国政府一直对农产品价格提供支持。1996年的《农业法案》曾将农产品价格支持转变为直接补贴，即直接对农民的生产合同、土地休耕和自然灾害提供补贴。2002年的《农业法案》除了保留直接补贴外，还增加了反周期补贴和营销贷款。所谓反周期补贴是指当农产品价格低于有效目标价格时，政府给予农场主一定的补贴；所谓营销贷款是对农场主销售农产品的贷款。这样，当农产品价格高于有效目标价格时，农场主的实际收入等于销售收入加上政府的直接补贴。当农产品价格低于有效目标价格但高于营销贷款的比率时，农场主的实际收入等于销售收入、政府的直接补贴和反周期补贴之和。当农产品价格低于营销贷款的比率时，农场主的实际收入等于销售收入、政府的直接补贴、反周期补贴和营销贷款之和。

第三，2008年美国国会通过的《农业法案》，提出了平均作物收入选择计划，当参加该计划的农场主的收入低于目标收入时，政府给予补贴。但是，农场主只能在反周期补贴计划和平均作物收入选择计划之间选择一项计划。

第四，2014年，美国国会通过了新的《农业法案》，有效期为2014—2018年。首先，该法案取消了直接补贴、反周期补贴和平均作物收入选择计划，保留营销贷款，新设农业风险保障，也就是用一个更易于操作的计划为农场主的收入提供保障。其次，美国政府支出280亿美元，用于保护耕地资源。最后，加强农业保险的作用，除了提供以产量和收入为基础的传统保险品种以外，规定如果保险赔付额没有达到本县平均水平的86%，政府给予额外补助。

从进入21世纪以后美国政府的农业政策来看，并没有延续从1996年《农业法案》开始的市场化改革，在一定程度上维持了对农业较大力度的保护。

（三）美国农业发展情况

美国政府高强度的政策推动了农业的发展。按照美国农业部公布的从1950年到2020年的耕地数据，美国耕地包括种植用耕地和休耕耕地，休耕耕地面积所占的比例约为10%。从1950年到2020年，美国用于种植农作物的耕地面积有所波动，总体保持稳定。①

美国耕地面积保持稳定，农业劳动者人数趋向减少，但农作物产量却趋向增加。图6-2反映了1950—2020年美国农作物产量指数的变化情况，以2015年为100来反映美国农作物产量的变化。从图中可以看到，从1950年到2020年，美国农作物产量尽管有所波动，但一直保持相对增加。

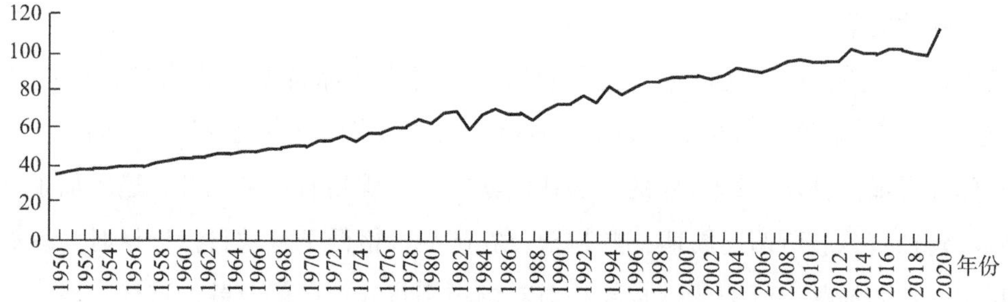

图6-2　1950—2020年美国农作物产量指数的变化情况

资料来源：United States Department of Agriculture，Agricultural Productivity in the U.S.，https：//www.ers.usda.gov.

笔者认为，农业是一个资本周转时间较长和易受自然因素影响的产业，仅依靠市场调节将会影响这个重要的基础产业的发展。因此，政府对农业进行扶持是必要的。但是，从美国政府对农业的补贴形成了沉重的财政负担、美国农业劳动生产率增长率

① United States Department of Agriculture，Major Land Uses，https：//www.ers.usda.gov.

长期高于制造业劳动生产率增长率、美国农产品长期存在生产过剩这些现象来看，美国政府对农业的扶持过度了，影响到了美国社会资源的合理配置。到 20 世纪 90 年代，美国政府意识到了这个问题，但是在利益集团的影响下已经很难解决这个问题，进入 21 世纪后对农业的补贴政策还是出现了反复。显然，这个问题已经不是探讨社会资源合理配置的经济问题了。

二、对资本周转时间很长的林业的考察

（一）美国政府制止了森林面积下降的趋势

在产业周转时间较长的产业中，最典型的是林业。树木的生长需数十年甚至上百年，资本周转需要漫长的时间。正因为如此，马克思说："漫长的生产时间（只包括比较短的劳动时间），从而漫长的资本周转期间，使造林不适合私人经营，因而也不适合资本主义经营。资本主义经营本质上就是私人经营，即使由联合的资本家代替单个资本家，也是如此。文明和产业的整个发展，对森林的破坏从来就起很大的作用，对比之下，对森林的护养和生产，简直不起作用。"①

虽然马克思《资本论》第二卷是在马克思逝世以后由恩格斯于 1893 年编辑出版的，但是马克思《资本论》第二卷的写作时间应该在 19 世纪中叶。马克思从资本循环的角度对林业的分析具有惊人的预测性。

以美国为例。1630 年，美国的森林面积是 42000 万公顷，占美国土地面积的 46%。1630 年以来，已有 10400 万公顷的林地转变为其他用途，其中主要转变为农田。18 世纪下半叶，有 2/3 的林地转变为其他用途，当时每天有 34 平方公里的森林被清除，并且持续了大约 50 年。到 1910 年，美国的森林面积下降到 30500 万公顷，占美国土地面积的比例从 46%下降到 34%。② 到 1920 年，大规模的林地转农田的活动才被终止。20 世纪 60 年代以来，美国扭转了森林面积下降的趋势，森林资源状况得以改善。这说明，资本主义生产方式本身存在掠夺性使用森林资源而又不会再生产森林资源的倾向。这种倾向只有到了影响人们生存环境的程度时，才会通过政府的力量被遏制。

1891 年 3 月 3 日，美国国会通过了《森林保留地法》（*Forest Reserve Act*），美国总统拥有了宣布建立森林保留地的权力。哈里森总统在 3 月 30 日宣布黄石国家森林公园

---

① 马克思．资本论：第 2 卷［M］//马克思，恩格斯．马克思恩格斯全集：第 24 卷．北京：人民出版社，1972：272.

② 美国农业部林务局．美国森林资源概要及历史趋势［R/OL］．中文版，2015：6［2023-03-27］．https://www.usda.gov.

为第一个森林保留地。到 1893 年哈里森总统执政期满时，全国已建立了 15 块森林保留地，面积达到 14300 万公顷。

1964 年，美国国会通过《天然林保护法》（*Natural Forest Protection Act*），让大片森林自然更新，不允许砍伐和开发。尽管这部法律引起很大的争议，但是美国还是利用法律的力量来保护森林。同年，国会又通过了《荒野法》（*The Wilderness Act*），将一些国家森林、国家公园以及其他一些联邦土地划定为“荒野”和“原始地带”，建立了“荒野”系统，使很多森林地区受到了永久的保护。

1910 年以来，美国的人口增长了 200%以上，但是美国的森林面积基本保持稳定，从 1910 年的 30500 万公顷略微增加到了 2012 年的 31000 万公顷。

（二）美国的公有林和私有林

美国是一个信奉和坚持私有产权的国家，但是美国的林业有相当一部分是公有林业。按所有权形式划分，美国用材林主要分为公有林和私有林。公有林包括联邦农业部林务局管辖的国有林以及其他联邦、州政府部门管辖的其他公有林，私有林包括私营企业经营的森林以及小私有林所有者经营的林地。

2012 年，国有林的面积是 5800 万公顷，占美国林地面积的 18. 59%；其他公有林的面积是 7200 万公顷，占美国林地面积的 23. 08%。这意味着国有林和其他公有林共占美国林地面积的 41. 67%。在私有林中，公司制私有林有 6100 万公顷，占美国林地面积的 19. 56%；非公司的私有林有 11900 万公顷，占美国林地面积的 38. 14%。

国有林和其他公有林中，可以用于生产木材的用材林面积约 6500 万公顷，占美国用材林面积的 30. 81%。公司制和非公司制私有林中，可以用于生产木材的用材林面积约 14600 万公顷，占美国用材林面积的 69. 19%。这意味着公有林面积占美国林地面积的 41. 67%，但公有用材林面积只占美国用材林面积的 30. 81%，美国政府在生产木材方面更多地向私人倾斜。在美国，提供木材的主要是私有林，在私有林中又主要是公司制私有林。2011 年，私有林的采伐量占了美国采伐量的 88%。①

美国政府无权干预私有林业的经营，主要通过税收和补贴政策来扶持私有林业的发展。美国政府一方面为森林经营者提供税收优惠，使林业投资更具吸引力；另一方面向小私有林主发放低利率和长期限的专门贷款，以支持私有林业的发展。为了鼓励私人经营者育林，美国国会通过了鼓励更新造林的法案，凡在私有土地上进行更新造

① 美国农业部林务局．美国森林资源概要及历史趋势［R/OL］．中文版，2015：14-15［2023-03-27］．ht-tps：//www. usda. gov.

林的费用，可以在当年纳税时进行一定额度的抵扣。由此可见，由于林业具有资本周转十分缓慢的特点，只能通过政府的政策来扶持林业的发展。①

（三）美国林业发展情况

美国把树林划分为保留林、用材林、疏林。保留林是通过国会立法和政府法规等形式规定的不能用于木材生产的森林。用材林是指可用于生产木材的树林，只有在自然条件下每公顷每年自身能生产超过 1.4 立方米木材的林地，才能作为用材林。疏林是指植被主要是树木的土地，只有至少有 37 米宽、1 英亩大并且高度达到 5 米的稀疏林木，以及高度至少是 2 米的灌丛，才能被看作疏林。

在美国，保留林是不允许采伐的，只有用材林才能采伐。美国私有林业采伐林木一般要制订计划，并且按照计划进行采伐。另外，美国林业主在采伐林木的同时也在不断地种植，美国的林木数量趋向增加。

20 世纪 50 年代以来，美国林业生长量、采伐量、枯损量的变化情况如图 6-3 所示。积蓄量是指符合一定质量和一定活力的用材林种活的树木的体积，生长量是指每年积蓄量的增量+新达到标准的积蓄量-枯死的积蓄量-达不到标准的积蓄量。

从图 6-3 可以看到，用材林的生长量略高于采伐量和枯损量之和，用材林的积蓄量在 20 世纪 50 年代以来缓慢但稳定地增长。2011 年，美国用材林的积蓄量达到 343.36 亿立方米。

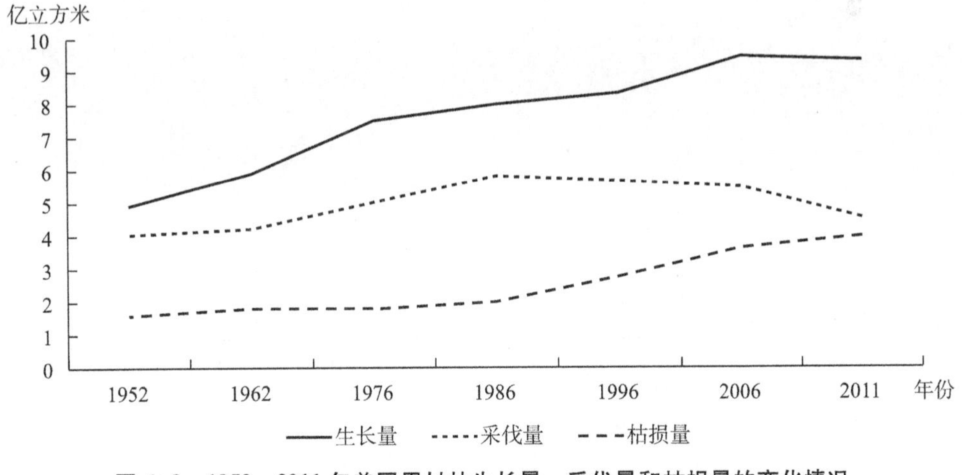

图 6-3　1952—2011 年美国用材林生长量、采伐量和枯损量的变化情况

资料来源：美国农业部林务局．美国森林资源概要及历史趋势［R/OL］．中文版，2015［2023-03-27］．https：//www. usda. gov.

① 美国林业［EB/OL］．中国林业网．［2023-03-27］．http：//american. forestry. gov. cn.

美国拥有丰富的森林资源，但却是一个木材净进口国。美国木材和纸制品的进口量在1965年约为2800万立方米，到2005年增加到11900万立方米，但到2011年略微下降到11000万立方米。2005年，美国采伐的木材满足了本国69%的需求量。到2011年，美国采伐的木材满足了本国79%的需求量。[①]

从对农业和林业的考察表明，农业和林业的生产并不适合资本主义生产方式，因而不得不借助政府的力量来扶持农业和林业的发展。

本章小结

本章分析了马克思的资本循环理论，肯定了马克思资本循环理论的贡献，并论证了该理论对固定资本投入较大的产业以及产业区位选择具有重要的应用价值。

本章通过对产业资本周转时间较长的农业和林业的考察，证明了农业生产和林业生产并不适合资本主义的生产方式，需要借助政府的力量加以扶持。

---

① 美国农业部林务局．美国森林资源概要及历史趋势［R/OL］．中文版，2015：40［2023-03-27］．https：//www. usda. gov.

第七章　新的历史条件下马克思社会资本再生产理论研究

第一节　马克思的社会资本再生产理论

一、个别资本和社会资本

马克思将资本主义经济里一个企业的资本称为个别资本，将互相联系的个别资本的总和称为社会资本。马克思指出："社会资本的运动，由社会资本的各个独立部分的运动的总和，即各个单个资本的周转的总和构成。"①

马克思认为，个别资本运动和社会资本运动的一个重要差别，是个别资本运动包括生产过程、流通过程，但不包括消费过程；社会资本运动包括生产过程、流通过程、消费过程。对于个别资本来说，消费过程是在它的循环过程之外的。但是，对于社会资本来说，它生产的消费品必须被消费，它的运动才能继续下去。

马克思指出："在分析单个资本的产品价值时，我们假定，单个资本家通过出售他的商品产品，先把他的资本的组成部分转化为货币，然后，通过在商品市场上再购买各种生产要素，把它们再转化为生产资本。现在，我们已经不能再满足于这个假定了。既然这些生产要素是物质的东西，那它们就同用来和它们交换并由它们来补偿的单个成品一样，是社会资本的组成部分。另一方面，工人用工资和资本家用剩余价值所消

① 马克思．资本论：第2卷［M］//马克思，恩格斯．马克思恩格斯全集：第24卷．北京：人民出版社，1972：390.

费的那部分社会商品产品的运动，不仅是总产品运动的一个不可缺少的环节，而且同单个资本的运动交织在一起。”①

马克思认为，社会资本要能够实现再生产，必须在价值上和实物上得到补偿。所谓价值补偿是指社会资本在一定时期里耗费的价值必须能够在社会产品中得到补偿，否则社会资本的再生产就不能继续下去。所谓实物补偿是指社会资本在生产中耗费的生产资料以及资本家和工人消耗的消费资料必须在社会产品中得到补偿，否则社会资本再生产就不能继续下去。

马克思为了研究社会资本的再生产如何在实物形态和价值形态上得到补偿的问题，将社会生产部门划分为生产资料和消费资料两个生产部门，把每个生产部门生产的社会产品价值划分为不变资本（c）、可变资本（v）和剩余价值（m）三个组成部分。马克思指出：“社会的总产品，从而社会的总生产，分成两大部类：Ⅰ．生产资料：具有必须进入或至少能够进入生产消费的形式的商品。Ⅱ．消费资料：具有进入资本家阶级和工人阶级的个人消费的形式的商品。……每一部类的全部年产品的价值，和每个个别商品的价值一样，也分成 c+v+m。”②

二、社会资本简单再生产

所谓社会资本简单再生产，是指社会资本在原来的规模上进行再生产。马克思以数字例子的形式解释了社会资本简单再生产的条件。

设生产生产资料的部门为第一部类（Ⅰ），生产消费资料的部门为第二部类（Ⅱ）。第一部类的不变资本是4000单位货币，可变资本为100单位货币，剩余价值率为100%；第二部类的不变资本是2000单位货币，可变资本是500单位货币，剩余价值率是100%；不变资本中的固定资本在一年中全部折旧完毕。这样，便可以得到下面的等式：

$$(\text{Ⅰ})\ 4000+1000+1000=6000 \tag{7-1}$$

$$(\text{Ⅱ})\ 2000+500+500=3000 \tag{7-2}$$

第一部类6000单位货币的产品是生产资料，第二部类3000货币单位的产品是消费资料，社会总产品是9000单位货币。

① 马克思．资本论：第2卷［M］//马克思，恩格斯．马克思恩格斯全集：第24卷．北京：人民出版社，1972：436.

② 马克思．资本论：第2卷［M］//马克思，恩格斯．马克思恩格斯全集：第24卷．北京：人民出版社，1972：439.

为了使社会资本第二年的再生产能够正常进行，社会资本必须在价值形态和实物形态上得到补偿。第一部类6000单位货币生产资料中有4000单位货币在价值形态和实物形态上补偿第一部类的不变资本。第二部类3000单位货币消费资料中有1000单位货币在价值形态和实物形态上补偿第二部类的可变资本和剩余价值。这样，第一部类剩余的2000单位货币生产资料与第二部类剩余的2000单位货币消费资料相交换，第一部类2000单位货币的生产资料在价值形态和实物形态上得到补偿，第二部类2000单位货币的消费资料在价值形态和实物形态上得到补偿，社会资本在第二年得以以原来的规模继续生产。

由此，可以得到社会资本简单再生产的条件：

$$\text{Ⅰ}(v+m) = \text{Ⅱ}c \tag{7-3}$$

根据式（7-3）和第一、第二部类的价值构成等式，可以得到另一种形式的社会资本简单再生产的条件：

$$\text{Ⅰ}(c+v+m) = \text{Ⅰ}c+\text{Ⅱ}c \tag{7-4}$$

$$\text{Ⅱ}(c+v+m) = \text{Ⅰ}(v+m)+\text{Ⅱ}(v+m) \tag{7-5}$$

三、社会资本的扩大再生产

社会资本的扩大再生产是指规模扩大的再生产。马克思认为，社会资本要实现扩大再生产，必须满足两个条件：第一，在价值形态上，社会资本必须扩大，即剩余价值必须资本化。第二，在实物形态上，能够提供第一、第二部类扩大生产所要追加的生产资料以及追加劳动力所要追加的消费资料。

假设第一、第二部类的生产情况如下：

$$(\text{Ⅰ})\ 4000+1000+1000=6000 \tag{7-6}$$

$$(\text{Ⅱ})\ 1500+750+750=3000 \tag{7-7}$$

社会资本要实现扩大再生产，资本家需要把剩余价值的一部分转化为资本。假设第一部类资本家把50%的剩余价值转化为资本，在第一部类资本有机构成为4∶1的条件下，400货币单位的剩余价值转化为不变资本，100单位货币的剩余价值转化为可变资本。第一部类产品价值的构成情况如下：

$$(\text{Ⅰ})\ 4400+1100+500=6000 \tag{7-8}$$

这意味着第一部类可以向第二部类提供1600单位货币的不变资本，多于第二部类原来消耗的1500单位货币的不变资本，从而使第二部类也能够扩大再生产。在第二部类资本有机构成是2∶1的条件下，第二部类资本家要把150单位货币的剩余价值转化为资本，其中不变资本为100单位货币，可变资本为50单位货币。第二部类产品价值的构成情况如下：

$$(\text{Ⅱ})\ 1600+800+600=3000 \quad (7\text{-}9)$$

这样，第一部类用1600单位货币的生产资料与第二部类交换1600单位货币的消费资料，第一部类1600单位货币可变资本和剩余价值所需要的消费资料能够得到满足，第二部类扩大再生产所需要的1600单位货币生产资料也能够得到满足，社会资本实现了扩大再生产。因此，设增量为Δ，社会资本扩大再生产的条件是：

$$\text{Ⅰ}(c+v+m)=\text{Ⅰ}(c+\Delta c)+\text{Ⅱ}(c+\Delta c) \quad (7\text{-}10)$$

$$\text{Ⅱ}(c+v+m)=\text{Ⅰ}(v+\Delta v+m)+\text{Ⅱ}(v+\Delta v+m) \quad (7\text{-}11)$$

马克思指出："就象第Ⅰ部类必须用它的剩余产品为第Ⅱ部类提供追加的不变资本一样，第Ⅱ部类也要在这个意义上为第Ⅰ部类提供追加的可变资本。就可变资本来说，当第Ⅱ部类以必要消费资料的形式再生产它的总产品的大部分，特别是它的剩余产品的大部分时，它就既为第Ⅰ部类又为它自己进行积累了。"①

马克思指出了社会资本再生产的条件，但这并不意味着社会资本再生产的条件总是能够得到满足的，社会资本再生产的条件是在动荡和危机中实现的。马克思指出："商品生产是资本主义生产的一般形式这个事实，已经包含着在资本主义生产中货币不仅起流通手段的作用，而且也起货币资本的作用，同时又会产生这种生产方式所特有的、使交换从而也使再生产（或者是简单再生产，或者是扩大再生产）得以正常进行的某些条件，而这些条件转变为同样多的造成过程失常的条件，转变为同样多的危机的可能性；因为在这种生产的自发形式中，平衡本身就是一种偶然现象。"②

四、马克思社会资本再生产理论的贡献

如果说马克思的资本循环理论从微观经济的角度分析了个别资本的再生产和流通问题，那么马克思的社会资本再生产理论则从宏观经济的角度分析了社会资本的再生产和流通问题。

英国经济学者斯密分析的国民财富增长的原因属于宏观经济问题，但是斯密主要从企业分工导致劳动生产率提高的角度来解释国民财富的增长，也就是主要分析的是

---

① 马克思．资本论：第2卷［M］//马克思，恩格斯．马克思恩格斯全集：第24卷．北京：人民出版社，1972：584.

② 马克思．资本论：第2卷［M］//马克思，恩格斯．马克思恩格斯全集：第24卷．北京：人民出版社，1972：558.

国民财富增长的微观经济原因。另外，斯密分析的政府收入和支出属于宏观经济问题，但是斯密并没有分析非政府的宏观经济问题。资本主义经济是以私有制为基础的经济，社会资本的运动才是资本主义宏观经济学的主体和基础。因此，斯密的《国民财富的性质和原因的研究》主要属于微观经济学的著作。这就是说，斯密研究了某些宏观经济问题，但是没有提出完整的宏观经济理论。

英国经济学者李嘉图的研究与斯密形似，他分析的政府赋税也属于宏观经济问题，但是李嘉图主要分析的是政府的各项赋税及其对微观经济的影响，仍然没有分析非政府的宏观经济问题。因此，李嘉图的《政治经济学及赋税原理》仍然主要属于微观经济学的著作，他仍然是研究了某些宏观经济问题，但没有提出完整的宏观经济理论。

研究社会资本运动的宏观经济学的创立者是法国经济学者魁奈（F. Quesnay）。魁奈年长斯密 29 岁，但从从事学术研究的年代的角度来看，他与斯密是同时代的人。魁奈于 1758 年发表了在经济学史上具有重要影响的著作《经济表》，把社会成员划分为生产阶级（从事农业劳动的阶级）、土地所有者阶级（拥有土地的阶级）、不生产阶级（工商业人员），把资本划分为每年都要预付的资本（如种子等）、几年预付一次的资本（如农具），然后用图表的形式分析了社会资本的流通和再生产过程。①

但是，令人遗憾的是，魁奈把农业部门看作唯一的生产部门，他分析的社会资本的流通和再生产是农业资本的流通和再生产。更令人遗憾的是，斯密和李嘉图对社会资本流通和再生产的分析，与魁奈相比，反而后退了。

马克思在吸收魁奈和斯密有价值的思想的基础上，把社会生产部门划分为生产生产资料的部门和生产消费资料的部门，把社会产品价值划分为不变资本价值、可变资本价值和剩余价值，第一次正确和完整地分析了社会资本的流通和再生产的过程，构建了基本的宏观经济理论。在西方经济学界，凯恩斯被公认为现代宏观经济学的创立者。但是，笔者在后面将会证明，作为凯恩斯现代宏观经济学两大理论之一的国民收入均衡理论，可以直接从马克思社会资本再生产理论推导出来。这就是说，凯恩斯在 1936 年提出的现代国民收入均衡理论的核心思想，可以追溯到 51 年前出版的《资本论》第二卷。

---

① 魁奈．弗·魁奈的《经济表》［M］//马克思，恩格斯．马克思恩格斯全集：第 20 卷．北京：人民出版社，1971：277.

第二节　生产资料生产优先增长规律的验证和解析

一、生产资料生产优先增长规律的争论

（一）生产资料生产优先增长规律的提出

马克思社会资本再生产理论指出，社会资本要实现扩大再生产，第一部类要为第二部类提供追加的生产资料，第二部类也要为第一部类提供追加的消费资料。马克思本人没有提出生产资料生产优先增长的规律，但是列宁根据马克思的社会资本再生产理论提出了生产资料生产优先增长的规律。

列宁指出："资本发展的规律就是不变资本比可变资本增长得快，也就是说，新形成的资本愈来愈多地转入制造生产资料的社会经济部门，因而，这一部门必然比制造消费品的那个部门增长得快，……"① 列宁在分析社会资本扩大再生产的图式时还指出："这样我们看到，增长最快的是制造生产资料的生产资料的生产、其次是制造消费资料的生产资料的生产、最慢的是消费资料的生产。"②

列宁不可能准确地预料到数十年后资本主义经济的发展情况，所以他没有明确指出该规律适用于资本主义什么发展阶段，但是他清楚地意识到该规律适用于他所处的历史时期："生产资料增长最快这个规律的全部意义和作用就在于：机器劳动代替手工劳动（总的说来，就是机器工业时代的技术进步）要求加紧发展煤、铁这些真正'制造生产资料的生产资料'的生产。"③

斯大林在《苏联社会主义经济问题研究》中重申了生产资料生产优先增长的规律，并认为其适用于社会主义经济。斯大林指出："马克思的再生产理论的这些原理，……关于在扩大再生产条件下生产资料生产的增长占优先地位的原理，……不仅对于资本主义社会形态是有效的，而且任何一个社会主义社会在计划国民经济时，不运用这些原理也是不行的。"④

生产资料生产优先增长的规律在苏联经济学界一直得到认可。苏联科学院经济研

① 列宁．评经济浪漫主义［M］//列宁．列宁全集：第2卷．北京：人民出版社，1959：122.
② 列宁．论所谓市场问题［M］//列宁．列宁全集：第1卷．北京：人民出版社，1961：71.
③ 列宁．论所谓市场问题［M］//列宁．列宁全集：第1卷．北京：人民出版社，1961：83.
④ 斯大林．苏联社会主义经济问题［M］．北京：人民出版社，1952：64.

究所编著的《政治经济学教科书》指出："生产资料生产的优先增长这一扩大再生产的经济规律，……"还指出："生产资料生产优先增长规律，在社会主义制度下比在资本主义制度下具有更大的意义。"[①] 由此可见，苏联主流经济学认为，生产资料生产优先增长与经济制度无关，是经济社会普遍存在的经济规律，在社会主义经济制度下具有更重要的意义。但是，生产资料生产优先增长的规律在中国经济学界却引起了长达60年的争论，并且在20世纪60年代和80年代出现过两次争论的高潮。

（二）中国经济学界20世纪60年代的争论情况

20世纪60年代，关于生产资料生产优先增长规律的争论焦点主要是该规律形成的原因。于光远和苏星指出，生产资料生产优先增长规律存在的原因是第一部类资本有机构成的提高快于第二部类。[②] 吴树青也指出，生产资料生产优先增长规律存在的原因是生产资料生产部门的技术进步一般快于消费资料生产部门。[③]

李定中对这种看法提出异议。他认为这种看法忽略了两个部类劳动者人数的因素。他以生产消费资料的农业部门为例，说明第二部类劳动者人数相对于第一部类来说趋向减少。因此，在第一部类资本有机构成的提高并不显著快于第二部类，甚至并不快于第二部类的情况下，第一部类劳动者人数的增加快于第二部类也可以导致生产资料的生产优先增长。[④]

李定中发表的论文引起了争论。尹世杰和黄标熊等学者参与了争论。争论的主题是生产资料生产优先增长的规律是否是第一部类资本有机构成提高快于第二部类，以及第一部类劳动者人数增长快于第二部类造成的。[⑤][⑥]

董辅礽对这个问题提出了自己的看法。他认为生产资料的生产优先增长是由社会生产平均资本有机构成的提高决定的，进一步是由社会生产技术的进步决定的，既不能把生产资料生产优先增长的原因归结为第一部类资本有机构成提高快于第二部类，也不能归结为第一部类劳动者人数增长快于第二部类。[⑦]

60年代争论的余波蔓延到70年代。胡乃武指出，即使第二部类的资本有机构成提

---

① 苏联科学院经济研究所．政治经济学教科书［M］．中共中央编译局，译．北京：人民出版社，1955：322，146.

② 于光远，苏星．政治经济学（资本主义部分）［M］．北京：人民出版社，1961：115.

③ 吴树青．马克思主义关于社会生产两大部类的学说及其在社会主义再生产中运用的几个问题［N］．光明日报，1962-01-08.

④ 李定中．制造生产资料的生产资料增长更快的原因［J］．江汉学报，1963（3）．

⑤ 尹世杰．也谈制造生产资料的生产资料增长更快的原因［J］．江汉论坛，1963（8）．

⑥ 黄标熊．制造生产资料的生产资料增长最快［J］．学术研究，1963（5）．

⑦ 董辅礽．制造生产资料的生产资料增长更快的原因何在［J］．学术月刊，1964（7）．

高快于第一部类，生产资料生产优先增长的规律也仍然存在。[①] 贺菊煌则论证，即使在两个部类资本有机构成提高以及满足社会资本扩大再生产的条件下，短期内生产资料的生产也未必优先增长。从长期来看，只有在两个部类资本有机构成的提高达到一定程度的情况下，生产资料的生产才优先增长。[②]

（三）中国经济学界20世纪80年代的争论情况

到了20世纪80年代，关于生产资料生产优先增长规律的争论的重点转移到该规律是否适用于社会主义经济，以及该规律的逻辑前提是否正确。1979年，朱家桢撰文指出，生产资料生产优先增长使第一部类的发展脱离第二部类，与社会主义有计划按比例发展的经济规律相矛盾，所以不适用于社会主义经济。[③] 同年，鲁济典撰文指出，生产资料生产优先增长规律建立在不切实际的前提上。例如，在该规律的推导中，假定第一部类的积累率远高于第二部类，但是只要把假定变为两个部类的积累率相同，结论将不同。又如，该规律在推导中，假定两个部类追加的不变资本都在一年内折旧完毕，但是只要把假定变为十年折旧完毕，结论也将不同。[④] 这两篇论文的发表，又引发了一场新的争论。

张秀生、程桂芳等人对朱家桢的论文作出了回应。他们指出，生产资料生产优先增长的规律与社会主义有计划按比例发展的规律并不矛盾，它适用于社会主义经济。[⑤⑥]

吴树青也对朱家桢和鲁济典的论文作出了回应。他认为，生产资料生产优先增长的规律是技术进步条件下社会扩大再生产的规律，成为资本主义生产和消费对抗性矛盾的物质前提，但是资本主义生产和消费对抗性矛盾的根源是资本主义的基本矛盾。在社会主义制度下，生产资料生产优先增长的规律不仅没有与社会主义基本经济规律相矛盾，还是使社会主义基本经济规律充分发挥作用所必需。另外，列宁利用公式和数字解释生产资料生产优先增长只是一个例证，在其他多篇文章中提到生产资料生产优先增长时并没有使用公式，而是直接从资本有机构成的提高得出结论，因此不应该把列宁数字例子的假定看作生产资料生产优先增长的理论前提。[⑦] 随后，争论基本上围绕着这两个方向进行。

---

① 胡乃武．关于制造生产资料的生产资料生产增长较快原因的探讨［J］．中国经济问题，1978（7）．

② 贺菊煌．关于生产资料的生产优先增长的问题［J］．经济研究，1979（9）．

③ 朱家桢．生产资料生产优先增长是适用于社会主义经济的规律吗？［J］．经济研究，1979（12）．

④ 鲁济典．生产资料优先增长是一个规律吗［J］．经济研究，1979（11）．

⑤ 张秀生．生产资料的生产优先增长没有过时［J］．武汉大学学报，1980（6）．

⑥ 程桂芳．不能片面看待生产资料生产优先增长规律［J］．财经研究，1980（4）．

⑦ 吴树青．正确认识和运用生产资料优先增长原理［J］．经济理论与经济管理，1981（5）．

洪华喜指出，马克思的社会资本再生产理论中并没有包含生产资料生产优先增长的规律，列宁把技术进步和资本有机构成提高引入马克思社会资本再生产理论的分析，提出了生产资料生产优先增长的结论，斯大林在《苏联社会主义经济问题研究》中把列宁的结论称为规律，并认为其适合社会主义经济。列宁和斯大林的分析是正确的。但是这个规律不是适合于一切社会形态，按照列宁的原意，这个规律适合于机器劳动代替手工劳动的历史时期。①

王绍顺否认了生产资料生产优先增长规律的存在。他认为，从逻辑上看，从不变资本比可变资本增长更快推断出生产资料生产优先增长过于简单。技术进步不是线性的，即使技术进步也不一定导致资本价值构成与技术构成的同比例变化。例如，技术进步会导致不变资本的节约，劳动力价值即可变资本会趋向增加，知识密集型和劳动密集型产业的发展也会制约资本有机构成的提高。从实践上看，主要资本主义国家的经济发展情况不能证明生产资料生产优先增长规律的存在，例如，美国 1860—1914 年和法国 1820—1913 年都不存在生产资料生产优先增长的规律。②

陈荣耀指出，生产资料生产优先增长规律存在两个前提：一是技术进步条件下的扩大再生产，二是资本的价值构成与技术构成按照同样的比例增长。但是，在技术进步的条件下，资本的价值构成与技术构成不是同步增长的：第一，技术进步使固定资本的效率大幅度提高；第二，技术进步使原材料成本大幅度下降；第三，科学管理使能源的消耗大幅度减少；第四，二战后资本主义国家工资的提高使可变资本增加。因此，技术进步未必导致资本价值构成提高。③

侯伦认为，资本有机构成的提高并不必然导致生产资料生产优先增长，有三个因素会影响到资本有机构成提高对生产资料生产优先增长的影响，分别是两个部类剩余价值的积累率、两个部类的剩余价值率以及追加资本的有机构成。④ 蒋伟翔对侯伦的看法提出批评，他认为积累率不能决定资本有机构成，而是取决于资本有机构成。⑤

王金存则认为，生产资料生产优先增长规律存在适用到消亡的过程。在大机器生产的初期，科学技术进步主要表现为机器代替人工，该规律发挥作用。到粗放式经营向集约化经营的过渡时期，科学技术不仅表现为活劳动的节约，还表现为物化劳动的节约，但科学技术对生产资料生产增长的促进作用大于抑制作用，该规律的作用弱化。到集约化深化时期，科学技术对生产资料生产增长的抑制作用大于促进作用，该规律

① 洪华喜．对生产资料生产优先增长规律的再认识［J］．经济问题探索，1982（4）．
② 王绍顺．生产资料生产优先增长不是扩大再生产的普遍规律［J］．经济科学，1982（5）．
③ 陈荣耀．试论生产资料优先增长规律的作用条件［J］．社会科学，1984（3）．
④ 侯伦．资本有机构成提高必然导致生产资料生产优先增长吗？［J］．财经研究，1984（2）．
⑤ 蒋伟翔．不能否定资本有机构成提高必然导致生产资料生产优先增长的原理［J］．财经研究，1984（5）．

逐渐失去作用。[①] 王东埠对王金存的看法提出不同意见，他提出二战后美国生产集约化程度已经较高，但是美国的资本有机构成仍然在提高。[②]

进入 21 世纪以后，对生产资料生产优先增长的规律仍有讨论，但重点转向数学推导和实证检验。徐春华利用世界投入产出数据库的统计资料证明存在生产资料生产优先增长的规律。[③] 罗丹、张国胜也利用二战后美国的统计数据证明，存在生产资料生产优先增长的规律。[④]

尽管存在争论，但是中国经济学界的主流看法是认可生产资料生产优先增长的规律的。徐禾指出："生产资料生产优先增长的原理，是从资本有机构成提高的规律中引申出来的一个必然的结论。"[⑤] 吴树青也指出："资本有机构成的提高意味着在社会总资本中不变资本的比例逐步增大，而可变资本相对缩小，因而不变资本比可变资本增长得更快。从实物形式来看，就是生产资料的生产比消费资料的生产增加得更快。"[⑥] 中国各种版本的政治经济学教科书基本上都沿用了这种论证。

笔者将从生产资料生产优先增长规律的论证逻辑的角度，对我国经济学界的争论作出回应。

二、生产资料生产优先增长规律的逻辑分析

（一）笔者对论证逻辑的探讨

生产资料生产优先增长规律的论证逻辑是：科学技术进步导致资本有机构成提高，资本有机构成提高导致生产资料生产优先增长。

首先分析第一个环节：科学技术进步导致资本有机构成提高。应该指出，资本有机构成是反映资本技术构成的资本价值构成，但由于资本技术构成不可计量，资本有机构成只能从资本价值构成的角度来观察。笔者在前面分析马克思资本积累理论的时候已经指出，从资本价值构成的角度看，科学技术的进步也会从相反方向起着降低资本有机构成的作用：

第一，机器设备等固定资产价值相对下降。随着科学技术的进步，机器设备效率

---

① 王金存．从社会主义国家经济结构的调整看生产资料优先增长规律［J］．世界经济，1986（6）．
② 王东埠．浅析生产资料生产优先增长规律消亡论［J］．长白学刊，1987（12）．
③ 徐春华．生产资料部类优先增长：理论逻辑与经验证据［J］．经济学动态，2017（2）．
④ 罗丹，张国胜．论工业化后期生产资料优先增长规律［J］．马克思主义研究，2018（6）．
⑤ 徐禾．政治经济学概论［M］．北京：人民出版社，1973：282.
⑥ 吴树青．政治经济学（资本主义部分）［M］．北京：中国经济出版社，1993：137.

提高的幅度往往大于价值增加的幅度，甚至机器设备效率提高和价值下降同时发生，在一定程度上减缓了不变资本的增长。

第二，单位产量耗费的流动资产减少。随着科学技术的进步和新材料的使用，一方面能源、原料、材料等流动资产会发生与上述固定资产相似的变化，另一方面在生产过程中能源、原料、材料等流动资产的耗费会不断地降低，也在一定程度减缓了不变资本的增长。

第三，产业结构发生变化。随着科学技术的进步，产业结构会出现升级——劳动密集型和资本密集型产业相对衰落，技术密集型产业和服务业兴起。技术密集型产业和服务业一方面对不变资本的需求不如资本密集型产业那么多，另一方面又需要投入越来越多高素质的劳动者，将会减缓不变资本的增长并带来可变资本的增长。

第四，剩余价值率在一定时期出现下降。劳动者的工资收入水平不仅取决于劳动力的价值，还受到工人阶级与资本家博弈的影响。如果在一定的时期和一定的条件下出现可变资本增加，导致剩余价值率下降，同样会在一定程度上减缓资本有机构成的提高。

因此，科学技术进步是资本有机构成提高的必要条件但不是充分条件。从逻辑上说，在工业化时期，由于机器生产对手工生产的替代，一批劳动密集型工业和资本密集型工业崛起，科学技术进步对资本有机构成提高的作用可能大于降低的作用，资本有机构成可能趋向上升。但是，在大规模工业化完成以后，科学技术进步推动资本有机构成提高的作用将会减弱。

其次分析第二个环节：资本有机构成提高导致生产资料生产优先增长。一般而言，不变资本与可变资本之比提高了，由于不变资本体现生产资料，可变资本体现消费资料，生产资料生产的增长将快于消费资料的增长。但是，在这个环节里还存在下述影响因素：

第一，不变资本（c）中固定资本的折旧率。一般来说，在折旧完成以后便进行固定资产更新的情况下，折旧越快，生产资料的生产就越多。二战后许多主要资本主义国家为了促进机器设备更新以加快技术进步，纷纷推行加速折旧法，在一定程度上促进了生产资料生产的增长。

第二，可变资本（v）的储蓄率。可变资本并不是只体现消费资料，它有一部分被用于储蓄，这部分储蓄会转化为投资而形成下一个时期的不变资本和可变资本。在资本有机构成趋向提高的条件下，可变资本部分的储蓄率越高，生产资料生产的增长就越快。

第三，剩余价值（m）的积累率。剩余价值部分用于积累，部分用于消费。前者形成下一个时期的不变资本和可变资本。在资本有机构成提高的条件下，剩余价值资本化的比率越高，生产资料生产增长就越快。

第四，剩余价值率（m/v）的高低。在剩余价值积累率高于50%并且资本有机构成趋向提高的条件下，剩余价值率越高，生产资料生产的增长就越快。

因此，资本有机构成提高能否导致生产资料生产优先增长，取决于资本有机构成、固定资本折旧率、可变资本储蓄率、剩余价值积累率、剩余价值率等因素。资本有机构成的提高同样是生产资料生产优先增长的必要条件但不是充分条件。

如果把生产资料生产优先增长规律论证逻辑的两个环节结合起来，那么结论是：科学技术进步在大规模工业化时期比别的经济发展时期更有可能导致资本有机构成提高，资本有机构成提高在大规模工业化时期比别的经济发展时期更有可能导致生产资料生产优先增长。

（二）笔者对经济学界争论的回应

关于中国经济学界20世纪60年代的争论，笔者认为董辅礽的看法是正确的。生产资料生产优先增长的必要条件是社会资本的有机构成提高，并非第一部类资本有机构成的提高一定要快于第二部类，也并非第一部类劳动者人数的增长一定要快于第二部类。正如笔者前面的逻辑分析中论证的，只要社会资本有机构成提高，生产资料生产就可能趋向优先增长。

关于中国经济学界20世纪80年代以及以后的争论，笔者表达下述看法：

第一，朱家桢否认生产资料生产优先增长规律适用于社会主义经济是不对的。如果存在生产资料生产优先增长规律，它就是社会再生产的规律，与经济制度无关。因此，如果资本主义经济存在这个规律，社会主义经济也存在这个规律。在这个方面，吴树青等学者的分析是正确的。

第二，鲁济典、王绍顺、侯伦、陈荣耀等学者指出生产资料生产优先增长规律在逻辑前提上存在的问题是正确的。正如笔者在前面的逻辑分析中论证的，从科学技术进步和资本有机构成不能证明生产资料生产优先增长规律的存在，但也不能否认生产资料生产优先增长规律的存在。在科学技术进步和资本有机构成提高的逻辑前提下，生产资料生产有可能优先增长。

第三，王金存提出的生产资料生产优先增长规律从适用走向消亡的分析只是一种假说，在逻辑上难以证实，他本人也没有从实践上进行检验。王东埠对他的看法提出的批评存在问题，他未能证明在20世纪80年代以后生产资料生产优先增长规律在美国经济中仍然发生作用。

因此，仅从逻辑上推论不能完全解决生产资料生产优先增长规律的适用性问题，还需要利用各种类型国家的历史统计数据进行检验。徐春华和罗丹在这方面做了有益的尝试，他们都证明了生产资料生产优先增长普遍适用于各个国家。但是，对统计数据的收集和处理方法不同，可能会得到不同的结果。

笔者对徐春华的实证分析存在两个疑问：第一，如何从世界投入产出表划分出第一部类和第二部类？社会生产错综复杂，同一个生产部门往往既生产生产资料又生产消费资料。徐春华在论文中提到按照合理的权重进行划分，但确定权重时难免带有随意性的成分。第二，是否可以根据第一部类产值有没有超过 1 万亿美元判断该国的重工业化倾向？第一部类的规模显然不能说明重工业化倾向。例如，美国第一部类规模超过 1 万亿美元，但是美国服务业增加值在国内生产总值中的占比接近 70%，美国并不是重工业化倾向明显的国家。

笔者对罗丹和张国胜的实证分析也存在下述疑问：美国生产资料和消费资料产值的数据是如何计算的？一种社会产品往往既可以用于生产又可以用于消费，根据各个产业的增加值难以划分和计算生产资料和消费资料的产值。如果不是采用各个产业增加值的数据，那么采用的是什么数据？他们的论文没有明确说明。

笔者也试图做同样的实证检验，通过选择一些能够反映生产资料和消费资料生产的指标，对生产资料生产优先增长的规律进行验证。另外，考虑到生产资料优先增长规律可能在处于不同发展阶段的国家中有不同的表现，笔者选取了最大的发展中国家中国和最大的发达国家美国进行检验。

三、生产资料生产优先增长规律的检验

（一）根据中国历史统计数据进行的检验

新中国在 1949 年成立的时候是世界上最贫困落后的国家之一，属于典型的发展中国家。生产资料既包括厂房、设备、工具等劳动资料，又包括燃料、原料、材料等劳动对象。投在前者的资本称为非居民住宅固定资本，投在后者的资本称为流动资本，两者之和为不变资本。随着科学技术的进步，在主要资本主义国家中，固定资本的指标已经包括知识产权。

我国国家统计局没有提供流动资本的统计资料，提供的固定资产投资统计数据包括房地产投资，但从房地产投资统计数据无法分离出居民住宅投资，只好整体扣除房地产投资。另外，居民消费支出是指居民对物品和服务的最终消费支出。把 1987—

2021 年以现行价格计算的非房地产固定资产投资年增长率与以现行价格计算的居民消费支出的年增长率进行比较，得到图 7-1。

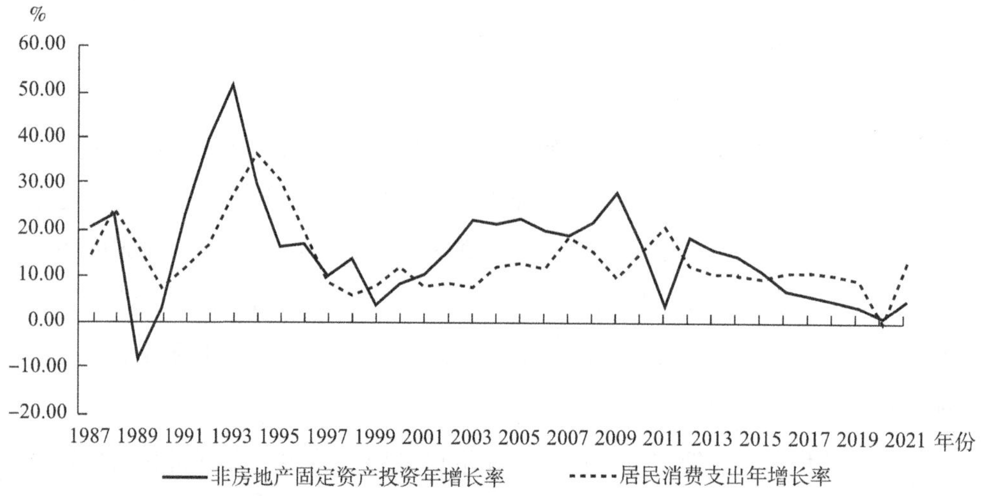

图 7-1　1987—2021 年我国非房地产固定资产投资年增长率和居民消费支出年增长率的变化情况

资料来源：国家统计局，年度数据，http：//www. stats. gov. cn。

根据图 7-1 的统计数据可以得到，在 1987—2021 年共 35 年的时期里，非房地产固定资产投资年平均增长率是 15. 56%，居民消费支出年平均增长率是 13. 74%，生产资料生产的增长明显快于消费资料生产的增长。在这里，所谓年平均增长率是各年增长率的算术平均数。

但是，如果把这个时期划分为 1987—2009 年和 2010—2021 年两个时期，在前一个时期共 23 年里，非房地产固定资产投资年平均增长率是 19. 95%，居民消费支出年平均增长率是 15. 06%，前者更加明显地快于后者；在后一个时期共 12 年里，非房地产固定资产投资年平均增长率是 9. 06%，居民消费支出年平均增长率是 11. 21%，前者已经明显慢于后者。当然，我国近 12 年投资增长速度放慢有可能是大规模投资发生以后的结果，但是我国大规模工业化的高潮已经基本过去是历史事实。

（二）根据美国历史统计数据进行的检验

马克思和列宁提到的生产资料和消费资料的原意是物质产品。但是在美国经济中，从生产资料来看，投入生产过程的固定资产已经不完全是实物状态的物质资产，还包括知识产权等无形资产。从消费资料的角度来看，实物类消费支出在整个消费支出中占的比例越来越小，服务类消费支出在整个消费支出中占的比例越来越大。笔者利用美国经济分析局提供的统计数据，从两个方面对生产资料优先增长的规律进行检验：

第一，根据列宁分析的物质产品的特点，可以把机器制造业增加值的年增长率与个人消费品支出的年增长率进行比较。机器制造业是制造生产资料的生产部门，是列宁认为增长最快的生产部门。

第二，把不变资本中固定资本投资的年增长率与个人消费支出的年增长率进行比较，这属于主要为实物状态的生产资料与包括消费品和消费性服务在内的个人消费支出的比较。在这里，固定资本投资是扣除了居民住宅和折旧以后的净固定资本投资。

笔者利用美国经济分析局提供的历史统计数据，计算了美国1948—2021年共74年按照现行价格计算的机器制造业增加值和个人消费品支出的年增长率，得到图7-2。

从图7-2可以看到，美国机器制造业增加值年增长率呈现剧烈波动的状态，在经济复苏的时期大幅度上升，在经济衰退的时期大幅度下降。美国个人消费品支出年增长率则相对稳定。其中2021年个人消费品支出大幅度上升，是疫情之中消费短期复苏以及价格水平大幅度上涨造成的。

在1948年到2021年共74年的时期里，美国机器制造业增加值年平均增长率是5.21%，个人消费品支出年平均增长率是5.62%，机器制造业增加值的增长率低于个人消费品支出的增长率，这个检验结果不支持生产资料生产优先增长的规律。

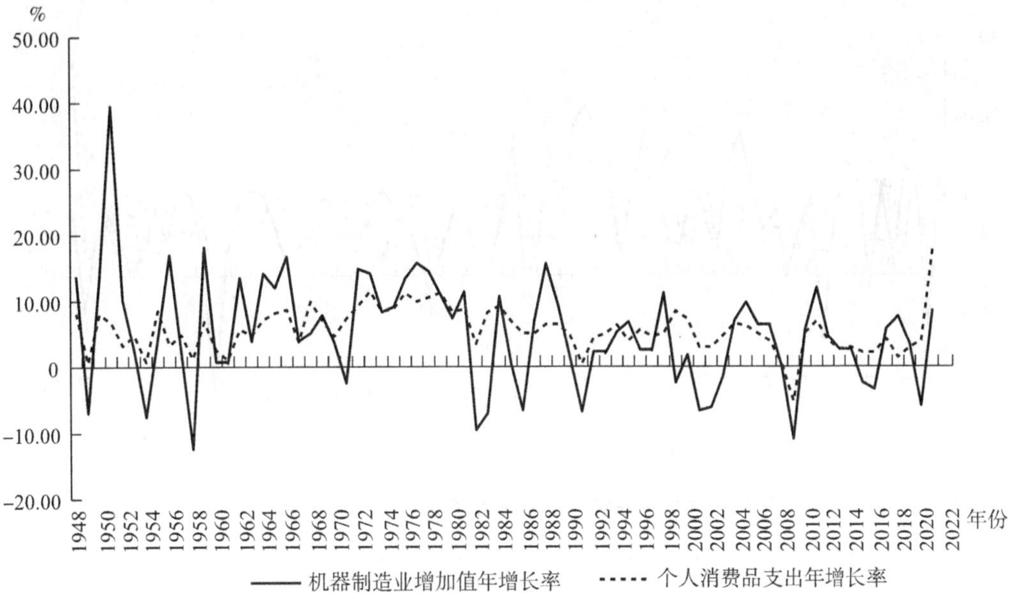

图7-2　1948—2021年美国机器制造业增加值和个人消费品支出年增长率的比较

资料来源：Bureau of Economic Analysis, GDP by Industry, https://www.bea.gov.

如果考虑到美国20世纪80年代以后产业结构调整和升级加快，标志着大规模工业化基本完成，把1948—2021年划分为1948—1979年和1980—2021年两个历史时期，那么前一个时期美国机器制造业增加值年平均增长率是 8.58%，个人消费品支出年平均增长率是 6.51%，生产资料生产优先发展的规律仍然发生作用；后一个时期美国机器制造业增加值年平均增长率是 2.64%，个人消费品支出年平均增长率是 4.94%，生产资料生产优先发展的规律不起作用。

另外，比较不变资本中非居民住宅固定资本投资的年增长率与包括消费品和消费性服务在内的个人消费支出的年增长率。生产资料包括固定资本和流动资本，但是美国经济分析局只提供了 1997 年以后的流动资本数据，无法使用流动资本数据进行长期分析。

根据美国经济分析局提供的数据，可以得到如图 7-3 所示的 1948—2021 年美国以现行价格计算的扣除居民住宅的固定资本投资年增长率以及个人消费支出年增长率。固定资本包括厂房建筑、机器设备、知识产权。之所以从固定资本中扣除居民住宅，是因为虽然居民住宅在国民经济统计中属于固定资本，但它并非生产资料而是消费资料。个人消费支出是包括居民住宅在内的消费品和消费性服务的支出。

从图 7-3 可以看到，1948—2021 年共 74 年的时期里，非居民住宅固定资本投资的年平均增长率为 6.88%，个人消费支出的年平均增长率为 6.57%，两者十分接近。

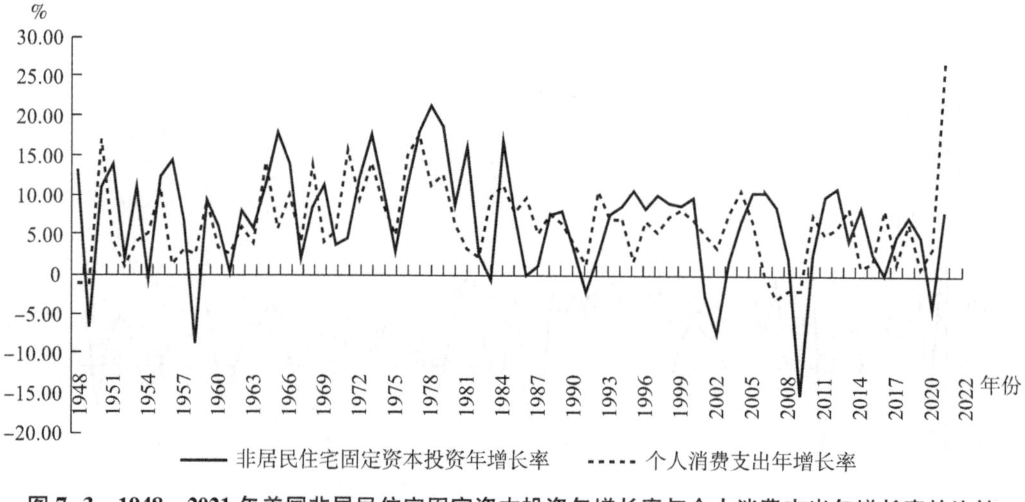

图 7-3　1948—2021 年美国非居民住宅固定资本投资年增长率与个人消费支出年增长率的比较

资料来源：Bureau of Economic Analysis，Gross Domestic Product，https：//www.bea.gov.

但是，如果以美国产业结构发生较为剧烈变化的 20 世纪 80 年代为界，把 1948—2021 年划分为 1948—1979 年共 32 年和 1980—2021 年共 42 年两个时期，那么前一个时期非居民住宅固定资本投资的年平均增长率为 8.98%，个人消费支出的年平均增长率为7.59%，生产资料生产优先增长的规律明显发生作用；后一个时期非居民住宅固定资本投资的年平均增长率为 5.25%，个人消费支出的年平均增长率为 5.80%，生产资料生产优先发展规律逐渐失去作用。

四、生产资料生产优先增长规律时代适用性的解析

笔者还用同样的方法检验了生产资料生产优先增长规律在苏联和日本的适用性，为了避免论证过于烦琐复杂，就不再叙述了。根据历史统计数据的检验得出一个结论：生产资料生产优先增长的规律是否适用与一个国家的工业化进程有关。

新中国成立后的很长一段时间都是大规模工业化的时期，也就是钢铁工业、机器制造业、化学工业、能源工业等重工业发展较快的时期，生产资料的生产必然以较快速度增长，生产资料生产优先增长规律的作用十分明显。但是，经过 50 年的发展，虽然工业化仍然在继续，但是中国已经建立了比较完整的工业体系，服务业增加值在国内生产总值中的比例不断提高。因此，进入 21 世纪以后，生产资料生产优先增长的规律虽然仍在发挥作用，但作用已经明显减弱。

美国是一个成熟的发达国家，使人们得以从一个更长的历史时期观察生产资料生产优先增长规律作用的变化。首先，美国从 20 世纪 70 年代开始发生产业结构升级，劳动密集型和资本密集型产业的比重开始下降，技术密集型产业迅速发展。其次，随着人们收入水平的提高，消费逐渐从消费品转向消费性服务，服务业随之迅速发展。图 7-4显示了美国个人消费支出中对消费品的支出和对消费性服务的支出所占的比例。可以看到，1947 年，个人对消费性服务的支出只占个人消费支出的 38.57%，到 1970 年与消费品支出所占比例持平，到 2021 年已经占个人消费支出的 65.44%。

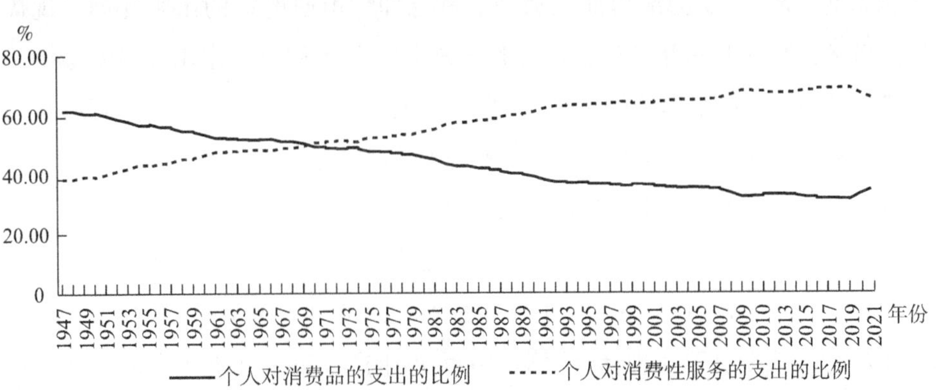

图 7-4　1947—2021 年美国个人消费品支出和消费性服务支出比例的变化

资料来源：Bureau of Economic Analysis，GDP & Personal Income，https：//www.bea.gov.

这意味着美国大规模工业化的过程已经告一段落，在这个新的历史时期，由于高技术产业主要是人力资本密集型或者技术密集型产业，不需要投入很多生产资料，服务业也不需要投入很多生产资料，生产资料的生产慢于消费资料的生产也就不足为奇了。

上述分析表明，生产资料生产优先增长的规律适用于处在大规模工业化时期的国家，不管是资本主义国家还是社会主义国家，但不适用于已经完成大规模工业化的国家。

需要说明的是，笔者的结论是就历史和现状而言的。正如笔者在前面分析资本有机构成提高的规律时指出的，随着人工智能技术的进步，即使是完成大规模工业化的国家，如果进入一个大规模使用机器人制造物品和提供服务的历史时期，生产资料生产优先发展规律也可能重新发挥作用。但是这个历史时期能否到来，不仅取决于技术进步，还取决于这一技术能否给资本家带来更多的利润。

第三节　新的历史条件下马克思社会资本再生产理论的探索

一、从马克思的再生产理论到凯恩斯的国民收入理论

马克思的社会资本再生产理论具有重要的意义，它从价值形态和物质形态揭示了社会资本再生产的条件。西方经济学界将 20 世纪 30 年代凯恩斯经济学的产生称为经济学的“凯恩斯革命”，认为凯恩斯《就业、利息和货币通论》的出版开创了现代宏观经济学。当然，笔者无意否定凯恩斯经济学的历史意义和历史作用。但实际上，作为凯恩斯经济学中两个最基本的经济理论之一的现代国民收入理论，完全可以从马克思的社会资本再生产理论中不加任何假定条件地推导出来。

如前所述，社会资本扩大再生产的条件是：

$$\text{Ⅰ}(c+v+m)=\text{Ⅰ}(c+\Delta c)+\text{Ⅱ}(c+\Delta c) \tag{7-12}$$

$$\text{Ⅱ}(c+v+m)=\text{Ⅰ}(v+\Delta v+m)+\text{Ⅱ}(v+\Delta v+m) \tag{7-13}$$

式（7-12）表明，要实现社会资本的扩大再生产，第一部类生产的生产资料，除了补偿第一和第二部类已经耗费的不变资本的价值以外，还必须满足第一和第二部类追加生产资本的需要。式（7-13）表明，要实现社会资本的扩大再生产，第二部类生产的消费资料，除了补偿第一和第二部类劳动者的消费和资本家的消费以外，还必须

满足第一和第二部类追加消费资料的需要。将式（7-12）和式（7-13）等号两边分别相加，可以得到：

$$\text{I}(c+v+m)+\text{II}(c+v+m)=[\text{I}(c+\Delta c)+\text{II}(c+\Delta c)]+[\text{I}(v+\Delta v+m)+\text{II}(v+\Delta v+m)] \quad (7\text{-}14)$$

式（7-14）等号的左边表示包括生产资料和消费资料的社会商品的供给，等于生产资料和消费资料的价值之和。式（7-14）等号的右边表示包括生产资料和消费资料的社会商品的需求，等于用于补偿耗费的不变资本的生产资料的价值、用于追加不变资本的生产资料的价值、用于满足劳动者和资本家需要的消费品的价值、用于追加劳动者需要的消费品的价值之和。如果用 Y 表示国民收入，也就是式（7-14）等号左边表示的生产的不变资本和可变资本的价值；用 C 表示消费需求，也就是式（7-14）等号右边第二个中括号表示的需要的消费资料的价值；用 I 表示投资需求，也就是式(7-14）等号右边第一个中括号表示的需要的生产资料的价值；那么式（7-14）可以表达为下述形式：

$$Y=C+I \quad (7\text{-}15)$$

这就是说，当社会商品的总供给等于社会商品的总需求时，社会资本扩大再生产的条件得以成立，社会商品的生产将处于均衡状态。这正是凯恩斯提出的国民收入均衡的条件。这意味着作为“凯恩斯革命”两大理论之一的现代国民收入理论的核心思想，可以追溯到数十年前出版的《资本论》第二卷。

二、资本融资条件下社会资本扩大再生产

在马克思社会资本扩大再生产的图式里，从价值的角度分析，社会资本扩大再生产的条件是资本积累，即剩余价值资本化。实际上，正如笔者在第五章讨论马克思资本积累理论时指出的，在现实的资本主义经济中，不仅资本积累是资本扩张的方式，资本融资也是资本扩张的方式。资本家可以通过发行债券和股票来扩张资本，从而实现社会资本的扩大再生产。

仍然以前面分析社会资本扩大再生产的例子来说明。假设第一、第二部类的生产情况如下：

$$(\text{I})\ 4000+1000+1000=6000 \quad (7\text{-}16)$$

$$(\text{II})\ 1500+750+750=3000 \quad (7\text{-}17)$$

现在第一部类的资本家试图扩大再生产，他一方面把自己剩余价值的一部分转化为资本，另一方面向社会公开发行公司债券。假设第一部类资本家把40%的剩余价值

即 400 单位货币转化为资本，公开向社会发行 100 单位货币的公司债券。为简单起见，假设第一部类的劳动者买进 100 货币单位的公司债券。在第一部类资本有机构成为 4∶1 的条件下，第一部类资本家要把筹集到的 500 单位货币资本中的 400 单位货币转化为不变资本、100 单位货币转化为可变资本。由于第一部类劳动者支出 100 单位货币用于购买公司债券，现在形成消费资料需求的可变资本是 1000 单位货币（=1000-100+100）。第一部类产品价值的构成情况如下：

$$（Ⅰ）4400+1000+600=6000 \tag{7-18}$$

第二部类的资本家也要扩大再生产，他一方面把 100 单位货币的剩余价值转化为资本，另一方面向社会公开发行 50 单位货币的公司债券。同样为了简单起见，假设第二部类的劳动者买进 50 单位货币的公司债务。在第二部类资本有机构成是 2∶1 的条件下，第二部类资本家要把筹集到的 150 单位货币资本中的 100 单位货币转化为不变资本、50 单位转化为可变资本。由于第二部类劳动者支出 50 单位货币用于购买公司债券，现在形成消费资料需求的可变资本是 750 单位货币（=750-50+50）。第二部类产品价值的构成情况如下：

$$（Ⅱ）1600+750+650=3000 \tag{7-19}$$

这样，第一部类用 1600 单位货币的生产资料（=6000-Ⅰc）与第二部类交换 1600 单位货币的消费资料（=Ⅱc），第一部类 1600 货币单位的可变资本和剩余价值需要的消费资料能够得到满足，第二部类扩大再生产需要的 1600 货币单位的生产资料也能够得到满足，社会资本实现了扩大再生产。因此，仍然满足社会资本扩大再生产的条件：

$$Ⅰ（c+v+m）=Ⅰ（c+\Delta c）+Ⅱ（c+\Delta c） \tag{7-20}$$

$$Ⅱ（c+v+m）=Ⅰ（v+\Delta v+m）+Ⅱ（v+\Delta v+m） \tag{7-21}$$

资本融资条件下社会资本扩大再生产主要说明，在剩余价值资本化的条件下可以实现社会资本的扩大再生产，在资本融资的条件下也可以实现社会资本的扩大再生产。

另外，还可以加进国际贸易和国际资本流动的因素，讨论在开放经济条件下社会资本再生产问题。由于本书主要研究国内经济，就不再进行这方面的分析了。

马克思以生产资料生产和消费资料生产两个部类，说明这两个部类的不变资本、可变资本、剩余价值在实物形态和价值形态上应该具备什么关系，才能使社会再生产均衡进行。在资本主义生产条件下，这种均衡是通过市场的调节实现的。例如，当生产资料的生产不能满足两个部类扩大再生产的需要时，生产资料的价格就会上涨，生产生产资料的资本家为了追逐利润，会扩大生产资料的生产。市场的调节是有效率的，但也具有盲目性，一旦发生普遍的生产过剩，社会再生产只能通过经济危机的方式形成新的均衡。

笔者对马克思的社会资本再生产理论并没有什么补充，如表 7-1 所示。

表 7-1 新的历史条件下马克思社会资本再生产理论研究纲要

比较对象	马克思社会资本再生产理论研究纲要	新的历史条件下马克思社会资本再生产理论研究纲要
社会资本简单再生产的条件	Ⅰ（c+v+m）= Ⅰc+Ⅱc； Ⅱ（c+v+m）= Ⅰ（v+m）+Ⅱ（v+m）	Ⅰ（c+v+m）= Ⅰc+Ⅱc； Ⅱ（c+v+m）= Ⅰ（v+m）+Ⅱ（v+m）
社会资本扩大再生产的条件	Ⅰ（c+v+m）= Ⅰ（c+Δc）+Ⅱ（c+Δc）； Ⅱ（c+v+m）= Ⅰ（v+Δv+m）+Ⅱ（v+Δv+m）	Ⅰ（c+v+m）= Ⅰ（c+Δc）+Ⅱ（c+Δc）； Ⅱ（c+v+m）= Ⅰ（v+Δv+m）+Ⅱ（v+Δv+m）
在资本融资的条件下社会资本再生产的条件	—	在资本融资的情况下，资本家除了剩余价值资本化以外，还可以通过资本融资满足社会资本扩大再生产的条件

本章小结

本章阐述了马克思的社会资本再生产理论，肯定了马克思社会资本再生产理论在经济学上的贡献。

列宁根据马克思的社会资本再生产理论提出了生产资料生产优先增长的规律。本章利用中国和美国的历史统计数据证明，生产资料生产优先增长是工业化发展阶段存在的经济规律，这个规律在完成了大规模工业化以后将趋向消失。

本章在没有加入任何假设的情况下直接从马克思社会资本再生产的条件推导出凯恩斯国民收入理论，证明了马克思早就提出了“凯恩斯革命”提出的两大理论中的国民收入理论的基本思想。另外，本章加入资本融资因素，考察了马克思社会资本再生产条件将发生什么变化。

第八章　新的历史条件下马克思竞争和生产价格理论研究

第一节　马克思竞争和生产价格理论

一、马克思关于竞争的分析

（一）生产部门内的竞争

马克思认为，在资本主义生产条件下，竞争使得一个生产部门的商品的社会价值取决于这个生产部门在平均生产条件下生产的价值。在这个过程中，竞争推动了技术的改进和效率的提高，从而推动了社会生产力的发展。

马克思在《资本论》第三卷指出："竞争首先在一个部门内实现的，是使商品的各种不同的个别价值形成一个相同的市场价值和市场价格。""如果满足通常的需求的，是按平均价值，也就是按两端之间的大量商品的中等价值来供给的商品，那末，个别价值低于市场价值的商品，就会实现一个额外剩余价值或超额利润，而个别价值高于市场价值的商品，却不能实现它们所包含的剩余价值的一部分。"①

因此，如果商品生产者生产商品耗费的劳动多于平均生产条件下耗费的劳动，他将处于亏损的状态或者被市场淘汰。在竞争的压力下，每个商品生产者都会努力提高技术水平和工人熟练程度，从而推动社会生产力水平的提高。

---

① 马克思．资本论：第3卷［M］//马克思，恩格斯．马克思恩格斯全集：第25卷．北京：人民出版社，1974：201，199.

(二) 生产部门之间的竞争

马克思认为，部门内的竞争使一个生产部门商品的价值取决于平均生产条件下耗费的必要劳动时间，而部门之间的竞争则导致资本在不同生产部门之间转移，从而导致利润率的平均化。

马克思这样分析跨越生产部门的竞争以及这种竞争发生的条件："如果商品都按照它们的价值出售，那就象已经说过的那样，不同生产部门由于投入其中的资本量的有机构成不同，会产生极不相同的利润率。但是资本会从利润率较低的部门抽走，投入利润率较高的其他部门。通过这种不断的流出和流入，总之，通过资本在不同部门之间根据利润率的升降进行的分配，供求之间就会形成这样一种比例，以致不同的生产部门都有相同的平均利润，……那种在不断的不平衡中不断实现的平均化，在下述两个条件下会进行得更快：1. 资本有更大的活动性，也就是说，更容易从一个部门和一个地点转移到另一个部门和另一个地点；2. 劳动力能够更迅速地从一个部门转移到另一个部门，从一个生产地点转移到另一个生产地点。第一个条件的前提是：社会内部已有完全的商业自由，消除了自然垄断以外的一切垄断，即消除了资本主义生产方式本身造成的垄断；其次，信用制度的发展已经把大量分散的可供支配的社会资本集中起来，而不再留在各个资本家手里；最后，不同的生产部门都受资本家支配。"①

(三) 市场供求双方的竞争

马克思认为，供给和需求双方的竞争将使商品的市场价格趋向于市场价值或生产价格。马克思指出："供求关系一方面只是说明市场价格同市场价值的偏离，另一方面是说明抵销这种偏离的趋势，也就是抵销供求关系的影响的趋势。(那种有价格而没有价值的商品是一种例外，在这里不必考察。) 供求可以在极不相同的形式上消除由供求不平衡所产生的影响。例如，如果需求减少，因而市场价格降低，结果，资本就会被抽走，这样，供给就会减少。但这也可能导致这样的结果：由于某种发明缩短了必要劳动时间，市场价值本身降低了，因而与市场价格平衡。反之，如果需求增加，因而市场价格高于市场价值，结果，流入这个生产部门的资本就会过多，生产就会增加到如此程度，甚至使市场价格降低到市场价值以下。"②

---

① 马克思．资本论：第 3 卷［M］//马克思，恩格斯．马克思恩格斯全集：第 25 卷．北京：人民出版社，1974：218-291.

② 马克思．资本论：第 3 卷［M］//马克思，恩格斯．马克思恩格斯全集：第 25 卷．北京：人民出版社，1974：212-213.

从上面的分析可以看到，在竞争的压力下，资本家为了追求利润，至少为了避免被市场淘汰，会千方百计地用更有效率的方法生产产品，从而不断推动劳动生产率的提高和社会生产力的发展。

二、马克思价值转化为生产价格的分析

（一）剩余价值转化为利润

马克思在《资本论》第一卷指出，商品的价值是由生产商品所耗费的社会必要劳动时间决定的，商品的交换是按照商品的价值进行的。但是，在竞争的资本主义生产条件下，等量资本趋向于获得等量利润。这样，商品交换按照价值进行的价值规律和等量资本获得等量利润的规律之间是否存在矛盾？马克思在《资本论》第三卷中分析了价值转化为生产价格的构成，根据价值规律说明生产价格规律即等量资本获得等量利润的规律。

按照马克思的分析，在资本主义生产条件下，商品的价值量由不变资本（c）、可变资本（v）和剩余价值（m）构成，剩余价值是可变资本的产物，剩余价值与可变资本的比率被称为剩余价值率。但是，在资本主义的现实经济中，资本家投入的不变资本和可变资本表现为资本家的预付资本，实际耗费的不变资本和可变资本表现为生产商品的成本价格（k）。这样，在资本主义生产的现象形态中，剩余价值不是变成可变资本的产物，而是变成成本价格的产物——利润（p），剩余价值与预付资本的比率成为利润率。随着剩余价值转化为利润，剩余价值率转化为利润率。

马克思指出："商品使资本家耗费的东西和商品的生产本身所耗费的东西，无疑是两个完全不同的量。…… 对资本家来说，商品的成本价格必然表现为商品本身的实际费用。我们把成本价格叫作 k，W=c+v+m 这个公式就转化为 W=k+m，或者说，商品价值=成本价格+剩余价值。"①

马克思又指出："剩余价值，作为全部预付资本的这样一种观念上的产物，取得了利润这个转化形式。因此，一个价值额之所以成为资本，就因为它是用来生产利润的，换句话说，利润之所以产生出来，就是因为有一个价值额被当作资本来使用。"②

马克思还指出："不管剩余价值来自何处，它总是一个超过全部预付资本的余额。

① 马克思．资本论：第3卷［M］//马克思，恩格斯．马克思恩格斯全集：第25卷．北京：人民出版社，1974：30-31.

② 马克思．资本论：第3卷［M］//马克思，恩格斯．马克思恩格斯全集：第25卷．北京：人民出版社，1974：44.

因此，这个余额和总资本会保持一个比率，这个比率可以用分数$\frac{m}{C}$来表示，其中C表示总资本。这样，我们就得到了一个与剩余价值率$\frac{m}{v}$不同的利润率$=\frac{m}{C}=\frac{m}{(c+v)}$。用可变资本来计算的剩余价值的比率，叫作剩余价值率；用总资本来计算的剩余价值的比率，叫作利润率。这是同一个量的两种不同的计算方法，由于计算的标准不同，它们表示同一个量的不同的比率或关系。应当从剩余价值率到利润率的转化引出剩余价值到利润的转化，而不是相反。实际上，利润率从历史上说也是出发点。剩余价值和剩余价值率相对地说是看不见的东西，是要通过研究加以揭示的本质的东西。”①

（二）价值转化为生产价格

按照马克思的看法，即使各个生产部门的剩余价值率相同，由于它们的有机构成不同和资本周转速度不同，利润率也将不同。同样数量的资本有机构成（c/v）越低，周转时间越短，利润率将越高。假定资本周转速度相同，不变资本在该生产过程损耗完毕，马克思的分析过程可以用表8-1和表8-2来说明。

表8-1　价值生产情况

生产部门	总资本	剩余价值率	剩余价值	价值	利润率
Ⅰ	70c+30v	100%	30	130	30%
Ⅱ	80c+20v	100%	20	120	20%
Ⅲ	90c+10v	100%	10	110	10%

在表8-1中，在总资本和剩余价值相同的条件下，资本有机构成最低的生产部门Ⅰ的利润率是资本有机构成最高的生产部门Ⅲ的3倍。在利润率存在差异的情况下，利润率低的生产部门的资本将转移到利润率高的生产部门以展开竞争，使利润率趋向平均化，形成了平均利润率。这样，成本价格（k）加上平均利润（p）形成了商品的生产价格（k+p）。正如马克思所说的：“竞争会把社会资本这样地分配在不同的生产部门中，以致每个部门的生产价格，都按照这些中等构成部门的生产价格来形成，也就是说，它们=k+kp（成本价格加上成本价格乘以平均利润率所得之积）”② 表8-2说明了价值转化为生产价格的情况。

---

① 马克思．资本论：第3卷［M］//马克思，恩格斯．马克思恩格斯全集：第25卷．北京：人民出版社，1974：51.

② 马克思．资本论：第3卷［M］//马克思，恩格斯．马克思恩格斯全集：第25卷．北京：人民出版社，1974：193.

表 8-2　价值转化为生产价格

生产部门	总资本	剩余价值率	剩余价值	成本价格	利润率	价值	生产价格	背离
Ⅰ	70c+30v	100%	30	100	20%	130	120	-10
Ⅱ	80c+20v	100%	20	100	20%	120	120	0
Ⅲ	90c+10v	100%	10	100	20%	110	120	10

表 8-2 表明，在利润率平均化以后，平均利润率为 20% [=（30+20+10）÷（100+100+100）]，三个生产部门的生产价格都是 120。生产部门Ⅱ的资本有机构成与社会平均资本有机构成相等，它的商品的价值与生产价格相同。资本有机构成低于社会平均资本有机构成的生产部门Ⅰ，生产价格低于价值 10；资本有机构成高于社会平均资本有机构成的生产部门Ⅲ，生产价格高于价值 10。价值转化为生产价格的过程表明，生产价格与价值的背离是剩余价值按照预付资本进行重新分配的结果，但是总剩余价值（=30+20+10）等于总利润（=20+20+20），总价值（=130+120+110）等于总生产价格（=120+120+120）。

（三）价值规律与生产价格规律的关系

关于价值转化为生产价格的分析需要解决两个问题：第一个问题是价值规律与生产价格规律之间是否存在矛盾。按照价值规律，商品的价值由不变资本、可变资本和剩余价值构成，商品根据价值进行交换。按照生产价格规律，商品的生产价格由成本价格和平均利润构成，商品根据生产价格进行交换。但是，生产价格与价值背离，价值规律与生产价格规律之间存在矛盾。第二个问题是，在价值转化为生产价格的过程中，各个生产部门的成本都是以价值（c+v）度量的。但是，成本中包括的生产资料和生活资料也是商品，也是从别的生产部门购买的，它们的价值也应该转化为生产价格。如果成本价格中包括的生产资料和生活资料的价值也用生产价格度量，总剩余价值和总利润、总价值和总生产价格是否仍然相等？

马克思从下面四个方面明确地阐明了第一个问题：

第一，在商品价值不变的条件下，一般利润率发生变化；或者在一般利润率不变的条件下，商品价值发生变化；或者商品价值和一般利润率都发生变化，生产价格都会发生变化。但是，在短期里，一般利润率的变化是稳定的。因此，生产价格的总和取决于价值的变化。

第二，商品的价值量由不变资本、可变资本和剩余价值构成。假如剩余价值不变，不变资本发生变化，或者可变资本发生变化，或者不变资本和可变资本同时发生变化，一般利润率才发生变化。在这种情况下，一般利润率的变化是由不变资本和可变资本包含的商品价值的变化引起的。假如构成不变资本和可变资本的商品价值不变，剩余价值的变化也会导致一般利润率的变化。在这种情况下，一般利润率的变化也是由劳动者创造的剩余价值的变化引起的。

第三，虽然就某一个生产部门来说，商品的平均利润不等于剩余价值，生产价格不等于价值，但是“一切不同生产部门的利润总和，必然等于它的剩余价值总和；社会产品的生产价格总和，必然等于它的价值总和。”因此，生产价格最终受到价值的支配。

第四，关于价值转化为生产价格的分析，实际上是现实的历史过程在理论上的反映。“把商品价值看作不仅在理论上，而且在历史上先于生产价格，是完全合适的。”①

马克思也清楚地意识到第二个问题。马克思指出，在价值转化为生产价格的分析中，曾经假定商品的成本价格是以它所包含的生产资料和生活资料的价值表示的。但是这部分生产资料和生活资料是从市场购买的，它们本身是由生产它们的生产部门的生产价格表示的。既然生产价格偏离价值，那么以生产价格表示的成本价格将会高于或低于以价值来表示的成本价格。“必须记住成本价格这个修改了的意义，因此，必须记住，如果在一个特殊生产部门把商品的成本价格看作和生产该商品时所消费的生产资料的价值相等，那就总可能有误差。”②

关于这个误差，马克思的解决方法是：“如果我们把全国商品的成本价格的总和放在一方，把全国的利润或剩余价值的总和放在另一方，那末很清楚，我们就会得到正确的计算。例如，我们拿商品 A 来说。A 的成本价格可以包含 B、C、D 等等的利润，A 的利润也可以再加入 B、C、D 等等的成本价格。如果我们进行计算，A 的利润就不会算到它自己的成本价格中，B、C、D 等等的利润也不会算到它们自己的成本价格中。谁也不会把自己的利润算到自己的成本价格中。……从总的计算来看，只要一个生产部门的利润加入另一个生产部门的成本价格，这个利润就已经算在最终产品的总价格一方，而不能再算在利润一方。如果这个利润算在利润一方，那只是因为这个商品本身已经是最终产品，它的生产价格不加入另一种商品的成本价格。”③

马克思还指出：“不过这一切总是这样解决的：加入某种商品的剩余价值多多少，加入另一种商品的剩余价值就少多少，因此，商品生产价格中包含的偏离价值的情况

① 马克思．资本论：第 3 卷［M］//马克思，恩格斯．马克思恩格斯全集：第 25 卷．北京：人民出版社，1974：186-187，193，198.

② 马克思．资本论：第 3 卷［M］//马克思，恩格斯．马克思恩格斯全集：第 25 卷．北京：人民出版社，1974：179-181，184-185.

③ 马克思．资本论：第 3 卷［M］//马克思，恩格斯．马克思恩格斯全集：第 25 卷．北京：人民出版社，1974：179-180.

会互相抵销。总的说来，在整个资本主义生产中，一般规律作为一种占统治地位的趋势，始终只是以一种极其错综复杂和近似的方式，作为从不断波动中得出的、但永远不能确定的平均情况来发生作用。”①

应该指出，马克思意识到了第二个问题但没有完全解决第二个问题。正是这个问题，引起了经济学界一场超过百年的争论。

三、一般利润率下降的规律

马克思认为，在竞争的压力下，资本家会不断扩大固定资本的规模以提高劳动生产率，社会资本有机构成趋向提高，而利润率是剩余价值与预付资本的比率，在剩余价值率不变的条件下，一般利润率趋向下降。

马克思指出：“不变资本同可变资本相比的这种逐渐增加，就必然会有这样的结果：在剩余价值率不变或资本对劳动的剥削程度不变的情况下，一般利润率会逐渐下降。但是，随着资本主义生产方式的发展，可变资本同不变资本相比，从而同被推动的总资本相比，会相对减少，这是资本主义生产方式的规律。”“因此，一般利润率日益下降的趋势，只是劳动的社会生产力日益发展在资本主义生产方式下所特有的表现。”②

马克思强调，一般利润率下降意味着相对于预付资本来说的相对利润减少了，并不意味着资本主义社会的绝对利润减少。马克思指出：“利润率不断下降的规律，或者说，所占有的剩余劳动同活劳动所推动的物化劳动的量相比相对减少的规律，决不排斥这样的情况：社会资本所推动和所剥削的劳动的绝对量在增大，因而社会资本所占有的剩余劳动的绝对量也在增大；同样也决不排斥这样的情况：单个资本家所支配的资本支配着日益增加的劳动量，从而支配着日益增加的剩余劳动量，甚至在它们所支配的工人人数并不增加的时候，也支配着日益增加的剩余劳动量。”③

但是，马克思指出：“必然有某些起反作用的影响在发生作用，来阻挠和抵销这个一般规律的作用，使它只有趋势的性质，因此，我们也就把一般利润率的下降叫作趋向下降。”④ 在马克思看来，下述因素都会阻碍一般利润率趋向下降：第一，劳动剥削

① 马克思．资本论：第 3 卷［M］//马克思，恩格斯．马克思恩格斯全集：第 25 卷．北京：人民出版社，1974：181.

② 马克思．资本论：第 3 卷［M］//马克思，恩格斯．马克思恩格斯全集：第 25 卷．北京：人民出版社，1974：236，237.

③ 马克思．资本论：第 3 卷［M］//马克思，恩格斯．马克思恩格斯全集：第 25 卷．北京：人民出版社，1974：241.

④ 马克思．资本论：第 3 卷［M］//马克思，恩格斯．马克思恩格斯全集：第 25 卷．北京：人民出版社，1974：258.

程度的提高导致剩余价值增加。第二，工资被压到劳动力价值之下使实际可变资本减少。第三，不变资本由于劳动生产力的提高而出现价值下降。第四，相对过剩人口的存在压低了工资导致可变资本减少。第五，对外贸易使不变资本中的生产资料和可变资本中的生活资料变得便宜，从而导致预付资本的减少。①

四、马克思生产价格理论的贡献

200 多年来，商品价值取决于劳动的价值规律和等量资本趋向于获得等量利润的规律之间存在矛盾这个古典的经济学问题一直困扰着经济学家。英国古典经济学者斯密陷入了这个矛盾，不得不提出了相互矛盾的价值理论。英国古典经济学者李嘉图是劳动价值理论的坚决贯彻者，但是他由于不能解释等量资本趋向于获得等量利润的现象而陷入了理论困境。以英国经济学者穆勒（J. Mill）和麦克库洛克（J. R. McCulloch）为代表的李嘉图学派试图解决这个问题，但最终也因无法解决这个问题而导致李嘉图学派解体。只有马克思在价值规律的基础上从逻辑上解释了等量资本获得等量利润的规律，但是马克思在解决这个问题的过程中令人遗憾地留下了最后一步。

第二节　马克思生产价格理论的争论以及笔者的回应

一、价值转化为生产价格问题的争论过程

（一）第一次争论高潮

价值转化为生产价格的问题实质上是能否以劳动价值理论解释等量资本获得等量利润的问题，也就是能否以劳动价值理论说明生产价格的问题。在马克思《资本论》第三卷没有出版以前，经济学界静候着马克思的解决方法。在马克思《资本论》第三卷出版以后，价值转化为生产价格的问题马上引起了经济学界的争论。

100 多年来，关于价值转化为生产价格的争论大致经历了两个阶段：第一个阶段从 19 世纪 80 年代到 20 世纪 50 年代，争论的重点是，在总剩余价值等于总利润、总价值

① 马克思．资本论：第 3 卷［M］//马克思，恩格斯．马克思恩格斯全集：第 25 卷．北京：人民出版社，1974：258-268.

等于总生产价格没有异议的条件下，价值规律和生产价格规律是否矛盾的问题。第二个阶段是从20世纪50年代到20世纪80年代，争论的重点是，总剩余价值与总利润、总价值与总生产价格是否相等，生产价格的形成是否违反了价值规律的问题。在这两个阶段的争论过程中，曾掀起过三次争论的高潮。

第一次争论高潮出现在19世纪八九十年代，也就是马克思《资本论》第三卷出版前后。在马克思《资本论》第三卷出版以前，一些经济学者预言，马克思不可能解决价值规律与等量资本获得等量利润规律的矛盾。

奥地利经济学者庞巴维克（E. von Bohm-Bawerk）指出："或者在长期里产品实际上按照相应的劳动含有量进行交换——在这种情况下，资本收益的均等是不可能的；或者是资本收益出现均等——在这种情况下，产品按照内含的相应的劳动量交换是不可能的。"①

德国经济学者勒克西斯（W. Lexi）认为："如果我们对不同种类的商品单个地进行考察，如果它们的价值必须等于它们的交换价值，而它们的交换价值必须等于它们的价格，或者必须与它们的价格成比例，那么矛盾就不可能解决。"②

另外，德国经济学者施密特（C. Schmidt）、沃尔弗（J. Wolf），美国经济学者法尔曼（P. Fireman），意大利经济学者洛里亚（A. Loria），美国统计学者斯蒂贝林（G. Stiebeling）等人都参加了这场争论。

在马克思《资本论》第三卷出版以后，一些经济学者们又对马克思关于价值转化为生产价格的分析提出了激烈的批评。洛里亚指出："什么时候见过这样十足的谬论，这样重大的理论的破产？什么时候见过这样大吹大擂地、这样庄严地犯下科学的自杀行为。"③

庞巴维克在1896年出版了《卡尔·马克思及其体系的终结》，他写道："我认为，任何人若耐心和认真地审视这个问题，是不会长时间感到疑惑的。马克思在第一卷中很强调所有价值都以劳动为基础，并且仅仅以劳动为基础。商品价值与生产它的必要劳动时间成比例。……而现在，他在第三卷中却简单而又干瘪地告诉我们，按照第一卷的学说必须是的事情不是了，而且绝不可能是了；个别商品实际上而且应该是按照不同于内含劳动的比例相交换，而且这不是偶然的和短期的，而是必然的和长期的。我被弄糊涂了，我在这里没有看到解释和解决这个矛盾，而是看到矛盾本身暴露无遗。

---

① VON BOHM-BAWERK E. Capital and Interest [M]. London: Macmillan , 1884: 362.

② 恩格斯. 序言 [M] //马克思，恩格斯 . 马克思恩格斯全集：第25卷. 北京：人民出版社，1974：12.

③ 恩格斯.《资本论》第三卷增补 [M] //马克思，恩格斯，马克思恩格斯全集：第25卷. 北京：人民出版社，1972：1009.

平均利润率和生产价格理论不可能与价值理论相一致。我相信，这是每一个有逻辑头脑的思想家所得到的印象。”①

庞巴维克在这部著作中从下述四个方面对马克思关于价值转化为生产价格的分析提出批评：第一，价值规律是阐明个别商品的交换关系，还是说明总价值与总生产价格相等？第二，是价值支配着生产价格的变化，还是多个因素支配着生产价格的变化？第三，商品有可能按照自身的价值交换吗？第四，生产价格最终由价值规律调节吗？

在这次争论高潮中，尽管德国统计学者波特基维茨（L. V. Bortkiwicz）分别于1906年和1907年在《社会科学与社会政策杂志》和《国民经济与统计年鉴》上发表了《马克思体系中的价值计算和价格计算》和《马克思〈资本论〉第三卷基础理论结构的校正》两篇论文，提出了在商品成本价格中的不变资本和可变资本按照生产价格计算以后，总剩余价值与总利润、总价值与总生产价格是否相等存在疑问，但在当时并没有引起人们的注意。不论是反对马克思经济学的经济学者还是拥护马克思经济学的经济学者，都认为这两个等式的成立是不言而喻的。

例如，就连在这场争论中持最激烈反对意见的庞巴维克也指出：“正如每一个经济学者都知道的，当人们识别因使用货币带来的伪装时，商品实际上是用商品交换的。任何用于交换的商品在同一时间以及在某一段时间里都是一种商品，它的价格是交换赋予它的。因此，商品的总和与支付它们的价格的总和相一致。或者说，国民总产品的价格与国民总产品本身是一回事。因此，在这些条件下，对全部国民产品支付的总价格确实正好与价值总量或者内含的劳动量相一致。”②

（二）第二次争论高潮

第二次争论高潮出现在20世纪四五十年代。美国经济学者斯威齐在1946年出版了在西方国家具有重要影响的研究马克思政治经济学的著作《资本主义发展理论》，在第七章中讨论了马克思关于价值转化为生产价格的分析。斯威齐得出这样的结论：“马克思在价值转化为价格的路上只走了一半。……他从来没有在逻辑上以令人信服的方式证明这个有争议的问题，尽管假如他能够亲自修订《资本论》第三卷的话，他很有可能使这个问题变得更令人满意。”③

斯威齐还指出：“相信他用按照价值量计算的平均利润率能够解决这个问题是一个

---

① VON BOHM-BAWERK E, HILFERDING R, SWEEZY P M. Karl Marx and the Close of His System & Bohm-Bawerk's Criticism of Marx [M]. New York: Augustus M. Kelley, 1949: 29-30.

② VON BOHM-BAWERK E, HILFERDING R, SWEEZY P M. Karl Marx and the Close of His System & Bohm-Bawerk's Criticism of Marx [M]. New York: Augustus M. Kelley, 1949: 35.

③ SWEEZY P M. The Theory of Capitalist Development [M]. New York: Oxford University Press, 1942: 115-116.

错误。然而他正确提出了这个问题，并就此取得意义深远的创造性的成就。与之相比，这个错误是微不足道的，因为通过这个成就，马克思到达了最终证实劳动价值理论——他的整个理论结构的坚实基础——的阶段。”① 斯威齐在这部著作中全面介绍了波特基维茨的解决方法，并认为这是一种可取的解决价值转化为生产价格的方法。

斯威齐的著作在西方经济学界引起很大的反响，使价值转化为生产价格的问题再次引起了人们的关注。英国经济学者温特尼茨（J. Winternitz）、米克（R. L. Meek）、塞顿（F. Seton）等人分别撰文对波特基维茨的解决方法进行补充。另外，英国经济学者多布（M. Dobb）、迪金森（H. D. Dickinson）、梅伊（K. May）以及日本和其他国家的经济学者都参与了讨论。这次争论高潮的特点是，研究马克思政治经济学的经济学者试图用更加完善的方式来证明生产价格是价值的转化形式。但是，令人遗憾的是，他们仍然没有能够解决这个问题。

（三）第三次争论高潮

第三次争论高潮出现在20世纪70年代。美国经济学者、诺贝尔经济学奖获得者萨缪尔森挑起了这场争论。萨缪尔森在1970年和1971年分别在《国家科学院记录汇编》和《经济文献杂志》上发表了《马克思“价值”到“竞争价格”的“转化”：一个扬弃和替代过程》和《理解马克思的剥削概念：马克思的价值和竞争价格之间所谓转化问题的概述》，对马克思价值转化为生产价格理论提出了激烈的批评和讽刺。萨缪尔森指出：“如果你消除了代数带来的困惑并且开始明白实情，就会发现‘转化算式’恰恰是这样的形式：注视两个互换而又不协调的体系，写下其中的一个，再用擦子将它抹去，填上另一个以进行转化。瞧！你已经完成了你的算式。”②

萨缪尔森的论文发表以后，美国经济学者鲍莫尔（W. Baumol）、斯威齐，英国经济学者多布、米克、德赛（M. Dessai），日本经济学者森岛通夫等人分别发表论文进行反驳。另外，意大利经济学者斯蒂德曼、美国经济学者莱伯曼（D. Laibman）、日本经济学者伊藤诚等经济学者也参与了讨论。

这次争论高潮的特点是，反对马克思经济学的经济学者试图通过证明总剩余价值不等于总利润、总价值不等于总生产价格，来证明马克思关于价值转化为生产价格的论证不完整，从而证明马克思的劳动价值理论不能成立。赞成马克思经济学的经济学者则认为，即使马克思没有完全解决价值转化为生产价格的问题，也无损马克思的政

① SWEEZY P M. The Theory of Capitalist Development [M]. New York: Oxford University Press, 1942: 123.

② SAMUELSON P A. Understanding the Marxian Notion of Exploitation [J]. Journal of Economic Literature, 1971 (6): 400.

治经济学体系。况且，他们认为，关于价值转化为生产价格的问题已经有多种可以选择的解决方法。

价值转化为生产价格的争论持续时间之长、波及范围之广、争论之激烈，在经济学研究领域是罕见的。美国经济学者吉尔（A. J. Gill）在 20 世纪 80 年代曾经把这个争论列为当代经济学界六大争论中的第一大争论。① 关于这场争论的意义，美国经济学者方斯卡（A. J. Fouseca）的话能够从某个角度说明问题："关于这场如何准确解释价值转化为生产价格、剩余价值转化为利润这个马克思命题的争论，当代大多数经济学者宁愿保持中立，并且在冷静地判断马克思剥削理论的可行性。很简单，人们不能不考虑这场讨论的道德和政治后果。如果所有利润都被谴责为剥削，生产资料所有权是剩余价值分配不平等的根本原因，那么从根本上重建资本主义制度显然是建立一个公平社会的唯一解决方法。但是如果马克思的劳动价值理论和剥削理论的假定经不起严格的和决定性的科学检验，那么随之而来的必然是以边际理论为基础的新古典学说将受到人们的欢迎并且为人们所选择。"②

20 世纪 80 年代以后，虽然关于马克思价值转化为生产价格理论的争论没有像这三次争论高潮这么集中和激烈，但它始终是马克思主义经济学界不能忘怀的一个问题。

二、对马克思生产价格理论批评者的回应

由于这方面的研究文献太多，笔者选择具有代表性的看法加以评述。在反对马克思生产价格理论的经济学者中，萨缪尔森和斯蒂德曼的看法具有代表性。

（一）对萨缪尔森看法的评论

1. 萨缪尔森的看法

萨缪尔森是美国凯恩斯学派的代表人物，主要从事经济学的数学分析基础、宏观经济学等领域的研究。他曾经把马歇尔的微观经济学理论体系和凯恩斯的宏观经济学理论体系综合起来，建立了新古典学派综合的理论体系。从萨缪尔森出版的著作和发表的论文来看，他很少涉及经济思想史的研究，几乎没有发表过研究马克思政治经济学的论文。但是在 1970 年和 1971 年，他却接连发表了两篇论文批评马克思关于价值转化为生产价格的分析，挑起了关于马克思价值转化为生产价格问题的世界性争论。而

① GILL A J. Economics [M]. California, 1980: insert.

② FOUSECA A J. The Marxian Dilemma: Transformation of Value to Price [M]. New Delhi: Manohar Publications, 1980: 31.

1971年，正是他获得诺贝尔经济学奖的那一年。

萨缪尔森在1971年发表的论文《理解马克思的剥削概念：马克思的价值和竞争价格之间所谓转化问题的概述》中，提出了下述四个问题：

第一，马克思价值转化为生产价格的分析在逻辑上是不一致的。

萨缪尔森指出："批评者和辩护者一样，毫无例外地都承认马克思在所有这些方面是前后不一致的，因为他错误地把不变资本 c_j 既按照价值计算，也按照价格计算。但是这些'c'是什么呢？它们是在较早阶段已经生产出来的东西，按照把价值转变为生产价格的同一逻辑，要求它们的价值也必须转换为价格。这样，据论证，马克思只走了这条路的一段，并在通向价格时错误地保留了价值计算的某些因素。"①

萨缪尔森还指出："马克思主义的批评家们倾向于认为，第三卷的模式是向传统经济学理论复返，而且不那么坦率和过了时地承认：第一卷的新分析——对'价值'和'相等剩余价值率'的计算——只不过是一种不必要的、没有结果的糊涂思想。"②

萨缪尔森对马克思价值转化为生产价格的分析进行了刻薄的讽刺："用这样一种方法，人们可以从燃素'转化'为熵，从托勒梅'转化'为哥白尼，从牛顿'转化'为爱因斯坦，从创世纪'转化'为达尔文——并且从熵又'转化'为燃素……它多少告诉我们，这对于转化问题有系统地探讨和阐述的必要，这个无可争议的平凡的真理在长达七八十年以来的大量文献中从来没有被强调。"③

第二，价值转化为生产价格的唯一可行条件在现实中是不存在的。

萨缪尔森指出，在各个生产部门资本有机构成相等的情况下，价值和竞争价格无矛盾可言，但这使价值向价格的转化变得没有意义。如果现实世界果真如此，那么相对价格与价值一致，马克思没有理由改变资产阶级经济学者对价格的分析。除此以外，在不变资本和可变资本具有相同的内部构成，即各个生产部门的不变资本和可变资本分别由相同比例的商品构成的条件下，价值与价格也相一致。

萨缪尔森举例进行说明：假设劳动量为100单位，投在生产谷物的第一部门和生产煤炭的第二部门分别为80单位和20单位。在第一部门，80单位劳动、10单位谷物和10单位煤炭生产出100单位谷物。在第二部门，20单位劳动、40单位谷物和40单位煤炭生产出100单位煤炭。再假设每单位劳动的最低生活工资是1/4单位最终谷物和

① SAMUELSON P A. Understanding the Marxian Notion of Exploitation [J]. Journal of Economic Literature, 1971 (6): 414.

② SAMUELSON P A. Understanding the Marxian Notion of Exploitation [J]. Journal of Economic Literature, 1971 (6): 399.

③ SAMUELSON P A. Understanding the Marxian Notion of Exploitation [J]. Journal of Economic Literature, 1971 (6): 400.

1/4 单位最终产品煤炭。这样，在每 100 单位的谷物和煤炭总产量中，分别有 25 单位作为工资支付给工人，50 单位用于生产，剩下的 25 单位为非工人消费或者形成储蓄。两个部门的不变资本和可变资本都由相同的商品构成，它们的比例是1∶1，即具有相同的内部构成。这样，谷物和煤炭的价值都是 2，价格分别是 1.6 和 2.4，计算结果可以用表 8-3 表示。

表 8-3　萨缪尔森价值转化为生产价格的数字例子

部门	资本	剩余价值	价值	利润	价格	差额
Ⅰ	(20+20) c+80v	80s	200	40	160	−40
Ⅱ	(80+80) c+20v	20s	200	60	240	+40

注：平均利润率 $r = \sum s_j / \sum (c_j + v_j) = 100/300 = 1/3$。

在表 8-3 中，价值是资本与剩余价值之和，利润是资本与平均利润率的乘积，价格是资本与利润之和，差额是价格减去价值的差额。

萨缪尔森用这个例子证明，如果用价格来表示不变资本和可变资本，第一和第二部门的不变资本和可变资本的总价格分别为（16+24）c+80v 和（64+96）c+20v，与用价值表示的第一和第二部门不变资本和可变资本的总价值（20+20）c+80v 和（80+80）c+20v 相等。第一部门和第二部门的总价格（=160+240）与总价值（=200+200）相等。但是，如果改变各个部门不变资本和可变资本内部的商品构成比例，总价值将不等于总价格。不同生产部门不变资本和可变资本内部商品构成的比例相同，在现实的世界中是不存在的。①

第三，与其说生产价格是从价值转化而来的，倒不如说价值是从生产价格转化而来的。

萨缪尔森指出，根据马克思价值转化为生产价格的表列，可以轻而易举地从价格入手，实行价格到价值的逆转化。例如，根据总资本（c+v）和价格的数据可以得到利润总量。由于总价值等于总价格，从总利润可以得到总剩余价值。根据总剩余价值和总可变资本就可以得到总剩余价值率。这样，就可以填写各个生产部门的剩余价值和价值，实现价值向价格的转化。

萨缪尔森再次对马克思价值转化为生产价格的分析进行讽刺："正如马克思把黑格尔倒转过来一样，我们也把马克思倒转过来，……每当我们把价格与价值、利润与剩余价值、可变资本与资本总额倒转过来时，就在方括号中加进一个感叹号。下面是进

① SAMUELSON P A. Understanding the Marxian Notion of Exploitation［J］. Journal of Economic Literature，1971（6）：415-416，419-420.

一步改动马克思的话：所以，剩余价值［!］是利润的那一层伪装，必须把这层伪装剥掉，利润［!］的真实性质才能显露出来。在利润［!］中，资本与劳动之间的关系赤裸裸地暴露出来了。……没有第三卷［!］对利润［!］的分析，政治经济学将被剥夺掉了'任何合理的基础'。"① 萨缪尔森还说："对于马克思来说，这并不是开玩笑，因为我们接近了他认为是他的创新的心脏地带。"②

第四，对于生产价格的分析来说，价值的分析是多余的。

萨缪尔森指出："马克思恩格斯——以及以后的多布和米克都错了，错在他们都认为劳动价值理论的某一方面可以内在地产生一种利润结构，这种结构与利润剥削理论相一致。"③ 萨缪尔森以他所举的例子即表8-3的情形说明，表中关于利润和价格的数据在剩余价值和价值任何数据计算出来以前，已经可以明明白白地计算出来。例如，在表8-3中，利润率＝1/3，谷物的价格＝1.6，煤炭的价格＝2.4。这样，根据资本的数据就可以得到第一和第二部门的利润是40和60，价格是160和240，而根本不需要知道剩余价值和价值究竟是多少。④

2. 笔者的回应

对于萨缪尔森提出的四个问题，笔者没有任何回避地正面回应如下：

第一，萨缪尔森认为，假如成本价格用生产价格表示，总剩余价值和总利润以及总价值和总生产价格是否相等就存在问题。这并不是萨缪尔森的新发现，马克思本人也意识到存在这个问题，并指出因此将存在误差。后来波特基维茨、温特尼茨和塞顿都提出了不同的解决方法，尽管笔者认为他们没有能够很好地解决这个问题，但是这个问题不是不可解决的。

笔者在本章下一节将证明，在成本价格用生产价格表示的条件下，总价值将等于总生产价格。马克思价值转化为生产价格的逻辑关系是正确的，马克思在价值转化为生产价格分析的路上不是像斯威齐说的那样"走了一半"，而是只剩下最后一步。

第二，萨缪尔森认为，只有在各个生产部门的资本有机构成相等，或者各个生产部门的不变资本和可变资本具有相同比例的实物构成的条件下，总剩余价值和总利润、总价值和总生产价格才相等。这同样不是萨缪尔森的新发现，波特基维茨在1906年已经提出了这种看法。笔者在本章下一节将证明，即使各个生产部门资本有机构成不等，

---

① SAMUELSON P A. Understanding the Marxian Notion of Exploitation [J]. Journal of Economic Literature, 1971 (6): 415-416, 416-417.

②③ SAMUELSON P A. Understanding the Marxian Notion of Exploitation [J]. Journal of Economic Literature, 1971 (6): 417.

④ SAMUELSON P A. Understanding the Marxian Notion of Exploitation [J]. Journal of Economic Literature, 1971 (6): 419-420.

总价值和总生产价格也必然相等。另外，萨缪尔森在讨论这个问题时，一直使用竞争价格或者价格的概念。既然是讨论马克思政治经济学，就应该使用马克思的范畴。笔者在本章下一节将证明，生产价格与市场价格是完全不同的范畴。

萨缪尔森在举例说明总价值与总生产价格相等依赖于现实中不存在的严格条件时，还混淆了劳动的价值和劳动力的价值。这说明他虽然激烈地批评马克思经济学但对马克思经济学缺乏精确的理解。萨缪尔森在列出前述表 8-3 的数据时没有具体说明计算过程，但是他的实际计算过程如下：

设谷物的价值是 L_1，煤炭的价值是 L_2，在剩余价值率为 100% 的条件下可列方程组：

$$10L_1+10L_2+(80\times1/4\times L_1+80\times1/4\times L_2)\times2=100L_1 \qquad (8-1)$$

$$40L_1+40L_2+(20\times1/4\times L_1+20\times1/4\times L_2)\times2=100L_2 \qquad (8-2)$$

$$1/4\times L_1+1/4\times L_2=1 \qquad (8-3)$$

在两个生产部门投入谷物和煤炭成比例的情况下，根据式（8-1）和式（8-2）不能计算出谷物和煤炭的价值，所以萨缪尔森补充了 $1/4\times L_1+1/4\times L_2=1$ 的方程，即工资等于 1 的方程。这样，解方程可得 $L_1=2$，$L_2=2$。把谷物和煤炭的价值代入两个部门的生产过程，便得到如表 8-3 所示的数据。

由于商品的价值量是由生产这种商品耗费的劳动时间决定的，式（8-3）等号右侧的 1 意味着 1 单位劳动，即投入两个生产部门中的 100 单位劳动中的 1 个单位。但是，1/4 单位谷物和 1/4 单位煤炭的价值仅仅是劳动者付出 1 单位劳动得到的劳动力的价值，而不是劳动的价值。在剩余价值率为 100%的假定条件下，劳动者必要劳动时间和剩余劳动时间的比例是 1∶1，1/4 单位谷物和 1/4 单位煤炭的价值的劳动力的价值是 1 单位劳动的价值的 1/2。萨缪尔森既然要批评马克思政治经济学，就应该按照马克思的原意来进行分析。因此，正确的方程组应该是：

$$10L_1+10L_2+(80\times1/4\times L_1+80\times1/4\times L_2)\times2=100L_1 \qquad (8-4)$$

$$40L_1+40L_2+(20\times1/4\times L_1+20\times1/4\times L_2)\times2=100L_2 \qquad (8-5)$$

$$1/4\times L_1+1/4\times L_2=1/2 \qquad (8-6)$$

解方程可得 $L_1=1$，$L_2=1$，与萨缪尔森求解的结果不同。虽然这个差异对价值转化为生产价格问题的讨论没有本质影响，但是区分劳动力的价值和劳动的价值是马克思经济学的重要贡献，这说明萨缪尔森对马克思经济学还缺乏深入的理解。

第三，萨缪尔森提出的第三和第四个问题是相互联系的，他用生产价格到价值的逆转化来讽刺马克思，并且说明价值的分析是多余的。

首先可以提出这样的问题：我们在现实经济中观察到的经济现象是什么？是等

量资本大约获得等量利润，是商品的生产价格。接着可以提出这样的问题：经济学研究的任务是什么？仅仅是描述我们看到的经济现象？马克思指出："分析经济形式，既不能用显微镜，也不能用化学试剂。二者都必须用抽象力的代替。"① 因此，马克思的研究方法是，从具体的经济现象出发，利用抽象力发现隐藏在经济现象背后的本质，然后通过本质的联系来发现经济的运动规律，最后再根据对经济规律的认识更好地理解经济现象。

这样就可以理解，生产价格是经济的现象形态，价值是经济的本质形态，马克思从现象形态抽象出本质形态，以更好地说明现象形态。这样，从逻辑上，马克思就需要说明价值是如何表现为生产价格的，也就是价值是如何转化为生产价格的，以便更好地认识生产价格这个现象形态。因此，根本不存在生产价格转化为价值的问题。现象是本质的表现，并非本质是现象的表现。另外，经济现象和经济本质是不同的，如果经济学仅仅是描述经济现象，经济学研究又有什么意义呢？马克思指出："如果事物的表现形式和事物的本质直接合而为一，一切科学都是多余的了。"②

关于经济现象和经济本质关系的问题，美国经济学者斯威齐的评论是正确的："劳动价值理论是使马克思的研究获得成功的关键所在。几乎没有人能够否认，正是它指导着马克思在他的历程中所迈出的每一步。同样，很难举出一个事例可以证明，马克思以后的任何一个理论家舍弃劳动价值理论可以得到与马克思相比较的成就。马克思十分清楚，经济数量关系在现实世界表现出来的是生产价格而不是价值。但在马克思看来，这本身不是理论的弱点而恰恰是相反。现实世界是由事物的现象和本质构成的。生产价格是现象，价值是本质。除非我们可以按照需要在它们之间来回移动，否则我们决不会取得比资本主义社会所呈现出来的表象更多的了解。"③

由此可见，萨缪尔森这两篇论文在学术上没有什么贡献，他指出的马克思价值转化为生产价格的分析存在的问题马克思自己早就认识到了，别的经济学者也早就指出了，他对马克思价值转化为生产价格的分析提出的批评是不能成立的。令人感到费解的是，一个不擅长马克思政治经济学研究的经济学者，却在1970年和1971年接连发表两篇论文批评马克思劳动价值理论。为什么呢？

---

① 马克思．资本论：第1卷［M］//马克思，恩格斯．马克思恩格斯全集：第23卷．北京：人民出版社，1972：8.

② 马克思．资本论：第3卷［M］//马克思，恩格斯．马克思恩格斯全集：第25卷．北京：人民出版社，1974：923.

③ SWEEZY P M. Marxian Value Theory and Crises［M］// STEEDMAN I. The Value Controversy. London：NLB，1981：22.

(二) 对斯蒂德曼看法的评论

1. 斯蒂德曼的看法

意大利经济学者斯蒂德曼与萨缪尔森不同，他是专门研究经济思想史的经济学者，出版过研究马克思政治经济学的许多论著。

1960 年，英籍意大利经济学者斯拉法出版了《用商品生产商品》的著作，同时引起了西方马克思主义经济学者和非马克思主义经济学者的关注。西方马克思主义经济学者认为，斯拉法理论体系是英国古典经济学的复兴，他的分析方法有助于解决马克思经济学中一些悬而未决的问题。西方非马克思主义经济学者则认为，斯拉法理论体系是新古典学派瓦尔拉斯（L. Walras）理论体系的再现，它可以取代马克思政治经济学的分析。斯蒂德曼属于后一类经济学者。

斯蒂德曼指出："1960 年，斯拉法出版了他的著作《用商品生产商品》。这本书的目的很明确，它要提供一种理论基础，以批驳那种把现有生产要素——资本的总价值作为已知条件的经济理论的内在逻辑。人们很快认识到：斯拉法的著作不但在这个明确目的上是成功的，而且它还提供了一种理论基础，以此可以确切地证明，只要能够采用剩余研究方法（surplus approach），对工资、利润和价格的理论分析与任何劳动价值理论没有任何关系。不仅如此，劳动理论还会阻碍以剩余价值为基础的理论的发展。"①

斯蒂德曼在 1977 年出版了《从斯拉法看马克思》的著作，对马克思价值转化为生产价格的分析从下面三个方面提出了他的看法：

第一，马克思提出的利润率不是现实的利润率。斯蒂德曼指出，马克思提出的不变资本（c）、可变资本（v）和剩余价值（s）三个范畴，都是用价值表示的。马克思提出的利润率，即剩余价值与总资本的比率［s/（c+v）］也是用价值表示的。但是，现实的利润率是用货币表示的，它等于以货币表示的利润与以货币表示的总资本的比率。如果价格与价值成比例，这两个利润率就是相同的。如果价格偏离价值，这两个利润率就不相等了。

斯蒂德曼还指出，价值利润率和货币利润率，哪一个有意义？哪一个影响着资本家的决策？哪一个在竞争中趋向平均化？答案显然是后者。马克思提出的价值利润率既不为资本家所知，也没有什么力量会促使它平均化。价值利润率不但不等于货币利

① STEEDMAN I. Ricardo, Marx, Sraffa［M］// STEEDMAN I. The Value Controversy. London: NLB, 1981: 12-13.

润率，而且还不能假定它接近货币利润率。例如，在具有相同的 v 和 s 但 c 不同的两个经济里，c 较大因而 s/（c+v）较小的经济可以有较高的货币利润率。因此，s/（c+v）在资本主义经济里不是一个有意义的利润率。

斯蒂德曼再指出：“马克思的论述在内部是不一致的。他假定 s/（c+v）是利润率，但其后又得出价格偏离价值的结果，而这一般来说确切地意味着 s/（c+v）并非利润率。”①

第二，从价值不能求得利润和生产价格。斯蒂德曼举了一个数字例子来解释这个问题。假定某一个社会有三个部门：一个部门生产工具，例如铁；一个部门生产黄金；一个部门生产消费品，例如谷物。每一个生产部门的生产都需要铁和劳动，铁在一年内全部消耗完毕，因而没有固定资本。这个经济的生产情况如表 8-4 所示。

表 8-4　斯蒂德曼的实物生产数字例子

生产部门	投入		产出		
	铁	劳动	铁	黄金	谷物
制铁工业	28	56	56	0	0
黄金工业	16	16	0	48	0
种植业	12	8	0	0	8
总和	56	80	56	48	8

从整个社会来看，净产量是 48 单位黄金和 8 单位谷物。假定 80 单位劳动的实物工资是 5 单位谷物，这样资本家便得到 48 单位黄金和 3 单位谷物。

设 1 单位铁、黄金和谷物的价值分别是 L_i、L_g、L_c，可列方程组：

$$28L_i+56=56L_i \quad (8-7)$$

$$16L_i+16=48L_g \quad (8-8)$$

$$12L_i+8=8L_c \quad (8-9)$$

解方程组得 $L_i=2$，$L_g=1$，$L_c=4$。由于 80 单位劳动的实物工资是 5 单位谷物，劳动力的价值 v=20，剩余价值 s=60，剩余价值率 s/v=300%。这样从上面的实物生产情况可以得到价值生产情况，如表 8-5 所示。

表 8-5　斯蒂德曼的价值生产数字例子

生产部门	不变资本（c）	可变资本（v）	剩余价值（s）	价值
制铁工业	56	14	42	112

① STEEDMAN I. Marx after Sraffa [M]. London: NLB, 1977: 29-31.

续表

生产部门	不变资本（c）	可变资本（v）	剩余价值（s）	价值
黄金工业	32	4	12	48
种植业	24	2	6	32
总和	112	20	60	192

斯蒂德曼指出，按照马克思的转化方法，首先根据总剩余价值（s）和总资本（c+v）决定利润率（p），然后用各个生产部门的资本乘以1+p得到相应的生产价格。这样，平均利润率是$45\frac{5}{11}\%$，铁的生产价格是$101\frac{9}{11}$，黄金的生产价格是$37\frac{9}{11}$，谷物生产价格是$37\frac{9}{11}$。总价值等于总生产价格，总剩余价值等于总利润。

斯蒂德曼认为，马克思的结论无法令人接受。当马克思把产出的价值转化为生产价格时，他既没有把投入的铁的价值转化为生产价格，也没有把投入的作为实物工资的谷物的价值转化为生产价格，这样铁和谷物作为产品出售和作为投入购买具有了不同的交换价值。另外，当价值与生产价格不等时，马克思说的利润率s/（c+v）并不是资本主义社会的利润率。

斯蒂德曼还认为，按照马克思的看法，黄金是货币商品，如果使黄金的生产价格等于1，用r表示利润率，用W、P_i、P_c分别表示每单位劳动时间的货币工资率、铁的价格、谷物的价格，根据实物生产的数字例子可以得到方程组：

$$(1+r)(28P_i+56W)=56P_i \tag{8-10}$$

$$(1+r)(16P_i+16W)=48 \tag{8-11}$$

$$(1+r)(12P_i+8W)=P_c \tag{8-12}$$

$$80W=5P_c \tag{8-13}$$

解方程组得：$r=52.08\%$，$W=0.2685$，$P_i=1.7052$，$P_c=4.2960$。结果表明，货币利润率与马克思的价值利润率相差甚远，产品的总价值（192）不等于产品的总生产价格（178），总剩余价值（60）不等于总利润（61）。

斯蒂德曼得到这样的结论："总利润等于总剩余价值的看法，如同s/（c+v）是利润率的看法一样，是错误的。"①

第三，不必通过价值分析也可以决定利润率和生产价格。

斯蒂德曼假定，某个资本主义社会用单一的生产方法生产某种产品，选择某个合

① STEEDMAN I. Marx after Sraffa［M］. London：NLB，1977：37-40.

适的单位使每种商品的总产量等于1；设投入的生产工具的矩阵为 $\boldsymbol{A}$，$\boldsymbol{A}$ 的第 j 列表示产业 j 消耗的生产工具的数量；设各个产业的就业水平是向量 $\boldsymbol{a}$，$\boldsymbol{a}$ 的总和即总就业量是 $\boldsymbol{L}$。如果某一个时期的利润率是 r，货币价格是向量 $\boldsymbol{P}$，货币工资是 m 并且预先支付，那么

$$(1+r)(\boldsymbol{P}^m\boldsymbol{A}+m\boldsymbol{a})=\boldsymbol{P}^m \tag{8-14}$$

这就是说，产业 j 的货币总收入等于投在生产工具上和工资上的货币资本与它所获得的相应利润之和，根据式（8-14）可以得到

$$(1+r)\boldsymbol{P}^m\boldsymbol{A}+(1+r)m\boldsymbol{a}=\boldsymbol{P}^m \tag{8-15}$$

即
$$(1+r)m\boldsymbol{a}=\boldsymbol{P}^m-(1+r)\boldsymbol{P}^m\boldsymbol{A} \tag{8-16}$$

即
$$(1+r)m\boldsymbol{a}=\boldsymbol{P}^m[1-(1+r)\boldsymbol{A}] \tag{8-17}$$

从而可以推导出下列公式

$$\boldsymbol{P}^m[1-(1+r)\boldsymbol{A}]=(1+r)m\boldsymbol{a} \tag{8-18}$$

或
$$\boldsymbol{P}^m=m(1+r)\boldsymbol{a}[1-(1+r)\boldsymbol{A}]^{-1} \tag{8-19}$$

这个公式表示价格 $\boldsymbol{P}$ 和利润率 r 之间的关系。

如果用 $\boldsymbol{w}$ 表示工人实物工资向量，假定工人不储蓄，他们的货币工资按照现行价格能买到的物品等于实物工资，这样

$$m\boldsymbol{L}=\boldsymbol{P}^m\boldsymbol{w} \tag{8-20}$$

把式（8-19）代入式（8-20）可得

$$m\boldsymbol{L}=m(1+r)\boldsymbol{a}[1-(1+r)\boldsymbol{A}]^{-1}\boldsymbol{w} \tag{8-21}$$

即
$$\boldsymbol{L}=(1+r)\boldsymbol{a}[1-(1+r)\boldsymbol{A}]^{-1}\boldsymbol{w} \tag{8-22}$$

在式（8-22）里，$\boldsymbol{L}$、$\boldsymbol{a}$、$\boldsymbol{A}$ 和 $\boldsymbol{w}$ 是已知的，r 是未知的。这样，在既定的实物生产条件下，根据式（8-22）可以决定利润率 r，再根据公式（8-19）可以决定价格 $\boldsymbol{P}$。

斯蒂德曼认为，不必涉及任何劳动和价值的概念，就可以由实物生产条件和实物工资决定利润率和货币价格。"需要把价值转化为生产价格的问题是不存在的，这一点逐渐变得清楚了。'转化'问题是一个'不成为问题的问题'，是一个伪命题。它只是在人们错误地认为利润率必须根据劳动量才能决定，才人为地产生并具有意义。一旦看到没有这个必要时，这个'问题'就这么简单地消失了。"

斯蒂德曼还认为，根据 $\boldsymbol{A}$、$\boldsymbol{a}$、$\boldsymbol{L}$、$\boldsymbol{w}$ 的数据也可以得到剩余价值和价值。例如，设 $\boldsymbol{L}_c$ 为商品价值的向量，由于各种商品的总产量等于1，商品价值（$C_i+V_i+m_i$）可以表达为：

$$\boldsymbol{L}_c\boldsymbol{A}+\boldsymbol{a}=1 \tag{8-23}$$

在公式（8-23）中，$\boldsymbol{L}_c\boldsymbol{A}$ 表示不变资本的向量，$\boldsymbol{a}$ 表示可变资本与剩余价值的向

量。这个公式可以表达为：

$$L_c = a\ (1-A)^{-1} \tag{8-24}$$

商品的价值依赖于商品的生产条件，与和无关。劳动力价值依赖于 L_c 和 w，即

$$V = L_c w = a\ (1-A)^{-1} w \tag{8-25}$$

$$S = L - V = L - L_c w = a\ (1-A)^{-1} w \tag{8-26}$$

马克思的不变资本 C、可变资本 V、剩余价值 S、价值 L 都可以从实物生产条件和实物工资中计算出来。既然从这些生产条件已经可以计算出利润和价格，那么再用剩余价值和价值去决定利润和价格就是多余的了。①

斯蒂德曼基于前面的分析，对马克思的劳动价值理论提出如下评价："根据在马克思本人的政治经济学中所能发现的假定，可以证明马克思价值理论的内部经常有不一致的地方，它完全不能针对资本主义经济的主要特征提供马克思所寻求的解释。正相反，对同样这些特征能够给予合情合理解释的，无论在哪一个方面都与价值的大小无关。因此，为了发展前后连贯的关于资本主义的唯物主义理论，应该抛弃马克思的劳动价值理论——这几乎就是他的著作的核心。"②

2. 笔者的回应

对于斯蒂德曼提出的问题，笔者同样严格对应地回应：

第一，斯蒂德曼提出，马克思的利润率不是现实的利润率。马克思的利润率当然不是现实的利润率。马克思在分析价值转化为生产价格时，是用价值表示成本价格的。马克思认为，剩余价值表现为总资本的增加额时就成为利润，利润与总资本的比率成为利润率。在马克思分析的这个步骤里，不变资本、可变资本、剩余价值都是用价值表示的，马克思所说的利润率是以价值表示的利润率。但是，在现实经济中，利润率是以货币表示的。笔者在下一节还会证明，如果用生产价格表示成本价格中的价值，以价值表示的利润率就会转化为以生产价格表示的利润率，这个利润率仍然不是现实经济中的利润率。

这里就存在这样的问题，按照价值计算或按照生产价格计算的利润率与现实经济中的利润率不同，也就是与资本家关心的利润率不同，那么按照价值或生产价格计算的利润率就没有意义吗？按照这个逻辑，既然我们在现实世界中看到的是性质、形状和状态各异的物体，为什么还要研究分子、原子和原子核呢？分子、原子和原子核与现实世界中的物体不同，与我们使用物体过程中关心的性质、形状和状态不同，就不

① STEEDMAN I. Marx after Sraffa［M］. London：NLB，1977：50-68.

② STEEDMAN I. Marx after Sraffa［M］. London：NLB，1977：206-207.

需要研究分子、原子和原子核了吗？如果人们只满足于现实社会和在现实世界中所能看到的现象，科学研究还有什么意义呢？

第二，斯蒂德曼提出，马克思在价值转化为生产价格的过程中没有把不变资本和可变资本的价值转化为生产价格，如果这样做，总剩余价值将不等于总利润，总价值将不等于总生产价格。这个问题笔者在回应萨缪尔森的时候已经进行了分析。笔者在下一节中将会论证，在不变资本和可变资本用生产价格表示以后，总价值仍然等于总生产价格。

第三，斯蒂德曼提出，不必进行价值分析也可以进行利润率和生产价格的分析。当然，利润和价格都是现实经济中的现象，在经济学产生以前人们就已经知道如何计算利润和价格了。而经济学之所以产生，就是要对这些经济现象进行分析。描述这些经济现象是一种分析，探究这些经济现象的本质也是一种分析，而后者比前者更加深刻，更能够认识经济现象。如果按照斯蒂德曼的逻辑，资本家已经知道如何计算利润和价格了，斯蒂德曼在货币层面对利润和价格的分析也是多余的。

从以价值表示的利润率到以生产价格表示的利润率，从价值到生产价格，是一个从具体到抽象，再从抽象回归具体的逻辑分析过程。马克思指出："研究必须充分占有材料，分析它的各种发展形式，探寻这些形式的内在联系。只有这项工作完成以后，现实的运动才能适当地叙述出来。"①

从上面的分析可以看到，与萨缪尔森的论文相似，斯蒂德曼的著作在学术上也没有什么贡献，他提出的马克思价值转化为生产价格的分析存在的问题马克思自己早就认识到了，他对马克思价值转化为生产价格的分析提出批评是因为他并不理解马克思的分析方法。

三、对马克思生产价格理论支持者的评论

(一) 波特基维茨-温特尼茨-塞顿解法

在马克思提出如果不变资本和可变资本用生产价格表示，价值转化为生产价格的分析将会出现误差以后，经济学家们开始不断地探索解决这个问题的方法。由于这方面研究文献很多，笔者主要选择经典的解决方法加以评述。100多年来，在经济学界出现了各种各样的解决方法，其中最有影响力的是两种：一种是以波特基维茨解决方法

① 马克思．资本论：第1卷［M］//马克思，恩格斯．马克思恩格斯全集：第23卷．北京：人民出版社，1972：23.

为基础发展起来的，另一种是以斯拉法不变价值尺度为基础发展起来的。

1. 对波特基维茨解法的评述

（1）波特基维茨的解法

1907 年 7 月，德国统计学者波特基维茨在《国民经济与统计年鉴》上发表了题为《马克思〈资本论〉第三卷基础理论结构的校正》的论文，提出了价值转化为生产价格的解决方法。

波特基维茨假定：第一，全部预付资本都在一年内消耗完毕，并把价值转移到产品中去。第二，社会生产划分为三个部门，部门Ⅰ生产生产资料，部门Ⅱ生产个人的消费资料，部门Ⅲ生产资本家的消费资料。第三，社会生产是简单的再生产。

设 c_1、c_2、c_3 表示三个生产部门的不变资本，v_1、v_2、v_3 表示三个生产部门的可变资本，s_1、s_2、s_3 表示三个生产部门的剩余价值，简单再生产的条件可以用下面的方程组来表示：

$$c_1+v_1+s_1=c_1+c_2+c_3 \quad (8-27)$$

$$c_2+v_2+s_2=v_1+v_2+v_3 \quad (8-28)$$

$$c_3+v_3+s_3=s_1+s_2+s_3 \quad (8-29)$$

如果用 r 表示剩余价值率，那么

$$r=s_1/v_1=s_2/v_2=s_3/v_3 \quad (8-30)$$

式（8-27）、式（8-28）和式（8-29）可以写成：

$$c_1+(1+r)v_1=c_1+c_2+c_3 \quad (8-31)$$

$$c_2+(1+r)v_2=v_1+v_2+v_3 \quad (8-32)$$

$$c_3+(1+r)v_3=s_1+s_2+s_3 \quad (8-33)$$

要把价值转化为生产价格，可以设

$$c_1+c_2+c_3=C \quad (8-34)$$

$$v_1+v_2+v_3=V \quad (8-35)$$

$$s_1+s_2+s_3=S \quad (8-36)$$

这样，平均利润率 ρ 为：

$$\rho=S/(C+V) \quad (8-37)$$

按照马克思的分析方法，三个生产部门的生产价格如下：

$$c_1+v_1+\rho(c_1+v_1) \quad (8-38)$$

$$c_2+v_2+\rho(c_2+v_2) \quad (8-39)$$

$$c_3+v_3+\rho(c_3+v_3) \quad (8-40)$$

这样，价值的总和将等于生产价格的总和。但是，这种解决方法没有把不变资本和可变资本包括在转化过程中，而从马克思提出的价值规律得出平均利润率原理时，又必须包括这些因素。因此，这种方法无法被人们接受。

波特基维茨认为，价值转化为生产价格的正确方法如下：

假定三个生产部门的价格与价值之比分别是 $x:1$、$y:1$、$z:1$，平均利润率是 ρ，从式（8-38）、式（8-39）和式（8-40）可以得到下面的方程组：

$$(1+\rho)(c_1x+v_1y)=(c_1+c_2+c_3)x \tag{8-41}$$

$$(1+\rho)(c_2x+v_2y)=(v_1+v_2+v_3)y \tag{8-42}$$

$$(1+\rho)(c_3x+v_3y)=(s_1+s_2+s_3)z \tag{8-43}$$

在这个方程组里，有三个方程和四个未知数 x、y、z 和 ρ。为了求解这些未知数，一方面可以增加第四个方程，使总价值等于总生产价格，如

$$Cx+Vy+Sz=C=V+Z \tag{8-44}$$

其中，

$$C=c_1+c_2+c_3 \tag{8-45}$$

$$V=v_1+v_2+v_3 \tag{8-46}$$

$$S=s_1+s_2+s_3 \tag{8-47}$$

另一方面，也可以假定作为价值和价格单位的商品，它的价值和价格都等于1。例如，设第三个生产部门生产黄金，令 $z=1$。如果按照后一种方法，从式（8-41）、式（8-42）、式（8-43）可以求解三个未知数 x、y 和 ρ。设

$$v_1/c_1=f_1,\ (v_1+c_1+s_1)/c_1=g_1 \tag{8-48}$$

$$v_2/c_2=f_2,\ (v_2+c_2+s_2)/c_2=g_2 \tag{8-49}$$

$$v_3/c_3=f_3,\ (v_3+c_3+s_3)/c_3=g_3 \tag{8-50}$$

再设 $1+p=\sigma$，式（8-41）、式（8-42）、式（8-43）可以写成：

$$\sigma(x+f_1y)=g_1x \tag{8-51}$$

$$\sigma(x+f_2y)=g_2y \tag{8-52}$$

$$\sigma(x+f_3y)=g_3z \tag{8-53}$$

从式（8-51）可以得到：

$$x=f_1y\sigma/(g_1-\sigma) \tag{8-54}$$

把 x 值代入式（8-52）可以得到：

$$(f_1-f_2)\sigma^2+(f_2g_1+g_2)\sigma-g_1g_2=0 \tag{8-55}$$

解得：

$$\sigma=\frac{-(f_2g_1+g_2)+\sqrt{(f_2g_1+g_2)^2+4(f_1-f_2)g_1g_2}}{2(f_1-f_2)} \tag{8-56}$$

$$\sigma=\frac{f_2g_1+g_2-\sqrt{(g_2-f_2g_1)^2+4f_1g_1g_2}}{2(f_2-f_1)} \tag{8-57}$$

很容易证明，二次方程式（8-55）只有唯一的解。如果$f_1-f_2>0$，在式（8-56）的平方根前加上负号可得$\sigma<0$；如果$f_1-f_2<0$，在式（8-57）的平方根前加上正号，结果是：

$$\sigma>g_2/(f_2-f_1) \tag{8-58}$$

这样将肯定：

$$\sigma>g_2/f_2 \tag{8-59}$$

这与从式（8-52）得到的$\sigma<g_2/f_2$相矛盾。从式（8-52）和式（8-53）可以得到：

$$y=\frac{g_3}{g_2+(f_3-f_2)\sigma} \tag{8-60}$$

这样，可以确定三个未知数x、σ和y。

波特基维茨举了一个数字例子来说明价值转化为生产价格的过程。假定某个经济社会的价值生产情况如表8-6所示。

表8-6　波特基维茨的价值计算例子

生产部门	不变资本	可变资本	剩余价值	价值
Ⅰ	225	90	60	375
Ⅱ	100	120	80	300
Ⅲ	50	90	60	200
总和	375	300	200	875

根据表中的数据，可以得到：$c_1=225$，$c_2=100$，$c_3=50$；$v_1=90$，$v_2=120$，$v_3=90$；$s_1=60$，$s_2=80$，$s_3=60$；$f_1=\frac{2}{5}$，$f_2=\frac{6}{5}$，$f_3=\frac{9}{5}$；$g_1=\frac{5}{3}$，$g_2=3$，$g_3=4$。

按照马克思的计算方法，$s=200$，$c=375$，$v=300$，$\rho=\frac{200}{675}=\frac{8}{27}$。根据这些结果，可以得到马克思的生产价格的计算结果，如表8-7所示。

表8-7　马克思的计算方法

生产部门	不变资本	可变资本	剩余价值	价值
Ⅰ	225	90	$93\frac{9}{27}$	$408\frac{9}{27}$

续表

生产部门	不变资本	可变资本	剩余价值	价值
Ⅱ	100	120	$65\frac{5}{27}$	$285\frac{5}{27}$
Ⅲ	50	90	$41\frac{13}{27}$	$181\frac{13}{27}$
总和	375	300	200	875

但是，马克思没有把不变资本和可变资本中包含的商品的价值转化为生产价格。按照正确的计算方法，从式（8-54）、式（8-57）、式（8-60）可以得到：$\sigma=\frac{5}{4}$，$\rho=\frac{1}{4}$，$y=\frac{16}{15}$，$x=\frac{32}{25}$。这样，就可以正确地计算生产价格，如表 8-8 所示。

表 8-8　波特基维茨的计算方法

生产部门	不变资本	可变资本	利润	生产价格
Ⅰ	288	96	96	480
Ⅱ	128	128	64	320
Ⅲ	64	96	40	200
总和	480	320	200	1000

表 8-8 表示的不变资本、可变资本、利润和生产价格不但不同于表 8-7 中表示的按照马克思计算方法得到的不变资本、可变资本、剩余价值和价值，而且总生产价格大于总价值。原因是在这个例子中，黄金用作价值和价格的标准单位，生产黄金的部门Ⅲ的资本有机构成比较低，在黄金转换为生产价格以后，黄金的生产价格低于价值，但是黄金的价值和价格都假定为 1，这就提高了以黄金表示的其他商品的价格，导致总生产价格大于总价值。①

美国经济学者斯威齐把波特基维茨的解决方法介绍到经济学界以后，受到了马克思主义经济学者的高度评价。斯威齐认为，波特基维茨的解决方法在逻辑上是没有缺陷的。虽然这种在逻辑上令人满意的解决方法，与马克思有欠缺的解决方法在结果上是不同的，总价值不等于总生产价格，价格图式中的利润率不等于价值图式中的利润

① BORTKIEWICZ L V. On the Correction of Marx's Fundamental Theoretical Construction［M］// VON BOHM-BAWERK E, HILFERDING R, SWEEZY P M. Karl Marx and the Close of His System & Bohm-Bawerk's Criticism of Marx. New York：Augustus M. Kelley, 1949：199-206.

率，但是这仅仅是尺度的变化，而不是实质的变化。①

英国经济学者多布认为：“马克思用来说明生产价格从价值派生出来的计算上的特殊例证是不充分和不完整的。……并且，‘平均说来’，生产价格和价值、利润和剩余价值相等的简单论点是十分不充分的。……但是不能推论说，新利润率与旧利润率（即价值状态的利润率）、因而与剩余价值理论中规定的剩余价值率不可能有确定的关系。也不能推论说，在产品价格取决于投入价格，以及产品价格反过来影响投入价格这种错综复杂的相互依赖的情况下，对于满足假设条件的所有变量，不能找到唯一的一组数值。……本世纪最初10年，波特基维茨的功绩已经表明，在分别生产不变资本因素（《资本论》第二卷末篇再生产图式中的第一部类）、工人消费品和资本家专门消费的奢侈品的三个部类或三个部门的简化情况下，这样一种解决方法确实是可能的。”②

英国经济学者德赛指出：“马克思解决转化问题的尝试被一些简单但又很严重的错误弄糟了。直到波特基维茨才正确地阐述了马克思试图解决的问题，并且说明了他的解决方法的性质。波特基维茨正确地看到，问题必须用价格项和价值项来分别加以表达，然后必须严格地证明从价值到价格的映射。波特基维茨的解决方法在数学上是极妙的。”③

（2）笔者的评论

笔者认为，波特基维茨提出的解决价值转化为生产价格的方法，在数学形式上是有创意的，具有重要的启发意义。他用 x、y、z 分别表示三个生产部门商品生产价格与价值的比率，然后用方程组同时把投入品和产出品的价值转化为生产价格。这样，他就从数学角度找到了同时把成本价格中包含的商品和生产出来的商品转化为生产价格的方法，这是应该肯定的。但是，笔者认为，波特基维茨的解决方法存在下面三个问题：

第一，波特基维茨为方便起见，假定资本主义再生产是简单再生产无可非议。但是，资本主义生产的基本特征是扩大再生产，波特基维茨的解决方法要扩展到资本主义扩大再生产才有意义。

第二，波特基维茨把社会生产划分为生产生产资料、工人的消费品和资本家的奢侈品三个生产部门是可行的，但是他假定第三个生产部门的生产价格与价值之比 $z=1$

① SWEEZY P M. Marxian Value Theory and Crises [M] // STEEDMAN I. The Value Controversy. London: NLB, 1981: 22.

② DOBB M H. Marx's ‘Capital’ and Its Place in Economic Theory [J]. Science and Society, 1967, 31 (4): 532-533.

③ DESAI M. Marxian Economic Theory [M]. London: Gray-Mills Publishing, 1974: 42-43.

则不合理。$z=1$ 意味着第三个生产部门的生产价格等于价值，它们在数值上不受转化过程的影响。但是，在波特基维茨的数字例子中，第三个生产部门的生产价格是不等于价值的，这样就高估了整个社会各种商品的生产价格。当然，如果第三个生产部门的资本有机构成与整个社会的平均资本有机构成相等，那么假定 $z=1$ 就是合理的。但这样一来，波特基维茨分析的就只是一种特殊情形而不是一般情形。

第三，波特基维茨并没有完全解决价值转化为生产价格的问题。按照波特基维茨的解决方法，总价值和总生产价格在一般情况下是不相等的，只有在特定的情况下即黄金工业的资本有机构成等于社会平均资本有机构成的条件下，总价值才等于总生产价格。

笔者认为，西方马克思主义经济学者给予波特基维茨解决方法的高度评价言过其实了。价值转化为生产价格不仅仅是价值和生产价格数量关系的分析，更重要的是一种逻辑过程的分析。马克思已经完整地分析了价值转化为生产价格的逻辑过程，只是没有能够解决一旦成本价格包含的商品用生产价格表示所产生的误差。即使在价值转化为生产价格的数量关系分析中，波特基维茨也没有完全解决一旦成本价格包含的商品用生产价格表示所产生的误差。但是，波特基维茨的解决方法从数量上清晰地证明：如果坚持认为价值转化为生产价格是以劳动时间计量的价值转化为以货币计量的生产价格，那么没有一般解。

2. 对温特尼茨解法的评述

（1）温特尼茨的解法

英国经济学者温特尼茨在1948年6月《经济杂志》上发表了题为《价值与价格：所谓转化问题的一个解法》的论文，对波特基维茨的解决方法作了补充。

温特尼茨认为，波特基维茨的解决方法存在两个不能令人满意的地方：一是波特基维茨以资本主义简单再生产作为例证，但是资本主义生产的特征是扩大再生产而不是简单再生产；二是波特基维茨把社会生产部门划分为生产资本品、工人消费品、资本家消费品的三个部门，并把黄金看作第三个生产部门的商品，这样的假定既武断也不妥当。

温特尼茨指出，即使没有这样的假定条件，也同样可以解决价值转化为生产价格的问题。例如，在三个生产部门中，用 x、y、z 表示价格与价值的偏离，可以得到下面的方程组：

价值计算方程组

$$\text{I}\quad C_1+V_1+S_1=a_1 \qquad (8-61)$$

$$\text{II}\quad C_2+V_2+S_2=a_2 \qquad (8-62)$$

$$\text{Ⅲ}\ C_3+V_3+S_3=a_3 \tag{8-63}$$

价格计算方程组

$$\text{Ⅰ}\ C_1x+V_1y+S_1z=a_1x \tag{8-64}$$

$$\text{Ⅱ}\ C_2x+V_2y+S_2z=a_2y \tag{8-65}$$

$$\text{Ⅲ}\ C_3x+V_3y+S_3z=a_3z \tag{8-66}$$

在部门Ⅰ和Ⅱ中，利润率ρ必然相等，

$$1+\rho=a_1x/\ (C_1x+V_1y)\ =a_2y/\ (C_2x+V_2y) \tag{8-67}$$

设$m=x/y$，可以得到下面的方程：

$$m=\frac{a_2C_1-a_1V_2+\sqrt{(a_2C_1-a_1V_2)^2-4a_1a_2V_1C_2}}{2a_1C_2} \tag{8-68}$$

根据m的定义，

$$\rho=\frac{a_1m}{C_1m+V_1}-1 \tag{8-69}$$

如果把平均利率这个未知数也考虑在内，上述方程组可以决定价格比率$x:y:z$，但不能决定价格水平x、y、z。要求解价格水平，还需要增加一个方程，即总价值等于总生产价格。这个方程符合马克思的原意，它意味着只有价值发生变化，总价格才会发生变化。实际上，价格水平是不断围绕价值上下波动的，不会与价值水平相一致。因此，总价值等于总价格的方程从一个经济周期循环变动的平均数来看才是正确的。总价值等于总价格的方程如下：

$$a_1x+a_2y+a_3z=a_1+a_2+a_3=a \tag{8-70}$$

在方程（8-70）中代入$y=x/m$，使生产部门Ⅲ的利润率与从生产部门Ⅰ和Ⅱ推导出来的利润率相等，就可以消去z，从而得到下面的方程：

$$x=\frac{am\ (C_1m+V_1)}{a_1m\ (C_3m+V_3)\ +\ (a_1m+a_2)\ (C_1m+V_1)} \tag{8-71}$$

$$z=\frac{a_1\ (C_3m+V_3)\ x}{a_3\ (C_1m+V_1)} \tag{8-72}$$

在求解除法以后，和也就可以求解出来了。这个转化形式不仅适用于资本主义简单再生产，还适用于资本主义扩大再生产。①

对于温特尼茨的解决方法，英国经济学者梅伊指出："温特尼茨的评述朝着正确的方向前进了一步。如果按照马克思对价值和生产价格所下的定义，温特尼茨的方程式

① INTERNITZ J. Value and Price: A Solution of So-Called Transformation Problem [J]. Economic Journal, 1948, 53 (230): 276-280.

显然存在着连接两者的简单的转化关系。这种转化从任何均衡条件中独立出来（而这样的均衡条件在波特基维茨的论文中是经常出现的）。同时，价值总额通过转化而保持不变。作为连接价值和生产价格形式这个意义上的‘转化问题’，从数学的角度来看实际上是微不足道的。这样，温特尼茨消除了由波特基维茨引起的人为混乱。”①

（2）笔者的评论

笔者认为，温特尼茨的解决方法确实在波特基维茨解决方法的基础上前进了一步，具体表现在以下两个方面：

第一，温特尼茨取消了波特基维茨解决方法中关于简单再生产的前提，证明了波特基维茨的解决方法不仅适用于简单再生产，还适用于扩大再生产。例如，波特基维茨是从下面的价值方程组着手进行分析的：

$$c_1+v_1+s_1=c_1+c_2+c_3 \tag{8-73}$$

$$c_2+v_2+s_2=v_1+v_2+v_3 \tag{8-74}$$

$$c_3+v_3+s_3=s_1+s_2+s_3 \tag{8-75}$$

这意味着第一个生产部门生产的生产资料，正好能够补偿三个生产部门消耗的生产资料。第二和第三个生产部门的情况也是如此。但是，温特尼茨以下面的价值方程组作为分析的前提：

$$C_1+V_1+S_1=a_1 \tag{8-76}$$

$$C_2+V_2+S_2=a_2 \tag{8-77}$$

$$C_3+V_3+S_3=a_3 \tag{8-78}$$

上述方程组舍弃了维持简单再生产的均衡条件，只是简单地表示了三个生产部门产品的价值构成。因此，这个方程组既适合于资本主义简单再生产，也适合于资本主义扩大再生产。

第二，温特尼茨取消了波特基维茨解决方法中第三个生产部门价格与价值的比率 $z=1$ 的假定，增加了总价值等于总生产价格的方程。如前所述，$z=1$ 的假定意味着第三个生产部门产品的生产价格总与价值相一致，这是不合理的。总价值等于总生产价格应该是在解决价值转化为生产价格以后才能得出的结论，但是只要加以充分论证，在分析价值转化为生产价格的数量关系时仍可以将它作为前提。

然而，笔者认为，温特尼茨的解决方法仍然存在缺陷：

第一，温特尼茨把价值和价格混为一谈了。实际上，这个错误在波特基维茨解决

① MAY K. Value and Price of Production: A Notion of Winternitz's Solution [J]. Economic Journal, 1948 (12): 596.

方法中已经存在，但是除了波特基维茨力求引入黄金的因素以寻找同时度量价值和生产价格的标准以外，他分析的实际上是马克思所说的生产价格。而温特尼茨在这个方面反而比波特基维茨后退了，他直接把生产价格看作市场价格，郑重其事地分析市场价格如何围绕价值波动，总市场价格与总价值如何在一个经济周期内趋向相等。笔者在本章下一节将会证明，生产价格与市场价格是不同的范畴，如果说在简单商品生产条件下，价值是市场价格的基础，那么在利润率平均化的条件下，生产价格就成为市场价格变化的基础。

英国经济学者梅伊正确地指出了这一点："在温特尼茨的评述中，显然将生产价格和现实交换中的比率这种通常意义上的价格视为是同样的东西。然而，这两个概念正像价值和价格的区别一样是两个不同的概念。"①

第二，虽然温特尼茨的解决方法在数学形式上改进了波特基维茨的解决方法，但在核心内容上反而比波特基维茨解决方法后退了。波特基维茨还能证明，在特定的条件下总价值和总生产价格相等。而温特尼茨则以总价值与总市场价格相等为前提来分析价值转化为生产价格的数量关系，然而总价值等于总生产价格正是价值转化为生产价格的分析所要解决的问题。

3. 对塞顿解法的评述

（1）塞顿的解法

英国经济学者塞顿在 1957 年 6 月《经济研究评论》上发表题为《转化问题》的论文，把温特尼茨对三个生产部门的分析扩展到 n 个生产部门。

塞顿认为，可以把所有社会生产部门分为三种类型：类型 1 生产资本品，类型 2 生产消费品，类型 3 生产奢侈品。设 $\boldsymbol{A}_1$、$\boldsymbol{A}_2$、$\boldsymbol{A}_3$ 是这三类生产部门生产 1 单位商品所需要的资本系数矩阵，$\boldsymbol{L}_1$、$\boldsymbol{L}_2$、$\boldsymbol{L}_3$ 是相应投入的劳动系数行向量，$\boldsymbol{\Lambda}_1$、$\boldsymbol{\Lambda}_2$、$\boldsymbol{\Lambda}_3$ 是这三类生产部门的价值行向量，并且 $\boldsymbol{\Lambda}=\boldsymbol{\Lambda}_1+\boldsymbol{\Lambda}_2+\boldsymbol{\Lambda}_3$。这样，求解价值的方程组是：

$$\boldsymbol{\Lambda}_1\boldsymbol{A}_1+\boldsymbol{L}_1=\boldsymbol{\Lambda}_1 \tag{8-79}$$

$$\boldsymbol{\Lambda}_2\boldsymbol{A}_2+\boldsymbol{L}_2=\boldsymbol{\Lambda}_2 \tag{8-80}$$

$$\boldsymbol{\Lambda}_3\boldsymbol{A}_3+\boldsymbol{L}_3=\boldsymbol{\Lambda}_3 \tag{8-81}$$

或

$$\boldsymbol{\Lambda A}+\boldsymbol{L}=\boldsymbol{\Lambda} \tag{8-82}$$

求解生产价格的方程组是：

---

① MAY K. Value and Price of Production: A Notion of Winternitz's Solution [J]. Economic Journal, 1948 (12): 596.

$$(1+\boldsymbol{\rho})(\boldsymbol{P}_1\boldsymbol{A}_1+\boldsymbol{P}_2\boldsymbol{D}_2\boldsymbol{L}_1)=\boldsymbol{P}_1 \tag{8-83}$$

$$(1+\boldsymbol{\rho})(\boldsymbol{P}_1\boldsymbol{A}_2+\boldsymbol{P}_2\boldsymbol{D}_2\boldsymbol{L}_2)=\boldsymbol{P}_2 \tag{8-84}$$

$$(1+\boldsymbol{\rho})(\boldsymbol{P}_1\boldsymbol{A}_3+\boldsymbol{P}_2\boldsymbol{D}_2\boldsymbol{L}_3)=\boldsymbol{P}_3 \tag{8-85}$$

其中$\boldsymbol{\rho}$是利润率，$\boldsymbol{D}$是每小时维持工人生存所需要的消费品的列向量，$\boldsymbol{P}$是均衡价格。

式（8-83）、式（8-84）、式（8-85）可以写成：

$$(1+\boldsymbol{\rho})\boldsymbol{P}(\boldsymbol{A}+\boldsymbol{DL})=\boldsymbol{P} \tag{8-86}$$

均衡利润率$\boldsymbol{\rho}$和均衡价格$\boldsymbol{P}$可以由价格方程组求解。$\boldsymbol{M}=\boldsymbol{A}+\boldsymbol{DL}$称为增广投入系数矩阵，$\boldsymbol{M}$的特征根$\pi$与利润率$\boldsymbol{\rho}$存在下述关系：

$$\pi=1/(1+\boldsymbol{\rho}) \tag{8-87}$$

$\boldsymbol{\rho}$是与π相联系的特征向量。

由于$\boldsymbol{M}$能够生产剩余产品，所以

$$x>\boldsymbol{M}x \tag{8-88}$$

$$\boldsymbol{\Lambda}x-\boldsymbol{\Lambda M}x>0 \tag{8-89}$$

从式（8-82）可以得到：

$$\boldsymbol{\Lambda}ax+\boldsymbol{L}x=\boldsymbol{\Lambda}x \tag{8-90}$$

$$\boldsymbol{L}x=\boldsymbol{\Lambda}x-\boldsymbol{\Lambda}ax \tag{8-91}$$

从式（8-89）可以得到：

$$\boldsymbol{\Lambda}x-\boldsymbol{\Lambda}(\boldsymbol{A}+\boldsymbol{DL})x>0 \tag{8-92}$$

$$\boldsymbol{\Lambda}x-\boldsymbol{\Lambda A}x-\boldsymbol{\Lambda}_2\boldsymbol{D}_2\boldsymbol{L}x>0 \tag{8-93}$$

$$\boldsymbol{L}x-\boldsymbol{\Lambda}_2\boldsymbol{D}_2\boldsymbol{L}x=e\boldsymbol{\Lambda}_2\boldsymbol{D}_2\boldsymbol{L}x>0 \tag{8-94}$$

所以$e>0$，$\boldsymbol{\Lambda}_2\boldsymbol{D}_2<1$。这样，就得到了马克思提出的一个基本原理：正数的剩余价值率是正数的利润率的必要充分条件。

按照塞顿的方程组体系，在奢侈品生产部门的资本有机构成等于社会平均资本有机构成的特定条件下，总剩余价值和总利润相等。例如，按照奢侈品生产部门的资本有机构成等于社会平均资本有机构成的条件，使用波特基维茨的符号可以得到：

$$\sum c_i = kc_3\ ;\ \sum v_i = kv_3\ ;\ \sum c_i/\sum v_i = kc_3/kv_3 = c_3/v_3 \tag{8-95}$$

由于剥削率相同，$\sum v_1 = kv_3$，意味着：

$$\sum s_i = ks_3 \tag{8-96}$$

把波特基维茨的式（8-43）乘以k可以得到：

$$(1+\rho)(kc_3x+kv_3y)=k\sum s_iz \tag{8-97}$$

把式（8-95）代入式（8-97）可以得到：

$$(1+\rho)\left(\sum c_i x + \sum v_y\right) = k\sum s_i z \tag{8-98}$$

根据波特基维茨的式（8-28）、式（8-95）、式（8-96）可以得到：

$$\sum c_i + \sum v_i + \sum s_i = k\sum s_i \tag{8-99}$$

再把波特基维茨的式（8-41）、式（8-42）、式（8-43）相加可以得到：

$$(1+\rho)\left(\sum c_i x + \sum v_i y\right) = \sum c_i x + \sum v_i y + \sum s_i z \tag{8-100}$$

从式（8-98）和式（8-100）可以得到：

$$\sum c_i x + \sum v_i y + \sum s_i z = k\sum s_i z \tag{8-101}$$

把式（8-99）除以式（8-101）可以得到：

$$\frac{\sum c_i + \sum v_i + \sum s_i}{\sum c_i x + \sum v_i y + \sum s_i z} = \frac{\sum s_i}{\sum s_i z} \tag{8-102}$$

令式（8-102）中的 $z=1$，可以得到：

$$\sum c_i + \sum v_i + \sum s_i = \sum c_i x + \sum v_i y + \sum s_i z \tag{8-103}$$

这样就可以证明总价值等于总生产价格。另外，从式（8-100）还可以得到：

$$\rho\left(\sum c_i x + \sum v_i y\right) = \sum s_i \tag{8-104}$$

这样也证明了总剩余价值等于总利润。

但是，塞顿指出，要使总剩余价值等于总利润、总价值等于总生产价格，不仅需要奢侈品生产部门的资本有机构成与社会平均资本有机构成相等，还需要社会再生产是简单再生产，n 个生产部门可以相加成三个部类，奢侈品的转化系数等于 1。①

（2）笔者的评论

笔者认为，塞顿的解决方法只是在数学形式上把波特基维茨和温特尼茨三个生产部门的分析扩展到 n 个生产部门的分析，从而把波特基维茨和温特尼茨的特定例子变为一般情形。但是，在实质内容和最终结论上，塞顿的解决方法没有超过波特基维茨。塞顿证明，只有在更为严格的条件下，总剩余价值才等于总利润，总价值才等于总生产价格。在波特基维茨的解决方法中，只要黄金生产部门的资本有机构成等于社会平均资本有机构成，总剩余价值就将等于总利润，总价值就将等于总生产价格。但是，从塞顿的式（8-95）以及相关论证可以看到，不仅需要第三类生产部门的资本有机构成等于社会平均资本有机构成，还需要第三类生产部门的不变资本和可变资本分别与

① SETON F. Transformation Problem [J]. Review of Economic Studies, 1957 (6): 149-160.

社会平均不变资本和平均可变资本相等，总剩余价值才等于总利润，总价值才等于总生产价格。

（二）斯拉法-米克-梅迪奥解决方法

1. 对斯拉法分析方法的述评

（1）斯拉法的分析方法

斯拉法是英国经济学者、剑桥学派主要代表人物。他不是马克思主义经济学者，却是李嘉图经济学的拥护者。他潜心研究李嘉图经济学，从20世纪20年代开始收集李嘉图的著作和通信，不断出版李嘉图的著作和通信集。到20世纪50年代，他已经出版了10卷《李嘉图著作和通信全集》。1960年，斯拉法出版了他的主要著作《用商品生产商品》，在西方经济学界引起广泛的关注，并获得了高度的评价。

英国经济学者罗伯逊（I. Robinson）指出："斯拉法以李嘉图的价值理论为基础，运用李嘉图的抽象法和利昂惕夫（W. Leontief）的投入产出分析法，得出了在既定的技术生产条件下各生产部门的产品价格、工资率和利润率的计算模型，解决了经济学的最大难题，实现了'经济理论的第二次革命'。这一革命的实质，是向古典经济学方法的'回归'。"①

美国经济学者罗卡利亚（A. Roncaoglia）也指出："斯拉法的这本著作……为非正统的方法开拓了研究领域。……一直被认为在后凯恩斯理论的发展中起了决定性作用。"②

斯拉法的著作也引起了马克思主义经济学者的浓厚兴趣。英国经济学者米克在1961年《苏格兰政治经济学杂志》上发表了题为《斯拉法先生对古典经济学的复兴》的论文，赞扬了斯拉法的研究成果。他写道："斯拉法的重要著作《用商品生产商品》可以从不同角度来考察。如果人们没有什么异议，可以简单地把它看作一个非传统的特定类型的经济理论模型，这个模型试图按照新的方法来解决传统的价值问题。另外，也可以把它看作对现代边际分析的一种含蓄的抨击：这本书的副标题是'经济理论批判绪论'。斯拉法在序言中也表达了这样的希望：有人能够以他的分析为基础，终于承担起批判边际分析的工作。最后，还可以把它看作对古典（在某种程度上是对马克思）的、关于价值和分配等关键问题的研究方法具有重大意义的复兴。"③

---

① 罗伯逊夫人1978年访问中国期间的讲话［J］. 世界经济，1978（2）：78.

② RONCAOGLIA A. Sraffa and the Reconstruction of Political Economy［J］. Challenge，1979（1-2）：48.

③ MEEK R L. Mr. Sraffa's Rehabilitation of Classical Economics［M］// Economics and Ideology and Other Essays，London：Chapman & Hall，1967：161.

斯拉法在他的著作《用商品生产商品》中没有提及马克思政治经济学，也没有提及价值转化为生产价格的问题。但是我们知道，马克思一方面继承和发展了斯密和李嘉图的劳动价值理论，提出了自己的劳动价值理论；另一方面也发现了李嘉图劳动价值理论存在的内在缺陷，即价值规律与等量资本获得等量利润规律的矛盾，并试图解决这个缺陷。正是这样，马克思才提出了所谓价值转化为生产价格的问题，并在《资本论》第一卷中说明要在《资本论》第三卷中解决价值转化为生产价格的问题。既然斯拉法是李嘉图的追随者，他一定很清楚李嘉图劳动价值理论存在的缺陷，他一定会寻求解决这个缺陷的方法。

在马克思主义经济学者看来，斯拉法的著作《用商品生产商品》在下面两个方面有助于解决等量资本获得等量利润的问题，也就是马克思所说的价值转化为生产价格的问题：

第一，价值和价格的分析。斯拉法在《用商品生产商品》中，从仅能维持生存的生产推广到具有剩余的生产，研究了价格是怎样决定的。然后，斯拉法又提出，价格可以还原为一定数量的劳动，从而提示了价格和价值在数量上存在一定的联系。① 斯拉法这一方面的分析引起了一些马克思主义经济学者的关注：既然价格可以还原为一定的劳动量，那么从仅能维持生存的价格决定体系过渡到具有剩余的价格决定体系，不就可以从形式上解释价值转化为生产价格的过程吗？英国经济学者米克在这方面进行了研究。

第二，标准商品和标准体系的分析。斯拉法认为，当工资变化时，收入在工资和利润之间的分配将会发生变化，各种商品的相对价格也会发生变化。工资变动对相对价格的影响取决于劳动与生产资料的比例。如果劳动与生产资料的比例相同，各生产部门工资同等的变化不会影响到它们的相对价格。但是，如果劳动与生产资料的比例不同，各生产部门工资同等的变化将使相对价格发生复杂的变化。这样，是否可以寻找一种“不变的价值尺度”，使它完全不受收入分配的变化对相对价格的影响？斯拉法的回答是肯定的。他指出，可以从实际的经济体系中抽象出这样一种合成商品：它们的纯产品对生产资料的比率在工资变动时保持不变。要抽象出这样的合成商品，就要建立这样一个合成生产体系：其中各个生产部门生产的商品的比例，等于它们作为生产资料时的比例。

例如，假定实际的生产体系如下：

---

① SRAFFA P. Production of Commodities by Mean of Commodities [M]. Cambridge: Cambridge University Press, 1960: 11-58.

90 吨铁+120 吨煤+60 夸特小麦+3/16 劳动→180 吨铁 （8-105）

50 吨铁+125 吨煤+150 夸特小麦+5/16 劳动→450 吨煤 （8-106）

40 吨铁+40 吨煤+200 夸特小麦+8/16 劳动→480 夸特小麦 （8-107）

合计：

90+50+40＝180 吨铁 （8-108）

120+125+40＝285 吨煤 （8-109）

60+150+200＝410 夸特小麦 （8-110）

3/16+5/16+8/16＝1 劳动 （8-111）

在这个实际的生产体系里，纯产品对生产资料的比例（R）随着价格的变化而变化。

$$R=\frac{165\text{ 吨煤}\times\text{煤的价格}+70\text{ 夸特小麦}\times\text{小麦的价格}}{180\text{ 吨铁}\times\text{铁的价格}+285\text{ 吨煤}\times\text{煤的价格}+410\text{ 夸特小麦}\times\text{小麦的价格}}$$

（8-112）

因此，应该提炼出这样一个合成体系：

90 吨铁+120 吨煤+60 夸特小麦+3/16 劳动→180 吨铁 （8-113）

30 吨铁+75 吨煤+90 夸特小麦+3/16 劳动→270 吨煤 （8-114）

30 吨铁+30 吨煤+150 夸特小麦+6/16 劳动→360 夸特小麦 （8-115）

合计：

90+30+30＝150 吨铁 （8-116）

120+75+30＝225 吨煤 （8-117）

60+90+150＝300 夸特小麦 （8-118）

3/16+3/16+6/16＝12/16 劳动 （8-119）

这个新的生产体系把实际生产体系中第二、第三个生产部门的生产条件和产量都作了调整，以便实现三种产品的比例（180：270：360）等于它们作为生产资料投入三个生产部门的比例（150：225：300）。这个生产体系就是寻求的合成生产体系。合成生产体系的产品比例，即 1 吨铁：1.5 吨煤：2 夸特小麦，就是寻求的合成商品。

在合成生产体系里，纯产品与生产资料的比例：

$$R=\frac{40\text{ 吨铁}\times\text{铁的价格}+60\text{ 煤}\times\text{煤的价格}+80\text{ 夸特小麦}\times\text{小麦的价格}}{200\text{ 吨铁}\times\text{铁的价格}+300\text{ 吨煤}\times\text{煤的价格}+400\text{ 夸特小麦}\times\text{小麦的价格}}$$

（8-120）

不论三种商品的相对价格怎么变化，$R=0.2$。R 之所以不受产品相对价格的影响，是因为各种产品的比例等于它们参加总生产资料的比例，本身就意味着各种产品的数量超过它们在生产中耗费的数量的比例是相同的：

$$(90+30+30)(1+0.2)=180\text{ 吨铁} \quad (8-121)$$

$$(120+75+30)(1+0.2)=270\text{ 吨煤} \quad (8-122)$$

$$(60+90+150)(1+0.2)=360\text{ 夸特小麦} \quad (8-123)$$

上面三个等式中，等号左边第一个括号内的数字分别表示整个经济在生产中使用铁、煤和小麦的数量。

斯拉法把1吨铁：1.5吨煤：2夸特小麦的合成商品称为标准合成商品或标准商品，把按照这个比例生产标准商品的生产部门称为标准体系，把标准体系中纯产品对生产资料的比率称为标准比率，把使用实际生产体系全部年劳动得到的标准体系的纯产品称为标准商品单位。在标准体系里，全部纯产品对生产资料的比例不变，部分纯产品对生产资料的比例也同样不变。这样，假定标准体系的纯产品分为工资和利润，在标准比率等于20%的条件下，如果工资占3/4，利润占1/3，那么利润率等于5%；如果工资占1/2，利润占1/2，那么利润率是10%。由此可见，标准比率R或最大利润率与利润率r的关系是：

$$r=R(1-W) \quad (8-124)$$

在式（8-124）中，W是工资在标准体系纯产品中所占的比例。

斯拉法指出，工资比例和利润率之间的这种关系，可以推广到实际的市场体系。“组成实际体系的基本方程和标准体系相同，只是比例不同。因此，一旦确定工资，不管各自体系中方程的比例如何，两个体系的利润率就决定了。”①

斯拉法的“标准商品”是为了解决李嘉图寻找“不变的价值尺度”的问题而提出来的。李嘉图一方面根据劳动价值理论，认为工资和利润是产品价值的组成部分，工资增加则利润减少，工资减少则利润增加，它们不影响产品的价值；另一方面按照等量资本获得等量利润的规律觉得工资的变化会引起利润和平均利润率的变化从而导致产品价值的变化。李嘉图由于没有区分价值和生产价格，陷入了价值规律和等量资本获得等量利润规律的矛盾之中。于是，李嘉图试图寻找一种“不变的价值尺度”，它可以在工资和利润变化时保持不变，从而使劳动价值理论得到彻底的贯彻。但是，直到逝世，李嘉图也没有找到这种“不变的价值尺度”。

斯拉法标准商品的分析引起了西方马克思经济学者的关注：如果能够找到一种尺度，在价值转化为生产价格的过程中保持不变，不就可以证明总价值等于总生产价格

---

① SRAFFA P. Production of Commodities by Mean of Commodities [M]. Cambridge: Cambridge University Press, 1960: 12-23.

吗？英国经济学者梅迪奥（A. Medio）在这个方面进行了尝试。

（2）笔者的评论

笔者认为，斯拉法的价值和价格的方程组体系在形式上具有独特之处。他吸收了法国经济学者瓦尔拉斯一般均衡价格理论的分析方法，把商品价格的决定看作一个相互影响相互依赖的过程。同时，他又吸收了美国经济学者利昂惕夫的投入产出分析方法，在部分投入品和产出品相互重合的条件下分析了价值和价格是如何决定的。因此，斯拉法的分析方法具有一定的理论意义。

但是，从价值和价格分析的角度来看，斯拉法的分析方法主要是在数量关系上推进了李嘉图的研究成果，在实质内容上与马克思的研究成果相比却后退了。例如，在斯拉法看来，商品的价值就是维持社会再生产所需要的商品的交换比率，这样他就混淆了价值和交换价值，仅仅把价值看作一种数量关系而忽略了对价值实体的分析。又如，斯拉法把工资简单地看作对劳动的报酬，没有区分劳动和劳动力、劳动力价值和工资这些不同的范畴。再如，斯拉法把剩余价值或利润仅仅看作投入和产出的差额，忽略了对利润本质和剩余价值来源的分析。

另外，斯拉法的分析方法不是要解决价值转化为生产价格的问题，也没有解决价值转化为生产价格的问题。当然，在新古典学派均衡价格理论盛行的西方经济学界，斯拉法坚持认为商品的价值和价格最终取决于生产它们所耗费的劳动量，反对把工资和利润看作是由劳动和资本的边际生产率决定的，已经难能可贵了。

2. 对米克转化模型的评述

（1）米克的转化模型

英国经济学者米克在他所著的《劳动价值学说研究》出版第二版时，增补了长篇的导言。他在这篇导言中，利用斯拉法的方程组体系，阐述了价值转化为生产价格的历史和逻辑过程。

米克提出了五个模型：

第一个模型是斯拉法的仅能维持生存的模型。假定某经济有三个生产部门，分别生产小麦、铁和猪。再假定投入的商品不仅有生产资料，还有生活资料。这个经济的实物生产情况可以用下面的投入产出模型来表示：

$$240\text{ 夸特小麦}+12\text{ 吨铁}+18\text{ 只猪}\rightarrow 450\text{ 夸特小麦} \tag{8-125}$$

$$90\text{ 夸特小麦}+6\text{ 吨铁}+12\text{ 只猪}\rightarrow 21\text{ 吨铁} \tag{8-126}$$

$$120\text{ 夸特小麦}+3\text{ 吨铁}+30\text{ 只猪}\rightarrow 60\text{ 只猪} \tag{8-127}$$

在这个模型中，总产出等于总投入，经济只能年复一年地进行简单再生产。在生产过程结束后进行交换时，各生产部门为了能够维持明年的简单再生产，生产小麦的部门用 210 夸特的小麦交换 12 吨铁和 18 只猪，生产铁的部门用 15 吨铁交换 90 夸特小麦和 12 只猪，生产猪的部门用 30 只猪交换 120 夸特小麦和 3 吨铁。这样，如果用 P_w、P_i 和 P_p 表示小麦、铁和猪的价格，可以得到下面的方程组：

$$240P_w+12P_i+18P_p=450P_w \tag{8-128}$$

$$90P_w+6P_i+12P_p=21P_i \tag{8-129}$$

$$120P_w+3P_i+30P_p=60P_p \tag{8-130}$$

在这个方程组中，任何一个方程都可以从其余两个方程推导出来，因而实际上只有两个独立的方程。为了求解价格的绝对值，还要增加第四个方程。如果让其中一种商品的价格作为标准，例如让 $P_i=1$，就可以得到各种商品的价格：$P_w=0.1$、$P_i=1$、$P_p=0.5$。这个三个生产部门的模型可以扩展到 n 个生产部门。

米克认为，这个模型假定收入只包括支付给直接劳动者的工资，全部投入的成本都可以化解为工资成本，最终产品的价格等于投入的工资成本的总和。如果在整个经济中每个人的工资是一致的，价格比率将等于劳动比率。因此，这个模型可以代表马克思简单再生产的初级形态，不同商品的价格与生产它们直接和间接耗费的劳动成比例。

第二个模型也是价值转化为生产价格历史和逻辑过程的第二个阶段。假定这个经济生产出来的商品多于简单再生产所需要的商品，三个生产部门的生产情况如下：

240 夸特小麦+12 吨铁+18 只猪→600 夸特小麦　(8-131)

90 夸特小麦+6 吨铁+12 只猪→31 吨铁　(8-132)

120 夸特小麦+3 吨铁+30 只猪→80 只猪　(8-133)

这个经济的剩余产品是 150 夸特小麦、10 吨铁和 20 只猪。假定不存在资本家，剩余产品将在直接劳动者中分配。如果有 100 个生产者，每个生产者可以得到 1.5 夸特小麦、0.1 吨铁和 0.2 只猪。这样，假定三个生产部门的生产者人数是 40、30 和 30，三个生产部门的生产情况将发生如下变化：

300 夸特小麦+16 吨铁+26 只猪→600 夸特小麦　(8-134)

135 夸特小麦+9 吨铁+18 只猪→31 吨铁　(8-135)

165 夸特小麦+6 吨铁+36 只猪→80 只猪　(8-136)

利用第一个模型决定价格的方法，可以得到第二个模型中各种商品的价格分别是：$P_w=0.097$，$P_i=1$，$P_p=0.488$。按照同样的道理，新的价格比率也等于所交换的商品内含劳动的比率。在这个模型中，生产者生产出直接归自己所有的剩余产品，利润率在各个生产部门是不同的。它相当于马克思简单再生产的高级形态。由于生产者把收入看作对劳动的报酬而不是对资本的报酬，利润率不存在平均化的变化趋势。

第三个模型假定资本家初次登上历史舞台。例如，假定三个生产部门的资本家分别把自己生产部门直接生产者的工资降低到原来的水平，并把剩余产品作为利润据为已有。在三个生产部门的资本家展开竞争以及资本从一个生产部门流到另一个生产部门以前，生产情况与第二个模型相似。虽然等式左边的工资部分降低到第一个模型的水平，但其差额被利润部分所补充，价格比率仍然等于交换的商品内含劳动的比率，利润率在各个部门仍不相同。这个模型类似于马克思分析价值转化为生产价格的第二个阶段所使用的模型：商品按照它们的价值进行交换，各个生产部门的剥削率相同但是利润率不同。

第四个模型假定三个生产部门的资本家相互竞争，导致整个经济的利润率趋向均等化。如果用 r 表示平均利润率，三个生产部门的生产情况如下面的方程组所示：

$$(240P_w+12P_i+18P_p)(1+r)=600P_w \tag{8-137}$$

$$(90P_w+6P_i+12P_p)(1+r)=31P_i \tag{8-138}$$

$$(120P_w+3P_i+30P_p)(1+r)=80P_p \tag{8-139}$$

这三个方程是独立的，但是未知数有四个：P_w、P_i、P_p 和 r。因此，还需要增加第四个方程。设 $P_i=1$，解方程组可以得到 $P_w=0.11$，$P_p=0.56$，$r=36\%$，新的商品价格比率背离了交换的商品内含劳动的比率。这个模型关于三个生产部门的分析可以扩展到 n 个生产部门。显然，从前一个模型到这个模型的转换类似于马克思解决价值转化为生产价格问题时提出的转换。

第五个模型假定工人组织起来迫使资本家让出一部分剩余产品。在这种情况下，斯拉法建议把工资划分为工人生活必需品的不变部分和剩余产品的可变部分。为方便起见，也可以把全部工资都看作可变的，这意味着在生产条件中需要说明每个生产部门使用的劳动的数量。

假定有 k 个生产部门生产数量为 A，B，…，K 的商品 a，b，…，k。在生产 a 时使用数量为 A_a，A_b，…，A_k 的商品 a，b，…，k；生产 b 时使用数量为 B_a，B_b，…，K_b 的商品 a，b，…，k；如此等等。商品 a，b，…，k 的价格分别是 P_a，P_b，…，P_k；投到各生产部门的劳动数量分别是 L_a，L_b，…，L_k；工资率是 w；利润率是 r，那么：

$$\begin{cases}(A_aP_a+B_aP_b+\cdots+K_aP_k)(1+r)+L_aw=AP_a\\(A_bP_a+B_bP_b+\cdots+K_bP_k)(1+r)+L_bw=AP_b\\\vdots\\(A_kP_a+B_kP_b+\cdots+K_kP_k)(1+r)+L_kw=AP_k\end{cases} \tag{8-140}$$

这里有 k 个方程，$k+2$ 个未知数（k 个价格、w 和 r）。斯拉法把净产品作为标准并使它等于 1，从而增设了第 $k+1$ 个方程：

$$[A-(A_a+A_b+\cdots+A_k)]P_a+[B-(B_a+B_b+\cdots+B_k)]P_b+\cdots+[K-(K_a+K_b+\cdots+K_k)]P_k=1 \tag{8-141}$$

这样，如果知道 w 或 r，从方程组就可以求解全部的未知数。

米克认为，斯拉法还提出了标准商品的概念，当工资变化时，标准商品的相对价值不变。这与马克思的分析有类似之处。按照马克思的看法，平均利润率造成的价格比率与所交换的商品内含的劳动比率相背离的程度，从整个生产体系来看，受到平均资本有机构成部门直接劳动对间接劳动比率的支配。但是，马克思把工资变化对平均资本有机构成部门生产资料价格的影响抽象掉了，因而得到的结果是近似的。斯拉法的分析表明，如果我们用标准生产部门取代马克思具有平均资本有机构成的生产部门，不必进行这样的抽象也能得到这样的结论。

米克指出，他的历史和逻辑的模型包含了价值转化为生产价格问题的解决方法。在数量方面，与马克思的分析过程相比，斯拉法的分析过程更明确和更有效地表达了马克思在劳动价值学说中试图表达的基本思想，即价格和收入最终取决于生产关系。①

（2）笔者的评论

笔者认为，要借鉴斯拉法的分析方法去分析价值转化为生产价格的问题，首先应该清楚斯拉法的分析方法本身存在什么问题。实际上，米克也意识到，斯拉法理论体系与马克思理论体系是不同的。米克在提到他的“马克思-斯拉法方程组”的时候曾经指出：以实物而不是以物化劳动来分析商品的价值时已经作了让步，不过这种让步无碍于本质的分析。“但是我们要留心不要作过分的让步。显然我们必须对剥削作出某种说明，而且必须是深入事物本质的说明。对于马克思本人来说，事物的本质无疑包含在过去提到的这个事实里面：在资本主义经济中，由于雇主阶级占有劳动的果实，劳动者被迫在超出维持自身生活需要这个狭窄的范围内从事更多的劳动。我想，确实是这样：如果我们放弃了这一点，就放弃了马克思主义。同样确实的是：在斯拉法关于剩余经济的模型中，正像这些模型所表明的那样，并没有清楚地显示存在这样一种状况。”② 这表明，米克意识到了斯拉法理论体系与马克思理论体系的差别。

但是，笔者认为，就米克的理论模型来说，仍然存在以下问题：

第一，米克分析的实际上是交换价值转化为交换价格，而不是价值转化为生产价格。米克的前三个理论模型，先求解出价格比率，再推导出所交换的商品内含劳动量

---

① MEEK R L. Studies in the Labour Theory of Value [M]. 2nd edition. New York: Lawrence & Wishart Ltd, 1973.

② MEEK R L. From Value to Price: Was Marx's Journey Really Necessary? [M] // MEEK R L. Smith, Marx and After. London: Chapman and Hall, 1977: 132.

的比率，他分析的实际上是交换价值。在后两个理论模型中，米克以铁的价格等于1为前提，求解出其他商品的价格，实际上分析的是相对价格。米克为了利用斯拉法的方程组体系，甚至不能像波特基维茨那样把绝对价值量作为分析的起点，而是把价格比率反映的劳动量比率作为逻辑起点。这样，米克的理论并不能确切反映价值到生产价格这个从抽象回到具体的逻辑过程。

第二，米克的解决方法没有新的突破。从第三个理论模型转换为第四和第五个理论模型是米克价值转化为生产价格分析的关键步骤。从这个转换过程来看，米克的解决方法与波特基维茨的解决方法相比存在下述区别：首先，米克没有假定社会生产是简单再生产，也没有把社会生产部门划分为特定的三类部门。其次，米克没有把黄金作为价格度量单位，而是以某一种商品作为价格度量单位。最后，米克没有用价格偏离价值的比率把价值和价格方程组联系起来，而是让价值和价格方程组自成体系。但是，米克和波特基维茨都用一种商品作为价值或者价格的标准，都用结构相似的方程组体系来求解价值或价格。如果说米克的解决方法能够在一定程度上反映价值转化为生产价格的历史和逻辑的过程，那么波特基维茨解决方法更能解释价值和生产价格的数量关系。

第三，米克并没有解决价值转化为生产价格的问题，他的理论模型并没有证实总剩余价值等于总利润，总价值等于总生产价格。虽然他提到可以用斯拉法的“标准商品”取代马克思的“平均商品”，但他并没有令人信服地在第四个理论模型到第五个理论模型中说明如何用“标准商品”取代“平均商品”，也没有说明在“标准商品”取代“平均商品”以后，总价值与总价格如何相等。

米克曾经提出过这样一个问题：“事实上，是否有可能以斯拉法的商品生产模型为基础去进行马克思的研究工作，而且做得更好？”① 从米克所做的尝试来看，他不但没有做得更好，还在马克思研究工作的基础上后退了。不但米克没有解决马克思试图解决的总剩余价值等于总利润、总价值等于总生产价格的问题，而且在米克的分析结构里，马克思关于不变资本和可变资本如何表现为预付资本、作为可变资本产物的剩余价值如何表现为预付资本的增加额、成本价格与平均利润之和如何构成生产价格等分析都看不见了，从价值这个抽象的范畴回归到生产价格这个相对具体的范畴的过程也就看不见了。

---

① MEEK R L. From Value to Price: Was Marx's Journey Really Necessary? [M] // MEEK R L. Smith, Marx and After. London: Chapman and Hall, 1977: 132.

3. 对梅迪奥解法的述评

(1) 梅迪奥的解法

英国经济学者梅迪奥试图利用斯拉法的分析方法寻找一种不变的尺度来度量价值和价格，以解决总价值与总生产价格相等的问题。①

梅迪奥假定整个社会生产包括 n 个生产部门，分别用下标 $i=1, 2, \cdots, n$ 表示；每个生产部门生产单一商品 A_i，第 i 个生产部门的年产品作为衡量第 i 种商品的实物单位。其他符号的定义如下：

c_{ij}表示用于生产一单位 A_i 的 A_j 的数量（$j=1, 2, \cdots, j$）；l_i 表示生产 1 单位 A_i 所需要的以每人每年表示的同类劳动数量，假定一年消耗的总劳动时间等于 1，即 $\sum_i l_i = 1$；($b_1, b_2, \cdots, b_n$) 表示劳动者每单位劳动时间得到的消费品篮子；λ_i 表示 A_i 的价值；$k_{ij}=c_{ij}\lambda_i$ 表示马克思以价值表示的不变资本；$v_j=b_j\lambda_j$ 表示马克思以价值表示的可变资本；σ 表示剩余价值率；Π 表示利润率；p_i 表示 1 单位的价格与价值的比率；ω_i 表示第 i 个生产部门的资本有机构成，即以价值表示的不变资本对可变资本的比率。

根据上述符号的定义，可以得到决定每种商品价值的方程组：

$$\lambda_i = \sum_j c_{ij}\lambda_i + l_i , \sum_i l_i = 1 \tag{8-142}$$

在假定的条件下，从这个方程组可以求解 n 种商品正数的价值。

商品的价值 ($\lambda_1, \lambda_2, \cdots \lambda_n$) 有时可以解释为当利润率为 0 时的价格。如果知道商品的价值和实物工资率 ($b_1, b_2, \cdots, b_n$)，就可以决定剩余价值即商品的净价值与个人消费品价值之差，以及剩余价值率即这个差额与工人消费品价值的比率。相应地，可以得到下述方程组：

$$\sum_j [k_{ij} + l_i v_j (1 + \sigma_i)] = \lambda_i \tag{8-143}$$

在这里，

$$\sigma_i = \frac{l_i - \sum_j l_i v_j}{\sum_j l_i v_j} = \frac{1 - \sum_j v_j}{\sum_j v_j} \tag{8-144}$$

在式 (8-144) 里，因为每单位劳动时间的消费品篮子在所有生产部门中都相等，所以剩余价值率 σ 都相同。

在竞争的影响下，整个经济的利润率趋向一致。这样，只有在各个生产部门资本有机构成相同的情况下，由平均利润率决定的交换比率才会与相应的价值比率相一致。

---

① MEDIO A. Profit and Surplus Value: Appearance and Reality in Capitalist Production [M] // HUNT E K, SCHWARTZ J G. A Critique of Economic Theory. Harmond-Sworth: Penguin, 1972: 332-339.

设 π_i 是第 i 个生产部门的利润率，根据式（8-143）和 ω_i 的定义可以得到：

$$\pi_i = \frac{\lambda_i - \sum_j (k_{ij} + l_i v_j)}{\sum_j (k_{ij} + l_i v_j)} = \frac{\sigma}{\omega_i + 1} \tag{8-145}$$

由于σ是一致的，显然只有在 $\omega_1 = \omega_2 = \cdots = \omega_n$ 时，才有 $\pi_1 = \pi_2 = \cdots = \pi_n$。如果舍弃 ω 相等这个不现实的假定，能够使利润率相等的商品交换比率由式（8-146）决定：

$$(1 + \pi) \sum_j (k_{ij} + l_i v_j) p_j = \lambda_i p_i \tag{8-146}$$

这就是不同于价值体系的价格体系。在一定假设条件下，从式（8-146）可以求解正数的利润率和正数的价格。

梅迪奥指出，在价值转化为价格的过程中还有一个问题没有解决。如果价格是由价值转化而来的，那么应该有 n 个绝对价格，而不是 $n-1$ 个价格比率，因此对于式（8-146）还需要增补一个方程，以作为价格的尺度（numeraire）。由于分析的是每单位商品凝结劳动的价格，要决定这个尺度相当于要找到一种合成商品，它的价格与价值相等。这个问题与寻找马克思的“平均商品”极为相似。

分析的第一步，是要了解究竟是什么原因使价格不等于价值。根据式（8-145），价格不等于价值的原因，在于各个生产部门的资本有机构成不同。假定 σ 为既定，各个生产部门的剩余价值取决于可变资本，而能否按照通行的 Π 支付利润则取决于总资本。这样，具有相对高的 ω 生产部门不足以按照 Π 支付利润，从而发生赤字。相反，具有相对低的 ω 生产部门则出现盈余。由于资本有机构成取决于技术条件，各个生产部门形成均衡的唯一办法是改变商品的交换比率。

梅迪奥认为，按照一定的条件，可以推导出一个具有特殊 ω^* 的生产部门，它是赤字和盈余生产部门的理想界限，可以把它称为“ω^* 生产部门”。这个生产部门不会以不同于价值的价格出售它的商品。但是，ω^* 生产部门使用别的生产部门的产品作为投入品，而其他生产部门并没有均衡的资本有机构成，因而它们的产品不是按照等于价值的价格出售。这样，ω^* 生产部门必须按照其他生产部门转化后的结果来转化它的产品价值。

假设为 ω^* 生产部门提供投入品的生产部门，作为整体来看具有相同的资本有机构成 ω^*，而为这些生产部门提供投入品的另外一些生产部门也具有相同的资本有机构成 ω^*，并且一直这样进行下去。在这种条件下，不论平均利润率是何数值，ω^* 商品不必按不同于价值的价格出售。ω^* 商品就是所要寻找的理想尺度。

梅迪奥指出，他建立 ω^* 商品的方法与斯拉法建立标准商品的方法是相同的。他经过数学推导得出这样的结论：如果用ω^*表示这样的资本有机构成：$\sum_i h_i \sum_j k_{ij} / \sum_j v_j$，其中$\boldsymbol{h}_i$是矩阵$\boldsymbol{Q}=(q_{ij})$的特殊向量，而$q_{ij}=(k_{ij}+l_i v_j)/\lambda_j$，那么把具有$\omega^*$的部门的总产量看作一种合成商品，就是$\omega^*$商品，也就是所要找的不变尺度。就$\omega^*$商品不会按照不同于价值的价格出售而言，加进式（8-145）的方程是：

$$\sum_i h_i \lambda_i p_i = \sum_i h_i \lambda_i \tag{8-147}$$

这样，利润率、剩余价值率和资本有机构成的关系是：

$$\pi = \sigma / (\omega^* + 1) \tag{8-148}$$

梅迪奥仿照斯拉法建立标准商品的方法建立了ω^*商品，并把它作为不变尺度来度量商品的价格。因此，在对梅迪奥的解决方法作出评价以前，有必要对斯拉法的标准商品作出解释。

斯拉法对李嘉图经济学的贡献在于找到了李嘉图穷尽毕生之力试图寻找的“不变的价值尺度”，也就是标准商品。斯拉法的标准商品从形式上看是李嘉图经济学的突破，尽管它的结构十分复杂，但实际上无须知道它的数量构成也可以将它用于经济分析。

例如，通过下述方法可以把实际方程组体系转换为标准方程组体系：假定有k个乘数q_a，q_b，…，q_k，分别应用于商品a，b，…，k的生产过程以后，可使产品的比例与它们参与总投入的比例相等。设R为标准比率，其他符号与前面分析斯拉法分析方法时采用的符号相同，可以得到：

$$\begin{cases}(A_a q_a + A_b q_b + \cdots + A_k q_k)(1+r) = A q_a \\ (B_a q_a + B_b q_b + \cdots + B_k q_k)(1+r) = B q_b \\ \vdots \\ (K_a q_a + K_b q_b + \cdots + K_k q_k)(1+r) = K q_k \\ L_a q_a + L_b q_b + \cdots + L_k q_k = 1 \end{cases} \tag{8-149}$$

$k+1$个方程决定了k个乘积和R，得到的乘数数字分别用q'_a，q'_b，…，q'_k表示。把这些乘数应用于实际方程组体系，可以得到：

$$\begin{cases} q'_a\left[(A_a p_a + B_a p_b + \cdots + K_a p_k)(1+r) + L_a W\right] = q'_a A p_a \\ q'_b\left[(A_b p_a + B_b p_b + \cdots + K_b p_k)(1+r) + L_b W\right] = q'_b B p_b \\ \vdots \\ q'_k\left[(A_k p_a + B_k p_b + \cdots + K_k p_k)(1+r) + L_k W\right] = q'_k K p_k \end{cases} \tag{8-150}$$

这个方程组还缺少一个表示标准单位的方程。根据斯拉法标准商品的分析，如果用标准纯产品作为单位，那么 $r=R'(1-W)$。R'是标准纯产品对它的生产资料的比率，即与正数乘数和正数价格对应的 R 值。反过来，如果 $r=R'(1-W)$，那么工资和价格实际上是用纯产品表示的。把 $r=R'(1-W)$ 加进方程组式（8-150），令 $W=0$，并且把 R'看作最大利润率，那么方程组的工资和价格实际上都是用标准纯产品表示。

按照斯拉法的看法，标准商品的单位也可以用劳动量来表示。斯拉法指出："我们即将看到，这个尺度就是'用标准纯产品所能购买的劳动量'。实际上，一旦我们规定了利润率，无须知道商品价格，在标准纯产品和仅由利润率确定的劳动量之间也能建立起一种平价；这样得出的商品价格可以无差别地认为或者是用标准纯产品表示，或者是在既定的利润率条件下用已知的等于标准纯产品劳动量表示。这个劳动量的变化与标准工资（W）成反比，与利润率成正比。如果把这个体系的年劳动量作为单位，从上述关系得到这个相等的劳动量是：$1/W=[R'/(R'-r)]$。因此，在一种可变的价值量中，发现了如同在第二十三节所表述的、一种不变的价值尺度的所有性质。但是他的改变按照一种独立于价格的规则：这个尺度单位在大小上随着工资的下降而增加，也就是说随着利润率的上升而增加。"①

从上述分析可以看到，如果采用斯拉法这种可变的劳动量作为价值尺度，当工资变化导致收入在工资和利润之间的分配发生变化时，相对价格将不再发生变化。这样，从形式上看，斯拉法似乎解决了李嘉图的苦恼。正因为这样，英国经济学者多布认为："作为李嘉图时代的古典学派政治经济学的主要问题，在一百五十年后的现在已被解决了。"②

（2）笔者的评论

不可否认，斯拉法为了寻找"不变的价值尺度"付出了艰辛的劳动，他的标准商品在数学形式上是精巧的，但是按照笔者的看法，斯拉法的努力方向从一开始就值得怀疑。他实际上是用一种人为的尺度来使本来不相等的两个变量相等。李嘉图之所以在价值规律和等量资本获得等量利润规律的矛盾面前徘徊和苦恼，根本原因在于他混淆了价值和生产价格这两个不同的范畴，并且不能用价值规律解释生产价格。实际上，价值$=c+v+m$，生产价格$=k+p$，生产价格在一般情况下偏离价值是必然的。这样，假如工资发生了变化，由于工资变化和由此造成的平均利润的变化不能彼此弥补，生产价格在一般情况下也必然发生变化。正视生产价格对价值的偏离，并且以价值规律为基

① SRAFFA P. Production of Commodities by Mean of Commodities [M]. Cambridge: Cambridge University Press, 1960: 23-25, 31-32.

② DOBB M H. Theories of Value and Distribution since Adam Smith [M]. New York: Cambridge University Press, 1975: 265.

础对生产价格作出解释，才是科学的态度。如果用一种虚构的尺度人为地使价值与生产价格相等，把这两个不同的范畴等同起来，并非解决问题，而是掩盖问题。

实际上，马克思已经接近成功地解决了李嘉图经济学这个“主要难题”。马克思科学地区分了价值和生产价格的范畴，并以价值规律为基础阐述了价值转化为生产价格的过程，把英国古典经济学的劳动价值理论推到了前所未有的高度。尽管马克思在价值转化为生产价格过程中的数量关系上还有需要进一步完善的地方，但正如笔者在下一节将要证明的，马克思实际上已经完成了决定性的分析。斯拉法仍然按照李嘉图的老路走下去，实际上是在马克思达到的成就之上后退了。

梅迪奥面临的问题与斯拉法不同。斯拉法以李嘉图经济学为基础，试图寻找一种“不变的价值尺度”，使相对价格不受工资变化的影响。梅迪奥则以马克思经济学为基础，试图寻找一种不变的价值尺度，使总价值等于总生产价格。但是，他们的解决方法又具有形似之处，梅迪奥仿照斯拉法的标准商品分析了马克思经济学的问题。从形式上看，梅迪奥似乎论证了总价值等于总生产价格：如果以商品为尺度，各个生产部门产品的生产价格与价值的偏离将会相互抵消，整个生产体系的总价值将等于总生产价格。但是，梅迪奥的商品与波特基维茨的黄金商品在本质上没有什么区别。

梅迪奥的商品是这样一种商品：这个部门的资本有机构成将使它不会按照不同于价值的价格出售产品。波特基维茨的黄金商品则是这样一种商品：黄金生产部门的资本有机构成与社会平均资本有机构成相等，黄金的价值不受价值转化为生产价格过程的影响。即使不涉及黄金商品，同样可以在波特基维茨的 n 个生产部门中找到具有社会平均资本有机构成的生产部门，并以这个生产部门的产品作为度量单位。这种产品类似于梅迪奥的商品，这样同样可以证明总价值等于总生产价格。波特基维茨的解决方法不能证明，在黄金生产部门的资本有机构成与社会平均资本有机构成不同时，总价值如何等于总生产价格。梅迪奥的解决方法同样不能回答：既然要分析商品的价格，为什么要将人为虚构的商品作为度量尺度？如果用普通的黄金货币作为单位，总价值又如何等于总生产价格？当然，总价值等于总生产价格涉及尺度问题，但这个尺度不能是人为地为了某个目的而设置的尺度。

从上面的分析可以看到，西方马克思主义经济学者为解决马克思价值转化为生产价格分析的遗留问题付出了很大的努力，但是令人遗憾的是，他们没有解决这一遗留问题。

四、20 世纪 80 年代以后价值转化问题的争论以及笔者的回应

（一）国际经济学界的争论以及笔者的回应

20 世纪 80 年代以后，在国际经济学界关于价值转化为生产价格问题的讨论中，有几种有代表性的看法值得关注。由于篇幅的原因，笔者不再详细阐述这些看法，只是简略地介绍这些看法的核心观点，然后发表个人的意见。

1. 笔者对弗里“新解释”的评论

20 世纪 80 年代初期引人关注的成果是“新解释”（new interpretation），代表人物有美国经济学者弗里（D. A. Foley）和法国经济学者杜梅尼尔（G. Dumenil），他们对价值转化为生产价格的看法被人们称为“新解释”。① 以弗里的“新解释”为例，他的核心思想是从宏观经济的角度定义了一个新概念——劳动时间的货币表现（monetary expression of labor time），指某一个时期以价格度量的增加值与生产性活劳动的比率，而增加值是指这个时期的产出减去工资以外的成本的余额。货币的价值就是劳动时间的货币表现的倒数，也就是活劳动与增加值的比率。在价值转化为生产价格的范例中，弗里通过劳动时间的货币表现使价值体系和价格体系相互联系，最后得出净产品的生产价格总量等于价值总量、总利润等于总剩余价值的结论。②

有的经济学者给予了“新解释”较高的评价，认为它提供了解决价值转化为生产价格问题的新思路，有利于摆脱波特基维茨和李嘉图主义的困境，回到了马克思原初的以产出价值作为转形出发点的立场。笔者并不赞同这些评价，针对“新解释”提出下述看法：

第一，所谓货币的价值是不能成立的。按照弗里的解释，货币的价值是活劳动与增加值之比，做一个引申就是净产品的价值与净产品的价格之比，再做一个引申就是为全部劳动时间与全部货币数量之比。但是，它们相互之间是不相等的。什么是货币？货币是一般等价物。在马克思所处的时代，货币是黄金。一个社会净产品的总价格如何等于该社会的货币总数量？净产品的总价格可以在货币总数量不变的情况下增加或减少，货币总数量也可以在净产品总价格不变的情况下增加或减少，要建立两者直接

---

① 提出所谓“新解释”的经济学者除了弗里以外，一般认为还有杜梅尼尔、利皮兹（A. Lipietz）等人。可参看：DUMENIL G. Beyond the Transformation Riddle：A Labor Theory of Value［J］. Science and Sciety，1983-1984，48（4）：427-450；LIPIETZ A. The So-Called Transformation Problem Revisited［J］. Journal of Economic Theory，1982，26（1）：59-88.

② FOLEY D A. The Value of Money，the Value of Labor Power，and the Marxian Transformation Problem［J］.Review of Radical Political Economics，1982，14（2）：37-47.

相等的关系需要加入许多严重脱离实际的假定，所以这是一个虚构的货币价值。如果这就是解决方法，那么假定存在这样一种货币，它的价值等于1单位劳动时间，转化问题岂不迎刃而解？

第二，实际上，“新解释”仍然是沿着笔者前面分析的解决价值转化为生产价格问题的两种思路：既想通过某种货币形式将价值与价格联系起来，又想寻找一种不变的价值尺度使之不受生产价格对价值的偏离影响。但是，“新解释”的货币价值中的货币毕竟不是货币，从这个角度看“新解释”从波特基维茨后退了，波特基维茨至少分析的是真实的货币——黄金。另外，“新解释”的货币价值是随净产品和活劳动的变化而变化的价值，不是度量一般商品价值的尺度，从这个角度看“新解释”从斯拉法后退了，斯拉法毕竟试图构建一种不变的价值尺度。

2. 笔者对伊藤诚观点的评论

日本经济学者伊藤诚在1980年和1988年分别出版了《价值和危机》和《资本主义基本理论》，提出了对马克思价值转化为生产价格问题的看法。伊藤诚属于日本马克思主义经济学派“宇野学派”的成员，他的看法也反映了“宇野学派”的看法。伊藤诚的核心思想如下：

第一，价值和生产价格分属不同的理论层次，前者是以劳动时间为计量单位的价值实体，后者是以货币为计量单位的价值形式。把一个以劳动时间为计量单位的价值实体生产体系转化为一个以货币为计量单位的价值形式生产体系，除非有特殊的假定，否则在理论上是不能成立的。

第二，价值转化为生产价格问题不仅是价值形式转化为价格形式的问题，还是价值在不同的生产部门和不同的阶级再次分配的问题。伊藤诚以三个生产部门的生产作为例子，分别说明在价值形态下的生产过程、在生产价格形态下的生产过程，以及价值向生产价格转化以后剩余价值的重新分配过程。①

他的看法与众不同的地方是：马克思主义经济学者都试图证明，价值转化为生产价格以后，总价值等于总生产价格，伊藤诚则根据上述他的第一个看法指出总价值是不等于总生产价格的，在价值转化为生产价格以后，三个生产部门的剩余价值出现了重新分配。

笔者认为，假如价值转变为生产价格的问题是以劳动时间为计量单位的价值转化为以货币为计量单位的生产价格的问题，那么伊藤诚的看法是一种思路。波特基维茨

---

① ITOH M. Value and Crisis [M]. London: Pluto Press, 1980; ITOH M. The Basic Theory of Capitalism [M]. London: Macmillan, 1988. 转引自：孟捷. 价值和积累理论 [M]. 北京：社会科学文献出版社，2018：301-305.

的解法很清楚地证明，只有在特殊的条件下，以劳动时间计量的总价值才等于以货币计量的总生产价格。正因为如此，笔者从 20 世纪 80 年代开始就不再关注任何关于以劳动时间计量的价值转化为以货币计量的生产价格的研究成果，这样的研究在方向上就错了，这是一个永远没有一般解的解决方法。尽管有的经济学者通过人为设立的货币标准，甚至不惜改变马克思劳动价值理论原意，去将以劳动时间计量的价值转化为以货币计量的生产价格，并且宣称解决了马克思价值转化为生产价格的问题，但笔者也认为是毫无价值的。

正如笔者将要论证的，马克思价值转化为生产价格的问题不是以劳动时间计量的价值转化为以货币计量的生产价格的问题，而是以劳动时间计量的一种价值形式转化为以劳动时间计量的另一种价值形式的问题。价值与生产价格确实属于不同的理论层次，但这不是价值层次和价格层次的区别，而是利润率平均化前和利润率平均化后的不同的价值层次。

另外，价值转化为生产价格以后，剩余价值将在不同的生产部门之间重新分配，伊藤诚的看法是正确的，笔者在后面的分析中也会证明这一点。有的经济学者对此给予高度评价，认为这是对马克思劳动价值理论的发展。实际上，利润率的平均化就是剩余价值在各个生产部门之间的重新分配，马克思已经明确指出这一点，所以谈不上发展了马克思劳动价值理论。但是，应该指出，马克思价值转化为生产价格的核心问题是总价值等于总生产价格的问题，但是伊藤诚却提出了两个在数量上不等的价值和生产价格体系，也就是说伊藤诚并没有解决价值转化为生产价格的问题。

3. 笔者对“跨期一元体系解释”的评论

“跨期一元体系解释”（temporal single system interpretation）是由美国经济学者弗里曼（A. Freeman）、克里曼（A. Kliman）和威尔士（A. Wells）提出来的。按照这种解释，以前对转形问题的讨论都是建立在“同期”的基础上，把价值体系和生产价格体系看作同时决定的，因而使马克思的劳动价值理论存在内在的不一致。实际上，转形是在不同的时间顺序中发生的，先有一个由经济的技术条件决定的价值体系，再有一个由价值体系推导出来的价格体系，这两个体系存在“跨期”关系。每一个时期通过转形后得到的价格，被看作下一个时期的价值，这样就把原来独立的和单期的“二元体系”综合为跨期的“一元体系”。之所以称为“跨期”，是因为采用动态的方法根据相继的各个时期的成本分析价值和价格的决定；所谓“一元”是因为价值和价格的决定存在着依赖的关系。①

部分经济学者对“跨期一元体系解释”给予高度评价，认为这种解释维护了马克思劳动价值理论内部的一致性，是马克思主义的“新正统”。笔者认为，价值转化为生产价格的历史过程确实是非均衡的和动态的。即使在150多年后的今天，利润率的平均化也只是一种变化趋势。但是，经济理论不是简单地描述历史，经济理论在逻辑上有必要在利润率平均化的条件下讨论价值是如何转化为生产价格的。马克思《资本论》第三卷的范例正是要说明价值转化为生产价格的逻辑过程和数量关系，正是要说明总价值如何与总生产价格保持相等以证明价值是制约着生产价格的更为本质的经济范畴。

实际上，马克思的范例没有时期的概念，但是这不意味着价值体系和生产价格体系是同时决定的，而是意味着生产价格体系取决于价值体系。马克思首先提出价值体系，然后加入利润率平均化因素，分析产出品的价值如何转化为生产的价格。但是，马克思也意识到，投入品的价值也应该转化为生产价格，所以还需要把投入品的价值转化为生产价格。这就是说，为了解释清楚，可以分若干个逻辑阶段来讨论价值转化为生产价格的问题。但是，逻辑阶段与生产时期是不同的概念。如果马克思错了，马克思主义经济学者可以用另外的方式阐述这个问题；如果马克思没错，那么就应该直接按照马克思的范例解释这个问题。

（二）中国经济学界的争论以及笔者的回应

1. 中国经济学界的争论过程

（1）20世纪80年代的争论

国际经济学界对价值转化为生产价格的讨论直到20世纪80年代才在中国经济学界引起反响，讨论的热潮出现在20世纪80年代和21世纪以后两个时期。由于中国经济学界的争论没有一条较为清晰的路线，笔者用列举主要研究文献的方法来描述争论的过程。

20世纪80年代较早研究价值转化为生产价格问题的是雍同、钟荣朋、朱绍文等经济学者。雍同在1982年第2期《复旦学报》发表了《论价值转形中的总生产价格和总价值——兼评马克思劳动价值论的一场论战》。钟荣朋在1983年第1期《江汉论坛》发表了《价值转化中的误差及消除方法》。朱绍文在1983年连续发表了3篇讨论这个问题的论文：《萨缪尔森对〈资本论〉第一卷与第三卷的所谓矛盾的“批判”的反批

① FREEMAN A, KLIMAN A, WELLS J. The New Value Controversy and the Foundations of Economics [M]. Cheltenham: Edward Elgar Publishing, No. 2274, 2004.

判》（《经济研究》1983 年第 5 期）、《“转形问题”的提出及其性质问题——评鲍特基维茨对马克思主义所谓“修正”》（《上海经济研究》1983 年第 8 期）、《战后“转形问题”的论争》（《经济理论与经济管理》1984 年第 12 期）。

20 世纪 80 年代，关于价值转化为生产价格的研究文献还有：陶文达《评“转形问题”探讨中的错误观点》（《经济理论与经济管理》1984 年第 3 期），袁镇岳、高鸿桢《对马克思关于价值“转形”问题的进一步探索》（《厦门大学学报》1984 年第 1 期），张幼文《萨缪尔森在“转形问题”上的错误》（《世界经济研究》1984 年 8 月），陈永忠《用马克思主义的观点认识价值转形问题》（《经济科学》1984 年 10 月），庄宗明《驳资产阶级学者对马克思转形问题的非议》（《中国经济问题》1985 年第 9 期），白暴力《论价格直接基础或价值转化形式》（西北工业大学出版社，1986 年），李翀《价值与价格论》（中山大学出版社，1989 年）。

20 世纪 80 年代价值转化问题讨论的特点是：大多数经济学者都是从批判西方经济学者的角度来讨论价值转化问题，只有个别经济学者认为马克思关于价值转化问题的分析存在不足，并试图提出自己的解决方法。

（2）21 世纪以后的争论

20 世纪 90 年代是相对沉寂的时期，这个时期的讨论有丁堡骏《转形问题研究》（《中国社会科学》1999 年第 5 期）等。进入 21 世纪以后，关于价值转化为生产价格问题的讨论又热烈起来。

21 世纪以后的主要研究文献有：张忠任《转形问题的最终解决》（《数量经济技术经济研究》2001 年第 2 期），岳宏志《转形问题再研究》（《当代经济研究》2002 年第 10 期），朱奎《转形问题的一个马克思主义解——兼评丁堡骏和白暴力的转形理论》（《经济评论》2004 年第 1 期），吕昌会《价值转形问题研究：一个新的证明》（《政治经济学评论》2004 年 7 月），刘艳龙《评丁堡骏关于转形问题的解法——兼与岳宏志、朱奎等同志的商榷》（《经济评论》2005 年第 1 期），丁堡骏、黎贵才《转形问题真的“最终解决”了吗？——评张任忠先生关于转形问题的解法》（《当代经济研究》2005 年第 7 期），黎贵才《简评吕昌会博士的“转形问题新解法”》（《当代经济研究》2006 年第 8 期），冯金华《价值转形：一个伪问题》（《经济评论》2008 年第 1 期），丁堡骏《一个真实的经济学命题和一个伪证的学术否定——评冯金华的〈价值转形：一个伪命题〉》（《当代经济研究》2009 年第 3 期），马艳、严金强《转形问题的理论分析及动态价值转形模型的探讨》（《马克思主义研究》2010 年第 9 期），荣兆梓、陈旸《转形问题 B 体系：模型与计算》（《经济研究》2014 年第 9 期），王小军《评两种关于转形问题是“伪问题”学说》（《当代经济研究》2017 年第 5 期），孟捷《从“新解释”到价值转形的一般理论》(《世界经济》2018 年第 5 期)。

进入 21 世纪以后的讨论有两个特点：第一，大多数经济学者认为马克思价值转化为生产价格的过程中还存在悬而未决的问题，于是纷纷提出自己的解决方法。第二，经济学者相互之间展开争论，如价值转化问题是不是伪命题、别的学者提出的解决方法是否解决了价值转化问题等。

(3) 参考性的总结

荣兆梓在 2020 年第 1 期《经济纵横》杂志上发表了题为《转形问题研究三大偏误的历史总结》的论文，对中国经济学界关于价值转化问题的争论作了一个总结，笔者借助荣兆梓的总结提出自己的看法。

荣兆梓指出，偏误之一是把社会产品分为投资品、工资品、剩余品。他把这种偏误称为物量主义模型，并认为这个模型与马克思的模型存在区别：后者研究的是价值关系，而前者研究的是物质技术关系；后者研究的是抽象劳动，而前者研究的是具体劳动；后者揭示了有偿和无偿劳动的关系，而前者没有揭示有偿和无偿劳动的关系。

笔者认为，如果该意见针对李嘉图主义经济学者，那么批评是正确的；如果该意见针对马克思主义经济学者，那么批评不准确。马克思的价值转化分析之所以没有涉及各类社会产品，是因为马克思仅仅分析了产出品的价值转化为生产价格。但是，马克思本人也明确地指出，成本价格是以它包含的生产资料和生活资料的价值表示的。但是这部分生产资料和生活资料是从市场购买的，它们本身应该以生产价格表示。[①] 显然，如果不能说明这部分生产资料和生活资料的价值如何转化为生产价格，又怎么能够揭示整个价值转化为生产价格的过程？只要把社会产品生产与价值生产的分析相结合，始终坚持生产过程划分不变资本价值、可变资本价值和剩余价值，就是符合马克思的原意的。

荣兆梓指出，偏误之二是把生产价格与作为货币表现形式的价格以及受供求影响的市场价格混为一谈。他指出，生产价格本质上是价值现象，是以劳动时间为尺度，而价格则是以货币为尺度，市场价格还受到供求的影响。

笔者赞成荣兆梓的看法。笔者在 20 世纪 80 年代末就提出了这种看法。价值不是价格，更不是市场价格，而是被平均利润率规律修正的价值。一百多年来，许多经济学者误认为生产价格是一种价格，努力求证以劳动时间计量的总价值如何等于以货币计量的总生产价格。这就好像求证物体的体积如何等于重量一样，只有在特殊情况下才

---

① 马克思．资本论：第 3 卷［M］//马克思，恩格斯．马克思恩格斯全集：第 25 卷．北京：人民出版社，1974：179-181，184-185.

可能成立。

荣兆梓指出，偏误之三是把总价值与总生产价格相等以及总剩余价值与总利润相等看作研究价值转化问题的目的而不是手段。他认为，马克思提出价值转化理论的目的是证明价值规律在利润率平均化与生产价格形成过程中的作用。①

笔者部分同意荣兆梓的看法。马克思的价值转化理论当然不仅仅要证明总价值与总生产价格相等以及总剩余价值与总利润相等，也不仅仅要证明价值规律在利润率平均化与生产价格形成过程中的作用，还要证明在竞争资本主义条件下价值规律已经被平均利润率规律取代，市场价格变化的基础已经不是以货币表示的价值，而是以货币表示的生产价格。但是，上述的这些问题都已经被马克思解决了，马克思只留下一个问题：如果成本价格包含的生产资料和生活资料用生产价格表示，总价值与总生产价格是否相等？这个问题之所以重要，是因为它说明了生产价格取决于价值。

由于中国经济学界关于价值转化问题的研究文献太多，提出的解决方法又太分散，下面笔者将选择有代表性的研究文献展开讨论。在这里需要说明的是，关于价值转化问题，不是某一种解决方法就一定正确而另一种解决方法就一定错误，这需要经得住逻辑检验并被经济学界认可，所以笔者仅是发表个人的看法。

2. 对白暴力提出的解决方法的探讨性意见

白暴力是较早研究价值转化问题的经济学者。他在 1986 年出版了名为《论价格直接基础或价值转化形式》的专著（下称“该书”），提出了价值转化问题的解决方法。

该书首先提出三个基本观点：第一，生产价格不是以货币度量的，而是以劳动时间度量的。第二，总剩余价值按照平均利润率分配、总价值按照生产价格分配不一定能分得尽，因而它们存在一个差额，称为“平分余量”。第三，规律只是一种占统治地位的趋势，平分余量分到某个部门会产生误差，但最终总剩余价值会等于总利润，总价值会等于总生产价格。

接着，该书以这三个基本观点为前提，利用平均利润率和资本总量从 i 部门的总生产价格求出 i 部门成本中包括的 j 部门产品的生产价格，再求出 1 单位 i 部门产品的成本中包括的 j 部门产品的生产价格，然后扩展到 n 个部门并求出与平均利润率对应的 n 种产品（既是投入品也是产出品）的生产价格。最后，该书得到三个基本等式：以生产价格表示的成本价格+平分余量=以价值表示的成本价格，总利润+平分余量=总剩余价值，总生产价格+平分余量=总价值。②

① 荣兆梓．转形问题研究三大偏误的历史总结［J］．经济纵横，2020（1）．

② 白暴力．论价格直接基础或价值转化形式［M］．西安：西北工业大学出版社，1986：82-94.

尽管该书对第一个基本观点没有进行论证，只是借用了罗道尔斯基（R. Rosdolsky）的话加以说明，但是笔者仍然对该书的第一个基本观点给予高度评价。[①] 这是价值转化问题的核心，虽然英国经济学者梅伊和波兰经济学者罗道尔斯基有所提示，但是经济学界没有意识到这个问题，许多经济学者依然为求解“体积”等于“重量”而努力，最终无法解决价值转化问题。但是，该书其余两个基本观点则是为该书的求解方法而设置的前提。

笔者认为，该书的解决方法存在三个问题：

第一，按照笔者的理解，该书的求解路线是这样的：马克思已经把各个部门产出品的价值转化为生产价格，该书就从各个部门产出品的生产价格出发，把它分解为本部门各种投入品的生产价格，从而认为解决了投入品用生产价格表示的问题。笔者对这种求解路线存在疑问。人们看到了马克思如何把各个部门产出品的价值转化为生产价格，但是人们从该书的求解路线中只能看到如何把各个部门产出品的生产价格分解为各种投入品的生产价格，而看不到如何把各个部门投入品的价值转化为生产价格，然而价值转化问题的核心正是后者。

第二，该书的推导存在问题。该书是这样开始推导的：设 P_i 是部门 i 总产品的生产价格，K_i 是部门 i 的成本价格，R_i 是部门 i 的平均利润，r 是平均利润率，C_i 是部门 i 的资本总量，那么 $P_i=K_i+R_i$，$R_i=rC_i$。根据假定，$C_i=K_i$，从上述等式可得 $P_i=(1+r)K_i$，$K_i=\sum_j B_{ij}$（B_{ij}是部门 i 使用部门 j 产品的生产价格）。[②] 笔者发现，从推导开始到 $P_i=(1+r)K_i$ 为止，K_i 都是价值，但在 $K_i=\sum_j B_{ij}$中，K_i 变成了生产价格。作为价值的 K_i 与作为生产价格的 K_i 是偏离的，$P_i=(1+r)K_i$ 中的 K_i 与 $K_i=\sum_j B_{ij}$中的 K_i 性质不同并且数量不等。如果用 K_i^* 表示以生产价格表示的成本价格，用 P_i^* 表示投入品转化为生产价格后部门 i 的生产价格，那么在一般的条件下，$K_i^*=\sum_j B_{ij}$，但$K_i^*\neq K_i$，$P_i^*\neq P_i$。

第三，从该书的结论来看，只有在成本价格等式中平分余量等于 0 的条件下，总价值才等于总生产价格。但是，该平分余量只有在特殊条件下才为 0，因此总价值在一般情况下不等于总生产价格。实际上，在利润率平均化规律的影响下，各个部门的成本价格和剩余价值会进行调整。但是，价值和生产价格都是用劳动时间表示的，由于生产社会产品耗费的劳动时间没有变化，社会产品的产量没有变化，即使各个部门生

① 白暴力这部著作的版权页显示的出版时间是 1986 年 9 月。笔者 1987 年 9 月完成的博士论文研究的也是价值转化问题。当时笔者没有读到白暴力的这部著作，但是笔者在这个问题上的结论与白暴力是一致的。

② 白暴力．论价格直接基础或价值转化形式［M］．西安：西北工业大学出版社，1986：83.

产的产品的生产价格与价值发生偏离，总价值也肯定等于总生产价格，不存在平分余量的问题。

3. 对张忠任提出的解决方法的探讨性意见

张忠任在2001年第2期《数量经济技术经济研究》发表了题为《转形问题的最终解决》的论文（下称“该文”），对价值转化问题提出了解决方法。

该文首先提出关于价值转化问题认识上的两大谬误：第一，把两大部类等同于两个产业。第二，从简单再生产出发建立转形方程式。① 笔者对此有不同看法：

关于第一大谬误，不论是赞成马克思价值转化分析的波特基维茨、温特尼茨、塞顿、米克等经济学者，还是批评马克思价值转化分析的萨缪尔森、斯蒂德曼等经济学者，都为了讨论方便而使用了两部门或三部门的范例，但一般至少含有一个生产生产资料的部门和一个生产消费资料的部门。马克思本人在分析价值转化问题时也没有使用两大部类的范例，而是使用了五个部门（产业）的范例。② 为了讨论简单和方便而采用两个产业分析没有什么问题，经济学界似乎不存在把两大部类等同于两个产业的谬误。

关于第二大谬误，价值转化问题不涉及社会资本再生产问题，马克思五个部门的范例也没有涉及社会资本再生产。有的经济学者如波特基维茨以简单再生产为例来分析价值转化过程。如果得到的结论在简单再生产条件下适用但在扩大再生产条件下不适用，那么这种分析存在问题。但是温特尼茨把波特基维茨简单再生产的分析扩展到扩大再生产的情形，证明了波特基维茨的分析方法同样适用于扩大再生产。③ 大多数经济学者并没有以简单再生产作为前提来讨论价值转化问题，经济学界似乎不存在从简单再生产建立转形方程式的谬误。

该文提出的解决方法是下述转形模型：设 r 是平均利润率，c 是不变资本，x 是不变资本包含的产品生产价格对价值的偏离率，v 是可变资本，y 是可变资本的生产价格对价值的偏离率，w 是产品的价值，可以得到下面的方程组：

$$(1+r)\Big(\sum_{j=1}^{n} x_j c_{ij} + y v_i\Big) = x_i w_i \quad (i = 1,\ 2,\ \cdots,\ n) \tag{8-151}$$

$$r = \sum_{i=1}^{n} m_i \Big/ \sum_{i=1}^{n} (c_i + v_i) \tag{8-152}$$

---

① 张忠任．转形问题的最终解决［J］．数量经济技术经济研究，2001（2）．

② 马克思．资本论：第3卷［M］//马克思，恩格斯．马克思恩格斯全集：第25卷．北京：人民出版社，1974：173-192．

③ WINTERNITZ J. Value and Price: A Solution of So-Called Transformation Problem［J］. Economic Journal, 1948, 53 (230): 276-280.

$$\sum_{i=1}^{n} x_i w_i = \sum_{i=1}^{n} w_i \tag{8-153}$$

式（8-151）包括 n 个方程，表示每个部门的生产价格等于该部门价值与偏离率的乘积；式（8-152）表示平均利润率；式（8-153）表示总生产价格等于总价值。$n+2$ 个方程解 n 个 x、1 个 y 和 1 个 r。

该文同样采用了偏离率的方法，正如笔者在前面指出的，在这以前已经有多位经济学者采用过偏离率的方法，这是可取的方法。但是，笔者认为，该文存在下述不足之处：

第一，该方程组的平均利润率方程是用价值表示的，似乎也应该用转换系数把该方程中 c、v、s 的价值转换为生产价格。用以价值表示的平均利润率求解以货币表示的生产价格存在逻辑上的问题。

第二，该文把投入的不变资本分解为各种投入品的价值并相应设定偏离率，但是对可变资本却单独设定偏离率。然而，从价值转化为生产价格的是产品，而不是资本。可变资本在数量上等于投入的劳动力的价值，而劳动力价值取决于再生产劳动力需要的生活资料的价值。因此，在讨论价值转化问题时还需要把可变资本分解为各种生活资料。该文一方面把不变资本包含的产品的价值转化为生产价格，另一方面却把同为成本的可变资本整体价值转化为生产价格，这在逻辑上缺乏一致性。

第三，该文增加了总价值等于总生产价格的方程 $\sum_{i=1}^{n} x_i w_i = \sum_{i=1}^{n} w_i$，但是对该方程为什么能够成立却没有论证。价值转化问题争论的起源就在于在投入品价值用生产价格表示以后总价值是否等于总生产价格，但该文却把这个需要求证的问题变成了已知的前提。

另外，从该文解决波特基维茨所谓不可解问题的论述来看，该文认为生产价格是用货币表示的，这样该文就存在下述问题：该方程组最后一个方程等号左边是用货币表示的，等号右边是用劳动时间表示的，不同量词的两个变量如何会相等？既然认为生产价格用货币表示，就要论证货币与价值的关系，不能简单地用偏离率蔽之。如果用偏离率就可以把劳动时间转化为货币，那么萨缪尔森的话就有道理了："用这样一种方法，人们可以从燃素'转化'为熵；从托勒梅'转化'为哥白尼；……"①

从这个角度来看，该文提出的解决方法比波特基维茨的解决方法还后退了。波特基维茨至少意识到要把以劳动时间表示的价值转化为以货币表示的生产价格，应该建

① SAMUELSON P A. Understanding the Marxian Notion of Exploitation [J]. Journal of Economic Literature, 1971 (6): 400.

立货币和价值的联系，因而设立了黄金生产部门。但是，该文没有意识到这一点，因而没有分析这个偏离率意味着的货币和价值的关系。

4. 对孟捷提出的解决方法的探讨性意见

孟捷在 2018 年第 5 期《世界经济》杂志上发表了题为《从“新解释”到价值转形的一般理论》的论文（下称“该文”），也对价值转化问题提出了解决方法。由于该文篇幅很长，笔者对其中的核心论点发表探讨性意见。

笔者对该文两个方向性的问题存在不同看法：

第一，价值转化为生产价格是一种形式的价值转化为另一种形式的价值，还是转化为价格？该文不仅认为是转化为以货币表示的价格，还认为是转化为受到供求影响的市场价格。① 笔者的看法与梅伊、罗道尔斯基等外国经济学者以及白暴力、荣兆梓等中国经济学者的看法一致，均认为是前者。这是一个方向性的问题。100 多年来许多经济学者一直沿着以劳动时间表示的价值转化为以货币表示的生产价格这个方向进行研究，得到的结果要么是特例，要么是不能成立。关于这个问题笔者已经在前面多处进行了分析，在这里就不再赘述了。

第二，商品价值是在正常的生产条件下由生产该商品耗费的社会必要劳动时间决定，还是除此以外还由供求因素决定？该论文认为是后者，② 笔者认为是前者。这个问题涉及所谓两种社会必要劳动时间的争论，即一种是没有考虑供求关系的社会必要劳动时间，这体现在马克思《资本论》第一卷中；另一种是考虑了供求关系的社会必要劳动时间，这体现在马克思《资本论》第三卷中。

笔者曾经发表长篇论文论述了这个问题，指出所谓第二种社会必要劳动时间只是第一种社会必要劳动时间的特殊情形，不是一种独立的价值决定理论。如果对所谓第二种社会必要劳动时间加以演绎和发挥，认为供求因素决定价值，将会影响马克思政治经济学体系的逻辑一致性。③ 用不符合马克思原意的概念去解释价值转化问题，并不能增进人们对马克思价值转化问题的认识。

下面再来讨论该文的核心方程。该文设 t_i 是生产产品 i 耗费的总劳动量，q_i 是产品 i 的总产量，λ_i 是单位产品 i 的价值量，λ_i^* 是单位产品 i 在市场上实现的价值量，在两部门的假设下可以得到下面的方程：

$$\sum_{i=1}^{2} \lambda_i{}^* q_i = \sum_{i=1}^{2} \lambda_i q_i = \sum_{i=1}^{2} t_i \tag{8-154}$$

① 孟捷．从“新解释”到价值转形的一般理论［J］．世界经济，2018（5）：16-21.

② 孟捷．从“新解释”到价值转形的一般理论［J］．世界经济，2018（5）：14-16，18-19.

③ 李翀．关于两种社会必要劳动时间争论的评析［J］．武汉科技大学学报，2019（6）．

式（8-154）表示在供求均衡的条件下各个部门投入的劳动总量等于价值总量，等于实现的价值总量。由于单位产品实现的价值（λ_i^*）等于产品的交易价格（p_i）和单位货币价值（m）的乘积，可得：

$$\lambda_i^* = p_i m \tag{8-155}$$

根据上述两个方程可以推导出下述等式：

$$m = \frac{\sum_{i=1}^{2} t_i}{\sum_{i=1}^{2} p_i q_i} \tag{8-156}$$

这就是说，单位货币的价值等于生产产品耗费的总劳动量除以产品总交易价格之商。[①] 这样，通过"实现的价值量"这个概念引进供求因素，通过货币价值这个定义可以分析价值转化为价格。

该文比张忠任的论文严谨的地方是提出了货币价值问题。但是，笔者认为这个货币价值的定义不能成立。马克思生活在金本位制时代，黄金就是货币。黄金的价值是由生产黄金所耗费的必要劳动时间决定的，黄金的贮藏职能又使流通中的黄金的价值保持稳定。马克思指出："货币贮藏的蓄水池，对于流通中的货币来说，既是排水渠，又是引水渠；因此，货币永远不会溢出它的流通的渠道。"[②] 因此，黄金价值与产品价值是两个独立变量，前者并不依附于后者。例如，1 盎司黄金的价值是 10 单位劳动时间，1 单位某产品的价值是 1 单位劳动时间，那么 1 单位该产品的价格就是 1/10 盎司黄金。单位黄金的价值不会随着单位某产品价值的变化而变化。另外，产品价值用货币来表现形成价格，价格在供求的影响下形成市场价格，单位黄金的价值也不会随着产品交易价格的变化而变化。

即使在现代信用货币制度下，该文的货币价值的定义同样不能成立。信用货币没有价值，其数量可以由中央银行调节。如果要从价值的角度分析，货币的"价值"表现为它所代表的价值，与产品的价值开始产生相互影响的关系，但是在货币流通速度以及货币数量的支出效应等因素的作用下，货币的"价值"与社会产品总价值之间没有确定的关系。在社会产品总价值为一定的情况下，货币数量增加 1 倍，单位货币的"价值"不会是原来的 1/2。在货币数量不变的情况下，社会产品总价值增加 1 倍，单位货币的"价值"不会是原来的 2 倍。尽管通过一些假设可以建立货币"价值"与产品总价格之间的关系，但也无助于解决价值转化问题。很显然，不能用马克思时代不

---

① 孟捷．从"新解释"到价值转形的一般理论［J］．世界经济，2018（5）：16-17.

② 马克思．资本论：第 1 卷［M］//马克思，恩格斯．马克思恩格斯全集：第 23 卷．北京：人民出版社，1972：154.

存在的货币制度去解释马克思时代出现的经济问题。

由此可见，该文提出的解决方法比波特基维茨的解决方法后退了。波特基维茨至少试图从黄金价值出发建立客观的货币与价值和价格之间的关系，该文则为解决价值转化问题人为地设立货币价值的概念，还改变了马克思关于商品价格量决定的原意。

第三节　笔者关于价值转化为生产价格的解决方法①

一、关于总价值恒等于总生产价格的论证

笔者认为，马克思价值转化为生产价格的分析方向是正确的，逻辑是正确的。但是，马克思的分析过程还差了一步：如果成本价格中的商品不是用价值表示而是用生产价格表示的，价值和生产价格在数量上存在什么关系？马克思本人很清楚存在这个问题，他指出："必须记住，如果在一个特殊生产部门把商品的成本价格看作和生产商品时所耗费的生产资料的价值相等，那就总可能有误差。"但是，由于马克思更为关心价值转化为生产价格的逻辑关系，他接着指出："对我们现在的研究来说，这一点没有进一步考察的必要。"② 然而在笔者看来，这一点有进一步考察的必要。马克思本人没有意识到，正是由于没有进一步考察，在他逝世以后导致一场延续了100多年的世界性的大争论，他的劳动价值理论被许多经济学者认为是逻辑不一致的。笔者认为，价值转化为生产价格问题是马克思政治经济学的三大难题之一，另外两个难题是在商业资本高度发达条件下纯粹流通费用补偿问题以及在农业资本有机构成高于工业的条件下绝对地租的来源问题。

关于价值转化为生产价格问题，笔者认为，非马克思主义经济学者和大多数马克思主义经济学者在方向上都错了，他们都以为马克思所说的价值转化为生产价格是价值转化为价格，但实际上生产价格和价格是不同的范畴。这个误解是斯威齐推荐的波特基维茨的解决方法造成的。波特基维茨的解决方法是一种富有创意的解决方法，但是按照波特基维茨的理解，马克思说的生产价格是一种价格，而价格是用货币表示的，

---

① 笔者的解决方法并非在撰写本专著时提出的，笔者在1987年撰写博士论文时就提出了这种解决方法。该博士论文在1989年以《价值和价格论》为名由中山大学出版社出版，该书第137~157页阐述了这种解决方法。

② 马克思．资本论：第3卷［M］//马克思，恩格斯．马克思恩格斯全集：第25卷．北京：人民出版社，1974：185.

当时的货币就是黄金，所以波特基维茨引入了黄金生产部门。当然，波特基维茨这样理解也不是完全没有道理，马克思生产价格（price of production）的范畴也有价格的表述。

非马克思主义经济学者对马克思政治经济学没有深入研究，他们以波特基维茨的解决方法为基础，可以轻而易举地证明价值与生产价格不可能相等。确实，价值是以劳动数量为单位的，如果生产价格以货币为单位，以不同单位度量的两个变量怎么可能在任何条件下都相等呢？例如，人们如何能够证明体积和重量在任何条件下都相等呢？显然，对于水而言，在特定的温度下 1 立方米的水才与 1 吨水相等。同样，由于受到波特基维茨研究文献先入为主的影响，马克思主义经济学者没有深入地从马克思政治经济学中体会生产价格的确切含义，结果陷入了与要证明体积和重量相等类似的困境，最后不得不求助于一种人为设置的度量尺度，在脱离马克思政治经济学的路上越走越远。平心而论，如果把生产价格看作一种价格，波特基维茨的解决方法是最清晰的。但问题在于，生产价格不是一种价格！

笔者认为，尽管马克思本人没有明确说明生产价格是用劳动时间表示的，但是仍然可以从马克思政治经济学的理论体系中去还原和认识生产价格和价格的确切含义和区别。如果全面和准确地理解马克思的政治经济学理论体系，笔者认为价值、生产价格、市场价格之间的关系如下：

第一，价值和生产价格是不同层次的分析。马克思指出："我们在本卷中将要阐明的资本的各种形式，同资本在社会表面上，在各种资本的相互作用中，在竞争中，以及在生产当事人自己的特长意识中表现出来的形式，是一步一步接近了。"① 另外，在生产价格的范畴里，不变资本和可变资本表现为资本家的预付资本，剩余价值不是表现为可变资本的产物而是表现为预付资本的产物，利润率已经平均化。这表明，价值分析的抽象程度高于生产价格。从价值到生产价格的分析是从抽象到具体，从本质到现象的分析过程。

第二，生产价格和市场价格是不同层次的分析。马克思指出："如果供求平衡，商品的市场价格就和它的生产价格相一致，也就是说，这时它的价格就表现为由资本主义生产的内部规律来调节，而不是以竞争为转移，因为供求的变动只是说明市场价格同生产价格的偏离。这种偏离会互相抵销，所以从某个较长的时期来看，平均市场价

① 马克思．资本论：第 3 卷［M］//马克思，恩格斯．马克思恩格斯全集：第 25 卷．北京：人民出版社，1974：30.

格等于生产价格。”① 这表明，在马克思的意识里，在价值没有转化为生产价格以前，价值是市场价格的基础。在价值转化为生产价格以后，生产价格是市场价格的基础。生产价格不是市场价格！从生产价格到市场价格的分析是回到具体、回到现象的分析。

第三，从马克思价值转化为生产价格的分析过程来看，某个生产部门的生产价格=成本价格+平均利润，成本价格是不变资本价值+可变资本价值，平均利润是剩余价值的平均化，生产价格本身是一种价值形态。

应该感谢两位经济学者，他们给予了笔者重要启发。英国经济学者梅伊指出：“在马克思的著作中，所谓‘生产价格’是价值的一种形态，是由价值中引申出来的，它与价格不同就像价值与价格不同一样。”② 波兰经济学者罗道尔斯基指出：“马克思所说的‘生产价格’，在事实上决不是‘价格’，只不过是由于平均利润率介入后修正了的价值。”③ 但令人遗憾的是，梅伊只是在评论温特尼茨解决方法的时候提出了这个问题，罗道尔斯基也是在研究马克思《资本论》创作史的时候提出了这个问题，他们都没有进一步论证生产价格为什么是一种价值，更没有用这个论点去分析价值转化为生产价格的过程。对于别的经济学者来说，他们认定生产价格是一种价格，并没有人在意梅伊和罗道尔斯基的看法。

基于对马克思价值和生产价格分析结构的理解，以及梅伊和罗道尔斯基的启发，笔者提出：马克思研究的是价值转化为生产价格，而不是价值转化为价格，生产价格和价格是完全不同的范畴。生产价格是一种形式的价值，或者准确地说是价值的转化形式，也就是价值的各个组成部分（c+v+m）在平均利润率作用下进行重新调整而形成的。这意味着价值和生产价格的计量单位是相同的，都是用劳动时间计算的。

更详细地说，在价值转化为生产价格的过程中，存在着六个相互联系而又相互区别的范畴：第一个范畴是价值，是无差别的人类劳动的凝结，它是用劳动时间来计量的。第二个范畴是作为价值的货币表现的价格，它是用货币计量的。第三个范畴是简单商品生产条件下的市场价格，它是作为价值货币表现受到市场需求和供给的影响而形成的形态，是用货币计量的。第四个范畴是生产价格，它是价值的各个组成部分在平均利润率作用下进行调整而形成的转化形式，是用劳动时间计量的。第五个范畴是作为生产价格货币表现的价格，它是用货币计量的。第六个范畴是在利润率平均化条

① 马克思．资本论：第3卷［M］//马克思，恩格斯．马克思恩格斯全集：第25卷．北京：人民出版社，1974：422.

② MAY K. Value and Price of Production：A Notion of Winternitz's Solution［J］. Economic Journal，1948（12）：596.

③ ROSDOLSKY R. The Making of Marx's “Capital”［M］. London：Pluto Press，1977：411.

件下的市场价格，它是作为生产价格的货币表现受到市场需求和供给的影响而形成的形态，是用货币计量的。

几乎全世界参与价值转化为生产价格问题讨论的经济学者都犯了一个错误，他们争论的是上述第一个范畴向第五个范畴的转化。也许马克思本人的思考也不是那么清晰，但是马克思实际上分析的是第一个范畴向第四个范畴的转化。

既然价值转化为生产价格是从一种价值形式转化为另一种价值形式，它们都是用劳动时间计量的，在价值转化为生产价格以前耗费的社会劳动时间在价值转化为生产价格以后没有变化，只是在不同的生产部门之间进行重新分配，那么总价值和总生产价格就是恒等的。困扰着经济学界的马克思价值转化为生产价格分析的核心问题，就迎刃而解了。

二、价值转化为生产价格的逻辑过程和数量关系

笔者正是根据生产价格是价值的一种转化形式，实际上也是以劳动时间计量的这个结论，论证了价值转化为生产价格的逻辑过程和相关变量的数量关系。

为阐述方便，假定存在这样一个资本主义社会：第一，社会生产划分为两个生产部门，一个生产部门生产谷物，另一个生产部门生产煤炭。第二，谷物和煤炭的价值都是1单位劳动时间，剩余价值率为100%。第三，谷物生产部门的资本家投入40不变资本和30可变资本生产出100单位谷物，不变资本分解为30单位谷物和10单位煤炭，可变资本分解为15单位谷物和15单位煤炭。第四，煤炭生产部门的资本家投入60不变资本和20可变资本生产出100单位煤炭，不变资本分解为20单位谷物和40单位煤炭，可变资本分解为10单位谷物和10单位煤炭。① 该社会生产过程如表8-9所示。

表8-9　价值生产过程

生产部门	不变资本（1）	可变资本（2）	剩余价值（3）	剩余价值率（4）	产品价值（5）
谷物	40	30	30	100%	100
煤炭	60	20	20	100%	100

但是，在资本主义生产条件下，不变资本和可变资本构成了资本家的成本价格，剩余价值作为预付资本的产物构成了利润。另外，如果各个生产部门的利润率不同，

① 这里省略了笔者所著《价值与价格论》中关于建立价值与劳动时间数量关系的分析。假设数字只是为了解释方便，与分析方法无关，假设别的数字也可以采用同样的方法进行分析。

资本家会通过生产部门之间的资本转移来展开竞争，利润率从而趋向平均化。这样，由不变资本（c）、可变资本（v）和剩余价格（m）构成的产品价值，将转化为由成本价格（k）和平均利润（p）构成的生产价格。这个转化过程可以用表8-10表示。

表8-10　价值转化为生产价格的第一个逻辑阶段

生产部门	预付资本 (1)	剩余价值 (2)	产品价值 (3)	成本价格 (4)	利润率 (5)	平均利润率 (6)	平均利润 (7)	生产价格 (8)
谷物	40c+30v	30m	100	70	43%	$33\frac{1}{3}\%$	$23\frac{1}{3}$	$93\frac{1}{3}$
煤炭	60c+20v	20m	100	80	25%	$33\frac{1}{3}\%$	$26\frac{2}{3}$	$106\frac{2}{3}$

在表8-10中，成本价格、利润率、平均利润率和平均利润都是用价值表示的。(5) = (2) ÷ (1)，利润率等于各个生产部门的剩余价值除以成本价格之商，平均利润率等于两个生产部门的总剩余价值除以总成本价格之商，(7) = (4) × (6)，(8) = (4) + (7)。

从表8-10中可以看到，总剩余价值等于总利润$\left(30+20=23\frac{1}{3}+26\frac{2}{3}\right)$，总价值等于总生产价格$\left(100+100=93\frac{1}{3}+106\frac{2}{3}\right)$。谷物生产价格对价值的偏离是$-6\frac{2}{3}$ $\left(=93\frac{1}{3}-100\right)$，煤炭生产价格对价值的偏离是$6\frac{2}{3}\left(=106\frac{2}{3}-100\right)$，谷物和煤炭生产价格的偏离是平均利润对剩余价值的偏离造成的$\left(-6\frac{2}{3}=23\frac{1}{3}-30，6\frac{2}{3}=26\frac{2}{3}-20\right)$。这意味着生产价格对价值的偏离是在利润率平均化规律的作用下，剩余价值在各个生产部门重新分配的结果。这就是马克思分析的价值转化为生产价格的过程，马克思的分析到此为止了。

但是，在这个例子中，正如马克思意识到的，成本价格等于不变资本与可变资本之和，是用价值表示的。既然在利润率平均化以后，谷物的生产价格与价值已经发生偏离，而成本价格中的谷物和煤炭又是在市场上购买的，那么它们就应该用生产价格而不是用价值来表示。因此，价值转化为生产价格的过程并没有结束，表8-10仅是价值转化为生产价格逻辑过程的第一阶段，在逻辑上还需要进行第二阶段的转化。

设谷物和煤炭生产价格与价值的比率分别是x和y，① 平均利润率是r，根据表8-9

① 这意味着如果某产品的价值是2，生产价格是2.2，那么该比率是1.1。

作为前提的数据，可列方程组：

$$(30x+10y+15x+15y)(1+r)=100x \tag{8-157}$$

$$(20x+40y+10x+10y)(1+r)=100y \tag{8-158}$$

$$100x+100y=200 \tag{8-159}$$

方程（8-157）中的30和10是谷物生产部门不变资本中谷物和煤炭的数量，15和15是谷物生产部门可变资本中谷物和煤炭的数量。该方程表示以生产价格表示的成本价格加上以生产价格表示的平均利润等于生产出来的谷物的生产价格。方程(8-159)是笔者在本节第一部分论证的恒等式：总价值（=100+100）等于总生产价格（=100x+100y）。

解方程组得：$x=\frac{10}{11}$，$y=1\frac{1}{11}$，$r=\frac{1}{3}$。根据谷物和煤炭的价值以及 x 与 y 的结果就可以求解谷物和煤炭的生产价格。这样就得到了表8-11的数据，从而也就完成了价值转化为生产价格的分析过程。

在表8-11中，(1)(2)(3)均与表8-10相同。但请注意，首先，在表8-11中，成本价格是用价值表示的。在表8-11中，谷物生产部门的成本价格是30x+10y+15x+15y，煤炭生产部门的成本价格是20x+40y+10x+10y，它们都是用生产价格表示的。其次，在表8-10中，平均利润率是用价值表示的。在8-11中，平均利润率是从方程组求解出来的，是用生产价格表示的。再次，在表8-10中，谷物和煤炭市场价格对价值的偏离是$-6\frac{2}{3}$和$+6\frac{2}{3}$。在表8-11中，谷物和煤炭生产价格对价值的偏离程度是$-9\frac{1}{11}$、$+9\frac{1}{11}$。

表8-11　价值转化为生产价格的第二个逻辑阶段

生产部门	预付资本(1)	剩余价值(2)	产品价值(3)	成本价格(4)	平均利润率(5)	平均利润(6)	生产价格(7)	偏离程度(8)
谷物	40c+30v	30m	100	$68\frac{2}{11}$	$\frac{1}{3}$	$22\frac{8}{11}$	$90\frac{10}{11}$	$-9\frac{1}{11}$
煤炭	60c+20v	20m	100	$81\frac{9}{11}$	$\frac{1}{3}$	$27\frac{3}{11}$	$190\frac{1}{11}$	$+9\frac{1}{11}$

比较表8-11和表8-10可以看到，从价值转化为生产价格的过程在继续进行：以价值表示的成本价格转化为以生产价格表示的成本价格，以价值表示的平均利润率转换为以生产价格表示的平均利润率。最终转化成的谷物和煤炭的生产价格与价值的偏离幅度增大，是因为谷物的生产价格低于价值，而谷物生产部门的不变资本和可变资本中包含

的谷物又较多，所以把不变资本和可变资本的价值转化为生产价格以后，谷物的生产价格低于价值的幅度扩大了。根据同样的道理，煤炭生产价格高于价值的幅度也扩大了。

如果把价值转化过程第二个逻辑步骤的分析从两个部门扩展到 k 个部门，那么情况如下：设有 k 个部门，每个部门生产1种产品，投入品有 k 种，本部门产品也是本部门的投入品之一；q 为成本中投入品的数量，Q 为产出品的数量，λ 为生产价格与价值的比率，那么可以得到下面的方程组：

$$\begin{cases} \left(\sum_{i=1}^{k} \lambda_i q_i\right)(1+r) = \lambda_1 Q_1 \\ \vdots \\ \left(\sum_{i=1}^{k} \lambda_i q_i\right)(1+r) = \lambda_k Q_k \\ \sum_{i=1}^{k} Q_i = \sum_{i=1}^{k} \lambda_i Q_i \end{cases} \tag{8-160}$$

在上面的方程组中，投入品数量 q、产出品数量 Q 是已知的，$k+1$ 个方程求解 k 个未知数 λ 和1个平均利润率 r。求解 λ_i 以后，根据已知的产品 k_i 的价值就可以求出 k_i 的生产价格。

在前面的分析中，为了遵循马克思的逻辑，笔者先把产出品的价值转化为生产价格，同时再把投入品和产出品的价值转化为生产价格。但实际上，可以直接将投入品和产出品的价值转化为生产价格。但是应该指出，得到的生产价格还是用劳动时间表示的，因而仍然处于从抽象到具体、从本质到现象的分析过程中。当生产价格用货币来表现，并在市场需求和供给的影响下发生变化时，才是到达了具体形态，到达了现象形态。

在完成价值转化为生产价格以后，笔者要说明的是，总价值和总生产价格是恒等的，但总剩余价值在一般情况下并不等于总利润。在前面的例子中，总剩余价值（=30+20+50）和总利润$\left(=22\frac{8}{11}+27\frac{3}{11}=50\right)$之所以相等，是因为假定每单位劳动力的实物工资由相同数量的谷物和煤炭构成（5/2单位谷物和5/2单位煤炭），谷物和煤炭生产部门的产量正好相等（100单位谷物和100单位煤炭）。

按照第一个假定，在剩余价值率一定的条件下，两个生产部门的剩余产品由同样数量的谷物和煤炭构成。假如谷物生产部门的剩余产品是15单位谷物和15单位煤炭，煤炭生产部门的剩余产品是10单位谷物和10单位煤炭。按照第二个假定，由于总价值等于总生产价格，谷物和煤炭的总生产价格与总价值的偏离幅度相同，方向相反$\left(-9\frac{1}{11}、+9\frac{1}{11}\right)$，所以单位谷物和单位煤炭的生产价格与价值的偏离幅度相同，方向也相反$\left(-9\dfrac{1}{11}\div 100,\ +9\dfrac{1}{11}\div 100\right)$。

把这两个假定结合起来便可以得到这样的结论：总剩余产品中谷物和煤炭的生产价格与价值的偏离幅度相互抵消，总剩余价值在转化的过程中保持不变，因而必然与总利润相等。一旦取消这两个假定中的任何一个假定，剩余产品中谷物和煤炭的生产价格与价值的偏离幅度就不会彼此抵消，总剩余价值与总利润就不再相等。

但是，应该指出，总剩余价值在一般条件下不等于总利润，这不是笔者采用特定解决方法得到的结论，而实际上是按照马克思本人的分析逻辑必然得到的结论。马克思仅仅分析了产出品的价值转化为生产价格，因此成本价格等于不变资本与可变资本之和，它们都是用价值表示的。由于总价值等于总生产价格，成本价格又等于不变资本与可变资本之和，总剩余价值必然等于总利润。因此，总剩余价值等于总利润仅在这样的条件下才能成立：只把产出品的价值转化为生产价格。

但是，正如马克思指出的，成本价格包括的产品也应该用生产价格来表示。这样，由于单位产品的生产价格与价值会发生偏离，除非成本价格中包含的生产资料和生活资料的生产价格与价值的偏离幅度正好彼此抵消，否则以生产价格表示的成本价格与以价值表示的成本价格就将发生偏离。因此，在总价值等于总生产价格的条件下，总剩余价值与总利润在一般情况下不相等。设总价值是L，总生产价格是L'，总不变资本是C，总可变资本是V，总剩余价值是m，总成本价格是K，总平均利润是p，那么

$$L=C+V+m,\ L'=K+p,$$

$$\because L=L',\ C+V\neq K,$$

$$\therefore m=L-(C+V)\neq L'-K,\text{即 } m\neq p。$$

总剩余价值和总利润在一般条件下不相等，并不影响马克思价值转化为生产价格分析的正确性。马克思主要以价值规律为基础来说明生产价格规律，以说明生产价格的形成不但没有违背价值规律，反而要用价值规律才能清楚阐明。因此，与马克思的分析相关的问题是总价值与总生产价格是否相等，而不是总剩余价值与总利润是否相等。

从总剩余价值与总利润在一般情况下不相等，还可以得到马克思没有得到的结论：价值转化为生产价格的过程，不仅是剩余价值在各个生产部门之间重新配置的过程，还是不变资本和可变资本的价值在各个生产部门之间重新配置的结果。

三、对价值转化为生产价格争论的再回应

（一）对萨缪尔森批评的再回应

在揭示了价值转化为生产价格的整个过程以后，再回过头来看发生在20世纪70年代的争论，有些问题就可以看得更清楚了。

萨缪尔森从数量上分析了价值和生产价格的关系，提出了波特基维茨发现的问题：除了各个生产部门资本有机构成相同，以及各个生产部门不变资本和可变资本具有相同的实物构成的特殊情况外，总价值与总价格并不相等。萨缪尔森的错误在于，他分析的是以劳动时间计量的价值转化为以货币计量的价格，总价值和总价格当然不相等，而马克思分析的是以价值计量的价值转化为以价值计量的生产价格，总价值当然等于总生产价格。这就是说，萨缪尔森批评的和马克思讨论的不是一个问题。

在本章第二节中，笔者曾经纠正了萨缪尔森对劳动力价值和劳动价值理解的错误，然后利用式（8-4）、式（8-5）、式（8-6）求解了萨缪尔森的例子中谷物和煤炭的价值。下面继续利用萨缪尔森的例子，根据笔者的解决方法揭示价值转化为生产价格的整个过程，说明萨缪尔森的批评意见是不能成立的。

在萨缪尔森的例子中，第一个生产部门用80单位劳动、10单位谷物和10单位煤炭生产出100单位谷物，第二个生产部门用20单位劳动、40单位谷物和40单位煤炭生产出100单位煤炭。为了使两个生产部门的资本有机构成不同，笔者将第二个生产部门投入的谷物从40单位调整为20单位，另外为简单起见将第一个生产部门的谷物产量从100单位调整为80单位，其他条件不变。

设谷物的价值是l_1，煤炭的价值是l_2，可以列下面的方程组：

$$10l_1+10l_2+(80\times0.25l_1+80\times0.25l_2)\times2=80l_1 \tag{8-161}$$

$$20l_1+40l_2+(20\times0.25l_1+20\times0.25l_2)\times2=100l_2 \tag{8-162}$$

$$0.25l_1+0.25l_2=1 \tag{8-163}$$

解方程组得到：$l_1=2.5$，$l_2=1.5$。这样可以得到如表8-12所示的谷物和煤炭的价值生产情况。从表8-12中可以看到，两个生产部门的剩余价值=80+20=100，不变资本和可变资本=25+15+50+30+50+60+12.5+7.5=250，平均利润率$r=\frac{2}{5}$。

设谷物和煤炭的生产价格与价值的比率分别是x和y，平均利润率是r，根据萨缪尔森的例子中的实物投入情况和表8-12的价值数据，可列方程组：

$$(25x+15y+50x+30y)(1+r)=200x \quad (8-164)$$

$$(50x+60y+12.5x+7.5y)(1+r)=150y \quad (8-165)$$

$$200x+150y=350 \quad (8-166)$$

在式（8-164）中，25 和 15 是第一个生产部门不变资本中谷物和煤炭的价值，50 和 30 是第一个生产部门可变资本中谷物和煤炭的价值。式（8-165）表示相似的意思。式（8-166）是笔者在本节第一部分论证的恒等式：总价值（=200+150）等于总生产价格（$=200x+150y$）。

解方程组得：$x=0.8212$，$y=1.2384$。这样，第一个生产部门的总生产价格约为 164（≈200×0.8212），第二个生产部门的总生产价格约为 186（≈150×1.2384）。两个生产部门的总价值等于总生产价格，如表 8-12 所示。

表 8-12　萨缪尔森关于价值转化为生产价格的数字例子

部门	资本	剩余价值	总价值	总生产价格
Ⅰ	（25+15）c+（50+30）v	80s	200	164
Ⅱ	（50+60）c+（12.5+7.5）v	20s	150	186

从上面的分析可以看到，笔者严格按照萨缪尔森的原意解决了他认为不可解决的问题：式（8-164）和式（8-165）同时把投入品和产出品的价值转化为生产价格，用笔者的解决方法解释了价值转化为生产价格的过程。萨缪尔森提出的马克思分析的缺陷并不是不可解决的，萨缪尔森大可不必用“把马克思倒过来”这样的语言来讽刺马克思的分析。笔者不否认萨缪尔森是一位优秀的经济学者，但是他并不熟悉马克思政治经济学。一位在某个研究领域表现优秀的经济学者，并不一定在经济学所有研究领域都表现得很优秀。

（二）对斯蒂德曼批评的再回应

斯蒂德曼像萨缪尔森一样，也用一个例子证明，从以劳动时间计量的价值无法推导出以货币计量的生产价格。下面严格遵照斯蒂德曼的原意，利用斯蒂德曼的例子，根据笔者的解决方法，来说明从价值究竟能不能推导出生产价格。当然这个生产价格是马克思所说的生产价格，而不是斯蒂德曼所说的价格。

斯蒂德曼的例子如表 8-4 和表 8-5 所示。应该指出，斯蒂德曼的例子只有在各个生产部门的劳动都是同质劳动的假定下才是可用的。

按照斯蒂德曼的表 8-4，以价值表示的平均利润是$\frac{60}{(112+20)}=\frac{5}{11}$，铁的生产价格是（56+14）$\left(1+\frac{5}{11}\right)=101\frac{9}{11}$，黄金的生产价格是（32+14）$\left(1+\frac{5}{11}\right)=52\frac{4}{11}$，谷物的生产价格是（24+2）$\left(1+\frac{5}{11}\right)=37\frac{9}{11}$。如果仅把产品的价值转化为生产价格，可以得到如表8-13所示的计算结果。

表8-13　在斯蒂德曼例子中产品的价值转化为生产价格

生产部门	预付资本（1）	剩余价值（2）	价值（3）	成本价格（4）	平均利润率（5）	生产价格（6）
制铁	56+14	42	112	70	$\frac{5}{11}$	$101\frac{9}{11}$
黄金	32+4	12	48	36	$\frac{5}{11}$	$52\frac{4}{11}$
谷物	24+2	6	32	26	$\frac{5}{11}$	$37\frac{9}{11}$

在表8-13中，成本价格和平均利润率都是用价值表示的，产品的价值转化为生产价格，铁、黄金和谷物的生产价格与价值都发生了偏离。

按照笔者的解决方法，价值转化为生产价格的过程并没有结束。在斯蒂德曼的例子中，三个生产部门的可变资本分别是14、4、2。根据斯蒂德曼的假定，可变资本在实物上总共是5单位谷物，而谷物的价值等于4，这意味着三个生产部门的可变资本在实物上分别为3.5、1、$\frac{1}{2}$单位谷物。设x、y、z是铁、黄金、谷物生产价格与黄金的比率，如果使用斯蒂德曼的符号，铁的生产价格$p_i=l_ix$，黄金的生产价格$p_g=l_gy$，谷物的生产价格$p_c=l_cz$。另外，如果设r是以生产价格表示的平均利润率，可列方程组：

$$(28l_ix+3.5l_cz)(1=r)=56l_ix \tag{8-167}$$

$$(16l_ix+l_cz)(1+r)=48l_gy \tag{8-168}$$

$$(12l_ix+0.5l_cz)(1+r)=8l_cz \tag{8-169}$$

$$56l_ix+48l_gy+8l_cz=112+48+32 \tag{8-170}$$

解方程组可得：$p_i=l_ix=1.84$，$p_g=l_gy=1.20$，$p_c=l_cz=4.64$。根据求解的结果，可以得到如表8-14所示的数据。

表8-14　在斯蒂德曼例子中投入品和产出品的价值同时转化为生产价格

生产部门	预付资本（1）	剩余价值（2）	价值（3）	成本价格（4）	平均利润率（5）	生产价格（6）
制铁	56+14	42	112	67.76	52%	103.04
黄金	32+4	12	48	51.80	52%	51.84

续表

生产部门	预付资本（1）	剩余价值（2）	价值（3）	成本价格（4）	平均利润率（5）	生产价格（6）
谷物	24+2	6	32	37.09	52%	37.12

在表 8-14 中，成本价格和平均利润率都是用生产价格表示的。这样，投入品和产出品同时从价值转化为生产价格，铁、黄金和谷物的生产价格与价值都发生了进一步的偏离。

上述分析表明，斯蒂德曼对马克思价值转化为生产价格分析的批评是不正确的，马克思遗留的问题不是不可解决的。笔者严格按照斯蒂德曼的例子，清楚地说明了价值是如何转化为生产价格的。

（三）笔者对马克思生产价格理论的补充

有的经济学者认为，马克思已经完全阐明了价值转化为生产价格的过程，所谓转化问题是一种杜撰。有的经济学者认为，马克思没有阐明价值转化为生产价格的过程，价值规律和利润率平均化规律的矛盾依然存在。也有的经济学者指出，马克思在价值转化为生产价格的路途中只走了一半。

根据笔者提出的解决方法，可以认为，马克思基本完成了价值转化为生产价格的分析过程。马克思精辟地分析了不变资本和可变资本如何转化为成本价格，剩余价值如何转化为利润，从而揭示了价值转化为生产价格的内在关系，论证了生产价格是价值的一种转化形式，解决了价值规律和平均利润率规律的矛盾，对经济学的发展作出了贡献。

但是，马克思没有完全解决价值转化为生产价格的问题。马克思没有说明在成本价格包含的商品用生产价格表示以后，价值和生产价格之间存在什么关系。马克思没有清晰地认识到，价值转化为生产价格是从一种价值形式转变为另一种价值形式。如果一定要做一个比喻的话，笔者认为，马克思在价值转化为生产价格的路途中只剩下最后一步。马克思留给人们的《资本论》第三卷只是手稿，如果能够亲自整理和出版《资本论》第三卷，是有可能亲自解决这最后一个问题的。

笔者在价值转化为生产价格问题上所提出的解决方法如下：

第一，在成本价格包含的商品用生产价格表示以后，以生产价格表示的成本价格不再等于以价值表示的成本价格，总剩余价值在一般条件下不等于总利润。

第二，价值转化为生产价格的过程，不仅是剩余价值在各个生产部门重新分配的结果，还是不变资本和可变资本的价值在各个生产部门重新配置的结果。

第三，在价值转化为生产价格的过程中，以价值表示的成本价格转化为以生产价格表示的成本价格，以价值表示的平均利润率转化为以生产价格表示的平均利润率，投入品和产出品的价值同时转化为生产价格。

另外，笔者的解决方法揭示了在马克思政治经济学体系中实际上已经存在但马克思本人还没有清晰和明确地说明的价值、生产价格、价格、市场价格的关系：

在简单商品生产条件下，商品的价值是由生产该商品的社会必要劳动时间决定的，商品的价值用劳动时间作为度量单位。当商品的价值用货币表现出来的时候，形成了商品的价格。商品价格仅仅是商品价值的货币表现形式，以货币作为度量单位。在商品被投放到市场上以后，在供给和需求的影响下，形成了商品的市场价格，用货币作为度量单位。商品的市场价格将会偏离商品的价格，在需求量大于供给量的时候高于商品价格，在需求量小于供给量的时候低于商品价格。

在竞争资本主义商品生产的条件下，以资本转移方式出现的跨生产部门竞争导致不同生产部门的利润率趋向平均化，商品的价值转化为生产价格，商品的生产价格是通过利润率平均化的规律修正了的价值，是用劳动时间作为度量单位的。与简单商品生产条件相似，生产价格的货币表现成为商品价格，用货币作为度量单位。商品价格投放到市场以后受到供给和需求的影响而形成商品的市场价格，也是用货币作为度量单位的（见图8-1）。从上面的分析可以看到，将生产价格称为生产价值可能更为合适，它实际上是一种价值，而不是一种价格。但是，既然马克思已经称之为生产价格，那么在笔者的分析中也称之为生产价格。

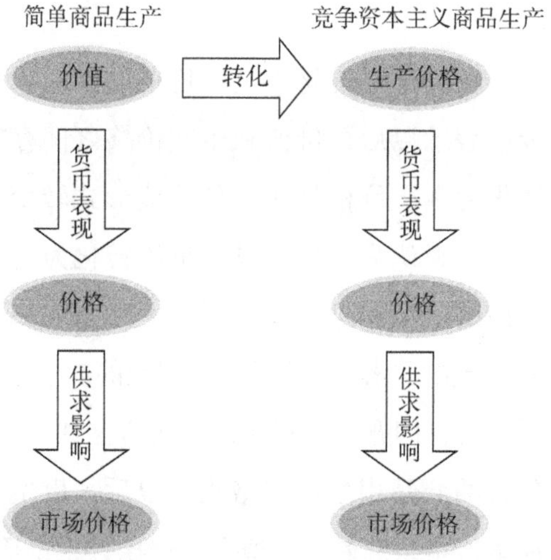

图8-1 价值、生产价格、价格与市场价格的关系

第四节　马克思利润率平均化趋势的验证和解析

一、二战后美国不同产业利润率的变化

利润率平均化是竞争资本主义经济存在的经济现象，是马克思主义经济学者和非马克思主义经济学者都认可的经济事实。但是，20世纪20年代以后，竞争的资本主义经济向垄断的资本主义经济过渡，平均利润的规律已经被垄断利润的规律所取代。由于缺乏20世纪20年代以前主要资本主义国家完整的统计资料，没有办法验证竞争资本主义条件下利润率平均化的趋势。那么，在竞争资本主义经济向垄断资本主义经济过渡以后，利润率平均化规律是否还发生作用呢？这是一个值得研究的问题。显然，如果能够通过生产部门之间的资本转移来展开竞争，各个生产部门的利润率不会长时间地保持较大的差异。也就是说，如果各个生产部门的利润率比较接近，就说明利润率平均化规律还在一定程度上发生作用。笔者仍然以美国为例来验证这个问题。

应该指出，马克思所说的利润率是剩余价值与预付资本之比，与现实经济中的利润率是不同的。马克思之所以这样定义利润率，是因为马克思的分析是从本质到现象的分析。马克思《资本论》第三卷第二篇分析利润的平均化，第五篇分析利润划分为企业利润和利息，第六篇分析地租，所以马克思利润率的分子选择了剩余价值，即企业利润、利息和地租的总和，这是从本质到现象分析过程中的利润率范畴。但是，揭示本质是为了说明现象，现象是本质的表现形态，因此笔者可以用现实经济中的企业利润与预付资本之比来验证利润率平均化的论断。另外，虽然马克思的利润率是剩余价值与预付资本之比，但是马克思又往往假定固定资本一次折旧完毕，这就意味着马克思的利润率也可以表达为剩余价值与耗费资本之比。因此，笔者从预付资本和耗费资本两个角度对利润率平均化的趋势进行验证。

笔者在这里分析的是现实经济的利润率。由于美国经济分析局产业划分标准的变化，无法分析包括新兴产业在内的各个产业长期利润率的变化。笔者从一级产业中选择了拥有连贯数据的建筑业、制造业和运输业三个产业，从二级产业中选择了制造业下的两个二级产业即耐用品制造业和非耐用品制造业，来分析它们的耗费资本和预付资本利润率从1947年到2021年共75年的变化，得到了图8-2到图8-5。

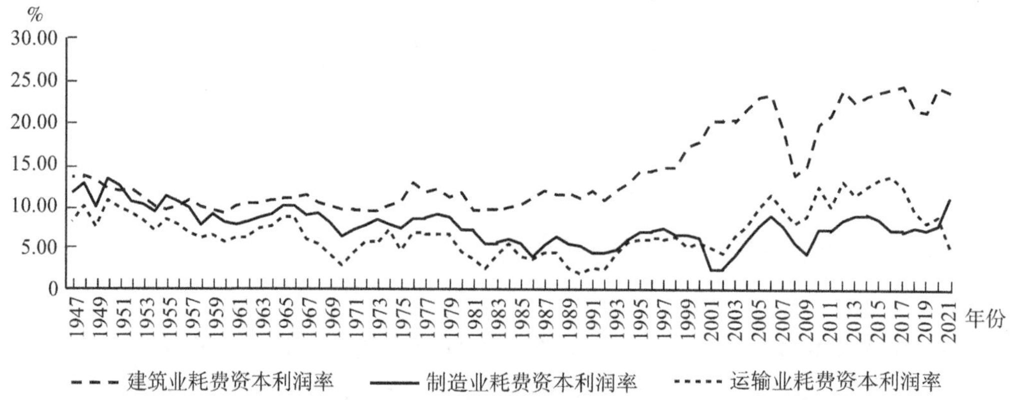

图 8-2　1947—2021 年美国部分一级产业耗费资本利润率变化情况

资料来源：Bureau of Economic Analysis, National, U. S. Economic Account, http://www.bea.gov.

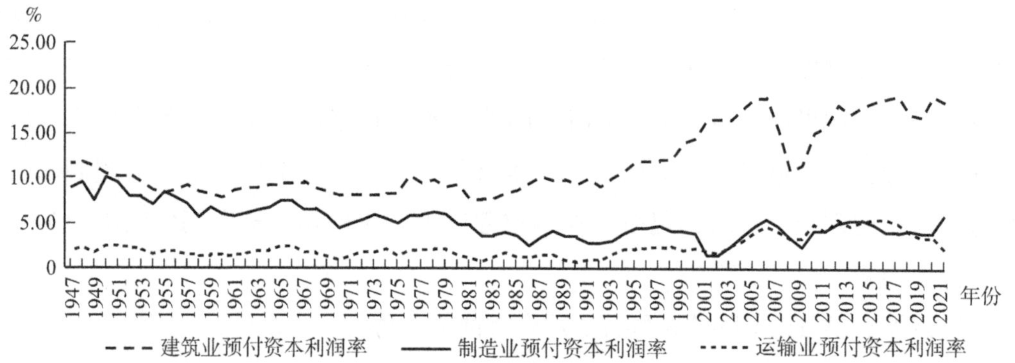

图 8-3　1947—2021 年美国部分一级产业预付资本利润率变化情况

资料来源：Bureau of Economic Analysis, National, U. S. Economic Account, http://www.bea.gov.

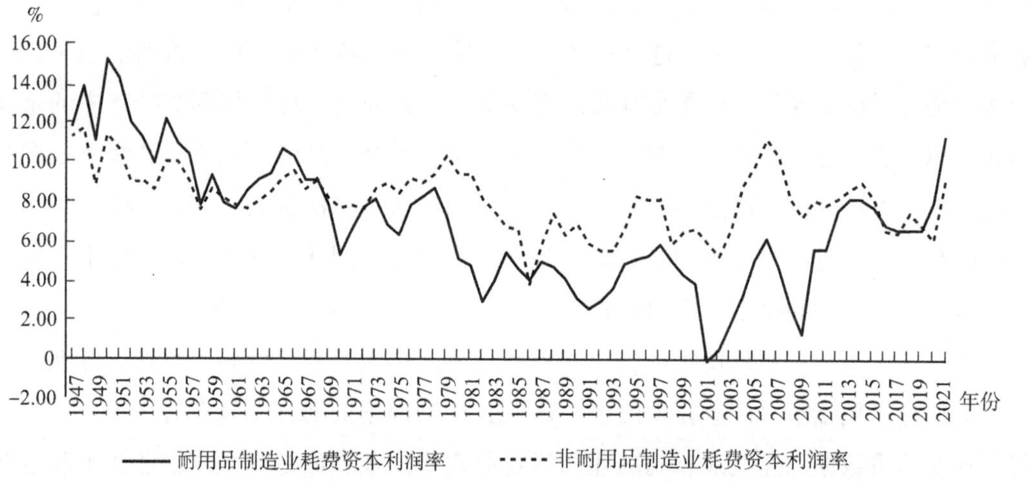

图 8-4　1947—2021 年美国制造业内二级产业耗费资本利润率变化情况

资料来源：Bureau of Economic Analysis, National, U. S. Economic Account, http://www.bea.gov.

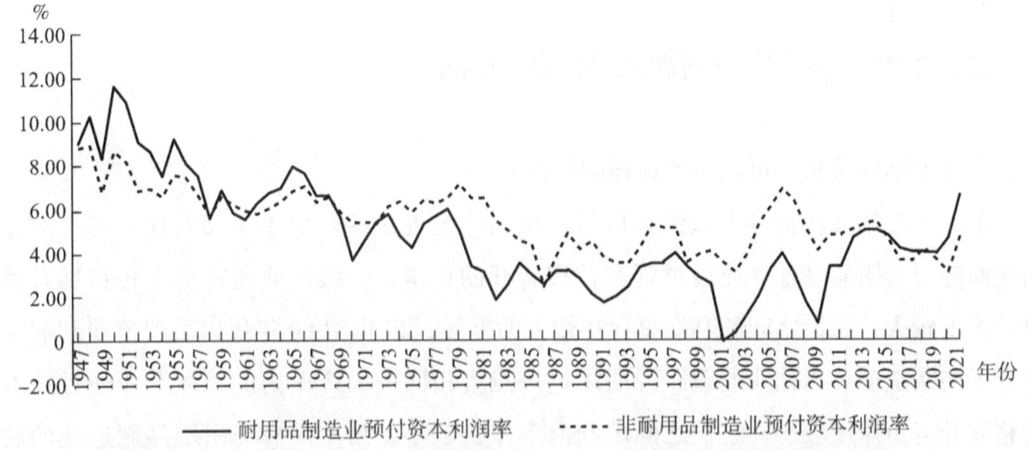

图 8-5　1947—2021 年美国制造业内二级产业预付资本利润率变化情况

资料来源：Bureau of Economic Analysis, National, U. S. Economic Account, http://www.bea.gov.

在图 8-2 到图 8-5 中，预付资本=固定资产净存量+折旧费+中间产品投入+对雇员报酬。等号右边的第一、第二项是不变资本中的固定资本，第三项是不变资本中的流动资本，第四项是可变资本。耗费资本=预付资本-固定资产净存量。利润包括各类企业的业主收入和公司利润。利润与耗费资本之比就是耗费资本利润率，侧重从生产成本的角度来考察利润率；利润与预付资本之比是预付资本利润率，侧重从投入资本的角度来考察利润率。

从图 8-2 可以看到，在 20 世纪 80 年代以前，建筑业、制造业和运输业三个一级产业的耗费资本利润率比较接近。在 20 世纪 80 年代以后，建筑业耗费资本利润率与其他两个产业拉开了差距，但是制造业和运输业的耗费资本利润率仍然比较接近。在 1947 年到 2021 年共 75 年里，建筑业、制造业、运输业的耗费资本年平均利润率分别为 14. 13%、7. 60%、6. 92%。

从图 8-3 可以看到，在 20 世纪 70 年代以前，建筑业和制造业预付资本利润率比较接近。进入 21 世纪以后，制造业和运输业的预付资本利润率比较接近。运输业预付资本利润率比较低，是因为运输业涉及铁路、港口、航空等产业，这些产业需要预付较多的资本。在 1947 年到 2021 年共 75 年里，建筑业、制造业、运输业的预付资本年平均利润率分别为 11. 62%、5. 17%、2. 33%。

从图 8-4 和图 8-5 可以看到，制造业内耐用品和非耐用品产业不论是耗费资本利润率还是预付资本利润率都比较接近。在 1947 年到 2021 年共 75 年里，耐用品和非耐用品制造业的年平均耗费资本利润率分别是 6. 88%和 8. 08%，年平均预付资本利润率分别是 4. 78%和 5. 47%。

二、对美国各个产业利润率平均化的解析

综合上面的分析，可以得到这样的结论：

第一，在第二次世界大战结束以后，美国已经处于垄断资本主义时代，各个产业的垄断势力会阻碍其他产业通过资本转移展开的竞争，一级产业通过资本转移展开竞争的难度较大，它们之间的利润率存在较大的差异，20世纪80年代以后建筑业利润率拉开了与制造业和运输业的差距说明了这一点。相同一级产业内的二级产业通过资本转移展开竞争难度较小，它们之间的利润率差别较小，耐用品和非耐用品制造业的利润率变化情况说明了这一点。

第二，尽管美国已经处于垄断资本主义时代，尽管一级产业通过资本转移展开竞争的难度较大，但是一级产业之间通过资本转移进行的竞争仍然在继续，有的时期垄断有所加强，利润率的差距扩大；有的时期竞争变得激烈，利润率差距缩小。在考察的1947年到2021年中制造业和运输业耗费资本利润率比较接近，以及20世纪80年代以前建筑业、制造业和运输业耗费资本利润率比较接近，均说明了这一点。

因此，在竞争资本主义经济向垄断资本主义经济过渡以后，利润率平均化的规律受到抑制，取代它的是垄断利润的规律。但是，在垄断资本主义的条件下，垄断并不能完全排除竞争。对于进入的资本和技术条件相似的产业，竞争更加激烈一些，利润率平均化的作用仍然存在。但对于进入的资本和技术条件相差较大的产业，能够在一定程度上抑制资本转移的竞争，从而保持垄断利润。垄断与竞争并存是当代垄断资本主义的特征。

第五节　马克思一般利润率下降规律的检验与分析

一、马克思一般利润率下降规律争论概况

（一）逻辑上的争论

笔者在上一节使用企业利润与耗费资本或预付资本之比的利润率概念来验证现实经济中的利润率平均化趋势，在本节根据马克思一般利润率的概念来讨论一般利润率

的变化规律。与马克思价值转化为生产价格理论一样，马克思一般利润率趋向下降的理论也经历了长期和激烈的争论。按照加拿大经济学者霍华德和澳大利亚经济学者金（J. E. King）在《马克思主义经济学史：1929—1990》中的概括，在马克思主义经济学界关于马克思一般利润率趋向下降规律的争论经历了三个阶段：[①]

第一个阶段是 1883—1918 年。在这个阶段，部分马克思主义经济学者指出，马克思可能低估了技术进步对提高劳动生产率的影响。随着技术进步带来的劳动生产率的提高，不变资本价值会下降，剩余价值率会提高。这样，一般利润率不但不会下降，反而有可能上升。尽管另一部分马克思主义经济学者不否认技术进步的这种作用，但一般认为从长期来看各种起反作用的因素不足以阻止一般利润率趋向下降。另外，大多数马克思主义经济学者不认为一般利润率趋向下降规律是马克思资本主义经济危机理论的重要组成部分。

第二个阶段是 1918—1945 年。在这个阶段，部分马克思主义经济学者仍然坚持马克思一般利润率下降规律，但部分马克思主义经济学者对马克思一般利润率趋向下降规律提出挑战。这些挑战表现在两个方面，一个方面是否认存在一般利润率下降的规律。例如，1934 年，日本经济学者柴田敬（Kei Shibata）在《京都大学经济评论》上发表了题为《论利润率下降规律》的论文，证明马克思一般利润率下降规律是不能成立的。[②] 另一个方面是认为一般利润率下降规律有条件成立。例如，英国经济学者多布在 1940 年出版的专著《政治经济学与资本主义发展》中指出，利润率的变化趋势取决于技术变化、劳动生产率的提高和剥削率之间的关系。利润率可能会下降，但还要根据具体情况才能确定，这种趋势有可能被长期延迟。[③]

第三个阶段是 1945 年以后。在这个阶段，马克思一般利润率下降规律似乎受到了更多的质疑，其中有代表性的看法如下：

1946 年，美国经济学者斯威齐在《资本主义发展论》中指出，一般利润率下降趋势是在剩余价值率不变的假定下从资本有机构成提高推导出来的结论。但是，资本有机构成的提高意味着劳动生产率的提高，而劳动生产率的提高是产生相对剩余价值的主要途径，结果将会导致利润率的上升，马克思提出的一般利润率下降的结论不能令人信服。[④]

---

① 霍华德，金．马克思主义经济学史：1929—1990［M］．顾海良，等，译．北京：中央编译出版社，2003：132-144.

② SHIBATA K. On the Law of Decling in the Rate of Frofit［J］. Kyoto University Economic Review, 1934（7）：61-75.

③ DOBB M H. Political Economy and Capitalism［M］. London：Routledge and Kegan Paul, 1940：94-95.

④ 斯威齐．资本主义发展论［M］．陈观烈，等，译．北京：商务印书馆，1997：118-122.

1956年，英国经济学者迪金森在《经济研究评论》杂志发表了题为《马克思经济学中利润率的下降》的论文，他在实际工资保持不变的条件下，利用科布-道格拉斯生产函数证明，只有在极为特殊的情况下，利润率才会下降。在一般情况下，利润率将随着资本有机构成的提高而提高。只有当资本积累超过某个临界点时，利润率才会下降。利润率下降是无法逃避的，但它可能推迟到某个遥远未来的某个时间。①

1957年，英国经济学者吉尔曼（J. M. Gillman）在《利润率的下降》中利用美国制造业的统计资料，证明1880年到1919年资本有机构成趋向提高，剩余价值率保持相对稳定，利润率趋向下降。但是，进入垄断资本主义阶段以后，统计资料不能证明利润率在长期是下降的。因此，马克思一般利润率趋向下降规律不适用于垄断资本主义阶段，应该用新的理论去取代它。②

1961年，日本经济学者置盐信雄（Okishio Nabuo）在《神户大学经济评论》杂志上发表了题为《技术变革与利润率》的论文，对马克思一般利润率下降规律提出了三个问题：第一，资本家引入新的生产技术必然提高劳动生产率吗？第二，提高劳动生产率的生产技术通常会提高资本的有机构成吗？第三，既然新的生产技术对利润率具有相反的双重影响——增加剩余价值和提高资本有机构成，为什么利润率存在下降趋势呢？他对第一个问题的回答是引入新的生产技术会降低生产成本，并不必然提高劳动生产率；对第二个问题的回答是提高劳动生产率的生产技术未必导致资本有机构成的提高；对第三个问题的回答是除非实际工资发生足够大幅度的上升，否则引进新的生产技术不会导致利润率的下降。③

1979年，美国经济学者沃尔夫（E. N. Wolff）在《美国经济评论》杂志上发表了题为《1947—1967年美国经济的剩余价值率、有机构成和一般利润率》的论文，利用美国1947—1967年的统计资料，分析了按照商品价值计算的价值利润率和按照生产价格计算的一般利润率的变化，然后得到下述结论：马克思一般利润率下降的规律在理论上缺乏根据，在经验上缺乏支持。④

（二）利用历史数据的验证

经济学者们对马克思一般利润率趋向下降规律的讨论主要集中在逻辑分析上，很

---

① DICKINSON H D. The Falling Rate of Profit in Marxian Economics [J]. Review of Economic Studies, 1956-1957 (24): 129.

② GILLMAN J M. The Falling Rate of Profit [M]. London: Dennis Dobson, 1957: 59.

③ NABUO O. Technical Changes and the Rate of Profit [J]. Kobe Univeisity Economic Papers, 1961 (7): 88-95.

④ WOLFF E N. The Rate of Surplus Value, the Organic Composition, and the General Rate of Profit in U. S. Economy 1947-1967 [J]. The American Economic Review, 1979, 6 (3): 340.

少利用历史统计资料进行检验。美国经济学者吉尔曼是为数极少的利用历史统计资料对一般利润率下降规律进行验证的学者。他在1957年出版了名为《下降的利润率：马克思的规律及其对二十世纪资本主义的含义》的著作，利用美国官方数据，计算了1849—1952年制造业的利润率，得到下面的检验结果：第一，如果用工资表示可变资本，用生产过程的物质成本表示不变资本但不考虑折旧，用产品价值减去工资和物质成本表示剩余价值，利润率没有表现出明确的变化趋势。第二，如果在物质成本中加进折旧的因素，利润率仍然没有表现出下降的趋势。第三，如果把物质成本调整为按照现行价格将机器设备再生产出来的成本，利润率在1880—1919年趋向下降，在1919—1952年不存在明显的变化趋势。第四，如果在前面的剩余价值中扣除销售成本、对雇佣非生产工人的支出等，利润率在1919—1939年呈现下降的趋势。

吉尔曼的检验被认为并没有证明存在一般利润率下降的规律。[①]

二、关于斯威齐、置盐信雄和吉尔曼分析的述评

（一）斯威齐的分析以及笔者的回应

1. 斯威齐的分析

在质疑马克思一般利润率下降规律的经济学者中，美国经济学者斯威齐和日本经济学者置盐信雄的论证最具有代表性。笔者首先介绍他们的论证，然后发表自己的看法。

斯威齐在1946年出版的《资本主义发展论》第六章“利润率下降趋势”第三节“对本规律的一个批评”中，指出马克思一般利润率下降规律的分析存在问题：

首先，资本有机构成提高和剩余价值率不变的假定难以成立。斯威齐提出，马克思在资本有机构成提高和剩余价值率不变的假定下提出了利润率趋向下降的规律。如果说资本有机构成提高的假定毋庸置疑，那么在假定资本有机构成提高的同时假定剩余价值率不变是否恰当呢？资本有机构成提高和劳动生产率增长是同时发生的，如果剩余价值率不变，这就意味着实际工资提高，而且实际工资的增长幅度与劳动生产率的增长幅度相同。这也意味在资本家通过提高资本有机构成提高劳动生产率时，劳动者得到的利益与资本家得到的利益是一样的。但是，由于资本主义经济中存在产业后备军，起着压低实际工资提高剩余价值率的作用，实际工资的增长幅度不可能与劳动生产率的增长幅度相同。马克思也指出了相对过剩人口这个反作用因素的作用，也明

① 转引自：朱奎．马克思主义经济思想史：欧美卷［M］．北京：东方出版中心，2006：127-130.

确无误地指出："实际工资从来不会和劳动生产率按同一比例增加。"① 因此，应该在假定资本有机构成提高的同时假定剩余价值率提高。

其次，如果资本有机构成和剩余价值率均可变，利润率的变化方向不能确定。斯威齐分析了利润率与剩余价值率和资本有机构成的关系：设利润率为 p，剩余价值率为 s'，资本有机构成为 q，剩余价值、可变资本、不变资本分别为 s、v、c，假定利润等同于剩余价值，那么

$$p=\frac{s}{c+v}=\frac{sv}{v(c+v)}=\frac{sc+sv-sc}{v(c+v)}=\frac{s(c+v)-sc}{v(c+v)}$$

$$=\frac{s(c+v)}{v(c+v)}-\frac{sc}{v(c+v)}=\frac{s}{v}-\frac{s}{v}\cdot\frac{c}{c+v}=s'(1-q) \tag{8-171}$$

设 $1-q$ 为 q'，那么 $p=s'q'$。求该公式的微分得 $\mathrm{d}p=s'\mathrm{d}q'+q'\mathrm{d}s'$。由于 $s'\mathrm{d}q'$ 基本上是负的，$q'\mathrm{d}s'$ 基本上是正的，所以当 $s'\mathrm{d}q'$ 在绝对数上大于 $q'\mathrm{d}s'$，也就是 $|\mathrm{d}s'/s'|<|\mathrm{d}q'/q'|$ 时，利润率下降。

但是，斯威齐指出，这种情况不是肯定发生的。尽管平均每名工人使用的机器和原材料增加，但是机器和原材料的价值在下降，资本有机构成不是以实物表示的变量之比，而是以价值表示的变量之比。马克思也指出了不变资本价值下降这个因素的作用。因此，不能笼统地推测资本有机构成的变化要大于剩余价值率的变化。②

斯威齐得到如下结论："这并不是说，利润率没有下降的趋势。不但马克思，就是古典派的理论家和现代理论家也一直认为，利润率下降是资本主义的一个基本特点。我要试图表明的不过是，从资本有机构成的提高着手进行分析，是不可能证实利润率的下降趋势的。"③

2. 笔者的回应

笔者认为，关于一般利润率趋向下降规律的讨论涉及两个问题：一个问题是论证逻辑的问题，即该规律在逻辑上是否成立；另一个问题是实证检验的问题，即该规律在现实经济中是否存在。马克思已经观察到一般利润率趋向下降的现象，试图从逻辑上去说明这种现象。不论是斯威齐还是置盐信雄都在逻辑上对马克思的论证提出异议，但是他们都没有利用他们所处时代的实际经济数据来验证他们的看法。笔者首先在逻

---

① 马克思．资本论：第1卷［M］//马克思，恩格斯．马克思恩格斯全集：第23卷．北京：人民出版社，1972：408.

② 斯威齐．资本主义发展论［M］．陈观烈，等，译．北京：商务印书馆，1997：118-122.

③ 斯威齐．资本主义发展论［M］．陈观烈，等，译．北京：商务印书馆，1997：123.

辑上对斯威齐和置盐信雄的论证进行分析，然后再利用第二次世界大战结束以后的实际经济数据来验证是否存在一般利润率趋向下降的规律。

斯威齐指出，由于工人利益不可能与资本家利益一起随着资本有机构成提高导致的劳动生产率的增长而增加，马克思关于资本有机构成提高而剩余价值率不变的假定是不对的，剩余价值率与资本有机构成会同时提高。

确实，资本的本质是追逐剩余价值，资本家会尽可能地榨取剩余价值，不愿意与工人分享劳动生产率提高的利益。但是，资本家努力压低工人工资，是从劳动力的需求方面起作用的。工人工资水平的高低，还取决于工人阶级的抗争，取决于劳动力供给方面的作用。因此，在现实的经济中，资本家有可能不得不与工人阶级分享资本有机构成提高带来的劳动生产率提高的利益，剩余价值率不是必然提高的。笔者在第四章分析马克思剩余价值理论时曾经验证，美国剩余价值率从 20 世纪 40 年代末到 80 年代初是趋向下降的。

实际上，剩余价值率和资本有机构成是影响一般利润率的两个主要因素，马克思在剩余价值率不变的条件下论证资本有机构成提高将导致一般利润率下降，主要是马克思强烈地预感到随着科学技术的进步，资本家在竞争的压力下将会努力采用机器设备来进行生产，资本有机构成的提高将对一般利润率产生重要影响。

（二）置盐信雄的分析以及笔者的回应

1. 置盐信雄的分析

置盐信雄于 1961 年在《神户大学经济评论》杂志上发表了题为《技术变革与利润率》的论文，对马克思平均利润率下降规律质疑，提出了“置盐定理”。

首先，置盐信雄指出，资本家是否引入新技术不是取决于它能否提高劳动生产率，而是取决于它能否降低生产成本。他的论证过程如下：设生产第 i 种商品的劳动生产率用 $1/t_i$ 度量，表示生产 1 单位第 i 种商品耗费的直接和间接必要劳动量，那么

$$t_i = \sum a_{ij}t_j + \tau_i (i = 1, 2, \cdots, n) \tag{8-172}$$

a_{ij}表示生产 1 单位商品 i 所必需的第 j 种商品的直接投入量，τ_i 表示生产 1 单位该商品所需要的直接劳动量。在第 k 个产业中，新技术能够提高第 k 种商品的劳动生产率的条件是：

$$\sum a_{kj}t_j + \tau_k > \sum a'_{kj}t_j + \tau'_k \tag{8-173}$$

不等式的右边表示该产业中的新技术。这个不等式表示“生产率标准”。如果用 p_j 和 w 分别表示第 j 种商品的价格和货币工资率，那么 $q_j = p_j/w$。采用新技术的“成本标

准”为

$$\sum a_{kj}q_j + \tau_k > \sum a'_{kj}q_j + \tau'_k \tag{8-174}$$

对于所有的商品而言，在 $q_i=t_i$ 时，“生产率标准”和“成本标准”是等价的。由于每个产业必须有正利润，则

$$q_i > \sum a_{ij}q_j + \tau_i(i=1,\ 2,\ \cdots,\ n) \tag{8-175}$$

比较式（8-172）和式（8-175）可以得到：对于所有的 i，必然有 $q_i>t_i$。置盐信雄的结论是：“生产率标准”不同于“成本标准”，资本家采用的是“成本标准”，而不是“生产率标准”。资本家引入新的生产技术必须降低生产成本，但并不必然提高劳动生产率。

其次，置盐信雄指出，提高劳动生产率的生产技术是否会提高资本有机构成，在没有统计研究的情况下无法回答。因此，他不准备讨论这个问题而提出如何更好地表达资本有机构成的问题。置盐信雄认为用不变资本对可变资本的比例来表示资本有机构成不能充分展示马克思的观点，因而提出了替代资本有机构成的指标：

$$c_i = \sum a_{ij}t_j \tag{8-176}$$

$$v_i = \tau_i \sum b_i t_j \tag{8-177}$$

其中（b_1，b_2，…，b_n）表示劳动者付出1单位劳动换取了一篮子商品，称为实际工资率。因此，一个产业的资本有机构成取决于两类因素：决定 a_{ij}、τ_i、t_i 的生产技术和决定 b_i 的实际工资率。这样，即使生产技术不变，实际工资率的变化也会导致资本有机构成的变化。

置盐信雄认为，应该用下面的公式表示资本有机构成，它清楚地表示直接劳动与生产资料中包含的间接必要劳动的比率：

$$\frac{\sum a_{ij}t_j}{\tau_i} \tag{8-178}$$

另外，置盐信雄把 $\dfrac{c_i}{(v_i+m_i)}$ 称为产业的生产有机构成。

最后，置盐信雄分析了影响一般利润率的因素。他提出，剩余价值率可以表达为：

$$\frac{m}{v} = \frac{\tau_i - \tau_i\sum b_j t_j}{\tau_i \sum b_j t_j} = \frac{1 - \sum b_j t_j}{\sum b_j t_j} \tag{8-179}$$

剩余价值率取决于实际工资率和工资品行业的劳动生产率。如果 $b_j>0$，就是工资品行业。工资品行业的劳动生产率不仅取决于本行业的生产技术，还取决于与工资品

行业密不可分的行业的生产技术，置盐信雄把这两种行业称为基本品行业。因此，在实际工资率为一定的条件下，剩余价值率取决于基本品行业的生产技术。

如果在基本品行业引入新的生产技术，导致生产工资品的劳动生产率提高，在实际工资率为一定的条件下，可变资本将减少，剩余价值率将提高。但是，非基本品行业的生产技术不影响剩余价值率，马克思否认这一点是不对的。

置盐信雄指出，在基本品行业引入新的生产技术除了导致剩余价值率提高以外，还导致资本有机构成提高。马克思之所以认为前者的效应不能抵消后者的效应，实际上暗含了利润率小于或等于他提出的生产有机构成的倒数的条件：

$$\frac{m}{c+v} \leqslant \frac{v+m}{c} \tag{8-180}$$

在生产有机构成的倒数是利润率上限的条件下，可以得到资本有机构成提高导致利润率下降的结论。

但是，置盐信雄认为这里的分析存在两个问题：第一，剩余价值与不变资本和可变资本之和的比率不是利润率，利润只是剩余价值的一个部分。然而即使如此，在一定的条件下仍然可以得到资本有机构成提高导致利润率下降的结论。第二，资本家引入新技术采用的不是“生产率标准”，而是“成本标准”。也就是说，资本家引入新的生产技术必须降低生产成本。既然如此，资本家引进新的生产技术必然导致利润率的上升。

因此，置盐信雄得到了两个与马克思不同的结论：第一，如果引入新的生产技术的行业是非基本品行业，对一般利润率没有影响。第二，如果引入新的生产技术的是基本品行业，一般利润率必然上升。①

2. 笔者的回应

笔者认为，置盐信雄关于一般利润率变化趋势的论证在逻辑上存在如下问题：

第一，置盐信雄指出，资本家引入新技术采用的不是“生产率标准”，而是“成本标准”，资本家不会引入不会导致生产成本下降的新技术。这个前提条件至关重要，如果这个前提条件能够成立，生产领域任何技术的进步都只会带来生产成本的下降，因而都会导致利润率的提高，马克思提出的一般利润率趋向下降的规律在逻辑上完全不能成立。

但是，置盐信雄的这个前提条件是不对的。劳动生产率的提高与生产成本的下降是互相联系的，在工人工资不变的条件下劳动生产率的提高将导致单位产量的工资成

① NABUO O. Technical Changes and the Rate of Profit [J]. Kobe Univeisity Economic Papers, 1961 (7): 88-95.《教学与研究》2010年第10期刊登了该论文的中译文版本。

本的下降。但是，劳动生产率的提高与生产成本的下降又是相互区别的，劳动生产率的提高未必导致生产成本的下降，生产成本的下降未必意味着劳动生产率的提高。例如，在单位产量耗费的机器设备和原材料不变的条件下，如果工资增长率高于劳动生产率的增长率，单位产量的工资成本将会上升。又如，在工资成本不变的条件下，如果新技术导致单位产量耗费的设备和原材料减少，生产成本下降，而劳动生产率却并没有提高。

接下来的问题是：难道资本家不会引入不会导致生产成本下降的新技术吗？能够同时导致劳动生产率提高和生产成本下降的新技术不必分析了，下面主要讨论只会导致劳动生产率提高而未必导致生产成本下降的新技术。

假定资本家添置机器设备进行生产，在提高劳动生产率的同时也导致单位产量生产成本上升。在这种情况下，虽然单位产量的利润减少，但是总利润增加，资本家照样会引进新的机器设备。例如，原来某资本家生产1万单位产品，单位产品的价格是10美元，生产成本是7美元，因而总利润是3万美元；现在该资本家引进新的机器设备生产出2万单位产品，单位产品的生产成本上升到8美元，但是他得到的总利润是4万美元，难道资本家不愿意赚4万美元而只愿意赚3万美元？马克思在论述一般利润率趋向下降规律的时候不止一次地指出如下事实："随着资本主义生产方式的发展，利润率会下降，而利润量会随着所使用的资本量的增加而增加。"①

从上面的分析可以看到，资本家不可能只引入单纯导致生产成本下降的新技术而不引入可以提高劳动生产率的新技术。既然置盐信雄的前提条件是错误的，他由此得到的结论也是错误的。

第二，置盐信雄把行业分为基本品行业和非基本品行业，并认为只有基本品行业的新技术会对一般利润率产生影响，非基本品行业的新技术不会对一般利润率产生影响。他还强调，马克思否认这种行业的划分以及否认非基本品行业的新技术不会对一般利润率产生影响是错误的。

笔者认为，置盐信雄这种行业划分本身就是不对的。工人的工资品（b_1，b_2，…，b_n）难道是一成不变的吗？随着经济的发展，以前属于奢侈品的东西现在可能变成消费品。另外，几乎所有生产投资品的行业与生产消费品的行业都是相互联系的，如何去划分基本品行业和非基本品行业？如果这样划分的非基本品行业只是极少数行业，这样的划分又有什么意义？

---

① 马克思．资本论：第3卷［M］//马克思，恩格斯．马克思恩格斯全集：第25卷．北京：人民出版社，1974：276.

第三，置盐信雄认为马克思关于利润率的概念是错误的，利润率是企业利润与总资本之比，而不是剩余价值与总资本之比。实际上，马克思十分清楚这种区别。马克思在分析一般利润率趋向下降的时候指出："如果我们考察社会总资本 C，用 P_1 表示扣除利息和地租以后剩下的产业利润，Z 表示利息，r 表示地租，那末，$M/C=P/C=(p_1+Z+r)/C=P_1/C+Z/C+r/C$。"① 马克思只是试图探讨剩余价值与总资本之比是否趋向下降。马克思指出："我们这里所说的利润，只是剩余价值本身的另一个名称；不过在这里，剩余价值是对总资本而言，不是对产生它的可变资本而言。所以，利润率的下降表示剩余价值本身和全部预付资本的比率的下降，因而同这个剩余价值在各个范畴之间的任何一种分配无关。"② 在企业利润、利息和租金的分配没有发生重大变化的条件下，企业利润÷总资本与剩余价值÷总资本的变化趋势是相似的。

在指出斯威齐和置盐信雄在论证上的不足之处以后，笔者认为要肯定的是，斯威齐和置盐信雄提出的下述看法是正确的：仅从逻辑上无法证明资本有机构成的提高将导致一般利润率趋向下降。正如斯威齐关于利润率、剩余价值率和资本有机构成相互关系的计算公式 $p=s'(1-q)$ 所表达的那样，在剩余价值可变的条件下，只有在严格的条件下资本有机构成的提高才会导致一般利润率趋向下降，而这个严格的条件在资本主义经济中未必具备。除此以外，笔者还要提出的问题是：随着科学技术的进步，资本有机构成一定提高吗？因此，笔者认为还要通过对实际历史数据的检验，来重新认识一般利润率趋向下降的规律。

（三）对吉尔曼检验的评论

笔者认为，逻辑分析只是提出一种经济规律，还不能证实这种经济规律的存在。只有经过历史事实的验证，才能证实这种经济规律的存在。因此，吉尔曼对一般利润率趋向下降规律的检验是有意义的。

对于吉尔曼的检验，有的经济学者指出，马克思一般利润率趋向下降的规律是一种价值分析，统计资料是用价格计算的，把价格还原为价值是非常困难的。例如，如何消除价值转化为生产价格的偏差？如何消除供给和需求造成的价格对价值的偏离？英国经济学者罗松曾经指出：现在常用的统计资料并不适合于去测试马克思的假定，

---

① 马克思．资本论：第3卷［M］//马克思，恩格斯．马克思恩格斯全集：第25卷．北京：人民出版社，1974：270.

② 马克思．资本论：第3卷［M］//马克思，恩格斯．马克思恩格斯全集：第25卷．北京：人民出版社，1974：238.

因为它们建立在不同的概念之上。①

笔者不同意这种看法。马克思的劳动价值理论、剩余价值理论、社会资本生产理论、资本积累理论等都是用价值分析的，如果按照这种看法，马克思政治经济学的主要原理都是不可检验的？以马克思的分析是价值分析为借口，拒绝利用历史统计数据进行检验是非科学的态度。如果价值分析不能说明现象形态，或者现象形态根本不反映价值分析，那么价值分析有何意义？

马克思之所以采用抽象的分析方法使用价值的范畴进行分析，主要是为了揭示资本主义经济运行的本质。在现实经济中，价值表现为价格或者市场价格。利润率是剩余价值与预付资本之比，是一个相对数，在将两个不同时期的相对数进行比较时，价值与生产价格偏离的影响很小。另外，一般利润率趋向下降规律是长期的趋势，在时间足够长的情况下，供给和需求形成的市场价格对价值偏离的影响也很小。因此，完全可以利用历史统计资料来验证马克思政治经济学的原理。

吉尔曼检验的局限性在于下述两个方面：第一，可能是由于历史统计资料不完整，吉尔曼只选择了制造业的利润率进行检验，而马克思分析的是整体产业的平均利润率，吉尔曼的检验不能证明马克思一般利润率下降规律是否存在。第二，可能是由于历史统计资料不完整，吉尔曼选择的经济指标也不尽合理。吉尔曼用工资表示可变资本是可取的，但是不论是采用预付资本还是采用耗费资本的指标都应该包括折旧费，如果采用预付资本的指标还应该包括固定资本净存量，而不是新增加的固定资本流量。在选取的经济指标不尽合理的情况下，吉尔曼检验的可信度就受到不利影响。

三、马克思一般利润率下降规律的验证和解析

（一）美国一般利润率的变化情况

在马克思的生产价格理论中，平均利润率与一般利润率是等同的，笔者在下面的分析中采用一般利润率的概念。在主要的资本主义国家中，美国的历史统计资料比较完整，因此，笔者主要根据美国的历史统计资料，来验证和分析一般利润率的变化趋势。

在马克思的生产价格理论中，存在两个利润率的概念：一个是剩余价值对耗费的资本的比率；另一个是剩余价值对预付的资本的比率。耗费的资本与预付的资本不是

---

① ROWTHORN B. Capitalism, Conflict and Inflationa: Essay in Political Economy [M]. London: Lawrence and Wishart, 1980. 转引自：朱奎．马克思主义经济思想史：欧美卷［M］．北京：东方出版中心，2006：131.

一个范畴，在不变资本中预付的固定资本按照折旧率转化为耗费资本。

马克思在分析价值转化为生产价格的时候，假定固定资本在一个生产过程全部折旧完毕，因此预付的资本等于耗费的资本，成本价格等于耗费的资本，利润率是指剩余价值对耗费的资本的比率。马克思曾指出："为了简便起见，假定不变资本到处都是同样地全部加入所考察的资本的年产品。"①

但是，马克思在分析一般利润率下降规律的时候，则一直使用预付资本的概念，利润率是指剩余价值对预付资本的比率。马克思指出："我们这里所说的利润，只是剩余价值本身的另一个名称；不过在这里，剩余价值是对总资本而言，不是对产生它的可变资本而言。所以，利润率的下降表示剩余价值本身和全部预付资本的比率的下降，因而同这个剩余价值在各个范畴之间的任何一种分配无关。"②

为了简单起见，在价值转化为生产价格的分析中假定固定资本在一个生产过程全部折旧完毕无可非议。但是，在验证一般利润率下降规律的时候，就不能假定固定资本在一个生产过程全部折旧完毕了，耗费的资本与预付的资本之间的关系受到折旧率的影响。

美国经济分析局的数据库提供了下述有关产业的数据：第一，私人企业非住宅固定资产净存量（private net stock of nonresidential fixed assets），包括私人企业基础设施、机器设备和知识产权在年末的价值。第二，固定资产折旧（capital consumption allowances），指企业当年固定资产的折旧。第三，私人企业中间投入品的价值（intermediate inputs），指私人企业在当年生产过程中耗费的各种能源和原材料的价值。第四，私人企业对雇员的报酬（compensation of employees），包括当年工资和薪金、为雇员支付的养老金和保险基金、向政府支付的社会保险等。第五，净营业盈余（net operating surplus），指各种生产要素的报酬扣除折旧、对雇员的报酬、政府对生产和进口征收的税，再加上政府对企业的津贴。内容上，包括企业的利润、提供货币资金得到的利息收入、出租不动产、机器设备等固定资产的租金。

美国统计部门的经济指标与马克思政治经济学的经济范畴是不一致的。因此在利用美国历史统计数据对马克思政治经济学理论进行实证检验的时候，只能对现有的经济数据进行调整以尽可能接近于马克思政治经济学的范畴。在这里，之所以从固定资产中扣除住宅，是因为住宅在国内经济核算中属于固定资产，但它不是生产过程中使

---

① 马克思．资本论：第3卷［M］//马克思，恩格斯．马克思恩格斯全集：第25卷．北京：人民出版社，1974：173.

② 马克思．资本论：第3卷［M］//马克思，恩格斯．马克思恩格斯全集：第25卷．北京：人民出版社，1974：230.

用的固定资产。之所以采用固定资产净存量而不采用固定资产投资流量，是因为固定资产存量在生产过程中发挥了作用。

私人企业非住宅固定资产净存量与私人企业固定资产折旧之和接近于马克思预付的固定资本的范畴，私人企业中间投入品的价值接近于马克思流动资本的范畴。另外，私人企业对雇员的报酬接近于马克思可变资本的范畴，净营业盈余接近于马克思剩余价值的范畴。这样，预付的不变资本与可变资本之和构成预付的总资本，把剩余价值与预付的总资本相比便得到一般利润率。

笔者根据美国经济分析局提供的历史统计数据，得到了如图 8-6 所示的按照现行价格计算的美国私人企业从 1947 年到 2020 年共 74 年的历史时期里一般利润率的变化情况。需要说明的是，笔者没有采用 2021 年的数据，是因为 2020 年世界暴发了新冠病毒疫情，美国经济陷入衰退，2021 年美国经济复苏，再加上发生通货膨胀，固定资产净存量和中间产品投入出现较大幅度增加，各种指标都发生了跳跃。

从图 8-6 可以看到，美国私人企业的一般利润率在从 1947 年到 1980 年长达 34 年的时期里趋向下降，在从 1980 年到 2020 年长达 41 年的时期里趋向上升，这意味着一般利润率从长期来看未必是趋向下降的。

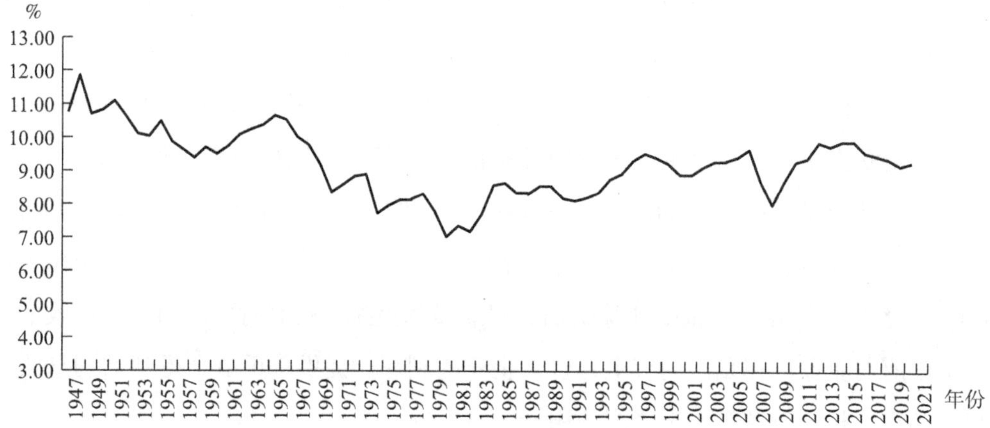

图 8-6　1947—2020 年美国私人企业一般利润率变化情况

资料来源：Bureau of Economic Analysis, Gross Domestic Income by Type of Income, http：//www. bea. gov.

上面分析的是马克思所说的一般利润率的变化趋势，即剩余价值与预付资本的比率的变化趋势。考虑到有的经济学者如置盐信雄，提出马克思的一般利润率不是现实经济中的利润率，笔者也分析了 1947—2020 年企业利润率即企业利润与预付资本之比的变化趋势，得到图 8-7。为了加以区别，笔者把马克思所说的利润率称为一般利润率，分子是剩余价值；把现实经济中的利润率称为企业利润率，分子是企业利润。

从图 8-7 可以看到，美国企业的一般利润率在从 1947 年到 1986 年长达 40 年的时期里趋向下降，从 1987 年到 2017 年趋向上升，但图 8-7 企业利润率比图 8-6 一般利润率的波动幅度更大。另外，比较图 8-7 和图 8-6 可以看到，两个不同含义的利润率的变化趋势是相似的，但由于图 8-6 的剩余价值比图 8-7 的利润多了利息和租金收入，图 8-7 的企业利润率更低。

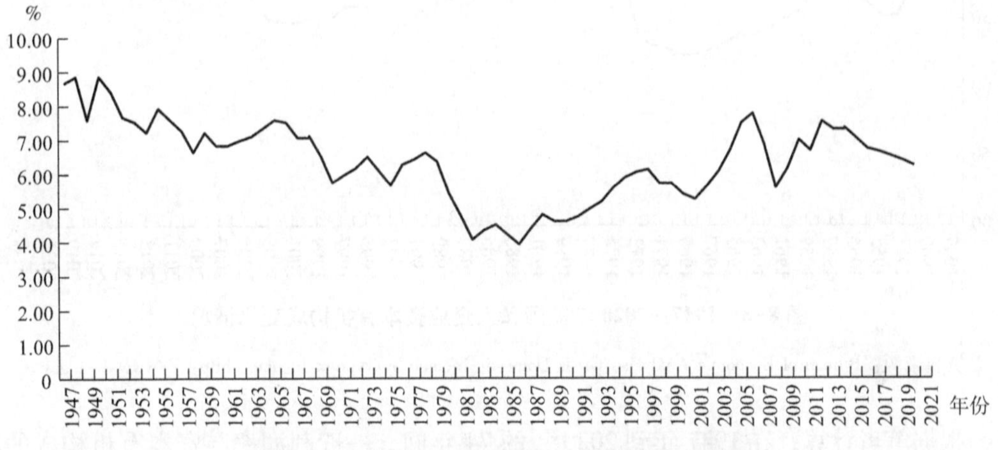

图 8-7　1947—2020 年美国企业利润率变化情况

资料来源：Bureau of Economic Analysis，Gross Domestic Income by Type of Income，http：//www. bea. gov.

（二）资本有机构成和剩余价值率对一般利润率的影响

资本有机构成和剩余价值率对一般利润率都有影响，马克思在剩余价值率不变的条件下讨论了资本有机构成对一般利润率的影响，笔者试图同时考察资本有机构成和剩余价值率对一般利润率的影响。

根据与前面相同的数据来源，笔者计算了 1947—2020 年美国私人企业的资本有机构成和剩余价值率。在计算过程中，私人企业资本有机构成=（私人企业非住宅固定资产净存量+私人企业固定资产折旧额+私人企业中间投入品的价值）÷私人企业对雇员的报酬，私人企业剩余价值率 = 私人企业净营业盈余÷私人企业对雇员的报酬。1947—2020 年美国私人企业的资本有机构成和剩余价值率的变化情况如图 8-8 和图 8-9所示。

比较图 8-8 和图 8-6 可以看到，美国私人企业资本有机构成的变化只在一定程度上解释了一般利润率的变化。从逻辑上说，一般利润率与资本有机构成呈反方向变动。但是，在 1947 年到 1969 年，资本有机构成趋向降低，一般利润率也趋向下降；在 1992 年到 2017 年，资本有机构成趋向提高，一般利润率也趋向上升。但是，在 1970

年到1980年，资本有机构成趋向提高，一般利润率趋向降低；在1980年到1992年，资本有机构成趋向下降，一般利润率趋向提高，资本有机构成对一般利润率产生影响。

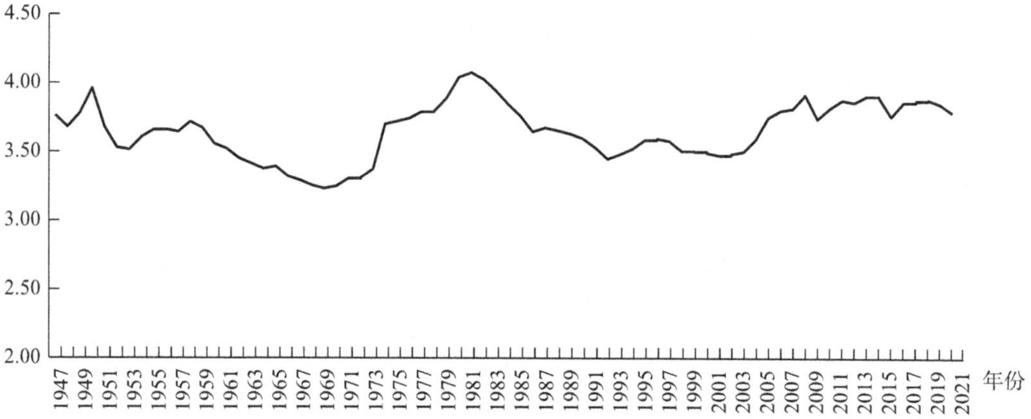

图8-8　1947—2020年美国私人企业资本有机构成变化情况

资料来源：Bureau of Economic Analysis, Gross Domestic Income by Type of Income, http://www.bea.gov.

根据笔者计算，在1947年到2020年的74年间，一般利润率与资本有机构成的相关系数是-0.25。负相关说明资本有机构成的提高在一定程度上导致一般利润率下降，但相关程度很低。

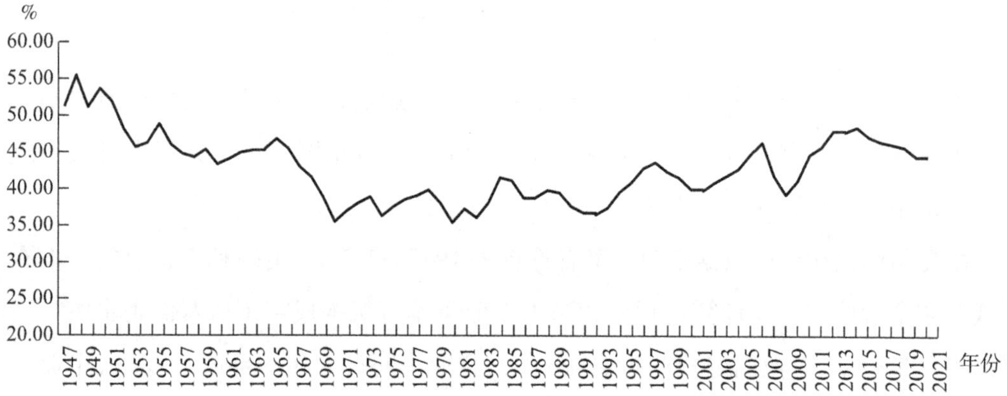

图8-9　1948—2020年美国私人企业剩余价值率变化情况

资料来源：Bureau of Economic Analysis, Gross Domestic Income by Type of Income, http://www.bea.gov.

另外，比较图8-9和图8-6可以看到，剩余价值率的变化与一般利润率的变化相似。从1950年到1980年，剩余价值率和一般利润率都在下降；从1980年到2017年，剩余价值率和一般利润率都在上升。根据笔者计算，在1947年到2020年的74年间，一般利润率与剩余价值率的相关系数达到0.92。

一般利润率与剩余价值率高度相关说明剩余价值率对一般利润率具有重要影响。从逻辑上看，利润率是剩余价值率的转化形式，剩余价值率决定了利润率。从统计指标看，剩余价值率是剩余价值与可变资本之比（S/V），利润率是剩余价值与不变资本和可变资本之比［S/（C+V）］，只要不变资本没有发生相反方向的大幅度变化，剩余价值率就对利润率发挥决定性影响。

（三）美国一般利润率变化规律的解析

1. 1947—1980 年美国一般利润率变化趋势的解析

笔者利用美国的统计资料数据展示了如图 8-6 所示的美国私人企业 1948—2020 年一般利润率的变化情况，现在需要进一步分析一般利润率为什么会呈现这样的变化，下面笔者选择 1947—1980 年和 1980—2006 年两个典型阶段进行分析。

在 1947—1980 年这个时期，美国剩余价值率的下降导致一般利润率下降。在战后很长的一段时期，美国经济处在繁荣阶段，工人组织起来为争取自己的权益而斗争，工会的影响较大，工人工资和薪金出现较大幅度的增长，导致剩余价值率下降。1947—1970 年，美国剩余价值率的下降抵消了资本有机构成下降对一般利润率下降的抑制性影响，最终导致一般利润率下降。1970—1980 年，美国剩余价值率继续下降，但美国不变资本的增长快于可变资本，资本有机构成趋向提高，剩余价值率下降和资本有机构成提高两个因素共同导致一般利润率下降。

2. 1980—2006 年美国一般利润率变化趋势的解析

在 1980 年到 2006 年这个时期，美国剩余价值率的上升、资本有机构成的下降以及产业盈利能力提高导致了一般利润率上升。从剩余价值率的变化情况来看，剩余价值率从 35. 40%上升到 46. 74%。在这个时期，一般利润率与剩余价值率的相关系数是 0. 90，存在严格的正相关关系。从资本有机构成的变化情况来看，资本有机构成从 1980 年的 4. 04 降低到 2006 年的 3. 75。在这个时期，一般利润率与资本有机构成的相关系数是-0. 63，存在较好的负相关关系。这意味着在这个时期，剩余价值率上升和资本有机构成下降共同造成一般利润率趋向上升，但剩余价值率对一般利润率影响更大。

这个时期美国剩余价值率之所以趋向上升，是因为美国工会运动持续衰落以及美国经济进入相对缓慢发展的时期，工人在与资本家的博弈中处于劣势。关于这个问题，笔者在第四章第二节已经作了分析，在这里不再赘述了。

这个时期美国资本有机构成之所以趋向下降，产业盈利能力之所以提高，是因为美国产业结构发生了较大变化。以电子计算机为基础的新的信息技术革命，是一次信息传播手段和信息处理手段的革命，使信息数据化成为可能。第四代计算机是大规模集成电路计算机，发展时期约为 1982—1989 年；第五代计算机是智能化计算机，发展时期是 1990 年以后。1993 年，美国政府提出了建设“信息高速公路”计划，以计算机技术为基础发展互联网（Internet），使信息技术革命发展到一个新的阶段。

生物技术是在分子生物学基础上发展起来的新的应用技术，是现代生物科学和工程技术相结合的产物。生物技术包括转基因植物动物生物技术、农作物分子育种技术、生物治疗技术等。美国的生物技术在 20 世纪 90 年代迅速发展，美国生物技术的研究水平、投资强度、产业规模、市场份额都居世界领先地位。在 2015 年前后，世界上约有 50%的生物技术公司在美国，约有 50%的生物技术专利是美国公司的专利。

信息技术革命和生物技术革命的发展，带来了很多新兴产业。美国在 20 世纪 80 年代发生重大的产业结构调整，一方面劳动密集型产业逐渐被淘汰，另一方面技术密集型和人力资本密集型产业不断兴起。这些技术密集型和人力资本密集型产业有一个共同的特点：它们需要的物质资本不多，需要的技术专利和人力资本很多，盈利能力很强。随着产业结构的调整，资本有机构成较高的产业相对收缩，资本有机构成较低的新兴产业相对扩张，平均资本有机构成出现下降，一般利润率出现上升。

另外，美国产业结构调整的过程既是新兴产业取代传统产业的过程，也是盈利能力强的产业取代盈利能力弱的产业的过程，整体产业盈利能力提高，导致一般利润率趋向上升。

（四）对一般利润率趋向下降规律的再认识

根据美国一般利润率变化的检验结果，笔者对马克思主义经济学界关于一般利润率趋向下降规律的争论提出如下看法：

第一，马克思在《资本论》中提出一般利润率趋向下降规律的时候，经济学界并没有对此提出异议，说明在马克思所处的时代一般利润率趋向下降是客观存在的。马克思生活在机器大工业迅速发展的时代，他强烈预感到了资本有机构成提高的历史趋势，甚至判断资本有机构成的提高将会抵消剩余价值率可能上升的影响而导致一般利润率趋向下降。因此，马克思假定剩余价值率不变而指出一般利润率随着资本有机构成趋向提高而趋向下降，是符合当时历史事实的。

第二，根据笔者利用历史统计资料检验的结果，美国一般利润率在 1947 年到 1980 年趋向下降。但是，一般利润率趋向下降的原因不是资本有机构成的提高，而是剩余价值率的下降。马克思没有预见到，由于战后美国等主要资本主义国家工人阶级的不懈斗争，剩余价值率在一定的历史时期趋向下降。尽管固定资本像马克思判断的那样大幅度增长，但可变资本的增长部分抵消了固定资本增长对资本有机构成提高的影响，使资本有机构成并没有趋向提高而是呈现波动状态。

不论从逻辑上看还是从实践上看，剩余价值率的变化都是一般利润率变化的主要原因。马克思正确地指出剩余价值率和资本有机构成是影响一般利润率的两个重要因素，但马克思没有注意剩余价值率是决定性的因素，斯威齐在逻辑上证明了这一点，笔者利用历史统计资料证明了这一点。

第三，斯威齐质疑马克思关于剩余价值率不变而资本有机构成提高的假定，提出剩余价值率应该在资本有机构成提高的时候提高。笔者的检验结果证明，剩余价值率有可能在资本有机构成提高的时候趋向下降。但是，工资水平取决于一定的经济环境下两个阶级的博弈，认定剩余价值率必然上升是不对的。然而，斯威齐和置盐信雄提出一般利润率下降的原因是错综复杂的，不能把资本有机构成提高看作一般利润率下降的主要原因，这种看法从笔者的实证检验结果中得到了验证。

笔者认为，美国一般利润率的变化过程对于揭示一般利润率的变化规律具有典型的意义：

第一，一般利润率受到剩余价值率和资本有机构成的影响，但是剩余价值率是影响一般利润率的主要因素。因此，一般利润率的长期变化趋势取决于剩余价值率的长期变化趋势，只有在剩余价值率保持相对稳定的条件下资本有机构成的变化趋势才会对一般利润率的变化趋势产生影响。

第二，尽管没有历史统计资料可以验证，但是可以认为，美国一般利润率在19世纪后半期和20世纪前半期是趋向下降的。而笔者的实证检验结果也证明，美国的一般利润率从1847年到1980年也是趋向下降的。这就是说，美国的一般利润率趋向下降是一个很长的历史时期的现象。

美国经济分析局提供的最早电子统计资料是1929年，根据笔者的计算结果，1929年到1947年的美国私人产业剩余价值率，除了在“大萧条”的四年中大幅度下降以外，在其余时间呈现水平波动状态。因此，有理由认为，美国一般利润率在1947年以前长期趋向下降，或者是剩余价值率相对稳定而资本有机构成趋向提高造成的，抑或是剩余价值率趋向下降而资本有机构成趋向提高造成的。

第三，美国一般利润率在1980年以后的数十年中改变了下降趋势而趋向上升，对此笔者在前面已经作了充分的分析。美国完成大规模工业化以后，资本有机构成已经从趋向上升转变为一段时期趋向上升一段时期趋向下降的波动状态，[①] 剩余价值率的变

① 笔者在本书第五章“新的历史条件下马克思资本积累理论研究”第三节专题讨论了资本有机构成变化规律的问题。

化趋势决定了一般利润率的变化趋势。可以预测，这种情况将会持续下去，剩余价值率趋势性的提高或降低将导致一般利润率趋势性的上升或下降。

马克思一般利润率下降规律揭示了资本主义经济的矛盾：资本家阶级为了获得更大的利润提高资本有机构成，结果却导致了一般利润率的下降。笔者所作的补充是：在某个历史时期，即使资本有机构成提高，但如果剩余价值率提高，就会抵消资本有机构成的影响而导致一般利润率上升，但这又会激化另一个矛盾，即工人阶级和资本家阶级的矛盾。

如果把马克思的生产价格理论与笔者对马克思生产价格理论的分析作一个比较，那么如表 8-15 所示，其中重点标识了笔者对马克思生产价格理论的补充。

表 8-15 新的历史条件下马克思生产价格理论的研究纲要

比较对象	马克思的生产价格理论研究纲要	新的历史条件下马克思生产价格理论研究纲要
生产价格的形成	在资本跨部门转移竞争的影响下，利润率出现平均化趋势。随着剩余价值率转化为利润率以及利润率的平均化，价值转化为生产价格	在资本跨部门转移竞争的影响下，利润率出现平均化趋势。随着剩余价值率转化为利润率以及利润率的平均化，价值转化为生产价格
总价值与总生产价格	遗留问题：如果成本价格包括的生产和生活资料用生产价格表示，总价值与总生产价格是否保持相等	**生产价格实际上是经过平均利润率调整后的价值。也就是说，价值转化为生产价格实际上是一种价值转化为另一种价值，计量单位是相同的，所以总价值与总生产价格是恒等的**
价值、生产价格、市场价格的关系		**价值转化为生产价格以后，用货币表现生产价格形成价格，价格受市场供给和需求影响形成市场价格，生产价格是竞争资本主义条件下市场价格的基础**
剩余价值率	在剩余价值率为一定的条件下，一般利润率随着资本有机构成的提高趋向下降	**不论在逻辑上还是实践上，剩余价值率对一般利润率的影响远大于资本有机构成。在现实的资本主义经济中，一般利润率在剩余价值率和资本有机构成的共同影响下发生变化，它在某一个历史时期是下降的，在另一个历史时期可能是上升的**

本章小结

本章在阐述马克思价值转化为生产价格理论的基础上，正面回应了 100 多年来马克思主义经济学界和非马克思主义经济学界在马克思价值转化为生产价格问题上的争论。

本章指出，马克思价值转化为生产价格的过程不是以劳动时间计量的价值转化为以货币计量的生产价格的过程，而是以劳动时间计量的一种价值转化为以劳动时间计量的另一种价值的过程，生产价格是由平均利润率规律修正了的价值。本章以此为根据提出了价值转化为生产价格的解决方法。

本章利用历史统计数据对利润率平均化的趋势进行了验证，证明在进入垄断资本主义阶段以后，竞争依然存在，利润率平均化趋势仍然在一定程度上存在。但是，垄断又会在一定程度上抑制竞争，利润率平均化趋势由此受到影响。

本章利用历史统计数据对马克思一般利润率下降规律进行了验证，证明一般利润率取决于剩余价值率和资本有机构成，但主要受剩余价值率变化影响，一般利润率在相当长的历史时期里是趋向下降的，但不是在所有的历史时期都是趋向下降的。

第九章　新的历史条件下马克思垄断和垄断价格理论研究

第一节　马克思的垄断和垄断价格理论

一、自然垄断和市场垄断

马克思生活在竞争资本主义时代，他对资本主义经济的分析是以自由竞争为前提的。应该说，马克思没有形成完整的垄断理论。但是，马克思也敏锐地感觉到当时已经出现了垄断萌芽，对垄断进行了一定的分析。

如果撇开土地垄断这个特殊的垄断问题，可以认为马克思把垄断划分为自然垄断和人为垄断。自然垄断是由于自然的因素阻碍了别的生产部门的竞争所形成的垄断，它不以垄断资本主义经济存在为前提。人为垄断是指资本主义生产方式本身造成的垄断，它包括生产垄断和市场垄断。生产垄断是指某些生产部门在一定程度上排斥别的生产部门通过资本转移展开竞争所形成的垄断，市场垄断则是指某些厂商通过影响市场上的需求和供给所形成的垄断。

关于生产垄断，马克思指出："超额利润还能在下列情况下产生出来：某些生产部门可以不把它们的商品价值转化为生产价格，从而不把它们的利润转化为平均利润。"[①] 马克思还指出："那种在不断的不平衡中不断实现的平均化，在下述两个条件下会进行

① 马克思．资本论：第3卷［M］//马克思，恩格斯．马克思恩格斯全集：第25卷．北京：人民出版社，1974：222.

得更快：1. 资本有更大的活动性，也就是说，更容易从一个部门和一个地点转移到另一个部门和另一个地点；2. 劳动力能够更迅速地从一个部门转移到另一个部门，从一个生产地点转移到另一个生产地点。第一个条件的前提是：社会内部已有完全的商业自由，消除了自然垄断以外的一切垄断，即消除了资本主义生产方式本身造成的垄断；……第二个条件的前提是：废除一切妨碍工人从一个生产部门转移到另一个生产部门，或者从一个生产地点转移到另一个生产地点的法律；……"① 这些论述意味着，如果存在垄断，利润率的平均化将受到阻碍，超额利润将会产生，不同于生产价格的另一种价格就会出现，这种价格显然就是垄断价格。

关于市场垄断，马克思指出："要使商品互相交换的价格接近于它们的价值，只需要：……3. 就出售来说，没有任何自然的或人为的垄断使立约双方的一方高于价值出售，或迫使一方低于价值抛售。我们把偶然的垄断看成是那种对买者和卖者由偶然供求状况所造成的垄断。"② 马克思的话表明，如果对市场的垄断能够造成卖者以高于价值的价格出售商品，或者以低于价值的价格购买商品，一种偏离价值的价格就会出现，这种价格显然也是垄断价格。

二、垄断和垄断价格形成的原因

马克思认为，资本的集中或者经营资本下限的提高，都会在一定程度上排斥竞争，从而造成生产和市场垄断。马克思指出："资本的这种集中或资本吸引资本的规律，不可能在这里加以阐述。简单地提一些事实就够了。竞争斗争是通过使商品便宜来进行的。在其他条件不变时，商品的便宜取决于劳动生产率，而劳动生产率又取决于生产规模。因此，较大资本战胜较小资本。其次，我们记得，随着资本主义生产方式的发展，在正常条件下经营某种行业所需要的单个资本的最低限量提高了。因此，较小的资本挤到那些大工业还只是零散地或不完全地占领的生产领域中去。在那里，竞争的激烈程度同互相竞争的资本的多少成正比，同互相竞争的资本的大小成反比。"③

马克思生活在竞争资本主义时代，他不可能对垄断或垄断价格进行深入和详细的分析。但是，马克思已经涉及垄断的核心问题，并且提出了垄断价格的问题。马克思

① 马克思．资本论：第 3 卷［M］//马克思，恩格斯．马克思恩格斯全集：第 25 卷．北京：人民出版社，1974：219.

② 马克思．资本论：第 3 卷［M］//马克思，恩格斯．马克思恩格斯全集：第 25 卷．北京：人民出版社，1974：198-199.

③ 马克思．资本论：第 1 卷［M］//马克思，恩格斯．马克思恩格斯全集：第 23 卷．北京：人民出版社，1972：686-687.

关于垄断和垄断价格的分析给予我们下述启示：

第一，生产垄断是市场垄断的基础，市场垄断是生产垄断在市场中的表现。垄断厂商只有有效地控制本行业的生产，才有可能压低买进商品的价格或者提高卖出商品的价格，从而实现对市场的垄断。

第二，垄断价格是垄断厂商抑制别的厂商通过资本转移展开的竞争，使本行业的利润不参加平均化而形成的，它应该由成本价格加上垄断的超额利润构成。

第三，在简单商品生产发展到竞争资本主义商品生产以后，总价值等于总生产价格。在竞争的资本主义发展到垄断的资本主义以后，由于垄断价格的决定发生变化，总生产价格不再等于总垄断价格。

第二节　马克思垄断和垄断价格理论的争论以及笔者的回应

一、关于垄断资本主义形成原因的讨论及笔者的回应

（一）霍布森的分析

在马克思主义经济学界，垄断资本主义发展阶段一般认为是在 20 世纪 20 年代形成的。在马克思以后，关于垄断资本主义的开拓性的研究成果是英国经济学者霍布森（J. A. Hobson）于 1902 年出版的《帝国主义：一个研究》。霍布森是一位资本主义制度的批判者，他在这部著作中根据丰富的资料，分析了垄断资本主义的形成过程，揭露了垄断资本主义的矛盾。

霍布森认为，推动垄断资本主义发展的主要力量是一种永不停止的动力——资本积累。他指出垄断资本主义具有下述特征：第一，金融控制。大金融资本家是帝国主义的控制者和指导者。霍布森指出："充满野心的政治家、边防军人、狂热的传教士、奋进的商人可以建议甚至发起帝国主义扩张的步伐，也可以培养爱国舆论以满足心扩张的迫切需要，但最终的决定系于金融势力。"① 第二，资本输出。在垄断资本主义阶段，来自对外投资的利息收入已经大大超过了来自进出口贸易的利润收入，而财阀强大的经济和政治权力使之成为可能。② 第三，寄生性。帝国主义的兴起是一个寄生的过

① HOBSON J A. Imperialism: A Study [M]. Ann Arbor: University of Michigan Press, 1965: 59.

② HOBSON J A. Imperialism: A Study [M]. Ann Arbor: University of Michigan Press, 1965: 53.

程，国内金融势力把经济吸管吸附在外国身上，吸干它们的财富，助长帝国扩张，支持国内的奢侈生活。①

霍布森提出这样一个问题：资本家为什么不能通过国内贸易和投资获取利润，而是通过征服非资本主义国家，通过资本输出来获取利润？也就是说，帝国主义的经济根源是什么？霍布森提出了消费需求不足论。他写道：“经过一个时期残酷的竞争之后，继之以迅速的合并过程，遂使大量财富落入少数工业巨头的手中。这个阶级收入的增长远远超过其奢侈生活的需要，于是自发的储蓄过程以空前的规模向前发展。此等储蓄投资于其他工业，又会使这些工业受同样的集中力量的支配。”② 由于消费需求受到工人收入和资本家实际消费能力的限制，生产能力的增长快于消费需求的增长，生产能力出现过剩。他还写道：“到处都出现生产能力的过剩，出现寻求投资的过剩资本。所有的实业家都承认他们国家生产能力的增长超过消费的增长。生产的商品越多，就越不能销售获利，而且现有的资本越多，也就越不能找到有利的投资。就是这种条件构成帝国主义的根源。”③

英国经济学者凯恩斯在 1936 年出版的《就业、利息和货币通论》中提出有效需求不足理论，实际上霍布森更早提出了消费需求不足理论，但是霍布森从阶级矛盾来解释需求不足，而凯恩斯从边际消费倾向递减的心理规律来解释需求不足。

霍布森的研究成果对列宁产生很大影响。列宁曾指出霍布森的《帝国主义：一个研究》是“论帝国主义的一本主要的英文著作”，“对帝国主义的基本经济特点和政治特点，作了一个很好很详尽的说明”。④

（二）希法亭的分析

奥地利经济学者希法亭于 1910 年出版的《金融资本——资本主义最新发展的研究》，是这个时期另一部研究垄断资本主义的重要著作。希法亭是一位马克思主义经济学者，他运用马克思主义的基本原理，对垄断资本主义的形成和发展以及由此产生的矛盾进行了深入的分析。

希法亭认为，金融资本是资本主义发展的最高形式，从而指出了金融资本是垄断资本主义的基本特征。他写道：“产业对银行的依赖是财产关系的结果，产业资本一个不断增长的部分不属于使用它的产业资本家了。他们只有通过代表同他们相对立的所

---

① HOBSON J A. Imperialism: A Study [M]. Ann Arbor: University of Michigan Press, 1965: 367.

② HOBSON J A. Imperialism: A Study [M]. Ann Arbor: University of Michigan Press, 1965: 74-75.

③ HOBSON J A. Imperialism: A Study [M]. Ann Arbor: University of Michigan Press, 1965: 81-82.

④ 列宁．帝国主义是资本主义的最高发展阶段［M］//列宁．列宁选集：第 2 卷．北京：人民出版社，1975：730，738.

有者的银行，才能获得对资本的支配。另一方面，银行也不得不把它们资本的一个不断增长的部分规定在产业中。因此，银行在越来越大的程度上变为产业资本家。我把通过这种途径实际转化为产业资本的银行资本，即货币形式的资本，称为金融资本。"①

在希法亭看来，与金融资本相联系的垄断资本主义的另一个基本特征就是资本输出。他指出："一切闲置的货币资本向银行手里集中，却导致有计划的资本输出组织的建立，银行与产业的联系使银行货币资本的提供受到下述条件的制约：这种货币资本被用于与该银行有关的产业，因此，一切形式上的资本输出都大大加速了。""我们所说的'资本输出'，是指用来在外国生产剩余价值的价值的输出。这里的根本问题是，剩余价值仍然留归国内资本支配。"②

希法亭指出，生产集中和资本集中是金融资本形成的原因，而股份公司则是生产集中和资本集中的杠杆。他指出："资本主义产业的发展，引起银行的集中，……卡特尔和托拉斯是重要的动力，……卡特尔化本身助长了银行的联合，正像银行的联合反过来助长了卡特尔化一样。"③

希法亭的研究成果同样对列宁产生很大影响。列宁曾经指出"……这本书对'资本主义发展的最新阶段'（希法亭这本书的副标题）作了一个很有价值的理论分析。"④

（三）列宁的分析

在马克思主义经济学研究领域，一般认为研究垄断资本主义的代表作是列宁于1917年发表的《帝国主义是资本主义的最高发展阶段》。列宁在这部著作中分析了垄断资本主义的基本经济特征：

第一，生产集中。列宁指出："竞争引起生产集中，而生产集中发展到一定阶段，就会引起垄断。""集中发展到一定阶段，可以说，就自然而然地走向垄断。因为几十个大型企业彼此之间容易成立协议；另一方面，正是企业的规模巨大，造成竞争的困难，产生了垄断的趋势。"⑤

第二，银行垄断。列宁认为，银行一方面以融通资金的方式加快了生产的集中和垄断组织的形成，另一方面银行业本身的集中也导致大银行的产生。这样，少数大银

---

① 希法亭．金融资本——资本主义最新发展的研究［M］．福民，等，译．北京：商务印书馆，1991：252.

② 希法亭．金融资本——资本主义最新发展的研究［M］．福民，等，译．北京：商务印书馆，1991：360.

③ 希法亭．金融资本——资本主义最新发展的研究［M］．福民，等，译．北京：商务印书馆，1991：250.

④ 列宁．帝国主义是资本主义的最高发展阶段［M］//列宁．列宁选集：第2卷．北京：人民出版社，1975：738.

⑤ 列宁．帝国主义是资本主义的最高发展阶段［M］//列宁．列宁选集：第2卷．北京：人民出版社，1975：743，740.

行利用资金供给者的特殊地位对资本主义经济实行垄断。列宁指出："随着银行业的发展及其集中于少数几个机构，银行就由中介人变成万能的垄断者，他们支配着所有资本家和小业主的几乎全部的货币资本，以及本国和许多国家的大部分生产资料和原料来源。"①

第三，金融资本的形成。列宁指出，在工业集中导致工业垄断以及银行业集中导致银行业垄断的同时，银行业还发生了与工业的融合。"银行与工业的溶合或混合生长，——这就是金融资本产生的历史和这一概念的内容。"② 随着金融资本的发展，还出现了金融寡头。

第四，资本输出。列宁认为，随着垄断资本主义的发展，出现了相对本国需要而言的过剩资本，它必然被输出到国外以获取高额利润。"自由竞争占完全统治地位的旧资本主义的特征是商品输出。垄断占统治地位的最新资本主义特征是资本输出。"③

第五，国际垄断的形成。列宁认为，随着各国垄断组织的形成，它们会在世界范围内达成协议，形成国际卡特尔来瓜分利益。列宁指出："国际卡特尔表明了现在资本家的垄断组织已经发展到怎样的程度，资本家同盟为了什么而互相斗争。……他们瓜分世界，是按'资本'、按'实力'来瓜分的，在商品生产和资本主义制度下也不可能有其他的瓜分方法。"④

列宁在《帝国主义是资本主义的最高发展阶段》中没有对霍布森的《帝国主义：一个研究》的观点提出批评，但是他在《关于帝国主义的笔记》中曾对霍布森的消费需求不足论提出异议。列宁指出："初看起来，似乎生产力和资本的增长超过了消费，因而不能在本国找到出路。他（指霍布森——笔者注）说，帝国主义的根源就在于此。"列宁在旁边的批语中写道："对帝国主义的庸俗批评的实质。"⑤

另外，列宁在《帝国主义是资本主义的最高发展阶段》中对希法亭的《金融资本——资本主义最新发展的研究》提出了批评。列宁指出"……作者在货币论的问题上犯了错误，并且有某种把马克思主义与机会主义调和起来的倾向，……"⑥ 列宁之所

① 列宁．帝国主义是资本主义的最高发展阶段［M］//列宁．列宁选集：第2卷．北京：人民出版社，1975：753.

② 列宁．帝国主义是资本主义的最高发展阶段［M］//列宁．列宁选集：第2卷．北京：人民出版社，1975：769.

③ 列宁．帝国主义是资本主义的最高发展阶段［M］//列宁．列宁选集：第2卷．北京：人民出版社，1975：782.

④ 列宁．帝国主义是资本主义的最高发展阶段［M］//列宁．列宁选集：第2卷．北京：人民出版社，1975：782.

⑤ 列宁．关于帝国主义的笔记［M］//列宁．列宁全集：第39卷．北京：人民出版社，1963：461.

⑥ 列宁．帝国主义是资本主义的最高发展阶段［M］//列宁．列宁选集：第2卷．北京：人民出版社，1975：738.

以说希法亭在货币理论上犯错误，主要是指希法亭在论述金融资本的形成和发展时，主要强调货币的流通功能，过于注重货币资本的作用，因而忽略了货币流通与生产过程的联系，忽略了货币资本与产业资本的联系。列宁之所以说希法亭有机会主义的倾向，主要是指希法亭在分析资本主义的经济危机时，提出了“有组织的”资本主义的论点。

（四）其他经济学者的分析

列宁以后，在各个时期都出现了马克思主义经济学者关于垄断资本主义研究的代表性的成果：

苏联经济学者鲁宾斯坦在 1958 年出版了《第二次世界大战后的美国垄断资本》，使用大量的统计资料论证了美国垄断资本集中的情况，强调联合制是资本集中的主要原因。另外，他还分析了二战后美国垄断资本主义的特征以及垄断组织的发展对美国经济的影响。①

苏联经济学者德拉基辽夫和鲁登科在 1961 年出版了《垄断资本主义：帝国主义基本经济特征概论》，他们认为资本集中是垄断资本主义形成的原因，但是他们强调各个生产部门的资本集中是不平衡的，不平衡的原因既有技术因素，也有社会经济因素。他们还指出，在垄断资本主义条件下竞争变得更加激烈了，竞争的各方不是个别资本家，而是资本家同盟；竞争不仅发生在各个生产部门内部，还发生在各个生产部门之间；竞争的目的不是获得平均利润，而是获得垄断超额利润。另外，他们还根据新的经济资料对金融资本和资本输出等垄断资本主义的特征进行了分析。②

美国经济学者巴兰和斯威齐在 1968 年出版了《垄断资本》，分析了资本集中如何导致规模巨大的公司发展，在垄断资本主义条件下社会剩余如何在绝对数和对产值的比例上都有所增长。③

美国经济学者马格多夫（H. Magdoff）在 1969 年出版了《帝国主义时代》，主要从美国对外经济扩张的角度分析了美国垄断资本主义的发展。他指出，帝国主义发展到了一个新的阶段：在世界帝国主义体系中，各个工业国家中都由少数工业和金融机构掌管着经济权力，但英国经济实力已经衰落，美国、德国、法国和日本经济崛起，美国成为世界帝国主义体系的领导者。他还指出，美国通过资本输出、商品出口、经济援助等手段，控制世界的原料产地、石油资源和商品市场；美国的银行

---

① 鲁宾斯坦，等．第二次世界大战后的美国垄断资本［M］．何清新，译．北京：世界知识出版社，1960.

② 德拉基辽夫，鲁登科．垄断资本主义：帝国主义基本经济特征概论［M］．北京：世界知识出版社，1965.

③ 巴兰，斯威齐．垄断资本［M］．南开大学政治经济学系，译．北京：商务印书馆，1977.

业也向世界扩张，建立了遍布世界的分支机构，美国这个金融帝国的货币——美元成为国际货币。①

这个时期的马克思主义经济学者对垄断资本主义的论述基本上都围绕着列宁提出的垄断资本主义的基本特征展开，他们主要利用新的历史资料来论证垄断资本主义基本特征在新的历史时期的表现，在核心理论问题上并没有推进列宁的思想。

（五）笔者的评论

马克思主义经济学者都认为生产集中是垄断资本主义形成的原因。但是，生产集中的原因又是什么呢?

马克思和列宁都强调竞争是生产集中的原因。马克思曾经指出："谁都知道，现代的垄断就是由竞争产生的。""垄断产生竞争，竞争产生垄断。垄断资本家彼此竞争着，竞争者逐渐变成了垄断资本家。"② 列宁指出："竞争引起生产集中，而生产集中发展到一定阶段，就会引起垄断。"③ 这说明，资本家为了追逐剩余价值展开竞争，为了在竞争中处于有利地位不断地扩大生产规模，导致了生产集中。

随着科学技术革命不断发生，经济学者们开始关注科学技术对生产集中的作用。英国经济学者利维（H. Levy）早在1911年出版的《垄断与竞争》中就提出，19世纪70年代，运输工具技术上的突破和铁路与轮船的使用，降低了运输成本，打破了地域的分割，加快了生产的集中，从而形成了垄断。④

中国经济学者龚维敬强调科学技术对于促进生产集中的重要作用。龚维敬提出了两个重要的论证：第一，科学技术的进步可以导致产品成本的大幅度下降，谁掌握了关键的科学技术，谁就可以在市场上打败竞争对手并迅速积累起资本，从而对市场形成垄断。他利用摩尔定律（More Law）进行分析。美国经济学者摩尔（G. More）曾经预言：每18个月计算机芯片的功能会提高一倍，而价格却会降低一半。后来的事实果然如此。因此，谁掌握了制造芯片的先进技术，谁就可以在市场竞争中占据有利地位。第二，技术创新具有高固定成本和低边际成本的特点，一项新技术的开发需要投入很高的费用，但是一旦这项新技术开发成功，生产产品的边际成本就较低。因此，谁研发出新的技术，谁就在市场竞争中处于有利地位。由于别的竞争者很难再投入巨额资

---

① 马格多夫．帝国主义时代［M］．伍仞，译．北京：商务印书馆，1975．

② 马克思．哲学的贫困［M］//马克思，恩格斯．马克思恩格斯全集：第4卷．北京：人民出版社，1958：177，178．

③ 列宁．帝国主义是资本主义的最高发展阶段［M］//列宁．列宁选集：第2卷．北京：人民出版社，1975：743．

④ SYLOS-LABINI P. Oligopoly and Technical Progress［M］. New York：Augustus M. Kelly Publisher，1993：2-3.

金进行风险很大的研究与开发，新技术的拥有者就取得了垄断地位。①

笔者认为，在垄断形成的原因上，科学技术发挥着两种作用。在非高科技产业中，生产集中的原因是竞争，而技术是竞争的手段。资本家要在竞争中打败对手会使用各种手段，如产品质量、产品价格、营销方法等。但是，在当今的科学技术条件下，先进的技术无疑是最直接、最有效的竞争手段。但是，在高科技产业里，竞争是垄断形成的基本原因，技术是垄断形成的直接原因。技术可以推动生产集中而走向垄断，但是技术也可以直接形成垄断。关于技术的另一种作用，笔者将在后面进行分析。

另外，如果说生产集中是垄断资本主义形成的原因，那么生产集中是通过什么机制导致市场垄断呢？在列宁等经济学者看来，这个机制是不言自明的：生产集中导致了规模较大的企业的产生，别的企业要与规模较大的企业进行竞争是困难的，这样规模较大的企业就能够在一定程度上排斥别的企业的竞争而处于垄断地位。因此，列宁使用了如下的表述："集中发展到一定阶段，可以说，就自然而然地走向垄断。"②

但是，笔者认为仍然需要思考这样的问题：为什么规模较大的企业可以在一定程度上排斥竞争呢？关于这个问题，美国经济学者谢佩德（W. G. Shepherd）作了更细致的分析。

谢佩德不是研究马克思经济学的学者，但他曾担任过美国司法部反托拉斯助理总检察长的特别经济助理，在实践中感受到了美国垄断资本主义发展的影响。他在1972年出版了《市场势力与经济福利导论》的著作，论证了生产集中如何导致市场势力的发展。按照谢佩德的定义，"市场势力是市场的参与者左右市场中产品的价格、数量和性质的能力"。③ 因此，市场势力就是垄断势力。

在谢佩德看来，市场势力是在下述市场结构因素的作用下形成的：

第一，规模经济。许多产品的生产都表现出规模经济的特点，当劳动和物质资本的组合形成一定规模以后，劳动和物质资本的效率得到充分发挥，出现规模收益递增或规模成本递减的现象。因此，当一个或若干个企业通过生产集中而形成规模较大的企业时，别的企业要与它或它们竞争，就必须达到相似或者更大的规模，而这是十分困难的。

第二，财务优势。由于融通资金的规模较大，规模较大的企业可以以较低的利息

---

① 龚维敬．垄断经济学［M］．上海：上海人民出版社，2007：261-262.

② 列宁．帝国主义是资本主义的最高发展阶段［M］//列宁．列宁选集：第2卷．北京：人民出版社，1975：743，740.

③ 谢佩德．市场势力与经济福利导论［M］．易家祥，译．北京：商务印书馆，1980：48.

借入资金；由于采购的原材料数量大，规模较大的企业可以以较低的资金获得原材料；由于使用的水、电、天然气较多，规模较大的企业可以以较低的价格获得公用事业服务；由于要做的广告数量较大，规模较大的企业可以支付较低的广告费用。因此，别的企业要与规模较大的企业竞争，在财务上处于劣势。[①]

因此，企业一旦由于生产集中达到一定的规模，就会在成本上和效益上处于优势地位，从而可以在一定程度上排斥别的企业的竞争而处于垄断地位。

关于列宁对霍布森从消费上寻求垄断资本主义根源的批评，笔者认为列宁强调生产决定消费是正确的，从长期来看生产是第一性的，消费是第二性的，生产决定了消费。但是，即使从长期来看，消费也会反作用于生产，并且对生产造成影响。另外，经济学分析有短期和长期之分，短期经济现象与长期经济现象是有所不同的，某个经济因素在短期的作用与在长期的作用甚至会相反，短期的消费需求不足是生产能力过剩的一个重要原因。

因此，笔者认为霍布森的基本思想是正确的。在垄断资本主义条件下，生产资料掌握在垄断资本家手里，他们为了追求利润不断把剩余价值转化为资本，生产能力具有迅速扩大的趋势。但是，工人阶级在生产中的地位决定了他们在收入分配中的地位，他们的消费需求受到收入分配的制约，而获取高额利润的垄断资本家的消费需求相对于他们的利润来说是有限的，这样相对消费需求不足成为垄断资本主义的必然现象。投资需求在一个特定的时期可以自我扩张，但最终取决于消费需求，不可能无节制地自我增长。正是垄断资本主义国家的消费需求不足，生产能力才出现过剩，资本才出现相对过剩的情况。从一个特定的时期来看，如果没有需求不足，何来生产过剩？这是一种现象的两个方面。

二、关于垄断的经济效应的讨论及笔者的回应

（一）列宁的分析

资本主义从竞争阶段发展到垄断阶段，对经济产生了各种各样的影响。列宁认为，垄断资本主义的发展产生了如下经济效应：

第一，激化了资本主义的基本矛盾。垄断形成的过程是大企业扼杀小企业的过程，随着生产的集中，生产规模日益扩大，生产的社会化程度日益提高，但生产资料仍然掌握在少数资本家手里，从而激化了资本主义的基本矛盾。列宁指出："资本主义进入

① 谢佩德．市场势力与经济福利导论［M］．易家祥，译．北京：商务印书馆，1980：246-263.

到帝国主义阶段，就使生产紧紧接近最全面的社会化，……生产社会化了，但是占有仍然是私人的。社会化了的生产资料仍然是少数人的私有财产。”“在几个工业部门中形成的垄断，使整个资本主义生产所特有的混乱现象更加厉害，更加剧烈。作为一般资本主义特点的农业和工业的发展不相适应的现象，变得更加严重了。”①

第二，强化了对落后国家的剥削。垄断资本主义国家对外资本输出，一方面加强了对落后国家的剥削，另一方面导致了垄断资本主义国家的寄生性。与此同时，对外资本输出也推动了资本主义在世界范围内的发展。列宁指出：“资本输出是在二十世纪初期才大大发展起来的。……这就是帝国主义压迫和剥削世界上大多数民族和国家的坚实基础，这就是极少数最富国家的资本主义寄生性的坚实基础。”“资本输出总要影响到输入国家的资本主义发展，大大加速了那里的资本主义发展。”②

第三，形成了帝国主义发展阶段。列宁认为，帝国主义是资本主义发展的特殊阶段，“帝国主义是发展到垄断组织和金融资本的统治已经确立、资本输出具有特别重大的意义、国家托拉斯开始分割世界、最大的资本主义国家已经把世界全部领土分割完毕这一阶段的资本主义”。③ 这样，帝国主义的发展意味着战争。列宁指出：“在资本主义制度下，分割势力范围、分享利益和分割殖民地等等，除了以分割者的实力，也就是以一般经济、金融、军事等等的实力为根据外，不可能设想以其他的东西为根据。而这些分割者的实力变化又各不相同，因为在资本主义制度下，各个企业、各个托拉斯、各个工业部门、各个国家的发展不可能是平衡的。”④

列宁分析的垄断资本主义发展的影响主要是对经济制度和民族矛盾等宏观经济方面的影响，但是垄断资本主义的发展也对微观经济领域产生了一系列的影响。

（二）谢佩德的分析

美国经济学者谢佩德也分析了垄断的经济效应。他指出，随着市场势力的发展而形成的垄断对经济福利产生了下述影响：

第一，对商品价格的影响。市场势力对商品价格的影响表现在两个方面：首先，提高了商品的价格。市场势力为了获取高额利润将会提高商品的价格，使垄断条件下

① 列宁．帝国主义是资本主义的最高发展阶段［M］//列宁．列宁选集：第2卷．北京：人民出版社，1975：748，751.

② 列宁．帝国主义是资本主义的最高发展阶段［M］//列宁．列宁选集：第2卷．北京：人民出版社，1975：784-785.

③ 列宁．帝国主义是资本主义的最高发展阶段［M］//列宁．列宁选集：第2卷．北京：人民出版社，1975：808.

④ 列宁．帝国主义是资本主义的最高发展阶段［M］//列宁．列宁选集：第2卷．北京：人民出版社，1975：837.

的商品价格高于竞争条件下的商品价格。市场势力即使在某些情况下降低价格，也是为了阻止竞争者进入市场，也就是为了获取长期的较高利润。其次，实行商品价格歧视。市场势力根据不同购买者不同的需求价格弹性制定有差别的商品价格，以获取更高的利润。

第二，对资源配置的影响。市场势力从下面三个方面对社会资源的配置产生不利影响：首先，市场势力导致企业效率下降。一家处于垄断地位的企业长期可以获取较高的利润，由于缺乏竞争的压力它的效率将趋向下降。其次，市场势力导致经济效率下降。市场势力造成了价格高产量低的结果，使经济丧失了以更低的价格提供更多的商品的效率。最后，市场势力导致过度的广告宣传。市场势力通过加大产品差别来强化垄断地位，因而不得不加强广告宣传，造成社会资源的浪费。

第三，对增长和波动的影响。市场势力影响了企业的效率和经济的效率，从而影响到了经济的增长。另外，在生产过剩导致经济衰退的时候，商品价格应该趋向下降而使更多的商品能够销售出去。但是，由于市场势力制定了垄断价格，在经济衰退的时候商品价格并不下降，结果加剧了经济的衰退。

第四，对技术进步的影响。市场势力对技术进步的影响是复杂的：首先，如果技术进步导致的大规模经营的利益不是很大，松散的寡头垄断市场结构与紧密的寡头垄断市场结构相比，创新的动力会强一些，阻碍创新的阻力会小一些。其次，技术进步导致企业成本出现差异，从而使勾结变得不稳定。如果在寡头垄断的产业中，处于领先地位的企业实力接近，这些企业将被迫进行创新，以维护自己的领先地位。如果在寡头垄断的产业中，处于领先地位的企业差别很大，那么小企业注重创新，而大企业则注重模仿。最后，在寡头垄断条件下，尽管不存在勾结，企业一般也会采取跟随的方式而不去创新。

第五，对收入分配的影响。市场势力是由少数社会成员掌握和控制的，这些社会成员收入和财富的增加是以其他社会成员收入和财富的相对减少为代价的。其他社会成员收入或者财富之所以相对减少，或者是因为作为需求者不得不面对较高的价格，或者是作为供给者不得不面对较低的价格，或者是作为竞争者而受到压制。①

（三）笔者的评论

1. 关于垄断与竞争的关系问题

关于垄断资本主义发展的效应，有两个重要问题需要关注：一是垄断是否排斥了

① 谢佩德．市场势力与经济福利导论［M］．易家祥，译．北京：商务印书馆，1980：72-88.

竞争？二是垄断是否抑制了技术进步？

关于垄断是否排斥了竞争的问题，马克思曾经指出："垄断产生竞争，竞争产生垄断。垄断资本家彼此竞争着，竞争者逐渐变成了垄断资本家。"[①] 中国经济学界以马克思的这句话为根据，往往从哲学的角度来分析垄断和竞争的关系，其中龚维敬的表述具有一定的代表性。龚维敬指出："垄断与竞争是一对矛盾的统一体，表现为竞争不一定与垄断相对立，垄断并不完全排斥竞争。一方面，垄断形成本身就是竞争的结果，另一方面，在竞争中形成的垄断，仍然会面临多种竞争。"[②]

笔者认为，垄断和竞争确实是矛盾的统一，但是龚维敬的表述存在问题。从哲学的角度来看，龚维敬的表述强调的是垄断和竞争的统一，没有关注垄断和竞争是如何矛盾的。从经济学的角度来看，龚维敬的表述并没有清楚地说明垄断和竞争的关系。

关于垄断与竞争矛盾的一面，列宁明确无误地指出："正是企业规模巨大，造成竞争的困难，产生了垄断的趋势。"[③] 列宁的看法是正确的，这是得到马克思主义经济学界普遍认可的。如果垄断不排斥竞争，垄断从何产生？很显然，垄断正是通过生产和资本的集中、限制竞争而形成的。

关于垄断和竞争统一的一面，垄断企业是在竞争过程中产生的，即使它在某个产业内限制了其他企业的竞争，但也面临着同一个产业内别的垄断企业的竞争。即使在某个垄断企业完全垄断了某个产业的极端情况下，它也面临着潜在进入者的竞争以及相近产业的垄断企业的竞争。一个经典的案例是美国柯达公司垄断了胶卷产业，但它却在与数码相机生产企业的竞争中覆灭了。

因此，垄断和竞争的关系从逻辑上说，在不同的时点对于不同的企业是不同的。从垄断形成的过程来看，竞争是原因而垄断是结果，垄断是处于优势的企业在竞争中脱颖而出，通过生产集中和资本集中排斥别的企业的竞争而形成的。从这个意义上看，垄断是排斥竞争的，否则垄断不可能产生。

垄断排斥竞争只是在这个特定的时期以及相对于这个产业的竞争劣势者来说的。但是，即使在这个时期和相对这些竞争劣势者，垄断企业也只是排斥了竞争而不是完全消除了竞争。另外，相对于这个产业内别的垄断企业来说，该垄断企业仍然面临着竞争。随着时间的推移，该垄断企业还面临着新产生的竞争者的竞争。随着科学技术的进步，该垄断企业还面临着相近产业的企业的竞争。因此，垄断企业在特定时期排

---

① 马克思．哲学的贫困［M］//马克思，恩格斯．马克思恩格斯全集：第4卷．北京：人民出版社，1958：178.

② 龚维敬．垄断理论的争议［M］．上海：上海财经大学出版社，2008：37.

③ 列宁．帝国主义是资本主义的最高发展阶段［M］//列宁．列宁选集：第2卷．北京：人民出版社，1975：740.

斥了特定对象的竞争，但是它仍然面临着各种各样的竞争，这就是垄断和竞争的关系。

2. 关于垄断与技术进步问题

关于垄断是否抑制了技术进步的问题，在经济学界出现了很大的分歧。

部分经济学者认为垄断抑制了技术进步。美国经济学者谢勒（F. M. Scherer）认为，只有在竞争的压力下，企业才会不断地进行技术开发，生产新的产品。但是，“垄断减弱大公司的竞争压力，可能降低它们技术创新的积极性”。①

美国经济学者吉伯（R. Gilber）和纽伯里（D. Newbery）指出，垄断企业获取专利的主要目的，并不是采用先进技术，而是加强进入的壁垒。因此，即使垄断企业获取了专利，也会被搁置起来，从而阻止了技术进步。②

美国经济学者布莱尔（J. M. Blair）证明，生产集中程度对专利具有负向效应。在美国公司达到一定的规模前，取得专利的活动随着公司规模的扩大而增加，但是当美国公司达到一定的规模后，取得专利的活动随着公司规模的扩大而减少。③

中国经济学者于光远和苏星指出：既然垄断组织可以人为地制定垄断价格，它们关心的不再是如何改进技术使商品更加便宜，而是如何维持垄断价格使它不会下降。这样，垄断就会阻碍技术进步。另外，新技术的应用将会导致垄断组织机器设备的无形损耗，从而造成资本贬值。因此，垄断组织常常采用各种方法阻止新技术的应用，甚至把技术专利收买后束之高阁。④

但是，也有部分经济学者认为垄断促进了技术进步。美国经济学者加尔布雷思（J. Galbraith）指出：新技术的研究和开发耗费很高的费用和面临很大的风险，只有大厂商才能承担这样的费用和风险，只有大厂商才能开发新技术和利用新技术的成果。⑤

美国经济学者罗默（P. Roemer）认为：新技术的仿制成本远低于新技术的研制成本，如果不能对技术的发明拥有垄断权利，将不会有企业进行新技术的研究和开发。只有对垄断企业的技术创新给予垄断权，才能提高企业从事新技术研究和开发的积极性。⑥

美国经济学者萨顿（J. Sutton）证明了技术创新和企业规模之间的关系：一个企业

---

① SCHERER F M. Industrial Market, Structure and Economic Performance [M]. Chicago: Rand Mcnally & Company, 1980: 424.

② GILBER R, NEWBERY D. Preemptive Patening and the Persisitence of Monopoly [J]. American Economic Review, 1982 (72): 574.

③ BLAIR J M. Economic Concentration: Structure Behavior and Public Policy [M]. New York: Joranovish Publishing Co., 1972: 205.

④ 于光远，苏星．政治经济学（资本主义部分）[M]．北京：人民出版社，1961：148-149.

⑤ GALBRAITH J K. American Capitalism [M]. Honghton: Penguin Books, 1970: 91.

⑥ ROEMER P. Increase of Revenue and Long Growth [J]. Journal of Political Economics, 1986 (49): 1002.

必须达到一定的规模才有可能采用某种新技术。例如，美国在20世纪30年代就发明了大型收割机，但是由于当时美国农场规模普遍较小，很长的一段时间里大型收割机没有被采用。①

笔者首先回应关于垄断促进了技术进步的看法。随着科学技术的发展，重要技术的发明和采用已经不像工业化初期那样简单。这些新技术的发明需要耗费许多科学技术人员的劳动和大量的开发经费，这往往只有大企业才能承担而小企业是承担不起的。另外，这些新技术开发出来以后往往只适用于大规模的生产，而不适合于小规模的生产。但这只是证明企业规模是技术进步的条件，并不能证明垄断是技术进步的条件，企业规模与垄断并不能直接画等号。正如前面关于垄断形成原因的分析指出的，生产集中到一定程度并排斥竞争才形成垄断，并不是生产规模扩大无条件地形成垄断。企业具备一定的规模就可以促进技术开发和采用，而不是只有垄断企业才能促进技术的开发和应用。同时还要指出，技术发明的范围是很广泛的，也有许多技术发明和应用并不需要大规模的生产作为前提条件。

另外，新技术的仿制成本确实远远低于研制成本，因此必须对技术创新给予保护。但是，这些学者混淆了对技术创新给予垄断权的“垄断”与垄断资本主义的“垄断”这两个不同的概念。目前各国实行的专利制度，就是对技术创新给予垄断权，任何侵犯技术创新垄断权的行为都必须追究法律责任。但是，垄断资本主义的垄断是一种生产关系，是垄断组织在生产集中的条件下排斥竞争形成的一种生产关系。在竞争的条件下就不能对技术创新给予垄断权，只有在垄断的条件下才能对技术创新给予垄断权？这显然是错误的。

笔者接着回应关于垄断抑制了技术进步的看法。这些学者的论述本身是正确的，他们所说的现象在垄断资本主义发展阶段确实也存在。但是，他们强调了垄断抑制技术的一面，没有注意到垄断并不能排除与非原竞争者竞争的另一面，也没有注意到在一定的条件下为了获得更高的垄断利润而推动技术进步的另一面。因此，这些学者的看法不够全面。

关于垄断是抑制了技术进步还是促进了技术进步这个问题，笔者看法如下：在现代生产条件下，技术进步是竞争最有力的手段，而垄断在本质上是排斥竞争的，因此垄断在本质上是抑制技术进步的。如果技术进步有可能危及垄断企业的垄断地位，或者有可能影响到垄断企业的垄断利润，那么垄断企业一定会设法将新技术扼杀在研发之时。历史上有许多案例可以证明这个判断。

---

① SUTTON J. Technology and Market Structure: Theory and History [M]. Cambridge: The MIT Press, 1998: 45.

美国经济学者林恩（B. C. Lynn）在2010年出版的《新垄断资本主义》中提出若干垄断企业抑制技术进步的案例。例如，美国电话电报公司（American Telephone & Telegraph Company，AT&T）在第二次世界大战中发明了雷达，但在二战中和二战后很长的时间里都没有在电话通信中采用新的技术。1952年，美国司法部对美国电话电报公司提出指控，要求它向大众分享新的技术。再如，美国无线电公司（RCA）在1939年发明了第一台彩色电视机，后来在视频导航导弹的研制中取得突破，但是它同样倾向于搁置已取得的专利。1958年，美国司法部要求美国无线电公司分享12项无线电和电视的专利。①

但是，正如前面分析垄断和竞争关系时指出的，垄断企业排斥了原竞争者的竞争而处于垄断地位，但是它仍然面临着相同产业中其他国内垄断企业的竞争，或者本产业国内新进入者的竞争，或者国内相近产业的企业的竞争，或者相同产业外国企业的竞争。在这样的情况下，垄断企业就要不断地进行技术创新，以保证自己的垄断地位不被颠覆。另外，即使垄断企业处于垄断地位，但由于社会需求在不断地变化和升级，如果垄断企业不积极地进行技术创新以适应社会需求的变化，它也可能被市场淘汰。因此，为了维持长期的垄断利润，垄断企业也会不断地进行技术创新。

三、技术创新成为垄断形成的新原因

（一）技术创新形成垄断

马克思以及马克思以后的经济学者都指出，竞争导致生产集中和资本集中，从而导致垄断。因此，他们都强调垄断形成中的规模因素，认为正是庞大的生产规模和资本规模抑制了竞争，导致了垄断。

笔者认为，马克思和马克思主义经济学者的分析结论适用于传统的农业、制造业和服务业中垄断的形成，也适用于第一和第二次科学技术革命时期，甚至适用于第三次科学技术革命发生后的一段时间。当时生产和资本规模确实是垄断形成的主要因素。但是，在科学技术对经济作用越来越大的20世纪七八十年代以后，特别是进入21世纪以后，垄断形成的原因已经发生了很大变化。特别是对于规模不大的高科技产业来说，垄断形成原因的变化更加明显。

第三次科学技术革命是从20世纪40—50年代开始的，是以原子能、空间技术、电子计算机、生物工程的发明和应用为特征的科学技术革命。在第三次科学技术革命兴

① 林恩．新垄断资本主义［M］．徐剑，译．北京：东方出版社，2013：167-168.

起后的很长一段时期里，科学技术的发明和应用总是与生产和资本的规模联系在一起。某个企业即使掌握了先进的科学技术，如果生产或资本达不到相当的规模，也不可能应用这些科学技术成果。另外，如果这个企业的生产集中和资本集中没有达到一定的程度，它也不可能形成垄断。因此，生产和资本规模仍然是垄断形成的主要原因。

但是，随着科学技术革命的深化，与新的科学技术相关的产业越分越细，在各个子产业中又出现了核心子产业和非核心子产业。这样，某个企业即使生产规模和资本规模不是很大，只要掌握了先进的核心技术，在核心子产业中占据主导地位，也可以在整个产业中处于垄断地位。

以计算机产业为例。计算机从用途上可以划分为超级计算机、工业控制计算机、网络计算机、个人计算机、嵌入式计算机等；从构成上可以分为计算机硬件和计算机软件等。计算机硬件包括中央处理器（CPU）和其他零部件，计算机软件包括操作系统、语言处理系统、服务程序系统、数据库管理系统等。在计算机硬件中，核心硬件是中央处理器；在计算机软件中，核心软件是操作系统。因此，如果某个企业掌握了先进的中央处理器技术，它就可以在计算机硬件产业中处于垄断地位。同样，如果某个企业掌握了先进的操作系统技术，它就可以在计算机软件产业中处于垄断地位。

美国英特尔公司（Intel Corporation）成立于1968年，是世界最大的中央处理器研制和生产厂商。英特尔公司在1971年研制出4004微处理器，接着在1972年研制出具有4004两倍处理能力的8008微处理器。1974年，世界上第一台个人计算机Altair采用了8080微处理器，个人计算机的销售量迅速增长。英特尔公司由于掌握着先进的中央处理器生产技术，销售额大规模增长。从此，英特尔公司引领中央处理器技术的发展，长期占据了中央处理器80%的市场份额，在计算机硬件产业中居于垄断地位。

当然，计算机硬件除了中央处理器以外还包括其他零部件，生产其他零部件也需要相应的技术，但这些技术都是非核心技术。英特尔公司拥有中央处理器技术后完全能够自己生产计算机，但别的生产零部件和组装计算机的企业离开了英特尔公司的中央处理器则不可能生产出计算机，英特尔公司在计算机硬件产业实际居于垄断地位。

微软公司成立于1975年，是世界上最大的计算机软件供应商，特别是计算机操作系统供应商。1980年，微软为美国国际商业机器公司（IBM）的个人计算机提供了名为Microsoft DOS（disk operating system）的磁盘操作系统。由于国际商业机器公司个人计算机热销，Microsoft DOS成为个人计算机的标准操作系统。1985年，微软公司开发了Microsoft Windows 1.0，这是Windows系列的第一个产品。从此，微软公司在个人计算机操作系统产业取得了垄断地位，约占个人计算机操作系统市场份额的90%，并且不断向其他计算机服务系统发展。目前，微软公司的主要产品包括个人计算机视窗操作系统、智能手机操作系统、互联网浏览软件、办公软件、音频视频播放软件等。1997 年，微软公司被美国司法部提起垄断诉讼。

从上面的分析可以看到，在某些新兴产业中，并非生产和资本集中导致垄断，而是核心技术的创新导致垄断。如果一家企业研发出一种核心技术并转换为一种产品，这种产品可能还没有被大量制造出来，所以还没有达到生产集中的程度。同时，这家企业的规模可能也不大，还没有达到资本集中的程度。但是，这家企业在这个产业中已经处于垄断地位，它的产量将随着市场对新产品需求的扩大而增加。

（二）技术创新形成垄断的原因

技术创新为什么会形成垄断？这是因为研发新的核心技术需要投入大量的科学技术人员和高额的研究和开发经费，跟进的企业要研发出这种核心技术面临着很大的障碍；即使跟进的企业能够研发出这种核心技术，已经先行研发出这种核心技术的企业还会不断地提高这种核心技术的水平，意味着跟进的企业不仅要研发出这种核心技术还要达到很高的水平，因而会面临着很大的风险。例如，英特尔公司在 1971 年雇用 4 位优秀工程师花费数月就研制出了 4004 微处理器，但在 1997 年则雇用了 400 位优秀工程师花费了 4 年的时间才开发出奔腾Ⅱ处理器。因此，先行研发出这种核心技术的企业就会在一定程度上排斥跟进的企业的竞争而处于垄断地位。

进入 21 世纪以后，计算机技术仍然在不断进步。一方面，计算机的运算速度越来越快；另一方面，计算机越来越微型化和专业化。目前，计算机正朝着一个新的方向——量子计算机（quantum computer）发展。量子计算机是遵循量子力学规律进行高速数学和逻辑运算、存储及处理量子信息的物理装置。当某个装置处理和计算的是量子信息、运行的是量子算法时，它就是量子计算机。相对现有的计算机来说，量子计算机将在运算速度上带来革命性的变革。求解一个亿亿亿级变量的方程组，即便使用现在世界上最快的超级计算机也需要几百年，但使用量子计算机将只需要 10 秒钟。

2007 年，加拿大计算机公司 D-Wave 展示了全球首台量子计算机——猎户座（Orion）。它利用量子退火效应来实现量子计算。2009 年，美国马里兰大学量子信息和计算机科学联合研究所研究员德布纳特（S. Debnath）和他的同事研制了世界上首台可编程的通用量子计算机。同年，英国布里斯托尔大学（University of Bristol）的科学家研制出了基于量子光学的量子计算机芯片，可运行秀尔算法（Shor's algorithm）。2012 年 2 月，美国国际商用机器公司声称在超导集成电路实现的量子计算方面取得数项突破性进展。2013 年 6 月 8 日，由中国科学技术大学潘建伟院士领衔的量子光学和量子信息团队首次成功实现了用量子计算机求解线性方程组的实验。

目前，量子计算机仍然处于实验阶段，距离商用阶段还有很长的距离。不论是公司、大学还是研究机构，都在进行着量子计算机的研制。一旦哪个国家的哪个研究团队研制出量子计算机，并在某个公司的支持下开发出量子计算机产品，那么该公司将在量子计算机产业处于垄断地位。显然，这里不存在该公司在量子计算机产业的竞争中走向生产和资本集中并最终形成垄断的过程，这是该公司凭借它掌握的量子计算机的核心技术，根据市场的需求不断地生产出越来越多的量子计算机的过程。

如果说计算机产业还算是一个规模很大的高科技产业，那么对于那些随着科学技术进步发展起来的规模较小的高科技产业来说，技术创新导致垄断就变得更明显了。

以仿生技术产业为例。仿生技术属于生物科学与技术科学之间的边缘学科，涉及生物学、生物物理学、生物化学、物理学、控制论、工程学等学科领域。它通过将各种生物系统的功能原理和作用机理作为生物模型进行研究，最后进行新的技术设计并制造出相应的产品。被认为进入 21 世纪以来影响人类生活的五大仿生技术发明分别是修复手套、仿生心脏、神经转化、耳朵“看”世界、人造肌肉。

这些新技术往往是某个科学家带领着一个团队研发出来的，利用这项新技术研制的产品并没有很大的市场需求。别的企业要仿制这种产品受到专利的限制，要研究和开发这项技术存在很大的不确定性，即使研制出这种产品也没有足够的市场需求，这样先行研制出这种产品的企业将排斥别的企业的竞争，并在这个产业中处于垄断地位。

类似计算机产业和仿生技术产业这样的情形在目前和将来的高科技产业中都有可能发生，现在蓬勃发展的生物技术产业也属于这种情形。当然，与传统产业一样，垄断并不意味着不存在竞争，垄断企业仍然存在被颠覆的可能。但是，这种垄断产业形成的原因与传统产业垄断形成的原因不同。传统产业形成垄断的路径是：竞争→生产集中和资本集中→垄断。部分高科技产业形成垄断的路径是：掌握核心技术→垄断→生产和资本扩张。

有的经济学者清楚地意识到科学技术进步对垄断的影响。中国经济学者龚维敬在他所著的《垄断经济学》第七章第一节中，以“科学技术发展导致垄断”为题讨论了科学技术与垄断的关系，但是他的基本结论是科学技术加快了生产集中和资本集中，从而导致了垄断。[1] 笔者的看法与之不同的是，不是技术进步加快了生产集中，从而导致垄断；往往是技术进步导致垄断，从而形成了生产集中。但是，应该指出，笔者提出的核心技术创新导致垄断并不是在任何情况下都是如此，这个结论适合于第三次科学技术革命充分展开，以及第四次科学技术革命发生后产业不断细分的情形。

---

① 龚维敬．垄断经济学［M］．上海：上海人民出版社，2007：259-279.

第三节　笔者关于生产价格转化为垄断价格的分析

一、关于垄断价格的讨论

垄断价格是垄断理论的核心问题，对此马克思主义经济学界也有不同的看法。以中国经济学界为例，曾在下述问题上发生过争论：垄断利润是垄断企业的利润总额还是垄断企业超出平均利润的那部分利润？垄断利润是来自生产领域还是来自流通领域？垄断利润只是来自本企业创造的价值还是可以来自别的企业创造的价值？垄断价格除了指可以获得高额利润的价格以外，是否还包括倾销商品的价格？垄断价格是一种市场价格，还是垄断条件下市场价格的基础？垄断价格的形成是否违背了价值规律？[①] 笔者认为，其中一些争论并非核心问题的争论。归纳起来，马克思主义经济学界关于垄断价格占主导地位的基本论点如下：

第一，垄断价格是垄断资本凭借经济上的垄断地位在价值或生产价格之上出售商品形成的，由商品的成本价格加上垄断利润构成。垄断利润的主要来源有：通过加强劳动强度以及其他手段榨取的本企业劳动者的剩余价值，通过对生产和销售的垄断而转移来的、非垄断企业的那部分剩余价值以及小商品生产者创造的价值。

第二，如果说剩余价值规律在竞争资本主义阶段通过平均利润率表现出来，那么它在垄断资本主义阶段则通过垄断利润表现出来。同时，在竞争资本主义阶段，价值表现为生产价格。在垄断资本主义阶段，生产价格表现为垄断价格。

第三，垄断价格高于价值或生产价格并没有违背价值规律，它不会增加或减少整个社会的价值总量或者生产价格总量，只是使价值或生产价格进行了有利于垄断资本的重新分配，价值总额或生产价格总额等于垄断价格总额。[②]

但是，在垄断价格的讨论中还有一个悬而未决的核心问题：垄断价格是一种市场价格，还是是垄断条件下市场价格的基础？中国经济学者龚维敬认为：垄断价格是一种偏离了生产价格的市场价格。由于垄断没有排除竞争，社会生产价格仍然会形成，

---

① 龚维敬．垄断理论的争议［M］．上海：上海财经大学出版社，2008：105-117.

② 可参见：鲁缅采夫．政治经济学：下册［M］．中译本．北京：高等教育出版社，1984：475-486；法共中央经济部．国家垄断资本主义：下卷［M］．中译本．北京：商务印书馆，1979：103-104；曼德尔．论马克思主义经济学：下卷［M］．中译本．北京：商务印书馆，1979：33-34；SWEEZY P M. The Theory of Capitalist Development［M］. New York：Oxford University Press，1942：274. 以及我国各种版本的政治经济学教科书。

垄断市场价格仍然受到社会生产价格的调节。① 中国经济学者宋涛认为：垄断是一种市场价格，是受到垄断影响而偏离了价值的市场价格。但是，在垄断的条件下，社会生产价格已不可能形成，垄断市场价格不可能受到社会生产价格的调节。② 中国经济学者魏埙指出：垄断价格不单纯是指市场价格，还包括市场价格的基础或者是调节者。由于垄断部门利润率平均化，形成了垄断部门范围内的生产价格即垄断生产价格。这种垄断生产价格作为价值基础调节着垄断企业产品的市场价格。③

笔者认为，这样的讨论还可以继续深入。首先，宋涛认为垄断价格是一种市场价格，那么垄断价格应该用货币来表示。但是，商品的价值是用劳动时间表示的，作为一种市场价格的垄断价格与作为劳动时间凝结的价值存在什么内在联系？另外，如果说垄断价格是一种市场价格，它将受到市场供给与需求的影响，作为供给方或需求方的垄断企业可能对这种市场价格形成影响，那么作为一种市场价格的垄断价格的形成机理是什么呢？

其次，龚维敬提出的社会生产价格是作为市场价格的垄断价格的基础，在逻辑上存在问题。所谓垄断资本主义经济是指垄断已经占据主导地位的资本主义经济，尽管还存在竞争，但是利润率平均化的规律已经不起主导作用，又何来社会生产价格呢？

最后，魏埙正确地提出了垄断价格在逻辑上先于垄断的市场价格存在的思想，但却把垄断价格分析建立在垄断部门利润率平均化分析的基础上。在存在寡头垄断的生产部门里，各个寡头的技术水平和生产能力是不同的，所以垄断势力的大小也是不同的，它们的利润率又如何平均化？退一步说，如果垄断部门存在利润率平均化趋势，那么是什么机制导致了垄断企业之间的利润率平均化？

笔者认为，总体来看，马克思主义经济学界对垄断价格的分析基本是正确的，是从马克思政治经济学里得出的结论。但是，马克思主义经济学界把注意力放在用新的历史资料论证列宁提出的垄断资本主义的特征，或者用新的历史资料提出垄断资本主义的新特征，没有对垄断价格这样的垄断资本主义基本经济范畴进行深入的分析。

笔者认为，关于垄断价格范畴还存在下述尚未解决的核心理论问题：第一，垄断价格是一种价格或市场价格，还是一种在逻辑上先于价格或市场价格存在的范畴？如果垄断价格是在逻辑上先于价格或市场价格存在的范畴，它是如何决定的？第二，垄断价格与价值和生产价格是什么关系？如果说垄断价格的产生是价值规律在垄断条件下的表现，马克思根据价值规律解释生产价格，那么又如何根据生产价格规律解释垄

① 龚维敬．当代垄断资本主义经济［M］．上海：上海三联书店，1991：275-285．

② 宋涛，等．当代帝国主义经济［M］．北京：科学出版社，1988：35，37．

③ 魏埙．关于垄断价格问题［J］．南开学报，1986（5）．

断价格？第三，单位商品的垄断价格肯定偏离价值或生产价格，那么垄断价格和非垄断价格的总和是否一定等于价值总和或生产价格总和？如果垄断价格和非垄断价格的总和不等于价值总和或生产价格总和，是否违反了价值规律？这些问题在马克思主义经济学界并没有得到很好的解决。有的经济学者初步提出了问题，但并没有清楚地阐述这些问题。有的经济学者阐述了这些问题，但提出的看法是值得商榷的。

当然，也有的马克思主义经济学者否认垄断价格范畴的存在。美国经济学者斯威齐在被视为马克思政治经济学权威解释的论著《资本主义发展理论》中指出："在垄断的条件下，交换比率既不与劳动时间的比率相一致，也不像生产价格的情形那样与劳动时间的比率有着从理论上可以证实的关系。当生产者掌握了限制供给的权利的时候，他们也就掌握了限制价格的权利。要从理论上决定以及在某种程度上概括说明价格处于什么水平是不可能的；影响价格决定因素是如此之多，以致无法建立一种精确的、在一定程度上可以应用的理论。这一点，近年来被传统经济理论在完全或部分垄断条件下建立客观价格规律的尝试所充分证实。……这不是经济学家的过错，也不是像一些人所说的这纯粹是科学落后的表现；在这个课题里，困难是内在的。没有理由发现垄断价格的一般规律，因为本来就不存在这样的规律。……可以高度概括地和很有把握地说，与竞争的情形相比较，在引入垄断因素时，均衡产量较小，均衡价格较高。……这样，通常可以有把握地假定，购买量对价格的变化相对来说越不敏感（即越缺乏需求弹性），垄断越完全，价格也就越高。"①

按照斯威齐的看法，垄断价格并无内在规律可言，只能揭示它与若干变量的关系，无法说明它与价值和生产价格的关系。笔者认为，只有不仅在价值规律的基础上说明生产价格的形成，同时在价值规律的基础上说明垄断价格的形成，才能使马克思政治经济学成为一个完整的理论体系。笔者接下来将进行这样的尝试。

二、垄断价格的性质

正如笔者在第八章讨论生产价格的时候强调要区分生产价格、竞争条件下的价格和竞争条件下的市场价格一样，在讨论垄断价格的时候也必须划分垄断价格、垄断条件下的价格和垄断条件下的市场价格。笔者认为，垄断价格与垄断条件下的价格或市

① SWEEZY P M. The Theory of Capitalist Development [M]. New York: Oxford University Press, 1942: 270-271.

场价格是不同的范畴，垄断价格在逻辑上先于垄断条件下的价格或市场价格。[①] 如果从历史和逻辑的角度进行分析，垄断价格的形成过程如下：

在简单商品生产阶段，劳动的凝结形成商品的价值，商品价值的货币表现形成简单商品生产条件下的价格，商品的价格在市场上受到需求和供给的影响形成简单商品生产条件下的市场价格。价值是用劳动时间表示的，价格和市场价格是用货币表示的。

随着简单商品生产阶段发展到竞争资本主义商品生产阶段，资本通过在不同生产部门之间的转移进行竞争，利润率趋向平均化，价值在各个生产部门之间重新配置形成了生产价格。生产价格是价值的转化形式，但它实际上是一种价值而不是价格。生产价格的货币表现形成竞争资本主义生产条件下的商品价格，竞争资本主义生产条件下的商品价格受到市场需求和供给的影响而形成竞争资本主义生产条件下商品的市场价格。生产价格是用劳动时间表示的，竞争资本主义生产条件下的价格和市场价格是用货币表示的。

随着竞争资本主义阶段发展到垄断资本主义阶段，利润率平均化的过程受到垄断资本的限制，生产和资本集中到一定程度导致的对市场的垄断所形成的价格就是垄断价格。如果说生产价格是平均利润率发生作用而修正的价值，那么垄断价格就是垄断利润率发生作用而修正的价值。这就是说，生产价格是价值的转化形式，它是一种价值；垄断价格是生产价格的转化形式，它也是一种价值。垄断价格的货币表现形成垄断资本主义生产条件下的价格，垄断资本主义生产条件下的价格在市场上受到供给和需求的影响而形成垄断资本主义生产条件下的市场价格。垄断价格是用劳动时间表示的，垄断资本主义条件下的价格和市场价格是用货币表示的。

如果用一个图形把价值、生产价格、垄断价格以及不同条件下的价格和市场价格相互之间的关系展示出来，可以得到如图9-1所示的情形。

由于生产价格是一种价值，在价值转化为生产价格以后，社会产量没有变化，凝结在商品中的劳动量没有变化，总价值等于总生产价格。但是，笔者在后面将会证明，在生产价格转化为垄断价格以后，社会产量没有变化，但凝结在商品中的劳动量发生了变化，总生产价格不等于总垄断价格和总非垄断价格之和。

---

① 正如把生产价格称为生产价值更为合理一样，把垄断价格称为垄断价值更为合理，因为它们都是价值形态。但是，既然马克思把经过平均利润规律调整的价值称为生产价格，这里也需要把经过垄断利润规律调整的价值称为垄断价格。

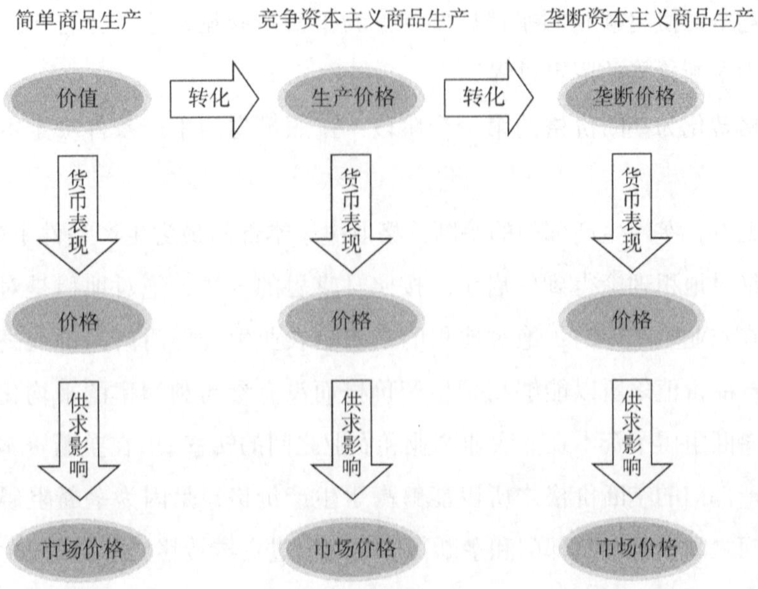

图 9-1　价值、生产价格、垄断价格、价格、市场价格的关系

如果把笔者的看法与马克思主义经济学界的通行看法作一个比较，那么情况如下：

第一，通行看法认为，垄断价格实际上是一种市场价格，是垄断厂商凭借对生产进而对市场的垄断而制定的市场价格。笔者的看法是，垄断价格在逻辑上先于垄断条件下的市场价格，它是垄断厂商抑制本生产部门和其他生产部门之间的竞争，导致本生产部门的生产价格不再取决于正常生产条件获得平均利润这个规律而产生的。

第二，通行看法认为，垄断价格是以货币表示并受到市场需求和供给影响而形成的价格。笔者的看法是，垄断价格是生产价格的转化形式，是用劳动时间表示的。以货币表示并受到市场需求和供给影响的“垄断价格”，确切地说是垄断条件下的市场价格，它的基础是笔者所说的垄断价格。

三、生产价格转化为垄断价格的逻辑过程

（一）生产价格转化为垄断价格的第一个阶段

生产价格是垄断价格的逻辑起点。在竞争资本主义阶段向垄断资本主义阶段过渡以前，价值已经转化为生产价格。在竞争资本主义阶段向垄断资本主义阶段过渡的过程中，生产价格将进一步转化为垄断价格。

垄断价格的形成有两个前提：第一，垄断厂商控制了本部门的生产，获得了高于原平均利润率的超额利润率。第二，垄断厂商有效地阻碍了别的生产部门通过资本转

移来进行的竞争，使超额利润率得以实现。为了清楚起见，笔者分若干阶段来分析生产价格转化为垄断价格的逻辑过程。

生产价格转化为垄断价格的第一个阶段：按照最劣的生产条件决定本生产部门的垄断价格。

从理论上看，垄断生产部门的垄断价格取决于本部门最劣生产条件下生产的价值，是从马克思绝对地租理论得到的启示。按照马克思的看法，绝对地租是对最劣土地支付的地租。在农业生产部门，绝对地租的来源是农业生产部门产品价值高于生产价格的差额。农产品价值之所以能够高于生产价格而没有参与利润率的平均化，是因为土地所有权的垄断阻碍了资本在非农业产业和农业之间的转移。[①] 在垄断资本主义形成以后，垄断生产部门的垄断价格之所以能够高于生产价格，是因为垄断阻碍了非垄断部门和垄断部门之间以及垄断部门和垄断部门之间通过资本转移展开的竞争。

从实践上看，垄断厂商按照最劣的生产条件决定本生产部门的垄断价格的基本形式是“卡特尔年金”（rente cartelliere）。当然，这不是垄断价格形成的唯一形式，但却是最基本的形式，人们通过这种形式可以从本质上认识垄断价格。在竞争资本主义生产条件下，一个生产部门的商品的生产价格，以使用正常生产条件进行生产的厂商能够获得平均利润为基础。但是，在一个生产部门的厂商组成卡特尔的情况下，这个生产部门的商品的垄断价格将以使在最劣生产条件下进行生产的厂商仍然能够获得平均利润作为基础。这样，卡特尔其他厂商的个别生产价格将高于这个最劣生产条件的生产部门的生产价格，超过的差额就是“卡特尔年金”。

按照“卡特尔年金”的方式决定本生产部门垄断价格的情形是普遍存在的，比利时经济学者曼德尔发现了如下论据。

例如，英国商业萧条皇家调查委员会指出，英国铁轨制造商在组成卡特尔以后，就采取“卡特尔年金”的方式确定价格。该调查报告指出：“在英国，价格是根据我们认为非常接近最差生产条件企业的成本水平来规定的。……然后，各个工厂按照它们生产能力的变化接受分配份额。”

又如，从1934年到1943年，英国具有平均生产率的矿山生产的锡的价格是每吨100英镑。但是，在采锡业出现卡特尔组织以后，为了使生产率最低的矿山得到平均利润，卡特尔组织把每吨锡的价格提高到190~230英镑，许多公司每出售1吨锡能够得到100英镑以上的超额利润。

---

① 马克思．资本论：第3卷［M］//马克思，恩格斯．马克思恩格斯全集：第25卷．北京：人民出版社，1974：860-861.

再如，美国贸易部1952年发布的官方调查报告表明，石油业“七姐妹”（即新泽西美孚石油公司、加利福尼亚美孚石油公司、飞马石油公司、海湾石油公司、得克萨斯石油公司、英伊石油公司、英荷石油公司）长年对西半球和中东的石油实行统一价格，但是中东石油的成本比美国石油要低3/4到5/6。①

上面的例子都是以组织卡特尔的形式来获得“卡特尔年金”，但是在某些实施“反托拉斯法”的国家，公开缔结价格协议是非法的。尽管如此，按照最劣生产条件也能够获得平均利润的方式制定价格仍然可以以准协议或者默契的方式进行。例如，美国早在1890年就制定了《谢尔曼法》（*Sherman Act*），后来又不断通过各种补充法和修正法，但是美国的垄断资本仍然以各种方式发展，类似英国的垄断价格仍然可以在美国形成。

以准协议或者以默契的方式确定本生产部门价格的典型方法是实行价格领先制（price leadership）。所谓价格领先制是指在一个生产部门中居于支配地位的厂商率先宣布价格，随后各个厂商调整价格以保持与这家厂商的价格相一致。为了形成统一和稳定的价格，处于支配地位的厂商在确定价格的时候，既要考虑到自己的利益，也要考虑到别的厂商的利益。因此，最合适的价格是使最劣生产条件的厂商仍然能够得到社会平均利润的价格。

例如，美国经济学者巴兰和斯威齐发现，1963年12月7日的美国《纽约时报》发布了如下新闻：“凯泽铝与化学制品公司昨天撤销了它在星期四宣布的将铝锭的价格每磅提高1美分的决定。这个行动是在美国制铝公司刚刚声明它不打算在此时提高它的铝锭的价格之后采取的。……10月2日制铝行业第二大生产商雷诺兹金属公司已经宣布把每磅铝锭价格提高半美分，这次铝锭价格是从每磅22.5美分提高到23美分。这个价格已被整个产业所采用。”巴兰和斯威齐就此发表评论说：“正是这种在提议改变价格得不到时就予以撤销的意愿，使心照不宣的串通情况与价格战的情况相互区别。只要所有的厂商都接受这种惯例——这实际上不过是禁止价格竞争的必然结果——整个集团要制定能使本工业部门得到最大限度利润的价格就变得更加容易了。所要求的只不过是：改变的倡议者在行动时不但要想到它自己的利益，而且要想到整个集团的利益；……”②

又如，英国垄断集团及限制措施调查委员会的一份报告中这样说明垄断厂商制定价格的特点：“在充分考虑到核定成本的方法各不相同之后，我们认为：各企业家尽管

① 曼德尔．论马克思主义经济学：下卷［M］．廉佩直，译．北京：商务印书馆，1979：33-35.
② BARAN P A, SWEEZY P M. Monopoly Capital［M］. New York and London: Modern Readers, 1966: 70-71.

以同一价格出售产品，各家的成本却是完全不同的。……要不是成本高的企业对价格水平施加巨大影响，而成本低的厂商则愿意以高于它们求之不得的价格出售商品，那么共同的价格制度是不可能维持的。”①

应该指出，垄断厂商不会毫无例外地全部按照最劣生产条件的厂商能够获得社会平均利润的方式来决定本生产部门的垄断价格。但是，使最劣生产条件的厂商能够获得社会平均利润是垄断厂商制定统一和稳定的垄断价格的基本原则。如果垄断厂商把垄断价格定得过高，由于垄断只是抑制竞争但不能完全排除竞争，就一方面会影响到商品的需求，另一方面会诱导别的资本进入本生产部门。但是，如果垄断厂商把垄断价格定得过低，生产条件较差的厂商得不到正常利润，又有可能激化本生产部门内部的竞争，从而不能形成分享超额利润的稳定价格。因此，从理论上分析，使最劣生产条件的厂商能够获得社会平均利润是垄断资本主义生产条件下垄断价格形成的基础。

由于生产价格是以正常生产条件下的厂商能够得到平均利润为前提，垄断价格是以最劣生产条件下的厂商能够得到平均利润为前提，这意味着生产条件较好的厂商一定数量的劳动相当于生产条件最劣的厂商更多的劳动，从而意味着在社会产量没有变化的情况下耗费的劳动增加了。这说明垄断资本主义的生产效率低于竞争资本主义。

（二）生产价格转化为垄断价格的第二个阶段

生产价格转化为垄断价格的第二个阶段：垄断厂商阻碍利润率的平均化。

虽然垄断部门希望根据生产条件最劣的厂商能够得到社会平均利润来制定垄断价格，但是如果它们不能有效地防止别的生产部门通过资本转移来分享利润，那么超额利润就不会转化为垄断利润，垄断价格就不能最终形成。但是，既然垄断厂商都够控制本部门的生产，它们就可以利用各种方法排斥别的部门的厂商的竞争：

第一，在垄断部门中，生产规模已经很大，原料来源、借贷关系和产品销路已经相当稳定。在这样的情况下，别的生产部门的厂商要把资本转移到这个生产部门展开竞争，必须拥有巨额的资本和先进的技术，同时还要开拓原料来源和产品销路。这一切都是很困难的。因此，不同生产部门之间的竞争会受到抑制。

美国经济学者谢佩德专门对垄断进行过研究，他的分析证明了这一点。他在分析20世纪70年代的情形时曾指出：“拥有一亿美元甚至十亿美元的公司（也许在工业公司中各列第50到500名），有哪一家能够成功地打进规模已经很大的汽车工业呢？……显然，对于一组既定的其他结构要素来说，较大的规模意味着较大的市场势力。”

① 曼德尔．论马克思主义经济学：下卷［M］．廉佩直，译．北京：商务印书馆，1979：35.

他还指出："排斥新竞争者的堡垒，主要有大规模经营的经济合算性、资本条件、广告宣传条件、销售网、关键性资源的取得以及希望进入市场的外来者所必须具备的任何其他条件。"①

第二，垄断厂商以雄厚的资本、技术、生产和营销实力为基础，以价格竞争和非价格竞争的方式筑起部门壁垒。其他生产部门的厂商要打进某个垄断部门，将面临十分激烈甚至残酷的竞争。这样，新进入的厂商要在该生产部门站住脚，不得不以更低的价格出售更高质量的产品来应对竞争。很显然，如果新进入的厂商没有巨额的资本和先进的技术，这就是不可能的。垄断资本正是利用这个残酷竞争的方法来抑制来自不同生产部门的竞争。

当某个生产部门的垄断厂商有效地抑制了别的生产部门的厂商通过资本转移的方式进行竞争，本生产部门的超额利润将不参加利润率的平均化，从而转化为垄断利润。随着超额利润转化为垄断利润，按照最劣生产条件仍然能够得到社会平均利润的垄断价格得以形成。

(三) 生产价格转化为垄断价格的第三个阶段

生产价格转化为垄断价格的第三个阶段：垄断厂商实现垄断价格。

在垄断资本主义生产条件下，并不是所有的生产部门都是垄断部门，既存在垄断部门，也存在非垄断部门。生产价格转化为垄断价格的过程进展到现在，非垄断部门的投入品和产出品都是用生产价格表示，垄断部门的投入品用生产价格表示，产出品用垄断价格表示。但是，非垄断部门和垄断部门的投入品是在市场上购买的，其中有一部分投入品来自垄断部门，这些投入品应该用垄断价格表示，而不应该用生产价格表示。生产价格转化为垄断价格的这个阶段与价值转化为生产价格的分析相似，成本价格中包括的投入品应该用生产价格表示，而不是用价值来表示。

在假定实际工资不变的条件下，垄断部门要按照高于生产价格的垄断价格购买来自垄断部门的投入品，它的利润率要发生一定程度的下降。也就是说，在垄断厂商实现垄断价格的过程中，非垄断部门和垄断部门的部分利润要流进生产投入品的垄断部门。因此，垄断价格是生产价格的转化形式，是生产价格在非垄断部门和垄断部门之间重新配置的结果。但是，由于垄断条件下商品的价值取决于最劣生产条件下耗费的劳动量而不是正常生产条件下耗费的劳动量，这样生产同样的商品耗费的劳动更多。从整个社会来看，总生产价格不等于垄断价格和非垄断价格之和。

---

① 谢佩德．市场势力与经济福利导论［M］．易家祥，译．北京：商务印书馆，1980：63，188.

如果把笔者关于垄断价格的看法与马克思主义经济学界的通行看法作一个比较，那么区别如下：

第一，通行看法认为，垄断利润是垄断厂商通过提高本生产部门的销售价格而得到的超额利润。笔者的看法是，垄断厂商提高销售价格是以本生产部门中按照最劣生产条件进行生产的厂商也能够得到社会平均利润为基础，因而垄断利润是垄断部门生产条件最劣的厂商仍然能够得到社会平均利润而产生的超额利润。

第二，通行看法认为，垄断价格最终受到价值规律的支配，其论据是总垄断价格与总非垄断价格之和等于总价值。但是，通行看法没有能够证明，以货币表示的总垄断价格与总非垄断价格之和与以劳动时间表示的总价值如何相等。笔者的看法是，垄断价格是价值的第二次转化形式，即价值在竞争资本主义生产条件下转化为生产价格，在垄断资本主义生产条件下转化为垄断价格。即使垄断价格是以劳动时间表示的，由于在垄断价格形成的过程中耗费的劳动增加了，以劳动时间表示的总垄断价格与总非垄断价格之和不再等于以劳动时间表示的总价值。但是，总垄断价格与总非垄断价格之和仍然以实际耗费的劳动量作为基础。

四、生产价格转化为垄断价格的数量关系

笔者继续使用第八章论证价值转化为生产价格的例子，来说明生产价格转化为垄断价格的数量关系。仍然假定某个资本主义社会有两个生产部门：一个生产部门生产谷物，另一个生产部门生产煤炭，具体情况如表 8-10 所示。但是，现在增设下述条件：第一，在煤炭生产部门中，生产条件最劣的某煤炭企业用 1 单位谷物、2 单位煤炭、0.24 单位劳动力生产出 5 单位煤炭。第二，每单位劳动力的劳动时间是 10 单位劳动，每单位劳动力的实物工资是 5/2 单位谷物和 5/2 单位煤炭。第三，假定整个煤炭生产部门的生产条件代表正常的生产条件，煤炭的价值取决于这个生产条件下耗费的劳动时间。

表 9-1 和表 9-2 复制了本书第八章表 8-9 和表 8-11 的情况。到这里为止，价值已经转变为生产价格，谷物和煤炭生产部门的投入品和产出品都是用生产价格表示的。

现在开始引入垄断因素，假定在煤炭部门形成垄断。根据本节前面部分的分析，煤炭部门将按照最劣生产条件仍然能够得到社会平均利润的原则来确定煤炭的垄断价格。

表 9-1 价值生产过程

生产部门	不变资本（1）	可变资本（2）	剩余价值（3）	剩余价值率（4）	产品价值（5）
谷物	40	30	30	100%	100
煤炭	60	20	20	100%	100

表 9-2 生产价格生产过程

生产部门	成本价格	平均利润率	平均利润额	生产价格
谷物	$68\frac{2}{11}$	$\frac{1}{3}$	$22\frac{8}{11}$	$90\frac{10}{11}$
煤炭	$81\frac{9}{11}$	$\frac{1}{3}$	$27\frac{3}{11}$	$109\frac{1}{11}$

按照假定，煤炭部门最劣生产条件的企业的不变资本是 1 单位谷物和 2 单位煤炭，可变资本是 0. 24 单位劳动力（=2. 4÷10）的实物工资，即$\frac{3}{5}$单位谷物$\left(=0.24\times\frac{15}{2}\right)$和$\frac{3}{5}$单位煤炭$\left(=0.24\times\frac{15}{2}\right)$，这就意味着预付资本是 $1\frac{3}{5}$单位谷物$\left(=1+\frac{3}{5}\right)$和 $2\frac{3}{5}$单位煤炭$\left(=2+\frac{3}{5}\right)$。设煤炭部门最劣生产条件的企业的利润率是 r，由于单位谷物和煤炭的生产价格分别是$\frac{10}{11}\left(=90\frac{10}{11}\div100\right)$和 $1\frac{1}{11}\left(=109\frac{1}{11}\div100\right)$，可以得到式(9-1)：

$$\left(1\frac{3}{5}\times\frac{10}{11}+2\frac{3}{5}\times1\frac{1}{11}\right)(1+r)=5\times1\frac{1}{11} \tag{9-1}$$

解方程得：$r=\frac{16}{59}$（≈27. 12%）。这表明，最劣生产条件的煤炭企业的利润率比社会平均利润率低约 6. 21 个百分点$\left(=\frac{1}{3}-\frac{16}{59}=\frac{11}{177}\right)$。

在煤炭生产部门形成垄断以后，为了在煤炭部门内部形成一致的煤炭价格并维护各个煤炭企业的利益，垄断厂商将煤炭的垄断价格确定在生产条件最劣的企业仍然能够得到社会平均利润率的水平。设单位煤炭垄断价格是 P，根据生产条件最劣的企业的生产情况，可以得到式（9-2）：

$$\left(1\frac{3}{5}\times\frac{10}{11}+\frac{3}{5}\times1\frac{1}{11}\right)\left(1+\frac{1}{3}\right)=5P \tag{9-2}$$

解方程可得 $P=1\frac{119}{825}$。单位煤炭的垄断价格 $1\frac{119}{825}$高于原来单位煤炭的生产价格

$1\frac{1}{11}$，生产条件较好的煤炭企业都得到了超额利润。从整个煤炭生产部门来说，成本价格是 $81\frac{9}{11}$，但是垄断价格是 $114\frac{14}{33}$，利润额是 $32\frac{20}{33}\left(=114\frac{14}{33}-81\frac{9}{11}\right)$，利润率是 $\frac{269}{675}\%\left(=32\frac{20}{33}\div81\frac{9}{11}\right)$。对于最劣生产条件的煤炭企业来说，成本价格是 $4\frac{16}{55}$ $\left(=1\frac{3}{5}\times\frac{10}{11}+2\frac{3}{5}\times1\frac{1}{11}\right)$，"生产价格"是 $5\frac{119}{165}\left(=1\frac{119}{825}\times5\right)$，平均利润额是 $1\frac{71}{236}$ $\left(=5\frac{119}{165}-4\frac{16}{55}\right)$，利润率是 $\frac{1}{3}\left(=1\frac{71}{236}\div4\frac{16}{55}\right)$。这样，就可以得到仅把煤炭生产部门产品的生产价格转化为垄断价格的结果，如表 9-3 所示。

表 9-3　垄断部门产出品用垄断价格表示的转化过程

生产部门	成本价格	利润率	利润额	垄断与非垄断价格
谷物	$68\frac{2}{11}$	$\frac{1}{3}$	$22\frac{8}{11}$	$90\frac{10}{11}$
煤炭	$81\frac{9}{11}$	$\frac{269}{675}$	$\frac{20}{33}$	$114\frac{14}{33}$
最劣生产条件的煤炭企业	$4\frac{16}{55}$	$\frac{1}{3}$	$1\frac{71}{236}$	$5\frac{119}{165}$

在表 9-3 中，最劣生产条件的煤炭企业得到了与谷物生产部门相同的平均利润率 $\frac{1}{3}$（≈33.33%），但是作为垄断部门的整个煤炭产业得到了超额利润率 $\frac{269}{675}$（≈39.84%）。另外，比较表 9-3 和表 9-2 可以看到，总生产价格是 200，总垄断价格和总非垄断价格之和是 $211\frac{3}{55}$。由于耗费的劳动量增加，总生产价格小于总垄断价格和总非垄断价格之和。

但是，在分析的现阶段还存在一个问题：在表 9-3 中，成本价格中的谷物和煤炭是用生产价格表示的，垄断部门的煤炭是用垄断价格表示的。既然煤炭的生产价格已经转化为垄断价格，那么谷物和煤炭生产部门在市场上买进煤炭作为它们的预付资本的时候，它们支付的是垄断价格。也就是说，成本价格中的煤炭也应该用垄断价格表示。

首先来考察谷物生产部门。该部门预付资本中，不变资本中有 10 单位煤炭，可变资本中有 15 单位煤炭，共 25 单位煤炭。原来它是按照每单位 $1\frac{1}{11}$的生产价格买进煤炭的，现在不得不按照每单位 $1\frac{476}{3300}$的垄断价格买进煤炭，每单位煤炭的差价是$\frac{4}{75}$

$\left(=1\frac{476}{3300}-1\frac{1}{11}\right)$，25 单位煤炭的差价是 $1\frac{1}{3}\left(=\frac{4}{75}\times25\right)$，这部分损失只能从谷物生产部门的利润中扣除。这样，谷物生产部门的利润额减少为 $21\frac{13}{33}\left(=22\frac{8}{11}-1\frac{1}{3}\right)$，成本价格增加为 $69\frac{17}{33}\left(=68\frac{2}{11}+1\frac{1}{3}\right)$，利润率降低为约 30. 78%$\left(=21\frac{13}{33}\div69\frac{17}{33}=\frac{353}{1147}\right)$。由此可见，垄断价格形成的过程就是非垄断生产部门向垄断生产部门转移利润的过程。

其次来考察煤炭生产部门。该部门预付资本中，不变资本中有 40 单位煤炭，可变资本中有 7. 5 单位煤炭，共 47. 5 单位煤炭。原来它是按照每单位 $1\frac{1}{11}$的生产价格买进煤炭的，现在不得不按照每单位 $1\frac{476}{3300}$的垄断价格买进煤炭，47. 5 单位煤炭的差价是 $2\frac{8}{15}\left(=\frac{4}{75}\times47.5\right)$，这部分损失只能从煤炭生产部门的利润中扣除。这样，煤炭生产部门的利润额减少为 $30\frac{4}{55}\left(=32\frac{20}{33}-2\frac{8}{15}\right)$，成本价格增加为 $84\frac{58}{165}\left(=81\frac{9}{11}+2\frac{8}{15}\right)$，利润率降低为约 35. 65%$\left(=30\frac{4}{55}\div84\frac{58}{165}=\frac{4962}{13918}\right)$。由此可见，垄断价格形成的过程也是垄断生产部门的预付资本和利润重新配置的过程。

把社会生产过程中由垄断生产部门提供的投入品和产出品都用垄断价格表示以后，社会生产情况如表 9-4 所示。

表 9-4　垄断部门投入品和产出品都用垄断价格表示的转化过程

生产部门	成本价格	利润率	利润额	垄断价格与非垄断价格
谷物	$69\frac{17}{33}$	30. 78%	$21\frac{13}{33}$	$90\frac{10}{11}$
煤炭	$84\frac{58}{165}$	35. 65%	$30\frac{4}{55}$	$114\frac{14}{33}$

到目前为止，生产价格转化为垄断价格的过程全部结束。从这个逻辑过程可以看到，可以根据价值规律说明价值转化为生产价格的过程，同样可以根据价值规律说明生产价格转化为垄断价格的过程。尽管在生产价格转化为垄断价格的过程中，由于垄断价格按照垄断部门的最劣生产条件决定，耗费的劳动量发生变化，总生产价格不再等于总垄断价格和总非垄断价格之和，但是上面的分析明确无误地说明生产价格是如何转化为垄断价格的，生产价格与垄断价格之间存在什么样的数量关系。

如果把马克思主义经济学界关于垄断的公认看法与笔者提出的拓展性看法进行比

较，则如表 9-5 所示，其中重点标识了笔者的看法。

表 9-5　新的历史条件下马克思垄断理论研究纲要

比较对象	马克思主义经济学界关于垄断的通行看法	新的历史条件下马克思垄断理论研究纲要
垄断的原因	生产和资本集中导致垄断	①生产和资本集中导致垄断；**②科学技术创新导致垄断**
垄断价格	生产成本加上垄断利润	**①垄断价格不是价格而是价值，如同生产价格不是价格而是价值一样；②垄断价格是生产价格在垄断资本主义条件下的转化形式；③垄断价格用货币表示形成垄断条件下的价格，受供求关系影响形成垄断条件下的市场价格**

第四节　国家或国际垄断资本主义是新的发展阶段吗?

一、国家垄断资本主义是新的发展阶段吗?

(一) 关于国家垄断资本主义发展新阶段的争论

在马克思主义经济学界，关于垄断资本主义是资本主义发展的新阶段已经形成共识。但是许多经济学者认为，在垄断资本主义形成以后，出现了国家与私人垄断资本相结合的国家垄断资本主义。经济学者们对国家垄断资本主义的定义和表现形式等问题均没有什么分歧，但是对国家垄断资本主义是否成为资本主义或者垄断资本主义发展的新阶段则有很大的争议。

在 20 世纪 70 年代初期，这个问题曾经在苏联经济学界引起争论。[①] 20 世纪 70 年代末以后，这个问题在中国经济学界也引起了争论。由于后来发生在中国经济学界的争论，不论是论点还是论据都覆盖了苏联经济学界的争论，笔者在这里主要阐述中国经济学界的争论。

1. 中国经济学界争论的过程

1978 年，李琮在《世界经济》第 1 期发表了题为《国家垄断资本主义是垄断资本主义发展的新阶段》的论文，引起了学界对这个问题的争论。李琮认为，从 20 世纪 40 年代末 50 年代初开始，垄断资本主义转变为国家垄断资本主义。国家垄断资本主义的

① 郑凌．苏联经济学界围绕国家垄断资本主义问题展开的争论［J］. 世界经济，1978（3）．

表现形式：第一，政府利用各种政策，特别是财政政策来调节经济。第二，国家所有制企业有了相当程度的发展。①

陈俊欧对李琮的看法提出异议。他认为，国家垄断资本主义不是垄断资本主义发展的新阶段：第一，在经济生活中起决定作用的是垄断经济组织，而不是国家。第二，国家采用各种手段调节经济只是为了维护垄断资本家的垄断利润。第三，资本主义国家有时出现国有化有时出现非国有化，都是为垄断资本家的利益服务。第四，国家财政政策的支配权还是掌握在垄断组织手里，国有企业在经济中的比重一般不到1/3。②

杨时旺也对李琮的看法提出异议。他提出，如果国家垄断资本主义是垄断资本主义发展的新阶段，应该出现两个标志性的变化：私人垄断的统治已经转变为国家垄断的统治，垄断资产阶级内分化出取代金融寡头的新阶层。但是，这两个标志性的变化在主要资本主义国家中并没有出现。③

黄苏则对杨时旺的观点提出异议。他认为：第一，由于国家与私人垄断资本的结合，垄断资本主义生产关系已经发生质变。第二，如果把与国家密切结合的私人垄断资本、公私合营企业、国有企业看作国家垄断资本主义的形态，它们已经在经济中占据统治地位。第三，垄断资产阶级已经分离出与国家密切结合的阶层。④

厉以宁认为国家垄断资本主义是资本主义发展的新阶段，指出："从所有制的角度看，资本主义私有制是国家垄断资本主义的基础，正如它是自由竞争的资本主义、一般垄断资本主义的基础一样。但从垄断资本主义与国家政权的关系以及政府对经济的干预的角度看，国家垄断资本主义是资本主义发展的一个新阶段。"⑤

很多学者都参与了对这个问题的争论。王根初⑥、杨国昌⑦等学者反对国家垄断资本主义是垄断资本主义发展新阶段的看法。吴健⑧、陈耀庭⑨等学者则赞成国家垄断资本主义是垄断资本主义发展新阶段的看法。

1994年，李琮在《世界经济》第8期发表了题为《再谈国家垄断资本主义是资本主义新的历史阶段》的论文，重申了他的看法。他指出："与当代生产力的社会性相适应的方式，主要不是生产资料的国有化，而是国家对经济的干预和调节。这也正是当

① 李琮．国家垄断资本主义是垄断资本主义发展的新阶段［J］．世界经济，1978（1）．

② 陈俊欧．国家垄断资本主义不是垄断资本主义发展的新阶段［J］．世界经济，1978（3）．

③ 杨时旺．国家垄断资本主义不是垄断资本主义发展的新阶段［J］．教学与研究，1979（5）．

④ 黄苏．国家垄断资本主义是垄断资本主义发展的新阶段［J］．教学与研究，1980（1）．

⑤ 厉以宁．现代资本主义的新变化、新特征［M］//宦乡．当代世界政治经济基本问题．北京：世界知识出版社，1989：156．

⑥ 王根初．国家垄断资本主义是资本主义发展的第三个阶段吗［J］．江西师院学报，1982（2）．

⑦ 杨国昌．国家垄断资本主义是不是资本主义的第三阶段［J］．北京师范大学学报，1986（3）．

⑧ 吴健．资本主义的第三阶段是国家垄断资本主义［J］．南开经济研究，1989（6）．

⑨ 陈耀庭．论当代资本主义发展的新阶段和新特征［J］．中国人民大学学报，1990（2）．

代资本主义有别于前一阶段的根本标志，是国家垄断资本主义这一新阶段的实质性特征。”①

即使都认为国家垄断资本主义是一个发展新阶段，关于国家垄断资本主义是垄断资本主义的发展新阶段，还是资本主义的发展新阶段又存在不同的看法。李琮等经济学者认为国家垄断资本主义是垄断资本主义的发展新阶段。这就是说，资本主义的发展划分为两个阶段：第一个阶段是竞争资本主义阶段，第二个阶段是垄断资本主义阶段。在资本主义发展第二个阶段中，私人垄断资本主义已经发展为国家垄断资本主义。但是，储玉坤等部分经济学者则认为，国家垄断资本主义是资本主义发展的新阶段。这就是说，资本主义经济的发展经历了三个阶段：第一个阶段是竞争资本主义，第二个阶段是私人垄断资本主义，第三个阶段是国家垄断资本主义。②

尽管存在不同意见，但是中国经济学界的主流看法是，国家垄断资本主义是资本主义或者垄断资本主义发展的新阶段。

2. 笔者对发展阶段划分标准的看法

发生在中国经济学界的这场争论到 20 世纪 90 年代中期逐渐平静，资本主义经济又演进了近 30 年，并且出现了一些新的变化。笔者认为，垄断资本主义已经经历了足够长的历史时期，可以重新审视这场争论了。

要讨论国家垄断资本主义是不是新的发展阶段，首先要明确一种社会形态不同发展阶段的划分标准是什么。所谓社会形态，是指与生产力发展水平相适应的经济基础和上层建筑的统一，核心内容是社会生产方式，即与生产力相适应的生产关系。因此，判断一种社会形态下是否出现了不同发展阶段的更迭，必须考察社会生产方式是否发生了本质性的特征变化，以使后一个发展阶段有别于前一个发展阶段。

根据这个历史唯物主义的基本观点，笔者认为，李琮的第二篇论文与第一篇论文相比倒退了。他认为判断国家垄断资本主义是不是一个新的阶段，主要不是看生产资料所有制，而是看国家对经济的干预和调节。但是，国家对经济的干预和调节只是国家经济政策的变化，只有与经济基础相结合才能判断垄断资本主义是否发展到了新的阶段。

无论是把国家垄断资本主义看作有别于私人垄断资本主义的一个发展阶段的经济学者，还是把国家垄断资本主义看作有别于竞争资本主义和私人垄断资本主义的一个发展阶段的经济学者，都认为国家垄断资本主义的本质是垄断资本与国家政权相融合

---

① 李琮．再谈国家垄断资本主义是资本主义新的历史阶段［J］．世界经济，1994（8）．

② 储玉坤．第三阶段论初探［N］．世界经济导报，1980-09-15.

以维护垄断利润，都指出国家垄断资本主义的表现形式主要是政府以国有企业的形式掌管经济以及政府利用宏观经济政策干预经济。笔者将根据美国、英国、法国、德国的历史事实和统计数据，从国有经济和政府干预这两个方面，来考察二战后垄断资本主义的发展历程。

（二）对主要资本主义国家国有经济的考察

1. 对美国国有企业的分析

所谓国有企业，是由政府掌握所有权和经营权的企业。在资本主义国家，国有企业往往是政府通过私有企业国有化的方式建立的，也可以通过国有企业私有化的方式撤销。

在美国，国有企业包括联邦政府企业（federal government enterprises）和州与地方政府企业（state and local government enterprises）。联邦政府企业包括联邦政府公司（federal government corporation）和政府资助企业（government-sponsored enterprises）。联邦政府公司属于政府机构，员工属于联邦雇员。政府资助企业是私有企业，雇员工资由企业支出，但政府提供资助。无论是联邦政府公司还是政府资助企业，一般都是在市场调节失灵的情况下组建的，与私营企业一般不存在竞争关系。

在这两类国有企业中，最典型的国有企业是联邦政府公司。联邦政府公司是国会为执行公共目标而成立的联邦政府机构，主要任务是提供市场化导向的产品或服务，并实现自身收支平衡。由于联邦政府公司能够获得收入，它们不受行政管理部门的预算规定约束，但政府全资拥有的公司必须向总统提交“商业型预算”，总统评估修改后提交国会批准并监督。美国行政管理部门不负责监督联邦政府公司，参众两院也没有统一的委员会负责监督所有联邦政府公司，各公司由其所属领域的专门委员会负责监督。

美国有17家联邦政府公司：商品信贷公司（Commodity Credit Corporation）、进出口银行（Export-Import Bank）、联邦农作物保险公司（Federal Crop-Insurance Corporation）、联邦存款保险公司（Federal Deposit Insurance Corporation）、联邦融资银行（Federal Financing Bank）、联邦监狱产业公司（Federal Prison Industries）、融资公司（Financing Corporation）、政府国民抵押贷款协会（Government National Mortgage Association）、国家铁路乘客运输公司（National Railroad Passenger Corporation）、海外私人投资公司（Overseas Private Investment Corporation）、退休金收益担保公司（Pension Benefit Guaranty Corporation）、旧金山要塞信托（Presidio Trust of San Francisco）、重组融资公司（Resolution Funding Corporation）、圣劳伦斯航道发展公司（Saint Lawrence Seaway Development Corporation）、田纳西山谷管理局（Tennessee Valley Authority）、美国邮政

署（United States Postal Service）、威列斯火山口信托（Valles Caldera Trust）。

笔者之所以要详细列出这17家联邦政府公司的名单，是因为从中可以认识到美国国有企业的性质以及它们在经济中的作用。在联邦政府公司中，美国邮政署成立于1775年，是最早建立的国有企业；威列斯火山口信托成立于2000年，是最晚建立的国有企业；建立于20世纪30年代的国有企业最多，有6家。有的公司从名字上就可以清楚地看到它们提供的是准公共服务，有的公司从名字上看不出来但仍然是提供准公共服务。例如，商品信贷公司的主要职能是支持美国的农业和保护农产品价格，联邦融资银行的主要职能是为联邦机构融通资金，重组融资公司的主要职能是处理联邦存款保险公司的不良资产，海外私人投资公司的主要职能是为美国企业对外直接投资提供担保和保险。

美国商务部经济分析局提供了美国联邦政府企业和州与地方政府企业增加值的历史统计数据，笔者根据这些数据计算了1947—2021年共75年美国全部国有企业、联邦政府企业、州与地方政府企业的增加值在国内生产总值中所占的比例，如图9-2所示。

从图9-2中可以看到，1974年以来，联邦政府企业增加值在国内生产总值中的比例下降，州与地方政府企业增加值在国内生产总值中的比例上升，全部国有企业增加值在国内生产总值中的比例在1971年达到峰值16.90%，到2021年下降到12.10%。

从前面的分析可以看到，美国国有企业基本上是为了提供准公共服务而建立的，主要从事私人企业不愿意提供而社会又不可或缺的产业，基本上是对垄断资本主义经济的补充。无论是处于竞争资本主义阶段，还是处于垄断资本主义阶段，美国政府都要建立这样的国有企业以提供这样的准公共服务。

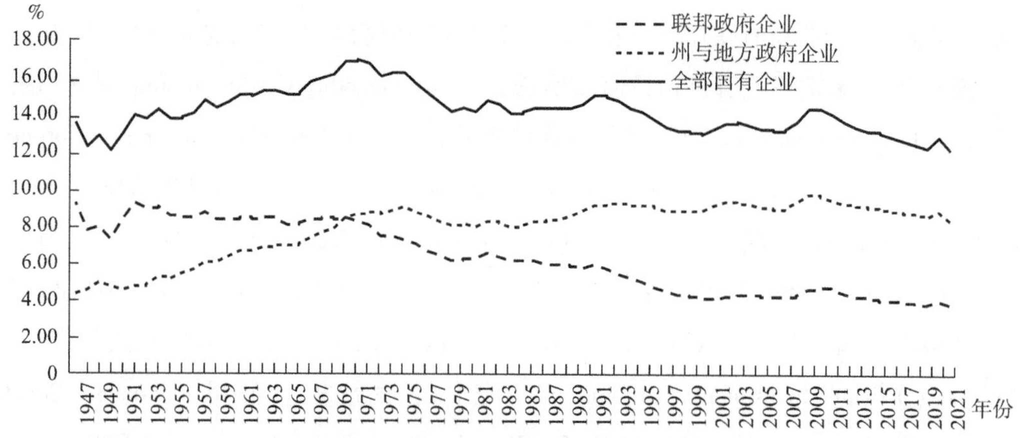

图9-2　1947—2021年美国国有企业增加值在国内生产总值中的比例的变化情况

资料来源：Bureau of Economic Analysis, Value Added by Industry, https://www.bea.gov.

上述分析表明，美国的国有经济在垄断资本主义经济中只是起着辅助作用而不是主导作用，在经济中并非占据主导地位。即使在中国经济学界争论最激烈的20世纪70年代末期，美国国有企业的现实情况也明显不支持美国进入国家垄断资本主义新阶段的论断。20世纪70年代末期以后，美国国有企业的现实情况就更不能证明美国进入国家垄断资本主义新阶段了。

2. 对英国国有企业的分析

英国1908年就建立了第一家国有企业——伦敦港湾局，但是英国大规模的国有化进程是从第二次世界大战结束以后开始的。二战后，为了恢复经济，英国工党推行国有化计划，于1946年对英格兰银行、英国民用航空实行国有化，1947年在煤炭行业、铁路行业、电力行业，1948年在天然气行业，1950年在钢铁行业，1969年在邮政行业推行国有化，此外还对城市交通、电话电报、供水、石油等行业的企业实行国有化。到1979年，英国国有经济发展到顶峰，国有企业共有16283家，煤炭、造船、电力、铁路、邮政、电信、煤气产业几乎100%国有化；钢铁和航空产业中国有企业的产值占75%，汽车产业中占50%，石油产业中占25%，在国内生产总值中占10.5%；英国国有企业的员工约200万人，占全部就业人数的8.1%。[①]

尽管英国国有企业在国内生产总值中占据的比例不高，但英国国有企业毕竟在一些重要产业中占据主要地位，英国国有企业的发展似乎是英国进入国家垄断资本主义新阶段的有力例证。但是，值得注意的是，从20世纪70年代末开始，英国走上了国有企业私有化的道路。

1979年，撒切尔夫人（M. H. Thatcher）担任英国首相，英国开始了以出售国有企业的方式实现国有企业私有化的过程。在1984年以前，英国政府主要是出售竞争性行业的国有企业，如英国钢铁公司、英国宇航公司、安玛西亚国际公司（Amersham）、全国货运公司、英国国家石油公司等。在1984年以后，英国政府开始出售非竞争性行业的国有企业，如英国天然气公司、公用事业公司、电力公司、铁路公司等。这意味着英国的国有企业不仅退出了竞争性产业，还退出了自然垄断和准公共服务产业。

由于笔者无法找到英国国有企业增加值在国内生产总值中所占比例的统计数据，只能从国有企业的数量和就业人数的比例来分析英国国有企业的状况。根据英国国家统计局（UK National Bureau of Statistics）的统计资料，2018年在概念上接近于国有企业公共部门的就业人数是53.3万人，占英国总就业人数的1.6%。[②]

---

① 梁中芳. 英国国有化经济的历史回顾［J］. 商场现代化，2005（6）.

② UK National Bureau of Statistics，Employment，http：//www. ons. gov. uk.

如果说在英国国有企业最兴盛的时期，英国是否进入国家垄断资本主义新阶段还可争论，那么在英国国有企业私有化以后，英国是否进入国家垄断资本主义新阶段就没有什么可争论的了。英国国有企业不但没有在经济中处于主要地位，而且没有在涉及国家命脉的产业中处于统治地位，在垄断资本主义经济中只起着补充的作用。英国政府对企业的国有化和私有化，都是服务于垄断资本的利益和英国经济的利益。一个新的发展阶段的本质特征必须在整个历史时期是始终如一的，英国国有经济的发展过程显然不支持英国进入国家垄断资本主义新阶段的论断。

3. 对法国的国有企业分析

法国国有企业发展情况与英国比较相似。它们原来都是国有化程度比较高的国家，后来都经历了国有企业私有化的过程。

法国也是在第二次世界大战以后开始国有化进程的。二战后，法国政府分三步建立国有企业：第一步是接管与德国纳粹相关的企业并把它们转变为国有企业，如雷诺汽车公司、法国电影公司、法国报业公司和法国染料公司等；第二步是在自然垄断行业和涉及准公共服务的行业推行国有化，相继成立了法国国营铁路公司、法国电力公司、法国天然气公司等国有企业；第三步是在金融业中推行国有化，包括对通用银行、里昂信贷银行、国民工商银行、巴黎国民贴现银行四大商业银行实行国有化，对34家保险公司实行国有化。到20世纪70年代末，法国国有企业在全国固定资产总值中占20%，在工业营业额中占22%。法国国有银行掌握了全国59%的存款额。

法国国有企业私有化的进程晚于英国，法国政府从20世纪80年代中期开始推进国有企业私有化。1987年到1988年，法国政府出售了电话网建造总公司、工业发展研究院、法国互助保险公司、兴业银行、法国商业信贷银行、农业信贷银行、通用电气公司等国有企业。进入20世纪90年代，法国加快了国有企业私有化的步伐，1993年，法国政府对巴黎国民银行、法国航空公司、埃勒夫-阿基坦石油公司、罗纳-普朗克化工集团等21家大型国有企业实行私有化。法国国有企业在经济中的地位大幅度下降。

根据法国国家统计和经济研究所（France National Institute of Statistics and Economic Studies，INSEE）的统计资料，在1983年，国有企业雇员有235万人。经过国有企业私有化的浪潮，到2013年，政府直接控制88家公司，并通过这些公司控制1444家公司，雇员约80万人。这些公司主要集中在第三产业，特别是在交通业和仓储业。到2017年，政府直接控制89家公司，并通过这些公司控制1751家公司，雇员约76.7万人，占法国雇员人数的3.1%。①

法国原来可能是主要资本主义国家中国有化程度最高的国家，至今在银行业等重要产业中还保留着国有企业。在国有企业的鼎盛时期，还可讨论法国是否进入国家垄断资本主义新阶段，而在国有企业的雇员只占全国雇员3.1%的今天，讨论法国是否进入国家垄断资本主义新阶段已经没有意义。法国国有企业在经济中并没有处于重要地位，法国国有经济的整个发展过程也不支持法国进入国家垄断资本主义新阶段的论断。

4. 对美、英、法国有经济考察的结论

对美、英、法三个主要资本主义国家国有企业的分析表明，资本主义国家的国有企业应该区分两种情形：一种情形是政府为了提供准公共产品而建立的，另一种情形是政府为了调节经济而建立的。

先来分析第一种情形。公共产品是指具有非竞争性和非排他性的产品。所谓非竞争性是指提供这种产品的边际成本为零，某人即使没有支付费用也可以使用这些产品。非排他性是指任何人都不可能独自使用这种产品而排斥别人使用这种产品。例如，国防、司法、义务教育、社会福利等就是公共产品。显然，公共产品只能由政府提供。

但是，在现实经济运行过程中，还存在准公共产品。这种产品具有非排他性，但不具有非竞争性，超过一定程度提供这种产品的边际成本不为零，人们必须支付费用才能使用这种产品。例如，邮政、机场、港口、铁路、城市交通等就属于准公共产品。一般来说，私人企业可以提供准公共产品。但是，部分准公共产品或者由于难以盈利或者由于投资周期过长，私人企业不愿意提供，市场对这部分产品的调节是失灵的，因而只能由政府来提供。

主要资本主义国家的部分国有企业就属于这类提供准公共产品的企业，在美国表现得尤为明显。这部分国有企业是为私人资本服务的，属于私人经济的辅助成分。无论是竞争资本主义，还是垄断资本主义，都会存在这类国有企业，它们是否存在与判断是否进入国家垄断资本主义新阶段没有直接关系。

再来分析第二种情形。主要资本主义国家的政府在二战后面临重建经济的任务时，回想起20世纪30年代的“大萧条”仍然会不寒而栗。与此形成鲜明对比的是，当时社会主义苏联的经济却蓬勃向上。这样，主要资本主义国家的政府不能不思考，资本主义经济是否存在缺陷，国有经济是否可以在一定程度上弥补这些缺陷。二战后西方国家的国有化浪潮就是在这样的历史情况下掀起的。

如果第二种情形的国有企业发展到一定程度，确实可以认为垄断资本主义发生了

① INSEE, Number of Stated-controlled Companies Continued to Growth in 2017, http://www.insee.fr.

部分质变，从而进入国家垄断资本主义的新阶段。至于到达什么程度，即国有经济在经济中占有多大比例，才能认为进入国家垄断资本主义新阶段，是不可能有定论的。因此，当主要资本主义国家中这种类型的国有企业的增加值在国内生产总值中占10%左右的时候，尽管笔者认为这个比例过低，但中国经济学界已经开始争论是否进入国家垄断资本主义新阶段还是正常的。

但是，当主要资本主义国家的政府发现由此建立的国有企业效率不高，政府往往还背上沉重的财政负担的时候，对国有企业的私有化就开始了。进入21世纪以后，主要资本主义的国有经济在整个经济中的比例已经微不足道。国有经济不必说主导作用，连引领作用也不存在，主要起补充作用。如果在这种情况下还认为主要资本主义国家处于国家垄断资本主义的新阶段，就脱离实际了。

因此，从国有经济发展的角度来看，重新审视我国经济学界20世纪70—90年代的争论，可以得到这样的结论：认为垄断资本主义已经发展到国家垄断资本主义的新阶段过于牵强。一种社会形态发展到一个新的阶段，新的本质特征必须具备持续性和稳定性，显然资本主义国家国有经济的发展不具备这样的持续性和稳定性。如果断定私人垄断资本主义从20世纪50年代进入国家垄断资本主义的新阶段，那么是否意味着在20世纪80年代又回到了私人垄断资本主义的发展阶段？

不能否认，历史的发展是波浪式的，但是资本主义国家国有企业的收缩并稳定在这一状态已经30多年了，而这30多年的历史已经可以证明，到目前为止国家垄断资本主义既不是垄断资本主义发展的新阶段，也不是资本主义发展的新阶段。至于未来是否会进入国家垄断资本主义的新阶段，则需要用未来的事实来证明。

（三）对主要资本主义国家政策干预的分析

1. 1980年以前美国政府对经济的政策干预

除了国有经济以外，经济学界认为进入国家垄断资本主义新阶段的另一个论据，就是政府对经济的政策干预。在我国经济学界20世纪70—90年代的争论中，往往把政府干预称为国家干预。笔者认为，国家和政府是两个有所区别的概念。国家是一个综合性的概念，可以指领土，可以指人民，也可以指政权。在资本主义政治制度下，政权由立法机构、司法机构和行政机构组成，其中的行政机构才是政府。因此，国家干预经济的表达不够准确，对经济进行干预的是政府，而这种干预源于凯恩斯的思想。

第二次世界大战结束以后，主要资本主义国家的政府广泛采用财政政策和货币政策对经济进行干预。其中财政政策主要是通过调整政府支出和政府税收来影响总需求，以保持经济稳定；货币政策主要通过调整法定准备金比率、调整再贴现率以及在公开证券市场上买卖政府债券来影响货币供给，从而保持经济稳定。这一切似乎也在证明私人垄断资本主义发展到了国家垄断资本主义的新阶段。

由于主要资本主义国家的财政政策和货币政策都经历了相似的发展过程，下面主要以美国为例来分析政府对经济的政策干预的变化。

1945年到1980年是美国政府采用宏观经济政策干预经济的鼎盛时期。在这个时期，美国经历了杜鲁门（H. S. Truman）、艾森豪威尔（D. D. Eisenhower）、肯尼迪（J. F. Kennedy）、约翰逊（L. B. Johnson）、尼克松（R. M. Nixon）、福特（G. R. Ford）和卡特（J. E. Carter）七任政府。这七任政府都经常性使用财政政策来调节经济，财政赤字成为常态，政府债务余额不断增长。与此同时，美国联邦储备系统也经常使用货币政策去调节经济。但是，在这个时期，美国政府更倚重财政政策。

2. 1980年以后美国政府对经济的政策干预

但是，值得注意的是，从20世纪80年代开始，美国政府的宏观经济政策发生了转变。1981年里根（R. W. Reagan）担任美国总统以后，明确提出要减少政府的福利支出，减少政府对经济的干预，告别凯恩斯的经济政策，更多发挥市场的调节作用。另外，里根政府采用大幅度减税的方法刺激人们工作和企业投资的积极性，以达到增加供给的目的。减税本来也是扩张性的财政政策的一个手段，一直被作为需求方的政策来使用。但是，里根政府赋予了减税不同的含义，减税被认为是供给方的政策，能够激发经济主体的积极性。因此，大幅度减税不是政府加强经济干预的表现，而是政府减少经济干预的迹象。

老布什（G. H. W. Bush）在1989年到1993年担任美国总统期间，尽管没有像里根政府那样大规模减税，但是仍然努力减少政府对经济的干预。克林顿（W. J. Clinton）的执政时期是从1993年到2001年。这个时期是美国政府的财政政策再次转变的时期。克林顿政府既反对完全自由放任的经济政策，又反对过度干预的经济政策，试图寻求政府适度干预经济的“第三条道路”。

小布什（Jr G. W. Bush）在2001年到2009年担任美国总统期间，重新实行类似里根政府和老布什政府的经济政策，并提出了在10年内减税16000亿美元的计划，为二战后美国政府的第二次大幅度减税。奥巴马（B. H. Obama）在2009年担任美国总统以后，又沿用了克林顿政府的政策。即使美国爆发金融危机并对经济造成衰退性的冲击，奥巴马也只是使用了比较温和的财政政策。

特朗普（D. Trump）于2017年担任美国总统以后，继里根、小布什之后实行第三次大规模的减税政策，目的在于增进企业的活力，争取美国企业重返美国。

在美国，作为中央银行的联邦储备系统在体制上独立于政府，相对独立地作出宏观货币政策的决策。美国联邦储备系统至今明确指出，宏观货币政策的目标是促进美国经济就业最大化、保持价格稳定和适度的长期利率。① 1980年，里根总统在施政纲领中提出要严格控制货币供给的增长，实行稳定的货币政策。从实践上看，美国联邦储备系统从1980年开始实行了若干年稳定的货币政策以后，还是经常性利用货币政策来稳定经济。

从1980年以后美国宏观经济政策的走势来看，财政政策出现了中性化的趋势，但货币政策还是在发挥作用。美国政府从直接干预经济逐渐转变为间接干预经济。从总体上看，政府对经济的干预不是加强了，而是减弱了。

3. 美国政府对经济的政策干预情况的实证检验

在中国经济学界的争论中，认为进入国家垄断资本主义新阶段的看法还有一个论据，就是主要资本主义国家的政府支出在国内生产总值中占据较大的比例。

图9-3反映了美国政府支出在国内生产总值中的比例变化。从图9-3可以看到，美国政府支出在国内生产总值中的比例在1953年达到峰值24.87%，然后一直趋向下降，到2021年降低到17.85%。如果把政府支出对国内生产总值的比例看作政府干预经济的指标，那么这个指标一直在弱化。

实际上，在主要资本主义国家里，政府支出有两种功能：一种是社会功能，另一种是经济功能。在美国，政府支出的社会功能包括国防、公共服务、公共安全、社区服务、社会保险、教育、医疗、文化等方面的支出。政府支出的经济功能被称为经济事务（economic affairs），包括公路、铁路、空运、水运等支出。要分析政府对经济的干预，应该考察政府经济事务的支出。

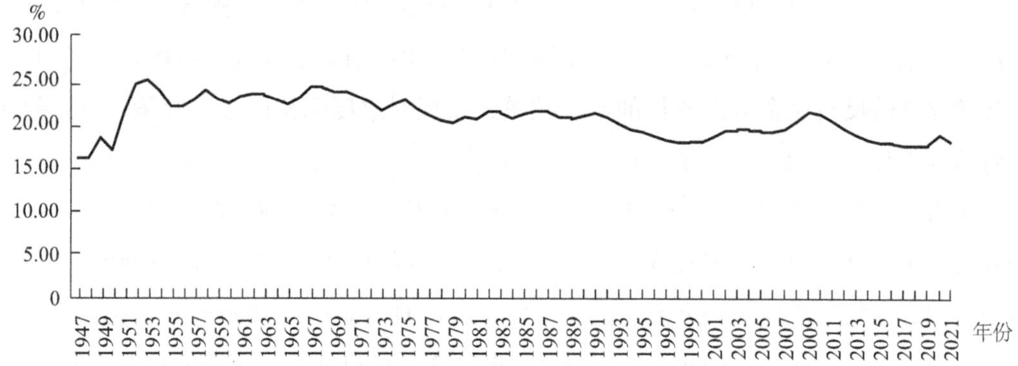

图9-3 1947—2021年美国政府支出在国内生产总值中的比例的变化

资料来源：Bureau of Economic Analysis，GDP & Personal Income，https：//www.bea.gov.

① The Federal Reserve System，About FRS，https：//www.federalreserve.gov.

图 9-4 说明了 1959—2021 年美国联邦政府经济事务支出在联邦政府总支出中所占比例的变化。从图 9-4 可以看到，2020—2021 年，世界暴发罕见的新型冠状病毒疫情，美国经济陷入衰退，美国联邦政府经济事务支出在联邦政府支出中的比例大幅度上升。除了这两年以外，美国联邦政府经济事务支出在联邦政府支出中的比例从 1959 年的 10. 21%大幅度下降到 2019 年的 5. 24%。

考虑到国防支出也有扩张经济的功能，图 9-5 说明了 1959—2021 年美国联邦政府经济事务支出和国防支出之和在联邦政府总支出中所占比例的变化。从图 9-5 可以看到，美国联邦政府经济事务支出和国防支出之和在联邦政府总支出中所占比例也趋向下降，从 1959 年的 45. 58%降低到 2021 年的 16. 70%。

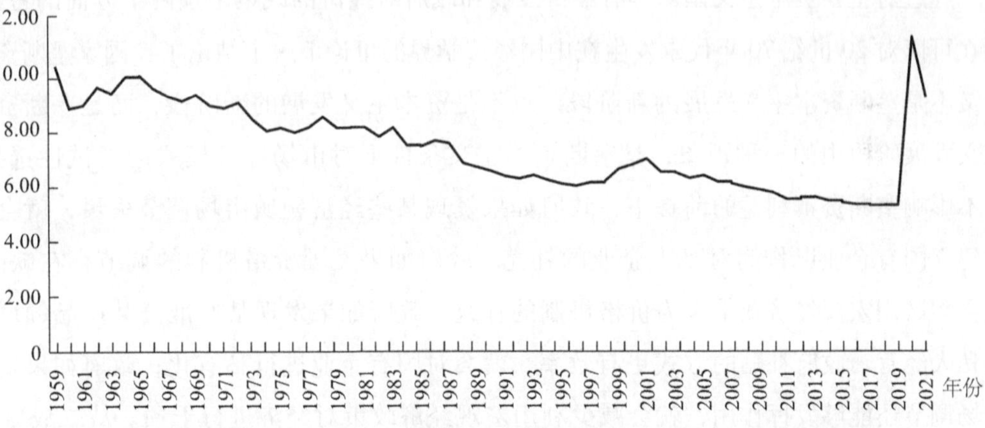

图 9-4　1959—2021 年美国联邦政府经济事务支出占总支出比例的变化情况

资料来源：Bureau of Economic Analysis, GDP & Personal Income, https：//www. bea. gov.

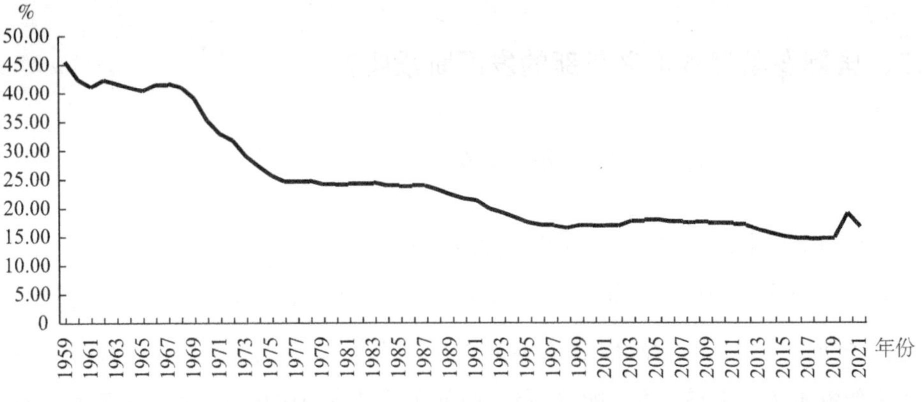

图 9-5　1959—2021 年美国联邦政府经济事务支出和国防支出之和占总支出比例的变化情况

资料来源：Bureau of Economic Analysis, GDP & Personal Income, https：//www. bea. gov.

从 1959 年到 2021 年，在美国社会功能的政府支出中，公共安全支出、教育支出、医疗支出的比例趋向上升。

上述分析表明，从政府对经济进行政策干预这个角度分析，仍然不能把国家垄断资本主义看作垄断资本主义或资本主义的发展新阶段。笔者不否认主要资本主义国家未来的宏观经济政策可能会发生变化，但是主要资本主义国家的政府减少对经济的政策干预的趋势已经持续了 40 年。显然，40 年宏观经济政策的变化已经不能看作一种短期反复了。如果非要说从 20 世纪 40 年代开始进入了国家垄断资本主义新阶段，那么由此得到的逻辑推论是：从 20 世纪 80 年代以后又回到了私人垄断资本主义旧阶段。

（四）笔者的结论

经过对主要资本主义国家国有经济发展和政府对经济的政策干预两个方面的考察，现在可以对 20 世纪 70 年代末发生在中国经济学界的争论下一个结论了：国家垄断资本主义不是垄断资本主义发展的新阶段，也不是资本主义发展的新阶段，而是垄断资本主义发展阶段中的一种现象，是垄断资本主义条件下对市场经济模式的尝试性选择。在不影响垄断资本利益的前提下，政府如果发现某些经济领域市场调节失灵，就会尝试建立国有企业以作为对私人企业的补充；政府如果发现价格机制的调节存在缺陷，就会尝试用宏观经济政策作为价格机制的补充。政府如果发现某些准公共产品领域采用私人经营、政府补贴的方式更有效率，就会对国有企业进行私有化；政府如果发现市场调节还能够发挥作用，就会减少利用宏观经济政策对经济进行干预。从二战后 70 多年主要资本主义国家的现实经济情况来看，国家垄断资本主义并不是垄断资本主义或资本主义发展的新阶段。

二、国际垄断资本主义是新的发展阶段吗？

（一）关于国际垄断资本主义新阶段的讨论

1. 赞成国际垄断资本主义新阶段的看法

我国部分经济学者认为，资本主义不仅进入了国家垄断资本主义的新阶段，还进入了国际垄断资本主义的新阶段。虽然关于国际垄断资本主义新阶段的讨论远没有关于国家垄断资本主义新阶段的讨论激烈，但似乎大多数中国经济学者都赞成这种看法。所谓国际垄断资本主义是指垄断资本在世界范围发展形成的更高级的垄断资本主义形式。

李述仁是较早提出国际垄断资本主义新阶段的学者。他指出，二战后私人垄断资本国际结合和国家垄断资本国际结合空前发展，在20世纪下半叶把垄断资本主义推进到国际垄断资本主义的新阶段。①

许万全也认为，虽然国家垄断出现减弱的情况，但是国际资本和国际垄断却在逐渐加强，最显著的特征就是国际经济一体化，如欧洲经济一体化和跨国公司的发展。因此，当代资本主义的经济实质应该是国家和国际垄断资本主义。②

李庆也明确提出当代资本主义是国际垄断资本主义，指出当代资本主义有下述特征：第一，资本已经从国内垄断扩展到国际垄断；第二，一般金融资本已经发展到国际金融资本；第三，产业资本出现国际化和全球化趋势；第四，新殖民主义代替旧殖民主义。③

刘昀献则是较为全面和详细论证国际垄断资本主义新阶段的学者。他认为资本主义已经从竞争资本主义、垄断资本主义、国家垄断资本主义进入国际垄断资本主义。他的论据是：第一，跨国公司成为世界经济的主导力量；第二，直接投资成为国际投资的主要形式；第三，生产和资本的集中正在形成全球寡头垄断市场；第四，资本家国际垄断同盟的形式更加高级；第五，以美国为首的发达国家建立了世界霸权。④

张志林发表了刘昀献著作的书评，赞成刘昀献的观点。⑤ 高放也发表了该书的书评，认为刘昀献的观点与他20世纪80年代提出的社会资本主义的观点有相似之处。⑥

许多经济学者赞同国际垄断资本主义发展新阶段的观点。齐兰⑦、倪先敏⑧、靳辉明⑨等许多经济学者都认为资本主义已经进入国际垄断资本主义发展新阶段。

费利群提出了略有不同的看法。他认为，作为发展新阶段的不是国际垄断资本，而是国际金融垄断资本。它的特征是金融垄断资本社会化、金融垄断资本市场化、金融垄断资本网络化、金融垄断资本的全球化。⑩

逯兆乾也提出了与费利群相似的看法，也认为资本主义发展到了金融国际垄断资本主义发展新阶段。⑪

---

① 李述仁．垄断资本主义发展到了国际垄断资本主义新阶段［J］．经济学周报，1982（10）．

② 许万全．当代资本主义发展阶段刍议［J］．社会主义研究，1988（6）．

③ 李庆．当代资本主义是国际垄断资本主义：帝国主义的高级阶段［J］．唯实，2002（8-9）．

④ 刘昀献．国际垄断资本主义论［M］．郑州：河南人民出版社，2004.

⑤ 张志林．一部研究当代资本主义的扛鼎之作——读《国际垄断资本主义论》［J］．河南大学学报，2005（1）．

⑥ 高放．是国际垄断资本主义，还是国际社会资本主义——评介《国际垄断资本主义论》［J］．河南大学学报，2005（3）．

⑦ 齐兰．垄断资本全球化问题理论探讨［J］．教学与研究，2003（8）．

⑧ 倪先敏．试析国际垄断资本主义的特点及趋势［J］．求实，2004（3）．

⑨ 靳辉明．国际垄断资本主义的本质特征和历史地位［J］．马克思主义研究，2006（1）．

⑩ 费利群．论国际金融垄断资本主义发展新阶段［J］．山东社会科学，2010（10）．

⑪ 逯兆乾．新德国主义——金融国际垄断阶段资本主义的特征与本质［J］．红旗文稿，2012（22）．

2. 不赞成国际垄断资本主义新阶段的看法

但是，也有经济学者不赞成国际垄断资本主义是新阶段的看法。例如，徐崇温认为国际垄断资本主义并没有取代国家垄断资本主义。他指出，跨国公司的发展虽然动摇了以国家为中心的传统方式和价值理念，但是并没有削弱国家在经济中的作用，国家仍然是国际规则制定者、实施者和参与者。跨国公司的发展并没有取代国家，跨国公司的母公司仍然以某个国家为基础运行。[①] 但是，持反对意见的经济学者并不多。

3. 国际垄断资本主义阶段具体划分方法的看法

关于国际垄断资本主义属于资本主义的什么发展阶段又存在不同看法。顾海良等经济学者认为，国际垄断资本主义是资本主义发展的第三个阶段，即资本主义经济的发展经历了竞争资本主义、垄断资本主义、国际垄断资本主义三个发展阶段。[②] 刘国平和范新宇则认为，国际垄断资本主义是资本主义发展的第四个阶段，即资本主义经济的发展经历了竞争资本主义、垄断资本主义、国家垄断资本主义、国际垄断资本主义四个发展阶段。[③]

（二）笔者对国际垄断资本主义新阶段讨论的回应

1. 对国际垄断资本主义新阶段讨论的评论

正如笔者在前面指出的，所谓社会形态是指与生产力发展水平相适应的经济基础和上层建筑的统一，核心内容是社会生产方式，即与生产力相适应的生产关系。因此，判断一种社会形态下是否出现了不同发展阶段的更迭，必须考察社会生产方式是否发生了本质性的特征变化，以使后一个发展阶段区别于前一个发展阶段。

根据这种历史唯物主义的观点来分析，资本主义或者垄断资本主义是否进入国际垄断资本主义发展新阶段，应该从两个方面进行论证：第一，世界上许多经济领域发生了生产集中和资本集中，世界范围的垄断已经形成。第二，国际垄断资本的力量在增强，国家在经济中的作用在减弱，国际垄断资本已经在一定程度上成为超越国家的经济力量。

在国际垄断资本主义新阶段的讨论中，许多经济学者都从跨国公司的发展去论证国际垄断资本的发展。毋庸置疑，20世纪80年代以后出现了经济全球化的发展趋势，国际贸易、国际金融和直接投资有了很大的发展。垄断资本迅速走上国际化道路，出

① 徐崇温．当代资本主义处于什么发展阶段——是国家垄断资本主义还是国际垄断资本主义［J］．红旗文稿，2005（8）．

② 顾海良．关于如何认识资本主义发展的历史进程问题［J］．教学与研究，2001（6）．

③ 刘国平，范新宇．国际垄断资本主义时代［M］．北京：经济科学出版社，2004.

现了规模巨大的跨国公司。因此，垄断资本国际化是一种客观存在的现象。但是，所谓国际垄断应该是指垄断资本在国际经济领域处于垄断地位，而不仅仅是指垄断资本从国内走向国际。因此，论证的重点应该放在世界各个产业中的生产和资本如何集中、跨国公司如何形成国际垄断等。

应该指出，相当一部分研究文献正是朝着这个方向论证的。例如，刘昀献的论文《论当代资本主义的发展阶段及其基本特征》[①] 就是这样论证的。但令人遗憾的是，该论文在提及有关产业国际垄断的数据时没有标明出处，不知道其结果是如何得到的，而该结果与笔者考察的结果存在差距。

但是，也有部分研究文献主要从直接投资的规模、兼并与收购的规模、跨国公司的规模等角度分析了国际垄断资本主义的新阶段。但是，所有这些论据只是证明垄断资本从国内走向国际，并不能证明国际资本已经在世界主要经济领域中处于垄断地位。显然，跨国公司规模是巨大的，但是世界市场也是巨大的，跨国公司规模巨大并不意味着它们必然在世界主要经济领域中处于垄断地位。

另外，关于国际垄断资本主义新阶段的讨论还存在如下问题：

第一，有的经济学者的论证存在经济指标不可比的问题。例如，有的经济学者指出，世界前100家跨国公司的总资产以及市值占世界国民生产总值的40%以上，它们的销售额占世界国民生产总值的20%以上，占世界贸易额的56%，如此等等。[②] 笔者认为，这些经济指标是不可比的。总资产是企业多年积累的各种资产的总和；企业市值是指根据企业未来收益的预期折算的现值，或者是上市公司的股票数量与价格的乘积；销售额包括国内销售额和国际销售额，还包括不是该企业生产的全部投入品的价值；而国民生产总值则是指一个国家在一定时期生产的最终产品的价值。前三个指标与最后一个指标不可比。如果要比较，应该把企业的增加值与国民生产总值作比较，应该把企业的国际销售额与国际贸易额作比较。显然，把不可比的经济指标进行比较并不能说明问题。

第二，有的经济学者把经济一体化与国际垄断组织混为一谈。例如，有的经济学者认为，经济一体化如欧洲经济共同体的建立是国际垄断强化的表现。[③] 笔者持不同看法。经济一体化不是强化垄断的组织形式，而是促进组织内竞争的组织形式。经济一体化组织一般对外保持原来的关税不变，对内则实行从取消关税直到生产要素自由流动的规则。因此，经济一体化是通过消除彼此之间的贸易和投资壁垒来促进共同经济

---

① 刘昀献．论当代资本主义的发展阶段及其基本特征［J］．社会主义论丛，2007（1）．

② 靳辉明．国际垄断资本主义的本质特征和历史地位［J］．马克思主义研究，2006（1）．

③ 许万全．当代资本主义发展阶段刍议［J］．社会主义研究，1988（6）．

发展的经济组织。经济一体化组织的所谓排他性是指组织内国家之间的贸易和投资相对于组织外的国家更加便利，但对外并没有加强该组织的排他性，因而不宜视为国际垄断组织。中国也在积极谋求与别的国家建立经济一体化组织，但是中国显然不是追求取得垄断地位，也不可能因此而取得垄断地位。

2. 对金融垄断资本主义新阶段讨论的评论

有的经济学者认为，资本主义不仅进入了国际垄断资本主义发展新阶段，还进入了国际金融垄断资本主义发展新阶段，具体表现为金融垄断资本社会化和全球化等。金融垄断资本社会化是指多个国家的金融资产对国内生产总值的比例趋向上升。美国国内生产总值占世界生产总值的比例下降，但美国的金融资产却占世界金融资产很大的比例；美国的经常项目存在逆差但金融项目却存在很大的顺差。①

笔者认为，前两个论据只是证明了资本主义国家经济的虚拟化，这是国内金融发展的表现而不是国际金融发展的表现，这是资本积累必然出现的一种现象。后一个论据与美元在现行国际货币制度下成为主要的国际储备货币有关，也与美国产业结构的调整有关。不论是布雷顿森林体系还是牙买加体系，都是在发达国家主导下各国政府通过协商的方式建立的国际货币制度。各国要经济往来，就要建立国际货币制度，这与国际金融垄断资本主义的发展没有直接的关系。

所谓国际金融垄断应该是指金融资本在世界经济领域中处于垄断地位，因此应该用实际数据证明世界经济领域的垄断程度如何提高。笔者在后面将会证明，金融资本在世界金融领域的垄断程度还很低。

（三）对国际资本垄断程度的验证

笔者认为，论证国际垄断资本主义发展新阶段的核心问题是：资本在世界范围的垄断是否已经到了这样一个程度，以致国际垄断资本主义已经成为一个新的发展阶段？下面笔者分别从生产资本、商业资本、金融资本三个方面来分析资本的国际垄断程度。

1. 生产资本的国际垄断程度

生产领域涉及的范围很广。根据联合国经济社会理事会 2002 年公布的国际标准产业分类体系（International Standard Industrial Classification of All Economic Activities）3.0 版，共有 17 类产业，涉及物质产品生产的有 6 类产业。除了大类以外，还细分为部门、组和子组。下面主要从组和子组的层次进行分析。

---

① 费利群．论国际金融垄断资本主义发展新阶段［J］．山东社会科学，2010（10）．

（1）大型客机制造业

世界上生产和资本集中程度最高的产业可能是大型喷气式干线客机产业，全世界只有波音公司、空客公司（AirBus）、俄罗斯沃罗涅日飞机制造厂、中国商飞公司四家公司生产这种飞机。沃罗涅日飞机制造厂的飞机只销往个别国家，中国商飞公司刚进入这一产业。尽管波音公司和空客公司制造的飞机零部件来自许多国家的企业，但是大型喷气式干线客机的国际市场基本上被这两家公司垄断。但是，这两家公司分属美国和欧盟，各国不买波音公司的飞机就买空客公司的飞机，两家公司处于激烈竞争之中，美国和欧盟甚至采用政府补贴的方法来支持本国或本盟公司的竞争。这个产业是高度垄断与竞争并存的产业。

（2）石油开采业

世界上生产和资本集中程度较高的另一个产业可能是石油产业。然而遗憾的是缺乏各家石油公司的石油产量数据，只能用各个国家的石油产量数据去推算世界石油产业的垄断程度。世界上三大石油生产国分别是俄罗斯、沙特和美国。在俄罗斯开采石油的主要是俄罗斯石油公司（Rosneft Oil）、卢克公司（Lukoil）等，外国公司很少参与，2017 年俄罗斯原油开采量是 51454 万吨；在沙特开采石油的公司主要是沙特阿美公司（Saudi Aramco），也有一些外国公司参与，2017 年沙特的原油开采量是 49642 万吨；美国的石油公司中居世界石油公司前 50 位的就有 9 家，如埃克森美孚（Exxon Mobil）、雪佛龙公司（Chevron Corporation）等，它们不仅在美国开采石油，也在世界开采石油，2017 年美国的原油产量是 46127 万吨。2017 年三大石油生产国的原油开采量是 147223 万吨，世界原油开采量是 389359 万吨，前者占后者的 37. 81%。[①] 由此可见，世界石油业的国际垄断程度较高。

（3）汽车工业

世界上生产和资本集中程度较高的又一个产业可能是汽车产业。世界前五大汽车巨头分别是：日本丰田公司（Toyota Motor），2018 年全球汽车产量为 889 万辆；德国戴姆勒股份公司（Daimler），2018 年全球汽车产量是 340 万辆；美国福特汽车公司（Ford Motor），2018 年全球汽车产量为 598 万辆；美国通用汽车公司（General Motor），2018 年全球汽车产量为 563 万辆；日本本田汽车公司（Honda Motor），2018 年全球汽车产量为 536 万辆。[②]

2018 年五大汽车巨头全球汽车产量为 2917 万辆，根据中国汽车工业协会的统计数

① The International Energy Agency, Date and Statistics, https：//www. iea. org.

② 各公司汽车产量分别来自这些汽车公司网站公布的数据，其中通用汽车公司的产量是根据季度的销售量和存货估算的。

据，2018年世界汽车产量为95055937辆，[①] 意味着五大汽车巨头的产量占世界汽车产量的30.69%，世界汽车产业存在国际垄断的现象。但是，由于这些汽车公司的母公司分属不同的国家，它们之间存在十分激烈的竞争。

（4）钢铁工业

2018年，世界上除了中国企业以外的十大钢铁企业及其粗钢产量是：安赛乐米塔尔公司（Arcelor Mittal），9642万吨；日本制铁株式会社（Nippon Steel Corporation），4922万吨；韩国浦项制铁（POSCO），4286万吨；日本JFE公司（JFE Steel Corporation），2915万吨；印度塔塔公司（Tata），2727万吨；美国纽柯钢铁公司（Nucor Corporation），2549万吨；韩国现代制铁（Hyundai Steel），2188万吨；俄罗斯新利佩茨克公司（Novolipetsk Steel），1739万吨；印度京德勒西南公司（India Jindal Steel Co.），1683万吨；伊朗矿业开发和革新组织（Iran Mining Development And Innovation Organization），1679万吨。以上十大钢铁企业的粗钢总产量是34330万吨，世界粗钢产量是180800万吨，十大钢铁企业粗钢产量所占比例是18.99%。[②] 可见钢铁产业的国际垄断程度并不高。

（5）高科技产业

高科技产业对技术水平要求很高，一些企业一旦掌握高水平的技术就会成为垄断企业。除了生产和资本集中以外，高技术已经成为垄断的原因。例如，美国英特尔公司占据了80%的世界计算机中央处理器市场份额。又如，美国微软公司垄断了世界计算机操作系统市场。再如，荷兰阿斯麦尔公司（Advanced Semiconductor Material Lithography）垄断了高端光刻机市场。又再如，在2019年世界手机芯片市场中，美国高通公司（Qualcomm）占据的市场份额是33.4%，中国台湾联发科公司（MediaTek Inc.）占据的市场份额是24.6%，韩国三星公司（Samsung）占据的市场份额是14.1%，美国苹果公司（Apple Inc.）占据的市场份额是13.1%，四家公司占据了85.20%的世界手机芯片市场份额。[③]

上述高科技公司都是依靠先进的科学技术而处于垄断地位，但维持或加强垄断地位的做法各有不同。荷兰阿斯麦尔公司至今仍是一家本土公司，虽然它在世界各地建立了地区总部或者分部，但这些海外分支机构的主要业务是销售本公司产品以及为客户使用本公司产品提供服务。美国微软公司不是通过国际兼并和收购走上国际垄断地位的，并没有外国同类公司可供它兼并，它兼并芬兰的诺基亚公司（Nokia）、职业社

① 中国汽车工业协会，统计数据，http：//www.caam.org.cn.

② 世界钢铁协会，世界钢铁统计数据，2019，https：//www.worldsteel.org.

③ Counterpoint，2018-2019 Global Smartphone AP Market Share，April 15，2020. https：//www.counterpointresearch.com.

交网站领英（LinkedIn）、社交编程与代码托管网站 GitHub 等主要是希望进入新的业务领域。美国英特尔公司则是在凭借技术确立了垄断地位以后接连收购美国芯片公司 Altera、意大利芯片公司 Yogitech、以色列芯片公司 Habana、美国视觉芯片公司 Movidius、英国视觉芯片公司 Omnitek、美国人工智能初创公司 Nervana、德国无人机制造商 Ascending、以色列驾驶辅助系统开发公司 Mobileye 等，以加强垄断地位。

上述分析表明，除了少数制造业和部分高科技产业以外，在世界上大多数物质产品生产领域国际资本垄断程度并不高。另外，国际垄断与国内垄断存在一个差异：国际垄断寡头分属不同的母国，国内垄断寡头同属一个国家，前者的竞争一般比后者激烈。

2. 商业资本的国际垄断程度

世界上最大的五个商业巨头是美国沃尔玛公司（Walmart），2019 年营业额 5144 亿美元；美国亚马逊公司（Amazon. com），2018 年营业额 1778 亿元；美国开市客公司（Costco Wholesale），2019 年营业额 1415 亿美元；美国家得宝公司（Home Depot），2019 年营业额 1082 亿美元；法国家乐福公司（Carrefour），2018 年营业额 819 亿美元。

这五大商业巨头都是经营消费品销售的商业资本，如果把它们的营业额都看作 2018 年的营业额，那么它们 2018 年的营业额总和是 10238 亿美元。根据世界银行提供的统计数据，2018 年，全世界总储蓄占国民总收入（GNI）的比例是 27. 11%。总储蓄=国民总收入-消费支出+净转移支出，其中净转移支出是指本国对外国的无偿支出减去外国对本国的无偿支出。由于净转移支出在现实经济中很小，可以略去该项而认为总储蓄=国民总收入-消费支出。这意味着消费支出占国民总收入的比例是 72. 89%。2018 年全世界国民总收入是 844770 亿美元，这又意味全世界消费支出是 615753 亿美元，[①]由于消费支出包括对消费品的支出和对消费性服务支出，一般来说越贫穷的国家对消费品的支出所占比例越大，以中等收入国家中国为标准，中国城镇家庭对消费品的支出约占消费支出 46%，这意味着世界对消费品的支出为 283246 亿美元，世界五大商业资本的营业额仅是世界消费支出的 3. 6%。这些规模巨大的商业巨头在国内销售市场形成垄断，但在世界消费品销售市场并未形成垄断。

3. 金融资本的国际垄断程度

这里说的金融资本是指金融业的资本。金融业包括银行业、保险业、证券业等，这里主要分析银行业。英国《银行家》杂志每年按照一级资本公布世界最大的 1000 家银行名单，所谓一级资本由普通股、优先股、资本溢价、未分配利润、可转换成股票

① World Bank, Indicators, http://www. worldbank. org.

的债券、呆账准备金以及其他资本储备组成，是决定银行贷款规模的核心指标。2019 年，除中国企业以外的世界五大银行巨头是美国摩根大通公司（JP Morgan Chase & Co.），一级资本 2090 亿美元；美国银行（Bank of America Corporation），一级资本 1890 亿美元；美国富国银行（Wells Fargo），一级资本 1680 亿美元；美国花旗集团（Citi Group），一级资本 1580 亿美元；英国汇丰集团（The Hongkong and Shanghai Banking Corporation），一级资本 1470 亿美元。

这五大银行巨头的一级资本总和是 8710 亿美元，按照 2019 年一级资本与总资产的比例 6.75%计算，这些一级资本能够支持 129037 亿美元的总资产，其中主要是信贷资产。但是，全世界最大的 1000 家银行的一级资本总和是 82900 亿美元，这五大银行巨头的一级资本仅占最大 1000 家银行一级资本总和的 10.51%。① 全世界有无数家银行，这五大银行的一级资本在全世界银行业中所占的比例就更小了，显然不能认为金融资本在世界银行业中形成了国际垄断。

（四）关于国际资本与国家关系的分析

判断垄断资本主义是否进入国际垄断资本主义发展新阶段涉及另一个核心问题：国际垄断资本是否已经发展到这样一个程度，成为一种凌驾于国家之上的经济力量？

关于国际资本与国家的关系，至今还没有出现可以超出国家约束的全球私人资本。一家跨国公司不管规模有多大，经营范围有多广，仍然会受到母国和东道国法律的管辖与约束。许多国家都制定了反垄断法律，如果跨国公司对本国企业的收购和兼并有可能造成对市场的垄断，政府将会制止跨国公司的收购。如果跨国公司的行为伤害到了本国家的利益，政府将会对跨国公司采取行动以维护本国的利益。

许多实例可以证明国家的这种作用。例如，沙特阿美石油公司在 20 世纪 40 年代为美国四大石油公司所控制，沙特政府为了维护本国的经济利益，一直与美国石油公司斗争，终于在 1980 年把该公司变为沙特拥有 100%股份的石油公司。科威特国家石油公司、伊拉克国家石油公司、委内瑞拉国家石油公司等一批发展中国家的石油公司都有相似的经历，伊朗国家石油公司、卡塔尔石油公司等一批发展中国家的石油公司则是相关国家政府对石油资源实行国有化以后建立的石油公司。又如，2004 年，欧盟对微软公司提出起诉，认为微软公司妨碍了竞争，对微软公司征收 4.97 亿欧元的罚金；2018 年，中国否决了美国高通公司对荷兰恩智浦公司（NXP Semiconductors）的收购；

① Banker, Top 1000 World Banks 2019, https://www.thebanker.com.

等等。

从跨国公司与母国的关系来看，跨国公司为了追求利润的最大化，千方百计躲避母国的监管，如用价格转移等方法把利润转移到国际避税地。母国政府则不断采取各种措施堵塞漏洞，以维护对跨国公司的监管。从跨国公司与东道国的关系来看，尽管发展中国家希望通过引进跨国公司的直接投资来促进本国经济的发展，但是它们不会容忍跨国公司损害本国的经济利益。跨国公司绕不开母国对它们的监管，也绕不过东道国对它们的约束，跨国公司并未成为超越国家管辖的全球经济力量。

另外，虽然一些国家组建了经济一体化组织，如自由贸易区、经济共同体、经济与货币联盟等，但这不是各国垄断资本形成的同盟，而是相关国家的政府达成的一种协议，通过让渡一部分经济权力而寻求共同经济发展的一种方式。从经济一体化组织内部来看，由于商品或者生产要素自由流动，原来各个国家内的垄断资本在静态上被削弱了，在动态上则有可能通过兼并和收购增强。从经济一体化组织内外关系来说，原来设立的关税和其他生产要素流动的限制政策通常会保留而不是强化。因此，经济一体化组织在本质上不是一种私人资本的国际垄断形式。经济一体化组织内的国家仍然是拥有政治主权的基本主体，这些国家的政府可以为了本国经济利益参加这些经济一体化组织，也可以为了本国利益退出这些经济一体化组织，英国退出欧盟就是典型的例子。

（五）资本主义并未进入国际垄断资本主义新阶段

垄断资本的国际化是一种客观存在的现象，但是笔者认为，国际垄断资本主义还不是资本主义发展的新阶段。一种经济制度进入一个新的历史阶段意味着这种经济制度发生了某种性质上的变化，使后一个阶段的经济制度有别于前一个阶段的经济制度。

从资本本质来看，资本天生就是追逐利润的，跨国公司早在竞争资本主义发展阶段就已经出现，在进入垄断资本主义发展阶段以后继续发展。资本从来都是没有国界的，哪里能够获取利润就会流向哪里。因此，资本无所谓国内资本和国际资本之分。笔者认为，在讨论国际垄断资本主义新阶段的时候，有必要区分垄断资本国际化和资本的国际垄断这两个不同的概念。前者表示资本经营范围发生了变化，后者表示资本在国际上形成了垄断，这是性质完全不同的问题。

前面的分析已经证明，国际资本并没有在世界主要经济领域形成垄断，国际资本也并没有成为凌驾于国家之上的一种经济力量，垄断资本主义并没有进入国际垄断资本主义发展新阶段。事物发展总是经历从量变到质变的过程，量变没有积累到一定的程度时不会发生质变，资本的国际垄断仍然处于量变的过程。如果有一天，国际资本在世界的主要产业中形成垄断，它们可以凌驾于国家之上，使国家更多地变为一种政治和地理的概念，那么就可以认为进入国际垄断资本主义新阶段了。但是，从现在的经济现实来看，这个新阶段还远未到来。

第五节　马克思垄断和垄断价格理论与21世纪经济

一、垄断在21世纪的进展情况

美国在1890年就通过了反垄断法《谢尔曼法》，但是130多年来美国的垄断势力是削弱了还是增强了？毫无疑问，美国的垄断势力空前增强了。当然，这并不意味着《谢尔曼法》等反垄断法毫无作用，它们在一定的历史时期和一定的历史情况下发挥了作用，但这是一个垄断集团、政府和人民群众博弈的复杂过程，《谢尔曼法》等反垄断法远远没有发挥出它们应有的作用。历史上，美国的垄断发展情况出现过起伏，但是由于存在垄断资本主义经济发展的内在需要，美国的垄断势力依然不断膨胀。下面通过若干个产业来考察21世纪美国垄断的进展情况。

（一）航空运输业

进入21世纪以后，美国航空运输业的收购与兼并事件不断发生，形成了规模越来越大的航空公司。2008年，达美航空公司（Delta Airlines）以31亿美元的价格收购了美国西北航空公司（Northwest Airlines），成为世界上最大的航空公司。2010年，当时美国第三大航空公司联合航空公司（United Airlines）与当时美国第四大航空公司大陆航空公司（Continental Airlines）合并，仍沿用联合航空公司的名称，并超越达美航空公司成为世界最大的航空公司。美国航空公司（American Airlines）继2005年与美国西部航空公司（Western Airlines）合并后，于2013年又与全美航空公司（US Airways）合并，又超越联合航空公司成为世界最大的航空公司。另外，2012年，世界最大的廉价航空公司西南航空公司（Southwest Airlines）以14亿美元收购了北美第三大廉价航空公司穿越航空公司（AirTran Airways），成为更大的廉价航空公司。

经过21世纪以来的收购和兼并浪潮，美国形成了四大航空公司主宰美国航空运输业的寡头垄断情况，它们在美国航空市场上的份额为66%。2016年，美国四大航空公司的市场份额如下：美国航空公司18.3%，西南航空公司17.9%，达美航空公司

15.8%，联合航空公司13.7%。在寡头垄断的市场格局下，美国各航空公司采用控制供给的方法来提高上座率，美国航空客运的上座率从21世纪前夕的70%左右上升到2016年的83%左右。另外，美国各航空公司也不再采用降低票价的方式进行竞争。从2012年到2016年，原油价格下降了60%，但是美国客运票价只下降了10%。2010年以后，美国航空公司的盈利迅速上升。

（二）炼油业

2018年5月1日，美国马拉松石油公司（Marathon Petroleum）宣布以现金加股票的方式用约356亿美元收购竞争对手美国安德沃公司（Andeavor）。在这次收购前，美国炼油行业是“五分天下”的格局：瓦莱罗能源公司（Valero Energy）原油日处理能力260万桶，位居第一；马拉松石油公司原油日处理能力179万桶，位居第二；埃克森美孚公司原油日处理能力171万桶，位居第三；菲利普斯66公司（Phillips 66）原油日处理能力161万桶，位居第四；安德沃公司原油日处理能力120万桶，位居第五。这次收购行动之后，马拉松石油公司超越瓦莱罗能源公司成为美国最大的炼油商。

如果把炼油业扩展到石油业，那么美国埃克森美孚公司则是全世界最大的私人综合石油公司。1999年，埃克森公司与美孚公司合并，组成了这个石油业巨头。埃克森公司的前身是洛克菲勒于1870年建立的标准石油公司，并且迅速发展为一家垄断性企业。在19世纪80—90年代，标准石油公司控制了美国30%的石油产量、80%的石油管道运输和85%的油品生产。1911年，标准石油公司被美国政府拆分。分离出来的新泽西标准石油公司继承了标准石油公司的一般资产，并在后来不断地收购和兼并其他石油公司，在1972年改名为埃克森公司（Exxon）。美孚公司（Mobil）的前身是拆分后的纽约标准公司，后来也不断收购和兼并其他石油公司成为美孚公司。1999年，两个历史同源的埃克森公司和美孚公司合并，建立了埃克森美孚公司。

从上面的分析可以看到，尽管垄断企业在一定的历史时期受到抑制，但在资本主义经济条件下，追求利润的内在动力仍然推动着垄断的发展。

（三）通信业

美国通信业的情况与石油业相似。AT&T是美国第一大通信公司和第二大无线通信公司。AT&T公司的前身是美国电话发明者贝尔（A. G. Bell）于1877年建立的美国贝尔电话公司。由于AT&T垄断了美国的电话业务，1984年，美国司法部依据反托拉斯法把AT&T拆分为1个保留AT&T名称并且专门经营长途电话业务的公司和7个专门经营本地电话业务的贝尔公司。2005年，7个贝尔公司之一的西南贝尔公司对AT&T公司进行收购，建立了新的 AT&T 公司。AT&T 提供电话服务、无线通信服务和宽带互联网服务的通信公司。

威瑞森公司（Verizon）是美国第二大通信公司和第一大无线通信公司，由原来从 AT&T 拆分出来的两家地方贝尔公司合并而成。2013 年，威瑞森公司与移动通信网络公司沃达丰公司（Vodafone LSE）签订协议，用 1300 亿美元收购沃达丰公司持有的威瑞森无线公司 45%的股权。2015 年，威瑞森公司用 44 亿美元收购大众媒体公司美国在线（American Online）。2016 年，威瑞森公司斥资 48 亿美元收购互联网公司雅虎公司（Yahoo），演变成一家可以与 AT&T 抗衡并且在无线通信方面超过 AT&T 的通信公司。

2018 年 4 月 30 日，美国第三大通信公司 T-移动电话公司（T-Mobile）和第四大通信公司冲刺公司（Sprint）宣布以 260 亿美元股票交易的方式合并，组成新 T-移动电话公司（New T-Mobile）。T-移动电话公司是德国电信公司在美国的子公司，T 代表电信，德国电信公司子公司的名称都带有字母 T。2011 年，AT&T 公司试图收购 T-移动电话公司，以使它的无线通信业务超过威瑞森公司，但没有成功。合并后的新 T-移动电话公司成为美国最大的通信公司，形成了与 AT&T 公司、威瑞森公司主宰美国电信市场的寡头垄断局面。

美国电信业的垄断发展情况也表明，尽管处于垄断地位的通信公司被拆分，但是被拆分后的公司又会千方百计地通过收购与兼并的方式重新取得垄断地位。

（四）其他产业

类似上述产业的垄断情况在美国其他产业普遍存在，下面简要列举若干产业加以说明。

在飞机制造业，美国波音公司于 1996 年兼并了美国第二大飞机制造商麦道公司（McDonnell Douglas）以后，成为美国大型民用喷气式客机的唯一制造商，与欧洲的空客公司一起控制了世界大型民用喷气式客机市场。

在汽车制造业，美国的汽车公司受到了欧洲、日本和韩国汽车公司在美国设立的子公司的竞争压力，但是美国最大的两家汽车制造商通用汽车公司和福特汽车公司 2017 年的产量占了美国境内汽车产量的 50%。

在互联网产业，美国的谷歌公司（Google Inc.）基本上垄断了美国搜索引擎市场。2017 年，谷歌公司占据了世界搜索引擎市场的 79%，微软搜索引擎必应（Bing）、中国百度公司（Baidu）和雅虎所占的份额分别是 7.3%、7%和 4.9%。

在生物产业，美国依诺米那公司（Illumina）垄断了世界 90%的基因测试市场。该公司建立于 1998 年，提供遗传变异和生物学功能分析服务，通过帮助客户实现生物信息的采集、分析和应用来改善健康。

二、企业兼并和收购的浪潮

垄断资本形成的重要方式就是兼并和收购（merger and acquisition）。兼并与收购不同。兼并是指一家企业以现金、证券或其他形式购买其他企业的产权，并且把该企业并入本企业的行为，被兼并的企业失去独立法人资格。收购则是指一家企业以现金、证券或其他形式购买其他企业的部分产权，以控制这家企业，被收购的企业仍然具有独立的法人资格。

从方向来看，兼并和收购分为横向兼并和收购、纵向兼并和收购，混合兼并和收购。横向兼并和收购是指发生在同一个产业内部的兼并和收购，目的是增强本企业在本产业中的支配和控制能力。纵向兼并和收购是指发生在上游产业和下游产业之间的兼并和收购，目的是保证本企业原材料供给来源和制成品销售去向的稳定。混合兼并和收购是指发生在没有直接联系的不同产业之间的兼并和收购，目的是通过多样化经营来减少企业的产业风险。

从方法来看，主要是买进目标企业的产权或股权以达到兼并或收购的目的。要达到这个目的，在操作过程中有许多方法，值得关注的是杠杆收购（leveraged buyout）、管理层收购（management buyout）和恶意收购（hostile takeover）。

杠杆收购不是为了进行横向、纵向或混合兼并和收购达到生产或经营的目的，而是为了买进目标企业以后以更高的价格卖出去获取差价。杠杆收购的主体一般是投资银行。它们收购目标企业不是使用自有资金，而是以目标企业的资产作为担保取得银行贷款，并以目标企业的资产作为担保发行偿还次序在银行之后的次级债券以取得资金。由于以这两种方式取得的资金占据80%或90%的收购金额，所以称为杠杆收购。

管理层收购是指公司的经理层利用银行贷款等方式借入资金，对本公司进行收购，使企业的经营者转变为企业的所有者。管理层收购与杠杆收购相同的地方是借入资金占收购金额的比例很大，不同的地方是收购主体是管理层而不是投资银行，收购以后不是再卖出去而是自己经营。

恶意收购是指收购企业在未经目标企业董事会许可的情况下对目标公司进行收购。在恶意收购的过程中，目标企业往往会采取各种策略来阻止被收购，即使不能达到阻止被收购的目的也会采用各种策略来取得更大的控制权。

马克思政治经济学产生以来，企业的兼并和收购从来没有停止过。以美国为例，出现了6次兼并和收购浪潮：

第一次兼并和收购浪潮发生在1897—1904年，共发生了2943起兼并和收购案。这次兼并和收购浪潮主要为横向兼并和收购，主要发生在金属、食品、石化产品、化工、交通设备、金属制造产品、机械、煤炭等行业。

第二次兼并和收购浪潮发生在1926—1930年，共发生了4600起兼并和收购案。这次兼并和收购浪潮主要是纵向兼并和收购。如果说第一次兼并和收购浪潮使部分企业走向垄断寡头，那么第二次兼并和收购浪潮事实上导致垄断寡头大量产生。美国许多著名大公司就是在这个期间形成的，如通用汽车、IBM公司和联合碳化合物公司等。

第三次兼并和收购浪潮发生在1965—1969年，共发生25598起兼并和收购，兼并和收购的数量远远超过前两次。这次兼并和收购浪潮主要是跨行业的兼并和收购，即所谓横向兼并和收购。

第四次兼并和收购浪潮发生在1981—1989年，共发生并购22000多起。这次兼并和收购浪潮从数量上看并没有超过第三次兼并和收购浪潮，但交易额却大大超过了第三次兼并和收购浪潮。在这次兼并和收购浪潮中，最活跃的部门是石油、石化、医药和医疗设备、航空和银行业。

第五次兼并和收购浪潮发生在1996—2000年，共发生了52045起兼并和收购案。从规模上看，兼并和收购金额超过10亿美元的案件数量明显增加。2000年1月，美国在线与时代华纳宣布合并，创下了超1600亿美元兼并和收购的纪录。

第六次兼并和收购浪潮从2014年开始。美国曾经在2006年和2007年出现过兼并和收购的小高潮，但是被2008年激化的金融危机中断了。到了2014年，兼并和收购金额跃升到14680亿美元，与2013年相比增长了39.1%。被兼并和收购的前五位产业是计算机产业、杂项服务业、经纪咨询业、批发商业和建筑工程业。[①] 2015年，美国兼并和收购交易激增，达到9700起，金额超过23000亿美元，形成新一次兼并和收购浪潮。接着，美国的兼并和收购交易趋向下降，到2017年兼并和收购金额为14554亿美元。

美国的兼并和收购浪潮与世界的兼并和收购浪潮是相呼应的。经济学界一般认为，21世纪以来，曾经出现了6次兼并和收购浪潮：第一次兼并和收购浪潮发生在19世纪下半叶，第二次兼并和收购浪潮发生在20世纪20年代，第三次兼并和收购浪潮发生在20世纪50年代，第四次兼并和收购浪潮发生在20世纪80年代，第五次兼并和收购浪潮发生在20世纪90年代，第六次兼并和收购浪潮发生在21世纪10年代。

2015年，世界范围内的兼并和收购出现了一个高潮。根据美国迪罗基信息技术服务公司（Dealogic）的统计数据，2015年世界范围内的兼并和收购已经连续第三年增

① Business Valuation Resources, 2015 Mergerstat Review, http://www.bvresources.com.

长，达到50300亿美元。2015年兼并和收购金额比2014年增长了37%，在历史上第一次超过50000亿美元。2015年，兼并和收购额超过10亿美元的有69宗，达到19000亿美元，超过了2014年的86宗和8640亿美元。2015年，兼并和收购额超过500亿美元的有10宗，总金额达到7989亿美元。

随后，兼并和收购的规模有所下降。美国毕威迪信息服务公司（Bureau van Dijk）于2018年1月发布了《2017年全球并购报告》，指出2016年和2017年世界兼并和收购总额略有下降，分别为48928亿美元和47410亿美元。另外，美国摩根大通集团发布的《2019年全球并购展望》报告指出，2018年世界兼并和收购的规模为41000亿美元，其中科技和医疗产业的兼并和收购额占了1/3。

马克思在150多年前出版的《资本论》中指出，信用在资本集中中将发挥重要的作用。马克思指出："一种崭新的力量——信用事业，随同资本主义的生产而形成起来。起初，它作为积累的小小的助手不声不响地挤了进来，通过一根根无形的线把那些分散在社会表面上的大大小小的货币资金吸引到单个的或联合的资本家手中；但是很快它就成了竞争斗争中的一个新的可怕的武器；最后，它变成一个实现资本集中的庞大的社会机构。"②

在150多年后的今天，信用仍然是推动兼并和收购的重要手段。不论是大企业兼并和收购小企业，还是小企业兼并和收购大企业，都会使用信用的手段。正因为存在信用手段，才有可能出现小企业对大企业的兼并和收购。在兼并和收购过程中，投资银行发挥了重要作用。它们协助那些拟兼并和收购的企业选择被兼并和收购的企业，然后向拟兼并和收购的企业提供信贷支持，从中获取高额利润。根据迪罗基公司的统计资料，在2015年兼并和收购中，美国高盛公司（Goldman Sachs）参与的兼并和收购金额最大，达到18000亿美元；美国摩根士丹利（Morgan Stanley）其次，达到15300亿美元；摩根大通再次，达到15000亿美元。③ 这意味着世界上主要的兼并和收购都是这三家美国投资银行参与的。

正如马克思指出的："这种剥夺是通过资本主义生产本身的内在规律的作用，即通过资本的集中进行的。一个资本家打倒许多资本家。"④

---

①③ LIU F. Global M&A Volume Surpasses $5tr for the First Time on Record [EB/OL]. (2015-12-29) [2023-03-27]. http://www.dealogic.com/media/market-insichts/ma-statshot.

② 马克思．资本论：第1卷［M］//马克思，恩格斯．马克思恩格斯全集：第23卷．北京：人民出版社，1972：687.

④ 马克思．资本论：第1卷［M］//马克思，恩格斯．马克思恩格斯全集：第23卷．北京：人民出版社，1972：831.

本章小结

本章阐述了马克思关于垄断和垄断价格的思想。马克思生活在竞争资本主义时代，没有提出完整的垄断理论。

本章以马克思关于垄断的思想为基础研究了垄断资本主义形成的原因、垄断产生的经济效应等问题，并指出在新的历史条件下，技术创新成为垄断形成的一个原因。

本章提出，在竞争资本主义阶段价值转化为生产价格，在垄断资本主义阶段生产价格继续转化为垄断价格，垄断价格是在垄断资本主义条件下生产价格的转化形式。本章具体阐述了生产价格转化为垄断价格的逻辑过程以及它们的数量关系，由此证明马克思的价值、生产价格、垄断价格是具有内在逻辑联系的一个理论体系。

本章研究了 21 世纪垄断资本主义的一些新现象，如美国产业的垄断趋势，兼并和收购的方式等。

第十章　新的历史条件下马克思商业资本理论研究

第一节　马克思的商业资本理论

一、商业资本与产业资本

马克思认为，商业资本是投在商品交换过程中的资本形态。在资本主义社会产生以前，商业资本就出现了。但是，资本主义以前的商业资本与资本主义以后的商业资本的性质不同。首先，资本主义以前的商业资本是从简单商品流通产生的，商品生产者把货币积累起来专门从事商品交易而形成商人。资本主义以后的商业资本是从产业资本中独立出来的，部分产业资本家专门从事商品交换而形成商业资本家。其次，资本主义以前的商业资本活动于简单商品流通领域，通过低价买进高价卖出分享简单商品生产者的部分剩余产品。资本主义以后的商业资本活动于社会资本流通领域，通过低价买进高价卖出分享产业资本的剩余价值。

马克思指出："不仅商业，而且商业资本也比资本主义生产方式出现得早，实际上它是资本在历史上更为古老的自由的存在方式。……简单的商品流通和货币流通就是它的存在条件。……在资本主义生产方式中，——也就是说，一旦资本支配生产本身并赋予生产一个完全改变了的独特形式，——商人资本只是表现为执行一种特殊职能的资本。"①

① 马克思．资本论：第3卷［M］//马克思，恩格斯．马克思恩格斯全集：第25卷．北京：人民出版社，1974：363-365.

在马克思看来，产业资本在它的循环中依次采取货币资本、生产资本和商品资本的形态，并且完成不同的职能。这样就有可能在资本家之间进行分工，由不同的资本家来承担不同的职能：产业资本家主要从事商品的生产，商业资本家主要从事商品的交换。马克思指出："社会总资本总是处在这种转化即这种形态变化的运动中。只要处在流通过程中的资本的这种职能独立起来，成为一种特殊资本的特殊职能，并且固定下来，成为一种由分工给予特殊种类资本家的职能，商品资本就成为商品经营资本或商业资本。"①

马克思认为，商品资本独立为商业资本需要两个条件：第一，商品的交换专门由商业资本家承担。第二，商业资本家自己垫付了从事商品交换的货币资本。马克思指出："是什么情况使商品经营资本具有一个独立地执行职能的资本的性质呢？第一，是下面这个情况：商品资本是在一个和它的生产者不同的当事人手中完成它最终转化为货币的过程，即完成它的第一形态变化，完成它在市场上作为商品资本所固有的职能的；商品资本的这种职能，是以商人的活动，即商人的买卖行为为媒介的，于是这种活动就形成一种特别的、与产业资本的其他职能分离的、因而是独立存在的业务。第二，这是由于独立的流通当事人即商人在他所处的这个地位上要预付货币资本（他自有的或借入的）。"②

马克思认为，商品资本独立为商业资本，对加快产业资本的周转、提高产业资本的利润率发挥了重要的作用。首先，由于存在产业资本家和商业资本家的分工，效率的提高导致分工以后的商业资本将会少于分工以前产业资本投在商品流通上的资本，从而产生资本的节约。其次，由于存在专门从事商品交换的商业资本，产业资本可以缩短它的流通时间，从而能够生产出更多的剩余价值。最后，一个商人不仅可以为一个产业的企业服务，还可以为多个产业的企业服务，从而加快了产业资本的周转。

马克思指出："如果商人资本没有超过它的必要的比例，那就必须承认：1. 由于分工，专门用于买卖的资本（在这里，除了购买商品的货币以外，还包括在经营商业所必要的劳动方面和在商人的不变资本即仓库、运输等等方面必须支出的货币），小于产业资本家在必须亲自从事他的企业的全部商业活动时所需要的这种资本。2. 因为商人专门从事这种业务，所以，不仅生产者可以把他的商品较早地转化为货币，而且商品资本本身也会比它处在生产者手中的时候更快地完成它的形态变化。3. 就全部商人资

① 马克思．资本论：第3卷［M］//马克思，恩格斯．马克思恩格斯全集：第25卷．北京：人民出版社，1974：298.

② 马克思．资本论：第3卷［M］//马克思，恩格斯．马克思恩格斯全集：第25卷．北京：人民出版社，1974：303.

本同产业资本的关系来看，商人资本的一次周转，不仅可以代表一个生产部门许多资本的周转，而且可以代表不同生产部门若干资本的周转。”①

二、商业利润和商业价格

马克思认为，商业资本雇佣劳动者从事商品买卖的活动属于商品流通的活动，它既不创造价值也不创造剩余价值。马克思指出：“商人资本不外是在流通领域内执行职能的资本。流通过程是总再生产过程的一个阶段。但是在流通过程中，不生产任何价值，因而也不生产任何剩余价值。在这个过程中，只是同一价值量发生了形式变化。事实上不过是发生了商品的形态变化，这种形态变化本身同价值创造或价值变化毫无关系。”②

如果说商业资本雇佣的劳动者不创造价值和剩余价值，那么商业利润来自何方？马克思认为，商业利润来自商品生产领域劳动者创造的剩余价值。在商品资本独立为商业资本以后，产业资本的部分职能由商业资本家来完成，产业资本家必须让渡一部分剩余价值给商业资本家，而这种让渡是通过价格差额实现的。产业资本家按照低于生产价格的价格把商品卖给商业资本家，商业资本家再按照生产价格把商品卖给使用者，这部分价格差额形成商业利润。马克思指出：“因为商人资本本身不生产剩余价值，所以很清楚，以平均利润的形式归商人资本所有的剩余价值，只是总生产资本所生产的剩余价值的一部分。”③

马克思认为，商业资本作为职能资本从事流通领域的活动，它必然要求得到与产业资本利润率相当的平均利润率。商业资本获得平均利润率的过程是通过资本竞争和资本转移的机制来实现的。如果商业资本的利润率低于产业资本的利润率，商业资本家就不愿意从事商品的销售活动而愿意从事商品的生产活动，商业资本的利润率就会上升；如果商业资本的利润率高于产业资本的利润率，产业资本家就不愿意从事商品的生产活动而愿意从事商品的销售活动，商业资本的利润率就会下降。因此，商业资本可以获得与产业资本相似的利润率。

马克思指出：“因为产业资本的流通阶段，和生产一样，形成再生产过程的一个阶段，所以在流通过程中独立地执行职能的资本，也必须和在不同生产部门中执行职能

---

①② 马克思．资本论：第3卷［M］//马克思，恩格斯．马克思恩格斯全集：第25卷．北京：人民出版社，1974：307.

③ 马克思．资本论：第3卷［M］//马克思，恩格斯．马克思恩格斯全集：第25卷．北京：人民出版社，1974：314.

的资本一样，提供年平均利润。如果商人资本比产业资本提供百分比更高的平均利润，那末，一部分产业资本就会转化为商人资本。如果商人资本提供更低的平均利润，那末就会发生相反的过程。一部分商人资本就会转化为产业资本。"①

因此，马克思认为，产业资本家向商业资本家销售商品的价格是生产价格，商业资本家向最终使用者销售商品的价格是商品的生产价格加上商业利润。马克思指出："很清楚，产业资本家的利润等于商品的生产价格超过它的成本价格的余额，和这种产业利润不同，商业利润等于商品的出售价格超过它的生产价格的余额；这个生产价格对商人来说就是商品的购买价格；但是，商品的实际价格=商品的生产价格+商业利润。"②

马克思认为，商业资本的周转速度对商品的加价产生影响。产业资本周转越快，年剩余价值量或年利润量就越大。商业资本不创造剩余价值，商业资本周转的快慢对年剩余价值量或年利润量不会产生影响。但是，商业资本周转速度越高，它周转的商品数量就越多，它将一定数量的商业利润分摊到单位商品上的份额就越小，也就是商品的加价就越小。马克思指出："不同商业部门的商人资本的周转次数，会直接影响商品的商业价格。商业加价的多少，一定资本的商业利润中加到单个商品的生产价格上的部分的大小，和不同营业部门的商业资本的周转次数或周转速度成反比。"③

对于整个商业资本来说，商业资本周转速度不会对年剩余价值或年利润造成影响。但是，对于同一个商业部门不同的商人来说，商业资本周转速度对他们的年利润率具有重要影响。周转速度高于平均速度的商人将在竞争中处于有利地位，他们将分享别的商人的利润，从而得到比平均利润率更高的利润率。

三、纯粹流通费用及其补偿

马克思把商品的流通费用划分为两种类型：一种类型是与使用价值相关的费用，如包装、保管、运输等费用，属于生产性的流通费用。从事包装、保管、运输等活动的劳动者创造价值和剩余价值，生产性的流通费用是从商品的价值中得到补偿的。另一种类型是与价值实现相关的费用，如广告、簿记、相关商业劳动者的工资等，属于

① 马克思．资本论：第3卷［M］//马克思，恩格斯．马克思恩格斯全集：第25卷．北京：人民出版社，1974：314.

② 马克思．资本论：第3卷［M］//马克思，恩格斯．马克思恩格斯全集：第25卷．北京：人民出版社，1974：319.

③ 马克思．资本论：第3卷［M］//马克思，恩格斯．马克思恩格斯全集：第25卷．北京：人民出版社，1974：348.

纯粹流通费用。从事广告、簿记、相关商业活动的劳动者不创造价值，纯粹流通费用是从剩余价值补偿的。

虽然商业劳动者不创造价值和剩余价值，但是他们为资本家阶级实现剩余价值，并使商业资本家能够分享产业资本家的剩余价值。马克思指出："商业工人不直接生产剩余价值。但是，他的劳动的价格是由他的劳动力的价值决定的，也就是由他的劳动力的生产费用决定的，……"① 马克思还指出："正如工人的无酬劳动为生产资本直接创造剩余价值一样，商业雇佣工人的无酬劳动，也为商业资本在那个剩余价值中创造出一个份额。"②

马克思认为，在价值转化为生产价格以后，不论是生产性的流通费用还是纯粹流通费用，都相应地得到了平均利润。由于商业资本分享了产业资本的利润，商业资本越大，产业资本利润率就越低。另外，由于商业资本不能生产剩余价值，利润率低于剩余价值率。马克思指出："商人资本虽然不参加剩余价值的生产，但参加剩余价值到平均利润的平均化。因此，一般利润率已经意味着从剩余价值中扣除了属于商人资本的部分，也就是说，对产业资本的利润作了一种扣除。根据以上所说可以得出如下结论：1. 同产业资本相比，商人资本越大，产业利润率就越小。反过来，情况也就相反。2. 如果像第一篇已经说明的那样，利润率总是表现为一个小于实际剩余价值率的比率，……"③

第二节　新的历史条件下纯粹流通费用补偿问题的探索

一、马克思关于纯粹流通费用补偿问题的看法

（一）商业劳动的性质

马克思认为，商品的销售是为了实现商品的价值和剩余价值，在商品销售阶段工人的劳动是不创造价值的。马克思在论述商品流通阶段的性质的时候指出："状态的变化花费时间和劳动力，但不是为了创造价值，而是为了使价值由一种形式转化为另一

---

① 马克思．资本论：第3卷［M］//马克思，恩格斯．马克思恩格斯全集：第25卷．北京：人民出版社，1974：335.

② 马克思．资本论：第3卷［M］//马克思，恩格斯．马克思恩格斯全集：第25卷．北京：人民出版社，1974：328.

③ 马克思．资本论：第3卷［M］//马克思，恩格斯．马克思恩格斯全集：第25卷．北京：人民出版社，1974：319.

种形式。在这里，事情并不因双方都想借此机会占有超额的价值量而发生变化。这种劳动由于双方的恶意而增大，但并不创造价值，……”①

马克思在分析商品销售阶段的工人劳动的时候还指出：“他和别人一样劳动，不过他的劳动的内容既不创造价值，也不创造产品。他本身属于生产上的非生产费用。……他的作用宁可说是使社会的劳动力和劳动时间只有更少一部分被束缚在这种非生产职能上。”②

（二）纯粹流通费用的补偿来源

马克思在《资本论》第二卷指出，处于商品流通阶段的劳动是非生产性劳动，在商品流通阶段产生的费用是纯粹流通费用，对整个资本家阶级来说从剩余价值补偿。

马克思指出：“一般的规律是：一切只是由商品的形式转化而产生的流通费用，都不会把价值追加到商品上。这仅仅是实现价值或价值由一种形式转变为另一种形式所需的费用。投在这种费用上的资本（包括它所支配的劳动），属于资本主义生产上的非生产费用。这种费用必须从剩余产品中得到补偿，对整个资本家阶级来说，是剩余价值或剩余产品的一种扣除，就象对工人来说，购买生活资料所需的时间是损失掉的时间一样。”③

马克思的论证逻辑是清晰的：既然处于商品流通阶段的劳动不创造价值和剩余价值，包括商品流通阶段劳动者工资在内的流通费用只能从剩余价值补偿，剩余价值是纯粹流通费用的补偿来源。

（三）纯粹流通费用的补偿方式

马克思在《资本论》第三卷第十七章“商业利润”中分析了纯粹流通费用如何补偿的问题。他指出，在第十七章前分析价值转化为生产价格的时候是没有考虑商业资本的，如果考虑商业资本，利润率平均化的过程将发生变化。

马克思的范例如下：从720c+180v+180m＝1080价值或生产价格的等式开始，这意味着平均利润是180÷（720+180）＝20%。现在假定除了900镑的产业资本投入以外，还有100镑的商业资本投入，商业资本也要得到平均利润，这样平均利润率为180÷

① 马克思．资本论：第2卷［M］//马克思，恩格斯．马克思恩格斯全集：第24卷．北京：人民出版社，1972：147.

② 马克思．资本论：第2卷［M］//马克思，恩格斯．马克思恩格斯全集：第24卷．北京：人民出版社，1972：149.

③ 马克思．资本论：第2卷［M］//马克思，恩格斯．马克思恩格斯全集：第24卷．北京：人民出版社，1972：167.

（900+100）= 18%。产业资本家按照投入900镑的资本和18%的平均利润即162镑的利润把商品卖给商业资本家：720c+180v+162m = 1062镑。商业资本家按照投入100镑的资本和18%的平均利润即18镑的利润出售商品：1062+18 = 1080镑。全部商品资本的实际价值或实际生产价格 = K+p+h（K表示成本价格，p表示产业利润，h表示商业利润）。①

接着，再假定商业资本家加入50镑的纯粹流通费用，平均利润率变为180÷（900+100+50）= 17.14%。产业资本家按照900+900×17.14% = 1054.26镑的价格卖给商业资本家，商业资本家按照1054.26+（100+50）×17.14%+50 = 1130镑的价格出售商品。②

这样就产生了一个问题，如果把100镑商业资本理解为生产性流通费用，把50镑理解为纯粹流通费用，那么在考虑纯粹流通费用的条件下，纯粹流通费用是通过加价进行补偿的，而且总生产价格1130镑高于总价值1080镑。

马克思在讨论这个范例的过程中，在提到商业资本中的流动资本和固定资本补偿问题时还指出："如果这个成本要素是由流动资本构成的，它就全部作为追加要素加入商品的出售价格，如果这个成本要素是由固定资本构成的，它就按照自己损耗的程度，作为追加要素加入商品的出售价格；不过，这样一个要素，即使它和纯粹的商业流通费用一样，不会形成商品价值的实际追加，也会形成一个名义上的价值。"③

马克思在《资本论》第二卷中指出纯粹流通费用是从剩余价值补偿的，但在《资本论》第三卷中似乎又提出是从加价中补偿的，这是否存在矛盾？如果不存在矛盾，如何通过加价的方式实现从剩余价值补偿纯粹流通费用？正是这个问题引起中国经济学界的激烈争论。笔者认为，纯粹流通费用补偿问题是马克思政治经济学的三大难题之一，其余两个难题是价值转化为生产价格问题以及在农业资本有机构成高于工业条件下的绝对地租形成问题。

二、关于纯粹流通费用补偿问题的争论

（一）20世纪50年代的争论

纯粹流通费用补偿问题曾经在20世纪50年代的中国经济学界引起一场大争论，后

---

① 马克思．资本论：第3卷［M］//马克思，恩格斯．马克思恩格斯全集：第25卷．北京：人民出版社，1974：317-318.

② 马克思．资本论：第3卷［M］//马克思，恩格斯．马克思恩格斯全集：第25卷．北京：人民出版社，1974：326.

③ 马克思．资本论：第3卷［M］//马克思，恩格斯．马克思恩格斯全集：第25卷．北京：人民出版社，1974：321.

来断断续续一直有相关的论文发表，延续至今。

1956 年，江诗永在《经济研究》第 4 期发表了题为《论商业利润和纯粹流通费用的补偿问题》的论文，引起了这场争论。他在论文中提出下述看法：

第一，纯粹流通费用补偿问题是政治经济学教学中的难题，不论是苏联的政治经济学教科书，还是苏联经济学者来中国访问，提及这个问题的时候都只是简单地指出纯粹流通费用从剩余价值补偿，但如何补偿、补偿构成如何，均讲不清楚。

第二，马克思提出了“名义价值”的概念，意味着商业资本家纯粹流通费用的不变资本部分是加到商品价格中去的。商品生产中的社会必要劳动时间决定了商品的现实价值，商品流通中的社会必要劳动时间提高了商品的名义价值，这是马克思劳动价值理论的新发展。

第三，由于商业劳动不创造价值，商业资本家纯粹流通费用的可变资本部分只能从总剩余价值中补偿。这就是说，商业资本家以低于价值的价格从产业资本家处购进商品，再按照等于价值的价格销售商品，从而补偿作为可变资本的纯粹流通费用。①

樊弘对江诗永的看法提出批评，他认为江诗永曲解了马克思纯粹流通费用补偿理论。按照樊弘的看法，马克思是把纯粹流通费用中的不变资本和可变资本都加到商品的价格中去的，而不是像江诗永所说的只有纯粹流通费用中的不变资本才被加到商品的价格中去。②

徐毓枬也对江诗永的看法提出批评。他称江诗永在论文发表以前曾与他讨论过论文中有争议的地方，但江诗永仍然坚持发表了他的论文，所以有必要以论文的方式进行讨论。徐毓枬提出了下述问题：

第一，从马克思提及“名义价值”的上下文来看，马克思所说的流通费用不仅包括纯粹流通费用，还包括生产性流通费用。也就是说，马克思的意思是：一切流通费用都会提高商品的价格，如果流通费用是生产性的，那么与之相应地有价值增加；如果流通费用是非生产性的，那么没有价值增加与之对应，价格只是名义上的提高。因此，并不是像江诗永理解的那样，只是纯粹流通费用的不变资本部分导致了名义价值的增加。

第二，马克思在没有区分产业资本和商业资本的前提下讨论了利润率的平均化以后，把商业资本从产业资本中独立出来讨论利润率平均化发生的变化。在价值转化为生产价格以后，总价值等于总生产价格。但是按照江诗永的看法，总生产价格变成与

① 江诗永．论商业利润和纯粹流通费用的补偿问题［J］．经济研究，1956（4）．
② 樊弘．评“论商业利润和纯粹流通费用的补偿问题”［J］．经济研究，1956（5）．

总名义价值相等了。另外，马克思在《资本论》第二卷明确指出纯粹流通费用是从剩余价值补偿的，但是江诗永却说纯粹流通费用中的不变资本部分是从增加的名义价值补偿的，这样总生产价格不等于总价值，与马克思的劳动价值理论产生了矛盾。

第三，应该对整体资本家和个体资本家加以区别。从整个资本家阶级来看，纯粹流通费用是从剩余价值补偿的；从个别资本家来看，纯粹流通费用是通过提高价格补偿的，这是一种辩证的统一。①

蒋学模不同意江诗永关于纯粹流通费用的不变资本和可变资本具有不同的补偿形式的看法，他认为不变资本和可变资本都是纯粹流通费用，都是通过加价的形式补偿的。

蒋学模提出应该从三个方面理解马克思的纯粹流通费用补偿问题：第一，补偿的价值源泉。按照马克思的分析，纯粹流通费用只能从剩余价值补偿。第二，补偿的实物源泉。按照马克思的分析，从社会总产品中补偿。第三，补偿的形式。商业资本家可能以低于价值的价格买进商品然后按照等于价值的价格出售商品以补偿纯粹流通费用，也可能按照价值买进商品然后按照高于价值的价格出售商品以补偿纯粹流通费用。在现实中商业资本家按照后一种形式补偿纯粹流通费用。

关于纯粹流通费用从剩余价值补偿和通过加价补偿是否存在矛盾的问题，蒋学模认为没有矛盾：第一，由于假定劳动者得到劳动力的价值，纯粹流通费用的存在导致劳动者名义工资上升，最终这部分费用还是由资本家阶级承担。第二，蒋学模在论文中用一个图例说明，即使纯粹流通费用采用加价补偿的形式，总价值仍然等于总价格。② 由于篇幅的关系，笔者在这里就不具体介绍这个图例了。

宋承先则对蒋学模的看法提出批评，指出马克思在分析纯粹流通费用中的固定资本和流动资本的加价补偿时提到了“名义价值”，但是马克思没有明确流动资本是否包括可变资本。但是，马克思通常把不变资本中的固定资本和流动资本与可变资本相区别，而且从上下文来看，马克思在分析了“名义价值”以后才讨论了商业资本家的可变资本，所以有理由认为马克思所说的通过加价补偿的仅是指不变资本。

宋承先赞成江诗永关于纯粹流通费用的不变资本和可变资本具有不同补偿形式的观点。他举例说明不变资本加价补偿不会导致总价格大于总价值：假定米、布、纸的价值分别是 6 元、5 元、1 元，总价值 12 元。现在纸作为纯粹流通费用，加到米的价格上，米的价格变成 7 元。由于纸是耗费，没有作为消费品出售，米和布的总价格是 12

---

① 徐毓枬．纯粹流通费用的补偿问题：一个尝试性的解决［J］．经济研究，1956（5）．

② 蒋学模．关于纯粹流通费用的补偿问题：兼评江诗永同志关于这一问题的论证［J］．经济研究，1956（6）．

元，总价值仍然等于总价格。①

吴树青认为应该把纯粹流通费用的补偿来源和补偿形式区分开来。纯粹流通费用是非生产性支出，它不能增加价值，只能从剩余价值补偿。马克思所说的“名义价值”不是指补偿的来源，而是指补偿的形式。关于补偿来源和补偿形式是否存在矛盾的问题，吴树青认为不存在矛盾：纯粹流通费用从剩余价值补偿是从社会总资本的角度分析的，与个别商业资本家把纯粹流通费用追加到价格上没有矛盾。

吴树青同意江诗永的看法，纯粹流通费用不变资本部分是商业资本家通过加价的形式来补偿的，纯粹流通费用可变资本部分是产业资本家考虑商业资本家的费用而从总剩余价值中扣除的。虽然不变资本部分加到商品价格上，但它被耗费了，消费者没有购买这部分商品，所以总价值等于总价格。如果可变资本部分也加在商品价格上，将与商业劳动者在剩余劳动时间为商业资本家实现商业利润相矛盾，并且与总价值等于总生产价格的规律相矛盾。②

应该指出，在20世纪50年代的这场争论中，徐毓枬采用了总生产价格的概念，其他经济学者采用了总价格的概念。价格是价值的货币表现，生产价格是价值的转化形式，这是两个完全不同的范畴。由于马克思是加入商业资本因素讨论利润率的平均化，因此应该采用总生产价格的概念，笔者就把经济学者们说的总价格理解为总生产价格了。

从上面的分析可以看到，20世纪50年代的这场争论主要集中在以下三个问题：第一，如何理解马克思纯粹流通费用补偿分析的原意？第二，如果纯粹流通费用通过加价补偿，它与纯粹流通费用从剩余价值补偿是否存在矛盾？第三，如果纯粹流通费用通过加价补偿，如何保持总价值与总生产价格相等？

（二）20世纪80年代以后的争论

苏联经济学者卢森贝在20世纪30年代初出版了《〈资本论〉注释》俄文版，该著作于1963年出版中文版。卢森贝在该著作中提出了关于纯粹流通费用补偿的解决方法。他认为马克思《资本论》第三卷第十七章的范例只是从利润率平均化的角度来研究流通费用，而不是作为剩余价值的扣除额来考察流通费用。因此，在这个范例中应该从剩余价值减去纯粹流通费用50镑，并且让纯粹流通费用参与利润率的平均化，即平均利润率不是180÷（900+100+50）= 17.14%，而是（180−50）÷（90+100+50）=

① 宋承先．关于纯粹流通费用的补偿问题——对蒋学模和江诗永二同志关于这个问题的若干论点的商榷［J］．经济研究，1956（6）．

② 吴树青．关于商业纯粹流通费用的补偿问题：与江诗永等同志商榷［J］．教学与研究，1957（4）．

12.38%，这样总价值将等于总生产价格。[①]

那一代中国经济学者不少通晓俄文，他们了解卢森贝的解决方法，然而不但没有关注反而还予以否定，原因可能是这种方法与马克思在《资本论》第三卷提出的加价补偿的方法不一致。例如，宋承先在前面提及的论文中指出，从剩余价值中扣除50镑的方法是错误的。由于他证明在纯粹流通费用不变资本部分通过加价补偿的情况下，总价值等于总价格，如果从剩余价值中扣除纯粹流通费用，将导致总价格小于总价值。但是，卢森贝的解决方法成为20世纪80年代以后争论的一个中心问题。

1980年，张熏华在《中国社会科学》第3期发表了题为《试校〈资本论〉中某些计算问题》的论文。他认为马克思在《资本论》第三卷第十七章范例的计算公式中忘了从剩余价值中扣除纯粹流通费用50镑，如果扣除50镑，总价值将等于总生产价格。[②] 这实际上就是卢森贝的解决方法。

林述舜重复了卢森贝的解决方法。他指出，马克思在《资本论》第三卷中提出的范例只是分析了纯粹流通费用50镑如何参与利润率的平均化，并没有考虑纯粹流通费用的补偿。如果考虑纯粹流通费用的补偿，还必须从剩余价值180镑中减去纯粹流通费用50镑，这样总价值等于总生产价格。[③]

罗郁聪认为卢森贝的计算公式是正确的，符合马克思纯粹流通费用补偿的基本原理。但是，他指出卢森贝混同了纯粹流通费用的补偿源泉和补偿形式，忽略了马克思在《资本论》第三卷对现象形态进行分析时提出的加价补偿方法。[④]

周人伟的论文没有提及卢森贝，但是他实际上是在批评卢森贝的解决方法：第一，从剩余价值中扣除纯粹流通费用背离了马克思平均利润率概念的内涵。平均利润率是剩余价值总额与社会资本总额的比率，任何剩余价值的扣除项目都不是决定平均利润率的因素。第二，如果从剩余价值中扣除纯粹流通费用，商业资本家变得无须垫付纯粹流通费用。[⑤]

进入21世纪以后，经济学者们仍然围绕着卢森贝的解决方法进行讨论。

2008年，张洪平和丁堡骏在《当代经济研究》第12期发表了一篇题目鲜明的论文——《复活马克思的纯粹流通费用补偿范式》。他们在这篇论文中指出，卢森贝的解决方法似乎成为主流看法，多种政治经济学教科书都采用了卢森贝的平均利润率公式。

---

① 卢森贝．《资本论》注释：第3卷［M］．李延栋，等，译．北京：生活·读书·新知三联书店，1963：184.

② 张熏华．试校《资本论》中某些计算问题［J］．中国社会科学，1980（3）．

③ 林述舜．对马克思纯粹流通费用补偿论述的理解［J］．福建师范大学学报（哲学社会科学版），1983（1）．

④ 罗郁聪．商业纯粹流通费用补偿问题研究［J］．中国经济问题，1984（3）．

⑤ 周人伟．纯粹流通费用补偿理论管见［J］．杭州商学院学报，1984（6）．

他们把卢森贝的平均利润率公式称为前探补偿方式，把马克思范例中的计算公式称为后推补偿方式，指出后推补偿方式符合市场经济的现实情况，属于抽象上升到具体的分析，能够反映商业资本家的独立投资主体地位。①

2019年，刘雪梅在3月号的《政治经济学评论》发表了题为《关于商业纯粹流通费用补偿问题的研究》的论文，回应了刘熙钧②和蒋学模③对卢森贝平均利润率公式的质疑。她认为卢森贝解决方法的不足之处是，回避了马克思在《资本论》第三卷第十七章范例中提出的按照1130镑价格出售商品的问题。她的解释是，马克思采用的是从具体到抽象的分析方法，从商人思维角度说明商业利润的计算方法。马克思只分析商业资本如何获得平均利润，并不涉及纯粹流通费用的补偿。她还指出，马克思提及的计算方法不是马克思本人的，而是商人的。④

从20世纪80年代以后的讨论情况来看，尽管部分经济学者对卢森贝的解决方法提出批评，但是卢森贝的解决方法还是被大多数经济学者所接受。这样，就留下一个疑问：在纯粹流通费用从剩余价值补偿没有疑问的情况下，如何理解马克思所说的通过加价补偿？如何说明通过加价补偿最终形成从剩余价值补偿并且不违反总价值等于总生产价格的规律？

三、笔者对纯粹流通费用补偿问题争论的评论

（一）笔者对20世纪50年代争论的回应

参与20世纪50年代争论的经济学者都是中国经济学界的前辈，笔者怀着尊敬的心情对这场争论作出如下评论：

这场争论涉及两个焦点：第一，纯粹流通费用的不变资本部分通过加价补偿而可变资本部分从剩余价值补偿是否符合马克思的原意？第二，纯粹流通费用通过加价补偿与从剩余价值补偿是否存在矛盾？与总价值等于总生产价格是否存在矛盾？

首先，讨论第一个争论焦点。笔者认为，马克思并没有明确阐述纯粹流通费用的不变资本和可变资本具有不同的补偿方式的问题。争论双方都有一定的道理，但这不是纯粹流通费用补偿的本质问题。

---

① 张洪平，丁堡骏．复活马克思的纯粹流通费用补偿范式［J］．当代经济研究，2008（12）．
② 刘熙钧．政治经济学（资本主义部分）［M］．厦门：厦门大学出版社，2000：203.
③ 蒋学模．关于纯粹流通费用的补偿问题：兼评江诗永同志关于这一问题的论证［J］．经济研究，1956（6）．
④ 刘雪梅．关于商业纯粹流通费用补偿问题的研究［J］．政治经济学评论，2019（3）．

宋承先的看法是对的。马克思在提及“名义价值”的时候，确实是分析了纯粹流通费用中固定资本和流动资本的补偿，而马克思一直把固定资本和流动资本与可变资本相区别。但是樊弘、徐毓枬、蒋学模的看法也不是没有道理。从马克思提到“名义价值”的上下文来看，马克思并不是专门分析纯粹流通费用的不变资本部分，而是分析一般的纯粹流通费用。

如果不把讨论局限在“马克思如何说”而是从逻辑上分析，那么尽管纯粹流通费用的可变资本体现为商业劳动者的劳动，从而与纯粹流通费用的不变资本部分相区别，但是它们都属于纯粹流通费用，都不会形成价值，因此没有必要强调它们补偿形式的区别。

实际上，之所以强调纯粹流通费用的不变资本和可变资本具有不同的补偿形式，是因为它涉及下面要专门讨论的本质问题，即总价值与总生产价格能否保持相等的问题。宋承先和吴树青等经济学者都清楚地意识到了这个问题。

吴树青指出，纯粹流通费用不变资本部分从加价补偿不会影响总价值等于总生产价格。笔者认为，吴树青的论证不能令人信服。虽然这部分不变资本在商业活动中被耗费了，最终消费者没有购买到这部分费用体现为的商品，但是由于这部分费用已经被加到所有销售商品的价格上了，最终消费者仍然支付了这部分不变资本的价格，总价值并不等于总生产价格。另外，吴树青认为，如果纯粹流通费用可变资本部分通过加价补偿，就不能反映商业劳动的特点，不能保持总价值等于总生产价格。笔者认为，商业劳动区分为必要劳动和剩余劳动是商业劳动的本质，与这部分可变资本如何补偿没有关系。无论可变资本是从剩余价值补偿还是通过加价补偿，商业劳动都划分为必要劳动和剩余劳动。另外，只要纯粹流通费用是在商品价值之上加价补偿，无论是不变资本还是可变资本，总价值都不可能等于总生产价格。

其次，讨论第二个争论焦点。所有参与讨论的经济学者都承认马克思在《资本论》第二卷和第三卷对于纯粹流通费用补偿有两种说法，但是都从不同的角度论证不存在逻辑上的矛盾。但是，笔者认为他们的论证逻辑存在问题。

徐毓枬认为，纯粹流通费用从剩余价值补偿是从整体资本家的角度分析的，通过加价补偿则是从个别商业资本家的角度分析，两者没有矛盾，是辩证的统一。笔者认为，商业资本家整体是由商业资本家个体组成的，如果所有商业资本家个体的纯粹流通费用都通过加价补偿，商业资本家整体的纯粹流通费用如何从剩余价值补偿？如果所有商业资本家个体通过加价补偿能够形成商业资本家整体的从剩余价值补偿，那么这个补偿机制又是怎样的？另外，徐毓枬把马克思《资本论》第三卷第十七章的范例看作对个别商业资本家行为的分析过于牵强，马克思在分析价值转化为生产价格时也用了类似的范例，难道也是在分析个别资本家的行为？果真如此，个别资本家的价值不等于生产价格是理所当然的。

蒋学模认为，纯粹流通费用的加价会造成劳动者名义工资上升，从而造成资本家剩余价值减少，所以从剩余价值得到补偿。如果这个论证成立，这意味着本时期的纯粹流通费用从下一个时期的剩余价值补偿，本时期的总价值肯定不等于本时期的总生产价格。如果要使本时期的总价值等于本时期的总生产价格，那么劳动者的工资必须由两部分组成：一部分是劳动力价值，另一部分是纯粹流通费用的加价。如果是这样，直接从剩余价值扣除纯粹流通费用岂不更加简单明了？另外，蒋学模用一个图例说明，即使纯粹流通费用的补偿形式是加价，总价值仍然等于总价格。笔者认为这个图例的结论在前提就设定了。实际上，在没有考虑商业资本以前，商品 A、B、C 的价值只是 6。在加入商业资本因素以后，产生了纯粹流通费用 3。在纯粹流通费用通过加价补偿以后，总生产价格是 9，总生产价格大于总价值。

宋承先举例说明，纯粹流通费用的不变资本部分通过加价补偿不会导致总价格大于总价值。但是笔者认为这个例子也不准确。产业资本家把米、布、纸生产出来的时候，它们的价值就形成了。即使纸成为纯粹流通费用，纸的价值也是客观存在的，只是从使用价值的角度看不是用于消费而是用于流通。因此，在加价补偿的情况下，米、布、纸的总价值是 12 元，总价格是 13 元，总价格大于总价值。

笔者充分理解这些经济学者们的善意，他们力求证明马克思的纯粹流通费用补偿理论没有逻辑上的矛盾。但是，科学研究必须实事求是。从马克思《资本论》第三卷第十七章的范例来看，纯粹流通费用采用加价形式补偿以后，总生产价格确实大于总价值了。毫无疑问，在现实的经济中，商业资本家的操作方式是把销售商品的成本加到商品的价格上。但是，如果在理论上采用加价的方式解释纯粹流通费用的补偿，就必须解释加价以后纯粹流通费用如何转变为对剩余价值的扣除，还必须解释加价以后总价值如何等于总生产价格。

（二）笔者对 20 世纪 80 年代以后争论的回应

卢森贝的解决方法简单而清晰，它不但符合马克思纯粹流通费用只能从剩余价值补偿的原则，而且保持总价值等于总生产价格，从而符合马克思政治经济学的逻辑体系。笔者首先回应对卢森贝解决方法的有关质疑。

周人伟认为从剩余价值扣除纯粹流通费用不符合马克思平均利润率的概念，笔者认为这个理由不能成立。理论研究常常是从简单到复杂逐步推进的，在不同的分析阶段对平均利润率的分子和分母进行调整很正常。例如，马克思在考虑和不考虑商业资本的条件下，平均利润率的分母就不同，何来定义了平均利润率就不能有任何调整？另外，周人伟提出，从剩余价值扣除纯粹流通费用造成商业资本家不必垫付流通费用，笔者认为这个理由更不能成立。平均利润率是反映一个生产和销售过程的结果，商业资本家不垫付流通费用如何分享剩余价值？

张洪平和丁堡骏把卢森贝的公式和马克思的公式分别称为“前探”和“后推”补偿方式不合适。纯粹流通费用补偿是对一个生产和销售过程的分析，“后推”是否意味着本时期的纯粹流通费用要从下一个时期的剩余价值补偿？如果这样理解，那么存在与蒋学模同样的问题：本时期的总价值如何等于总生产价格？本时期的纯粹流通费用由下一个时期的剩余价值补偿的机制又是什么？他们证明马克思公式的正确性有一定道理，但笔者认为他们的分析没有触及这个问题的本质：如果说纯粹流通费用通过加价补偿，如何最终实现从剩余价值补偿？又如何保持总价值与总生产价格的相等？

刘雪梅对经济学者质疑卢森贝解决方法的回应是有道理的。她认为卢森贝的不足之处是没有讲清楚马克思为何说要按照 1130 镑的价格出售商品，正因为如此，她试图补充卢森贝解决方法的不足之处。笔者认为，她指出马克思的分析是从抽象到具体的过程，这是对的，马克思的范例分析的是现象形态。她指出马克思的范例不是马克思的观点，这是错的，马克思用这个范例说明纯粹流通费用如何参与利润率的平均化。她的解释中可能最重要的一句话就是她在论文中引用过的卢森贝的话：“马克思在那里的前后文中只是从流通费用参加利润率平均化的观点来研究流通费用，而不是把它们当作剩余价值的扣除额来考察它们。”①

笔者认为，卢森贝的解释是对的。从剩余价值扣除 50 镑以后，纯粹流通费用的补偿问题以及总价值与总生产价格相等的问题都迎刃而解了。但是，卢森贝解决方法的不足之处是他没有解释清楚纯粹流通费用的补偿来源和补偿形式之间的关系问题。马克思在《资本论》第三卷第十七章确实讨论了纯粹流通费用参与利润率平均化的问题，但也确实分析了纯粹流通费用补偿的形式问题，那么通过加价补偿如何实现从剩余价值补偿而又保持总价值与总生产价格相等？

从整体来看，20 世纪 80 年代以后的争论与 20 世纪 50 年代的争论相比后退了。20 世纪 50 年代的争论一直围绕着本质问题展开：通过加价补偿如何实现最终从剩余价值补偿而又保持总价值与总生产价格相等？尽管在笔者看来经济学者们没有解决这个问题，但是他们一直在试图解决这个问题，而 20 世纪 80 年代以后的争论基本上没有触及

---

① 卢森贝．《资本论》注释：第 3 卷［M］．李延栋，等，译．北京：生活・读书・新知三联书店，1963：184.

这个问题。

（三）笔者提出的解决方法

正如笔者多次重申的那样，马克思纯粹流通费用补偿的核心问题是从剩余价值补偿与通过加价补偿是否存在矛盾？如何通过加价补偿最终实现从剩余价值补偿并保持总价值与总生产价格相等？笔者在借鉴经济学者们的意见的基础上发表自己的看法。

关于从剩余价值补偿与通过加价补偿是否存在矛盾的问题，一部分经济学者认为存在矛盾，其中有的经济学者认为从剩余价值补偿才是马克思的准确思想，有的经济学者认为马克思在加价补偿的分析中遗漏了从剩余价值中扣除纯粹流通费用。笔者认为，不可否认，商业加价是现实经济中的实践，忽略马克思加价补偿的方式是不合适的。另外，马克思是严谨的学者，他忘记或遗漏从剩余价值中扣除纯粹流通费用的可能性也不大。

另一部分经济学者认为不存在矛盾，包括前面提及的徐毓枬、蒋学模、吴树青、宋承先、卢森贝。笔者在前面已经对徐毓枬、蒋学模、吴树青、宋承先等经济学者的解释质疑。笔者认为，卢森贝的解释有一定道理：马克思在《资本论》第三卷第十七章主要研究纯粹流通费用如何参与利润率的平均化，而不是如何从剩余价值补偿纯粹流通费用。但是，仅仅这样解释是不够的，还需要说明如何实现补偿形式和补偿来源的统一。

尽管笔者认为从剩余价值补偿和通过加价补偿没有矛盾，但是笔者还是认为马克思《资本论》第三卷第十七章的范例的表述不够完善。马克思的分析到纯粹流通费用参与利润率平均化就停止了，而且在分析过程中又提出“名义价值”的概念，总生产价格又大于总价值，给后来经济学者们留下纯粹流通费用是从商品价值加价形成的“名义价值”中补偿的感觉，导致忠实于马克思的经济学者们艰难地力图抹平剩余价值补偿与加价补偿的矛盾。应该说，马克思在生前没有能够亲自修订《资本论》第三卷，留下了这个遗憾。

关于如何通过加价实现从剩余价值补偿并且保持总价值总生产价格相等的问题，笔者的解决方法如下：马克思在《资本论》第三卷中分析的是现象形态，而商业加价是现实经济的普遍现象。笔者认为，经济学者们普遍存在一个误解，以为加价是在价值之上加价。（当然，这个误解可能是马克思提出“名义价值”造成的。）但是，在现实经济中，商业加价是在出厂价上加价，也就是在价值之下加价。产业资本家要通过商业资本家出售商品，必须让渡一部分价值。因此，只要在马克思范例中再推进一步，加入卢森贝式的扣除，就可以解释通过加价补偿实现从剩余价值补偿的问题。

下面从马克思提出的纯粹流通费用参与利润率平均化开始分析：产业资本 900 镑，生产性流通费用 100 镑，纯粹流通费用 50 镑，剩余价值 180 镑，平均利润率为 180÷（900+100+50）= 17.14%。产业资本家按照 900+900×17.14% = 1054.26 镑的价格把商品卖给商业资本家，商业资本家按照 1054.26+（100+50）×17.14%+50 = 1130 镑的价格出售商品，商品总生产价格 1130 镑大于总价值 1080（= 900+180）镑。其中的差额 +50 镑就是纯粹流通费用的加价。

但是，纯粹流通费用是不形成任何价值的社会耗费，只能从剩余价值扣除，所以事情并没有结束。从剩余价值扣除 50 镑以后，平均利润率为（180-50）÷（900+100+50）= 12.38%，产业资本家按照 900+900×12.38% = 1011.42 镑的价格把商品卖给商业资本家，商业资本家按照 1011.42+（100+50）×12.38%+50 = 1080 镑的价格出售商品。商品总生产价格 1080 镑等于总价值 1080 镑。从剩余价值扣除的 50 镑依然是纯粹流通费用的加价。

如何理解马克思说的“名义价值”呢？在上面的例子中，没有从剩余价值扣除 50 镑以前的+50 镑就是名义价值，它使总生产价格变成 1130 镑，超过了总价值 1080 镑。但是，纯粹流通费用没有造成价值的实际增加，所以才产生了后一步，从剩余价值扣除 50 镑。

这就是笔者根据卢森贝公式提出的纯粹流通费用补偿问题的解决方法，这样马克思在《资本论》第二卷和第三卷的分析保持一致，马克思纯粹流通费用补偿理论与马克思其他经济理论在逻辑上保持一致。

四、新的历史条件下马克思纯粹流通费用补偿理论的重新表述

（一）现实经济对纯粹流通费用补偿来源提出的疑问

笔者前面在马克思纯粹流通费用补偿理论的框架内解释了纯粹流通费用补偿形式和补偿来源的统一这个疑难问题。如果按照马克思的原意，这种解决方法可能是合理的解决方法。现在笔者试图超出马克思的原意，进一步探讨纯粹流通费用从剩余价值补偿是否适合新的历史条件下的现实经济的问题。

美国是经济最发达的国家，也是统计数据比较完整的国家，下面以美国为例，来分析纯粹流通费用从剩余价值补偿的命题是否符合现实经济。美国的商业包括批发业和零售业，销售的商品主要是农业、林业、牧业、渔业、矿业、建筑业、制造业的产品，笔者把这些产业称为相关产业。

要估算纯粹流通费用，需要用商业总成本减去运输、仓储和包装的费用，因为其中包装费用只能找到2017年的数据，所以以2017年为例来进行估算。在美国经济分析局的统计数据中，固定资本折旧包括公司制企业折旧和业主制企业折旧，产业利润包括公司制企业利润和业主制企业利润，流动资本是中间产品投入量，可变资本是支付给雇员的收入。固定资本折旧、流动资本、可变资本构成产业的生产成本。

根据美国经济分析局的统计数据，2017年，美国商业的固定资本折旧是2590亿美元，流动资本是14593亿美元，可变资本是11401亿美元，税前利润是4022亿美元。这意味着美国商业的总成本是28584亿美元（=2590亿+14593亿+11401亿），利润率是14.07%（=4022亿÷28584亿）。在这里，商业总成本就是耗费的流通费用。

2017年，通过商业系统销售商品的相关产业的固定资本折旧是8309亿美元，流动资本是49490亿美元，可变资本是17060亿美元，税前利润是7267亿美元。这意味着相关产业的总成本是74859亿美元（=8309亿+49490亿+17060亿），利润率是9.71%。[①] 需要说明的是，相关产业业主制企业利润数据是非农业的数据，所以笔者用农业的净营业盈余（net operational surplus）代替农业的利润。净营业盈余是从产业的收入扣除固定资本折旧、流动资本、雇员报酬后的余额，但没有扣除产业的融资成本和转移支付，只是接近于利润。

另外，根据美国经济分析局提供的各个产业的投入产出数据，2017年美国商业投在运输和仓储方面的生产性流通费用是1285亿美元。[②] 根据产业咨询机构斯密瑟斯·皮拉公司（Smithers Pira）的数据，2017年世界包装业产值是8510亿美元。[③] 按照我国包装业2017年产值约为2000亿美元估算，美国包装业2017年的产值约为2200亿美元。但是，这是美国全部产业的包装费用，而不是美国商业的包装费用。如果以对半作出高限的估算，商业包装费用约为1100亿美元。纯粹流通费用是商业总成本减去运输、仓储和包装的费用的余额26199亿美元（=28584亿−1285亿−1100亿）。

这就是现实经济的情况，如果认为纯粹流通费用从剩余价值补偿，无非有两种解释：一种解释是纯粹流通费用要从相关产业的利润补偿，但是相关产业7267亿美元的利润远远不能补偿26199亿美元的纯粹流通费用。另一种解释是纯粹流通费用已经从相关产业的剩余价值中扣除，那么由于商业利润也是商业资本家分享的产业资本家的剩余价值，这意味着与商业相关的产业的利润必须达到37488亿美元（=7267亿+4022

---

① Bureau of Economic Analysis, GDP by industry; National Income and Product Accounts, http://www.bea.gov.

② Bureau of Economic Analysis, Input - Output, http://www.bea.gov.

③ 全球包装行业2022年总产值规模将达9800亿美元［EB/OL］. 搜狐网.（2018-06-22）［2023-03-27］. https://www.sohu.com.

亿+26199 亿），其中用于补偿纯粹流通费用 26199 亿美元，被商业资本家分享的利润 4022 亿美元，自己留下的利润 7267 亿美元。这就是说，相关产业利润率必须达到 50.08%（=37488 亿÷74859 亿）。

在美国，通过商业系统销售产品的产业大部分是传统产业，它们的利润率是较低的。但是，如果认为这些相关产业需要从自己的剩余价值补偿商业系统的纯粹流通费用，那么这些相关产业必须是暴利产业。2017 年，作为美国经济象征的金融与保险业的固定资本折旧是 1235 亿美元，流动资本是 13374 亿美元，可变资本是 7883 亿美元，税前利润是 3496 亿美元，即利润率是 15.54%，而通过商业系统销售产品的产业的利润率居然要达到 50.08%！显然，纯粹流通费用从剩余价值补偿的理论不能解释现实经济情况。

笔者认为，马克思提出纯粹流通费用从剩余价值补偿既有逻辑的原因也有历史的原因。逻辑的原因是纯粹流通费用不同于生产性的流通费用，历史的原因是当时产业资本是资本的主要形态。但是，从纯粹流通费用的角度来看，资本主义经济发生了很大的变化：

第一，马克思生活在工业化初期，当时商业资本作为产业资本的附属形态存在，纯粹流通费用不高。从马克思举的例子可以看到：生产性流通费用是 10 镑，纯粹流通费用是 5 镑。但是，现在的情况已经完全逆转，纯粹流通费用在整个流通费用中占据很大的比例。如前所述，2017 年美国商业流通费用是 28584 亿美元，运输、仓储和包装费用只有 2385 亿美元，生产性流通费用在整个流通费用中只占 8.34%。

第二，在社会生产力不断发展的条件下，商品可以被大规模地生产出来，商品的销售就变得越来越困难。纯粹流通费用不仅在流通费用中占的比例在提高，对销售商品价值的比例也在提高。图 10-1 表示从 1947 年到 2017 年美国纯粹流通费用对相关产业增加值的比例的变化。纯粹流通费用是指商业的总成本扣除运输、仓储、包装费用后的余额。由于美国经济分析局只提供 1997 年以后商业耗费的运输和仓储费用数据，1997 年以前运输和仓储费用的数据用 1997 年以后该费用在流通费用中所占比例的平均数求得。各年包装费用根据 2017 年包装费用在流通费用中所占比例求得。相关产业增加值是指它们生产的最终产品的价值。从图 10-1 可以看到，美国纯粹流通费用所占比例不断上升。到 2017 年，商业每销售 1 美元的最终产品，就要耗费 0.77 美元的纯粹流通费用。

在新的历史条件下，如果认定纯粹流通费用只能从剩余价值补偿，就难以解释经济现实了。因此，有必要在马克思的经济理论框架内，对纯粹流通费用的补偿来源作出新的解释。

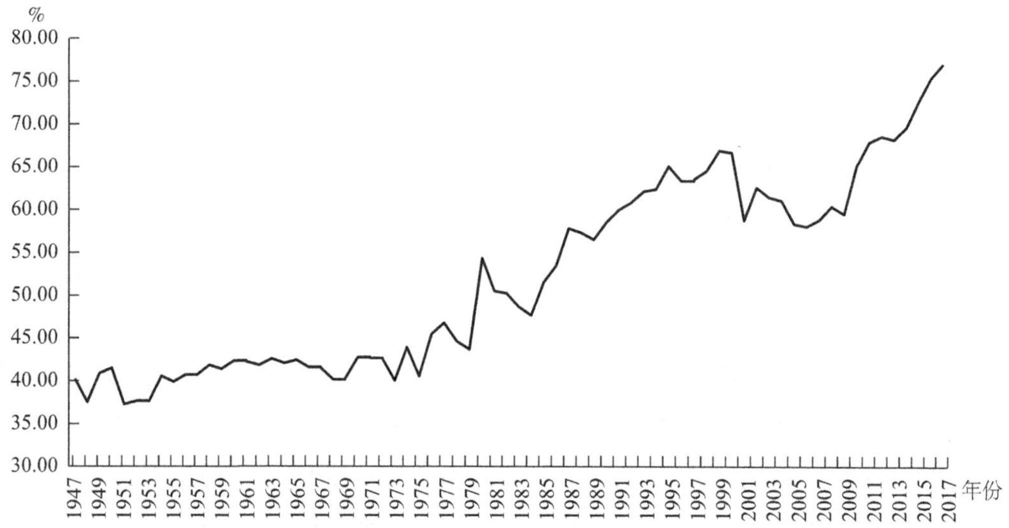

图 10-1　1947—2017 年美国纯粹流通费用与相关产业增加值的比例的变化情况

资料来源：Bureau of Economic Analysis, GDP by Industry; National Income and Product Accounts, http://www.bea.gov.

（二）笔者关于纯粹流通费用补偿来源的新看法

笔者赞同马克思关于处在流通阶段的商业劳动不创造价值和剩余价值的观点，但是笔者认为纯粹流通费用不是从剩余价值补偿的。既然处于流通阶段的劳动不创造价值，如果流通费用不从剩余价值中补偿，那么流通费用从哪里补偿？笔者探讨性地提出：从转移到最终销售商品价值中去的那部分纯粹流通费用补偿。

按照笔者的看法，资本循环中存在必不可少的生产阶段和流通阶段，相应地就存在生产阶段的劳动和流通阶段的劳动，这两种劳动的性质是不同的。对于生产阶段的劳动，马克思已经作了充分的分析：生产阶段的劳动是抽象劳动和具体劳动的统一。作为抽象劳动，它把不变资本的价值转移到产品中去，并且创造了可变资本的价值和剩余价值；作为具体劳动，它生产了使用价值。对于流通阶段的劳动，马克思认为不创造价值。笔者同意马克思的看法，但是笔者认为流通阶段的劳动也是抽象劳动和具体劳动的统一。作为抽象劳动，它虽然不创造价值，但是把纯粹流通费用转移到最终产品中去，并且为商业资本家分享了一部分剩余价值；作为具体劳动，它把不同类型的最终产品销售出去。

资本家投在流通阶段劳动力上的资本也是一种耗费，就像资本家在燃料、原料、材料上的耗费一样。既然可变资本已经有明确的定义，而处于流通阶段的劳动不创造价值，如果从价值转移的角度分析，资本家投在商品流通阶段劳动力上的资本属于流动资本。这意味着资本经过一个循环以后，资本家投在流通阶段劳动力上的资本在性质上与投在燃料、原料和材料上的资本相似，它本身没有产生价值增殖，它的价值一次性地转移到商品价值中去，并在商品销售以后得到补偿。

除了流通阶段劳动者的工资以外，其他纯粹流通费用如设备的折旧、各种材料的耗费等也转移到商品的价值中去，并在商品销售以后得到补偿。这就是说，纯粹流通费用不是由产业资本家承担的，而是由投资品的使用者和消费品的消费者承担的。在资本循环中，在生产阶段结束以后，创造价值和剩余价值的过程就结束了，但是价值转移的过程并没有结束。在商品流通阶段，流通费用会继续转移到商品的价值中去。最终销售的商品的价值不仅包括生产阶段转移的价值和新创造的价值，还包括流通阶段转移的价值。

下面利用前面的例子，按照马克思说的纯粹流通费用从剩余价值补偿，以及按照笔者说的纯粹流通费用从转移到销售商品中去的价值补偿，考察一下对现实情况的解释力如何。

按照马克思从剩余价值补偿的看法，相关产业耗费的不变资本和可变资本的价值是 74859 亿美元（=8309 亿+49490 亿+17060 亿），商业生产性流通费用是 2385 亿美元，总生产成本是 77244 亿美元（=74859 亿+2385 亿）；总利润，包括相关产业的利润 7267 亿美元、补偿纯粹流通费用 26199 亿美元、商业分享的利润 4022 亿美元，共计 37488 亿美元，商业与相关产业的利润率是 48.53%。这就是说，如果纯粹流通费用从利润补偿，商业和相关产业的利润率要达到这个水平。

按照笔者价值转移补偿的看法，相关产业耗费的不变资本和可变资本的价值是 74859 亿美元（=8309 亿+49490 亿+17060 亿），它们分别被转移到生产的商品中或者被再生产出来；商业耗费的生产性流通费用是 2385 亿美元，纯粹流通费用是 26199 亿美元，它们被转移到销售的商品价值中去。这样，总成本是 103443 亿美元（=74859 亿+2385 亿+26199 亿），总利润是 11289 亿美元（=7267 亿+4022 亿），商业与相关产业的利润率是 10.91%（=11289 亿÷103443 亿）。

如前所述，高利润率的金融与保险业 2017 年的利润率是 15.54%，商业和相关产业的利润率不可能达到 48.53%，笔者的看法更能解释现实经济情况。

如果纯粹流通费用是转移到最终商品价值中去的，那么是否意味着纯粹流通费用越高，最终商品价值越大？正如生产阶段的商品价值量是由正常生产条件下社会必要劳动时间决定的一样，流通阶段转移的价值量是由正常销售条件下必要流通费用决定的。必要流通费用是指在正常的销售条件下以及在社会平均的劳动熟练程度和劳动强度下销售商品耗费的流通费用。商业资本家单位商品耗费的流通费用越少，在商业资本家的竞争中就处于越有利的地位。产业资本家按照出厂价值向商业资本家出售商品，商业资本家加上流通费用以及分享的商业利润以后向最终使用者或消费者出售商品。商品的出厂价值与最终价值的差额是必要流通费用和商业利润。

剩余价值如何划分为产业利润和商业利润受平均利润率规律影响，从趋势来看，产业资本家和商业资本家按照各自投入的资本分享同比例的剩余价值。但是，平均利润率规律是一种长期的趋势，在短期里产业资本家与商业资本家之间以及商业资本家之间的竞争影响着剩余价值的划分。商品的销售越困难，商业资本家在与产业资本家的竞争中就处于越有利的地位，商业资本家分享的剩余价值比例就越大。商业资本家之间的竞争越激烈，产业资本家分享的剩余价值的比例就越大。

如果把马克思商业资本理论与经过笔者拓展的马克思商业资本理论作一个比较，那么如表10-1所示，其中重点标识表示笔者对马克思商业资本理论的补充。

表10-1 新的历史条件下马克思商业资本理论研究纲要

比较对象	马克思商业资本理论的研究纲要	新的历史条件下马克思商业资本理论研究纲要
商业资本的本质	从产业资本循环过程中独立出来的商品资本的形态	从产业资本循环过程中独立出来的商品资本的形态
商业劳动的性质	处于流通阶段的劳动不创造价值	处于流通阶段的劳动不创造价值
纯粹流通费用的补偿	纯粹流通费用从剩余价值补偿	**纯粹流通费用从转移到产品的价值中补偿**

第三节 马克思商业资本理论与21世纪经济

一、商业在经济中的地位保持稳定

马克思指出，商业劳动不创造价值，纯粹流通费用是从剩余价值补偿的。笔者在新的历史条件下考察马克思的商业资本理论，指出商业劳动是不创造价值的，但是纯粹流通费用是从转移到商品中去的价值补偿的。尽管如此，纯粹流通费用也是一种社会耗费。另外，正如马克思所说，在资本循环的三个阶段中，商品销售阶段是最困难的。因此，在现代资本主义经济中，流通费用这种社会耗费占据了很大的比例。因此，有必要考察一下主要资本主义国家商业资本的发展情况。

以美国为例，美国最主要的物质产品生产部门是制造业，最主要的服务提供部门是金融业，图10-2把商业、制造业和金融业增加值在国内生产总值中的占比进行了比较。在这里，商业包括批发业和零售业，金融业包括金融、保险、不动产及租赁。从图 10-2 可以看到，制造业增加值在国内生产总值中的比例从 1947 年的最大变成 2021 年的最小，商业增加值在国内生产总值中的比例保持稳定并在 2019 年超越制造业，金融业增加值在国内生产总值中的比例一直趋向上升并大幅度超过制造业和商业。

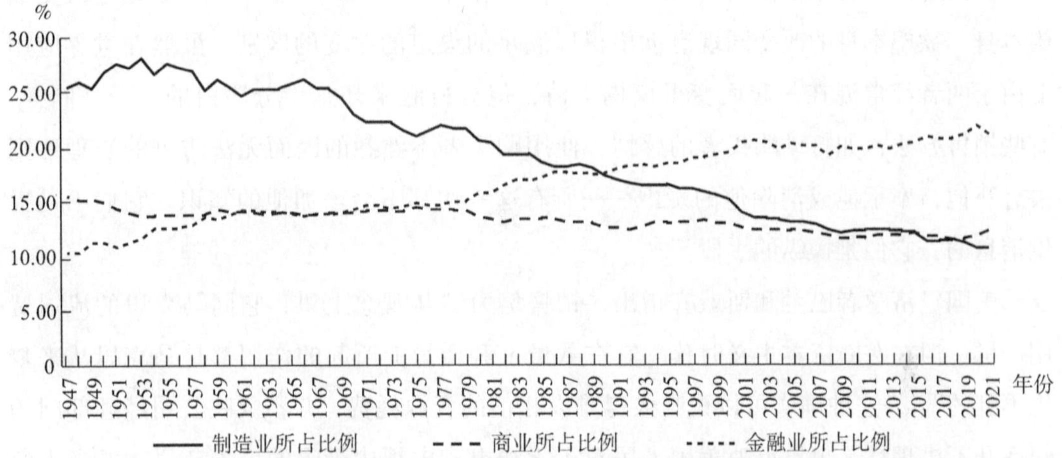

图 10-2　1947—2021 年美国商业、制造业、金融业在国内生产总值所占比例的变化

资料来源：Bureau of Economic Analysis，Gross Domestic Product by Industry，http：//www. bea. gov.

美国沃尔玛公司是美国商业资本的代表。沃尔玛百货有限公司由美国零售业的传奇人物山姆·沃尔顿（Sam Walton）于 1962 年在美国阿肯色州成立。经过五十多年的发展，沃尔玛公司已经成为美国最大的私人雇主和世界上最大的连锁零售企业。沃尔玛在全球 27 个国家开设了超过 1 万家商场，下设 69 个品牌，全球员工总数 220 多万人，每周光临沃尔玛的顾客达 2 亿人次，2017 财务年度的营业收入为 4859 亿美元，多年在世界企业 500 强中居第一位。

美国商业增加值占国内生产总值的比例在 1947 年只有制造业的 41%，到 2021 年已经是制造业的 114%。这说明在资本主义经济中，商品的销售变得越来越困难，社会资源不得不更多地配置到商业上。

二、广告费用的膨胀

正因为商品销售阶段是资本循环最困难的阶段，资本家不得不使用各种手段去推销商品，广告手段是广泛受到经济学者们争议的手段。广告费用属于流通费用，也是一种社会耗费。

英国经济学者马歇尔指出，广告划分为建设性广告和竞争性广告，建设性广告是提醒人们注意购买商品的机会，竞争性广告是说服或操纵人们购买商品的手段。马歇尔赞许建设性广告而谴责竞争性广告。① 英国经济学者庇古更坚决。他指出，如果能够把竞争性广告和非竞争性广告区分开来，政府应该对竞争性广告征税或者予以禁止。②

美国经济学者张伯伦（E. H. Chamberlin）指出："广告影响需求……是通过改变欲望本身。欲望本身的改变同现有欲望得以满足的渠道的改变的区别，虽然在世界应用上由于两者经常混在一起而变得模糊不清，但分析起来却是十分明白的。……同样，有些销售方法，如打动购买者的感情，使用购买者不熟悉的因而无法防御的心理法则去恐吓他，奉承他或消除他的疑虑——所有这一切都不会增加他的知识。它们不是提供消息的，它们是操纵的手段。"③

美国经济学者巴兰和斯威齐指出，销售努力"从观念上讲，它同马克思的流通费用一样。但在垄断资本主义时代，它在数量上和质量上所起的作用都是马克思从来梦想不到的"。"这种确实可以说是大得难以相信的资源耗费，并不反映公司经理部门的轻率和不讲理性，也不反映美国人民对于无线电和电视中带唱的广告节目，五光十色的广告牌，杂志报纸中连篇累牍的广告具有什么特别的爱好。实际发生的事情是，广告对公司商业这一大部门来说，已经变成不可缺少的工具。它已被竞相使用，成为公司追求最大限度利润政策的一个组成部分，它是作为保障垄断地位的不可逾越的城垣。"④

巴兰和斯威齐曾经为美国 1962 年 120 亿美元的广告费支出感到惊讶，并认为这是马克思在 19 世纪想象不到的。而 21 世纪的广告费支出也是巴兰和斯威齐在 20 世纪 60 年代想象不到的。

据美国电子营销商公司（eMarketer）估算，美国媒体广告费用支出在 2015 年达到 1828 亿美元。⑤ 如果把美国 2015 年的广告费用支出放在 2014 年世界各国国内生产总值中排名，能够列第 58 位。也就是说，美国 2015 年的广告费用支出超过了在世界国内生产总值中居 58~189 位的国家 2014 年全年的国内生产总值。

据中国商情网报道，2016 年，美国的广告费用支出继续增加，达到 1908 亿美元。世界广告费用支出最多的 10 个国家及其广告费用支出如下：美国，1908 亿美元；中

---

① MARSHALL A. Industry and Trade [M]. London: Macmillan and Co., 1920: 305.

② PIGOU A C. The Economics of Welfare [M]. 4th edition. London: Macmillan and Co., 1938: 199.

③ CHAMBERLIN E H. The Theory of Monopolistic Competing [M]. Cambridge: Harvard University Press, 1931: 119.

④ 巴兰，斯威齐．垄断资本 [M]．南开大学政治经济学系，译．北京：商务印书馆，1977：112，116-117.

⑤ eMarketer, US Total Media Ad Spending, 2014-2020, http: //www.emarketer.com.

国，801亿美元；日本，371亿美元；英国，262亿美元；德国，221亿美元；巴西，132亿美元；韩国，116亿美元；法国，114亿美元；澳大利亚，110亿美元；加拿大，91亿美元。电视广告仍然是最主要的广告媒体，但所占的份额持续下降，到2016年降到35.60%。报纸、杂志等纸质广告媒体份额下降幅度更大，在2016年已经不足20%。互联网广告所占的比例则不断上升。①

三、互联网与商业的融合

21世纪商业发展最引人注目的特点是商业与互联网的融合。随着20世纪80年代后半期互联网的发展，出现了电子商务模式，互联网与产业出现融合的趋势，各个产业利用互联网技术来降低经营成本和提高经营效率。电子商务模式主要包括下述类型：第一，企业和消费者之间的电子商务（Business to Consumer，B2C）。第二，企业和企业之间的电子商务（Business to Business，B2B）。第三，消费者和消费者之间的电子商务（Consumer to Consumer，C2C）。第四，线下商务和线上商务之间的电子商务（Online to Offline，O2O）。其中O2O是美国沃尔玛公司于2006年提出来的，是从B2C衍生出来的商业模式，即用线上营销和线上购买带动线下经营和线下消费的商务模式。

“互联网+零售商业”的基本形式是B2C，而B2C最常见的模式是平台商业模式。所谓平台商业模式是指利用互联网平台实现商品的销售。平台商业模式又分为两种类型：一种类型是商家自己通过互联网平台向消费者销售商品，如美国的亚马逊公司和中国的京东公司；另一种类型是商家自己不销售商品，而是通过互联网平台把商家与消费者联系起来，通过为他们提供服务而获取收益，如中国的阿里巴巴公司。

“互联网+商业”的模式迅速体现出强大的优越性：第一，突破了原来商业模式在时间和空间上的限制，产生了很大的规模收益递增效应。实体商店销售商品会受到营业时间和销售空间的限制；而采用互联网平台销售商品，消费者可以24小时利用移动互联网终端下单，互联网平台可以销售数不胜数的商品。第二，降低了经营成本，提高了经营效率，带来了商业模式的革命性变革。大幅度减少实体商店节约了租金成本，与消费者建立直接联系减少了中间流通环节，消费者利用个人电脑或智能手机可以迅速搜寻到需要的商品，商家送货上门给消费者提供了很大的便利……这一切都降低了销售成本并提高了销售效率。

---

① 2016年全球广告市场规模及发展趋势分析［EB/OL］．中国商情网．（2017-04-07）［2023-03-27］．http：//www．askci．com．

美国亚马逊公司是一个典型的例子。1995年，贝佐斯（J. Bezos）在西雅图创建了美国第一家网络零售公司——亚马逊公司，从事网上图书销售业务。凭借“互联网+商业”的优势，亚马逊公司的规模迅速扩大。一家大型书店能够销售的图书大约为20万册，但是亚马逊公司在互联网平台上销售的图书远远超过20万册。接着，亚马逊公司又把销售范围扩展到各种商品。到目前为止，亚马逊公司共有六大主营业务，分别是网上商城、第三方服务、云计算、会员服务、连锁超市、广告业务。亚马逊公司的营业收入在1997年财务年度仅有1.5亿美元，但到2017年财务年度达到1779亿美元，增长了1200倍。贝佐斯本人也于2015年居美国富豪榜第4位。

互联网与商业融合引起了商业资本的高度关注。如果把亚马逊公司采用的商业模式称为“互联网+商业”的模式，那么许多美国商业巨头则采用了可以被通俗地称为“商业+互联网”的模式。它们在保留实体店的同时纷纷建立网上商场，利用互联网销售商品，如沃尔玛公司、Etsy公司、塔吉特公司（Target）、家得宝公司、梅西百货公司（Macy's）、科尔士公司（Kohl's）等零售商纷纷发展网上销售业务，它们2017年的网上交易额仅次于亚马逊和电子湾公司（eBay），居美国第3~10位。

但是，“互联网+商业”不可能完全替代传统商业模式，它也有弱点：第一，由于消费者看不到实物，很容易遭遇假冒伪劣商品。当然，对于法制比较健全的国家来说，这种不利影响比较小。第二，某些名贵的商品如钻石或者某些要试用的商品如服装，人们还是习惯于到实体店购买。第三，人们逛商场不仅是要购买商品有时也是一种消遣，网上购物使人们享受不到这种乐趣。

本章小结

本章概括了马克思商业资本理论，坚持了马克思提出的商业劳动不创造价值的观点。

本章对纯粹流通费用是从剩余价值补偿还是从加价补偿这个难题，按照马克思的原意提出了解决方法。在这个基础上，本章根据新的历史条件，进一步提出纯粹流通费用的价值是通过商业劳动转移到最终商品价值中去的，它是作为资本耗费从成本中得到补偿的，从而对马克思纯粹流通费用补偿理论提出了补充意见。

本章还分析了21世纪的新现象，如美国商业增加值超过制造业、广告费用的膨胀、商业和互联网的融合等。

第十一章　新的历史条件下马克思劳动和工资理论研究

第一节　马克思的劳动和工资理论

一、劳动过程的本质

马克思在《资本论》中对劳动问题给予了高度关注，他在《资本论》第一卷的第三篇和第四篇中都研究了劳动问题。

马克思指出："劳动力的使用就是劳动本身。"① 马克思认为，劳动过程体现了人与自然的关系，它是劳动者利用劳动资料作用于劳动对象生产产品的过程。劳动过程还体现了人与人的关系，它在资本主义经济制度下是剩余价值的生产过程。马克思写道："不仅要生产使用价值，而且要生产价值，不仅要生产价值，而且要生产剩余价值。"②

马克思指出，资本主义生产的奥秘是资本家买到了一种特殊的商品——劳动力。这种特殊商品的使用价值在于，它不仅生产出劳动力的价值，即资本家投在劳动力上面的可变资本的价值，还为资本家生产出剩余价值。

因此，劳动者的劳动日划分为必要劳动时间和剩余劳动时间。马克思写道："工人

① 马克思．资本论：第1卷［M］//马克思，恩格斯．马克思恩格斯全集：第23卷．北京：人民出版社，1972：201.

② 马克思．资本论：第1卷［M］//马克思，恩格斯．马克思恩格斯全集：第23卷．北京：人民出版社，1972：211.

在劳动过程的一段时间内，只是生产自己劳动力的价值，……我把进行这种再生产的工作日部分称为必要劳动时间，把在这部分时间内耗费的劳动称为必要劳动。……工人超出必要劳动的界限做工的时间，……形成剩余价值，剩余价值以从无生有的全部魅力引诱着资本家。我把工作日的这部分称为剩余劳动时间，把这段时间内耗费的劳动称为剩余劳动。"①

根据劳动日的划分，马克思提出了剩余价值率的另外一种表述方式："剩余价值和可变资本之比等于剩余劳动和必要劳动之比，或者说，剩余价值率 m/v = 剩余劳动/必要劳动。这两个比率把同一种关系表示在不同的形式上：一种是物化劳动的形式，另一种是流动劳动的形式。因此，剩余价值率是劳动力受资本剥削的程度或工人受资本家剥削的程度的准确表现。"②

马克思对工业化初期工人阶级的状况表示极大的同情。他写道："资本主义生产——实质上就是剩余价值的生产，就是剩余劳动的吸取——通过延长工作日，不仅使人的劳动力由于被夺去了道德上和身体上的正常发展和活动的条件而处于萎缩状态，而且使劳动力本身未老先衰和死亡。它靠缩短工人的寿命，在一定期限内延长工人的生产时间。"③

马克思引用当时关于陶工的调查报告指出："他们未老先衰，寿命短促，迟钝而又贫血；他们常患消化不良症、肝脏病、肾脏病和风湿症，表明体质极为虚弱。"④

马克思还分析了劳动时间、劳动强度、劳动生产率、劳动力价值、剩余价值相互之间的关系。劳动强度是指单位时间的劳动付出，劳动生产率是指单位劳动时间的产量。它们的关系是：第一，在一定的劳动时间里，劳动创造的价值与劳动生产率无关，但随着劳动强度的增加而增加。第二，在其他因素不变的情况下，劳动生产率的提高导致劳动力价值的下降和剩余价值的增加。第三，在其他因素不变的情况下，劳动强度的提高导致剩余价值的增加。第四，在其他因素不变的情况下，劳动日的延长或缩短导致剩余价值的增加或减少。⑤

---

① 马克思．资本论：第1卷［M］//马克思，恩格斯．马克思恩格斯全集：第23卷．北京：人民出版社，1972：215.

② 马克思．资本论：第1卷［M］//马克思，恩格斯．马克思恩格斯全集：第23卷．北京：人民出版社，1972：244.

③ 马克思．资本论：第1卷［M］//马克思，恩格斯．马克思恩格斯全集：第23卷．北京：人民出版社，1972：295.

④ 马克思．资本论：第1卷［M］//马克思，恩格斯．马克思恩格斯全集：第23卷．北京：人民出版社，1972：274.

⑤ 马克思．资本论：第1卷［M］//马克思，恩格斯．马克思恩格斯全集：第23卷．北京：人民出版社，1972：561-570.

二、劳动者的工资

在马克思以前，经济学者们都认为劳动者的工资是劳动的价格。马克思指出："在资产阶级社会的表面上，工人的工资表现为劳动的价格，表现为对一定量劳动支付的一定量货币。在这里，人们说劳动的价值，并把它的货币表现叫做劳动的必要价格或自然价格。另一方面，人们说劳动的市场价格，也就是围绕着劳动的必要价格上下波动的价格。"①

马克思政治经济学的主要贡献之一是指出劳动者的工资是劳动力的价值或者价格的转换形式。正因为工资是劳动力价值，而劳动力的使用价值不仅再生产出劳动力的价值，还创造了剩余价值，从而揭开了资本主义生产的秘密：一切都是等价交换，但是资本家获得了剩余价值。事实很明显，正如马克思指出的："如果劳动的价值这种东西确实存在，而且他确实支付了这一价值，那末资本就不会存在，他的货币也就不会转化为资本。"②

马克思之所以没有把工资称为劳动力的价值或者价格，而是称为劳动力价值或者价格的转换形式，是因为在工资这个现象形态上，资本主义生产关系的本质被掩盖了。马克思指出："工资的形式消灭了工作日分为必要劳动和剩余劳动、分为有酬劳动和无酬劳动的一切痕迹。全部劳动都表现为有酬劳动。"③

马克思还分析了一个国家内部的工资决定和工资差异问题。马克思指出："劳动力的价值，就是维持劳动力所有者需要的生活资料的价值。……生活资料的总和应当足以使劳动者个体能够在正常生活状况下维持自己。由于一个国家的气候和其他自然特点不同，食物、衣服、取暖、居住等等自然需要也就不同。另一方面，所谓必不可少的需要的范围，和满足这些需要的方式一样，本身是历史的产物，因此多半取决于一个国家的文化水平，其中主要取决于自由工人阶级是在什么条件下形成的，从而它有哪些习惯和生活要求。因此，和其他商品不同，劳动力的价值规定包含着一个历史的和道德的因素。但是，在一定的国家，在一定的时期，必要生活资料的平均范围是一定的。"④

---

① 马克思．资本论：第1卷［M］//马克思，恩格斯．马克思恩格斯全集：第23卷．北京：人民出版社，1972：585.

② 马克思．资本论：第1卷［M］//马克思，恩格斯．马克思恩格斯全集：第23卷．北京：人民出版社，1972：593.

③ 马克思．资本论：第1卷［M］//马克思，恩格斯．马克思恩格斯全集：第23卷．北京：人民出版社，1972：590.

④ 马克思．资本论：第1卷［M］//马克思，恩格斯．马克思恩格斯全集：第23卷．北京：人民出版社，1972：194.

按照马克思的理解，既然劳动力的价值是维持劳动力所有者需要的生活资料的价值，那么不同职业和不同质量的劳动者的工资将存在差异。

马克思还分析了不同国家的工资差异问题。他指出："在比较国民工资时，必须考虑到决定劳动力的价值量的变化的一切因素：自然的和历史地发展起来的首要的生活必需品的价格和范围，工人的教育费，妇女劳动和儿童劳动的作用，劳动生产率，劳动的外延量和内含量。"① 他还指出："一个国家的资本主义生产越发达，那里的国民劳动的强度和生产率，就越超过国际水平。因此，不同国家在同一劳动时间内所生产的同种商品的不同量，有不同的国际价值，从而表现为不同的价格，即表现为按各自的国际价值而不同的货币额。"②

第二节 马克思以后的劳动和工资理论的比较研究

一、对人力资本理论的评论

(一) 人力资本理论

劳动和工资是经济学中的一个基本的研究领域，在这个研究领域形成了一些有代表性的研究结果。笔者拟把这些研究结果与马克思劳动和工资理论进行比较，并且发表自己的看法。

人力资本（human capital）理论是劳动理论的一个分支，是 20 世纪 50 年代末 60 年代初形成和发展起来的。美国经济学者舒尔茨（T. Schultz）、明塞尔（J. Mincer）和贝克尔（G. S. Becker）对人力资本理论的形成作出了贡献。

人力资本是相对于物质资本而言的。物质资本是对物进行投资，如建造厂房、机器、工具而形成的一种生产能力。经济学者们发现，对人进行投资也会形成一种生产能力。既然把对物进行投资形成的生产能力称为物质资本，那么对人进行投资形成的生产能力就称为人力资本。人力资本的形成途径主要是正规教育、职业培训、医疗保健。

---

① 马克思．资本论：第 1 卷［M］//马克思，恩格斯．马克思恩格斯全集：第 23 卷．北京：人民出版社，1972：613.

② 马克思．资本论：第 1 卷［M］//马克思，恩格斯．马克思恩格斯全集：第 23 卷．北京：人民出版社，1972：614.

人力资本理论的研究重点是对人进行投资的回报以及对经济的影响，也就是分析人力资本投资与收入分配的关系，以及人力资本投资与经济增长的关系。

（二）笔者的评论

笔者认为，人力资本的概念是不准确的。在资本主义经济里，资本是有特定含义的，是指能够带来剩余价值的价值。但是，所谓人力资本是指劳动者的质量或能力。一个劳动者接受的教育和培训越多，他的质量或能力就越高，他的劳动力价值就越高，所以他的工资就越高。同时，劳动者的质量或能力越高，他创造的价值和剩余价值就越多，但是他得到的只是劳动力的价值。因此，从资本的范畴来看，人力不是资本。

另外，人力资本概念的泛化，会模糊资本主义社会的阶级关系，掩盖资本主义生产的本质。既然对人进行投资形成人力资本，对物进行投资形成物质资本，劳动者是人力资本所有者，资本家是物质资本所有者，两者就都是资本所有者。劳动者凭借人力资本所有权得到工资，资本家凭借物质资本所有权得到利润，一切都公平合理，不存在剩余价值，不存在剥削关系。

在剔除了人力资本中资本含义的错误以后，笔者认为这个研究领域的不少研究成果是有价值的。随着科学技术的进步和经济的发展，对普通劳动者的需求将会减少，对高质量劳动者的需求会越来越大，劳动者质量的提高在经济发展中将发挥越来越大的作用。

二、对克拉克的工资理论的评论

（一）克拉克的工资理论

在收入分配和工资决定研究领域对西方经济学界产生重要影响的是克拉克的生产要素边际生产率理论。美国经济学者克拉克在1899年出版的《财富的分配》中提出了他的分配理论，也提出了他的工资理论。

克拉克认为，劳动者的工资是由劳动者的边际生产率，也就是最后一个单位劳动生产的产品价值决定的。如图11-1所示，纵轴表示劳动的边际产品的价值，横轴表示劳动的数量。在资本的数量为一定的条件下，如果连续地投入劳动，由于边际收益递减规律的作用，劳动的边际生产率是递减的，最后一个单位劳动生产的产品价值DC就是投入的全部劳动的边际生产率，全部劳动者的工资就是由劳动的边际生产率DC决定的。

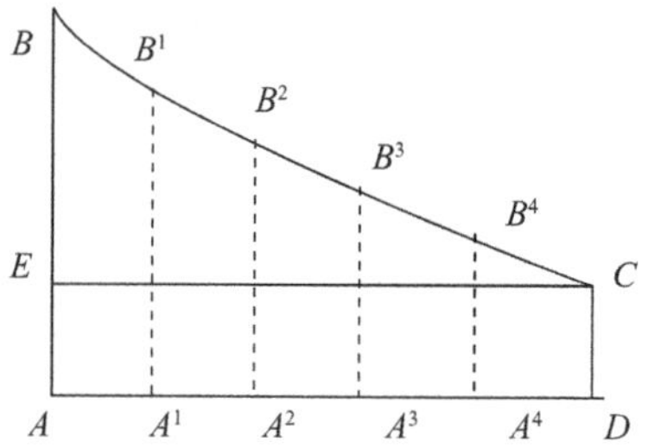

图 11-1　工资的决定

在图 11-1 中，如果说劳动者的工资是由劳动的边际生产率决定的，那就意味着 5 个单位劳动得到的工资总额是 *AECD* 的面积，但是 5 个单位劳动生产的产品价值是 *ABCD* 的面积，那么作为剩余的 *EBC* 的面积是什么呢？克拉克说劳动者是使用资本进行生产的，这部分剩余就是资本的利息。①

按照克拉克的看法，把图 11-1 的纵轴改为表示资本的边际生产率，横轴改为表示资本的数量，这个图形同样可以用于分析利息的决定。在劳动数量为一定的条件下，如果连续地投入资本，资本的边际生产率将递减，最后一个单位资本生产的产品价值 *DC* 就是投入的全部资本的边际生产率，全部资本的利息就是由资本的边际生产率 *DC* 决定的。与上述分析相似，资本的利息总额是 *AECD* 的面积，作为剩余的 *EBC* 的面积是工资。

既然工资的决定和利息的决定是一样的，工资决定后的剩余形成利息，利息决定后的剩余形成工资，那么利润从何而来？克拉克的看法是：如图 11-2 所示，图 11-2（Ⅰ）中作为剩余的利息用于支付图 11-2（Ⅱ）中的利息，图 11-2（Ⅱ）中作为剩余的工资用于支付图 11-2（Ⅰ）中的工资，两者的剩余构成利润。②

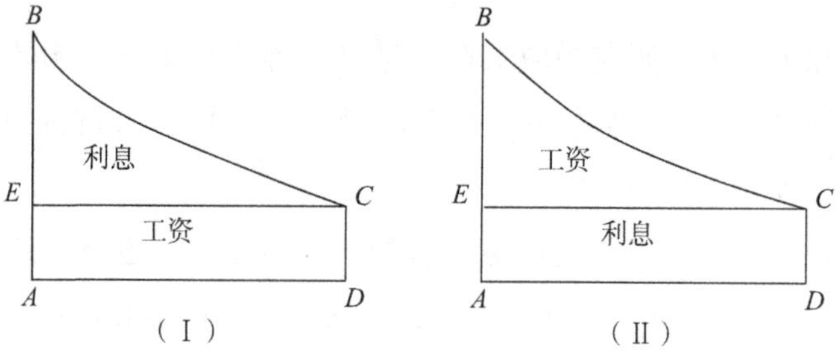

图 11-2　利润的来源

① 克拉克．财富的分配［M］．王翼龙，译．北京：华夏出版社，2013：139.
② 克拉克．财富的分配［M］．王翼龙，译．北京：华夏出版社，2013：155-156.

（二）笔者的评论

笔者对克拉克的收入分配理论提出下述看法：

第一，克拉克关于工资取决于劳动边际生产率的看法与萨伊关于劳动创造工资、资本创造利息、土地创造地租的“三位一体公式”是一脉相承的。如果说图 11-2（Ⅰ）说明的劳动创造工资、利息和利润，从价值来源的角度反映了资本主义生产的现实情况，那么图 11-2（Ⅱ）说明的资本创造利息、工资和利润，则违反了资本主义的现实情况。没有劳动，物质资本如何创造价值呢？资本家从最简单的经营管理实践中就可以得知，物质资本的价值是作为折旧转移到产品的价值中去的。是的，资本家凭借对物质资本的所有权要求得到剩余价值，这实际上就是资本主义生产的本质，但不能因此说利息、利润，甚至工资是物质资本创造出来的。物质资本的所有权为资本家带来剩余价值与物质资本本身能够创造剩余价值是两个完全不同的概念。

第二，克拉克的劳动边际生产率的概念是脱离资本主义经济现实的。不妨来看看克拉克自己举的在资本不变的条件下增加劳动投入量的例子。克拉克写道，在配备 1 亿美元资本的条件下，如果投入 1000 名工人，那么工人们可以使用精密的机器等。但是，如果再增加 1000 名工人，那么就只能配备廉价的机器了，所以劳动的边际生产率是递减的，并可以确定投入的最后一批工人所生产的产品的价值。[①] 笔者认为，像克拉克这样的资本货币数额不变而资本物质内容可变的分析存在逻辑缺陷。

如果资本家增加雇佣 1000 名工人而只能配备廉价的机器，那么生产条件已经发生了变化，此时的劳动生产率又怎么可以被认为是劳动的边际生产率呢？如果非要这样论证，那么当资本家增加雇佣 1000 名工人时，为什么不能配备更加精密的机器？这样边际劳动生产率不就递增了吗？没有证据可以证明，在现实经济中，一个资本家在开始组织生产的时候一定会使用最精密的机器。这就是说，克拉克想要的结果在前提中已经确定了。

在一定的历史时期，一个产业通常会采用一定的生产方式来进行生产。一台车床只需要 1 名工人，再增加 1 名工人就是多余的。一条生产线需要 30 名工人，不足 30 名工人生产线就无法正常运转，多于 30 名工人也并无必要。这就是说，在物质资本为一定的条件下，资本家会雇佣一定数量的工人进行生产。在现实经济中，不存在资本家不断增雇工人以找出边际生产率，并且按照劳动边际生产率支付工资的情况。当然，经济理论与经济现象不同，经济理论是要发现经济现象背后的经济规律，但不能凭空

---

① 克拉克．财富的分配［M］．王翼龙，译．北京：华夏出版社，2013：134-137.

捏造经济规律。

不可否认，边际概念的提出使在经济学分析中引入高等数学成为可能，但不能因此而去捏造现实经济中不存在或者说不是普遍存在的现象。在劳动和资本的相互替代中，边际的概念是成立的，但前提已经不是资本不变或劳动不变了。

三、对萨缪尔森的工资理论的评论

（一）萨缪尔森的工资理论

美国经济学者萨缪尔森在已经出版了 19 版的《经济学》中一直以克拉克的边际生产率理论作为分析工资决定的基础，但是他把劳动的边际生产率看作劳动的需求的决定因素。

按照萨缪尔森的看法，劳动者的工资是由劳动的供给和需求决定的。在劳动市场上，对劳动的需求取决于劳动的边际收益产品，即增加 1 单位劳动所增加的产品带来的收益。在商品市场完全竞争的条件下，产品的价格是不变的。这样，如果用 MPP 表示劳动的边际实物产品，即增加 1 单位劳动所增加的产品，单位产品的价格是 P，边际收益产品 $MRP=MPP \cdot P$。在边际收益递减规律的影响下，如果连续地增加工人，劳动的边际实物产品递减，边际收益产品也随之递减。因此，在纵轴表示边际收益产品，横轴表示劳动数量的坐标系里，劳动的边际收益产品曲线是一条向右下方倾斜的曲线。由于厂商对劳动的需求取决于劳动带来的边际收益产品，边际收益产品曲线就成为厂商对劳动的需求曲线，如图 11-3 的曲线 D 所示。

在劳动力市场上，工人根据工资决定劳动的供给量。在工资比较低的情况下，工人愿意用更好的物质生活来取代闲暇，所以愿意提供更多的劳动量。在工资较高的情况下，工人觉得减少劳动也不会降低他们的物质生活水平，因而愿意享受更多的闲暇，将会减少劳动时间。因此，在以纵轴表示工资，用横轴表示劳动量的坐标系里，劳动供给曲线成为一条向后弯曲的曲线，如图 11-3 中的曲线 S 所示。

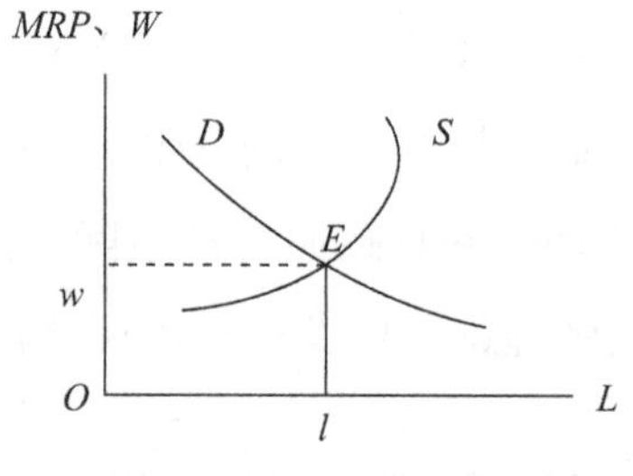

图 11-3　工资的决定

如图 11-3 所示，在劳动的需求曲线和供给曲线相交的时候，劳动者提供 Ol 的劳动索取 Ow 的工资，厂商使用 Ol 的劳动得到了 Ow 的边际收益产品，从而形成了均衡的工资 w 和均衡的劳动就业量 l。

按照萨缪尔森的解释，外科医生和餐馆工人的工资之所以存在差异，是因为外科医生需要经过严格的训练，他们的供给缺乏弹性，工资增加难以导致外科医生增加，劳动的供给曲线是一条比较陡直的曲线。餐馆工人不需要经过特殊训练，他们的供给富有价格弹性，工资增加，餐馆工人的供给量就会迅速增加，劳动的供给曲线是一条比较平坦的曲线。外科医生的供给曲线和餐馆工人的供给曲线与相应的需求曲线相交，决定了外科医生的高工资和餐馆工人的低工资。[①]

（二）笔者的评论

笔者认为萨缪尔森工资理论还存在三个问题：

第一，萨缪尔森指出工资是由劳动的需求和供给决定的。实际上，工资不是由劳动的需求和供给决定的，而是由劳动力的需求和供给决定的。工人出售的是劳动力，工人的劳动除了再生产出相当于工资的劳动力价值以外，还生产出剩余价值。

第二，萨缪尔森关于不同质量劳动者的工资差别的分析过于肤浅。他认为外科医生和餐馆工人的工资差别是外科医生的供给曲线较陡直而餐馆工人的供给曲线较平坦造成的。实际上，外科医生这种劳动力的形成耗费了高额的教育和培训费用，劳动力的价值本身就高，他们的供给曲线不是简单地因为缺乏弹性而比较陡直，而是整体位于坐标系偏上方的位置。

第三，现实经济中的工资是市场工资，必然受到劳动力需求和供给的影响。但是，劳动力商品是一种特殊的商品，它的价格不像投资品或消费品那样由供给和需求决定。萨缪尔森的供求分析法只提出劳动的供给曲线向后弯曲这个相对不那么重要的特点，没有揭示劳动力市场的特点。关于这个问题笔者随后进行分析。

四、供求分析法对市场工资决定适用性讨论

马克思分析了工资的本质，工资的本质是劳动力价值或者价格，因此劳动力价值或价格是工资的基础。在这里，劳动力价格是劳动力价值的货币表现，即不考虑市场需求和供给条件下劳动力的价格。劳动力价值是用劳动时间计量的，劳动力价格是用

---

① 萨缪尔森，诺德豪斯．经济学［M］．萧琛，等，译．北京：商务印书馆，2012：377-401.

货币计量的。

马克思指出劳动力价值包含历史和道德因素，说明马克思认为工资的基础具有较大的弹性。按照笔者的理解，所谓的历史因素主要是指社会生产力水平提高导致的生活资料内容的变化。例如，小汽车在某个历史时期是奢侈品，在另外一个历史时期可能是必需品；听歌剧在某个历史时期是贵族的精神享受，在另外一个历史时期是平民的精神生活。所谓道德因素主要是指社会形成的一种善恶的标准。如果随着社会文明程度的提高，社会普遍对人的生存权利有足够的尊重，认为人应该过有尊严的生活，那么劳动力价值或者价格就会较高。但是，在一个特定的历史时期和一种特定的道德准则下，将形成一个大致的劳动力价值或者价格水平。

但是，在现实经济里，工资是劳动力的市场价格，必然受到劳动力市场的需求和供给的影响。这意味着劳动力价格受到市场需求和供给的影响形成劳动力市场价格，劳动力价格是劳动力需求函数和供给函数的基础。但是，劳动力是一种特殊的商品，市场供求对市场工资的影响并不充分。

首先来考察劳动力的供给函数。就业是劳动者生存的唯一途径，劳动的供给量对市场工资缺乏弹性，不会充分地随着市场工资的上升或下降而增加或减少。但是，这不意味市场工资对劳动供给量没有影响。在家庭收入有一定保障或失业救济能够维持生活的情况下，劳动者对市场工资仍然会作出反应。这种情况可以从劳动参与率、放弃就业和重新就业的变化中观察到，但这种反应是有限的。

其次来考察劳动力的需求函数。资本家解雇劳动者受到法律的限制，解雇劳动者需要支付解雇费，再雇佣还需要支付培训费用。因此，劳动的需求量对市场工资也是缺乏弹性的。但是，资本家会根据利润情况调整产量，因而也会调整雇佣量，因此，与劳动供给量相比，劳动需求量对市场工资反应的弹性要大一些，这种情况可以从失业率的变化中观察到。

另外，在现实的经济里，并非在劳动的需求量与供给量相等时形成均衡的工资和就业量。由于劳动者在劳动力市场中处于弱势，就业量是由资本家雇佣量决定的。无论劳动者的意愿如何，他们只能接受这个就业量。因此，市场工资不是均衡工资，就业量不是均衡就业量，市场工资和就业量是非均衡的。当然，在理论上，均衡分析是非均衡分析的基础，但作为理论分析有必要揭示劳动力市场的特点，不宜简单地把劳动力与普通商品同等对待。

五、对工资黏性理论的评论

工资黏性是指工资向下是呈黏性的，不会随着需求或供给的变化而下降。工资黏性理论的提出实际上是对工资供求分析方法的一种修正。

英国经济学者凯恩斯在1936年出版的《就业、利息和货币通论》中就提出了工资黏性的思想，他指出："由于劳动力的流动不可能尽善尽美，在各相同的行业净收益也不趋于完全相同，所以，任何愿意把自己的货币工资降低到别人之下的个人或者团体，其实质工资都将必然会相应降低。对于他们来说，有充分的理由不去那样做。"① 凯恩斯的意思是工人会抵制工资的下降，使工资向下呈黏性。

美国经济学者斯蒂格利茨（J. E. Stiglitz）总结了这个研究领域的研究成果，对工资黏性提出如下解释：第一，工会的存在，即工会通过组织的力量阻止工资下降。第二，隐含合同，即工人与厂商达成某种默契：在经济繁荣时期工人不要求提高工资，作为回报，在经济衰退时期厂商不降低工资。第三，局外人与局内人。局外人是指希望就业的人，局外人成为局内人要经过培训，如果厂商试图用低工资的局外人取代局内人，局内人将在培训局外人方面不予合作，因此局外人的工资不能降低到使他们需求量与供给量相等的水平。第四，效率工资，即高于均衡工资水平的工资。厂商为了激励个人，往往把工资提高到行业的均衡水平以上，使工人的工资不等于劳动需求量等于供给量时的工资。②

工资黏性是20世纪80年代凯恩斯学派解体以后产生的新凯恩斯主义的一个研究领域，它的意义在于承认劳动力是一种特殊的商品，工资并非像新古典学派或者新古典主义说的那样，由连贯的劳动需求曲线和供给曲线的交点决定的。笔者认为，斯蒂格利茨在工资黏性分析中提出的现象或多或少是存在的，但这种分析没有揭示工资的本质：工资是劳动力价值或者价格的转化形式。工资水平是由资本家阶级和工人阶级的博弈决定的，它有可能低于劳动力的价值或价格，这意味着劳动力在萎缩的状态下再生产；也可能高于劳动力的价值或价格，这意味着劳动者的生活状况得到一定的改善。工资不仅向下呈黏性——遇到工人阶级的抵制，还向上呈黏性——遇到资本家阶级的压制。

① 凯恩斯．就业、利息和货币通论［M］．宋韵声，译．北京：华夏出版社，2012：11.

② 斯蒂格利茨．经济学：下册［M］．高鸿业，等，译．北京：中国人民大学出版社，1997：65-75.

第三节 以美国为例对工会问题的研究

一、美国工会运动发展状况

（一）美国工会运动的兴衰

工会问题是经济学研究中一个带有阶级敏感性的问题，也是一个争议很大的问题。工会是劳动者联合起来为改善劳动条件和工资待遇而斗争的一种组织形式。在资本主义制度形成以后，工人阶级在资本主义经济中处于被剥削的弱势地位。为了改善这种状况，工人们很早就组织了工会，试图通过集体的力量来争取自己的利益，但一直受到代表资本家阶级利益的国家力量的压制。随着工人阶级不断进行抗争，工会逐渐发展起来并成为劳动力市场的重要力量。笔者以美国为例来分析主要资本主义国家的工会问题。

美国在1890年制定了《谢尔曼反托拉斯法》，虽然这部法律没有把工会看作垄断组织，但是美国的行政和司法机构一直利用这部法律限制甚至禁止工会的活动。1929年，美国与其他主要资本主义国家陷入了“大萧条”，大批工人失业，阶级矛盾异常尖锐。为了缓和阶级冲突，美国总统罗斯福在1933—1938年推出了一系列新政策，即所谓的“罗斯福新政”。

“罗斯福新政”的一项重要内容是于1935年通过的《国家劳动关系法案》（《瓦格纳法案》）。该法案确定了雇主和雇员的权利，鼓励雇主和雇员集体谈判，指出雇主的哪些行为属于不公平行为，工人遇到这种不公平行为可以向国家劳动关系委员会（National Labor Relation Board）起诉。虽然大资本家对罗斯福的这些政策表示强烈不满，但是“罗斯福新政”在特定的历史条件下还是得以实施，工会组织迅速发展起来。

20世纪50—60年代是美国工会运动的兴盛时期。从经济因素看，美国二战后经历了较长时间的经济繁荣，劳动力变得相对短缺，工人阶级在与资本家阶级的斗争中处于有利地位。从政治因素看，二战后社会主义运动风起云涌，政府和资本家阶级不得不顾忌国内工人阶级的反应，在客观上对工会运动起着支持作用。1955年12月5日，美国劳工联盟（the American Federation of Labor）与工业组织协会（the Congress of Industrial Organizations）合并，成立了美国劳工联合会—产业工会联合会，实现了工会组织的统一。

即便在这个时期，工会运动也受到了压制。1947 年 6 月，美国国会通过了《劳资关系法案》（《塔夫特-哈特莱法案》），禁止工人自由组织工会，禁止工会签订只能雇佣工会会员的合同，禁止工人在罢工中从事纠察活动，等等。1950—1954 年，美国参议员麦卡锡（J. R. McCarthy）煽动极端的反共反民主情绪，“麦卡锡主义”泛滥。反动势力借助反共打击工会运动，工会为了捍卫工人的利益展开了斗争。

20 世纪 60 年代以后，出于发动越南战争和缓和社会矛盾的需要，肯尼迪政府和约翰逊政府都把调整劳资关系置于重要地位。1961 年美国政府成立了总统劳资政策顾问委员会，向总统提供咨询意见。1963 年美国政府成立了国家劳资关系小组，协调劳资关系。肯尼迪政府和约翰逊政府也推出了一些社会福利措施，工人的生活状况得到了一定的改善。

在美国工会运动的兴盛时期，美国工会会员占劳动力的比例于 1954 年达到高峰，为 33.5%。到 1968 年，美国工会会员人数有 1561 万人，各个行业的独立工会人数约 465 万人，工会会员占劳动力的比例还有 26.9%。①

但是，从 20 世纪 70 年代开始，美国工会运动走向衰落。到 2018 年，美国工会会员人数约 1474 万人，工会会员占劳动力的比例下降到 10.5%。② 这意味着 1968 年以后的 50 年间，虽然美国工人人数在增加，但是美国工会会员人数却在减少，工会会员占劳动力的比例大幅度下降。

（二）美国工会运动兴衰的统计描述

首先来考察美国工会会员情况。根据麦克南（C. R. McConnell）的《当代劳动经济学》以及美国劳工部劳动统计局提供的统计资料，可以得到如图 11-4 所示的 1952—2018 年美国工会会员在劳动力中所占比例的变化情况。

从图 11-4 可以看到，在 20 世纪 50 年代中期以后，美国工会会员在劳动力中所占的比例已经趋向下降了，但是在 20 世纪 70 年代以前美国工会会员在劳动力中的占比还在 25%以上。在 20 世纪 70 年代以后，美国工会会员在劳动力中所占的比例持续下降。

---

① 麦克南．当代劳动经济学［M］．刘文，等，译．北京：人民邮电出版社，2006：371.

② Bureau of Labor Statistics，Union Affiliation，https：//www.bls.gov.

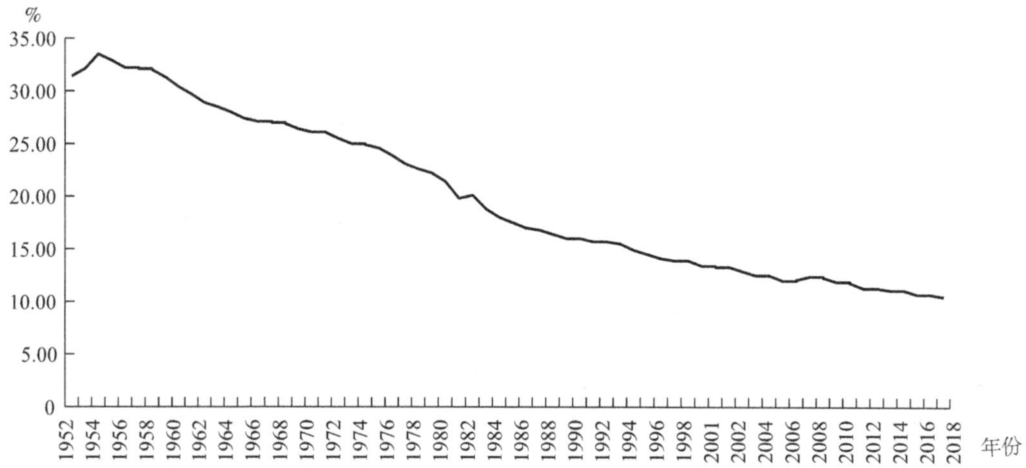

图 11-4　1952—2018 年美国工会会员比例的变化情况

资料来源：麦克南．当代劳动经济学［M］．刘文，等，译．北京：人民邮电出版社，2006：371；Bureau of Labor Statistics，BLS Reports 2018，https：//www. bls. gov.

同时，根据美国劳工部劳动统计局提供的统计资料，还可以得到如图 11-5 所示的美国工会会员人数的变化。从图 11-5 中可以看到，在 1994 年以后，在美国劳动力不断增加的情况下，美国工会会员人数除了 2008 年美国爆发金融危机期间出现较大幅度增加以外，一直趋向震荡下降。

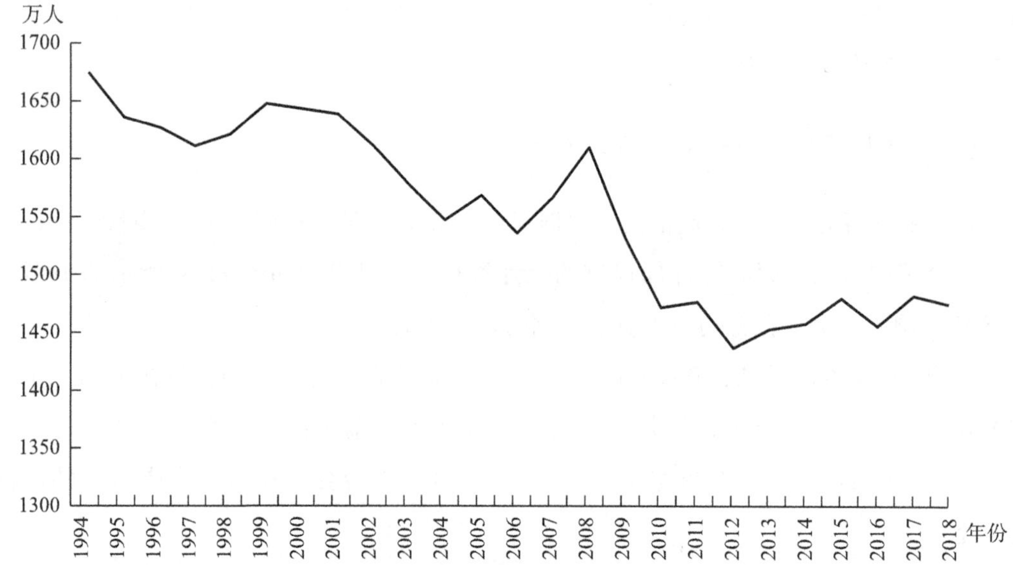

图 11-5　1994—2018 年美国工会会员人数的变化情况

资料来源：Bureau of Labor Statistics，Union Affifiation Data，CPS Databases，https：//www. bls. gov.

其次来考察美国罢工情况。罢工是工会维护工人利益而采取的一种激烈的手段。

根据美国劳工部劳动统计局提供的统计数据，1949—2018 年美国工人罢工的情况如图 11-6 和图 11-7 所示。图 11-6 表示在发生 1000 人以上的罢工时参与的工人人数，以万人为单位。图 11-7 表示工人罢工时间，是罢工工人人数与罢工天数的乘积，以万天为单位。

从图 11-6 中可以看到，参与罢工的工人人数在 20 世纪 50 年代中期前后和 60 年代中后期较多，在 70 年代以后持续减少。从图 11-7 中可以看到，罢工持续时间在 20 世纪 50 年代后期和 60 年代中后期较多，在 70 年代以后持续减少。

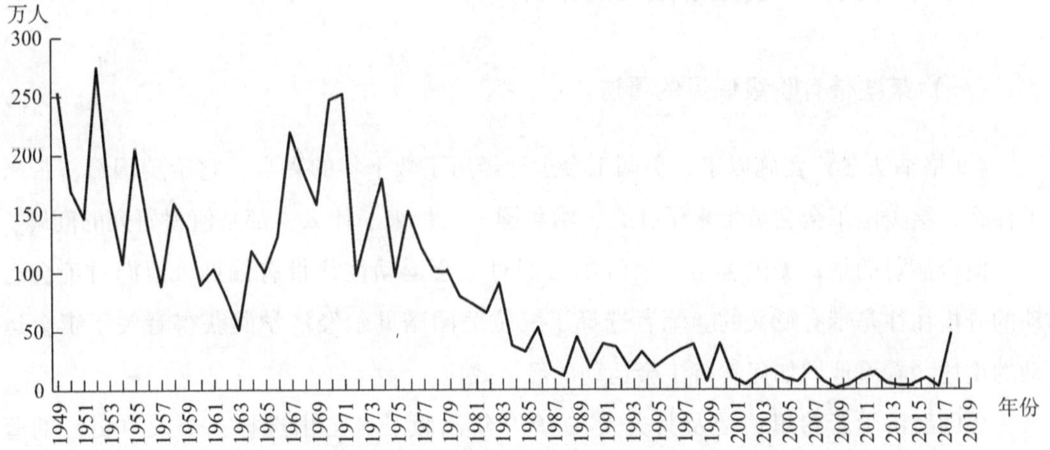

图 11-6　1949—2018 年美国参与罢工的工人人数

资料来源：Bureau of Labor Statistics，Work Stoppages，https：//www. bls. gov.

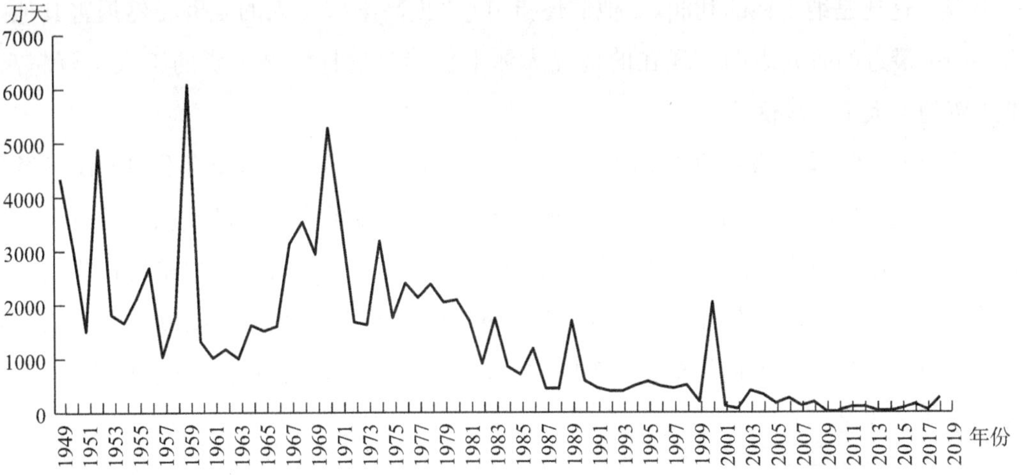

图 11-7　1949—2018 年美国工人罢工持续时间

资料来源：Bureau of Labor Statistics，Work Stoppages，https：//www. bls. gov.

从工会会员的部门结构来看，美国工会会员主要集中在公共部门。2014 年，在公共部门中，工会会员占了雇员人数的 35. 7%。在私人部门中，工会会员只占雇员人数的 6. 6%。与 2004 年相比，2014 年公共部门工会会员占比下降了 0. 7 个百分点，私人部门工会会员占比下降了 1. 3 个百分点。在私人部门中，工会会员在雇员中占比最高的是运输与公用事业、建筑业、制造业。2014 年，工会会员在这三个产业工人中的占比分别为 20. 1%、13. 9%、9. 7%。①

二、学界关于工会经济效应的分析

（一）某些带有阶级偏见的看法

《瓦格纳法案》实施以来，美国工会运动经历了数十年的兴衰，它给美国经济带来了什么，给美国工会会员带来了什么，给美国工人带来了什么，都是值得研究的问题。

值得注意的是，美国著名的经济学者们对工会运动往往带有偏见，他们对工会运动的分析往往是带有贬义的。笔者选择了三位美国诺贝尔经济学奖获得者关于工会运动的论述，看看他们如何看待工会运动的经济效应。

美国经济学者弗里德曼及其夫人在 1979 年出版了《自由选择：个人声明》的著作。他们指出："工会领导人经常说可以通过减少利润来提高工资。这是不可能的：根本没有富余的利润来提高工资。美国全部的国民收入目前约有 80%用于支付工资、薪金和小额优惠。……公司利润——这是工会领导人经常提到的——总额不到国民收入的 10%。这还是纳税钱的利润。"他们还指出："提高某些工人的工资必然损害其他工人。……最近的研究表明，现在的情况大体上仍然是这样。高工资的工人工资越高，低工资的工人工资越低。"②

美国经济学者萨缪尔森和诺德豪斯（W. D. Nordhaus）在 2010 年第 19 版《经济学》中指出："工会通过取得对某一企业或产业劳动供给的合法垄断，从而拥有了市场力量，……迫使企业提供高于竞争性水平的工资。……大多数经济学家现在相信，工会并不是将收入从资本方面向劳动方面进行再分配，而是从非工会成员方面向工会成员方面的再分配。"③ 他们的根据是美国国民收入中属于劳动的部分在过去的 60 年中没有发生什么变化。

① Bureau of Labor Statistics, Union Membership Rate in Private Industry was 6. 6% in 2014, Public Sector 35. 7%, https: //www. bls. gov.

② 弗里德曼 M，弗里德曼 R. 自由选择：个人声明 [M]. 胡骑，等，译. 北京：商务印书馆，1982：245-246.

③ 萨缪尔森，诺德豪斯. 经济学 [M]. 萧琛，等，译. 北京：商务印书馆，2012：428-431.

美国经济学者斯蒂格利茨在1993年出版的《经济学》中指出，工会作为垄断卖主提高了工资，但是当雇主不愿意进一步投资时，工作机会就会减少，工会的短期收益是以在长期失去工作机会作为代价的。另外，他还指出，工会会员的某些收益是以其他部门工人受到损害为代价的，原因之一是更高的工资通过更高的价格转嫁到消费者身上，原因之二是工会化的部门就业人数的减少增加了非工会化部门的劳动供给，导致非工会化部门工资的下降。①

（二）工会运动对工人工资的影响

美国经济学者摩尔（W. J. Moore）和瑞恩（J. Raisian）指出，工会对工资的影响程度对于不同种类的工人和不同的行业是不同的。在经济危机时期，大量失业工人在工会影响不到的劳动力市场中争夺工作，工会会员的工资优势将更加明显。②

美国经济学者鲍哈斯（G. J. Borjas）收集了美国经济学界关于工会会员与非工会会员工资差异的分析，得出二战后工会会员工资超过非工会会员工资的百分比最高时在1962年前后达到27.5%，到2005年前后下降到12.5%。但是鲍哈斯接着指出："与非工会化工作岗位的典型工作者相比，工会化工作岗位的典型工作者的生产效率更高。因此，工资差距过高地估计了工会的工资收益。"③

弗里曼和梅多夫指出：第一，工会确实存在垄断性工资效应，该效应对受教育少的人比受教育多的人大，对年轻的工人比对年长的工人大，对级别低的工人比对级别高的工人大。垄断性工资收益占国民生产总值的比例不超过0.3%。第二，工会的存在扩大了工会和非工会蓝领工人的工资差异，但缩小了蓝领工人和白领工人的工资差异，总体来看，工会降低工人工资收入不平等的作用要大于增加工人工资收入不平等的作用。另外，非会员工人也因工会运动得到了更高的工资和更好的工作条件。第三，工会除了争取提高会员的工资以外，还推动了整个劳动补偿制度的改善，涉及养老金、人寿保险、意外保险、健康保险等，提高了社会福利水平。④

（三）工会运动对生产率的影响

弗里曼认为美国工会运动有助于提高企业的生产率，指出通过工会与雇主申诉和谈判等机制，工会的存在降低了工人离职的可能性。在相同的条件下，有工会的企业

① 斯蒂格利茨．经济学：下册［M］．高鸿业，等，译．北京：中国人民大学出版社，1997：441.

② MOORE W J, RAISIAN J. The Level and Growth of Union/Nonnuion Relative Wage Effect, 1967-1977［J］. Journal of Labor Research, 1983（4）: 65.

③ 鲍哈斯．劳动经济学［M］．夏业良，译．北京：中国人民大学出版社，2010：485-486.

④ 弗里曼，梅多夫．工会是做什么的［M］．陈耀波，译．北京：北京大学出版社，2011：13-14.

的工人比没有工会的企业的工人更加稳定。另外，少数部门由于工会的存在降低了生产率，多数部门由于工会的存在提高了生产率。工会的存在减少了工人的流动，促进了雇主管理能力的提高。①

美国法学学者杜-施密特（K. Dau-Schmidt）认为，工会运动导致企业生产率提高的原因如下：第一，工会的震撼效应。当工会要求增加工资时，雇主会采取提高效率的方法来维持利润率，从而导致生产效率的提高。第二，工会的存在使劳资双方签订的长期合同得到有效的执行，有助于企业生产效率的提高。第三，安全、照明、取暖、生产线等工作条件属于员工共享的公共产品，工会通过统一工作条件的标准提升了效率。②

但是，也有学者不同意工会运动有助于提高生产率的看法。美国经济学者赫希指出，工会对生产率的影响因劳动关系和工作场所的具体情况而异，但平均效果接近于零，有时候有正面影响，有时候有负面作用。③

三、笔者的评论和分析

（一）笔者对弗里德曼等学者看法的回应

弗里德曼提出的没有利润空间用于提高工资的说法是违背事实的。根据美国联邦储备委员会提供的数据，在弗里德曼著述的1975—1979年，美国雇员的税前报酬和税前利润情况如表11-1所示。需要提请注意的是，雇员报酬包括对全部雇员的工资、薪金以及各种奖金、补贴。这意味着这些雇员包括领取高额薪金的高级管理人员，以及领取巨额薪金的介于资本家和管理者之间的“雇员”。

从表11-1可以看到，在弗里德曼出版著作的1979年，雇员报酬占国民收入的比例是65.87%，远低于弗里德曼所说的80%；利润占国民收入的比例是13.39%，远高于弗里德曼所说的不到10%。另外，1975年利润在国民收入中所占比例较低是1974年和1975年发生经济衰退造成的短期现象 。从表11-1可以看到，从1975年到1979年美国利润在国民收入中所占比例一直趋向提高。

---

① 弗里曼，梅多夫．工会是做什么的［M］．陈耀波，译．北京：北京大学出版社，2011：14.

② DAU-SCHMIDT K. A Bargaining Analysis of American Labor Law［J］. Michigan University Law Review，1992（91）：431-434.

③ HIRSCH B T. What Do Union Do for Economic Performance?［J］. Journal of Labor Relation，2004（25）：415，430.

表 11-1　1975—1979 年美国雇员报酬和利润所占比例

指标	1975 年	1976 年	1977 年	1978 年	1979 年
国民收入/亿美元	14512	16148	17987	20299	22482
雇员报酬/亿美元	9502	10512	11690	13202	14810
雇员报酬占国民收入的比例/%	65.48	65.10	64.99	65.04	65.87
利润/亿美元	1548	1962	2285	2704	3011
利润占国民收入的比例/%	10.67	12.15	12.70	13.32	13.39

资料来源：Board of Governors of the Federal Reserve System, Financial Accounts of the United States, 1975-1984, http://www.federalreserve.gov.

萨缪尔森提出的工会是劳动力市场的垄断者，是一种带有强烈意识形态倾向的看法。劳动力市场本来就是一个买方垄断市场，资本家处于强势地位，工人处于弱势地位，再加上从 19 世纪 70 年代开始竞争资本主义向垄断资本主义过渡，资本家已经作为垄断集团出现在劳动力市场上，工会的存在只是使劳动者的弱势地位得到一定程度的改善而已。只要存在资本主义制度，工会就改变不了工人阶级的弱势地位。英国经济学者、在捍卫资本家阶级利益方面毫不含糊的马歇尔也曾经明确无误地写道："体力劳动者作为一个阶级，在议价方面处于不利的地位。"① 萨缪尔森对资本家在劳动力市场上的垄断势力视而不见，却一味地指责工会是劳动力市场的垄断者。

另外，萨缪尔森提出工会并没有把收入从资本方面向劳动方面进行再分配，根据是他所著的《经济学》中图 12-1 显示的劳动收入在国民收入中的份额的变化。但这幅图恰好证明，在美国工会兴盛的 1950 年到 1970 年，劳动收入在国民收入中的比例迅速提高；在美国工会衰落的 1970 年以后，劳动收入在国民收入中的比例趋向下降：工会运动的兴衰对收入的分配存在影响。萨缪尔森的看法在逻辑上不合情理。如果工会运动没有导致利润收入和工资收入之间的再分配，雇主为何会那么强烈地反对工会？

斯蒂格利茨提出的工会的行为会损害非工会成员的利益存在逻辑问题。工会提高工资，一定会提高产品的价格，从而把工资成本转嫁给消费者吗？如果认定如此，那么隐含着一个强盗逻辑：资本家的利润不能有任何减少。产品的价格由生产成本和利润组成，工资是生产成本的一个组成部分，工资的增加可能导致利润的减少而不对价格造成影响。另外，工会推动政府制定和实施各种有利于工人的政策，推动企业改善劳动条件和增进劳动者福利，包括非工会会员在内的全体劳动者都可以从中受益。斯蒂格利茨还提到，工会的存在导致非工会部门劳动供给增加和工资下降。美国个别部

① 马歇尔．经济学原理［M］．陈良璧，译．北京：商务印书馆，1965：237.

门曾经出现工会不准雇主雇佣非工会会员的情况，但《塔夫特-哈特莱法案》已经规定这是非法的，工会如何使本部门劳动供给减少呢？

笔者发现，当涉及阶级利益的问题时，严谨的经济学者都变得不严谨了。这些经济学者们之所以如此，无非是要表示他们是站在资本家阶级这一边的。可以理解，在资本统治的资本主义经济里，站在工人阶级一边的经济学者如何能成名呢？如果说在20 世纪 70 年代前，美国大学里还有马克思主义经济学者的话，那么在 20 世纪 70 年代以后，马克思主义经济学者在美国大学已经销声匿迹了。

（二）笔者对其他工会经济效应分析的回应

关于工会运动有助于工会会员工作条件和劳动待遇的改善，笔者认为是没有疑义的，否则工人不会参加工会，资本家也不会反对工会。美国经济分析局提供了 1994—2018 年美国 16 岁以上全职工会会员和非工会会员周工资收入中位数，如图 11-8 所示。所谓中位数是指有 50%的人高于、有 50%的人低于这个工资收入。从图 11-8 可以看到，工会会员的工资收入高于非工会会员，两者的差距十分稳定。因此，鲍哈斯、弗里曼和梅多夫的论证是对的，工会运动给会员带来了更多的经济利益。

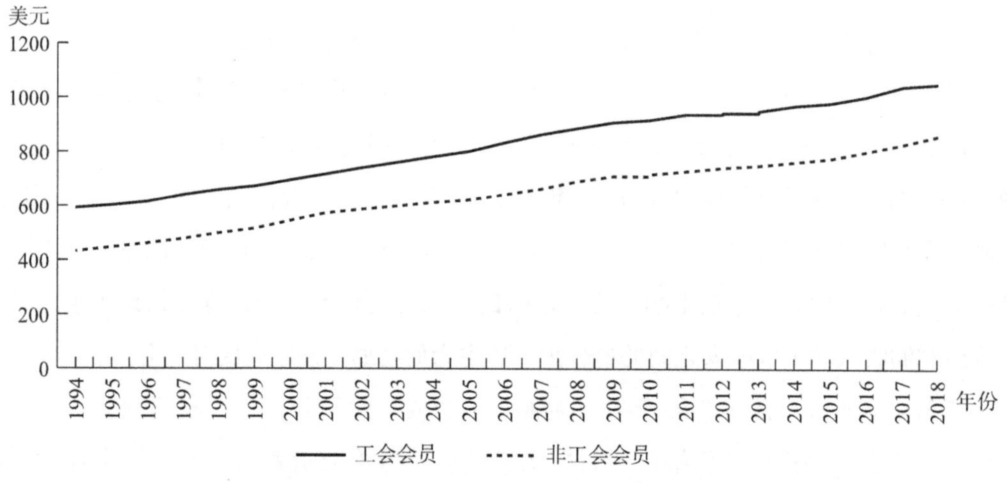

图 11-8　1994—2018 年美国工会会员和非工会会员周工资中位数的变化情况

资料来源：Bureau of Labor Statistics, Union Affifiation Data, CPS Databases, https: //www. bls. gov.

另外，工会运动对工人具有正的外部效应。显然，工会运动促成的政府的社会福利措施以及企业工作环境的改善同时适用于全体工人，图 11-8 也展示出工会会员工资收入的提高会带动非工会会员工资的提高。如果工会运动没有正的外部效应，就不会出现后文提及的工会要向非工会会员收取费用的问题。

关于工会的存在促进了生产率提高的问题，笔者认为经济学者们的分析有一定的道理，各种情形都会存在。但是，工会运动会导致罢工的发生，而罢工本身是会导致产值减少的。笔者认为，工会的作用主要不是促进效率，而是增进公平，工会的存在能否促进生产率的提高在工会问题的讨论中并不重要。

笔者根据美国经济分析局提供的历史统计数据，计算了1947—2021年美国私人产业剩余价值率的变化情况，如图11-9所示。在笔者的计算中，可变资本用私人企业对雇员的报酬表示，剩余价值用净营业盈余表示，将剩余价值与可变资本相比便得到剩余价值率。在这里，所谓私人产业是指排除公共产业的为私人所有的产业。

由图11-9可以看到，从总体趋势来看，美国私人企业剩余价值率从1947年到1970年趋向下降，从1970年到2018年趋向上升。剩余价值率会受到很多因素的影响，资本家阶级与工人阶级的博弈是其中的重要因素，美国剩余价值率的变化与美国工会运动的兴衰存在相关关系：在美国工会运动兴盛的时期，剩余价值率会稍低一些；在美国工会运动衰落的时候，剩余价值率就会提高。

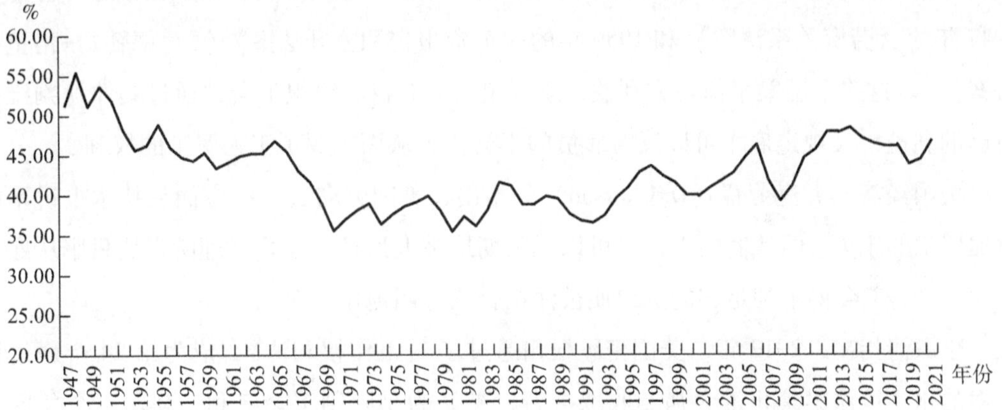

图11-9　1947—2021年美国私人产业剩余价值率的变化情况

资料来源：Bureau of Economic Analysis，Gross Domestic Income by Type of Income，http：//www. bea. gov.

四、学界对美国工会运动衰落原因的分析

（一）产业结构的升级

国内外经济学界对美国工会运动衰落原因的看法比较一致，经济学者们从不同角度分析了美国工会运动衰落的主要原因。

经济学者们指出，美国产业结构的升级是美国工会会员减少的原因之一。周志成

提出，随着科学技术的进步，美国的第三产业迅速发展，第三产业劳动力所占比例不断提高，而第三产业是参加工会人数较少的产业，导致了工会会员人数的减少。① 陈奕平认为，由于科学技术的进步，美国的就业结构发生了很大的变化，蓝领工人占比下降，白领工人占比上升，而工会会员以蓝领工人为主，从而造成工会会员减少。② 周薇指出，数十年来，美国的信息、生物产业迅速发展，钢铁、汽车产业成为夕阳产业，大量制造业迁往国外，从事体力劳动的工人减少，导致工会会员减少。③

但是紧接着产生了下面的问题：为什么美国私人部门的白领工人没有像蓝领工人那么热心地加入工会？美国经济学者李普塞特（S. M. Lipset）和卡察诺夫斯基（I. Katchaanovski）指出两个原因：一是专业技术工人具有稀缺性，他们对雇主拥有个人的讨价还价能力；二是专业技术工人比较认同雇主的文化，对参加工会不是很热心。④

（二）国会立法和政府行为的变化

经济学者们指出，美国国会立法和政府行为的变化削弱了工会运动。章蕾指出，美国国会先后通过了三部涉及工会的法案，分别是1935年的《国家劳动关系法案》、1947年的《劳资关系法案》和1959年的《劳资报告和公开法案》（《兰德勒姆-格里芬法案》）。这三个法案平衡各方利益，既规定工人有权利组织工会并通过集体谈判维护自己的利益，又规定雇主可以反对雇员的工会化，从而削弱了工人罢工的权利。⑤

美国经济学者克劳森（D. Clawson）等指出，美国劳动法“一方面从技术上讲不能解雇罢工的工人，但他们的工作又可以无限期地被人顶替。顶替者理所当然只服从雇主反对工会，工会得不到足够的选票便被注销合法社团地位”。⑥

李淑清指出，2012年，美国密歇根州通过了《工作权利法》，成为第24个通过该法案的州。该法案禁止工会强制收取会费，被认为是限制工会权利、削弱工会争取增加工资的法案。⑦

与此同时，许多学者还指出，政府也开始加强对工人罢工的限制。陈奕平提到，1981年初，美国机场塔台空中交通管理员工会在集体谈判中要求增加工资和提高福利待遇。里根总统援引《塔夫特 哈特莱法案》宣布进入紧急状态，对全国机场塔台实

① 周志成．美国劳工运动的衍变［J］．复旦学报（社会科学版），1992（6）．

② 陈奕平．美国工会现状分析［J］．工会理论与实践，2002（6）．

③ 周薇．美国工会组织影响力衰退原因分析［J］．工会论坛，2008（1）．

④ LIPSET S M，KATCHAANOVSKI I. The Future of Private Sector Union in the US［J］. Journal of Labor Research，2001（22）：229-244.

⑤ 章蕾．美国工会的衰退成因及其发展对策研究［J］．中国劳动关系学院学报，2010（5）．

⑥ 克劳森D，克劳森M A. 美国工会状况及其复兴战略［J］．国外理论动态，2010（5）．

⑦ 李淑清．美国工会发展现状评析［J］．海派经济学，2015（4）．

施军事管制，下令解雇全部12000名坚持罢工的空中交通管理员并且永不录用。这个事件对后来的工会罢工产生很大影响。[①]

丁骥千也提到，2002年9月，美国西部码头工人由于劳资纠纷举行罢工，并且封锁了港口。布什总统援引《塔夫特-哈特莱法案》，要求联邦法院下令美西港口立即复工，实行一个为期80天的冷却期，让劳资双方继续谈判。[②]

（三）雇主的反对和破坏

经济学者们指出，雇主对工会运动的反对和破坏是美国工会运动衰落的一个原因。美国经济学者克劳森等指出，雇主常常采用直接威胁、报复性解雇、禁止工会会员在工作场所接触工人、聘请专业咨询人员通过提供咨询服务的方式阻止工人加入工会等手段，来破坏工会运动。[③]

陈奕平指出，资方一般采用下述方式反对工会运动：第一，向非工会会员承诺提供与工会会员相同的待遇。第二，通过各种宣传使员工相信工会主义会对员工福利造成不利影响，或者尽量拖延员工建立工会举行的投票。第三，以各种借口解雇工会积极分子。[④]

美国法学学者哈珀（M. C. Harper）等人指出，雇主滥用权力的行为包括破坏雇员的自决权、向“自发”组织的反工会委员会秘密拨款、用友好工会代替好斗工会、私下与雇员签订合同等。[⑤]

美国经济学者弗里曼（R. B. Freeman）和梅多夫（J. L. Medoff）指出，20世纪50年代以来，美国私人部门中劳动者参加工会的比例急剧下降，原因是公司阻止工人参加工会的合法或不合法的行动急剧增加并且更加老练。[⑥]

（四）工会自身问题

经济学者们指出，美国工会自身的问题是美国工会运动衰落的主要原因。冬梅指出，美国工会的领导者已经演变为工人贵族，拿着很高的收入，活动于政客和大资本家之间，利用工会的势力与大资本家做交易。他们把工会运动的目的仅限于增加工资

---

①④ 陈奕平．美国工会现状分析［J］．工会理论与实践，2002（6）．

② 丁骥千．美国工会运动现状［J］．国外理论动态，2004（5）．笔者对前述的若干文献中提及的法案名称作了更正，对提及的事件作了一定的补充

③ CLAWSON D，CLAWSON M A. What Has Happened to the US Labor Movement? Union Decline and Renewal［J］. Annual Review of Sociology，1999（25）．

⑤ 哈珀，等．美国劳动法案例、材料和问题：下［M］．李坤刚，等，译．北京：商务印书馆，2015：1390-1391.

⑥ 弗里曼，梅多夫．工会是做什么的［M］．陈耀波，译．北京：北京大学出版社，2011：15，195.

和改善工作条件，工作重点是争取国会通过对劳工有利的立法、支持对劳工有利的总统候选人当选。这一切都对工会运动产生消极影响。[①]

美国经济学者克劳森等指出，美国工会领导人沉迷于国会选举，认为只要民主党在国会占多数，就能够通过有利于劳工的立法。但实际上，民主党在国会多次占据多数，但并没有带来劳工状况的改善。[②]

李淑清指出，尽管工会会员的基数在减少，但是工会管理者的收入则在不断增加，2012年有428位工会管理人员的年收入超过25万美元。李淑清举例证明，在工人与资本家作斗争时，工会常常制止和驱散工人，阻挠和破坏罢工。李淑清还举例证明，工会管理者与政府和资方勾结，出卖工人阶级的利益。[③]

五、笔者对美国工会运动衰落原因的分析

（一）笔者对美国产业结构调整这一原因的分析

关于产业结构升级这一原因，笔者认为，服务业工人或者白领工人参加工会的人数并不是必然较少。从世界范围来看，根据雷利（N-M Riley）的统计分析，在欧盟18个国家里，有9个国家蓝领工人参加工会人数多于白领工人，有9个国家白领工人参加工会人数多于蓝领工人。[④] 从美国国内来看，公共部门属于第三产业，公共部门雇员大多数是白领工人，但是美国公共部门工会会员无论是绝对数还是相对数在各个部门中都是最高的。这就是说，美国服务业劳动者或白领工人参加工会比例较低的是私人部门。

关于私人产业白领工人参加工会较少的问题，笔者认为，李普塞特和卡察诺夫斯基的分析缺乏说服力。专业技术工人是被雇佣者，雇主是雇佣者，他们的经济利益也是对立的。专业技术工人是一个具有很多层次的群体，简单地认为他们认同雇主的文化或者价值观缺乏说服力。但是，不得不承认，体力劳动者，特别是从事繁重体力劳动的劳动者，如交通业和建筑业工人，他们的工作条件较差，工作较容易被替代，可能更希望能够有一个组织来维护他们的利益。既然美国私人部门各个产业的工会会员集中度不同已经成为客观事实，产业结构的变化必然对工会会员人数产生影响。

另外，笔者认为，美国产业结构升级不仅源于科学技术进步，还源于劳动力成本

---

① 冬梅．美国的工会和工会运动［J］．世界知识，1980（5）．

② 克劳森D，克劳森M A．美国工会状况及其复兴战略［J］．国外理论动态，2010（5）．

③ 李淑清．美国工会发展现状评析［J］．海派经济学，2015（4）．

④ RILEY N-M. Determinants of Union Menbership［J］. Labor，1997（11）：265-301.

上升。20世纪70年代以后，随着美国劳动者工资的提高，美国劳动密集型产业的竞争力在下降。在市场的调节下，劳动密集型或劳动—资本密集型产业收缩，资本—技术密集型或技术密集型产业兴起。另外，随着美国经济发展到一定程度，物质产品的需求得到一定的满足，制造业相对收缩，服务业相对扩张。随着产业结构的变化，就业结构也会发生变化。如果工会会员集中在劳动密集型产业或者制造业，将会对工会会员的相对数或者绝对数造成影响。这只是逻辑判断，还需要用历史数据进行检验。

在美国，工会会员集中度最高的部门是公共部门、交通业、建筑业和制造业，接着是批发与零售业和服务业。根据能够找到的最早的数据，1992年，公共部门、交通业、建筑业和制造业的工会会员在本部门雇员中所占的比例分别是36.7%、29.0%、20.0%、19.7%，批发与零售业和服务业的工会会员在本部门雇员中所占的比例分别是6.6%和5.8%。[①] 因此，可以考察公共部门、交通业、建筑业和制造业的就业结构如何随着产业结构的变化而变化。

美国经济分析局提供的历史统计数据表明，在第二次世界大战结束以后，公共部门、交通业、建筑业的雇员在总雇员中所占的比例保持相对稳定，但是制造业雇员在总雇员中所占的比例持续地大幅度下降。[②] 由此可以得到这样的结论，在各部门工会会员率保持稳定的条件下，产业结构调整带来的就业结构的变化将导致工会会员占总雇员的比例下降。

笔者认可美国产业结构调整是工会会员比例下降的原因之一，但是笔者还认为，即使在美国的同一个产业，工会会员比例也下降了。1992年，美国公共部门、交通业、建筑业和制造业的工会会员比例分别为36.7%、29.0%、20.0%、19.7%。但是到2019年，这些部门的工会会员比例分别为34.4%、17.3%、14%、9.1%。[③] 这意味着除了公共部门工会会员比例保持相对稳定以外，其他部门工会会员比例都大幅度下降了。显然，同一个部门工会会员比例的变化与产业结构和就业结构的变化无关。因此，美国私人产业结构变化导致的雇员从工会会员集中度较高的产业转向工会会员集中度较低的产业，对工会会员相对数和绝对数的下降只具有一定的解释力。

（二）笔者对美国国会和政府行为变化这一原因的分析

关于国会立法和政府行为这一原因，笔者赞同章蕾等学者的看法。1935年《瓦格纳法案》赋予雇员组织起来或通过自己选择的代表进行集体谈判的权利，并且指出雇

①③　Bureau of Economic Analysis, Union Members, Archived News Releases, https://www.bea.gov.

②　Bureau of Economic Analysis, Employment by Industry, https://www.bea.gov.

主限制雇员这种权利的行为属于不正当行为。1947 年《塔夫特-哈特莱法案》对《瓦格纳法案》作了补充和限定，其中主要有：第一，在列出雇主五种不正当行为的同时也列出了工会的六种不正当行为，包括抑制或胁迫雇员行使参加或不参加工会的权利，迫使雇主歧视反工会的雇员或强迫雇主雇佣支持或参加工会的会员，拒绝与雇主进行诚实善意的谈判，强迫雇主雇佣超额的工人，征收过高的或歧视性的会费，从事间接联合抵制。第二，雇主有权对工会化提出自己的看法。第三，获得工会会员身份是获得工作的先决条件的做法是非法的。第四，授权总统在罢工活动可能给国家带来紧急状态的情况下可以采取特别措施。①

1959 年的《兰德勒姆-格里芬法案》是一个规制工会内部事务的法案，如保证工会会员在工会选举中的投票权，保证工会会员反对提名候选人的权利，工会会费的提高必须得到大多数会员的认可，工会的财务报告需要向劳工部备案，对工会会员利益有影响的财务事项必须向工会会员报告，等等。但是，这个法案把工会一些“不合作”的行为确定为非法，如把工会过度的纠察行为确定为非法。

关于美国若干州通过《工作权利法案》的问题，2016 年密苏里州成为通过该法的第 27 个州。《工作权利法案》在下述两个方面对工会的权利进行了调整：第一，《塔夫特-哈特莱法案》规定雇主只雇佣工会会员是非法的，但认可雇员在被雇佣后一定期限内必须加入工会是合法的，《工作权利法案》则提出不得规定雇员被雇佣后必须在一定期限内加入工会。第二，工会与雇主谈判达成的工作和收入协议同等适用于工会会员和非工会会员，工会一般会向非会员收取一定的费用。大多数州通过的《工作权利法案》规定非工会会员不必支付费用，但也有少数州通过的《工作权利法案》规定非工会会员必须向工会支付集体谈判服务费。

2018 年，美国最高法院对詹努斯案（Janus vs AFSCME）的判决，否定了工会分摊费用的做法。大法官认为公共部门的工会与非工会会员分摊费用是违宪的。但是，如果工会不能根据谈判的成果向非工会会员收取一定的费用，一方面工会的资金来源会出现问题，另一方面工人有可能选择不加入工会而享受集体谈判带来的利益，即出现“搭便车”行为，从而对工会发展造成十分不利的影响。

《瓦格纳法案》本来是为了矫正谈判力量的不平等而提出来的，因为雇主可以组成企业集团和商业协会，而工人却没有结社自由，但是《塔夫特-哈特莱法案》又再次对工会的活动进行限制，给雇主反制工会活动和政府限制工会罢工留下很大的空间。从

① 哈珀，等．美国劳动法案例、材料和问题：上［M］．李坤刚，等，译．北京：商务印书馆，2015：104-120.

实践来看，雇主和政府就利用了这个空间对工会运动进行遏制。《塔夫特-哈特莱法案》早在1947年就通过了，但是20世纪50—60年代仍然是美国工会运动的兴盛时期，这意味着《塔夫特-哈特莱法案》对工会运动的不利影响是在长期的各种劳资纠纷事件的处置过程中逐渐形成的。

《兰德勒姆-格里芬法案》是对工会内部事务的规制，当时出现了工会管理人员挪用或盗用工会经费以及过度干预工会会员权利的事件。笔者认为，通过立法规范工会管理人员的行为是必要的，总体上看这不应被视为限制工会运动的立法。另外，若干州通过《工作权利法案》从情理上看似乎无可指责，但它在实践上确实给工会运动造成了不利影响。

美国政府在本质上是资本家阶级利益的代表，但作为政府也需要维护社会稳定，也需要平衡资本家阶级与工人阶级的利益，因此政府态度和行为的变化对工会运动具有重要的影响。二战后的情况也表明，美国工会运动的兴与衰，都与美国政府的态度和行为存在较为密切的联系。

（三）笔者对雇主反对工会运动这一原因的分析

关于雇主反对和破坏这一原因，笔者无法逐一验证上述研究文献提到的雇主反对工会运动的手法，仅举两个美国法院判决的案例说明雇主对工会会员的解雇威胁。在美国现实的经济里，这样的案例很多。

1959年，伊利电阻公司劳资双方谈判破裂，工会组织478名会员罢工。公司通知工会准备雇佣替代工人，并给予替代工人和愿意复职罢工者20年的资历（按照该公司的规定，如裁员将首先裁掉资历较短的工人）。在公司的压力下，不断有罢工者复职。当复职罢工者达到125人时，工会宣布罢工失败。在罢工结束以后，公司恢复了岗位没有被替代的罢工者的工作。1960年，该公司由于生产收缩而辞退工人，被辞退的都是当时参加罢工的工人。工会提出起诉，认为公司赠予替代工人资历是不正当行为。国家劳动关系委员会认定这是非法的。但是，上诉法院驳回国家劳动关系委员会的判决并将案件发回重审。这是国家劳动关系委员会诉伊利电阻公司案，编号是373 U. S. 221（1963）。[①]

1983年，交通管理集团一位员工由于积极参加工会活动而被雇主解雇。国家劳动关系委员会要求员工证明雇主对工会的敌视与他被解雇之间存在直接关系，同时要求

① 哈珀，等．美国劳动法案例、材料和问题：下［M］．李坤刚，等，译．北京：商务印书馆，2015：743-748.

雇主证明该雇员即使没有参加工会活动也会被解雇，最后认为员工提出了证据而雇主证据不足宣告雇主败诉。但是，美国第一法庭将案件发回重新审查，要求该员工证明他如果没有参加工会将不会被解雇。最后，美国第一法庭作出改判决定。这是国家劳动关系委员会诉交通管理集团案，编号为 462 U. S. 393（1983）。[①]

实际上，雇主处于强势而雇员处于弱势。一旦发生解雇工会会员的事件，即使工会提出起诉也充满不确定性。这样，雇主的解雇给工会会员带来了很大的震慑力，对工会运动造成了很大的打击。

（四）笔者对美国工会自身问题这一原因的分析

学界在分析美国工会的问题时，往往提及腐败。按照笔者的理解，所谓腐败是利用公共权力牟取私利的行为。因此，只要工会负责人的收入是公开的并得到工会会员认可的，他们拿数倍于普通工人的工资是正常的，不属于腐败。美国工会中腐败现象是存在的，如动用工会的经费支付自己的诉讼费、利用集体谈判的机会为工会管理人员牟取利益等。[②] 但根据弗里曼和梅多夫的统计，美国工会的腐败现象并不严重。他们指出，关于工会是由腐败的工会领袖操纵的非民主组织的指责没有事实根据。从 1969 年到 1978 年的 10 年间，美国全部工会犯有贪污挪用案件的有 292 起，贪污挪用金额的起点是 50 美元；损害员工福利计划 29 起；接受回扣 52 起，包括非金钱回扣和雇主贿赂；敲诈工人 12 起。大多数工会是高度民主的，工会成员可以参与工会的决策机制。[③] 弗里曼和梅多夫的资料应该是可信的。

笔者认为，美国工会存在的主要问题是方针路线的问题。首先，美国工会领导层过于注重走上层路线，热衷于支持民主党候选人出任总统，游说国会通过有利于工人的立法。尽管美国主要政党在对待工人阶级的态度上有差异，但是美国政府和美国国会从根本上来说还是代表资本家阶级利益的。美国工会似乎应该更注重团结美国全体工人，给美国政府和工会施加压力，维护工人阶级的基本权益。

其次，美国是一个移民国家，有大量的移民工人。工会应该代表所有工人的利益，但是美国工会很长的一段时间似乎只代表本土白人或黑人工人的利益，对移民工人采取排斥的态度。尽管近 20 年来美国工会的态度发生了变化，但是仍然没有协调好本土工人和移民工人的关系，没有代表全体工人去争取应有的利益。另外，美国工会长期

---

① 哈珀，等．美国劳动法案例、材料和问题：上［M］．李坤刚，等，译．北京：商务印书馆，2015：190-196.

② 哈珀，等．美国劳动法案例、材料和问题：下［M］．李坤刚，等，译．北京：商务印书馆，2015：1394.

③ 弗里曼，梅多夫．工会是做什么的［M］．陈耀波，译．北京：北京大学出版社，2011：15，195.

关注在传统产业工人中发展会员，没有注意在不断增加的服务业工人中发展会员，造成了工会会员的减少。

综上所述，美国工会运动的衰落是多种因素造成的。工会是工人为争取自己利益而组成的组织，工会地位和作用的变化反映了工人阶级和资本家阶级力量的此消彼长。但是，在资本主义国家，工人阶级的地位从根本上来说是处于弱势的。即使在工会的兴盛时期，也只是在必要劳动时间和剩余劳动时间的划分中争取更多的利益而已，工会的兴衰体现了工人阶级与资本家阶级力量对比的变化。

上述研究表明，美国工会运动为改善工人阶级的工作条件和工资待遇发挥了重要的作用。但是，由于美国产业结构的变化、美国国会立法和美国政府态度的变化、美国资本家的反对和阻挠，美国工会运动从20世纪70年代开始走向衰落。美国工会运动的衰落体现了资本家阶级和工人阶级力量对比的变化趋势，美国工会运动衰落的情况在相当长的一段时间里难以改变。

第四节　现实经济中的劳动者状况

一、资本主义国家劳动者的就业状况

（一）失业率

资本主义经济制度形成以后，工人阶级一直处于被剥削状态，与资产阶级一直处于对抗之中，造成了社会的不稳定。在这种情况下，欧洲的政治家首先提出了改良主义措施，对失业者和贫困人口实行救济。从19世纪80年代开始，德国、英国以及社会民主党影响较大的北欧国家，逐渐推行了一些改善工资福利和社会保障的政策以缓和阶级矛盾。

20世纪30年代，主要资本主义国家发生了“大萧条”，资本主义经济矛盾集中爆发，大批工人失业，阶级矛盾十分尖锐。在工人阶级的抗争下，欧洲国家的政府继续改进本国的社会保障措施，就连在这个方面走在欧洲国家后面的美国也出现了“罗斯福新政”。这场大危机成为美国工人阶级状况开始得到政府关注的一个转折点。

1946年，美国国会通过了《就业法》，明确联邦政府有责任与地方政府合作，帮助愿意工作的人就业，以实现最大的就业。1946年《就业法》虽然还比较原则和抽象，但标志着美国政府把劳工就业和劳工培训作为一项长期的国策。第二次世界大战

以后，主要资本主义国家出现了一段相当长的繁荣时期，劳动者的状况与马克思所处的时代相比发生了很大的变化。但是，劳动者毕竟处于被雇佣的地位，一旦宏观经济形势恶化，劳动者的就业就会受到影响。总体来看，劳动者的失业状况仍然严峻。

关于资本主义国家的失业问题以及劳动者状况，笔者在本书第五章第二节关于资本积累理论的研究中已经进行了分析，在这里主要补充主要资本主义国家劳动者的实际情况。

复制本书第五章图 5-3 美国劳动者二战后的失业状况，可以得到图 11-10。从图 11-10 可以看到，二战后美国劳动者的失业率曾在 1953 年达到 2. 90%的谷底，也曾在 1982 年达到 9. 70%的峰值。在 1948 年到 2021 年的 74 年里，美国劳动者的平均失业率是 5. 76%。

美国和日本是两个经济体制和文化传统不同的资本主义国家，美国和英国又是社会福利程度不同的国家，笔者选取美国、日本、英国来考察资本主义国家劳动者的就业状况。根据美国劳动统计局、日本国家统计局、英国国家统计局提供的劳动者失业率的数据，得到如下统计结果：在 1973 年到 2021 年共 49 年的时间里，英国劳动者平均失业率最高，为 6. 90%；美国其次，为 6. 27%；日本最低，为 3. 18%。[①②③] 失业率主要随宏观经济形势的变化而变化。例如，2007 年美国爆发金融危机，对世界经济产生不利影响，美国、日本、英国的失业率都上升了。

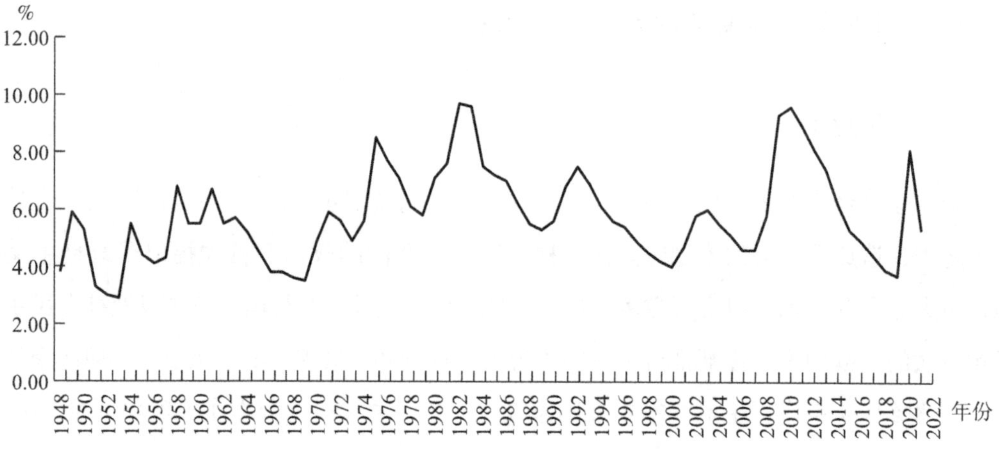

图 11-10　1948—2021 年美国失业率变化情况

资料来源：Bureau of Labor Statistics，Employment Status of Civillian Noninstitutional Population，http：//www. bls. gov.

---

① Bureau of Labor Statistics，Household Data，https：//www. bls. gov.

② Statistics Bureau of Japan，Historical Statistics of Japan，https：//www. e-stat. go. jp/en.

③ Office for National Statistics，Unemployment rate，https：//www. ons. gov. uk/employmentandlabourmarket/peoplenotinwork/unemployment/timeseries/mgsx/lms .

（二）失业结构

下面以美国为例，分析一下劳动者的失业结构。

从职业来看，白领劳动者失业率较低，蓝领劳动者失业率较高。在 2007 年到 2018 年共 12 年一个比较完整的经济周期里，管理人员、专业人员的平均失业率分别是 3.04%、3.22%，销售与行政人员、服务类人员的平均失业率分别是 6.18%、7.50%，生产工人、运输工人、建筑工人、农林牧渔工人的平均失业率分别是 8.08%、8.36%、11.43%、12.08%。

从性别来看，长期以来，女性劳动者的失业率高于男性劳动者。但在 2021 年，20 岁以上的男性劳动者的失业率是 5.2%，20 岁以上的女性劳动者的失业率是 5.0%，差距仅为 0.2 个百分点。20 世纪 80 年代以来，只有为数不多的年份差距如此之小。

从年龄来看，16~19 岁的劳动者失业率较高。2021 年，16~19 岁的劳动者失业率是 11.7%，20 岁以上劳动者是 5.1%。

从种族来看，少数族裔的劳动者失业率较高。2021 年，白人劳动者的失业率是 4.7%，黑人劳动者是 8.6%，亚裔劳动者是 5%，拉丁裔劳动者是 6.8%。

从受教育程度来看，受教育程度较低的劳动者失业率较高。2021 年，高中以下学历的劳动者的失业率是 8.3%，高中学历的劳动者是 6.2%，大专学历的劳动者是 5.1%，本科及以上学历的劳动者是 3.1%。①

综上所述，美国蓝领工人失业率通常高于白领工人，女性劳动者的失业率通常高于男性劳动者，19 岁及以下劳动者的失业率通常高于 20 岁以上劳动者，有色人种劳动者的失业率通常高于白色人种劳动者，低学历劳动者的失业率通常高于高学历劳动者。

失业率被看作反映宏观经济形势的一个重要指标，失业率高意味着经济衰退，失业率低则意味着经济繁荣。因此，失业率往往被政府作为宏观财政政策和宏观货币政策的参考指标。笔者认为，在正常的时期，失业率是宏观经济的重要指标。但是，在非常情况下，失业率未必传递准确信息。

例如，2020 年，美国暴发新型冠状病毒疫情，美国经济陷入衰退，失业率从 2019 年的 3.7%上升到 2020 年的 8.1%。2021 年，美国失业率下降到 5.3%，经济似乎迅速复苏，但是，2021 年，美国劳动力参与率只有 61.7%，低于正常时期 2019 年的 63.1%。② 劳动力参与率

---

① Council of Economic Advisers. 2022 Economic Report of the President [R/OL]. The White House, April 2022: 390 [2023-03-24]. https://www.whitehouse.gov/wp-content/uploads/2022/04/ERP-2022.pdf.

② Council of Economic Advisers. 2022 Economic Report of the President [R/OL]. The White House, April 2022: 385 [2023-03-24]. https://www.whitehouse.gov/wp-content/uploads/2022/04/ERP-2022.pdf.

是指劳动力占人口的比例。这意味着由于发生了新型冠状病毒疫情，部分劳动者退出了劳动队伍。如果这部分劳动者不退出劳动队伍，他们将成为失业者，2021 年的失业率就不是 5. 3%，而是 6. 2%，远高于正常时期 2019 年 3. 7%的失业率。另外，由于新型冠状病毒疫情造成大量感染，休病假的劳动者大量存在，也会在一定程度上降低失业率。因此，5. 3%的失业率并不能很好地反映美国实际的宏观经济状况。

二、资本主义国家劳动者的收入状况

（一）劳动者整体收入状况

首先考察美国劳动者的收入状况。雇员是一个广泛的概念，包括各种管理人员和专业人员。因此，雇员的收入并不能很好地反映广大普通劳动者的收入。笔者利用美国经济顾问委员会提交的《总统经济报告》中的统计数据，根据实际收入增长率≈名义收入增长率-通货膨胀率的计算公式，计算了 1980—2021 年美国非管理岗位非农业生产工人实际周收入的增长率，得到图 11-11。在这里，所谓生产工人约占总就业人员的 80%，是指广大的普通劳动者；所谓收入（earning）包括劳动者税前的各种收入，如工资、奖金、小费等；所谓通货膨胀率采用的是消费者价格指数的变化率。

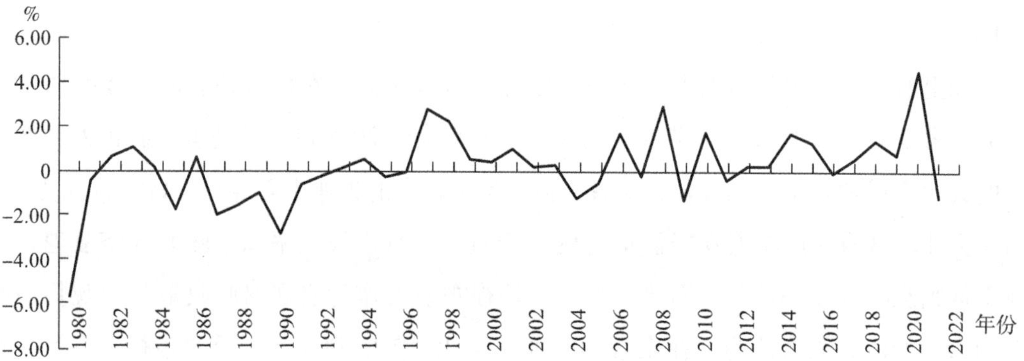

图 11-11　1980—2021 年美国生产工人实际周收入增长率

资料来源：Council of Economic Advisers. 2022 Economic Report of the President [R/OL]. The White House, April 2022 [2023-03-24]: 394. https://www.whitehouse.gov/wp-content/uploads/2022/04/ERP-2022.pdf.

从图 11-11 可以看到，美国生产工人实际周收入时而负增长，时而正增长。根据图 11-11 的数据计算可以得出，1980—2021 年，美国生产工人实际周收入的年平均增长率是 0. 18%。这就是说，在长达 42 年的时间里，普通劳动者实际周工资的年平均增长率接近于零。在劳动时间不变的条件下，普通劳动者的生活状况没有什么改善。

为了验证美国生产工人实际周收入的增长情况，笔者根据美国劳动统计局提供的16岁以上全职劳动者周收入中位数的统计数据，计算了1981—2018年美国全职劳动者实际周收入中位数的增长率。所谓劳动者包括各类管理人员和专业人员；所谓中位数是指收入处于中间的劳动者的收入，有50%的劳动者的收入高于这个收入，有50%的劳动者的收入低于这个收入。

笔者得到的计算结果是，在1981年到2018年的38年里，美国全职劳动者周收入中位数的年平均增长率是0.42%。[①] 由于全职劳动者包括各种高收入人群，实际周收入中位数反映的是生产工人中收入偏高的那部分劳动者的收入，因而实际周收入中位数的年均增长率（0.42%）高于生产工人实际周收入的年均增长率（0.18%）。可即使是0.42%的年均增长率，普通工人收入的增长也远远慢于国内生产总值和国内收入的增长。

再来考察日本和英国劳动者的收入状况。日本和英国的统计部门没有提供像美国那样详细的统计数据，只提供了雇员平均收入的数据。如前所述，雇员与普通劳动者存在差异，因此日本和英国雇员的周收入与美国生产工人的周收入不可直接比较。

日本统计局提供了日本非农业雇员货币工资指数以及消费者价格指数的统计数据，笔者根据这两个时间序列得到了1981—2021年日本非农业雇员实际平均工资增长率。

从1981年到1990年，日本实际国内生产总值的年平均增长率是4.53%，日本非农业雇员实际平均工资的年平均增长率是0.99%，日本雇员实际平均工资年平均增长率远远低于实际国内生产总值年平均增长率。在这里，实际平均工资的“平均”是指各类雇员工资的平均数，年平均增长率是各年增长率的算术平均数。

1989年日本泡沫经济破裂，日本经济陷入衰退，随后进入了长达30年的经济低迷时期。从1991年到2021年的31年里，日本实际国内生产总值年平均增长率是0.76%，日本非农业雇员实际平均工资年平均增长率为-0.24%，日本雇员的收入总体来说处于恶化的状态。[②] 需要说明的是，实际平均工资年平均增长率为负数并非意味着每年实际收入都下降，而是意味着实际收入时而正增长时而负增长，平均来说负增长。

英国国家统计局提供了2001年到2021年英国雇员实际平均周收入的数据，以及2005财年（本年4月到次年4月）到2021财年英国雇员实际周收入中位数的数据。笔者根据这些数据进行计算得到的结论是：2001年到2021年，英国实际国内生产总值年平均增长率是1.49%，雇员实际平均周收入的年平均增长率是0.93%，后者落后于前

① Bureau of Labor Statistics，BLS Report 2018，https：//www.bls.gov.

② Statistics Bureau of Japan，Historical Statistics of Japan，https：//www.e-stat.go.jp/en.

者。但是，2005 年到 2021 年，英国雇员实际周收入中位数的年平均增长率只有 -0.006%，这表明英国雇员周收入差别很大，取平均数时还有一定的增长，取中位数时则是零增长。[①]

（二）不同类型劳动者的收入状况

前面分析了美国、日本、英国劳动者或者普通劳动者作为整体的收入状况，现在以美国为例来考察不同类型的劳动者的收入状况。

从种族来看，笔者收集了 1980—2018 年美国 16 岁以上各种族全职劳动者按照 2016 年价格计算的周收入中位数的统计数据，其中亚裔劳动者周收入中位数的统计数据从 2000 年才开始提供，[②] 得到下述结论：

第一，从美国劳动者实际周收入中位数的绝对水平来看，亚洲裔劳动者最高，接下来依次是白人劳动者、黑人劳动者、拉美裔劳动者。2018 年，各种族裔劳动者周收入中位数为：亚裔，1095 美元；白人，930 美元；黑人，712 美元；拉丁裔，684 美元。

第二，从美国劳动者实际周收入中位数的增长率来看，亚洲裔劳动者周收入中位数 2000—2018 年的年平均增长率是 1.32%，增长最快；白人劳动者实际周收入中位数 1981—2018 年的年平均增长率是 0.59%，增长速度其次；黑人劳动者 1981—2018 年的年平均增长率是 0.52%，增长速度再次；拉美裔劳动者 1981—2018 年的年平均增长率是 0.45%，增长最慢。

从受教育程度来看，笔者收集了 1980—2016 年美国不同学历的劳动者按照 2016 年价格计算的实际周收入中位数的统计数据，[③] 得到下述结论：

第一，从美国劳动者实际周收入中位数的绝对水平来看，学历越高，收入水平越高。2016 年，本科及以上学历劳动者实际周收入中位数是 1259 美元，大专学历是 779 美元，高中学历是 712 美元，高中以下学历是 520 美元。

第二，从美国劳动者实际周收入中位数的增长率来看，1982—2016 年，本科及以上学历劳动者实际周收入年平均增长率是 0.53%，是唯一正增长的劳动群体。高中学历劳动者实际周收入年平均增长率是-0.18%，大专学历劳动者是-0.21%，高中以下学历劳动者是-0.55%。

上述分析表明，在资本主义经济里，即使经济在发展，文明程度在提高，劳动者

---

① Office for National Statistics, Employment and labour market, https://www.ons.gov.uk/employmentandlabourmarket.

② Bureau of Labor Statistics, BLS Report 2018, https://www.bls.gov.

③ Bureau of Labor Statistics, BLS Report 2016, https://www.bls.gov.

仍然处于弱势地位。这是资本主义经济的本质决定的。

本章小结

本章阐述了马克思的劳动和工资理论，并把马克思的劳动和工资理论与西方经济学有代表性的劳动和工资理论进行了比较研究。另外，本章以马克思工资理论为基础，讨论了马克思涉及不多的现象形态上的市场工资决定问题。

本章讨论了工会问题。工会尽管存在这样或者那样的问题，但是对维护工人阶级利益、改善工人阶级的工作和生活状况发挥了积极的作用。

本章对主要资本主义国家劳动者的就业状况和收入状况进行了分析，包括对不同种族、不同受教育程度的劳动者的就业和收入状况进行了分析。

第十二章　新的历史条件下马克思借贷资本和利息理论研究

第一节　马克思的借贷资本和利息理论

一、借贷资本的本质

马克思把能够带来利息的资本称为生息资本或借贷资本。马克思认为，借贷资本是由货币资本转化而来的。资本在周转中依次采取货币资本、生产资本和商品资本的形式。随着资本主义经济的发展，部分拥有货币资本的资本家不自己把它投入生产过程或交换过程，而是把它贷放给产业资本家或商业资本家投入生产过程和交换过程，然后向产业资本家或商业资本家收取利息的报酬。这部分货币资本就转变为借贷资本。

马克思指出："同样，作为货币资本，它实际上也只是单纯地作为货币，也就是作为商品（生产要素）的购买手段来发生作用。这种货币在这里同时是货币资本，是资本的一种形式，也并不是由于购买的行为，不是由于它在这里实际上执行的货币的职能，而是由于这个行为同资本总运动的联系，因为它作为货币所完成的这个行为，是资本主义生产过程的先导。"①

马克思还指出："这样，货币除了作为货币具有的使用价值以外，又取得了一种追加的使用价值，即作为资本来执行职能的使用价值。在这里，它的使用价值正在于它

① 马克思．资本论：第3卷［M］//马克思，恩格斯．马克思恩格斯全集：第25卷．北京：人民出版社，1974：382-383.

转化为资本而生产的利润。就它作为可能的资本，作为生产利润的手段的这种属性来说，它变成了商品，不过是一种特别的商品。”①

这样，正如马克思所说的：“把货币放出即贷出一定时期，然后把它连同利息（剩余价值）一起收回，是生息资本本身所具有的运动的全部形式。”②

二、利息与利息率

马克思认为，借贷资本的利息是剩余价值或利润的一部分。马克思指出：“利息最初表现为、最初是、并且实际上始终不外是利润即剩余价值的一部分，这部分是执行职能的资本家，即产业家或商人，在他不是使用自有的资本而是使用借入的资本时，必须支付给这个资本的所有者和贷出者的。如果他只使用自有的资本，利润的这种分割就不会发生；利润就会全部归他所有。”③

因此，借贷资本是在货币资本的所有权和使用权相分离的条件下产生的。货币资本家拥有货币资本的所有权，但是他把货币资本的使用权让渡给产业资本家和商业资本家，利息就是对货币资本使用权的报酬。马克思指出：“货币资本家在把借贷资本的支配权移交给产业资本家的时间内，就把货币作为资本的这种使用价值——生产平均利润的能力——让渡给产业资本家。”④

由于货币流通过程和商品流通过程不创造价值和剩余价值，借贷利息与商业利润一样，来自生产过程创造的剩余价值或者利润。虽然借贷资本家与雇佣劳动者没有直接发生关系，但是他们凭借着货币资本的所有权，与产业资本家和商业资本家分享雇佣劳动者创造的剩余价值。马克思指出：“在再生产过程中，执行职能的资本家作为别人所有的资本的代表，同雇佣工人相对立；货币资本家则由执行职能的资本家来代表，参与对劳动的剥削。”⑤ 这就是利息的本质。

在利息产生以后，企业主收入即产业资本家获得的产业利润和商业资本家获得的商业利润就表现为总利润扣除利息后的余额。马克思指出：“因此，同他必须从总利润

---

① 马克思．资本论：第3卷［M］//马克思，恩格斯．马克思恩格斯全集：第25卷．北京：人民出版社，1974：378.

② 马克思．资本论：第3卷［M］//马克思，恩格斯．马克思恩格斯全集：第25卷．北京：人民出版社，1974：390.

③ 马克思．资本论：第3卷［M］//马克思，恩格斯．马克思恩格斯全集：第25卷．北京：人民出版社，1974：415.

④ 马克思．资本论：第3卷［M］//马克思，恩格斯．马克思恩格斯全集：第25卷．北京：人民出版社，1974：393.

⑤ 马克思．资本论：第3卷［M］//马克思，恩格斯．马克思恩格斯全集：第25卷．北京：人民出版社，1974：427.

中付给贷出者的利息相反，剩下归他的那部分利润必然采取产业利润或商业利润的形式，或者用一个把二者包括在内的德语名词来表达，就是采取 Unternehmergewinn（企业主收入）的形态。"①

另外，在总利润分割为利息和企业主收入以后，即使产业资本家和商业资本家使用自有货币资本进行经营，他们的利润也划分为利息和企业主收入了。马克思指出："总利润的一部分转化为利息形式，就会使它的另一部分转化为企业主收入。一旦利息作为独特的范畴存在，企业主收入事实上就只是总利润超过利息的余额所采取的对立形式。"②

既然利息是利润的一个部分，在利润率平均化以后，平均利润率就成为利息率的上限。马克思指出："因为利息只是利润的一部分，按照我们以上的假定，这个部分要由产业资本家支付给货币资本家，所以，利润本身就成为利息的最高界限，达到这个最高界限，归执行职能的资本家的部分就会=0。"③ 马克思在这里说的利润就是平均利润。马克思在《资本论》第三卷第二十一章开始分析借贷资本时就说明，由于前面已经分析了利润率平均化的过程，后面说的利润指的就是平均利润。

由于利息率是货币资本家向产业资本家贷放货币资本索取的报酬，它不取决于某个产业部门的利润率，而取决于一般的利润率。马克思指出："就利息率由利润率决定来说，利息率总是由一般利润率决定，而不是由可能在某个特殊产业部门内占统治地位的特殊利润率决定，更不是由某个资本家可能在某个特殊营业部门内获得的额外利润决定。"④

又由于利息是利润的一个部分，利息率与企业主收入率存在反方向变化的关系。马克思指出："假定平均利润已定，企业主收入率就不是由工资决定，而是由利息率决定。企业主收入率的高低与利息率成反比。"⑤

至于在平均利润率的上限内利息率处于什么水平，实际上取决于货币资本家与职能资本家的竞争，或者取决于货币资本的供给和需求。马克思指出："至于不断变动的市场利息率，那末，它和商品的市场价格一样，在每一瞬间都是作为固定的量出现的，

---

① 马克思．资本论：第 3 卷［M］//马克思，恩格斯．马克思恩格斯全集：第 25 卷．北京：人民出版社，1974：419.

② 马克思．资本论：第 3 卷［M］//马克思，恩格斯．马克思恩格斯全集：第 25 卷．北京：人民出版社，1974：422.

③ 马克思．资本论：第 3 卷［M］//马克思，恩格斯．马克思恩格斯全集：第 25 卷．北京：人民出版社，1974：401.

④ 马克思．资本论：第 3 卷［M］//马克思，恩格斯．马克思恩格斯全集：第 25 卷．北京：人民出版社，1974：409.

⑤ 马克思．资本论：第 3 卷［M］//马克思，恩格斯．马克思恩格斯全集：第 25 卷．北京：人民出版社，1974：426.

因为在货币市场上，一切借贷资本总是作为一个总额和执行职能的资本相对立，从而，借贷资本的供给和信贷资本的需求之间的关系，决定着当时市场的利息状况。”①

三、商业和银行信用

马克思认为，资本主义信用的形式分为商业信用和银行信用。商业信用是职能资本家之间以赊账的方式买卖商品所形成的信用关系。在赊账销售的情况下，卖者卖出了商品，买者没有支付货币，但卖者得到了买者到期支付货币的承诺，从而双方形成了债权和债务关系。商业信用是资本主义信用的基础。马克思指出：“我们首先分析商业信用，即从事再生产的资本家互相提供的信用。这是信用制度的基础。它的代表是汇票，是一种有一定支付期限的债券，是一种延期支付的证书。”②

银行信用是在商业信用发展到一定程度时形成的。银行信用是银行把社会闲置的资金集中起来贷放给职能资本家所形成的信用关系。马克思指出：“银行家把借贷货币资本大量集中在自己手中，以致与产业资本家和商业资本家相对立的，不是单个的贷出者，而是作为所有贷出者的代表的银行家。银行家成了货币资本的总管理人。另一方面，由于他们为整个商业界而借款，他们也把借入者集中起来，与所有贷出者相对立。银行一方面代表货币资本的集中，贷出者的集中，另一方面代表借入者的集中。银行的利润一般地说在于：它们借入时的利息率低于贷出时的利息率。”③

马克思分析了银行信用的资金来源和资金去向。马克思指出：“银行拥有的借贷资本，是通过多种途径流到银行那里的。首先，因为银行是产业资本家的出纳业者，每个生产者和商人作为准备金保存的或在支付中得到的货币资本，都会集中到银行手中。……第二，银行的借贷资本还包括可由银行贷放的货币资本家的存款。此外，随着银行制度的发展，特别是自从银行对存款支付利息以来，一切阶级的货币积蓄和暂时不用的货币，都会存入银行。……最后，各种只是逐渐花费的收入也会存入银行。”④

马克思还指出：“贷放……是通过不同形式的贷款，即以个人信用为基础的直接贷款，以有息证券、国家证券、各种股票作抵押的贷款，特别是以提单、栈单及其他各

---

① 马克思．资本论：第3卷［M］//马克思，恩格斯．马克思恩格斯全集：第25卷．北京：人民出版社，1974：426.

② 马克思．资本论：第3卷［M］//马克思，恩格斯．马克思恩格斯全集：第25卷．北京：人民出版社，1974：542.

③ 马克思．资本论：第3卷［M］//马克思，恩格斯．马克思恩格斯全集：第25卷．北京：人民出版社，1974：453.

④ 马克思．资本论：第3卷［M］//马克思，恩格斯．马克思恩格斯全集：第25卷．北京：人民出版社，1974：453-454.

种证明商品所有权的单据作抵押的贷款来进行的，是通过存款透支等等来进行的。银行家提供的信用，可以采取不同的形式，例如：向其他银行开出汇票、支票，开立同样的信用账户。”①

马克思认为，资本主义信用对资本主义经济产生了下述影响：促进了利率平均化，节省了流通费用，加快了资本的集中。马克思指出：“到现在为止，我们关于信用制度所作的一般评述，可归结为以下几点：Ⅰ. 信用制度的必然形成，以便对利润率的平均化或这个平均化运动起中介作用，整个资本主义生产就是建立在这个运动的基础上的。Ⅱ. 流通费用的减少。……Ⅲ. 股份公司的成立。……Ⅳ. 把股份制度——它是在资本主义体系本身的基础上对资本主义的私人产业的扬弃；它越是扩大，越是侵入新的生产部门，它就越会消灭私人产业——撇开不说，信用为单个资本家或被当作资本家的人，提供在一定界限内绝对支配别人的资本，别人的财产，从而别人的劳动的权利。”②

马克思在这里之所以提到股份公司，是因为马克思把资本主义信用制度看作股份公司建立的基础。马克思指出：“没有从资本主义生产方式中产生的工厂制度，合作工厂就不可能发展起来；同样，没有从资本主义生产方式中产生的信用制度，合作工厂也不可能发展起来。信用制度是资本主义的私人企业逐渐转化为资本主义的股份公司的主要基础，……”③

马克思分析了资本主义信用危机问题：资本主义商业和银行信用一方面助长了买空和卖空的投机行为，给社会资本再生产带来影响；另一方面商业和银行信用也在经济周期的影响下扩张或收缩。马克思指出：“撇开信用制度所助长的买空卖空和投机交易。这样，危机好像只能由各个部门生产的不平衡，由资本家自己的消费和他们的积累之间的不平衡来说明。”④

具体地说，在经济危机发生的时候，商业和银行信用会收缩。但是，在危机过后的初期，货币资本将会变得过剩，利息率将会下降。马克思指出：“只要再生产过程的这种扩大受到破坏，或者哪怕是再生产过程的正常紧张状态受到破坏，信用就会减少。通过信用来获得商品就比较困难。要求现金支付，对赊售小心谨慎，是产业周期中紧

① 马克思．资本论：第 3 卷［M］//马克思，恩格斯．马克思恩格斯全集：第 25 卷．北京：人民出版社，1974：454.

② 马克思．资本论：第 3 卷［M］//马克思，恩格斯．马克思恩格斯全集：第 25 卷．北京：人民出版社，1974：492-496.

③ 马克思．资本论：第 3 卷［M］//马克思，恩格斯．马克思恩格斯全集：第 25 卷．北京：人民出版社，1974：498.

④ 马克思．资本论：第 3 卷［M］//马克思，恩格斯．马克思恩格斯全集：第 25 卷．北京：人民出版社，1974：547.

接着崩溃之后的那个阶段所特有的现象。"① 马克思还指出："借贷货币资本的增加，并不是每次都表示现实的资本积累或再生产过程的扩大。这种情况下，在产业周期的紧接着危机过后的那个阶段中，表现得最为明显，这时，借贷资本大量闲置不用。在生产过程紧缩（1847 年危机后，英国各工业区的生产减少三分之一），物价降到最低点，企业信心不足的时候，低微的利息率就起着支配作用。这种低微的利息率仅仅表明：借贷资本的增加，正是由于产业资本的收缩和萎缩造成的。"②

四、虚拟资本

随着商业和银行信用的发展，出现了各种有价证券。马克思在分析银行的资本时，曾经根据当时的情况把有价证券划分为商业汇票、国库券、政府债券、股票等。马克思指出："我们可以再把有价证券分成两部分：一部分是商业证券即汇票，它们是流动的，按时到期的，它们的贴现已经成为银行家的基本业务；另一部分是公共有价证券，如国债券，国库券，各种股票，总之，各种有息的而和汇票有本质差别的证券。"③

然后，马克思以政府债券为例，说明有价证券属于虚拟资本。马克思指出："如果利息率是 5%，国家提供的保证又很可靠，那末所有者 A 通常就能按 100 镑把这张债券卖给 B，因为对 B 来说，无论是把 100 镑按年息 5%借给别人，还是通过支付 100 镑而从国家的年赋税中保证每年得到 5 镑，是完全一样的。但在这一切场合，这种资本，即把国家付款看成是自己的幼仔（利息）的资本，是幻想的虚拟的资本。这不仅是说给国家的贷款已经不再存在。这种贷款本来不是作为资本耗费的，不是作为资本投入的，而只有通过作为资本投入，它才能转化为一个自行保存的价值。"④

如果从马克思的这段话来理解，所谓"虚拟"是指政府债券体现的资金已经不复存在，而且这部分资金不是作为资本投入，所以政府债券仅表现为一种利息的索取权。但是，马克思接着又说明所有的有价证券都是虚拟资本。马克思指出："即使在债券——有价证券——不像国债那样代表纯粹幻想的资本的地方，这种证券的资本价值也纯粹是幻想的。……铁路、采矿、轮船等公司的股票是代表现实资本，也就是代表

① 马克思．资本论：第 3 卷［M］//马克思，恩格斯．马克思恩格斯全集：第 25 卷．北京：人民出版社，1974：547.

② 马克思．资本论：第 3 卷［M］//马克思，恩格斯．马克思恩格斯全集：第 25 卷．北京：人民出版社，1974：549.

③ 马克思．资本论：第 3 卷［M］//马克思，恩格斯．马克思恩格斯全集：第 25 卷．北京：人民出版社，1974：526.

④ 马克思．资本论：第 3 卷［M］//马克思，恩格斯．马克思恩格斯全集：第 25 卷．北京：人民出版社，1974：527.

在这些企业中投入的并执行职能的资本，或者说，代表股东预付的、以便在这些企业中作为资本来用的货币额。这里决不排除股票也只是一种欺诈的东西。但是，这个资本不能有双重存在：一次是作为所有权证书即股票的资本价值，另一次是作为在这些企业中实际已经投入或将要投入的资本。它只存在于后一种形式，股票只是对这个资本所实现的剩余价值的相应部分的所有权证书。”①

债券与股票体现的资金是作为资本投入的，但马克思之所以仍将它们视为虚拟资本，是因为这部分资金虽然作为资本投入，但实际上只是一种债权或所有权的凭证。另外，由于有价证券的持有者可以得到利息或股息，在市场利息率发生变化的情况下，有价证券资本化的价值也会发生变化，有价证券的价值就变成虚拟的了。

马克思指出：“人们把虚拟资本的形成叫作资本化。人们把每一个有规则的会反复取得的收入按平均利息率来计算，把它算作是按这个利息率贷出的资本会提供的收入，这样就把这个收入资本化了；例如，在年收入＝100镑，利息率＝5%时，100镑就是2000镑的年利息，这2000镑现在就看成是每年有权取得100镑的法律证书的资本价值。”② 马克思还指出：“这种证券的市场价值部分地有投机的性质，因为它不是由现实的收入决定的，而是由预期得到的、预先计算的收入决定的。但是，假定现实资本的增殖不变，或者假定象国债那样，资本已不存在，年收益已经由法律规定，并且又有充分保证，那末，这种证券的价格的涨落就和利息率成反比。”③

第二节　马克思利息理论的比较研究

一、对魏克赛尔利息理论的评论

利息是一个古老的经济范畴，估计没有一本全面讨论经济问题的著作不分析利息问题。马克思主要在《资本论》第三卷研究利息问题，而《资本论》第三卷是由恩格斯编辑、于1894年出版的。在《资本论》第三卷出版以后的第四年即1898年，瑞典

① 马克思．资本论：第3卷［M］//马克思，恩格斯．马克思恩格斯全集：第25卷．北京：人民出版社，1974：529.

② 马克思．资本论：第3卷［M］//马克思，恩格斯．马克思恩格斯全集：第25卷．北京：人民出版社，1974：528-529.

③ 马克思．资本论：第3卷［M］//马克思，恩格斯．马克思恩格斯全集：第25卷．北京：人民出版社，1974：530.

经济学者魏克赛尔（K. Wicksell）出版了名为《利息与价格》的著作，形成了当时在经济学界具有重要影响的利息理论。

魏克赛尔区分了自然利率和贷款利率两个概念。他写道："贷款中有某种利率，它对商品价格的关系是中立的，既不会使之上涨，也不会使之下跌。这与如果不使用货币、一切借贷以实物资本形态进行、在这样情况下的供求关系决定的利率，必然相同。我们把这个称为资本自然利率的现时价值，其含义也是一样的。"①

按照魏克赛尔的解释，假定所有企业家都没有资本，他们借入资金雇佣工人、购买原材料和租用土地进行生产，在扣除了自己才干的收入以后，需要向提供资金的资本家支付的利息率就是资本自然利率。资本自然利率是由资本的需求和供给决定的。魏克赛尔指出，如果贷款利率高于自然利率，企业家将获得超额利润，扩大生产，导致对劳动和原材料需求的增加，从而导致商品价格的上升；相反，则导致商品价格的下降。

按照魏克赛尔的理解，自然利率取决于生产的效率、固定和流动资本的数量、劳动和土地的供给。自然利率与贷款利率的准确吻合是不存在的。自然利率的变化是持续的和不间断的，贷款利率的变化是不连续的和跳跃的。②

笔者认为，魏克赛尔的利息理论与马克思的利息理论不能相提并论。首先，马克思深刻地说明了资本主义经济的利息与前资本主义经济的利息的本质区别是什么，在资本主义条件下货币是如何转化为货币资本或借贷资本的，资本主义条件下利息的源泉是什么，资本主义条件下利息率为什么会受到一般利润率的制约，等等。人们知道，利息的历史远远长于资本主义的历史，魏克赛尔分析的利息是资本主义条件下的利息，那么资本主义条件下的利息与前资本主义条件下的利息又有什么区别？另外，魏克赛尔所说的自然利率实际上是指现在人们所说的预期利润率，他只是论证了在企业家没有资本的条件下贷款利率将趋向于自然利率，那么自然利率的源泉是什么？

其次，马克思明确地指出在资本主义经济中存在产业资本和货币资本，相应地存在产业资本家和货币资本家。产业资本属于股权资本，凭借对生产资料的所有权分享劳动者创造的剩余价值即产业利润。货币资本属于借贷资本，凭借对货币资本的所有权分享产业利润即利息。魏克赛尔提出了一个既像产业资本家又非产业资本家的企业家概念，把这种没有资本的企业家获得的收入称为利润，从而混淆了产业资本和货币资本这两种形态。在资本主义中，产业资本家可以从事管理工作，也可以不从事管理

① 魏克赛尔．利息与价格［M］．蔡受百，等，译．北京：商务印书馆，1982：63.
② 魏克赛尔．利息与价格［M］．蔡受百，等，译．北京：商务印书馆，1982：84-86.

工作，不从事管理工作的产业资本家也可以得到利润。另外，不是产业资本家的企业家得到的是薪金。魏克赛尔把股权资本和借贷资本、企业所有者和管理者都混为一谈了。

二、对凯恩斯利息理论的评论

英国经济学者凯恩斯在1936年出版了《就业、利息和货币通论》的著作，提出了所谓的现代货币理论。凯恩斯认为，设 M_1 为满足交易动机和谨慎动机所持有的货币数量，M_2 为满足投机动机所持有的货币数量，Y 是国民收入，r 为利息率，那么流动偏好函数即货币需求函数是：

$$M = M_1 + M_2 = L_1(Y) + L_2(r) \tag{12-1}$$

另外，凯恩斯还认为，货币供给是政府的货币政策决定的，而利率是货币的需求和货币的供给决定的。在货币需求不变的条件下，如果货币供给增加，货币供过于求，利率将下降。①

如果仅从利率决定的数量关系来看，凯恩斯利息理论进步的地方在于从货币供给和货币需求的角度分析利息率水平的决定，反映了他所处时代的特点。凯恩斯处在金本位制解体时期。英国于1931年废除了金本位制，改为实行信用货币制度。在信用货币制度下，中央银行拥有发行货币的权利，货币供给对利息率产生了比较明显的影响。

在凯恩斯以前，经济学者们如马克思、魏克赛尔、费雪、马歇尔都认为利息率取决于借贷资本或借贷资金的需求和供给，都没有提及货币供给因素。很显然，这些经济学者都处在金本位制时代，货币的数量由黄金的数量决定，货币供给是稳定的，没有对利率产生明显的影响。

但是，凯恩斯利息理论的进步之处同时也形成了它的不足之处。凯恩斯引入货币供给因素是正确的，但认为利息率由货币的需求和供给决定则是错误的。在这个问题上，凯恩斯以前和以后的经济学者却是正确的。利息是在借贷市场产生的一种现象，货币本身不是借贷资金，只有进入借贷市场才成为借贷资金，从而才有可能对利率产生影响。

首先，从货币的组成部分现金来看，现金的供给和需求未必对利率产生影响。例如，当中央银行投放的现金进入居民和厂商手里的时候，如果居民和厂商不把现金存放到银行或者购买债券等，现金没有成为借贷资金，就不会对利息率产生影响。又如，

① 凯恩斯．就业、利息和货币通论［M］．宋韵声，译．北京：华夏出版社，2012：151-197.

当居民和厂商需要支付现金的时候，如果居民和厂商不是从银行或债券市场取得现金，而是从自己持有的现金中支出，也不会对利息率产生影响。

其次，从一般意义的货币来看，货币供给和需求的变化也不是必然对利率产生影响。例如，当中央银行以增加商业银行准备金的方式投放货币时，商业银行出于多方面考虑没有相应增加贷款，而是保留超额准备金，货币没有转换为借贷资金，就不会对利率产生影响。又如，当居民和厂商需要支付货币时，他们不是从借贷途径取得货币，而是支出自己存款账户的货币，而支付出去的货币又被得到货币的居民和厂商存入银行，银行账户的货币没有变化，这部分货币需求也不会对利率产生影响。在一般情况下，货币供给变化会导致借贷资金供给变化，但借贷资金供给的变化并不是全部来自货币供给变化。

最后，凯恩斯认为利息率是由货币需求和货币供给决定的，由于货币供给是由货币当局决定的，这样凯恩斯就把影响利息率的供给因素看作外生变量。实际上，货币当局以前发行的货币在社会上流通和借贷，即使货币当局不改变货币供给量，人们也会根据经济的变化调整借贷资金的供给量。这就是说，影响利息率的供给因素不仅有外生性的一面，也有内生性的一面。

三、对罗伯逊利息理论的评论

英国经济学者罗伯逊（D. Robertson）是凯恩斯的学生，后来又与他同在剑桥大学任教，但是罗伯逊提出了与凯恩斯不同的利息理论。罗伯逊在 1940 年出版的《货币理论文集》中指出，利息率不是由货币的需求和供给决定的，而是由可贷资金的需求和供给决定的。

可贷资金的需求包括投资需求和窖藏需求，投资需求是出于投资的目的而形成的对资金的需求，窖藏需求是为了储藏价值而形成的对资金的需求。由于利率越高，投资和窖藏的成本越高，可贷资金的需求量就越少，可贷资金的需求量是利率的函数。如果用 M_d 表示可贷资金的需求量，用 I 表示投资，用 ΔH 表示窖藏增量，用 i 表示利息率，那么可贷资金的需求函数可以表达为：

$$M_d = I(i) + \Delta H(i) \tag{12-2}$$

另外可贷资金的供给包括储蓄的供给和货币的供给增量。利息率越高，储蓄收益越高，储蓄数量就越大。但货币供给取决于货币政策，它不受利息率影响。因此，可贷资金储蓄数量是利息率的函数。如果用 M_s 表示可贷资金的供给，用 S 表示储蓄，用 ΔM 表示货币供给的增量，那么可贷资金的供给函数可以表达为：

$$M_s = S(i) + \Delta M \tag{12-3}$$

如图 12-1 所示，纵轴表示利息率，横轴表示可贷资金的数量。当投资需求曲线与储蓄供给曲线相交的时候，投资对可贷资金的需求量等于储蓄对可贷资金的供给量，形成了自然利率 i_n，罗伯逊把它称为基础性利率。当可贷资金需求曲线与可贷资金供给曲线相交的时候，可贷资金需求量等于可贷资金供给量，形成了市场利率 i_m。①

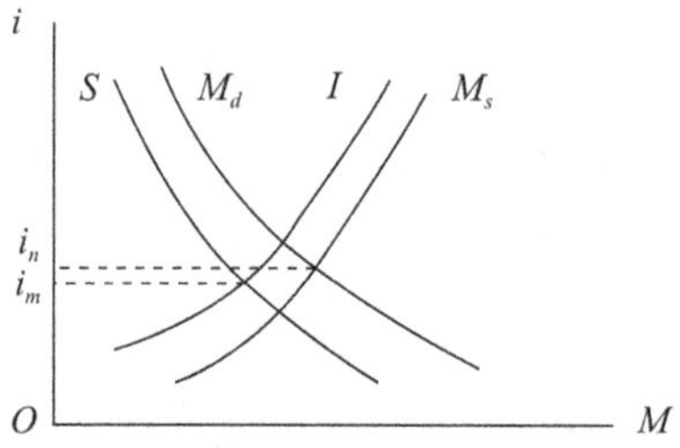

图 12-1　利息率的决定

笔者认为，罗伯逊利息理论比凯恩斯利息理论准确的地方，是他坚持认为利率取决于借贷资金的需求和供给。但与此同时，他吸收了凯恩斯利息理论中对货币供给的分析，指出货币供给对借贷资金的供给存在影响。罗伯逊利息理论存在的问题是，他认为窖藏需求是可贷资金需求的一个部分，而所谓窖藏需求是保留货币的需求，人们怎么可能借进资金然后把它保留下来呢？即使存在的话也不是普遍的现象，这说明罗伯逊受到了凯恩斯提出的货币需求的谨慎动机分析的影响。凯恩斯分析的是货币的需求，当然存在谨慎方面的需求。而罗伯逊分析的是借贷资金的需求，似乎不应该存在谨慎方面的需求。

四、对现行利息理论的评论

在罗伯逊以后，利息理论的研究没有什么进展，经济学者们基本上都在复述前人的利息理论，甚至还从前人的利息理论后退了。

美国经济学者斯蒂格利茨在 1993 年出版的《经济学》被称为经济学的经典教科书。他在该书中指出，利息率是货币的时间价值，即货币未来价值和现在价值的差价，是可贷资金的需求和供给决定的。借入资金的数量随着利息率的上升而减少，贷出资金的数量随着利息率的上升而增加，当可贷资金的需求量等于供给量的时候，形成了

① ROBERTSON D H. Essays in Monetary Theory [M]. London: P. S. King & Son, 1940.

均衡的利息率。①

美国经济学者法博齐（F. J. Fabozzi）和莫迪利亚尼（F. Modigliani）在1996年出版的《资本市场》被称为金融学的经典教科书。他们在该书中指出，利息率是借方为在一定期限内使用某种资源而支付给贷方的价格，是由投资形成的资金需求和储蓄形成的资金供给决定的。他们认为，生产者总是按照产量最大化的原则选择最优投资量来进行生产，最优投资量与他们拥有的资金的差额形成了他们对资金的需求量。另外，消费者总是根据效用最大化的原则来选择最优储蓄量并进行消费，他们拥有的资金与最优储蓄量的差额形成了他们对资金的供给量。

生产者对资金的需求量是利息率的函数，利息率越高，资金供给量越小。消费者对资金的供给量是利息率的函数，利息率越高，资金供给量越大。当资金需求量大于资金供给量时，利息率上升；当资金需求量小于资金供给量时，利息率下降；当资金需求量等于资金供给量时，形成了均衡的利息率。他们把这种利息率称为基础利息率。②

美国经济学者萨缪尔森和诺德豪斯在2010年出版的第19版《经济学》是最流行的经济学教科书。他们在该书中指出利息率是提供资本的收益率，然后从实物形态的资本的角度分析了短期和长期利息率的决定。

萨缪尔森和诺德豪斯认为，在短期里，资本的供给是固定的，无法由于利息率的提高而增加。资本的需求量取决于资本的边际产品，即增加一单位资本带来的产品，它就是资本的收益率。在边际收益递减规律影响下，资本数量越大，资本收益率就越低。当资本需求量等于资本供给量时，资本的收益率等于利息率，资本需求方得到了最大的收益，不再增加资本需求量，从而决定了均衡的收益率和利息率。如图12-2所示，纵轴表示收益率或利息率，横轴表示资本存量，*DD*曲线是资本需求曲线，*SS*曲线是资本供给曲线，两条曲线相交，形成均衡的短期利息率。

在长期里，资本可以积累，资本供给量不是固定的，利息率越高，资本的供给量越大。资本的需求量仍然取决于资本的收益率，资本越多，资本收益率越低。同样，当资本需求量等于资本供给量时，决定了均衡的收益率和利息率。如图12-3所示，*DD*曲线仍是资本需求曲线，*SS*曲线是资本供给曲线，两条曲线相交形成均衡的长期利息率。③

---

① 斯蒂格利茨．经济学：上册［M］．高鸿业，等，译．北京：中国人民大学出版社，1997：117-120.

② 法博齐，莫迪利亚尼．资本市场：机构与工具［M］．唐旭，等，译．北京：经济科学出版社，1998：361-377.

③ 萨缪尔森，诺德豪斯．经济学：上册［M］．萧琛，译．北京：商务印书馆，2012：490-498.

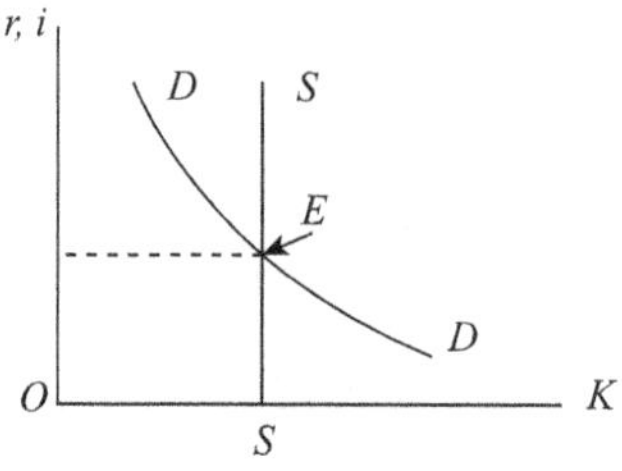

图 12-2　短期利息率的决定

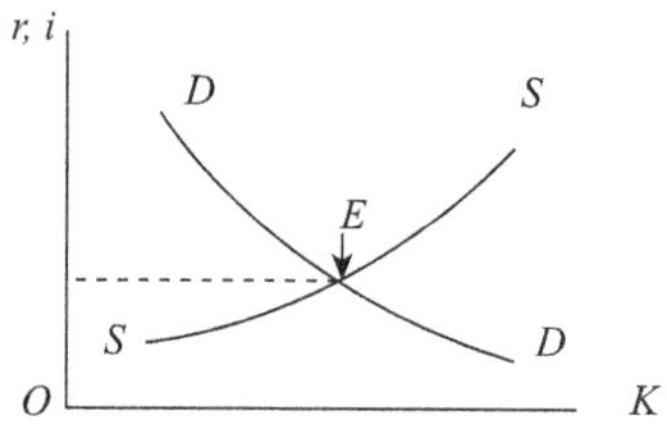

图 12-3　长期利息率的决定

斯蒂格利茨在《经济学》中不是专门研究利息问题，而是通俗地解释利息理论，他的分析没有罗伯逊的分析深入和全面。法博齐和莫迪利亚尼在《资本市场》中则是专题阐述利息理论，他们在论证方法上比罗伯逊更加精巧和完美，但是却忽略了凯恩斯利息理论进步的地方，也就是罗伯逊利息理论中保留的凯恩斯的看法——货币供给对利息率的影响。在现实的经济里，在利率市场化的条件下，货币供给确实对利率存在影响。萨缪尔森和诺德豪斯对利息率的分析基本停留在费雪在 1907 年出版的《利息理论》的表述上，缺陷在于只从资本存量的角度分析利息率的决定，因而只分析了影响借贷资金需求和供给的一个方面的因素。笔者认为萨缪尔森的利息理论与凯恩斯和罗伯逊的利息理论相比都后退了。

虽然马克思关注的重点不是利率的现象形态，但是马克思也指出了利率水平取决于借贷资本的需求和供给，而借贷资本的需求主要来自产业资本家，这与罗伯逊强调可贷资金的需求来自投资是相似的。马克思利息理论优于罗伯逊利息理论的地方是，马克思基于具体的资本主义经济形态来研究利息，以严谨的逻辑分析了利息是如何产生的，它的本质是什么，它的源泉是什么。马克思关注的不是利率高低体现出的数量关系，而是利息体现出的劳动者、产业资本家、货币资本家的生产关系。

第三节　新的历史条件下马克思利息理论的探索

一、利息问题研究的新的历史条件

如果按照《资本论》第三卷的出版时间计算，马克思利息理论是 19 世纪 90 年代提出来的。尽管过去了一个多世纪，马克思利息理论的核心思想仍然是正确的。例如，马克思关于借贷资本的本质、借贷资本产生的历史条件、利息的本质、利息的源泉、利率与平均利润率的关系、利率水平受借贷资本需求和借贷资本供给影响等分析都是正确的，也是我们应该坚持的。

英国经济学者马歇尔在1938年版的《经济学原理》中对马克思的利息理论提出过批评。他指出："洛贝尔图斯和马克思对苦难者的深切同情，永远会博得我们的敬意，但他们认为是他们的实际倡议的科学根据的那些东西，其实不过是一系列循环论点而已，大意是说利息在经济上没有存在的理由，殊不知这个结论早已暗含在他们的前提之中；虽然在马克思方面，它是披着黑格尔神秘词汇的外衣，像他在《资本论》第一卷的序言中所告诉我们的那样，他用这些词句来'卖俏'。"①

马歇尔对马克思的批评带有感情色彩。马克思的利息理论恰恰是从货币到货币资本再到借贷资本的转变，证明了利息在资本主义经济条件下存在的客观性和必然性，怎么就成了马克思认为"利息在经济上没有存在的理由"？马歇尔说马克思的"结论早已暗含在他们的前提之中"，是指马克思认为劳动是价值的源泉。然而，难道利息是凭空产生的吗？利息当然是社会劳动创造的价值的一个组成部分。

但是，任何经济理论都是历史时代的产物。从利息理论分析的角度来看，从马克思利息理论提出到现在，历史条件发生了下述变化：第一，货币制度的变化。马克思生活在金本位制时代，但是金本位制已于20世纪30年代解体。在金本位制条件下，货币供给不会对利率产生较大的影响。但是在信用货币制度下，货币供给将对利率产生较大的影响。第二，政府作用的变化。在马克思所处的时代，主要资本主义国家的政府一般恪守预算平衡的原则。但是，在凯恩斯经济学出现以后，政府财政赤字成为常态，政府债务会对利率产生越来越大的影响。

笔者试图在坚持马克思利息理论核心思想的前提下，根据历史条件的变化，汲取马克思以后的利息理论中有价值的思想，对利息理论的一个组成部分即利息率水平的决定进行分析。笔者摒弃凯恩斯关于利息率取决于货币的需求和供给的思想，坚持马克思关于利息率取决于借贷资本的需求和供给的思想，从借贷资本的需求函数和供给函数两个方面从现象形态拓展马克思的利息理论。借贷资本家拥有的资金是严格意义的借贷资本，进入商业银行以及货币市场和债券的资金也可以理解为被借贷资本家控制或支配的资金，笔者也将它们称为借贷资本。

借贷市场与劳动力市场不同，借贷资金的供给和需求对利息率的影响比较充分，可以通过借贷资金需求函数和供给函数的构建来讨论市场利率的决定。

---

① 马歇尔．经济学原理：下册［M］．陈良璧，译．北京：商务印书馆，1965：253.

二、马克思利息理论的建构研究

（一）对借贷资本需求因素的检验

考虑到不同国家有不同的国情，笔者选取了美国和日本的统计数据来考察借贷资本的需求情况。借贷资本主要有两种形态：一种是银行信贷，另一种是债务凭证。

美国借贷资本的需求来自居民、企业、政府、金融机构和境外，居民对借贷资本的需求主要包括消费信贷和住房抵押贷款，企业对借贷资本的需求主要出于经营的目的，政府对借贷资本的需求主要用于弥补财政赤字。笔者因为主要考察境内非金融机构对借贷资本的需求，所以不考虑金融机构相互借贷和境外对借贷资本的需求。

由于对借贷资本的需求年与年之间有可能发生较大的变化，笔者选取了数据可比的1981—1985年以及2011—2015年两段时期的美国年平均借贷资本需求量来观察借贷资本需求情况的变化，如表12-1所示。表中的数据是年末余额，年与年之间余额的变化表示新增加的贷款额减去该年偿还的贷款额之差。

从表12-1可以看到，美国对借贷资本的需求来自居民需求、企业需求和政府需求。2011—2015年与1981—1985年相比，居民对借贷资本的需求的占比保持稳定，企业对借贷资本的需求的占比出现较大幅度下降，政府对借贷资本的需求的占比发生较大幅度上升。

表12-1　美国借贷资本的需求情况

借贷资本需求的类型	1981—1985年平均数	2011—2015年平均数
借贷资本数量（1）/亿美元	56968.0	417873.2
居民借款量（2）/亿美元	18325.4	137387.2
居民借款所占比例（3）=（2）÷（1）/%	32.17	32.88
企业借款数量（4）/亿美元	20709.8	113970.2
企业借款所占比例（5）=（4）÷（1）/%	36.35	27.27
政府借款数量（6）/亿美元	17930.0	166516.0
政府借款所占比例（7）=（6）÷（1）/%	31.47	39.85

资料来源：Board of Governors of the Federal Reserve System. Financial Accounts of the United States. The Federal Reserve，2017［2023-03-24］. https：//www. federalreserve. gov/releases/z1/release-dates. htm.

按照同样的方法，笔者选取了数据可比的1878—1982年和2011—2015年两段时期的日本年平均借贷资本需求量来观察借贷资本需求情况的变化，如表12-2所示。表中的借贷资本仍然包括银行信贷和债务凭证，债务凭证包括政府债务凭证和企业债务凭证，政府债务凭证包括国库券和政府债券，公司债务证券只包括公司债券。

从表12-2可以看到，日本对借贷资本的需求同样来自居民需求、企业需求和政府需求。2011—2015年与1978—1982年相比，居民对借贷资本的需求的占比有所上升，企业对借贷资本的需求的占比大幅度下降，政府对借贷资本的需求的占比大幅度上升。总体来看，日本居民借债意愿远弱于美国。

表12-2　日本借贷资本的需求情况

借贷资本需求的类型	1978—1982年平均数	2011—2015年平均数
借贷资本数量（1）/亿日元	3114660.4	15920392.0
居民借款量（2）/亿日元	169039.8	1370410.0
居民借款所占比例（3）=（2）÷（1）/%	5.43	8.61
企业借款数量（4）/亿日元	2016421.4	5105710.0
企业借款所占比例（5）=（4）÷（1）/%	64.74	32.07
政府借款数量（6）/亿日元	929199.2	9444272.0
政府借款所占比例（7）=（6）÷（1）/%	29.83	59.32

资料来源：Statistics Bureau of Japan，Japan Statistical Yearbook，https：//www.stat.go.jp/english/data/nenkan/index.html.

综合美国和日本两国的实际情况可以证实，经济学者们强调借贷资本的投资需求是正确的。生产是第一性的。如果一个社会不创造出新的财富，借贷市场很难健康发展。在美国，居民借款的主要组成部分是住房抵押贷款，在2015年，住房抵押贷款占居民借款的66.78%，占整个社会债务的21.10%。在经济学中住房属于投资品，对住房抵押贷款的需求属于投资需求。这样，即使在美国工业化后期的2011—2015年，投资需求仍然占整个借贷资本需求的48.37%（=21.10%+27.27%）。在日本，即使不算住房抵押贷款，在工业化如火如荼的1978—1982年，投资需求也占整个借贷资本需求量的64.74%；而在工业化后期的2011—2015年，即使加上住房抵押贷款的需求，投资需求也才占整个借贷资本需求量的40.47%（=8.40%+32.07%）。可见，借贷资本的投资需求具有重要地位。

但是，从美国和日本的实际情况可以看到，经典的利息理论在分析利息率的数量关系的时候，忽略了居民对借贷资金的消费需求和政府对借贷资金的赤字需求。消费借款需求在西方发达国家占据重要的地位，政府借款需求在所有发达国家中都占据越来越重要的地位，忽略这两种需求显然不能解释利息率的变化情况。2015年，美国消费信贷对全部债务的比例为7.81%。2011—2015年，美国和日本政府借款对全部债务的比例分别为39.85%和59.32%。

（二）对借贷资本供给因素的检验

借贷资本的供给来自居民、企业、政府、金融机构和境外。美国和日本只有银行贷款或者存款来源的资料。如果不考虑境外资金供给，2016 年美国银行贷款和日本银行存款的来源如表 12-3 和表 12-4 所示。

表 12-3　美国银行贷款的资金来源

指标	银行贷款总额/亿日元	个人存款		企业存款		政府存款		金融机构存款	
		金额/亿日元	占比/%	金额/亿日元	占比/%	金额/亿日元	占比/%	金额/亿日元	占比/%
数值	244407	145518	59.54	76468	31.29	178	0.07	22243	9.10

资料来源：Board of Governors of the Federal Reserve System，Financial Accounts of The United States，2017，https：//www. federalreserve. gov.

表 12-4　日本银行存款的资金来源

指标	银行贷款总额/亿日元	个人存款		企业存款		政府存款		金融机构存款	
		金额/亿日元	占比/%	金额/亿日元	占比/%	金额/亿日元	占比/%	金额/亿日元	占比/%
数值	7406330	4441090	59.96	2305580	32.62	321890	4.35	337770	4.56

资料来源：Statistics Bureau of Japan，Japan Statistical Yearbook 2018，https：//www. stat. go. jp/english/data/nenkan/index. html.

由表 12-3 和表 12-4 可以看到，从银行借贷资金来源看，美国和日本惊人地相似，居民和企业是银行信贷资金供给的主要来源，即银行信贷资金供给源于居民和企业的储蓄。经典利息理论对借贷资金供给函数的分析符合实际情况。

（三）借贷资本需求函数的建构

在对经典的利息理论进行逻辑分析和实践检验以后，笔者认为有必要构建更加符合现实经济情况的利息率决定理论。笔者坚持马克思关于利息的起源、利息的本质、利息的源泉的看法，提出探讨的是借贷资本的需求函数、借贷资本的供给函数以及市场利息率的决定。

首先来考察借贷资本的需求函数。借贷资本需求量的第一个组成部分是消费需求。笔者在前面曾经指出，住房属于投资品，住房抵押贷款属于对借贷资金的投资需求。但是，住房抵押贷款是居民借取的，它的决策过程与居民消费信贷的决策过程是相似的，都取决于居民对未来收入的预期，都受相同自变量的影响。因此，笔者把住房抵押贷款看作对借贷资本的消费需求。这样，借贷资金的消费需求包括对消费信贷需求和对住房抵押贷款的需求。借贷资本的消费需求取决于利率和预期的收入。利率越高，居民借入资金的成本越高，借贷资本的消费需求量就越小；预期收入越高，居民未来偿还贷款的能力越强，借贷资本的消费需求量就越大。考虑到居民的收入与产值成比例变化，在建立借贷资本需求函数的时候可以用预期产值代替预期收入。

借贷资本需求量的第二个组成部分是投资需求，即各个产业出于经营的需要而形成的对借贷资金的需求。借贷资本的投资需求取决于利息率和预期的利润率。利息率越高，投资的成本越高，对借贷资本的投资需求量就越小；预期的利润率越高，投资的收益越高，对借贷资本的投资需求量就越大。

借贷资本的第三个组成部分是政府需求，即政府为了弥补财政赤字而形成的对借贷资本的需求。借贷资本的政府需求取决于政府的财政赤字状况，财政赤字越大，借贷资本的政府需求量就越大。但是，借贷资本的政府需求对利率的反应不敏感。

因此，如果用 CD_d 表示借贷资本的需求量，用 I 表示投资需求，用 C 表示消费需求，用 G 表示政府需求，用 i 表示利率，用 y^e 表示预期产值，用 r 表示预期利润率，用 d 表示财政赤字，那么借贷资本需求函数可以表达为：

$$CD_d = I(i,\ y^e) + C(i,\ r) + G(d) \tag{12-4}$$

假定产值、预期利润率、财政赤字不变，借贷资本的需求量与利息率存在反方向变化的关系：利息率越低，借贷资本的需求量越大。在以纵轴表示利息率、横轴表示借贷资本需求量的坐标系里，借贷资本需求曲线表现为一条向右下方倾斜的曲线，如图 12-4 中的曲线 CD_d 所示。

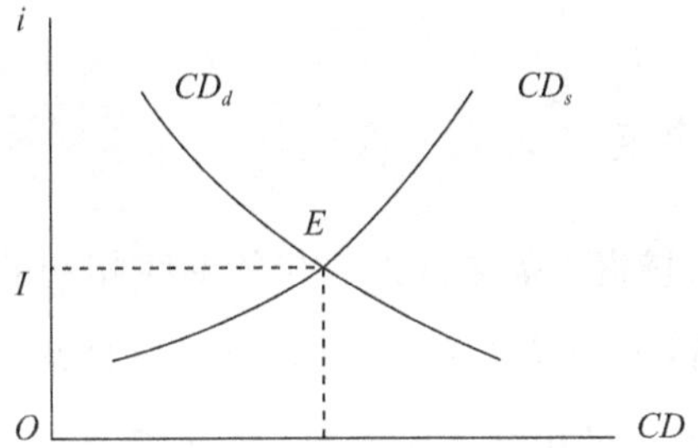

图 12-4 利息率的决定

(四) 借贷资本供给函数的建构

借贷资本的供给来自居民的储蓄、企业的储蓄、金融机构的资本和货币供给增量。如果把居民和企业的储蓄称为社会储蓄，那么社会储蓄的供给量和金融机构的资本供给量受利率影响：利率越高，社会储蓄和金融机构资本收益就越高，社会储蓄和金融机构资本供给量就越大。另外，社会储蓄供给量还受现期产值影响，现期产值越大，由于边际消费倾向小于 1，社会储蓄供给量就越大。

货币供给增量取决于货币政策，不受利率影响。但是，货币供给的增量并不构成借贷资金供给的增量。在中央银行通常通过买卖政府证券的方式施行货币政策的时候，存在下述三种情形：第一，如果中央银行向政府买进政府证券，政府将把得到的货币用于支出，从而形成居民和企业的收入。如果居民和企业没有把得到的收入存入银行或者购买债务资产，这部分货币就没有转变为借贷资本。第二，如果中央银行通过金融机构买进公众持有的政府证券，公众将得到这部分货币。如果公众没有把这部分货币存入银行或者购买债务资产，这部分货币同样没有转变为借贷资本。第三，如果中央银行直接向金融机构买进政府证券，将导致金融机构准备金的增加即基础货币的增加。如果银行增加贷款，将导致借贷资本的增加。因此，货币供给增量只有一个部分进入借贷市场成为借贷资本的供给量，这个比例是一个经验系数。

这样，如果用 CD_s 表示借贷资本的供给量，用 F 表示金融机构资本供给，用 S 表示社会储蓄供给，用 ΔM 表示货币供给增量，用 i 表示利率，用 y 表示现期产值，用 p 表示货币政策，那么借贷资本供给函数可以表达为：

$$CD_s = F(i) + S(i, y) + \Delta M(p) \tag{12-5}$$

假定产值和货币政策不变，借贷资本的供给量与利息率呈正方向变化：利息率越高，借贷资本供给量越大。在以纵轴表示利息率、横轴表示借贷资本供给量的坐标系里，借贷资本供给曲线表现为一条向右上方倾斜的曲线，如图 12-4 中的曲线 CD_s 所示。

（五）市场利息率的决定

如图 12-4 所示，在借贷资本需求曲线与供给曲线相交的时候，借贷资本的需求量等于供给量，形成了均衡的利息率。这样决定的利率是基准利息率，即抽象了风险、期限、通货膨胀等因素条件下的由基本因素决定的利息率。

前面的分析是在产值、财政赤字、货币政策为一定的条件下进行的。如图 12-5 所示，如果预期产值增加了，或者预期利润率提高了，或者财政赤字增加了，借贷资本的需求将会增加，需求曲线 CD_d 将向右移动到 CD_d^l，从而导致均衡利息率上升；相反，则导致均衡利息率下降。同样，如果现期产值增加了，或者货币供给增加了，借贷资本的供给将会增加，供给曲线 CD_s 将向右移动到 CD_s^l，均衡利息率将会下降；相反，均衡利息率将会上升。如果借贷资本的需求和供给同方向变化，它们对利息率的影响取决于它们相互抵消以后的净影响。

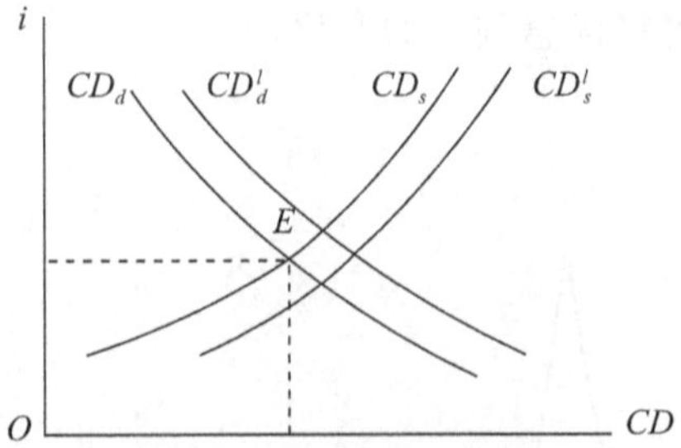

图 12-5　利息率的变化

三、对现实利率变化的解释

笔者试图根据新的利息理论来考察现实经济中的利率变化。根据笔者提出的新的利息理论，产值、财政赤字、预期利润率、货币供给都会对利息率产生影响。其中对借贷资本需求量产生影响的是预期产值，对借贷资本供给量产生影响的是现期产值，因此产值的变化对利息率的影响在需求和供给两个方面起着相互抵消的作用。但是，由于在需求方面居民根据未来产值变化带来的收入变化的预期决定消费信贷和住房抵押贷款，而在供给方面居民在产值变化带来的收入变化发生以后才考虑调整储蓄，因此从逻辑上判断，产值对借贷资本需求的影响要大于对借贷资金供给的影响。

下面利用美国的历史统计数据来考察一下笔者提出的新的利息理论对现实利息率表现的解释能力。图 12-6 显示了 1960—2021 年长达 62 年的美国优惠利率的变化情况。优惠利率是指美国银行向信誉较好的大企业发放贷款的优惠利息率，是一种基础性利息率，笔者把它作为被解释变量。在新的利息理论中用于解释利息率变化的主要变量是产值、财政赤字率、货币供给。

根据新的利息理论，这些变量从不同的方向对利息率产生影响。实际国内生产总值增长率上升，意味着经济状况较好，利润率上升，对借贷资本的消费需求和投资需求增加，从而导致利息率上升。财政赤字率上升意味着对借贷资本的政府需求将会增加，从而导致利息率上升。货币供给增量为正数将导致借贷资金供给增加，从而导致利息率下降。因此，任何一个时点上利息率的变化取决于这些变量的净影响。

美国中央银行货币政策的目标之一是稳定利率。对利息率和货币供给实际数据的分析表明，在大多数场合下，利息率上升的时候往往是货币供给量增长率下降的时候，利息率下降的时候往往是货币供给量增长率上升的时候。

笔者以优惠利率在 1976—1980 年急剧上升然后在 1981—1983 年又急剧下降为例，

来考察新的利息理论能否解释优惠利率的变化。

图 12-6　1960—2021 年美国优惠利率的变化情况

资料来源：Board of Governors of the Federal Reserve System. Selected Interest Rates, https://www.federalreserve.gov.

1976—1980 年，美国的财政赤字率分别为 3.9%、2.5%、2.4%、1.5%、2.6%，与 20 世纪 60 年代以及 70 年代上半期相比处于较高水平，对借贷资本的政府需求增加。另外，美国经济进入繁荣时期，美国国内生产总值增长率从 1975 年的-0.2%分别上升到 5.4%、4.6%、5.6%、3.2%、-0.2%，宏观经济的扩张使得对借贷资本的消费需求和投资需求增加。在这种情况下，居民、企业和政府对借贷资本需求的增加导致了利息率的上升。

在此期间，虽然美国中央银行投放货币以增加货币供给，货币供给量（M1）增长率高于往年，分别达到 6.65%、8.07%、7.98%、6.86%、6.99%，但是在借贷资本需求强烈的影响下，优惠利率大幅上升（分别为 6.84%、6.83%、9.06%、12.67%、15.26%），并在 1981 年上升到阶段性峰值 18.87%。

1981—1983 年，美国财政赤字率继续上升，1981 年、1982 年的财政赤字率分别为 2.4%、3.65%，并在 1983 年到达峰值 5.9%，政府对借贷资本的需求继续增加。但是，国内生产总值增长率下降，分别为 2.6%、-1.9%、4.6%，居民和企业对借贷资本的消费需求和投资需求减少。

与此同时，美国中央银行加大了投放货币的力度，货币供给量（M1）出现较大幅度的增加，1981 年、1982 年的增长率分别为 6.90%、8.72%，1983 年达到了阶段性峰值9.81%。货币的大规模投放导致借贷资本供给增加，对利息率发挥了抑制作用。结果，经济增长乏力和货币大规模投放抵消了政府财政赤字率上升的影响，导致优惠利率从1981年的18.87%、1982年的14.85%下降到1983年的10.79%。①

利用相似方法，还可以解释图12-6中优惠利率的波动。由此可见，新的利息理论能够解释现实经济中的利息率的变化。

第四节　流动性陷阱之谜：世纪之交新问题的解析

一、流动性陷阱经典研究文献回顾

（一）凯恩斯和希克斯对流动性陷阱的解释

笔者试图以上一节提出的新的利息理论为依据，去分析和理解现实经济中的一些利息率现象。20世纪90年代以后，某些资本主义国家陷入了流动性陷阱（liquility trap），出现了令人难以理解的利息率现象。

所谓流动性（liquility）是指货币或者货币类资产。因为货币或货币类资产可以用于支出，所以它们具有流动性。所谓流动性陷阱是指，在利息率很低的条件下，货币供给增加多少，货币需求就增加多少，扩张性的货币政策不能导致利息率下降和产值增加。

首先可以引证若干知名经济学者的看法以明确流动性陷阱的定义。美国经济学者克鲁格曼（P. R. Krugman）等人认为："流动性陷阱可以定义为这样一种情形：由于名义利率已经是或者接近于零，私人部门把货币和债券看作完全的替代品，向经济注入基础货币没有效果，传统的货币政策不起作用。"② 美国经济学者多恩布什（R. Dornbusch）等人认为："它表明一种情况，即在既定的利率情况下，不管货币供应

---

① Board of Governors of the Federal Reserve System, Selected Interest Rates, https://www.federalreserve.gov/feeds/h15.html; Board of Governors of The Federal Reserve System, Money Stock Measures , https://www.federalreserve.gov/releases/H6/; U.S. Bureau of Economic Analysis, National Economic Accounts, https://www.bea.gov/data/economic-accounts/national; Executive Office of the President of the United States, Historical Tables, https://www.whitehouse.gov/omb/budget/historical-tables/.

② KRUGMAN P R, DOMINQUEZ K M, ROGOFF K. It's Baaack: Japan's Slump and the Return of the Liquidity Trap [J]. Brookings Papers on Economic Activity, 1998, 29 (2): 141.

量是多少，公众就打算持有多少。……货币政策无力影响利率。”① 由此可见，关于流动性陷阱的定义没有异议。

克鲁格曼等人指出，流动性陷阱是英国经济学者希克斯（J. Hicks）在1937年发表的论文《凯恩斯先生与古典学派》中提出来的。② 但是，希克斯的这篇论文中并没有出现“流动性陷阱”这个词汇。据笔者考证，谁最早提出流动性陷阱的概念已很难确定，但是凯恩斯最早提出流动性陷阱的思想则是确定的。

英国经济学者凯恩斯在1936年出版的《就业、利息和货币通论》中指出：“存在着这样一种可能性，这就是当利息率降到某种水平时，流动性偏好可能变成几乎是绝对的。就是说，由于利息率太低，几乎每个人都宁愿持有现金而不愿持有债券。在这种情况下，货币当局会失去它对利息率的有效控制。”③

希克斯在1937年第2期《计量经济学》上发表了题为《凯恩斯先生与古典学派》的论文，根据凯恩斯的国民收入决定理论提出了保持国民收入均衡的*IS*曲线，根据凯恩斯的货币理论提出了保持利息率均衡的*LL*曲线，如图12-7所示。在图12-7中，纵轴表示利息率，横轴表示国民收入。

希克斯写道：“如果货币供给增加，*LL*曲线向右移动，但该曲线的水平部分几乎相同。……如果*IS*曲线位于*LL*曲线的左边，我们不能增加就业，货币手段不能导致利率进一步下降。”④

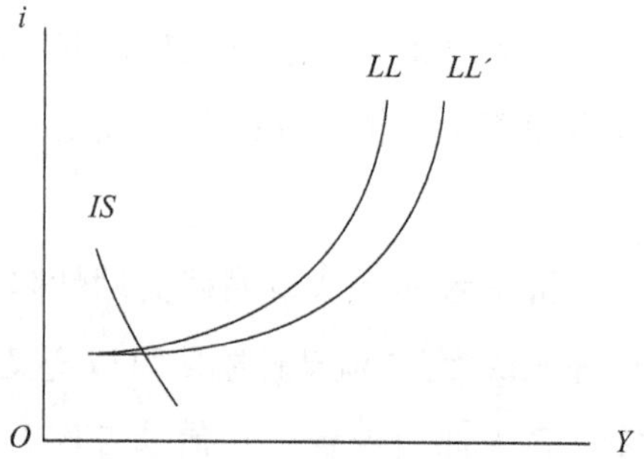

图12-7 流动性陷阱

希克斯只是从理论上重复了凯恩斯的分析，但是他的表述成为流动性陷阱的经典表述。经济学界把流动性陷阱称为*LM*曲线（即希克斯的*LL*曲线）呈现水平状态。美

① 多恩布什，等．宏观经济学［M］．王志伟，译．北京：中国财政经济出版社，2003：251.

② KRUGMAN P R, DOMINQUEZ K M, ROGOFF K. It's Baaack: Japan's Slump and the Return of the Liquidity Trap［J］. Brookings Papers on Economic Activity, 1998, 29（2）: 137.

③ 凯恩斯．就业、利息和货币通论［M］．宋韵声，译．北京：华夏出版社，2012：160.

④ HICKS J. Mr. Keynes and the Classics［J］. Econometrica, 1937, 5（2）: 155.

国经济学者萨缪尔森把它称为“萧条时期的极端情况”。①

（二）克鲁格曼对流动性陷阱的解释

第二次世界大战以后，主要资本主义国家没有发生经济萧条，流动性陷阱的问题没有引起人们的关注。据克鲁格曼考证，从1975年到1998年，根据经济研究数据库（EconLit）的记录，仅仅发表了21篇关于流动性陷阱的论文。

1991年，日本爆发了金融危机并陷入经济衰退，流动性陷阱的问题重新引起人们的关注。克鲁格曼等人在1998年第2期《布鲁金斯经济活动报告》中发表的题为《回来了：日本的低迷与流动性陷阱的回归》的论文，成为这个研究领域的经典论文。该论文是三人的研究结果，但为了方便起见，笔者主要提及克鲁格曼的名字。该长篇论文分为两个部分：第一部分是拓展希克斯的*IS-LM*分析以解释流动性陷阱，第二部分是分析日本的流动性陷阱。

克鲁格曼在论文开头写道：“我们将着重说明经典的*IS-LM*分析缺少的三个现代思想观点：第一，决策的跨期性质。……第二，经济的开放性。……最后，传统的*IS-LM*分析忽略了金融中介机构的作用。”② 由于该论文的篇幅太长，笔者主要阐述其基本思想和主要观点。

克鲁格曼建立了一个跨期消费的效用函数，然后引入货币供给因素分析价格水平和利率的关系，如图12-8所示。在图12-8中，纵轴表示利息率，横轴表示价格水平，*MM*曲线表示货币供给曲线，*CC*曲线表示消费曲线。

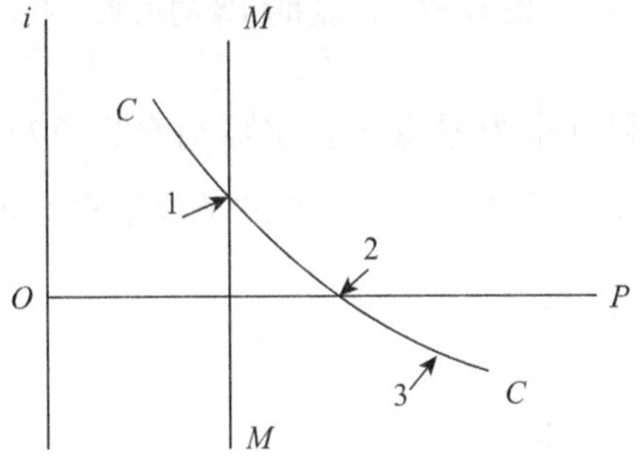

图12-8　价格水平和利率的关系

*CC*曲线说明，在未来价格水平为一定的条件下，现期的价格水平上升将形成通货

---

① 萨缪尔森．经济学［M］．高鸿业，译．北京：商务印书馆，1979：501.

② KRUGMAN P R，DOMINQUEZ K M，ROGOFF K. It's Baaack：Japan's Slump and the Return of the Liquidity Trap［J］. Brookings Papers on Economic Activity，1998，29（2）：138-139.

紧缩的预期，名义利息率将下降。*MM* 曲线与 *CC* 曲线在交点 1 决定了价格水平与名义利息率。如果货币供给增加，*MM* 曲线向右移动，将导致价格水平上升和名义利息率下降。但是，*MM* 曲线最大限度可以移动到交点 2 即名义利息率为零的状态，不可能移动到交点 3 即名义利息率为负数的状态。这是因为在名义利息率为零的情况下人们将用货币取代债券，货币当局买进债券投放货币的货币政策无效，这就是流动性陷阱，但是它对实际经济变量没有什么不良影响。

在这个分析的基础上，克鲁格曼再引入生产因素，假定消费品在本时期是充分利用现有生产能力生产出来的，价格水平仍然为一定，便可以推导出如图 12-9 所示的情形，并可以讨论货币供给对产量的影响。在图 12-9 中，横轴表示产量，其他变量含义不变。*MM* 曲线与 *CC* 曲线在交点 1 决定了名义利率和产量水平。如果货币供给增加，*MM* 曲线向右移动，将导致名义利率下降和产量增加。同样，名义利率不可能是负数，*MM* 曲线向右移动到交点 2 以后，债券被货币完全替代，货币被储存下来而不是用于支出，货币供给的增加不会导致产量的增加。斯蒂格利茨把它称为希克斯式的流动性陷阱。

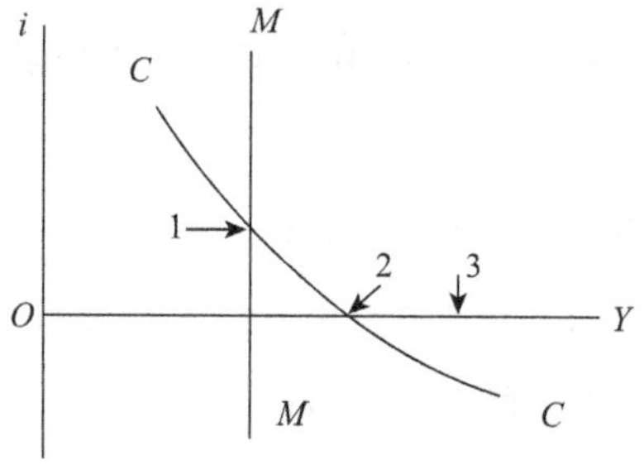

图 12-9　产量和利率的关系

克鲁格曼指出，名义利息率为零意味着实际利率为负数。这说明流动性陷阱即使在生产性投资存在以及资本边际收益不是负数的情况下也会出现。

（三）克鲁格曼对流动性陷阱的补充看法

克鲁格曼分析了流动性陷阱产生的原因和特征以后，对与流动性陷阱有关的问题表达了看法：

第一个问题是资本向外流动能否避免流动性陷阱的问题。克鲁格曼不同意某些经济学者提出的，可以把过多的储蓄用于境外投资，用经常项目顺差与资本和金融项目逆差来避免流动性陷阱的看法。他认为，在规模较大的经济中都存在大量的不可贸易商品，由于人们预期实际汇率将恢复正常水平，即使资本流动是充分的，同时名义利息率为零，资本外流导致的名义汇率贬值也是有限的，资本外流和商品出口难以使经济摆脱流动性陷阱。

第二个问题是金融机构在流动性陷阱中的反应问题。克鲁格曼指出，在名义利息率为零的条件下，银行和公众持有基础货币和债券的偏好变得无差异了。如果货币供给增加，或者会被消费者用现金（cash）替代债券所吸收，或者会被消费者用现金替代银行存款所吸收，或者会被银行持有超额储备所吸收。前一种情形会导致货币总量增加，后两种情形将会导致银行信贷减少而货币总量不变。因此，货币供给的增加在公众持有更多通货的情况下将导致货币总量轻微增加，在公众用现金替代存款的情况下将导致银行存款减少，更有可能在银行保留更多超额储备的情况下导致银行信贷的收缩。值得注意的是，克鲁格曼在前面分析流动性陷阱的原因时说的是货币（money）对债券的替代，在这里说的是现金对债券的替代。

第三个问题是财政政策能否应对流动性陷阱的问题。根据传统的 *IS-LM* 分析，在陷入流动性陷阱的情况下，政府增加支出或减少税收会导致 *IS* 曲线向右移动，从而可以导致产值的增加，如图 12-8 所示。克鲁格曼等人指出，如果短暂的财政刺激不能使经济摆脱低迷，就不得不连续采用财政扩张的手段，但是马上就会产生下面的问题：需要多大规模的财政刺激以及由此产生的政府债务能否被接受。

第四个问题是在陷入流动性陷阱的情况下货币当局的可信度问题。斯蒂格利茨提出，货币政策在陷入流动性陷阱的情况下变得无效是因为人们相信货币扩张不会持续。由于公众认为中央银行最终将稳定价格水平，他们不会增加支出，货币政策不起作用。如果中央银行让人们相信它是不负责任的，价格水平就有可能大幅度上升，货币政策将使经济摆脱流动性陷阱。

二、对凯恩斯、希克斯和斯蒂格利茨核心观点的质疑

（一）货币可以替代债券吗

笔者认为，不管经济模型的形式如何，克鲁格曼等人与凯恩斯和希克斯的核心解释都是一致的：在名义利率接近于零的时候，货币完全替代债券，流动性偏好曲线成为水平线，相应地，*LM* 曲线成为水平线，货币供给增加不能导致利率的下降和产值的增加。

笔者对凯恩斯、希克斯和克鲁格曼的核心解释质疑是：在陷入流动性陷阱的情况下，货币和债券是否可以完全替代？货币需求是增加了还是减少了？

按照凯恩斯看法，设 M_1 为满足交易动机和谨慎动机所持有的现金数量，M_2 为满

足投机动机所持有的现金的数量，Y 是国民收入，r 是利息率，那么流动性偏好函数即货币需求函数为：①

$$M = M_1 + M_2 = L_1(Y) + L_2(r) \tag{12-6}$$

按照凯恩斯的流动性偏好函数，货币的交易需求和预防需求是国民收入的函数。流动性陷阱是在经济衰退或者接近萧条的情况下发生的现象，这意味着国民收入趋向减小，对货币的交易需求和预防需求将减少。如果说这个时候货币需求趋向无限增加，问题在于货币的投机需求。也就是在利率趋向于零的情况下，货币是否对债券完全替代。

（二）基于事实的检验

笔者以克鲁格曼提出的日本陷入流动性陷阱的时期 1993—1997 年为例，来验证货币对债券的替代情况。如表 12-5 所示，GDP 是指实际国内生产总值；利息率是商业票据贴现率或基础贷款利率；M1 是狭义货币供给量，包括现金和存款货币，即需求存款，存款是指国内持证银行接受的全部存款；国内债券余额是指尚未偿还的政府债券和公司债券余额。

表 12-5　1993—1997 年日本货币和债券状况

年份	GDP 增长率/%	利息率/%	现金与 M1 的比例/%	现金与存款的比例/%	国内债券余额/亿日元
1993	0.78	1.75	26.96	7.81	1951350
1994	1.19	1.75	26.87	8.13	2093640
1995	1.41	0.50	26.12	8.54	2279750
1996	2.63	0.50	25.00	9.28	2474620
1997	2.13	0.50	24.76	9.84	2739070

资料来源：Statistics Bureau of Japan，Historical Statistics of Japan，https：//www.e-stat.go.jp/en.

由表 12-5 可以看到：第一，在陷入流动性陷阱期间，日本没有发生如凯恩斯所说的现金（cash）对债券的替代，也没有发生如克鲁格曼所说的货币（money）对债券的替代。如果人们都卖出债券换取现金或者货币，新的债券将难以发行，债券存量将会减少。但是从表 12-5 中可以看到，每年都有新发行的债券，而且新发行的债券价值超过了到期的债券价值，债券存量在不断增加。第二，在陷入流动性陷阱期间，日本没有发生现金对存款货币的替代，现金对 M1 的比例还略有下降。但是，日本发生了现金

① 凯恩斯．就业、利息和货币通论［M］．宋韵声，译．北京：华夏出版社，2012：155.

对银行存款一定程度的替代，现金对银行存款的比例在上升。这意味着公众在现金和银行存款的配置中，现金的配置比例有所上升。

实际上，日本1993—1997年只是相对于以前来说接近流动性陷阱的状态，当时国内生产总值增长率还不算很低。2007年美国爆发金融危机并给世界各国造成衰退性冲击，日本也于2008年发生经济衰退，陷入了更为典型的流动性陷阱。笔者利用日本经济从衰退到停滞的2008—2015年的数据，再次验证货币与债券的替代情况（见表12-6）。

表12-6　2008—2015年日本货币和债券状况

年份	GDP增长率/%	利息率/%	现金与M1的比例/%	现金与存款的比例/%	国内债券发行量/亿日元	国内债券余额/亿日元
2008	-4.10	0.30	15.04	13.05	255820	1551530
2009	-2.36	0.30	15.07	12.83	260820	1608190
2010	-3.14	0.30	14.98	12.79	249400	1644200
2011	-0.40	0.30	14.65	12.66	219410	1656090
2012	1.74	0.30	14.48	12.66	226800	1652630
2013	1.36	0.30	14.24	12.49	230160	1665270
2014	-0.03	0.30	14.07	12.54	224740	1661340
2015	0.55	0.30	14.05	12.83	194400	1632410

资料来源：Statistics Bureau of Japan，Japan Statistical Yearbook，https：//www.stat.go.jp/english/data/nenkan/index.html.

表12-6的结构和指标与表12-5相似，仅多了一项指标即国内债券发行量。从表12-6可以看到，日本2008—2015年发生了比1993—1997年更为严重的经济衰退，利息率更低，流动性陷阱的情况更典型。从表12-6还可以看到：第一，现金与M1的比例在下降，说明不存在现金取代存款货币的情况，反而是存款货币继续在取代现金。但是与1993—1997年不同的是，现金与存款的比例保持稳定，没有发生现金对银行存款的替代。第二，债券在一定程度上出现了被替代的情况。国内债券发行量小幅度波动，但在2015年出现较大幅度下降。国内债券余额在2008—2011年不断增加，但在2012年、2014年、2015年出现一定幅度的减少，这意味着发行的债券价值少于到期的债券价值。

这就是说，如果发生了债券被替代，也只是在这几年才发生债券被替代。但是，问题是债券被什么替代。笔者收集了这个时期日本金融市场的数据，发现部分短期和长期债务资产都出现了收缩的情况，但是货币和其他金融资产规模却在增加。表12-7和表12-8分别从绝对数和相对数说明了货币和部分金融资产的增长情况，表中股票投资信托的数据是股票型开放式基金的数据，绝对数是年终余额。

表 12-7　2013—2015 年日本趋向增加的货币和金融资产　　单位：亿日元

年份	现金	存款货币	存单	股票投资信托	人寿保险
2013	797609	4805501	336270	776770	13326180
2014	825733	5041831	358710	845290	13347240
2015	866755	5230406	372570	959540	13373522

资料来源：Statistics Bureau of Japan，Japan Statistical Yearbook，https：//www. stat. go. jp/english/data/nenkan/index. html.

表 12-8　2013—2015 年日本趋向增加的货币和金融资产的增长率　　（%）

年份	现金	存款货币	存单	股票投资信托	人寿保险
2013	3. 07	5. 11	3. 76	6. 77	0. 20
2014	3. 53	4. 92	6. 67	8. 82	0. 16
2015	4. 97	5. 20	3. 86	13. 52	0. 20

资料来源：Statistics Bureau of Japan，Japan Statistical Yearbook，https：//www. stat. go. jp/english/data/nenkan/index. html.

由表 12-7 和表 12-8 可以看到，在这个时期，一定程度上出现收缩的债券资产，部分被股票资产和保险资产所替代，部分被属于 M2 的存单资产所替代，部分被属于 M1 的现金和存款货币所替代。值得注意的是，日本政府债券利息率在 2015 年 4 月 22 日以后间歇性地出现负数，人们在货币资产和金融资产之间进行重新配置，所以出现了上述的资产替代情况。

在当代，现金的重要性下降，现在的问题应该是现金和存款货币即狭义货币对债券的替代问题，而不是现金对债券的替代问题。但是前面的验证表明，即使是这样，狭义货币对债券的替代远不是充分的，流动性偏好曲线远不是水平线。

（三）基于检验结果的结论

从上面的分析可以得出下述结论：即使利息率接近于零，现金对债券或者狭义货币对债券的替代也是很不充分的。笔者认为，凯恩斯和斯蒂格利茨分析的缺陷在于只关注持有现金的成本，没有注意持有现金的风险和不便；只关注利息率水平，没有注意利息率结构；只关注债务资产，没有注意权益资产。

人们以何种形式持有货币当然要考虑成本，但同时还会考虑风险、便利等。其一，在现实经济里，大量持有现金并用于支付既不安全也不方便，现金对任何金融资产的替代程度都会很低。其二，在现实经济里，不是只有一种利率而是有一个利率体系，利率随风险、期限、权利的不同而不同。即使这种债务资产的利息率为零，那种债务资产的利息率也未必为零。其三，在现实经济里，不仅存在债务市场，还存在权益市场。即使债务资产的利息率为零，股票资产的收益率也未必为零。人们总会根据不同资产的收益、风险等情况配置资产，现金或者狭义货币不可能对债券进行充分替代。

实践已经证明，既然在利息率接近于零的条件下现金或者狭义货币对债券的替代程度并不高，货币的投机需求并没有什么增加；又既然在陷入流动性陷阱的条件下货币的交易需求和预防需求趋向减少，那么总的货币需求应该也趋向减少，这意味着实际情况正好与凯恩斯和斯蒂格利茨告诉我们的情况相反。但是，这样就产生了一个问题：如果货币供给量增加而货币需求量减少，那么利率为什么不会进一步下降？增加的货币到哪里去了？笔者在本节后面将试图解这个谜。

另外，克鲁格曼肯定地指出利率不可能出现负数，但是以最重要的基础利率——3个月期限的伦敦银行同业拆借利率（LIBOR）来看，伦敦银行同业欧元拆借利率自从2015年5月8日以后，数年基本上全是负数，伦敦银行同业日元拆借利率自从2016年3月18日以后，数年基本上全是负数。[①] 凯恩斯曾经说过一句很有意思的话："如果真有这种情况出现，那就意味着政府本身可以按照极为低微的利息率向银行系统无限制地借款。"[②]这种情况现在已经出现了，但政府并没有无限制地借款。显然，政府借款不仅要支付利息，还要偿还本金。政府如果无限制借款，如何偿还本金？

三、对克鲁格曼其他分析的检验

（一）关于开放性和可信度问题

克鲁格曼指出，在开放经济条件下，由于存在非贸易商品以及对汇率的理性预期，资本外流和增加出口难以摆脱流动性陷阱。另外，中央银行的可信度本身也会影响货币政策对价格水平的影响。

日本2013年以后的实践可以为这个问题提供一个验证。美国爆发金融危机以后，日本一直处于流动性陷阱的状态。安倍晋三在2012年12月就任日本首相以后，推出了扩张性的货币政策：将通货膨胀率确定为2%，无限期实行宽松的货币政策，把政策性利息率降为负数。这项货币政策的目的之一，就是促使日元汇率贬值以增加日本商品的出口。

---

① 东方财富网，LIBOR，http：//data. eastmoney. com。

② 凯恩斯．就业、利息和货币通论［M］．宋韵声，译．北京：华夏出版社，2012：160.

参见表12-9，投放货币是指日本中央银行通过购买政府债券的方式每年投放的货币；资本外流是指日本每年对外直接投资和对外证券投资的总额；日元汇率以美元为基础货币，数据为平均汇率；CPI是消费者价格指数。

从表12-9可以看到，日本宽松的货币政策是有一定效果的。货币供给增加促进了资本外流，导致日元汇率贬值。日元汇率贬值推动了出口，日本对外贸易从2013年的高额逆差转变为2016年的顺差，对产值增长发挥了一定的作用。这就是说，如果日本政府不这么做，日本经济会更糟糕。但是，从国内生产总值增长率来看，日本的货币政策难以推动日本经济复苏。

表12-9　2013—2016年日本货币政策的对外经济效果

年份	投放货币/亿日元	资本外流/亿日元	日元汇率	贸易差额/亿日元	CPI增长率/%	GDP增长率/%
2013	677210	4769410	103	-122521	0.34	1.36
2014	690410	5519560	119	-134988	2.76	-0.03
2015	745630	5751660	122	-28169	0.79	0.55
2016	854990	6121110	116	43771	-0.11	1.03

资料来源：Statistics Bureau of Japan, Japan Statistical Yearbook, https：//www.stat.go.jp/english/data/nenkan/index.html.

基于日本的实际数据，笔者提出下述看法，第一，克鲁格曼关于非贸易商品的看法是正确的，日本出口商品在整个商品生产中只占较小的一个比例。例如，日本2016年的贸易顺差对国内生产总值的比例为8.09%，这已经是一个很高的比例，但是推动经济复苏主要还是依靠国内的消费、投资和政府支出。第二，克鲁格曼低估了汇率大幅度贬值的可能性。日元对美元的汇率曾经从2013年1月1日的87.6297贬值到2015年6月3日的125.2603，以美元为基础货币计算贬值幅度达到42.94%。第三，日本的这种政策属于以邻为壑的政策，是不可能持久的。在2013年2月召开的二十国集团财政部部长和中央银行行长会议上，部分国家对日元汇率大幅度贬值质疑，只是由于美国等国家也实行宽松的货币政策，没有在会议决议中写进防止汇率竞争性贬值的条款。第四，克鲁格曼关于中央银行可信度的看法是正确的。日本中央银行本身以稳定物价为己任，在实施货币政策时明确提出目标为通货膨胀率2%，在这种情况下，日本公众不会改变他们的支出方式，从而会削弱货币政策对价格水平的影响。

（二）关于金融机构作用的问题

克鲁格曼指出，在陷入流动性陷阱的情况下，商业银行有可能选择保留超额准备金，货币政策难以发挥作用。关于这个问题，萨缪尔森和诺德豪斯也作了一个清楚的解释："当短期无风险利率为零时，……银行从准备金得到的利率与进行无风险投资所获得的利率基本上是相等的。……联储购买债券，银行仅仅是增加它们的超额准备金。……联储不能通过正常的货币传导机制来刺激经济。"①

日本2013年以后的实践可以为这个问题提供一个验证。参见表12-10，表中的储备余额是指金融机构在中央银行的储备，不仅包括准备金，还包括用于金融机构之间结算的存款；存款余额和贷款余额是指存款性金融机构接受存款和发放贷款的余额。

表12-10　2012—2016年日本金融机构的储备、存款和贷款

年份	储备余额/亿日元	存款余额/亿日元	贷款余额/亿日元	超额准备金/亿日元	存款与贷款之比	贷款与储备之比
2012	428791	8062387	4631183	350512	1.74	11.63
2013	968070	8332551	4736513	886065	1.76	5.14
2014	1621136	8598947	4858476	1535570	1.77	3.09
2015	2305693	8788215	4966453	2117739	1.77	2.11
2016	2975424	9090501	5095163	2881752	1.78	1.69

资料来源：Bank of Japan，Monetary Base and Principal Figures of Financial Institution，http：//www.boj.or.jp.

需要说明的是，日本法定准备金比率因存款类型和数额的不同而不同，但这个时期最高的比率为1.3%。另外，日本中央银行对超额准备金支付利息，但从2016年1月开始对超额准备金执行负利率。从表12-10可以看到，2012年到2016年，日本金融机构超额准备金大幅度增加，存款对贷款的比率缓慢上升，贷款对储备的比率大幅度下降。

上述证据都证实了克鲁格曼和萨缪尔森的判断是正确的：在陷入流动性陷阱的情况下，日本中央银行通过买进政府债券投放货币以后，日本金融机构选择把部分货币存放到储备里，即使日本中央银行在2016年1月开始对超额准备金收费的情况下也依然如此。这意味着货币在中央银行和商业银行之间"打圈圈"：货币被中央银行投放出来以后，其中一部分又通过增加储备的方式回到中央银行，货币政策的作用受到了削弱。

（三）关于财政政策的作用问题

克鲁格曼指出，在陷入流动性陷阱的情况下，财政政策能否发挥作用取决于政府能否持续性地实施财政刺激，而能否持续性地实施财政刺激又取决于政府能否接受债务膨胀。

① 萨缪尔森，诺德豪斯．经济学：下册［M］．萧琛，译．北京：商务印书馆，2012：835-836.

仍然以日本为例。安倍晋三在 2012 年 12 月就任日本首相以后，不仅实行激进的货币政策，还实行温和的财政刺激方案。在支出方面，增加对灾难后重建、创造财富的增长和生活安全三个领域的支出；在税收方面，为个人储蓄账户中的金融资产投资提供税收优惠，继续延长对贷款购房和投资房产的税收优惠政策，但对 4 亿日元以上的个人所得增加了 45%的税率档次。在总体上，对财政赤字有所约束。2013—2016 年日本政府的财政状况如表 12-11 所示。在表 12-11 中，政府支出和政府收入的数据来源于日本财务省，财政赤字的数据来源于日本统计局，均对中央政府而言；政府债务数据来源于国际清算银行，包括中央和地方政府债务。

表 12-11　2013—2016 年日本的财政状况

年份	政府支出/亿日元	政府收入/亿日元	财政赤字占 GDP 的比例/%	政府债务占 GDP 的比例/%	GDP 增长率/%
2013	1001890	926120	19. 00	203. 00	1. 36
2014	988140	958820	19. 20	210. 90	-0. 03
2015	988230	963420	19. 10	208. 40	0. 55
2016	1002220	967220	18. 60	213. 70	1. 03

资料来源：①Japan Ministry of Finance, Statistics http://www.mof.go.jp. ②Statistics Bureau of Japan, Statistical Handbook of Japan, http://www.stat.go.jp. ③Bank of International Settlements, Long Series on Total Credit to the Non-Financial Sectors, http://www.bis.org.

从表 12-11 可以看到，在政府债务负担很重的情况下，政府无法大规模实施扩张性的财政政策，斯蒂格利茨的看法是正确的。按照通常的国际标准，财政赤字占国内生产总值 3%以及政府债务占国内生产总值 60%是警戒线，日本不仅远远超过这两条警戒线，而且这两个指标都高居发达国家之首。如果再实行扩张性的财政政策，有可能导致政府债务危机的爆发，反而会对经济造成破坏性的影响。但是，笔者认为还要补充的是，即使在政府债务负担不重的情况下，扩张性的财政政策可以在一定程度上缓和经济的衰退，但是消费和投资支出的低迷将严重影响财政政策的乘数效应。

从上面的分析可以得到这样的结论：克鲁格曼除了对流动性陷阱形成原因的核心解释存在不足以外，对别的方面的解释基本上是成立的。

四、流动性陷阱之谜的求解

（一）理论上的两个误解

日本陷入流动性陷阱的实际数据证明，包括现金和存款货币在内的货币对债券的替代性是很弱的，流动性偏好曲线或者 *LM* 曲线的左端不是水平线，货币需求量不是无限增加而是趋向减少。这样，根据凯恩斯的货币理论或者 *IS-LM* 分析，利息率在货币供给大于货币需求的条件下应该下降，货币政策应该是有效的。但在现实中货币政策为什么却无效呢？笔者认为这个谜源于两个理论误解：一是利率是由货币需求和供给决定的，二是货币流通速度是相对稳定的。

关于第一个误解，笔者在本章第二节中已经进行了分析。凯恩斯在 1936 年出版的《就业、利息和货币通论》中认为利率水平是由货币的供给和需求决定的。[①] 二战后凯恩斯的利息理论被广泛传播，成为经典的利息理论。实际上，利息是在借贷过程中发生的现象，利息率水平是借贷资本的供求决定的。而货币本身不是借贷资本，货币只有进入借贷市场才成为借贷资本。在经济衰退的情况下，货币供给增加所以发挥不了什么作用，是因为货币供给难以转化为借贷资本的需求。

笔者认为，经过前面的分析，应该对凯恩斯原意的流动性陷阱重新定义。凯恩斯的流动性陷阱原意是指，在利率较低的情况下，货币供给的增加导致货币对债券的替代，货币需求大量增加，货币供给难以进一步促使利率下降。实际情况是，货币供给增加没有导致货币对债券的替代，货币需求不是增加而是减少了，利率可以降到部分为负数。新的流动性陷阱应该是，在经济衰退的情况下，货币供给增加和利率下降失去了对消费和投资需求的调节作用。

关于第二个误解，笔者在第三章第四节中已经进行了分析。现行货币理论对货币流通速度的忽视影响了人们对很多货币现象的理解，也影响了人们对流动性陷阱的理解。在历史上，由于交易量难以计量，在费雪以后就用国民收入替代交易量，庇古、凯恩斯、弗里德曼、米什金、萨缪尔森等经济学者，都用国民收入或产值与货币供给量之比来表示货币流通速度，都没有把货币流通速度看作货币均衡的调节机制。

实际上，货币流通速度=社会交易量÷货币供给量，本身受到货币制度等因素的影响，同时也在社会交易额和货币供给量发生变化时变化，是不稳定的。货币流通速度是调节货币均衡的重要机制。在货币供给发生变化的情况下，货币流通速度、消费者和投资者的支出、利率都会发生变化，从而形成货币新的均衡。

（二）揭开流动性陷阱之谜

1. 货币转变为借贷资本遇到障碍

澄清了利息率决定和货币流通速度的问题以后，就可以揭开流动性陷阱之谜了。

① 凯恩斯．就业、利息和货币通论［M］．宋韵声，译．北京：华夏出版社，2012：157.

正如笔者前面指出的，不是货币的需求和供给决定利息率，而是借贷资本的需求和供给决定利息率，因而有必要分析在陷入流动性陷阱的条件下，货币增量为何难以转化为可贷资本，又为何难以对利率产生影响。

仍然以日本为例。当日本中央银行向金融机构买进政府证券以投放货币的时候，将导致金融机构储备的增加即基础货币的增加，从而导致潜在的借贷资本的增加。金融机构的储备之所以是潜在的借贷资本，是因为还存在金融机构贷款意愿的问题。

显然，只有在金融机构凭借储备发放贷款的时候，金融机构的储备才成为借贷资本。在陷入流动性陷阱的情况下，正是这个环节出现障碍了。从借贷资本的供给方来看，由于利率很低，贷款风险较大，贷款意愿趋向下降。从借贷资本的需求方来看，在经济衰退的情况下，尽管利率很低，但消费者对收入的预期不乐观，消费信贷需求难以增加。同样，尽管利率很低，但投资者对投资收益的预期不乐观，投资信贷需求也难以增加。因此，货币供给对经济的影响减弱。

日本的实践明显地证明了这一点。表 12-9 表明，从 2013 年开始，日本中央银行不断增加货币的供给。但从表 12-10 可以看到，日本金融机构的超额准备金也大幅度增加，货币供给的增加没有充分转变为借贷资本的增加，货币供给没有对利息率产生什么影响。

由此可见，由于利息率是借贷资本的供求决定的，在一般情况下，货币供给的增加大部分会转变为借贷资本的供给。但在陷入流动性陷阱的情况下，货币供给转变为借贷资本的过程出现了障碍，货币供给难以对利息率产生影响。

2. 货币供给的增加被货币流通速度的下降所抵消

货币供给对经济的影响不仅存在利息率机制即价格效应，还存在支出机制即数量效应。弗里德曼认为，货币供给可以直接通过支出机制对经济产生影响。正如笔者在第三章货币理论的分析中指出的，货币流通速度是易变的。在经济衰退和利息率很低的情况下，包括现金和存款货币在内的货币对债券的替代程度不高，货币需求量趋向下降。在这种情况下，货币流通速度随着社会交易量的减少而下降，从而使货币供给流量与货币需求流量的变化相适应。例如，从图 3-5 可以看到，2008 年 9 月美国金融危机激化，并对经济产生破坏性影响，货币流通速度在 2008 年末急剧下降。

如果中央银行在这个时候增加货币供给，但由于经济陷入衰退，消费者和投资者对增加消费和投资支出持谨慎态度，货币供给通过支出机制对经济的影响受到削弱，维持货币均衡的支出机制不起作用或者作用不大。在这种情况下，货币流通速度继续下降，抵消了货币供给量增加的影响。举个例子，假定原来货币供给存量是 1 万亿美元，货币流通速度是 100，货币供给流量是 100 万亿美元。现在货币供给存量增加 0. 2

万亿美元，但货币流通速度下降到83.33，货币供给流量仍然是100万亿美元。

这样，就回答了前面提出的问题：在陷入流动性陷阱的情况下，货币需求量下降，增加的货币到哪里去了？答案是，货币供给存量增加对经济的影响在相当程度上被货币流通速度的下降抵消了。

概括地说，在陷入流动性陷阱的情况下，货币转换为借贷资本的过程遇到了障碍，货币供给增加难以对利息率产生影响。另外，货币流通速度趋向下降，抵消了货币供给存量增加的影响。

第五节　名义利率为负数：21世纪新现象的研究

一、名义利率为负数：一种“不可能”现象的出现

（一）被认为不可能发生的现象

负利率有实际利率为负数和名义利率为负数之分。名义利率是指没有考虑通货膨胀因素的以货币表示的利率，实际利率是指扣除通货膨胀影响的用实际购买力计算的利率。根据费雪方程式,[①] 实际利率≈名义利率-通货膨胀率。所谓通货膨胀率就是价格上涨率，当名义利率低于通货膨胀率的时候，实际利率就成为负数。负实际利率是经常发生的现象，在通货膨胀时期，实际利率常常是负数。但是，名义利率为负数的情况却极为罕见。

英国经济学者、现代西方宏观经济学奠基者凯恩斯曾经指出：“如果真有这种情况出现（指名义利率为负数——笔者注），那就意味着政府本身可以按照极为低微的利息率向银行系统无限制地借款。”[②] 美国经济学者、诺贝尔经济学奖获得者克鲁格曼也曾经指出：“回答是明确的，利率（指名义利率——笔者注）不可能是负数。”[③] 确实，名义利率为负数不可思议。通俗地说，如果银行存款利率为负数，那就意味着人们存款不但没有利息还要支付利息；如果银行贷款利率为负数，那就意味着银行发放贷款

① 费雪方程式是美国经济学者费雪在1911年出版的《货币购买力》中提出来的。

② 凯恩斯．就业、利息和货币通论［M］．宋韵声，译．北京：华夏出版社，2012：160.

③ KRUGMAN P R, DOMINQUEZ K M, ROGOFF K. It's Baaack: Japan's Slump and the Return of the Liquidity Trap［J］. Brookings Papers on Economic Activity, 1998, 29（2）: 146.

不但不收取利息反而倒贴利息。但是，负名义利率的现象在 21 世纪出现了。

（二）负名义利率现象的出现

实际上，利率是一个复杂和庞大的体系。从借贷主体角度看，有中央银行利率、商业银行利率、债务工具利率；从商业银行角度看，有存款利率和贷款利率；从债务工具角度看，有政府债务工具利率和非政府债务工具利率；从期限来看，有短期利率、长期利率等。因此，要确认究竟是什么名义利率为负数至关重要。

2009 年 7 月，瑞典中央银行把回购率（repo rate）确定为 0. 3043%，把接受银行存款利率确定为-0. 1957%，被认为是第一个实行负利率政策的中央银行。回购率是瑞典中央银行的政策性利率，是指瑞典银行向中央银行存放或借入 7 天期限资金的基准利率。中央银行接受银行存款利率由回购率减去若干百分点构成，发放贷款利率由回购率加上若干百分点构成。瑞典中央银行真正把回购率确定为负数是 2015 年 2 月。正因如此，也有人认为丹麦才是第一个实行负名义利率的国家。2009 年 7 月以后，即使瑞典的回购率为负数，但实施结果只是存款利率为负数，贷款利率均为正数。

2012 年 7 月，丹麦中央银行把存款证书利率（certificates of deposit rate）降低为负数。丹麦中央银行有四种政策性利率：第一种是经常账户利率，是参与货币政策操作的银行在中央银行存款的利率。第二种是存款证书利率。存款证书是一种存款凭证，中央银行通过买卖存款证书调节流动性。商业银行向中央出售存款证书意味着把资金存入中央银行，丹麦中央银行对这类存款实行负利率。第三种是贷款利率（lending rate），是中央银行向商业银行提供贷款的利率。第四种是贴现率（discount rate），是商业银行把没有到期的短期债务票据拿到中央银行贴现时，中央银行收取的利率。2012 年以后，丹麦中央银行的经常账户利率、贴现率均为零，贷款利率是正数，买进存款证书利率是负数。

2014 年 7 月，欧洲中央银行把存款工具利率（the rate on the deposit facility）降低为负数。欧洲中央银行的政策性利率主要有三种：第一种是主要再融资业务利率（the interest rate on the main refinancing operations），是中央银行通过贷款向银行提供流动性的利率。第二种是存款工具利率，是中央银行对商业银行存放的隔夜存款支付的利率。第三种是边际贷款工具利率（the rate on the marginal lending facility），是中央银行向商业银行提供隔夜贷款收取的利率。欧洲中央银行的边际贷款工具利率没有出现过负数；主要再融资业务利率也没有出现过负数，但它在 2016 年 3 月以后降为零。存款工具利率在 2012 年 7 月以后是零利率，在 2014 年 7 月以后是负利率。

2014 年 12 月，瑞士中央银行决定把即期存款利率（rate of sight deposit）降低为负数。即期存款利率是中央银行对商业银行存放的存款支付的利率。这项负利率政策的实施意味着，当商业银行存放在中央银行的存款超过 1000 万瑞士法郎时，中央银行将对超过的部分收取利息。瑞士中央银行的另一种政策性利率是流动性短缺融资工具（liquidity-shortage financing facility）特别利率（special rate）。流动性短缺融资工具是指中央银行向商业银行提供资金以解决资金短缺问题的工具。特别利率由中央银行制定的政策利率（policy rate）加上若干百分点构成，尽管政策利率已经是负数，但是特别利率没有出现过负数。

2016 年 1 月，日本中央银行对金融机构的经常账户存款实行负利率。日本中央银行于 2016 年 1 月发布公告，决定对金融机构在中央银行经常账户的存款实行-0.1%的利率。但是，日本中央银行的负利率政策较为缓和。日本中央银行把金融机构经常账户的存款划分为两个部分，分别支付正利率和零利率；对超过这两个部分的存款才实行负利率。日本中央银行的基础贴现率仍然是正数，并自 2018 年 12 月以来一直保持在 0.3%的水平。

以欧洲中央银行的负利率政策为例，它的存款工具利率和主要再融资业务利率的具体变化情况如图 12-10 所示。

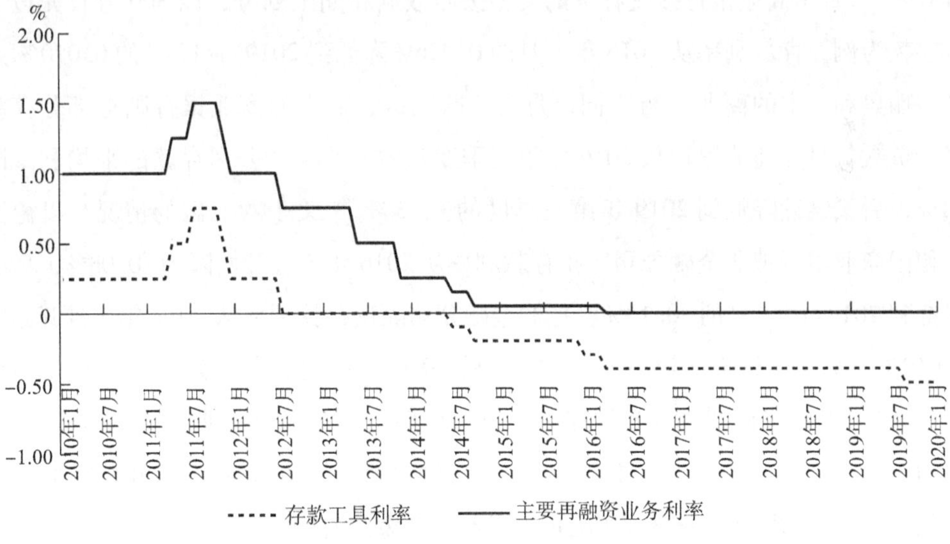

图 12-10　2010 年 1 月至 2019 年 11 月欧洲中央银行利率

资料来源：European Central Bank, Monetary Policy, https://www.ecb.europa.eu.

综上所述，已经实行负名义利率的经济体的中央银行，主要是对银行存放在中央银行的存款实行负利率，其他政策性利率或为零或为正数。在中央银行负名义利率政策的影响下，部分银行利率以及部分债务工具的利率或收益率出现负数。

二、商业银行名义利率为什么出现负数?

(一) 商业银行与客户之间借贷的利率

关于负名义利率的研究文献一般只涉及中央银行的负名义利率政策，但是中央银行的负名义利率政策会迅速对商业银行的存款和贷款利率产生影响。

在中央银行实行扩张性货币政策的情况下，社会资金已很充裕，但是由于经济不景气，居民和企业对商业银行贷款的消费性和投资性需求不大，商业银行发放贷款的风险又在增加，只好把部分资金存放在中央银行以获取低利息。在中央银行要对这部分商业银行存款收取利息以后，商业银行只好用降低存款利率的方式来控制存款增加和转嫁成本。在实行负名义利率政策的五个经济体中，瑞典和日本的商业银行选择降低存款利率，仍然保持存款利率为正数；丹麦、欧元区、瑞士的商业银行则选择把部分存款的利率降为负数。

按照接受存款的客户和期限划分，瑞典商业银行把居民和企业各个期限的平均存款利率分别从 2015 年 2 月的 0.1637%和 0.0958%降低到 2019 年 11 月的 0.0965%和 0.0137%。[①] 日本商业银行接受存款的类型按照数额和期限划分，以 300 万日元以下的一年存款为例，存款利率从 2016 年 1 月的 0.026%降低到 2019 年 12 月的 0.010%。[②]

与瑞典和日本的商业银行不同，丹麦、欧元区、瑞士的商业银行则把部分存款利率降为负数。丹麦商业银行从 2016 年第三季度开始把非金融公司存款的平均利率降到-0.1%，后又继续降低到 2019 年第三季度的-0.3%。[③] 关于欧元区的情况，以德国为例，德国商业银行把非金融公司一年存款利率从 2016 年 3 月开始降为-0.03%，后又继续降低到 2019 年 11 月的-0.13%；把非金融公司隔夜存款利率从 2017 年 3 月开始降低到-0.01%，后又继续降低到 2019 年 11 月的-0.04%；把非金融公司二年存款利率从 2019 年 10 月开始降低到-0.01%并保持不变。[④] 瑞士商业银行把非个人 10 万瑞士法郎以上的一个月、三个月、六个月、一年的平均存款利率从 2015 年 1 月开始降低到不同的负数，[⑤] 这正是瑞士中央银行实施负名义利率政策的时间。

除了上面提及的商业银行存款利率以外，实行负名义利率政策的五个经济体的其

---

① Sveriges Riksbank, financial market statistics, https://www.riksbank.se.

② Bank of Japan, deposits and loads market, http://www.boj.or.jp.

③ Danmarks Statistik, the bank's average deposit and lending interest rates, http://www.statbank.dk.

④ European Central Bank, statistics, https://www.ecb.europa.eu.

⑤ Wiss National Bank, Interest Rate, yields and foreign exchange market, https://www.snb.ch.

他商业银行存款利率和全部银行贷款利率均为正数。由此可见，这五个经济体的银行一直避免对居民存款实行负名义利率，以避免爆发居民到银行挤提现金的风潮。

在居民存款利率下降、企业存款利率出现负数的情况下，居民和企业将转向投资各种债务工具，从而导致债务工具价格上升和收益率下降，造成直接融资的成本下降。这样反过来对银行贷款利率形成压力，商业银行不得不降低贷款的利率，从而对商业银行的经营造成不利影响。

（二）商业银行之间借贷的利率

商业银行之间的借贷主要是短期资金的借贷，以用于调整短期资金的余缺。商业银行之间借贷的利率主要是银行同业拆放利率。对于贷款方来说，它是贷出利率；对于借款方来说，它是借入利率。但是一方的贷出就是另一方的借入，所以银行同业拆放利率就是相互之间的借贷利率。商业银行同业拆放利率为负数意味着贷款方不但要贷出资金还要倒贴利息，这是不可思议的。但是，这种不可思议的现象也发生了，五个实行负名义利率政策的经济体的银行同业拆放利率全部为负数。

按照笔者的理解，银行同业拆放利率之所以会变为负数，是因为中央银行对商业银行存放的部分存款收取利息，一些持有多余短期资金的银行不得不为这些短期资金寻找出路。如果商业银行之间拆放短期资金的代价小于把短期资金存放在中央银行的代价，那么银行同业拆放利率就有可能出现负数。

以瑞典银行同业隔夜拆放利率为例，它在 2015 年 4 月降低到-0. 14%，并一直是负数，在 2019 年 11 月以后转为正数。[①] 同样在 2015 年 4 月，瑞典中央银行对商业银行部分存款实行的利率是-1%。这意味对于持有多余短期资金的商业银行来说，把短期资金存放在中央银行要付出 1%的代价，而把短期资金贷放给别的商业银行只要付出 0. 14%的代价，它们更愿意贷放给别的商业银行。

其他实行负名义利率政策的经济体也存在类似的情况。丹麦银行同业隔夜拆放利率在 2012 年 7 月降低到-0. 0742%，以后一直是负数或者没有交易，而在 2012 年 7 月丹麦中央银行对商业银行存放的部分存款执行的利率是-0. 2%。[②] 欧元区银行同业一个月拆放利率在 2015 年 2 月降到-0. 05%，接着继续下降，到 2019 年 12 月为-0. 42%。[③] 而在 2015 年 2 月，欧洲中央银行对商业银行存放的部分存款执行的利率是-0. 2%。[④]

---

① Sveriges Riksbank, financial market statistics, https: //www. riksbank. se.

② Danmarks Statistik, interest rate and exchange rate, http: //www. statbank. dk.

③ 东方财富网数据中心，欧元银行同业拆放利率，http: //data. eastmoney. com。

④ European Central Bank, monetary policy, https: //www. ecb. europa. eu.

综合上面的分析可以得到这样的结论：部分商业银行利率成为负数是社会资金充裕和负名义利率政策两个因素结合的结果。如果社会资金不充裕，即使中央银行对商业银行存放的存款收取利息，但由于商业银行保留的超额准备金很少，对商业银行的经营也没有什么影响；如果中央银行不实行负名义利率政策，会把多余的资金存放在中央银行，也不会把部分存款利率降为负数。

综合上面的分析还可以得到这样的结论：在中央银行实行负名义利率政策以后，商业银行会尽可能把由此而来的负担转嫁给居民和企业，这样一方面损害了居民和企业的经济利益，另一方面通过削弱消费和投资削弱了负名义利率政策的效果。但是，商业银行并不能完全把负利率政策造成的负担转嫁给居民和企业，商业银行本身的盈利能力也会受到一定的不利影响。

三、金融市场债务工具收益率为什么出现负数？

（一）债务工具利率与收益率的关系

商业银行的存款和贷款属于间接融资方式，债务工具的发行和交易属于直接融资方式。中央银行负名义利率政策的影响通过商业银行存贷款利率的变化传递给债务工具的利率和收益率。所谓债务工具是指本身体现债权和债务关系的资金融通手段，既包括各种短期的债务工具如商业票据、回购协议、银行承兑汇票、国库券等，也包括各种中长期的债务工具如中期票据、公司债券、政府票据、政府债券等。发行债务工具的市场被称为初级市场，交易已经发行的债务工具的市场被称为二级市场。

对于中长期债务工具来说，债务工具的利率与收益率是不同的概念。固定利率债务工具的利率是指票面利率，在发行的时候就已经确定并且保持不变，利息定期支付或者到期一次性支付。固定利率债务工具的收益率是指投资尚未到期的债务工具可以获得的收益率，通常是指到期收益率（yield to maturity）。到期收益率是指按照现在买进债务工具的价格以及定期得到的利息计算的年收益率。假定现在以 P 的价格买进某债券，每年得到的利息是 R，n 年到期，到期还有偿还的本金 M，那么式（12-7）中的 r 就是到期收益率：

$$P=\frac{R}{(1+r)}+\frac{R}{(1+r)^{2}}+\cdots+\frac{(R+M)}{(1+r)^{n}} \tag{12-7}$$

从式（12-7）可以看到，债券价格越高，到期收益率就越低。

如果债券的利率为负数，就意味着发行债券筹集资金的借款者不仅得到了债券面值所表示的资金，还得到了贷款者倒贴给他的票面利息。如果债券的收益率为负数，就意味着投资者按照现在的债券价格买进债券，最后得到的本金和利息弥补不了他支付的价格。例如，某投资者按照面值105%的价格买进还剩1年到期的、票面利率为4%、面值是100欧元的债券。一年以后，他得到的本金和利息共104欧元，但是他支付的价格是105欧元，他一年的到期收益率是-0.95%。

（二）债务工具在初级市场上的利率

首先考察债务工具在初级市场上的利率。以日本的政府债务工具为例，日本在2020年1月发行贴现国库券（treasury discount bills）和政府债券（government bonds）的情况如表12-12和表12-13所示。日本政府债务工具的发行分为竞争性招标和非竞争性招标两种类型，竞争性招标采用美国式招标，金融机构可以投标，最后多种价格成交。成交价格的加权平均数为非竞争性招标的中标价格。

日本贴现国库券属于政府短期债务工具，没有票面利率，到期按照面值偿还，金融机构中标价格与面值之差就是购买国库券的利息收益。从表12-12可以看到，金融机构平均中标价格均超过面值100%，结果收益率成为负数。

表12-12　2020年1月日本贴现国库券发行情况

发行日期	国库券期限/月	竞争性投标数量/亿日元	非竞争性投标数量/亿日元	收益率/%
1月8日	3	35525	7875	-0.11
1月14日	3	35514	7886	-0.12
1月20日	12	15514	3486	-0.13
1月27日	3	35414	7985	-0.12

资料来源：Ministry of Finance Japan，What's New，https：//www.mof.go.jp.

新发行的国库券收益率出现负数与银行同业拆放利率出现负数的原因是一样的。由于中央银行对商业银行存放的存款实行负利率，商业银行必须为多余的短期资金寻找出路。只要代价较低，商业银行一方面愿意以负利率把资金贷放给其他商业银行，另一方面愿意以负利率把资金贷放给日本政府。这样，新发行的国库券收益率便出现负数。

日本政府债券属于长期的债务工具，有固定的票面利率，定期按照票面利率支付利息。从表12-13可以看到，所有政府债券的票面利率都是正数，目前世界范围内的负利率还没有到政府债券票面利率都是负数的程度。但是，5年和10年期限的政府债券的收益率都是负数。

表 12-13 2020 年 1 月日本政府债券发行情况

发行日期	政府债券期限/年	竞争性投标数量/亿日元	票面利率/%	收益率/%
1 月 8 日	10	17126	0.40	-0.01
1 月 9 日	30	5710	0.40	0.43
1 月 15 日	5	15603	0.10	-0.09
1 月 20 日	20	7363	0.30	0.30

资料来源：Ministry of Finance Japan，What's New，https：//www.mof.go.jp.

按照笔者的理解，新发行的政府债券收益率是正数还是负数主要取决于投标金融机构的判断。从表 12-13 中 5 年和 10 年期限政府债券收益率为负数可以推断，投标金融机构一方面认为日本负利率的状态将会在较长时间存在，而且可能会加强，另一方面判断政府债券发行以后人们出于同样的考虑会买进政府债券，需求的增加会导致政府债券价格上升，持有政府债券可以获得差价收益，所以投标的价格就比较高。这样，就造成新发行的期限较短的政府债券收益率也变成负数。

（三）债务工具在二级市场上的收益率

再来考察债务工具在二级市场上的收益率。以欧元区的政府债务工具为例，笔者把欧元区政府债券分为较短时期和较长时期两组来进行比较，如图 12-11 和图 12-12 所示。二级市场上的政府债券的期限是已知的，票面利率是正数并且是不变的。到期收益率的计算公式表明，买进政府债券的价格越高，到期收益率就越低。

图 12-11 表明，1 年后到期和 2 年后到期的政府债券的收益率变化情况相似，均出现负数。笔者认为，这是下述两个因素造成的：第一，人们认为未来一段时间负利率的状态将存在并且可能加剧，因而买进政府债券，需求的增加导致政府债券价格上升，而政府债券的利息收益不变，政府债券收益率便降为负数。第二，人们之所以买进政府债券是因为他们判断大家都会这么做，当政府债券价格被推高以后可以卖出政府债券获取差价的收益。这种投机的心理也导致政府债券价格上升，造成了政府债券收益率降为负数。

图 12-12 的情况与图 12-11 不同，10 年后到期和 20 年后到期的政府债券的收益率变化情况相似，但始终是正数。这表明，人们判断，负利率的状态不可能长期存在，但是低利率将长期存在，在长期，人们更多的是投资心理而不是投机心理，所以政府债券收益率保持正数。

政府债券收益率变为负数的过程就是政府债券价格上升的过程，而政府债券价格上升是负名义利率政策导致的存款利率下降以及部分企业存款利率变为负数造成的。

在居民和企业的存款利率下降或变为负数的情况下，居民和企业将转而投资具有更高收益的债务工具，从而导致债务工具价格的上升。

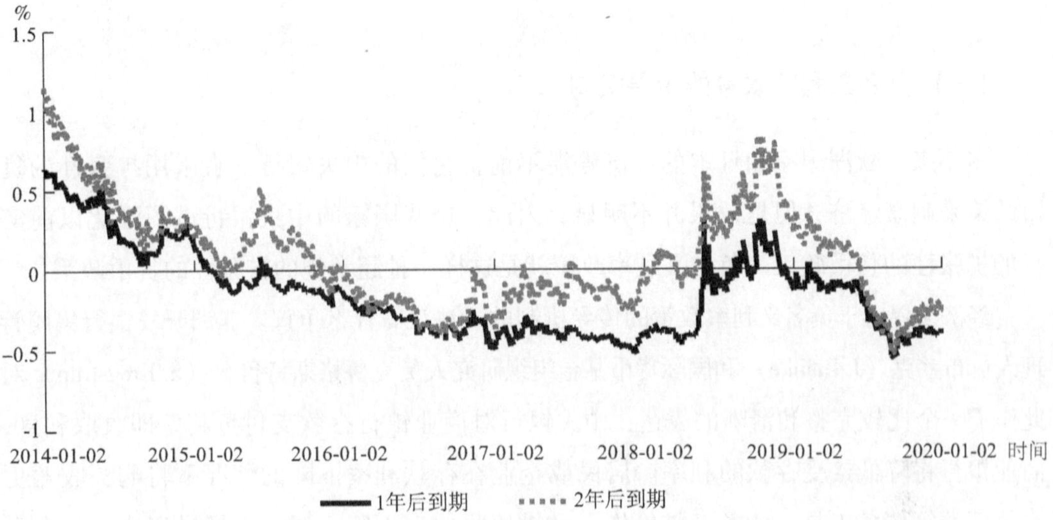

图 12-11　欧元区 2014—2020 年 1 年后和 2 年后到期的政府债券收益率

资料来源：European Central Bank，Financial Market and Interest Rate，http：//sdw. ecb. int.

图 12-12　欧元区 2014—2020 年 10 年后和 20 年后到期的政府债券收益率

资料来源：European Central Bank，Financial Market and Interest Rate，http：//sdw. ecb. int.

丹麦中央银行的一份报告显示，2009 年以来投资 10 年期限债券的到期收益率趋向下降，从 2009 年的 4. 28%降低到 2019 年的 0. 86%；买进后以较高价格卖出的差价收益率上下波动，2019 年的差价收益率达到 2. 36%；债券的收益率达到 3. 22%（=0. 86%

+2.36%）。[①] 这验证了居民和企业从存款转向了投资债务工具。

四、中央银行为什么要实行负利率政策？

（一）负名义利率政策的传导机制

多年来，欧洲国家和日本的经济停滞不前，它们的中央银行一直采用扩张性的货币政策来刺激经济，但是效果并不明显。因此，这些国家的中央银行试图强化以前实行的扩张性的货币政策。负名义利率政策就是这样一种超常规的扩张性的货币政策。

经济学界对于负名义利率政策的传导机制的看法没有什么争议。非洲开发银行集团管理人员布兰克（J. Blanke）和国际货币基金组织研究人员克鲁格斯特鲁普（S. Krogstrup）对此作了一个比较完整和清晰的表达：中央银行对商业银行存款支付负利率即收取利息，商业银行将降低接受存款的利率。居民或企业在存款利率下降的情况下将购买收益更高的债券等债务工具，债务工具价格上升导致收益率下降，资本市场融资成本趋向下降，商业银行在竞争的压力下不得不相应降低贷款利率。中央银行希望由此达到下述效果：第一，商业银行不愿意在中央银行的账户上保留资金而趋向于对居民和企业发放贷款。第二，企业由于投资成本下降而增加投资。第三，居民不愿意储蓄而增加消费支出。第四，本币汇率因本币利率的下降而趋向贬值，从而有利于本国的出口。[②] 对负名义利率政策传导机制的分析说明了某些国家为什么要实行负名义利率政策。

（二）笔者对相关研究文献的评论

笔者认为，负名义利率政策的这些传导机制是存在的，但是前因在多大程度上导致后果则值得商榷，这个传递过程会受到不同国家的国情和经济状况的制约。另外，笔者认为，有必要具体地认识相关国家中央银行实行负名义利率政策的用意。

从前面的分析可以看到，在相关国家的货币政策中，传统的中央银行基准利率，如欧洲中央银行的主要再融资业务利率和边际贷款工具利率、日本的基础贴现率，并没有变为负数，所谓负名义利率是商业银行存放在中央银行的存款利率为负数。相关国家中央银行的意图很明显。在增加货币供给难以进一步降低利率并刺激消费和投资

---

① Demark National Bank, high return on Danish bonds in 2019, 2019-10-28, http: //www. statbank. dk.

② BLANKE J, KROGSTRUP S. Negative Interest Rates: Absolutely Everything You Need to Know [EB/OL]. World Economic Forum. (2016-11-02) [2023-03-27]. https: //www. weforum. org/agenda/2016/11/negative-interest-rates-absolutely-everything-you-need-to-know/.

支出的情况下，商业银行只能把贷放不出去或不愿贷放出去的资金存放在中央银行的账户里。中央银行采用对这部分存款收取利息的方法阻止商业银行存放存款，以达到扩大银行信贷以及增加消费和投资支出的目的。这就是说，负名义利率政策是对传统货币政策的一种补充。

在这个意义上，笔者不同意王宇哲的看法。王宇哲在 2016 年第 4 期《国际经济评论》上发表了题为《负利率时代：政策创新与宏观风险》的论文。尽管他指出中央银行负利率政策的效果并不明显，但他认为负利率政策是货币政策的创新。① 笔者认为，中央银行的负名义利率政策是在陷入流动性陷阱情况下的无奈之举，是一种填补传统扩张性货币政策漏洞的措施。“不同”并不一定就是“创新”，创新带有创造性变革的含义，对传统扩张性货币政策的补充还称不上是政策的“创新”。

在这个意义上，笔者也不同意郑联盛的看法。郑联盛在 2014 年第 7 期《国际金融》上发表了题为《欧洲负利率政策的经济政治根源及对中国的影响》的论文。他认为，中央银行实行负利率政策的政治根源是极右势力的膨胀。笔者认为，中央银行的负名义利率政策与所谓的极右政治势力没有直接的关系，它只是对传统扩张性货币政策的补充，在传统货币政策效果不明显的情况下增加了一定的力度。② 王宇哲和郑联盛都过度解读了相关国家中央银行的负名义利率政策，而这种过度解读可能源于对中央银行负名义利率的结构缺乏了解。

五、中央银行的负名义利率政策有效果吗？

（一）相关研究文献的回顾

经济学界已有不少研究文献对中央银行负名义利率政策的效果作出了评价。马理等人利用欧元区国家的统计数据对欧洲中央银行负名义利率政策进行了实证检验，证明负名义利率政策没有能够起到促进经济复苏和消除通货紧缩的作用，其中对经常项目顺差国的影响好于对经常项目逆差国的影响。③ 况丽平指出，日本中央银行的负名义利率政策对压低长期利率有效，但对刺激信贷、消费、投资效果有限。④ 陈浪南等人的实证检验结果较为悲观，他们指出，欧洲中央银行负利率政策的效果不但不如预期，

---

① 王宇哲．负利率时代：政策创新与宏观风险［J］．国际经济评论，2016（4）．

② 郑联盛．欧洲负利率政策的经济政治根源及对中国的影响［J］．国际金融，2014（7）．

③ 马理，等．负利率真的有效吗？［J］．国际金融，2018（3）．

④ 况丽平．负利率政策的实施及效果评价［J］．时代金融，2016（6）．

还会阻碍欧洲国家通货膨胀率的回升和经济的复苏。①

(二) 历史统计数据的验证

笔者认为，要判断负名义利率政策的效果，首先要明确中央银行负名义利率政策的目标。实行负名义利率经济体的中央银行都明确指出货币政策的目标是稳定物价水平，都把目标通货膨胀率确定在 2%。实际上，物价水平与经济景气是相互联系的，表 12-14 列举了实行负名义利率经济体国内生产总值增长率和消费者价格指数增长率的统计数据。

表 12-14 负名义利率政策的宏观经济效果

(%)

经济体	指标	2014 年	2015 年	2016 年	2017 年	2018 年	2019 年
瑞典	GDP 增长率	2.7	4.4	2.4	2.4	2.3	0.9
	CPI 增长率	-0.3	0.1	1.7	1.7	2.0	1.8
丹麦	GDP 增长率	1.4	2.3	2.4	2.3	1.5	1.7
	CPI 增长率	0.4	0.4	0.5	1.0	0.8	0.8
欧元区	GDP 增长率	1.4	2.1	1.9	2.5	1.9	1.2
	CPI 增长率	0.3	0.3	1.1	1.3	1.5	1.3
瑞士	GDP 增长率	2.5	1.3	1.7	1.9	2.8	1.8
	CPI 增长率	0.3	-1.3	-0.0	0.8	0.7	0.2
日本	GDP 增长率	0.4	1.2	0.6	1.9	0.8	0.9
	CPI 增长率	2.7	0.8	-0.1	0.5	0.8	0.8

资料来源：GDP 增长率数据来自国际货币基金组织；瑞典、欧元区、瑞士 CPI 增长率数据来自各自中央银行，丹麦、日本 CPI 增长率数据来自各自国家统计局。

由表 12-14 可以看到，从 GDP 增长率来看，欧洲国家 2015—2018 年有一个小幅度上升，但在 2019 年又略有下降，日本则呈现小幅度波动的状态。从 CPI 增长率来看，各个国家和地区都没有达到 2%的目标，但在实行负名义利率政策以后都略有上升。如前所述，负名义利率政策是作为扩张性货币政策的辅助手段使用的，这些经济体的财政政策已趋向中性化，不能认为负名义利率政策没有效果，更不能认为负名义利率政策会阻碍通货膨胀率回升和经济复苏。但是，这些经济体的经济依然停滞，CPI 增长率依然很低，负名义利率政策效果不明显是客观事实。

(三) 笔者对政策效果有限的原因的分析

许多研究文献都指出负名义利率政策效果有限，但往往没有去分析为什么效果有

① 陈浪南，等．名义负利率背景下货币政策有效性的时变研究［J］．保险研究，2018（8）．

限。笔者认为，实行负名义利率的国家已经陷入流动性陷阱，即使实行负名义利率政策也难以跨越流动性陷阱。凯恩斯提及流动性陷阱的时候主要指货币供给的增加难以进一步降低利率和刺激投资，[①] 现在由于中央银行实行负名义利率政策，利率出现了超乎寻常的下降，但仍然难以导致消费和投资支出的增加。

要使货币政策对产值和物价产生影响，如果不考虑利率的因素，中央银行通过增加商业银行准备金所增加的基础货币必须转变为商业银行贷款，商业银行贷款必须转变为消费和投资支出。但是，在陷入流动性陷阱的情况下，这两个环节都出现了问题。由于经济不景气，人们不愿意增加消费和投资支出，不仅商业银行贷款难以增加，贷款风险也在增大。如果中央银行对银行的超额准备金支付利息，商业银行宁愿增加存放在中央银行的超额准备金。中央银行所谓的负名义利率政策就是对超过一定数量的超额准备金收取利息，以促使商业银行增加贷款。但是，在这样的经济状况下，商业银行又如何增发贷款呢？这就是中央银行负名义利率政策效果不明显的根本原因。

这种情况在日本表现得很明显。表 12-15 反映了日本金融机构超额准备金和贷款的变化情况。[②] 从表 12-15 可以看到，超额准备金的大幅度增长是日本中央银行无法忍受的，它在 2016 年 1 月开始对超过一定数额的超额准备金收取利息，结果超额准备金增长率迅速下降，说明中央银行的负名义利率政策对于阻止超额准备金的增加是有效果的。但是，被中央银行驱赶出来的银行存款在金融市场“打圈圈”，并没有多少转变为贷款，银行贷款增长率在 2017 年有所上升以后又下降了，说明中央银行的负名义利率政策效果有限。

表 12-15　2014—2019 年日本金融机构的准备金和贷款情况

指标	2014 年	2015 年	2016 年	2017 年	2018 年	2019 年
要求准备金/亿日元	83352	86773	90777	96697	100111	102332
实际准备金/亿日元	1323826	2009300	2650445	3157684	3358678	3460439
超额准备金/亿日元	1240474	1922527	2559668	3060987	3258567	3358107
超额准备金增长率/%	101. 48	54. 98	33. 14	19. 59	6. 45	3. 05
银行贷款/亿日元	4777779	4897052	5006104	5152310	5262972	5379469
银行贷款增长率/%	2. 26	2. 50	2. 23	2. 92	2. 15	1. 64

资料来源：Bank of Japan，Bank of Japan Statistics，Deposits and Loads Market，http：//www. boj. or. jp.

---

① 笔者在本章第四节已经对流动性陷阱作了详细的分析。

② 这种情况在实行负名义利率政策的经济体普遍存在。据欧洲中央银行的统计数据，2019 年欧洲存款机构的超额准备金是最低限度准备金的 10 倍以上。

人们以为，货币供给增加必然引起物价上涨。实际上，货币供给增加引起物价上涨是通过消费和投资支出的增加实现的。当货币供给大幅度增加时，如果发生恐慌性支出，就会造成恶性通货膨胀。但是，实行负名义利率政策经济体的中央银行都明确提出2%的目标通货膨胀率，人们并不担心未来会出现严重的通货膨胀，因而也就不会发生恐慌性支出，物价也就不会出现较大幅度上升。在货币供给增加难以导致消费和投资支出增加的情况下，货币流通速度下降，在相当程度上抵消了货币供给增加对经济的影响。

瑞士中央银行行长乔丹（T. Jordan）在瑞士中央银行实行负名义利率政策将近两年后的2016年10月24日发表了演讲，对实行负利率政策的原因和效果进行了分析。他指出，瑞士作为一个小型开放经济体，在实行负名义利率政策以后至少部分恢复了瑞士法郎与欧元的利差，从而减轻了瑞士法郎对欧元升值的压力。另外，负名义利率政策压低了抵押贷款利率，可惜信贷没有明显增长。但是他并未指望负名义利率政策有多大的效果，他强调扩张性的货币政策不是灵丹妙药，只是使实体经济的调整变得容易一些。[①] 瑞士中央银行行长的评价可以作为笔者分析的一个旁证。

六、负名义利率政策的副作用显现了吗？

（一）负名义利率政策的副作用

经济学界对负名义利率政策的副作用的看法是相似的。瑞士中央银行行长乔丹指出，负名义利率政策存在下述副作用：第一，负名义利率政策给银行造成了压力，并间接对养老基金和人寿保险公司造成不利影响。第二，低名义利率导致了投资者的冒险行为，造成了不动产和抵押贷款市场的扩张。第三，储蓄利率的下降以及对未来养老金支付的担忧使人们减少了消费支出。[②]

希腊中央银行副行长穆尔穆拉斯（J. I. Mourmouras）指出，负名义利率政策具有下述风险：损害了银行的盈利能力，扰乱了金融市场，易于导致资产泡沫，降低了政府削减债务的压力。[③]

---

① JORDAN T. Monetary Policy Using Negative Interest Rates：A Status Report［EB/OL］. Swiss National Bank.（2016-10-24）［2023-03-27］. https：//www. snb. ch/en/mmr/speeches/id/ref_ 20161024_ tjn.

② JORDAN T. Monetary Policy Using Negative Interest Rates：A Status Report［EB/OL］. Swiss National Bank.（2016-10-24）［2023-03-27］. https：//www. snb. ch/en/mmr/speeches/id/ref_ 20161024_ tjn.

③ 穆尔穆拉斯．负利率时代的全球风险［EB/OL］. 国际货币网．（2016-10-25）［2023-03-27］. http：//www. imi. ruc. edu. cn/mjsd/b134bdb5e38349ff909415e1250f32a5. htm.

（二）负名义利率政策对商业银行影响的检验

笔者下面将重点分析负名义利率政策对商业银行盈利能力的影响以及对资产价格的影响。图 12-13 显示了自从实行负名义利率政策以来，丹麦商业银行对居民和企业的利差即平均贷款利率减去平均存款利率的差额的变化情况。从图 12-13 可以看到，丹麦中央银行实行负名义利率以来，商业银行对居民和企业的存贷款利差是趋向下降的。

篇幅所限，笔者不再逐一用图形的方式说明其他实行负名义利率的经济体银行利差的变化情况，而是用表列的方式把五个实行负名义利率政策的经济体商业银行利差的变化表示出来，如表 12-16 所示。在表 12-16 中，丹麦、瑞典、德国的统计数据均按照居民和企业划分存款利率和贷款利率，瑞士和日本的统计数据则按照期限或数额划分存款和贷款利率。瑞典和丹麦的商业银行利率是各种期限的利率以数额作为权重进行加权平均计算的平均利率；德国、瑞士的商业银行利率是一年期限的利率；日本商业银行的贷款利率是长期优惠贷款利率（prime lending rate），存款利率是五年期限 1000 万日元以下存款利率。

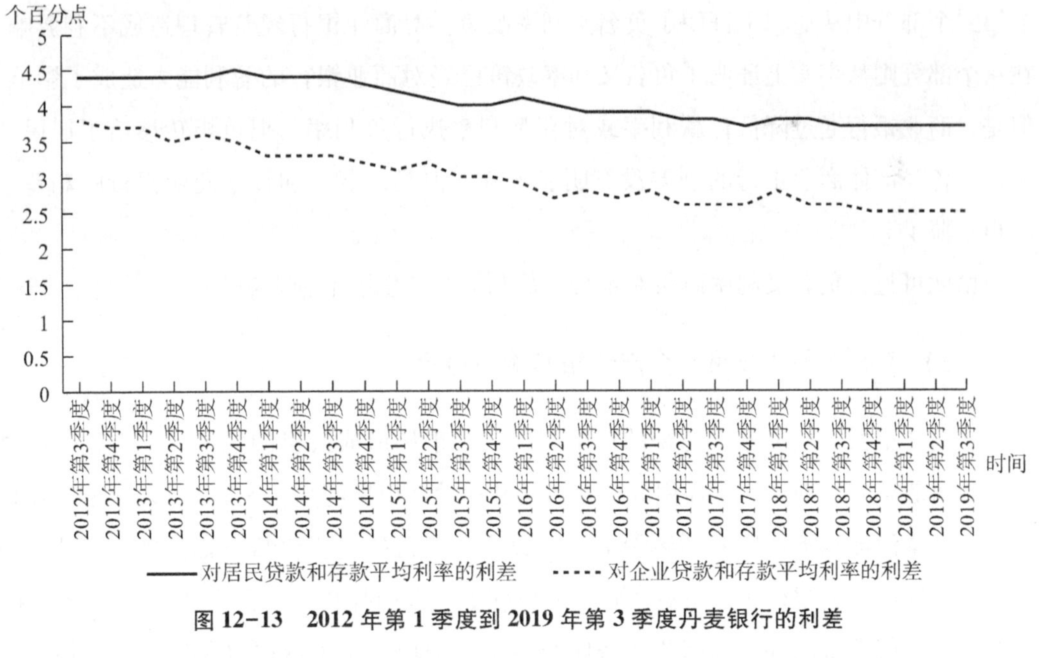

图 12-13　2012 年第 1 季度到 2019 年第 3 季度丹麦银行的利差

资料来源：Danmarks Statistik，StatBank Denmark，http：//www.statbank.dk.

表 12-16 以五个经济体实行负名义利率政策的时间为界限，计算实行负名义利率政策之前三年的月份或季度利差的平均数，再计算实行负名义利率政策到 2019 年 11 月

的月份或季度利差的平均数。

表 12-16 各经济体负名义利率政策实行前后银行利差的变化

经济体	利差类型	实行负利率政策前利差（前溯3年）	实行负利率政策后利差（截至2019年11月）
瑞典	对居民存贷利差	月平均数3.92个百分点	月平均数3.11个百分点
	对企业存贷利差	月平均数2.18个百分点	月平均数1.54个百分点
丹麦	对居民存贷利差	季平均数4.21个百分点	季平均数4.03个百分点
	对企业存贷利差	季平均数3.61个百分点	季平均数3.00个百分点
德国	对居民存贷利差	月平均数7.31个百分点	月平均数6.87个百分点
	对企业存贷利差	月平均数3.12个百分点	月平均数2.63个百分点
瑞士	一年存贷利差	月平均数1.30个百分点	月平均数1.31个百分点
日本	长期存贷利差	月平均数1.44个百分点	月平均数0.96个百分点

资料来源：①Sveriges Riksbank, financial market statistics, https://www.riksbank.se. ②Danmarks Statistik, StatBank Denmark, http://www.statbank.dk. ③European Central Bank, financial market and interest rate, https://www.ecb.europa.eu. ④Swiss National Bank, interest rate, yields and foreign exchange market, https://www.snb.ch. ⑤Bank of Japan, interest rate on deposits and loans, http://www.boj.or.jp.

从表12-16可以看到，实行负名义利率政策以后，除了瑞士商业银行的利差保持稳定以外，所有经济体的利差都减少了。利差是商业银行业务的利润来源，笔者在本节第二个部分中从逻辑上证明了负名义利率政策会对商业银行经营管理造成不利影响，在这个部分则从事实上证明了负名义利率政策已经对商业银行的盈利能力造成了影响。但是，商业银行通过降低存款利率或对存款利率执行负利率，把负担转移给了居民和企业，各经济体商业银行的利差没有明显下降。但是，瑞士和日本商业银行的利差已经很单薄了。

由此可见，负名义利率政策对银行的盈利能力产生了不利影响。

（三）负名义利率政策对资产价格影响的检验

在利率很低而且资金很充裕的情况下，只要市场形成投机的氛围，人们就会借进资金投机股票和房地产，从而引起股票市场和房地产市场泡沫。人们对20世纪80年代后半期日本泡沫经济从形成到破裂最后导致金融危机的过程仍然记忆犹新。因此，在相关经济体的中央银行实行负利率政策的情况下，人们都在关注会不会出现资产泡沫。遗憾的是，笔者难以寻找到相关经济体股票市场平均动态市盈率以及房地产价格等统计数据，因而难以对这些经济体是否出现了资产泡沫作出判断。下面笔者利用最早实行负名义利率政策的丹麦中央银行提供的统计数据，来观察一下丹麦的资产价格变化情况。

图12-14反映了丹麦独户住房价格指数与消费者价格指数的变化，图中的数据都

是本年度某季度与上一年度同一个季度相比的增长率。独户住房价格指数反映的是住房价格的变化，消费者价格指数反映的是消费品价格的变化。丹麦中央银行是在2012年实行负名义零利率政策的。从图12-14可以看到，在中央银行实行负名义利率政策以后，房产价格的上涨远快于消费品价格的上涨。

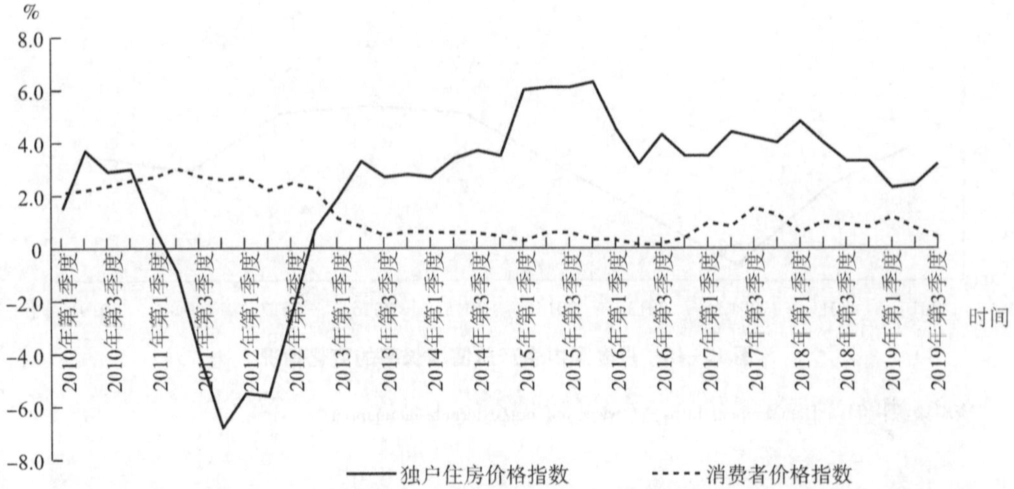

图12-14　2010年第1季度到2019年第3季度丹麦住房价格和消费品价格的变化情况

资料来源：Danmarks Statistik, StatBank Denmark, http://www.statbank.dk.

图12-15反映了纳斯达克-OMX哥本哈根证券交易所40种股票价格指数的变化情况，图12-16反映了丹麦国内生产总值增长率的变化情况。比较这两个图可以看到，2012年以来，丹麦国内生产总值的增长率均没有超过2.4%，但股票价格指数却持续上涨。股票价格是宏观经济的晴雨表，但丹麦股票市场的表现明显好于宏观经济的表现。

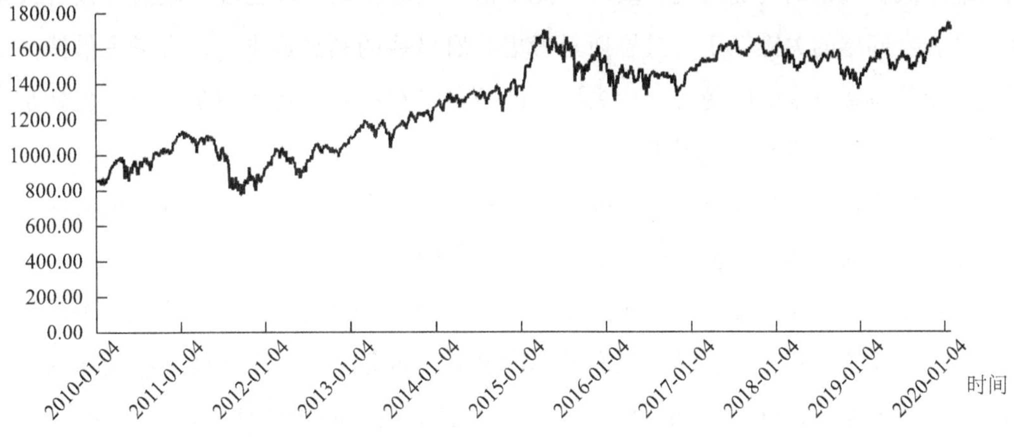

图12-15　纳斯达克-OMX哥本哈根证券交易所40种股票价格指数的变化情况

资料来源：NASDAQ, OMX40, http://www.nasdaqomxnordic.com.

当然，不能判断丹麦已经出现资产泡沫。但是，在部分存款利率是负数，短期债务工具和长期债务工具的收益率多是负数的情况下，人们把投资的注意力放在房产和股票上就很容易理解。由此可见，负名义利率政策确实易于导致房地产市场和股票市场的泡沫。

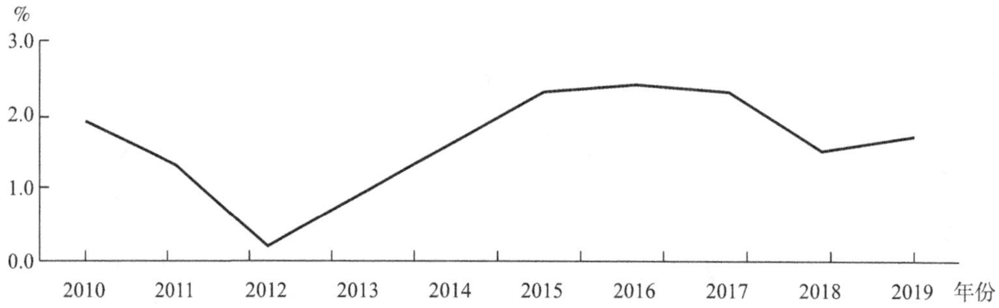

图12-16　丹麦国内生产总值增长率的变化情况

资料来源：IMF，DataMapper，https：//www. imf. org/external/datamapper/.

七、实行负名义利率政策有利率下限吗？

相关实行负名义利率政策经济体的实际情况表明，部分利率是可以降低到负数的，但流动性陷阱依然存在。凯恩斯曾预言在流动性陷阱发生的时候人们会大量卖出债券，而实际情况是人们大量买进债券。问题的关键在于，凯恩斯认为人们的预期是利率不大可能再下降，而实际情况是人们预期利率仍然有可能下降。另外，凯恩斯认为若真有零利率或负利率的情况出现，政府会无限借入资金，而实际情况是政府并没有大量借入资金。问题的关键在于，凯恩斯只考虑政府借钱的利息成本，没有考虑借钱是要偿还本金的。接下来的问题是，中央银行的负名义利率政策还可以加强吗？也就是实行负名义利率政策有利率下限吗？

瑞士中央银行行长乔丹指出，随着利率水平的下降，现金对人们具有更大的吸引力。中央银行无意消灭现金，这就是利率的有效下限。[①]

美国纽约联邦储备银行执行副总裁麦克安德鲁斯（J. McAndrews）指出，关于负名义利率究竟能够降到多低的问题没有简单的答案。负名义利率会导致一些法律的、经营的、经济的摩擦，这种复杂的情况限制了负名义利率向居民和企业的传导。另外，

---

① JORDAN T. Monetary Policy Using Negative Interest Rates：A Status Report［EB/OL］. Swiss National Bank.（2016-10-24）［2023-03-27］. https：//www. snb. ch/en/mmr/speeches/id/ref_ 20161024_ tjn.

用资源来度量，负名义利率是很昂贵的，它会限制对总需求的潜在刺激。负名义利率还会使金融机构难以适应新的金融环境，对金融机构的盈利能力产生不利影响。①

美国国家经济研究局研究人员布伊特（W. H. Buiter）提出，可以有三种方法克服负名义利率的下限：第一，废除现金。第二，对现金征税。第三，将现金与货币相分离，也就是将交换媒介与支付手段分离，中央银行对作为支付手段的货币实行负名义利率不会对作为交换媒介的现金造成影响。②

从实行负名义利率政策经济体的实践来看，中央银行避免对居民存款利率实行负利率是担心由此会导致居民挤提现金。笔者认为，如果从这个角度来看，居民在存款利率降低到什么程度时会大规模提取现金，取决于负名义利率水平以及社会支付习惯等因素。如果广泛使用现金支付，一旦居民发现存款负利率带来的代价大于银行保管箱的费用，居民将会提取现金。但是，如果广泛使用非现金支付，除非存款利率降低到居民不接受的程度，否则居民不会大规模提取现金。

但是，这不是问题的关键。如果担心发生大规模提取现金的情况，中央银行为各家银行准备好充足的现金就可以了。笔者认为，问题的关键是把负利率降到更低的水平有何意义。中央银行把银行存放的存款利率降低到负数，是希望银行不要把闲置的资金存放在中央银行，而是把闲置的资金贷放出去以增加消费和投资需求。但是实践已经证明，在投资机会不多和贷款风险增加的情况下，银行难以把闲置的资金贷放出去，继续降低利率已经没有意义。因此，布伊特提出的三种极端方法没有应用的价值。

笔者认为，相关经济体难以继续降低利率。即使相关经济体的负名义利率政策会持续一段时间，但是随着通货紧缩情况的缓和，它们会转而实行低利率而不是负利率的政策。③

对马克思利息理论的研究表明，利润和利息的分割取决于职能资本家和货币资本家的博弈。在经济不景气的条件下，由于货币当局的干预，部分名义利率成为负数，对货币资本家造成不利影响。但是货币资本家会从资金来源和资金去向两个方面转嫁这种影响。日本统计局的统计数据表明，2020 年日本的利息收益是 62780 亿日元，与

---

① MCANDREWS J. Negative Nominal Central Bank Policy Rates - Where Is the Lower Bound? [EB/OL]. Federal Reserve Bank of New York.（2015-05-08）[2023-03-27]. https://www.newyorkfed.org/newsevents/speeches/2015/mca150508.html.

② BUITER W. Negative Nominal Interest Rates: Three ways to overcome the zero lower bound [EB/OL]. FMG Discussion Papers dp636, 2009 [2023-03-27]. https://ideas.repec.org/p/fmg/fmgdps/dp636.html.

③ 笔者关于负利率的研究是在 2019 年底和 2020 年初进行的，研究成果以《负名义利率的若干问题研究》为题发表在 2020 年第 8 期《学术研究》杂志上。在现实中，瑞典中央银行、欧洲中央银行、丹麦中央银行、瑞士中央银行分别于 2022 年 5 月、2022 年 7 月、2022 年 9 月、2022 年 9 月结束了负利率政策。到 2023 年 1 月，仅有日本还维持负利率政策。

63570亿日元的红利收益相当。

把马克思的利息理论与本人对马克思利息理论的补充作一个比较，如表12-17所示，表中重点标识出了笔者对马克思利息理论的补充。

表12-17　新的历史条件下马克思利息理论研究纲要

比较对象	马克思利息理论研究纲要	新的历史条件下马克思利息理论研究纲要
借贷资本的产生	借贷资本所有权和使用权的分离	借贷资本所有权和使用权的分离
利息的源泉	剩余价值的一个部分	剩余价值的一个部分
利息的本质	体现职能资本家和货币资本家关系	体现职能资本家和货币资本家关系
利率的上限	平均利润率	平均利润率
借贷资本的需求		**消费需求、投资需求、政府需求，受利率、产值和财政赤字影响**
借贷资本的供给		**货币资本、储蓄供给、货币供给增量，受利率、产值和货币政策影响**
利率的决定	产业资本和借贷资本的博弈	**借贷资本的需求和供给**
利率的变化		**与财政赤字呈正向变化，与货币供给增量呈反向变化**

本章小结

本章阐述了马克思的借贷资本与利息理论，并以马克思的利息理论为根据对各种经典的利息理论进行了评论。

本章在坚持马克思利息理论的基础上，根据实际统计资料对借贷资本需求、借贷资本供给以及市场利息率进行了重新阐述，力求构建一个更加完整的马克思利息理论。

本章以实际统计资料为依据否定了凯恩斯、希克斯和克鲁格曼对“流动性陷阱”的解释，指出“流动性陷阱”是在经济衰退和利率很低的情况下，货币供给转变为可贷资金供给的途径遇到障碍，货币流通速度的下降抵消了货币供给增加的影响造成的。

本章还对进入21世纪以后出现的负名义利率的新现象进行了研究，指出负名义利率政策造成了部分银行存款利率为负数以及部分债务工具收益率为负数。这种超常规的货币政策对于在一定程度上缓和物价下降和稳定汇率有一定的作用，但是对于经济复苏没有什么效果。

第十三章　新的历史条件下马克思土地和地租理论研究

第一节　马克思的土地和地租理论

一、地租的本质

地租是使用土地支付的代价。在封建主义经济里，地租已经存在。封建主义地租以封建主义土地所有制为前提，体现农民对地主的人身依附关系。资本主义地租以资本主义土地所有制为前提，也就是以农业资本家与土地所有权相分离为前提，体现农业工人、农业资本家和土地所有者的关系。

马克思指出："我们假定，农业和工业完全一样受资本主义生产方式的统治，也就是说，农业是由资本家经营；这种资本家和其他资本家的区别，首先只在于他们的资本和这种资本推动的雇佣劳动所投入的部门不同。"①

马克思还指出："资本主义生产方式的前提是：实际的耕作者是雇佣工人，他们受雇于一个只是把农业作为资本的特殊使用场所，作为在一个特殊生产部门的投资来经营的资本家即租地农场主。这个作为租地农场主的资本家，为了得到在这个特殊生产场所使用自己资本的许可，要在一定期限内（例如每年）按契约规定支付给土地所有者即他所使用土地的所有者一个货币额（和货币资本的借入者要支付一定利息完全一

① 马克思．资本论：第3卷［M］//马克思，恩格斯．马克思恩格斯全集：第25卷．北京：人民出版社，1974：693.

样）。……在这里我们看到了构成现代社会骨架的三个并存的而又互相对立的阶级——雇佣工人、产业资本家、土地所有者。”①

因此，在资本主义经济条件下，地租的来源是农业资本家雇佣农业工人进行生产获得的剩余价值。正如马克思所指出的：“现在，他交给土地所有者的地租，只是他用他的资本直接剥削农业工人而榨取的这个剩余价值的一个超额部分。”② 而这里说的超额部分正是马克思所要说明的绝对地租的决定。

二、绝对地租的决定

按照马克思的看法，绝对地租是对最劣土地支付的地租。在农业生产部门，绝对地租的来源是农业生产部门产品价值高于生产价格的差额。

马克思的生产价格理论说明，不同的生产部门的资本有机构成是不同的，资本有机构成低的生产部门投入的劳动较多，生产出来的价值和剩余价值较多。但是，资本会通过在不同生产部门之间的流动展开竞争，从而导致利润率的平均化，价值转化为生产价格。马克思把生产价格理论用于绝对地租的分析，指出：“如果一个生产部门中的资本构成低于社会平均资本的构成，也就是说，如果该资本中投在工资上的可变部分，和投在物质劳动条件上的不变部分的比率，大于社会平均资本中可变部分和不变部分的比率，那末，它的产品的价值就必然会高于它的生产价格。”③

马克思在《资本论》第三卷中举例作了说明，根据马克思的例子可以得到表 13-1 和表 13-2。④ 在表 13-1 中，假定剩余价值率为 100%，工业生产部门的剩余价值是 15，农业部门的剩余价值是 25。如果非农业部门和农业部门之间发生充分的资本流动，利润率就会平均化，两个生产部门的平均利润都是 20，生产价格都是 120，不会产生绝对地租。

但是，如果工业部门和农业部门之间没有发生充分的资本流动，上述利润率平均化的过程就不会发生，如表 13-2 所示。相对于表 13-1 来说，工业部门没有得到从农业部门转移的剩余价值 5，即与利润率平均化的情形相比平均利润减少 5。农产品按照高于生产价格 115 的价值 125 出售，得到了 10 的超额利润，这部分超额利润形成绝对

① 马克思．资本论：第 3 卷［M］//马克思，恩格斯．马克思恩格斯全集：第 25 卷．北京：人民出版社，1974：697-698.

② 马克思．资本论：第 3 卷［M］//马克思，恩格斯．马克思恩格斯全集：第 25 卷．北京：人民出版社，1974：901.

③ 马克思．资本论：第 3 卷［M］//马克思，恩格斯．马克思恩格斯全集：第 25 卷．北京：人民出版社，1974：855.

④ 马克思．资本论：第 3 卷［M］//马克思，恩格斯．马克思恩格斯全集：第 25 卷．北京：人民出版社，1974：860-861.

地租。这样，在农业资本家交纳绝对地租以后，他实际得到的是与工业资本家一样的生产价格 115，以及与工业资本家一样的平均利润 15。农业部门的剩余价值与平均利润的差额 10 就是绝对地租。

表 13-1　利润率平均化条件下的生产价格

生产部门	资本有机构成	剩余价值	平均利润	产品价值	生产价格	绝对地租
工业	85c+15v	15	20	115	120	0
农业	75c+25v	25	20	125	120	0

表 13-2　农业资本有机构成低于工业条件下绝对地租的决定

生产部门	资本有机构成	剩余价值	平均利润	产品价值	生产价格	绝对地租
工业	85c+15v	15	15	115	115	0
农业	75c+25v	25	15	125	115	10

马克思指出：“单是农产品的价值超过它们的生产价格这样一个事实本身，无论如何不足以说明这样一种不以各级土地的不同肥力或同一土地上各个连续投资的不同生产率为转移的地租的存在，一句话，即在概念上不同于级差地租，因而可以称为绝对地租的那种地租的存在。”①

这样即产生了一个问题：是什么造成资本不能在非农业和农业部门之间充分流动呢？这个障碍就是土地所有权。马克思指出：“如果资本遇到了一种外力，对这种外力，资本只能局部地克服或完全不能克服，这种外力限制资本投入特殊生产部门，只有在完全排斥或部分地排斥剩余价值一般平均化为平均利润的条件下才允许资本投入特殊生产部门，那末很明显，在这种生产部门中，由于商品的价值超过它的生产价格，就会产生超额利润，这个超额利润将会转化为地租，并且作为地租能够与利润相对立而独立起来。……在这里，土地所有权就是障碍。”②

三、级差地租的形成

土地是有优劣之分的，马克思把租用不同质量的土地支付的地租称为级差地租。按照马克思的看法，级差地租分为级差地租Ⅰ和级差地租Ⅱ。

---

① 马克思．资本论：第 3 卷［M］//马克思，恩格斯．马克思恩格斯全集：第 25 卷．北京：人民出版社，1974：857.

② 马克思．资本论：第 3 卷［M］//马克思，恩格斯．马克思恩格斯全集：第 25 卷．北京：人民出版社，1974：858-859.

按照马克思的看法，级差地租Ⅰ是由于土地的肥力和位置不同产生的地租。马克思是在成熟的资本主义形态下考察地租，由于生产价格已经形成，等量资本获得等量利润，但是在土地的耕作中，等量资本投在肥力和位置不同的土地上会获得不同的利润。

马克思指出："我们首先要考察等量资本在等面积的各级土地上使用时所产生的不同结果；……这些不同的结果，是由下面两个和资本无关的一般原因造成的：1. 肥力。……2. 土地的位置。"① 关于肥力，马克思的解释是："撇开气候等要素不说，自然肥力的差别是由表层土壤的化学结构的差别，也就是由表层土壤所含植物养分的差别形成的。"②

马克思根据肥力的差别，把土地从劣到优划分为 A、B、C、D 四种类型，分析了级差地租Ⅰ的产生过程。马克思认为，农产品的生产价格是由最劣土地 A 的生产价格决定的，这样资本投入较优土地 B、C、D 就会得到超额利润，这些超额利润形成级差地租。马克思指出："关于级差地租，一般应当指出：市场价值始终超过产品总量的总生产价格。……因为市场价格是由 A 的生产价格决定的……"③

关于为什么农产品的生产价格取决于最劣土地的生产价格，马克思作了如下的解释："这是由在资本主义生产方式基础上通过竞争而实现的市场价值所决定的；这种决定产生了一个虚假的社会价值。"④ 按照笔者的理解，由于土地资源是有限的，如果耕种劣等土地得不到平均利润，那么资本家就不会向劣等土地发展，但是人口的发展又要求耕种更多的土地，因此劣等土地的生产价格决定了农产品的生产价格。正如马克思所说的："总的说来，耕地的扩大或者是向较坏土地发展，或者是根据各级土地出现的情况，按不同的比例，向各级土地发展。当然，向较坏土地发展，决不是任意选择的，而只能是——在资本主义生产方式的前提下——价格上涨的结果，并且在任何一种生产方式的条件下，这只能是必然性的结果。"⑤

由此可见，随着资本主义经济的发展和耕种土地的增加，土地肥沃程度的差别将扩大，级差地租Ⅰ的总额存在增加的趋势。

---

① 马克思．资本论：第 3 卷［M］//马克思，恩格斯．马克思恩格斯全集：第 25 卷．北京：人民出版社，1974：732.

② 马克思．资本论：第 3 卷［M］//马克思，恩格斯．马克思恩格斯全集：第 25 卷．北京：人民出版社，1974：733.

③ 马克思．资本论：第 3 卷［M］//马克思，恩格斯．马克思恩格斯全集：第 25 卷．北京：人民出版社，1974：744.

④ 马克思．资本论：第 3 卷［M］//马克思，恩格斯．马克思恩格斯全集：第 25 卷．北京：人民出版社，1974：744-745.

⑤ 马克思．资本论：第 3 卷［M］//马克思，恩格斯．马克思恩格斯全集：第 25 卷．北京：人民出版社，1974：754.

如果说级差地租Ⅰ是等量的资本投入不同的土地上具有不同的生产率决定的，那么级差地租Ⅱ就是在同样的土地上投入较多的资本导致了生产率的提高带来的。马克思指出："所谓耕作集约化，无非是指资本集中在同一土地上，而不是分散在若干毗连的土地上。……如果土地改良的效果比较持久，那末，在租约满期时，人工增进的土地的不同肥力，就会和土地的自然的不同肥力合在一起，因此，地租的评定也就会和不同肥力的各级土地的地租的评定合在一起。"①

马克思认为，级差地租Ⅱ形成的原因与级差地租Ⅰ是相同的。马克思指出："具有不同结果的各个等量资本，不管是同时投在同样大的各块土地上，还是相继投在同一块土地上，都不会影响超额利润的形成规律，……"②

马克思强调，级差地租的产生与土地所有权没有关系，他指出："土地所有权并不创造那个转化为超额利润的价值部分，而只是使土地所有者，即瀑布的所有者，有可能把这个超额利润从工厂主的口袋里拿过来装进自己的口袋。它不是使这个超额利润创造出来的原因，而是使它转化为地租形式的原因，也就是使这一部分利润或这一部分商品价格被土地或瀑布的所有者占有的原因。"③

马克思还说明了级差地租Ⅰ和级差地租Ⅱ的关系："第一：级差地租Ⅱ的基础和出发点，不仅从历史上来说，而且就级差地租Ⅱ在任何一个一定时期内的运动来说，都是级差地租Ⅰ，……第二：在级差地租的第Ⅱ形式上，除了肥力的差别，还有资本（以及获得信用的能力）在租地农场主之间的分配上的差别。……这种情况使真正的资本主义租地农场主能够把超额利润的一部分占为己有；……"④

四、土地的价格

马克思认为，土地价格的基础是地租资本化的现值。马克思指出："我们已经知道，任何一定的货币收入都可以资本化，也就是说，都可以看作一个想象资本的利息。例如，假定平均利息率是5%，那末一个每年200镑的地租就可以看作一个4000镑的资本的利息。这样资本化的地租形成土地的购买价格或价值，一看就知道，它和劳动

① 马克思．资本论：第3卷［M］//马克思，恩格斯．马克思恩格斯全集：第25卷．北京：人民出版社，1974：760-761.

② 马克思．资本论：第3卷［M］//马克思，恩格斯．马克思恩格斯全集：第25卷．北京：人民出版社，1974：760.

③ 马克思．资本论：第3卷［M］//马克思，恩格斯．马克思恩格斯全集：第25卷．北京：人民出版社，1974：729.

④ 马克思．资本论：第3卷［M］//马克思，恩格斯．马克思恩格斯全集：第25卷．北京：人民出版社，1974：762-763.

的价格完全一样，是一个不合理的范畴，因为土地不是劳动的产品，从而没有任何价值。”①

由于土地价格的基础是地租资本化的价值，土地价格将与利息率呈反方向变化。马克思指出：“假定地租是一个不变量，土地价格的涨落就同利息率的涨落成反比。如果普通利息率由5%下降到4%，那末一个200镑的年地租就不是代表一个4000镑的资本的年增殖额，而是代表一个5000镑的资本的年增殖额，……”②

五、矿山和建筑用地地租

矿山与农业用地的区别在于：在农业中，土地是劳动的对象，土地的自然力参与了农产品的形成；在矿山中，土地的自然力没有参与产品的形成，土地下面蕴藏的矿藏才是采集的对象。但是，正如马克思所说的：“真正的矿山地租的决定方法，和农业地租是完全一样的。”③ 因此，矿山同样存在绝对地租和级差地租。

关于建筑用地的地租，马克思指出：“首先是位置在这里对级差地租具有决定性的影响，……其次是所有者的明显的完全的被动性，……最后，是垄断价格在许多情况下的优势，……”④ 马克思这里所说的被动性，主要是指所有者必须等待社会发展产生了对他们拥有的土地的需求。但是，马克思还指出：“凡是有地租存在的地方，都有级差地租，而且这种级差地租都遵循着和农业级差地租相同的规律。”⑤

马克思预言建筑用地地租会上升，他指出：“不仅人口的增加，以及随之而来的住宅需要的增大，而且固定资本的发展（这种固定资本或者合并在土地中，或者扎根在土地中，建立在土地上，如所有工业建筑物、铁路、货栈、工厂建筑物、船坞等等），都必然会提高建筑地段的地租。”⑥

---

① 马克思．资本论：第3卷［M］//马克思，恩格斯．马克思恩格斯全集：第25卷．北京：人民出版社，1974：702.

② 马克思．资本论：第3卷［M］//马克思，恩格斯．马克思恩格斯全集：第25卷．北京：人民出版社，1974：703.

③ 马克思．资本论：第3卷［M］//马克思，恩格斯．马克思恩格斯全集：第25卷．北京：人民出版社，1974：873.

④⑤ 马克思．资本论：第3卷［M］//马克思，恩格斯．马克思恩格斯全集：第25卷．北京：人民出版社，1974：871.

⑥ 马克思．资本论：第3卷［M］//马克思，恩格斯．马克思恩格斯全集：第25卷．北京：人民出版社，1974：872.

第二节　马克思地租理论的争论以及笔者的回应

一、马克思地租理论的争论

地租相对来说不是一个热点研究领域，但是在20世纪20年代末30年代初，日本经济学界曾经出现过关于马克思地租理论的热烈争论，争论的焦点主要是：第一，农产品生产价格是否取决于最劣土地生产出来的农产品的生产价格。第二，农产品市场价值超过生产价格的“虚假的社会价值”是不是剩余价值。另外，在20世纪80年代以后，中国经济学界也发生过关于马克思地租理论的争论，争论的重点是在农业劳动生产率的提高快于工业的条件下，绝对地租是否还存在。中国经济学界的争论留待本章第三节讨论，本节主要讨论日本经济学界的争论。

关于第一个问题，日本经济学者二木保几指出，马克思在劳动价值理论中认为市场价值是由平均生产条件下的价值决定的，但是在地租理论中则认为市场价值是由最劣土地条件下的价值决定的，两者存在矛盾。[①] 日本经济学者向坂逸郎予以反驳。他认为，土地自然属性的限制，使价值规律在农业的竞争中发生偏离，最劣土地农产品的个别价值成为市场价值，因此该部门所有商品的个别价值总额不等于市场价值总额。[②]

关于第二个问题，日本经济学者土方成美针对“虚假的社会价值”指出，马克思《资本论》第三卷的价值规定与《资本论》第一卷的价值规定相矛盾，承认没有价值的价格就是承认价格与生产产品的劳动无关，这就说明马克思劳动价值理论存在缺陷。[③] 二木保几支持土方成美，他指出，从600先令中扣除240先令后剩下的360先令，从马克思劳动价值理论来看确实是“虚假的社会价值”，它与决定商品价值量的社会必要劳动时间完全无关。[④]

日本经济学者高田保马也认为，利润总额超过剩余价值总额，价格总额超过价值

---

① 二木保几．马克思价值论中平均原理与边际原理的矛盾［J］．中央公论，1929（12）．转引自：张忠任．马克思主义经济思想史：日本卷［M］．北京：东方出版中心，2006：46-51．下面提及关于这场争论的文献均转引自该著作。

② 向坂逸郎．马克思地租论［J］．改造，1930（12）．

③ 土方成美．从地租理论可见马克思价值论的破产［Z］//东京帝国大学经济学部经济学会：第6卷，1928.

④ 二木保几．马克思价值论中平均原理与边际原理的矛盾［J］．中央公论，1929（12）．

总额的差额就是“虚假的社会价值”。由于地租来源于“虚假的社会价值”，不是来源于价值，从而也不是来源于剩余价值。①

日本经济学者栉田民藏对这些看法进行了反驳。他指出，对于级差地租来说，市场价值总额总是大于生产价格总额。市场价值源于个别价值的平均，即使称为“虚假”但从社会来看也是现实的价值。②

日本经济学者向坂逸郎也不同意土方成美等人的看法。他指出，从全社会来看，利用大自然创造财富的只有劳动，耗费的劳动作为抽象劳动体现在价值形态上。级差地租虽然不直接表现为农业工人被农业资本家剥削的劳动，但从全社会来看仍然可以归结为工人阶级的剩余劳动进入土地所有者手中。③

另外，维护马克思经济学的学者之间也有不同看法。日本经济学者河上肇对向坂逸郎所说的级差地租来自剩余价值提出异议。他指出，马克思之所以提出“虚假的社会价值”的概念，是因为在生产农产品的情况下市场价值大于平均个别价值，产品自身包含没有被对象化的价值。作为一种虚假的价值，它不属于资本家在生产过程中直接从劳动者那里剥削而来的剩余价值。④

二、笔者对这场争论的评论

关于农产品生产价格取决于最劣土地生产出来的农产品的生产价格的问题，笔者首先要指出二木保几在概念上存在问题。马克思劳动价值理论指出，社会产品的价值是由耗费的必要劳动时间决定的，也就是由平均生产条件下耗费的劳动时间决定的。但是，马克思生产价格理论指出，在资本在各个生产部门之间转移展开竞争的条件下，利润率存在平均化的趋势，价值转化为生产价格。价值和生产价格是资本主义经济在不同发展阶段存在的两个不同的范畴，马克思是在生产价格范畴已经形成的条件下讨论地租问题的。因此，二木保几不应该提出为什么工业产品价值由平均生产条件下生产的价值决定，而农业产品价值却由最劣土地条件生产的价值决定的问题，而应该提出为什么农产品生产价格是由最劣土地条件下的生产条件决定，而不是由平均生产条件决定的问题。

实际上，马克思已经解释了这个问题。马克思指出：“这种自然力的占有，在它的

① 高田保马．马克思价值论的价值论［J］．经济论丛，1930（1）．
② 栉田民藏．级差地租和价值规律［J］．月刊批判，1931（1）．
③ 向坂逸郎．为了地租理论的发展［J］．改造，1931（5）．
④ 河上肇．关于地租论的诸多争论［J］．中央公论，1931（9）．

占有者手中形成一种垄断，这是所投资本有较高生产力的条件，这种条件是不能由资本本身的生产过程创造的。”① 马克思还指出：“如果土地产品（例如谷物）的市场价格达到这样一个程度，能使投在A级土地上的追加的预付资本得到普通的生产价格，也就是说，为资本提供普通的平均利润，那末，这个条件就足以使追加资本投到A级土地上。”②

这就是说，在价值转化为生产价格以后，工业产品的生产价格之所以由本部门平均生产条件的生产价格决定，是因为该部门的各个生产者之间存在竞争，以低于平均生产价格的价格生产出产品的生产者将处于优势，以高于平均生产价格的价格生产出产品的生产者将处于劣势。但是，农业生产依赖土地，某个农业资本家租用了一块土地，在土地租期内就对这块土地拥有了垄断性的经营权利，从而在一定程度上排除了别的农业资本家的竞争。但是，随着人们对食物需求的增加，原来耕作的土地的产量已经不能满足人们的需求，农业资本家只能向较劣的土地发展。如果在较劣的土地上耕作不能得到平均利润，农业资本家就不会租用较劣土地进行生产。因此，农产品生产价格取决于最劣土地的生产价格，较优土地与最劣土地的生产价格之差形成了级差地租。

如果对马克思农产品生产价格的决定存在异议，应该对马克思的分析过程提出异议，而不应该说在简单商品生产条件下商品的价值取决于社会平均生产条件下的价值与农产品生产价格取决于最劣土地条件下生产价格之间存在矛盾。这本身是两个不同的问题。

关于农产品市场价值超过生产价格的“虚假的社会价值”是不是剩余价值的问题，笔者认为首先应该明确马克思所说的“虚假的社会价值”的原意。马克思的前后文是这样写的：“关于级差地租，一般应当指出：市场价值始终超过产品总量的总生产价格。……这是由在资本主义生产方式基础上通过竞争而实现的市场价值所决定的；这种决定产生了一个虚假的社会价值。这种情况是由市场价值规律造成的。……如果我们设想资本主义的社会形式已被推翻，社会已被组成一个自觉的、有计划的联合体，10夸特就会只代表一定量的独立的劳动时间，而和240先令内所包含的劳动时间相等。因此，社会就不会按产品内所包含的实际劳动时间的二倍半来购买这种土地产品；……”③

---

① 马克思．资本论：第3卷［M］//马克思，恩格斯．马克思恩格斯全集：第25卷．北京：人民出版社，1974：727.

② 马克思．资本论：第3卷［M］//马克思，恩格斯．马克思恩格斯全集：第25卷．北京：人民出版社，1974：845.

③ 马克思．资本论：第3卷［M］//马克思，恩格斯．马克思恩格斯全集：第25卷．北京：人民出版社，1974：744-745.

从马克思的话中可以看到，马克思所说的“虚假的社会价值”并不是说这不是价值，而是在资本主义土地所有制和对土地垄断经营的条件下产生的农产品市场价值超过生产价格的差额。如果资本主义制度消亡了，农产品市场价值超过生产价格的差额就会消失。从这个意义来说，这个差额是资本主义经济制度造成的一种“虚假的社会价值”。

既然“虚假的社会价值”是真实的价值，体现为一定的劳动时间，而生产价格正如笔者在马克思生产价格理论中论证的那样，是经过平均利润率规律修正后的价值，也体现为一定的劳动时间，那么两种劳动时间的差额当然来自剩余价值。马克思指出：“一切地租都是剩余价值，是剩余劳动的产物。”① 在农业劳动中，劳动者在必要劳动时间再生产出劳动力的价值，在剩余劳动时间生产出被资本家占有的剩余价值。无论劳动者得到的工资等于、小于还是大于劳动力价值，资本家支付给土地所有者的地租都只能是剩余价值。

因此，在所谓“虚假的社会价值”问题上，土方成美等人认为的“虚假的社会价值”与劳动无关是错误的，河上肇认为的农产品自身中包含没有被对象化的价值的看法也是错误的。

三、对克拉克和萨缪尔森的地租理论的评论

（一）克拉克的地租理论

在西方经济学界，美国经济学者克拉克的收入分配理论具有重要影响。他在1899年出版的《财富的分配》中不仅提出了工资理论，也提出了地租理论。

克拉克认为，在一片土地上投入劳动，将受到报酬递减规律的支配，劳动边际生产率将递减。如图13-1所示，纵轴表示劳动的边际产品的价值，横轴表示劳动的数量。在土地面积为一定的条件下，如果连续地投入劳动，劳动的边际生产率是递减的，最后一个单位劳动生产的产品价值 *DC* 就是投入的全部劳动的边际生产率，全部劳动者的工资就是由劳动的边际生产率 *DC* 决定的。因此，面积 *AECD* 构成了劳动者的工资总额。但是，劳动者生产出来的产品价值是面积 *ABCD*，面积 *ABCD* 大于面积 *AECD* 的差额 *EBC* 是土地提供辅助所得到的果实，它只能归因于土地，这就是地租。②

① 马克思．资本论：第3卷［M］//马克思，恩格斯．马克思恩格斯全集：第25卷．北京：人民出版社，1974：715.

② 克拉克．财富的分配［M］．王翼龙，译．北京：华夏出版社，2013：147-151.

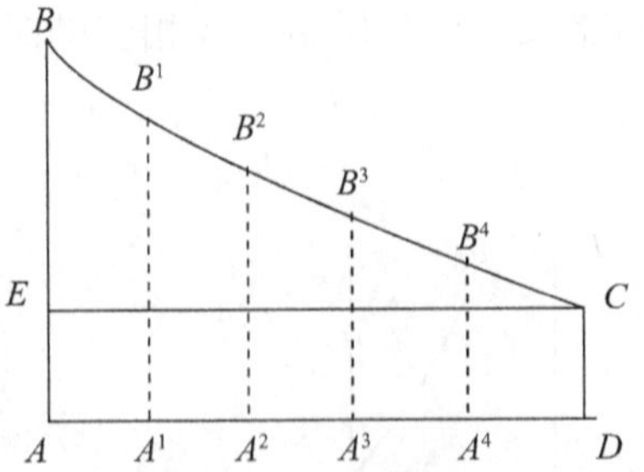

图 13-1　地租的决定

在地租的研究中，英国经济学者马歇尔也提出了类似于克拉克的看法。他在 1890 年出版的《经济学原理》中也使用了类似于图 13-1 的图形来说明地租的形成。他的分析与克拉克不同的地方是：第一，*BC* 曲线不是平滑地向右下方倾斜，而是先递增然后波浪式下降。第二，在一片土地上不是连续投入劳动而是投入资本，所以面积 *AECD* 不是构成劳动的报酬而是构成资本的报酬，剩余面积 *EBC* 同样形成地租。①

马歇尔和克拉克是同时代的人，马歇尔出生于 1842 年、去世于 1924 年，克拉克出生于 1847 年、去世于 1938 年。马歇尔的《经济学原理》是 1890 年出版的，克拉克的《财富的分配》是 1899 年出版的。虽然从出版的时间看马歇尔的《经济学原理》早于克拉克的《财富的分配》，但是正如克拉克在《财富的分配》前言中指出的，他从 1881 年已经开始在一系列学术杂志上发表了关于分配理论的论文。从理论特征来看，地租理论更像是克拉克首先提出来的。

（二）萨缪尔森的地租理论

萨缪尔森推崇克拉克的分配理论，在地租问题上坚持并推进了克拉克的看法。

萨缪尔森认为，对土地的需求是由对农产品的需求派生出来的。从需求的角度来看，正如对劳动的需求取决于劳动的边际收益产品一样，对土地的需求也取决于土地的边际收益产品。由于农产品的需求曲线是一条向右下方倾斜的曲线，又由于农民总是按照土地的边际收益产品等于地租的最大利润原则租用土地，在以纵轴表示地租、以横轴表示土地使用量的坐标系里，土地的需求曲线也是一条向右下方的曲线，如图 13-2 中的 *dd* 曲线所示。

另外，萨缪尔森认为，土地的供给为大自然所固定，土地的供给量不会随着地租的上升而增加，在以纵轴表示地租、以横轴表示土地使用量的坐标系里，土地的供给曲线是一条垂直线，如图 13-2 中的 *ss* 曲线所示。

---

① 马歇尔．经济学原理：上卷［M］．朱志泰，译．北京：商务印书馆，1964：174.

在图 13-2 中，当土地的需求曲线和供给曲线相交的时候，土地的需求量等于供给量，形成均衡的地租 r。①

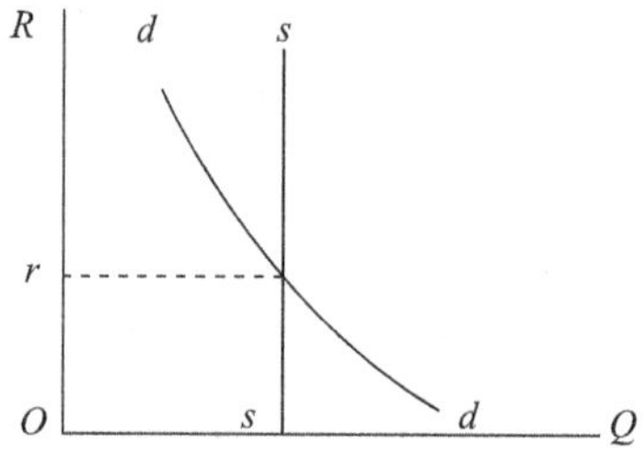

图 13-2　地租的决定

（三）笔者的评论

笔者认为，克拉克的地租理论难以解释现实经济情况。首先，在资本主义农业生产中，农业资本家雇佣农业工人使用物质资本进行生产。按照克拉克的逻辑，图 13-1 中作为剩余的面积 *EBC* 应该不仅包括地租还包括利润和利息，所以它无法说明地租的决定。其次，按照克拉克的分析，土地的质量都是一样的，这意味着克拉克完全没有级差地租的概念，而级差地租在资本主义农业中是明显的事实。

另外，笔者认为萨缪尔森的地租理论同样存在缺陷。首先，像美国这样还存在大量荒地的国家，土地的供给不是固定的，土地的供给量可以增加也有可能减少。另外，土地有多种类型，如农业用地、工业用地、商业用地、住宅用地，各种用地可以在一定程度上相互替代，某一种用地的供给量是可变的。经济学研究地租是研究某一类土地的地租，而不是全国土地的地租，现实经济中也不存在这样的地租。因此，土地的供给曲线不是垂直线。其次，土地的边际收益产品是一个错误的概念，一片再肥沃的土地，如果没有劳动者的耕作，也不会生产出农产品来，土地不存在边际收益产品。

由此可见，马克思的地租理论与克拉克和萨缪尔森的地租理论相比要深刻得多，完整得多。

① 萨缪尔森．经济学：中册［M］．高鸿业，译．北京：商务印书馆，1980：252-255.

第三节　新的历史条件下马克思绝对地租理论的探索

一、马克思绝对地租理论若干问题研究

（一）农业资本有机构成是否一定低于工业？

1. 问题的提出

马克思的绝对地租理论是以农业资本有机构成低于工业资本有机构成为前提的。土地所有权的存在阻碍了资本在工业和农业之间进行转移，农业部门的价值没有完全参与利润率的平均化，农业生产部门产品价值高于生产价格的差额形成绝对地租。

笔者认为，关于马克思的绝对地租理论，有三个问题需要提出来讨论：第一，农业资本有机构成一定低于工业资本有机构成吗？第二，绝对地租一定等于农产品价值高于生产价格的差额吗？第三，绝对地租是由于农业参与利润率平均化不充分才形成的吗？

首先讨论第一个问题。实际上，马克思并不认为农业资本有机构成一定低于工业。马克思曾经指出："在一个实行资本主义生产的国家，例如英国，农业资本的构成是否低于社会平均资本的构成，这是一个只能用统计来判断的问题，并且，就我们的目的来说，对此也没有必要进行详细的探讨。"① 这就是说，马克思的目的是要根据劳动价值理论说明绝对地租的来源，而农业资本有机构成低于工业只是一种情况，在不同的情况下绝对地租的形成将会有所不同。

笔者认为，农业资本有机构成低于工业在马克思所处的时代可能是普遍存在的。当时主要资本主义国家正处于工业化初期，农业机械化程度不高，需要使用大量的劳动者耕作，农业资本有机构成比较低。但是，在第二次世界大战以后，情况发生了很大的变化，大规模采用农业机械进行耕作成为主要资本主义国家的普遍现象。因此，笔者首先来做马克思所说的"用统计来判断"的工作，选择主要资本主义国家中农业最发达的美国以及农业比较发达的法国，来比较农业和制造业的资本有机构成及其变化。

2. 美国和法国农业资本有机构成的检验

美国经济分析局提供了美国各个产业的固定资产净存量、公司制企业固定资产折

① 马克思．资本论：第3卷［M］//马克思，恩格斯．马克思恩格斯全集：第25卷．北京：人民出版社，1974：857.

旧额、非公司制企业固定资产折旧额、中间产品投入、对雇员的报酬等数据。固定资产净存量包括基础设施、机器设备和知识产权产品，它们都是资本家垫付的资本。中间产品投入包括能源、原料和材料的投入。年终私人企业固定资产净存量与本年度公司制和非公司制企业固定资产折旧额之和相当于马克思所说的本年度投入的不变资本中的固定资本，私人企业中间产品投入价值相当于马克思所说的不变资本中的流动资本，私人企业对雇员的报酬相当于马克思所说的可变资本。这样，用不变资本除以可变资本可以得到资本有机构成。

法国统计局也提供了与美国相似的各个产业的统计资料，但是法国对产业结构的划分没有美国细致，法国没有单独的农业的统计资料，只有“农业、林业和渔业”的统计资料，也没有单独的制造业的统计资料，只有“矿业、制造业以及相关工业”的统计资料。

笔者利用美国经济分析局以及法国统计局提供的数据，计算了美国农业和制造业从 1950 年到 2021 年长达 72 年的资本有机构成的变化情况，以及法国 1980 年到 2014 年农业、林业和渔业与矿业、制造业以及相关工业资本有机构成的变化情况，得到了图 13-3 和图 13-4。

从图 13-3 和图 13-4 可以看到，二战后，美国和法国农业资本有机构成均高于制造业。美国经济分析局提供了长期的统计资料，美国农业与制造业资本有机构成在 1950 年相差约 10，但是到 1980 年已经相差约 30。接着，美国农业资本有机构成趋向下降又转向上升。由此可见，农业资本有机构成相对于制造业来说是波动的，但都高于制造业。从 1950 年美国农业资本有机构成与制造业差距相对较小的情况来看，在马克思所处的时代农业资本有机构成低于工业应该是一个历史事实。

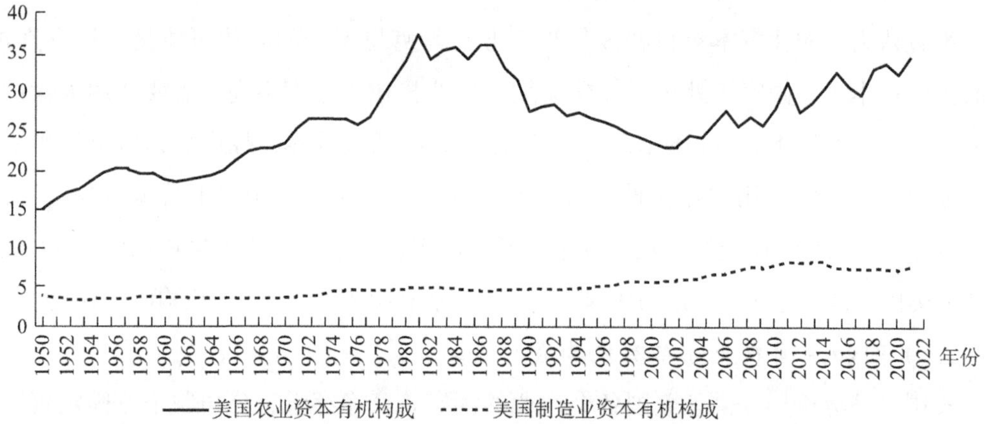

图 13-3　1950—2021 年美国农业和制造业资本有机构成的变化情况

资料来源：Bureau of Economic Analysis, Industrial, https://www.bea.gov.

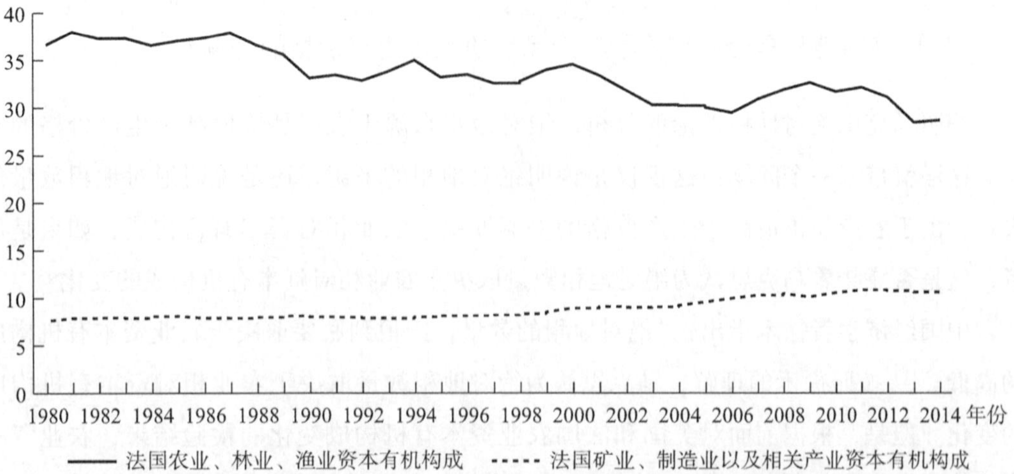

图 13-4　1980—2014 年法国农业和制造业资本有机构成的变化情况

资料来源：French Statistics Institute Insee，Economy，https：//www. insee. fr.

因此，马克思绝对地租理论的前提条件发生了根本性的变化，农业资本有机构成不是低于工业而是高于工业，所以在新的历史条件下根据马克思的绝对地租理论去说明绝对地租的形成就成为一个新的问题。

3. 对农业资本有机构成变化检验的结论

尽管从别的主要资本主义国家收集不到像美国或法国这样完整的统计资料，但是估计别的主要资本主义国家的情况与美国和法国相似。农业的特点是土地可以提供自然力的作用，农作物有一个自我生长和成熟的过程，如果可以大规模采用农业机械进行耕作，需要投入的劳动力相对于制造业来说较少。

因此，马克思绝对地租理论分析的农业资本有机构成低于工业的情形已经不适合第二次世界大战以后农业发展的现实了。但是，马克思对绝对地租形成的思维逻辑是正确的。马克思曾经指出："地租研究上的困难究竟在哪里……困难在于证明，在剩余价值已经在各个资本之间平均化为平均利润之后，即各个资本在一切生产部门的全部社会资本所生产的总剩余价值中分到与它们的相对量相适应的比例部分之后，也就是说，在这种平均化之后，在待分配的全部剩余价值看来都已分配完毕之后，从哪里又会出现这种剩余价值的超额部分，由投在土地上的资本以地租形式支付给土地所有者。"① 在新的历史条件下绝对地租的形成还是要从价值和生产价格的角度去理解。

① 马克思．资本论：第 3 卷［M］//马克思，恩格斯．马克思恩格斯全集：第 25 卷．北京：人民出版社，1974：881.

（二）绝对地租是否一定等于农产品价值超过生产价格的差额?

按照马克思绝对地租理论的分析，绝对地租来源于农产品价值高于生产价格的差额。这样就带来一个问题：这仅仅是说明绝对地租的来源，还是说明绝对地租数量的决定？由于农产品价值高于生产价格的差额取决于农业相对资本有机构成，如果是后者，这是否意味着马克思认为绝对地租数量取决于农业相对资本有机构成的变化？

中国经济学者徐禾指出："绝对地租的数量，归根到底要取决于农业资本有机构成的高低。"[①] 按照徐禾的理解，马克思认为绝对地租数量取决于农业相对资本有机构成的变化。但是，根据前面对美国和法国农业资本有机构成变化的检验结果，农业资本有机构成发生了从低于、等于到高于工业资本有机构成的变化。如果这种理解成立，那么绝对地租数量的历史趋势就是逐渐减少，变为零，最后变为负数。当然，绝对地租的数量可能在未来某一天又变回正数，但显然，这种理解已经被历史事实证明是不对的。

马克思指出："地租究竟是等于价值和生产价格之间的全部差额，还是仅仅等于这个差额的一个或大或小的部分，这完全取决于供求状况和新耕种的土地面积。"[②] 马克思这里说的地租就是绝对地租。马克思这句话很清楚地表明，绝对地租的数量取决于出租的农业土地的供给和需求情况，也就是取决于土地所有者和农业资本家的竞争情况。但是，市场地租如何受供给和需求影响属于现象形态，马克思并不关注现象形态上的市场地租。因此，笔者认为，马克思只是说明农产品价值高于生产价格的差额是绝对地租的来源。

另外，马克思说的绝对地租可能等于农产品价值和生产价格的差额，也可能等于部分差额的表述很重要。笔者下面将会证明，绝对地租还可能大于农产品价值和生产价格的差额。

（三）绝对地租是不是由于农业参与利润率平均化不充分才形成的?

按照马克思的论证，土地所有权的存在阻碍了利润率的平均化，使农产品价值高于生产价格的差额形成绝对地租。这样又带来了另一个问题：农产品价值高于生产价格的差额形成绝对地租的原因是农业参与利润率平均化不充分，还是农业参与利润率平均化很充分？

---

① 徐禾．政治经济学概论［M］．北京：人民出版社，1973：451.

② 马克思．资本论：第 3 卷［M］//马克思，恩格斯．马克思恩格斯全集：第 25 卷．北京：人民出版社，1974：881.

回到马克思在《资本论》第三卷所举的数字例子，也就是笔者在本章第一节提出的表 13-1 和表 13-2。确实，在农业充分参与利润率平均化的情况下，农产品应该按照 120 的生产价格出售，没有产生绝对利润。但是，正如马克思所说的，由于土地所有权的存在，土地所有者必须得到绝对地租。因此，问题的关键是土地所有权的存在。工业资本家经营工业企业需要厂房建筑、机器设备和生产工具，农业资本家经营农场不仅需要农业建筑、农业机械和生产工具，还需要大量的土地。如果农业资本家支付地租以后得不到与工业资本家相同的平均利润，他不会去经营农场。

如表 13-2 所示，正是在资本跨越工业和农业流动很充分的情况下，无论是工业资本家还是农业资本家都不得不考虑绝对地租这个因素，或者是工业资本家提供部分剩余价值，或者是农业资本家提供部分剩余价值，结果是使农业资本家支付绝对地租以后得到与工业资本家相同的平均利润。这个过程在现实的经济中是通过农产品市场价格的波动实现的，但是价值或生产价格层次上的分析就是农业资本家应该得到与工业资本家相同的平均利润。因此，笔者在后面的表述中不使用诸如“农业参与利润率平均化遇到障碍”或者“农业不参与利润率的平均化”的表述。

二、关于绝对地租理论的争论

（一）绝对地租理论争论的过程

实际上，马克思也预感到农业资本有机构成未必永远低于工业。马克思指出“如果农业资本的平均构成等于或高于社会平均资本的构成，那末，上述意义上的绝对地租，也就是既和级差地租不同，又和以真正垄断价格为基础的地租不同的地租，就会消失。”①

马克思还指出：“在非农业资本的平均构成是 80c+20v，而剩余价值率等于 50% 时，如果农业资本的构成等于 90c+10v，就是说，如果它比工业资本的构成还高——而这对于资本主义生产来说在历史上是不正确的——那就没有绝对地租；如果农业资本的构成是 80c+20v——这也是至今没有过的事情——那也不会有绝对地租；如果农业资本的构成比工业资本的构成低，例如等于 60c+40v，那就会得到绝对地租。”②

马克思又指出：“正是那个证明绝对地租可能存在的论据也证明，绝对地租的现实

① 马克思．资本论：第 3 卷［M］//马克思，恩格斯．马克思恩格斯全集：第 25 卷．北京：人民出版社，1974：862.

② 马克思．剩余价值理论［M］//马克思，恩格斯．马克思恩格斯全集：第 26 卷第 2 册．北京：人民出版社，1973：345.

性、绝对地租的存在仅仅是一个历史事实，是农业的一定发展阶段所特有的、到了更高阶段就会消失的历史事实。”①

如果把马克思的第一段话理解为绝对地租原来的形成方式消失的话，那么马克思的后两段话意味着马克思认为在农业资本有机构成高于工业的情况下绝对地租就可能不存在了。但是，在现实的资本主义条件下，农业资本有机构成已经高于工业，绝对地租仍然存在，这样就带来了一个问题：如何解释在新的历史条件下绝对地租的形成？

在20世纪80年代，主要资本主义国家农业劳动生产率的增长快于工业已经变得很明显，中国经济学界发生了在这一新的历史条件下绝对地租如何形成的争论。

中国经济学者卫兴华认为，在农业资本有机构成高于工业的情况下，绝对地租来自利润和工资扣除。② 他引用了马克思的一段话：“如果在一个国家，农业资本的构成与非农业资本的平均构成相等，情况就不同了，……土地所有者只好自己耕种这些土地，或者在租金的名义下，把他的租佃者的一部分利润甚至一部分工资刮走。”③

中国经济学者陈征指出，土地私有权的存在才是绝对地租产生的原因，农业资本有机构成低于工业是绝对地租产生的条件，农产品价值高于生产价格是绝对地租产生的来源。如果条件不存在了，来源就不存在了。但是土地私有权还存在，另一种意义的绝对地租将产生，这就是农产品按照高于生产价格的价值出售产生的超额利润。④

中国经济学者洪远朋指出，绝对地租的产生与垄断价格有关，因为土地所有权的存在要求支付绝对地租，所以产生垄断价格。但是，不是垄断价格产生绝对地租，而是绝对地租产生垄断价格。他强调，他说的“垄断”不是垄断资本主义意义上的垄断，而是土地所有权造成的垄断。⑤

中国经济学者熊映梧不同意经济学界关于绝对地租形成的各种看法，认为土地所有权的存在是绝对地租产生的条件。他指出，任何产品的生产价格都包括成本价格、平均利润和绝对地租，这样绝对地租是生产价格减去成本价格和平均利润的差额，级差地租是社会生产价格减去个别生产价格的差额。⑥

中国经济学者蔡继明既不同意绝对地租来自利润和工资的看法，也不同意绝对地租来自垄断价格高于价值的差额的看法。他认为，在农业资本有机构成等于社会平均

---

① 马克思．剩余价值理论［M］//马克思，恩格斯．马克思恩格斯全集：第26卷第2册．北京：人民出版社，1973：271.

② 卫兴华．当代资本主义农业中的绝对地租问题［J］．教学与研究，1980（5）．

③ 马克思．剩余价值理论［M］//马克思，恩格斯．马克思恩格斯全集：第26卷第2册．北京：人民出版社，1973：448.

④ 陈征．要区分两种不同意义的绝对地租［J］．学术月刊，1982（6）．

⑤ 洪远朋．简论绝对地租和垄断价格的关系［J］．学术月刊，1984（5）．

⑥ 熊映梧．马克思的生产价格理论、地租理论与社会主义经济建设［J］．学术月刊，1983（5）．

资本有机构成的条件下，绝对地租是对全社会剩余价值的扣除。也就是说，平均利润率变成剩余价值扣除绝对地租以后的余额对总资本的比率，工业按照新的平均利润率得到平均利润，农产品价值则转变为垄断价格，即成本价格、按照新的平均利润率得到的平均利润、绝对地租三者之和。[①]

中国经济学者郭玮对蔡继明的看法提出了商榷意见，但他提出一种看法：不应把农业资本有机构成低于或高于社会平均有机构成截然分开，这是一个逐渐变化的过程。他的结论是，在农业资本有机构成低的条件下，这个余额全部来自农业部门的剩余价值，或一部分来自农业部门的剩余价值而另一部分来自其他部门的剩余价值；在农业有机构成高的条件下，这个余额全部来自社会其他生产部门的剩余价值。[②]

时隔多年以后，中国经济学者冯金华从数学的角度求解绝对地租问题。他指出，马克思的地租理论有三个假定：农业资本有机构成低于工业，农业与工业剩余价值率相同并为100%，农业不参与利润率平均化。他认为前两个假定取决于第三个假定，如果第三个假定不存在，前两个假定就不存在。他要放弃这三个假定，从一般的情况下求解绝对地租。如果预先支付绝对地租，则在农业部门的预付资本中加上绝对地租，然后解方程组可得到绝对地租。如果是事后支付绝对地租，平均利润率就变成（总生产价格-总预付资本-绝对地租）÷总预付资本，也就是在利润中预扣绝对地租，然后解方程组可得到绝对地租。[③]

（二）笔者对绝对地租争论的回应

笔者不同意卫兴华关于绝对地租来源于农业部门利润和工资的扣除的看法。马克思在卫兴华所引用的话之后，紧接着说：“但是在工业，从而资本主义生产发展水平很低的地方，是不存在资本主义租地农场主的，因为资本主义租地农场主的存在是以农业中实行资本主义生产为前提的。因此，我们考察的就是与土地所有权仅仅作为地租才在经济上存在的那种经济组织完全不同的关系了。”[④] 这就是说，在马克思看来，这种情况是在工业发展水平很低以及资本主义发展水平很低的情况下出现的，也就是在不存在资本主义租地农场主的情况下出现的，这不是资本主义地租的一般情况。另外，如果绝对地租是农业部门利润和工资的扣除，那么马克思政治经济学的严谨性和一致性就被削弱了，这意味着农业资本家和农业劳动者总是得到比别的产业更低的利润和

---

① 蔡继明．社会主义地租问题探索［J］．农业经济问题，1985（4）．

② 郭玮．关于绝对地租来源问题［J］．农业经济问题，1986（4）．

③ 冯金华．地租的一般理论——从绝对地租谈起［J］．学习与探索，2019（4）．

④ 马克思．剩余价值理论［M］//马克思，恩格斯．马克思恩格斯全集：第26卷第2册．北京：人民出版社，1973：449.

工资。

笔者认为，陈征的看法是对的，农业资本有机构成低于工业是一种条件或者一种情形，条件或者情形变了，原来意义上的绝对地租就消失了。但是遗憾的是，他没有具体说明在农业资本有机构成高于工业的新条件下，农产品如何按照高于生产价格的价值出售形成绝对地租。洪远朋的看法也是对的，土地所有权的垄断是绝对地租产生的原因，但是他没有具体说明，在农业资本有机构成高于工业的情况下，土地所有权的垄断如何产生绝对地租。

在笔者看来，熊映梧的分析把绝对地租泛化了。农业与工业存在一个很大的区别，就是土地是农业的劳动对象，在劳动过程结束以后土地作为一种自然力仍然在发生作用，简单的等式并不能说明农业部门绝对地租的性质和来源。蔡继明的看法是对的，绝对地租是剩余价值的扣除。但是，在农业资本有机构成低于、等于和高于工业的不同情况下，绝对剩余价值的来源如何变化，仍有必要加以阐述。

笔者认为，郭玮提出了一个很重要的问题，那就是应该把农业部门资本有机构成的变化看作一个过程，在这个过程中研究绝对地租是如何形成的。笔者是在完成本章主要部分的著述后发现郭玮的论文的，笔者很赞同他的看法，笔者也是这样进行分析的。农业资本有机构成从低于工业，到等于工业，再到高于工业是一个动态的过程，应该在整个动态过程中阐述绝对地租的来源。

在笔者看来，冯金华在数学上把绝对地租作为农业部门的预付资本或者作为总生产价格的一个扣除额，来解释绝对地租与其他变量的数量关系是可取的，但是更重要的是从历史和逻辑的过程来说明绝对地租为什么产生以及如何产生。例如，冯金华把绝对地租看作总生产价格的一个扣除额，那么为什么工业资本家愿意对他们的部分利润进行这种扣除呢？这里就涉及土地所有权的问题。因此，简单地把绝对地租看作农业部门的一项成本是不够的，还需要对绝对地租的性质以及形成机制进行分析。

笔者认为，在农业资本有机构成高于工业的条件下绝对地租的形成是马克思政治经济学的三大难题之一，其余两个难题分别是价值转化为生产价格问题和在商业资本高度发达条件下纯粹流通费用的补偿问题。

三、新的历史条件下绝对地租的形成研究

（一）农业资本有机构成较高条件下绝对地租的来源

农业生产与非农业生产不同。在非农业中，资本家要进行生产，需要垫付物质资

本，雇佣劳动者，租用土地；在农业中，资本家要进行生产，同样需要垫付物质资本，雇佣劳动者，租用土地。但是，农业用地与工业用地存在很大的区别：非农业用地不是劳动的对象，主要是为生产过程提供一个空间，土地的自然力不起作用；农业用地则是劳动的对象，劳动者利用劳动资料作用于土地生产出农作物，土地的自然力发挥着重要作用。由于工业用地不是劳动对象，地租在产品价值形成中占据较小的比例。但是，由于农业用地是劳动的对象，地租在产品价值形成中占据较大的比例。这意味着土地在农业中是一种很重要的生产资料。

在资本主义初期的简单商品生产发展为资本主义成熟时期的商品生产以后，商品价值转化为生产价格。农业资本家投资农业，必然要求得到平均利润。农业资本家除了垫付物质资本和雇佣劳动者以外，还要租用土地这种重要的劳动对象或生产资料。因此，农业资本家必然要求支付地租以后得到与工业相同的平均利润。马克思已经分析了在农业资本有机构成低于工业的情况下，从静态来看绝对地租是怎样产生的。笔者现在分析在农业资本有机构成高于工业的情况下，从静态来看绝对地租是怎样产生的。

表 13-3 复制了表 13-1，但是把农业和工业的资本有机构成对调，使农业资本有机构成高于工业。从表 13-3 可以看到，如果不考虑土地是一种劳动对象，土地被土地所有者占有，那么资本通过在工业和农业之间的转移进行竞争将导致剩余价值转化为平均利润，即有 5 个单位的剩余价值转移到农业部门，价值转化为生产价格，农产品和工业制品的生产价格均为 120。

但是，正如前面指出的，如果农产品按照 120 的生产价格出售，由于农业资本家要交纳绝对地租，他将得不到平均利润，他也不会去经营农业。因此，如表 13-4 所示，价值没有如表 13-3 所示的那样转化为生产价格 120，而是转化为另一种生产价格 115。农业资本家不是按照自身价值 115，而是按照工业产品价值 125 出售农产品，得到的 10 的超额利润形成绝对地租。这样，农业资本家在交纳绝对地租以后，他与工业资本家一样实际上是按照生产价格 115 出售产品，与工业资本家一样得到 15 的平均利润。这就是笔者在农业资本有机构成高于工业的条件下提出的绝对地租的形成机制：工业资本家向农业资本家让渡部分剩余价值，以使农业资本家得到平均利润率。从表 13-4 可以看到，绝对地租 10 是工业部门剩余价值 25 和平均利润 15 的差额，它转移到农业部门了。

表 13-3 利润率平均化条件下的生产价格

生产部门	资本有机构成	剩余价值	平均利润	产品价值	生产价格	绝对地租
农业	85c+15v	15	20	115	120	0
工业	75c+25v	25	20	125	120	0

表 13-4 农业资本有机构成高于工业条件下绝对地租的决定

生产部门	资本有机构成	剩余价值	平均利润	产品价值	生产价格	绝对地租
农业	85c+15v	15	15	115	115	10
工业	75c+25v	25	15	125	115	0

（二）农业资本有机构成转变过程中绝对地租的来源

以上，马克思举的例子和笔者举的例子都是静态的例子。实际上，农业资本有机构成的变化是一个渐进的过程，它发生了从低于、等于到高于非农业资本有机构成的变化。因此还存在这样的问题：在农业资本有机构成的变化过程中，绝对地租的来源是什么？其实，在农业资本有机构成低于工业的条件下，绝对地租的来源未必全部来自农业没有参与利润率平均化的剩余价值；在农业资本有机构成高于非农业的条件下，绝对地租的来源也未必全部来自农业没有参与利润率平均化的超额利润。

笔者认为，从动态分析绝对地租的来源，要始终坚持一个基本的原则：如果农业资本家没有得到平均利润，他是不会去经营农业的。在静态的分析中，为了使问题简化，可以假定农业没有参与利润率平均化的过程。但是，马克思指出，土地所有权的存在阻碍或限制了资本跨越部门流动，造成农业不能充分参与利润率平均化过程。马克思从来没有指出资本无法跨部门流动，农业不可能参与利润率平均化过程。这就是说，跨越农业和工业部门的资本转移是客观存在的。

因此，按照农业资本有机构成低于和高于工业的两种静态分析的结论，可以得到下述推论：在交纳绝对地租为一定的条件下，在农业资本有机构成低于工业的条件下，在农业资本有机构成从低到高的变化过程中，农业部门按照比生产价格高的价值销售农产品所得到的超额利润逐渐减少，从工业部门转移来的剩余价值逐渐增加；在农业资本有机构成高于工业的条件下，从工业部门转移来的剩余价值逐渐增加，农业部门从本部门剩余价值中支付的剩余价值逐渐减少。

笔者举例说明如下：表 13-5 与表 13-1 相衔接，仍然是在农业部门资本有机构成低于工业部门的情况下讨论绝对地租的形成问题。表 13-5 与表 13-1 不同的地方是农业资本有机构成较高，原来是 75c+25v，现在是 80c+20v。在利润率平均化的条件下，两个部门的平均利润应该是 17.5，生产价格应该是 117.5。但由于土地所有权的存在，必须支付绝对地租 10。在利润率平均化过程中，如果农业资本家没有得到与工业资本家同样的平均利润，他不会去经营农业。因此，如表 13-5 所示，农业部门将按照高于生产价格 112.5 的价值 120 出售农产品，得到超额利润 7.5，加上工业部门支付的 2.5，交纳绝对地租 10。这样，在农业资本家交纳地租以后，他得到的是生产价格 112.5（=120-7.5），工业资本家得到的也是生产价格 112.5（=115-2.5），农业资本家和工业资本家得到了同样的平均利润 12.5。

比较表 13-2 和表 13-5 可以说明笔者前面推论的前半段：在农业资本有机构成从低到高的变化过程中，农产品按照高于生产价格的价值出售得到的超额利润逐渐减少，如从表 13-2 的 10 减少到表 13-5 的 7.5；从工业部门转移来的剩余价值逐渐增加，如从表 13-2 的 0 增加到表 13-5 的 2.5。

表 13-5　农业资本有机构成提高过程中绝对地租的决定（农业资本有机构成低于工业）

生产部门	资本有机构成	剩余价值	平均利润	产品价值	生产价格	绝对地租
工业	85c+15v	15	12.5	115	112.5	0
农业	80c+20v	20	12.5	120	112.5	10

笔者继续举例说明如下：表 13-6 与表 13-4 相衔接，仍然是在农业部门资本有机构成高于工业部门的情况下讨论绝对地租的形成问题。但是，表 13-6 与表 13-4 不同的地方是农业资本有机构成较低，原来是 85c+15v，现在是 80c+20v，这样表 13-2、表 13-5、表 13-6、表 13-4 正好形成一个农业部门资本有机构成不断提高并从低于工业资本有机构成到高于工业资本有机构成的逐渐变化过程。

在利润率平均化的条件下，本来工业和农业部门的平均利润都是 22.5，生产价格应该是 122.5。但由于土地所有权的存在，农业资本家必须支付绝对地租 10。在利润率平均化过程中，如果农业资本家没有得到与工业资本家同样的平均利润，他不会去经营农业。因此，如表 13-6 所示，农业资本家将按照比自身价值 120 高的工业品价值 125 出售，得到超额利润 5。但是，农业资本家需要交纳 10 的绝对地租，因此需要从农产品价值 120 中拿出 2.5 以及从剩余价值中拿出 2.5，与超额利润 5 一起形成绝对地租。这样，农业资本家在交纳绝对地租以后，与工业资本家一样得到生产价格 117.5，与工业资本家一样得到平均利润 17.5。在绝对地租 10 中，有 7.5（=25-17.5）是从工业部门剩余价值转移的，有 2.5（=20-17.5）是由农业部门剩余价值支付的。

表 13-6　农业资本有机构成提高过程中绝对地租的决定（农业资本有机构成高于工业）

生产部门	资本有机构成	剩余价值	平均利润	产品价值	生产价格	绝对地租
农业	80c+20v	20	17.5	120	117.5	10
工业	75c+25v	25	17.5	125	117.5	0

比较表 13-6 和表 13-4 可以说明笔者前面推论的后半段：在农业资本有机构成高于工业的条件下，在农业资本有机构成从低到高的变化过程中，从工业部门转移来的剩余价值逐渐增加，如从表 13-6 中的 7.5 增加到表 13-4 中的 10；农业部门从本部门剩余价值支付的剩余价值逐渐减少，如从表 13-6 中的 2.5 减少到表 13-4 中的 0。

上述分析表明，绝对地租的来源是剩余价值，随着农业资本有机构成从低于、等于到高于工业资本有机构成的变化过程中，作为绝对地租来源的工业部门和农业部门提供的剩余价值的数量在发生变化。

四、市场地租和土地市场价格的形成

马克思地租理论中分析的绝对地租和级差地租都是生产价格，都是用劳动时间表示的。绝对地租和级差地租的价值用货币表示并形成了绝对地租和级差地租的价格形态，是绝对地租和级差地租的市场价格形态或者简称市场地租的基础。

市场上的绝对地租和级差地租还取决于农业资本家和土地所有者的竞争。不同地块为不同的土地所有者所有，他们是土地的供给方，不同的农业资本家是土地的需求方。对于一个农业资本家来说，他有不同的地块可以选择；对于一个土地所有者来说，他可以出租给不同的农业资本家。正是在这种竞争中，形成了某块土地的绝对地租或者级差地租。市场上的绝对地租或级差地租与基础性的绝对地租或级差地租将会偏离。

另外，原始状态的土地是大自然的产物，不是劳动的产品，因而没有价值。在资本主义经济制度下，有价值的东西有价格，没有价值的东西也可以有价格。由于存在土地所有权，人们要拥有一块土地就必须为这个所有权支付代价，这就是土地的价格。马克思正确地指出，土地的价格是地租资本化的贴现值，也就是把未来的地租收入按照利息率折算成的现值。但是，土地资本化的现值是土地市场价格的基础，土地的市场价格还受到市场供给和需求的影响而以资本化现值为基础发生变化。

如果概括笔者在本节的研究结果，可以用表 13-7 表示，表中重点标识出笔者对马克思地租理论的探讨性补充。

表 13-7　新的历史条件下马克思地租理论研究纲要

比较对象	马克思地租理论研究纲要	新的历史条件下马克思地租理论研究纲要
地租的本质	剩余价值的一个组成部分	剩余价值的一个组成部分
绝对地租的形成	农业生产部门产品价值高于生产价格的差额	农产品按照工业制品生产价格出售所得到的超额利润以及从工业部门转移的剩余价值
级差地租的形成	农产品的生产价格取决于最劣土地的生产价格	农产品的生产价格取决于最劣土地的生产价格
市场地租		在市场需求方和供给方的竞争下以绝对地租或级差地租为基础变化
土地价格	土地价格的基础是地租资本化的现值	
土地市场价格		在市场需求方和供给方的竞争下以地租资本化现值为基础变化

本章小结

本章阐述了马克思的地租理论，回应了关于马克思地租理论的争论，并把马克思地租理论与克拉克等人的地租理论进行了比较。

本章在坚持马克思绝对地租理论的基本思想的基础上，在农业资本有机构成已经高于工业的新的历史条件下讨论了绝对地租的形成，指出在农业资本有机构成逐渐提高的动态过程中，绝对地租仍然来源于农业和非农业部门的剩余价值，但是从非农业部门转移来的剩余价值逐渐增加，从本部门剩余价值支付的剩余价值逐渐减少。

第十四章　新的历史条件下马克思经济周期理论研究

第一节　马克思的经济周期理论

一、经济周期的特征

经济周期是一个很宽泛的概念，在讨论以前有必要予以明确。首先，笔者讨论的经济周期不是指这个产业或那个产业的周期变化，而是指整体产业即宏观经济的周期变化。其次，笔者讨论的经济危机，既不是某个经济部门的危机，也不是政治、社会、道德等方面的危机，而是指以生产过剩为主要特征的经济危机，是经济周期的一个阶段。最后，经济周期按照基本原因和持续时间划分有各种各样的类型，笔者讨论的经济周期不是长周期，也不是中周期，而是短周期。

马克思在《资本论》中并没有专门分析经济周期或经济危机，但马克思在《资本论》和其他著作里分析其他经济问题时都提及了经济周期或经济危机。如果把马克思在各种著作中提出的经济周期或经济危机分析联系起来，可以发现马克思已经形成了比较完整的经济周期或经济危机的思想。

马克思在《哲学的贫困》中描述了资本主义经济周期的特征。他指出："人们一再迫切希望实现的这种供求之间的正确比例早就不存在了。它已经过时了；它只有在生产资料有限、交换是在极狭隘的范围内进行的时候，才可能存在。随着大工业的产生，这种正确比例必然消失；由于自然规律的必然性，生产一定要经过繁荣、衰退、危机、停滞、新的繁荣等等周而复始的更替。”①

马克思在《关于自由贸易的演说》中还指出：“这就是说，工业接连地经过繁荣、生产过剩、停滞、危机诸阶段而形成一种反复循环的周期，……”② 这就是说，马克思已经把危机明确定义为生产过剩。

马克思在《资本论》中又指出：“工业的生命按照中常活跃、繁荣、生产过剩、危机、停滞这几个时期的顺序而不断地转换。”③ 另外，马克思在《资本论》中，还以英国工业为例，描述了英国1770年到1863年经济周期的变化：“可见，不列颠棉纺织工业在最初的45年中，即从1770年到1815年，只有5年是危机和停滞状态，但这45年是它独霸世界的时期。在第二个时期，即从1815年到1863年的48年间，只有20年是复苏和繁荣时期，却有28年是不振和停滞时期。……谷物法废除之后，从1846年到1863年，有8年是中常活跃和繁荣时期，却有9年是不振和停滞时期。”④

二、经济周期的原因

马克思在《剩余价值理论》中提出，在货币执行流通手段职能的条件下，已经存在着发生经济危机的可能性。马克思指出：“危机的一般可能性在资本的形态变化过程本身就存在，并且是双重的。如果货币执行流通手段的职能，危机的可能性就包含在买和卖的分离中。如果货币执行支付手段的职能，货币在两个不同的时刻分别起价值尺度和价值实现的作用，——危机的可能性就包含在这两个时刻的分离中。”⑤

这就是说，马克思说明了经济危机在形式上存在两种可能性：第一，在货币执行流通手段的职能以后，商品流通分离为卖和买的过程。商品生产者把商品卖出去得到货币，再用货币去购买商品。这样，如果把商品卖出去以后不再购买商品，商品就存在卖不出去的可能性。第二，在货币执行支付手段的职能以后，商品生产者以赊账的方式购买商品，相互之间形成了债权和债务关系的链条。一旦债务人不能支付债务，就将产生连锁反应，导致商品的过剩。

---

① 马克思．哲学的贫困［M］//马克思，恩格斯．马克思恩格斯全集：第4卷．北京：人民出版社，1958：109.

② 马克思．关于自由贸易的演说［M］//马克思，恩格斯．马克思恩格斯全集：第4卷．北京：人民出版社，1958：456.

③ 马克思．资本论：第1卷［M］//马克思，恩格斯．马克思恩格斯全集：第23卷．北京：人民出版社，1972：497.

④ 马克思．资本论：第1卷［M］//马克思，恩格斯．马克思恩格斯全集：第23卷．北京：人民出版社，1972：502.

⑤ 马克思．剩余价值理论［M］//马克思，恩格斯．马克思恩格斯全集：第26卷第2册．北京：人民出版社，1973：587.

马克思否认信用的扩张和收缩是经济周期的原因。他曾经这样写道："政治经济学的肤浅性也表现在，它把信用的膨胀和收缩，把工业周期各个时期更替这种单纯的征兆，看作是造成这种更替的原因。正如天体一经投入一定的运动就会不断地重复这种运动一样，社会生产一经进入交替发生膨胀和收缩的运动，也会不断地重复这种运动。"①

马克思认为，经济危机的根源必须从资本主义再生产过程中去寻找。他指出："有简单的货币流通，甚至有作为支付手段的货币流通——这两者早在资本主义生产以前很久就出现了，却没有引起危机——而没有危机是可能的，也是现实的。因此，单单用这些形式不能说明，为什么这些形式会转向其危机的方面，为什么这些形式潜在地包含着的矛盾会实际地作为矛盾表现出来。……要就危机来自作为资本的资本所特有的，而不是仅仅在资本作为商品和货币的存在中包含的资本的各种形式规定，来彻底考察潜在的危机的进一步发展。"②

马克思在《政治经济学批判》中更为明确地指出资本主义经济周期的根本原因是资本主义经济的基本矛盾。他写道："更进一步考察问题，首先就会看到一个限制，这不是一般生产固有的限制，而是以资本为基础的生产固有的限制。这种限制是二重的，或者更确切些说，是从两个方向来看的同一个限制。这里只要指出资本包含着一种特殊的对生产的限制——这种限制同资本要超越生产的任何界限的一般趋势是矛盾的——就足以揭示出生产过剩的基础，揭示出发达的资本的基本矛盾；就足以完全揭示出，资本并不象经济学家们认为的那样，是生产力发展的绝对形式，资本既不是生产力发展的绝对形式，也不是与生产力发展绝对一致的财富形式。"③

马克思在《哲学的贫困》中，提出了资本主义经济周期的原因是资本主义经济的生产无政府状态。他指出："大工业由于它所使用的工具的性质，不得不经常以愈来愈大的规模进行生产，它不能等待需求。生产走在需求前面，供给强制需求。在现代社会中，在以个人交换为基础的工业中，生产的无政府状态是灾难丛生的根源，同时又是进步的原因。"④

马克思在《剩余价值理论》中，又提出了资本主义经济周期的原因是生产部门比

① 马克思．资本论：第1卷［M］//马克思，恩格斯．马克思恩格斯全集：第23卷．北京：人民出版社，1972：694.

② 马克思．剩余价值理论［M］//马克思，恩格斯．马克思恩格斯全集：第26卷第2册．北京：人民出版社，1973：584-585.

③ 马克思．政治经济学批判［M］//马克思，恩格斯．马克思恩格斯全集：第46卷上册．北京：人民出版社，1979：399.

④ 马克思．哲学的贫困［M］//马克思，恩格斯．马克思恩格斯全集：第4卷．北京：人民出版社，1958：109.

例失衡。他指出："由于这种比例失调而引起的市场价值的提高或降低，造成资本从一个生产领域抽出并转入另一个生产领域，造成资本从一个领域向另一个领域的转移。可是，这种平衡本身已经包含着：它是以平衡的对立面为前提的，因此它本身可能包含危机，危机本身可能成为平衡的一种形式。"①

马克思在《资本论》里，又提出资本主义生产趋向扩大和人民群众需求有限这个经济周期的原因。马克思指出："一切真正的危机的最根本的原因，总不外乎群众的贫困和他们的有限的消费，资本主义生产却不顾这种情况而力图发展生产力，好象只有社会的绝对的消费能力才是生产力发展的界限。"②

三、经济周期的形成机制

马克思认为，固定资本的更新和周转是资本主义经济周期的物质基础。马克思在1858年3月5日致恩格斯的信中曾经这样写道："十三年这个数字，就其必要性说来，与理论也相符，因为它为多少与大危机重现的周期相一致的工业再生产的周期规定了一个计量单位，而危机的过程从它们间断的时间来看，当然还是由绝然不同的另一些因素所决定的。在大工业直接的物质先决条件中找到一个决定再生产周期的因素对我是很重要的。"③

另外，马克思在《资本论》中还指出："无论如何下面一点是很清楚的：这种由若干互相联系的周转组成的包括若干年的周期（资本被它的固定组成部分束缚在这种周期之内），为周期性的危机造成了物质基础。在周期性的危机中，营业要依次通过松弛、中等活跃、急剧上升和危机这几个时期。虽然资本投下的时期是极不相同和极不一致的，但危机总是大规模新投资的起点。因此，就整个社会考察，危机又或多或少地是下一个周转周期的新的物质基础。"④

因此，在马克思看来，生产过剩导致经济危机，危机过后资本家大规模地进行固定资本的更新来迎接经济的高涨，但又为新一轮的生产过剩奠定了基础。从这个意义上说，固定资本更新成为资本主义经济变化的物质基础，固定资本更新的期限将会影

---

① 马克思．剩余价值理论［M］//马克思，恩格斯．马克思恩格斯全集：第26卷第2册．北京：人民出版社，1973：595-596.

② 马克思．资本论：第3卷［M］//马克思，恩格斯．马克思恩格斯全集：第25卷．北京：人民出版社，1974：548.

③ 马克思．马克思致恩格斯［M］//马克思，恩格斯．马克思恩格斯全集：第29卷．北京：人民出版社，1972：284.

④ 马克思．资本论：第2卷［M］//马克思，恩格斯．马克思恩格斯全集：第24卷．北京：人民出版社，1972：207.

响到经济周期的长短。

马克思关于固定资本的更新是经济周期的物质基础的分析解释了为何经济危机过后大量固定资本更新推动了经济的复苏，并逐渐走向繁荣。马克思还解释了经济繁荣如何导致生产过剩而导致经济危机的爆发。

马克思指出："在繁荣时期，在再生产过程大大扩张、加速并且加紧进行的时期，工人会充分就业。在大多数情况下，工资也会提高，这在某种程度上会使商业周期的其他时期工资下降到平均水平以下的情形得到些补偿。同时，资本家的收入也会显著增加。消费会普遍提高。商品价格通常也会提高，至少在各个起决定作用的营业部门会提高。因此，流通货币量会增加，至少在一定限度内会增加；之所以是一定限度，是由于较快的流通速度又会限制流通手段量的增加。"①

马克思还指出："整个再生产过程可以处在非常繁荣的状态中，但商品的一大部分只是表面上进入消费，实际上是堆积在转卖者的手中没有卖掉，事实上仍然留在市场上。这时，商品的潮流一浪一浪涌来，最后终于发现，以前涌入的潮流只是表面上被消费吞没。商品资本在市场上互相争夺位置。后涌入的商品，为了卖掉只好降低价格出售。以前涌入的商品还没有变成现金，支付期限却已经到来。商品持有者不得不宣告无力支付，或者为了支付不得不给价就卖。这种出售同需求的实际状况绝对无关。同它有关的，只是支付的需求，只是把商品转化为货币的绝对必要。于是危机爆发了。"②

马克思又指出："危机最初不是在和直接消费有关的零售商业中暴露和爆发的，而是在批发商业和向它提供社会货币资本的银行中暴露和爆发的。"③

在马克思看来，货币作为支付手段以及银行信用制度的发展在生产过剩积累并最终爆发的过程中起了重要作用。这就验证了马克思在《剩余价值理论》中所说的，货币作为支付手段已经孕育着发生经济危机的可能性，而这种可能性在资本主义经济中成为现实。

---

① 马克思．资本论：第3卷［M］//马克思，恩格斯．马克思恩格斯全集：第25卷．北京：人民出版社，1974：505.

② 马克思．资本论：第2卷［M］//马克思，恩格斯．马克思恩格斯全集：第24卷．北京：人民出版社，1972：89.

③ 马克思．资本论：第3卷［M］//马克思，恩格斯．马克思恩格斯全集：第25卷．北京：人民出版社，1974：340.

第二节　马克思经济周期理论的争论以及笔者的回应

一、马克思经济周期理论的争论

（一）马克思有没有经济周期理论？

在马克思主义经济学界，人们一直在争论马克思是否形成了完整的经济周期理论。美国经济学者斯威齐在1942年出版的《资本主义发展论》中指出："它们在整个分析中不时出现，可是从全面分析危机的观点看来，未必合乎逻辑顺序。……实际情况是，危机问题只好仍属于未完成事业之列。"① 美国经济学者艾特威尔（P. A. Attewell）在1984年出版的《60年代以后的激进政治经济学》中指出："理论界是零零碎碎地看到马克思的危机理论的，在他的整个理论被人们理解之前，至少40年的时间过去了。"② 英国经济学者克拉克（S. Clarke）在1994年出版的《经济危机理论：马克思的视角》中也指出："马克思并没有给我们提出一个完整的危机理论。"③

笔者认为，关键是如何理解"完整"这两个字。确实，马克思在他的著述中没有专设一册或专设一章来阐述经济周期理论，从这个意义上看马克思并没有像建立劳动价值理论或剩余价值理论那样建立完整的经济周期理论。但是，马克思在讨论别的经济问题的时候分析了经济周期的特征、原因和形成机制，从这个意义上看马克思已经形成了比较成熟的经济周期的思想。笔者认为，英国经济学者克拉克在归纳和概括马克思经济周期思想方面做了很细致的研究工作，他从马克思经济周期思想的演变历史出发，将马克思在不同著述中对经济周期的论述与马克思的整体经济思想结合起来，对马克思的经济周期思想进行了比较全面的阐述。④

---

① 斯威齐．资本主义发展论［M］．陈观烈，等，译．北京：商务印书馆，1997：152.

② ATTEWELL P A. Radical Political Economy Since the Sixties：A Sociology of Knowledge Analysis［M］. New Jersey：Rutgers University Press，1984：154.

③ 克拉克．经济危机理论：马克思的视角［M］．杨健生，译．北京：北京师范大学出版社，2011：11.

④ CLARKE S. Marx's Theory of Crisis［M］. Hampshire：Palgrave Macmillan，1994.

（二）马克思有多少种经济危机理论?

1. 斯威齐和克拉克的看法

斯威齐曾经指出，马克思有两种经济危机理论：一种是与一般利润率趋向下降相联系的经济危机；另一种是资本家不能实现所生产商品的价值的经济危机。他批评人们忽略了马克思的第一种经济危机理论，他写道："如果我们现在回过头来看看《资本论》第一卷第七篇（《资本的积累过程》），那我们就会发现，马克思已经有过一个严谨的危机理论，这个理论正是用这种说法来表述的。奇怪的事——对此尚无明白的解释——是《资本论》第一卷所包含的对危机理论的贡献，已经大部分被马克思经济学的作者们所忽视。"①

斯威齐引用马克思下面的话来说明马克思提出了与一般利润率趋向下降相联系的经济危机理论："利润率的下降在促进人口过剩的同时，还促进生产过剩、投机、危机和资本过剩。""劳动生产力的发展使利润率的下降成为一个规律，这个规律在某一点上和劳动生产力本身的发展发生最强烈的对抗，因而必须不断地通过危机来克服。"②

克拉克在他的著作中也曾经以《马克思的危机理论：一个还是三个》为标题指出："在马克思主义传统中有三种截然不同的危机理论，即在第二国际马克思主义中占主导地位的消费不足论，20 世纪初流行的比例失调论，以及将危机与利润率下降趋势联系起来的理论，后一种理论在当代马克思主义中占据了主导地位。"③

笔者认为，关于马克思有多少种经济危机理论的讨论，似乎包含两种意思：一种意思是马克思是否存在与生产过剩危机理论相并列的一般利润率趋向下降的危机理论；另一种意思是马克思是否把一般利润率趋向下降看作生产过剩危机的原因之一。斯威齐似乎是指前一个意思，而克拉克似乎是指后一个意思。关于一般利润率趋向下降是不是生产过剩危机的原因之一，笔者拟留在本节第二部分讨论，在这里只讨论一般利润率趋向下降的危机是不是与生产过剩危机相并列的一种危机。

2. 笔者对斯威齐看法的回应

笔者认为，马克思只有一种经济危机理论，即在资本主义经济周期性变化过程中出现生产过剩危机的理论。马克思提出的利润率趋向下降的规律并不能理解为马克思的经济危机理论。从斯威齐引用的马克思的第一句话可以看到，在马克思看来，一般

① 斯威齐．资本主义发展论［M］．陈观烈，等，译．北京：商务印书馆，1997：152.

② 马克思．资本论：第 3 卷［M］//马克思，恩格斯．马克思恩格斯全集：第 25 卷．北京：人民出版社，1974：270，287-288.

③ 克拉克．经济危机理论：马克思的视角［M］．杨健生，译．北京：北京师范大学出版社，2011：148.

利润率趋向下降的规律反映了资本主义经济的矛盾：资本家为了获得更多的利润不断地进行资本积累，而资本积累的结果却是一般利润率趋向下降，结果造成了人口过剩、生产过剩、投机、资本过剩等现象。这就是说，一般利润率趋向下降的规律导致了资本主义经济中的许多矛盾和冲突，而生产过剩的危机只是其中的一种矛盾和冲突。

另外，从斯威齐引用的马克思的第二句话同样可以看到，在一般利润率趋向下降的情况下，资本家为了获得更多的剩余价值不得不加速资本积累，结果导致了生产能力和社会需求的失衡，不得不通过对生产能力的破坏来恢复均衡。这就是说，为了克服一般利润率下降而加快资本积累导致了生产过剩的危机。因此，马克思的两句话都不是说明一般利润率趋向下降的规律是与生产过剩危机相并列的危机。何为危机（crisis）？危机是指到了危急关头。一般利润率趋向下降是一个长期而缓慢的历史过程，怎么能够理解为经济危机？并非任何经济矛盾都能被称为经济危机，必须是经济矛盾激化才能被称为经济危机。

3. 伊藤诚的看法

除了斯威齐和克拉克以外，日本经济学者伊藤诚还提出一种见解：马克思的著述里存在两种截然不同的、难以调和的经济危机理论：一种是资本过剩理论，另一种是商品过剩理论。所谓资本过剩理论是积累的资本过剩，所谓商品过剩理论就是生产的商品过剩。伊藤诚的论证逻辑是这样的：资本过剩导致对劳动力的需求增加，从而导致工资上升和利润率下降。由于这个时候价格上涨，产业和商业资本家利用借贷资本进行投机性的商品囤积，利率提高。工资和利率上升使产业资本家的利润受到挤压。一旦信贷收缩，产业和商业资本家的投机交易就将崩溃，信用制度受到破坏，社会生产下降，经济危机爆发。伊藤诚还提到，商品过剩理论的缺点是从流通过程去解释经济危机的发生，而资本过剩理论的优点是从生产和流通过程去解释经济危机的发生。①

4. 笔者对伊藤诚看法的回应

笔者对伊藤诚的分析提出如下看法：

第一，马克思并没有提出独立于生产过剩的资本过剩理论，伊藤诚在他的论文中始终无法证明马克思提出了资本过剩理论，所以只能求助于马克思“没有展开”或者马克思的资本过剩理论“还不完善”这样的表述。实际上，伊藤诚可以提出自己的资本过剩理论，不必一定要从马克思的著述中去寻找根据。

第二，伊藤诚的“资本过剩”语焉不详，在伊藤诚的论文中看不到“资本过剩”的确切含义。如果把资本过剩理解为，相对于社会生产所需的资本，产业资本家的货

---

① ITOH M. The Formation of Marx's Theory of Crisis [J]. Science and Society, 1978, 42 (2).

币资本过多了，那么产业资本家可以把部分货币资本转化为借贷资本。这样，工资不会上升，利率也不会上升，伊藤诚所说的导致经济危机发生的逻辑过程不存在。如果是投入生产过程中的资本过多了，那么所谓“多”又相对什么而言的呢？生产过剩是相对于社会需求而言，如果资本投入过多也是相对于社会需求而言，这实际上就是生产过剩的表现形式，怎么是一种不同于生产过剩经济危机的资本过剩经济危机呢？

第三，伊藤诚将马克思主义经济学界认可的生产过剩概念表达为商品过剩，然后指责商品过剩理论是从流通领域分析经济危机，他的资本过剩理论才是从生产和流通过程分析经济危机。何谓生产过剩？生产过剩的本质是生产能力的过剩，从而造成总供给大于总需求的情况，生产阶段的生产能力过剩表现为销售阶段的商品过剩，经济危机由此发生。因此，生产过剩是从生产和流通领域的统一的角度去说明经济危机的特征。

在这里，笔者想引用伊藤诚在论证他的资本过剩理论时引用过的马克思的一段话。马克思在批评李嘉图时曾指出：“他们对于一种形式的生产过剩（市场商品普遍充斥）加以否认，同时，对于另一种形式的生产过剩，即资本的生产过剩、资本过多、资本过剩，却不仅加以承认，而且把它作为自己学说的一个基本点。”① 马克思这段话明确无误地表明：商品过剩是生产过剩的一种形式，资本过剩是生产过剩的另一种形式。一个事物的表现形式怎么会成为这个事物的原因呢？

（三）马克思是否认为消费不足是经济周期的原因？

1. 马克思的看法

在马克思主义经济学界一直存在一个疑问：马克思关于消费需求不足是经济危机的原因的分析是否前后矛盾？

马克思在《资本论》第二卷中否认消费需求不足是经济危机的原因。他指出：“如果这种过程扩大了，——这包括生产资料的生产消费的扩大，——那末随着资本的这种再生产，工人的个人消费（需求）也可能扩大，因为这个过程是以生产消费为先导和媒介的。这样，剩余价值的生产，从而资本家的个人消费，可以增长起来，整个再生产过程可以处在非常繁荣的状态中，……以前涌入的商品还没有变成现金，支付期限却已经到来。商品持有者不得不宣告无力支付，或者为了支付不得不给价就卖。这种出售同需求的实际状况绝对无关。同它有关的，只是支付的需求，只是把商品转化

① 马克思．剩余价值理论［M］//马克思，恩格斯．马克思恩格斯全集：第26卷第2册．北京：人民出版社，1973：567.

为货币的绝对必要。于是危机爆发了。它不是表现在消费需求，即个人消费需求的直接缩减上，而是表现在资本对资本的交换，即资本再生产过程的缩减上。"①

马克思还指出："认为危机是由于缺少有支付能力的消费或缺少有支付能力的消费者引起的，这纯粹是同义反复。除了需要救济的贫民的消费或'盗贼'的消费以外，资本主义制度只知道进行支付的消费。商品卖不出去，无非是找不到有支付能力的买者，也就是找不到消费者（因为购买商品归根结底是为了生产消费或个人消费）。但是，如果有人想使这个同义反复具有更深刻的论据的假象，说什么工人阶级从他们自己的产品中得到的那一部分太小了，只要他们从中得到较大的部分，即提高他们的工资，弊端就可以消除，那末，我们只须指出，危机每一次都恰好有这样一个时期做准备，在这个时期，工资会普遍提高，工人阶级实际上也会从供消费用的那部分年产品中得到较大的一份。按照这些具有健全而'简单'（！）的人类常识的骑士们的观点，这个时期反而把危机消除了。因此，看起来，资本主义生产包含着各种和善意或恶意无关的条件，这些条件只不过让工人阶级暂时享受一下相对的繁荣，而这种繁荣往往只是危机风暴的预兆。"②

但是，马克思在《资本论》第三卷中又指出："一切真正的危机的最根本的原因，总不外乎群众的贫困和他们的有限的消费，资本主义生产却不顾这种情况而力图发展生产力，好象只有社会的绝对的消费能力才是生产力发展的界限。"③

马克思在《剩余价值理论》中评论西斯蒙第时还指出："西斯蒙第……特别感觉到了这样一个基本矛盾：一方面是生产力的无限制的发展和财富的增加——同时财富由商品构成并且必须转化为货币；另一方面，作为前一方面的基础，生产者群众却局限在生活必需品的范围内。因此，在西斯蒙第看来，危机并不象李嘉图所认为的那样是偶然的，而是内在矛盾的广泛的定期的根本爆发。"④

2. 笔者的认识

关于马克思经济周期思想的这个矛盾，列宁曾经做过这样的解释："我们所谈到的两种危机理论，对危机的解释完全不同。第一种理论用生产和工人阶级的消费之间的矛盾来解释危机，第二种理论用生产的社会性和占有私人性之间的矛盾来解释危机。

---

① 马克思．资本论：第 2 卷［M］//马克思，恩格斯．马克思恩格斯全集：第 24 卷．北京：人民出版社，1972：89.

② 马克思．资本论：第 2 卷［M］//马克思，恩格斯．马克思恩格斯全集：第 24 卷．北京：人民出版社，1972：456-457.

③ 马克思．资本论：第 3 卷［M］//马克思，恩格斯．马克思恩格斯全集：第 25 卷．北京：人民出版社，1974：548.

④ 马克思．剩余价值理论［M］//马克思，恩格斯．马克思恩格斯全集：第 26 卷第 3 册．北京：人民出版社，1974：55.

……试问，第二种理论是不是否认生产和消费之间存在矛盾的事实，即消费不足的事实呢？当然不否认。它完全承认这个事实，但是把这个事实放在应有的从属地位，把它看成只和资本主义总生产一个部类有关的事实。它指出这个事实不能解释危机，因为危机是由现代经济制度中另一个更深刻的基本矛盾，即生产的社会性和占有的私人性之间的矛盾引起的。”①

笔者认为列宁的解释是对的，但还不够详尽。马克思没有在自己的著作或者论文中专门论述经济周期，而是在讨论别的经济问题的时候从这个角度或者那个角度提到经济周期，所以难免出现表面上似乎是歧义的表述。从前述马克思在《资本论》第三卷的表述中可以清楚地看到，资本主义生产迅速扩大的趋势与劳动人民的消费需求无法与之相适应的矛盾导致了经济危机的发生。因此，问题在于如何理解马克思在《资本论》第二卷中否认消费需求不足是经济危机的原因。关于这个问题，按照笔者的理解，马克思表达的是下述看法：

第一，资本主义的经济危机是生产过剩的经济危机，也就是供给过剩的经济危机。在现实经济里，供给过剩就是需求不足，这是同一个问题的两种表达，也就是一种同义反复。因此，还需要进一步分析消费需求不足的原因是什么。

第二，消费需求不足并不是资本主义经济的特有现象，在前资本主义经济已经存在。但是，为什么前资本主义经济没有出现经济周期呢？因此，还需要从资本主义经济的矛盾中去寻找经济周期的原因。

第三，在经济周期中，经济危机往往是经济繁荣阶段中断而爆发的，而经济繁荣阶段往往是资本家和工人消费需求都比较旺盛的时候，这说明仅仅用消费需求这个因素还不能说明经济危机是如何爆发的。

虽然马克思本人没有直接回答这三个问题，但是从马克思关于经济周期的思想来看，他实际上是这样回答这三个问题的：

第一，在资本主义经济里，生产资料掌握在资本家手里，在剩余价值规律的作用下，资本家势必努力抑制工人工资的增长，从而造成工人阶级的消费需求不足。

第二，在资本主义经济里，由于采用大机器进行生产，生产规模可以迅速扩大。正因如此，资本主义经济的消费需求不足造成了生产过剩。

第三，在资本主义的经济繁荣阶段，消费需求确实比较旺盛。但是，资本积累冲动导致的生产扩张仍然超过了现阶段的社会需求，从而爆发生产过剩的经济危机。

---

① 列宁．评经济浪漫主义［M］//列宁．列宁全集：第 2 卷．北京：人民出版社，1984：136-137.

二、关于经济周期形成原因的争论

(一) 消费不足是经济周期的原因吗?

1. 争论的情况

在马克思以后，关于资本主义经济周期的原因，特别是资本主义经济危机的原因，在一段时间存在着所谓比例失调论、消费不足论和利润率趋向下降的争论。斯威齐的著作《资本主义发展论》、克拉克的著作《经济危机理论》、加拿大经济学者沃尔夫(D. A. Wolfe)的论文《资本主义危机和马克思主义理论》、艾特威尔的著作《60年代以后的激进政治经济学》、美国经济学者谢赫(A. Shaikh)的论文《危机理论简史》等著述，都描述了这个争论的过程。笔者无意从思想史的角度去追溯这个争论过程，而是针对相关经济学者在争论过程中提出的主要观点发表自己的看法，并试图以此来诠释和拓展马克思经济周期的思想。

俄国经济学者杜冈-巴拉诺夫斯基(M. Tugan-Baranowsky)是这场争论最初发生的核心人物。艾特威尔曾把杜冈称为第一个完整地表述了马克思经济危机理论的俄国人。[①] 斯威齐也认为杜冈在现代经济周期研究的发展史上有过很大影响，他的著作是这个研究领域实证研究的先驱。[②]

杜冈在19世纪90年代与俄国民粹主义者争论的时候，提出了资本主义经济危机的原因不是消费不足。按照杜冈的看法，生产出来的超过无产阶级需要的过剩商品可以由资本家购买，但是资本家购买这些商品不是用于自己消费，而是用于投资。只要资本家将剩余商品用于投资，扩大他们的生产和对劳动力的雇佣，商品过剩和消费不足就不是不可避免的。[③]

杜冈在1905年出版的《马克思主义的理论基础》中也写道："即使资本家想限制他们自己的消费，也不会引起什么困难；在这种情况下，资本家消费品的生产部分停止，而更大的一部分社会产品是由生产资料构成，这些生产资料可以用来进一步扩大生产。"[④]

俄国经济学者考茨基(K. Kautsky)、奥地利经济学者希法亭和俄国经济学者布哈

---

① ATTEWELL P A. Radical Political Economy Since the Sixties: A Sociology of Knowledge Analysis [M]. New Jersey: Rutgers University Press, 1984: 156.

② 斯威齐. 资本主义发展论 [M]. 陈观烈，等，译. 北京：商务印书馆，1997：179.

③ 转引自：顾海良. 百年论争：20世纪西方学者马克思经济学研究述要：下册 [M]. 北京：经济科学出版社，2014：1222-1223.

④ 转引自：斯威齐. 资本主义发展论 [M]. 陈观烈，等，译. 北京：商务印书馆，1997：188.

林（N. I. Bukharin）随即对杜冈提出了批评。斯威齐曾总结道："对杜冈理论的这一切批评，它们背后的思想只有一个，那就是，不管生产过程的历史形式如何，生产过程现在是、而且必然继续是为人类的消费而生产产品的过程。"① 斯威齐经过对马克思各种论述的考察，认定马克思消费不足论符合马克思本人的原意。他指出："消费不足论的真正任务，是要论证资本主义所固有的一种趋势，即消费品生产能力的扩大快于消费品需求的增长。"②

但是，克拉克曾提到，恩格斯也否认消费需求不足是资本主义经济危机的原因。他写道："恩格斯指出，消费不足是'存在了几千年'的'老现象'，而危机只有在资本主义生产形式下才出现。因此，消费不足也是'危机的先决条件，而且在危机中起着一种早就被承认的作用；但是，它既没有向我们说明过去不存在危机的原因，也没有向我们说明现时存在的危机的原因'。"③

当时斯威齐在马克思主义经济学界被认为是权威的马克思主义经济学者，他的《资本主义发展论》被认为是权威的马克思主义经济学著述，所以消费不足论在马克思主义经济学界得到普遍认可。笔者同意斯威齐的看法，但笔者发现，斯威齐在论证消费不足论符合马克思原意时，引用的是马克思肯定的话，但没有解释马克思看起来似乎是否定的话。由于笔者在前面已经对马克思肯定的话和似乎是否定的话都进行了分析，并且得到了相应的结论，在这里主要正面回应杜冈和克拉克的看法。

2. 笔者的看法

笔者认为，杜冈的看法从一定时期来看有一定的道理。在一定时期里，消费需求的不足可以被投资需求的增加所弥补。正如笔者在本书第七章分析马克思社会资本再生产理论时证明的，凯恩斯的国民收入理论可以从马克思的社会资本再生产理论中推导出来。从社会供给的角度来看，总供给可以划分为用于消费的收入和用于储蓄的收入；从社会需求的角度来看，总需求可以划分为消费需求和投资需求。如果工人的消费需求受到限制，资本家又没有消费掉他们收入，从总供给的角度来看，用于消费的收入减少，用于储蓄的收入增加；从总需求的角度来看，在消费需求减少的情况下，如果投资需求增加，是可以弥补消费需求的减少的。

但是杜冈没有意识到，这仅仅是对一个特定时期而言的。投资在产生的时候是需求，在实现的时候是供给。在一定的时期里投资需求增加可以弥补消费需求的减少，但是投资最终还是为了满足消费需求，不可能无限地自我增长。这样，投资带

① 斯威齐．资本主义发展论［M］．陈观烈，等，译．北京：商务印书馆，1997：192.

② 斯威齐．资本主义发展论［M］．陈观烈，等，译．北京：商务印书馆，1997：201.

③ 克拉克．经济危机理论：马克思的视角［M］．杨健生，译．北京：北京师范大学出版社，2011：18.

来的不断扩大的生产能力与相对缩小的消费需求的矛盾势必激化，最终导致生产过剩的经济危机的爆发。因此，杜冈否认劳动群众消费需求的相对收缩是经济危机的原因是错误的，他把在一定时期里可以维持的总供给和总需求的均衡无限期地延长了。

另外，克拉克认为恩格斯也否认消费需求不足是资本主义经济危机的原因的看法并不准确。这里存在一个重要差异，也就是关键词汇“消费低下”和“消费不足”的差异。按照中共中央编译局的翻译，恩格斯在《反杜林论》中的表述是这样的：“消费水平低是数千年来的经常的历史现象，而由生产过剩所引起的、爆发于危机中的普遍的商品滞销，只是最近五十年来才变得明显，……因此，群众的消费水平低，也是危机的一个先决条件，而且在危机中起着一种早已被承认的作用；但是它既没有向我们说明过去不存在危机的原因，也没有向我们说明现时存在危机的原因。”①

应该指出，“消费低下”和“消费不足”是两个完全不同的概念，消费低下是一个绝对量的概念，表示水平；而消费不足是一个相对量的概念，是相对产量而言的。在不考虑别的需求的情况下，消费不足就是生产过剩。在封建主义经济里，消费水平是低下的，但并没有出现消费不足的情况。如果消费不足，那么也就意味着在封建主义经济里生产过剩不断发生。这显然是违背历史事实的，封建主义经济不是消费不足，而是供给不足。

因此，恩格斯是对的。消费水平低下早在封建主义经济中就存在了，但是为什么封建主义经济没有发生生产过剩的经济危机？因此，还应该从资本主义经济制度中去寻找原因。正因为在资本主义经济里，社会生产力有了很大的发展，资本追逐剩余价值的冲动导致资本不断积累、生产能力不断扩张，劳动群众消费水平低下才演变为消费需求不足。

然而，笔者认为，消费不足是一种现象，这种说法没有触及现象后面的本质。生产过剩就是需求不足，所以在不考虑别的需求的情况下，消费不足与生产过剩是一种同义反复。因此，劳动群众有支付能力的消费需求不足与资本积累导致生产能力迅速扩大之间的矛盾，才是资本主义经济危机的原因。在资本主义经济里，资本家在追求剩余价值的动机下势必尽可能地压低工资，劳动群众消费需求受到了限制。资本家在满足他们的消费需求以外把剩余价值资本化，生产能力随着资本积累不断扩张，生产与消费的矛盾势必激化，从而爆发生产过剩的经济危机。

---

① 恩格斯．反杜林论［M］//马克思，恩格斯．马克思恩格斯全集：第20卷．北京：人民出版社，1971：310.

（二）生产部门比例失调是经济周期的原因吗?

1. 争论的情况

按照斯威齐的论证，杜冈在1894年出版的俄文版的《英国商业危机的理论和历史的研究》中提出，各个生产部门比例的失衡导致了资本主义经济危机。①

后来，杜冈在1923年出版的《周期性工业危机》中，指出了经济周期的基本原因："危机的必然性根源于资本主义经济制度的下面三个特点：一、资本主义经济是对抗性的经济，在这个经济中工人是资本主义企业领导人的简单的生产手段；二、资本主义经济和其他对抗性经济（奴隶制和封建制的经济）不同，有无限扩大生产（作为资本积累的手段）的趋势；三、资本主义经济整个说来是无组织经济，在这种经济中社会生产在各行业之间缺乏有计划的安排。"②

另外，杜冈还解释了经济周期发生的过程：资本积累造成生产不断扩大，但社会生产比例必须适当，商品才能销售出去，由于资本主义经济整体上毫无组织，因而必然出现生产过剩。信用则是助长工业危机的一种因素，起着扩大波动的作用。③

由此可见，按照杜冈的看法，资本主义生产的无政府状态造成了各个生产部门比例失当，从而导致了经济危机。斯威齐提到，杜冈的看法受到了希法亭的赞赏。由于希法亭在当时是具有重要影响的马克思主义经济学者，所以比例失调论就被马克思主义经济学界所接受。④ 艾特威尔也指出，杜冈的比例失调论被列宁和布尔什维克人采纳，并对德国和奥地利的经济学界产生影响。在相当长的一段时期里，比例失调的危机理论成为苏联和东欧的马克思主义经济学者认可的主要的危机理论。⑤

2. 笔者的评论

应该指出，恩格斯在1878年发表的《反杜林论》中已经认为资本主义生产的无政府状态是经济危机的原因。他在批评杜林提出的个人的急躁和考虑不周是生产过剩的原因时指出："那末急躁和个人考虑不周的'产生原因'又是什么呢？正是资本主义生产的这种无计划性，这种无计划性表现在私人企业的无计划的增加上。"⑥

恩格斯在1880年发表的《社会主义从空想到科学的发展》中对这个问题做了更加

---

① 斯威齐．资本主义发展论［M］．陈观烈，等，译．北京：商务印书馆，1997：178-179.

② 杜冈-巴拉诺夫斯基．周期性工业危机［M］．张凡，译．北京：商务印书馆，1982：289.

③ 杜冈-巴拉诺夫斯基．周期性工业危机［M］．张凡，译．北京：商务印书馆，1982：288.

④ 斯威齐．资本主义发展论［M］．陈观烈，等，译．北京：商务印书馆，1997：180.

⑤ ATTEWELL P A. Radical Political Economy Since the Sixties: A Sociology of Knowledge Analysis［M］. New Jersey: Rutgers University Press, 1984: 157.

⑥ 恩格斯．反杜林论［M］//马克思，恩格斯．马克思恩格斯全集：第20卷．北京：人民出版社，1971：310.

准确和清楚的说明："社会化生产和资本主义占有之间的矛盾表现为个别工厂中的生产的组织性和整个社会的生产的无政府状态之间的对立。"①

因此，如果说资本主义生产的无政府状态造成了生产部门的比例失调，那么恩格斯早就在杜冈之前指出了这个经济危机的原因。当然，恩格斯不是在经济周期或经济危机的专门著述中分析这个问题，而杜冈是在经济周期或经济危机的专门著述中分析这个问题。尽管比例失调是资本主义经济危机的原因这种看法在马克思主义经济学界没有什么异议，但是笔者认为比例失调只是一种简洁或通俗的说法，并不严谨。

首先，生产部门之间的比例失衡是经常发生的，只会导致局部的生产过剩危机，并不一定带来普遍的生产过剩危机。马克思在《剩余价值理论》中指出："不可否认，有些部门可能生产过多，因此另一些部门则可能生产过少；所以，局部危机可能由于生产比例失调而发生（但是，生产的合乎比例始终只是在竞争基础上生产比例失调的结果），这种生产比例失调的一般形式之一可能是固定资本的生产过剩，或者另一方面，也可能是流动资本的生产过剩。"② 对此艾特威尔曾经做了这样的补充：如果主要生产部门发生了比例失调，特别是生产生产资料的第一部类和生产消费资料的第二部类发生了比例失调，那么就有可能发生系统性的经济危机。③ 显然，只有当资本主义经济许多生产部门同时出现比例失调，才会发生普遍生产过剩的经济危机。

其次，普遍的比例失调与生产过剩的经济危机是一种同义反复。许多生产部门生产出来的商品多于它们彼此之间需要的商品，这实际上就是生产过剩的经济危机。因此，还需要去寻找许多生产部门生产出来的商品多于它们彼此之间需要的商品的原因。因此，笔者认为还是恩格斯的表述更为准确：个别工厂中的生产的组织性和整个社会的生产的无政府状态之间的对立。

（三）一般利润率下降是经济周期的原因吗？

1. 争论的情况

根据克拉克的论证，在马克思主义经济学界，占据主导地位的看法是不认为一般利润率趋向下降是经济危机的原因。一般利润率趋向下降是一个长期的规律，与经济危机没有直接的关系。历史上，在经济危机发生之前利润率是上升的，利润率下降是

① 恩格斯．社会主义从空想到科学的发展［M］//马克思，恩格斯．马克思恩格斯全集：第 19 卷．北京：人民出版社，1963：235.

② 马克思．剩余价值理论［M］//马克思，恩格斯．马克思恩格斯全集：第 26 卷第 2 册．北京：人民出版社，1973：595.

③ ATTEWELL P A. Radical Political Economy Since the Sixties：A Sociology of Knowledge Analysis［M］. New Jersey：Rutgers University Press，1984：145-146.

经济危机的结果而不是经济危机的原因。①

但是，也有部分经济学者提出不同看法。据谢赫考证，德国经济学者格罗斯曼（H. Grossman）是第一个强调一般利润率趋向下降是经济危机的原因的经济学者。谢赫写道："格罗斯曼是第一个把对危机的讨论从消费不足和比例失调论中转移出去的重要的马克思主义者。"② 笔者认为，从放弃消费不足和比例失调论而转向一般利润率下降原因的角度来看，格罗斯曼可能是第一个经济学者；但是从论证一般利润率下降是经济危机的原因的角度来看，希法亭可能是第一个经济学者。希法亭在1910年出版的《金融资本》中已经讨论了这个问题。

希法亭指出："在资本主义社会，销量的下降是以新投资停止为前提的，而它又是以利润率的下降为前提的。这种利润率的下降是由资本有机构成的变化所引起的，而后者又是新的资本投资的结果。"希法亭也注意到，在经济周期的繁荣阶段，利润率是上升的。按照他的解释，利润率上升的原因是社会需求的增加和资本周转时间的缩短。他还写道："在产业周期的第一个阶段，如果需求的增加带来了利润率的上升，那么这种上升只会发生在后来的利润率下降的准备阶段。……当出现利润率下降的趋势超过由需求增加所导致的价格和利润上升的趋势时，危机就会从这一时刻开始。"③

格罗斯曼在1929年发表的《危机理论史导论》中指出，随着利润率的下降，总利润的增加必然放缓或停止。到了新投资不再产生格外利润的时候，投资将会缩减并导致经济危机的发生。随着经济危机的扩散，中小资本家破产。另外，随着失业率的上升，实际工资趋向下降，劳动强度增强，剥削率上升。所有这些因素又导致利润率上升，因此每一次危机都为下一次繁荣和萧条的周期开辟了道路。④

英国经济学者斯特雷奇（J. Strachey）在1935年出版的《资本主义危机的本质》中提出，利润率下降不仅是一个趋势，还是一个绝对规律。他指出，资本家为了抵消利润率下降对利润量的影响而加速资本积累。利润率下降越快，资本积累就越快。资本刚从一条路逃离利润量下降的威胁，却又在另一条路上与它撞个满怀。由于劳动后备军的枯竭导致利润量下降，从而引发了一场危机。⑤

到了20世纪70年代，在西方马克思主义经济学界出现了所谓经济危机理论重构的

---

① 克拉克．经济危机理论：马克思的视角［M］．杨健生，译．北京：北京师范大学出版社，2011：61.

② SHAIKH A. An Introduction to the History of Crisis Theories［M］// Union for Radical Political Economics. US Capitalism in Crisis. New York：Union for Radical Political Economics，1978：236.

③ 希法亭．金融资本［M］．李琼，译．北京：华夏出版社，2012：284-288.

④ SHAIKH A. An Introduction to the History of Crisis Theories［M］// Union for Radical Political Economics. US Capitalism in Crisis. New York：Union for Radical Political Economics，1978.

⑤ STRACHEY J. The Nature of Capitalist Crisis［M］. London：Gollancz，1935：243.

讨论，部分经济学者重提一般利润率趋向下降这个因素，并认为它才是资本主义经济危机的真正原因。但是，他们在一般利润率趋向下降的原因上则出现分歧。有的学者认为，一般利润率趋向下降是工人阶级斗争导致工资上升的结果，他们被称为新李嘉图主义者（neo-Ricardian）。有的学者坚持利润率趋向下降是资本有机构成提高的结果，他们被称为原教旨主义者（fundamentalist）。

既然一般利润率趋向下降是经济危机的原因，那么一般利润率趋向下降又如何导致了经济危机的发生？这部分经济学者只是重申了格罗斯曼的分析而没有提出新的见解。克拉克曾经发表了这样的评论："70 年代马克思主义危机理论的重构，摒弃了消费不足和比例失调论，将利润率下降视为危机的原因。不过，如前所述，这一理论不能解释利润率下降为何会导致危机。"①

2. 笔者的评论

笔者认为，希法亭的分析存在两个问题：首先，资本主义的经济危机是生产过剩的危机，不是一般利润率下降的危机。资本主义社会爆发经济危机的时候，利润率是下降的。但是，利润率在经济危机爆发时期下降与马克思所说的一般利润率趋向下降是两个不同的概念。发生经济危机的时候利润率下降是由于商品生产过剩难以销售出去，马克思所说的一般利润率趋向下降是资本有机构成提高带来的一种长期的趋势。

其次，资本有机构成提高导致的利润率下降是一个缓慢的趋势，而资本主义经济周期是一种比较剧烈的现象。希法亭未能清楚地解释：为什么当利润率下降的趋势超越了需求增加导致的利润率上升的趋势时，危机就会开始？如果说在一般利润率趋向下降的长期变化过程中受到了需求增加的短期干扰，那么当干扰消失、趋势又重新显现的时候，怎么就会发生生产过剩的经济危机呢？

格罗斯曼也没有解释清楚一般利润率趋向下降与生产过剩经济危机发生之间的逻辑关系。马克思提出的一般利润率下降是一种长期的趋势，是资本有机构成提高造成的。那么，到什么时候或者在什么情况下，资本有机构成的提高会导致总利润放缓或停止增加的？另外，由于资本有机构成的提高是一个长期的过程，随之而来的投资的缩减又如何导致生产过剩的经济危机？显然，根据一般利润率趋向下降的规律解释不了周期性发生的经济危机。资本家资本积累的冲动导致了一般利润率下降的长期结果以及生产过剩的周期性结果，一个原因导致了两个不同的结果。

斯特雷奇的解释则有些道理。资本家为了抵消利润率下降而加速资本积累，生产能力扩大，导致总供给超过了总需求，从而导致了经济危机的发生。但是，即使没有

① 克拉克．经济危机理论：马克思的视角［M］．杨健生，译．北京：北京师范大学出版社，2011：79.

发生一般利润率趋向下降的情况，在竞争的压力下资本家为了获取更多的剩余价值也会不断地进行资本积累。资本积累基本的和主要的动力是获取剩余价值，而不是抵消一般利润率趋向下降。即使抵消一般利润率趋向下降是推动资本积累的一个因素，但由于一般利润率下降是一种长期趋势，它又能在多大程度上起着加速资本积累的作用？

另外还应该强调，一般利润率下降是一种长期和缓慢的趋势，不是一种周期性现象。但是，生产过剩的经济危机则是一种周期性现象。试问：作为一种长期和缓慢的非周期性变化的一般利润率下降如何能够导致社会生产的周期性震荡？这在逻辑上也是不能成立的。

由此可见，一般利润率趋向下降既不是资本主义经济危机发生的直接原因，也不是资本主义经济危机发生的基本原因。马克思提出的一般利润率趋向下降的规律，揭示了资本主义经济不同于生产过剩危机的另一个矛盾：资本积累的目的是追求剩余价值，但是资本积累的结果却导致了利润率的下降。另外，正如笔者在本书第五章中证明的，在第二次世界大战以后很长的一段时间里，一般利润率并不是趋向下降的。但是，在同样的这段时间里，资本主义生产过剩的经济危机一次一次地发生。这就从实践证明，把一般利润率趋向下降看作经济危机的原因是错误的。

（四）经济周期原因经典解释的形成

一方面，马克思主义经济学界经历了数十年对经济周期原因的争论，不断增进了对这个问题的认识；另一方面，来自第一个社会主义国家苏联的经济学者，对马克思主义经济学的诠释也取得了正统地位。在这个基础上，到了20世纪30年代，逐渐形成了对资本主义经济周期的马克思主义的经典解释。

马克思认为，经济周期的原因必须从资本主义经济基本矛盾中去寻找，即马克思所说的“资本包含着一种特殊的对生产的限制”这个方面去寻找。① 在这个方面，恩格斯在《反杜林论》中的表述得到了认可：“在危机中，社会化生产和资本主义占有之间的矛盾达到剧烈爆发的地步。商品流通暂时停顿下来；流通手段即货币成为流通的障碍；商品生产和商品流通的一切规律都颠倒过来了。经济的冲突达到了顶点：生产方式起来反对交换方式，生产力起来反对已经被它超过的生产方式。”②

---

① 马克思．政治经济学批判［M］//马克思，恩格斯．马克思恩格斯全集：第46卷上册．北京：人民出版社，1979：399.

② 恩格斯．反杜林论［M］//马克思，恩格斯．马克思恩格斯全集：第20卷．北京：人民出版社，1971：301.

马克思还认为，经济周期的其他原因还包括“生产的无政府状态源”① 以及“群众的贫困和他们的有限的消费”。② 对于前一个原因，恩格斯在《社会主义从空想到科学的发展》中的表述得到了认可：“社会化生产和资本主义占有之间的矛盾表现为个别工厂中的生产的组织性和整个社会的生产的无政府状态之间的对立。”③ 对于后一个原因，斯大林的表述得到了认可：“资本主义生产力的巨大增长和千百万劳动群众具有支付能力的需求相对缩小之间的矛盾。”④

苏联的经济学者们把这两个原因看作资本主义经济基本矛盾的两种表现形式。从此以后，马克思主义经济学界关于经济周期理论根源形成如下的经典解释：经济周期形成的根源是资本主义的基本矛盾，即生产的社会化与生产资料的私人占有之间的矛盾。由于存在资本主义的基本矛盾，各个企业内部的生产是有组织的但整个社会的生产处于无政府状态，资本主义生产可以迅速扩张但劳动人民有支付能力的需求却相对缩小。这样，经济将不断处于扩张或收缩之中，从而形成了经济周期。这种解释一直被苏联和中国各种版本的政治经济学教科书所沿用。

笔者认为，这个经典解释是符合马克思本人原意的。但是，笔者还认为，从短期来看，消费需求相对来说是稳定的，而投资需求相对来说是易变的。投资在产生的时候是一种社会需求，在实现的时候则形成社会供给，在经济周期形成中发挥着重要的作用。马克思指出固定资本更新是经济周期的物质基础，从而指出了投资需求在从经济危机阶段过渡到经济复苏阶段中的作用。正是出现了固定资产的投资需求，投资品产量增加。新生产的投资品被投入生产过程以后，形成了新的生产能力，消费品和投资品的产量继续增加，演变下去形成了经济复苏阶段。

到了经济繁荣阶段以后，消费需求和投资需求都很旺盛。但是，一旦生产扩张带来的总供给超过了包括消费需求和投资需求在内的总需求，生产者最早从产品卖不出去感受到生产过剩，消费者从收入减少或者失业增加感受到生产过剩，生产者作出反应，减少投资需求。投资需求的减少导致失业的增加，失业的增加导致消费需求的减少，从而导致总供给更大幅度地超过总需求，演变下去最终使经济陷入危机。由此可见，投资需求不仅在从经济危机阶段过渡到经济复苏阶段发挥了重要作用，在从经济

---

① 马克思．哲学的贫困［M］//马克思，恩格斯．马克思恩格斯全集：第4卷．北京：人民出版社，1958：109.

② 马克思．资本论：第3卷［M］//马克思，恩格斯．马克思恩格斯全集：第25卷．北京：人民出版社，1974：548.

③ 恩格斯．社会主义从空想到科学的发展［M］//马克思，恩格斯．马克思恩格斯全集：第19卷．北京：人民出版社，1963：235.

④ 苏联科学院经济研究所．政治经济学教科书［M］．中共中央编译局，译．北京：人民出版社，1955：229.

繁荣阶段到经济危机阶段也发挥了重要作用。

三、关于经济周期新特点的分析

（一）垄断资本主义条件下经济危机的特点

马克思是在竞争资本主义条件下分析经济周期和经济危机的。在垄断资本主义条件下，生产和资本集中并发展到相当的程度，垄断组织是否有可能缓和经济危机呢？希法亭在垄断资本主义的条件下分析了经济危机问题。

希法亭在1910年出版的《金融资本》中指出，在垄断资本主义条件下，垄断组织控制了生产，垄断组织似乎可以用限制生产的方法来应对生产过剩的经济危机。但是生产过剩不仅是商品的生产过剩，还是资本的生产过剩，垄断组织限制生产并不能避免经济危机。另外，垄断组织在一定程度上排斥竞争，但不能完全排除竞争，卡特尔化的生产行业之间的竞争是一种在更高利润率的基础上的竞争，垄断组织不能排除比例关系失调的出现。卡特尔不但没有减少对价格调节的干扰反而加剧了对价格调节的干扰。在竞争的资本主义时期，当生产过剩的经济危机发生时，可以通过价格大幅度下跌来调节社会生产并恢复短期的供给和需求的平衡。但是，在垄断资本主义条件下，垄断组织维持垄断价格，从而加剧了生产部门比例的失调。①

苏联经济学者门德尔逊在1959年出版的《经济危机和周期的理论与历史》中，也根据主要资本主义国家实际经济周期的变化情况，分析了垄断资本主义条件下经济危机的新特点：

第一，在生产过剩的情况下，垄断组织通过对外倾销商品和对外直接投资的方法来输出过剩的生产能力。虽然在竞争资本主义时期企业也对外倾销商品，但是在垄断资本主义条件下，垄断组织对外倾销商品一方面是为了夺取国外市场，另一方面则是为了维持国内的垄断价格。因此，对外倾销商品已经成为垄断资本主义的一种现象。虽然垄断组织对外倾销商品扩大了商品市场，但是由于国内垄断价格保持在一个较高的水平，对国内固定资本更新造成了不利的影响。例如，德国在1902年已经恢复到经济危机前的生产水平，但是由于对外倾销黑色金属，国内黑色金属的垄断价格得以维持，结果影响到德国金属加工业和机器制造业的复苏。

第二，垄断组织的产生并不能消除资本主义经济的基本矛盾。1907年发生的经济危机是又一次周期性的和带有世界性的经济危机，与历次经济危机一样是由资本主义

① 希法亭．金融资本［M］．李琼，译．北京：华夏出版社，2012：328-332.

再生产规律决定的。但是，由于垄断组织在国内维持了垄断价格，生产资料市场和消费资料市场的扩大都受到了限制，两次经济危机之间的时间缩短，也就是经济周期的时间缩短。在垄断势力很大的美国，经济周期缩短的现象就更明显。①

笔者认为，希法亭的分析是正确的。垄断组织的出现并不能消除经济危机的原因，也就是不可能避免经济危机的发生。垄断资本主义产生到现在已经有 100 多年了，资本主义经济周期还是一次一次地发生。另外，门德尔逊根据历史资料所作的分析，能够增进人们对马克思主义经济周期理论的认识。

（二）马克思主义经济周期理论的验证

马克思在他的不同著述中提出了资本主义经济周期和经济危机的原因和机制的思想，但是马克思的思想能否经受住历史事实的检验，是马克思经济周期思想能否确立的依据。

在马克思以后，不少经济学者就通过对资本主义经济周期史的考察来检验马克思的经济周期思想。例如，俄国经济学者杜冈-巴拉诺夫斯基 1923 年出版的《周期性工业危机》中，通过对英国经济周期史的考察，证明产生经济周期的基本原因在于：第一，资本主义经济是对抗性的经济。第二，在资本积累的推动下有无限扩大生产的趋势。第三，资本主义经济整个说来是无组织经济。②

但是，在这个方面作出重要贡献的是门德尔逊。门德尔逊在 1959 年出版了《经济危机和周期的理论与历史》的著作，通过对 1900—1920 年美国、英国、德国、法国、日本、俄国等国家三次经济周期变化过程的考察，用具体的数据和历史事件论证了下述论点：

第一，固定资本更新是资本主义经济周期的物质基础。门德尔逊用数据证明了，每一次经济危机过后，各个资本主义国家都会比较集中地更新原有的固定资本并增加新的固定资本，但是有的国家强度会大一点而有的国家强度会小一点。推动固定资本更新的机制是，通过对生产力的破坏来恢复经济的暂时平衡以后，资本在竞争的压力下为了追逐利润而加快积累。

第二，资本主义经济危机的根源是生产的社会性和私人占有形式这一基本矛盾，以及由基本矛盾派生的个别工厂生产的有组织性和整个社会生产的无政府状态之间的矛盾、固定资本投资造成的社会生产第一部类与第二部类之间的比例失调。尽管资本

---

① 门德尔逊．经济危机和周期的理论与历史［M］．三联书店翻译组，译．上海：生活·读书·新知三联书店，1977：17-22，168-171.

② 杜冈-巴拉诺夫斯基．周期性工业危机［M］．张凡，译．北京：商务印书馆，1982.

主义国家每次经济危机都有某些特殊和具体的历史特点，但是所有的经济危机都是由资本主义的本质和它的基本矛盾造成的。

第三，各个资本主义国家经济危机的社会后果都是失业率上升和劳动人民处于贫困状态。通过经济危机来恢复经济的平衡“是靠使生产力受到破坏、人民群众遭受痛苦，以及使被更强大的竞争者所压垮的资本家纷纷破产和贫困来进行的”。

第四，资本主义国家的经济周期不是无规律的而是有规律的，一次经济周期的结束就是下一次经济周期的开始。另外，主要资本主义国家的经济周期变化是相互影响的，因而经济周期带有世界性的特点。①

由此可见，门德尔逊不仅利用历史事实检验了马克思的经济周期思想，还补充和丰富了马克思的经济周期思想。

（三）资本主义经济周期的趋同性

经济学者们观察到，由于各个资本主义国家的经济联系日益广泛和深入，它们的经济周期逐渐表现出某种一致性。这就是经济周期的趋同性。

中国经济学者薛敬孝在20世纪90年代初期指出，任何国家资本主义经济有了一定程度的发展，都会出现经济周期变化。国家贸易和国家金融的发展，必然会促进各国经济的联系，一个国家的经济扩张或收缩会给其他国家的经济造成影响，从而使各国经济周期的过程趋向一致。薛敬孝强调了主导国家在经济周期趋同过程中发挥的作用。在19世纪初期，英国成为世界经济的主导国家，英国经济对其他国家的经济产生重要的影响，经济周期开始了趋同的过程。②

后来，中国经济学者薛伯英发挥了薛敬孝的看法，对核心国家与经济周期趋同的关系从理论和实践上进行了深入的分析。他指出，在第二次世界大战以后，美国成为世界经济的核心国家，美国经济周期的变化对其他国家经济产生了重要的影响。③

笔者认为，经济周期表现出趋同的特点，是经济学者们都观察到的现象。薛敬孝和薛伯英的分析在这个研究领域的贡献，在于强调了主导国家的作用。即使不存在主导国家或者核心国家，由于国际经济各种传递机制的作用，经济周期趋同的现象也会发生。如果各个国家经济周期的变化对别的国家的经济影响不大，经济周期趋同的过程将是十分缓慢的。但是，如果某个国家成为世界经济的主导国家或者核心国家，它

① 门德尔逊．经济危机和周期的理论与历史［M］．三联书店翻译组，译．上海：生活·读书·新知三联书店，1977：43，557，45，401，291，181.

② 薛敬孝．资本主义国家经济周期的历史与现状：上、下［J］．南开经济研究，1991（1）（2）．

③ 薛伯英．简析战后资本主义国家经济危机的同期性［J］．世界经济与政治，1992（5）．

的经济周期变化就会对其他国家产生很大的影响，它的经济周期就会引领各个国家的经济周期，各个国家经济周期的趋同性将会提高。

第三节　笔者对经济周期形成原因的新认识

一、马克思经济周期思想的比较研究

（一）非马克思主义经济周期理论

非马克思主义经济学者很早就开始了对经济周期的研究，形成了各种各样的经济周期理论。如果将各种经济理论逐一介绍，那么篇幅最大的可能就是经济周期理论。一般来说，非马克思主义经济周期理论可以分为内因论和外因论。内因论将经济周期的原因归于经济体系的内部因素，外因论则将经济周期的原因归于经济体系的外部因素。

强调经济周期形成的原因为外部因素的理论主要有：

第一，太阳黑子论。英国经济学者杰文斯（W. S. Jevons）用太阳黑子的运动解释经济周期。他在 1874 年指出，一年的谷物收成取决于天气，而天气取决于太阳的活动。因此，谷物的收成和价格或多或少地依赖于太阳的活动，它们的周期性波动与太阳黑子的周期性波动一致。①

第二，心理交替论。英国经济学者庇古等人用乐观和悲观心理的交替解释经济周期。庇古在 1927 年指出，经济周期是由经济因素和心理因素相互作用形成的。在经济上升时期，人们产生乐观心理，不断扩大投资。一旦经济难以继续上升，乐观主义的错误造成了随后的悲观主义错误。企业破产很少会毁灭资本，却会造成恐慌。在恐慌心理的影响下，人们减少投资，经济迅速收缩。② 英国经济学者凯恩斯也借助心理上的消费倾向、心理上的资本边际效率和心理上的灵活偏好来解释失业和通货膨胀。

第三，政治周期理论。诺德豪斯认为经济周期是政治家为了当选利用经济政策进行操作造成的。他在 1975 年指出，在任期即将结束的时候，政府领导人为了争取连任，将会利用扩张性的货币政策来降低失业率，从而导致通货膨胀率上升。在大选过

① JEVONS W S, FOXWELL H S. Investigations in Currency and Finance [M]. London: Macmillan, 1884.
② PIGOU A C. Industrial Fluctuation [M]. London: Macmillan, 1927.

后，政府领导人会实行紧缩性的货币政策来抑制通货膨胀。因此，在大选来临前失业率是下降的，大选以后通货膨胀率将下降，循环往复形成经济周期。[①] 美国经济学者麦肯雷（C. D. MacRae）等人也持同样看法。

强调经济周期形成的原因为内部因素的理论主要有：

第一，货币数量论。英国经济者霍特里（R. G. Hawtrey）认为经济周期是“一种纯粹的货币现象”。他在 19 世纪 10—30 年代一系列著述中指出，当货币流量增加时，以货币计算的商品的需求增加，商业活动趋向活跃，产量增加，价格上涨；相反，产量下降，价格下跌。在现代经济里，货币流量取决于银行信用，在银行信用扩张的影响下，经济会累积性地趋向高涨。但是，银行信用不可能无节制地扩张，它将受到货币制度的制约。一旦银行信用扩张中止，经济繁荣到达尽头，经济就会累积性地趋向下降。[②③④] 弗里德曼也强调货币数量的作用，但他注重的是中央银行货币政策的影响。

特别需要指出的是，数十年以后，美国经济学者卢卡斯、巴罗（R. J. Barro）和萨金特（T. J. Sargent）等人也从货币供给的角度来解释经济周期变化，这个理论被称为均衡经济周期理论。卢卡斯在 1975 年指出，当经济中出现货币因素的干扰，如货币供给意外增加时，在总需求增加的同时价格水平也会上升，但各种商品相对价格不变。由于信息传递的障碍，单个生产者会误认为市场对自己产品的需求增加，并在市场价格高于自己预期价格的情况下扩大生产。由于每个生产者都会作出这样的反应，经济将向上运行。相反，当市场价格低于生产者预期的价格时，生产者将减少生产，经济将向下运行。[⑤]

第二，利率变化论。瑞典经济学者魏克赛尔在 1936 年指出，经济周期是由实际利息率和自然利息率的差异造成的。按照魏克赛尔的看法，实际利息率是指市场利息率，自然利息率是指利润率。当实际利息率低于市场利息率时，企业增加借款，扩大投资和生产，工资、利润、价格趋向上升。由于投资前景良好，这个过程是累积性的，经济因此趋向繁荣。但是，当实际利息率高于自然利息率时，企业减少借款，收缩投资和生产，工资、利润、价格趋向下降。由于投资前景暗淡，这个过程是累积性的，经济因此走向衰退。[⑥]

第三，加速效应论。法国经济学者阿夫塔里昂（A. Aftalion）是加速原理的创始

① NORDHAUS W D. The Political Business Cycle [J]. Review of Economic Studies, 1975 (42).
② HAWTREY R G. Currency and Credit [M]. London: Longmans, 1919.
③ HAWTREY R G. Trade and Credit [M]. London: Longmans, 1928.
④ HAWTREY R G. The Art of Central Banking [M]. London: Longmans, Green and Co., 1932.
⑤ LUCAS R E. An Equilibrium Model of the Business Cycle [J]. Journal of Political Economy, 1975, 83 (6).
⑥ 魏克赛尔．利息与价格 [M]．蔡受百，译．北京：商务印书馆，1959.

人，也是最早利用加速原理解释经济周期变化的人。所谓加速原理，是指对商品需求的增长会导致对生产商品的投资品的需求更大幅度的增长。阿夫塔里昂在 1913 年指出，对消费品需求的增加导致批发商订单的增加，由于没有闲置的生产能力，资本家需要增加更多的机器设备，对消费品的需求会传递到各个生产阶段。由于对原材料和设备的需求没有能够立即得到满足，原材料和设备价格上升，从而导致产品价格上升。在机器设备交付以后，价格将下降，资本家将减少订单。但是过去的订单仍然在执行，从而导致价格和订单进一步下降。正因为这样，经济出现繁荣和衰退。[①] 法国经济学者波尼阿西（M. Pouniation），美国经济学者比克达克（F. Bickerdike）、卡弗（T. N. Carver）、克拉克等人都利用加速原理来解释经济周期的变化。

第四，判断误差论。美国经济学者陶西格（F. W. Taussig）认为生产者判断的误差是经济周期变化的原因。他在 1925 年指出，经济体系是十分复杂的，生产者难以对各种产品的未来需求情况作出准确的预测，而且这个生产者不知道那个生产者在做什么。当经济中对某种商品的需求增加时，单凭生产者 A 的生产能力不足以满足这种需求，于是生产者 B、C、D 等就会纷纷对这种商品的需求作出反应，这种商品的产量就会趋向增加。但是，由于生产者判断误差而且不了解彼此的情况，重复投资将会发生，并最终导致生产过剩，这种商品的产量将会收缩。[②] 美国经济学者密契尔（T. W. Mitchell）也用判断误差来解释经济周期变化。

第五，乘数加速数交替论。美国经济学者汉森（A. Hansen）和萨缪尔森利用乘数和加速数的交替作用来解释经济周期的变化。所谓乘数作用是指投资需求的增加会导致产值更大幅度的增加，所谓加速数作用是指产值的增加会导致净投资的产生。按照汉森和萨缪尔森的解释，在经济谷底阶段结束以后，投资开始增加，投资增加通过乘数作用导致产值增加，产值增加又通过加速数的作用导致新的投资的产生，如此继续下去导致产值不断增加。但是，当产值增加达到充分就业的限制以后，投资开始减少，投资减少通过乘数作用导致产值减少，产值减少又通过加速数作用导致净投资减少，如此继续下去导致经济衰退，最终在一定的社会需求的影响下停止下降而到达谷底阶段。[③]

第六，创新周期论。美国经济学者熊彼特认为企业家创新是经济周期形成的原因。他在 1939 年指出，经济发展的动力来自企业家的创新。当企业家发现盈利的机会时，

---

① AFTALION A. Les Crises Périodiques de Surproduction [M]. Paris: Riviére, 1913.

② TAUSSIG F W. Principles of Economics [M]. 3th edition. New York: Macmillan, 1925.

③ SAMULESON P A. Interaction between the Multiplier Analysis and the Acceleration Principle [J]. The Review of Economics and Statistics, 1939, 21 (2).

他会进行创新。但是创新的结果是为其他企业发展开辟了道路，其他企业相继模仿，从而形成了创新浪潮。在创新的浪潮下，企业对银行信用和生产资料的需求迅速增加，从而出现了经济繁荣。但是，当创新普遍化以后，盈利机会消失，企业对信用和生产资料的需求减少，经济不可避免地陷入衰退。无论是长周期的经济波动，还是短周期的经济波动，根源都在于企业家创新活动的周期性。①

特别需要指出的是，40多年后，美国经济学者基得兰德（F. N. Kydland）和普雷斯科特（E. C. Prescott）等人吸收了熊彼特的"创新周期论"并将它模型化，形成了实际经济周期理论。按照实际经济周期理论，某一个经济部门的技术创新或劳动生产率的变化会在整个经济中进行传播，从而导致了就业和产量的波动。②

应该说明的是，上面列举的相当大一部分经济周期理论本来是以数学模型的形式阐述的，在这里主要是概括它们的经济学含义。另外，上面列举的部分经济周期理论就连作者本人也未必认为可以完整解释经济周期变化，只是从某个角度解释了经济周期的变化，但是它们确实被非马克思经济学界认为是有代表性的经济周期理论。③④

美国经济学者特维德（L. Tvede）在2006年出版了《经济周期：历史、理论和投资现实》，他用通俗的语言阐述了各种非马克思主义经济学的经济周期理论，并把它们综合起来对经济周期的原因进行了一个简洁的总结。按照特维德的看法，经济周期是在一个货币加速器和四个非货币加速器的作用下发生的，这里所谓的加速器是指具有自我膨胀作用的机制。

一个货币加速器是指货币供给。当货币供给的增长超过正常水平时，或者当实际利率即市场利率低于自然利率即投资收益率时，经济开始活跃起来，资产趋向升值，货币流通速度加快，人们感觉到更加富有。四个非货币加速器是指存货加速器、资本性支出加速器、抵押价值加速器和情绪加速器。存货加速器是指在经济活跃时期，企业存货减少，企业补充存货，导致销售量增长，从而导致企业存货进一步减少。资本性支出加速器是指在经济活跃时期，企业扩大生产能力，投资需求的增加又导致企业更大规模地扩大生产能力。抵押价值加速器是指在经济活跃时期，包括房产和证券在内的资产价格上升，资产的抵押价值增加，从而导致借贷规模的扩大，借贷规模的扩大又导致资产价格的上升。情绪加速器是指资产价格上升导致了投资者的乐观情绪，投机需求增加，进一步导致了资产价格上升。

---

① SCHUMPETER J. Business Cycle [M]. New York: McGraw-Hill, 1939.
② KYDLAND F N, PRESCOTT E C. Time to Build and Aggregate Fluctuations [J]. Econometrica, 1982, 50 (6).
③ 哈伯勒．繁荣与萧条［M］．朱应庚，译．北京：商务印书馆，1988：30-89.
④ 萨缪尔森．经济学：上册［M］．第10版．高鸿业，译．北京：商务印书馆，1979：360.

特维德利用这五个加速器描述了经济周期发生的过程：在经济趋向上升时，这五个加速器会导致经济的不断扩张并使经济到达繁荣阶段。在繁荣阶段，劳动力、自然资源和银行信贷变得短缺，私人支出难以继续增长，商业机会趋向减少，经济出现收缩。这就是所谓的“耗竭现象”。一旦经济收缩，这五个加速器又会在相反的方向发挥作用，经济走向衰退。如果在这个时候出现信用紧缩，人们无法偿还债务，也就会出现“信用崩溃”，经济将陷入萧条。①

（二）笔者对非马克思主义经济周期理论的评论

笔者认为，经济体系的外部因素会在不同程度上影响到经济体系的周期变化，但它们不是经济体系周期变化的主要原因或者基本原因。

杰文斯认为太阳黑子的运动会对气候造成影响，从而对农业收成造成影响。这种影响是可能存在的，但影响农业收成的因素很多，太阳黑子的变化只是从一个方面解释了农业经济周期的变化。另外，现代经济的周期变化是以工业为主要特征的宏观经济的变化，在工业化时代，农业收成的变化并不必然对宏观经济的变化造成影响。

庇古认为乐观和悲观心理的交替是经济周期的原因。不可否认，在经济周期变化过程中人们的心理因素会发生作用。但是，人们为什么会出现乐观或者悲观的情绪？难道这样的情绪交替是人们生理上的原因造成的吗？如果是这样，又为什么人们会同时由于生理的变化而出现了情绪的变化？很显然，正是经济的变化导致了人们心理上的变化，这种心理上的变化再反过来对经济产生了影响；而不是人们生理上的变化导致了情绪的变化，从而对经济产生了影响。因此，人们乐观和悲观情绪的变化不是经济周期的基本原因。

诺德豪斯认为周期性的总统选举会导致经济周期性的波动。同样不可否认，政治因素对经济的变化会产生影响。但是，二战后到现在美国有 14 任总统，其中连任的总统有 8 位。但是，二战后到现在美国的经济周期发生了 11 次，时间上与美国总统的连任时间也不吻合。另外，如果说大选前失业率会下降而大选后通货膨胀率会下降，也不至于形成从经济繁荣到经济危机如此剧烈的变化。

经济周期是经济体系发生了有规则的变化，经济周期的原因还是需要从经济体系内部寻找。因此，更需要关注的是非马克思主义经济学对经济周期内因的解释。

霍特里、弗里德曼、卢卡斯都从货币因素中寻找经济周期的原因。这里存在这样一个问题：为什么货币供给会发生变化？霍特里和卢卡斯都把货币供给变化作为一个

① 特维德．逃不开的经济周期［M］．董裕平，译．北京：中信出版社，2008：275-276.

扰动因素处理，这本身就说明货币供给的变化是别的因素的变化带来的，货币供给的变化还有其他的原因。由此可见，货币供给的变化不是经济周期变化的基本原因，是经济周期变化的一种机制性的因素。

弗里德曼倒是明确指出货币供给的变化是货币当局的货币政策带来的。但是，在第二次世界大战以后，货币当局的货币政策是反周期的，是对经济周期作出的反应。在通货膨胀时期，货币当局收缩货币供给量；在经济衰退时期，货币当局扩大货币供给量。这样，货币当局的货币政策如何成为经济周期的原因？不可否认，货币当局有时会对经济周期作出过度反应，从而有可能导致经济的波动。但是可能没有一个国家的货币当局会愚蠢到这个程度，每次都对经济周期作出过度反应，每次都没有能够抑制经济周期波动反而是扩大经济周期波动。另外，既然货币当局的货币政策是对经济周期的反应，这说明经济周期在货币当局实行货币政策前已经发生了，经济周期有着其他的原因。

魏克赛尔认为经济周期的变化是实际利率与自然利率的差异造成的。这里同样存在这样一个问题：为什么实际利率与自然利率会出现差异？从实际利率的角度来看，或者是人们出于投资需求对货币资本的需求发生变化，或者是人们的储蓄使货币资本供给发生变化，或者是在一定的货币制度下货币供给发生变化，实际利率才发生变化。接着，问题还会产生：为什么人们的投资需求会发生变化？为什么人们的储蓄会发生变化，或者为什么货币供给会发生变化？从自然利率的角度来看，或者是技术条件发生了变化，或者是社会需求发生了变化。由此可见，实际利率与自然利率的差异同样不是经济周期变化的基本原因，而是造成经济周期变化的一种机制。

萨缪尔森等人用乘数和加速数的交织作用来解释经济周期，涵盖了阿夫塔里昂等人用加速数来解释经济周期的观点，笔者认为这是最为经典的非马克思主义经济周期理论。在现实的经济里，投资和产量确实会相互作用，这种相互作用确实会助长经济有规则的变化，但这是经济周期形成的机制，而且仅仅是投资机制，并不是经济周期的基本原因。如果说投资和产量的相互作用是经济周期的基本原因，那么人类社会早就从事投资活动了，为什么到资本主义经济成熟的时候才出现经济周期呢？如果说在经济繁荣时期产量停止增加会导致投资需求的下降，但是投资需求并不是唯一的社会需求，而且在这个阶段消费需求很旺盛，为什么产量一定会继续下降呢？

陶西格认为经济周期是人们判断的误差造成的。应该指出，人们的判断应该是各种各样的：有人会作这样的判断，有人会作那样的判断。但是，经济周期是有规则变化的。这样，人们为什么在同一个时间都作出相似的错误判断呢？人们为什么100多年来总是周而复始地作出错误的判断呢？

熊彼特等人用企业家创新，特别是技术创新来解释经济周期变化有一定的道理。由于重要的技术创新带有间歇性，而且重要的技术创新又对经济具有重要影响，重要的技术创新的潮起潮落会导致经济的波动。但是，重要的技术创新不是经常发生的，而经济周期表现出来是7~8年的时间。没有证据表明，每7~8年就会出现一次重要的技术创新的突破。另外，经济波动不等于经济周期。即使技术创新潮落，也没有理由一定会导致生产过剩。但是，资本主义经济危机明确无误就是生产过剩的危机。因此，技术创新的因素有助于解释较长时间的经济周期，而且还要把它与其他因素相结合才能解释较长时间的经济周期。

从上面的分析可以看到，非马克思主义经济周期理论可以划分为两种类型：一种类型是分析某种因素对经济周期的影响；另一种类型是分析导致经济周期变化的各种机制。笔者认为，在现实的经济中，导致经济周期变化的因素是错综复杂的，各种因素都有可能在不同程度上对经济周期变化产生影响。但是，如心理变化、总统选举、判断误差等因素都不是经济周期的主要原因或者基本原因。另外，非马克思主义经济学关于经济周期形成机制的分析是有意义的，如货币供给、利率、信贷、乘数和加速数的交织作用等，都会助长经济的周期变化，但是它们都不是主要原因或基本原因。

因此，马克思关于经济周期的思想是深刻的，资本主义经济周期的基本原因还要从资本主义的经济制度中去寻找。正如马克思在分析经济危机发生的可能性时反复说的，这些非马克思主义经济学者分析的实际上是经济危机的形式而不是本质的问题。

二、对经济周期原因的重新认识

（一）经济周期的基本原因在于市场经济体制

笔者认为，马克思关于经济周期基本原因的分析思路是正确的，经济周期的根本原因应该从制度因素中去寻找。但是，经济制度与经济体制是两种不同的制度，笔者认为有必要在新的历史条件下对经济周期形成的制度原因进行重新思考。

经济制度是以生产资料所有制为基础的生产和分配的制度，经济体制是社会资源的配置方式。历史上，资本主义经济制度和市场经济体制是孪生兄弟。包括商品市场和金融市场在内的各种市场的发展催生出资本主义经济制度，而资本主义经济制度确立以后就一直采用市场经济体制对社会资源进行配置。

正因如此，人们长期以来一直认为，只有在资本主义经济制度下才能实行市场经济体制，社会主义经济制度将实行计划经济体制，这样资本主义经济制度和市场经济体制就变得更加密不可分了。另外，历史事实证明，封建主义经济没有出现经济周期，经济周期是在资本主义经济制度和市场经济体制发展到一定程度以后才出现的。因此，马克思主义经济学者们从资本主义经济制度本身去寻找经济周期的原因，在方向上是正确的。

但是，社会主义国家的实践表明，在从资本主义发展阶段过渡到共产主义发展阶段的过程中，存在一个漫长的社会主义发展阶段。在这个阶段，国家所有制或集体所有制取代了资本主义私有制，或者国家所有制或集体所有制在生产资料所有制中占据主导地位。如果说经济周期形成的原因是资本主义经济制度，那么社会主义国家中就不应该出现经济周期。但是中国的经济实践表明，经济周期发生了。

由于马克思主义经济学者研究的经济周期的重要特征是出现生产过剩，笔者认为，要判断一个经济体是否出现经济周期，可以从两个角度观察：一是国内生产总值增长率发生了有规则的波动，二是阶段性地出现了生产过剩的情况。下面就从这两个角度来判断中国是否出现了经济周期。

图 14-1 说明了中国 1979—2022 年以不变价格计算的国内生产总值的增长率。如果结合图 14-1 和统计数据进行分析，那么 1979—2022 年，中国经历了 5 次通货膨胀和 4 次相对衰退。5 次通货膨胀发生的时间分别是 1984—1985 年、1988—1989 年、1993—1994 年、2003—2004 年、2010—2011 年，4 次相对衰退发生的时间是 1989—1990 年、1998—2002 年、2012—2018 年、2020—2022 年。其中 1989—1990 年的经济相对衰退一定程度上是西方发达国家对中国的经济制裁造成的，2020—2022 年的经济相对衰退是新型冠状病毒疫情造成的，都属于非经济因素。

图 14-1　1979—2022 年中国实际国内生产总值增长率的波动情况

资料来源：国家统计局，年度数据，http：//www. stats. gov. cn。

改革开放以前，中国经济是短缺经济，总供给长期小于总需求。改革开放以后，中国的总供给和总需求都在迅速扩张，但很长一段时间以来总供给依然小于总需求，因而发生了多次比较严重的通货膨胀。但是，随着中国社会生产力的迅速发展，中国在20世纪90年代末终于出现了生产过剩，1998—2002年、2012—2018年两次经济相对衰退都是生产过剩造成的。虽然这两次生产过剩没有造成国内生产总值的负增长，但带来了国内生产总值增长率的逐年下降和价格水平的下降。其中2012—2018年国内生产总值增长率较长时间的下降是经济发展方式转变的艰难时期与经济周期的衰退时期重叠造成的。显然，中国出现经济周期已经成为不可回避的事实。

在中国，国有经济和集体经济在经济中处于主导地位。即使民营经济和外资经济在不断发展，但中国显然不是一个资本主义生产资料所有制占主导地位的国家，那为什么经济周期也如此明显地表现出来呢？中国出现的经济周期，显然不能用资本主义经济的基本矛盾来解释。

根据主要资本主义国家和作为社会主义国家的中国的实际情况，笔者认为，经济周期形成的原因是市场经济体制而不是资本主义经济制度。由于资本主义经济制度和市场经济体制是孪生兄弟，而资本主义经济制度强化了市场经济体制的作用，所以人们没有注意到资本主义经济制度和市场经济体制的区别，没有注意市场经济体制对经济周期发挥的作用。

如果说货币执行流通手段和支付手段的职能使经济危机的发生成为可能，那么市场经济体制的形成将使经济危机的发生成为现实。西方经济学者们很早就意识到市场调节的失灵现象，但是他们指出的市场调节失灵主要是在微观经济领域的失灵。在经济出现垄断的情况下，在市场信息不完全的情况下，在存在负的外部效应的情况下，在公共产品的生产领域，市场的调节是失灵的。但是，市场的调节不仅在微观经济领域存在失灵的现象，在宏观经济领域同样存在失灵的现象。马克思早就指出："价值规律不过作为内在规律，对单个当事人作为盲目的自然规律起作用，并且是在生产的各种偶然变动中，维持着生产的社会平衡。"① 后来的马克思主义经济学者们也指出了市场经济体制自发和盲目发生作用的特点。

在市场经济体制下，社会资源的配置是通过价格机制的调节实现的，各个生产部门比例的均衡也是通过价格机制来调节的。但是，价格机制的调节作用一方面是低成本和有效率的，另一方面是自发和盲目的。在存在商品生产和交换的条件下，各个生

① 马克思．资本论：第3卷［M］//马克思，恩格斯．马克思恩格斯全集：第25卷．北京：人民出版社，1974：995.

产者是独立的，为利润而进行生产。如果某种商品出现供不应求的现象，商品市场将通过价格的上升向生产者发出信号。在利润动机的支配下，生产者将增加这种商品的生产。由于生产者之间没有协调也不可能协调，一旦生产者反应过度，大规模扩张生产能力，这种商品将出现过剩。如果许多商品都发生这种情况，那么社会生产将出现过剩。一旦生产过剩成为普遍的现象，生产者不得不收缩生产。在经济收缩的情况下，总供给和总需求达到平衡，生产者开始更新固定资产，经济开始趋向上升，经济周期由此产生。

市场经济体制是经济周期形成的主要原因，但是市场经济体制导致经济周期的发生还需要有下述前提条件：社会生产力已经发展到一定的水平，社会生产可以迅速地扩张。马克思是正确的，他指出："当机器工业如此根深蒂固，以致对整个国民生产产生了绝对的影响时；……只是从这个时候起，才开始出现不断重复的周期，它们的各个相继的阶段都为时数年，而且它们总是以一场普遍危机的爆发而告终，这场危机既是一个周期的终点，也是另一个新周期的起点。直到现在，这种周期的延续时间是十年或十一年，但绝不应该把这个数字看作是固定不变的。"①

从历史上看，虽然市场经济体制在资本主义经济条件下趋向成熟，但商品生产和交换早在资本主义经济产生以前就存在。如果把价格机制的形成和发展看作一个过程，那么尽管在资本主义经济产生以前价格机制并不完善，但是它也在一定的程度上和以一定的形式发挥作用。经济周期之所以在资本主义经济产生以前并不明显，原因在于社会生产力水平还不高。生产者即使发现商品出现短缺的情况，也不可能迅速地扩大生产能力，普遍的生产过剩不大可能发生。

（二）经济制度在经济周期中的作用

如果说市场经济体制是经济周期的基本原因，那么经济制度在经济周期的形成中起了什么作用？由于市场经济体制是在一定的经济制度下运行的，经济制度将起着放大或弥补市场经济体制弱点的作用。

在资本主义经济制度下，生产已经社会化了，但是生产资料却是私人占有。资本唯利是图的本质使社会生产处于更加没有秩序的状态，资本家将越来越多的财富聚集在自己手里削弱了劳动人民有支付能力的需求，这一切都加剧了价格机制调节盲目性的后果，从而使经济周期性的变化变得更加强烈。20世纪30年代资本主义世界的经济

① 马克思．资本论：第1卷［M］//马克思，恩格斯．马克思恩格斯全集：第23卷．北京：人民出版社，1972：695.

“大萧条”就是一个有力的例证。这次“大萧条”生动地说明，传统的资本主义经济制度与市场经济体制的结合将导致经济波动更加剧烈。要么调整资本主义经济制度，要么调整市场经济体制，否则资本主义经济将可能在经济危机中崩溃。

正是在这样的情况下，经济学界出现了“凯恩斯革命”。虽然凯恩斯没有意识到经济周期的基本原因在于市场经济体制，而资本主义经济制度又强化了市场经济体制的弱点，但是经济“大萧条”的铁的事实使凯恩斯意识到资本主义经济不可能保持充分就业条件下的国民收入的均衡。凯恩斯从生产过剩的现象得出与“生产过剩”属于同义反复的“需求不足”的原因，又进一步把“需求不足”的原因归咎于人们的心理特点。

理论上的解释可以含糊其词，政策上的建议则必须能够解决问题。尽管凯恩斯对经济萧条的原因的解释是肤浅的，但经济现实告诉凯恩斯私人经济会出现周期性需求不足的情况，必须通过政府的干预来刺激总需求。基于这样的认识，凯恩斯提出了宏观财政政策和宏观货币政策的建议。政府可以通过调整财政支出和财政收入来调整政府的需求以及私人的消费需求与投资需求，还可以通过调整货币供给来影响利息率并进而影响私人的消费需求与投资需求。这就是说，用政府这只“看得见的手”去弥补市场这只“看不见的手”的缺陷。

主要资本主义国家的政府在第二次世界大战以后重建经济时，面对20世纪30年代经济萧条的沉痛教训，对经济制度和经济体制进行了一定的调整。首先，资本主义国家在保持资本主义私有制不变的前提下对资本主义的生产关系进行了一定的调整，特别是对资本主义的分配关系进行了一定的调整。一方面通过累进的所得税和高额的遗产税来调节收入分配的差异，另一方面通过建立社会福利制度来维持失业者和贫穷家庭的最低生活需要。其次，资本主义国家的政府采用了凯恩斯学派的政策建议，不断用宏观财政政策和宏观货币政策去调节社会需求，以保持经济的稳定。

应该指出，资本主义国家在经济制度和经济体制上的调整对于缓和经济周期的波动幅度发挥了一定的作用。工人阶级的斗争、累进所得税制和社会福利制度在一定程度上缓和了生产迅速扩张和社会需求相对缩小的矛盾，政府的宏观经济政策在一定程度上缓和了企业生产的有组织和社会生产的无政府状态的矛盾。正因如此，在第二次世界大战以后，再也没有发生像20世纪30年代那样严重的经济萧条。但是，资本主义国家只是对经济制度和经济体制进行调整，它们没有改变资本主义经济制度和市场经济体制的基本特征。价格调节机制的盲目性受到了一定程度的抑制，但仍在发挥着主要的作用。资本主义经济制度放大价格调节机制弱点的作用有所缓和，但还仍然存在。因此，在第二次世界大战以后，经济周期和经济危机还是一次一次地发生。

既然经济周期发生的主要原因是市场经济体制，那么在社会主义经济制度下，只要实行市场经济体制，经济周期仍然会发生。在现实的社会主义经济制度中，国家所有制、集体所有制、个人所有制等多种所有制并存，商品生产者是彼此独立的，为利润进行生产。因此，他们对市场的反应是很敏感的，会根据市场价格的信号来调整产量，价格调节机制的自发性和盲目性仍然存在，经济周期仍然会发生。即使社会主义经济制度中只存在国家所有制和集体所有制的公有制形式，在市场经济体制下，商品生产者之间的关系仍然是相互独立的商品交换的关系，价格调节机制仍然会自发地发挥作用，经济周期同样会发生。

但是，应该说明的是，在指出市场经济体制的弱点的同时不能否认它的优点。像中国这样一个社会主义国家实行市场经济体制是正确的。显然，在中国现有的社会生产力发展水平上，不可能指望有一个计划机构能够有效地对数十万种社会产品的生产作出安排，也不能想象行政性的计划指令有利于发挥数十万个企业的积极性和创造性。市场经济体制能够有效地调节社会资源的配置，能够激励商品生产者的积极性和创造性，中国是根据长期的经济实践才选择了市场经济体制的。但是，任何的经济决策都是既有收益又有代价的，任何经济体制都是既有优点又有缺点的，市场经济体制不会因为中国的选择就变得完美无缺。

中国实行改革开放以来，市场经济体制的逐步建立激发了经济活力，促进了中国经济长期和高速增长。但是，经济周期也开始显现出来。

如果说资本主义经济制度起着放大市场经济体制弱点的作用，那么社会主义经济制度又发挥着什么作用呢？在社会主义经济制度下，国有企业处于经济的核心部门，在经济中发挥主导的作用。因此，在社会主义经济制度下，政府除了可以用宏观财政政策和宏观货币政策对经济进行调节以外，还可以通过国有企业的投资等手段对经济进行调节。这意味着在社会主义经济制度下政府的经济调节力度和效率要强于资本主义经济制度，社会主义经济制度起着弥补市场经济体制弱点的作用。

（三）市场经济体制导致经济周期变化的过程

按照笔者的看法，在市场经济条件下，典型的资本主义经济周期的形成过程如下：

在普遍的生产过剩发生以后，部分企业和金融机构破产，失业率上升，消费需求和投资需求减少，产值下降，企业的经营状况和劳动人民的生活状况恶化。正是这样对社会生产力的强制性破坏，经过一段时间的调整，总供给和总需求逐渐恢复均衡。这就是经济周期的危机阶段。

在经济危机阶段过后，资本家发现经济前景趋好，商业机会增加，开始更新固定资本以及新增固定资本投资，就业开始增加。在市场经济条件下，价格机制调节着社会资源的配置。尽管价格机制是低成本和有效率的，但它又是自发和盲目的。资本主义生产的社会化和生产资料私人占有的基本矛盾又加剧了价格机制的自发性和盲目性。资本家为了追逐利润，根据商品相对价格的变化去寻找投资的对象。只要某个产业的商品供不应求、价格上涨，资本家就会争先恐后地进行投资，以争取获得先机。

在这个时期，有两个主要的经济周期机制在发挥作用：第一个机制是资金融通的机制，第二个机制是投资和产值相互作用的机制。从资金融通的机制来说，货币当局为了促进经济的复苏，实行扩张性的货币政策，货币供给增加，银行信贷充裕，利息率较低。另外，随着经济开始恢复，债券市场和股票市场交易活跃。因此，资本家既可以通过银行融通资金，也可以通过证券市场融通资金，从而起到了加速资本积累的作用。从投资和产值相互作用的机制来看，投资需求的增加导致了失业率的下降和消费需求的增加，而投资需求和消费需求的增加又导致了产值的上升。产值的上升在客观上要求有更多的投资，从而对投资具有加速的作用。在这两个机制的作用下，产值不断趋向上升，这就是经济周期的复苏阶段。

资本天生具有积累的冲动。资本家为了获取更多的剩余价值，为了在竞争中处于有利地位，不断地把剩余价值资本化，资本积累迅速扩张。随着产值的上升，各个阶级和各个阶层的收入都在不同程度地增加。但是，收入分配不可能是均等的，不同阶级和阶层的收入差距趋向扩大。由于高收入者的边际消费倾向较低而低收入者的边际消费倾向较高，消费需求存在相对缩小的发展趋势。在资本主义经济制度下，资本家为了获得更多的剩余价值总是设法压低工资，所以在本质上也形成劳动人民有支付能力的消费需求相对缩小的趋势。但是，投资可以在一段时期里自我维持。投资需求导致生产资料生产的扩大和产值增加，产值的增加又产生更多的投资需求，如此继续下去。由于消费需求和投资需求相对旺盛，利息率和价格水平趋向上升。这就是经济周期的繁荣阶段。

在这个时期，货币当局将实行收缩性的货币政策，货币供给减少。但是，由于经济繁荣，银行趋向于把法定准备金比率控制在最低的水平，尽量地增加贷款以获取更多的利息收益。债券市场和股票市场也处在亢奋之中，价格上升，投机倾向加剧。但是，投资的继续增加终于遇到了劳动人民有支付能力的消费需求的限制，生产过剩开始出现。

在这个时期，资金融通机制与投资和产值相互作用机制这两个经济周期的机制开始在相反方向发挥作用。由于生产过剩开始出现，部分企业无力偿还银行的贷款，银行的呆账坏账增加，银行信贷收缩。另外，债券市场和股票市场对经济作出反应而出现较大幅度下跌，个人、企业和金融机构的金融财富减少。这样，消费需求下降，投资需求下降幅度会更大，从而导致产值减少。在消费需求、投资需求和产值减少的情况下，生产过剩变得更为严重，又继续导致投资需求的下降，并持续下去。这就是经济周期的衰退阶段。

随着产值的迅速下降，经济又进入危机阶段。资本主义经济就是这样周而复始地发生周期性变化。

三、对经济周期原因经典解释的再解释

按照马克思主义经济学界对经济周期原因的经典解释，经济周期形成的根源是资本主义经济的基本矛盾，即生产的社会化与生产资料的私人占有之间的矛盾。由于存在资本主义的基本矛盾，各个企业内部的生产是有组织的但整个社会的生产却处于无政府状态，资本主义生产可以迅速扩张但劳动人民有支付能力的需求却相对缩小。

作为资本主义经济基本矛盾第一种表现形式的企业内部有组织生产与社会生产无政府状态的矛盾，实际上是市场经济体制的弱点。无论是资本主义经济还是社会主义经济，只要实行市场经济体制，这个矛盾都会不同程度地存在。显然，在市场经济体制下，各个商品生产者彼此独立，都通过价格等市场信号扩大或减少生产。他们内部的生产是有组织的，但是整个社会的生产是依靠价格机制调节的。当然，在资本主义经济制度下，资本家阶级为追逐剩余价值而生产，不会顾及社会的利益而只会顾及自己的利益，从而会加剧这个矛盾。在社会主义经济制度下，国有经济作为一个重要的经济成分，会更多地顾及社会的利益，从而会缓和这个矛盾。

作为资本主义经济基本矛盾第二种表现形式的生产迅速扩张与有支付能力需求缩小的矛盾，也是工业化时代市场经济体制的特征。在工业化时代，社会生产力迅速发展，生产在短时间内可以大规模扩张。但是在市场经济体制下，市场对收入分配的调节是失灵的，收入分配有扩大的倾向。对于高收入阶层来说，他们的消费需求已经得到满足，没有更多的消费需求。对于低收入阶层来说，他们有很多的消费需求需要满足，但他们没有足够的收入。因此，生产迅速扩张与有支付能力需求缩小出现矛盾。当然，在资本主义经济制度下，资本家阶级为了获取剩余价值，会千方百计地压低工人的工资，因而从制度本身来说会加剧这个矛盾。在社会主义制度下，国有经济没有私有经济那么强烈地追求利润的动机，因而从制度本身来说会缓和这个矛盾。

应该指出，这里仅仅就制度本身而言，具体到现实的经济有可能出现差异。西方发达国家都是资本主义国家，一方面工人阶级为维护自己的经济利益不断地进行斗争，

另一方面这些国家经济发展水平已经很高，资本家阶级让渡部分利润也仍然会有高额的利润收入，因而收入分配扩大的趋势有所缓和，基尼系数相对来说不是很高。而像中国这样的社会主义国家是从落后的国家发展起来的，尽管收入分配差别不是资本家阶级和工人阶级的收入分配差别，但还会产生这个阶层和那个阶层、这个产业和那个产业、城市和农村的收入分配差别，收入分配差距比较大，基尼系数比较高。但是，这种区别是经济发展阶段的区别，而不是制度本身的区别。

笔者的上述看法曾经以《对经济周期形成原因的重新认识》为题，发表在2005年第8期《当代经济研究》杂志上。中国经济学者刘明远在2009年出版的《马克思主义经济危机和周期理论的结构与变迁》中，对笔者的看法予以肯定。他指出："把经济波动的一般原因归结为市场经济体制是一个重要的进步，它克服了马克思主义传统经济周期理论只适合解释资本主义经济周期而不适合解释社会主义经济周期的局限性，使它兼有同时解释受两种制度支配的经济周期的能力。把影响经济周期的制度因素和体制因素加以区分，是理论发展的突破点。"①

第四节　经济危机和金融危机的联系和区别

一、经济危机与银行危机的联系和区别

（一）金融危机的含义

笔者认为，人们常常把经济危机与金融危机混为一谈。从字面上看，金融危机似乎属于经济危机，但是经济危机在经济学里是有严格定义的，不是任何经济类的危机都是经济危机。经济危机与金融危机相互区别：经济危机是指生产过剩带来的危机，而金融危机是指货币或金融发生剧烈动荡带来的危机。但是，经济危机与金融危机又相互联系：经济危机发生的过程中往往伴随着金融危机的发生，金融危机的爆发有可能导致经济危机的发生。

关于金融危机的定义和类型，在经济学界并没有统一的看法，按照笔者的理解，金融危机是指货币和金融发生剧烈动荡带来的危机，主要包括下述类型：

第一，银行危机。商业银行是资金融通的中介机构，如果部分商业银行因收不回

① 刘明远．马克思主义经济危机和周期理论的结构与变迁［M］．北京：中国人民大学出版社，2009：476.

贷款而偿还不了存款走向破产，银行体系将出现剧烈动荡。这种现象被称为银行危机。

第二，货币危机。货币危机包括对内货币危机和对外货币危机。对内货币危机是指发生了严重的通货膨胀，货币大幅度贬值而发生的货币危机。对外货币危机是指本币对外币的汇率大幅度贬值而发生的货币危机。对内货币危机是对国内价格水平而言，对外货币危机是对外国货币而言。

第三，债务危机。债务危机是指政府和私人部门不能偿还债务而发生的危机，包括对内债务危机和对外债务危机。对内债务危机是指政府和私人部门部门不能偿还对内债务而发生的危机，对外债务危机是指政府和私人部门不能偿还对外债务而发生的危机。如果政府不能偿还对外债务，一般称为主权债务危机。

在20世纪90年代以后，金融危机变得更加频繁了。对此笔者在第五章作出了新的解释，当代资本主义国家的金融危机是金融资本的贪婪和资本积累导致的经济虚拟化造成的。回溯金融危机的历史，它在不同的历史时期有不同的原因和特点，笔者将分别对不同类型的金融危机进行探讨。

关于金融危机发生的临界值，在经济学界也没有统一的看法。按照美国经济学者莱因哈特（C. M. Reinhart）和罗格夫（K. Rogoff）的看法，银行危机的临界值为发生了银行挤提事件并导致一家或多家银行破产，或者在没有发生银行挤提事件的情况下一家重要银行或银行集团破产；对内货币危机的临界值为年通货膨胀率超过20%；对外货币危机的临界值为本币对主要国际货币的汇率年贬值率达到15%或以上；政府债务危机的临界值为政府未能到期偿还对外或对内债务。①

笔者认为，莱因哈特和罗格夫对金融危机临界值的规定过于严格。在世界范围内，银行体制有两种形式：一种形式是独立银行制，银行体系由许多彼此独立的银行组成，有的银行有很多分行，有的银行没有分行；另一种形式是分支银行制，银行体系由少数几家银行组成，每家银行有很多分行。对于前一种银行体系来说，达到一定比例的银行破产才能被认为发生了银行危机；对于后一种银行体系来说，一家主要银行破产就可以被认为发生了银行危机。另外，在现行的牙买加体系下，一种货币对主要国家货币汇率出现波动是正常现象，如果参考以上对外货币危机的临界值，那么许多国家都发生了货币危机，但实际上这样的“危机”对它们的经济影响不大。因此，笔者认为把本币对主要国际货币汇率月贬值率达到20%或以上作为临界值是比较适宜的。

① 莱因哈特，罗格夫．这次不一样：八百年金融危机史［M］．北京：机械工业出版社，2012：4，8.

（二）银行危机发生的原因

据莱因哈特和罗格夫统计，从1800年到2008年，139个国家和地区发生了357次银行危机。[①]

银行危机是银行收不回贷款因而偿还不了存款发生破产的危机。银行危机的直接原因是错综复杂的，既有经济的原因，也有非经济的原因；既有银行的原因，也有借款者的原因。笔者认为，概括起来，银行危机的直接经济原因主要有：

第一，泡沫经济。所谓泡沫经济是指过度投机造成的一种表面的繁荣景象。由于这种经济状态像肥皂泡一样，既可以迅速膨胀也可以瞬间破裂，因此被称为泡沫经济。在现代经济中，由于投机性最强的资产主要是物质资产房地产和金融资产股票，泡沫往往出现在房地产和股票市场。

无论是房地产还是股票都是由供给与需求决定的，当投机者预期房地产和股票价格上升的时候，他们会不断从银行取得贷款去投机房地产和股票，从而推动了房地产和股票价格的上升。在这种情况下，银行因抵押品价格上升也乐于以宽松的条件发放贷款，银行信用迅速扩张。但是，房地产和股票的价格最终还是会受到它们所体现的价值的制约而不可能无节制上涨。一旦投机者判断房地产和股票的价格不大可能继续上涨的时候，他们就会抛售房地产和股票，房地产和股票的价格就会大幅度下跌。在这种情况下，房地产商以及房地产和股票投机者将无法偿还银行的贷款，银行坏账会迅速增加而走向破产。

例如，英国1815年、1825年、1857年的银行危机，美国1857年、1907年、2008年的银行危机，阿根廷1890年的银行危机，澳大利亚1893年的银行危机，奥地利1873年的银行危机，意大利1891年和1907年的银行危机，挪威1898年的银行危机，日本1992年的银行危机，都是泡沫经济破裂导致的银行危机。

第二，经济衰退。有的国家在经济陷入衰退或危机阶段时，生产过剩导致产值下降、企业破产和失业增加。在这种情况下，个人住房抵押贷款的违约率上升，困难企业的借款成为银行的呆账，破产企业的借款成为银行的坏账，部分银行因呆账率和坏账率过高而走向破产，从而爆发银行危机。也有的国家经济结构单一，过于依赖某个产业的出口。一旦这个产业的出口受到不利影响，债务链条中断，银行因呆账和坏账增加而破产，从而爆发银行危机。

例如，日本1882年的银行危机、巴西1900年的银行危机、加拿大1908年的银行

---

① 莱因哈特，罗格夫．这次不一样：八百年金融危机史［M］．北京：机械工业出版社，2012：262-288.

危机、印度1908年的银行危机、瑞典1922年的银行危机、美国1929年的银行危机、芬兰1931年的银行危机，法国1930年的银行危机、德国1931年银行危机、意大利1931年的银行危机、萨尔瓦多1998年的银行危机，都是经济衰退导致的银行危机。

第三，货币制度。货币制度导致的银行危机主要有两种情形：第一种情形是在信用货币制度建立前，由于中央银行不能调整货币供给，在经济发生通货紧缩的时候，流动性紧缺，个人和企业没有足够的货币资金来偿还银行贷款，造成银行破产。第二种情形则是在金本位制难以为继的时候，人们纷纷用银行券兑取黄金，银行无力兑现而走向破产。

例如，瑞典1811年的银行危机，比利时1838年、1925年的银行危机，法国1848年的银行危机，瑞士1879年的银行危机，秘鲁1872年的银行危机，智利1898年的银行危机，乌拉圭1898年的银行危机，日本1917年的银行危机，中国1923年的银行危机，阿根廷1931年的银行危机，西班牙1931年的银行危机，都是货币制度造成的银行危机。①

除了这些直接原因以外，还有某家重要银行因经营不善而破产等间接原因。由于银行相互之间存在借贷关系，这家银行破产有可能波及别的银行，造成银行危机。

从上面的分析可以看到，由于现行的货币制度是信用货币制度，通货紧缩或货币制度更迭导致银行危机发生的可能性不大，更为主要的原因是泡沫经济和经济衰退。又由于经济衰退导致的银行危机是经济周期的副产品，而对于经济周期的原因和经济周期的资金融通机制，前文已经作了分析，在这里需要进一步探讨的是泡沫经济形成的原因。

笔者认为，泡沫经济形成的基本原因是资本的贪婪和市场机制的失灵。资本天生就是要获取利润的。不断地实现自我增殖以获取更多的利润，是资本不竭的动力。在生产领域的资本要获得剩余价值，在资金融通领域的资本要获得资产的差价。因此，只要资产市场有投机机会，资本就会掀起投机风潮以获取暴利。另外，资产价格本来是一种机制，一方面受资产供给和需求的影响而发生变化，另一方面又通过这种变化调节着资产的供给和需求。但是，由于价格机制的作用是自发的和盲目的，资本就可以通过人为地影响资产的供给和需求来影响资产的价格，从而导致资产泡沫。如果资产泡沫成为一种比较普遍的现象，就形成泡沫经济。

（三）银行危机与经济危机的关系

由此可见，银行危机和经济危机是在资本追逐利润的本质和市场经济体制下产生

① 莱因哈特，罗格夫．这次不一样：八百年金融危机史［M］．北京：机械工业出版社，2012：262-288.

的两种不同类型的危机，既有区别又有联系。银行危机与经济危机的区别表现在下述方面：第一，银行危机自银行产生以后就可能发生，而经济危机则是在资本主义经济走向成熟的时期才发生的。第二，银行危机至今没有表现出周期性的特点，而经济危机周期性的特点是很明显的。第三，银行危机的原因是银行债务链条的中断，而经济危机的原因则是生产过剩。第四，银行危机主要表现为银行破产，而经济危机则表现为社会生产收缩。从历史上看，一个国家发生经济危机未必发生银行危机，一个国家发生银行危机也未必发生经济危机。

但是，银行危机与经济危机也相互联系：银行危机或者是经济危机的诱因，或者是经济危机的结果。一个国家发生严重的经济危机一般会导致银行危机，而一个国家发生严重的银行危机一般也会导致经济危机。

关于严重的经济危机导致银行危机，可以以美国1929年的经济危机为例。1929年，美国爆发了前所未有的经济危机。按照不变价格计算，美国国民生产总值1930年、1931年、1932年的增长率分别是-8.5%、-6.4%、-12.9%。美国的经济“大萧条”对银行也造成了严重的冲击，同时爆发了前所未有的银行危机。1931年8月到1932年1月，美国有1860家银行破产。

关于严重的银行危机导致经济危机，可以以美国2008年的银行危机为例。2007年，美国爆发了次级住房抵押贷款危机。所谓次级住房抵押贷款是向信用等级比较低的人发放的住房抵押贷款，或者是以低比例首付的方式发放的住房抵押贷款。2008年9月，美国次级住房抵押贷款危机激化。由于住房抵押贷款证券化，遭受损失的金融机构迅速从商业银行扩展到投资银行、储蓄银行、抵押贷款融资机构、保险公司。2008年、2009年、2010年分别有25家、140家、157家银行破产。美国的银行破产导致了个人和企业储户的损失以及银行信贷的收缩，部分企业陷入困境，消费需求和投资需求受到不利影响。另外，股票价格暴跌使个人和机构的金融财富减少，进一步对消费需求和投资需求产生不利影响，结果美国经济陷入衰退。2009年，美国以不变价格计算的国内生产总值下降了2.6%。

二、经济危机与货币危机的联系和区别

（一）对内货币危机

货币危机包括对内货币危机和对外货币危机，前者是指发生严重通货膨胀而导致的货币贬值，后者是指本币对外币的汇率发生大幅度贬值。

对内货币危机的历史比经济危机的历史早得多，欧洲国家从 16 世纪初开始就不断地发生对内货币危机。消费者价格指数上涨率达到 10%~20%的通货膨胀，有可能是短期的需求拉升或成本推进的冲击造成的，但是消费者价格指数上涨率超过 20%的通货膨胀，特别是恶性通货膨胀，一般是货币当局发行货币过多造成的。

20 世纪 30 年代金本位制解体以后，金本位制被信用货币本位制取代，货币当局除了具有印制纸币的权力，还可以用调整法定准备金比率、调整贴现率、对银行再贷款、在证券市场上买进政府债券的方式投放货币。在任何一个时期，物品和服务的数量是一定的，如果流通中的货币太多，单位物品和服务对应的货币数量增加，价格水平将趋向上升。

短期成本冲击造成通货膨胀的例子很多，比如美国。1973 年，第四次中东战争爆发。石油输出国组织为了打击支持以色列的国家实行石油禁运，推动石油价格大幅度上升，导致了第一次石油危机。由于美国是世界第一大石油进口国，美国的生产成本上升。1994 年，美国的消费品价格上升了 11.0%。1978 年，伊朗政局发生剧烈变化，世界第二大石油出口国伊朗的石油出口锐减。1979 年，世界石油价格大幅度上升，发生了第二次石油危机。1980 年美国的消费品价格平均上涨了 13.5%。当然，导致美国严重通货膨胀的因素很多，但成本冲击是主要因素。

短期需求冲击造成通货膨胀的例子也很多，比如中国。20 世纪 90 年代，中国经济高速增长。旺盛的消费需求、投资需求、政府支出、出口需求等因素交织在一起，造成了经济过热，中国消费品价格迅速上升。1993 年、1994 年和 1995 年，中国消费品价格年平均上涨率分别达到 14.7%、24.1%和 17.1%。当然，导致中国严重通货膨胀的因素很多，但需求冲击是主要因素。

历史上恶性通货膨胀的典型案例是 1921 年到 1923 年发生在德国的通货膨胀。1918 年德国战败，赔偿战争受害国 2000 多亿马克，阿尔萨斯和洛林割让给法国，萨尔煤矿区划归法国开采 15 年，莱茵河以西的领土由协约国占领 15 年，承认奥地利独立，所有海外殖民地被割让给其他协约国等。德国经济遭受战争的破坏，政府财政收入减少，但是政府不仅要赔偿战争款，还要重建经济，结果滥发货币，造成恶性通货膨胀，1 万亿马克只能买一个面包！

近年恶性通货膨胀的典型案例是 2004 年到 2008 年发生在津巴布韦的通货膨胀。2000 年到 2002 年，津巴布韦政府采取激进的土地改革措施，没收或征收白人的土地交给黑人，导致严重的种族冲突。一方面，大量资本逃离津巴布韦，西方发达国家对津巴布韦进行经济制裁；另一方面，黑人获得土地以后由于缺乏技术和经验，作为支柱产业的农业和烟草业萎缩：津巴布韦经济陷入困境。在这种情况下，津巴布韦政府滥发货币，如2006年2月印制了21万亿津巴布韦元用于支付国际货币基金组织的借款，2006年5月印制了60万亿津巴布韦元用于支付士兵、警察等公务员的薪水，等等。2008年5月5日，货币当局发行面值为1亿津巴布韦元和2.5亿津巴布韦元的纸币。根据国际货币基金组织的统计数据，津巴布韦消费品价格平均上涨率在2004年达到114%，2008年达到157%。[①]

(二) 对内货币危机与经济危机的关系

从上面的分析可以看到，经济危机与对内货币危机存在重要区别：第一，经济危机产生的原因是生产过剩，对内货币危机产生的原因是短期需求和供给的冲击或者货币供给量的过度膨胀。第二，尽管在经济周期的繁荣阶段往往会发生通货膨胀，但通货膨胀并不意味着对内货币危机，只有严重的通货膨胀才会形成对内货币危机。因此，通货膨胀与经济危机一样是周期性现象，但对内货币危机不是周期性现象。第三，经济危机往往伴随着价格水平下降，所以在一般情况下经济危机不会导致对内货币危机。第四，对内货币危机导致价格机制的作用受到破坏，经济陷入衰退，但是这种经济衰退往往是社会生产和社会需求同时收缩，不像经济危机那样是生产过剩造成的经济衰退。

(三) 对外货币危机

在世界范围内，对外货币危机是经常发生的事件，发达国家和发展中国家都发生过对外货币危机。

关于发达国家的对外货币危机，可以英国为例。英国20世纪80年代末90年代初的国际收支情况一直不好。1989年、1990年、1991年、1992年英国的经常项目逆差分别为410.84亿美元、368.95亿美元、164.60亿美元、196.22亿美元，对国内生产总值的比例分别为4.1%、3.1%、1.3%、1.5%，[②] 英镑汇率存在贬值压力。在这种情况下，1992年9月初，投机者在英国外汇市场掀起投机浪潮，英镑受到重创。9月16日，英国政府无力稳定英镑对马克和法郎的汇率，不得不宣布退出欧洲货币体系。英镑对马克的汇率从1992年5月29日的2.9382贬值到1992年10月8日的2.4800，在约5个月的时间里贬值幅度达到15.59%。[③] 但是，英国以不变价格计算的国内生产总值增长率在1992年是0.4%，在1993年是2.5%，英国的对外货币危机没有对经济造成很

---

① IMF, DataMapper, https://www.imf.org/external/datamapper/.

② IMF, DataMapper, https://www.imf.org/external/datamapper/.

③ Bank of England, interest and exchange rate data, http://www.bankofengland.co.uk.

大的影响。[①]

关于发展中国家的对外货币危机，可以泰国为例。20 世纪 90 年代中期，由于国际市场对泰国主要出口商品的需求发生变化以及泰国经济发展导致进口需求大量增加，泰国出现了严重的经常项目逆差。1995 年和 1996 年，泰国的经常项目逆差分别达到 135.82 亿美元和 146.91 亿美元，对泰国国内生产总值的比例分别达到 8.0%和 8.0%，泰铢存在贬值压力。在这种情况下，投机者在泰国的外汇市场上掀起投机风潮。1997 年 7 月 2 日，泰铢对美元汇率大幅度贬值，在在岸市场上贬值 15%，在离岸市场上贬值 20%，泰国爆发了对外货币危机。泰国国内生产总值增长率在 1997 年、2018 年分别为-2.8%、-7.6%。[②] 泰国的对外货币危机对经济产生很大影响。

（四）对外货币危机与经济危机的关系

从上面的分析也可以看到，经济危机与对外货币危机也存在重要的区别：第一，经济危机和对外货币危机产生的原因是不同的，经济危机的原因是生产过剩，对外货币危机的原因是对内货币危机或者国际收支逆差。第二，经济危机是一种周期性的现象，对外货币危机不是周期性的现象。第三，生产过剩经济危机的发生不一定导致对外经济活动的恶化，所以不一定导致对外货币危机。第四，对外货币危机会导致资本外流，如果资本外流很严重，有可能导致经济衰退。但是这种经济衰退是社会生产和社会需求同时收缩，与生产过剩导致的经济危机是不同的。

另外，国内价格水平大幅度上升导致该国出口减少进口增加，从而导致该国货币汇率大幅度贬值，也就是对内货币危机会导致对外货币危机。但是，即使没有发生对内货币危机，如果一个国家发生严重的国际收支逆差，也会导致对外货币危机。对于发展中国家来说，由于跨国资本流动飘忽不定，经常项目的差额往往决定了本国货币汇率的走势。一旦发生严重的经常项目逆差，它们货币的汇率就会大幅度贬值。

三、经济危机与债务危机的联系和区别

（一）对外债务危机

债务危机包括对外债务危机和对内债务危机。对外债务危机的历史远早于经济危机，英国早在 1340 年就发生过有历史记载的第一次对外债务危机，法国、德国和西班

① IMF, DataMapper, https://www.imf.org/external/datamapper/.

② IMF, DataMapper, https://www.imf.org/external/datamapper/.

牙也分别在1558年、1683年和1557年发生了有历史记载的第一次对外债务危机。

对外债务负担过重是对外债务危机发生的基本原因。度量对外债务负担的指标主要是尚未偿还的对外债务占国内生产总值的比例。但是，对于本币不是国际货币的国家来说，由于对外债务要用国际货币偿还，而获得国际货币的主要途径是商品出口，因此另外一个度量对外债务负担的指标是尚未偿还的对外债务占出口额的比例。在这里，对外债务是指政府部门和私人部门的对外总债务。

根据莱因哈特和罗格夫对31个中等收入国家的统计分析结果，当它们的对外总债务对国内生产总值的比例平均达到69.3%，对外总债务与出口总额的比例平均达到299.9%的时候，就爆发了对外债务危机。当然，这仅是一个平均数，由于各国具体情况不同，发生政府对外债务危机时对外债务率的差别很大。例如，俄罗斯在1991年发生政府对外债务危机的时候，对外债务占国内生产总值的比例只有12.5%，而圭亚那在1982年发生政府对外债务危机的时候，对外债务占国内生产总值的比例高达214.3%。[①]

对外债务危机爆发的原因错综复杂，不同的国家情况也不同。可能的原因包括战争筹款、投资扩张、外汇储备等。

英国在1340年发生的对外债务危机是第一次真正的对外债务危机，是战争筹款导致的。当时意大利是一个国际金融中心，在英国和法国发生战争的过程中，英国政府一直从意大利筹集款项。1340年，英国爱德华三世的军队接二连三的失利，英国政府无力按时偿还意大利的贷款。消息传到意大利以后，出现了银行挤提现象，意大利佩鲁齐银行（Peruzzi）和巴迪银行（Bardi）宣告破产。

20世纪80年代拉丁美洲国家对外债务负担过重则是投资扩张导致的。世界经济在20世纪70年代处于繁荣阶段，初级产品价格不断上升，拥有丰富自然资源的拉丁美洲国家从中获得了巨大的利益。另外，拉丁美洲国家的经济迅速发展，成为发展中国家中表现最好的国家。在这种情况下，拉丁美洲国家的政府和企业希望通过借入外债的方式加快经济的发展，发达国家的银行集团也愿意向拉丁美洲国家大量发放贷款。但是到20世纪70年代末80年代初，世界经济转向衰退，初级产品价格大幅度下降，拉丁美洲国家无力偿还对外债务，10多个拉丁美洲国家爆发了对外债务危机。

1997年11月韩国的对外债务危机是外汇储备不足造成的。韩国长期以来走的是以借进外国债务为主、引进外国直接投资为辅的经济发展道路，韩国企业大量借进外国债务来加快企业扩张。在相当长的一段时间里，韩国取得了很大的成功。但久而久之，

① 莱因哈特，罗格夫．这次不一样：八百年金融危机史［M］．北京：机械工业出版社，2012：17-18.

韩国对外债务出现问题。到 1997 年第三季度结束的时候，韩国的短期对外债务为 1848 亿美元，不包括直接投资的长期对外债务为 2381 亿美元。韩国部分机构和企业在偿还对外债务的时候需要使用本币购买外汇，但是外汇市场没有如此大的外汇供给。韩国 1997 年 10 月的外汇储备是 297 亿美元，即使韩国货币当局动用了部分外汇储备，外汇储备在 1997 年 11 月和 12 月降低到 236 亿美元和 197 亿美元，也无法满足机构和企业对外汇的需求。① 在这种情况下，韩国机构和企业无法偿还对外债务，终于爆发对外债务危机。

战争筹款或外汇储备不足导致的对外债务危机与经济周期没有直接的关系，但是投资扩张导致的对外债务危机与经济周期存在一定的联系。前面对经济周期机制的分析表明，银行信贷是经济周期变化的一种加速器。在经济处于复苏和繁荣阶段时，包括国际信贷在内的银行信贷扩张。一旦经济衰退，包括国际信贷在内的银行信贷收缩，有可能引发对外债务危机。但应该指出，经济的周期性变化并不必然导致对外债务危机的周期性发生。只有某个国家在经济周期变化过程中出现对外债务负担过重的情况，才有可能发生对外债务危机。

（二）对外债务危机与经济危机的关系

对外债务危机与银行危机和对外货币危机存在比较密切的关系，往往是银行危机或对外货币危机的一个原因。如果债务国的对外债务危机很严重，而对外债务又集中在某几家银行，就有可能导致债权国的银行危机。1340 年英国的对外债务危机导致意大利的银行破产就是一个例子。另外，偿还对外债务常常意味着本国政府、机构和企业要用本币购买外汇，对外债务负担过重意味着要购买外汇的数量很大，将导致本币汇率贬值。1997 年 11 月韩国发生对外债务危机，11 月 17 日，韩元对美元的汇率跌到创纪录的 1008 韩元兑换 1 美元。到了 12 月 13 日，韩元对美元的汇率继续跌到 1738 韩元兑换 1 美元，韩国接着爆发了对外货币危机。

（三）私人部门对内债务危机

研究对外债务危机可以把政府部门和私人部门结合起来，但研究对内债务危机则需要把政府部门和私人部门分开。因此，对内债务危机包括政府部门对内债务危机和私人部门对内债务危机。在这里，私人部门包括居民、企业和金融机构。

度量居民、企业和金融机构微观债务风险的指标是杠杆率。居民的杠杆率是指居

① Bank of Korea, economic statistics system, http: //ecos. bok. or. kr/.

民的总收入对总负债的比率，企业的杠杆率是指企业的权益资本对总负债的比率，银行的杠杆率是指银行的权益资本对信贷资产的比率。杠杆率的倒数是杠杆倍数。度量居民、企业和金融机构宏观债务风险的指标是私人部门负债率，是指他们的负债总额对国内生产总值的比率。由于金融机构之间存在相互借贷的关系，通常重点考察居民和企业的负债率。2021 年，世界上 5 个主要发达国家和 5 个金砖国家的居民和非金融类公司债务占国内生产总值的比例如表 14-1 所示。从表中可以看到，发达国家居民和非金融类公司的负债率高于新兴市场经济国家。

表 14-1　2021 年各国居民和非金融类公司债务占国内生产总值的比例　（%）

国家	居民负债率	非金融公司负债率
英国	86.11	80.09
美国	78.03	84.71
日本	68.84	115.56
法国	56.68	169.35
德国	56.68	72.40
中国	62.14	131.45
巴西	33.77	54.36
南非	32.44	32.02
俄罗斯	22.10	79.84
印度	36.84	50.95

资料来源：IMF，Global Debt Database，https：//www.imf.org/external/datamapper/datasets/GDD.

当然，居民和企业的负债率不是越低越好，居民负债率过低意味着居民没有很好地利用金融市场来改善自己的生活，企业负债率过低意味着企业没有很好地利用金融市场来加快企业的发展。但是，对于主要资本主义国家来说，居民和企业负债率已经过高了。如果一个国家私人部门负债率过高，就很容易出现债务违约的情况。一旦出现了普遍的债务违约现象，就意味着发生了私人部门对内债务危机。

私人部门债务违约的主要原因有：

第一，对利润的追逐。金融机构的高杠杆倍数操作，即以较少的权益资本支配较多的资产，具有高收益和高风险的特点。如果成功了，收益率很高；如果失败了，损失率很高。部分金融机构为了追逐利润，采取高杠杆倍数操作方法，一旦某个债务链条断裂，或者经济发生了不利的变化，就会导致对内债务违约的发生。

第二，企业融资结构。企业融通资金主要有两种方式：一种是股权融资，即发行股票融通资金；另一种是债务融资，即发行债券或者通过银行融通资金。在股权融资的情况下，企业发放的股息可以随利润多少而变化。但是，在债务融资的情况下，不管企业是否获得利润都必须按期还本付息。因此，如果企业债务融资的比例过高，一旦企业的经营出现问题，将导致对内债务违约的发生。

第三，房地产投资。居民的主要债务是住房抵押贷款，而居民的就业状况和收入状况是决定居民债务风险的主要因素。如果银行对信用等级较低的居民发放贷款，或者对居民发放低首付的贷款，一旦居民失去了收入来源，或者利率上升导致还款负担加重，居民就有可能出现债务违约。

居民、企业和金融机构的微观债务风险是不断发生的，不一定会造成私人部门的对内债务危机。但是，如果某些诱导因素导致居民、企业和金融机构的微观债务风险集中爆发，就会导致私人部门对内债务危机的发生。

私人部门微观债务风险积累为私人部门对内债务危机主要有两个诱导因素：第一，房地产市场泡沫破裂。房地产价格是供求决定的。如果在投机浪潮的推动下房地产价格远高于按照房地产预期收益折算的价值，就会形成房地产市场泡沫。一旦房地产市场泡沫破裂，投机者无法偿还商业银行的住房抵押贷款，房地产商因无法卖出房产也无法偿还银行的贷款，就会导致私人部门债务危机的发生。第二，经济不景气。如果一个国家经济陷入衰退，企业处于困境，失业也会较为严重。在企业和居民的杠杆倍数比较高的情况下，将出现比较集中的债务违约，商业银行的坏账率上升，最终导致私人部门对内债务危机的发生。

私人部门对内债务危机的典型例子是美国2007年的次级住房抵押贷款危机。2002年以后，美国房地产价格不断上升。美国金融机构不仅大规模发放次级抵押贷款，还将抵押贷款转变为证券出售，即所谓资产证券化。这样，不但美国住房抵押贷款的风险不断增大，而且助长了房地产市场的投机，美国的房地产市场出现了泡沫。到2007年，美国房地产市场泡沫破灭，次级抵押贷款违约大量增加，投机者不能偿还贷款。金融机构即使收回房产也抵补不了贷款，金融机构的不良资产迅速增加。由于部分抵押贷款已经证券化，损失在金融部门之间迅速扩散，结果引发了银行危机。2008年、2009年、2010年，美国分别有25家、140家、157家银行破产。到2012年，美国共有445家银行破产。①

（四）私人部门对内债务危机与经济危机的关系

私人部门对内债务危机与经济周期存在比较密切的联系。正如前面的分析表明的，

① 参见本书第十二章第五节的分析。

在复苏和繁荣阶段，私人部门的对内债务趋向增加。到了衰退阶段，私人部门的微观债务风险积累为宏观债务风险，有可能导致私人部门对内债务危机。当然，在经济周期的衰退阶段并不必然发生私人部门对内债务危机。只有在私人部门债务率很高的情况下，经济衰退才可能导致私人部门对内债务危机的发生。

私人部门对内债务危机与银行危机也存在比较密切的联系。居民、企业和金融机构的债务中有相当大一部分是对银行和金融机构的债务，一旦发生私人部门对内债务危机，将有部分银行和金融机构破产，从而演变为银行危机。美国就是从 2007 年的私人部门对内债务危机演变为 2008 年的银行危机。

（五）政府对内债务危机

度量政府债务风险的指标是包括政府对内债务和对外债务在内的政府债务占国内生产总值的比例，称为政府负债率。当政府支出大于政府税收即出现财政赤字时，政府需要通过发行国债等方式弥补财政赤字，因而形成了政府债务。1991 年欧洲共同体在签订的《马斯特里赫特条约》中，把政府当年财政赤字对国内生产总值的比例不得超过 3%以及政府尚未偿还的债务对国内生产总值的比例不得超过 60%，作为加入欧洲货币联盟的条件之一。后来，这两个标准得到国际社会的认可，被作为政府债务的警戒线。

2021 年，5 个主要的发达国家和 5 个金砖国家的政府债务对国内生产总值的比例如表 14-2 所示，表中中国和俄罗斯的数据是 2020 年的数据。从表 14-2 可以看到，发达国家的政府负债率要高于新兴市场经济国家。

表 14-2 2021 年各国政府债务占国内生产总值的比例 （%）

国家	政府负债率
日本	221.32
美国	115.28
英国	102.97
法国	91.76
德国	46.27
巴西	87.75
南非	68.98
中国	68.04
印度	54.27
俄罗斯	18.61

资料来源：IMF, Global Debt Database, https://www.imf.org/external/datamapper/datasets/GDD.

政府对内债务危机很早就开始发生。英国在1749年出现了政府不能偿还债务的情况，不得不采取用低利率政府债务取代高利率政府债券，以推后偿还本金的时间并减少利息支付的方法来缓和危机。由于政府可以借入新的债务来偿还旧的债务，甚至可以用增发货币的方法来偿还债务，政府对内债务危机发生的次数少于对外债务危机。据莱因哈特和罗格夫统计，1800年到2008年，世界范围内共发生了70多次政府对内债务危机，但是发生了250多次对外债务危机。①

政府对内债务危机的发生意味着政府对内债务积累到了无法偿还的程度，而政府对内债务的积累有多种原因：

第一，军事费用支出。有的国家的政府为了战争或者为了准备战争，不得不通过发行国债的方式来筹措军事费用，从而形成了政府对内债务。有的国家的政府甚至直接用增发货币的方式来筹措军事费用，相当于强行发行不偿还的对内债务。例如，1948年8月，中国国民党政府废除法币发行金圆券，300万元法币折合1元金圆券。接着，国民党政府为了筹措国内战争的费用滥发金圆券，相继出现50万元和100万元面额的金圆券，中国发生了恶性通货膨胀，金圆券流通一年形同废纸。1949年7月，国民党政府又发行银圆券，5亿元金圆券折合1元银圆券。不到3个月，国民党政权崩溃。

第二，宏观财政政策。第二次世界大战结束以后，发达国家的政府不断地采用增加政府支出、减少政府税收的方法来刺激经济，结果出现了高额的财政赤字。在这样的情况下，政府不得不通过发行国债的方式来弥补财政赤字，积累起高额的政府债务。例如，二战后多届美国政府采用扩张性的宏观财政政策来刺激经济，结果出现了严重的财政赤字，美国政府只能通过发行国债来弥补财政赤字。随着政府债务的不断积累，美国政府只能用借入新的债务偿还旧的债务的方式维系着庞大的政府债务。

第三，社会福利支出。第二次世界大战结束以后，发达国家的政府为了缓和阶级矛盾，实行了社会福利制度。由于社会福利的支出是刚性的，只能增加不能减少，政府的福利支出不断增加，导致政府债务不断积累。有的国家的政府采取激进的社会改革措施，脱离实际推行社会福利制度，造成沉重的财政负担；在政府支出难以为继的时候，又滥发货币。这实际上是强行发行不偿还的对内债务。

例如，委内瑞拉拥有世界上最大的石油蕴藏量，政府财政收入的主要来源是石油出口。查韦斯担任总统以后，推行激进的社会改革，实行广泛的社会福利制度。工人和职员待遇优厚，各种补贴五花八门，公司为员工支付医疗费用，1升汽油的价格是1升水的1/10。但是，近几年来石油价格下降，政府财政收入减少，政府不得不通过增

---

① 莱因哈特，罗格夫．这次不一样：八百年金融危机史［M］．北京：机械工业出版社，2012：88.

发货币的方式来维系支出，结果造成恶性的通货膨胀。根据国际货币基金组织的统计资料，委内瑞拉 2015 年通货膨胀率约为 121.7%，2017 年通货膨胀率达到 438.1%，2018 年达到 65374.1%的峰值。[①]

但是，应该指出，即使政府对内债务负担很重，也未必会发生政府对内债务危机。日本是发达国家中政府债务负担最重的国家。2018 年 12 月，日本的政府债务占国内生产总值的比例已经达到 213%。但是，日本却没有发生政府债务危机。究其主要原因，不是日本的货币日元是国际储备货币，不是政府拥有高额的海外资产，不是日本低利率形成的低融资成本，也不是日本具有一种有效的偿还政府债务的机制，而是日本中央银行和金融机构大量持有政府债券。到 2014 年 6 月，日本中央银行持有的政府债务的比例为 22.69%，日本金融机构持有的政府债务的比例为 57.5%。[②③] 再到 2018 年 12 月，日本中央银行持有的政府债券的比例达到 45.45%，[④] 但没有寻找到日本金融机构持有的政府债券比例的数据。

这样，日本政府债务形成了一个内部循环体系：日本政府向日本金融机构发行政府证券，日本金融机构认购政府证券后把部分政府债券转售给日本中央银行，日本中央银行通过发行货币向金融机构买进政府证券。日本政府在政府证券到期的时候还本付息，再发行新的政府证券……由于日本长期以来利率很低并在近年出现负利率，日本政府债务的利息负担不重。但是，如果日本金融机构不愿意大量持有政府证券，或者日本中央银行难以再大规模投放货币以购买政府证券，或者日本利率上升导致政府债务负担加重，日本就会爆发政府对内债务危机。

（六）政府对内债务危机与经济危机的关系

政府对内债务危机源于政府对内债务不断积累并达到了严重的程度。根据凯恩斯学派的经济理论，政府在繁荣时期应该增加税收和减少支出，在危机时期应该减少税收和增加支出，政府可以利用繁荣阶段的财政盈余来弥补危机阶段的财政赤字，政府债务不会不断积累。但是二战后很长的一段时期主要资本主义国家的实践表明，财政赤字成为常态。因此，从反周期的财政政策的角度来看，政府对内债务的积累与经济周期有关。另外，在经济周期的衰退阶段或者危机阶段，政府财政状况恶化，有可能发生政府对内债务危机。从诱发因素的角度来看，政府对内债务危机也与经济危机有

---

① IMF, DataMapper, https: //www. imf. org/external/datamapper/.

②④ Bank of Japan, Japanese government bonds held by the Bank of Japan, https: //www. boj. or. jp/en/index. htm.

③ SAITO M, HOGEN Y, NISHIGUCHI S. Portfolio Rebalancing Following the Bank of Japan's Government Bond Purchases [EB/OL]. Bank of Japan Review Series, 2014: 2 (2014-06-19) [2023-03-27]. https: //www. boj. or. jp/en/research/wps_ rev/rev_ 2014/rev14e02. htm.

关。但是，政府对内债务危机与经济危机在性质上是不同的，它不是生产过剩的危机，也不是一种周期性的现象。

值得注意的是，从 20 世纪 80 年代开始，主要资本主义国家的财政政策出现中性化的倾向，不再像以往那样通过频繁调整政府支出和政府税收来调节经济。但是，在主要资本主义国家中，政府在社会福利和公共安全方面的支出的比例趋向提高，再加上为了增强供给方的活力而大规模减税，主要资本主义国家的政府债务率依然趋向上升。

本节分析表明，金融危机与经济危机是不同性质的危机。尽管金融危机与经济危机存在某种联系，或者是在经济危机阶段出现了某种现象，在范畴上也不能把金融危机归为经济危机。

第五节　马克思经济周期理论与 21 世纪经济

一、21 世纪经济周期特征的变化

（一）21 世纪前后美国经济周期的变化情况

美国是成熟的资本主义国家，仍然以美国为例来分析 21 世纪经济周期的特点。图 14-2 表示 1930—2021 年美国以不变价格计算的国内生产总值增长率的变化情况。

另外，根据图 14-2 以及图中统计数据，可以得到如表 14-3 所示的美国 1930 年“大萧条”以来经历的 13 个经济周期的变化情况。

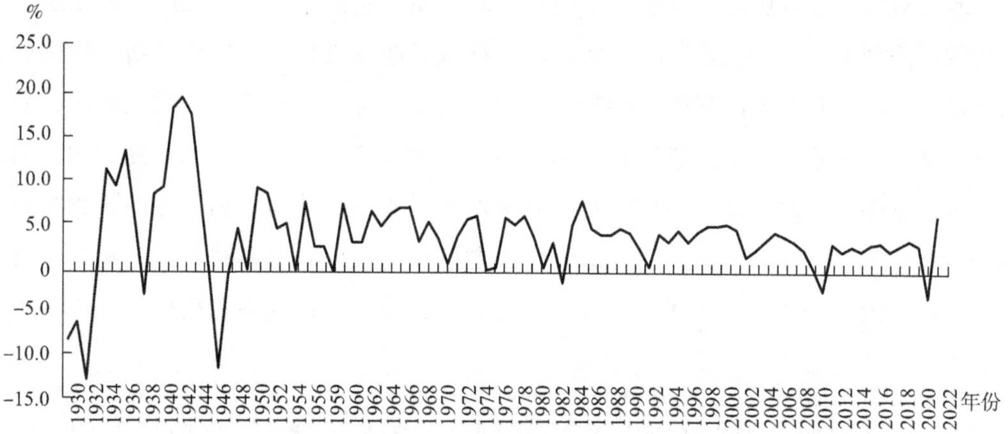

图 14-2　1930—2021 年美国实际国内生产总值增长率的变化情况

资料来源：Bureau of Economic Analysis, Gross Domestic Product, https://www.bea.gov.

表 14-3　美国 1930 年以来的经济周期变化情况

周期	起止年份	持续时间/年	最高增长率/%	最低增长率/%
1	1930—1938	8	12.90	-3.80
2	1939—1946	7	18.90	-11.60
3	1947—1949	2	4.10	-0.50
4	1950—1954	4	8.70	-0.60
5	1955—1958	3	7.10	-0.70
6	1959—1961	2	6.90	-2.60
7	1962—1970	8	6.60	0.20
8	1971—1974	3	5.60	-0.50
9	1975—1982	7	5.60	-1.90
10	1983—1991	8	7.30	-0.10
11	1992—2001	9	4.70	1.00
12	2002—2009	7	3.80	-2.80
13	2010—2020	10	4.65	-3.5

资料来源：Bureau of Economic Analysis, National Economic Accounts, https://www.bea.gov.

（二）21 世纪前后美国经济周期的变化特点

从图 14-2 和表 14-3 可以看到，从 1930 年到 2021 年美国经济周期的变化具有如下特征：

第一，在第二次世界大战以前，一个经济周期的时间约 8 年。从第二次世界大战以后到 20 世纪 70 年代中期，经济周期的时间缩短。除了 1962—1970 年这一经济周期的时间是 8 年以外，其余的经济周期的时间约为 3 年。在 20 世纪 70 年代以后，一个经济周期的时间又恢复到大约 8 年。

第二，在第二次世界大战以前，美国国内生产总值增长率的变化比较剧烈，高点很高，低点很低。但是，在第二次世界大战以后，美国国内生产总值增长率的变化比较平缓，高点不高，低点不低。经济震荡幅度出现了比较明显的减小。

第三，不论是在第二次世界大战以前还是以后，在已经结束的 13 次经济周期中，除了两个经济周期以外，在其余各个经济周期的危机阶段国内生产总值增长率均为负数。这意味着不仅国内生产总值增长率下降了，国内生产总值也下降了。

上述第一、第二个特征验证了经济周期的根本原因是市场经济体制。第二次世界大战以后，美国的经济制度没有变化，但是美国政府实行凯恩斯学派的宏观财政政策和宏观货币政策，频繁采用调整政府支出、政府税收、货币供给量的方法来干预经济，在一定程度上缓和了市场经济体制的消极作用，使一个经济周期的时间缩短，并出现了降幅不大升幅也不大的现象。20世纪80年代以后，美国政府调整了宏观财政政策和宏观货币政策的频度和力度，减少了对经济的干预，一方面用减税的方法从供给一方增强经济的活力，另一方面用稳定货币供给增长率的方法保持一个合适的货币环境，一个经济周期的时间也逐渐恢复到第二次世界大战以前的8年左右的状态。

另外，从一个经济周期持续的时间来看，美国进入21世纪以后的经济周期不同于20世纪50—80年代的情形，而与20世纪80年代以后的情形相同；从国内生产总值增长率的波动情况来看，美国进入21世纪以后的经济周期与20世纪50年代以后的情形相似，但是最高点更低了。从20世纪50年代到2000年，在经济周期最高点国内生产总值平均增长率可以达到6.56%。但是进入21世纪以后，在经济周期最高点国内生产总值平均增长率只有4.23%。由此可见，美国经济在进入21世纪以后出现了一定程度的停滞状态。

二、21世纪经济周期趋同性增强

（一）21世纪前后经济周期趋同性的比较

资本是没有国界的，为了追逐剩余价值必然超越国界。随着国际贸易、国际金融和直接投资的发展，各国之间的经济周期会相互影响或“传染”，从而使各国经济周期的各个阶段产生趋于相同的特征。

图14-3反映了美国、日本、德国、英国1980年以来以不变价格计算的国内生产总值增长率的变化情况。从图中可以看到，在2000年以前，虽然这四个主要资本主义国家的经济周期已经表现出一定的趋同性，但相关程度不高。例如，1987年前后，英国的经济周期变化与其他三个国家相反；1993年前后，日本经济周期的变化与德国相似，但与其他两个国家相反；1999年前后，日本经济周期的变化与其他三个国家相反。在2000年以后，虽然在2003年前后德国经济周期的变化与其他三个国家相反，但其余时间各国的相关程度很高。

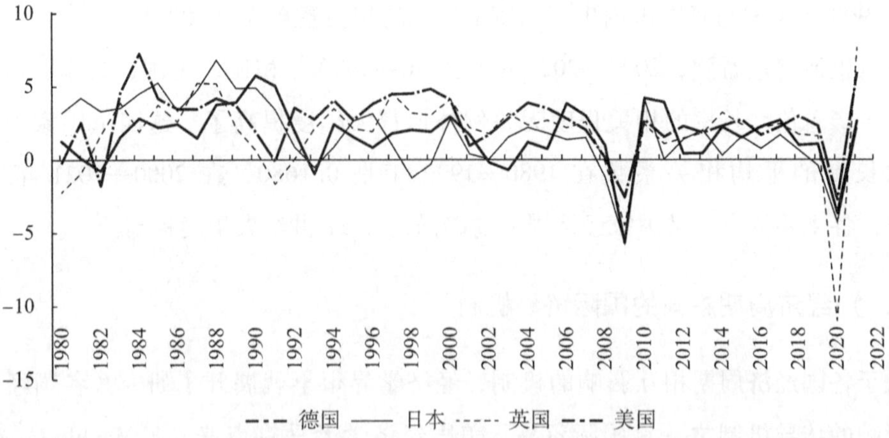

图 14-3　1980—2021 年美、日、德、英实际国内生产总值增长率的波动情况

资料来源：IMF，World Economic Outlook Database，https：//www. imf. org/en/Publications/WEO/weo-database/2020/October.

为了更加精确地分析经济周期趋同性的问题，笔者根据图 14-3 的具体数据计算了四个国家国内生产总值增长率的相关系数，得到了表 14-4 和表 14-5。

表 14-4　1980—1999 年美、日、德、英国内生产总值增长率的相关系数

	美国	日本	德国	英国
美国	1	−0. 07415	0. 132928	0. 571987
日本	−0. 07415	1	0. 433008	−0. 03539
德国	0. 132928	0. 433008	1	−0. 02044
英国	0. 571987	−0. 03539	−0. 02044	1

资料来源：IMF，World Economic Outlook Database，https：//www. imf. org/en/Publications/WEO/weo-database/2020/October.

表 14-5　2000—2021 年美、日、德、英国内生产总值增长率的相关系数

	美国	日本	德国	英国
美国	1	0. 856500	0. 832310	0. 874351
日本	0. 856500	1	0. 798976	0. 870628
德国	0. 832310	0. 798976	1	0. 767236
英国	0. 874531	0. 870628	0. 767236	1

资料来源：IMF，World Economic Outlook Database，https：//www. imf. org/en/Publications/WEO/weo-database/2020/October.

表 14-4 和表 14-5 分别说明了 1980—1999 年和 2000—2021 年美国、日本、德国、英国国内生产总值增长率的相关系数，既可以从行来看，也可以从列来看。例如，

1980—1999年美国与日本国内生产总值增长率的相关系数为-0.07415。

可以很清楚地看到，2000—2021年与1980—1999年相比，美国、日本、德国、英国国内生产总值增长率的相关程度无一例外地都大幅度提高了。这四个国家国内生产总值增长率的平均相关系数在1980—1999年是0.1680，在2000—2021年则达到0.8333，各主要资本主义国家经济周期的趋同性在21世纪大幅度提高。

（二）经济周期趋同的国际贸易机制

关于各国经济周期相互影响的机制，经济学界很早就展开了研究。各国经济周期相互影响的传导机制之一是国际贸易。美国经济学者马克卢普（F. Machlup）在1943年出版的《国际贸易和国民收入乘数》中指出，一个国家的国民收入通过国际贸易机制会对另一个国家的国民收入产生影响。① 美国经济学者萨缪尔森后来在《宏观经济学》中以教科书的语言解释了在国际贸易机制的作用下各国经济相互影响的过程：

进口是本国国内生产总值以及本国与外国商品的相对价格的函数。设进口为 M_d，本国国内生产总值是 Y_d，本国商品的价格水平是 P_d，外国商品的价格水平是 P_f，那么

$$M_d = f\left(Y_d,\ \frac{P_d}{P_f}\right) \tag{14-1}$$

进口函数形成的原因是：第一，当一个国家的国内生产总值增加时，居民收入趋向增加，居民一方面增加对国内商品的消费支出，另一方面增加对外国商品的消费支出，从而导致进口的增加。第二，在一个国家的国内生产总值增加的过程中，厂商需要投入更多的原材料和机器设备，而这些原材料和机器设备不可能完全由国内厂商提供，从而导致进口的增加。第三，当一个国家的国内生产总值增加时，政府的财政收入也在增加，政府将相应增加支出。在政府增加对进口商品的支出时，将导致进口的增加。第四，当本国商品相对于外国商品价格上升时，本国将增加对外国商品的进口，从而导致进口的增加。

由于一个国家的出口就是另一个国家的进口，根据同样的道理，一个国家的出口将受到进口国的国内生产总值以及本国与外国商品的相对价格的影响。设出口为 X_d，外国国内生产总值是 Y_f，其他符号的意义不变，则

$$X_d = f\left(Y_f,\ \frac{P_d}{P_f}\right) \tag{14-2}$$

假定有A、B两个国家，这两个国家的价格水平不变，如果A国的国内生产总值

① MACHLUP F. International Trade and National Income Multiplier [M]. Philadelphia: Blakiston, 1943.

增加，根据A国的进口函数，A国的进口将增加。A国进口的增加就是B国出口的增加。B国出口的增加将导致B国国内生产总值的增加，从而导致B国进口的增加。B国进口的增加是A国出口的增加，而A国出口的增加又导致A国国内生产总值的增加。这个过程将继续下去，最后导致这两个国家国内生产总值的扩张。相反，如果A国的国内生产总值出现减少，将导致这两个国家国内生产总值的收缩。这样，国际贸易在国家与国家之间传导着国内生产总值的扩张和收缩，各国经济周期将趋于同步。

正由于存在国际贸易，在存在闲置的社会资源的条件下，当一个国家的支出增加时，按照乘数原理的分析，国内生产总值将发生一定倍数的增加。该国国内生产总值的增加通过该国进口的增加、外国出口的增加、外国国内生产总值的增加、外国进口的增加、本国出口的增加等环节，又导致本国国内生产总值的增加，因而乘数将会扩大。①

（三）经济周期趋同的国际金融机制

各国经济周期相互影响的传导机制之二是国际金融。英国经济学者米德（J. E. Meade）在1951年出版的《国际收支》中，详细分析了金本位和可变汇率在恢复国际收支平衡中的作用。虽然米德并不是专门分析经济周期相互影响的国际金融机制，但他实际上已经解释了可变汇率机制的作用。

米德假定有两个国家A和B，两个国家货币的汇率是可变的，两个国家国际收支是平衡的。但是，一旦出现干扰因素，可能是A国对B国的贷款增加，可能是A国投资B国的股票，A国货币对B国货币就会出现贬值。

如果A国货币对B国货币汇率贬值，A国的国际收支会出现三次改善的机会。第一次改善的机会是：从A国的角度来看，它的进口商品变贵了，A国的进口需求减少；从B国的角度来看，它的进口商品变便宜了，B国进口需求增加。第二次改善的机会是：从A国的角度来看，它的出口商品变便宜了，出口增加，国民收入增加。国民收入增加导致利率上升，A国对B国的贷款减少。从B国的角度来看，它的出口商品变贵了，出口减少，国民收入减少。国民收入减少导致利率下降，B国对A国的贷款增加。第三次改善的机会是：从A国的角度来看，利率上升导致消费支出和投资支出减少，对进口的需求进一步下降；从B国的角度来看，利率下降导致消费支出和投资支出增加，进口需求增加。

米德的分析揭示了国际金融这个经济周期的传导机制：假定某个国家发生经济衰退，利率将下降，利率下降导致这个国家货币汇率贬值和别的国家货币汇率升值，导

① 萨缪尔森．宏观经济学［M］．萧琛，译．北京：人民邮电出版社，2004：230.

致别的国家出口减少和进口增加，从而对别的国家产生衰退性的冲击。相反，假定某个国家发生经济繁荣，利率将会上升，利率上升导致这个国家货币汇率升值和别的国家货币汇率贬值，导致别的国家出口增加和进口减少，从而对这个国家产生膨胀性的冲击。

笔者认为，各国经济周期相互影响的国际金融机制除了货币汇率以外，还有国际借贷。假定一个国家发生了经济衰退，该国偿还外国银行的债务出现困难，因而不得不推迟偿还外国银行的债务。这样，外国银行的不良资产增加，外国银行不得不收缩贷款，从而对外国的经济产生不利的影响，在一定程度上将经济衰退传递到外国。假如这个国家借入的外国银行的债务过多，经济衰退导致的不是暂时的偿还债务困难而是爆发债务危机，那么将导致外国银行体系的动荡，并有可能导致外国严重的经济衰退。相反，如果一个国家出现经济繁荣，偿还外国银行债务不会发生任何问题，外国银行将处在良性运转之中，对外国的经济也会形成良好的影响。

各国经济周期不仅会通过国际金融进行传导，还会通过国内金融进行传导。例如，当一个主要国家的股票价格上升或下降时，其他国家的股票价格也会发生相似的变化。股票市场的这种传染效应也会传递经济衰退或经济繁荣。假定某个主要国家发生经济衰退，该国股票价格将会下降。当该国股票价格下降传染到别的国家的股票市场时，别的国家的股票价格也将下降。别的国家的股票价格下降将导致别的国家消费需求和投资需求减少，从而导致一定程度的经济衰退。相反，某个主要国家的经济繁荣也会通过股票市场的传染效应传递到别的国家。

某个主要国家股票价格的上升或下降之所以会导致别的国家股票价格的上升或下降，是因为股票价格是宏观经济的晴雨表。这个主要国家股票价格趋向上升，意味着这个国家宏观经济状况良好。前面关于经济周期传导机制的分析表明，这个主要国家良好的宏观经济情况将对别的国家经济产生正面影响，从而别的国家的股票市场就会作出积极的反应。

美国经济学者布莱恩特（R. Bryant）等人在1988年出版了《经济相互依赖的宏观经验经济》，利用历史数据证明美国国民生产总值、消费者价格指数、利息率、货币价值、经常项目的变化都会引起经济合作与发展组织其他成员国经济的变化。相反，经济合作与发展组织其他成员国国民生产总值、消费者价格指数、利息率、货币价值、经常项目的变化也会引起美国经济的变化。①

---

① BRYANT R, HENDERSON D, HOLTHAM G, et al. Empirical Macroeconomics for Interdependent Economies [M]. Washington, D. C.: Brookings Institution, 1988.

目前，美国正扮演着世界经济主导国家的角色。从图 14-3 可以看到，美国 2008 年金融危机激化导致经济衰退，各个主要资本主义国家毫无例外地都发生了经济衰退。美国金融危机和经济衰退对其他国家的传递途径如下：

第一，造成其他国家金融机构的损失。美国是世界的金融中心，各国金融机构大量持有美国的金融资产。美国金融资产贬值将造成各国金融机构的损失。日本和欧洲的金融机构与美国的金融机构存在更为密切的业务联系，损失更大。

第二，造成其他国家资金供给的中断。美国是世界的金融中心，美国金融机构向许多国家的机构和企业提供贷款。美国爆发金融危机使美国的金融机构不得不收缩信贷，其他国家的机构或企业因得不到资金而陷入困境。

第三，造成其他国家对美国出口的减少。2008 年美国是世界上最大的进口国，美国经济衰退导致美国进口大幅度减少，也就是导致其他国家对美国出口大幅度减少，其他国家的国内生产总值随之下降。

正因如此，主要资本主义国家紧随美国应声陷入经济衰退，在图 14-3 的坐标系中画出了很深的“V”形曲线，形成世界性的经济周期。

如果把马克思主义经济学界对经济周期的经典看法与笔者的看法作一个比较，可以得到如表 14-6 所示的结论，表中重点标识出笔者的看法。

表 14-6 新的历史条件下马克思经济周期理论研究纲要

比较对象	马克思主义经济学界关于经济周期的经典看法	新的历史条件下马克思经济周期理论研究纲要
经济周期的根本原因	资本主义经济的基本矛盾	**市场经济体制**，但是资本主义经济的基本矛盾强化了市场经济体制的缺陷
经济周期的具体原因之一	各个企业内部生产的有组织与整个社会生产处于无政府状态的矛盾，这个矛盾是由资本主义经济的基本矛盾派生出来的	各个企业内部生产的有组织与整个社会生产处于无政府状态的矛盾，但**这个矛盾是从市场经济体制产生的**，资本主义经济的基本矛盾强化了这个矛盾
经济周期的具体原因之二	资本主义生产可以迅速扩张与劳动人民有支付能力的需求相对缩小的矛盾，这个矛盾是由资本主义经济的基本矛盾派生出来的	资本主义生产可以迅速扩张与劳动人民有支付能力的需求相对缩小的矛盾，但**这个矛盾是从市场经济体制产生的**，资本主义经济的基本矛盾强化了这个矛盾
投资需求的作用	投资需求对经济危机阶段过渡到经济复苏阶段发挥了重要作用	投资需求对经济危机阶段过渡到经济复苏阶段发挥了重要作用，但**投资需求对经济繁荣阶段转变为经济危机阶段同样发挥了重要作用**

本章小结

本章阐述了马克思经济周期理论，分别对马克思主义经济学界提出的经济周期理论和非马克思主义经济学界提出的经济周期理论发表了评论。

本章指出市场经济体制在微观经济领域具有灵活和高效的优点，但在宏观经济领域存在自发和盲目的不足。经济周期的根本原因是市场经济体制，无论是在资本主义经济制度下还是在社会主义经济制度下，只要实行市场经济体制就会出现经济周期，但是资本主义经济制度强化了市场经济体制的弱点。

本章指出金融危机与经济危机是不同性质的危机。尽管在资本主义经济成熟以后金融危机会引起经济危机，或者经济危机会伴随金融危机，但金融危机的历史远早于经济危机，它们是两个不同的经济范畴。

本章研究了21世纪美国经济周期变化的新现象，如波动幅度减小、持续时间不规则、国家传染性加强等。

第十五章 资本主义经济的历史命运[①]

第一节 马克思关于资本主义经济历史命运的分析

一、资本主义经济的阶级矛盾是对抗性的矛盾

资本主义经济的核心是资本。马克思指出：“资本不是物，而是一定的、社会的、属于一定历史社会形态的生产关系，它体现在一个物上，并赋予这个物以特有的社会性质。”[②] 资本的本质是它体现了资本主义的生产关系，体现了资产阶级和工人阶级的生产关系。

资本是能够带来剩余价值的价值，工人阶级的剩余劳动是剩余价值的唯一源泉，因此资产阶级和工人阶级的经济利益是冲突的。在一个特定的历史时期，资产阶级的利润高则工人阶级的工资低，工人阶级的工资高则资产阶级的利润低。在资本主义经济形成以后很长的时间里，资产阶级对工人阶级进行了残酷的剥削，正像马克思指出的：“资本由于无限度地盲目追逐剩余劳动，象狼一般地贪求剩余劳动，不仅突破了工作日的道德极限，而且突破了工作日的纯粹身体的极限。”[③] 二战以后，经过工人阶级的斗争，工人阶级的工作状况和生活状况得到一定程度的改善，但是资产阶级和工人阶级的矛盾是一种对抗性的矛盾。只要存在资本主义经济制度，这种对抗性的矛盾就不会消失。

---

① 本章是作为本书的结束语而设立，并不是要专题讨论资本主义经济历史命运这个宏大的问题。

② 马克思．资本论：第 3 卷［M］//马克思，恩格斯．马克思恩格斯全集：第 25 卷．北京：人民出版社，1974：920.

③ 马克思．资本论：第 1 卷［M］//马克思，恩格斯．马克思恩格斯全集：第 23 卷．北京：人民出版社，1972：294-295.

二、资本主义再生产平衡是一种破坏性平衡

在资本主义经济条件下，资本对剩余价值的追逐使得它们一方面不断地扩大生产的规模，另一方面又尽可能地压低工人阶级的工资，结果造成了再生产过程的必然失衡——生产过剩。马克思指出："一切真正的危机的最根本的原因，总不外乎群众的贫困和他们的有限的消费，资本主义生产却不顾这种情况而力图发展生产力，好象只有社会的绝对的消费能力才是生产力发展的界限。"①

因此，资本主义经济必然发生周期性的经济危机。资本主义社会生产需要在经济危机中通过企业破产和工人失业来恢复平衡，也就是需要通过对生产力的破坏来恢复社会生产的平衡。这说明资本主义社会生产的调节机制存在严重的缺陷，恢复经济的平衡需要付出很大的经济和社会代价。

三、资本主义经济的基本矛盾是不可调和的矛盾

在资本主义经济条件下，资本为了获得尽可能多的剩余价值一方面通过剩余价值的资本化来进行资本积累，另一方面通过收购和兼并别的资本来实现资本集中。资本积累和资本集中意味着以越来越大的规模再生产出资本主义的生产关系。马克思指出："简单再生产不断地再生产出资本关系本身：一方面是资本家，另一方面是雇佣工人；同样，规模扩大的再生产或积累再生产出规模扩大的资本关系：一极是更多的或更大的资本家，另一极是更多的雇佣工人。"②

另外，资本积累和资本集中导致资本主义生产越来越具有社会的性质。不仅在各个企业里有许多劳动者共同生产某种产品，在社会里还有许多企业的劳动者共同生产某种产品。但是，资本却越来越集中在少数资本家手里。因此，资本主义存在尖锐的基本矛盾：生产的社会化要求由社会来占有生产资料，要求由社会来调节社会生产，要求由社会成员来分配生产成果；但是生产资料的私人占有却要求社会生产服从资本追求剩余价值的目的，要求社会产品按照资本的意愿进行分配。生产的社会化和生产资料的私人占有产生了尖锐的矛盾。

---

① 马克思．资本论：第3卷［M］//马克思，恩格斯．马克思恩格斯全集：第25卷．北京：人民出版社，1974：548.

② 马克思．资本论：第1卷［M］//马克思，恩格斯．马克思恩格斯全集：第23卷．北京：人民出版社，1972：673-674.

因此，马克思指出了资本主义经济的历史命运："资本的垄断成了与这种垄断一起并在这种垄断之下繁盛起来的生产方式的桎梏。生产资料的集中和劳动的社会化，达到了同它们的资本主义外壳不能相容的地步。这个外壳就要炸毁了。资本主义私有制的丧钟就要响了。剥夺者就要被剥夺了。从资本主义生产方式产生的资本主义占有方式，从而资本主义的私有制，是对个人的、以自己劳动为基础的私有制的第一个否定。但资本主义生产由于自然过程的必然性，造成了对自身的否定。这是否定的否定。这种否定不是重新建立私有制，而是在资本主义时代的成就的基础上，也就是说，在协作和对土地及靠劳动本身生产的生产资料的共同占有的基础上，重新建立个人所有制。"①

第二节　对马克思关于资本主义经济历史命运分析的验证

一、资产阶级与工人阶级的矛盾

资产阶级和工人阶级是资本主义社会的两大主要阶级，这两个阶级的经济利益是对立的。在资本主义经济制度建立以后，资产阶级和工人阶级的矛盾冲突尽管时而激烈时而缓和，但是从来没有停止过。在资本主义经济制度形成以后相当长的一段历史时期里，资产阶级对工人阶级残酷剥削，工人阶级处在悲惨的状况之中。欧洲各国工人每天工作16~18小时是普遍的现象，甚至6~7岁的童工也每天工作14~16小时。恩格斯根据1842年到1844年在英国居住期间收集的资料，写下了《英国工人阶级的状况》，② 揭露了资产阶级对工人阶级接近人类极限的残酷剥削。

工人阶级为改变自己的阶级状况展开了坚决的斗争。1831年，法国里昂工人举行武装起义，一度占领了里昂市，这是历史上第一次工人武装起义。1834年，法国里昂工人举行第二次武装起义，提出了推翻资产阶级政权建立民主共和国的口号。1836年，英国爆发了全国性的工人运动，争取工人的政治权利和经济权利，这是历史上第一次全国性的工人运动。1844年，德国西里西亚纺织工人举行起义，反对资产阶级的残酷

---

① 马克思．资本论：第1卷［M］//马克思，恩格斯．马克思恩格斯全集：第23卷．北京：人民出版社，1972：831-832.

② 恩格斯．英国工人阶级的状况［M］//马克思，恩格斯．马克思恩格斯全集：第2卷．北京：人民出版社，1957.

剥削。1848年，法国巴黎工人举行武装起义，争取人民主权，但遭到资产阶级的镇压。1871年，法国巴黎工人阶级举行武装起义，成立了巴黎公社，这是人类历史上建立的第一个工人阶级的政权。1872年，德国各地工人阶级举行罢工要求提高工资。1886年，美国芝加哥工人为争取八小时工作日举行罢工。1890年，英国、法国、德国、美国等多个国家的工人举行声势浩大的"五一"示威游行，提出工人阶级的诉求。①

马克思《资本论》第一、第二、第三卷分别于1867年、1885年和1894年出版，正是这个历史时代的产物，真实地反映了资本主义经济的特征，深刻地揭示了资本主义经济的本质。

进入20世纪以后，工人阶级的斗争风起云涌。1917年，俄国的工人阶级经过多年的斗争，终于举行武装起义夺取了政权，建立起世界上第一个工人阶级政权。1919年，德国柏林工人举行游行示威，回应资产阶级的挑衅。慕尼黑工人通过武装起义，建立了巴伐利亚苏维埃共和国。1919年，英国、法国、意大利和美国分别有250万、120万、150万和400万名工人举行罢工，要求增加工资和缩短工作日。1923年，德国汉堡工人举行武装起义，以期改变工人阶级水深火热的状态。1926年，英国有600万名工人举行总罢工，反抗资产阶级的剥削和压迫。1930年，美国有120万名工人举行全国性示威，反对失业和削减工资。从1933年到1937年，美国工人罢工事件不断。1937年9月，在全美国范围内发生了3000多次罢工，150万名工人参加。英国、德国等国家也是这种状况。②

1937年到1945年发生了第二次世界大战，各个主要资本主义国家处于战争的特殊时期。二战后，一方面，资本主义国家国内阶级矛盾尖锐，在世界范围内又不断涌现出新的社会主义国家，作为资产阶级总代表的资本主义国家政府感觉到危机与威胁，采取了各种政策和措施来缓和阶级矛盾；另一方面，随着工业化的推进和社会生产力的提高，社会产品变得较为丰富，在没有触动资产阶级经济利益的前提下，工人阶级的工作和生存状态得到一定的改善，资产阶级与工人阶级冲突的激烈程度有所下降，工人阶级举行武装起义的事件很少发生。但是，资产阶级和工人阶级的矛盾依然存在，矛盾的性质仍然是对抗性的。工人阶级以罢工的方式与资产阶级的斗争时而激烈时而缓和，但是从来没有停止过。

资产阶级和工人阶级经济利益的对立还可以用资本收入和劳动收入比例的变化来验证。法国经济学者皮凯蒂（T. Piketty）出版了名为《21世纪资本论》的著作。这部

---

① 北京大学历史系．简明世界史：近代部分［M］．北京：人民出版社，1974.

② 北京大学历史系．简明世界史：现代部分［M］．北京：人民出版社，1974.

著作与马克思的《资本论》没有什么关系，主要是论述财富分配和收入分配的变化情况。皮凯蒂收集了英国和法国 18 世纪到 21 世纪的统计数据进行分析，得到了如下结论：如果把利润、租金、股息、利息统称为资本收入，把劳动者工资和非工资收入看作劳动收入，英国和法国的资本收入在国民收入中的比例在 18 世纪最后 30 年到 19 世纪末大约为 35%~40%，到 20 世纪中期下降到 20%~25%，在 20 世纪末到 2010 年回升到 25%~30%。相应地，劳动收入在 18 世纪后 30 年到 19 世纪末大约为 60%~65%，到 20 世纪中期上升到 75%~80%，在 20 世纪末到 2010 年下降到 70%~75%。① 资产阶级和工人阶级的经济利益此消彼长，两个阶级的利益是对抗的。

二、资本主义周期性的经济危机

资本主义的基本经济制度是生产资料私人占有，资本主义的经济体制是市场经济体制。虽然市场经济体制在调节社会资源配置中是有效率的，但却是自发的和盲目的，是通过对生产力的破坏来维持经济的平衡。资本主义生产社会化和生产资料私人占有的基本矛盾加剧了市场经济体制调节的盲目性，周期性的生产过剩的经济危机成为资本主义经济发展的固有现象。

随着资本主义经济趋向成熟，生产过剩的经济危机就爆发了。资本主义世界的第一次经济危机于 1825 年在英国爆发，接着英国大约每 10 年爆发一次经济危机。在 19 世纪 30 年代以后，经济危机跨越了英国，在法国等其他资本主义国家爆发了。到 1857 年，经济危机已经成为各个主要资本主义国家的共同现象。

1929 年，一场规模空前的席卷整个资本主义世界的经济危机爆发了！资本主义工业体系遭受了沉重打击。1932 年与 1929 年相比，美国的工业生产下降了 47%，德国的工业生产下降了 41%，日本和意大利的工业生产下降了 34%，法国的工业生产下降了 31%，英国的工业生产下降了 18%。德国的钢铁生产倒退到 35 年前的水平，美国的钢铁生产倒退到 31 年前的水平，英国的钢铁生产倒退到 23 年前的水平。②

1929—1933 年的“大萧条”动摇了资本主义经济体系，在马克思《资本论》出版 62 年以后有力地证明了马克思《资本论》的正确性。痛定思痛，英国经济学者凯恩斯在 1936 年出版了《就业、利息和货币通论》，建议资本主义国家的政府利用宏观财政政策和宏观货币政策去干预经济，在经济学界掀起了一场“革命”。第二次世界大战以

---

① 皮凯蒂 . 21 世纪资本论［M］. 巴曙松，等，译 . 北京：中信出版社，2014：204.

② 北京大学历史系 . 简明世界史：现代部分［M］. 北京：人民出版社，1974：150.

后，在政府的干预下，主要资本主义国家没有再发生像20世纪30年代那样深重的经济大危机，但是生产过剩的经济危机依然一次又一次地发生。

在资本主义周期性经济危机不断发生的同时，资本追逐利润的本质又使资本主义经济出现了另一种现象——金融危机。资本逐利的本性一方面创造出大量的金融资产，使资本主义经济趋向虚拟化；另一方面又推动了金融市场的投机，造成了从泡沫形成到泡沫破裂的反复循环。①

2007年，美国爆发次级抵押贷款危机。2008—2010年，美国共有322家金融机构破产，包括美国第三、第四、第五大投资银行。在这场金融危机中，美国股票的市场价值“蒸发”了10.2万亿美元。2009年，美国的国内生产总值下降了2.6%。美国的金融危机导致了世界各国金融市场的动荡，并带来了世界性的经济衰退。

生产过剩的经济危机和金融危机的交织，证明了资本主义经济的调节机制存在严重缺陷，马克思对资本主义的判断和分析是正确的。

三、财产和收入分配的两极分化

资本主义生产社会化和生产资料私人占有的基本矛盾决定了资本主义社会的财产和收入分配是两极分化的。法国经济学者皮凯蒂的《21世纪资本论》在这个方面提供了丰富的统计资料。

首先来考察财富分配的情况。在法国，财富最多的10%的人占有的财富比重在1810—1910年是80%~90%，1910年到达峰值90%，然后下降到1970年的低值60%，在1970年以后小幅度趋向上升。

在英国，财富最多的10%的人占有的财富比重的变化情况与法国相似，1810—1910年是80%~90%，1910年到达略超过90%的峰值，然后下降到1970年稍高于60%的低值，1970年以后经过一段时间的略微下降以后趋向上升，到2010年达到70%。

在美国，财富最多的10%的人占有的财富比重在1810—1910年从略低于60%上升到80%，然后下降到1970年的约65%，1970年以后上下震荡，2010年稍微超过70%。

在2010年前后，欧洲国家财富最多的10%的人占有60%的总财富，但是财富最多的1%的人就占有25%的总财富。

与之形成鲜明对照的是，在所考察的发达国家里，半数人口几乎一无所有。最贫穷的50%的人占有的财富都低于10%，一般不超过5%。2010—2011年，法国最富裕的

① 参见本书第十四章第四节的分析。

10%的人占有总财富的62%，最贫穷的50%的人占有总财富的4%；美国最富裕的10%的人占有总财富的72%，最贫穷的50%的人占有总财富的2%。①

再来考察收入分配的情况。法国收入最高的10%的人的收入所占比重从1910年到1935年在38%~47%震荡；从1935年到1945年从47%下降到29%；从1945年到1982年呈现坡形变化，最高曾达到37%；从1982年到2010年趋向上升，2010年约为33%。

美国收入最高的10%的人的收入所占比重从1910年到1940年在38%~49%震荡；从1940年到1945年从45%下降到32%；在1945年以后趋向上升，2008年曾达到50%，2010年约为48%。②

只要存在资本主义制度，只要存在私人占有，这种财富和收入极端不平等的情况就不可能消除。这是资本主义经济一种无法克服的弊病。

上面的分析验证了马克思的分析和判断：资本主义是人类社会的一个发展阶段，既不是人类社会的开始形态，也不是人类社会的终极形态，肯定将有一种更加先进的和更加美好的社会形态取代资本主义社会！

第三节 马克思政治经济学改变了资本主义时代

一、资本主义国家政府和学界的反思

（一）对尖锐的阶级矛盾的反思

二战结束以后，19世纪下半期和20世纪上半期工人阶级和资产阶级之间那种疾风暴雨式的阶级斗争告一段落，20世纪30年代资本主义世界那场毁灭性的“大萧条”也缓和下来，资本主义制度和资本主义经济在发生变化，而这些变化都与马克思的《资本论》有密切的关系。

在资产阶级对封建阶级的斗争取得决定性胜利以后，经济学的研究就逐渐转向了为资本主义制度辩护，努力证明资本主义经济的一切都是和谐的，资本主义制度是永恒的社会形态。马克思指出：“1830年，最终决定一切的危机发生了。法国和英国的资产阶级夺得了政权。从那时起，阶级斗争在实践方面和理论方面采取了日益鲜明的和

① 皮凯蒂.21世纪资本论［M］. 巴曙松，等，译. 北京：中信出版社，2014：349，354，358，261-262.
② 皮凯蒂.21世纪资本论［M］. 巴曙松，等，译. 北京：中信出版社，2014：277，297.

带有威胁性的形式。它敲响了科学的资产阶级经济学的丧钟。现在问题不再是这个或那个原理是否正确，而是它对资本有利还是有害，方便还是不方便，违背警章还是不违背警章。不偏不倚的研究让位于豢养的文丐的争斗，公正无私的科学探讨让位于辩护士的坏心恶意。”①

在经济学界，流传的是萨伊劳动—工资、资本—利息、土地—地租的三位一体公式。萨伊在1803年出版了《政治经济学概论》，指出劳动、资本和土地共同协作创造了价值，劳动得到了工资，资本得到了利息，土地得到了地租，资本主义公平、合理、协调。② 与萨伊三位一体公式形成鲜明对照，马克思在1867年出版了《资本论》第一卷，根据劳动价值理论提出了剩余价值理论，指出资产阶级和工人阶级的经济利益是冲突的，资产阶级千方百计地利用各种方法去获取剩余价值，工人阶级处于受剥削受压迫的状态，这种对抗性的矛盾冲突将敲响资本主义的丧钟。

当时工人阶级悲惨的工作和社会状况以及风起云涌的工人阶级斗争从实践上充分证明了马克思论断的正确性。代表着资产阶级总体利益的资本主义国家的政府很清楚地看到，资本主义并不像萨伊等经济学者说得那么公平和谐，资产阶级和工人阶级的矛盾是对抗性的，如果按照资本主义以往的生产和分配制度运行下去，资本主义制度崩溃的日子也就不远了。由于生产资料私人占有是资本主义经济制度的核心，资本主义国家的政府不得不从改善工人阶级工作状况和生活状况方面对资本主义经济制度进行不同程度的改良，以缓和资产阶级和工人阶级的对抗性矛盾。

（二）对资本主义调节机制的反思

很长的一段时间，在经济学界流传并被广泛接受的是“萨伊定律”。萨伊在1803年出版的《政治经济学概论》中指出：货币只是起暂时的中介作用，卖就是买，供给会创造需求。如果某种货物供求不平衡，生产者利润就会发生变化，生产者就会调整产量，供求就会恢复平衡。按照“萨伊定律”，资本主义普遍生产过剩的经济危机是不可能发生的。③ 马克思在1867年出版的《资本论》中没有专门分析经济危机问题，但是在其他著作中指出了资本主义存在着生产社会化和生产资料私人占有之间的矛盾，劳动人民的消费能力受到限制，社会生产又不断扩张并处于无政府状态，生产过剩的经济危机不可避免。④ 事实上，随着资本主义经济走向成熟，生产过剩的经济危机周期

---

① 马克思．资本论：第1卷［M］//马克思，恩格斯．马克思恩格斯全集：第23卷．北京：人民出版社，1972：17.

② 萨伊．政治经济学概论［M］．陈福生，等，译．北京：商务印书馆，1982：77.

③ 萨伊．政治经济学概论［M］．陈福生，等，译．北京：商务印书馆，1982：144-145.

④ 参见本书第十四章第一节的分析。

性地爆发。特别是20世纪30年代惨烈的“大萧条”，动摇了整个资本主义经济体系，也有力地证明了马克思论断的正确性。

在这种情况下，英国经济学者凯恩斯于1936年出版了《就业、利息和货币通论》，批判了传统的经济学，指出有效需求不足是资本主义经济的常态。在经济衰退的时候，政府应该实行宏观财政政策和宏观货币政策，以刺激总需求。

1937—1945年爆发了第二次世界大战。在二战后重建经济的时候，资本主义国家的政府回想起20世纪30年代的大危机，意识到资本主义经济的调节机制存在严重的缺陷。如果按照资本主义原有的运转方式继续下去，类似于20世纪30年代这样的生产过剩的经济危机会不断爆发，并最终导致资本主义经济的崩溃。

另外，令资本主义国家政府不安的是，在经济危机爆发的时候，工人的失业十分严重。例如，在20世纪30年代的经济危机中，美国失业工人达到1700万人，德国700多万人，英国350万人，法国300万人，日本300万人，意大利100万人。① 因此，经济危机爆发的时候往往是最容易发生工人阶级革命的时候。在这样的情况下，资本主义国家的政府不得不对资本主义生产关系进行一定的调整，并采用宏观财政政策和宏观货币政策对经济进行干预，以弥补资本主义调节机制的缺陷。

二、资本主义变化之一：工人阶级的状况得到一定程度的改善

（一）建立社会保障制度

马克思对资本主义阶级矛盾的无情揭露以及资产阶级和工人阶级斗争的严峻现实，使资本主义国家的政府不得不思考如何防止工人阶级革命的爆发以及如何避免资本主义制度的崩溃，也就不得不设法缓和资产阶级和工人阶级的阶级矛盾。它们在保持生产资料私有制的前提下对资本主义的分配关系和劳资关系进行了不同程度的改良，推行了一些缓和阶级矛盾的“社会主义”措施。

1905年和1909年，英国分别颁布了《失业工人法》和《劳工介绍所法》，对失业者进行积极性救济并帮助失业者寻找工作。1945年以后，英国相继颁布了《家庭补助法》（1945年）、《国民保险法》（1946年）、《国民卫生保健服务法》（1946年）、《国民救助法》（1948年），建立了比较完整的社会保障制度。

1905年，法国建立了失业保险法制度，推行非强制性的失业保险。1930年，法国颁布了第一部《社会保障法》，规定了最低工资标准以及雇员可以享受的疾病、生育、

① 北京大学历史系．简明世界史：现代部分［M］．北京：人民出版社，1974：151.

残疾、老年和死亡补贴，初步建立了对雇佣劳动者的保险制度。

1935年，美国国会通过了《社会保障法案》，建立养老保险，对失业者进行救助，提供公共健康服务，等等。1946年，美国国会通过了《就业法》，明确联邦政府有责任与地方政府合作，帮助愿意工作的人就业，以实现最大的就业。虽然1946年《就业法》还比较原则和抽象，但标志着美国政府已经把劳工就业和劳工培训作为一项长期的国策。

（二）出现一批“福利国家”

除了主要的资本主义国家以外，其他资本主义国家也相继建立了类似的社会福利制度。随着社会福利制度的演进，在资本主义国家中出现了一批“福利国家”，如英国、加拿大、瑞典、挪威、丹麦、芬兰、冰岛、瑞士等。

以典型的福利国家瑞典为例。根据世界银行的统计数据，2021年，瑞典人口1042万人，国内生产总值6369亿美元，人均国内生产总值60930美元，在世界上居第11位，是一个十分富裕的国家。① 在瑞典经济学界看来，二战后瑞典走的是“第三条道路”，也就是选择了既区别于资本主义也区别于社会主义的一种制度；或者从另外一个角度看，选择了既包含资本主义因素也包含社会主义因素的制度。瑞典的生产和分配基本掌握在私人企业手中，但政府把充分就业和公平分配作为公共政策。②

瑞典实行全民医疗保险制度，为老年人提供社会保障，为失业者提供救助，为购买和租用住宅提供补贴，对高等学校的学生免收学费，等等。高福利只能来自高税收，因此瑞典是赋税很重的国家。根据国际货币基金组织的统计数据，2018年，瑞典的社会福利支出占政府支出的32.71%。③ 但是，由于税收很高，瑞典的财政赤字不大，政府债务不重。按照国际清算银行的统计数据，瑞典政府债务对国内生产总值的比例按照市场价值计算在2021年底是36.3%，④ 在国际公认的警戒线60%以下，好于很多欧洲国家。另外，瑞典的基尼系数在0.25左右，是世界上收入分配最均等化的国家之一。

美国经济学者格鲁奇（A. Gruchy）在1977年出版的《比较经济制度》中，按照经济制度把世界各国分为资本主义经济、民主社会主义经济、共产主义经济，其中把挪威、瑞典、英国等国家列为社会主义经济。

---

① World Bank, World Development Indicators, http: //wdi. worldbank. org/tables.

② 黄范章．瑞典福利国家的实践与理论［M］．上海：上海人民出版社，1987：9-10.

③ IMF, Principal Global Indicators, https: //www. principalglobalindicators. org/? sk=E30FAADE-77D0-4F8E-953C-C48DD9D14735&sId=1420495318386.

④ International Bank of Settlements, Credit to the Non-Financial Sector, http: //www. bis. org.

从瑞典的发展情况可以看到，瑞典已经部分扬弃了资本主义制度，不是一个“纯粹”的资本主义国家。

（三）企业决策制度的变化

关于企业决策制度的变化可以考察实行共同决策制的德国。德国与瑞典一样，也是一个自称走“第三条道路”的国家。按照德国经济学界的解释，所谓“第三条道路”就是在资本主义和社会主义之间的道路。德国也广泛推行社会福利制度，同时还实行具有自己特色的共同决策制度，职工参与企业的重大决策。

德国于1972年颁布了《企业基本法》，对企业的共同决策制度作出了规定。企业共同决策制主要分为两个层次：一是基层企业的共同决策制，即非公司制企业、小公司或者大公司的附属企业的共同决策制；二是公司共同决策制，即大中型公司制企业的共同决策制。

在基层企业里，由职工民主选举职工代表或职工委员会，负责维护职工权益，并与雇主共同决定企业的某些事务。职工委员会在企业的经营管理方面没有共同决策权而只有参与权，但在福利方面（如福利措施、福利分配等）、劳动方面（如劳动保护、劳动方式、劳动培训等）、人事方面（如职工雇佣、解雇、业绩评估、工作调动等）则享有共同决策权。如果职工委员会否决雇主意见，那么非法律问题提交协调仲裁处处理，法律问题则交由劳动法院处理。

德国的大中型公司实行监事会和执委会分权制度。监事会是公司的最高决策机构，相当于其他国家公司的董事会。执委会由总经理和若干经理组成，从事日常经营管理工作。由于对矿冶另有规定，对于非矿冶公司来说，监事会人数设为偶数，股东和雇员代表各占50%。雇员代表由工人、一般职员和高级职员选派，还有企业以外的工会代表参加。监事会主席由监事会成员2/3多数选举产生，如果达不到2/3多数则由股东代表推选担任。监事会决策采用少数服从多数原则，在票数相同时由监事会主席作出决定。①

在典型的资本主义国家里，企业的所有者是资本家，他们有权决定企业的一切事务。德国的共同决策制虽然实际上还是资本家占据主导和优势地位，但是毕竟以法律的形式确定了职工在企业中一定的话语权。德国的经济学界也把德国称为有别于资本主义国家的社会市场经济国家。

从上面的分析可以看到，第二次世界大战以后，资本主义的部分生产关系和分配

① 沈越．德国社会市场经济评析［M］．北京：中国劳动社会保障出版社，2002：295-308.

关系发生了变化，尽管这只是量变而不是质变，尽管资产阶级与工人阶级的矛盾仍然是对抗性的矛盾，但是这一矛盾已经不像第二次世界大战前那么尖锐和激烈了。

三、资本主义变化之二：宏观经济调节机制得到一定程度的改善

（一）曾出现国有化浪潮

马克思对资本主义经济运行方式的尖锐批判和资本主义国家周期性发生的生产过剩经济危机，使资本主义国家的学界和政府认识到资本主义经济运行方式是存在缺陷的，市场对宏观经济的调节是失灵的。二战以后，资本主义国家的政府吸收了当时社会主义国际的经验，在经济国有化和计划管理方面进行了尝试，在宏观调节方面实施政府对经济的干预，实际上是在某种程度上对传统资本主义的否定。

英国和法国是国有化程度比较高的主要资本主义国家，笔者在本书第九章第三节曾经进行过分析。英国大规模的国有化进程是从二战结束以后开始的。二战后，英国工党推行国有化计划，于1946年对英格兰银行、英国民用航空实行国有化，1947年在煤炭行业、铁路行业、电力行业，1948年在天然气行业，1950年在钢铁行业，1969年在邮政业推行国有化，此外还对城市交通、电话电报、供水、石油等行业的企业实行国有化。到1979年，英国国有经济发展到顶峰，国有企业产值占到国内生产总值的11%。

法国也是在二战结束以后开始国有化进程的。法国政府分三步建立国有企业：第一步是接管与德国纳粹相关的企业并把它们转变为国有企业，如雷诺汽车公司、法国电影公司、法国报业公司和法国染料公司等；第二步是在自然垄断行业和涉及公共服务的行业推行国有化，相继成立了法国国营铁路公司、法国电力公司、法国天然气公司等国有企业；第三步是在金融业中推行国有化，包括对通用银行、里昂信贷银行、国民工商银行、巴黎国民贴现银行四大商业银行实行国有化，对34家保险公司实行国有化。到20世纪70年代末，法国国有银行接受的存款占全国存款的59%；法国国有企业的固定资产占全国固定资产的20%，营业额占全国工业营业额的22%。

其他资本主义国家也在不同程度地推行国有化。资本主义国家的国有化是多种原因导致的，但是其中的主要原因是政府试图弥补资本主义经济调节机制的缺陷。从微观经济的角度看，在某些自然垄断产业和公共服务产业里市场的调节是失灵的，因而不得不由政府来经营。从宏观经济的角度看，市场的调节是自发和盲目的，因而需要政府通过国有经济进行引导。

但是，在资本主义国家国有化的进程中，国有经济经营效率较低的问题也出现了。英国政府从20世纪70年代末开始推行国有经济的私有化，法国政府则从20世纪80年代中期开始推进国有经济私有化。各资本主义国家也发生了相似的情况。尽管在资本主义国家中国有经济的地位大幅度下降，但是国有经济仍然不同程度地存在。

正因如此，萨缪尔森在1976年出版的《经济学》中指出："自从19世纪后期，几乎在我们所研究的国家中，政府在经济上的作用稳步增加，我国的经济是一种混合经济。"① 他在2010年出版的《经济学》中又指出："所有社会都是既带有市场经济的成分也带有指令经济成分的混合经济。"②

（二）尝试计划管理

在主要资本主义国家中，在国家层面明确制定并执行经济和社会计划的国家是法国。正如美国格鲁奇所说的："这种计划在很大程度上起源于社会主义理论。"③ 但是在法国，无论是社会主义者还是非社会主义者，无论是这样的政党还是那样的政党，都支持制定并执行经济和社会计划。

法国从1947年开始制定并执行经济和社会计划。制定计划的基本过程如下：首先，由总理和内阁成员提出计划的大致框架，然后交由计划总局编制。计划总局是负责制定和执行计划的政府机构。其次，计划总局编制好计划草案以后，交给经济和社会委员会去征询意见。经济和社会委员会是一个咨询机构，广泛与财政部、企业主、工会、农场主协商，听取他们对计划的意见和建议。再次，计划总局把计划交给若干个纵向委员会和横向委员会，纵向委员会负责把计划分解为各个产业的计划，横向委员会则负责提出协调政府和私人经济之间关系的重大经济和财政问题。最后，计划总局把计划交给由总理担任主席的高级计划委员会审查，征得内阁的同意后提交给国民议会批准。④

但是，法国政府制定的经济和社会计划不是指令性的而是指导性的。计划提供各种预测和指标，与市场信号一起成为经济信息的来源，以指导各个企业的决策。从法国的经济和社会计划可以看到，法国已经将计划管理加入市场经济机制之中去了。正是这个缘故，格鲁奇在《比较经济制度》中把法国的经济制度称为"法国的计划

① 萨缪尔森．经济学：上册［M］．高鸿业，译．北京：商务印书馆，1979：59.
② 萨缪尔森．经济学：上册［M］．高鸿业，译．北京：商务印书馆，1979：16.
③ 格鲁奇．比较经济制度［M］．徐节文，等，译．北京：中国社会科学出版社，1985：235.
④ 格鲁奇．比较经济制度［M］．徐节文，等，译．北京：中国社会科学出版社，1985：236-239.

经济”。①

除了法国以外，在二战以后，英国、荷兰、瑞典、挪威、芬兰等欧洲国家也制定并实行了国家计划。

（三）实施宏观经济政策

在二战结束以后，资本主义国家普遍实施宏观经济政策以干预经济。以美国为例，美国政府在二战后全面实施凯恩斯建议的财政政策和货币政策来干预经济，以保持经济的稳定。

1947 年，美国经济发展委员会提出了充分就业盈余的概念，提出了制定财政政策的目标：在经济衰退的情况下，实际产值低于充分就业的产值，政府应该用赤字财政的方法刺激经济。随着产值的增加，政府的税收将增加。当产值到达充分就业状态时，政府的预算将出现盈余。这样，政府可以用充分就业状态下的盈余去弥补经济衰退情况下的赤字。与此同时，政府还应该实行扩张性的货币政策。

到了 20 世纪 60 年代，肯尼迪总统经济顾问委员会提出了潜在国民生产总值水平上的预算平衡的思想。所谓潜在国民生产总值是指失业率为 4%的条件下生产出的国民生产总值，也称为充分就业的国民生产总值。所谓潜在国民生产总值水平上的预算平衡是指只要实际的国民生产总值低于潜在国民生产总值，就应该使用扩张性的财政政策来刺激经济，只要在潜在国民生产总值水平上达到预算平衡就可以了。与此同时，政府还应该实行扩张性的货币政策。

20 世纪 70 年代，美国发生停滞膨胀，财政政策滥用被认为是停滞膨胀的原因之一。1980 年里根担任美国总统以后，宏观财政政策逐渐中性化，政府更多地用宏观货币政策保持价格水平的稳定。但即便如此，在美国出现比较严重的经济衰退或通货膨胀时，美国政府仍然会在不同程度上使用财政政策和货币政策来稳定经济。

其他主要资本主义国家如德国、英国和法国等，使用财政政策和货币政策的强度要高于美国。资本主义国家实施宏观经济政策的情况表明，传统的资本主义经济的调节机制是有缺陷的，还需要依靠政府对经济进行干预。

综合上面的分析可以看到，在马克思《资本论》的影响下和工人阶级的抗争中，资本主义在变化，融进了某些社会主义因素。从这个角度看，马克思《资本论》改变了资本主义时代。

---

① 格鲁奇．比较经济制度［M］．徐节文，等，译．北京：中国社会科学出版社，1985：226.

第四节 马克思政治经济学开创了社会主义时代

一、马克思恩格斯对资本主义以后的社会形态的设想

马克思在《资本论》中论证了资本主义的矛盾，指出资本主义社会必然被新的社会形态所取代，这个新的社会形态就是共产主义。但是，未来社会形态的生产、交换、分配、消费方式是一个实践性很强的问题，马克思只能对未来社会形态的特点进行推论性的分析。

共产主义的特征之一，是社会生产力达到很高的水平。马克思在《哥达纲领批判》中指出："在共产主义社会高级阶段上，在迫使人们奴隶般地服从分工的情形已经消失，从而脑力劳动和体力劳动的对立也随之消失之后；在劳动已经不仅仅是谋生的手段，而且本身成了生活的第一需要之后；在随着个人的全面发展生产力也增长起来，而集体财富的一切源泉都充分涌流之后，……"①

共产主义的特征之二，是生产方式实行生产资料的共同占有。马克思在《共产党宣言》中指出："共产主义的特征，并不是要废除一般的所有制，而是要废除资产阶级的所有制。但是，现代的资产阶级的私人所有制是那种建筑在阶级对抗上面，即建筑在一部分人对另一部分人的剥削上面的生产和产品占有方式的最后而又最完备的表现。"②

共产主义的特征之三，是不存在商品生产。马克思在《哥达纲领批判》中指出："在一个集体的、以共同占有生产资料为基础的社会里，生产者并不交换自己的产品；耗费在产品生产上的劳动，在这里也不表现为这些产品的价值，不表现为它们所具有的某种物的属性，因为这时和资本主义社会相反，个人的劳动不再经过迂回曲折的道路，而是直接地作为总劳动的构成部分存在着。"③

共产主义的特征之四，在初级阶段的分配方式仍然是等价交换。马克思在《哥达

---

① 马克思．哥达纲领批判［M］//马克思，恩格斯．马克思恩格斯全集：第19卷．北京：人民出版社，1963：23.

② 马克思．共产党宣言［M］//马克思，恩格斯．马克思恩格斯全集：第4卷．北京：人民出版社，1958：480.

③ 马克思．哥达纲领批判［M］//马克思，恩格斯．马克思恩格斯全集：第19卷．北京：人民出版社，1963：20.

纲领批判》中指出："我们这里所说的是这样的共产主义社会，它不是在它自身基础上已经发展了的，恰好相反，是刚刚从资本主义社会中产生出来的，因此它在各方面，在经济、道德和精神方面都还带着它脱胎出来的那个旧社会的痕迹。所以，每一个生产者，在作了各项扣除之后，从社会方面正好领回他所给予社会的一切。""至于消费资料在各个生产者中间的分配，那末这里通行的是商品等价物的交换中也通行的同一原则，即一种形式的一定量的劳动可以和另一种形式的同量劳动相交换。"①

共产主义的特征之五，在高级阶段的分配方式是按需分配。马克思在《哥达纲领批判》中指出："在共产主义社会高级阶段上，……只有在那个时候，才能完全超出资产阶级法权的狭隘眼界，社会才能在自己的旗帜上写上：各尽所能，按需分配！"②

共产主义的特征之六，是社会资源按照计划配置。马克思本人没有提出共产主义社会生产的调节机制，但是恩格斯在《反杜林论》中指出："一旦社会占有了生产资料，商品生产就将被消除，而产品对生产者的统治也将随之消除。社会生产内部的无政府状态将为有计划的自觉的组织所代替。"③

共产主义特征之七，需要通过无产阶级专政实现资本主义向社会主义的过渡。马克思在《哥达纲领批判》中指出："在资本主义社会和共产主义社会之间，有一个从前者变为后者的革命转变时期。同这个时期相适应的也有一个政治上的过渡时期，这个时期的国家只能是无产阶级的革命专政。"④

马克思对资本主义社会深刻和科学的分析以及对美好的共产主义社会的设想，激励着全世界的仁人志士为建立一个没有人剥削人的人类社会而奋斗，从而开创了社会主义时代。

二、苏联的社会主义革命和建设的尝试

（一）社会主义所有制的建立

1917 年，社会主义革命首先在俄国发生。俄国在 1861 年废除了农奴制，资本主义

---

① 马克思．哥达纲领批判［M］//马克思，恩格斯．马克思恩格斯全集：第 19 卷．北京：人民出版社，1963：21.

② 马克思．哥达纲领批判［M］//马克思，恩格斯．马克思恩格斯全集：第 19 卷．北京：人民出版社，1963：23.

③ 恩格斯．反杜林论［M］//马克思，恩格斯．马克思恩格斯全集：第 20 卷．北京：人民出版社，1971：307-308.

④ 马克思．哥达纲领批判［M］//马克思，恩格斯．马克思恩格斯全集：第 19 卷．北京：人民出版社，1963：31.

经济有了一定的发展，但资本主义发展水平落后于欧洲国家。据统计，在十月革命前，俄国的人口多于任何其他工业国家，但是俄国拥有的现代生产资料只有美国的1/10、德国的1/5、英国的1/4。[①] 1917年10月，布尔什维克党领导工人阶级发动武装起义，建立了世界上第一个工农苏维埃政权。接着，苏维埃政权与外国武装干涉和国内反革命叛乱进行殊死斗争，终于在1922年取得胜利，并建立了人类历史上第一个社会主义国家苏联。

苏联在经济制度方面进行了生产资料所有制的改造。在苏维埃政权建立以后，以无偿没收地主土地的方式实现了全部土地的国有化，并以没收资本家生产资料的方式实现了工业企业生产资料的国有化。到1924年，私营工业企业的产值占工业总产值的23.7%，国营工业企业的产值占工业总产值的76.3%。与此同时，苏联在以前没收地主的土地或者国有闲置的土地上组建国营农场，采用机械化的方法进行生产。在国营农场中，全部生产资料和产品均属于国家所有。但是，由于当时苏联正值经济困难时期，苏联在国营农场以外的农业中保留了私营经济。

1928年以后，苏联开始对农业进行社会主义改造，实行农业集体化，并且在农业集体化进行到一定程度以后采取废除土地租佃法和劳动雇佣法的政策消灭富农阶级。农业集体化的初级形式是共耕社，在共耕社中，农民集体使用土地并共同劳动，但耕畜和农具仍然是农民的私有财产。农业集体化的高级形式是农业劳动组合，在农业劳动组合中，农业生产资料全部是集体所有，但是农民拥有一块宅旁园地用于饲养牲畜、家禽或从事副业。

到1937年，苏联基本上取消了私营经济。到1950年，苏联各个行业中私营经济的产值只占社会总产值的0.6%。经过生产资料所有制改造以后，苏联形成了两种公有制形式：第一种是国家全民所有制，国营工业企业、国营农场、机器修配站、拖拉机站等企业采取这种所有制形式。在这种所有制形式下，生产资料和产品均属于国家所有。国家全民所有制企业生产出来的产品必须按照规定的价格和规定的渠道销售。第二种是合作社集体农庄所有制，集体农庄、农业劳动组合、消费合作社企业采取这种所有制形式。在这种所有制形式下，生产资料和产品属于集体的财产。合作社或集体农庄生产的产品很大一部分按照国家规定的价格卖给国家或者企业的合作社或集体农庄，剩余部分可以按照市场价格进入市场销售。集体农庄个人副业生产的产品可以按照市场价格在市场销售。

---

① 苏联科学院经济研究所．政治经济学教科书［M］．中共中央编译局，译．北京：人民出版社，1955：40.

（二）计划经济体制的建立

在经济体制方面，苏联推行全面的计划经济管理。在渡过了建立初期的经济困难时期以后，苏联从 1928 年开始进行计划经济的实验。参与计划编制和执行的政府部门包括国家计划委员会、国家各个部委、各加盟共和国计划委员会、各加盟共和国各个部委、各经济行政区国民经济委员会。国家计划委员会负责制订全国的经济计划，各个加盟共和国计划委员会负责制订各个加盟共和国的经济计划。

苏联经济计划的制订过程如下：

第一，苏联在制订经济计划时实行民主集中制的原则。国家计划委员会参考上一个计划的执行情况以及国家面临的经济建设任务，在广泛听取各政府部门、经济组织和人民群众意见的基础上，提出远景经济计划的总体经济指标，交由苏联共产党中央委员会和苏联部长会议批准。

第二，各个工业企业和经济组织按照国家计划委员会制订的远景经济计划总体经济指标制订本企业和本组织分年度的经济计划。各个经济行政区国民经济委员会根据所属工业企业和经济组织制订本地区的远景经济计划。为了使不同地区的远景经济计划能够协调，还要考虑别的地区的远景经济计划。

第三，各个加盟共和国的主管政府部门根据各个国民经济委员会编制的远景经济计划分别制订本部门的经济远景计划，由各加盟共和国计划委员会综合为本加盟共和国的远景计划以后交由加盟共和国部长会议批准。

第四，苏联国家计划委员会审查各加盟共和国的远景计划以及各个主管部门的远景计划，然后制订苏联发展国民经济的综合远景计划，提交苏联共产党中央委员会和苏联部长会议批准。在确定远景计划以后，再制订年度计划。

由于各种产品的生产都需要相应的投入，苏联的计划是一个庞大的体系。它既要包括实物的指标，又要包括货币的指标。为了实现各个生产部门的平衡，苏联计划部门在编制计划的时候采用平衡表的形式。苏联的平衡表包括物质平衡表、货币形式平衡表和劳动力平衡表。物质平衡表以实物的方式反映生产资料和消费资料的投入和产出的平衡。货币形式平衡表以货币的形式反映国民收入分配的平衡以及居民货币收入和支出的平衡。劳动力平衡表反映对不同技能的劳动力的需求以及这些劳动力的来源。根据这些平衡表，苏联计划委员会再汇总为国民经济平衡表。

苏联的国家计划是指令性的，带有法律的效力。各个地区、各个部门、各个企业都要保证完成每月、每季和每年的计划。各级政府的主管部门监督和检查计划的执行情况，如果发现生产过程中出现比例失调的情况，各计划委员会会对计划进行必要的调整。

在计划经济体制下，苏联仍然承认商品生产、商品交换和价值规律的存在。斯大林在1952年审定政治经济学教科书的时候曾经指出，由于存在全民所有制和集体所有制，在不同所有制之间还存在商品生产和交换。集体农庄需要生产和交换它们的产品，但是商品仅仅限于消费品。既然存在商品生产和交换，就需要考虑成本、盈利和价格问题，因此价值规律仍然发生作用，但是价值规律对社会生产已经不具有调节作用。①

（三）苏联的成就与不足

苏联建立的新的经济制度在很长的时间里推动了苏联经济的发展。1927年，苏联修复了战争造成的破坏，工业生产恢复到一战前的水平。1929—1933年，资本主义国家陷入了前所未有的“大萧条”，苏联经济则蒸蒸日上。1932年，苏联完成了工业化的进程，工业产值在国民经济中的比例达到70%。1937年，苏联建立了完整的工业体系，工业产值超过了欧洲国家，在世界上仅次于美国，居第二位。苏联正因为具备了这样强大的工业基础和实力，才能在二战开战初期处于极端不利地位的情况下，仍旧打败德国法西斯。

按照苏联中央统计局的统计资料，如果把十月革命前的1913年、二战后的1950年和1976年的苏联和美国经济进行比较，情况如表15-1所示。

与此同时，苏联的科学技术突飞猛进。苏联在数学、物理学、化学、生物学、医学、地质学方面发展迅速，其中在数学和物理学方面居世界前列。另外，苏联在航空技术、航天技术、核潜艇技术、核技术、导弹技术方面也处于世界先进水平，能够与当时的美国抗衡。1947年，苏联建成世界上最大的同步加速器。1949年，苏联继美国之后成功进行了原子弹爆炸试验。1954年，苏联建成世界上第一座原子能发电站。1957年，苏联发射了人类第一颗人造卫星。1961年，苏联实现了人类第一次宇宙飞船载人飞行。

表15-1　苏联若干指标与同期美国的比较　（%）

经济指标	1913年	1950年	1976年
国民收入	不详	31.0	67.0
工业产值	12.5	30.0	80.0
钢铁产量	15.0	95.0	121.0

① 斯大林．苏联社会主义经济问题［M］．中共中央编译局，译．北京：人民出版社，1972：12-15.

续表

经济指标	1913年	1950年	1976年
发电量	8.0	43.0	51.0
石油产量	27.0	74.0	130.0
化肥产量	3.0	不详	126.0

资料来源：苏联部长会议中央统计局．苏联国民经济六十年［M］．陆南泉，等，译．北京：三联书店，1979：86.

但是，随着时间的推移，苏联经济也慢慢积累起了严重的问题：

第一，经济体制僵化。对于一个要迅速走上工业化道路的落后国家来说，或者对于一个处于战争状态的国家来说，高度集中的计划经济体制是一种有效的经济体制。但是，在和平时期或者在工业化基本完成以后，计划经济体制存在两个缺陷：首先，在经济结构越来越复杂、社会产品种类越来越多的情况下，不可能依靠中央政府的计划对全社会数十万种产品的生产和交换作出安排。其次，在计划经济体制下，每一家企业都是被动地为了完成指令性的计划而进行生产，从而压抑了企业的积极性和创造性。因此，二战后苏联社会资源的配置缺乏效率。

第二，经济结构失调。苏联建立以后，由于面对帝国主义的干涉，为了生存，优先发展重工业是正确的选择。但是，苏联政府把适用于某个时期的优先发展重工业的发展方针绝对化，把它看作社会主义经济的基本发展规律，造成了重工业、轻工业和农业比例的失衡。苏联重工业很发达，但轻工业和农业却相对落后，轻工业产品和农产品匮乏。苏联有如此辽阔的土地，从20世纪60年代开始却不得不进口粮食。由于人民群众的生活用品和食品与轻工业和农业密切相关，苏联经济结构的失衡影响了人民群众生活的改善。

第三，军事负担过重。二战结束以后，世界迎来了一个和平时期。但是，苏联为了与美国争霸，在军事上耗费了巨大的社会资源。苏联一直维持着一支庞大的军队和世界上最大的核武器库，苏联的重工业主要是与军事工业有关的重工业，苏联的先进技术主要是与军事技术有关的技术。1979年苏联还发动了长达10年的阿富汗战争，极大消耗了苏联的人力资源和物质资源。巨额的军事支出影响了非军工产业的发展，影响了人民群众生活水平的提高。

第四，政治体制落后。苏联尝试建立一种崭新的经济制度和经济体制，但是苏联的政治体制仍然是一种带有封建色彩的政治体制。苏联领导干部实行终身制，干部选拔任人唯亲，领导干部逐渐形成一个特权阶层。这个特权阶层不仅享受着优厚的工资待遇、名目繁多的津贴和豪华的别墅，还有专门为他们服务的商店、医院、疗养院。

结果官僚主义盛行，腐败之风蔓延，严重脱离人民群众。在人民群众心目中，苏联共产党已经不是代表人民群众利益，而是代表特权阶层利益的政党，作为执政党的苏联共产党与人民群众已经离心离德。这样的特权阶层为了维护自己的既得利益，必然阻碍任何有利于国家和民族政治进步和经济发展的改革，苏联的崩溃也就不可避免。

（四）苏联的解体

戈尔巴乔夫1985年担任苏联共产党总书记以后，试图推行经济改革，承认企业是独立的商品生产者，打破单一的公有制，加快重工业的发展。但是，由于缺乏明确的改革思路和系统的改革方案，经济改革没有取得进展。戈尔巴乔夫接着推行激进的政治改革，取消马克思主义的指导地位，放弃苏联共产党的执政地位，废除社会主义公有制。在这种情况下，苏联政治、经济和社会剧烈动荡。

1990年3月11日，立陶宛宣布独立，其他加盟共和国纷纷仿效。1991年6月12日，俄罗斯加盟共和国进行总统选举，叶利钦当选俄罗斯总统。1991年8月24日，戈尔巴乔夫宣布辞去苏联共产党总书记职务，苏共中央自行解散。1991年12月25日，戈尔巴乔夫宣布辞去苏联总统职务。1991年12月26日，苏联最高苏维埃共和国院举行最后一次会议，宣布苏联停止存在。俄罗斯继承了苏联的遗产，苏联解体为包括俄罗斯在内的16个国家。随着苏联的解体，东欧的社会主义国家纷纷废除社会主义制度，国际共产主义运动陷入低潮。

全世界第一个社会主义国家在延续了74年以后就这样悲壮地画上了句号，它在社会主义革命和建设中以及在共产主义运动中留下的经验和教训值得人们长久地思考、总结和吸取。

三、中国的社会主义革命和建设的探索

（一）1949—1979年中国革命和建设的探索

1. 新中国成立前后的经济状况

1949年，中华人民共和国成立。尽管中国在1911年推翻了清朝的统治，但一直处在军阀混战和被帝国主义列强侵略的状态，资本主义经济并没有多少发展，基本上是一个半封建和半殖民地的国家。如果说苏联在建国的时候落后于走上工业化道路的西方国家的话，那么新中国在成立的时候甚至还落后于没有走上工业化道路的农业国家，属于世界上最贫困落后的国家之一。

从人均 GDP 的情况来看，根据英国经济史学者麦迪森（A. Maddison）的统计分析，如果以 1990 年美国物价水平为标准并采用购买力平价方法计算，1950 年中国与主要发达国家以及亚洲最落后国家人均 GDP 的比较如表 15-2 和表 15-3 所示。

表 15-2　1950 年中国与主要发达国家人均 GDP 的比较

指标	中国	美国	英国	法国	德国	意大利	日本
人均 GDP/美元	439	9561	6939	5271	3881	3502	1921
对中国的倍数	1	21.78	15.81	12.01	8.84	7.98	4.38

资料来源：麦迪森．世界经济千年统计［M］．伍晓鹰，等，译．北京：北京大学出版社，2009：51-58.

表 15-3　1950 年中国与亚洲最落后国家人均 GDP 的比较

指标	中国	缅甸	尼泊尔	孟加拉国	印度	巴基斯坦
人均 GDP/美元	439	396	496	540	619	643
对中国的倍数	1	0.90	1.13	1.23	1.41	1.46

资料来源：麦迪森．世界经济千年统计［M］．伍晓鹰，等，译．北京：北京大学出版社，2009：182-185.

表 15-2 反映了中国与主要发达国家的人均 GDP 以及这些国家的人均 GDP 是中国的多少倍。需要指出的是，德国和日本属于二战战败国，它们的经济受到了战争的严重破坏。从表 15-2 可以看到，在新中国成立初期，中国的经济发展水平与发达国家存在巨大的差距。

表 15-3 从亚洲 30 个国家和地区中选择了人均 GDP 最低的 5 个国家。从表 15-3 可以看到，中国的人均 GDP 仅高于缅甸，低于其他 29 个国家和地区。

另外，在麦迪森统计的 57 个非洲国家中，中国的人均 GDP 只高于几内亚等 8 个国家，落后于其他 49 个国家。在麦迪森统计的 15 个拉丁美洲国家中，中国的人均 GDP 低于全部拉丁美洲国家。①

从主要工业产品的产量来看，根据中国经济学者范慕韩的估算，在新中国成立前后，与典型的不发达国家印度相比，中国的原煤产量略少于印度，发电量是印度的 66%，棉纱产量是印度的 56%，原油产量是印度的 48%，水泥产量是印度的 31%，钢铁产量是印度的 12%，汽车产量与印度之比是 0∶20000，如图 15-1 所示。

与典型的发达国家美国相比，中国的原煤产量是美国的 7%，发电量是美国的 1%，棉纱产量是美国的 19%，原油产量是美国的 0.05%，水泥产量是美国的 2%，钢铁产量是美国的 0.2%，汽车产量与美国之比是 0∶6250000，如图 15-2 所示。

---

① 麦迪森．世界经济千年统计［M］．伍晓鹰，等，译．北京：北京大学出版社，2009：142-143，218-224.

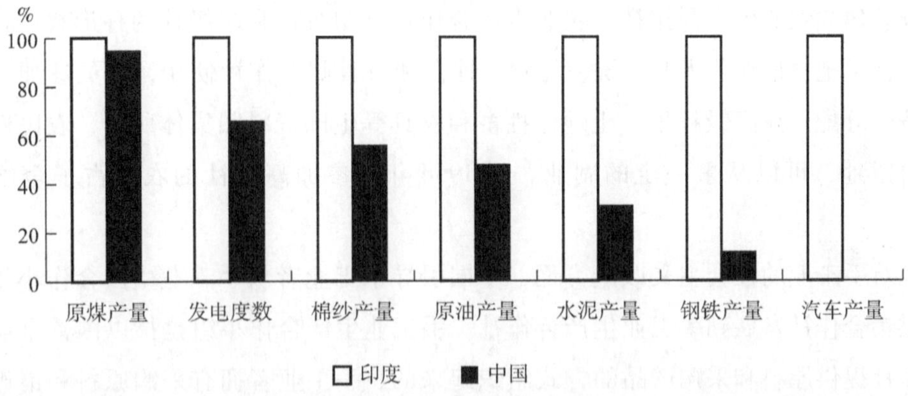

图 15-1　1950 年中国主要工业品产量占印度相应工业品产量的百分比

资料来源：范慕韩．世界经济统计摘要［M］．北京：人民出版社，1985：256-439.

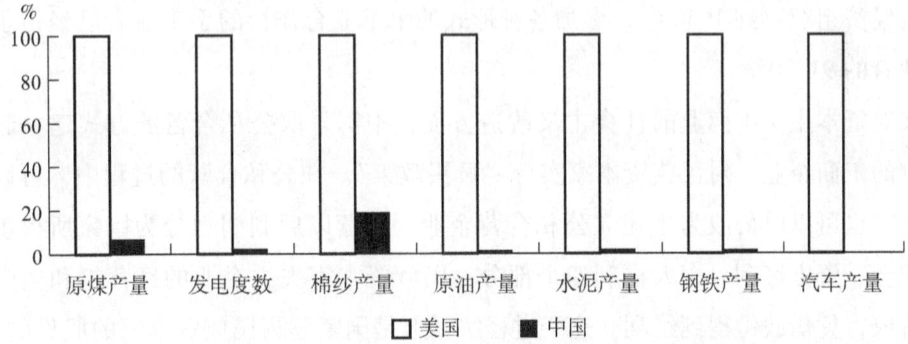

图 15-2　1950 年中国主要工业品产量占美国相应工业品产量的百分比

资料来源：范慕韩．世界经济统计摘要［M］．北京：人民出版社，1985：520-525.

2. 社会主义所有制的建立

1949 年中华人民共和国的成立，标志着新民主主义革命取得基本胜利，这是一场以反对帝国主义、封建主义和官僚资本主义为主的人民民主革命。新中国成立以后，中国没收了 2858 个官僚资本主义工业企业，加上在原解放区建立的公营企业，建立起国营企业。另外，在农村进行土地改革。但是与解放区的土地改革相比，新中国成立后的土地改革对富农由征收多余的土地与财产改变为只征收富农出租的部分土地，对地主由没收全部财产改变为只没收土地、农具、牲畜、多余房产和多余粮食，对中农由平分土地改变为完全不变。

接着，中国推动了对农业、手工业和资本主义工商业的社会主义改造。在农业的社会主义改造方面，从 1951 年开始，中国在农村建立农业互助组。农业互助组是指在保持生产资料私人所有制不变的条件下进行农民的互助或组内分工。从 1953 年开始，中国推动建立农业生产合作社。农业生产合作社分初级社和高级社两种形式：在初级社里，社员把土地作价入股，统一经营，牲畜和农具归合作社使用，社员参加社内劳动，按劳分配。在高级社里，土地、牲畜和农具等生产资料归集体所有，农民保留一定的自留地，可以从事一定的副业。到 1956 年，参加高级社的农户占了全国农户的 88%。

在对手工业的社会主义改造方面，中国引导手工业者从手工业生产合作小组、手工业供销合作社发展到手工业生产合作社。手工业生产合作小组是指以国营企业或供销合作社提供原料和采购产品的方式组织起来的、手工业者拥有采购原料和销售产品的自主权并独立进行生产和核算的经济组织。手工业供销合作社是指采购原料和销售产品由合作社统一安排，但手工业者独立进行生产和核算的经济组织。手工业生产合作社是指生产资料归集体所有，手工业者参加集体劳动，合作社进行统一经营和统一核算的经济组织。到 1956 年，参加各种形式的手工业合作社的手工业者已经占了全部手工业者的 91. 70%。

在对资本主义工商业的社会主义改造方面，中国采取公私合营的方式建立起全民所有制的工商企业，对民族资本家实行"赎买政策"。在公私合营的过程中，可以以私股为主，也可以以公股为主建立公私合营企业。合营以后利润划分为国家所得税、企业公积金、资方红利、工人福利四个部分。民族资本家失去企业的经营权和生产资料的所有权，凭借股份得到红利。这个过程实际上是国家赎买民族资本家的股份的过程，所以被称为"赎买政策"。到 1956 年，99%的私营工业企业和 82%的私营商业企业都加入了公私合营企业。

1956 年，中国对农业、手工业和资本主义工商业完成了社会主义改造，标志着新民主主义革命的结束和社会主义经济制度的建立。

1958 年，中国又进一步推动农业生产合作社向人民公社发展。在人民公社化的初期，人民公社曾经是生产资料归公社所有、工资制和供给制相结合、取消农民的自留地的组织形式。1962 年经过调整以后，人民公社的制度特点是：第一，"政社合一"，人民公社既是基层政权也是经济组织。第二，"三级所有，队为基础"。在这里，"队"是指生产队。这就是说，生产资料为生产队、生产大队和人民公社三级所有。主要的农业生产资料如土地、牲畜、农具属于生产队所有，种子站、拖拉机站、水利灌溉设施、大队办的企业或者公社办的企业的生产资料属于生产大队或者公社所有。第三，以生产队为基本核算单位，实行独立核算自负盈亏，社员有自留地的使用权和自留地产品的支配权。

由此可见，中国基本上按照苏联的模式建立起了社会主义的生产资料所有制，中国和苏联存在差异的地方是：苏联工商业实行全民所有制，国营农场实行全民所有制，其余农业经济实行集体所有制；中国部分工商业和国营农场实行全民所有制，部分工商业和非国营农场的农业实行集体所有制。

3. 计划经济体制的建立

与社会主义所有制改造并行的是计划经济体制的建立。1949 年 9 月，中国建立政务院财政经济委员会，下设财经计划局以及各个部。相应地，在各省市县建立政府经济管理机构。对于国有企业，部分由中央政府经济部门管理，部分由地方政府经济部门管理。对于合作社，由全国供销合作总社和地方联社管理。对于公私合营企业，由中央或地方政府经济管理部门派遣董事或监事参与管理。对于个体和私营企业，由作为政府部门的工商管理局间接管理。对于个体农民，由农民自主经营。

1952 年，中国政府成立国家计划委员会，负责编制经济计划。由于当时生产资料所有制改造并没有完成，中国政府主要是对国营企业的生产和固定资产投资实行计划管理。1953 年，中国政府对农产品实行“统购统销”的政策。1954 年，中国制定和颁布了第一部宪法，其中第十五条规定：“国家用经济计划指导国民经济的发展和改造，……”① 这意味着计划经济体制已成为中国法定的经济体制。随着 1956 年“三大改造”的完成，属于计划管理的经济范围基本覆盖到各行各业。

中国编制和执行经济计划的方法参考了解放区和苏联的经验。从编制计划的角度看，先自上而下地颁布经济指标控制数字，再自下而上地编制经济计划草案，最后自上而下地下达计划指标。工业的基层计划单位是国营企业，农业的基层计划单位是县。在自下而上编报计划的过程中，按照大行政区进行汇总平衡。

从执行计划的角度看，则是指令性计划与指导性计划相结合：对国营企业、公私合营企业、供销合作社实行指令性计划管理，对手工业合作社、私营和个体经济则实行指导性计划管理，对农业采用“统购统销”的方法进行管理。在 1958 年建立人民公社以后，中国把农业纳入了指令性计划管理的范围。

从计划管理的权限的角度看，中国划分了统一经济计划下中央政府和地方政府的计划管理权。凡是带有全局性的企业和事业单位由中央政府计划管理，其他企业和事业单位由地方政府计划管理，日用杂货店以及饮食店等个体经济不在计划管理的范围。

（二）1949—1979 年中国的经济发展成绩

社会主义公有制以及高度集中的计划经济体制为中国迅速走上工业化道路发挥了

① 五四宪法［EB/OL］．百度百科．［2023-03-28］．https：//baike. baidu. com/item/%E4%BA%94%E5%9B%9B%E5%AE%AA%E6%B3%95/10101800? fr=aladdin.

积极的作用，它们的突出优点是可以集中全国有限的资源推动工业化的进程。到 20 世纪 60 年代初，中国初步建立起现代的工业体系。尽管在社会主义改造和建立计划经济体制的过程中也走过一些弯路，中国经济还是发生了很大的变化。

前面曾经把新中国成立前后中国主要工业产品的产量与美国和印度作了比较。到 1965 年，如果与印度比较，中国的原煤产量是印度的 3.45 倍，发电量是印度的 1.84 倍，棉纱产量是印度的 1.38 倍，原油产量是印度的 3.75 倍，水泥产量是印度的 1.54 倍，钢铁产量是印度的 1.94 倍，汽车产量与印度之比是 4∶7，如图 15-3 所示。

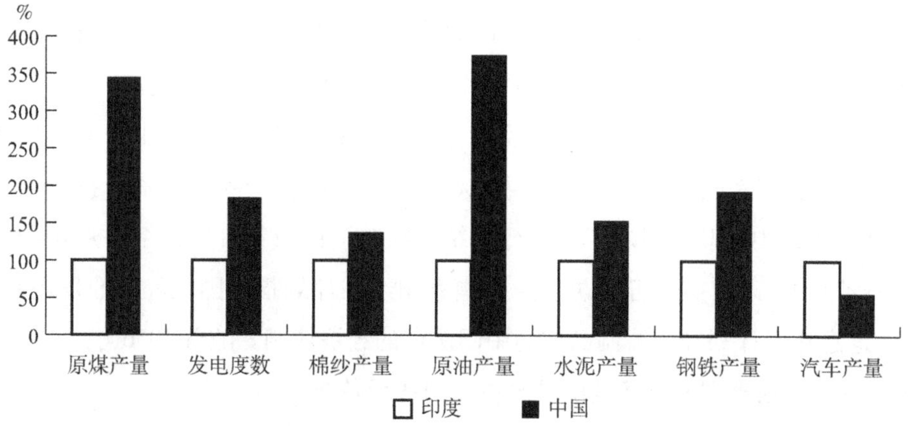

图 15-3　1965 年中国主要工业品产量占印度相应工业品产量的百分比

资料来源：范慕韩．世界经济统计摘要［M］．北京：人民出版社，1985：256-439.

如果与美国比较，中国的原煤产量是美国的 49%，发电量是美国的 6%，棉纱产量是美国的 66%，原油产量是美国的 3%，水泥产量是美国的 25%，钢铁产量是美国的 10%，汽车产量与美国之比是 4∶929，如图 15-4 所示。

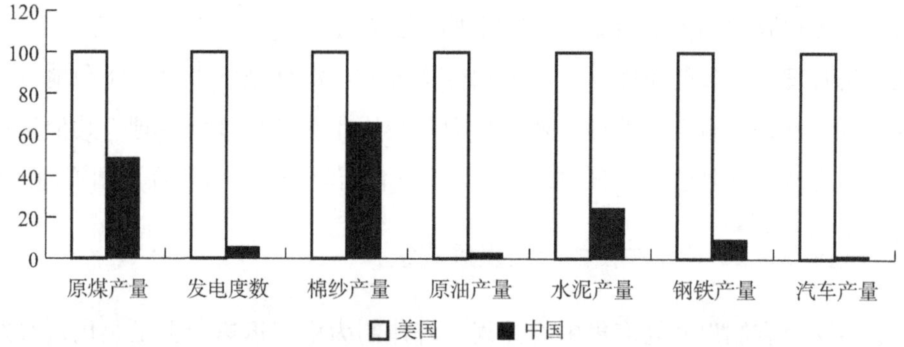

图 15-4　1965 年中国主要工业品产量占美国相应工业品产量的百分比

资料来源：范慕韩．世界经济统计摘要［M］．北京：人民出版社，1985：520-525.

从上面的数据可以看到，经过仅仅 16 年的经济发展，中国主要工业产品的产量除了汽车以外全面超越印度，同时大幅度缩小了与美国的差距。在西方发达国家实行如此严厉的经济封锁的情况下，取得如此发展实属不易。但遗憾的是，中国又发生了长达十年的“文革”，对中国经济发展造成了严重的不利影响。

在改革开放前，中国采用的是物质产品平衡核算体系，公布的经济指标是社会总产值，与当时的国民生产总值不同，与后来的国内生产总值也不同。另外，人民币与美元在很长的时期里没有形成市场汇率，因此难以将中国的总体经济发展情况与其他国家作比较。根据麦迪森的统计分析结果，如果以 1990 年物价水平下的美元为标准，按照购买力平价方法计算，从 1952 年到 1978 年，中国的 GDP 从 3059 亿美元增长到 9351 亿美元，人均 GDP 从 538 美元增长到 978 美元。[①]

另外，根据国际货币基金组织的统计数据，1980 年，中国按照现行价格计算的 GDP 是 3053. 48 亿美元，占世界 GDP 的比例为 2. 74%；按照购买力平价计算的 GDP 是 3068. 68 亿国际元，占世界 GDP 的比例为 2. 32%；按现行价格计算的人均 GDP 是 309 美元，只有发展中国家平均人均 GDP 的 35. 51%；按购买力平价计算的人均 GDP 是 311 国际元，只有发展中国家平均人均 GDP 的 19. 77%。[②]

值得注意的是，1980 年，同为人口众多的发展中国家印度，按现行价格计算的人均 GDP 是 276 美元，按照购买力平价计算的人均 GDP 是 559 国际元。印度的前一个指标略低于中国，后一个指标远高于中国。因此，1980 年的中国仍然是一个十分落后的国家。

（三）1980 年以后中国改革和建设的探索

1. 经济制度调整

中国的经济制度和经济体制与苏联相似，经济发展水平还远低于苏联，苏联经济制度和经济体制的优点和缺点在中国也同样存在。在 1976 年“文革”结束以后，中国开始重新审视原来的经济制度和经济体制，推进经济制度的调整和经济体制的改革。

经济制度的调整是从农村开始的。在人民公社制度下，生产管理过于集中，收入分配过于平均，农民参加集体劳动挣工分，严重挫伤了农民的劳动积极性，出工不出力的现象普遍存在，农业经济发展缓慢。

1982 年，中国开始全面推进农业家庭联产承包责任制。农业家庭联产承包责任制

---

① 麦迪森．中国经济的长期表现（修订版）［M］．伍晓英，等，译．上海：上海人民出版社，2016：178.

② IMF, DataMapper, https：//www. imf. org/external/datamapper/.

主要有两种类型：一种是包产到户，即在不改变生产资料集体所有制的前提下，农户使用集体的土地、牲畜、农具进行生产，承诺完成一定的产量，超产的产品由农户支配，包产的产品由生产队分配。另一种是包干到户，即生产队不进行集体分配，农户向生产队上缴一定的“提成”用于缴纳政府税收和积累集体经济发展资金，其余部分全部归农户所有。1982 年，中国决定撤销人民公社。生产队变为村，生产大队变为乡，人民公社变为镇，乡和镇不再是政社合一的组织。

到了 2002 年，随着农业的发展，单家独户的土地承包影响了大规模农业机械的使用和农业生产的集中。中国又实行了“土地流转”制度，在保证土地所有权归集体、承包权归农户的前提下，农户可以以出租、入股等方式把承包土地的经营权交给大农户。这就是所谓土地所有权、承包权和经营权的“三权”分置。

城市的经济制度调整是扩大企业的经营自主权。在原来生产资料全民所有制的条件下，企业就像一个加工者，使用国家所有的生产资料加工产品交给国家，只有管理没有经营。工人按照等级领取工资，干多干少一个样。1981 年，中国开始推行工业生产经济责任制，国有企业在完成国家计划的前提下，承包上缴的利润，剩余利润可以自由支配。这意味着国有企业对全民所有的生产资料具有一定的经营权。1993 年，中国明确提出建立社会主义市场经济体制，国有企业按规定向政府缴纳税金和上交一定比例的利润并预留企业的发展基金以后，剩余利润归企业支配。这意味着国有企业对全民所有的生产资料拥有了更大的经营权。

在对农业和工商业的经济制度进行一定调整的同时，中国在保证社会主义公有制占主导地位的前提下，积极发展各种不同所有制形式的经济组织。1978 年首先发展起来的是个体户，即由个人出资和经营的个体经济。后来，或者通过个体经济的自我发展，或者通过对集体所有制或全民所有制企业的收购，形成了民营企业，即生产资料属于私人所有的企业。随着经济开放，又出现了中外合资企业、中外合作企业和外商独资企业。这意味着中国形成了以公有制为主体，多种所有制经济共同发展的基本经济制度。根据国家统计局的统计数据，到 2017 年，从就业的角度看，全民和集体所有制机构就业人数占城镇就业人数的 15. 24%，其他各种所有制机构占 84. 76%。[①]

经济制度的调整是 1980 年以后中国经济快速发展的主要原因之一。农村经济制度的调整使农民付出的劳动与个人的经济利益直接相联系，激发了广大农民的劳动积极性。城市经济制度的调整不但提高了国有企业经营管理的积极性，也提高了广大工人和工商业劳动者生产的积极性。中华民族祖祖辈辈形成了勤劳的民族特质，这种特质

① 中华人民共和国统计局，年度数据，https：//data. stats. gov. cn/easyquery. htm？ cn = C01。

在经济制度调整的过程中得到充分的发挥，推动了中国经济的高速发展。尽管中国积极发展多种所有制经济，但是国有企业在涉及国家经济命脉的产业中仍然居于举足轻重的地位，确保中国仍然可以发挥社会主义公有制的优势以发展经济。

2. 经济体制改革

中国在推进经济制度形式和结构调整的同时，也在探索对计划经济体制的改革。计划经济体制在工业化初期或战争时期是有效的经济体制，但是在经济结构越来越复杂、社会产品越来越多的情况下，难以对每一种社会产品的生产、使用和消费都作出计划安排，结果必然是计划机构越来越庞大、社会资源配置的效率越来越低。另外，各个经济组织的经营管理活动本来应该是主动的创造性的活动，但是在计划经济体制下则变成被动完成计划的活动，从而压抑了各个经济组织的主动性和创造性。即使在经济结构并不复杂的情况下，中国也经常出现需要不断调整计划的情况，也就是难以按照计划去生产、交换和分配社会产品的情况。

中国探索经济体制改革的思路有一个变化过程：1978 年提出“以计划经济为主，市场调节为辅”的改革思路，1982 年提出“实行指令性计划、指导性计划和市场调节相结合”的改革思路，1985 年提出“有计划的商品经济”的改革思路。在实践上，中国一直按着这样的改革思路减少指令性计划调节的范围，扩大市场调节的范围。

在农业方面，中国从 1980 年开始逐步减少“统购统销”的农产品种类。1985 年，中国不再对农村下达农产品生产的指令性计划，改为按照合同收购粮食。1992 年，中国取消了按照合同收购粮食的政策。在工业方面，中国同样在不断减少实行指令性计划的产品种类，中央政府计划分配的生产资料到 1987 年减少到 27 种。固定资产投资从 1985 年起在中央政府规定的投资额度内由地方政府或相关部门自行审批，非生产性基础设施建设项目由地方政府自行审批。在从计划调节向市场调节转变的过程中，如何决定产品价格是一个难题。中国采取了价格双轨制的过渡方法，在开始的时候计划价格和市场价格并行，然后逐渐向市场价格转变。

1993 年，中国正式确认建立社会主义市场经济体制，并围绕着这个中心任务推动国有企业改革，培育各种商品市场、劳动力市场和金融市场。2012 年，中国又进一步提出要让市场在资源配置中发挥决定性作用。

经济体制的改革是 1980 年以后中国经济快速发展的主要原因之二。尽管计划经济体制对于一个落后国家迅速走上工业化道路具有积极的作用，但是随着经济结构日益复杂，计划经济体制的弱点也就暴露出来了。市场经济体制的建立，使中国的社会生产从原来下达计划和被动执行计划的过程转变为一个主动的创造性的过程，大大提高了社会资源配置的效率。与此同时，中国的社会主义公有制又可以在一定程度上抑制市场经济体制调节的自发性和盲目性等弱点，从而促进了经济的发展。

3. 对外开放

新中国成立以后，遭受到以美国为首的西方国家的经济封锁，只能采取“自力更生，奋发图强”的方针发展经济。1978 年，随着“文革”的结束和中美关系的缓和，中国实行对外开放的政策，一方面通过国际贸易获取急需的技术、设备和资源，另一方面通过引进外商直接投资和借入外国债务等方式获取极为短缺的资本。

在引进外商直接投资方面，中国主要采取建立中外合资企业和中外合作企业以及补偿贸易的方式。中外合资企业是指中外双方共同投资共同经营的企业，中外合作企业是指中外双方以签订合同的方式进行合作的企业。补偿贸易是指外商向中国企业提供设备和技术，中国企业利用这些设备和技术生产出产品来偿还款项。在借入外国债务方面，中国从世界银行等国际经济组织、发达国家的政府以及发达国家的资本市场筹集资金，以建造重大的建设项目。

1980 年，中国在深圳、珠海、汕头、厦门设立经济特区，实行更加灵活的对外经济政策，利用这些地区接近香港、澳门和台湾的特点，加快吸引外商直接投资。1984 年，中国又向外商直接投资开放了沿海 14 个港口城市，除了可以设立中外合资企业和中外合作企业以外，还可以设立外商独资企业，并对外商直接投资给予税收优惠。1991 年，中国除了继续向外商直接投资开放长江流域以外，允许外商在上海浦东新区从事银行业和零售商业。1992 年，中国除了更大范围开放外商直接投资区域以外，还允许外商在部分地区从事银行、保险、批发、零售等服务业。1995 年以后，中国调整了外商投资企业的税收减免政策，逐步实现与国内企业同等税收待遇，主要通过完善基础设施、通信、法律、服务等方面的投资环境吸引外商直接投资。

2001 年，中国加入世界贸易组织。中国大幅度降低关税，开放服务贸易领域，更高程度地融入国际贸易体系。与此同时，中国企业开始逐渐增加对外直接投资，以接近外国的市场，学习外国的先进技术和获取外国的自然资源。

2013 年以后，中国开始建立自由贸易试验区。自由贸易试验区是在国境内海关外设立的经济特区，允许在贸易区内零关税进口、制造、再出口，在资本流动上也给予了较为宽松的政策，以尝试更高程度地融入世界经济。到 2020 年 9 月，中国已经建立了 21 个自由贸易试验区。

对外开放是 1980 年以后中国经济快速发展的主要原因之三。中国拥有丰富的劳动力资源，但是劳动力只有与物质资本和科学技术相结合才能形成生产能力。对外开放一方面使中国通过引进外商直接投资和借入外国债务的方式获得了十分紧缺的物质资本，生产能力迅速提高；另一方面为中国的商品开拓了国际市场，为中国迅速提高的生产能力提供了广阔的空间，使生产和市场形成了良性循环。

中国对外开放的一个成功秘诀是，既遵循比较优势的原则参与国际分工，又不局限于静态比较优势而去创造动态比较优势。中国利用20世纪80年代发达国家因产业结构调整而放弃劳动密集型产业的机会，发挥本国劳动力资源的数量和成本优势，在劳动密集型产业的发展中取得巨大成功，一方面解决了困扰发展中国家的就业问题，另一方面使中国成为世界工厂，从而推动了中国经济迅速发展。与此同时，中国不仅仅局限于发展比较优势产业，也注重发展可能具有动态比较优势的产业。所谓动态比较优势是指某个产业从静态上看没有比较优势，但是经过政府针对本国社会资源特点的培育，有可能在未来形成比较优势。中国通信、高铁、核电、航天、军工等产业的发展，就是创建动态比较优势的生动例子。

（四）改革开放的经济发展成就

改革开放使中国经济迅速发展，中国国内生产总值从1978年开始以年均约10%的速度增长了36年，创造了人类社会经济增长的奇迹。

根据国际货币基金组织的统计数据，如果采用汇率的方法，1980—2021年中国以现行价格计算的国内生产总值与经济实力最强的三个经济体——美国、日本、欧元区的比较情况如图15-5所示。欧元区包括德、法、意等19个欧洲国家。

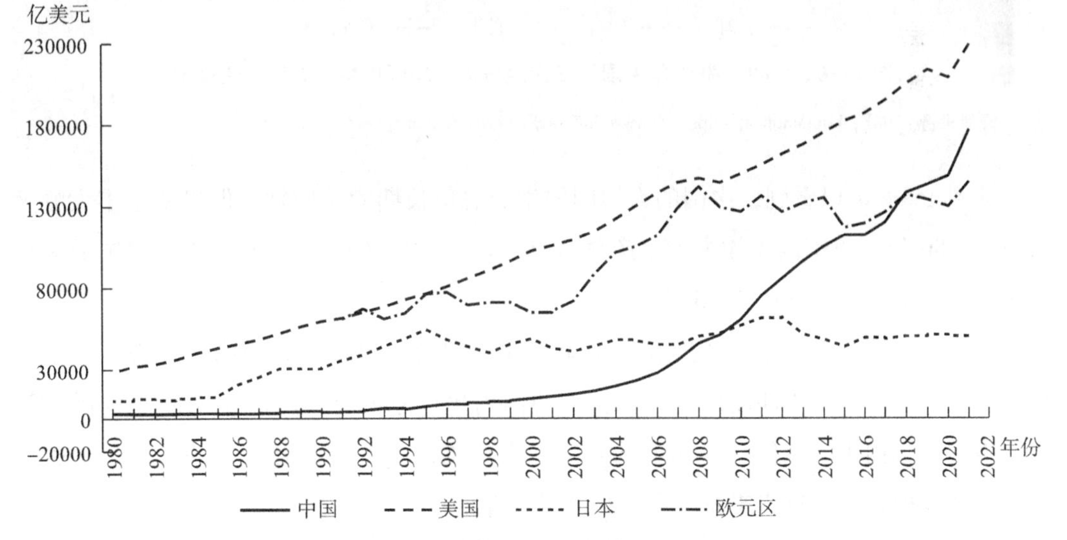

图15-5 1980—2021年中国和三大经济体国内生产总值变化情况

资料来源：IMF, DataMapper, https：//www. imf. org/external/datamapper/.

从图15-5可以看到，在改革开放初期的1980年，中国的国内生产总值只有美国的10.69%、日本的27.62%。接着，中国国内生产总值高速增长。到了2021年，中国的国内生产总值达到美国的77.16%，超过欧元区，是日本的3.47倍。

另外，到2013年，中国已经有260种重要工业产品的产量居世界第一位。即使采用低估中国产值的汇率方法计算，中国的工业增加值也已经超过美国。如果采用购买力平价方法，中国国内生产总值在2014年已经超过美国，到2022年约为美国的1.2倍。

另外，根据国际货币基金组织的统计数据，如果采用汇率的方法，1980—2021年中国以现行价格计算的人均国内生产总值与美国、日本、欧元区的比较情况如图15-6所示。

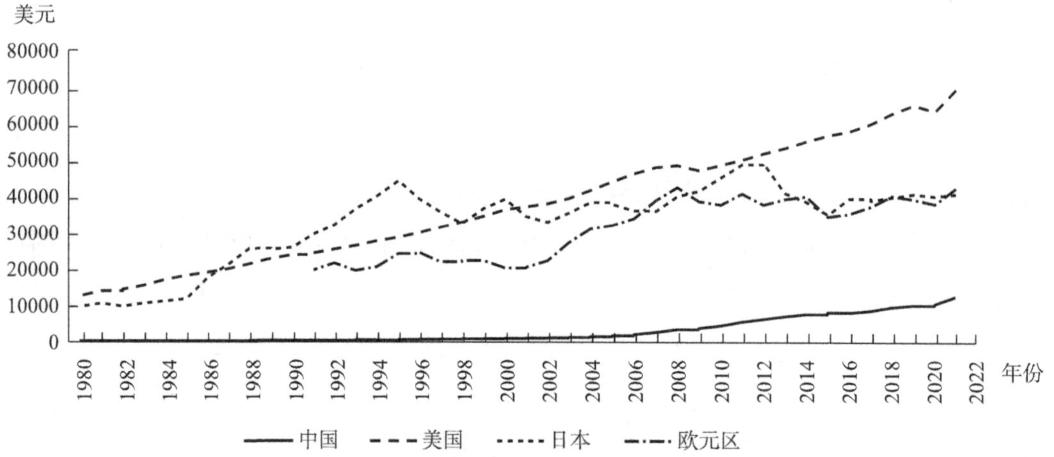

图15-6　1980—2021年中国和三大经济体人均国内生产总值变化情况

资料来源：IMF，DataMapper，https：//www.imf.org/external/datamapper/.

从图15-6可以看到，中国的人均国内生产总值长期紧贴横轴，但也发生了大幅度增长。1980年，美国的人均国内生产总值是中国的40.58倍；到2021年，美国的人均国内生产总值只是中国的5.53倍。

如果将中国与人口最多的发展中国家印度作比较，1978年，中国按照现行价格计算的国内生产总值约为印度的1.9倍，人均国内生产总值是印度的1.3倍。但到2021年，中国的国内生产总值约为印度的6倍，人均国内生产总值是印度的6倍。中国无论是经济规模还是发展水平都与印度拉开了差距。

当然，中国经济规模超越发达国家，但经济发展水平还没有超越发达国家。中国的科学技术水平还落后于发达国家，中国的人均国内生产总值只有美国的约1/6、日本的约1/4。但是对于中国来说，中国经济已经发生了翻天覆地的变化。

经过40多年的发展，中国经济进入一个转折时期。中国的经济体制中还存在抑制企业经营积极性的因素，中国粗放式的发展模式已经不可持续。中国还需要继续对经济体制进行改革，通过科学技术进步和产业结构升级来实现经济发展方式的转变。

苏联的社会主义革命和建设以失败告终，中国的社会主义革命和建设仍然处在探索之中，但有声有色。无论从苏联的经历还是从中国的经历，都可以得出这样的结论：马克思和恩格斯给人类社会的发展指明了方向，但是社会主义革命和建设不能简单地从马克思和恩格斯的设想出发，必须把马克思主义与本国的实际情况相结合，根据本国国情实事求是地推进社会主义革命和建设。在任何时候和任何情况下都不可忘记的是：实践是检验真理的唯一标准。

不可否认，目前国际共产主义运动和社会主义探索处于低潮，但是马克思政治经济学的精髓永存。很显然，资本主义经济制度不是人类经济制度的终结，人类社会在马克思政治经济学的指引下追求一个更加美好的社会形态的努力是不会终止的，一定会有一个更加美好的经济制度取代资本主义制度。

本章小结

本章阐述了马克思关于资本主义历史命运的论述，指出资本主义经济的阶级矛盾是对抗性的矛盾，资本主义经济的平衡是带有破坏性的平衡，资本主义的基本矛盾是不可调和的矛盾，并利用历史统计数据对这些论述进行了验证。

本章指出马克思政治经济学改变了资本主义时代。马克思深刻地揭示了资本主义经济的矛盾，并且在资本主义经济实战中得到验证，二战后资本主义经济发生了一系列变化。

本章指出马克思政治经济学开创了社会主义时代。马克思指出了人类社会的发展方向，激励着全世界的仁人志士为之奋斗，本章简要分析和总结了苏联和中国社会主义革命和社会主义建设的尝试。

主要参考文献

第一章

[1] 马克思．德意志意识形态［M］//马克思，恩格斯．马克思恩格斯全集：第3卷．北京：人民出版社，1960.

[2] 马克思．经济学手稿（1861—1863）［M］//马克思，恩格斯．马克思恩格斯全集：第47卷．北京：人民出版社，1979.

[3] 马克思．资本论：第1卷［M］//马克思，恩格斯．马克思恩格斯全集：第23卷．北京：人民出版社，1972.

[4] 马克思．哲学的贫困［M］//马克思，恩格斯．马克思恩格斯全集：第4卷．北京：人民出版社，1958.

[5] 恩格斯．反杜林论［M］//马克思，恩格斯．马克思恩格斯全集：第20卷．北京：人民出版社，1972.

[6] 恩格斯．家庭、私有制和国家的起源［M］//马克思，恩格斯．马克思恩格斯全集：第21卷．北京：人民出版社，1962.

[7] 李翀．论社会分工、企业分工和企业网络分工［J］．当代经济研究，2005（2）.

[8] 李翀．马克思分工理论争议问题研究［J］．政治经济学学报，2021（19）.

[9] 鲁有章．资产阶级政治经济学史［M］．北京：人民出版社，1975.

[10] 马歇尔．经济学原理：上卷［M］．朱志泰，译．北京：商务印书馆，1964.

[11] 钱德勒．看得见的手：美国企业的管理革命［M］．重武，译．北京：商务印书馆，1977.

[12] 施蒂格勒．市场容量限制劳动分工［M］//产业组织与政府管制．潘振明，译．上海：上海三联书店，1996.

[13] 斯密．国民财富的性质和原因的研究 [M]．郭大力，王亚南，译．北京：商务印书馆，1972.

[14] 徐禾．政治经济学概论 [M]．北京：人民出版社，1973.

[15] 杨小凯，黄有光．专业化与经济组织 [M]．张玉纲，译．北京：经济科学出版社，1999.

[16] CHEUNG S. The Contractual Nature of the Firm [J]. Journal of Law and Economics, 1983 (26).

[17] COASE R H. The Nature of the Firm [J]. Economica, 1937 (11).

[18] RICHARDSON G B. The Organization of Industry [J]. Economic Journal, 1972, 82 (327).

[19] YOUNG A A. Increasing Returns and Economic Progress [J]. Economic Journal, 1928 (38).

第二章

[1] 马克思．资本论：第1卷 [M] //马克思，恩格斯．马克思恩格斯全集：第23卷．北京：人民出版社，1972.

[2] 马克思．资本论：第3卷 [M] //马克思，恩格斯．马克思恩格斯全集：第25卷．北京：人民出版社，1974.

[3] 马克思．剩余价值理论 [M] //马克思，恩格斯．马克思恩格斯全集：第26卷第1册．北京：人民出版社，1972.

[4] 马克思．政治经济学批判 [M] //马克思，恩格斯．马克思恩格斯全集：第13卷．北京：人民出版社，1962.

[5] 陈岱孙．从古典经济学派到马克思 [M]．上海：上海人民出版社，1981.

[6] 陈振羽．第二种意义社会必要劳动价值论辨析 [J]．江汉论坛，2000 (3).

[7] 丁堡骏．马克思劳动价值理论与当代现实 [M]．北京：经济科学出版社，2005.

[8] 凤良志．论第一种含义的社会必要劳动时间决定价值 [J]．经济研究，1983 (6).

[9] 谷书堂，杨玉川．对价值决定和价值规律的再探讨 [J]．经济研究，1982 (1).

[10] 胡寄窗．必要劳动时间不存在两种含义 [J]．经济研究，1990 (4).

[11] 李翀．关于两种社会必要劳动时间争论的评析 [J]．武汉科技大学学报，

2019（6）.

［12］李翀．关于商品价值量与劳动生产率关系争论的评析［J］．政治经济学报，2019（15）.

［13］李翀．价值与价格论［M］．广州：中山大学出版社，1989.

［14］李慧中．也谈价值测量——与叶航同志商榷［J］．中国社会科学（未定稿），1981（23）.

［15］李嘉图．政治经济学及赋税原理［M］．王学文，译．北京：商务印书馆，1962.

［16］林岗．关于社会必要劳动时间以及劳动生产率与价值量关系的探讨［J］．教学与研究，2005（7）.

［17］洛耕漠．价值和两种含义的社会必要劳动关系［J］．江汉学报，1964（3）.

［18］马艳，程恩富．马克思“商品价值量与劳动生产率变化规律”新探［J］．财经研究，2002（10）.

［19］马晓华．社会必要劳动时间新论［J］．中国社会科学，1986（5）.

［20］孟捷．价值和积累理论［M］．北京：社会科学文献出版社，2018.

［21］孟捷．劳动价值论与资本主义经济中的非均衡和不确定性［J］．政治经济学报，2017（9）.

［22］孟捷．劳动生产率与单位时间创造的价值量成正比的理论：一个简史［J］．经济学动态，2011（6）.

［23］内斯比特．大趋势［M］．梅艳，姚综，译．北京：中国社会科学出版社，1984.

［24］配第．赋税论［M］．陈冬野，等，译．北京：商务印书馆，1963.

［25］斯密．国民财富的性质和原因的研究：上卷［M］．郭大力，王亚南，译．北京：商务印书馆，1979.

［26］萨伊．政治经济学概论［M］．陈福生，陈振骅，译．北京：商务印书馆，1982.

［27］宋承先．价值决定与供求的关系问题——与卫兴华、韦奇等同志商榷［J］．学术月刊，1963（8）.

［28］宋则行．马克思经济理论再认识［M］．北京：经济科学出版社，1997.

［29］孙连城．略论劳动生产率与商品价值量的关系［J］．中国经济问题，1963（11）.

［30］王永治，王振之．价格与供求［J］．经济研究，1983（6）.

[31] 魏埙，谷书堂．价值规律在资本主义各个阶段中的作用及其表现形式 [M]．第3版．上海：上海人民出版社，1961．

[32] 卫兴华．商品价值量的决定问题 [J]．经济研究，1962 (12)．

[33] 肖步才．略论第二种社会必要劳动时间的起源及其在马克思价值理论体系的地位 [J]．学术研究，1964 (6)．

[34] 许精德．价值只能由第一种含义的社会必要劳动时间决定 [J]．中国社会科学，1984 (3)．

[35] 徐跃华，朱殊洋．需求决定价值吗？[J]．海派经济学，2017 (2)．

[36] 吴宣恭．个别企业劳动生产率与商品价值量的关系 [J]．中国经济问题，1964 (9)．

[37] 晏智杰．重温马克思的劳动价值论 [J]．经济学动态，2001 (3)．

[38] 晏智杰．价格决定与劳动价值论——对一种传统观念的质疑 [J]．学术月刊，1995 (8)．

[39] 晏智杰．马克思劳动价值论适用范围的再探讨 [N]．经济日报，1999-03-01．

[40] 叶航．试论价值上的测量和精神生产对价值量的影响 [J]．中国社会科学（未定稿），1980 (33)．

[41] 张素芳．论社会必要劳动时间的两种含义与价值决定 [J]．江汉论坛，2001 (4)．

[42] 张衔．劳动生产率与商品价值量的思考 [J]．教学与研究，2011 (7)．

[43] SRAFFA P. Production of Commodities by Means of Commodities [M]. Cambridge: Cambridge University Press, 1960.

[44] STEEDMAN I. Marx after Sraffa [M]. London: Routledge, 1977.

[45] HODGSON G. Capitalism, Value and Exploitation: A Radical Theory [M]. Oxford: Robertson, 1982.

[46] HOWARD M C, KING J E. The Political Economy of Marx [M]. London and New York: NYU Press, 1985.

[47] MORISHIMA M, CATEPHORES G. Value, Exploitation and Growth [M]. London: McGraw-Hill, 1978.

[48] BLAUG M. Another Look at the Labour Reduction Problem in Marx [J]. Classical and Marxian Political Economy, 1982.

[49] TORRENS R. Strictures on Ricardo's Doctrine Respecting Exchangeable Value [J].

Edinburgh Magazine, 1818 (10).

[50] RICARDO D. On the Principle of Political Economy and Taxation [M]. London: John Murray, 1821.

[51] MALTHUS T R. Principles of Political Economy Considered with a View to Their Practical Application [M]. London: HardPress, 1836.

[52] ROWTHORN B. Capitalism, Conflict and Inflation: Essays in Political Economy [M]. London: Lawrence and Wishart, 1980.

[53] KUZNETS S S. Economic Growth of Nations: Total Output and Production Structure [M]. Cambridge: Belknap Press of Harvard University Press, 1971.

第三章

[1] 马克思．资本论：第1卷 [M] //马克思，恩格斯．马克思恩格斯全集：第 23 卷．北京：人民出版社，1972.

[2] 马克思．政治经济学批判 [M] //马克思，恩格斯．马克思恩格斯全集：第 13 卷．北京：人民出版社，1962.

[3] 弗里德曼．弗里德曼的货币理论结构 [M]．高榕，译．北京：中国财政经济出版社，1989.

[4] 弗里德曼．货币的祸害 [M]．安佳，译．北京：商务印书馆，2006.

[5] 弗里德曼．最优货币量 [M]．杜丽群，译．北京：华夏出版社，2012.

[6] 弗里德曼，施瓦茨．美国货币史 [M]．巴曙松，译．北京：北京大学出版社，2009.

[7] 费雪．货币的购买力：第1册 [M]．金本基，译．北京：商务印书馆，1931.

[8] 胡代光．现代资产阶级通货膨胀理论批判 [M]．北京：中国财政经济出版社，1982.

[9] 格列柯．货币的终结 [M]．周琴，译．北京：金城出版社，2010.

[10] 凯恩斯．就业、利息和货币通论 [M]．宋韵声，译．北京：华夏出版社，2012.

[11] 凯恩斯．预言与劝说 [M]．赵波，包晓文，译．南京：江苏人民出版社，2000.

[12] 李翀．货币流通速度易变性的检验与货币理论的重构研究 [J]．北京师范大学学报，2019 (4).

[13] 李翀．我国货币当局超发货币了吗？[J]．中山大学学报，2018 (5).

[14] 李翀．“超发”的货币到哪里去了［J］．学术研究，2021（8）．

[15] 麦金农．经济市场化的次序［M］．周庭煜，译．上海：上海人民出版社，1993.

[16] 米什金．货币金融学［M］．李扬，等，译．北京：经济科学出版社，1998.

[17] 霍维慈．美国的货币政策与金融制度［M］．谭秉文，等，译．北京：中国财政经济出版社，1980.

[18] 萨缪尔森．经济学［M］．高鸿业，译．北京：商务印书馆，1979.

[19] 萨缪尔森．经济学［M］．第16版．萧琛，等，译．北京：华夏出版社，1999.

[20] 斯蒂格利茨．经济学［M］．姚开建，译．北京：中国人民大学出版社，1997.

[21] CHISHOLM R K, MCCARTY M H. Principles of Economics [M]. Glenview: Scott, Foresman and Company, 1998.

[22] FISHER I. The Debt-Deflation Theory of Great Depressions [J]. Revue de l' Institut International de Statistique / Review of the International Statistical, 1934, 1 (4).

[23] LIPSEY R G, CHRYSTAL A. Economics [M]. New York: Harper & Row Publisher, 1978.

[24] PIGOU A C. The Value of Money [J]. Journal Quarterly Journal of Economics, 1917 (11).

[25] SAMUELSON P A. Economics [M]. 11th edition. New York: McGraw - Hill Kogakusha, 1980.

第四章

[1] 马克思．资本论：第1卷［M］//马克思，恩格斯．马克思恩格斯全集：第23卷．北京：人民出版社，1972.

[2] 马克思．资本论：第3卷［M］//马克思，恩格斯．马克思恩格斯全集：第25卷．北京：人民出版社，1974.

[3] 恩格斯．反杜林论［M］//马克思，恩格斯．马克思恩格斯全集：第20卷．北京：人民出版社，1971.

[4] 列宁．马克思主义的三个来源和三个组成部分［M］//列宁全集：第19卷．北京：人民出版社，1959.

[5] 巴顿．人民的资本主义？［M］．朱赛霓，译．重庆：重庆出版社，2001.

［6］ 巴兰，斯威齐．垄断资本［M］．南开大学政治经济学系，译．北京：商务印书馆，1977.

［7］ 李翀．新的历史条件下马克思剩余价值比率和结构变化的研究［J］．武汉科技大学学报，2019（3）.

［8］ 罗默．在自由中丧失——马克思主义经济哲学导论［M］．段忠桥，译．北京：经济科学出版社，2003.

［9］ 马歇尔．经济学原理：下册［M］．陈良璧，译．北京：商务印书馆，1965.

［10］ 萨缪尔森．经济学：上册［M］．高鸿业，译．北京：商务印书馆，1979.

［11］ 萨缪尔森．经济学：上册［M］．第 19 版．肖琛，译．北京：商务印书馆，2012.

［12］ 萨伊．政治经济学概论［M］．陈福生，译．北京：商务印书馆，1982.

［13］ CHANDLER A D. The Visible Hand：The Managerial Revolution in American Business［M］. Cambridge：Harvard University Press，1977.

［14］ CLARK J B. The Distribution of Wealth：A Theory of Wage，Interest and Profits［M］. New York：The Macmillan Co.，1908.

［15］ HODGSON G. A Theory of Exploitation without the Labor Theory of Value［J］. Science and Society，1980，44（3）.

［16］ PUSATERI C J. A History of American Business［M］. Wheeling，Ill.：Harlan Davidson，Inc.，1984.

第五章

［1］ 马克思．资本论：第 1 卷［M］//马克思，恩格斯．马克思恩格斯全集：第 23 卷．北京：人民出版社，1972.

［2］ 蔡晓辉．对资本有机构成理论的思考［J］．探讨与争鸣，2008（3）.

［3］ 段进朋，李刚．对美国资本有机构成变化趋势的实证分析［J］．西安电子科技大学学报，2005（6）.

［4］ 高峰．马克思的资本有机构成理论与现实［J］．中国社会科学，1983（2）.

［5］ 葛亮．当代资本主义资本有机构成的实际计算及其提高趋势的分析［J］．世界经济，1985（10）.

［6］ 胡代光．评当代西方学者对马克思资本论的研究［M］．北京：中国经济出版社，1990.

［7］ 李翀．论当代资本主义金融危机的本质［J］．马克思主义与现实，2019（3）.

［8］李翀．论资本积累的源泉［J］．政治经济学季刊，2020（2）．

［9］李翀．在新的历史条件下对资本有机构成趋向提高规律的再认识［J］．当代经济研究，2020（1）．

［10］吕庄，冯世新．资本有机构成提高的规律在战后发生曲折了吗［J］．中国社会科学，1980（5）．

［11］马艳．马克思主义资本有机构成理论创新与实证研究［J］．学术月刊，2009（5）．

［12］曼德尔．论马克思主义经济学［M］．廉佩直，译．北京：商务印书馆，1979．

［13］仇启华．关于资本有机构成的若干问题［J］．中国社会科学，1980（6）．

［14］仇启华．资本主义积累的一般规律在当代［J］．中国社会科学，1980（2）．

［15］吴树青．政治经济学（资本主义部分）［M］．北京：中国经济出版社，1993．

［16］徐禾．政治经济学概论［M］．北京：人民出版社，1973．

［17］ITOH M. On Marx's Theory of Accumulation：A Reply to Weeks［J］．Science and Society，1981，1040（1）．

［18］KUHNE K. Economics and Marxism：Volume 1［M］．English Translation. London：The Macmillan Press Ltd.，1979．

［19］LICHTHEIM G. Marxism in Modern France［M］．New York：Columbia University Press，1966．

［20］ROSDOLSKY R. The Making of Marx's "Capital"［M］．London：Pluto Press，1979．

［21］WEST E G. The Political Economy of Alienation：Karl Marx and Adam Smith［J］．Oxford Economic Papers，1969，21（1）．

第六章

［1］马克思．资本论：第1卷［M］//马克思，恩格斯．马克思恩格斯全集：第23卷．北京：人民出版社，1972．

［2］马克思．资本论：第2卷［M］//马克思，恩格斯．马克思恩格斯全集：第24卷．北京：人民出版社，1972．

［3］美国农业部林务局．美国森林资源概要及历史趋势［R/OL］．中文版，2015. https：//www. usda. gov.

［4］马歇尔．经济学原理：上卷［M］．朱志泰，译．北京：商务印书馆，1964．

[5] WEBER A. Theory of the Location of Industries [M]. Chicago: University of Chicago Press, 1929.

第七章

[1] 马克思. 资本论: 第 2 卷 [M] //马克思, 恩格斯. 马克思恩格斯全集: 第 24 卷. 北京: 人民出版社, 1972.

[2] 魁奈. 弗·魁奈的《经济表》[M] //马克思, 恩格斯. 马克思恩格斯全集: 第 20 卷. 北京: 人民出版社, 1971.

[3] 列宁. 评经济浪漫主义 [M] //列宁. 列宁全集: 第 2 卷. 北京: 人民出版社, 1959.

[4] 列宁. 论所谓市场问题 [M] //列宁. 列宁全集: 第 1 卷. 北京: 人民出版社, 1961.

[5] 陈荣耀. 试论生产资料优先增长规律的作用条件 [J]. 社会科学, 1984 (3).

[6] 程桂芳. 不能片面看待生产资料生产优先增长规律 [J]. 财经研究, 1980 (4).

[7] 董辅礽. 制造生产资料的生产资料增长更快的原因何在 [J]. 学术月刊, 1964 (7).

[8] 黄标熊. 制造生产资料的生产资料增长最快 [J]. 学术研究, 1963 (5).

[9] 贺菊煌. 关于生产资料的生产优先增长的问题 [J]. 经济研究, 1979 (9).

[10] 洪华喜. 对生产资料生产优先增长规律的再认识 [J]. 经济问题探索, 1982 (4).

[11] 侯伦. 资本有机构成提高必然导致生产资料生产优先增长吗? [J]. 财经研究, 1984 (2).

[12] 胡乃武. 关于制造生产资料的生产资料生产增长较快原因的探讨 [J]. 中国经济问题, 1978 (7).

[13] 蒋伟翔. 不能否定资本有机构成提高必然导致生产资料生产优先增长的原理 [J]. 财经研究, 1984 (5).

[14] 李定中. 制造生产资料的生产资料增长更快的原因 [J]. 江汉学报, 1963 (3).

[15] 李翀. 关于生产资料优先增长规律适用性的研究 [J]. 中国经济问题, 2019 (6).

[16] 李翀. 马克思再生产理论与凯恩斯国民收入理论的比较和思考 [J]. 广东社会科学, 1998 (3) .

[17] 鲁济典．生产资料优先增长是一个规律吗 [J]．经济研究，1979 (11).

[18] 罗丹，张国胜．论工业化后期生产资料优先增长规律 [J]．马克思主义研究，2018 (6).

[19] 苏联科学院经济研究所．政治经济学教科书 [M]．中共中央编译局，译．北京：人民出版社，1955.

[20] 王东埠．浅析生产资料生产优先增长规律消亡论 [J]．长白学刊，1987 (12).

[21] 王金存．从社会主义国家经济结构的调整看生产资料优先增长规律 [J]．世界经济，1986 (6).

[22] 王绍顺．生产资料生产优先增长不是扩大再生产的普遍规律 [J]．经济科学，1982 (5).

[23] 吴树青．马克思主义关于社会生产两大部类的学说及其在社会主义再生产中运用的几个问题 [N]．光明日报，1962-01-08.

[24] 吴树青．政治经济学（资本主义部分）[M]．北京：中国经济出版社，1993.

[25] 吴树青．正确认识和运用生产资料优先增长原理 [J]．经济理论与经济管理，1981 (5).

[26] 徐春华．生产资料部类优先增长：理论逻辑与经验证据 [J]．经济学动态，2017 (2).

[27] 徐禾．政治经济学概论 [M]．北京：人民出版社，1973.

[28] 尹世杰．也谈制造生产资料的生产资料增长更快的原因 [J]．江汉论坛，1963 (8).

[29] 于光远，苏星．政治经济学（资本主义部分） [M]．北京：人民出版社，1961.

[30] 张秀生．生产资料的生产优先增长没有过时 [J]．武汉大学学报，1980 (6).

[31] 朱家桢．生产资料生产优先增长是适用于社会主义经济的规律吗？[J]．经济研究，1979 (12).

第八章

[1] 马克思．资本论：第1卷 [M] //马克思，恩格斯．马克思恩格斯全集：第23卷．北京：人民出版社，1972.

[2] 马克思．资本论：第3卷 [M] //马克思，恩格斯．马克思恩格斯全集：第25卷．北京：人民出版社，1974.

[3] 霍华德，金．马克思主义经济学史：1929—1990 [M]．顾海良，等，译．北

京：中央编译出版社，2003.

［4］顾海良．百年论争：20世纪西方学者马克思经济学研究述要：下册［M］．北京：经济科学出版社，2014.

［5］李翀．马克思利润率下降规律：辨析与验证［J］．当代经济研究，2018（8）.

［6］李翀．价值与价格论［M］．广州：中山大学出版社，1989.

［7］李翀．关于我国经济学界价值转化问题争论的评析［J］．武汉科技大学学报，2020（5）.

［8］恩格斯．序言［M］//马克思，恩格斯．马克思恩格斯全集：第25卷．北京：人民出版社，1972.

［9］斯威齐．资本主义发展论［M］．陈观烈，等，译．北京：商务印书馆，1997.

［10］VON BOHM-BAWERK E. Capital and Interest［M］. London：Macmillan，1884.

［11］VON BOHM-BAWERK E，HILFERDING R. Karl Marx and the Close of His System & Bohm-Bawerk's Criticism of Marx［M］. New York：Augustus M. Kelley，1949.

［12］DESAI M. Marxian Economic Theory［M］. London：Gray-Mills Publishing，1974.

［13］DICKINSON H D. The Falling Rate of Profit in Marxian Economics［J］. Review of Economic Studies，1956-1957（24）.

［14］DOBB M H. Marx's "Capital" and its Place in Economic Thought［J］. Science and Society，1967，31（4）.

［15］DOBB M H. Political Economy and Capitalism［M］. London：Routledge and Kegan Paul，1940.

［16］DOBB M H. Theories of Value and Distribution since Adam Smith［M］. New York：Cambridge University Press，1975.

［17］DUMENIL G. Beyond the Transformation Riddle：A Labor Theory of Value［J］. Science and Sciety，1983-1984，48（4）.

［18］FOLEY D A. The Value of Money，the Value of Labor Power，and the Marxian Transformation Problem［J］. Review of Radical Political Economics，1982.

［19］FOUSECA A J. The Marxian Dilemma：Transformation of Value to Price［M］. New Delhi：Manohar Publications，1980.

［20］FREEMAN A，KLIMAN A，WELLS J. The New Value Controversy and the Foundations of Economics［M］. Cheltenham：Edward Elgar Publishing，number 2274，2004.

［21］GILL A J. Economics［M］. California，1980.

［22］GILLMAN J M. The Falling Rate of Profit［M］. London：Dennis Dobson，1957.

[23] ITOH M. The Basic Theory of Capitalism [M]. London: Macmillan, 1988.

[24] ITOH M. Value and Crisis [M]. London: Pluto Press, 1980.

[25] SHIBATA K. On the Law of Decling in the Rate of Frofit [J]. Kyoto University Economic Review, 1934 (7).

[26] LIPIETZ A. The So-Called Transformation Problem Revisited [J]. Journal of Economic Theory, 1982, 26 (1).

[27] MAY K. Value and Price of Production: A Notion of Winternitz's Solution [J]. Economic Journal, 1948 (12).

[28] MEDIO A. Profit and Surplus Value: Appearance and Reality in Capitalist Production [M] // HUNT E K, SCHWARTZ J G. A Critique of Economic Theory. Harmond-Sworth: Penguin, 1972.

[29] MEEK R L. From Value to Price: Was Marx's Journey Really Necessary? [M] // MEEK R L. Smith, Marx and After. London: Chapman and Hall, 1977.

[30] MEEK R L. Mr. Sraffa's Rehabilitation of Classical Economics [J]. Scottish Journal of Political Economy, 1961 (8).

[31] MEEK R L. Studies in the Labour Theory of Value [M]. 2nd edition. New York: Lawrence & Wishart Ltd, 1973.

[32] NABUO O. Technical Changes and the Rate of Profit [J]. Kobe Univeisity Economic Papers, 1961 (7).

[33] RONCAOGLIA A. Sraffa and the Reconstruction of Political Economy [J]. Challenge, 1979 (1-2).

[34] ROSDOLSKY R. The Making of Marx's "Capital" [M]. London: Pluto Press, 1977.

[35] SAMUELSON P A. Understanding the Marxian Notion of Exploitation [J]. Journal of Economic Literature, 1971 (6).

[36] SETON F. Transformation Problem [J]. Review of Economic Studies, 1957 (6).

[37] SRAFFA P. Production of Commodities by Mean of Commodities [M]. Cambridge: Cambridge University Press, 1960.

[38] SWEEZY P M. Editor's Introduction [M] // VON BOHM-BAWERK E, HILFERDING R. Karl Marx and the Close of His System & Bohm-Bawerk's Criticism of Marx. New York: Augustus M. Kelley, 1949.

[39] SWEEZY P M. Marxian Value Theory and Crises [M] // STEEDMAN I. The

Value Controversy. London: NLB, 1981.

[40] SWEEZY P M. The Theory of Capitalist Development [M]. New York: Oxford University Press, 1942.

[41] STEEDMAN I. Ricardo, Marx, Sraffa [M] // STEEDMAN I. The Value Controversy. London: NLB, 1981.

[42] STEEDMAN I. Marx after Sraffa [M]. London: NLB, 1977.

[43] WINTERNITZ J. Value and Price: A Solution of So-Called Transformation Problem [J]. Economic Journal, 1948, 53 (230).

[44] WOLFF E N. The Rate of Surplus Value, the Organic Composition, and the General Rate of Profit in U. S. Economy 1947-1967 [J]. The American Economic Review, 1979, 6 (3).

第九章

[1] 马克思. 资本论: 第1卷 [M] //马克思, 恩格斯. 马克思恩格斯全集: 第23卷. 北京: 人民出版社, 1972.

[2] 马克思. 资本论: 第3卷 [M] //马克思, 恩格斯. 马克思恩格斯全集: 第25卷. 北京: 人民出版社, 1974.

[3] 马克思. 哲学的贫困 [M] //马克思, 恩格斯. 马克思恩格斯全集: 第4卷. 北京: 人民出版社, 1958.

[4] 列宁. 帝国主义是资本主义的最高发展阶段 [M] //列宁. 列宁选集: 第2卷. 北京: 人民出版社, 1975.

[5] 巴兰, 斯威齐. 垄断资本 [M]. 南开大学政治经济学系, 译. 北京: 商务印书馆, 1977.

[6] 北京大学, 中国人民大学世界经济教研室. 世界经济 (概论) [M]. 北京: 中国人民大学出版社, 1980.

[7] 陈俊欧. 国家垄断资本主义不是垄断资本主义发展的新阶段 [J]. 世界经济, 1978 (3).

[8] 陈耀庭. 论当代资本主义发展的新阶段和新特征 [J]. 中国人民大学学报, 1990 (2).

[9] 储玉坤. 第三阶段论初探 [N]. 世界经济导报, 1980-09-15.

[10] 德拉基辽夫, 鲁登科. 垄断资本主义: 帝国主义基本经济特征概论 [M]. 北京: 世界知识出版社, 1965.

[11] 顾海良．关于如何认识资本主义发展的历史进程问题［J］．教学与研究，2001（6）．

[12] 龚维敬．垄断经济学［M］．上海：上海人民出版社，2007．

[13] 龚维敬．垄断理论的争议［M］．上海：上海财经大学出版社，2008．

[14] 亨特．经济思想史——一种批判性的视角［M］．颜鹏飞，等，译．上海：上海财经大学出版社，2007．

[15] 黄苏．国家垄断资本主义是垄断资本主义发展的新阶段［J］．教学与研究，1980（1）．

[16] 曼德尔．论马克思主义经济学：下卷［M］．廉佩直，译．北京：商务印书馆，1979．

[17] 厉以宁．现代资本主义的新变化、新特征［M］//宦乡．当代世界政治经济基本问题．北京：世界知识出版社，1989．

[18] 李翀．国家垄断资本主义是新的发展阶段吗？［J］．福建论坛，2019（11）．

[19] 李翀．价值与价格论［M］．广州：中山大学出版社，1989．

[20] 李翀．资本主义进入国际垄断资本主义发展新阶段了吗？［J］．福建论坛，2021（4）．

[21] 李述仁．垄断资本主义发展到了国际垄断资本主义新阶段［J］．经济学周报，1982（10）．

[22] 李琮．国家垄断资本主义是垄断资本主义发展的新阶段［J］．世界经济，1978（1）．

[23] 李琮．再谈国家垄断资本主义是资本主义新的历史阶段［J］．世界经济，1994（8）．

[24] 梁中芳．英国国有化经济的历史回顾［J］．商场现代化，2005（6）．

[25] 鲁宾斯坦，等．第二次世界大战后的美国垄断资本［M］．何清新，译．北京：世界知识出版社，1960．

[26] 林恩．新垄断资本主义［M］．徐剑，译．北京：东方出版社，2013．

[27] 刘国平，范新宇．国际垄断资本主义时代［M］．北京：经济科学出版社，2004．

[28] 马格多夫．帝国主义时代［M］．伍仞，译．北京：商务印书馆，1975．

[29] 祁华，黄苏，解德源．国家垄断资本主义是垄断资本主义生产关系的部分质变［J］．南开学报，1980（1）．

[30] 仇启华．现代垄断资本主义经济［M］．北京：中共中央党校出版社，1987．

[31] 王根初．国家垄断资本主义是资本主义发展的第三个阶段吗［J］．江西师院学报，1982（2）．

[32] 魏埙．关于垄断价格问题［J］．南开学报，1986（5）．

[33] 吴健．资本主义的第三阶段是国家垄断资本主义［J］．南开经济研究，1989（6）．

[34] 宋涛．当代帝国主义经济［M］．北京：经济科学出版社，1988．

[35] 希法亭．金融资本——资本主义最新发展的研究［M］．福民，等，译．北京：商务印书馆，1991．

[36] 谢佩德．市场势力与经济福利导论［M］．易家祥，译．北京：商务印书馆，1980．

[37] 杨国昌．国家垄断资本主义是不是资本主义的第三阶段［J］．北京师范大学学报，1986（3）．

[38] 杨时旺．国家垄断资本主义不是垄断资本主义发展的新阶段［J］．教学与研究，1979（5）．

[39] 于光远，苏星．政治经济学（资本主义部分）［M］．北京：人民出版社，1961．

[40] 郑凌．苏联经济学界围绕国家垄断资本主义问题展开的争论［J］．世界经济，1978（3）．

[41] 诸葆一，张幼文．当代帝国主义经济［M］．合肥：安徽人民出版社，1985．

[42] BARAN P A, SWEEZY P M. Monopoly Capital [M]. New York and London: Modern Readers, 1966.

[43] BLAIR J M. Economic Concentration: Structure Behavior and Public Policy [M]. New York: Joranovish Publishing Co. , 1972.

[44] GALBRAITH J K. American Capitalism [M]. Honghton: Penguin Books, 1970.

[45] GILBER R, NEWBERY D. Preemptive Patening and the Persisitence of Monopoly [J]. American Economic Review, 1982 (72).

[46] HOBSON J A. Imperialism: A Study [M]. Ann Arbor: University of Michigan Press, 1965.

[47] ROEMER P. Increase of Revenue and Long Growth [J]. Journal of Political Economics, 1986 (49).

[48] SCHERER F M. Industrial Market, Structure and Economic Performance [M]. Chicago: Rand Mcnally & Company, 1980.

[49] SUTTON J. Technology and Market Structure: Theory and History [M]. Cam-

bridge: The MIT Press, 1998.

[50] SYLOS-LABINI P. Oligopoly and Technical Progress [M]. New York: Augustus M. Kelly Publisher, 1993.

第十章

[1] 马克思. 资本论: 第2卷 [M] //马克思, 恩格斯. 马克思恩格斯全集: 第24卷. 北京: 人民出版社, 1972.

[2] 马克思. 资本论: 第3卷 [M] //马克思, 恩格斯. 马克思恩格斯全集: 第25卷. 北京: 人民出版社, 1974.

[3] 巴兰, 斯威齐. 垄断资本 [M]. 南开大学政治经济学系, 译. 北京: 商务印书馆, 1977.

[4] 樊弘. 评"论商业利润和纯粹流通费用的补偿问题" [J]. 经济研究, 1956 (5).

[5] 江诗永. 论商业利润和纯粹流通费用的补偿问题 [J]. 经济研究, 1956 (4).

[6] 蒋学模. 关于纯粹流通费用的补偿问题: 兼评江诗永同志关于这一问题的论证 [J]. 经济研究, 1956 (6).

[7] 李翀. 在新的历史条件下马克思纯粹流通费用补偿理论的建构研究 [J]. 政治经济学报, 2020 (1).

[8] 林述舜. 对马克思纯粹流通费用补偿论述的理解 [J]. 福建师范大学学报 (哲学社会科学版), 1983 (1).

[9] 刘熙钧. 政治经济学 (资本主义部分) [M]. 厦门: 厦门大学出版社, 2000.

[10] 刘雪梅. 关于商业纯粹流通费用补偿问题的研究 [J]. 政治经济学评论, 2019 (3).

[11] 罗郁聪. 商业纯粹流通费用补偿问题研究 [J]. 中国经济问题, 1984 (3).

[12] 卢森贝. 《资本论》注释: 第3卷 [M]. 李延栋, 等, 译. 北京: 生活·读书·新知三联书店, 1963.

[13] 宋承先. 关于纯粹流通费用的补偿问题——对蒋学模和江诗永二同志关于这个问题的若干论点的商榷 [J]. 经济研究, 1956 (6).

[14] 吴树青. 关于商业纯粹流通费用的补偿问题: 与江诗永等同志商榷 [J]. 教学与研究, 1957 (4).

[15] 张洪平, 丁堡骏. 复活马克思的纯粹流通费用补偿范式 [J]. 当代经济研究, 2008 (12).

[16] 张熏华. 试校《资本论》中某些计算问题 [J]. 中国社会科学, 1980 (3).

[17] 周人伟．纯粹流通费用补偿理论管见 [J]．杭州商学院学报，1984 (6).

[18] 徐毓枬．纯粹流通费用的补偿问题：一个尝试性的解决 [J]．经济研究，1956 (5).

[19] CHAMBERLIN E H. The Theory of Monopolistic Competing [M]. Cambridge: Harvard University Press, 1931.

[20] MARSHALL A. Industry and Trade [M]. London: Macmillan and Co., 1920.

[21] PIGOU A C. The Economics of Welfare [M]. 4th edition. London: Macmillan and Co., 1938.

第十一章

[1] 马克思．资本论：第1卷 [M] //马克思，恩格斯．马克思恩格斯全集：第23卷．北京：人民出版社，1972.

[2] 鲍哈斯．劳动经济学 [M]．夏业良，译．北京：中国人民大学出版社，2010.

[3] 弗里德曼，弗里德曼．自由选择：个人声明 [M]．胡骑，等，译．北京：商务印书馆，1982.

[4] 弗里曼，梅多夫．工会是做什么的 [M]．陈耀波，译．北京：北京大学出版社，2011.

[5] 凯恩斯．就业、利息和货币通论 [M]．宋韵声，译．北京：华夏出版社，2012.

[6] 克拉克．财富的分配 [M]．王翼龙，译．北京：华夏出版社，2013.

[7] 李翀．美国工会的兴衰与经济效应研究 [J]．福建论坛，2020 (8).

[8] 马歇尔．经济学原理 [M]．陈良璧，译．北京：商务印书馆，1965.

[9] 麦克南．当代劳动经济学 [M]．刘文，等，译．北京：人民邮电出版社，2006.

[10] 萨缪尔森，诺德豪斯．经济学 [M]．萧琛，等，译．北京：商务印书馆，2012.

[11] 斯蒂格利茨．经济学：下册 [M]．高鸿业，等，译．北京：中国人民大学出版社，1997.

第十二章

[1] 马克思．资本论：第3卷 [M] //马克思，恩格斯．马克思恩格斯全集：第25卷．北京：人民出版社，1974.

［2］多恩布什，等．宏观经济学［M］．王志伟，译．北京：中国财政经济出版社，2003.

［3］法博齐，莫迪利亚尼．资本市场：机构与工具［M］．唐旭，等，译．北京：经济科学出版社，1998.

［4］凯恩斯．就业、利息和货币通论［M］．宋韵声，译．北京：华夏出版社，2012.

［5］李翀．负名义利率的若干问题研究［J］．学术研究，2020（8）.

［6］李翀．利息率理论的建构研究［J］．北京师范大学学报，2021（1）.

［7］李翀．流动性陷阱之谜的解析［J］．学术研究，2019（6）.

［8］马歇尔．经济学原理：下册［M］．陈良璧，译．北京：商务印书馆，1965.

［9］萨缪尔森．经济学［M］．高鸿业，译．北京：商务印书馆，1979.

［10］萨缪尔森，诺德豪斯．经济学［M］．萧琛，译．北京：商务印书馆，2012.

［11］斯蒂格利茨．经济学：上册［M］．高鸿业，等，译．北京：中国人民大学出版社，1997.

［12］魏克赛尔．利息与价格［M］．蔡受百，等，译．北京：商务印书馆，1982.

［13］HICKS J. Mr. Keynes and the Classics［J］. Econometrica，1937，5（2）.

［14］KRUGMAN P R，DOMINQUEZ K M，ROGOFF K. It's Baaack：Japan's Slump and the Return of the Liquidity Trap［J］. Brookings Papers on Economic Activity，1998，29（2）.

［15］ROBERTSON D H. Essays in Monetary Theory［M］. London：P. S. King & Son，1940.

第十三章

［1］马克思．资本论：第3卷［M］//马克思，恩格斯．马克思恩格斯全集：第25卷．北京：人民出版社，1974.

［2］比特纳．贪婪、欺诈和无知：美国次贷危机真相［M］．覃扬眉，等，译．北京：中信出版社，2008.

［3］蔡继明．社会主义地租问题探索［J］．农业经济问题，1985（4）.

［4］陈征．要区分两种不同意义的绝对地租［J］．学术月刊，1982（6）.

［5］二木保几．马克思价值论中平均原理与边际原理的矛盾［J］．中央公论，1929（12）.

［6］冯金华．地租的一般理论——从绝对地租谈起［J］．学习与探索，2019（4）.

［7］高田保马．马克思价值论的价值论［J］．经济论丛，1930（1）.

[8] 格兰特．失算的市场先生：泡沫年代和后泡沫年代［M］．徐伟民，等，译．上海：上海财经大学出版社，2011.

[9] 郭玮．关于绝对地租来源问题［J］．农业经济问题，1986（4）.

[10] 河上肇．关于地租论的诸多争论［J］．中央公论，1931（9）.

[11] 洪远朋．简论绝对地租和垄断价格的关系［J］．学术月刊，1984（5）.

[12] 栉田民藏．级差地租和价值规律［J］．月刊批判，1931（1）.

[13] 克拉克．财富的分配［M］．王翼龙，译．北京：华夏出版社，2013.

[14] 李翀．新的历史条件下马克思地租理论研究［J］．政治经济学季刊，2019（3）.

[15] 马歇尔．经济学原理：上卷［M］．朱志泰，译．北京：商务印书馆，1964.

[16] 萨缪尔森．经济学［M］．高鸿业，译．北京：商务印书馆，1980.

[17] 向坂逸郎．马克思地租论［J］．改造，1930（12）.

[18] 向坂逸郎．为了地租理论的发展［J］．改造，1931（5）.

[19] 熊映梧．马克思的生产价格理论、地租理论与社会主义经济建设［J］．学术月刊，1983（5）.

[20] 土方成美．从地租理论可见马克思价值论的破产［Z］//东京帝国大学经济学部经济学会：第6卷，1928.

[21] 卫兴华．当代资本主义农业中的绝对地租问题［J］．教学与研究，1980（5）.

[22] 张忠任．马克思主义经济思想史：日本卷［M］．北京：东方出版中心，2006.

第十四章

[1] 马克思．关于自由贸易的演说［M］//马克思，恩格斯．马克思恩格斯全集：第4卷．北京：人民出版社，1958.

[2] 马克思．剩余价值理论［M］//马克思，恩格斯．马克思恩格斯全集：第26卷第2册．北京：人民出版社，1973.

[3] 马克思．政治经济学批判［M］//马克思，恩格斯．马克思恩格斯全集：第46卷上册．北京：人民出版社，1979.

[4] 马克思．哲学的贫困［M］//马克思，恩格斯．马克思恩格斯全集：第4卷．北京：人民出版社，1958.

[5] 马克思．资本论：第1卷［M］//马克思，恩格斯．马克思恩格斯全集：第23卷．北京：人民出版社，1972.

[6] 马克思．资本论：第2卷［M］//马克思，恩格斯．马克思恩格斯全集：第24

卷．北京：人民出版社，1972.

［7］马克思．资本论：第3卷［M］//马克思，恩格斯．马克思恩格斯全集：第25卷．北京：人民出版社，1974.

［8］马克思．致恩格斯的信［M］//马克思，恩格斯．马克思恩格斯全集：第29卷．北京：人民出版社，1972.

［9］恩格斯．反杜林论［M］//马克思，恩格斯．马克思恩格斯全集：第20卷．北京：人民出版社，1971.

［10］恩格斯．社会主义从空想到科学的发展［M］//马克思，恩格斯．马克思恩格斯全集：第19卷．北京：人民出版社，1963.

［11］列宁．评经济浪漫主义［M］//列宁．列宁全集：第2卷．北京：人民出版社，1984.

［12］杜冈-巴拉诺夫斯基．周期性工业危机［M］．张凡，译．北京：商务印书馆，1982.

［13］顾海良．百年论争：20世纪西方学者马克思经济学研究述要：下册［M］．北京：经济科学出版社，2014.

［14］哈伯勒．繁荣与萧条［M］．朱应庚，译．北京：商务印书馆，1988.

［15］克拉克．经济危机理论：马克思的视角［M］．杨健生，译．北京：北京师范大学出版社，2011.

［16］李翀．对经济周期形成原因的重新认识［J］．当代经济研究，2005（8）.

［17］李翀．日本尚未爆发政府债务危机之谜解析［J］．中山大学学报，2016（1）.

［18］莱因哈特，罗格夫．这次不一样：八百年金融危机史［M］．北京：机械工业出版社，2012.

［19］刘明远．马克思主义经济危机和周期理论的结构与变迁［M］．北京：中国人民大学出版社，2009.

［20］门德尔逊．经济危机和周期的理论与历史［M］．三联书店翻译组，译．上海：生活·读书·新知三联书店，1977.

［21］萨缪尔森．经济学：上册［M］．第10版．高鸿业，译．北京：商务印书馆，1979.

［22］苏联科学院经济研究所．政治经济学教科书［M］．中共中央编译局，译．北京：人民出版社，1955.

［23］斯威齐．资本主义发展论［M］．陈观烈，等，译．北京：商务印书馆，1997.

[24] 特维德．逃不开的经济周期 [M]. 董裕平，译．北京：中信出版社，2008.

[25] 魏克赛尔．利息与价格 [M]. 蔡受百，译．北京：商务印书馆，1959.

[26] 希法亭．金融资本 [M]. 李琼，译．北京：华夏出版社，2012.

[27] 薛伯英．简析战后资本主义国家经济危机的同期性 [J]. 世界经济与政治，1992 (5).

[28] 薛敬孝．资本主义国家经济周期的历史与现状（上）（下）[J]. 南开经济研究，1991 (1) (2).

[29] AFTALION A. Les Crises Périodiques de Surproduction [M]. Paris: Riviére, 1913.

[30] ATTEWELL P A. Radical Political Economy Since the Sixties: A Sociology of Knowledge Analysis [M]. New Jersey: Rutgers University Press, 1984.

[31] BRYANT R, HENDERSON D, HOLTHAM G, et al. Empirical Macroeconomics for Interdependent Economies [M]. Washington, D. C.: Brookings Institution, 1988.

[32] CLARKE S. Marx's Theory of Crisis [M]. Hampshire: Palgrave Macmillan, 1994.

[33] HAWTREY R G. Currency and Credit [M]. London: Longmans, 1919.

[34] HAWTREY R G. Trade and Credit [M]. London: Longmans, 1928.

[35] ITOH M. The Formation of Marx's Theory of Crisis [J]. Science and Society, 1978, 42 (2).

[36] JEVONS W S, FOXWELL H S. Investigations in Currency and Finance [M]. London: Macmillan, 1884.

[37] KYDLAND F N, PRESCOTT E C. Time to Build and Aggregate Fluctuations [J]. Econometrica, 1982, 50 (6).

[38] LUCAS R E. An Equilibrium Model of the Business Cycle [J]. Journal of Political Economy, 1975, 83 (6).

[39] NORDHAUS W D. The Political Business Cycle [J]. Review of Economic Studies, 1975 (42).

[40] PIGOU A C. Industrial Fluctuation [M]. London: Macmillan, 1927.

[41] SAMULESON P A. Interaction between the Multiplier Analysis and the Acceleration Principle [J]. The Review of Economics and Statistics, 1939, 21 (2).

[42] SCHUMPETER J. Business Cycle [M]. New York: McGraw-Hill, 1939.

[43] SHAIKH A. An Introduction to the History of Crisis Theories [M] // Union for Radical Political Economics. US Capitalism in Crisis. New York: Union for Radical Political Economics, 1978.

[44] STRACHEY J. The Nature of Capitalist Crisis [M]. London: Gollancz, 1935.

[45] TAUSSIG F W. Principles of Economics [M]. 3th edition. New York: Macmillan, 1925.

第十五章

[1] 马克思．哥达纲领批判 [M] //马克思，恩格斯．马克思恩格斯全集：第 19 卷．北京：人民出版社，1963.

[2] 马克思．共产党宣言 [M] //马克思，恩格斯．马克思恩格斯全集：第 4 卷．北京：人民出版社，1958.

[3] 马克思．资本论：第 1 卷 [M] //马克思，恩格斯．马克思恩格斯全集：第 23 卷．北京：人民出版社，1972.

[4] 马克思．资本论：第 3 卷 [M] //马克思，恩格斯．马克思恩格斯全集：第 25 卷．北京：人民出版社，1974.

[5] 恩格斯．反杜林论 [M] //马克思，恩格斯．马克思恩格斯全集：第 20 卷．北京：人民出版社，1971.

[6] 恩格斯．英国工人阶级的状况 [M] //马克思，恩格斯．马克思恩格斯全集：第 2 卷．北京：人民出版社，1957.

[7] 北京大学历史系．简明世界史：近代部分 [M]．北京：人民出版社，1974.

[8] 格鲁奇．比较经济制度 [M]．徐节文，等，译．北京：中国社会科学出版社，1985.

[9] 黄范章．瑞典福利国家的实践与理论 [M]．上海：上海人民出版社，1987.

[10] 李翀．论中华民族 70 年的经济复兴之路 [J]．中山大学学报，2019 (6).

[11] 麦迪森．世界经济千年统计 [M]．伍晓鹰，译．北京：北京大学出版社，2009.

[12] 麦迪森．中国经济的长期表现 [M]．伍晓鹰，译．北京：北京大学出版社，2016.

[13] 皮凯蒂．21 世纪资本论 [M]．巴曙松，等，译．北京：中信出版社，2014.

[14] 武力．中华人民共和国经济史 [M]．北京：中国时代经济出版社，2010.

[15] 萨缪尔森．经济学：上册 [M]．高鸿业，译．北京：商务印书馆，1979.

[16] 萨伊．政治经济学概论 [M]．陈福生，等，译．北京：商务印书馆，1982.

[17] 沈越．德国社会市场经济评析 [M]．北京：中国劳动社会保障出版社，2002.

索　引

F

G

H

J

K

L

T

W

X

Y

Z